La décentralisa
et les institutions admi

Annie Gruber

La décentralisation et les institutions administratives

Deuxième édition

ARMAND COLIN

© Armand Colin/Masson, Paris, 1979, 1996

ISBN : 2-200-01445-7

Masson & Armand Colin Éditeurs - 5, rue Laromiguière - 75241 Paris Cedex 05

À la mémoire de ma mère
Noémie Gruber

Sommaire

Table des abréviations

AFDI	Annuaire français de droit international
AJDA	*Actualité juridique de droit administratif*
AJPI	*Actualité juridique de la propriété immobilière*
Ann. fac. dr.	*Annales de la faculté de droit de…*
Ann. univ.	*Annales de l'université de…*
Bull. cass.	*Bulletin des arrêts de la Cour de cassation*
CAA	Cour administrative d'appel
Cass.	Cour de cassation
Cahiers IFSA	*Cahiers de l'Institut français des sciences administratives*
CJEG	*Cahier juridique de l'Électricité et du gaz*
CE	Conseil d'État
CE sect.	Arrêt rendu par la section du Conseil d'État
CE Ass.	Arrêt de l'Assemblée du contentieux du Conseil d'État
CGI	Code général des impôts
CJCE	Cour de justice des Communautés européennes
CRC	Chambre régionale des comptes
D	*Recueil Dalloz*
DA	*Droit administratif*
Deb.	Débats
DGCL	Direction générale des collectivités locales
DOM	Département d'outre-mer
DH	*Recueil Dalloz hebdomadaire*
DS	*Recueil Dalloz-Sirey*
Doc. franç.	La Documentation française
Dr. soc.	*Droit social*
EDCE	*Études et documents du Conseil d'État*
GAJA	Les grands arrêts de la jurisprudence administrative
GP	*Gazette du Palais*
JCA	*Juris-classeur administratif*
JCP	*Juris-classeur périodique (Semaine juridique)*
JO	*Journal officiel*
JOCE	*Journal officiel des Communautés européennes*
LGDJ	Librairie Générale de Droit et de Jurisprudence

NED	Notes et études documentaires (publication de La Documentation française)
R. Adm.	*Revue administrative*
RDP	*Revue du droit public et de la science politique*
RFDA	*Revue française de droit administratif*
RFSP	*Revue française de science politique*
Rec.	Recueil LEBON des décisions du Conseil d'État, des cours administratives d'appel, des tribunaux administratifs et du tribunal des conflits ; également recueil des décisions du Conseil constitutionnel
RISA	*Revue internationale des sciences administratives*
RPDA	*Revue pratique de droit administratif*
RSF	*Revue de science financière*
S	*Recueil Sirey*
TA	Tribunal administratif
TC	Tribunal des conflits

Avant-propos

Les institutions administratives françaises vivent depuis 1982 à l'heure de la décentralisation. En moins de quinze ans, un train législatif continu a progressivement modifié en profondeur l'administration territoriale de la France, suivant un échéancier prévu dans ses grandes lignes par le législateur de 1982. La mutation dans nos institutions administratives qui en est résultée n'a pas eu d'équivalent pour son ampleur et ses conséquences depuis la réforme de l'an VIII et la loi du 28 pluviôse. Si l'on observe par ailleurs qu'elle n'est pas achevée, il faudra sans doute le temps d'une génération pour en mesurer toute la portée !

La réforme en cours représente en effet un formidable renouveau des collectivités locales, de leurs pouvoirs et de leurs moyens. Elle entraîne avec elle toute une dynamique : transfert de biens, de services, de ressources, création d'une nouvelle fonction publique ! Non seulement elle change les structures, mais elle ouvre de prometteuses perspectives en multipliant les solidarités à tous les niveaux territoriaux dans un vaste élan de contractualisations favorisé par le législateur. Les routines et les torpeurs qui inspiraient si bien Courteline sont emportées dans le tourbillon des textes qui modifient profondément l'administration de demain.

Cet ouvrage a pour première ambition de présenter et d'expliquer ce changement à tous ceux, étudiants ou non, qui éprouvent le besoin ou la curiosité de le comprendre. Au moment où la gestion publique se rapproche des administrés par une plus grande autonomie locale, il est important que le citoyen n'ignore pas les règles nouvelles qui peuvent servir à son « bon usage de l'administration ».

La seconde ambition de ce livre est de répondre aux attentes plus précises de ses destinataires naturels : étudiants du premier cycle universitaire d'études juridiques et administratives, élèves des CPAG et IUT, candidats des différents concours administratifs de catégorie A, qu'ils soient ou non juristes de formation, mais aussi praticiens et élus locaux aux prises directes, sur le terrain, avec l'application de textes dont la masse considérable peut paraître accablante.

Les choix délibérés qui expliquent la conception de cet ouvrage résultent ainsi d'une expérience pratique de ces différentes attentes. L'enseignement universitaire de la matière, la participation à de nombreux jurys de concours et les demandes fréquentes de la part d'élus de petites communes ont permis de sérier les questions et de prendre conscience d'un double écueil à éviter.

D'une part, en tenant compte des dimensions assignées à cet ouvrage, il nous est apparu inutile de prétendre procéder à une revue générale et complète de toutes les institutions administratives sans exception, au risque de réduire l'ensemble à un exposé sommaire et inutilisable. C'est pour cela que nous avons écarté l'administration spécialisée généralement étudiée en fin de second cycle universitaire et traitée par nombre de manuels.

Mais, à l'inverse, il nous a semblé tout aussi aventureux de prétendre approfondir chacune des questions abordées par notre étude de l'appareil administratif. Nous avons préféré renvoyer par la bibliographie aux différents auteurs qui ont analysé de façon détaillée tel ou tel aspect particulier ou technique.

Ni mémento, ni traité, ce livre analyse et explique l'organisation et le fonctionnement des institutions administratives françaises sans renoncer aux précisions indispensables à la compréhension des mécanismes essentiels et des textes eux-mêmes, mais sans renoncer non plus à prendre une perspective d'ensemble sur l'équilibre entre l'administration d'État et l'administration territoriale décentralisée. Car la réforme n'a pas compromis cet équilibre pas plus qu'elle n'affecte l'unité de l'État. En décentralisant davantage, elle a renforcé sensiblement l'encadrement étatique, dotant les autorités déconcentrées représentant l'État de pouvoirs nouveaux. Parallèlement, le caractère unitaire de l'État, garanti par la Constitution et par les nouveaux contrôles, ne souffre ni de la suppression de la tutelle ni de la diversité des régimes dérogatoires créés par la loi.

Ainsi s'explique le plan de cette étude en trois parties, la première consacrée à l'administration d'État, la deuxième à l'administration territoriale décentralisée, et la troisième à l'unité de l'État. Puisse-t-elle répondre aux besoins et aux curiosités qu'elle a choisis pour cibles!

Introduction

L'étude des institutions administratives a pour but de comprendre comment l'administration est organisée et comment elle fonctionne.

Si l'on admet d'une façon générale que les institutions administratives constituent des structures organisées par et pour la société pour gérer ses intérêts communs, force est de reconnaître que la **fonction administrative** en tant que telle, est une fonction propre et naturelle pour toute société humaine, et donc plus largement une constante de l'humanité. L'homme animé d'une tendance grégaire se définit par nature comme un « animal politique » selon la formule d'Aristote, en ce sens qu'il vit en société. Or, même très frustre et très primitive, toute société humaine, tout groupement humain, repose sur un minimum d'organisation structurée par des institutions reconnues, acceptées et respectées et qui n'ont d'autre finalité que d'assurer la cohésion sociale.

Il en est déjà ainsi, semble-t-il, à l'aube de l'humanité si l'on se réfère aux travaux des paléontologues sur les origines de l'humanité. Des savants comme Piveteau[1] ou Leroi-Gourhan[2] se déclarent frappés par la coïncidence des traces rupestres laissées par la préhistoire qui témoignent dans le même temps d'une industrie humaine et d'une organisation des tâches vitales comme la chasse. Plus spécifique et plus troublante encore, la découverte de véritables « bâtons de commandement » richement sculptés et peints sur les parois des cavernes, indique l'existence contemporaine d'une hiérarchie sociale reconnue, avec un chef qui dirige le groupe et qui détient l'insigne distinctif de son pouvoir[3]. Il n'est pas indifférent de noter qu'au moment où s'organisent des tâches qui impliquent compétition et rivalité entre les hommes ou entre les groupes, comme la chasse ou la défense du territoire, la présence d'un chef assurant un certain ordre s'affirme pour assumer ce qu'il convient de désigner comme les fonctions administratives les plus essentielles à la survie du groupe.

Au XIXᵉ siècle, lorsque le sociologue Durkheim étudiera les sociétés primitives, il retrouvera cet ordre social minimum dans une organisation autour de deux institutions fondamentales et constantes, le chef et le sorcier, détenteurs exclusifs de deux types de puissances bien distinctes !

Pourtant, si la fonction administrative qui consiste à organiser et à gérer les intérêts communs est bien propre à la société humaine comme celle-ci est propre à l'homme,

© ARMAND COLIN. La photocopie non autorisée est un délit.

---

1. *Cf.* Jean PIVETEAU, *L'Origine de l'homme*, Hachette, 1962.
2. *Cf.* LEROI-GOURHAN, *Les Hommes de la préhistoire*, Paris, 1955.
3. *Cf.* J. PIVETEAU, *op. cit.*, p. 152 et 166-167.

elle devient avec l'évolution, particulièrement complexe. À la dualité institutionnelle primitive se substitue une prolifération d'institutions qui correspond elle-même à un élargissement constant des intérêts communs, et à la *multiplication des tâches* de l'administration publique qu'il implique. On comprend que ce mouvement irrésistible ait abouti dans toutes nos sociétés modernes à la mise en place d'une administration aussi diversifiée que puissante. C'est ce qui faisait dire à Saint-Just parlant de l'administration : «C'est un pouvoir aussi puissant que le pouvoir politique.» C'est aussi ce qui explique l'intérêt des décideurs politiques pour la science administrative qui constitue une science sociale en plein essor à notre époque, et dont l'intérêt majeur est d'apporter en premier lieu une connaissance objective de l'organisation et du fonctionnement de l'administration et de permettre ensuite son amélioration et sa maîtrise.

Après cette première approche quelque peu philosophique, et à partir d'une définition des institutions administratives, nous nous proposons de déterminer, dans un premier temps, ce qui caractérise l'administration publique avant d'examiner plus particulièrement les principes de l'organisation administrative dans notre pays.

Section 1
Les institutions administratives et l'administration publique

Le rapprochement entre institutions administratives et administration publique s'impose par la nature même des institutions en cause. On peut, en effet, définir de façon synthétique les institutions administratives comme l'ensemble des structures organisées mises en place dans la société pour la gestion des affaires publiques.

Dans cette définition, ce n'est pas tant l'idée de gestion qui caractérise les institutions en cause, c'est bien davantage la «gestion des affaires publiques». Nous allons voir qu'il existe une administration privée au même titre qu'une administration publique, mais que seule l'administration publique est concernée s'agissant des institutions administratives.

L'étude de ces institutions nous oblige par conséquent à rechercher leurs caractères distinctifs par rapport au concept général d'administration. Une analyse des fonctions propres à l'administration publique nous permet une première approche du problème. Nous pourrons ensuite dégager plus complètement la spécificité de l'administration publique, à travers l'examen de ses acteurs et de son droit.

§ 1. LES FONCTIONS DE L'ADMINISTRATION PUBLIQUE

Deux observations préalables peuvent nous servir de guide. D'une part, les fonctions de l'administration publique se résument dans la gestion des affaires publiques. D'autre part, ces fonctions sont largement diversifiées. Mais dans tous les cas, l'administration est synonyme de gestion, et les fonctions de l'administration publique sont avant tout des fonctions de gestion.

A. Administration et gestion

Si on part du concept général d'administration, l'administration peut être une affaire privée ou une affaire publique.

a) *Administration et gestion privée*

Une personne physique qui gère simplement son budget et ses biens en bon père de famille fait de l'administration domestique. Cette gestion purement privée se caractérise par une maîtrise raisonnée des moyens financiers et matériels en même temps que par des options définies selon des objectifs déterminés. C'est le contraire d'un comportement au jour le jour ou laissé au hasard. On peut remarquer qu'il s'agit d'une **gestion organisée** à partir de règles réfléchies qui rationalisent la conduite économique de l'individu qui la pratique. Cette forme d'administration personnelle peut d'ailleurs s'imposer comme une sorte d'autodéfense du consommateur, dans toute société marchande qui expose les plus faibles, c'est-à-dire les moins aptes à faire de l'administration, à la tentation et à un endettement catastrophique plus ou moins inévitable.

Mais cette administration, utile et souhaitable pour une personne physique, devient au niveau des personnes morales de droit privé, sociétés commerciales ou associations, une nécessité vitale en même temps qu'une **obligation juridique**. Les règles comptables, fiscales et sociales imposent de façon continue la recherche de solutions à des problèmes de gestion qui intéressent tous les secteurs de leur activité, depuis les problèmes de personnel au sein de l'entreprise jusqu'aux problèmes d'écoulement des produits ou même de relations avec leurs clients.

Là encore, l'administration se traduit normalement par des choix rationnels calculés à partir de paramètres précis, en particulier les ratios financiers de l'entreprise. Pour les personnes morales de droit privé comme pour le bon père de famille, administration est synonyme de gestion et signifie une **maîtrise rationnelle** ou plus justement rationalisée des moyens, en vue de certaines fins et selon des règles réfléchies. Dans les deux cas, les personnes intéressées, personnes physiques et personnes morales, étant des personnes de droit privé, le droit applicable est normalement le droit privé et les règles spécifiques de gestion sont des règles de droit privé.

b) *Administration et gestion publique*

Quand on parle des institutions administratives, il ne s'agit plus de l'administration conçue pour et par l'individu ou la personne morale privée. On s'intéresse aux structures mises en place dans toute société humaine organisée dans l'intérêt commun de ses membres. Elles ont pour objet de gérer les affaires publiques dont le critère n'est pas l'intérêt privé, mais précisément **l'intérêt général**.

Au fur et à mesure que la société se développe, elle doit affronter collectivement des problèmes de plus en plus nombreux et complexes, qui sont autant de problèmes communs et nouveaux pour l'ensemble de la population. Ce sont ces problèmes communs qui conduisent à la recherche de réponses communes par une solidarité organisée. Si l'on considère le développement de l'activité administrative en France, il correspond (et cela est vrai pour toute société) au degré d'organisation de la société française dans son effort pour surmonter ses problèmes collectifs.

C'est l'étude de ces problèmes et de ces réponses qui permet de dégager des comportements-types ou des règles propres à cette gestion particulière de la société, dont la spécificité ne se réduit pas à être une gestion de l'intérêt général, mais se caractérise aussi par la diversité des tâches publiques.

B. La diversité des tâches publiques

En France comme ailleurs, la multiplication des tâches de l'administration correspond à l'**effort d'adaptation de la société à l'évolution**, entendue au sens large. Mais cette règle générale se vérifie en France plus qu'ailleurs parce qu'il y est de tradition de demander beaucoup à l'État. Tocqueville observait à cet égard que : «*Le gouvernement a pris la place de la providence.*»

> Et c'est vrai que quelle que soit la nature des problèmes sociaux qui peuvent surgir, les groupes sociaux intéressés se tournent spontanément « vers » ou « contre » l'État, en attendant de lui toutes les solutions souhaitées, sans même chercher à savoir s'il est bien dans tous les cas de figure l'interlocuteur compétent. Pendant l'automne 1990, les lycéens, descendus dans la rue pour réclamer à la fois des enseignants et des locaux, ignoraient superbement le partage de compétences entre l'État et la région pour régler ces questions. Pour eux, l'État devait pouvoir répondre à leur double demande, parce que tout simplement dans notre inconscient collectif, l'État peut tout, ou presque tout.

Cette tendance française à rechercher la sécurité et la liberté dans l'encadrement protecteur de l'administration s'est même accentuée au XXe siècle, nourrie par la croyance qu'on peut éliminer les conflits et satisfaire les besoins des sociétés techniciennes en perfectionnant les techniques d'organisation. Ce mythe optimiste et quelque peu simpliste du progrès prétend surtout conjurer l'angoisse collective de notre époque. Par son contenu, il conduit à développer la fonction administrative et à en diversifier les tâches.

C'est à partir d'un exemple significatif qu'on peut prendre conscience de ce phénomène. Qu'un problème nouveau surgisse ou bien que, sans être nouveau en lui-même, il accapare les médias et l'opinion publique, on en vient immanquablement à créer une institution nouvelle supposée apporter la solution. Selon l'importance du problème ou l'opportunité du moment, on créera un ministère, une commission ou encore on nommera une personne qualifiée pour se charger du dossier.

> La composition des gouvernements est de ce point de vue très significative. Les exemples foisonnent et l'on peut suivre parallèlement la chronologie de certaines créations gouvernementales et celle des crises ou des problèmes aigus qui ont pu secouer notre société. Successivement l'environnement, la condition féminine, la mer, les catastrophes et calamités naturelles, la francophonie, les droits de l'homme, la ville et les banlieues, et pour reprendre les spécialisations ministérielles les plus caractéristiques du gouvernement formé le 18 mai 1995[4], l'intégration et la lutte contre l'exclusion, l'action humanitaire d'urgence ou le développement rural, sont autant de problèmes collectifs qui ont donné lieu à la création de ministères ou de secrétariats d'État « commandés » en quelque sorte par l'actualité sociale et politique.

On peut observer inversement que leur disparition ne correspond pas à la disparition du problème qui a justifié leur création. Comme le remarque avec humour et

---

4. *Cf.* Décret du 18 mai 1995 relatif à la composition du gouvernement, *JO* 19 mai 1995, p. 8405 et 8406.

ironie Haroun Tazieff, en commentant la formation du gouvernement de M. Chirac aux lendemains des élections du 16 mars 1986 et la disparition du secrétariat d'État aux Risques naturels : «*Ce ministère étant supprimé, dois-je en conclure que la France ne craint plus le moindre séisme, quelle bonne nouvelle!*[5]»

À l'opposé de ces institutions politiques frappées par l'éphémère «politique», d'autres administrations peuvent naître elles aussi sous la pression des circonstances interpellant brusquement notre société, mais bénéficier inversement de la durée et de la continuité pour traiter les questions qui leur sont confiées. Pour ne prendre que deux exemples très différents, il est certain que les scandales financiers du midi de la France et des délits d'initiés qui ont éclaté en avril 1990 ont abouti à la création de l'Office central de la répression de la grande délinquance financière, prolongé lui-même par une série d'antennes régionales. De la même façon, le drame du sang contaminé a provoqué la mise en place d'un dispositif de sécurité transfusionnelle renforcé, et l'institution par la loi du 4 janvier 1994 de l'Agence française du sang est venue consacrer l'importance des efforts entrepris à long terme.

Dans tous les cas de figure, toutes ces créations sont autant d'extensions de l'administration. Dans le meilleur des cas, elles sont dotées des moyens effectifs d'exécuter leur mission. Des services sont ainsi créés et grâce à un financement public, on leur attribue les ressources nécessaires.

Cette **multiplication des tâches publiques** au fur et à mesure de l'évolution de la société confère aux institutions administratives une complexité souvent dénoncée à juste titre, non seulement par les administrés destinataires et utilisateurs des mesures prises, mais parfois par l'administration elle-même. Or, quelles que soient la diversité et la complexité des tâches, on retrouve certaines constantes dans la gestion administrative des affaires publiques. Elles constituent une **règle-type** qui regroupe les fonctions fondamentales de l'administration publique, et que les auteurs admettent généralement comme caractéristiques, même lorsqu'ils ne sont pas d'accord sur l'ordre de priorité entre elles. Cette règle est la suivante : **l'administration prévoit, prépare, exécute et informe**.

a) *L'administration prévoit*

La prévision est une fonction que l'on attend aussi du pouvoir politique : gouverner, c'est prévoir. Mais, en matière de prévision, l'administration domine le pouvoir politique par une supériorité écrasante. Elle dispose en effet du temps, que, par nature, celui-ci ne possède pas. Tout mandat électif est limité : cinq ans pour les députés, six ans pour les élus locaux, sept ans pour le chef de l'État, neuf ans pour les sénateurs, et même en ajoutant à ces durées les prolongations normales qui résultent du jeu des rééligibilités, les temps les plus longs restent encore limités. La démocratie exige de telles règles qui n'ont pas de raison d'être pour l'administration qui dispose pleinement de la *longue durée* indispensable en matière de prévision.

La stabilité des institutions administratives leur assure une maîtrise continue des données économiques et sociales que le hasard d'une consultation électorale peut brusquement soustraire au pouvoir. On pourrait synthétiser la comparaison des forces politiques et administratives confrontées au problème du temps par une formule significative : «les républiques passent, les gouvernements changent, l'administration

5. *Cf. Le Quotidien de Paris*, n° 1975, 28 mars 1986, p. 22.

demeure. » C'est dans cette remarquable stabilité des institutions administratives que se concentre leur force. Et il n'est pas étonnant en conséquence de constater que chaque nouveau gouvernement s'empresse de conserver soigneusement l'héritage de l'administration du gouvernement précédent qui lui donne la possibilité de prendre en marche le train de l'État, en possédant d'emblée les moyens nécessaires à son action. La **stabilité de l'administration** se marque alors par l'absence manifeste de bouleversement dans la fonction publique. Et même, lorsqu'un tel bouleversement se produit après une révolution, une contre-révolution ou une crise particulièrement grave, il atteint très inégalement les différentes catégories de fonctionnaires. Les petits fonctionnaires ou ceux qui se trouvent à un niveau intermédiaire ne sont pas touchés ou très peu. Seuls les très hauts fonctionnaires payent un tribut aux changements de régimes, leur recrutement étant par nature politique, à la discrétion du gouvernement.

Bernard Gournay, dans ses travaux, souligne cette remarquable stabilité et il en fait la démonstration, en notant justement que, contrairement à ce qui se passe pour le corps préfectoral, dont les fonctions sont à la fois administratives et politiques et qui se trouve par là même exposé aux épurations politiques, la règle en France est que : « Les grands corps de l'État et les grands corps techniques qui constituent des pépinières de directeurs d'administration centrale résistent aux crises politiques et aux vicissitudes constitutionnelles[6]. »

La *neutralité politique* de l'administration française explique largement ce phénomène. Et on peut ajouter que, même lorsque le choix est politique, la technicité des problèmes assumés par l'administration est telle que, sauf exception, le choix n'est jamais uniquement politique. Il a même tendance à l'être de moins en moins, en tenant compte plus largement des compétences garanties au moins par les concours, et le **critère technique** est privilégié partout où l'efficacité est exigée.

> Il est intéressant de rappeler que ces particularités traditionnelles de l'administration française que l'on retrouve largement en Europe, ont inspiré le futur président des États-Unis, Woodrow Wilson, au moment même où il s'efforce de provoquer une prise de conscience des défauts les plus graves de l'administration américaine. Dans une étude publiée en 1887 à la revue « Political Science Quarterly », il dénonce précisément la politisation intensive de l'administration aussi bien au niveau fédéré qu'au niveau fédéral, et notamment les abus du « spoil system » ou système des dépouilles. Il donne une impulsion décisive à la jeune science administrative américaine en proposant une méthode comparative qui ouvre la recherche à l'examen comparé des administrations européennes. Le but proposé est de définir les moyens d'assurer la séparation de la politique et de l'administration et d'obtenir une plus grande stabilité et une efficacité dans la gestion publique.

D'une façon générale, la stabilité de l'administration française s'impose comme un atout pour le pouvoir politique. L'expérience des changements de majorités politiques intervenus en mai 1981, mars 1986 ou mars 1993, confirme la règle. À chaque fois, les médias se sont fait l'écho des protestations amplifiées de tel ou tel parti ou membre de l'opposition devant certaines nominations. Il n'en demeure pas moins vrai qu'en réalité, les changements administratifs qui ont pu intervenir n'ont concerné, comme toujours, que la haute administration, et qu'ils ont été en définitive très réduits en nombre. Rien de comparable avec le renouvellement massif des

---

6. *Cf.* B. GOURNAY, J.-F. KESLER et J. SIWEK-POUYDESSEAU, *Administration publique*, PUF, Coll. Thémis, 1967, p. 82.

fonctionnaires américains après les élections les plus importantes, et ce, en dépit de tous les efforts entrepris pour en limiter l'ampleur.

Mais ce qu'il faut bien retenir, c'est que la combinaison de ces deux traits caractéristiques : permanence de l'administration et tendance à privilégier les compétences assurent à la prévision administrative l'autorité de l'expérience et de la technicité.

C'est ce qui explique que l'administration a le privilège de disposer d'une *connaissance continue* des données économiques et sociales du pays. En conséquence, elle joue dans tous les États contemporains un rôle essentiel dans l'ensemble des processus de planification économique. C'est vrai quel que soit l'État et quel que soit le type de planification, qu'il s'agisse de la planification autoritaire à effets obligatoires fixée par les experts de l'ex-État soviétique, ou de la planification plus souple à la française qui peut se définir comme la projection concertée des choix sur une certaine période, et qui a surtout une valeur indicative et incitative sans être contraignante ni obligatoire.

On pourrait relever la même fonction caractéristique de prévision entre les mains du même type de fonctionnaires, techniciens experts, au niveau des institutions européennes où la prévision à moyen terme est souvent relayée par des réexamens et réajustements de périodicité plus courte, le plus souvent annuels.

C'est ce qui se passe par exemple avec les orientations prévisionnelles établies pour trois ans par la Commission de Bruxelles en ce qui concerne le Fonds social européen. Les orientations sont fixées tous les ans avant le premier mai, ce qui permet un système de corrections permanent en assimilant les résultats obtenus en même temps que les difficultés nouvelles. Il y a là un mode d'adaptation continu assurant une meilleure efficacité à l'ensemble des prévisions[7].

b) *L'administration prépare*

À côté de la prévision, la *préparation des décisions du pouvoir politique* est une autre fonction essentielle de l'administration.

Dans le cadre de la Ve République, le pouvoir décisionnel réservé au gouvernement se traduit principalement par le *pouvoir réglementaire*, c'est-à-dire par le pouvoir de prendre des décisions générales et impersonnelles qui s'imposent aux administrés. Or le pouvoir réglementaire du gouvernement comprend tout d'abord le pouvoir de compléter la législation et d'en faciliter l'application. Ce pouvoir réglementaire traditionnel est celui défini par l'article 21 de la Constitution. Mais il s'y ajoute un pouvoir nouveau, voulu en 1958 pour contribuer à rehausser l'exécutif et qui constitue un pouvoir réglementaire *autonome* dans la mesure où il n'a plus de rapport avec la loi. Il ne vient ni la compléter ni la rendre exécutoire, il intervient précisément dans les matières qui ne sont pas réservées à la loi par l'article 34. Ce pouvoir réglementaire original dans notre Constitution est celui de l'article 37.

Mais qu'il s'agisse de l'article 21 ou de l'article 37, dans les deux cas, le pouvoir réglementaire du gouvernement se traduit par des **textes variés de portée générale préparés par les bureaux ministériels**, de telle sorte que les autorités compétentes n'ont plus qu'à entériner les solutions prévues formellement par un personnel rompu à ce type de travail.

---

7. *Cf.* A. GRUBER, « Le fonds social européen à la veille d'un bilan », *RTDE*, 1982, p. 251 à 287.

On peut faire la même observation en ce qui concerne la masse des *projets de loi*, d'initiative gouvernementale, ou encore des textes ayant valeur législative par délégation spéciale et temporaire du Parlement, c'est-à-dire des *ordonnances*, de l'article 38, pour les plus banales, de l'article 92 aujourd'hui abrogé pour les ordonnances qu'on peut considérer comme historiques puisqu'elles ont permis la mise en place des institutions prévues par la Constitution, ou de l'article 47 pour les ordonnances pouvant intervenir en matière de finances. Dans tous les cas, les textes arrêtés qui formalisent les décisions prises dépendent pour l'essentiel de la *préparation assumée par des fonctionnaires* qui utilisent à cette occasion leur compétence et leur expérience, en même temps que l'opportunité de la prévision administrative.

Le plus souvent, cette préparation des décisions passe par un relais administratif supplémentaire, quand l'adoption des textes intervient sur avis obligatoire ou conforme *d'organes consultatifs*, constitutionnels comme le Conseil d'État, le Conseil économique et social ou la Cour des comptes, ou non constitutionnels et spécialement compétents aux termes de la loi. L'intervention de ces institutions administratives spécialisées prend alors valeur de garantie pour les destinataires de la décision en permettant une participation de leurs représentants à la prise de décision gouvernementale. Mais, indépendamment des modifications éventuelles apportées au terme des procédures consultatives prévues par la Constitution ou par la loi, les décisions relèvent de la préparation faite par l'administration.

c) *L'administration exécute*

Les deux fonctions précédentes permettent de comprendre que *l'exécution des décisions politiques*, qui constitue le troisième type de tâche caractéristique de la fonction administrative, ne doit pas conduire à la conclusion hâtive que l'administration est en position strictement subordonnée quand elle exécute. Sans doute, les décisions qu'elle a elle-même préparées doivent être formellement prises par les institutions et autorités politiques compétentes, Parlement ou gouvernement, pour les lois et règlements, avant d'être exécutées comme obligatoires par la même administration, sous réserve d'avoir satisfait aux règles de publicité. Il y a là une sorte de retour à l'envoyeur ou de renvoi à la case départ, de l'administration qui prépare à l'administration qui exécute.

Mais l'exécution proprement dite passe elle-même à son tour par des *décisions de nature cette fois purement administrative* qui peuvent en modifier ou en atténuer la portée, ne serait-ce que par l'interprétation donnée, ou encore en retarder les effets.

On comprend qu'à certains niveaux, même si la fidélité à un parti ou à un homme politique n'est pas généralement requise, et si la compétence est davantage recherchée, l'*acceptation de fait* du régime est *tacitement exigée* pour assurer une exécution loyale et de bonne foi des décisions prises par le pouvoir politique. Pour les fonctionnaires d'autorité, hauts fonctionnaires comme le Préfet, relais d'exécution et représentant du gouvernement, l'exigence de fidélité sera encore plus forte et se traduit par une obligation de loyalisme.

En effet, et sauf dans des cas extrêmes, précis et limités, l'administration dispose toujours d'un **pouvoir d'appréciation** plus ou moins large à l'égard des modalités d'exécution et prend des décisions en fonction de ce pouvoir qui lui est reconnu pour exécuter les textes. Selon les situations, elle peut disposer de *trois types de pouvoir* soumis au contrôle modulé du juge en fonction des libertés données à l'administration.

Plus grande est la liberté dont dispose l'administration, plus modeste est le contrôle du juge. C'est ainsi que l'administration peut n'avoir qu'une *compétence liée*, ce qui implique qu'elle n'a ni choix ni liberté à l'égard des modalités d'exécution qui lui sont imposées par les textes. Elle peut aussi exercer une *compétence conditionnée*, ce qui lui confère une marge de liberté dans l'appréciation des conditions prévues par les textes. mais elle peut encore se voir reconnaître une *compétence discrétionnaire*, ce qui représente un pouvoir maximum, et la liberté la plus grande dans l'exécution des décisions, pouvoir et liberté respectés par le contrôle minimum du juge administratif.

Ainsi par ce pouvoir propre, d'étendue variable, l'administration joue toujours un rôle fondamental dans l'exécution des décisions, renforcé encore par le jeu des délégations consenties à son profit par le pouvoir politique.

Il est clair que, quel que soit le niveau de développement et quels que soient les choix politiques d'un pays, l'administration peut être pour lui un moteur ou un frein. Par exemple, la rapidité ou la lenteur dans l'exécution d'une réforme contribue puissamment à sa réussite ou à son échec. Cette force spéciale de l'administration permet de parler d'elle comme d'un **véritable pouvoir autonome** avec lequel le pouvoir politique doit nécessairement compter.

d) *L'administration informe*

La tâche d'information inséparable de la gestion des affaires publiques se superpose aux trois précédentes. Les services publics forment un véritable *réseau d'informations* à l'égard des réalités socio-économiques du pays, de ses besoins comme de ses ressources. Ces informations sont indispensables aux prises de décisions politiques, qui dépendent non moins directement de la préparation et de l'exécution par la même administration détentrice des connaissances utiles et appelée là encore à jouer un rôle majeur dans le processus décisionnel.

Le pouvoir politique serait paralysé sans une administration qui lui apporte par sa tâche d'information les matériaux de ses décisions. C'est ainsi que la place des **statistiques** répertoriées dans chaque ministère est très importante pour éclairer l'action politique. Mais leur centralisation suppose plus ou moins la mobilisation de l'ensemble des corps de fonctionnaires qui dépendent de chaque ministère. Par exemple, les statistiques annuelles sur l'emploi publiées par le ministère du Travail centralisent les données établies sur le plan local par les inspections du travail et par les agences nationales pour l'emploi.

C'est à partir des données fournies par ces statistiques qu'on a pu étudier les formes les plus préoccupantes du chômage, qu'il s'agisse d'une forme aussi paradoxale que le *chômage d'inadaptation* dans des secteurs d'activité où coexistent une forte demande et une forte offre d'emplois, ou encore de formes devenues plus banales comme le chômage des jeunes ou celui des femmes. Les informations apportées par ces statistiques sont à la base des idées nouvelles sur le *partage du travail* et de textes aussi importants que la loi Martine Aubry du 31 décembre 1992 prévoyant pour les travailleurs volontaires la transformation de leur contrat de travail à durée indéterminée en contrat de travail à durée indéterminée à temps partiel, ou la loi quinquennale sur l'emploi du 20 décembre 1993 qui intéresse spécialement l'emploi ou la formation des jeunes. Sur le plan européen, ce sont encore les statistiques détenues par l'administration de Bruxelles qui ont permis d'analyser les problèmes spécifiques posés par les secteurs de reconversion (mines, textile, acier).

D'une façon générale, la gestion des affaires publiques va de pair avec la **détention d'informations** spécialement utiles à la recherche en matière de science administrative. L'accès aux dossiers des agents publics permet par exemple de déterminer les origines sociales ou géographiques des fonctionnaires, ou encore leur mobilité, et d'étudier la fonction publique de façon objective. Ces mêmes dossiers intéressent les agents publics eux-mêmes quand ils désirent connaître la motivation d'une sanction ou d'une note pour mieux s'en défendre ou mieux fonder une réclamation. L'accès à leurs dossiers est garanti par leur statut qui a constitué sur ce point et pendant longtemps une remarquable exception à la tradition administrative du secret.

C'est un fait général qui n'est pas spécifique à l'administration française, que l'*administration surinformée n'a pas tendance à livrer spontanément ses informations parce qu'elles sont une des bases de sa puissance.* Sa volonté est d'être opaque et non transparente. Ce phénomène a été très bien étudié par l'école américaine d'Herbert Simon[8] qui montre les obstacles rencontrés à la circulation de l'information, y compris dans son usage interne à l'administration. Le supérieur hiérarchique peut chercher à fonder son autorité sur le secret d'informations qu'il est le seul à détenir. L'agent inférieur d'exécution peut de son côté refuser de communiquer l'information qui comporte des risques pour sa propre situation. Cette psychologie du comportement appliquée à l'administration est particulièrement significative.

Il a fallu en France deux lois inspirées par le Médiateur, pour rompre définitivement avec la **règle du secret**, tout en ménageant encore de larges dérogations à son profit. D'une part, la loi du 17 juillet 1978[9] prévoit, sous certaines conditions la *liberté d'accès aux documents administratifs*, tout en s'efforçant de respecter un juste équilibre entre les droits légitimes de l'administration, responsable de la bonne conservation de ces documents, et les droits non moins légitimes des administrés. La même loi crée la CADA (Commission d'accès aux documents administratifs), institution qui intervient auprès de l'administration récalcitrante qui refuse la communication demandée par l'administré qui doit la saisir avant tout recours contentieux. La CADA dénonce périodiquement les abus de l'administration dans des rapports détaillés qui montrent le poids des habitudes du secret dans la pratique administrative. La loi de 1978 est complétée par la loi du 11 juillet 1979[10] qui impose à l'administration *la motivation en droit et en fait* de ses décisions négatives à l'égard de l'administré. Ces deux lois traduisent la volonté du législateur de réformer une attitude constante et depuis longtemps stigmatisée, en assurant désormais une certaine transparence de l'administration. Elles contribuent de ce fait à « *l'amélioration des relations entre l'administration et le public*», cette dernière expression figurant d'ailleurs dans le titre de chacune d'elles.

Ainsi, prévision, préparation, exécution et information caractérisent la fonction administrative et lui confèrent diversité et spécificité quand elle s'applique à la gestion des affaires publiques. Mais cette spécificité de l'administration publique apparaît encore quand on étudie ses moyens propres d'action.

---

8. *Cf.* H. SIMON, *Administration behavior*, New York, MacMillan, 1948. Du même auteur : *Public administration*, Knopp, 1954.
9. Loi n° 78-753 du 17 juillet 1978, *JO* du 18 juillet 1978, p. 2861.
10. Loi n° 79-587 du 11 juillet 1979, *JO* du 12 juillet 1979, p. 1711.

§ II. LA SPÉCIFICITÉ DE L'ADMINISTRATION PUBLIQUE

Ici, la spécificité se retrouve aussi bien dans le droit des personnes administratives, que dans le droit applicable à l'activité administrative.

A. Les personnes administratives

Le droit public n'ignore pas les personnes physiques, et les autorités administratives investies du pouvoir de décision sont des personnes physiques. Mais c'est toujours une personne morale qui représente l'administration, et les divers agents publics s'effacent derrière la collectivité qu'ils représentent et pour le compte de laquelle ils agissent. C'est donc du côté des personnes morales de droit public que se situe la spécificité des personnes administratives. Elles se distinguent en effet nettement des personnes morales de droit privé.

a) *Les personnes morales de droit privé*

Il faut se souvenir que la personnalité morale confère à un groupement la personnalité juridique. Le groupement devient «sujet de droit» en tant que groupement, ce qui lui assure permanence et unité, même si ses membres individuels varient dans le temps, et quel que soit leur nombre.

Le fait d'être sujet de droit a la même signification pour la personne morale que pour la personne physique. Dans les deux cas, on peut dire selon l'excellente définition du Professeur Waline qu'il s'agit d'un **«centre d'intérêts juridiquement protégés»**.

Le droit privé connaît un certain nombre de catégories de personnes morales :

1. Les *sociétés civiles ou commerciales*, dont le but est de faire ou de partager des bénéfices.

2. Les *syndicats et les associations*, qui inversement ont en commun de ne pas avoir pour but la recherche de bénéfices.

3. Les *groupements d'intérêt économique*, qui permettent à des professionnels de mettre en commun des moyens propres à faciliter ou développer l'activité économique de leurs membres ou encore à en accroître ou améliorer les résultats.

4. Les *nouveaux groupements d'intérêt public* créés par la loi d'orientation et de programmation de la recherche du 15 juillet 1982[11].

Toutes ces catégories de personnes morales de droit privé auxquelles s'ajoutent les *fondations* quand elles sont reconnues d'utilité publique, ont en commun d'être soumises au droit privé, et d'en respecter les principes fondamentaux tels que l'autonomie de la volonté ou la relativité des contrats. Nul n'est obligé de faire partie d'un de ces groupements, l'adhésion est purement volontaire. De la même façon, le lien du groupement, associatif, syndical ou autre n'intéresse que ceux qui font partie du groupement[12] qui ne peut imposer unilatéralement de charge ou d'obligation quelconque à des tiers.

---

11. Loi n° 82-610 du 15 juillet 1982, *JO* du 16 juillet 1982.
12. Pour mémoire, l'article 1165 du Code civil pose le principe de l'autonomie de la volonté dans les termes suivants : «Les conventions n'ont d'effet qu'entre les parties contractantes. Elles ne nuisent point au tiers, et elles ne lui profitent que dans le cas prévu par l'article 1121» (celui-ci visant la stipulation pour autrui).

b) *Les personnes morales de droit public*

Les personnes morales administratives ont en commun avec les précédentes d'être comme toute personne morale : sujets de droit, et donc « *centres d'intérêts juridiquement protégés* ». Mais d'une part, le nombre de leurs catégories se réduit à trois, d'autre part, leurs droits et leurs obligations sont exorbitants du droit commun.

Les trois catégories de personnes morales de droit public recouvrent tout d'abord l'**État**, catégorie à lui seul, dont l'action s'étend à l'ensemble du territoire national, et dont la compétence est générale.

La seconde catégorie comprend les **collectivités locales** ou territoriales : communes, départements, régions, territoires d'outre-mer. Chacune a pour vocation administrative la gestion des affaires publiques d'une partie bien délimitée du territoire national.

La troisième catégorie est constituée par le vaste ensemble diversifié des **établissements publics,** qui se définissent à l'origine comme une spécialisation des services publics. Le recours à la technique de l'établissement public permet de réaliser une **décentralisation fonctionnelle, assortie de l'indispensable autonomie financière.** Le législateur a multiplié les formules, appliquant ce procédé non seulement aux services sociaux ou intellectuels, mais aussi aux services publics industriels et commerciaux, aux services d'organisation et de représentation professionnelle et, plus ou moins récemment, aux regroupements des collectivités locales. Cette évolution s'est accompagnée d'une différenciation très nette des régimes juridiques applicables.

Il est toujours indispensable, même si cela n'est pas toujours facile, de savoir identifier quelle est la personne publique qui gère un service public parce que c'est elle qui est sujet de droit et à ce titre seule responsable de sa gestion. Si, par exemple, un fonctionnaire travaillant dans un ministère est créancier d'une indemnité qui ne lui a pas été versée, ce n'est pas le ministère, non détenteur de la personnalité morale, qui est débiteur, mais l'État. Si un maire signe un contrat de fourniture pour la mairie avec un papetier, ce n'est pas le maire qui est contractant, mais la commune qui réglera sur son budget les engagements pris par son représentant.

> Sans doute la personnalité morale étant une pure abstraction, les personnes publiques comme les personnes morales de droit privé sont **représentées** par des personnes physiques qui peuvent agir en leur nom. Mais c'est la personne publique seule qui se trouve engagée par les actes de son représentant. Un arrêté ministériel engage l'État, un arrêté municipal engage de même la commune. Ce n'est que très exceptionnellement qu'un acte effectué par un agent public lui est imputable personnellement. L'administration gère les intérêts collectifs des citoyens, et le droit administratif ne connaît que des intérêts collectifs assumés par les personnes morales de droit public. L'acte effectué par une personne physique pour son propre compte ne le concerne pas.

Or les trois catégories de personnes publiques disposent, contrairement aux groupements personnalisés de droit privé, de droits et d'obligations spécifiques. Elles détiennent en effet des **prérogatives de puissance publique exorbitantes du droit commun**, en ce qu'elles leur permettent d'imposer des charges et des obligations aux individus qu'elles englobent, sans leur consentement. Il faut être conscient que cette prépondérance des personnes publiques prend parfois une dimension extrême lorsqu'il s'agit de l'État, dans la mesure où il dispose dans certaines hypothèses prévues par la constitution ou par la loi, d'un véritable droit de mort sur les citoyens. C'est le cas dans une situation de guerre ou encore lorsque le système pénal prévoit la peine de mort. Le sociologue Max Weber caractérisait précisément l'État par le «monopole de la coercition[13]», entendue comme monopole de la violence ou contrainte légitime.

Plus largement, les prérogatives spéciales des personnes publiques les placent en position de supériorité par rapport aux administrés, mais cette position se justifie par le fait que l'intérêt général, géré par l'administration, prime l'intérêt particulier.

En contrepartie, mais pour la même raison, les personnes publiques connaissent des **sujétions ou des servitudes spéciales**, ne serait-ce que parce que le service public est soumis aux trois règles fondamentales de continuité, d'adaptation constante et d'égalité. Les obligations particulières des fonctionnaires, autant que celles de service minimum traduisent ces charges propres qui n'ont pas d'équivalent pour les personnes privées. En ce sens, on peut dire que le droit des personnes administratives recouvrant prérogatives et servitudes de droit public, constitue une spécificité quasi absolue de l'administration publique.

Par contre, le fait que la gestion des affaires publiques soit assumée par des personnes publiques n'est plus lui-même une spécificité de l'administration publique. Cet apparent paradoxe s'explique par l'évolution du **mode de gestion**. Les personnes publiques ont perdu le monopole exclusif de la gestion des intérêts collectifs. L'intrusion progressive de l'administration dans des secteurs non administratifs par nature, tels que les secteurs industriels ou commerciaux, a conduit au recours de plus en plus fréquent à une gestion confiée à des personnes privées. C'est le cas des concessions de service public qui autorisent une rémunération directe du concessionnaire sur les usagers. C'est par ce système par exemple que les sociétés d'économie mixte, par définition privées, se sont vu concéder la construction d'autoroutes ou de tunnels autoroutiers et ont pu percevoir des droits de péage sur les usagers.

La spécificité de l'administration publique doit donc être recherchée davantage dans le droit des personnes publiques, catégories, droits et obligations (spécificité absolue), que dans le fait que l'administration publique est entre les mains des personnes publiques (spécificité très relative). Cette dernière remarque est corroborée par le déclin du critère organique en droit administratif.

D'une façon générale, qu'il s'agisse de l'action administrative conduite directement par des personnes publiques ou de l'action administrative conduite par des personnes privées, cette action se définit par nature comme une tâche d'intérêt général, et pour sa réalisation, elle utilise des deniers publics en proportion variable.

Mais la spécificité de l'administration publique n'apparaît pas seulement au niveau des personnes administratives. On la retrouve aussi dans le droit, applicable à l'activité administrative elle-même.

B. Le droit applicable

Contrairement à ce qui se passe en Grande-Bretagne où le même droit concerne les personnes privées et l'administration, c'est un droit particulier qui s'applique en France à l'administration publique. Ce droit spécial est le *droit administratif*. Mais le fait même que l'administration soit soumise au droit mérite en soi une observation attentive.

---

13. *Cf.* Max WEBER, *Le savant et le politique*, Paris, Plon, 1959, p. 112 et suiv.

a) *État de droit et droit administratif*

L'idée d'une administration soumise au droit réalise les progrès de l'État de droit par rapport à l'État de police dans lequel l'administration dispose d'un pouvoir discrétionnaire tout-puissant et sans limite. L'État de droit suppose un système juridique dans lequel les droits des particuliers sont garantis vis-à-vis de la puissance publique.

C'est la **Déclaration des droits de l'Homme de 1789** qui pose pour la première fois le principe selon lequel l'administration est soumise à la légalité et a des obligations vis-à-vis des citoyens. L'article 15 dispose en effet que : «*La société a le droit de demander compte à tout agent de son administration.*» Cette formule complète l'article 12 qui prévoit pour sa part l'instauration d'une force publique en stipulant que celle est instituée «*pour l'avantage de tous et non pour l'utilité particulière de ceux auxquels elle est confiée*».

Quant au particularisme du droit administratif auquel est soumise l'administration, il s'explique par le choix qu'avaient fait les révolutionnaires de confier le contentieux des affaires administratives à des **juridictions spéciales**, qui, faisant partie intégrante de l'administration, devaient tenir compte des particularismes de l'action administrative.

Les lois du 16-24 août 1790 et 16 fructidor an III interdisent au juge judiciaire de s'immiscer dans les opérations des corps administratifs et de citer devant lui les administrateurs à raison de leurs fonctions. La *séparation des deux ordres de juridiction* qui en résulte est à l'origine d'un droit spécial propre à l'administration publique.

En effet, la naissance, puis le développement à partir de l'an VIII d'une juridiction spécialisée débouchent sur la création et l'extension d'un droit nouveau, de nature **jurisprudentielle** ce qui en fait un droit de spécialistes difficile à connaître et pour lequel il n'existe pas de code comparable au Code civil pour le droit civil. Le Code administratif n'est qu'une compilation de textes de portée limitée et ne concernant que certains domaines précis. Les règles et les principes du droit administratif relèvent directement de la jurisprudence du Conseil d'État. Or ce droit prétorien est un **droit autonome**, dérogatoire au droit commun, c'est-à-dire au droit privé.

C'est ce que le Tribunal des conflits affirme de façon solennelle dans l'arrêt Blanco du 8 février 1873, en disposant : «Que la responsabilité qui peut incomber à l'État pour les dommages causés aux particuliers par le fait des personnes qu'il emploie dans le service public ne peut être régie par les principes qui sont établis dans le Code civil pour les rapports de particulier à particulier. Que cette responsabilité n'est ni générale, ni absolue, qu'elle a ses règles spéciales qui varient suivant les besoins et la nécessité de concilier les droits de l'État avec les droits privés[14].»

Ainsi donc, l'administration relève du droit administratif, droit particulier adapté par le juge administratif aux particularismes de son action fondée sur l'intérêt public. Cette affirmation mérite cependant d'être corrigée par une importante nuance.

b) *Gestion publique et gestion privée*

Dans certaines circonstances, l'administration peut choisir délibérément de renoncer à ses prérogatives de puissance publique pour se placer d'elle-même sous l'empire du droit privé.

---

14. *Cf.* TC, 8 février 1873, Blanco, concl. David, *S.* 1873, 3, 153.

À côté de sa gestion publique, l'administration connaît en effet une gestion privée soumise au droit privé. Dans ses célèbres conclusions sur l'arrêt Terrier, le commissaire du gouvernement Romieu réserve la possibilité d'une **gestion privée des services publics**[15]. Or si la gestion publique est soumise au droit administratif, c'est le droit commun qui s'applique à la gestion privée. On dit parfois que l'administration « se met en civil ». Le Conseil d'État en fait une application significative en matière de contrat, en relevant que l'administration peut choisir de contracter comme le fait n'importe quel particulier ; la nature du contrat étant alors privée, le contentieux contractuel relève de la compétence du juge judiciaire.

C'est ainsi que le Conseil d'État retient qu'un marché de fourniture de pavés entre une société et la Ville de Lille « *était exclusif de tous travaux à exécuter par la société et avait pour objet unique des fournitures à livrer selon les règles et conditions intervenues entre particuliers* », pour en conclure qu'« *il n'appartient pas à la juridiction administrative de connaître* » de la contestation née de l'application du contrat. Dans cet arrêt du 31 juillet 1912, Société des granits porphyroïdes des Vosges[16], l'absence de clauses exorbitantes de droit commun témoigne d'une gestion privée choisie pour le contrat.

Si l'administration publique se caractérise donc bien par l'application d'un droit spécifique, il s'agit là encore d'une spécificité relative et l'étude du droit administratif oblige à faire une large part à la gestion privée de l'administration. **La définition des institutions administratives débouche par conséquent sur un constat nuancé de leurs spécificités, en même temps que sur l'affirmation de la diversité et de la complexité des fonctions de l'administration publique.**

Double spécificité absolue, quand on examine les catégories de personnes morales de droit public et leur droit. Double spécificité relative, quand on retient que les personnes publiques n'ont pas le monopole de la gestion administrative et que le droit administratif n'est pas le seul droit applicable à l'action de l'administration[17]. La concurrence des personnes privées chargées d'une mission de service public, et celle du droit privé applicable à la gestion privée de l'administration, permettent de comprendre de même toute *la diversité et la complexité des modes de gestion* de notre administration publique.

Il nous faut voir maintenant que l'organisation administrative de notre pays obéit à des principes que nous allons examiner dans une seconde section.

Section 2
Les principes de l'organisation administrative

Dans un grand pays moderne, la centralisation absolue, c'est-à-dire la concentration de la totalité des compétences entre les mains d'une autorité unique, se heurte à une impossibilité manifeste en raison notamment de la multiplication des tâches qui

---

15. *Cf.* CE, 6 février 1903, Terrier, concl. Romieu, *D*, 1904, III, 65.
16. *Cf.* CE, 31 juillet 1912, Société des granits porphyroïdes des Vosges, concl. Blum., *S.*, 1917, 3, 15.
17. Sur ce problème, voir l'article de synthèse de Paul SABOURIN : « Peut-on dresser le constat de décès du critère organique en droit administratif français ? », *cf. RDP*, 1971, n° 3, p. 589 à 629.

incombent à l'État. Il est nécessaire, pour éviter la paralysie des organes centraux, que les décisions d'intérêt local soient prises localement et que soit organisée une véritable territorialité administrative.

Les principes qui commandent en France l'organisation territoriale de l'administration sont de deux sortes et de nature très différente. D'une part, les *principes* proprement *techniques*, classiques au demeurant, mais au contenu enrichi et totalement renouvelé par les réformes en cours concernent la *déconcentration* et la *décentralisation*, qu'il conviendra d'examiner en premier lieu. D'autre part, les *principes constitutionnels* qui encadrent l'ensemble des règles applicables à la matière.

§ 1. DÉCONCENTRATION ET DÉCENTRALISATION

On peut tout d'abord définir ensemble la déconcentration et la décentralisation comme *deux techniques de gestion administrative* qui ont en commun de réaliser une division du travail et de permettre à d'importants pouvoirs de décision d'être exercés sur place. On peut mesurer immédiatement à partir de cette définition l'importance et l'intérêt de ces deux techniques.

Importance : pour tout État soucieux de disposer des moyens efficaces de gestion des décisions, et ceci quels que soient la volonté politique ou le type de régime. C'est une règle générale, et même le régime le plus autoritaire et le plus centralisé ne peut se passer de *relais locaux* d'administration sous peine d'asphyxie. Il faut même ajouter que ces relais locaux sont pour lui les seuls moyens d'assurer l'unité d'exécution des décisions centrales sur l'ensemble du territoire. On peut citer pour exemple le centralisme autoritaire instauré en France par la Constitution de l'an VIII, et où l'autorité centrale est relayée par le Préfet dans sa circonscription départementale pour l'ensemble des affaires générales de l'État.

Intérêt : d'une administration proche des administrés, plus directe, d'une *administration de terrain*, à la fois plus efficace pour répondre aux besoins et plus rapide pour décider et agir sans remonter au niveau central pour chaque décision et pour chaque acte.

Mais passée cette première approche, il faut bien admettre que les points communs entre déconcentration et décentralisation s'arrêtent là, dominés par des différences de nature, qui s'expliquent par le fait que, si ces deux techniques permettent bien de réaliser une répartition territoriale de l'administration, chacune d'elles concerne une *administration différente*, administration d'État pour la déconcentration, administration locale pour la décentralisation.

La différence essentielle entre la déconcentration et la décentralisation est en effet d'ordre politique et tient au statut des organes qui bénéficient de la redistribution du pouvoir : dans le cadre de la déconcentration, ces organes sont le reflet fidèle et l'instrument docile du pouvoir central ; dans celui de la décentralisation, ils ont leur identité propre et jouissent de plus d'autonomie.

A. La déconcentration

La déconcentration n'est qu'un aménagement territorial de l'administration d'État, ou encore, un aménagement pratique de la centralisation.

En cela, *elle n'a pas par elle-même de valeur démocratique*. La déconcentration se caractérise par *des principes et des règles* d'étroite dépendance à l'État. C'est lui qui *nomme ses* agents déconcentrés pour *le* représenter, pour parler et agir en *son nom* dans des circonscriptions qui organisent simplement une localisation de *son pouvoir*, sans porter aucune atteinte à l'unité de celui-ci.

Avec la déconcentration, l'administration reste aux mains du pouvoir central ou de ses agents déconcentrés dont les actes doivent être conformes, ou au minimum compatibles avec les normes supérieures émises par le pouvoir central. C'est l'application du principe de la hiérarchie des normes.

Administration centrale et administration déconcentrée forment ensemble l'Administration d'État, et les agents nommés par le pouvoir central pour être ses agents locaux restent étroitement soumis à *son contrôle hiérarchique* et à *son* autorité. La relation qui s'établit entre l'autorité supérieure centrale et l'autorité déconcentrée est une *relation d'ordre*, qui implique *l'obéissance* du subordonné local, et la déconcentration peut se définir ici comme une technique de *commandement* dans laquelle l'agent déconcentré est subordonné à l'autorité de l'État.

a) *La subordination à l'État*

Cette subordination est caractérisée par le **pouvoir hiérarchique**, qui permet au supérieur hiérarchique, organe central, de disposer de larges prérogatives sur la personne et sur les actes des autorités déconcentrées qui relèvent de sa compétence et qui sont statutairement des agents de l'État. Ce pouvoir se diversifie à l'égard de la personne en pouvoir d'**organisation** (nomination et affectation des agents), pouvoir d'**instruction** par les circulaires ou notes de service qui indiquent au subordonné déconcentré les modalités d'application des décisions centrales, ou lui imposent une interprétation, et enfin pouvoir *disciplinaire* (notations, sanctions, et parallèlement au pouvoir de nomination : révocations).

À l'égard des actes de l'agent déconcentré, le supérieur central exerce un contrôle étendu, soit *a priori* par approbation ou autorisation préalable, soit au contraire *a posteriori* par le pouvoir unilatéral de réformer, suspendre ou d'annuler, soit pour illégalité, soit en toute opportunité, les actes et décisions prises par ses subordonnés. Sans oublier la possibilité pour le supérieur central de se *substituer* à l'agent déconcentré en cas de carence ou d'insuffisance, pour qu'en tout état de cause, les décisions centrales soient bien appliquées.

On comprend que dans un tel système, il n'y ait aucune place pour un partage démocratique des tâches.

Dans un régime centralisé et déconcentré, l'administration relève du pouvoir central, mais elle se rapproche des administrés sans rien perdre de son unité et de sa vocation à gérer l'intérêt général. Elle se déploie au sein d'une même personne morale de droit public, l'**État**, sans attributions d'autonomie juridique et de personnalité morale aux organes non centraux qui le représentent.

En ce sens, la circonscription administrative représente une portion de territoire qui sert de relais pour l'administration de l'État et à la tête de laquelle est placé un agent déconcentré, c'est-à-dire un représentant du pouvoir central.

Il faut observer que les *circonscriptions administratives de l'administration d'État*, intéressent deux types de déconcentration, générale et spéciale, avant de préciser la redistribution des rôles opérée en 1992.

b) *Déconcentration générale et spéciale*

Les circonscriptions administratives peuvent être de deux sortes : soit il s'agit de circonscriptions d'administration générale : elles ont alors une certaine polyvalence à l'image de la polyvalence de l'administration d'État puisqu'on y trouve la généralité des services déconcentrés de l'administration centrale. Leur territoire peut alors coïncider avec celui d'une collectivité locale. C'est le cas pour la région, le département ou la commune.

Soit, il s'agit de circonscriptions d'administration *spéciale, technique ou fonctionnelle*. Leur découpage et leurs dimensions varient alors selon leur *ministère* de rattachement sans correspondre nécessairement avec ceux des collectivités locales décentralisées. Elles ont le plus souvent un caractère interdépartemental, sans tenir compte pour autant des limites régionales, et sans aucune unité dans leur découpage, malgré la préoccupation légitime de l'État d'harmoniser ses circonscriptions par un regroupement dans le cadre homogène des régions[18].

On trouve ainsi dans la plus parfaite *hétérogénéité territoriale*, les ressorts académiques, les zones de défense et régions militaires, les régions sanitaires, régions des haras, les directions régionales de l'INSEE, les circonscriptions archéologiques, les services interdépartementaux de l'industrie et des mines, auxquels s'ajoute la carte particulièrement complexe des ressorts des différentes juridictions, qu'elles soient judiciaires ou administratives, sans oublier les multiples circonscriptions dont le rôle technique est de servir de cadre à certaines élections, telles que les cantons ou encore les circonscriptions législatives dont le découpage est un enjeu de pouvoir. L'État peut toujours *créer de nouvelles circonscriptions* chaque fois qu'une nouvelle déconcentration est décidée, et qu'elle s'organise dans des cadres géographiques spécifiques. De telles créations relèvent de la loi ou du décret en Conseil d'État. En fait, chaque découpage des circonscriptions techniques correspond à l'opportunité politique du moment ou aux nécessités propres des missions de l'administration centrale qui se localise.

Sans remettre en cause la création et l'existence même de ces multiples circonscriptions techniques, deux textes majeurs sont venus renforcer la déconcentration en redistribuant les rôles au sein de l'administration d'État, non seulement entre l'administration centrale et l'administration déconcentrée, mais au sein même des circonscriptions géographiques les plus importantes. Ces textes de 1992 opèrent une ouverture de la déconcentration, à la mesure de celle opérée depuis 1982 en faveur de la décentralisation.

c) *La redistribution de 1992 et la généralisation de la déconcentration*

La loi d'orientation du 6 février 1992[19] comprend un titre I consacré à l'organisation territoriale de l'État. « Titre-chapeau », relativement bref, composé de 9 articles dans un texte qui en compte 135 consacrés principalement à l'administration décentralisée. Cette brièveté ne permet qu'un exposé de principes et l'annonce d'une mise

---

18. Les décrets des 7 janvier 1959, 2 juin 1960 et 10 mai 1982 ont exprimé une volonté politique en ce sens mais les textes actuels ne règlent toujours pas la question.
19. Loi d'orientation n° 92-125 du 6 février 1992 relative à l'administration territoriale de la République, *cf. JO* du 8 février 1992, p. 2064 à 2083.

en chantier d'une charte de la déconcentration (art. 6) sous la forme d'un décret en Conseil d'État devant intervenir dans un délai de six mois suivant la publication de la loi, c'est-à-dire avant le 8 octobre 1992.

C'est le décret n° 92-604 du 1er juillet 1992[20] portant *charte de la déconcentration*, qui vient en effet compléter la loi en précisant les modalités des *transferts*, d'*attribution* des *administrations centrales aux services déconcentrés*, en même temps que les principes d'organisation de ces services.

La loi et *le décret* fixent ensemble les principes et les règles de la déconcentration et permettent de mesurer sa portée actuelle. L'article 2 de la loi d'orientation dispose tout d'abord que, placées sous l'autorité du Premier ministre et de chacun des ministres, les administrations civiles de l'État se composent d'administrations centrales et de services déconcentrés.

Cette organisation générale de l'administration d'État n'est pas nouvelle, mais elle a pour conséquences, d'une part, une répartition des missions renouvelée par les textes de 1992, en particulier, un *partage du travail* entre les administrations centrales et les services déconcentrés de l'État obéissant aux principes fixés par la loi, et d'autre part, une répartition géographique des circonscriptions administratives.

Sans aller jusqu'à fixer une liste limitative et exhaustive des missions dévolues au niveau national, comme il était prévu à l'article 5 de l'avant-projet de loi[21], le principe posé à l'article 2 alinéa 3 se veut particulièrement *restrictif* à l'égard des *compétences du niveau central de l'État*.

Sont confiées aux *administrations centrales* (et on serait tenté de dire : *ne sont confiées aux administrations centrales que…*) les seules missions qui présentent un caractère national ou dont l'exécution, en vertu de la loi, ne peut être déléguée à un échelon territorial.

La *charte de la déconcentration* précise à l'article 2 que les administrations centrales assurent au *niveau national* un rôle de conception, d'animation, d'orientation, d'évaluation et de contrôle. Pour remplir leur rôle, et assumer leurs missions, elles participent à l'élaboration des projets de lois et de décrets, et préparent et mettent en œuvre les décisions du gouvernement et de chacun des ministres.

Sans aller là encore jusqu'à l'énoncé complet des domaines d'action relevant du niveau central de l'État, la charte en énumère trois principaux.

1. La définition et le financement des politiques nationales, le contrôle de leur application, l'évaluation de leurs effets.

2. L'organisation générale des services de l'État et la fixation des règles applicables en matière de gestion des personnels.

3. La détermination des objectifs de l'action des services déconcentrés de l'État, l'appréciation des besoins de ces services, et la répartition des moyens alloués pour leur fonctionnement, l'apport des concours techniques qui leur sont nécessaires, l'évaluation des résultats obtenus.

C'est donc notamment dans ces trois domaines que les administrations centrales exercent leurs missions et assument l'unité nationale de l'administration d'État.

---

20. Décret n° 92-604 du 1er juillet 1992, *cf. JO* du 4 juillet 1992, p. 8898 à 8902.

21. Voir l'excellent commentaire sur l'avant-projet de loi d'orientation relative à l'administration territoriale de la République de MM. Jean-Luc ALBERT, François CHOUVEL et Yves DELAIRE publié aux *Petites Affiches*, n° 62, 64, 65, 66, mai-juin 1990.

Les *autres missions*, et il faut entendre *a contrario* : celles qui ne présentent pas un caractère national, ou dont l'exécution peut être déléguée à un échelon territorial, et notamment celles qui intéressent les relations entre l'État et les collectivités territoriales, sont confiées aux services déconcentrés. Cette dernière vocation des services déconcentrés permet d'assurer une liaison locale particulièrement intéressante entre la déconcentration administrative et la décentralisation territoriale. L'appui technique indispensable de l'État aux projets de développement économique, social et culturel des collectivités décentralisées et de leurs établissements publics de coopération, se fera tout naturellement dans le cadre spécifique de cette vocation des services déconcentrés. L'article 7 prévoit le traitement local de ce type de questions, sous la forme de *conventions* passées entre le représentant de l'État et l'exécutif de la collectivité décentralisée intéressée ou de l'établissement public de regroupement.

Il résulte des textes de 1992 que la déconcentration est conçue volontairement comme *la règle générale de l'administration d'État*, puisqu'elle recouvre toutes les missions qui ne sont pas du niveau national. Ce que traduit parfaitement l'article 1 de la Charte de la déconcentration en stipulant : « la déconcentration est la *règle générale de répartition* des attributions et des moyens entre les différents échelons des administrations civiles de l'État. »

On peut faire ici *deux observations* :

La *première observation* est que la différenciation des missions centrales et des missions déconcentrées vise à supprimer les immixtions du pouvoir central dans les sphères de compétence des échelons déconcentrés, constatées et dénoncées par le Premier ministre dans une circulaire du 5 décembre 1986 comme « des errements préjudiciables à l'action du gouvernement ».

La *seconde observation* est que la généralisation de la déconcentration dans l'organisation de l'administration d'État est elle-même l'écho des engagements politiques pris par le Premier ministre lors du colloque sur les relations de l'État et des collectivités locales organisé à Rennes du 5 au 7 avril 1990. Il y annonçait déjà l'élaboration d'une future charte de la déconcentration aux termes de laquelle « la déconcentration sera le principe de droit commun des interventions de l'État, le maintien de la centralisation une *exception* à justifier ». La charte actuelle du 1er juillet 1992 traduit incontestablement cette volonté politique très ferme de privilégier la périphérie par rapport au centre, ce qui suppose *d'importants transferts d'attribution* des administrations centrales aux services déconcentrés. Ces services exercent leurs missions dans les conditions fixées par les articles 34 et 79 de la loi n° 82-213 du 2 mars 1982 consacrés respectivement au représentant de l'État dans le département et au représentant de l'État dans la région, principaux agents et principaux bénéficiaires de la réforme.

Quant à la *répartition géographique des services déconcentrés,* dont le nom remplace désormais celui des services extérieurs (art. 3 de la loi d'orientation), le principe est posé qu'ils sont organisés dans le cadre des circonscriptions territoriales suivantes :

– circonscription régionale ;

– circonscription départementale (toutes deux simultanément collectivités territoriales dans le cadre de la décentralisation) ;

– circonscription d'arrondissement.

Les deux premières sont traditionnellement des circonscriptions d'administration générale importantes, c'est-à-dire polyvalentes au regard des tâches publiques de l'État ; *leur rôle est redéfini* de façon précise par la charte. Celui de l'arrondissement prend seulement une importance nouvelle qui entérine une situation privilégiée dans la pratique.

La loi vise ces trois circonscriptions comme *les cadres ordinaires de droit commun de la déconcentration*, redistribue leurs rôles respectifs et précise *leurs vocations propres*. Mais elle n'exclut pas les *exceptions* prévues soit par une disposition législative, soit par décret en Conseil d'État (art. 4) et que l'on peut du même coup considérer comme des *circonscriptions dérogatoires*.

Il en est ainsi de la *commune* où le maire représente l'État à lui tout seul sous l'autorité du représentant de l'État dans le département (art. 21 de la loi du 2 mars 1982). Il en va de même pour le *canton* qui joue un double rôle spécifique de circonscription électorale pour l'élection des conseillers généraux, et de circonscription administrative pour un certain nombre de services déterminés comme l'enregistrement ou la gendarmerie.

Si les textes de 1992 ne remettent pas davantage en cause l'existence des nombreuses circonscriptions techniques, il ne faut pas perdre de vue que la loi d'orientation, tout comme la charte de la déconcentration qui en permet l'application, ne concernent exclusivement *que les services civils de l'État* et laisse intacte la déconcentration des services militaires de l'État, ou de façon large, de l'organisation de la défense nationale.

Sous ces différentes réserves, les circonscriptions de l'administration déconcentrées visées par la loi, voient leur rôle défini de façon précise par la charte de la déconcentration. L'article 3 concerne tout d'abord *la circonscription régionale* qui conserve la *vocation économique* qui la caractérise depuis sa création. La charte rappelle que la région constitue un échelon de *programmation* et de *répartition* des *crédits d'investissement de l'État*, ainsi que de *contractualisation* des programmes pluriannuels entre l'État et les collectivités locales.

Elle précise par ailleurs que la région est l'échelon territorial de *trois types d'actions* :

1. De la mise en œuvre des politiques nationale et communautaire en matière de développement économique et social et d'aménagement du territoire.

2. De l'animation et de la coordination des politiques de l'État relatives à la culture, à l'environnement, à la ville et à l'espace rural.

3. De la coordination des actions de toute nature intéressant plusieurs départements de la région.

Les 22 circonscriptions d'administration régionale voient ainsi leur vocation confirmée et élargie.

L'article 4 de la charte concerne *la circonscription départementale* qui voit elle aussi sa position particulière et privilégiée d'échelon territorial à *compétence administrative générale* confirmée. À ce titre, le département est chargé de la mise en œuvre des politiques nationale et communautaire[22].

Cette compétence générale traditionnelle s'entend sous réserve des compétences respectives de la région et de l'arrondissement, et sous réserve de toute disposition législative contraire, ou exception prévue par décret en Conseil d'État.

Enfin, l'article 5 dispose que *l'arrondissement* est le cadre territorial de l'animation, du développement local et de l'action administrative locale de l'État.

---

22. On compte 100 départements depuis la loi du 31 décembre 1975.

La place et le rôle de la *circonscription d'arrondissement* ont pris une importance nouvelle avec les lois de décentralisation depuis 1982. La situation de relais entre le département et la commune, la proximité de terrain de ce niveau d'administration d'État, lui confèrent un intérêt renouvelé dans le contexte des réformes de la territorialité. Le sous-préfet a vu son rôle technique de conseiller auprès des communes se développer de façon considérable.

Mais la particularité notable de l'arrondissement (330 en France) est de constituer une subdivision du département correspondant seulement à une circonscription administrative sans que son ressort coïncide avec le territoire d'une collectivité locale. Il n'a aucune place dans la décentralisation.

Autre particularité : l'arrondissement, circonscription administrative de l'administration d'État, peut être utilisé par le département en tant que collectivité décentralisée pour déconcentrer ses propres services.

De plus l'arrondissement n'est pas assimilable en tant que subdivision départementale à *l'arrondissement communal* qui est une circonscription administrative mais à l'intérieur de la commune. En tant que tel, l'arrondissement communal peut être :

– soit une circonscription administrative de la collectivité locale : c'est le cas des mairies annexes ;

– soit comme circonscription administrative de l'État : dans l'hypothèse de la police étatisée des communes ;

– soit les deux à la fois : comme à Paris où les 20 mairies annexes accueillent à la fois les services déconcentrés de l'État dans la capitale, et ceux des deux collectivités locales parisiennes (commune et département).

Les textes très importants de 1992 ont donc, d'une façon générale, considérablement renforcé la déconcentration en France en accentuant la localisation de l'administration d'État.

D'une toute autre nature, apparaît la décentralisation.

B. La décentralisation

Avec la décentralisation, la division du travail administratif repose sur une véritable conception démocratique du pouvoir, puisqu'elle permet aux intéressés eux-mêmes de gérer leurs affaires de façon autonome. De ce point de vue, la décentralisation « fait souffler le vent de la liberté », ce qui suppose des moyens, et en particulier la reconnaissance de la personnalité morale.

L'autonomie de gestion distingue en effet radicalement la décentralisation de la déconcentration. Elle se fonde sur l'attribution de la personnalité juridique à des collectivités ou à des entités dont les intérêts spécifiques sont reconnus par la loi distincts des intérêts nationaux. De plus, la gestion de ces intérêts est assurée par *des organes élus*, ce qui les rend indépendants du pouvoir central, et renforce l'autonomie administrative propre à la décentralisation.

C'est sur la base de ces principes, gestion autonome et élection des organes, que la décentralisation peut revêtir deux formes, selon qu'elle prend une base géographique ou technique.

a) *La décentralisation territoriale*

La décentralisation peut être territoriale et avoir une base géographique. Dans ce cas, les principes de l'élection et de l'autonomie de gestion sont pleinement respectés et se concrétisent dans une *véritable administration locale* et non plus seulement localisée, comme peut être qualifiée justement l'administration déconcentrée.

Cette administration territoriale décentralisée est organisée dans le cadre des *collectivités locales* ou territoriales qui correspondent à des portions de territoire métropolitain ou d'outre-mer ayant une délimitation géographique précise. Rappelons que cette délimitation est la même pour certaines circonscriptions administratives de l'administration d'État : régions, départements, communes où elle circonscrit un ressort de compétence.

Dans cette première forme de décentralisation, les principes fondamentaux ne sont pas altérés par des régimes spéciaux. Au contraire, les progrès de la réforme entreprise en 1982 ont élargi les libertés des collectivités locales en généralisant le principe électif à l'ensemble des organes, exécutif et délibérant de l'ensemble des collectivités locales, et en banalisant ainsi la région et le département par rapport au modèle démocratique, envié jusque-là, de la commune.

La *libre administration des collectivités locales* s'inscrit dans la Constitution à l'article 72 alinéa 2 qui dispose que les collectivités territoriales de la République « s'administrent librement par des Conseils élus, et dans les conditions prévues par la loi ».

Cette formule maladroite appelle une réserve terminologique et deux remarques plus fondamentales sur les conditions d'autonomie. La réserve concerne les « Conseils élus ». En réalité, la gestion autonome des collectivités locales est bien assumée par des *Conseils* élus, organes délibérants qui décident, *mais aussi* par des organes *exécutifs*, l'ensemble de ces organes étant élus, ce qui est nouveau pour le département et la région : depuis 1982.

La première remarque sur l'autonomie est que contrairement au principe de spécialité applicable aux établissements publics, la libre administration des collectivités locales leur donne plénitude de compétence pour gérer leurs propres affaires, affaires de la commune, du département ou de la région.

La deuxième remarque est que cette plénitude de compétence s'entend dans le respect de l'unité de l'État, ce qui signifie que les libertés locales ne vont pas sans contrôle.

Les libertés locales prennent place en effet dans le cadre d'un État unitaire et la plénitude de compétence des collectivités locales est purement administrative. La Constitution interdit de confondre la décentralisation comme technique de gestion administrative, et le fédéralisme comme organisation politique des pouvoirs. Chaque collectivité locale est une personne publique qui n'a *aucune compétence étatique*, mais des compétences purement administratives, et les *contrôles* assurent la cohérence globale de l'exercice des libertés locales.

Dans ce cadre particulier, et contrairement à ce qui passe pour les agents et organes déconcentrés, la relation entre l'administration d'État et l'administration décentralisée n'est pas une relation d'ordre ou de commandement, une relation de ce type supprime toute autonomie, mais une *relation de surveillance* destinée à éviter la rupture de l'unité nationale et l'éclatement en fédéralisme. Outre la surveillance et la vigilance en amont du *Conseil constitutionnel* sur les lois de décentralisation, s'exerce directement sur les actes locaux la double surveillance du *juge administratif* qui contrôle le respect de la légalité et de la hiérarchie des normes, et celle des *chambres régionales des comptes* qui intervient dans l'application des règles financières et budgétaires propres aux collectivités locales.

D'une façon générale, le rôle de cette surveillance est d'assurer la cohérence globale de l'administration nationale. Jusqu'en 1982, cette surveillance était définie par la **tutelle**, qui permettait au représentant de l'État d'exercer un large contrôle sur les actes des collectivités locales dans le cadre des lois : contrôle *a priori* et *a posteriori*, de légalité et d'opportunité. La loi du 2 mars 1982 a profondément modifié le cadre de cette surveillance en supprimant le contrôle de l'opportunité. Seul demeure un **contrôle de la légalité**, exercé, non plus directement par le représentant de l'État, mais par le juge administratif dûment saisi. De plus, les cas de contrôle *a priori*, sans disparaître totalement, sont limités aux cas prévus par la loi elle-même, ou par toute autre loi spéciale.

b) *La décentralisation technique*

Cependant la décentralisation peut se réaliser sous une forme autre que géographique. Elle peut se faire par services et sur un fondement technique. La forme juridique n'est plus la collectivité locale, mais l'établissement public qui possède lui aussi la personnalité morale et peut se définir comme une personne administrative spécialisée, chargée de gérer un service public. Une université est un établissement public, par exemple.

Si l'on retrouve bien les éléments fondamentaux de la décentralisation avec l'établissement public, personnalité morale et gestion autonome par des élus, il faut toutefois remarquer qu'il existe une très grande diversité d'établissements publics qui correspond à la diversité des inspirations qui poussent en France à multiplier les créations d'établissements publics, qu'il s'agisse des créations législatives de catégories nouvelles d'établissements publics ou de l'essaimage réglementaire de multiples espèces à l'intérieur de ces catégories, la multiplicité s'accompagne d'une *diversité de régimes juridiques* qui altèrent plus ou moins les principes fondamentaux de l'élection et de l'autonomie de gestion.

Si les universités fonctionnent bien démocratiquement avec des organes élus, ce n'est pas un constat généralisable en effet à toutes les catégories d'établissements publics. Non seulement la *nomination d'un au moins des organes directeurs* peut être prévue par la loi, ce qui est le cas dans les hôpitaux publics, mais l'autonomie de gestion est très limitée par un contrôle généralement très étendu et très rigoureux. Les modalités de ce contrôle constitutif de la *tutelle* exercée par la collectivité publique de rattachement comportent non seulement les *réformations, suspensions* ou *annulations a posteriori de décisions illégales ou simplement inopportunes* au regard de l'autorité de tutelle, mais de nombreuses hypothèses *d'autorisations ou d'approbations préalables* qui atténuent considérablement la marge de manœuvre et de liberté propre à la décentralisation. Bien entendu, le pouvoir de *substitution* peut également jouer et le contrôle de tutelle qui s'exerce dans le cadre de la décentralisation technique ou fonctionnelle, par la gamme étendue de ses moyens, ressemble comme un frère au contrôle hiérarchique qui s'exerce dans le cadre de la déconcentration.

Par ailleurs, l'administration locale, pour répondre aux formules de regroupements, a été conduite à créer une catégorie nouvelle d'établissements publics : les

établissements publics territoriaux. Le problème se pose de savoir comment distinguer ces établissements publics nouveaux des collectivités locales proprement dites, puisque dans les deux cas, il s'agit de décentralisation à base géographique et que les intérêts locaux reconnus distincts des intérêts nationaux sont juridiquement consacrés par la personnalité morale.

Jacques Moreau[23] propose quatre éléments de distinction :

1. Le premier, le plus solide, est celui de la vocation générale de la collectivité locale opposée à la spécialisation de l'établissement public, dont l'objet, même polyvalent, reste bien délimité.

2. Le statut constitue le deuxième élément de distinction : celui des collectivités locales est plus « législatif », celui des établissements publics plus « réglementaire ».

3. Les organes de l'établissement public ne sont pas élus au suffrage universel direct sauf exception, contrairement aux membres des assemblées délibérantes des collectivités locales.

4. Enfin, quatrième élément, l'établissement public territorial est créé pour gérer les intérêts communs des habitants d'une même collectivité ou de collectivités voisines, ce qui suppose la préexistence des collectivités locales.

Mais la formule est surtout une « commodité » de la pratique administrative et son développement en témoigne largement.

Ainsi, la superposition de l'administration d'État à l'administration décentralisée qui caractérise notre administration, met en œuvre deux techniques de gestion : déconcentration et décentralisation, sans rompre l'unité fondamentale de l'État. Pour cela, il faut comprendre que l'organisation administrative de la France réalise un équilibre garanti par la Constitution.

§ II. LES PRINCIPES CONSTITUTIONNELS

Le principe constitutionnel fondamental applicable à l'organisation de notre administration est celui de l'*unité de l'État*. Par ailleurs, la Constitution impose d'importantes *garanties de cette unité* qui maintient l'équilibre entre l'administration d'État et l'administration décentralisée.

A. L'unité de l'État

Tout d'abord, l'article 1[24] proclame que : « *La France est une République indivisible* », ce qui fait de l'État français un État **unitaire**, l'indivisibilité s'opposant à tout fédéralisme.

---

23. *Cf.* J. MOREAU, *Administration régionale, départementale et municipale*, mémento Dalloz, 1993, p. 7 et 8.
24. Le premier alinéa de l'article 2 de la Constitution dans sa rédaction de 1958 a été placé avant le titre premier pour devenir l'article 1 de la Constitution par l'effet de la réforme constitutionnelle adoptée par le Parlement réuni en congrès le 31 juillet 1995. *Cf.* décret du 28 juillet 1995 tendant à soumettre un projet de loi constitutionnelle, *JO* du 29 juillet 1995, p. 11280 et 11281.

Rappelons, d'un point de vue historique, que cette unité de l'État résulte du choix des révolutionnaires de 1789, de leur volonté d'effacer tout particularisme et que traduit bien la formule de Sieyès «*la France doit être composée d'unités toutes pareilles*». Le refus des particularismes, symboles des privilèges, c'est aussi le refus conscient du fédéralisme, la Constitution des États-Unis connue servant de repoussoir, et à cet égard en 1792, la peine de mort était prévue pour les partisans du fédéralisme[25]. Ce qui n'empêchera pas la crise fédéraliste d'éclater en 1793, une soixantaine de départements se fédérant contre le pouvoir central avec à leur tête des administrateurs locaux élus abusant de leurs libertés, l'élection les poussant à exercer un pouvoir politique indépendant.

La hantise de l'anarchie liée à cette crise historique et des risques du système électif traverse pratiquement tout le XIXᵉ siècle, en s'opposant jusqu'aux grandes lois de 1871 et 1884 à une réelle décentralisation (loi du 10 août 1871 : charte de l'administration départementale ; loi du 5 avril 1884 : charte de l'administration communale).

La forme unitaire de l'État inscrite dans la Constitution et dans la tradition française, signifie que la création d'entités fédérées, ayant des compétences étatiques, législatives ou judiciaires est exclue, par principe radicalement. Seules, et dans la mesure où leurs *compétences sont purement administratives*, les collectivités décentralisées sont compatibles avec l'indivisibilité unitaire de l'État. La généralité et la plénitude de compétences des collectivités décentralisées, si générale et si pleine soit-elle, ne peut s'entendre que sur le terrain de la gestion administrative des affaires locales, à l'exclusion de tout pouvoir d'État, législatif ou judiciaire.

En conséquence, et précisément parce que la France est un État unitaire, et non un État fédéral, ce n'est pas la Constitution qui opère elle-même le partage des attributions réciproques de l'État et des collectivités décentralisées. C'est au législateur qu'il appartient de fixer les règles de la décentralisation dans les limites du strict respect de la Constitution, et en particulier de l'unité de l'État.

Sur le rôle du législateur en matière de décentralisation, il convient de rappeler que si la Constitution du 4 octobre 1958 reprend un certain nombre de dispositions de la Constitution précédente du 27 octobre 1946, elle innove considérablement par les nouvelles règles de partage de la loi et du règlement dans le cadre d'un parlementarisme rationalisé. C'est dans ce cadre qu'il revient à la loi, non seulement de créer toute nouvelle collectivité territoriale, mais de fixer les règles applicables à son statut, c'est-à-dire de définir les conditions de la gestion décentralisée.

a) *La loi et la création des collectivités territoriales*

La Constitution consacre son titre XI aux collectivités territoriales et précise les principes mêmes de la décentralisation, conformes à l'article 1.

L'article 72 alinéa 1 stipule : «*Les collectivités territoriales de la République sont les communes, les départements, les territoires d'outre-mer. Toute autre collectivité territoriale est créée par la loi.*»

C'est ainsi que la loi n° 82-213 du 2 mars 1982 a pu créer la région en tant que collectivité territoriale (art. 59 de la loi), alors que depuis la loi du 5 juillet 1972 la région était décentralisée sous la forme juridique d'un *établissement public territorial*.

---

25. Lorsque les Girondins seront condamnés à la guillotine, le *crime de fédéralisme* figurera parmi les nombreux chefs d'accusation.

Il convient donc désormais de compléter la formule originaire de l'article 72 alinéa 1 en ajoutant à la liste initiale des collectivités territoriales «*les régions*» avec le même pluriel que les communes, les départements, les territoires d'outre-mer.

Par contre, la création par la loi de collectivités territoriales réduites *à l'unité* a pu poser un double problème de constitutionnalité par rapport à la formule plurielle de l'article 72 alinéa 1 et par rapport à *l'article 2 de la Constitution*[26]. Lors du vote de la loi n° 82-214 du 2 mars 1982 portant statut particulier de la *Corse*, le Conseil constitutionnel, saisi de ce double problème devait préciser dans sa *décision du 25 février 1982* que l'article 2 de la Constitution ne fait pas obstacle au texte de la loi «*qui dans l'état actuel de la définition des attributions respectives des autorités décentralisées et des organes de l'État..., ne comporte pas de disposition qui puisse en tant que telle être regardée comme portant atteinte au caractère national*». Il s'agit là d'un simple particularisme accentué de l'administration de la région de Corse adapté aux problèmes de l'île, et sans attribution de pouvoirs politiques. Le Conseil constitutionnel veille à ce qu'il n'y ait aucun dérapage chaque fois que le législateur institue de nouveaux statuts particuliers porteurs en général d'une *très large autonomie* dérogatoire au droit commun, tels ceux qui sont attribués à l'outre-mer.

En outre, sur le problème de la conformité de la loi à l'article 72 alinéa 1, le Conseil constitutionnel devait rappeler que la disposition : «*Toute autre collectivité territoriale est créée par la loi*» n'exclut nullement la création de collectivités territoriales qui ne comprendraient qu'une unité, que telle a été l'interprétation retenue par le législateur lorsque, en métropole, il a donné un statut particulier à la Ville de Paris, et en outre-mer, quand il a créé la collectivité territoriale de Mayotte.

Ainsi, la création de collectivités territoriales visée à l'article 72 alinéa 1 couvre les catégories de collectivités multiples telles qu'elles sont répertoriées (communes, départements, territoires d'outre-mer), auxquelles il convient d'ajouter les régions créées par la loi du 2 mars 1982, mais aussi les collectivités réduites à l'unité (Paris, Mayotte, la Corse) qui forment chacune pour elle-même et par nature une catégorie particulière. Et c'est bien parce que toutes ces collectivités territoriales décentralisées n'ont de compétences que purement administratives, qu'elles sont compatibles avec l'indivisibilité unitaire de notre État.

Mais s'il revient au législateur de créer toute nouvelle collectivité territoriale, il lui appartient aussi *de fixer les règles* applicables à son statut. La Constitution pose ici le principe d'une gestion par la loi de la décentralisation territoriale.

b) *La loi et la gestion décentralisée*

La Constitution de 1958 précise à l'article 72 alinéa 2 que : «*Les collectivités s'administrent librement par des conseils élus et dans les conditions prévues par la loi.*» Dans la mesure où les conditions de la décentralisation territoriale relèvent de la compétence exclusive du législateur, il suffit de se reporter à *l'article 34 de la Constitution* qui définit les matières réservées à la loi pour retrouver ces conditions comme faisant partie des matières attribuées au législateur.

Rappelons que l'article 34 ouvre deux registres de compétences au législateur, en diversifiant l'étendue et la nature de ses attributions.

---

26. Article 2 devenu article 1er le 31 juillet 1995. Voir plus haut.

Le premier registre est celui des matières pour lesquelles « *la loi fixe les règles* », où sa compétence est en principe totale et exclusive, ou du moins la plus large possible. Dans ce premier registre figurent deux règles majeures de la décentralisation : le régime électoral des assemblées locales qui intéresse les collectivités territoriales d'une part, et la création de catégories d'établissements publics qui intéresse la décentralisation par services, technique ou fonctionnelle d'autre part.

Le second registre d'attributions de l'article 34 concerne les matières pour lesquelles la loi « *détermine les principes fondamentaux* » et où sa compétence est largement relayée par le pouvoir réglementaire dérivé. Dans ce registre, la loi détermine les principes fondamentaux « de la libre administration des collectivités locales, de leurs compétences et de leurs ressources ».

C'est donc *la loi qui organise fondamentalement la décentralisation* qui fixe les droits et libertés des collectivités locales, comme le fait la loi n° 82-213 du 2 mars 1982, qui opère la division du travail administratif entre l'État et les collectivités décentralisées, comme le font les différentes lois de transferts de compétence adoptées à partir de 1983, ou plus largement qui organise l'ensemble de la territorialité administrative, comme le fait la loi d'orientation n° 92-125 du 6 février 1992 relative à l'organisation territoriale de la République. Et comme c'est encore la loi qui joue un rôle prioritaire en matière d'établissements publics par rapport au pouvoir réglementaire qui ne peut créer que des espèces au sein de catégories instituées par le législateur, on peut dire que la loi est bien le départiteur des compétences administratives dans le cadre de l'unité de l'État, conformément à l'article 2 et à l'article 72 alinéa 2 cette fois.

Encore faut-il que cette distribution ne bouscule pas l'équilibre qui caractérise la superposition de l'administration d'État et de l'administration décentralisée propre à l'organisation administrative unitaire de la France.

B. Les garanties d'unité

La Constitution se donne elle-même des garanties d'unité et d'équilibre. Si le Conseil constitutionnel veille précisément au respect de l'unité de l'État par la loi qui ne peut attribuer que des compétences administratives aux entités décentralisées à l'exclusion de tout pouvoir d'État, le Conseil d'État veille au respect de l'équilibre instauré par la loi entre administration d'État et administration décentralisée. Le nouveau contrôle *a posteriori* de légalité par le juge administratif des actes locaux a posé sur ce point un délicat problème de conformité à la Constitution, dans la mesure où elle confère au Préfet un rôle spécifique de *contrôleur des actes locaux*.

Pour éviter que les autorités locales ignorent ou n'outrepassent leurs compétences, l'article 72 alinéa 3 apporte en effet une garantie essentielle à l'unité de l'État en stipulant que « *dans les départements et les territoires, le délégué du gouvernement a la charge des intérêts nationaux, du contrôle administratif et du respect des lois* ».

a) *Le contrôle du délégué du gouvernement*

En confiant la charge du contrôle administratif et du respect des lois au délégué du gouvernement, c'est-à-dire au Préfet, la Constitution attribue à celui-ci la tâche particulière du contrôle des actes locaux, qu'il exerçait jusqu'en 1982 dans le cadre des pouvoirs étendus de la *tutelle*.

Sur ce plan, la loi du 2 mars 1982 sur les droits et les libertés des communes, départements et régions qui supprime la tutelle et instaure un nouveau contrôle de surveillance, a posé un problème de conformité avec l'article 72 alinéa 3 de la Constitution. D'une part, le nouveau contrôle étant remis au juge administratif, il ne pouvait désormais s'agir, nous l'avons vu, que d'un contrôle a posteriori limité à *la légalité* et excluant l'opportunité. Dans sa décision du 25 février 1982, le Conseil constitutionnel a admis implicitement que le nouveau contrôle était conforme aux exigences de la Constitution qui associe précisément dans la même formule : contrôle administratif et respect des lois ; le contrôle du juge administratif vise au respect des lois par les actes locaux comme par tout acte administratif. L'acte local s'en trouve banalisé dans la mesure où il ne subit plus de traitement particulier en matière de contrôle.

Par contre, le problème véritablement sensible était de savoir si la *spécificité du rôle dévolu au Préfet par la Constitution* n'était pas contredite par le fait que le délégué du gouvernement voyait ses prérogatives propres de contrôleur des actes locaux réduites par la loi à celle d'un *requérant*. Désormais, il n'a plus en effet que la faculté de déférer au juge administratif les actes locaux qu'il estime illégaux. Dans la mesure où tout citoyen qui justifie d'un intérêt, peut lui aussi déférer au juge un acte local illégal, la spécificité du rôle de contrôleur des actes locaux exercé jusque-là par le Préfet, et voulu par la Constitution, semble disparaître au profit d'un contrôle lui-même banalisé. Le fait que la même voie procédurale du *recours pour excès de pouvoir* se trouve également ouverte au citoyen et au Préfet, souligne encore cette banalisation du contrôle des actes locaux opérée par la loi.

Sur ce problème, et sans développer ses motifs, le Conseil constitutionnel a *admis très libéralement* que le nouveau contrôle était conforme à la Constitution et, en particulier, ne restreignait pas la portée de l'article 72 alinéa 3. Ce qu'il faut entendre comme ne restreignant pas le rôle spécifique du Préfet dans le contrôle des actes locaux, et ce qui interdit de confondre la situation de requérant du Préfet devant le juge administratif, avec celle d'un requérant ordinaire.

On peut avancer deux arguments de droit pour expliquer cette position du Conseil constitutionnel. Le premier, développé à juste titre par un certain nombre d'auteurs, dont le doyen Vedel[27], concerne *l'effet de sursis automatique* à l'exécution d'une décision attaché, dans certaines hypothèses, à la *demande du Préfet*.

En effet, en matière de sursis, la spécificité *dérogatoire* des règles applicables à la demande du Préfet interdit d'assimiler la situation du Préfet en tant que requérant, à celle d'un requérant ordinaire.

Pour rappel, le recours contentieux n'étant pas suspensif, la décision, objet d'un recours pour excès de pouvoir, est exécutée à défaut de sursis à exécution prononcé par le juge et demandé parallèlement au recours pour excès de pouvoir lui-même. Pour le requérant ordinaire, les conditions de l'octroi du sursis ont été posées par la jurisprudence du Conseil d'État (*cf.* CE, 13 février 1976, Association de sauvegarde du quartier Notre-Dame)[28]. Ces conditions sont

---

27. *Cf.* G. VEDEL, P. DELVOLVÉ, *Droit administratif*, PUF, coll. Thémis, 1984, p. 862.
28. *Cf.* CE, 13 février 1976, Association de sauvegarde du quartier Notre-Dame, *R.*, p. 100, *AJDA*, 1976, p. 300, *RDP*, 1976, p. 903, note Drago.

au nombre de « deux plus une », la dernière différente par nature des deux premières imposant un aléa particulier à la procédure.

1. Il faut que les moyens d'annulation soient sérieux, ce qui obéit à la logique du sursis en évitant l'exécution d'une décision qui a de grandes chances d'être annulée par la suite.

2. Il faut que les conséquences de l'exécution de la décision soient sinon irréparables, du moins difficilement réparables. Le juge apprécie la portée pratique de la décision, comme il vérifie les chances de succès du recours pour excès de pouvoir.

Toutefois si ces deux conditions sont remplies, le juge reste maître de sa décision en vertu d'un *pouvoir souverain d'appréciation*. Ce qui constitue la troisième condition aléatoire du sursis.

Or, dans le cas du sursis demandé par le Préfet, les règles dérogatoires au droit commun n'imposent qu'une seule condition : que *les moyens d'annulation soient sérieux*, dans la logique du sursis. Par contre, si cette condition est remplie, et le juge le vérifie, non seulement la deuxième condition de droit commun disparaît et il n'y a pas lieu de faire la preuve du caractère irréparable ou difficilement réparable de l'exécution, mais le juge perd la maîtrise souveraine de sa décision, dans la mesure où il accorde le *sursis de plein droit*, et donc automatiquement.

À ce premier argument[29] qui maintient la spécificité constitutionnelle du rôle du Préfet dans le nouveau contrôle, s'en ajoute un autre. Le Préfet détient des *prérogatives propres de contrôle des actes locaux* qu'il ne partage ni avec le juge, ni avec le requérant ordinaire. Ces prérogatives s'exercent dans le cadre des procédures de *contrôle des actes budgétaires* relevant des chambres régionales des comptes, de même que dans le cadre de *ses pouvoirs de substitution* en cas de carence ou d'insuffisance des autorités locales. Ce pouvoir de substitution que le Préfet exerçait avant la loi du 2 mars 1982 en matière de finances et de police municipale, s'est d'ailleurs élargi par l'effet de la réforme de la décentralisation en jouant désormais en matière de police du domaine départemental attribuée au président du Conseil général, et en matière d'administration municipale propre aux grandes villes, Paris, Lyon, Marseille, en vertu de la loi du 31 décembre 1982.

Dans ces conditions, les deux arguments, tenant au sursis automatique et au pouvoir de substitution, montrent bien que la suppression de la tutelle ne signifie pas la disparition du *caractère spécifique du rôle du Préfet représentant de l'État* dans le nouveau contrôle issu de la réforme. L'acte local est seulement banalisé pour être traité comme tout autre acte administratif dans notre État de droit.

b) *Le contrôle du Conseil constitutionnel*

La loi n° 82-213 du 2 mars 1982 n'a finalement été censurée que sur deux points : certaines dispositions qui déclaraient les actes des autorités décentralisées exécutoires de plein droit, avant même leur transmission au représentant de l'État, c'est-à-dire avant qu'il n'en soit informé, de même que les dispositions du projet qui imposaient au représentant de l'État un préavis de 20 jours avant de pouvoir exercer un recours devant le juge et pendant lequel l'acte conservait son caractère exécutoire, ont été déclarées non conformes à la Constitution, parce qu'elles « *privent l'État, fût-ce*

---

29. Cet argument de spécificité voit sa portée actuelle diminuée par la multiplication des sursis dérogatoires au droit commun. Voir la loi du 8 février 1995 publiée au *JO* du 9 février 1995.

temporairement, du moyen d'exercer les prérogatives qui lui sont réservées par l'article 72 alinéa 3 de la Constitution».

Ainsi donc, la **Constitution de 1958 garantit l'équilibre unitaire de l'administration d'État et de l'administration décentralisée et le Conseil constitutionnel est le gardien vigilant de cet équilibre.**

C'est cet équilibre que l'étude des institutions administratives de la France s'efforcera de mettre en lumière en se situant dans la perspective de la science administrative, c'est-à-dire en examinant l'organisation et le fonctionnement des institutions, tels qu'ils sont.

Notre étude comporte trois parties :

La première partie est consacrée à l'étude de l'administration d'État en distinguant l'organisation centrale (Titre I) et l'organisation déconcentrée de l'administration d'État (Titre II).

La deuxième partie traite de l'administration territoriale décentralisée, en dégageant les apports de la réforme ouverte en 1982, tant au niveau des principes (Titre I), que des moyens (Titre II).

Enfin, une troisième partie examine l'unité de l'État à travers la garantie des contrôles de l'État (Titre I), avant de situer les cas particuliers des collectivités locales à statut dérogatoire en tant qu'ils posent parfois de délicats problèmes, au regard de la logique unitaire de l'État (Titre II).

Première partie

L'administration d'État

L'administration d'État, dans un pays à tradition centraliste comme la France, revêt une importance extrême, dominée par le gouvernement qui en dispose aux termes de la Constitution. Cette administration comprend un vaste ensemble de services administratifs rattachés à un ministère et dont les agents relèvent d'un chef hiérarchique : le ministre.

Les services administratifs de l'administration d'État se situent soit à l'échelon central, soit à l'échelon local.

À l'échelon *central*, ils sont placés directement auprès du ministre et sont généralement spécialisés dans une tâche bien définie pour préparer les décisions ministérielles. Ils sont installés dans la capitale, d'où partent les décisions qui permettent l'unité d'action administrative de l'État sur l'ensemble du territoire.

À l'échelon *local*, ils constituent des organes d'exécution répartis sur l'ensemble du territoire où ils constituent les services déconcentrés des ministères.

À côté d'eux, le préfet du département est également organe d'exécution de l'État sur le plan local, mais son rôle recouvre l'administration générale et n'est pas limité à une tâche technique particulière.

Avant de les étudier en détail, il faut souligner ici que tous les services centraux ou déconcentrés au niveau local ont en commun de relever d'une **personne morale unique, l'État**. Aucune de ces administrations, ou aucun ministère n'est doté en effet d'une personnalité juridique distincte de l'État au nom duquel ils agissent.

Dans un premier titre, nous étudierons l'organisation centrale de l'administration d'État, avant de voir dans un second titre son organisation déconcentrée.

L'organisation centrale de l'administration d'État

L'administration centrale est caractérisée par l'existence d'un pouvoir exécutif central, dont les organes sont en même temps des organes politiques et dont le statut relève par conséquent de la Constitution. Leur rôle est de permettre à la décision politique de se concrétiser et d'être effectivement appliquée, ce qui correspond autant à la définition de l'exécutif qu'à celle de l'administration, et suppose aussi autour des autorités centrales un certain nombre de collaborateurs pour assurer les relais de préparation et d'exécution des mesures prises.

Les structures administratives de l'exécutif feront l'objet d'un premier chapitre. Nous verrons dans un second chapitre qu'un certain nombre d'organes de conseil et de contrôle interviennent pour éclairer les autorités investies du pouvoir de décision, et pour assurer l'unité de l'exécution sur l'ensemble du territoire.

Les structures administratives de l'exécutif

La Constitution de 1958 innove sur les précédentes en instaurant un *bicéphalisme* administratif au sommet de l'administration d'État. Dans la Constitution de 1875, le président de la République est le chef juridique de l'administration, mais ses prérogatives sont exercées par le président du Conseil par le jeu d'une substitution progressive et de fait du pouvoir. La Constitution de 1946 consacre cette pratique en faisant du président du Conseil le seul chef de l'administration et en réservant seulement au chef de l'État, outre ses fonctions protocolaires, un pouvoir de nomination formel pour certains grands emplois. Cette organisation administrative monocéphale disparaît en 1958 au profit d'*un partage du pouvoir administratif* suprême entre le président de la République et le Premier ministre, comme nous allons le voir.

Section 1
Le bicéphalisme administratif

Nous distinguerons ici ce qui intéresse le président de la République et ce qui intéresse le Premier ministre dans leurs rôles respectifs.

§ 1. LE PRÉSIDENT DE LA RÉPUBLIQUE

La Constitution lui reconnaît un certain nombre d'attributions qui lui permettent d'intervenir activement (A). Il dispose à cet effet de services propres qui l'assistent dans sa tâche (B).

A. Compétences administratives

On peut distinguer parmi elles, celles que le Président exerce en période normale et celles qui lui incombent en période exceptionnelle.

a) *En période normale*

En temps normal, le chef de l'État est l'auteur juridique de deux sortes d'actes administratifs de première importance. L'article 13, § 1, stipule : « *Le président de la République signe les ordonnances et les décrets délibérés en Conseil des ministres.* »

À l'égard des **ordonnances**, la Constitution en prévoit plusieurs catégories : les ordonnances ayant force de loi de l'article 92[1] qui correspondent à la période transitoire de mise en place de la Constitution, celles des délégations législatives de l'article 38, et les ordonnances financières de l'article 47 qui supposent que d'aventure le Parlement ne vote pas le budget dans le délai constitutionnel.

Dans tous les cas, et à des titres différents, les ordonnances correspondent à une dépossession temporaire et limitée du pouvoir législatif au profit du pouvoir réglementaire de l'exécutif. Dans tous les cas, par conséquent, le recours aux ordonnances constitue un acte dont la gravité explique les **garanties formelles et procédurales** imposées par la Constitution. Elles doivent toujours être prises en Conseil des ministres et toujours être signées par le chef de l'État. Mais, chaque catégorie peut être assortie de prescriptions supplémentaires. Les ordonnances de l'article 92 devaient être soumises à l'avis du Conseil d'État, celles de l'article 38 supposent non seulement l'avis du Conseil d'État, mais un préalable obligatoire, elles doivent être autorisées en vertu d'une loi d'habilitation dans laquelle le législateur fixe les matières législatives déléguées au gouvernement et la durée de la délégation. Cette dernière formalité est substantielle puisque l'habilitation législative est exigée à peine d'incompétence. Elle marque l'accord du Parlement qui doit être scellé de même au terme de la procédure. La Constitution prévoit en effet à peine de caducité le dépôt d'un projet de loi de ratification avant la date fixée par la loi d'habilitation[2].

Tant que majorité présidentielle et majorité législative coïncident, Assemblée nationale, gouvernement et président de la République appartiennent à la même famille politique, la compétence du chef de l'État en matière d'ordonnances ne pose aucun problème. Il n'en est pas de même en cas de rupture de majorité, et lors de la première cohabitation politique en 1986, le refus du chef de l'État de signer les ordonnances présentées par le gouvernement pose pour la première fois un délicat problème d'interprétation à l'égard de l'*indicatif impératif* formulé à l'article 13 alinéa 1 : « *le président de la République signe les ordonnances...* ». Faut-il voir dans cette obligation une « *compétence liée* » du chef de l'État qui lui interdit tout refus de signer dès lors que les ordonnances préparées par le gouvernement lui sont soumises? À cette interprétation « subjective » d'une obligation personnelle incombant au chef de l'État, s'oppose une autre lecture, « objective » celle-là, en ce sens qu'elle renvoie l'obligation non à l'auteur de la signature, mais à son objet : les *ordonnances* elles-mêmes, qui *doivent être signées* pour prendre pleine valeur de droit, la signature étant une formalité substantielle conditionnant leur mise en œuvre.

En se fondant sur l'*absence de délai* imposé par la Constitution pour l'exercice de cette formalité, l'interprétation objective a prévalu donnant plein pouvoir au chef de

---

1. Art. 92 supprimé par abrogation du titre XVII le 31 juillet 1995.
2. Le Conseil constitutionnel admet la ratification tacite dès lors qu'il constate la « *manifestation de volonté implicitement mais clairement (!) exprimée du Parlement* ». *Cf.* décision du 27 février 1972, in *AJDA*, 1972, II, p. 638, note B. Toulemonde.

l'État *pour apprécier la situation* et décider de l'opportunité de sa signature, qui a pris de ce fait un sens politique indiscutable, tout en renforçant la Présidence.

Il faut souligner que s'agissant des ordonnances de l'article 38, le gouvernement peut décider dans des matières normalement réservées au législateur par l'article 34 et qui recouvrent l'organisation de la société française et ses libertés. Le recours à l'article 38 a pour effet que les matières concernées perdent *les garanties* de la *procédure législative* au profit d'une rapidité qui n'est pas nécessairement synonyme de qualité, et ceci quel que soit le gouvernement en cause. Le refus de signer de la part du chef de l'État, garant des libertés, peut être pour lui dans ces conditions, un « outil » politique de défense de ces mêmes libertés, en contraignant le Premier ministre, soit à renoncer à ses projets, ce qui est peu probable quand ceux-ci font partie de son programme électoral, soit de « reprendre sa copie », pour soumettre au Parlement le contenu des ordonnances refusées sous forme de projets de lois. Ce qui permet d'ouvrir un débat démocratique dans tous les cas positif, et de corriger les textes proposés si nécessaire par le jeu des amendements.

C'est ce dernier scénario qui a été suivi pour les quatre ordonnances présentées par le gouvernement de M. Chirac et que le président Mitterrand avait refusé de signer. Il s'agissait :

– du redécoupage électoral ;

– de la privatisation ;

– du temps de travail ;

– et de la suppression de l'autorisation administrative de licenciement.

L'objet même de ces ordonnances permet de comprendre l'importance de l'enjeu que peut recouvrir pour les libertés[3] le problème de l'étendue des pouvoirs de signature prévus à l'article 13 alinéa 1 et qui concernent tout aussi bien les décrets délibérés en Conseil des ministres.

En ce qui concerne les décrets signés par le président de la République, l'article 13 § 1 les limite aux seuls décrets délibérés en Conseil des ministres en vertu d'une *prescription constitutionnelle ou législative*. C'est le cas des décrets de nomination de certains hauts fonctionnaires et de certains règlements qui associent du même coup le chef de l'État à l'exercice du pouvoir réglementaire.

Mais il peut s'agir aussi d'une *prescription réglementaire spéciale* adoptée elle-même par décret en Conseil des ministres. Il en est ainsi du décret du 22 janvier 1959 relatif aux attributions des ministres.

En dehors de ces prescriptions textuelles, la *pratique institutionnelle* a élargi considérablement le champ des décrets relevant de la signature du chef de l'État.

Dans un article publié à l'*AJDA*[4], Pierre Avril explique que dans la pratique et pour des raisons politiques, il arrive que le président signe des décrets qui échappent à sa compétence stricte en ce qu'ils ne sont pas délibérés en Conseil des ministres et relèvent normalement de la compétence du Premier ministre.

Le Conseil d'État considère ces décrets comme réguliers dès lors que le Premier ministre, normalement compétent, les a contresignés[5]. Cette pratique a fait naître une

 26 avril 1962.

---

3. Il est intéressant de relever que les cinq articles du projet sur la suppression de l'autorisation administrative de licenciement ont permis le dépôt en juin 1986 de 570 amendements.

4. *Cf. AJDA*, 1976, p. 116.

5. *Cf.* CE, 27 avril 1962, Sicard, voir *AJDA*, 1962, p. 284.

sorte de **pouvoir d'évocation** non prévu par la Constitution qui permet au chef de l'État de détourner une partie de l'autorité de droit commun dévolue au Premier ministre.

Il est vrai que le nombre de décrets délibérés en Conseil des ministres a subi une inflation importante due au fait, qu'en dehors des périodes de cohabitation, le chef de l'État est maître de *l'ordre du jour* du Conseil qu'il préside[6], et peut inscrire les décrets qu'il souhaite voir soumis à sa signature. Il y a là une «élasticité» particulière des compétences administratives du chef de l'État qui contribue à renforcer la Présidence. L'Assemblée du contentieux du Conseil d'État s'est en effet prononcée le 10 septembre 1992 en considérant que dès lors que les décrets sont délibérés en Conseil des ministres, ils relèvent tous de la compétence du chef de l'État et ne peuvent plus par conséquent être modifiés que par lui[7]. Il en résulte en pratique que le chef de l'État a le pouvoir d'étendre lui-même sa propre compétence en matière de décrets, et de s'assurer notamment la maîtrise des nominations aux postes-clefs de l'administration.

Le président de la République dispose en effet d'un important *pouvoir de nomination aux emplois civils et militaires de l'État* (art. 13 al. 2). Ce pouvoir se combine là encore avec le pouvoir reconnu au Premier ministre en vertu de l'article 21 alinéa 1er.

L'article 13 alinéa 3 dresse une première liste constitutionnelle des emplois supérieurs de l'État qui relèvent du pouvoir de nomination du chef de l'État. Il s'agit du grand Chancelier de la Légion d'honneur, des juges de l'ordre administratif du rang le plus élevé, des conseillers d'État et conseillers maîtres à la Cour des comptes, des officiers généraux, des directeurs des administrations centrales, des principaux chefs des services déconcentrés de l'État : ambassadeurs et envoyés extraordinaires, préfets et représentants du gouvernement dans les territoires d'outre-mer, recteurs des académies. Tous ces emplois sont pourvus en Conseil des ministres.

Cette liste n'est pas exhaustive, puisque l'article 13 alinéa 4 de la Constitution prévoit qu'«une loi organique détermine les autres emplois auxquels il est pourvu en Conseil des ministres ainsi que les conditions dans lesquelles le pouvoir de nomination du président de la République peut être par lui délégué pour être exercé en son nom».

C'est ainsi que l'article 1er de l'ordonnance n° 58-1136 du 28 novembre 1958 portant loi organique[8] complète la liste constitutionnelle par une liste nouvelle en application de l'article 13 alinéa 4. Sont énumérés cette fois les emplois des magistrats du Parquet du rang le plus élevé : procureur général près la Cour de cassation, près la Cour des comptes et près la cour d'appel de Paris, mais aussi, de façon large, les «emplois de direction dans les établissements publics, les entreprises publiques et les sociétés nationales quand leur importance justifie leur inscription sur une liste dressée par décret en Conseil des ministres».

Pour l'application de cette dernière disposition, les décrets du 29 avril 1959[9] et 6 août 1985[10] portent en annexes la liste non limitative des établissements, entreprises

6. *Cf.* Dominique TURPIN, «La présidence du Conseil des ministres», *RP*, 1987, p. 873.

7. *Cf.* A. COULIBALY, «La portée juridique de la signature du président de la République dans la jurisprudence du Conseil d'État», *Les Petites Affiches*, 24 mars 1995, p. 4 à 10.

8. Ordonnance n° 58-1136 du 28 novembre 1958 portant loi organique concernant les nominations aux emplois civils et militaires de l'État, *JO* du 29 novembre 1958, p. 10687 et 10688.

9. Décret n° 59-587 du 29 avril 1959 relatif aux nominations aux emplois de direction de certains établissements publics, entreprises publiques et sociétés nationales, *JO* du 2 mai 1959, p. 4723 et 4724.

10. Décret n° 85-834 du 6 août 1985 modifiant le décret n° 59-587 du 29 avril 1959, *JO* du 7 août 1985, p. 9007 à 9010.

et emplois concernés, cette liste étant elle-même complétée par une série de décrets : des 25 juin[11] et 28 décembre 1990[12], du 4 février 1991[13], des 7[14] et 31 décembre 1992[15]. *Concerne les ctés nationales ⇒ recourrant 29 000 epl de la fonct. pc*

L'opportunité politique du moment, tout autant que le critère de l'importance objective peut conduire à allonger la liste des emplois relevant de la nomination en Conseil des ministres et de la signature du chef de l'État, et qui peuvent en outre être prévus simplement en vertu d'un *texte particulier.*

– C'est le cas notamment des articles L. 532 du Code des pensions militaires d'invalidité et des victimes de guerre.

– Article L. 112-3 du Code des ports maritimes tel qu'il résulte de l'article 9 de la loi n° 65-491 du 29 juin 1965.

– Article L. 567-3 du Code de la santé publique.

– Article 4 de la loi n° 75-1 du 3 janvier 1975 portant création du Centre national d'art et de culture Georges Pompidou.

– Article 9 de la loi n° 82-155 de nationalisation du 11 février 1982.

– Article 50 de la loi n° 86-1067 du 30 septembre 1986 relatif à la liberté de communication.

Le Conseil constitutionnel a été saisi le 1er juin 1995 par le Premier ministre dans les conditions de l'article 37 alinéa 2 d'une demande tendant à l'appréciation de la nature juridique de dispositions prévoyant que certaines nominations doivent être effectuées en Conseil des ministres figurant expressément dans les textes cités en exemples. Dans sa décision du 8 juin 1995, après avoir rappelé les termes précis de l'article 13 alinéas 2, 3 et 4 ainsi que ceux de l'article 1 de l'ordonnance du 28 novembre 1958, le Conseil constitutionnel conclut « qu'il revient au *pouvoir réglementaire* de dresser la liste des emplois de direction des établissements publics, des entreprises publiques et des sociétés nationales dont l'importance justifie qu'ils soient pourvus en Conseil des ministres »[16]. Ce qui signifie que même si les textes prévoyant de telles nominations sont eux-mêmes en forme législative, la nature réglementaire de la liste des emplois permet leur modification par décrets en Conseil des ministres.

Par ailleurs aux termes de l'article 2 de l'ordonnance du 28 novembre 1958, le président de la République peut encore disposer d'un pouvoir de nomination par *décret simple*. Il s'agit des membres du Conseil d'État et de la Cour des comptes autres que ceux appartenant à la liste de l'article 13 alinéa 3, des magistrats de l'ordre judiciaire, des officiers subalternes et supérieurs des armées de terre, de mer et de l'air, des professeurs de l'enseignement supérieur, des membres du corps préfectoral, des ingénieurs des corps techniques dont le recrutement est en partie assuré conformément au tableau de classement de sortie de l'école polytechnique et d'une façon générale, des membres des corps de fonctionnaires dont le recrutement est normalement assuré par l'École nationale d'administration.

---

11. Décret n° 90-505 du 25 juin 1990 modifiant la liste annexée au décret n° 59-587 du 29 avril 1959 modifié, *cf. JO* du 26 juin 1990, p. 7383.

12. Décret n° 90-1216 du 28 décembre 1990, *cf. JO* du 1er janvier 1991, p. 19 et 20.

13. Décret n° 91-134 du 4 février 1991, *cf. JO* du 5 février 1991, p. 1839.

14. Décret n° 92-1166 du 7 décembre 1992, *cf. JO* du 8 décembre 1992, p. 16751.

15. Décret n° 92-1447 du 31 décembre 1992, *cf. JO* du 1er janvier 1993, p. 37.

16. Décision n° 95-177 L. du 8 juin 1995 relative à la nature juridique de dispositions prévoyant que certaines nominations doivent être effectuées par décret en Conseil des ministres, *cf. JO* du 10 juin 1995, p. 9008.

Au total, environ 70 000 emplois sont ainsi pourvus par nomination relevant d'une décision du président de la République.

À l'égard de l'ensemble des fonctionnaires soumis à sa nomination, le président de la République possède la qualité de **supérieur hiérarchique** et détient donc le pouvoir disciplinaire : en vertu du statut de la fonction publique, « *le pouvoir disciplinaire appartient à l'autorité investie du pouvoir de nomination* ».

Si on récapitule les compétences administratives du chef de l'État en temps normal, le fait que les décisions administratives les plus importantes lui reviennent ne doit pas faire croire à sa prééminence administrative sur le Premier ministre. D'une part, la plupart de ces attributions s'exercent normalement avec le contreseing du Premier ministre. D'autre part, juridiquement, celui-ci a des *pouvoirs propres* qui le rendent indépendant du chef de l'État, celui-ci n'ayant pas à son égard de pouvoir hiérarchique. Il en résulte que la direction de l'administration d'État traduit un partage et le rôle du président de la République s'entend sous réserve de l'article 20 alinéa 2 qui précise que : « *Le gouvernement... dispose de l'administration.* » Il n'est pas toujours facile de distinguer ce partage, pas plus que les deux secteurs de compétences qui existent en période normale, en raison du contexte politique qui se mêle étroitement à eux.

Toutefois, ce bicéphalisme disparaît complètement en même temps que la séparation des pouvoirs en période d'exception.

b) *En période d'exception*

L'hypothèse de l'article 16 permet au président de la République de concentrer entre ses mains **tous les pouvoirs de l'État** et d'exercer temporairement une dictature à la romaine. Il devient alors en conséquence autorité administrative suprême et unique.

L'article 16 pose deux conditions de fond cumulatives pour sa mise en œuvre. « *Lorsque les institutions de la République, l'indépendance de la nation, l'intégrité de son territoire ou l'exécution de ses engagements internationaux sont menacés d'une manière grave et immédiate et que le fonctionnement régulier des pouvoirs publics constitutionnels est interrompu.* » La seconde condition est objective : il s'agit de l'interruption des pouvoirs publics qui peut se constater. Mais la première est extrêmement subjective et, par là même, dangereuse : la menace est une notion vague, livrée à l'appréciation de chacun, ouverte par conséquent à l'aventure. C'est un important défaut de rédaction de la Constitution. À ces conditions de fond, l'article 16 ajoute l'obligation formelle de plusieurs consultations préalables : celle du Premier ministre, des présidents des deux assemblées, ainsi que du Conseil constitutionnel dont les avis ne lient pas le chef de l'État, qui doit en outre adresser un message à la nation pour l'informer.

Lorsque la décision de recourir à l'article 16 est prise, la Constitution stipule que : « *Le président prend les mesures exigées par les circonstances.* » Sous cette expression laconique se dissimule la substitution du chef de l'État à la fois au législateur et au gouvernement, de même qu'à toute autorité administrative supérieure. Cette concentration des pouvoirs ne rencontre de limites que dans sa **propre finalité**, précisée par l'article 16, qui prévoit en effet que ces mesures doivent être inspirées par la volonté d'assurer aux pouvoirs publics constitutionnels les moyens d'accomplir leur mission dans les plus brefs délais. Le but de l'article 16 est bien d'opérer le retour à la normale, et le plus rapidement possible.

D'un point de vue juridique, il est intéressant de relever la nature des mesures et décisions prises par le chef de l'État.

La première est celle de mettre en œuvre l'article 16. Ce n'est pas une décision administrative, mais une décision politique qualifiée **d'acte de gouvernement** et, en tant que telle, soustraite à tout contrôle du juge, qu'il s'agisse du juge judiciaire ou du juge administratif ou encore du Conseil constitutionnel. Parallèlement, la décision de mettre fin à l'application de l'article 16 est également considérée comme un acte de gouvernement.

Par contre, s'agissant des mesures prises par le chef de l'État, en vertu de l'article 16, le Conseil d'État dans l'arrêt du 2 mars 1962 Rubin de Servens[17] fait la distinction essentielle entre les mesures prises dans le domaine législatif (art. 34), qui relèvent en temps normal du Parlement et qui, à ce titre, échappent au contrôle du juge, et les mesures prises dans le domaine réglementaire (art. 21 ou 37), qui conservent leur nature d'actes administratifs soumis au contrôle du juge administratif.

Dans les faits, l'article 16 a été mis en vigueur dans des conditions très discutables par la décision du général de Gaulle du 23 avril 1961, au moment d'une tentative de putsch militaire qui avait éclaté à Alger le 21 avril pour s'effondrer totalement le 25, c'est-à-dire, 4 jours plus tard. Le général de Gaulle a cependant maintenu l'application de l'article 16 pendant plusieurs mois, jusqu'au 30 septembre 1961, de façon totalement irrégulière et par un véritable détournement de la Constitution. C'est ce qui explique les réticences du Conseil d'État qui a voulu opposer les garanties d'un contrôle juridictionnel aux abus d'une pratique sans fondement, dénoncée par certains comme la volonté de faire de l'article 16 un système permanent de gouvernement.

On peut d'ailleurs s'interroger sur les *garanties données aux libertés* dans une telle hypothèse et sur leur déroute complète observée en 1961.

L'article 16 prévoit à cet égard que « le Parlement se réunit de plein droit », ce qui ne signifie pas qu'il siège en permanence, mais qu'il peut siéger pendant ou hors sessions sans qu'il y ait de restriction constitutionnelle sur son pouvoir de légiférer. Pourtant en 1961 et en imposant par deux fois son interprétation du rôle du Parlement, le chef de l'État a pu neutraliser l'intérêt de cette disposition constitutionnelle.

Dans sa lettre du 25 avril 1961 portant message au Parlement, le chef de l'État indique que pendant l'application de l'article 16 et en période de session, le Parlement peut légiférer, mais à condition que ce soit hors du domaine qui a fait l'objet de la mise en œuvre de l'article 16. Ce qui signifie en l'occurrence qu'en matière de politique algérienne, le chef de l'État entend être seul à décider sans opposition ou concurrence parlementaire.

Par contre, pendant les vacances parlementaires, et alors même qu'en plein mois d'août les parlementaires souhaitaient une convocation au titre de la réunion de plein droit, le chef de l'État dans une lettre du 31 août adressée au Premier ministre M. Michel Debré, indique de façon très ferme qu'hors sessions et pendant l'application de l'article 16, le Parlement ne peut « débattre de questions étrangères aux problèmes pour lesquels l'article 16 » a été mis en œuvre. Ce qui élimine cette fois tout risque d'opposition ou de concurrence en matière de politique intérieure.

L'article 16 prévoit encore que « l'Assemblée nationale ne peut être dissoute pendant l'exercice des pouvoirs exceptionnels ». *A priori*, rien dans la Constitution ne vient restreindre son pouvoir de contrôle politique. La pratique s'est interdite elle-même les contrôles que la Constitution

---

17. *Cf.* CE Ass., 2 mars 1962, Rubin de Servens, *cf. JCP*, 1962, I, p. 1711, *RDP*, 1962, p. 288, note Berlia et p. 294 concl. Henry.

n'interdit pas. Le président de l'Assemblée nationale, M. Jacques Chaban-Delmas, a décidé le 12 septembre qu'aucune motion de censure ne pouvait être déposée en période d'application de l'article 16.

Toutes ces restrictions non justifiées sont autant de faussements de la Constitution soulignant les dangers de la mise en œuvre de l'article 16. En définitive, le décompte des barrages ou contre-pouvoirs possibles en cas d'abus de l'article 16 est maigre. Outre le contrôle minimum instauré avec courage par le Conseil d'État dans l'arrêt *Rubin de Servens* et qui permet tout de même d'annuler les décisions de nature réglementaire[18], il ne reste que deux moyens de limiter les débordements éventuels. Le Parlement pourrait en effet in extremis mettre en cause la responsabilité politique du président de la République dans le cadre non moins exceptionnel que l'article 16 de la *haute trahison* prévue au titre IX de la Constitution. Hypothèse d'école, certes, mais non interdite par la Constitution et qui supposerait que le chef de l'État soit jugé par la Haute Cour de justice.

Reste que l'article 16 prévoit lui-même un retour à la *normale institutionnelle «dans les moindres délais»*. Le retour à la normale interdit au chef de l'État de profiter de l'application de l'article 16 pour modifier la Constitution. Tout au plus peut-il en suspendre certains articles. C'est ce que le général de Gaulle a fait pour l'article 64 alinéa 4 qui prévoit l'inamovibilité des magistrats du siège, ce qui lui permettait de déplacer d'office et de neutraliser ceux qui en Algérie pouvaient être dans l'opposition.

Par contre, si la formule «dans les moindres délais» marque la louable intention du constituant de ne pas voir s'éterniser l'application de l'article 16, elle se heurte à l'imprécision des termes, et la pratique a montré le danger réel de prolongations indues tenant à la seule et unique volonté du chef de l'État. D'où diverses réactions et propositions de réformes, telles celle de Paul Coste-Floret le 24 octobre 1961 de limiter l'application de l'article 16 à 90 jours, ou celle du médiateur Aimée Paquet le 23 novembre 1963 de porter cette même limite à soixante jours. En réalité, si l'article 16 est un article de *sauvegarde* en cas de péril pour la France, il peut être artificiel, voire dangereux, de prévoir à l'avance la durée du péril. Plus constructive à cet égard apparaît la proposition d'Étienne Dailly[19], dans la mesure où elle vise au respect du retour à la normale dans les moindres délais qui constitue la finalité même de l'article 16. Selon cette proposition, il suffirait que le Conseil constitutionnel puisse lui-même mettre fin à l'application de l'article 16 dès lors qu'il constate que les faits qui étaient à l'origine de son recours ont disparu.

En fait, l'article 16 n'a pas été modifié et conserve tous les défauts de sa rédaction originaire.

Qu'il s'agisse de ses compétences en temps normal ou de celles que lui ouvrent les périodes d'exception, le chef de l'État possède des compétences administratives et dispose en conséquence de services que nous allons examiner.

B. Les services de la présidence

Traditionnellement le président ne disposait pas de services permanents. Mais il possédait un petit nombre de collaborateurs directs sous la qualification générique de «membres des maisons civiles et militaires».

---

18. Il est vrai que l'on peut regretter que le Conseil d'État ait limité ce contrôle. C'est ce que pense Bernard Chantebout en remarquant justement que : *«Les décisions qui interviennent dans le domaine de l'article 34 sont en pratique les seules qui menacent directement et gravement les libertés»*, cf. *Droit constitutionnel et science politique*, A. Colin, coll. U, 1996, p. 634.

19. Proposition publiée dans *Le Monde* du 13 juillet 1974.

a) *L'organisation des services*

Pour la IVe République, une apparence de structure était mise en place sous la présidence de Vincent Auriol avec la création d'un secrétariat général. Un décret du 18 janvier 1954 avait permis au président René Coty de nommer douze collaborateurs dont cinq particulièrement importants : un directeur du secrétariat général, un directeur du cabinet, un chef du service financier, un chef du service de presse et dans le secteur militaire, un secrétaire général-adjoint.

Nominations et révocations sont prononcées par arrêté du président de la République, en vertu d'un pouvoir discrétionnaire exercé sans contreseing.

La pratique a conduit à organiser et à préciser les attributions de ces services qui ont pris une nouvelle importance à partir de 1958 sans qu'il y ait rupture avec le système précédent. Francis de Baecque remarque sur ce point que : «*les collaborateurs du président n'ont pas vu leur fonction modifiée dans sa substance, mais seulement considérablement accrue quant à son domaine, à ses manifestations et à son importance politique*[20].»

Les effectifs se sont considérablement étoffés avec des variations dans le nombre selon les périodes (entre 20 et 60 en moyenne au début de la Ve République, entre 150 et 200 par la suite), des variations dans la dénomination et les attributions. De plus, s'ajoutent aux collaborateurs officiels, des collaborateurs officieux, conseillers ou chargés de mission, dont le nombre et les attributions sont encore plus variables. Cette inflation qui résulte naturellement d'un régime marqué par la primauté présidentielle dans nos institutions, s'est accompagnée d'un accroissement notable des rôles et des influences.

b) *La distinction entre les secteurs*

On peut distinguer parmi les services de la présidence sous la Ve République, trois grands secteurs : civil, militaire, et diplomatique qui se répartissent les services présidentiels avec toutefois une place à part pour le **Cabinet** composé d'une dizaine de personnes. Dirigé par un directeur de cabinet assisté d'un attaché de presse, d'un chef de cabinet et du secrétariat particulier du président de la République, il est chargé d'organiser la vie quotidienne à l'Élysée.

À ce titre, c'est lui qui règle le fonctionnement du Palais, le courrier ou encore l'emploi du temps du président ; c'est lui également qui prend en charge les relations publiques et qui organise l'activité de représentation officielle du président : audiences, voyages, contacts politiques avec sa circonscription d'origine, par exemple.

Dans le *secteur civil*, on trouve un *Secrétariat général de la présidence de la République*, qui regroupe une trentaine de conseillers techniques spécialisés et de chargés de mission, chargés de suivre, et en période de fait majoritaire, d'orienter le travail gouvernemental. Une répartition permet à chaque conseiller ou chargé de mission d'être le correspondant d'un ou de plusieurs ministères et d'être en liaison avec son homologue à Matignon. Leur mission fondamentale est double : d'une part, études, informations et suggestions vis-à-vis du Président, et d'autre part, transmission

---

20. *Cf.* F. DE BAECQUE, *Qui gouverne la France ?*, PUF, 1976, p. 103.

des directives, orientations ou points de vue du président aux autres niveaux de l'exécutif : Premier ministre et Matignon, ministères et cabinets des ministres, ou encore directions principales des administrations centrales.

À l'égard de cette double mission, le poste clef est bien entendu celui de *secrétaire général* lui-même, assisté d'un secrétaire général adjoint, dans la mesure où il est le coordonnateur de toute l'équipe. Il est avec le secrétaire général du gouvernement le seul fonctionnaire admis à assister au Conseil des ministres.

Concernant le *Conseil des ministres* présidé par le chef de l'État à l'Élysée chaque mercredi matin, la préparation et en particulier la fixation de l'ordre du jour ont lieu également à l'Élysée le lundi. Le secrétaire général de la présidence, en liaison avec le secrétaire général du gouvernement, participe à cette séance de travail hebdomadaire qui se tient habituellement dans le bureau du président de la République. La fixation de l'ordre du jour permet de retenir les projets gouvernementaux et les nominations proposées qui seront délibérées au Conseil du mercredi suivant, en prévoyant même les éléments du communiqué final. Après accord sur cet ordre du jour soumis au Président, sont triés les avant-projets pour les semaines suivantes, fixant ainsi un véritable programme de travail assorti d'un échéancier qui peut toutefois être bousculé par l'actualité en bouleversant les priorités.

Cette organisation du travail instaure à tout le moins une sorte de « surveillance » du secrétariat général de la présidence sur le travail des ministres, qui peut aller jusqu'au contrôle sur l'exécution, puisqu'une fois les textes rédigés, la pratique du « double » de tous les décrets envoyés par les ministres à leur correspondant à l'Élysée avant parution au Journal officiel, permet aux collaborateurs du chef de l'État de suivre le travail gouvernemental jusqu'à sa phase finale. La cohabition atténue seulement les effets de domination qui résultent du système.

Du point de vue statutaire, les membres du secrétariat général, choisis le plus souvent parmi les membres des grands corps de l'État ne sont pas pris en charge par le budget de la présidence.

Pour la majorité d'entre eux, ce sont des fonctionnaires détachés ou mis à la disposition du chef de l'État et qui continuent d'être payés par leur administration d'origine. Ce système offre l'avantage d'une grande souplesse et ne pousse pas à l'accroissement des effectifs, puisque, dans chaque cas, il faut qu'une administration accepte de se priver d'un agent qu'elle ne peut pas remplacer.

Dans le *secteur militaire*, il faut rappeler que selon l'article 15 de la Constitution, « *Le président de la République est* **le chef des armées** ». Par ailleurs, le décret du 14 janvier 1964 confère au Président la responsabilité directe de l'emploi de la force de dissuasion. Pour l'assister dans ses attributions militaires, le chef de l'État dispose d'un **état-major particulier** où sont représentées les différentes armes.

Sous la direction d'un chef d'état-major particulier (M. le vice-amiral Jean-Luc Delaunay depuis le 8 septembre 1995[21]), l'état-major particulier regroupe généraux et officiers supérieurs[22] qui assistent le chef de l'État dans l'exercice de ses *responsabilités militaires*, en liaison avec Matignon, le ministère de la Défense et les différents états-majors.

Il peut s'agir de la proposition et de la nomination des officiers (art. 13 de la Constitution), mais aussi de la préparation et du suivi des décisions adoptées en Conseil de défense. Le rôle permanent de l'état-major particulier du président de la République

---

21. Il a été nommé par arrêté du 8 septembre 1995 par le président Jacques Chirac en remplacement de M. le général d'armée Christian Quesnot, *JO* du 9 septembre 1995, p. 13351.

22. Pour la composition actuelle, voir l'arrêté du 24 mai 1995 publié au *JO* du 25 mai, p. 8581.

est à la fois discret et efficace. Il devient essentiel en situation de guerre, toutes les décisions étant prises à l'Élysée en Conseil de défense, et l'ensemble des dispositifs gravitant autour d'un seul homme, le président de la République.

Enfin, dans le *domaine diplomatique*, les prérogatives traditionnelles du chef de l'État se fondent sur des textes dont la teneur n'est pas fondamentalement différente depuis 1875. Il y a toujours eu des liens privilégiés entre l'Élysée et le quai d'Orsay, et c'est ainsi qu'existe à l'Élysée une antenne du ministère des Affaires étrangères.

Un *conseiller diplomatique* assure la liaison permanente indispensable et se charge des opérations nécessaires. Les télégrammes diplomatiques sont portés au jour le jour à la connaissance du Président qui est également assuré d'une connaissance directe des problèmes par ses contacts personnels avec les ambassadeurs et les personnalités étrangères en visite à Paris. En outre, la visite régulière et quasi hebdomadaire du ministre des Affaires étrangères au chef de l'État permet à celui-ci de faire régulièrement le point de la situation internationale. Tous ces contacts directs ne vont pas sans soulever une difficulté dans la mesure où il n'est pas établi nécessairement de compte rendu ou de procès-verbal des propos échangés, et où les services risquent de ne pas connaître avec certitude les orientations qui en résultent. Il dépend du président en exercice qu'une information soit diffusée ou non.

Mais il faut ajouter aux services de la présidence, les différentes structures de travail constituées par les *différents Conseils* réunis normalement à l'Élysée sous la présidence du chef de l'État. Outre les Conseils prévus par la Constitution comme le *Conseil des ministres*[23] (art. 9) ou encore le *Conseil de la magistrature* (art. 64 al. 2 et art. 65 al. 1 et 3), il peut s'agir de Conseils prévus par des textes autres que la Constitution comme le Conseil de défense (art. 15, ordonnance du 7 janvier 1959, art. 10 et 11 et décret du 18 juillet 1962, art. 1er) ou le Haut Conseil de la Francophonie (décret du 12 mars 1984). Tous ces Conseils jouent un rôle majeur dans la prise des décisions administratives qui relèvent de leur sphère de compétence.

> Pendant la guerre du Golfe en janvier 1991, on a pu mesurer à la fois l'importance de l'*état-major particulier* du président de la République et celle du *Conseil de défense* réunis tous les soirs à 18 heures à l'Élysée. Participaient aux réunions présidées par M. François Mitterrand, le chef d'état-major particulier du Président, l'amiral Jacques Lanxade[24], les chefs d'état-major des trois armées, l'amiral Alain Coatanea, chef d'état-major de la marine, Gilbert Foray, chef d'état-major de l'armée de terre, Jean Fleury, chef d'état-major de l'armée de l'air, Maurice Schmitt, chef d'état-major des armées, mais aussi le Premier ministre Michel Rocard, les ministres de la Défense, de l'Intérieur et des Affaires étrangères, le secrétaire général de l'Élysée, le porte-parole de l'Élysée. Or c'est au sein du Conseil de défense que toutes les décisions militaires ont été prises avant d'être transmises au général Michel Roquejeoffre qui dirigeait les troupes françaises sur le terrain.
>
> Le matin à 8 heures, le secrétaire général de l'Élysée, M. J.-L. Bianco faisait le point sur la situation avec le directeur de cabinet du Premier ministre, M. J.-P. Huchon et leurs homologues dans les principaux ministères.
>
> En *seconde ligne* en effet, les membres du gouvernement ont dû gérer *les répercussions intérieures* du conflit du Golfe. Le plan Vigipirate, entré à la date de l'ultimatum dans la phase des contrôles renforcés, a été suivi directement par le ministre de l'Intérieur M. Pierre Joxe qui a réuni pour sa mise en œuvre les sept préfets des zones de défense. Le soutien de

---

23. *Cf.* J.-Y. PLOUVIN, « Le Conseil des ministres, institution seconde », *Rev. adm.*, 1980, p. 485.
24. L'amiral Jacques Lanxade est devenu chef d'état-major des armées, soulignant l'importance de la fonction exercée auprès du chef de l'État en tant que chef d'état-major particulier.

l'opinion étant essentiel, les responsables de communication des différents ministères ont pu rassembler les informations diffusées par le service d'information du Premier ministre. Quant au Parlement, il a seulement été tenu *informé* des événements.

Dans de telles circonstances, on comprend mieux à quel point l'Élysée est le centre nerveux de l'État, et le poids éminent de la présidence dans l'organisation de la défense.

À côté de ces conseils prévus par les textes, s'ajoutent les nombreux conseils qui correspondent à tous les domaines de l'administration d'État. À côté des *conseils interministériels* qui se tiennent normalement à Matignon et auxquels assistent les conseillers de l'Élysée, certains *conseils restreints*[25], convoqués à l'Élysée par le Secrétariat général de la présidence, réunissent les ministres compétents et leurs correspondants à l'Élysée ainsi que les hauts fonctionnaires intéressés par les problèmes délibérés. Ces conseils sont autant de centres de décision qui marquent la prééminence de la présidence en France.

§ 2. LE PREMIER MINISTRE

Le titre de Premier ministre choisi en 1958 pour remplacer celui de président du Conseil est significatif à lui seul de l'importance du rôle du chef du gouvernement. Il possède de très larges attributions administratives et dispose de services qui constituent les moyens nécessaires à son action.

A. Compétences administratives

L'article 21 de la Constitution stipule que : « *Le Premier ministre dirige **l'action** du gouvernement.* »

a) *Le rôle de direction*

La lettre de l'article 21 est conforme à la logique parlementaire selon laquelle le gouvernement, responsable devant l'Assemblée nationale de la politique qu'il élabore, a pour chef le Premier ministre, choisi pour son rôle de leader ou de fédérateur de la majorité[26]. Dans cette perspective, le gouvernement gouverne, et son action est conduite par le Premier ministre. Ce qui ne diminue en rien le domaine réservé au chef de l'État par la Constitution qui met ainsi en place une **dyarchie au sommet de l'État**.

La pratique du régime fait apparaître cependant une **double interprétation** possible de l'article 21. La première interprétation, contraire à la lettre de la Constitution, s'est imposée de façon continue de 1958 à 1986, en déplaçant l'axe décisionnel

---

25. Le président Valéry Giscard d'Estaing a multiplié par 4 le nombre de ces conseils devenus sous sa présidence aussi nombreux que les Conseils des ministres.

26. Cette même logique parlementaire se retrouve dans la présentation des institutions faite par M. Michel Debré devant le Conseil d'État le 23 août 1958 : « *Un chef de l'État et un Parlement séparés encadrant un gouvernement issu du premier et responsable devant le second.* »

du Premier ministre au chef de l'État. Il faut voir dans cette dérive institutionnelle le résultat de plusieurs facteurs.

En premier lieu la loi du 6 novembre 1962, qui institue l'élection du président de la République au suffrage universel, a fait basculer les règles du jeu, en instaurant une **primauté présidentielle** sur le Premier ministre nullement inscrite dans le texte de la Constitution, dont le titre III consacré au gouvernement est resté inchangé[27]. C'est cette absence de révision qui permettra d'éviter un blocage des institutions en période de cohabitation. La primauté présidentielle se fonde aussi sur la supériorité de la légitimité propre du chef de l'État, *élu du peuple*, sur celle du Premier ministre, seulement nommé par le président de la République aux termes de l'article 8 de la Constitution.

Ce phénomène s'est trouvé encore amplifié par le fait *majoritaire* et la coïncidence entre majorité présidentielle et majorité parlementaire, le président de la République et la majorité élue à l'Assemblée nationale appartenant en règle générale à la même famille politique. Dans un tel cas de figure, résultant du mode de scrutin majoritaire, particulièrement brutal, Premier ministre et gouvernement sont nécessairement issus de cette famille politique toute entière soumise au chef de l'État.

Non sans quelque paradoxe[28], le chef de l'État est apparu comme le véritable chef de la majorité et la prééminence du président de la République sur le Premier ministre et sur le gouvernement[29] a pu s'inscrire dans la pratique du régime. Dans des contextes et avec des tempéraments différents[30], les présidents de la République qui se sont succédé ont fortifié dans les faits la règle[31] non écrite que le pouvoir exécutif procède du président[32].

En conséquence, l'influx politique est parti de l'Élysée en utilisant les courroies de transmission de Matignon. Le programme d'action est défini par le président, sa mise en œuvre revient au Premier ministre qui en assure l'intendance ou plus exactement l'administration quotidienne[33].

«Le président est la fin, le Premier ministre un moyen[34].» La **subordination au chef de l'État** est telle que toute velléité d'exercice effectif ou personnel du pouvoir

---

27. *Cf.* O. BLIN, «Faut-il revenir sur le système institué en 1962, de l'élection du président de la République au suffrage universel direct», *Les Petites Affiches*, 11 août 1995, p. 19 à 23.

28. Paradoxe notamment pour le général de Gaulle qui aimait répéter qu'il était *«au-dessus des partis»*.

29. La soumission du Premier ministre et du gouvernement au général de Gaulle a été caricaturée par le journal satirique *Le Canard enchaîné* dans une rubrique de dernière page intitulée «La Cour».

30. Pour un exposé des rapports au sein de l'exécutif dans la pratique des différents présidents, voir B. CHANTEBOUT, *Droit constitutionnel et science politique*, A. Colin, 13ᵉ éd., 1996, p. 391 à 540.

31. M. Jobert la qualifie de *«règle d'or de la Cinquième République»*, in revue *Pouvoirs*, 1978, n° 4, p. 13.

32. Le général de Gaulle n'hésitera pas à dire : *«Il doit être évidemment entendu que l'autorité indivisible de l'État est confiée tout entière au président par le peuple qui l'a élu et qu'il n'en existe aucune autre, ni ministérielle, ni civile, ni militaire, ni judiciaire qui ne soit conférée et maintenue par lui.»* Voir G. BELLA, «La conférence de presse du président de la République du 31 janvier 1964», *RDP*, 1964, p. 126.

33. L'expression est de M. Jobert qui parle en outre de la *«transcendance institutionnelle du président de la République»*, *cf. ibid.*, p. 14.

34. Georges Pompidou écrit sur ce point : *«Le Premier ministre, comme son nom l'indique, n'est que le premier des ministres. Le rôle de coordination qu'il joue dans le gouvernement, la responsabilité qu'il exerce et engage vis-à-vis de l'Assemblée ne peuvent effacer cette subordination fondamentale.»* *Cf. Le nœud gordien*, Paris, 1974.

de la part du Premier ministre sera soldée par une «démission» quelque peu forcée très caractéristique d'un tel régime[35].

Il en résulte un **déséquilibre des pouvoirs** où l'omnipotence du chef de l'État n'est pas sans évoquer une monarchie élective[36] ou républicaine[37], ou, plus justement, un régime présidentialiste[38]. L'autorité de l'exécutif se trouve du même coup dissociée de la responsabilité qui lui est normalement attachée. L'irresponsabilité du président de la République, auteur de la politique exécutée par le gouvernement seul responsable devant l'Assemblée, fait du rôle du Premier ministre une «*mission de sacrifice*», selon le mot de Michel Jobert[39].

Ce système est voué à disparaître en cas de discordance entre majorité présidentielle et majorité parlementaire.

La bipolarisation politique, due au mode de scrutin majoritaire, rend crédible cette éventualité au lendemain des élections présidentielles de mai 1974, où la très courte avance de M. Giscard d'Estaing montre à l'évidence le partage de la France en deux blocs sensiblement équivalents. La perspective d'une victoire de la gauche aux élections législatives de mars 1978 devient dès lors la hantise de la droite conservatrice, et le scénario d'une cohabitation[40] entre un président de droite et un Premier ministre de gauche est pour la première fois l'objet d'un débat approfondi.

L'idée démocratique que l'exercice du pouvoir exécutif suppose le soutien de la majorité de l'Assemblée conduit à envisager l'application du partage dyarchique prévu par la Constitution. **Cette interprétation parlementaire** ressort notamment du discours de Verdun-sur-le-Doubs du 27 janvier 1978, dans lequel le président Giscard d'Estaing indique avec force le «bon choix» qui est le sien, tout en affirmant qu'une victoire de la gauche implique un gouvernement de gauche appliquant son propre programme. Il précise sur ce point : «*Ne croyez pas que le président ait dans la Constitution les moyens de s'y opposer*», tout en se réservant de tenir son propre rôle afin de préserver l'essentiel. Il y a là un retour manifeste à la lettre de la Constitution, en même temps qu'une affirmation de l'égale dignité du suffrage universel dans ses expressions, écartant de façon nouvelle toute idée d'emprise du président sur le pouvoir, de même que toute idée de subordination du Premier ministre.

L'hypothèse d'une **cohabitation** allait toutefois disparaître encore pendant un temps de l'horizon politique. Successivement, l'échec de la gauche en mars 1978, puis l'alternance consacrée doublement à son profit par les élections présidentielles, et législatives de 1981 maintiennent la concordance des majorités. La victoire très nette de François Mitterrand le 10 mai 1981 avec 51,75 % des suffrages exprimés, suivie les 14 et 21 juin par celle de la gauche, et spécialement du parti socialiste qui

---

35. Après avoir tenté une politique personnelle de libéralisation de l'ORTF et lancé le projet de la «nouvelle société», J. Chaban-Delmas sera écarté du pouvoir de cette façon le 7 juillet 1972, malgré un vote massif de confiance de l'Assemblée en juin. À son tour, J. Chirac, Premier ministre de M. Giscard d'Estaing, devra quitter son poste le 25 août 1976, et devant la presse avouera non sans quelque amertume qu'il part «faute d'avoir eu les moyens de mener sa tâche à bien».

36. C'est ce que déclare R. ARON dès 1967 ; *cf. Le Monde*, 16 mars 1967.

37. *Cf.* M. DUVERGER, *La monarchie républicaine*, Paris, 1974.

38. Voir J. GICQUEL, *Droit constitutionnel et institutions politiques*, Montchrestien, Paris, 1979, p. 896 et suiv. Voir aussi l'analyse de B. CHANTEBOUT, *cf. op. cit.*, p. 577 notamment.

39. M. JOBERT, *ibid.*, p. 15.

40. Voir le débat in revue *Pouvoirs* : «20 ans après : la Vᵉ République», n° 4, 1978, notamment p. 122 et suiv.

obtient à lui seul 58 % des sièges à l'Assemblée, laissent intactes les règles du jeu politique mises en œuvre par la pratique coutumière.

Avec le changement de majorité réalisé par les élections législatives du 16 mars 1986, la cohabitation devient une réalité[41], avec toutefois un scénario inverse de celui imaginé en 1978 puisque la cohabitation va jouer pour la première fois entre un président de gauche et un Premier ministre de droite. Le débat ouvert par les effets de la représentation proportionnelle sur la configuration de la nouvelle Assemblée relève du droit constitutionnel. Celui que soulève la mise en pratique du partage des rôles respectifs du chef de l'État et du Premier ministre semble réglé par la volonté convergente également affirmée par les intéressés de s'en tenir au **strict respect de la Constitution**.

Dans son allocution télévisée du 17 mars[42], le président François Mitterrand constate le changement de majorité «*dont les choix diffèrent sur des points essentiels de ceux du président de la République*» et déclare que la question sera réglée par le «*respect scrupuleux de nos institutions*». Ce qui suppose qu'il jouera le jeu en choisissant le nouveau Premier ministre dans les rangs de la majorité nouvelle. Ce qui suppose aussi qu'il se réserve d'exercer lui-même pleinement sa propre charge en défendant «*partout, à l'intérieur comme à l'extérieur, nos libertés et notre indépendance, notre engagement dans l'Europe, notre rang dans le monde*».

La nomination de M. Jacques Chirac comme Premier ministre, conforme à la logique parlementaire, sera suivie d'une déclaration le 20 mars[43] dans laquelle celui-ci évoque à son tour le changement de majorité, la situation politique nouvelle qui en résulte et ses conséquences sur le fonctionnement des institutions. Pour Jacques Chirac lui aussi, «*toutes les règles de notre Constitution et de la volonté du peuple français doivent être respectées. Les prérogatives et les compétences du président de la République telles qu'elles sont définies dans la Constitution sont intangibles*». Par ailleurs, «*Le Premier ministre détermine et conduit la politique de la nation, en vertu de l'article 20 de la Constitution*». Ce qui suppose clairement que le gouvernement gouverne et «*dispose de tous les moyens qui lui sont reconnus par la Constitution pour conduire son action*». Des deux côtés, la volonté de s'en tenir à la lettre de la Constitution est celle aussi d'en tirer le meilleur parti et d'occuper pleinement le terrain du pouvoir délimité par elle. Si la seule réponse au problème de la cohabitation est bien l'application stricte de la Constitution, le président de la République précise dans son message au Parlement le 8 avril 1986 qu'il s'agit «*de la Constitution, rien que la Constitution, toute la Constitution*». La déclaration de politique générale sur laquelle M. Chirac devait engager la responsabilité de son gouvernement devant l'Assemblée, dès le lendemain 9 avril, reprendra en écho le thème dominant du respect de la Constitution s'agissant de la marche des institutions. Cette insistance et ce leitmotiv, nullement gratuits, ne vont pas sans l'arrière-pensée omniprésente que le partage doit être appliqué **sans empiétement réciproque des pouvoirs**.

---

41. Le *Point* titrera «Mitterrand-Chirac, le récit du mariage forcé», 24-30 mars 1986 et *Le Quotidien de Paris* fera la une de son édition du 28 mars avec : «Le coq à deux têtes».

42. *Cf. Le Quotidien de Paris*, n° 1966, 18 mars 1986, p. 2.

43. *Cf. Ibid.*, n° 1969, 21 mars 1986, p. 8.

Comme nous l'avons vu, la signature des ordonnances annoncées par le Premier ministre posera le premier problème concret d'application de la délimitation des pouvoirs dans un domaine que la Constitution ne règle pas expressément, le président annonçant qu'il ne signerait pas les ordonnances qui remettraient en cause les *acquis sociaux*. Cette prise de position sera la cause directe d'un changement de procédure concernant la suppression de l'autorisation administrative en matière de licenciement pour raison économique. Prévue initialement comme devant faire partie du train d'ordonnances programmées par le gouvernement dès sa prise de pouvoir, elle fera l'objet d'un projet de loi et permettra de ce fait un débat devant le Parlement dans une matière sensible à l'opinion. Par la suite, le Président refusera de même de signer d'autres ordonnances ainsi que des projets de décrets portant nomination de hauts fonctionnaires.

L'expérience de cette première cohabitation a permis d'opérer un rééquilibrage dans le jeu du pouvoir qui donne plein effet à la dyarchie constitutionnelle[44]. Dans cette perspective, et en mettant fin à vingt-huit ans de lecture présidentialiste de la Constitution, la nouvelle donne politique a eu pour conséquence une *seconde interprétation de l'article 21* qui lui donne le sens littéral et parlementaire que lui avait fait perdre la pratique[45]. Cette situation sans précédent témoigne incontestablement de la **souplesse** remarquable de la Constitution elle-même, en créant un véritable retournement de situation au profit du Premier ministre, qui cesse d'être l'exécutant des directives présidentielles pour «*diriger*» effectivement «*l'action du gouvernement*»[46].

La réélection du président François Mitterrand le 8 mai 1988 avec 54,01 % des voix qui a pu être qualifiée de «belle victoire personnelle du chef de l'État»[47] sera suivie les 7 et 11 juin des élections législatives qui donnent 306 sièges à la gauche dont 279 pour le parti socialiste, ce qui ramène le jeu politique à la pratique du *fait majoritaire*. Toutefois, le fait que la majorité présidentielle se trouve moins forte qu'en 1981[48] entraîne une ouverture politique du gouvernement au centre, et la recherche d'une politique d'unité au Parlement. Dans ce contexte, le rééquilibrage de la cohabitation a pu continuer à faire sentir ses effets au profit du Premier ministre Michel Rocard nommé le 10 mai 1988. C'est ainsi que le Premier ministre apparaîtra en première ligne dans la conduite de la politique économique ou sociale du gouvernement.

Cependant, interrogé le 3 décembre 1989 sur TF1 dans l'émission «7 sur 7» sur ses relations avec le président de la République, Michel Rocard devait rappeler que le chef de l'État fixe bien les grandes orientations, qu'il est l'élu du suffrage universel, soulignant par là sa supériorité institutionnelle, avant de conclure : «je m'honore de lui obéir.» Quant à la durée de ses fonctions de Premier ministre, il souligne qu'elle dépend de deux éléments : la confiance de l'Assemblée et celle du Président et il ajoute avec humour : «nul n'est irremplaçable et la fonction n'est pas permanente.»

La guerre du Golfe va renforcer la *primauté présidentielle* dans une matière précise : la *défense nationale*, et pendant toute cette période, le Premier ministre sera solidaire du chef de l'État, mais toutefois avec seulement un second rôle.

---

44. *Cf.* M. DUVERGER, *Bréviaire de la cohabitation*, PUF, 1986.
45. *Cf.* Voir les nuances apportées sur ce point par F. DE BAECQUE, *op. cit.*, p. 169.
46. Analysant les effets de cette période, M. le professeur Bernard CHANTEBOUT souligne à juste titre que M. Chirac a bien été de 1986 à 1988 «*le Premier ministre le plus puissant de l'histoire de la République*», et en donne pour preuve la réunion préalable en véritables «conseils de cabinet» des ministres intéressés par l'ordre du jour du Conseil des ministres. *Cf.* B. CHANTEBOUT, *op. cit.*, éd. 1996, p. 525.
47. *Cf. Le Monde* du jeudi 11 mai 1995, p. IX du cahier spécial : «*François Mitterrand artisan de son destin*».
48. En 1981, le parti socialiste disposait à lui seul de la majorité absolue avec 285 sièges.

Les élections législatives des 21 et 28 mars 1993, en donnant une majorité écrasante à la droite qui dispose de 485 sièges sur 577, inaugurent une *seconde cohabitation* avec le même cas de figure : président de la République de gauche et Premier ministre de droite, en l'occurrence M. Édouard Balladur nommé dès le 29 mars. La force même de la majorité gouvernementale pouvait faire craindre des relations difficiles avec le chef de l'État. Mais la personnalité des hommes autant que leur mutuel respect des institutions, ont permis d'instaurer un régime de croisière assez comparable à celui suivi lors de la première cohabitation. Dans un entretien accordé au *Monde*, le président François Mitterrand rappelle que «la règle du jeu, c'est la Constitution de la République. Et c'est la volonté du peuple telle qu'elle s'est le plus récemment exprimée[49].»

Dans ce second retour à la lettre de l'article 21, le Premier ministre a pu conduire la politique intérieure de l'État. Par ailleurs, les convergences de vues ont permis au chef de l'État de continuer à jouer son rôle prioritaire en matière de politique étrangère et européenne, même si le Premier ministre a pu traiter lui-même l'important dossier du GATT.

Avec les dernières élections présidentielles des 23 avril et 7 mai 1995, le balancier politique revient *au fait majoritaire*, et cette fois au profit de la droite, comme avant 1986. M. Jacques Chirac est élu président de la République et le gouvernement formé autour du Premier ministre, M. Alain Juppé nommé le 17 mai[50] conforte le retour de la prééminence présidentielle.

La pratique a donc montré par deux fois une application stricte et sans heurt de la lettre de l'article 21. L'hypothèse d'une cohabitation nouvelle avec le scénario inédit d'un président de droite et d'un Premier ministre de gauche n'est pas à exclure de l'horizon politique[51] et les deux précédents permettent d'augurer sans difficulté que le même respect de la Constitution réglera alors la situation avec la même souplesse et la même sérénité.

Mais quelle que soit la conjoncture politique, les compétences administratives prévues par la Constitution, confèrent au Premier ministre un rôle fondamental en matière réglementaire comme en matière de nomination.

b) *L'autorité réglementaire*

L'article 21 confère tout d'abord au Premier ministre le rôle essentiel de l'exécutif, si l'on s'en tient au sens premier du pouvoir exécutif qui est d'assurer l'exécution des lois. La Constitution précise que, sous réserve de l'article 13, c'est-à-dire des décrets délibérés en Conseil des ministres et des ordonnances, «*le Premier ministre exerce le pouvoir réglementaire*». Ce pouvoir réglementaire de l'article 21

---

49. Voir l'important entretien accordé par le chef de l'État au cours de la campagne électorale, in *Dossiers et documents du Monde*, 21 mars-28 mars 1993, élections législatives : «la droite sans partage», p. 54.

50. Il sera reconduit dans ses fonctions le 7 novembre 1995 lors de la formation d'un second gouvernement, *cf. JO* 8 novembre 1995, p. 16344.

51. Si on tient compte à la fois de la forte «remontée» de la gauche aux élections cantonales des 20 et 27 mars 1994 où elle obtient environ 40 % des voix, et du score imprévu par les sondages de M. Lionel Jospin, candidat classé en tête à l'issue du premier tour de scrutin des élections présidentielles de 1995, avec 23,3 % des voix contre 20,8 % pour M. Jacques Chirac, l'hypothèse de ce scénario n'est pas improbable.

recouvre les textes qui permettent l'application des lois sous la forme de *décrets* qui explicitent les dispositions générales et impersonnelles de la loi.

Ce pouvoir réglementaire **dérivé** s'ajoute au pouvoir réglementaire **autonome** de l'article 37, pour assurer au Premier ministre la *compétence de droit commun* en matière réglementaire, les actes du Premier ministre étant contresignés par les ministres chargés de leur exécution. Ce contreseing (art. 22) manifeste la *solidarité gouvernementale* de façon formelle. Il faut souligner que, quelle que soit en effet l'extension de l'article 13, rendue possible par le fait qu'il n'y a pas d'énumération constitutionnelle des décrets délibérés en Conseil des ministres, il n'en demeure pas moins que le *chef de l'État n'a* pour sa part qu'une *compétence d'exception* en matière réglementaire.

Il convient de faire la même remarque en ce qui concerne le **pouvoir de nommer aux emplois civils et militaires** de l'État. Ce pouvoir appartient normalement au Premier ministre, sous réserve des emplois supérieurs ressortissant par exception à la compétence du chef de l'État selon le même article 13. L'importance quantitative des emplois visés est telle qu'en réalité le pouvoir de nomination du Premier ministre s'exerce normalement par le biais des délégations de pouvoirs qu'il peut consentir aux ministres et qui sont prévues par l'article 21 alinéa 2 de la Constitution.

L'article 20 alinéa 2 précise d'ailleurs que le gouvernement dispose de l'**administration et de la force armée**, ce qui fait de chaque ministre une autorité administrative à la tête de fonctionnaires et d'agents publics déterminés, mais ce qui confère aussi au Premier ministre, en tant que chef du gouvernement, une autorité sur l'ensemble de l'administration d'État. Il préside lui-même un grand nombre de *comités interministériels restreints* ou permanents et peut même présider le Conseil des ministres sur un ordre du jour déterminé et en vertu d'une délégation expresse (art. 21 al. 4).

L'ensemble de ces compétences, abondantes en quantité et en qualité, est assorti de moyens efficaces constitués par les services du Premier ministre.

B. Les services du Premier ministre

Ces services sont les héritiers des services de la présidence du Conseil sous la IVe République. On peut distinguer parmi eux les *services de direction* qui permettent au Premier ministre de faire sentir son impulsion sur l'ensemble de l'appareil gouvernemental, et les *services d'intérêts communs*, qui se rattachent directement au Premier ministre, sans avoir pour objet la direction générale du gouvernement.

Au total, quelque 5 000 agents travaillent ainsi sous l'autorité du Premier ministre et constituent l'effectif opérationnel le plus important de l'administration centrale.

a) *Les services de direction*

Les services de direction comprennent essentiellement le cabinet du Premier ministre et le Secrétariat général du gouvernement.

Le **cabinet** du Premier ministre comprend une vingtaine[52] de conseillers en moyenne, assistés chacun d'un à trois chargés de mission. Il est comparable au

---

52. L'effectif est variable. Vingt-six conseillers et chargés de mission ont été nommés par les arrêtés du 9 juin 1995 auprès de M. Alain Juppé. Le cabinet de Madame Édith Cresson comprenait 51 membres.

cabinet du président de la République, en ce sens qu'il regroupe des collaborateurs personnels dont le rôle est d'informer le chef du gouvernement et de préparer pour lui les dossiers des problèmes qu'il a à résoudre. Autre point commun : le domaine d'investigations et de préoccupations est le même pour le cabinet du Premier ministre et pour le cabinet du Président. Il s'agit en fait de l'ensemble des tâches gouvernementales, ce qui conduit dans les deux cas à répartir les administrations entre leurs membres, chacun devenant un interlocuteur privilégié de telle ou telle administration. Depuis 1974, c'est une pratique qui s'est largement développée. Là s'arrête la comparaison.

En liaison étroite avec les services de la présidence en période de fait majoritaire, et de façon permanente avec les différents cabinets ministériels, le cabinet assiste le Premier ministre dans sa tâche de préparation et d'exécution de la politique gouvernementale. Plus précisément, le cabinet du Premier ministre réalise la *coordination et l'unité de l'action gouvernementale* et représente le moyen d'assurer le commandement des diverses administrations.

Il faut ajouter que ses contacts réguliers avec les partis et les élus nationaux de la majorité, de même qu'avec les médias ou encore avec les divers représentants des groupes de pression ou des agents économiques et sociaux, permettent une large information du Premier ministre et concourent au suivi des dossiers.

L'*organisation du travail* est liée à la composition même du cabinet, aussi variable que ses effectifs mais qui traduit une forte hiérarchie. Sous la direction du *directeur de cabinet* qui coordonne leur activité, les conseillers nommés auprès du Premier ministre peuvent ne pas avoir d'affectation propre, ou au contraire être chargés de suivre un secteur particulier.

On trouve ainsi dans le premier cabinet de M. Alain Juppé sept conseillers ayant des attributions particulières[53] : un conseiller chargé des affaires sociales, M. Antoine Durrleman, conseiller référendaire à la Cour des comptes ; un conseiller diplomatique, M. Richard Duqué, ministre plénipotentiaire ; un conseiller pour les affaires européennes, M. Jean Cadet, ministre plénipotentiaire ; un conseiller pour les affaires économiques et financières, M. Jean de Courcel, administrateur civil ; un conseiller pour les affaires intérieures et de sécurité, M. Jean-Michel Roulet, préfet ; un conseiller pour l'industrie, l'équipement et la technologie, M. François Soulmagnon, ingénieur en chef du corps des mines ; un conseiller parlementaire, M. Eric Woerth.

Les conseillers techniques et chargés de mission complètent le cabinet qui se réunit chaque semaine le mercredi matin sous la présidence de son directeur.

Le *secrétariat du Premier ministre* regroupe pour sa part le chef de cabinet, le chef du secrétariat particulier, un certain nombre d'attachés parlementaires. On peut lui rattacher le service de presse dirigé par un conseiller (Mme Agathe Sanson en juin 1995).

Le *cabinet militaire* complète cet organigramme avec un chef du cabinet militaire (M. le général de division aérienne Alain Courthieu)[54] entouré d'adjoints représentant les différentes armes. En liaison avec le Secrétariat général de la défense nationale, ce cabinet militaire assiste le Premier ministre dans l'exercice de ses compétences en

---

53. *Cf.* Arrêté du 9 juin 1995 relatif à la composition du cabinet du Premier ministre, *JO* du 10 juin 1995, p. 9001.
54. *Cf.* 3e arrêté du 9 juin 1995 relatif à la composition du cabinet du Premier ministre, *JO* du 10 juin 1995, p. 9001.

matière de défense. L'article 21 désigne en effet le Premier ministre comme «responsable de la défense nationale». Ce texte se complète de l'ordonnance du 7 janvier 1959, article 9 ainsi que des décrets du 18 juillet 1962 relatif à l'organisation de la défense nationale et du 14 janvier 1964 relatif aux forces aériennes stratégiques, l'article 20 alinéa 2 de la Constitution précisant pour sa part que le gouvernement dispose de la force armée. On comprend que ce cabinet puisse être considéré comme l'homologue de l'état-major particulier du chef de l'État sans en avoir toutefois la prééminence.

Le chef du gouvernement peut **déléguer sa signature** aux membres de son cabinet qui peuvent régler certains problèmes en son nom ou encore présider des commissions interministérielles de hauts fonctionnaires à sa place. Par là, le cabinet est donc associé directement à l'action du Premier ministre dont il est du même coup le principal auxiliaire sur le plan politique et administratif.

À côté du cabinet, le **Secrétariat général du gouvernement** est un service dont le personnel est permanent et placé sous l'autorité d'un directeur, issu lui-même du Conseil d'État comme le Secrétaire général du gouvernement.

Un *cabinet* propre au Secrétaire général regroupe un directeur de cabinet, un chef de cabinet et un conseiller technique. Un certain nombre de conseillers et de chargés de missions complète le Secrétariat qui comprend une centaine de fonctionnaires titulaires, hautement compétents.

Le Secrétariat général du gouvernement assure une triple fonction qui en fait un élément déterminant des rouages gouvernementaux.

La première est d'assurer le **secrétariat permanent de toutes les rencontres gouvernementales**, depuis le Conseil des ministres jusqu'aux réunions interministérielles de hauts fonctionnaires tenues à Matignon. Cette même fonction le conduit à être le carrefour de toutes les initiatives qui mettent l'exécutif au contact du législatif et réciproquement. C'est lui qui suit, pour le chef du gouvernement, toutes les *procédures* qui impliquent son intervention. Un *service législatif* contrôle l'élaboration des projets de lois, de même que la mise en œuvre de la procédure législative et réglementaire, les liaisons avec le *Journal officiel* et la coordination avec le Parlement.

Sur ce dernier point, les relations du gouvernement avec le Parlement sont confiées à un ministre ou à un secrétaire d'État délégué dans ces fonctions spécifiques. Mais c'est le secrétariat général du gouvernement qui rassemble pour lui tous les documents qui matérialisent ces relations. C'est lui encore qui assiste le même ministre pour l'établissement, par la conférence des présidents des deux assemblées, de l'ordre du jour de leurs travaux et pour la prise en compte des priorités demandées par le gouvernement.

La deuxième fonction importante du Secrétariat général du gouvernement est d'assurer la **direction de services interministériels ou spécialisés** qui relèvent directement de l'autorité du Premier ministre. C'est le cas du *Journal officiel*. Le Secrétariat joue le rôle de coordination sur le plan juridique en ce sens qu'il vérifie la teneur des textes, fixe leur date de parution et opère un choix parmi les instructions à rendre publiques.

C'est le cas aussi de la *Documentation française* dont le statut est original à la fois par le nombre limité des fonctionnaires titulaires qui la composent et par son financement, assuré pour l'essentiel par le produit de ses publications.

Outre un *département de la communication* chargé de la communication externe et interne ainsi que des relations avec la presse, la direction de la *Documentation française* comprend quatre sous-directions[55] :

La sous-direction de l'administration et de l'édition ;

La sous-direction de la documentation ;

La sous-direction des publications ;

La sous-direction de la promotion et de l'action commerciale.

Actuellement, ces quatre sous-directions sont elles-mêmes organisées en bureaux dont les tâches spécifiques sont définies par arrêté du Premier ministre[56].

Il faut ajouter à ces services, ceux de la *Direction générale de l'administration et de la fonction publique* rattachée au secrétariat général sur le plan administratif, tout en disposant d'une autonomie de fonctionnement consacrée par la délégation du chef du gouvernement à un secrétaire d'État. C'est le cas encore du Comité permanent des réformes administratives ou du Haut Comité de la langue française.

Enfin, la troisième fonction, non négligeable, du secrétariat général du gouvernement est d'assurer la **gestion financière** des services du Premier ministre. L'organisation de la direction des services administratifs et financiers des services du Premier ministre comprend un directeur, assisté d'un chef de service, adjoint au directeur, pour assurer sous l'autorité de celui-ci la coordination des activités de la direction et le suppléer en cas d'absence ou d'empêchement. Le bureau des affaires générales est placé sous l'autorité directe du chef de service adjoint au directeur et se complète de deux sous-directions[57].

b) *Les services d'intérêts communs*

À côté du cabinet et du secrétariat général qui forment les services de direction, prennent place des services dits d'intérêts communs qui fonctionnent auprès du Premier ministre parce qu'ils intéressent l'ensemble des activités ministérielles et participent par conséquent à la polyvalence gouvernementale et administrative caractéristiques des services de Matignon[58].

Leur nomenclature varie, leur nombre aussi, mais on peut distinguer parmi eux *les services de coordination interministérielle* qui intéressent plus particulièrement cinq domaines précis : la fonction publique d'État, l'économie, la construction européenne, la défense et l'information.

Dans le domaine de la *fonction publique d'État*, le Premier ministre préside de droit le Conseil supérieur de la fonction publique de l'État (loi du 11 janvier 1984, art. 13 al. 1), ce qui permet la concertation avec les représentants des syndicats de fonctionnaires sur les projets gouvernementaux. Par ailleurs, la direction générale de l'Administration et de la Fonction publique est rattachée au Premier ministre. Enfin, en matière de formation des fonctionnaires d'autorité ou d'encadrement, les établissements publics suivants sont placés sous l'autorité du Premier ministre : L'École nationale d'administration créée par l'ordonnance du 9 octobre 1945 et délocalisée depuis janvier 1992 à Strasbourg, les cinq Instituts régionaux d'Administration (IRA)

---

55. *Cf.* Arrêté du 4 mars 1994, *JO* du 11 mars 1994, p. 3840.

56. *Cf.* Arrêté du 4 mai 1995, *JO* du 6 mai 1995, p. 7159.

57. *Cf.* Arrêté du 13 avril 1995, *JO* du 14 avril 1995, p. 5943.

58. *Cf.* Marceau LONG, *Les services du Premier ministre*, Aix, PUAM, 1981, p. 60 et suiv.

créés par l'article 15 de la loi du 3 décembre 1966 : Bastia, Lille, Lyon, Nantes et Metz ; et enfin l'Institut international d'Administration publique (IIAP) créé par décret du président de la République en date du 2 décembre 1966 et dont le siège est à Paris.

Les attributions du Premier ministre en matière de fonction publique sont généralement déléguées par lui à un membre du gouvernement, mais la composition du gouvernement peut aussi prévoir un poste de ministre ou de secrétaire d'État délégué auprès du Premier ministre pour la fonction publique.

Dans le domaine de l'*économie*, l'ouverture polyvalente sur l'ensemble des activités de la nation que comportent la planification et l'aménagement du territoire leur donnent vocation à relever du Premier ministre, et le plus souvent par délégation de celui-ci, d'un membre du gouvernement qui peut être aussi délégué auprès de lui lors de la constitution du gouvernement.

Deux administrations de mission interviennent ici :

D'une part, le *Commissariat général au Plan* (CGP), créé par le décret du 3 janvier 1946, a pour mission permanente d'étudier et de suivre l'évolution des différents secteurs de l'activité économique et sociale en France afin de dégager les orientations incitatives les plus utiles. Dans le cadre de la loi Rocard du 29 juillet 1982[59] qui systématise une dualité de la planification française en distinguant à côté du Plan de la Nation, les plans des régions désormais décentralisés, le Commissariat travaille à l'élaboration et à l'exécution du Plan de la Nation.

D'autre part, la *Délégation à l'aménagement du territoire et à l'action régionale* (DATAR), créé par décret du 14 février 1963, a pour mission d'étudier et de prévoir les mesures propres à assurer un développement équilibré des différentes régions françaises. Un effort particulier est actuellement engagé en faveur des zones caractérisées par des handicaps géographiques, économiques ou sociaux, qualifiées de *zones prioritaires* par l'article 42 de la loi d'orientation pour l'aménagement et le développement du territoire du 4 février 1995[60].

Dans le domaine de la *construction européenne*, le Secrétariat général du Comité interministériel pour les questions de coopération économique européenne, créé par décret du 25 mai 1959 et placé sous la direction du Premier ministre[61], joue un rôle important dans la préparation des réunions du Comité interministériel qui détermine les positions arrêtées par la France en matière de politique européenne. De la même façon, il contribue à la bonne exécution des décisions et au respect par l'administration du droit communautaire.

Dans le domaine de la *défense*, qui aux termes de l'ordonnance du 7 janvier 1959 recouvre de façon large des données militaires, civiles, économiques et culturelles, c'est le *Secrétariat général de la défense nationale* (SGDN), assisté pour les questions d'études ou d'enseignements de l'Institut des hautes études de défense nationale (IHEDN) qui joue un rôle essentiel auprès du Premier ministre.

Enfin dans le domaine de l'*information*, outre les Directions du *Journal officiel*[62] et de La Documentation française dont on a vu qu'elles relèvent du Secrétariat

---

59. Loi n° 82-653 du 29 juillet 1982, *JO* du 30 juillet 1982, p. 2441.

60. Loi n° 95-115 du 4 février 1995, *JO* du 5 février 1995, p. 1973 à 2011.

61. Noter que Mme Élizabeth Guigou a été nommée en 1985 au Secrétariat général du Comité interministériel pour les questions de coopération économique européenne et que, pendant la première cohabitation, elle est restée conseiller auprès du président de la République pour l'économie internationale et les affaires européennes, assurant en conséquence un relais essentiel entre le Premier ministre et le chef de l'État qui gardera la maîtrise du dossier européen pendant toute cette période de préparation du traité de Maastricht.

62. Une commission d'appel d'offres est désormais compétente pour les marchés publics passés par la Direction des JO au nom de l'État. *Cf.* arrêté du 2 mars 1996, *JO* du 4 avril 1996, p. 5194.

général du gouvernement, Matignon dispose du Service d'information et de diffusion (SID) qui relève pour sa part du cabinet du Premier ministre et qui constitue un organe privilégié de la communication gouvernementale.

> Pendant la guerre du Golfe, le SID a joué un rôle de premier plan dans la gestion de l'opinion. Deux fois par semaine, le directeur du SID, M. Jean-Louis Missika, réunissait les responsables de la communication des ministères pour leur communiquer les informations sur les conséquences de la crise sur la vie des Français : économies d'énergie, application du plan de sécurité Vigipirate ou réactions des communautés étrangères[63].

Un service juridique et technique de l'information assure la liaison entre le gouvernement et le Conseil supérieur de l'audiovisuel (CSA). Il est également chargé de préparer les projets de lois et de règlements intéressant la presse écrite et parlée.

Enfin, dans la mouvance de tous les organes créés pour contribuer à l'amélioration des relations entre l'administration et les usagers, des Centres interministériels de renseignements administratifs (CIRA) s'ouvrent au public pour répondre gratuitement à toute question intéressant un point de législation, de réglementation, de procédure ou de pratique administratives.

À côté de tous ces services de coordination interministérielle, les ministres ou secrétaires d'État **délégués auprès du Premier ministre** sont nommés pour répondre aux besoins politiques du moment, d'où leur instabilité et leur variabilité. Ils sont prévus, en général, pour des missions à caractère interministériel.

> La Délégation confiée en décembre 1983 à Haroun Tazieff pour régler les problèmes posés par les catastrophes et calamités d'ampleur exceptionnelle est née du besoin pratique de coordonner l'action des différents ministères concernés. Ce qui est en définitive le rôle majeur de Matignon. Dans le gouvernement constitué le 18 mai 1995, sont délégués auprès du Premier ministre Alain Juppé trois secrétaires d'État, les deux premiers étant chargés de tâches prioritaires dans le programme gouvernemental. Il s'agit de M. Xavier Emmanuelli, secrétaire d'État à l'action humanitaire d'urgence, et de Mᵐᵉ Anne-Marie Couderc, secrétaire d'État pour l'emploi, le traitement de ce dernier problème donnant lieu également à la création du Comité interministériel pour le développement de l'emploi[64], placé auprès du Premier ministre. Quant à M. François Baroin, secrétaire d'État, porte-parole du gouvernement, il assume une fonction par nature interministérielle bien qu'elle ait pu être attribuée précédemment au ministre du Budget par le décret n° 93-785 du 8 avril 1993.

Le bicéphalisme à la tête de l'État fait en effet du Premier ministre une autorité de première importance et de Matignon un rouage essentiel de toute la vie politique et administrative française. Ce que traduit parfaitement Francis de Baecque par sa formule : « toute la structure de l'exécutif fait du Premier ministre le point de passage obligé de toutes les affaires, celui qui, seul, est directement en contact avec le Parlement, celui qui coordonne l'action des administrations, celui en un mot sans lequel les décisions ne peuvent être ni élaborées, ni appliquées…[65] » (*op. cit.*, p. 129).

Mais l'administration d'État comporte aussi et nécessairement un niveau gouvernemental que nous examinerons dans une seconde section.

---

63. Voir l'article consacré à la question par le *Nouvel économiste* du 25 janvier 1991, n° 780, p. 14.
64. *Cf.* Décret n° 95-764 du 8 juin 1995 portant création du Comité interministériel pour le développement de l'emploi, *JO* du 9 juin 1995, p. 8951.
65. *Cf.* Francis DE BAECQUE, *op. cit.*, p. 129.

Section 2
Le niveau gouvernemental

Le niveau gouvernemental de l'administration d'État est représenté par le Premier ministre, les ministres et les secrétaires d'État membres du gouvernement. La Constitution n'en précise pas le nombre qui varie selon la conjoncture politique[66]. Sous la Vᵉ République, et jusqu'en 1986 la composition du gouvernement est à l'image des forces politiques unies au moment des élections présidentielles. Le nombre des ministres varie aussi en fonction de l'accroissement des tâches de l'État, qui entraîne à sa suite le développement constant des ministères, dans le but d'adapter les structures aux besoins. Création, suppression ou transfert d'attributions sont opérés par voie de décret, selon les règles posées par l'article 8 de la Constitution, qui permet au chef de l'État de nommer sans contreseing le Premier ministre et sur la proposition de celui-ci, les autres membres du gouvernement. La formation gouvernementale permet la répartition des départements ministériels de l'administration d'État entre les ministres. C'est elle que nous étudierons en premier lieu.

§ I. LA FORMATION GOUVERNEMENTALE

La formation gouvernementale sous la Vᵉ République contraste sur un point essentiel avec celle des IIIᵉ et IVᵉ Républiques. Elle substitue à une conception horizontale ou égalitaire du gouvernement une conception verticale, où le Premier ministre coordonateur et supérieur des ministres cesse d'être réduit à un rôle de « *primus inter pares* ». Par ailleurs, chaque ministre ayant à la fois un rôle politique et un rôle administratif, l'étude de la formation gouvernementale nous oblige, après avoir fait la part de la hiérarchie, à distinguer les attributions proprement administratives des ministres.

A. La hiérarchie gouvernementale

Sous la IIIᵉ République, il n'existait aucune hiérarchie juridique entre les ministres. L'institution du président du Conseil n'est pas prévue par la Constitution de 1875 et sera purement coutumière, jusqu'à ce que la loi de finances du 24 décembre 1934 reconnaisse l'existence du ministre chargé de la présidence du Conseil et lui attribue des services administratifs distincts.

a) *La primauté du Premier ministre*

La IVᵉ République reconnaît dans des circonstances déterminées la primauté du président du Conseil. Celui-ci est seul à pouvoir poser la question de confiance. Il

---

66. Contrairement à la France, l'organisation et la nomenclature gouvernementales sont fixées aux États-Unis par un ensemble de règles constitutionnelles et organiques.

peut aussi se séparer des ministres qui mettent en cause l'unité du cabinet. L'inspiration constitutionnelle est celle d'une organisation hiérarchisée, mais la pratique reste conforme à la conception égalitaire précédente.

La Constitution de 1958 reprend l'inspiration du constituant de 1946 et la renforce même, puisque l'article 21 alinéa 1 confie au Premier ministre le soin de diriger l'action du gouvernement. Nous avons vu le double sens qu'il convient de donner à l'expression. Il faut cependant préciser que la pratique du régime oblige le chef du gouvernement à compter avec le ministre des Finances — dont le contreseing est exigé pour tous les décrets ayant une répercussion financière, et il en est peu qui n'en aient pas — avec les ministres que M. Gicquel[67] désigne de façon significative comme *« les ministres du président »*, et avec les collaborateurs immédiats de l'Élysée qui exercent une certaine forme de surveillance permanente de l'administration centrale, particulièrement nette en période de fait majoritaire comme nous l'avons vu plus haut. La primauté du Premier ministre est donc à la fois constitutionnelle et effective, mais mérite d'être nuancée.

Par ailleurs, la direction de l'équipe gouvernementale n'entraîne aucune autorité de type hiérarchique à l'égard des membres du gouvernement, même s'il appartient au Premier ministre de proposer leur nomination au chef de l'État aux termes de l'article 8 alinéa 2. Il n'existe pas davantage en principe d'autorité hiérarchique entre les ministres.

Il convient donc de remarquer qu'en dehors de la situation particulière réservée au Premier ministre, la hiérarchie politique et toute protocolaire qui s'instaure entre les membres du gouvernement ne résulte ni de la Constitution, ni même de la loi, mais plus directement du décret de nomination publié au *JO*, qui fixe l'ordre des préséances.

b) *L'ordre des préséances*

Cette hiérarchie établit un rang par ordre décroissant entre ministre d'État, ministre délégué auprès du Premier ministre, ministre simple ou ordinaire et secrétaire d'État. Le titre de **ministre d'État** est un honneur conféré *« intuiti personae »* et n'est pas attaché à une fonction ou à un département ministériel. Il témoigne de l'importance reconnue à la présence de telle personne au sein du gouvernement et confère à son bénéficiaire un droit spécial d'intervention sur toutes les affaires gouvernementales. Cette polyvalence permet au ministre d'État d'assurer, en cas de besoin, l'intérim du Premier ministre[68]. À l'occasion, il peut même jouer le rôle d'un ambassadeur itinérant du gouvernement selon une interprétation large donnée par Valéry Giscard d'Estaing. Enfin, il bénéficie d'une rémunération mensuelle plus élevée que celle des autres ministres.

---

67. *Cf.* A. HAURIOU et J. GICQUEL, *Droit constitutionnel et institutions politiques*, Montchrestien, 1980, p. 1014.

68. Pour un exemple : voir le décret du 13 mars 1991 chargeant le ministre d'État, M. Lionel Jospin, ministre de l'Éducation nationale, de la Jeunesse et des Sports, de l'intérim du Premier ministre Michel Rocard, *« pendant l'absence de celui-ci »*, selon la formule reprise par tous les décrets du même type. *Cf. JO* du 16 mars 1991, p. 3720.

Si l'on considère la composition des différents gouvernements de la Ve République, on peut observer que les critères d'attribution du titre de ministre d'État sont nombreux.

Il peut s'agir tout d'abord de la *personnalité*, du prestige personnel du ministre comme par exemple pour MM. Alain Peyrefitte ou Badinter. L'autorité *historique* liée à la naissance de la Constitution a pu jouer autant que l'*importance politique* dans le cas de M. Michel Debré, de même que l'importance de grandes réformes liées à leur nom, comme pour M. Gaston Defferre ou Mme Simone Veil. Le poids *déterminant d'un groupe politique* représenté par le ministre dans la formation de la majorité peut être évoqué dans les cas de MM. Barre, Durafour ou Soisson. Inversement l'originalité d'une tendance politique même marginale, mais ayant une certaine audience dans l'opinion peut être retenue dans le cas de M. Michel Jobert développant le thème futuriste d'une politique qui ne serait ni à droite, ni à gauche, mais « ailleurs ».

Dans d'autres exemples, les *relations personnelles* du ministre avec le président de la République ou avec le Premier ministre jouent un rôle comme pour André Malraux ou Michel Poniatowski. Le critère de la *durée et de la qualité des fonctions* est plus exceptionnellement retenu comme dans le cas de M. Valéry Giscard d'Estaing dans le troisième gouvernement Messmer. Mais rien n'interdit un *cumul de ces critères* comme dans le cas de M. Pierre Bérégovoy dans le gouvernement de Mme Cresson avant qu'il ne devienne lui-même Premier ministre.

Il faut ajouter pour en terminer avec ce premier niveau de la hiérarchie gouvernementale, qu'il n'y a bien entendu aucune règle quant au nombre des ministres d'État. Dans la composition du gouvernement formé par M. Chirac au lendemain des élections du 16 mars 1986, il n'y a qu'un seul ministre d'État, M. Édouard Balladur, chargé de l'Économie, des Finances et de la Privatisation. Ancien secrétaire général de l'Élysée sous la présidence de M. Pompidou, il a été un des premiers à croire la cohabitation possible et à en convaincre M. Chirac avant de la vivre lui-même en tant que Premier ministre de 1993 à 1995. Son gouvernement[69] comptera pour sa part quatre ministres d'État, Madame Simone Veil, ministre des Affaires sociales, de la Santé et de la Ville, M. Charles Pasqua, ministre de l'Intérieur et de l'Aménagement du territoire, M. Pierre Méhaignerie, garde des Sceaux, ministre de la Justice, et M. François Léotard, ministre de la Défense. Fait notable, le gouvernement de M. Alain Juppé formé le 18 mai 1995 ne compte aucun ministre d'État[70]. Il en est de même pour son second gouvernement formé le 7 novembre 1995[71].

Parmi les ministres, la fonction de **ministre délégué auprès du Premier ministre** est une formule pratique, qui permet au Premier ministre de déléguer tout ou partie des activités administratives à caractère intergouvernemental qu'il ne peut contrôler ou assumer lui-même, en raison de leur ampleur. C'est le cas pour la fonction publique, la planification et l'aménagement du territoire qui intéressent pratiquement tous les ministères. Mais le Premier ministre peut également déléguer ce type de responsabilités à des secrétaires d'État.

La catégorie des *ministres délégués* qui préexistait à la Ve République auprès du chef du gouvernement, s'est élargie en 1981 auprès des ministres d'État ou des ministres ordinaires. Elle obéit aux règles fixées par un décret d'attribution pris en Conseil des ministres après avis du Conseil d'État, en application du décret du 22 janvier 1959. Ils peuvent recevoir d'emblée et de façon permanente une partie des attributions ministérielles du ministre de rattachement. Dans ce cas, ils disposent

---

69. *Cf.* Décret du 30 mars 1993 relatif à la composition du gouvernement, *JO* du 31 mars 1993, p. 5773.

70. *Cf.* Décret du 18 mai 1995 relatif à la composition du gouvernement, *JO* du 19 mai 1995, p. 8405.

71. *Cf.* Décret du 7 novembre 1995 relatif à la composition du gouvernement, *JO* du 8 novembre 1995, p. 16345.

d'une véritable *autonomie* administrative et sont, pour les attributions qui leur sont confiées, des ministres à part entière. La délégation auprès d'un autre ministre leur permet d'avoir autorité sur les services du ministère de rattachement qui leur sont nécessaires. Mais ils peuvent aussi se voir confier des attributions limitées, permanentes ou non, et désignées de façon occasionnelle par le ministre de rattachement. Cette situation ne leur confère aucune autonomie propre et peut être comparée à celle des secrétaires d'État rattachés de niveau ministériel. Mais au-delà des termes du décret relatif à leurs attributions, leur plus ou moins grande liberté dépend aussi des sujets des dossiers à traiter et de la personnalité des hommes appelés à travailler ensemble.

Les **ministres simples** ou ordinaires n'appellent pas de commentaire particulier. L'organisation du gouvernement obéit normalement au principe de *spécialisation ministérielle*, chaque ministre se voyant attribuer un département ministériel déterminé. La tendance actuelle va cependant dans le sens d'un élargissement des rôles par la création de *pôles ministériels*. Dans le gouvernement de M. Alain Juppé, formé le 18 mai 1995, le ministre de l'Éducation nationale, de l'Enseignement supérieur, de la Recherche et de l'Insertion professionnelle, de même que le ministre de l'Aménagement du territoire, de l'Équipement et des Transports assument de tels pôles et regroupent, outre les ministres concernés, cinq secrétaires d'État.

Ce type de regroupements varie d'un gouvernement à l'autre de même que les appellations des ministères. Ce qui implique à chaque fois, avec le concours du Secrétariat général du gouvernement, une redistribution des moyens, non seulement des locaux et des directions d'administration centrale, mais aussi des établissements publics sous tutelle et des nombreux organismes rattachés. Tous ces changements affectent peu les *« grands ministères »* qui correspondent aux fonctions traditionnelles de l'État : Défense, Justice, Finances, Intérieur, Éducation nationale, Affaires étrangères.

Il faut cependant signaler dans l'ensemble des fonctions gouvernementales le rôle prééminent du ministre des Finances ou du Budget et celui du garde des Sceaux, ministre de la Justice, qui peut être chargé, soit de l'intérim du Premier ministre, soit d'organiser et présider la réunion d'information des secrétaires d'État qui ne siègent pas au Conseil des ministres, mais qui doivent connaître le contenu des délibérations. Sur ce point et par exception, le décret du 7 novembre 1995 prévoit que les secrétaires d'État nommés participent au Conseil des ministres pour les affaires relevant de leurs attributions.

Les **secrétaires d'État** occupent le dernier degré de la hiérarchie gouvernementale. Ils peuvent être rattachés à un ministre ou au Premier ministre, ou bien être autonomes. Dans ce dernier cas, ils sont *« ministres sans le titre »*.

Un secrétariat d'État peut être créé pour assumer une tâche qui ne justifie pas *a priori* la création d'un ministère à part entière. Puis, l'expérience aidant et montrant son importance, le secrétariat d'État peut être transformé en ministère. C'est le sort qu'a connu, de façon éphémère, le secrétariat d'État aux Universités avant de devenir ministère, pour disparaître ensuite et se fondre à nouveau au sein du ministère de l'Éducation nationale.

L'inverse peut se produire : ce fut le cas du ministère des Postes et Télécommunications sous le premier gouvernement de M. Chirac qui devint un simple secrétariat d'État.

Les métamorphoses du ministère de la Ville sont topiques à cet égard. Créé en 1991[72] pour apporter des solutions aux problèmes préoccupants des banlieues surpeuplées et sous-équipées des grandes métropoles, il devient secrétariat d'État en 1992 pour se fondre en 1993 au sein du ministère des Affaires sociales, de la Santé et de la Ville, avant de disparaître en 1995 pour ne laisser derrière lui qu'un secrétariat d'État aux quartiers en difficulté.

À l'extrême, il peut arriver que l'actualité d'un dossier politique important conduise à envisager la création d'un ministère ou d'un secrétariat d'État, et que l'opportunité ne justifie pas un remaniement ministériel. Tel a été le cas en novembre 1989 où le Premier ministre Michel Rocard a préféré pour traiter des problèmes d'immigration la formule plus souple d'un comité interministériel qui permet de réunir les personnes qualifiées, fonctionnaires ou non, à celle d'un nouveau département ministériel, quel que soit son niveau d'importance.

En fait, le sort des départements ministériels relève comme leur nombre de l'opportunité politique. Mais ce qui demeure juridiquement stable, ce sont les règles qui commandent les attributions administratives des ministres.

B. Les attributions des ministres

Nous avons déjà noté que les ministres ont à la fois un rôle politique et un rôle administratif. Sur le plan politique, ils participent à l'action du gouvernement et sont collectivement responsables devant le Parlement. La fonction politique des ministres est étudiée en droit constitutionnel.

Sur le plan des institutions administratives, c'est leur *rôle administratif* seul qui nous intéresse ici. Ce rôle est celui d'un chef d'administration.

D'une façon générale, on peut définir un ministère comme l'ensemble des services placés sous l'autorité d'un même ministre. En fait, c'est le ministre qui fait le ministère, fût-il réduit à un seul et unique service.

Par ailleurs, c'est en application du décret n° 59-178 du 22 janvier 1959 que sont fixées les attributions des ministres. L'article I du décret stipule en effet : « *Les attributions des ministres sont fixées par décrets délibérés en Conseil des ministres, après avis du Conseil d'État.* »

Parmi ces attributions, on peut distinguer trois types de compétences reconnues aux ministres :

1. la direction de leur département ministériel ;
2. l'organisation de ce département ;
3. les décisions administratives intéressant leur département.

a) *La direction du département ministériel*

À ce titre, le ministre *dirige l'action des agents de son département*. Même lorsque le pouvoir de nomination de ces agents ne lui est pas expressément délégué (ordonnance du 28 novembre 1958, art. 4), les décisions de nomination sont prises en général sur sa proposition.

Une fois nommés, les agents sont soumis au **pouvoir hiérarchique** du ministre, qui comporte la possibilité de leur donner des instructions, de leur infliger des sanctions

---

72. *Cf.* Décret n° 91-506 du 3 juin 1991 relatif aux attributions du ministre d'État, ministre de la Ville et de l'Aménagement du territoire, *JO* du 4 juin 1991, p. 7381.

disciplinaires ou de régler leur carrière (avancement, mutation) dans les conditions prévues par les textes, et sous réserve du principe du respect du parallélisme des formes qui donne le pouvoir de révocation à l'autorité investie du pouvoir de nomination.

Plus largement, le ministre est responsable de la bonne marche de ses services dans le cadre des attributions qui lui sont conférées par décret du président de la République lors de la formation de chaque nouveau gouvernement[73].

En outre, le ministre **représente l'État** en ce qui concerne les affaires relevant du département ministériel qu'il dirige. Il conclut les contrats passés au nom de l'État, il gère le patrimoine de l'État pour tous les biens, meubles et immeubles, attribués à son ministère, et enfin, sous la double réserve de la compétence propre de l'Agent judiciaire du Trésor en matière de créances ou de dettes non fiscales de l'État (loi du 3 avril 1955) et d'une déconcentration possible de ses pouvoirs[74], il représente l'État devant les tribunaux en vertu de textes spéciaux.

La direction du département ministériel comprend encore l'administration financière, et sous réserve des compétences attribuées aux autorités déconcentrées, le ministre assure l'exécution des dépenses de son ministère en tant qu'*ordonnateur principal* du budget de l'État (décret du 29 décembre 1962, art. 9).

b) *L'organisation et la gestion du département ministériel*

Le ministre est considéré ici comme **chef de service** et peut à ce titre décider de toutes les mesures d'organisation intérieure de son service. Le Conseil d'État a précisé l'étendue et la portée de ce type d'attributions dans l'arrêt Jamart du 7 février 1936[75]; en déclarant dans un considérant de principe que : «*Si, même dans le cas où les ministres ne tiennent d'aucune disposition législative un pouvoir réglementaire, il leur appartient, comme à tout chef de service, de prendre les mesures nécessaires au bon fonctionnement de l'administration placée sous leur autorité...*» Le ministre peut donc fixer les *modalités d'organisation interne du service*.

La jurisprudence lui reconnaît de même la possibilité de mettre fin au fonctionnement du service par simple arrêté. Après avoir rappelé que «les usagers d'un service public administratif n'ont aucun droit au maintien de ce service», le Conseil d'État dans l'arrêt Vannier du 27 janvier 1961[76] pose la règle constante «qu'il appartient à l'administration de prendre la décision de mettre fin au fonctionnement d'un tel service lorsqu'elle l'estime nécessaire, même si un acte réglementaire antérieur a prévu que ce fonctionnement serait assuré pendant une durée déterminée», ce qui était le cas en l'espèce.

---

73. Pour un exemple : décret n° 95-750 du 1er juin 1995 relatif aux attributions du ministre de l'Économie et des Finances, *JO* du 2 juin 1995, p. 8768.

74. Le décret n° 87-782 du 23 septembre 1987 modifiant certaines dispositions du Code des tribunaux administratifs précise cette possibilité opérée par décret simple au profit de chefs de services déconcentrés de l'État dans les matières énumérées à l'article 7 du décret n° 82-389 du 10 mai 1982 et des préfets de département ou de région dans les autres cas, *cf. JO* du 29 septembre 1987, p. 11328.

75. *Cf.* CE, 7 février 1936, Jamart, *Rec.* p. 172, *S.*, 1937, 3, 113 note Rivero.

76. *Cf.* CE, 27 janvier 1961, Vannier, *Rec.* p. 60, concl. Kahn, voir *AJDA*, 1961, p. 75, Ch. Galabert et Gentot.

Il appartient encore au ministre d'intervenir par voie de *directives* ou de *mesures d'ordre intérieur*, dans la situation personnelle des agents placés sous ses ordres, dans le respect de leur statut légal et réglementaire[77], ce qui vise notamment leur rémunération. Enfin, le ministre peut réglementer l'exercice du *droit de grève* dans ses services. C'est ce que reconnaît l'arrêt de principe du Conseil d'État Dehaene en date du 7 juillet 1950[78]. Cette dernière compétence suppose le respect d'une juste conciliation entre deux principes d'égale valeur constitutionnelle, celui du droit de grève, inscrit dans le préambule de la Constitution (al. 7), et celui de la continuité du service public, reconnu de même valeur par la jurisprudence du Conseil constitutionnel. De plus, on peut observer que cette compétence relève à la fois du pouvoir de direction du département et du pouvoir d'organisation.

c) *Les décisions administratives relevant du département ministériel*

Il faut préciser au préalable que les décisions administratives des ministres constituent des **arrêtés ministériels**, ou **interministériels** si plusieurs ministres interviennent. Le problème qui se pose est de savoir si les attributions du ministre recouvrent également les actes réglementaires et les décisions individuelles.

À l'égard du pouvoir réglementaire, le ministre n'a en principe pas de pouvoir réglementaire propre (CE sect. 28 novembre 1958, Lépouse[79]). En effet, même si une certaine doctrine a pu se montrer favorable à un renversement de principe[80], il faut souligner qu'aucune disposition constitutionnelle ne reconnaît un tel pouvoir au ministre. Par contre, dans certains cas, la loi lui accorde ce même pouvoir dans des domaines très particuliers. Ainsi le ministère des Transports possède un pouvoir réglementaire étendu en matière de police des chemins de fer.

> Le texte le plus ancien en la matière est la loi du 15 juillet 1845, toujours en vigueur. Cette loi comporte trois titres, concernant respectivement les mesures relatives à la conservation des chemins de fer, les contraventions de voirie commises par les concessionnaires ou fermiers des chemins de fer, et les mesures relatives à la sûreté de la circulation. Ce texte est complété par les dispositions du décret du 22 mars 1942 modifié lui-même par décret n° 86-1 045 du 18 septembre 1986.
>
> Les infractions à la police des chemins de fer concernant l'intégrité des voies ferrées, de leurs accessoires et dépendances, et la circulation des convois, constituent des *délits* visés par l'article 21 de la loi du 15 juillet 1845 (amende de 1 000 à 2 000 F., doublée en cas de récidive et peine d'emprisonnement de un à trois mois pouvant en outre être prononcée).

Hors des exceptions prévues par la loi, le ministre n'a pas de pouvoir réglementaire normal, sauf à l'égard de l'organisation du service selon les termes de l'arrêt Jamart.

Cependant, si le ministre n'a pas de pouvoir réglementaire propre, il participe au pouvoir réglementaire de l'exécutif, en préparant les décrets et en contresignant aussi

---

77. Sur le sujet, *cf.* Jean MASSOT, « Les ministres peuvent-ils avoir une politique du personnel ? », in *AJDA*, 1977, p. 603.

78. *Cf.* CE Ass., 7 juillet 1950, Dehaene, *Rec.* p. 426, *RDP*, 1950, p. 691, Concl. Gazier, note Waline.

79. *Cf.* CE sect,. 28 novembre 1958, Lépouse, *Rec.* p. 596, *D*, 1959, p. 263, note Quermonne.

80. Voir notamment les conclusions de Nicole Questiaux sur CE, 22 mai 1969, Société Distilleries Brabant et Cie, *Rec.* p. 264, *RDP*, 1969, p. 1127 ; ou *cf.* Céline WIENER, *Recherches sur le pouvoir réglementaire des minutes*, coll. Bibliothèque de Droit public, vol. XCVIII, Paris LGDJ, 1970.

bien ceux du chef de l'État que du Premier ministre, lorsque ce contreseing est prévu. L'article 19 de la Constitution prévoit ainsi le contreseing du Premier ministre et des ministres responsables pour tous les actes administratifs du président de la République qui dépendent d'eux pour leur préparation et leur exécution (CE, 10 juin 1966, Pelon et autres[81]). De la même façon, l'article 22 de la Constitution dispose que «les actes du Premier ministre sont contresignés, le cas échéant, par les ministres chargés de leur exécution», cette dernière formule désignant selon le Conseil d'État les ministres «compétents pour signer ou contresigner les mesures réglementaires ou individuelles que comporte nécessairement l'exécution» de ces actes[82].

Le pouvoir réglementaire est, en ce sens, très largement d'inspiration ministérielle et le ministre est assuré de pouvoir faire respecter la règle du contreseing par un recours pour excès de pouvoir contre l'acte qui ne respecterait pas cette règle de forme.

De plus, la jurisprudence et la pratique ont admis la possibilité pour les ministres de prendre des décisions générales définissant des **orientations générales**, sans mettre en cause leur pouvoir d'appréciation[83]. Cette possibilité permet au ministre de guider l'administration dans sa tâche d'exécution.

Les décisions individuelles posent moins de problèmes dans la mesure où elles relèvent normalement du ministre, sauf textes particuliers qui peuvent éventuellement confier ce pouvoir aux agents subordonnés déconcentrés, préfets, sous-préfets ou encore par délégation, aux chefs de services déconcentrés.

Il faut remarquer que **la spécialisation ministérielle** et la répartition des tâches qui en découle conduisent parfois les ministres à prendre des décisions contradictoires. La *coordination interministérielle* tente d'apporter une solution à ce problème délicat. En dehors même des séminaires de réflexion, trois sortes de réunions et de rencontres instituées permettent de contribuer à la cohésion de l'action gouvernementale.

Le **Conseil des ministres**, réuni sous la présidence du chef de l'État, permet en premier lieu la délibération commune des projets de lois et de décrets. Le **Conseil de cabinet**, présidé par le Premier ministre, est un second cadre de concertation qui devient, il est vrai, exceptionnel sous la Ve République en période de fait majoritaire, contrairement à ce qui se passait sous les régimes précédents. Les périodes de cohabitation renouvellent la vocation du Conseil de cabinet, le Conseil des ministres devenant le lieu privilégié de la cohabitation elle-même, et le Conseil de cabinet, le lieu privilégié de la concertation gouvernementale[84].

Enfin, le **Conseil restreint** ou **interministériel** se réunit à l'initiative du chef de l'État ou du Premier ministre[85], pour organiser un travail commun entre les ministres intéressés par une affaire particulière, leurs collaborateurs directs ainsi que les fonctionnaires qualifiés, selon une composition adaptée et sur mesure.

---

81. *Cf.* CE, 10 juin 1966, Pelon et autres, *Rec.* p. 384, *AJDA*, 1966, p. 492, concl. Galabert.

82. *Cf.* CE, 27 avril 1962, Sicard et autres, *Rec.* p. 279, *AJDA*, 1962, p. 284, chron. Galabert et Gentot.

83. *Cf.* CE, 11 décembre 1970, Crédit foncier de France c/ Dlle Gaupillat et Dame Ader, *RDP*, 1971, p. 1224, note Waline.

84. De façon symbolique et significative, la première réunion du gouvernement, formé le 20 mars 1986 par M. Jacques Chirac lors de la première cohabitation, s'est tenue à Matignon le samedi 22 mars.

85. Il faut toutefois remarquer que sous les deux gouvernements de M. Mauroy se sont tenues à Matignon des réunions interministérielles régulières. Il semble que la cohabitation ait également pour effet de les remettre à l'honneur avec la prévision d'une réunion de travail hebdomadaire des ministres politiques autour de M. Jacques Chirac, à partir de 1986.

Malgré l'existence de ces rencontres organisées qui permettent au gouvernement de se concerter dans des formations gouvernementales, certaines contradictions demeurent et posent des problèmes sur le plan contentieux. Le juge a reconnu de lui-même, ou en vertu de textes particuliers, le droit pour un ministre de se pourvoir contre une décision prise par un autre ministre[86].

Cette solution jurisprudentielle permet, malgré le principe de l'unité de l'État, de régler les difficultés pratiques.

Il nous reste à voir maintenant par quels moyens les ministres peuvent exercer leurs attributions. C'est essentiellement par l'action de leurs collaborateurs directs autant que par celle des bureaux que peut se réaliser la fonction ministérielle.

§ II. LES COLLABORATEURS DES MINISTRES

Les collaborateurs directs et personnels des ministres forment le cabinet dont les fonctions précaires sont liées à la durée des fonctions ministérielles. Par opposition, les bureaux constituent les éléments stables et permanents de l'administration centrale. Il nous faut les étudier séparément.

A. Le cabinet ministériel

On peut le définir comme un organisme restreint constitué par chaque ministre au moment de son entrée en fonction pour regrouper ses collaborateurs les plus proches, ceux qui sont investis de sa confiance personnelle.

a) *La formation du cabinet*

Le cabinet se compose généralement : d'un *directeur de cabinet* qui assure la coordination de l'activité du cabinet, et auquel le ministre délègue sa signature dans les conditions prévues par le décret du 23 janvier 1947 modifié. Il peut être assisté d'un directeur adjoint de cabinet. Un *chef de cabinet*, investi des fonctions protocolaires et politiques du ministre peut également être assisté d'un chef adjoint de cabinet. Un conseiller[87] ou conseiller spécial[88] auprès du ministre prend en charge un secteur de l'activité ministérielle. Un ou plusieurs chargés de mission auprès du ministre, chargés des dossiers importants relevant du ministre, des conseillers techniques et chargés de mission spécialisés qui assument les fonctions essentielles du cabinet dans les domaines de l'activité ministérielle qui relèvent de leur compétence. Un attaché parlementaire, un attaché de presse et enfin un chef du secrétariat particulier du ministre, complètent ce dispositif calqué, dans sa conception d'ensemble, sur l'organigramme déjà vu des cabinets du chef de l'État et du Premier ministre.

---

86. *Cf.* CE, 10 mars 1933, ministre des Finances, *Rec.* p. 307.
87. Par exemple M. Mario Bettati, professeur agrégé des facultés de droit a été nommé conseiller auprès du ministre des Affaires étrangères par arrêté du 8 avril 1992, *cf. JO* du 14 avril 1992, p. 5424.
88. Par exemple M. Henri Lafay, président d'université, a été nommé conseiller spécial auprès du ministre des Affaires sociales et de l'Intégration, par arrêté du 7 avril 1992, *cf. JO* du 10 avril 1992, p. 5307.

Il faut ajouter que les ministres de la Défense et des Départements et Territoires d'outre-mer disposent d'un cabinet militaire.

Cependant, s'agissant des cabinets ministériels, des règles strictes ont été posées pour préciser l'effectif maximum des cabinets et la publicité des nominations :

– D'une part, le décret du 28 juillet 1948, modifié par les décrets du 21 août 1951 et 11 mai 1954, fixe les règles relatives à la composition des cabinets ministériels pour éviter les cabinets pléthoriques. Normalement, sauf pour les ministères des Finances, des Affaires étrangères et de l'Intérieur, le cabinet d'un ministre comprend dix membres, celui d'un secrétaire d'État sept.

– D'autre part, les nominations des membres des cabinets doivent être faites par arrêté ministériel publié au *JO*. Cet arrêté doit préciser les titres des personnes nommées et l'emploi qui leur est attribué au sein du cabinet.

Mais ces règles ne sont pas toujours respectées. Quant au choix des collaborateurs désignés, il dépend entièrement du ministre, **à titre personnel**. En particulier, les membres du cabinet peuvent être choisis dans la fonction publique, mais il n'y a là aucune obligation pour le ministre. La seule remarque qu'on puisse faire à cet égard est que les critères de choix ont évolué, et que, s'ils étaient essentiellement politiques sous la IIIe et la IVe Républiques, ils ont tendance à être davantage techniques sous la Ve.

La participation des *fonctionnaires*, pour n'être pas obligatoire, n'en est pas moins très forte. Elle oscille entre 80 et 90 %, alors que celle du secteur privé représente au mieux 5,5 % et que la part des hommes politiques est limitée à 4,5 %. Parmi les fonctionnaires, on peut noter une prépondérance des grands corps de l'État : Inspection des Finances, Conseil d'État ou Cour des comptes. Les grandes écoles sont également bien représentées : l'École polytechnique dans les ministères techniques et l'ENA dans la plupart des ministères, dans la mesure où la solidarité d'école est très forte et conduit généralement un ministre issu de l'ENA à choisir ses collaborateurs de préférence parmi les anciens élèves de cette école[89].

L'évolution vers des critères techniques dans le recrutement et la composition des cabinets reflète une évolution plus profonde dans la conception de leurs fonctions.

b) *Les fonctions du cabinet*

Alors qu'à l'origine le cabinet était conçu comme un organe politique, il devient de plus en plus nettement un organe technique et administratif. Il garde une **fonction politique** en ce sens qu'il constitue un organe d'assistance du ministre dans toutes ses attributions politiques. Pour ce faire, les membres du cabinet de chaque ministre travaillent en liaison avec leurs homologues des cabinets du président de la République, du Premier ministre, du Secrétariat général du gouvernement, mais aussi en liaison avec l'administration des deux assemblées parlementaires et du Conseil économique et social. Leur rôle politique majeur consiste à suivre auprès des bureaux toutes les affaires qui ont une portée politique, et notamment, celles qui provoquent des interventions parlementaires. Tous les dossiers importants par leur nature ou leur actualité relèvent du cabinet. Sous cet angle, le cabinet joue le rôle d'intermédiaire

---

89. Sur le rôle privilégié de l'ENA, *cf.* J.-F. KESSLER, *L'ENA, la société d'État*, Paris, Berger-Levrault, 1985.

privilégié entre le ministre et les bureaux et correspond assez bien à la définition de Paul Morand : «*simple passerelle qui relie l'administration à la politique*».

En dehors même de l'administration centrale, le cabinet doit aussi travailler en liaison avec les partis politiques et plus spécialement les partis de la majorité, les syndicats, les groupes de pression et enfin les médias. Cet aspect ouvert de son rôle politique est loin d'être négligeable.

Aujourd'hui, cependant, la **fonction technique ou administrative** tend à devenir la plus importante. Les cabinets se comportent souvent en supérieurs hiérarchiques des bureaux auxquels ils communiquent les directives ministérielles et qu'ils contrôlent. Dans certains cas, ils vont même jusqu'à suppléer la carence ou la défaillance des bureaux.

Ce qui caractérise le plus nettement la vie du cabinet, c'est sa **durée**. Le sort du cabinet est en effet intimement lié à celui du ministre. Les membres du cabinet apparaissent et disparaissent avec lui, ce qui souligne l'origine politique de l'institution. Les fonctions dans un cabinet sont par nature essentiellement précaires. Pour éviter le favoritisme au bénéfice des membres du cabinet, la loi du 13 juillet 1911 interdit de supprimer l'**aléa normal de cette précarité** par la pratique des «testaments ministériels» qui consiste pour un ministre démissionnaire à assurer l'avenir de ses collaborateurs en leur accordant d'importantes promotions de dernière heure. Sont nulles de plein droit les promotions des personnes attachées au cabinet du ministre, si elles ne sont pas publiées au *JO* antérieurement à la démission du ministre, ce qui a pour but et pour effet d'empêcher les «nominations pour ordre».

Cette moralisation, rendue nécessaire par des abus manifestes, n'interdit pas par contre l'accès des membres du cabinet à des emplois élevés du secteur public économique ou à des postes de direction dans les ministères. Le passage par un cabinet ministériel peut contribuer à accélérer la carrière d'un haut fonctionnaire, ou alors servir de tremplin à une carrière plus stable. Mais la stabilité n'est pas le fait du cabinet, essentiellement lié à la précarité politique des fonctions ministérielles. La stabilité caractérise au contraire l'activité des bureaux permanents.

B. Les bureaux des ministères

On verra leur organisation avant de préciser leur fonction.

a) *Organisation*

Les bureaux des ministères sont composés de fonctionnaires et constituent l'élément technique en même temps que l'**élément stable et permanent de l'administration centrale**. La venue d'un nouveau ministre ne modifie pas normalement la composition des bureaux, sauf pour le petit nombre de postes dont les titulaires sont à la discrétion du gouvernement, et peuvent être changés s'ils ne conviennent pas au ministre. Il s'agit des emplois supérieurs de directeur général, directeur central ou directeur, pourvus par décret du président de la République en vertu de l'article 13 alinéa 3 de la Constitution et de l'article 1 du décret du 1er mars 1959 (CE, 13 mars 1953, Teissier[90]). La presse se fait l'écho des changements dans les directions de certains services, notamment lorsqu'il s'agit des services de l'information. Mais de

---

90. *Cf.* CE, 13 mars 1953, Teissier, *Rec.* p. 133.

tels changements sont toujours très limités et dans l'ensemble la pratique permet de noter une tendance certaine à la stabilité.

La structure des bureaux est déterminée par décret. Cette structure traduit une « **organisation pyramidale** » fortement hiérarchisée et s'articule en directions, *directions générales* quand elles comportent des services déconcentrés ou quand elles regroupent des directions et services centraux spécialisés[91], *directions centrales* qui regroupent elles aussi les compétences de différentes directions ou services, mais aussi précisément *directions, services, sous-directions* et *bureaux* dont le nombre est variable.

Dans certains ministères, les bureaux ont longtemps fonctionné sous l'autorité d'un *secrétaire général*, véritable chef administratif de l'ensemble des services centraux dont il dirige et coordonne l'activité, lui-même étant placé sous l'autorité directe du ministre. C'est encore le cas pour le ministère des Affaires étrangères où le secrétaire général, assisté d'un adjoint et d'un chargé de mission, coordonne l'activité des directions centrales et des postes à l'étranger.

Le personnel des bureaux comprend pour les postes les plus élevés des administrateurs civils, recrutés par le concours de sortie de l'ENA. Il compte aussi des attachés d'administration centrale qui occupent des postes de responsabilité et sont également recrutés sur concours (catégorie A de fonctionnaires) et enfin des secrétaires d'administration et des secrétaires administratifs.

En fait, l'organigramme de chaque ministère est assez complexe[92], et on ne peut en faire le détail sans constituer un véritable catalogue couvrant tous les ministères, ce qui n'aurait qu'un intérêt limité dans la mesure où la réorganisation entreprise par la plupart d'entre eux risque de frapper d'obsolescence ce type d'études. Ce qu'on doit noter par contre, c'est l'existence de cet effort de réorganisation qui répond depuis une vingtaine d'années à un souci de rationalisation et d'efficacité.

On comprend ce souci si l'on veut bien considérer que la fonction des bureaux est en effet déterminante pour l'ensemble de l'administration centrale.

b) *Fonction*

En principe, les bureaux n'ont aucun pouvoir de décision. Cependant, ils préparent le travail ministériel et assurent donc la préparation de toutes les décisions arrêtées par les ministres. En ce sans, et sans jouer sur les mots, l'intervention des bureaux est elle-même décisive. Sur le plan pratique, ne serait-ce que par l'ordre de priorité qu'ils accordent aux questions, ils contribuent de façon active à l'adoption des solutions ou à l'oubli des dossiers.

Le ministre peut accorder dans certaines limites des délégations de signature et de compétence qui contribuent au bon fonctionnement des services dans la continuité en évitant tout blocage en cas d'absence ou d'empêchement.

---

91. Par exemple, la direction générale des Finances et du Contrôle de gestion comprend au sein du ministère de l'Éducation nationale : a) la sous-direction du budget et de la comptabilité ; b) la sous-direction des statuts, des emplois et des crédits de personnels ; c) la cellule informatique ; d) la sous-direction de l'enseignement privé ; e) le service des pensions ; f) le groupe permanent des marchés publics. *Cf.* arrêté du 20 avril 1995, *JO* du 22 avril 1995, p. 6270.

92. Pour un exemple : voir les deux arrêtés du 30 novembre 1993 portant organisation de l'administration centrale du ministère de l'Éducation nationale ainsi que ses sous-directions, *cf. JO* du 1er décembre 1993, p. 16597 à 16601.

Les *délégations de signature* sont réglées par le décret n° 47-233 du 23 janvier 1947 modifié en dernier lieu par le décret n° 87-390 du 15 juin 1987, et sont opérées par arrêté du ministre publié au *Journal officiel*. Elles sont personnelles par nature tant à l'égard de l'autorité délégante qu'à l'égard du délégataire désigné de façon précise par son nom et sa fonction, et qui peut être un membre du cabinet du ministre ou un fonctionnaire de l'administration centrale, directeur, sous-directeur ou chef de service. Mais les délégations de signature peuvent encore être consenties au nom des ministres par le Premier ministre (CE, 18 mai 1984, Association des administrateurs civils du secrétariat d'État à la Culture[93]).

Les *délégations de compétence* n'ont par contre aucun caractère personnel et permettent de réaliser un transfert de pouvoir au profit de titulaires de certaines fonctions, soit à l'intérieur même de l'administration centrale, soit pour opérer une déconcentration.

Enfin, les bureaux assurent également l'exécution des décisions prises.

L'importance de la fonction se conjugue avec la stabilité, pour conférer aux bureaux une **véritable puissance** qu'Alain stigmatise précisément dans sa célèbre formule : «*Nos maîtres, ce sont les bureaux.*» Si les ministres passent, victimes de l'instabilité politique, les bureaux demeurent dans la pérennité administrative. La formule, pour être banale n'en est pas moins vraie, et oblige la science administrative à en mesurer les conséquences. Souvent la stabilité des fonctionnaires des ministères les conduit à avoir leur propre conception des objectifs à poursuivre, opposant leur **politique occulte** à celle du gouvernement. Cette tendance conservatrice par nature peut faire obstacle à l'exécution d'une politique de réforme par exemple et conduire un gouvernement à redouter ce qu'on pourrait désigner comme «la force active de l'inertie bureaucratique» caricaturée par Courteline.

Il faut toutefois nuancer la portée de cette constatation. Avec M. Charles Debbasch, on pourrait remarquer que : «*les bureaux ont un rôle déterminant uniquement dans la mesure où les ministres sont indéterminés[94].*» Si les ministres ont une volonté politique claire et assurée, ils peuvent l'imposer à leur administration ; mais dans le cas contraire évidemment, les bureaux auront tendance à occuper le terrain du pouvoir vacant et à gouverner. Le règne de la **technocratie** est le résultat extrême de cet effacement.

Si le risque en est permanent en France comme ailleurs, il est contrebalancé en partie par le rôle de plus en plus technique du cabinet qui renforce, on l'a vu, l'autorité gouvernementale en contrôlant l'activité des bureaux. Le rattachement direct au ministre ou à son cabinet de certains organismes consultatifs, de services et de différentes missions spécialisées améliore encore l'efficacité de l'administration centrale.

D'une façon générale, on peut conclure sur les structures administratives de l'exécutif, en notant qu'elles constituent un ensemble organisé, tant au niveau du bicéphalisme administratif de l'État, qu'au niveau gouvernemental. Mais l'administration d'État comprend, outre les organes que nous avons étudiés, tout un réseau complexe d'organes de conseil et de contrôle, qui aident et renforcent son action. Nous leur consacrerons notre second chapitre.

---

93. *Cf.* CE, 18 mai 1984, Association des administrateurs civils du secrétariat d'État à la Culture, *Rec.* p. 183, *DA*, 1984, n° 256.
94. L'auteur va jusqu'à parler de «prise de pouvoir par les fonctionnaires». *Cf.* «*Science administrative*». Précis Dalloz, 1972, n° 73.

Les organes de conseil et de contrôle de l'administration centrale

Les organes de conseil et de contrôle obéissent à une double préoccupation. Réunir des personnes techniquement compétentes pour conseiller le titulaire du pouvoir de décision permet à la fois une meilleure spécialisation en même temps qu'une association directe et démocratique des administrés à la prise de décision.

Par ailleurs, contrôler l'exécution des décisions sur l'ensemble du territoire est le seul moyen de préserver l'unité administrative d'un État unitaire. Ce sont les organes de contrôle et de conseil dont nous allons parler qui assument cette double tâche.

Section 1

Les organes consultatifs

L'administration consultative compte un très grand nombre d'organes dont la multiplicité est un trait caractéristique des États modernes. Déjà nombreux en France avant 1958, leur nombre a été accru du fait de l'effacement relatif des assemblées délibérantes et du rôle joué par la planification, qui nécessite une large consultation des partenaires socio-économiques.

On peut toutefois opérer une distinction parmi eux, en étudiant séparément ceux qui ont un caractère constitutionnel et ceux, beaucoup plus nombreux, qui ne l'ont pas, et se rattachent le plus souvent à un ou plusieurs ministères.

§ I. LES ORGANES CONSTITUTIONNELS

Il s'agit essentiellement du Conseil d'État, du Conseil économique et social et de la Cour des comptes, cette dernière occupant une position particulière, étant à la fois organe constitutionnel de conseil et de contrôle.

A. Le Conseil d'État

Institué par l'article 52 de la Constitution de l'an VIII (13 décembre 1799), le Conseil d'État tire ses origines d'une institution de l'Ancien Régime : le Conseil du Roi dont il reprend la double vocation de conseil et de juge. Ses attributions sont en effet soit administratives, soit contentieuses[1].

Pour ne retenir ici que l'essentiel concernant les attributions contentieuses du Conseil d'État, il faut rappeler que jusqu'en 1987, elles ont été fixées par des textes réalisant successivement la réforme de 1953[2] et celle de 1963[3], complétée par décret du 3 juillet 1995[4].

En premier lieu, le Conseil d'État est **juge direct en premier et dernier ressort** des décisions les plus importantes[5]. Il était en outre **juge d'appel** de l'ensemble des décisions rendues par les **tribunaux administratifs** institués en premier ressort juges de droit commun du contentieux administratif. Enfin, le Conseil d'État est **juge de cassation** pour les décisions rendues en dernier ressort par les juridictions administratives compétentes. À ce titre, il joue le même rôle que la Cour de cassation dans l'ordre judiciaire, juge du droit et juge régulateur au sommet de la juridiction administrative.

L'augmentation croissante du nombre des requêtes, le gonflement catastrophique du nombre des affaires pendantes, l'allongement excessif de la durée moyenne des instances, ont abouti à une grave **crise** de la justice administrative[6] que la loi du 31 décembre 1987[7] tente de résoudre. Cette nouvelle réforme très attendue crée un deuxième degré de juridiction, les **cours administratives d'appel**, et opère une véritable redistribution des rôles au sein de la juridiction administrative.

Cinq cours administratives d'appel[8] constituent un nouvel échelon intermédiaire entre les tribunaux administratifs dont les compétences ne sont pas modifiées et le Conseil d'État, principal bénéficiaire du nouveau dispositif. Certes, il demeure **juge d'attribution** pour les recours pour excès de pouvoir les plus importants, mais **il n'est plus juge d'appel** sauf dans quelques cas exceptionnels, les nouvelles cours étant instituées juges d'appel de droit commun, ce qui constitue un délestage de plus de 70 % des requêtes enregistrées.

Par contre, son **rôle essentiel et exclusif de juge de cassation** s'affirme de façon éclatante en même temps qu'il se trouve renouvelé par deux procédures originales qui encadrent désormais le pourvoi.

La première est une **procédure préalable d'admission** qui permet de vérifier la recevabilité et le bien-fondé des moyens articulés. Son but est incontestablement d'assurer au Conseil la maîtrise de l'évolution future en évitant que la décompression obtenue en appel se solde par une surcharge en cassation.

La deuxième est une **procédure de renvoi après cassation** lorsque le Conseil d'État a annulé une décision d'une juridiction administrative statuant en dernier ressort. Inspirée du renvoi judiciaire,

---

1. La section contentieuse du Conseil d'État, elle-même divisée en dix sous-sections, est alors compétente. *Cf.* décret n° 84-819 du 29 août 1984, *JO* du 6 septembre 1984, p. 2823.
2. *Cf.* décrets n° 53-934 du 30 septembre 1953 et n° 53-1169 du 28 novembre 1953.
3. Cette réforme est réalisée par quatre décrets du 30 juillet 1963, n° 63-766, 63-767, 63-768 et 63-769.
4. Décret n° 95-830 du 3 juillet 1995 modifiant le décret du 30 juillet 1963, *JO* du 6 juillet 1995, p. 10127.
5. Les compétences d'attribution fixées en 1953 se sont multipliées depuis, notamment par les décrets n° 63-768 du 30 juillet 1963, n° 66-385 du 13 juin 1966, n° 75-793 du 26 août 1975, et plus récemment par l'article 25 de la loi n° 82-214 du 2 mars 1982 et l'article 9 de la loi 82-471 de juin 1982.
6. Voir sur ce point A. GRUBER, « La réforme attendue du contentieux administratif », *Les Petites Affiches* n° 31, 11 mars 1988, p. 3 à 16.
7. Loi n° 87-1127 du 31 décembre 1987, *JO* du 1er janvier 1988, p. 7.
8. Les cinq cours administratives d'appel sont créées à Paris, Lyon, Bordeaux, Nantes et Nancy. Leur ressort est fixé par l'article 1 du décret n° 88-155 du 15 février 1988, *JO* du 17 février 1988, p. 2245.

elle est possible soit devant la même juridiction statuant sauf impossibilité tenant à la nature de la juridiction dans une autre formation, soit devant une autre juridiction de même nature.

Toutefois ce jeu de renvois connaît **une exception et une limite**. L'**exception** vise le cas où le Conseil d'État peut régler l'affaire au fond si l'intérêt d'une bonne administration de la justice le justifie. La **limite** posée par l'article 11 alinéa 3 de la loi entend exclure un deuxième renvoi. En effet, lorsque le Conseil d'État est saisi d'un **second pourvoi** en cassation pour une même affaire, ce qui suppose un nouveau problème de droit ou la résistance de la juridiction de renvoi, il doit statuer définitivement. La loi fixe ainsi le terme extrême de la procédure contentieuse afin d'éviter une nouvelle prolongation des délais et le Conseil d'État se trouve alors juge du fait et du droit.

Enfin, la réforme dote le Conseil d'État d'une **compétence consultative spéciale en matière contentieuse**, particulièrement intéressante.

Dans l'hypothèse d'une requête soulevant une question de droit nouvelle, présentant une difficulté sérieuse et se posant dans de nombreux litiges, l'article 12 permet au juge du fond, tribunal administratif ou cour administrative d'appel, de **saisir pour avis** le Conseil d'État.

Cette procédure **facultative** intervient sur la base d'un **jugement** par lequel le juge intéressé décide de la transmission du dossier au Conseil d'État qui dispose alors d'un délai de trois mois pour formuler un avis. Ce jugement provoque un **sursis à statuer** ; l'affaire étant suspendue, aucune décision sur le fond la concernant ne peut être prise avant la réponse du Conseil d'État sur la question qui lui a été soumise et qui apparaît comme une variété nouvelle de **question préjudicielle**. Une soupape de sûreté est prévue pour éviter tout blocage du système. Le cours de l'instance peut reprendre en effet si l'avis demandé n'a pas été donné dans les délais impartis par la loi.

Malgré les critiques et les réserves formulées lors des débats parlementaires[9], cette technique, comparée au « rescrit impérial » institué en droit romain à l'époque où l'empereur était le juge suprême, devrait comporter un double avantage pratique. Permettre d'une part de régler rapidement les « séries » de litiges en instance présentant la même difficulté de droit. D'autre part, prévenir un certain nombre de litiges en éclairant les justiciables eux-mêmes sur la portée de dispositions qu'ils envisageaient de contester devant le juge avant de connaître l'avis du Conseil d'État.

Ce sont les *attributions administratives* qui nous intéressent plus particulièrement dans le cadre de cette étude des institutions administratives. Elles font du Conseil d'État le conseiller du gouvernement et lui donnent le caractère d'organe intérieur à l'administration active. C'est ce que nous allons examiner en étudiant sa composition et ses attributions administratives.

a) *Composition et attributions administratives*

En ce qui concerne la composition, le Conseil d'État comprend un personnel de hauts fonctionnaires répartis dans les différents grades de la hiérarchie, en commençant par les **auditeurs de deuxième classe** recrutés parmi les élèves placés en tête du classement de sortie de l'ENA. Les **auditeurs de première classe** ayant au moins huit ans de service assurent les trois quarts du recrutement des **maîtres des requêtes**, qui peuvent comprendre un quart de fonctionnaires désignés au tour extérieur par le gouvernement, à condition toutefois que les intéressés remplissent une double condition, d'âge, trente ans au moins, et de durée de service public, dix ans au moins. Aux termes du décret du 18 mai 1989[10], la promotion d'un maître des

---

9. Devant le Sénat, la suppression de l'article 12 a même été demandée. *Cf.* Interventions de M. Dreyfus-Schmidt, *JO*, débats, *S.*, 10 novembre 1987, p. 3790 et 3791.

10. Décret n° 89-326 du 18 mai 1989 modifiant le décret n° 63-767 du 30 juillet 1963 relatif au statut des membres du Conseil d'État, *JO* du 21 mai 1989, p. 6409.

requêtes au grade de *conseiller d'État* (art. 7 du décret du 30 juillet 1963 modifié) est subordonnée à l'accomplissement, soit de treize années au moins de service dans le grade de maître des requêtes, soit de dix-huit années au moins de service comme membre du Conseil d'État. Pour l'application de cette règle, les maîtres des requêtes nommés directement dans leur grade au tour extérieur sont réputés avoir la même durée de service dans l'auditorat que le maître des requêtes ancien auditeur de 2ᵉ classe qui les précède immédiatement au tableau d'avancement. Dans ces conditions, les maîtres des requêtes assurent les deux tiers du recrutement des *conseillers d'État en service ordinaire* qui peuvent compter un tiers d'entre eux désigné au tour extérieur sous la seule condition que les intéressés aient quarante-cinq ans accomplis.

Cette double ouverture sur l'extérieur est complétée par la nouvelle possibilité de *promotion* par nomination directe prévue par le décret du 29 novembre 1985[11] modifiant le décret du 30 septembre 1953 au bénéfice des membres des juridictions inférieures, à raison d'un emploi vacant sur quatre dans le grade de maître des requêtes, et d'un sur six dans celui de conseiller d'État.

Soit un total de quelque 265 membres qui, sans être magistrats, jouissent d'une *inamovibilité de fait* par la possibilité de faire toute leur carrière au sein du Conseil d'État selon le système d'avancement prévu à l'ancienneté.

Enfin, le Conseil d'État compte encore douze **conseillers en service extraordinaire** choisis parmi les personnalités même étrangères à l'administration, mais hautement qualifiées dans les différents domaines de l'activité nationale. Ces personnalités ne sont nommées au Conseil d'État que pour une durée limitée à quatre ans, et participent exclusivement aux activités administratives où leurs compétences apportent un éclairage technique souvent très utile aux consultations.

En effet, en tant qu'organe de conseil du pouvoir central, le Conseil d'État émet des **avis**. Les textes de références à l'égard de cette compétence consultative sont essentiellement l'ordonnance du 31 juillet 1945, ainsi que les décrets n° 53-1169 du 28 février 1953, n° 63-766 du 30 juillet 1963, n° 84-819 du 29 août 1984[12], portant réforme de l'organisation et du fonctionnement du Conseil d'État, n° 85-90 du 24 janvier 1985[13], et bien entendu, la Constitution elle-même.

Un premier problème se pose : dans quels domaines et dans quels cas le Conseil d'État est-il consulté? Tout d'abord, *dans le domaine législatif*. Le Conseil est **obligatoirement consulté** sur les **projets de loi** (art. 39 al. 2 de la Constitution et ordonnance du 31 juillet 1945, art. 21 al. 2). Il ne l'est pas sur les propositions de loi (d'origine parlementaire) et n'est plus saisi d'aucune question législative dès lors que la procédure législative est engagée devant le Parlement.

Le Conseil d'État est encore obligatoirement consulté sur les projets d'*ordonnances* (art. 38 al. 2 de la Constitution), ce qui constitue une importante garantie de droit, s'agissant de mesures qui sont normalement du domaine de la loi.

---

11. Décret n° 85-1261 du 29 novembre 1985 article 3 modifiant l'article 3 du décret n° 53-935 du 30 septembre 1953 et complété par le décret n° 92-104 du 30 janvier 1992.

12. Décret n° 84-819 du 29 août 1984, *JO* du 6 septembre 1984, p. 2823.

13. Décret n° 85-90 du 24 janvier 1985 portant création de la section du rapport et des études, *JO* du 25 janvier 1985, p. 1043.

Dans le domaine *réglementaire*, le Conseil d'État est obligatoirement consulté sur les décrets d'application pris sur ordre du législateur ou **décrets en Conseil d'État**, selon la dénomination qui est venue remplacer en 1980 celle des règlements d'administration publique. Il est encore consulté sur les modifications des textes de forme législative, mais par nature réglementaires intervenus avant l'entrée en vigueur de la Constitution de 1958 (art. 37 al. 2).

Outre les cas de consultations obligatoires, le Conseil peut être **saisi facultativement** à l'initiative du gouvernement sur tout projet de texte réglementaire ou sur tout point de droit, lorsqu'une question soulève une difficulté juridique. Dans ce cas, l'avis du Conseil d'État devient une véritable consultation juridique sur le point de droit en cause, et figure, lorsqu'il est publié, comme une référence classique du droit public. C'est le cas par exemple de l'avis du 6 février 1953 sur la possibilité de recourir aux lois d'habilitation sous le régime de la Constitution de 1946, ou encore de l'avis du 27 novembre 1989 sur le contenu de la laïcité[14]. Cette compétence facultative de principe est très large et permet au Premier ministre de saisir le Conseil d'État dès lors qu'il le juge opportun, par l'intermédiaire du Secrétariat général du gouvernement.

Un deuxième problème, plus technique, sur le plan juridique, concerne la **nature et la portée des avis** du Conseil d'État qui permettent de situer son rôle de conseil du gouvernement.

Tout d'abord, lorsque l'avis est obligatoire, l'obligation porte sur le fait même de la consultation, non sur la suite à lui donner. L'obligation de consulter ne lie pas le gouvernement qui reste libre de suivre ou de ne pas suivre l'avis qui lui a été donné. Mais, deux limites apparaissent.

D'une part, cette liberté disparaît quand l'acte à intervenir doit être pris sur **avis conforme**. Dans ce cas, si le gouvernement ou le ministre intéressé prennent une décision, celle-ci doit se conformer à l'avis émis par le Conseil[15]. L'autorité intéressée peut encore toutefois renoncer à son projet.

D'autre part, le Conseil d'État lui-même, statuant au contentieux, a établi une *jurisprudence très ferme* qui oblige au respect des règles imposant la consultation obligatoire. En premier lieu, quand l'avis, sans être nécessairement conforme, est obligatoire, le gouvernement ne peut édicter que des dispositions conformes à son propre texte ou au texte amendé par le Conseil. Il ne peut en prendre un autre différent dans lequel apparaîtraient des dispositions nouvelles qui n'existeraient ni dans son texte originaire, ni dans le texte du Conseil (*cf.* 23 janvier 1926, Lacoste).

De plus, quand l'avis est obligatoire, le défaut de consultation est sanctionné par le juge comme un **vice d'incompétence** et non comme un simple vice de pure forme. La jurisprudence considère en effet qu'il y a incompétence de l'acte pris sans tenir compte de la consultation obligatoire dans la mesure où la compétence du Conseil d'État, donneur d'avis, est considérée comme celle d'un **coauteur** de l'acte

---

14. *Cf.* Avis de l'Assemblée générale du Conseil d'État du 27 novembre 1989, « Laïcité scolaire et signes d'appartenance religieuse », *RFDA*, 1991-1, obs. Rivero. Pour une application, voir l'article de Claire MARLIAC et José HAMME, « Le foulard islamique à l'école primaire », *Les Petites Affiches* du 18 août 1995, p. 15 à 21.

15. *Cf.* CE, 26 février 1958, Bouchereau, *Rec.* p. 132, *JCP*, 1958, II, 10839, note FG.

(CE, 1er juin 1962, Union générale des syndicats des mandataires des Halles [16], ou encore CE, 16 novembre 1979, Syndicat national de l'éducation physique [17]).

En conséquence, l'acte pris sans respecter l'obligation de consulter le Conseil est traité comme tout acte n'ayant pas été pris par les autorités compétentes. Dans ce cas, le juge peut relever d'office le grief d'incompétence et annuler l'acte pris en violation des textes.

Enfin, en présence d'un avis consultatif, il est évident qu'il ne lie pas l'autorité consultante, sauf à méconnaître sa propre compétence. Seul le respect des règles de la procédure consultative s'impose, qu'elle soit ou non prématurément interrompue par l'autorité consultante qui peut toujours en prendre l'initiative (CE 14 novembre 1969, Demarcy [18]).

Il nous reste justement à préciser quelle est la procédure suivie en matière consultative et quelles sont les formations intéressées.

b) *La procédure consultative*

Les avis du Conseil d'État sont donnés à l'administration, en vertu d'une procédure qui fait intervenir selon l'importance des questions, différentes formations du Conseil d'État depuis la section jusqu'à l'Assemblée générale en formation plénière ou en formation ordinaire, voire en formation d'urgence.

Normalement la délibération d'un avis relève d'**une des quatre sections administratives** suivantes du Conseil d'État : intérieur, finances, travaux publics, et section sociale. Un arrêté du Premier ministre fixe la répartition des affaires ressortissant aux différents ministères entre ces quatre sections. Par exemple l'arrêté du 6 juillet 1995 fixe la répartition des affaires pour le gouvernement de M. Alain Juppé [19] formé le 18 mai 1995.

En principe, toutes les affaires relevant d'un même département ministériel doivent être soumises à une même section. Mais certaines catégories d'affaires peuvent être attribuées indifféremment à une section déterminée, quel que soit leur ministère d'origine. C'est le cas traditionnellement pour les affaires intéressant la fonction publique qui relève de la section des finances, dans la mesure où son domaine n'intéresse pas un seul ministère.

Notons qu'une cinquième section a été instituée par le décret du 24 janvier 1985 [20]. Il s'agit de la **section du rapport et des études**, qui succède à la commission du rapport mise en place par le décret du 30 juillet 1963 et devenue commission du rapport et des études à partir du décret du 26 août 1975 [21].

Cette nouvelle section remplit trois missions spécifiques : l'élaboration du rapport annuel, la confection d'études ou de propositions de réformes conforme à sa vocation

---

16. *Cf.* CE, 1er juin 1962, Union générale des syndicats des mandataires des Halles, *Rec.* p. 107.

17. *Cf.* CE, 16 novembre 1979, Syndicat national de l'éducation physique, *Rec.* p. 416, *AJDA*, 1980, p. 138, concl. Genevois, *D*, 1980, IR, p. 123, obs. Delvolvé.

18. *Cf.* CE, 14 novembre 1969, Demarcy, *Rec.* p. 500.

19. *Cf.* Arrêté du 6 juillet 1995 portant répartition des affaires entre les sections administratives du Conseil d'État, *JO* du 11 juillet 1995, p. 10359 et rectificatif publié au *JO* du 29 juillet 1995, p. 11289.

20. Décret n° 85-90 du 24 janvier 1985, *JO* du 25 janvier 1985, p. 1043.

21. Lui-même modifié par un décret du 24 mars 1976.

esquissée par l'article 24 de l'ordonnance du 31 juillet 1945 et, enfin, le règlement des difficultés auxquelles peut donner lieu l'exécution des décisions des juridictions administratives. Concernant cette dernière mission, et pour aider les parties intéressées qui rencontrent des difficultés, le décret du 3 juillet 1995[22] les autorise désormais à présenter à la section du rapport et des études des *demandes d'aide à l'exécution*. Sauf décision explicite de refus d'exécution opposée par l'administration et sauf décision ordonnant une mesure d'urgence, ces demandes ne peuvent être présentées qu'après l'expiration d'un délai de trois mois à compter de la date de notification des décisions juridictionnelles, ou du délai éventuellement prescrit par la décision elle-même pour l'exécution par l'administration des mesures ordonnées par le juge.

Originale par son objet, la section du rapport et des études est aussi dérogatoire par son statut. Elle échappe à la répartition des affaires ressortissant aux différents départements ministériels, ce qui est logique puisqu'elle peut avoir à connaître des questions intéressant n'importe quel ministère[23]. Ce sont donc les quatre sections administratives qui restent intéressées par la procédure consultative qu'il s'agit de situer.

Chaque affaire est confiée à un **rapporteur**. Par ailleurs, chaque ministère est représenté au sein de la section par un **commissaire du gouvernement** nommé par décret ; celui-ci ne doit pas être confondu avec le commissaire du gouvernement qui intervient dans la procédure contentieuse. Des fonctionnaires ou éventuellement des personnes techniquement qualifiées peuvent prendre part à la discussion des textes.

La délibération peut se faire en **sections réunies**, ce qui suppose au minimum deux sections travaillant sur une affaire commune. Lorsque plus de deux sections sont concernées, il est constitué une **commission** temporaire ou permanente composée des représentants des sections intéressées. L'arrêté du Premier ministre portant répartition des affaires entre les sections administratives du Conseil d'État peut régler à l'avance certaines de ces situations. C'est le cas de l'article 5 de l'arrêté du 6 juillet 1995 qui dispose que lorsqu'une affaire de fonction publique ou de pensions concerne spécialement des fonctionnaires d'État placés sous l'autorité de ministères dont les affaires sont examinées par la section de l'intérieur, des travaux publics ou par la section sociale, le président de la section des finances peut, en accord avec le président de la section compétente, appeler un membre de cette section à prendre part aux délibérations de la section des finances.

Sections réunies et commissions sont présidées par le vice-président du Conseil d'État, alors que la section simple est présidée par son propre président ou par le vice-président.

L'Assemblée générale délibère les affaires les plus importantes sous la présidence du Premier ministre, ou en son absence, du garde des Sceaux ou en leur absence, du vice-président du Conseil d'État qui est le plus haut fonctionnaire de la République.

© ARMAND COLIN. La photocopie non autorisée est un délit.

---

22. Décret n° 95-830 du 3 juillet 1995 modifiant le décret du 30 juillet 1963 relatif à l'organisation et au fonctionnement du Conseil d'État, *JO* du 6 juillet 1995, p. 10127.
23. *Cf.* J.-P. COSTA, « Une nouvelle section du Conseil d'État : la section du rapport et des études », *AJDA*, 1985, p. 265.

La **formation plénière** comprend tous les membres du Conseil d'État : vice-président, présidents de section, conseillers d'État ayant tous voix délibérative, maîtres des requêtes et auditeurs qui n'ont qu'une voix consultative à moins d'avoir été désignés comme rapporteurs, et enfin les ministres qui ont voix délibérative pour les affaires de leur département. Cette formation lourde et solennelle se réunit douze fois par an au moins et deux fois par trimestre. Elle cède le plus souvent la place à la **formation ordinaire**, mise en place par le décret du 30 juillet 1963 et qui constitue une assemblée allégée de 35 membres. Elle comprend alors le vice-président du Conseil d'État, les présidents de section, l'un des présidents adjoints de la section du contentieux, douze conseillers d'État affectés à la section du contentieux et quinze conseillers d'État affectés aux sections administratives à raison de trois par section dont deux au moins en service ordinaire. Cette formation connaît spécialement des projets de lois ou d'ordonnances. En ce qui concerne les projets de décrets autonomes et les projets de décrets en Conseil d'État, ceux-ci peuvent être confiés soit à la section concernée, soit à l'assemblée générale en formation ordinaire qui connaît aussi de toute affaire particulièrement importante. Mais, en cas d'urgence, c'est la commission permanente de l'assemblée qui est chargée de l'affaire.

La **commission permanente** intervient normalement dans des cas exceptionnels où l'urgence est constatée par décision spéciale du Premier ministre et, en matière de projets de lois ou d'ordonnances, elle se substitue alors à l'assemblée en formation ordinaire. Elle peut cependant renvoyer l'affaire après instruction à l'assemblée générale.

Aux termes du décret modificatif du 16 août 1989, elle comprend le vice-président du Conseil d'État, deux présidents de sections administratives dont celui de la section intéressée, douze conseillers d'État dont deux par section, ainsi que des maîtres des requêtes et des auditeurs désignés par arrêté du vice-président.

En pratique, le Conseil d'État est très souvent sollicité de donner un avis à la hâte et recourt en conséquence en commission permanente à la procédure de l'examen d'urgence, qui perd de plus en plus son caractère exceptionnel.

Enfin, lorsque les avis sont formulés, et contrairement aux décisions contentieuses qui sont publiques par nature, le principe veut qu'ils restent **secrets**, sauf autorisation du gouvernement. Cette règle fait l'objet de nombreuses critiques à une époque où le secret administratif est réduit aux exceptions prévues par la loi qui favorise l'accès aux documents administratifs et la diffusion démocratique des textes (lois du 17 juillet 1978 et du 11 juillet 1979)[24]. Les fuites, organisées ou non vers l'extérieur figurent comme autant d'expédients tout aussi critiquables par principe, quelles que soient les intentions. Elles ont permis de connaître avant même le vote du peuple français, l'opposition du Conseil d'État aux référendums constituants décidés par le général de Gaulle en 1962 et en 1969, ou encore l'avis défavorable rendu sur le projet de loi Pons en 1988 sur le statut de la Nouvelle-Calédonie.

À côté du Conseil d'État, dont le double rôle prestigieux de conseiller juridique privilégié du gouvernement et de juge administratif suprême lui confère une autorité et une influence éminentes au sein de l'administration d'État, le Conseil économique et social mérite notre attention en tant qu'organe de conseil de l'administration

---

24. Loi n° 78-753 du 17 juillet 1978, *JO* du 18 juillet 1978, p. 2851 et loi n° 79-587 du 11 juillet 1979, *JO* du 12 juillet 1979, p. 1711.

centrale. Notre analyse sera plus brève dans la mesure où ce que nous avons indiqué quant à la nature et à la portée des avis du Conseil d'État s'applique aussi aux avis d'autres organes consultatifs, qu'ils soient ou non constitutionnels.

B. Le Conseil économique et social

Il faut comprendre sa finalité particulière et la composition qui en résulte avant de voir ses attributions.

a) *Finalité et composition*

L'existence de ce Conseil s'inscrit dans un mouvement général de protestation contre le parlementarisme. Ce mouvement, développé depuis la fin de la Première Guerre mondiale, s'est accentué surtout en 1946 dans un courant d'idées où la démocratie sociale et la démocratie économique étaient les thèmes dominants. L'ancien Conseil national économique, créé par le décret Painlevé du 16 janvier 1925 et réorganisé par la loi Paul Boncour du 19 mars 1936, devenait organe constitutionnel, sous le nom de Conseil économique. La Constitution lui reconnaissait un rôle de conseil du gouvernement et du Parlement en matière économique, avec une compétence spéciale en matière de plan.

Actuellement, il fait l'objet du titre X de la Constitution de 1958 complétée par l'ordonnance n° 58-1360 portant loi organique du 29 décembre 1958, modifiée elle-même par la loi organique n° 84-499 du 27 juin 1984[25], complétée par les décrets n° 84-558 du 4 juillet 1984[26] et n° 84-822 du 6 septembre 1984[27]. L'échec du référendum du 27 avril 1969 a empêché la fusion du Conseil économique et social et du Sénat proposée par le général de Gaulle et mis un terme aux excès antiparlementaristes de l'exécutif.

La finalité du Conseil est de **réaliser une concertation large et véritable des agents économiques,** de ceux que les textes désignent comme « les forces vives » de la nation. Cette concertation doit leur permettre de participer par voie consultative à l'élaboration des décisions les plus importantes qui les concernent directement et qu'ils devront ensuite exécuter.

Sa **composition** est conçue pour répondre à cette finalité. Il comprend des membres techniques, nommés en partie par le gouvernement en raison de leurs compétences, et des représentants des différentes catégories socio-professionnelles désignées par les organisations syndicales les plus représentatives. Toutefois, la pratique de ces désignations a donné lieu à une critique sévère et on a pu reprocher au Conseil sa non-représentativité. D'une part, en effet, le gouvernement a fait un large usage de son pouvoir et a pu facilement contrôler la composition du Conseil en désignant plus du quart de ses membres. D'autre part, la pondération entre les groupes discréditait toute idée de représentation équitable. Un rapport de 1964 révélait l'ampleur des différences et l'absence totale de la proportionnalité.

---

25. Loi n° 84-499 du 27 juin 1984, *JO* du 28 juin 1984, p. 2007.
26. Décret n° 84-558 du 4 juillet 1984, *JO* du 5 juillet 1984, p. 2114.
27. Décret n° 84-822 du 6 septembre 1984, *JO* du 7 septembre 1984, p. 2852.

Trois exemple significatifs :

15 millions de salariés	45 représentants
2,5 millions d'exploitants agricoles	35 représentants
200 000 chefs d'entreprises industrielles et commerciales	25 représentants

De tels écarts étaient considérables et appelaient une réforme. La loi du 27 juin 1984 et le décret n° 84-558 du 4 juillet 1984 corrigent le système et répartissent les 231 conseillers en 10 catégories d'importance inégale[28].

Salariés	69 représentants
Entreprises agricoles, artisanales, publiques, industrielles et commerciales	72 représentants
Professions libérales	3 représentants
Mutualité, coopération et crédit agricole	10 représentants
Coopératives non agricoles	5 représentants
Mutualité non agricole	4 représentants
Activités sociales, famille, logement et épargne	17 représentants
Activités économiques et sociales des DOM-TOM	9 représentants
Français établis hors de France (catégorie nouvelle)	2 représentants

À ces 191[29] conseillers, s'ajoutent 40 personnalités qualifiées dans le domaine économique et social, culturel et scientifique. Le mandat des conseillers est de 5 ans, sauf, pour les personnes nommées par décret pour une période de deux ans, non immédiatement renouvelable. Il est incompatible avec celui de député ou de sénateur (art. 11 de l'ordonnance du 24 octobre 1958) ou encore avec les fonctions de membre du Conseil constitutionnel (art. 4 de l'ordonnance du 7 novembre 1958).

Enfin, le Conseil est présidé par un président élu pour 2 ans et demi (art. 3 du règlement intérieur) assisté d'un bureau de 18 membres[30].

b) *Attributions et fonctionnement*

Les attributions du Conseil économique et social sont strictement consultatives et administratives, sans aucune fonction contentieuse, contrairement à celles du Conseil d'État. Sans pouvoir de décision, la compétence consultative est générale en matière économique et sociale.

---

28. Voir T. RENOUX, « La rénovation du Conseil économique et social », *AJDA*, 1985, p. 21 à 32.

29. La loi organique n° 90-1001 du 7 novembre 1990 relative à la représentation des activités économiques et sociales de l'outre-mer au sein du Conseil économique et social a modifié le nombre des représentants pour le porter de 8 à 9, le neuvième représentant Mayotte, *cf. JO* du 11 novembre 1990, p. 13846. Voir aussi le décret n° 91-23 du 4 janvier 1991, *JO* du 10 janvier 1991, p. 508.

30. *Cf.* Décret n° 92-1319 du 17 décembre 1992 modifiant le règlement intérieur du Conseil économique et social, *JO* du 19 décembre 1992, p. 17380.

L'article 69 alinéa 1 de la Constitution dispose : « *Le Conseil économique et social saisi par le gouvernement donne son avis sur les projets de loi, d'ordonnance ou de décret, ainsi que sur les propositions de loi qui lui sont soumis.* »

Dans le cadre de cette **saisine facultative** de la part du gouvernement, la Constitution ne distingue pas selon que les textes sont d'origine gouvernementale ou parlementaire. Contrairement au Conseil d'État, compétent pour les seuls projets de lois, le Conseil économique et social est également compétent pour se prononcer sur les projets et propositions de lois intéressant son domaine.

Le même article 69 alinéa 2 prévoit la possibilité que soit exposé devant les assemblées parlementaires l'avis du Conseil sur les projets ou propositions qui lui ont été soumis. Le Conseil désigne alors un de ses membres, en général le rapporteur du texte, pour accomplir cette tâche qui permet d'éclairer le débat parlementaire. Il est regrettable que cette disposition soit négligée en pratique.

En ce qui concerne les possibilités d'interventions consultatives du Conseil, elles sont très ouvertes et ne se limitent pas aux hypothèses de l'article 69. En effet, l'article 70 alinéa 1 précise que : « *Le Conseil économique et social peut être également consulté sur tout problème de caractère économique et social intéressant la République ou la Communauté.* » Ce qui signifie pratiquement que le Conseil peut être saisi de demandes de consultations facultatives dans la plupart des matières.

De plus, l'article 3 de l'ordonnance du 29 décembre 1958 affirme sa possibilité d'*auto-saisine* chaque fois que le Conseil souhaite « appeler l'attention du gouvernement sur les réformes » qui lui paraissent utiles et qui entrent dans le champ de ses compétences. Il peut ainsi proposer des réformes économiques et sociales, non seulement à l'intérieur du pays mais aussi dans l'Union européenne.

Par contre, dans certains domaines, la consultation cesse d'être facultative et devient **obligatoire**. C'est le cas en matière de **loi de programme ou de planification** aux termes de l'article 70 de la Constitution.

En ce qui concerne l'**organisation du travail**, le Conseil économique et social délibère en séance plénière ou en sections. Un décret du 24 septembre 1969 organisait sept sections dont une, spécialisée en matière de planification, résultait de la fusion des deux anciennes sections des « investissements et du Plan » et de la « conjoncture et du revenu national ».

Désormais, le décret n° 84-822 du 6 septembre 1984 organise le Conseil en neuf sections dont la liste est fixée à l'article 1. Chacune comprend 27 conseillers au maximum.

---

1. Section des affaires sociales.
2. Section du travail.
3. Section des économies régionales et de l'aménagement du territoire.
4. Section du cadre de vie.
5. Section des finances.
6. Section des relations extérieures.
7. Section des activités productives, de la recherche et de la technologie.
8. Section de l'agriculture et de l'alimentation.
9. Section des problèmes économiques généraux et de la conjoncture.

L'article 2 du décret fixe les questions traitées pour chacune des sections. Quant aux avis et aux rapports concernant le *Plan* et l'ensemble des problèmes de planification, ils ne relèvent plus d'une section particulière, mais d'une **commission spéciale**, qui regroupe le président ou un délégué permanent de chacune des sections et une représentation de chacun des groupes de représentation. Cette composition assure une ouverture polyvalente à cette nouvelle formation, particulièrement bien adaptée aux problèmes du Plan, qui concernent toutes les activités économiques traitées par les différentes sections.

Or, en matière de planification, le Conseil économique et social joue un rôle particulièrement important. Non seulement sa consultation est obligatoire, mais elle est double pour la loi de programme. D'une part, le Conseil intervient à deux reprises au niveau de l'élaboration législative. D'autre part, le Conseil intervient désormais régulièrement pour suivre l'exécution du Plan.

En ce qui concerne l'**élaboration de la loi de programme**, le Conseil intervient à la fois dans le choix des options et dans l'examen détaillé du Plan proprement dit. Cette faculté ne suffit pas à rendre compte du rôle effectif joué par le Conseil, qui dépend pour l'essentiel de la volonté discrétionnaire du gouvernement.

En effet, le Conseil peut être appelé à donner seulement son avis, ce qui correspond au contenu strict de l'obligation de consultation imposée au gouvernement par la Constitution. Un exemple d'application stricte et restrictive : le cas du IVe Plan, où au printemps 1960, le Conseil économique et social a été consulté pour donner son avis sur les grandes options de ce plan, puis en novembre 1961 pour donner son avis, cette fois, sur le plan élaboré et détaillé.

Mais, si le gouvernement le juge utile, le Conseil peut être associé plus étroitement à l'élaboration même des grandes options et du plan détaillé. Ce qui a été le cas, par exemple, pour le Ve Plan où le Conseil économique et social a participé en formation plénière à l'élaboration du plan, après un travail préliminaire approfondi de sa section spécialisée des investissements et du Plan qui était compétente alors. L'avis de l'assemblée générale du 28 octobre 1964 a repris en fait les conclusions de cette section, mais la procédure a permis un large débat conforme à la vocation de concertation du Conseil.

En outre, le Conseil se voit désormais investi d'un rôle intéressant concernant l'**exécution du plan**. Au niveau national, il doit faire connaître au gouvernement son avis sur l'exécution du Plan, par une sorte de service de suite régulier. Pour cela, le gouvernement lui adresse un rapport annuel après l'avoir déposé au Parlement, conformément aux dispositions de la loi du 29 juillet 1982[31] portant réforme de la planification.

Enfin, pour tenir compte du rôle renouvelé de la région et de la planification régionale dans le cadre de la décentralisation, le décret du 6 septembre 1984 prévoit que la commission peut tenir des réunions communes avec les présidents des conseils économiques et sociaux régionaux[32] ou leurs représentants, afin d'étudier les aspects régionaux de la planification et d'examiner la réalisation des contrats de plan entre l'État et la Région.

On peut conclure en remarquant qu'ont été longtemps reprochées au Conseil économique et social la *non-publicité de ses débats* et leur *lenteur*.

---

31. Loi n° 82-653 portant réforme de la planification, 29 juillet 1982, *JO* du 30 juillet 1982, p. 2441.
32. «*Comités*» en 1982, ils sont désormais «*conseils économiques et sociaux*» depuis la loi d'orientation du 6 février 1992.

En réalité, tous ses travaux, avis, études ou rapports sont publiés au *JO*[33]. Si, pendant un certain temps, le Conseil a perdu progressivement de son audience et de son influence, on peut observer que sa nouvelle organisation et sa **composition plus représentative** lui ont apporté à nouveau le crédit nécessaire pour accomplir pleinement son rôle de conseil technique de l'État, et réaliser une concertation significative et entendue.

Quant à la lenteur, le législateur de 1984 a dû renoncer à instituer une formation d'urgence calquée sur la «commission permanente» du Conseil d'État, en raison notamment des problèmes de représentativité qu'elle n'aurait pas manqué de soulever. Mais la loi prévoit, par contre, une **procédure d'urgence** réduite à un mois, voire moins lorsque les textes requièrent une adoption immédiate. Il y a là une volonté du législateur de susciter chez les conseillers de nouvelles habitudes de célérité qui devraient renforcer leur autorité.

Le troisième organe constitutionnel de conseil de l'État se trouve être en même temps organe de contrôle et juridiction ; il s'agit de la **Cour des comptes**.

Si l'on écarte ses fonctions juridictionnelles, il faut remarquer que ses fonctions administratives de conseil sont étroitement liées et subordonnées aux fonctions de contrôle qui lui sont essentielles. En conséquence, c'est en étudiant les organes de contrôle de l'administration d'État que nous étudierons de façon plus précise les attributions et le rôle de la Cour des comptes.

§ II. LES ORGANES CONSULTATIFS NON CONSTITUTIONNELS

Ils sont trop nombreux pour qu'on puisse envisager de les étudier tous sans risquer d'en faire un vain répertoire ou catalogue. Il vaut mieux essayer d'en dégager les caractères généraux avant d'étudier un exemple particulier, celui des organes consultatifs de la fonction publique.

A. Caractères généraux

La première caractéristique commune de tous ces organismes est d'ordre purement quantitatif : leur nombre a été très accru dans les États modernes et leur rattachement a été opéré au moins pour 95 % d'entre eux auprès des administrations centrales.

a) *Multiplication et diversité*

Le statut des organes consultatifs est variable. Ils peuvent être provisoires et temporaires ou permanents, se réunir de façon périodique ou sur convocation. Ils peuvent être rattachés, soit au Premier ministre, soit à un ou plusieurs ministères.

---

33. La partie «Lois et décrets» du *Journal officiel* informe à l'avance des réunions et travaux des sections ou de l'assemblée plénière dans sa rubrique «informations relatives au Conseil économique et social». Pour un exemple : voir l'annonce de la réunion de la section des Affaires sociales pour le mercredi 23 août 1995 par *JO* du 22 août, p. 12529. L'objet de la réunion est précisé : projet de création d'une «prestation autonomie» destinée aux personnes âgées (saisine gouvernementale).

Dans la plupart des cas, les conseils sont particuliers à chaque ministère. C'est le cas pour le Conseil supérieur de l'éducation nationale, pour le Conseil supérieur des transports, le Conseil supérieur de la défense nationale, le Conseil national du Plan ou encore le Conseil supérieur de la fonction publique.

Leur finalité commune est de réaliser une **spécialisation technique**. Leurs membres y siègent en raison de leur fonction, de leur caractère représentatif, de leur compétence ou de leur autorité personnelle. Les conseils ont pour tâche de préparer la décision administrative et de substituer au débat purement politique des confrontations techniques ou des confrontations d'intérêts professionnels. Leurs avis doivent permettre d'éclairer le titulaire du pouvoir de décision et de lui donner les moyens de prendre une décision pertinente et si possible ajustée à la situation.

En outre, et pour la plupart, le but déclaré est d'associer démocratiquement les destinataires de la décision au pouvoir administratif et de satisfaire aux exigences modernes de la concertation.

Si leur action est généralement jugée utile et positive, il ne faut pas sous-estimer cependant les effets discutables de l'administration consultative.

b) *Les risques*

Charles Debbasch n'hésite pas à parler de « dangers » et pour sa part, il en signale trois qui lui semblent particulièrement nocifs[34].

En premier lieu, le ministre peut choisir de se **retrancher derrière l'avis** qui lui a été fourni pour servir d'alibi à sa propre dérobade, même lorsqu'il ne s'agit pas d'avis obligatoire qu'il n'est donc pas en droit obligé de suivre. Cette critique sérieuse n'est pas isolée dans l'organisation administrative. L'ouverture du « parapluie » a été dénoncée comme la pratique trop fréquente des autorités locales avant la réforme de 1982. Pour ne pas prendre certaines décisions susceptibles de heurter leur électorat, il leur était facile d'évoquer l'avis de l'autorité de tutelle. Au niveau de l'administration centrale, la tentation peut être très forte de se décharger de responsabilités parfois embarrassantes. Le second danger est corrélatif au premier. Si l'organe consultatif est souvent consulté ou si ces positions sont évoquées systématiquement pour expliquer les décisions, il peut acquérir un prestige propre qui aura pour effet, à la longue, de **donner aux avis valeur de décision** et de dépouiller en fait l'autorité compétente de son pouvoir. La décision ne fera qu'entériner l'avis. Cette transformation progressive du rôle du Conseil modifie l'équilibre des pouvoirs au profit d'une technocratie toujours prête à occuper le terrain du pouvoir vacant où qu'il se trouve. Par une démonstration pertinente, Ch. Debbasch dénonce le risque d'emprise des bureaux ministériels sur la politique.

Il observe enfin que : « *La constitution d'une commission représente souvent l'officialisation de l'activité d'un groupe de pression et on peut se demander s'il est opportun de lui conférer une telle autorité.* »

Ici, la remarque va encore plus loin. S'il est vrai qu'un grand nombre de commissions officialisent des groupes de pression, telle par exemple la Commission informatique et libertés, on peut en effet craindre que l'autorité d'une telle commission n'aboutisse à **diluer les responsabilités** de l'administration en place par une collaboration de groupes écartés du pouvoir par le suffrage universel.

---

34. *Cf.* Ch. DEBBASCH, *Institutions et droit administratifs*, PUF, Coll. Thémis, 1976, p. 154.

Ces différentes réserves, même si elle ne sont pas d'actualité, méritent la réflexion, les organes consultatifs poursuivant allègrement leur développement, non seulement auprès de l'administration centrale, mais aussi près de l'administration locale que nous étudierons plus loin.

Elles ne doivent pas non plus occulter l'utilité réelle et indiscutable de la consultation préalable à la prise de décision politique. Cet intérêt apparaît mieux lors de certaines crises quand elles offrent l'occasion de déplorer rétroactivement une absence de concertation organisée par les responsables politiques. Lors des débats télévisés du lundi 28 mars 1994 ouverts après la série de manifestations étudiantes demandant l'abrogation des décrets créant le contrat d'insertion professionnelle (CIP), assorti d'un « SMIC jeune », une responsable d'IUT a fait remarquer que les IUT, principaux intéressés par les mesures contestées, disposent d'instances représentatives et consultatives qui n'avaient précisément pas été consultées lors de l'élaboration des textes par le gouvernement. Remarque à méditer dans de telles circonstances, qui montrent à l'évidence qu'il vaut toujours mieux consulter les représentants des destinataires de la décision avant son adoption, même si cela prend un certain temps, plutôt que de créer la surprise et d'affronter une crise qui oblige à négocier « à chaud » dans les pires conditions pour un gouvernement, quel qu'il soit, en donnant de surcroît à l'opinion l'image, qui n'est jamais flatteuse, d'un recul forcé.

En tout cas, c'est sans doute dans le domaine de la fonction publique que les organes de conseil semblent avoir donné le plus de satisfaction et suscité le moins de critiques. C'est pour cette raison que nous avons choisi ce domaine comme exemple, pour étudier de façon précise l'organisation de l'administration consultative en examinant plus particulièrement les organes de conseil de la fonction publique de l'État, et en rappelant que les nouvelles fonctions publiques territoriale et hospitalière disposent d'organes de même nature calqués sur les premiers.

B. Les organes de consultation de la fonction publique de l'État

Deux types d'organes consultatifs sont aménagés selon un système paritaire, pour répondre au souci de tout organe de conseil de faire participer les représentants des parties intéressées aux prises de décision. Le premier à l'échelon central : le Conseil supérieur de la fonction publique. Le second, dans le cadre de chaque administration ou service. Dans ces deux types d'organes, la parité concerne la composition et introduit une égalité quantitative des catégories en présence, mais elle ne signifie pas pour autant un partage égal de leurs pouvoirs.

a) *Le Conseil supérieur de la fonction publique de l'État*

Si l'on considère tout d'abord le **Conseil supérieur de la fonction publique de l'État** (art. 12, 13 et 17 de la loi n° 84-16 du 11 janvier 1984[35] et décret n° 82-450 du 28 mai 1982[36] maintenu en vigueur et modifié par différents décrets, et en dernier

---

35. *Cf.* Loi n° 84-16 du 11 janvier 1984, portant dispositions statutaires relatives à la fonction publique de l'État, modifiée, *D* et *ALD*, 1984, p. 134.
36. Décret n° 82-450 du 28 mai 1982 relatif au Conseil supérieur de la fonction publique de l'État, *JO* du 30 mai 1982.

lieu par le décret n° 95-10 du 6 janvier 1995[37]) il est présidé par le Premier ministre ou par son délégué, et comprend *quarante membres titulaires*, nommés par décret pour trois ans et renouvelables, à raison de vingt membres désignés sur proposition des organisations syndicales les plus représentatives, et de vingt membres choisis en qualité de représentants de l'administration. *Quarante membres suppléants* sont également nommés dans les mêmes conditions.

En ce qui concerne les sièges attribués aux *organisations syndicales*, ils sont répartis entre elles, à raison de : un siège pour chaque organisation ayant un caractère interministériel et interprofessionnel, les autres sièges étant distribués à la représentation proportionnelle à la plus forte moyenne des voix obtenues par chaque organisation syndicale lors des dernières élections intervenues, trois mois au moins avant la fin du mandat des membres du Conseil supérieur, pour la désignation des représentants du personnel aux commissions administratives paritaires.

Quant aux *représentants de l'administration*, ils sont désignés par leur fonction de la façon suivante par l'article 3 du décret du 28 mai 1982 modifié :

> – soit un président de section au Conseil d'État et un conseiller d'État, soit deux conseillers d'État ;
> – soit un président de chambre à la Cour des comptes et un conseiller maître, soit deux conseillers maîtres ;
> – un inspecteur général choisi parmi les membres du corps de l'inspection générale des finances, de l'inspection générale de l'administration de l'intérieur, ou de l'inspection générale des affaires sociales ;
> – un membre d'un corps d'ingénieurs de l'État appartenant au Conseil général des ponts et chaussées, au Conseil général des mines ou au Conseil général du génie rural, des eaux et forêts ;
> – deux personnalités choisies en raison de leur compétence, dont l'une notamment en matière de droit des femmes ;
> – le directeur général de l'administration et de la fonction publique ;
> – le directeur du budget au ministère chargé du Budget ;
> – dix directeurs d'administration centrale ayant dans leurs attributions la gestion du personnel ou l'étude des questions relatives au personnel à raison d'un au plus par ministère.

Le Conseil supérieur de la fonction publique de l'État se réunit en assemblée au moins une fois par trimestre. Il comprend deux sections : une section administrative et une section syndicale, et se divise en *formations spéciales* pour l'examen des problèmes propres aux statuts particuliers, pour traiter des questions particulières, telles par exemple, la formation spéciale dite commission de modernisation[38] et la formation spéciale chargée des problèmes relatifs à l'hygiène, la sécurité du travail et la médecine de prévention, enfin pour l'examen des recours.

---

37. Décret n° 95-10 du 6 janvier 1995 modifiant certaines dispositions du décret n° 82-450 du 28 mai 1982 relatif au Conseil supérieur de la fonction publique de l'État, *JO* du 8 janvier 1995, p. 383 à 385.
38. Elle remplace la commission du renouveau du service public créée par décret n° 91-1144 du 6 novembre 1991 et abrogé par l'article 14 du décret du 6 janvier 1995.

Pour améliorer la qualité des débats, il est prévu que les représentants des organisations syndicales ou les représentants de l'administration peuvent demander aux présidents des formations spéciales, de convoquer toute personne dont l'*audition* est de nature à éclairer les réflexions en cours. Ces personnes ne peuvent assister qu'à la partie des débats, à l'exclusion du vote, relative aux questions pour lesquelles leur audition est demandée.

L'ordre du jour des séances doit être adressé aux membres des formations spéciales ou commissions huit jours au moins avant la date de la séance. C'est la direction générale de l'administration et de la fonction publique qui assure le secrétariat des travaux.

Les attributions du Conseil supérieur sont de trois ordres :

En premier lieu, lorsqu'il est saisi par le Premier ministre ou par un de ses membres, le Conseil **émet des avis** ou des suggestions. La consultation est *obligatoire* pour tous les projets de décrets portant statuts particuliers dérogatoires au statut général, et, bien entendu, pour tout projet de loi affectant le statut général. La saisine est encore obligatoire en matière de formation professionnelle. Il en est de même s'agissant des problèmes relatifs à l'hygiène, la sécurité du travail et la médecine de prévention. À ces compétences consultatives précises, s'ajoute désormais la vocation plus large d'examiner les questions d'ordre général relatives à l'élaboration, à la mise en œuvre et au bilan des actions liées à la modernisation du service public, aux restructurations administratives, à la déconcentration et aux implantations des administrations publiques sur le territoire.

En deuxième lieu, il joue le rôle « **d'organe coordonnateur** » à l'égard des organes de conseil situés dans le cadre inférieur de chaque administration ou service. À cette occasion, s'affrontent les points de vue des services et des syndicats sur tous les problèmes généraux intéressant la fonction publique.

Enfin, le Conseil supérieur intervient en qualité d'**instance de recours**, soit en cas de contestation sur des notations ou sur l'avancement, soit dans le cadre de la procédure disciplinaire. Dans ces deux hypothèses, l'avis du Conseil ne lie pas l'administration, pas plus qu'il ne prive le fonctionnaire intéressé d'un recours juridictionnel[39].

b) *Les organes propres à chaque administration*

Si l'on quitte l'échelon central, on trouve toute une série d'organismes internes à chaque administration que l'on peut regrouper en quatre catégories.

La première est celle des **comités médicaux**, qui interviennent à propos de l'aptitude physique des candidats à la fonction publique ou des fonctionnaires. Ils ont un prolongement central : le comité médical supérieur qui siège auprès du ministre de la Santé publique.

La seconde catégorie est celle des **commissions de réforme** qui donnent leur avis sur les conséquences de l'état de santé du fonctionnaire, sur sa situation juridique et ses droits à pension.

---

39. CE, 23 novembre 1962, Camara, *AJDA*, 1962, p. 666.

Mais les plus importantes sont les deux catégories suivantes.

Il s'agit tout d'abord des **commissions administratives paritaires** constituées en principe pour chaque corps de fonctionnaires soumis au statut général. Créées par la loi du 19 octobre 1946, elles ont été conservées par l'ordonnance du 4 février 1959 et par la nouvelle loi du 13 juillet 1983. Ces commissions comprennent, sous la présidence du chef de service, un nombre égal de représentants de l'administration nommés par le ministre et de délégués du personnel, élus au bulletin secret et à la représentation proportionnelle pour trois ans. Les listes de candidats à la représentation du personnel sont présentées par les organisations syndicales.

Leur consultation vise à **atténuer le caractère unilatéral et discrétionnaire des pouvoirs hiérarchiques et à renforcer les garanties de la fonction publique**. Elles traitent en effet de toutes les questions d'ordre individuel intéressant la carrière des fonctionnaires : titularisations, notations, avancements, mutations, détachements, mises en disponibilité, sanctions disciplinaires. C'est ainsi, par exemple, que le tableau d'avancement préparé par l'administration, compte tenu des notes obtenues par l'intéressé et de propositions motivées formulées par les chefs de service, est soumis à la commission paritaire compétente. Celle-ci peut demander à entendre l'intéressé et faire des propositions à l'autorité investie du pouvoir de nomination. C'est à l'égard de ces commissions que le Conseil supérieur peut être appelé à intervenir comme instance de recours. Mais il faut ajouter que les commissions peuvent être également consultées sur toutes les questions générales intéressant le personnel. Leur rôle est donc important.

La quatrième catégorie d'organismes internes regroupe les **comités techniques paritaires**. Ils sont eux aussi constitués dans chaque administration et établissement public de l'État ne présentant pas un caractère industriel ou commercial. Ils comprennent sous la présidence du chef de service vingt à trente membres, dont un nombre égal de représentants de l'administration nommés par le ministre et de délégués du personnel désignés par les organisations syndicales de fonctionnaires les plus représentatives[40]. Leur rôle est de donner des avis sur l'organisation et le fonctionnement des services, ainsi que sur les projets de statuts particuliers. Ils connaissent des problèmes relatifs au recrutement des personnels et peuvent demander la création de comités d'hygiène et de sécurité locaux, qui est alors de plein droit. La saisine des comités techniques paritaires et normalement facultative, mais un décret du 27 juin 1973 prévoit un cas de consultation obligatoire, dès lors qu'il s'agit de l'application dans l'organisme de la politique de formation professionnelle.

Dans le prolongement de ces premiers organismes, le décret du 28 mai 1982[41] modifié par décret du 23 novembre 1984[41] a créé des **comités d'hygiène et de sécurité** dont la composition n'est pas paritaire, les représentants du personnels y siégeant plus nombreux que ceux de l'administration. L'article 16 de la loi du 11 janvier 1984[42] précise qu'il est institué dans chaque département ministériel ou groupe de départements ministériels un comité **central** d'hygiène et de sécurité et, éventuellement, des comités d'hygiène et de sécurité **locaux ou spéciaux**. Ce sont ces

---

40. Décret n° 82-453 du 28 mai 1982, *JO* du 30 mai 1982.
41. Décret n° 84-1029 du 23 novembre 1984, *JO* du 24 novembre 1984.
42. Loi n° 84-16 du 11 janvier 1984, *JO* du 12 janvier 1984.

derniers qui sont créés de plein droit à la demande des comités techniques[43] paritaires concernés. L'objet de ces nouveaux organes est de faire bénéficier les agents de l'État des garanties d'hygiène et de sécurité consacrées par ailleurs par la loi du 13 juillet 1983[44] portant droits et obligations des fonctionnaires.

La fonction publique est donc un domaine tout à fait exemplaire où l'administration consultative joue un rôle positif et caractéristique dans la préparation des décisions. Mais, d'une façon générale, lorsque la décision est prise, il faut encore qu'elle soit bien exécutée conformément à sa lettre et à son esprit, et surtout qu'elle soit exécutée de façon uniforme sur l'ensemble du territoire. À cette fin, l'administration centrale est dotée de corps de contrôle dont nous allons découvrir le rôle.

Section 2
Les organes de contrôle

La fonction de contrôle est une activité indispensable à toute organisation administrative. Elle se distingue mal de l'activité d'inspection qui la caractérise pour l'essentiel.

C'est pourquoi, nous étudierons en premier lieu les corps d'inspection qui s'exercent dans un cadre ministériel à l'intérieur même de l'administration d'État. Nous verrons ensuite le rôle particulier de la Cour des comptes, dont le contrôle administratif est très développé.

§ I. LES CORPS D'INSPECTION

Nous préciserons tout d'abord les modalités d'intervention de ces corps d'inspection dont les plus connus et les plus structurés sont ceux de l'inspection des Ponts et Chaussées et ceux de l'inspection des Finances. Puis, nous prendrons précisément un exemple, celui de l'inspection des Finances.

A. Le fonctionnement des corps d'inspection

La plupart des corps d'inspection ont pour fonction d'assister et d'informer le ministre, et constituent le prolongement nécessaire du cabinet du ministre. Selon la

---

43. Voir à ce sujet l'arrêté du 6 avril 1995 adopté pour fixer les modalités de la consultation du personnel organisée en vue de déterminer la représentativité des organisations syndicales appelées à désigner les représentants du personnel au sein du comité technique paritaire ministériel créé auprès du Premier ministre, du Comité central d'hygiène et de sécurité, chargé d'assister ledit comité et des comités techniques paritaires spéciaux institués dans les services du Premier ministre. *JO* du 7 avril 1995, p. 5536.
44. Loi n° 83-634 du 13 juillet 1983, *JO* du 14 juillet 1983.

formule de M. Debbasch, leur rôle est de transmettre « *l'influx des services centraux aux divers services locaux ou aux services extérieurs* »[45], pour assurer l'unité d'ensemble du ministère malgré sa dispersion géographique sur l'ensemble du territoire français.

a) *L'organisation d'ensemble*

Les inspecteurs peuvent être investis d'une fonction générale ou chargés d'enquêtes particulières. Dans tous les cas, ils représentent le ministre pour l'accomplissement de tâches que l'intérêt ou l'actualité politique conduisent à enlever aux services de gestion. L'inspection générale de l'Industrie est un exemple de ce type de représentation.

D'une façon générale, on peut distinguer quatre types d'inspection au sein des ministères. En premier lieu, il peut s'agir de **fonctionnaires appartenant à l'administration active** qui portent le titre d'**inspecteurs** sans se livrer à des activités de contrôle proprement dites. C'est le cas des inspecteurs des Postes et Télécommunications ou des inspecteurs des Contributions ou plus généralement des inspecteurs du Trésor. Ils ne nous intéressent pas ici dans la mesure où leur dénomination trompeuse ne permet pas pour autant de les considérer comme organes de contrôle.

Viennent ensuite les **inspections générales**, placées auprès de certains ministères et qui n'ont pas toujours elles-mêmes un rôle de contrôle direct. Elles ont surtout des attributions de conseil auprès du ministre et leur consultation peut être obligatoire dans certaines circonstances. Elles sont alors directement rattachées au ministre.

Enfin, on peut distinguer les **corps d'inspection ou de contrôle administratif** et les **corps d'inspection technique**, en notant que la même inspection peut comprendre deux cadres : un cadre administratif et un cadre technique. C'est le cas du ministère des Postes et Télécommunications qui comprend depuis 1929 un corps formé d'agents administratifs, chargés de noter les hauts fonctionnaires du ministère et de sélectionner les candidats aux postes les plus importants, ainsi qu'un corps d'ingénieurs généraux qui constitue le cadre technique.

La plupart des ministères comprennent au moins un corps d'inspection et souvent plusieurs. Il arrive aussi que la même inspection soit commune à plusieurs ministères comme l'inspection générales des Affaires sociales ou au contraire qu'elle ne concerne qu'une partie d'un ministère comme c'est le cas de l'Inspection générale des Services (IGS) pour les directions de sécurité publique du ministère de l'Intérieur.

Les inspections ministérielles assistent le ministre dans l'exercice de son *pouvoir hiérarchique* sur l'ensemble de son administration, qu'il s'agisse des directions générales, directions et services de l'administration centrale ou des services déconcentrés relevant des directions générales.

Les membres des corps d'inspection peuvent être chargés dans certains cas d'*une circonscription territoriale particulière*, ce qui présente l'avantage de leur permetttre de bien connaître les fonctionnaires et les services soumis à leur compétence, mais aussi le risque d'une certaine perte d'indépendance. C'est pourquoi, en général, l'inspecteur travaille selon un système de *tournées* sans se limiter à un champ géographique déterminé.

---

45. *Cf.* Ch. DEBBASCH, *op. cit.*, Coll. Thémis, 1976, p. 154.

b) *La tâche de contrôle*

La tâche principale de l'inspecteur est évidemment le contrôle, qui peut être organisé de façon permanente sur un service donné et intervenir soit à une date fixe, soit de façon inopinée. Il peut être provoqué par le recours gracieux d'un administré auprès de l'auteur de l'acte attaqué ou par le recours hiérarchique de l'administré auprès du supérieur de l'auteur de l'acte.

1. Le contrôleur peut exercer son contrôle selon deux techniques différentes. Il peut effectuer sa tâche **sur pièces ou sur dossiers**, c'est-à-dire en fonction des documents adressés par les services soumis au contrôle. Pour qu'un tel contrôle soit vraiment efficace, il faut qu'une nomenclature précise des pièces à fournir soit dressée et que cette nomenclature soit suffisamment standardisée pour permettre la comparaison de services différents sur des bases d'appréciation communes.

2. Comme les services ont une tendance fâcheuse à retenir certains documents, la technique de contrôle la plus efficace n'est pas toujours le contrôle sur pièces, mais, plutôt le *contrôle sur place et de façon inopinée*. Nous verrons que l'inspection des Finances possède des techniques de contrôle particulièrement élaborées pour éviter les échappatoires.

Sur pièces ou sur place, le contrôle des corps d'inspection peut être encore unilatéral ou contradictoire. S'il est **unilatéral**, l'inspecteur procède à son contrôle sans associer à son appréciation celui dont il examine l'activité. Mais, le plus souvent, le contrôle est **contradictoire** et admet le droit de réponse de l'intéressé. La plupart des corps d'inspection organisent ce droit de réponse. Le contrôlé reçoit communication du rapport du contrôleur et il peut présenter sa défense écrite ou orale. C'est le cas des contrôles contradictoires exercés par l'inspection des Finances, voire même par la Cour des comptes pour certaines affaires.

> Cette fonction de contrôle exercée par les corps d'inspection peut enfin être plus ou moins étendue. Ainsi, le corps d'inspection de l'Éducation nationale est chargé dans les domaines administratif, financier, comptable et économique, de l'inspection des personnels, services, établissements et d'une manière générale de tous les organismes soumis à l'autorité ou au contrôle du ministre de l'Éducation nationale, ce qui donne une particulière ampleur aux fonctions de contrôle en cause.

Toutefois, les corps d'inspection ne sont pas limités aux tâches de contrôle. Pour rester en contact avec les réalités de l'administration, il leur est possible d'assumer de temps à autres des tâches concrètes d'administration et d'être investis de **fonctions de gestion directe**. Les inspecteurs peuvent accomplir ces fonctions à temps partiel ou de manière permanente par la voie d'un détachement auprès d'un service. Certains corps d'inspection acquièrent plus de renommée par leur contribution à l'administration active que par leur rôle de contrôleurs. C'est le cas notamment de l'inspection des Finances.

Avant d'analyser cet exemple particulier, il convient d'ajouter que le statut des corps d'inspection vise à leur assurer une **indépendance réelle** et indispensable par rapport aux corps et aux activités qu'ils doivent contrôler.

Deux types de recrutement apportent les garanties nécessaires à cet égard. Ou bien les postes d'inspecteurs constituent des **emplois de fin de carrière** qui permettent d'accorder un titre et une rémunération importants à certains fonctionnaires. C'est le cas de certains corps d'inspection de l'Éducation nationale. C'est aussi le cas des nominations au choix des inspecteurs généraux des Postes et Télécommunications.

Pour ces derniers, le décret n° 91-35 du 10 janvier 1991[46] prévoit que peuvent être nommés au choix dans le corps des inspecteurs généraux : « les administrateurs des postes et télécommunications ou les membres du corps des personnels administratifs supérieurs occupant un emploi de chef de service, de directeur adjoint ou de sous-directeur à l'administration centrale des postes et télécommunications ou dans les services centraux de la Poste ou de France Télécom. Les administrateurs, les membres du corps des personnels administratifs supérieurs ou les attachés d'administration centrale des postes et télécommunications occupant l'emploi de chef de service régional et, lorsqu'ils ont atteint le 5e échelon de cet emploi, celui de chef de service départemental. »

Le décret n° 94-1085 du 14 décembre 1994 relatif aux modalités de nomination *au tour extérieur* dans certains corps d'inspection et de contrôle de la fonction publique de l'État[47], prévoit la consultation préalable d'une *commission* présidée par un membre ou ancien membre du Conseil d'État ayant au moins le grade de conseiller d'État, nommé pour trois ans, sur proposition du vice-président du Conseil d'État.

Cette commission comprend :
– un magistrat ou ancien magistrat de la Cour des comptes, ayant au moins le grade de conseiller maître, nommé pour trois ans, sur proposition du premier président de la Cour des comptes ;
– le directeur général de l'administration et de la fonction publique.
Il est prévu que pour les nominations qui concernent leurs corps, siègent également à la commission :
– l'inspecteur général chargé des fonctions de chef du service d'inspection ou, s'il n'existe pas un tel emploi, un inspecteur général désigné par le ministre qui a autorité sur le corps ;
– deux inspecteurs généraux en activité élus pour trois ans au scrutin uninominal à un tour par les inspecteurs généraux en position d'activité ou de détachement.

La commission délibère au vu du ou des dossiers contenant tous les éléments permettant d'apprécier l'aptitude de la ou des personnes dont la nomination est envisagée. Ces dossiers sont transmis par le ministre sous l'autorité duquel est placé le corps d'inspection concerné. La commission peut encore demander des informations complémentaires sur les fonctions antérieures et l'expérience du ou des intéressés et, le cas échéant, procéder à l'*audition* de ceux-ci.

Ou bien, les inspecteurs **sont recrutés sur concours** et exercent toute leur carrière au sein de leur corps d'inspection, sous réserve des détachements possibles dans l'administration active. Certains corps d'inspection sont recrutés à la sortie de l'ENA. C'est le cas pour l'inspection générale de l'Administration, pour l'inspection de la Sécurité sociale et l'inspection des Finances.

Il arrive aussi que le *recrutement sur concours intervienne en cours de carrière* et après un nombre déterminé d'années de pratique administrative, ce qui permet d'affecter au contrôle des fonctionnaires qui connaissent déjà par eux-mêmes l'administration active.

C'est le cas par exemple pour le recrutement des officiers de certains corps de contrôle des Armées, dépendant du ministre de la Défense, ou encore des inspecteurs principaux des services déconcentrés de la direction générale de la concurrence, de la consommation et de la répression des fraudes, dépendant du ministre des Finances.

---

46. Décret n° 91-35 du 10 janvier 1991 modifiant le décret n° 64-142 du 13 février 1964 relatif au statut particulier des inspecteurs généraux des postes et télécommunications, *JO* du 13 janvier 1991, p. 693.
47. Décret n° 94-1085 du 14 décembre 1994, *JO* du 16 décembre 1994, p. 17840.

Pour ces derniers, les conditions d'admission à concourir sont à la fois de *durée* de services effectifs dans le service public : sept ans en qualité de titulaires des grades de commissaires des services déconcentrés de la concurrence et de la consommation ou d'inspecteurs de 2ᵉ classe, ou encore d'un corps de catégorie A ; et d'*ancienneté* : un an et six mois au moins dans le 5ᵉ échelon de leur grade ou de leur classe au 1ᵉʳ janvier de l'année du concours[48]. Des déductions peuvent être prises en compte pour la condition de durée (service militaire obligatoire ou service national actif effectivement accompli par exemple) sans avoir toutefois pour effet de réduire à moins de deux ans la durée des services effectivement accomplis dans les grades visés.

Il est difficile d'apprécier le degré d'efficacité des corps d'inspection. Toutefois, le troisième rapport du Comité central d'enquête sur le coût et le rendement des services publics a souligné en 1950 les imperfections du système, qui restent d'actualité. Le Comité dénonçait notamment le manque de suite donnée aux rapports des inspecteurs. En effet, la plupart des corps d'inspection font avec précision un travail difficile et ne se limitent pas au **constat des défauts** ou des irrégularités dans le fonctionnement des services. Ils **proposent également des solutions** et des mesures de réorganisation qui, le plus souvent, restent lettre morte.

Le Comité déplorait également l'absence de coordination des contrôles à l'échelon gouvernemental.

Cette étude sévère a permis une meilleure connaissance des corps de contrôle, mais les propositions de réformes qu'elle renfermait sont restées sans effet. Il n'est pas impossible que la réforme de la fonction publique ne débouche sur un réexamen de la question.

Il nous faut examiner de plus près maintenant l'intéressant exemple de l'inspection générale des Finances.

B. L'exemple de l'inspection générale des Finances

L'inspection générale des Finances a été instituée par l'arrêté du 25 mars 1816 sous la Restauration. Mais il faut retenir qu'elle avait déjà une longue histoire derrière elle, puisque c'est Louis XIV qui le premier a décidé de recruter des conseillers-inspecteurs des finances en 1709. Ce corps de l'Ancien Régime a été refondu et réorganisé en 1801 et 1808 pour confier aux inspecteurs généraux du Trésor public la charge de « vérifier les caisses » des payeurs et des receveurs. À partir de 1831, l'inspection générale des Finances demeure le seul corps d'inspection du ministère des Finances, actuellement régi par le décret du 14 mars 1973.

a) *Organisation*

Le recrutement a varié avec le temps, mais le principe du **concours** a toujours prévalu. D'abord ouvert aux fonctionnaires il a été réservé, à la fin du XIXᵉ siècle, aux titulaires d'une licence ou aux polytechniciens. Depuis 1947, le recrutement est assuré par le concours de sortie de l'ENA comme c'est le cas pour la plupart des grands corps de l'État. Un tour extérieur prévu depuis 1973 permet le recrutement de

---

48. Voir l'avis de concours du ministère de l'Économie, des Finances et du Budget publié au *JO* du 28 novembre 1990, p. 14657.

fonctionnaires ayant au moins dix ans de service et titulaires d'une licence en droit ou d'un diplôme équivalent dans la proportion du cinquième des inspecteurs de 2e classe.

Une fois nommés, les inspecteurs des Finances doivent effectuer au moins quatre années de contrôle effectif avant de pouvoir être détachés dans une proportion fixée par un règlement d'administration publique de 1947, qui limite normalement à la moitié du corps le total des effectifs en détachement, en disponibilité ou hors cadres.

Pour près d'un tiers, les inspecteurs détachés le sont dans les administrations centrales où ils entrent en concurrence avec les administrateurs civils sortis de l'ENA. En conséquence, ils n'ont pas toujours la fonction de directeur, sauf au ministère des Finances où ils occupent les plus hautes fonctions à la tête des grandes directions. Pour un autre tiers, les inspecteurs sont détachés dans les grandes entreprises nationales, notamment les banques nationalisées, dont ils assument généralement la direction. Par ailleurs, plus de la moitié des membres a participé par la voie de détachements à des cabinets ministériels ou au Secrétariat général de la présidence de la République, et certains suivent une carrière essentiellement politique qui les conduit aux plus hautes fonctions de l'État, celle de ministre ou de Premier ministre comme Michel Rocard, ou de président de la République comme Valéry Giscard d'Estaing.

Le corps des inspecteurs généraux des Finances est donc très particulier puisqu'il se caractérise par l'**instabilité** et par l'**évasion**. Sur cent inspecteurs recrutés et entrés à l'inspection, trente à cinquante démissionnent pour se retrouver dans le secteur privé, vingt-cinq ou trente se placent hors cadres et une trentaine seulement demeurent à l'inspection. Ce qui fait que l'un des plus importants organes de contrôle de l'État nourrit le paradoxe de comprendre deux tiers de membres exerçant les plus hautes fonctions, mais des fonctions précisément étrangères au contrôle.

Indépendamment de ce phénomène, l'inspection générale des Finances apparaît comme une **institution très efficace**, dont il convient ici de préciser les compétences, les techniques et les moyens de contrôle.

b) *Compétences, techniques et moyens*

Si l'on mesure l'étendue de ses compétences, on s'aperçoit que, bien qu'il s'agisse de celles d'un corps ministériel, les activités de l'inspection des Finances lui confèrent un **caractère interministériel prononcé**.

Depuis 1831, elle contrôle tout d'abord tous les fonctionnaires dépendant du ministère des Finances. Mais un décret en date du 30 octobre 1935, modifié en 1958, étend ses pouvoirs aux organismes privés qui reçoivent des subventions de l'État, ce qui dépasse naturellement le cadre du ministère des Finances pour recouvrir en fait tous les ministères.

Une loi du 30 mars 1947 étend son contrôle aux comptables du Trésor, des régies financières, des établissements publics de même qu'aux fonctionnaires des administrations financières et aux agents des postes et télécommunications, aux autorités publiques qui engagent les finances de l'État, sauf les ministres, enfin, aux organismes ayant fait appel aux concours de l'État. La Banque de France est également soumise à son contrôle depuis 1848, et les caisses primaires et régionales de sécurité sociale depuis un arrêté du 31 janvier 1950. Sa compétence a encore été étendue par le décret du 24 août 1961 aux organismes habilités à percevoir des taxes parafiscales.

Pour exécuter cette mission de contrôle qui est très large, le corps de l'inspection des Finances comprend **deux grades** : celui des inspecteurs généraux (une centaine environ) et celui des inspecteurs, dirigés par un chef de service. Des inspecteurs généraux sont chargés d'une mission générale de surveillance sur les services du ministère des Finances dans chacune des divisions territoriales. Les contrôles sont organisés par le chef de service, après avis du comité des inspecteurs généraux.

La méthode de travail consiste en des **tournées sur place et à l'improviste**. Des **brigades d'inspection** de deux à vingt inspecteurs sont constituées sous la direction d'un chef de brigade. Chaque inspecteur ou inspecteur-adjoint est chargé d'une vérification déterminée et précise, et il est seul responsable de ses observations, aussi bien à l'égard de ses pairs que de l'agent contrôlé. Selon l'importance des services vérifiés, les tournées peuvent varier de quinze jours à un mois.

La **procédure** obéit à des règles strictes. Dès son arrivée dans une trésorerie ou une agence comptable, l'inspecteur doit procéder à «**l'arrêté de caisse**» pour arrêter et contrôler la comptabilité. Les agents soumis à vérification sont tenus «d'ouvrir leur caisse et leur portefeuille, de présenter les deniers, valeurs et matières de toute nature dont ils sont dépositaires, ainsi que les pièces justificatives de leur gestion». Les agents contrôlés doivent pouvoir répondre à toute demande d'explication ou d'information concernant les opérations en recettes et en dépenses dont ils ont la charge.

En cas de grave irrégularité, notamment si un détournement de fonds est constaté, le comptable est suspendu de ses fonctions et ses chefs hiérarchiques sont prévenus. L'inspecteur assure l'intérim.

Le rapport de l'inspection est **contradictoire** et se présente sur cinq colonnes. La première est consacrée aux observations de l'inspecteur sur le service contrôlé. La seconde aux réponses de l'agent mis en cause. L'inspecteur des Finances réplique à l'agent dans la troisième colonne, en précisant certaines de ses propres remarques. Celles-ci ne sont pas portées à la connaissance du fonctionnaire, mais de son supérieur hiérarchique qui doit lui-même répondre dans la quatrième colonne. Enfin, la cinquième colonne est réservée à l'inspecteur général responsable de la division territoriale. Mais, de plus en plus, cette dernière colonne disparaît et se trouve remplacée par une note de présentation de l'inspecteur général, qui doit être consulté dès le début des vérifications, et qui doit être tenu au courant au fur et à mesure du déroulement de celles-ci. Le chef de brigade rédige enfin un rapport d'ensemble sur les travaux effectués pendant la tournée. Les rapports sont transmis à l'inspecteur général, chef de service de l'inspection, puis enfin au ministre des Finances.

En cas de fautes graves ou de manquements caractérisés, le contrôle de l'inspection générale des Finances, purement administratif, peut être prolongé par d'autres contrôles, contrôle disciplinaire des agents concernés par leur hiérarchie, ou actions contentieuses, répressives ou administratives mettant en cause les services ou les agents responsables.

Par son organisation et par son type de fonctionnement, on comprend que l'inspection des Finances puisse remplir sa mission de contrôle avec une grande efficacité. Les particularités de carrière du corps des inspecteurs ne nuisent pas aux résultats, mais contribuent, au contraire, à sa renommée et à son autorité.

Il nous reste à faire une place à part à la Cour des comptes, organe constitutionnel hybride, à la fois organe de conseil et de contrôle et juridiction administrative spécialisée.

§ II. LA COUR DES COMPTES

Nous montrerons tout d'abord son importance avant d'étudier le contrôle administratif.

A. L'importance du rôle de la Cour des comptes

On prendra la mesure du rôle de la Cour des comptes en situant son évolution avant de préciser son statut et son organisation.

a) *Origine et évolution de la Cour*

La Cour des comptes a été créée par la loi du 16 septembre 1807. Cette institution napoléonienne reprend la tradition des « chambres des comptes » qui vérifiaient déjà en forme juridictionnelle les comptes publics sous l'Ancien Régime. À l'origine, la Cour était essentiellement **juge des comptes** des comptables publics nationaux, et devait permettre au gouvernement, à l'Empereur, de contrôler le strict respect des règles financières. Mais juger les comptes ne lui donnait pas juridiction sur les ordonnateurs. La loi de 1807 l'excluait expressément dans des termes qui sont passés dans les textes ultérieurs.

À partir de ce rôle initial, les compétences de la Cour n'ont cessé de s'élargir pour être, comme celles du Conseil d'État, soit administratives, soit contentieuses. La Cour des comptes est en effet en tant que Cour, et comme son nom l'indique, une **juridiction administrative**, juge de droit commun des comptables publics. Elle juge les comptes des comptables publics en même temps que ceux des comptables de fait. Ses jugements peuvent faire l'objet de recours soit en révision devant la Cour elle-même, soit en cassation devant le Conseil d'État.

Ces attributions contentieuses se sont élargies par l'effet de la décentralisation ouverte en 1982. La Cour est devenue **juge d'appel** des décisions des chambres régionales des comptes organisées par deux lois du 10 juillet 1982[49]. Mais toutes ces compétences juridictionnelles relèvent de l'étude des finances publiques et ne sont pas traitées dans le cadre de notre ouvrage.

Par contre, ce sont les compétences administratives de la Cour qui nous intéressent directement. Elles font de la Cour, depuis 1836, **un organe consultatif essentiel de l'administration d'État en même temps qu'un organe de contrôle supérieur des finances publiques**. Ce double rôle de conseil et de contrôle est très lié et explique l'évolution de la Cour.

> Le rôle initial et exclusif de contrôle des comptes a donné en effet à la Cour une vue d'ensemble de l'exécution du budget. Elle est devenue naturellement l'œil du gouvernement sur cette exécution. Ce rôle est aujourd'hui consacré par l'article 47 de la Constitution de 1958. De l'exécution du budget de l'État, la Cour est rapidement passée au contrôle des collectivités locales, des établissements publics, des entreprises publiques et finalement de tout organisme, même privé, faisant appel à des fonds publics. Indépendamment des attributions propres à

---

49. Loi n° 82-594 du 10 juillet 1982, *JO* du 14 juillet 1982, p. 2199 ; et loi n° 82-595 du 10 juillet 1982, p. 2201.

l'une ou à l'autre des deux institutions, on peut remarquer par là un point commun entre les contrôles de l'inspection des Finances et celui de la Cour des comptes dans la mesure où ils s'étendent partout où sont consommés les deniers de l'État, et plus largement pour la Cour, des deniers publics.

Parallèlement, le contrôle juridictionnel des comptes des comptables publics nécessitant l'examen des pièces justificatives des opérations contrôlées, la Cour des comptes en est venue naturellement à étendre ses contrôles sur les *ordonnateurs*, responsables de la phase administrative des recettes et des dépenses publiques. Mais ce contrôle purement administratif de la Cour s'exerce dans des formes non juridictionnelles.

Enfin, elle a cessé d'être exclusivement un moyen de contrôle au service de l'exécutif. Elle est devenue un moyen d'information non seulement pour le Parlement, mais aussi pour l'opinion.

Les dispositions actuellement en vigueur relatives à la Cour des comptes sont : la Constitution (art. 47), la loi du 22 juin 1967[50] qui a remplacé la loi du 16 septembre 1807, et modifiée à son tour par les lois du 22 juin 1976[51], du 2 mars 1982[52], par les deux lois du 10 juillet 1982 précitées, et enfin par un décret du 11 février 1985[53] modifié lui-même par décret du 18 février 1994[54].

Il convient maintenant d'étudier le statut et l'organisation de la Cour des comptes, avant d'examiner le contrôle administratif.

b) *Statut et organisation actuels*

Le statut de la Cour lui assure une très grande **indépendance**. Elle est composée de **magistrats inamovibles** répartis en trois catégories : auditeurs (1re et 2e classes), conseillers référendaires (1re et 2e classes), conseillers maîtres.

Le recrutement, analogue à celui du Conseil d'État, est normalement assuré **par la voie du concours**. Depuis 1947, les **auditeurs** sont recrutés par le concours de sortie de l'ENA.

La Cour des comptes figure en troisième position après l'inspection des Finances et le Conseil d'État dans les choix faits par les élèves à la sortie de l'École. Mais le gouvernement peut nommer, au *tour extérieur* et sans concours, des **conseillers référendaires**[55] et des **conseillers maîtres**.

Enfin, des **conseillers maîtres en service extraordinaire** en nombre limité (pas plus de dix) et nommés temporairement (pour une période de quatre ans non renouvelable) peuvent assister la Cour dans l'exercice de certains contrôles, notamment sur les entreprises publiques. Il ne participent pas aux activités juridictionnelles de la Cour (art. 7 du décret du 11 février 1985).

La direction générale de la Cour est confiée à un premier président. Il organise à ce titre les travaux de la Cour et répartit les attributions entre les chambres. Il est également chargé de l'administration des services de la Cour, ce qui implique qu'il

---

50. Loi n° 67-483 du 22 juin 1967, *JO* du 23 juin 1967.
51. Loi n° 76-539 du 22 juin 1976, *JO* du 23 juin 1976.
52. Loi n° 82-213 du 2 mars 1982, *JO* du 3 mars 1982, p. 730, et rectificatif ; *JO* du 6 mars 1982, p. 779.
53. Décret n° 85-199 du 11 février 1985, *JO* du 15 février 1985, p. 1959.
54. Décret n° 94-145 du 18 février 1994, *JO* du 20 février 1994, p. 2919.
55. Décret n° 94-877 du 13 octobre 1994 relatif aux modalités de nomination au tour extérieur dans le grade de conseiller référendaire de 2e classe à la Cour des comptes, *JO* du 14 octobre 1994, p. 14573.

soit ordonnateur des dépenses de la Cour et qu'il assure la gestion des magistrats et des personnels de la Cour.

Le premier président est assisté par un secrétaire général et des secrétaires généraux adjoints désignés par décret sur sa proposition. Les règles auxquelles obéit leur recrutement sont désormais fixées par l'article 1 du décret du 18 février 1994. Le secrétaire général est choisi parmi les conseillers maîtres ou les conseillers référendaires. Les secrétaires généraux adjoints sont choisis parmi les conseillers référendaires. Leur rôle est important puisqu'ils assurent, sous l'autorité du premier président, le fonctionnement du greffe central et des services administratifs (art. 2 et 3 du décret du 11 février 1985).

Contrairement au Conseil d'État, la Cour dispose en outre d'un **parquet**, placé sous l'autorité du procureur général assisté d'avocats généraux. Les avocats généraux sont désignés par décret parmi les conseillers maîtres ou les conseillers référendaires, après avis du procureur général. Le premier avocat général est lui-même nommé par décret parmi les avocats généraux, après avis du procureur général (art. 2 du décret du 18 février 1994 modifiant l'article 14 du décret du 11 février 1985). Le parquet intervient au niveau de la procédure pour en assurer la coordination, il veille à la production des comptes dans les délais réglementaires, et requiert l'amende prévue par la loi en cas de retard. Il veille aussi à la cohérence de la jurisprudence et peut orienter et harmoniser par des recommandations écrites l'action du ministère public près les chambres régionales des comptes.

La Cour est divisée en **sept chambres**, présidées chacune par un président de chambre (art. 9 du même décret), qui répartit les travaux entre les magistrats affectés à sa chambre. Mais celle-ci peut comporter une ou plusieurs **sections** créées par arrêté du premier président. Dans ce cas, le président fixe les attributions des sections et détermine les affaires qui seront délibérées en section ou en chambre. Chaque chambre comprend un président de chambre, des conseillers maîtres, des conseillers référendaires, des auditeurs et le cas échéant des conseillers maîtres en service extraordinaire. Chaque section comprend pour sa part au moins trois conseillers maîtres et un ou deux conseillers maîtres en service extraordinaire.

L'organisation de la Cour est fixée par les articles 1 à 15 du décret du 11 février 1985. L'article 5 précise que la Cour des comptes se réunit soit en audience solennelle, soit en chambre du conseil, soit toutes chambres réunies, soit par chambre ou section de chambre, soit en formation interchambre.

Les **audiences solennelles** sont publiques. Tous les magistrats de la Cour y participent en tenue de cérémonie (art. 6), c'est-à-dire en robe noire.

La **chambre du conseil** est composée du premier président, des présidents de chambre et des conseillers maîtres, et, lorsqu'elle est appelée à connaître des affaires intéressant les entreprises publiques, des conseillers maîtres en service extraordinaire. Elle a une *vocation administrative* puisque c'est elle qui adopte le rapport public, élaboré par le comité du rapport (art. 2 al. 3 du décret du 11 février 1985), ainsi que le rapport sur le projet de loi de règlement du budget, et de déclaration générale de conformité (*ibid.*, art. 7).

La **Cour des comptes, toutes chambres réunies**, comprend le premier président, les présidents de chambre et deux conseillers maîtres par chambre, ainsi qu'un suppléant élu par les magistrats de chaque chambre. Cette formation a une *vocation juridictionnelle* pour juger les comptes qui lui sont renvoyés par le premier président sur proposition d'une chambre ou sur réquisitoire du procureur général. Elle statue aussi sur les affaires renvoyées devant la Cour après cassation (art. 8).

La **formation interchambre** suppose qu'un contrôle soulève des questions relevant des attributions de plusieurs chambres. Le premier président peut alors l'attribuer par arrêté à une formation interchambre qui sera constituée à son initiative ou sur proposition du procureur général ou des présidents de chambre intéressés. Cette formation comprend au moins deux conseillers maîtres de chacune de ces chambres, désignés par leur président respectif. Le président de cette formation *ad hoc* est lui-même désigné parmi les présidents des chambres intéressées (art. 11).

Cette organisation permet à la Cour d'assumer l'ensemble de ses compétences. Pour mieux comprendre son fonctionnement, il nous faut préciser les règles du contrôle administratif exercé par la Cour, ce qui couvre un large ensemble de compétences auquel s'ajoute le contrôle juridictionnel exclusivement exercé sur les comptables et que nous ne traitons pas ici.

B. Le contrôle non juridictionnel de la Cour

Il convient de préciser ses attributions avant d'examiner la procédure elle-même et les moyens de contrôle.

a) *Les attributions*

Les attributions de la Cour des comptes qui font d'elle un *contrôleur administratif* sont consacrées par la Constitution pour la première fois par l'article 18 de la Constitution de 1946 qui stipule que : « *L'Assemblée nationale règle les comptes de la nation. Elle est assistée de la Cour des comptes.* » Cette assistance se complète aux termes de l'alinéa 3 du même article d'une mission spécifique de contrôle sur l'exécution des recettes et des dépenses publiques et sur la gestion de la trésorerie.

La Constitution de 1958 synthétise son rôle dans l'article 47, dernier alinéa : « *La Cour des comptes assiste le Parlement et le gouvernement dans le contrôle de l'exécution des lois de finances.* »

En ce qui concerne l'**assistance au Parlement**, la Cour établit un **rapport spécial sur chaque projet de loi de règlement**. Cette loi intervient après exécution du budget pour constater le montant définitif des recettes et des dépenses, statuer sur la conformité des opérations effectuées, et corriger par des autorisations de régularisations rétrospectives ou par des annulations. Le rapport spécial de la Cour consigne ses observations sur les résultats financiers, l'application du droit budgétaire et la façon dont les crédits et les deniers ont été consommés.

Par ailleurs, la Cour, en possession des comptes individuels des comptables, du compte général de l'administration des finances et des comptes de gestion des ministres, est chargée de prononcer leur concordance par une **déclaration générale de conformité**. Rapport spécial et déclaration générale de conformité accompagnent nécessairement le projet de loi de règlement soumis au Parlement.

Le premier président peut donner connaissance aux commissions des finances du Parlement des constatations et observations de la Cour.

Enfin, il faut ajouter qu'au titre de son assistance au Parlement, la Cour peut être chargée d'*enquêtes* à la demande des Commissions des finances de l'Assemblée nationale ou du Sénat. Ces enquêtes concernent généralement la gestion des services, entreprises ou organismes qu'elle contrôle.

Une seconde attribution ayant trait à l'exécution du budget prolonge la première et concerne le **contrôle des ordonnateurs**. Il faut préciser que le droit applicable à l'exécution du budget distingue une phase administrative et une phase comptable. Les ordonnateurs peuvent se définir comme l'ensemble des autorités administratives habilitées à ordonnancer les recettes et les dépenses publiques, c'est-à-dire à engager les deniers de l'État. La **phase administrative** permet aux ordonnateurs, depuis les ministres, ordonnateurs primaires, jusqu'aux nombreux ordonnateurs secondaires, de prescrire les opérations qui seront réglées ensuite au niveau de la **phase comptable** par les comptables publics, seuls habilités à détenir et à manier les fonds publics sous leur propre responsabilité personnelle et pécuniaire. Ce principe de la séparation des ordonnateurs et des comptables est rigoureux.

À l'égard des **ordonnateurs**, le contrôle de la Cour est purement **administratif et objectif**. La Cour constate les irrégularités et doit les dénoncer. Elle est incompétente pour les sanctionner elle-même, mais elle les porte à la connaissance des autorités administratives et procède à une critique sévère individuelle ou générale.

De plus, la Cour connaît du vaste et difficile contrôle des entreprises publiques. Cette attribution intéresse les établissements publics de l'État à caractère industriel et commercial, les entreprises nationales, les sociétés d'économie mixte et les sociétés anonymes dans lesquelles l'État est majoritaire (loi n° 67-483 du 22 juin 1967, art. 6 *bis* ajouté par la loi n° 76-539 du 22 juin 1976, art. 7 VI). Mais plus largement encore, et sous réserve des compétences reconnues aux chambres régionales des comptes, elle intéresse aussi les groupements ou organismes, même privés, bénéficiant de concours financiers publics, qu'il s'agisse de concours de l'État ou de personnes morales soumises à son contrôle (art. 10-III de la loi n° 82-594 du 10 juillet 1982 modifiant l'art. 1er al. 6 de la loi n° 67-483 du 22 juin 1967).

Depuis la loi du 22 juin 1976, ce contrôle de la Cour remplace celui de la commission de la vérification des comptes des entreprises publiques; il comprend toutefois non seulement le contrôle des comptes mais aussi le contrôle de gestion. Cette attribution recouvre le contrôle des résultats en fonction des objectifs poursuivis, c'est-à-dire un véritable **contrôle d'opportunité** qui permet à la Cour d'apprécier l'efficacité de la gestion et de dénoncer, là encore, irrégularités, erreurs ou gaspillages.

C'est aussi la Cour des comptes qui assure le **contrôle des organismes de la Sécurité sociale** (loi du 31 décembre 1949 et loi du 22 juin 1967, art. 1er al. 5 et art. 7). Ce contrôle est très large et porte sur l'ensemble de leurs activités ainsi que sur les résultats obtenus (art. 39 du décret du 11 février 1985). Elle peut étendre son contrôle à l'emploi des concours financiers accordés par ces organismes à des institutions, œuvres ou groupements quels que soient la forme, les modalités et le montant de ces concours (art. 40). Toutefois, la vérification des comptes annuels est confiée, sous la surveillance de la Cour, à des comités départementaux d'examen, présidés par le trésorier-payeur général ou son représentant (art. 44).

Le décret n° 92-1011 du 17 septembre 1992 confie par ailleurs à la Cour le *contrôle des comptes d'emploi des organismes faisant appel à la générosité publique*. La décision d'un tel contrôle est prise par le premier président, après avis du procureur général, sur proposition du président de la chambre, ou le cas échéant, du président de la section compétente.

À cet ensemble considérable d'attributions s'ajoute le contrôle de la **régularité des recettes et des dépenses décrites dans les comptabilités publiques, ainsi que du bon emploi des crédits gérés par l'État**. La Cour exerce ainsi un contrôle général du bon fonctionnement des finances publiques.

Nous mesurerons mieux sa portée et son efficacité en examinant les formes et les moyens de ce vaste contrôle.

b) *La procédure et les moyens de contrôle*

En ce qui concerne la procédure, les affaires sont instruites par les rapporteurs, assistés par des assistants de vérification qui sont des fonctionnaires détachés ou mis à la disposition de la Cour des comptes, et pour les enquêtes de caractère technique, par des experts désignés par le premier président et tenus à l'obligation du secret professionnel.

Pour accomplir leur mission, les rapporteurs disposent de **moyens importants**. D'une façon générale, ils peuvent procéder à «toutes investigations qu'ils jugent utiles, sur pièces et sur place» (art. 17 du décret du 11 février 1985).

«**Sur pièces**», les ordonnateurs, les comptables, les dirigeants des services et organismes soumis au contrôle sont tenus de communiquer tous documents et tous renseignements aux rapporteurs qui les leur demandent. Ce **droit de communication** recouvre les données informatiques ainsi que leur éventuelle transcription dans des documents directement utilisables pour les besoins du contrôle.

«**Sur place**», les rapporteurs disposent d'un large **droit d'accès** dans les services des ordonnateurs et des comptables. Ils ont accès à tous les immeubles ou locaux et propriétés compris dans le patrimoine de l'État et autres personnes morales qui relèvent du contrôle de la Cour. Ils peuvent prendre connaissance et se faire délivrer copie des écritures et documents qui préparent ou justifient le recouvrement des recettes, l'engagement, la liquidation et le paiement des dépenses. Ils peuvent procéder à toute vérification portant sur les fournitures, les matériels, mais aussi les travaux ou les constructions.

Dans les ministères où sont tenues des *comptabilités de matériels*, le contrôle sur la gestion de ces matériels est facilité par un rapport sur l'utilisation des stocks ou leur renouvellement qui doit être adressé chaque année à la Cour. De plus, la Cour des comptes peut se faire communiquer par l'intermédiaire du procureur général les rapports des institutions et corps de contrôle.

La Cour peut encore procéder à des **auditions** concernant les personnes qui ont ou qui ont eu la responsabilité des opérations contrôlées. Décision en est prise par le premier président ou le président de la chambre compétente, et toute personne dont l'audition a été jugée nécessaire doit répondre à la convocation de la Cour des comptes.

Pour toutes les communications ou auditions, les agents des services financiers, les commissaires aux comptes des organismes contrôlés sont relevés du secret professionnel. Par contre, la Cour prend toutes dispositions pour garantir strictement le **secret** de ses investigations et de ses observations quand les communications portent sur des sujets de caractère secret, concernant la défense nationale, les affaires étrangères, la sécurité intérieure ou extérieure de l'État ou sur des éléments confidentiels de la gestion industrielle, commerciale ou financière des entreprises publiques.

L'instruction terminée aboutit à un **rapport** qui consigne les observations et les propositions motivées sur les suites à leur donner. Il est suivi d'un **contre-rapport** confié à un contre-rapporteur qui fait connaître son avis sur chacune des propositions formulées, et éventuellement des conclusions du procureur général. La formation compétente délibère ensuite sur chaque proposition.

Au terme de ces procédures très rigoureuses, les contrôles débouchent sur une série de **communications** énumérées par l'article 49 du décret du 11 février 1985.

La première communication citée par le texte est aussi la plus connue. Il s'agit du **rapport annuel** qui existe depuis 1807. À l'origine, il constituait une synthèse des activités de la Cour et n'était pas public, mais réservé à l'Empereur. Depuis 1938, ce rapport est publié au *Journal officiel* et il est largement diffusé et commenté par la presse. Il est préparé par le comité du rapport public et des programmes et présenté aux autorités mises en cause qui disposent d'un délai de deux mois pour répondre. Les réponses figurent dans le rapport public et engagent la seule responsabilité de leurs auteurs, qu'il s'agisse des réponses des ministres, des représentants des collectivités territoriales, des établissements, sociétés, groupements ou organismes intéressés. Passé ce délai, le premier président le remet au président de la République et le dépose sur les bureaux des assemblées parlementaires.

Ce document très volumineux constitue chaque année un événement attendu et son impact moral est incontestable, l'administration répugnant par réflexe à voir étalées au grand jour ses fautes de gestion les plus accablantes. En rassemblant ses critiques et en suggérant des remèdes, le rapport fait de la Cour un informateur de l'opinion et lui fournit un moyen de pression très utile sur l'administration.

> On peut retrouver d'un rapport à l'autre ce qu'on pourrait appeler les « maladies chroniques » de l'administration comme par exemple les occupations sans titre de logements de fonction ou la disparition des meubles mis en dépôt par le mobilier national dans certains ministères et qui a été dénoncée dans les rapports de 1984 et de 1993. Mais il peut s'agir aussi d'abus d'une telle ampleur qu'ils sont repris par les médias comme autant de scandales en puissance, tels les gaspillages auxquels ont donné lieu les aménagements du musée d'Orsay « épinglés » par le rapport de 1979, ou encore le nombre accablant d'irrégularités dans les clubs professionnels de football destinées à faire échapper à l'impôt des rémunérations très élevées de joueurs et entraînant des redressements dont le rapport de 1993 constate l'importance, ou enfin les attributions injustifiables de logements sociaux à des personnes disposant de très hauts revenus dont 160 locataires de la ville de Paris et dénoncées dans le rapport de 1994.

La Cour dispose encore d'autres moyens pour faire connaître ses observations. En premier lieu, les **rapports et avis destinés au Parlement**, qu'il s'agisse du rapport sur le projet de loi de règlement ou des résultats d'**enquêtes** demandées par les commissions des finances du Parlement.

D'autres **rapports particuliers** font suite aux contrôles effectués sur les *entreprises publiques* (art. 12 modifié de la loi du 22 juin 1967). Les rapports particuliers sont transmis par le premier président au Premier ministre, aux ministres concernés ainsi qu'aux dirigeants de l'entreprise contrôlée. La Cour y expose ses observations sur les comptes, l'activité, la gestion et les résultats de l'entreprise. Elle y exprime notamment son avis sur la qualité de la gestion de celle-ci ainsi que sur la régularité et la sincérité des comptes et propose, le cas échéant, les redressements qu'elle estime devoir leur être apportés (art. 12 modifié de la loi du 22 juin 1967). La Cour des comptes établit et communique dans les mêmes conditions un rapport particulier à chaque fois qu'elle décide de vérifier *les comptes et la gestion* de toute entreprise ou de tout organisme soumis à son contrôle. On a ainsi dénombré 45 rapports particuliers en 1991, et pour en faciliter la communication, le Conseil des ministres en date du 3 janvier 1991 a décidé d'autoriser la Cour à « publier des fascicules distincts du rapport public annuel sur des sujets importants auxquels elle veut donner un relief particulier », ce qui déborde du strict objet des rapports particuliers.

Enfin, trois autres types de communications intéressent directement les autorités compétentes :

---

1. Les communications du procureur général.
2. Les lettres d'un président de chambre.
3. Le référé du premier président aux ministres.

Le **référé** s'applique aux infractions les plus graves conformément à l'esprit du texte qui l'a institué, l'article 16 de la loi de 1807 : «*Si dans l'examen d'un compte, la Cour trouve des concussions, il en sera rendu compte au ministre des Finances et référé au grand juge, ministre de la Justice qui fera poursuivre les auteurs.*» Le plus souvent, le référé consiste actuellement à rendre compte au ministre intéressé du fonctionnement gravement irrégulier ou défectueux de ses services.

Les textes se sont efforcés de donner quelque efficacité à ces différentes communications au sein de l'administration elle-même. En ce qui concerne les référés, les ministres **sont tenus d'y répondre dans un délai de trois mois**. Dans chaque ministère, un fonctionnaire est désigné pour veiller à la suite donnée aux référés. Or, ces référés se limitent rarement au simple constat des irrégularités, ils abordent le plus souvent des questions d'opportunité et proposent des solutions. Et, bien qu'un certain nombre de référés demeurent sans réponse et qu'aucune sanction ne soit prévue, les suggestions de la Cour permettent, dans un premier temps, de vaincre l'inertie ou la routine des services par une prise de conscience des difficultés et des possibilités d'amélioration. Il arrive que l'administration reprenne purement et simplement les solutions préconisées par la Cour, qui joue alors un rôle très intéressant de conseil. Ce rôle lui permet de présenter des observations, des suggestions d'amélioration ou de réforme portant sur la gestion des services qui font l'objet de communications aux ministres ou aux autorités administratives compétentes (art. 12 al. 1 modifié de la loi du 22 juin 1967).

Pour ce qui est des autres communications, leurs destinataires doivent y répondre dans le délai prescrit par la Cour (généralement un mois au moins).

Par ailleurs, a été instituée en 1967, une **commission interministérielle**, chargée d'examiner les suites données au rapport public de la Cour. Cette «*commission des suites*» réunit le chef de l'inspection générale des Finances, le directeur général de l'administration et de la fonction publique[56]. Il est clair en effet que, si la Cour n'a pas elle-même compétence pour apporter les réformes qu'elle juge nécessaires quand elle stigmatise les abus ou les déficiences de l'administration, ses critiques et ses observations assorties de propositions constructives sont fondées sur une expérience et une compétence exceptionnelles qui leur donnent une très grande autorité. La commission en tire les enseignements utiles.

Enfin, l'article 51 du décret du 11 février 1985 prescrit que les infractions qui le justifient soient poursuivies devant les juridictions pénales et éventuellement devant la **Cour de discipline budgétaire**. En effet, si, à l'occasion de ses contrôles, la Cour des comptes découvre des faits de nature à motiver l'ouverture d'une action pénale, elle en informe le procureur général près la Cour des comptes qui saisit le garde des Sceaux, ministre de la Justice, et avise le ministre intéressé ainsi que le ministre des Finances.

---

56. *Cf.* ministère des Finances, *Notes Bleues*, n° 131, 11-17 juillet 1983.

Concernant les faits de nature à motiver l'intervention de la Cour de discipline budgétaire et financière, elle saisit le procureur général, ministère public près cette cour.

Toutes ces attributions et tous ces moyens de contrôle, servis par une procédure rigoureuse, soulignent l'intérêt majeur du rôle de la Cour des comptes. Avec l'étude de cette institution s'achève notre examen de l'administration centrale de l'administration d'État, dont nous avons situé les organes de décision et les organes de conseil et de contrôle.

Mais l'administration d'État n'est pas seulement centralisée. Elle se prolonge au plan local par les services déconcentrés que nous allons étudier dans un second titre.

L'organisation déconcentrée de l'administration d'État

Les organes administratifs centraux ne peuvent pas par eux-mêmes assurer l'accomplissement des tâches administratives en chaque point du territoire. Il faut des relais locaux à leur action, mais il faut aussi que ces relais soient homogènes et réalisent sans la compromettre l'unité nationale.

L'organisation déconcentrée de l'administration d'État consiste à confier la charge des intérêts nationaux aux représentants de l'État nommés par lui pour le représenter et agir en son nom dans le cadre des circonscriptions administratives générales ou techniques. Le système est *d'inspiration centraliste* dans la mesure où l'administration déconcentrée, tout comme l'administration centrale, se trouve placée sous l'autorité du Premier ministre et de chacun des ministres.

La réforme ouverte le 2 mars 1982, en opérant une large décentralisation, a renforcé paradoxalement son encadrement par l'État, puisque les préfets se voient confier, dans leurs circonscriptions respectives, la direction des services publics déconcentrés en même temps qu'un grand nombre d'interventions en matière de développement économique et social. Ce *rééquilibrage général* dans l'application des règles de la territorialité administrative a été conforté dix ans plus tard par la loi d'orientation du 6 février 1992 et par la charte de la déconcentration du 1er juillet 1992 par une redistribution des rôles au sein de l'administration d'État et par la *généralisation du principe de déconcentration*.

Selon l'expression significative du Premier ministre Michel Rocard[1] initiateur de cette généralisation, il s'agit «d'une mise en place effective des responsabilités déconcentrées, permettant aux échelons locaux de l'État d'être des partenaires efficaces des collectivités territoriales»[2]. L'engagement local de l'État apparaît bien comme «le corollaire essentiel de la décentralisation».

L'administration déconcentrée s'est ainsi vue reconnaître une compétence de principe particulièrement étendue pour toutes les missions qui ne sont pas confiées aux administrations centrales, avec une vocation privilégiée, affirmée par la loi, pour assurer les relations notamment contractuelles entre l'État et les collectivités territoriales décentralisées.

---

1. On peut trouver la source d'inspiration de M. Rocard dans les travaux de Michel CROZIER : «*État modeste, État moderne*».
2. *Cf.* Circulaire du 9 avril 1991, alinéa 4, *JO* du 13 avril 1991, p. 4910.

Si le partage entre circonscriptions d'administration générale et circonscriptions techniques et dérogatoires demeure, en soulignant l'hétérogénéité territoriale des secondes, nous avons déjà relevé que leur revue de détail n'a guère d'intérêt sauf à préciser l'articulation des différents ministères avec leurs services déconcentrés. Par contre, les circonscriptions d'administration générale doivent retenir plus spéciale-ment notre attention, puisqu'elles regroupent l'essentiel des services déconcentrés de l'État sous l'autorité des préfets.

C'est ce que nous allons voir en étudiant successivement l'échelon départemental de l'administration déconcentrée dans un premier chapitre et l'échelon régional dans un chapitre 2.

L'échelon départemental

On peut dire avec certains auteurs[1] que le département est toujours l'articulation essentielle, la cellule fondamentale de l'administration territoriale d'État. L'institution dominante en est celle du préfet, représentant de l'État dans le département. Nous lui consacrerons la section I. Dans une deuxième section, nous verrons ensuite à un niveau infra-départemental les rôles respectifs du sous-préfet dans l'arrondissement et du maire représentant de l'État dans la commune.

Section 1
Le préfet de département

La réforme de 1982 a substitué le commissaire de la République à l'ancien préfet de l'an VIII[2]. À cette occasion, on a parlé d'une véritable mutation. Cette affirmation mérite d'être nuancée.

Il est certain qu'avant 1982 le préfet n'était pas seulement le symbole de la déconcentration de l'État. Par l'effet d'un curieux dédoublement fonctionnel qui lui faisait porter **la double casquette de l'État et du département**, il était aussi l'organe exécutif du département. En effet, la loi du 10 août 1871 avait manifestement reculé devant le choix d'une décentralisation complète et avait adopté un compromis surprenant : une assemblée délibérante élue pour satisfaire les exigences de démocratie, mais un exécutif nommé par le pouvoir central : le préfet.

Sur ce point, **le législateur de 1982 a voulu banaliser la situation du département** en tant que collectivité territoriale et, pour cela, harmoniser son exécutif par rapport aux autres collectivités décentralisées. Désormais, l'exécutif du département est un exécutif élu. Le commissaire de la République perd donc cette qualité qui appartenait au préfet et le fameux dédoublement fonctionnel disparaît. Il n'est donc plus que le représentant de

---

1. *Cf.* G. VEDEL, P. DELVOLVÉ, *Droit administratif*, PUF, Coll. Thémis, 1984, p. 897.
2. La célébration du deuxième centenaire du corps préfectoral institué par la loi du 28 pluviôse an VIII sera organisée par un comité créé par décret du 27 avril 1995, *JO* du 29 avril 1995, p. 6663, modifié par décret du 28 novembre 1995, *JO* du 30 novembre 1995, p. 17501.

l'État dans le département, et le changement de titre a eu le mérite de son intention : bien marquer la différence de rôles de l'institution par la différence lexicale.

Le titre de commissaire de la République est emprunté à l'institution des délégués du gouvernement provisoire de la République française dans un groupe de départements créés à la Libération. L'abandon de ce titre et le rétablissement de celui de préfet six ans plus tard par décret du 29 février 1988[3] ne doit pas faire croire réciproquement à un retour aux anciennes fonctions qui étaient les siennes avant 1982. Le préfet de 1988 exerce des fonctions qui ne sont pas celles de l'ex-préfet, ne serait-ce que parce qu'il n'est plus l'exécutif du département, et qu'il n'a plus entre ses mains la tutelle, au sens ancien du terme.

On peut dire désormais que, dans chaque département, un préfet exerce les fonctions de commissaire de la République, définies par le décret du 10 mai 1982[4].

Mais indépendamment du changement éphémère de titres, ou du changement fondamental de fonctions, le nouveau préfet n'a rien perdu des pouvoirs de son prédécesseur d'avant 1982 en tant que représentant de l'État. Il en a reçu au contraire l'héritage renforcé.

§ I. L'HÉRITAGE RENFORCÉ DU PRÉFET

On peut apprécier cet héritage en notant tout d'abord que le statut du commissaire de la République est celui inchangé du préfet. Par ailleurs et surtout, le monopole de la représentation de l'État dans le département est accentué par un élargissement de compétences.

M. Gaston Defferre, ministre de l'Intérieur et de la Décentralisation en 1982, devait lui-même souligner à diverses reprises que la loi n'avait pas affaibli le rôle du commissaire de la République en tant que délégué de l'État et du gouvernement par rapport à l'ancien préfet. Ainsi nous allons préciser l'héritage du préfet en ce qui concerne son statut et ses compétences.

A. Le maintien du statut

Successeurs des intendants de l'Ancien Régime, les préfets constituent un corps de la fonction publique de l'État régi par le décret n° 64-805 du 29 juillet 1964 modifié.

a) *Le corps préfectoral*

Il faut noter tout d'abord que le changement d'appellation en 1982 n'a pas fait disparaître pour autant le corps préfectoral en tant que corps. Son statut a été maintenu

---

3. Décret n° 88-199 du 28 février 1988 relatif au titre de préfet et de sous-préfet, *JO* du 2 mars 1988, p. 2869.
4. Décret n° 82-389 du 10 mai 1982 modifié relatif aux pouvoirs des commissaires de la République et à l'action des services et organismes publics de l'État dans les départements, *JO* du 11 mai 1982.

et reconduit, et il s'est appliqué aux commissaires de la République, comme il s'applique aux préfets depuis 1988.

Ce statut largement dérogatoire au statut général des fonctionnaires, fait du préfet un haut fonctionnaire de l'État, nommé et donc éventuellement révoqué, par décret du président de la République pris en Conseil des ministres, aux termes de l'article 13 alinéa 3 de la Constitution dont l'alinéa 3 vise expressément les préfets.

> Pendant six ans, la rédaction de l'article a permis aux nostalgiques de l'ancienne appellation de soutenir que le terme de préfet avait valeur constitutionnelle, et que ni la loi ni *a fortiori* un décret ne pouvaient le modifier.
>
> Sur ce point, il est clair que l'article 13 vise la fonction de préfet, non le titre formel et que d'autre part, s'agissant de la fonction, l'article 34 alinéa 1 de la loi du 2 mars 1982 impose conformément à l'article 13 la nomination du représentant de l'État dans le département, par décret en Conseil des ministres.

La situation statutaire du préfet est surtout marquée par la soumission complète au gouvernement, bien qu'elle comporte un certain nombre de garanties de carrière récemment acquises.

b) *La soumission au gouvernement*

Selon les termes de l'article 25 de la loi n° 84-16 du 11 janvier 1984, les préfets constituent un corps dont les membres exercent un emploi « à la discrétion du gouvernement ».

En ce qui concerne la carrière préfectorale, le **recrutement discrétionnaire** du gouvernement est limité à **un cinquième** de l'effectif global. Dans ce cas, il s'agit de personnes choisies « *intuiti personae* », fonctionnaire ou non fonctionnaire, sans condition particulière et limitative. Lorsque ce type de recrutement se produit, la titularisation intervient seulement après trois ans d'exercice des fonctions.

Pour les quatre cinquièmes de l'effectif, c'est-à-dire pour le plus grand nombre d'entre eux, les préfets sont choisis parmi les sous-préfets de première classe et les administrateurs civils selon les conditions posées par un décret du 6 mars 1996[5]. Comme les sous-préfets sont eux-mêmes choisis parmi les administrateurs civils ou autres fonctionnaires issus de l'ENA, le corps des préfets est constitué, pour les fameux quatre cinquièmes, de fonctionnaires recrutés en principe par le concours de sortie de l'ENA. La nomination par décret du président de la République intervient sur proposition du Premier ministre et du ministre de l'Intérieur et laisse une totale liberté de choix au gouvernement. Par ailleurs, 6 % des effectifs du corps peuvent être affectés « à des emplois supérieurs comportant une mission de service public relevant du gouvernement ».

L'allégeance au gouvernement apparaît à travers l'obligation essentielle de **loyalisme** vis-à-vis du pouvoir central. Celui-ci d'ailleurs peut parfaitement prendre en compte les opinions ou les attitudes politiques, philosophiques ou religieuses du préfet, inscrites au dossier de celui-ci, pour l'écarter de ses fonctions. Il faut signaler que le régime disciplinaire est particulièrement sévère. Les mutations d'office, les mises en disponibilité « dans l'intérêt du service » sont considérées comme autant de mesures normales à la discrétion du gouvernement.

---

5. Décret n° 96-117 du 6 mars 1996, *JO* du 9 mars 1996, p. 3681.

Les mises en disponibilité[6] sont particulièrement redoutables puisque, faute de réintégration en position d'activité, elles peuvent se solder par une mise à la retraite d'office après cinq ans et qu'elles supposent une substantielle baisse de traitement, la perte des avantages en nature et du bénéfice du congé spécial institué en 1994.

En cas de sanction, le préfet a droit à la communication de son dossier comme tout fonctionnaire dans la même situation, mais par contre, il ne peut bénéficier des garanties offertes aux fonctionnaires ordinaires par l'intervention des commissions disciplinaires.

De plus, allégeance et loyalisme expliquent qu'il lui soit interdit de se syndiquer et à plus forte raison de se mettre en grève. Il peut seulement être membre d'une association (loi de 1901 qui assure la défense des intérêts professionnels du corps préfectoral).

Il est enfin soumis à une *obligation très stricte de résidence*, puisque toute absence en dehors du département nécessite l'autorisation du ministre de l'Intérieur. Par contre, et sous certaines conditions d'âge : cinquante-cinq ans au moins, et de durée des services : vingt ans au moins de services civils et militaires valables pour la retraite, il a droit à un *congé spécial* institué par le décret du 8 août 1994[7]. Ce congé qui ne peut dépasser cinq ans peut aussi prendre fin lorsque l'intéressé atteint la limite d'âge de son grade et débouche sur l'admission d'office à la retraite.

La soumission au gouvernement implique que le préfet soit le *subordonné hiérarchique* du Premier ministre et **de tous les ministres**, et à ce titre, il peut recevoir directement les instructions de chacun d'entre eux. Sur ce point, l'article 6 du décret du 25 mars 1852 prévoit que les préfets devront rendre compte de leurs actes aux ministres compétents, dans les formes et pour les objets déterminés par les instructions de ces ministres. Le même article alinéa 2 précise que ceux de ces actes qui seraient contraires aux lois et aux règlements, ou qui donneraient lieu aux réclamations des parties intéressées pourront être annulés ou réformés par les ministres compétents.

Quant à la carrière elle-même, elle comporte une classe unique normale en sept échelons de traitement et une hors classe. L'avancement se fait au choix. Mais les avantages matériels sont eux-mêmes importants. Outre le niveau élevé du traitement, le préfet a droit au logement de fonction ainsi qu'à une automobile, et ses frais de représentation sont couverts par l'État.

C'est dire l'éminence reconnue à la fonction dont on prendra mieux conscience en étudiant l'héritage de la représentation de l'État, caractéristique constante mais renforcée de l'institution.

B. La représentation de l'État

L'article 34 de la loi du 2 mars 1982 tout comme l'article 1 du décret du 10 mai 1982 désignent le commissaire de la République comme le représentant de l'État dans le département. Cette formule, apparemment claire, renvoie d'une part, à des

---

6. *Cf.* R. BONNAUD-DELEMARRE, « La mise en disponibilité des préfets », *Ann. int. de la fonction publique*, 1974-1975, p. 134.
7. Décret n° 94-676 du 8 août 1994 instituant un congé spécial pour les préfets, *JO* du 9 août 1994, p. 11595.

attributions précises, mais d'autre part, elle suggère sans les définir certaines compétences relativement larges. Ce double rayon d'action apparaîtra à partir des termes de l'article 1 du décret qui stipule :

> **1er alinéa :** «*Le représentant de l'État dans le département porte le titre de commissaire de la République*[8]. *Il est dépositaire de l'autorité de l'État dans le département. Délégué du gouvernement, il est le représentant direct du Premier ministre et de chacun des ministres.*» Ce premier alinéa en fait l'agent de la fonction gouvernementale.
>
> **2e alinéa :** «*Il dirige sous leur autorité, les services des administrations civiles de l'État dans les conditions définies par le présent décret.*» Ce deuxième alinéa lui reconnaît la qualité d'autorité administrative.
>
> **3e alinéa :** «*Il a la charge des intérêts nationaux, du respect des lois et de l'ordre public. Il veille à l'exécution des règlements et des décisions gouvernementales.*» Il y a là un renvoi à une mission de contrôle justifiée et prévue par la Constitution.
>
> **4e alinéa :** «*Il exerce les compétences précédemment dévolues au préfet du département.*»

a) *Les compétences larges*

Si on recherche tout d'abord quelles sont les compétences larges qui sont suggérées par le texte, on peut noter que le préfet reçoit à titre particulier une qualité générale, celle de «**dépositaire de l'autorité de l'État dans le département**».

Cette expression singulière évoque l'administration coloniale de l'Ancien Régime où chaque gouverneur avait des pouvoirs correspondants à ceux du roi en métropole. La portée actualisée de l'expression renvoie à un ensemble de compétences et de responsabilités qu'il nous faut examiner.

Tout d'abord, la **responsabilité de l'ordre public** dans le département. L'article 9 du décret du 14 mars 1986 désigne le préfet comme «l'autorité de police générale du département».

À ce titre, il détient un pouvoir de réglementation **en matière de police et de sécurité générale**. L'article 34 de la loi confirme ce registre de compétences qui appartenait aussi à l'ex-préfet, en précisant que «*le représentant de l'État dans le département a la charge des intérêts nationaux, du respect des lois, de l'ordre public*» et le § III du même article stipule expressément qu'il est «*seul compétent pour prendre les mesures relatives au bon ordre, à la sûreté, à la sécurité et à la salubrité publiques*», dont le champ d'application excède le territoire d'une commune. Il peut également prendre toutes les décisions individuelles utiles.

En matière de *police spéciale*, il faut tenir compte de l'article 25 de la loi du 2 mars 1982, qui attribue au président du conseil général, en tant que nouveau gestionnaire du domaine départemental, des pouvoirs de police spéciale afférents à cette gestion, notamment en ce qui concerne *la circulation sur le domaine*, sous réserve des compétences de chaque maire dans sa commune et des compétences du

---

8. Le changement de titre opéré en 1988 est sans portée sur les textes de 1982 à 1988, et ce qui y est affirmé du commissaire de la République vaut pour l'actuel préfet.

représentant de l'État dans le département. Dans ce partage, il appartient au préfet de réglementer la circulation sur les routes nationales situées hors agglomération.

Pour toute autre police spéciale, en particulier celle des réunions, de la chasse ou de la pêche, des débits de boissons, des transports ou des installations classées, les compétences de l'ex-préfet demeurent, de même que les **attributions exceptionnelles en matière de police judiciaire**. Aux termes de l'ancien article 10 du Code d'instruction criminelle, devenu l'article 30 du Code de procédure pénale, le préfet est compétent, en sa qualité d'officier de police judiciaire pour «*tous actes nécessaires à l'effet de constater les crimes et délits contre la sûreté intérieure ou la sûreté extérieure de l'État et d'en livrer les auteurs aux tribunaux...*». Il peut les faire personnellement ou requérir à cet effet des officiers de police judiciaire. Ce pouvoir exorbitant de l'ordre normal des compétences se justifie par la gravité de son objet : il s'agit des crimes et délits contre la sûreté de l'État. Ce qui permet de procéder aux arrestations, aux saisies et perquisitions utiles. De plus, ce pouvoir encadré par des conditions restrictives, est encore limité dans le temps, puisque le préfet doit aviser aussitôt le procureur de la République et lui transmettre les pièces dans les quarante-huit heures, en lui faisant conduire toutes les personnes appréhendées, le tout à peine de nullité de la procédure.

De même, l'actuel préfet hérite des compétences que l'ex-préfet exerçait dans le cadre de sa participation aux **procédures d'intérêt général** : déclarations d'utilité publique, expropriations, suspensions du permis de construire, élévation des conflits de compétence au profit de la juridiction administrative, organisation des élections, ou encore dans certaines circonstances, réquisition de la force armée.

De plus, en sa qualité de dépositaire de l'autorité de l'État, l'article 101 de la loi du 2 mars 1982 prévoit que le préfet du département peut **déclencher le plan ORSEC** ou toute autre mesure d'urgence. Ce qui signifie qu'en cas de calamité ou catastrophe, le préfet a autorité sur l'ensemble des moyens des régions, des départements et des communes qui concourent à la mise en œuvre des plans d'urgence.

L'unité de direction et de commandement des secours permet les liaisons et les coordinations des autorités compétentes avec l'assurance d'une efficacité optimale.

Quand plusieurs départements sont concernés, le Premier ministre peut charger un seul préfet de l'ensemble des opérations.

La qualité de dépositaire de l'autorité de l'État confère encore au préfet la représentation extérieure de l'État dans les cérémonies officielles locales, selon un protocole défini par le décret du 16 juin 1907 modifié, relatif à l'ordre de préséance dans les cérémonies publiques. Une circulaire du 12 juillet 1907 rappelle que le représentant de l'État doit «*en toute circonstance avoir la préséance dans les cérémonies publiques, sauf lorsqu'un membre du gouvernement est personnellement présent*».

L'actuel décret du 22 juin 1995[9] relatif aux cérémonies publiques, préséances, honneurs civils et militaires, précise qu'à l'occasion de leurs voyages, le président de la République et les membres du gouvernement sont reçus au lieu de leur arrivée dans les communes où ils s'arrêtent ou séjournent, par le préfet ou par le représentant de l'État dans la collectivité locale ou le territoire, le sous-préfet, le maire et ses adjoints (art. 21 modifié du décret n° 89-655 du 13 septembre 1989). Le même décret

---

9. Décret n° 95-11 du 22 juin 1995, *JO* du 23 juin 1995, p. 9471.

ajoute que lorsque le président de la République ou un membre du gouvernement a séjourné dans une commune, les autorités qui l'ont reçu à son arrivée se trouvent à son départ pour le saluer (*ibid., art. 23*).

b) *Les compétences plus précises*

La représentation de l'État comporte en outre un double aspect traditionnel et précis, en matière conventionnelle et en matière juridictionnelle. L'article 10 du décret du 10 mai 1982 prévoit que le préfet est seul compétent pour la **négociation et la signature au nom de l'État de toute convention** de quelque nature que ce soit avec le département, une ou plusieurs communes ainsi que leurs établissements publics.

C'est par exemple le préfet qui est désigné en sa qualité de représentant de l'État pour signer avec l'autorité décentralisée compétente, les conventions définissant les conditions de l'appui technique des services déconcentrés de l'État aux projets de développement des collectivités territoriales et de leurs établissements publics de coopération qui en font la demande (art. 7 de la loi d'orientation du 6 février 1992).

De la même façon, c'est au préfet qu'il appartient de **représenter l'État en justice**. Devant le juge judiciaire, il a le pouvoir dans certains cas de mettre la justice en mouvement, comme on l'a vu dans le cadre de ses compétences en matière de police judiciaire. Devant le juge administratif, il représente l'État en défense pour tout litige né de l'activité des services déconcentrés de la circonscription départementale. (Décret[10] et circulaire[11] en date du 23 septembre 1987.)

En outre, tous les pouvoirs de l'ex-préfet en matière de procédure lui ont été transmis.

C'est encore en tant que représentant de l'État que le préfet est l'autorité exclusivement compétente pour s'exprimer au nom de l'État devant le Conseil général (art. 34, § 1, al. 3 de la loi du 2 mars 1982), et qu'il préside de plein droit toutes les commissions administratives qui intéressent les services de l'État dans le département, à l'exception des organismes juridictionnels ou disciplinaires (art. 13 du décret du 10 mai 1982).

Enfin, c'est encore en tant que représentant de l'État que le préfet assure le **contrôle administratif** des collectivités territoriales que nous aurons l'occasion d'analyser en étudiant comment ce contrôle administratif contribue à assurer l'unité de l'État. Qu'il nous suffise de reproduire l'article 2 du décret du 10 mai 1982 qui dispose : «*Le commissaire de la République assure le contrôle administratif des communes, des (!) départements et de leurs établissements publics qui ont leur siège dans le département. Il assure également, sous réserve des dispositions de l'article 7 ci-dessous, le contrôle administratif des établissements et organismes publics de l'État dont l'activité ne dépasse pas les limites du département.*»

---

10. Décret n° 87-782 du 23 septembre 1987 modifiant certaines dispositions du Code des tribunaux administratifs, *JO* du 29 septembre 1987, p. 11327 et 11328.
11. Circulaire du Premier ministre du 23 septembre 1987 relative à la déconcentration du contentieux administratif, *JO* du 29 septembre 1987, p. 11329.

Faisons une remarque sur la rédaction défectueuse du début de l'article. Le préfet n'assure le contrôle administratif au niveau département que pour le seul département auprès duquel il représente l'État. Le pluriel de la formule est faux ou ambigu.

Par ailleurs, le préfet participe au contrôle financier des collectivités territoriales et de leurs établissements publics en saisissant la chambre régionale des comptes compétente en cas d'irrégularité budgétaire, et en réglant lui-même le budget en le rendant exécutoire si les mesures proposées par la chambre ne sont pas correctement exécutées. Dans tous les cas où le préfet s'écarterait des propositions formulées par la chambre régionale des comptes, il devrait assortir sa décision d'une « motivation explicite ».

Ainsi, la représentation de l'État attribuée à l'actuel préfet et héritée de l'ex-préfet recouvre toute une série de compétences, suggérées en partie par les termes de l'article 1er du décret et précisées dans d'autres articles complémentaires, lui permettant de mettre en œuvre au niveau local la politique décidée par le gouvernement ou par l'Union européenne dès lors qu'elle se traduit par des normes juridiques applicables à la France.

Mais, à côté de ces attributions qui restent classiques même si elles tendent à renforcer un monopole, apparaît un véritable élargissement de compétences anciennes ou nouvelles qui renforcent l'autorité du préfet dans le cadre de la déconcentration administrative de l'État.

§ II. L'ÉLARGISSEMENT DES COMPÉTENCES

On peut constater cet élargissement sur deux plans : celui de la direction des services publics de l'État dans le département, et celui des interventions économiques et sociales, qui constitue une des innovations majeures de la réforme de 1982.

A. La direction des services publics de l'État dans le département

C'est une compétence qui appartenait déjà l'ex-préfet, reconnu seul chef de l'administration générale du département. L'article 2 du décret n° 64-250 du 20 mars 1964 stipulait que « *sous l'autorité des ministres compétents, le préfet anime et coordonne les services départementaux des administrations civiles de l'État et assure la direction générale de l'activité des fonctionnaires de ces services* ». Cette compétence revient tout naturellement au préfet actuel après la réforme, mais dans des termes nouveaux.

a) *Le sens de la réforme*

Il ne s'agit plus d'une mission d'animation et de coordination, ce qui laissait la place à l'autorité propre des chefs de service qui ont pu, de ce fait, chercher à échapper à la coordination préfectorale. La rédaction beaucoup plus énergique de l'article 34, alinéa 2 de la loi du 2 mars 1982 dispose en effet que le représentant de l'État « dirige les services de l'État dans le département, sous réserve des exceptions limitativement énumérées par un décret en Conseil d'État ». Le législateur a marqué par là sa volonté très ferme de confirmer et de renforcer l'autorité du représentant de l'État sur les services publics de l'État dans le département. Désormais il n'y a pas d'ambiguïté possible. Le préfet est donc bien le chef des services déconcentrés qui lui sont directement confiés.

L'article 6 du décret n° 82-389 du 10 mai 1982 réaffirme ce pouvoir de **direction** et évacue toute incertitude sur les relations entre le préfet et les chefs des services déconcentrés en explicitant, en termes non moins énergiques que la loi, ce que recouvre cette mission : «*Le commissaire de la République **prend les décisions** dans les matières entrant dans le champ des compétences des administrations civiles de l'État exercées à l'échelon du département*» 2ᵉ **alinéa** : «*Il **dirige** sous l'autorité de chacun des ministres concernés les services extérieurs des administrations civiles de l'État dans le département. Il a **autorité directe** sur les chefs de services, les délégués ou correspondants de ces administrations, quelles que soient la nature et la durée des fonctions qu'ils exercent.*»

Il est donc très clair que la déconcentration à l'échelon départemental profite exclusivement au préfet et non aux chefs de service. Si l'on reprend les verbes employés par l'article 6, on voit que le successeur de l'ex-préfet a un pouvoir plus important que lui : il prend les décisions, il dirige, il a autorité directe sur les chefs des services, autrement dit : il commande. On peut expliquer cette **autorité renforcée** par le souci constant du législateur français de respecter **l'équilibre** entre la nécessaire unité de l'État et la décentralisation. Dès lors que la réforme de 1982 normalise une décentralisation complète, l'unité renforcée de la représentation de l'État assure le rééquilibrage et apparaît comme le principe complémentaire et nécessaire de la diversification locale. Les exécutifs élus du département ou de la commune ne doivent compter pour agir avec efficacité qu'avec un seul interlocuteur capable d'engager l'État et de parler en son nom. Au niveau du département, ce partenaire unique est le préfet et la circulaire du Premier ministre, en date du 12 juillet 1982, souligne la valeur et la portée de cette compétence par les formules significatives suivantes : «*… détenteur du pouvoir de **direction** des services extérieurs des administrations civiles de l'État, …* (le commissaire de la République) *a la charge, sous l'autorité du Premier ministre et de chacun des ministres, d'en conduire l'action dans un souci constant de cohérence, d'unité et d'efficacité.*»

b) *La portée de la réforme*

On peut prendre la mesure de cette compétence en précisant son étendue et ses modalités d'exercice. En ce qui concerne **l'étendue de cette compétence**, il faut considérer tout d'abord que le préfet n'a pas autorité sur tous les services publics de l'État organisés dans le département. L'article 34 alinéa 2 de la loi évoque les exceptions, et l'article 6 du décret, de même que le texte de la circulaire, ne visent expressément que les administrations civiles. En conséquence, il faut connaître la liste des services qui, pour diverses raisons, échappent à l'autorité directe du préfet, et qui est sensiblement la même que celle de 1964.

Il s'agit tout d'abord des *administrations militaires*. Toutefois les articles 2 à 13 du décret du 20 avril 1983 précisent que le préfet est tenu informé par l'autorité militaire de toutes les affaires importantes pour le département. De plus, l'article 11 prévoit une exception à l'exception, dans la mesure où le préfet est responsable «*de l'organisation de la défense, de la préparation et de l'exécution des mesures de défense qui n'ont pas de caractère militaire*».

Deuxième exception : les *organismes ou missions à caractère juridictionnel*, les organismes chargés d'une mission de contrôle des comptes et les organismes relevant du garde des

Sceaux, sous réserve (exception à l'exception) des attributions du préfet en matière d'investissement et de comptabilité publique.

Troisième type d'exceptions : les *missions individualisées* relevant de certains ministères : le contenu et l'organisation de l'action éducative ainsi que la gestion des personnels et établissements correspondants (ministère de l'Éducation nationale), l'inspection de la législation du travail (ministère du Travail), l'assiette et le recouvrement des impôts et recettes publiques, le paiement des dépenses publiques (ministère des Finances), les évaluations domaniales et la fixation des conditions financières des opérations de gestion et d'aliénation des biens de l'État (plusieurs ministères), les modalités d'établissement des statistiques (chaque ministère).

Enfin, échappent à l'autorité des préfets, les *services dont l'activité revêt un caractère national*, quel que soit leur lieu d'implantation, tels le laboratoire central des Ponts et Chaussées ou le centre d'études des tunnels.

Par rapport à la liste des exceptions de 1964, on constate toutefois un élargissement de la mission de direction des services publics de l'État, par le fait que les services déconcentrés des Postes, Télécommunications et Télédiffusion sont désormais soumis à la direction du préfet dans les conditions précisées par l'article 8 du décret n° 82-636 du 21 juillet 1982[12]. De plus, les services administratifs qui assurent des missions à caractère judiciaire telles que la direction de la concurrence et de la consommation ou les services forestiers entrent dans la compétence du préfet « *sous la seule réserve* (exception limitée) *des pouvoirs de décision qui se rattachent directement à l'exercice de leurs missions à caractère judiciaire* ».

L'autorité du préfet s'étend enfin sur les **services interdépartementaux** pour l'exercice de leurs missions qui s'inscrivent dans le cadre départemental : ce qui suppose un partage de compétence avec le préfet de région, compétent pour l'organisation du service, la gestion du personnel et du patrimoine immobilier en même temps que du matériel. On peut citer pour exemples de ces services interdépartementaux la direction interdépartementale de l'Industrie, la direction régionale des Affaires maritimes.

On assiste de plus en plus à un *regroupement en cités administratives* communes à plusieurs services déconcentrés de l'État. Le préfet du département gère ces cités, arrête la répartition des locaux, ainsi que le règlement de coaffectation conforme à un modèle approuvé par le ministre chargé du domaine. À l'égard de ces cités, le préfet a la qualité de *syndic* et arrête, après avis de chaque conseil de cité, l'état des charges de chacun des occupants (art. 15-4 du décret du 10 mai 1982 modifié).

Par ailleurs, le préfet joue un rôle essentiel dans les transferts des services de la préfecture ou dans la mise à disposition des services déconcentrés de l'État au profit des collectivités territoriales. Cet aspect particulier de l'exercice de l'autorité du préfet sur les services sera étudié dans le cadre des moyens offerts par la réforme à la décentralisation.

Au total, c'est moins au niveau de son étendue qu'à celui de ses **modalités d'exercice** que l'on peut apprécier l'élargissement de la mission de direction dévolue au préfet. On constate en effet un renforcement et un accroissement des moyens d'exercice de l'autorité sur les services déconcentrés de l'État.

Comme peuvent le remarquer justement MM. F. et Y. Luchaire[13] dès 1983, le préfet est devenu « *l'administrateur de droit commun des services de l'État dans le département.* » Il en résulte « *une possibilité juridique de faire tout (ou presque tout) ce que la loi permet aux administrations de l'État* ».

---

12. Décret n° 82-636 du 21 juillet 1982, *JO* du 23 juillet 1982.
13. *Cf.* F. et Y. LUCHAIRE, *Le droit de la décentralisation*, PUF, Coll. Thémis, 1983, p. 124.

L'article 14 du décret n° 82-389 du 10 mai 1982 précise en premier lieu que seul le préfet «*a qualité pour recevoir* **délégation des ministres** *ainsi que des pouvoirs de décision nouveaux dont viendraient à être investis des services (de l'État) qui exercent leurs activités à l'échelon du département*».

Aux termes de l'avis rendu par l'Assemblée générale du Conseil d'État du 7 juin 1990[14], lorsqu'un ministre délègue ses pouvoirs au préfet, il institue à l'intérieur de son administration une répartition de compétence nouvelle, permanente et exclusive de la répartition antérieure et modifie ainsi l'organisation du service public ; par suite, une telle délégation ne peut être autorisée que par l'autorité qui a qualité pour organiser le service public et fixer les attributions des ministres, et doit être prévue par un *décret en Conseil d'État*, conformément à l'article 1 du décret du 22 janvier 1959.

Les efforts entrepris par le Premier ministre Michel Rocard en faveur de la déconcentration des recrutements des fonctionnaires de l'État et de la déconcentration de la gestion des personnels de l'État (deux circulaires du 9 avril 1991)[15] dans le cadre du renouveau du service public, ont pris une nouvelle dimension avec les dispositions de la loi d'orientation du 6 février 1992 qui annonçait un rapport du gouvernement au Parlement avant le 31 décembre 1992 sur la répartition des attributions et les transferts intervenus entre administrations centrales et services déconcentrés de l'État (art. 8 de la loi d'orientation).

Transferts et délégations des ministres au préfet impliquent que celui-ci puisse consentir lui-même de **larges délégations** notamment aux chefs des services déconcentrés de l'État auquel il ne doit pas se substituer systématiquement pour leur laisser les initiatives et responsabilités nécessaires. Mais l'article 17 du décret du 10 mai 1982 ne prévoit que des délégations de signature, ce qui exclut les délégations de pouvoirs, et ce qui permet au préfet d'évoquer à tout instant une affaire entrant dans le champ de la délégation. Par ailleurs, la circulaire du 12 juillet 1982 demande au commissaire de la République de prendre «*personnellement les décisions qui lui paraîtront essentielles pour l'action de l'État dans le département*», et «*d'évoquer les ordonnancements importants*». Par contre, doivent être laissés par délégation aux chefs de service non seulement les actes de gestion courante, mais aussi les «*décisions relatives à l'organisation et au fonctionnement des administrations dont ils sont responsables, à charge pour eux de remplir leur devoir d'information*».

L'autorité du préfet s'affirme en effet par le **devoir d'information** qui incombe à tout responsable du secteur public. L'article 21 du décret stipule à cet égard que : «*Le commissaire de la République est tenu informé de toutes les affaires qui peuvent avoir une importance particulière dans le département.*»

Le devoir d'information couvre un champ plus large que celui de la direction des services extérieurs de l'État puisqu'il vise tous les chefs de service qui dépendent directement du préfet, mais aussi tous les responsables de services de l'État sans exception. C'est le cas des responsables des entreprises nationales qui bénéficient du concours de l'État ou encore de l'autorité militaire.

---

14. Avis rendu par l'Assemblée générale du Conseil d'État le 7 juin 1990, *JO* du 13 avril 1991, p. 4912 et 4913.
15. Circulaire du 9 avril 1991 relative à la déconcentration des recrutements des personnels de l'État, *JO* du 13 avril 1991, p. 4910, et circulaire du 9 avril 1991 relative à la déconcentration de la gestion des personnels de l'État, *JO* du 13 avril 1991, p. 4910 à 4912.

L'article 34 de la loi du 2 mars 1982 étend même ce devoir aux maires et au président du Conseil général du département, afin que le préfet puisse obtenir d'eux les informations nécessaires à l'exercice de ses attributions.

La seule réserve en la matière résulte des règles relatives au secret professionnel.

Le préfet est désormais le point de passage obligé de toute correspondance échangée entre l'administration centrale de l'État et ses services déconcentrés. En particulier, il est le **destinataire unique** de toutes les instructions, notes de service, circulaires des administrations centrales et régionales de l'État ainsi que des services soumis à son autorité (art. 18 du décret). Ce qui signifie que tout le courrier administratif qui va « de haut en bas » passe par lui. Il en est de même dans l'autre sens.

De plus, lorsqu'il s'agit de correspondances adressées par les services de l'État dans le département aux collectivités territoriales, elles sont acheminées « sous son couvert », sauf lorsqu'il s'agit de courrier purement technique ou de gestion courante. Cette centralisation du courrier est une obligation à laquelle n'échappent que les services qui ne dépendent pas directement du préfet.

En outre, avec la réforme, l'actuel préfet bénéficie, par rapport à l'ex-préfet, d'une extension remarquable de compétence dans le domaine financier. Il est désormais l'**unique ordonnateur secondaire** des administrations de l'État : article 15 alinéa 1 du décret. Or, il faut admettre que l'une des raisons pour lesquelles la réforme de 1964 n'avait pas permis à l'ex-préfet d'exercer pleinement son pouvoir de coordination tenait justement au fait qu'il n'était pas l'ordonnateur secondaire unique des services dont il devait coordonner l'activité[16]. La détention du pouvoir d'ordonnancement des dépenses est une des clés déterminantes de l'exercice d'un contrôle et d'une direction effective. Cette nouvelle compétence de l'actuel préfet s'étend à tous les services civils, même à ceux qui ne sont pas placés directement sous sa direction, par exemple ceux qui dépendent du ministère de la Justice. La circulaire du 12 juillet recommande seulement de tenir compte des spécificités des missions judiciaires et de laisser « aux chefs de cour d'appel » le choix de l'utilisation des crédits déconcentrés et de leur répartition entre les juridictions, ceci afin d'éviter le risque de pressions financières sur les magistrats.

En tant qu'ordonnateur secondaire unique, le préfet est responsable de la **gestion du patrimoine immobilier, du mobilier et des matériels de l'État dans le département** (art. 15 al. 3 du décret). À cet égard, pour assurer la cohérence des projets immobiliers de l'État dans le département et préciser leur localisation, le préfet élabore après consultation du collège des chefs de service, un *schéma départemental des implantations des services de l'État*. Ce schéma indique les orientations de la politique immobilière de l'État dans le département pour une période de dix ans (art. 15 nouveau du décret du 10 mai 1982). Il est relayé chaque année par un *programme départemental d'équipement et d'entretien* élaboré là encore par le préfet après avis du collège des chefs de service. Ce programme précise l'état d'avancement des opérations immobilières en cours et la nature des opérations nouvelles prévues pour l'année suivante ainsi que le plan de financement prévisionnel (*ibid.*, art. 15-2).

De la même façon, le préfet est au sens de l'article 44 du Code des marchés de l'État « *la personne responsable du marché* » au nom de l'État. C'est donc un pouvoir

---

16. *Cf.* J.-F. AUBY, « Le commissaire de la République », *AJDA*, 1982, p. 384 à 389.

très important et qui doit permettre au préfet d'apprécier le poids des dépenses de l'État dans la vie économique du département et de surveiller l'exécution du budget.

La directions des services publics déconcentrés confère par ailleurs au préfet, la qualité de *supérieur hiérarchique* de tous les chefs des services déconcentrés de l'État sur lesquels il a autorité directe (*ibid.,* art. 6). En conséquence, le préfet détient le **pouvoir de notation du personnel** en ce sens que c'est lui qui propose chaque année la note des chefs de services départementaux des administrations civiles. La note définitive est attribuée par l'autorité investie du pouvoir de nomination. Cette note définitive est notifiée au préfet (art. 16 du décret) qui joue ainsi un rôle important dans le déroulement des carrières du personnel concerné. Il est enfin consulté préalablement sur toute mutation ou nomination nouvelle des chefs de services.

Mais l'aspect le plus important et aussi le plus résolument novateur de l'élargissement des compétences du préfet apparaît avec son pouvoir d'intervention en matière économique et sociale que nous allons analyser maintenant.

B. Les interventions économiques et sociales

Le rôle spécifique du préfet en matière économique et sociale est défini au chapitre IV (art. 22 à 24) du décret du 10 mai 1982. C'est une des grandes innovations apportées par la réforme. Son principal objectif est de **développer l'action de l'État en matière d'emploi**, en donnant au préfet les moyens d'une action directe dans ce secteur particulièrement sensible. À cette fin, le représentant de l'État dans le département intervient dans quatre domaines distincts :

1. les demandes d'aides instruites par les services de l'État pour les investissements ;

2. les problèmes de développement ou de restructuration d'entreprise et d'une façon générale les décisions prises au nom de l'État, à l'égard des entreprises dont la situation est de nature à affecter l'équilibre du marché local de l'emploi ;

3. la représentation dans les entreprises qui bénéficient de concours de l'État ;

4. enfin la présidence des commissions départementales à compétence financière.

a) *Le rôle du préfet en matière d'investissements*

Si l'on reprend successivement les quatre domaines d'intervention du préfet, il faut préciser qu'en ce qui concerne celui des **investissements**, l'article 22 du décret n° 82-389 situe cette mission dans le cadre du Plan, en confiant au préfet de département et, sous réserve des pouvoirs du préfet de région, la mise en œuvre «*dans le département des mesures prises par l'État dans le cadre du plan national de développement économique et social, et en matière d'aménagement du territoire*».

Cette politique de l'État s'exprime essentiellement par le choix des investissements dont la structure est modifiée par la réforme. Avant la réforme, les investissements de l'État étaient répartis en quatre catégories ; selon leur objet, on distinguait :

– les investissements d'intérêt national (catégorie I) ;

– les investissements d'intérêt régional (catégorie II) ;

– les investissements d'intérêt départemental (catégorie III) ;

– les investissements d'intérêt communal (catégorie IV).

La quatrième catégorie est désormais supprimée au profit de la troisième. Ce qui signifie que les investissements d'intérêt communal sont reclassés dans la catégorie des investissements d'intérêt départemental, et confiés aux préfets de département, qui voient donc leur pouvoir économique sensiblement élargi par rapport à ceux de l'ex-préfet. Le Préfet **décide de l'emploi de ces investissements d'intérêt départemental** et de leurs utilisations pour des opérations déterminées, après répartition des autorisations de programme entre les départements par le préfet de région.

La circulaire du 12 juillet précise que le préfet du département décide « non seulement du choix des investissements de catégorie III, mais surtout de l'application à l'échelon local des priorités retenues par le gouvernement dans le plan ». Ce choix fait l'objet de multiples concertations avec les partenaires de l'État, collectivités territoriales, branches professionnelles, associations, syndicats, organismes consulaires, etc.

Cette compétence de décision est renforcée par la suppression des organismes de mission (art. 27 du décret n° 82-389) relevant directement du pouvoir central et créés de même que certaines commissions administratives en vertu de textes réglementaires antérieurs pour exercer des tâches à l'échelon départemental ou interdépartemental indépendamment de l'autorité préfectorale. Cette double suppression, outre qu'elle simplifie les structures de l'État dans le département, renforce l'autorité du préfet qui reçoit ainsi selon les termes employés par le Premier ministre « *l'assurance d'une parfaite information, voire d'un contrôle sur des investissements pour lesquels l'intervention* (des anciens préfets) *était jusqu'à présent limitée* ».

À côté de ce pouvoir de décision en matière d'investissement, le représentant de l'État dans le département est obligatoirement consulté sur toutes les **demandes de concours de l'État** ou d'exonérations fiscales, destinées à la réalisation de projets d'investissements.

Il est de même **tenu informé du choix des investissements à caractère national** par le préfet de région et connaît ainsi l'ensemble des investissements réalisés par l'État dans sa circonscription. Conjointement avec le président du Conseil général, il réunit deux fois par an une **conférence d'harmonisation des investissements** pour échanger des informations sur les projets de l'État, du département et de la région. Les maires du département désignent parmi eux des représentants pour participer aussi à ces réunions.

Ainsi les responsabilités du préfet en matière d'investissements le mettent en position d'agir ou d'influer directement ou indirectement sur une partie importante de l'économie de son département.

b) *L'aide aux entreprises*

En ce qui concerne l'aide aux entreprises, le préfet détient une compétence consultative dans deux types de situation.

Premier type de situation : il est en effet « *obligatoirement consulté sur toute demande d'aide instruite par les services de l'État, et destinée à faciliter toute opération d'investissement, de développement ou de restructuration d'une entreprise touchant un établissement situé dans le département* » (art. 23 du décret n° 82-389 du 10 mai 1982). Cette disposition importante concerne toutes les formes d'aides que l'État est susceptible d'apporter à une entreprise : depuis les subventions et les prêts jusqu'aux avantages fiscaux, par exemple l'exonération de la taxe professionnelle sous certaines conditions.

Le second type de situation dans lequel intervient le préfet en ce qui concerne l'aide aux entreprises, regroupe « *les décisions administratives prises au nom de l'État à l'égard des entreprises du département dont la situation est de nature à affecter l'équilibre du marché local de l'emploi* ». Il s'agit en fait ici de l'**aide aux entreprises en difficulté** (art. 24 du décret). Dans ce cas, le préfet est consulté sur toutes ces décisions administratives et notamment sur les « *demandes d'octrois de délais et de remises en matière fiscale formulées par ces entreprises* ». Mais ici, la circulaire (du 12 juillet 1982) précise, d'une part, que c'est au directeur des services fiscaux ou au trésorier-payeur général « *de déterminer si la situation de l'entreprise et son importance au regard du marché local de l'emploi justifient la consultation du représentant de l'État* ». D'autre part, la décision appartient en tout été de cause au chef de service administrativement compétent « *en raison de la responsabilité particulière des comptables publics* ».

En période de crise et de chômage, cette nouvelle compétence du représentant de l'État peut devenir déterminante et faire de lui l'instrument privilégié de la politique économique et sociale du gouvernement.

c) *La représentation dans les entreprises qui bénéficient du concours de l'État*

Le troisième domaine des interventions économiques et sociales du préfet est plus neutre et moins discuté, puisqu'il s'agit de la représentation dans les organismes et entreprises qui bénéficient du concours de l'État. Cette représentation s'impose de façon obligatoire quel que soit le fonctionnaire désigné antérieurement à la réforme et n'est conditionnée que par deux éléments :

– tout d'abord, qu'un règlement prévoit la représentation de l'État dans cet organisme : ce qui est clair ;

– ensuite, que l'action de ces entreprises ou organismes ne dépasse pas les limites du département : ce qui est plus difficile à apprécier objectivement.

Cette représentation s'applique notamment aux sociétés d'économie mixte, sociétés privées dont les capitaux sont majoritairement publics, ou aux organismes de HLM.

L'article 12 du décret n° 82-389 prévoit que le préfet représente personnellement l'État ou par l'intermédiaire d'un délégué. En cas d'empêchement, le préfet délègue un membre préfectoral ou un chef de service. Il doit d'ailleurs dans tous les cas être tenu personnellement au courant de la marche des organismes ou entreprises bénéficiant de concours d'État. Cette information entre dans le cadre du *devoir d'information* qui s'impose à tous les responsables des services de l'État et vise toutes les affaires d'une importance particulière pour le département. C'est grâce à elle que le représentant de l'État est mieux à même de donner son avis sur les aides consenties par l'État.

d) *La présidence des commissions départementales à compétence financière*

C'est le dernier volet des interventions économiques et sociales du préfet.

L'article 13 du décret n° 82-389 confie au représentant de l'État la présidence de droit de toutes les commissions administratives intéressant les services de l'État dans le département soumis à sa direction. De ce fait, le préfet préside les comités départementaux chargés d'examiner les problèmes de financement des entreprises, en particulier le comité départemental d'aide aux entreprises en difficulté (CODEFI). Ce comité, dont la présidence était assurée avant la réforme par le trésorier-payeur général, joue un rôle majeur dans une économie de crise puisqu'il est chargé d'accorder des aides spécifiques aux entreprises en difficulté. Désormais le trésorier-payeur général assiste le représentant de l'État et peut éventuellement le suppléer de même que le directeur de la Banque de France. Dans tous les cas, ils doivent, sur les opérations traitées, donner leur avis au préfet qui intervient de même et de façon générale dans toutes les commissions financières qui étudient les possibilités d'aide aux entreprises.

À l'échelon départemental, on peut donc constater que l'organisation déconcentrée de l'administration d'État se caractérise par une concentration de pouvoirs au profit du préfet qui dispose de compétences renforcées et élargies par rapport à l'ex-préfet. Mais comme lui, il n'agit pas seul. Il est entouré de collaborateurs directs. Par ailleurs et à un niveau infra-départemental, la déconcentration joue aussi au niveau de l'arrondissement et au niveau de la commune, par l'intermédiaire du sous-préfet et du maire. C'est ce que nous allons préciser maintenant en étudiant les agents de la déconcentration départementale.

Section 2
Les agents de la déconcentration départementale

Dans le 1ᵉʳ § nous distinguerons les collaborateurs directs du préfet avant de voir dans un § 2 ceux qui agissent sous son autorité à un niveau infra-départemental.

§ 1. LES COLLABORATEURS DIRECTS DU PRÉFET

La réforme n'a modifié la situation antérieure qu'en ce qui concerne le transfert de certains services de la préfecture au département, en tant que collectivité territoriale. Comme nous étudierons ces transferts plus en détail en examinant les moyens de la décentralisation, nous nous bornerons ici à rappeler l'essentiel concernant le cabinet et les bureaux.

A. Le cabinet

Le décret du 10 mai 1982 énumère, dans ses articles 4 et 5, les fonctionnaires qui assistent directement le préfet dans l'exercice de ses fonctions. Il s'agit des membres du corps préfectoral qui peuvent par délégation être associés à la direction des services de l'État. Parmi eux, un groupe d'hommes de confiance choisis « *intuiti personae* » forme le cabinet qui existait déjà auprès de l'ancien préfet, et qui a pour mission de s'occuper des affaires ayant une incidence politique ou présentant un caractère spécial ou confidentiel. C'est d'ailleurs au cabinet que se rattache précisément le bureau du courrier, dont on a vu l'importance, et qui permet d'assurer l'information permanente du préfet.

Le cabinet est dirigé par un chef de cabinet recruté généralement parmi les sous-préfets. Il est parfois dirigé par un directeur de cabinet qui a alors obligatoirement au moins rang équivalent à celui de sous-préfet. Le directeur de cabinet peut recevoir délégation de signature, notamment pour les actes individuels entrant dans les domaines des attributions du cabinet, à l'exclusion des réquisitions. Il peut aussi, s'il est membre du corps préfectoral, suppléer le préfet.

À côté du cabinet qui évoque celui du ministre au niveau de l'administration centrale, on trouve les traditionnels bureaux de la préfecture.

B. Les bureaux

Ils sont dirigés par le secrétaire général de la préfecture.

a) *Le secrétaire général de la préfecture*

Celui-ci est issu lui-même du corps préfectoral et normalement appelé à suppléer le préfet dont il est le collaborateur immédiat le plus proche et qui peut toujours lui déléguer de nouveaux pouvoirs. Le secrétaire général de la préfecture est *«associé»* directement à l'action du préfet et *«notamment à la direction des services déconcentrés de l'État»*. Il peut, à ce sujet, recevoir délégation de signature *«principalement dans les domaines supposant la coordination de l'activité de plusieurs chefs de service»*. C'est ce que précise la circulaire du Premier ministre en date du 12 juillet 1982.

Il faut ajouter que les chefs de service sont non seulement les collaborateurs du préfet qui les dirige. La circulaire leur reconnaît aussi une responsabilité personnelle *«dans la poursuite des politiques décidées par l'État»*. Cela explique que le problème de leur coordination se pose, de même que celui de la délimitation des tâches entre les services de la préfecture et les services déconcentrés de l'État. C'est le secrétaire général de la préfecture qui assure l'harmonisation des tâches et des rôles.

La généralisation de la déconcentration entreprise depuis 1992 implique nécessairement une importance accrue du rôle des chefs des services déconcentrés de l'État dans le département. Progressivement la mise en œuvre de la déconcentration en matière de recrutement et de gestion des personnels de l'État, posée en principe en 1991, tend à intéresser tous les ministères et la plupart des corps et catégories de fonctionnaires. Les chefs des services déconcentrés reçoivent alors délégation des pouvoirs du ministre concerné pour l'organisation des concours de recrutement au niveau local. Par exemple, le décret du 27 avril 1995 opère une telle délégation au bénéfice des directeurs régionaux de l'agriculture et de la forêt et des directeurs de l'agriculture et de la forêt dans les départements d'outre-mer, s'agissant de certains personnels des établissements d'enseignement relevant du ministre chargé de l'Agriculture[17].

17. Décret n° 95-514 du 27 avril 1995, *JO* du 4 mai 1995, p. 7007.

Ce renouvellement du rôle des chefs des services déconcentrés qui accentue leur vocation d'auxiliaires du préfet justifie l'institution dans chaque département d'un *collège des chefs de service* (art. 20-1 nouveau du décret du 10 mai 1982 dans la rédaction de la charte de la déconcentration). Ce nouveau collège, à vocation consultative, comprend sous la présidence du préfet :

---

1. Les membres du corps préfectoral en fonction dans le département.
2. Les chefs ou responsables des services de l'État dans le département.

Mais le décret du 1er juillet 1992 prévoit que le préfet peut proposer aux chefs de juridiction d'assister aux travaux du collège des chefs de service pour les affaires relevant de leur compétence, et qu'il peut inviter en outre toute personne qualifiée à être entendue. Ce collège peut être réuni soit en formation plénière, soit en formation restreinte que le préfet détermine en fonction de l'ordre du jour.

Son rôle privilégié est défini à l'article 20 alinéa 2 nouveau du décret du 10 mai 1982. Il «examine les conditions de mise en œuvre des politiques de l'État dans le département et notamment les conditions d'organisation et de fonctionnement des services de l'État en vue de l'harmonisation de la gestion des moyens ou de la mise en œuvre d'actions communes».

Dans le cadre de ces *actions communes*, le collège est consulté par le préfet sur les moyens qui leur sont affectés. Il est également consulté sur le schéma départemental des implantations des services de l'État dans le département de même que sur le programme départemental annuel d'équipement et d'entretien.

Ce nouveau collège apparaît donc comme une instance de concertation et de coordination des principaux agents actifs de la déconcentration.

b) *L'organisation hiérarchisée*

Le personnel des bureaux est fortement hiérarchisé : attachés de préfecture, secrétaires d'administration. Il se répartit dans les différents services qui autorisent là encore un parallèle avec l'organisation de l'administration centrale. Les bureaux assurent le même **rôle de préparation et d'exécution** des décisions envers les préfets que les bureaux de l'administration centrale envers les ministres. Ils comprennent notamment la direction de l'administration générale et de la réglementation, la direction de la comptabilité administrative de l'État. De la même façon, sont conservées les sections traditionnelles de la documentation et des études, du développement économique et des investissements et de la réglementation économique.

Notons seulement que le préfet peut encore disposer dans certains cas d'un, ou exceptionnellement de plusieurs *chargés de missions* nommés par décret. Ceux-ci peuvent recevoir les mêmes délégations que le secrétaire général de la préfecture. Cependant, pour éviter toute confusion, l'article 17 du décret du 10 mai 1982 précise que ces délégations doivent être strictement répertoriées.

Enfin, dans les départements à forte densité de population, *un préfet adjoint pour la sécurité* est nommé pour assister le préfet de département (décret du 10 mai 1982, art. 17 al. 1). Les sept départements concernés sont : les Bouches-du-Rhône, la Corse-du-Sud, la Haute-Corse, la Haute-Garonne, la Gironde, le Nord et le Rhône (art. 1 du décret du 2 octobre 1989[18]). En ce qui concerne Paris, depuis l'arrêté consulaire du 12 messidor an VIII, la compétence en matière de maintien de l'ordre public est exercée par le *préfet de Police de Paris*, distinct du préfet de Paris. Sauf en cas de *voie de fait* où le juge judiciaire est compétent (TC du 8 avril 1935, Action française[19]), les diverses attributions préfectorales en matière de police s'exercent sous le contrôle du juge administratif (pour un exemple : CE, sect. 4 mai 1984, Préfet de police c/J. Guez[20]).

Mais à côté des collaborateurs directs du préfet qui opèrent au niveau de la préfecture, il faut distinguer le rôle des agents de la déconcentration qui interviennent à un niveau infra-départemental.

§ II. LE NIVEAU INFRA-DÉPARTEMENTAL

Ici deux niveaux : celui de l'*arrondissement*, désigné comme circonscription territoriale ordinaire de l'administration d'État par l'article 4 de la loi d'orientation du 6 février 1992, au même titre que la circonscription régionale et départementale, mais avec cette différence notable avec la région et le département que son ressort ne coïncide pas avec une collectivité décentralisée. L'institution placée à sa tête est le *sous-préfet* dont le rôle a été élargi sous les effets conjugués des réformes de la décentralisation et de la déconcentration.

Celui de la *commune*, circonscription administrative dérogatoire de l'État, en même temps que collectivité locale décentralisée, où le maire continue en conséquence à avoir la «double casquette» et à agir tantôt au nom de la commune, tantôt au nom de l'État. C'est ce rôle spécifique du maire, agent de l'État, que nous étudierons ici dans le cadre de la déconcentration infra-départementale, après avoir examiné le rôle du sous-préfet.

A. Le sous-préfet

Héritier du statut et des pouvoirs de l'ex-sous-préfet, le sous-préfet actuel est placé à la tête de l'arrondissement, qui constitue une simple circonscription de l'administration d'État, sans personnalité morale.

a) *Le cadre de l'arrondissement*

Rappelons que l'arrondissement a pour origine le **district** créé par l'Assemblée constituante de 1790 et qu'il a été organisé en l'an VIII avec deux organes essentiels : le sous-préfet, pour assurer l'exécution des ordres du préfet, et un conseil

18. Décret n° 89-743 du 2 octobre 1989 fixant la liste des départements dans lesquels un préfet adjoint pour la sécurité est nommé auprès du préfet, *JO* du 3 octobre 1989.
19. TC du 8 avril 1935, Action française, *Rec.* p. 1227, concl. Josse, *D*, 1935, 3, p. 25.
20. CE sect. du 4 mai 1984, «Préfet de police c/J. Guez», *Rec.* p. 164, *AJDA*, 1984, p. 393, concl. Dutheillet de Lamothe.

d'arrondissement successivement nommé puis élu, aux compétences très réduites, en particulier celle de répartir les contributions entre les communes. Suspendus en 1940, ces conseils n'ont pas été rétablis à la Libération, et l'arrondissement ne possède plus aucune représentation élue.

Traditionnellement, les 317 arrondissements, qui subdivisent actuellement les départements servent de cadre de déconcentration à certains services comme l'enseignement primaire ou le service des hypothèques. Le sous-préfet tient une « agence » de l'État à proximité des populations, en ce qui concerne les listes électorales ou encore le recrutement de l'armée. Mais les arrondissements n'ayant pas de compétences générales n'ont pas joué jusqu'en 1992 de rôle majeur sur le plan administratif, sauf dans certaines périodes en matière électorale.

Pourtant, les jugements portés sur eux sont souvent très opposés. Un certain nombre d'auteurs comme M. Gravier ou M. Avril[21] leur accordent un regain d'intérêt, en se fondant sur des raisons principalement historiques quand ils soulignent qu'ils correspondent à des « pays », c'est-à-dire à des unités géographiques ou économiques. D'autres auteurs parlent de leur « vitalité », parce qu'ils « *expriment en général des solidarités économiques et sociales* »[22].

Leur intérêt principal réside surtout dans le fait qu'ils constituent un *cadre de déconcentration*, relais entre le département et la commune. C'est cette situation privilégiée de relais de proximité, qui explique que l'article 5 de la Charte de la déconcentration désigne désormais l'arrondissement comme « le cadre territorial de l'animation, du développement local et de l'action administrative locale de l'État ». L'institution dominante en est le sous-préfet.

b) *Le sous-préfet*

S'il faut noter le changement éphémère de titre entre 1982 et 1988[23] pour celui de commissaire-adjoint de la République, le *statut* du sous-préfet actuel est toujours régi par le décret n° 64-260 du 14 mars 1964 plusieurs fois modifié, en particulier par le décret n° 95-737 du 10 mai 1995[24] apportant les dernières modifications au texte.

1. Le statut

Les sous-préfets sont normalement recrutés dans les corps issus du concours de sortie de l'ENA et particulièrement les administrateurs civils. Ce recrutement étant insuffisant, des concours parallèles permettent à des fonctionnaires civils ou militaires d'être nommés sous-préfets s'ils remplissent toutefois certaines conditions d'âge et d'ancienneté dans la fonction publique. Actuellement, pour six administrateurs civils détachés comme sous-préfets au cours des douze mois suivant leur sortie de l'ENA, cinq nominations peuvent être prononcées à raison de :

---

21. *Cf.* P. AVRIL, *L'arrondissement devant la réforme administrative*, 1970.
22. G. VEDEL, P. DELVOLVÉ, *op. cit.*, p. 908.
23. Le même décret du 28 février 1988 relatif au titre de préfet et de sous-préfet abroge les modifications lexicales intervenues en 1982.
24. Décret n° 95-737 du 10 mai 1995, *JO* du 16 mai 1995, p. 8216.

a) deux nominations au moins au bénéfice des directeurs et attachés principaux du cadre national des préfectures, âgés de trente-cinq ans au moins et de cinquante ans au plus;

b) une nomination au plus au bénéfice de fonctionnaires de l'État autres que ceux du cadre national des préfectures, justifiant dix ans de services effectifs en tant que titulaires d'un corps de catégorie A et âgés de trente-cinq ans au moins et de cinquante ans au plus;

c) deux nominations au plus au bénéfice de candidats remplissant les conditions générales d'accès à la fonction publique, âgés de trente-cinq au moins et de quarante-cinq ans au plus et titulaires d'un des diplômes requis pour le premier concours d'entrée à l'ENA. Pour ces candidats, l'avis d'une commission spéciale chargée de vérifier leur aptitude est requis.

Les personnels ainsi nommés effectuent un *stage d'un an* renouvelable pour une durée égale, au terme duquel ils sont soit titularisés, soit licenciés, soit réintégrés dans leur corps ou cadre d'emplois d'origine. Pour les candidats visés en c), le stage s'effectue dans les fonctions de directeur de cabinet de préfet (art. 8 al. 1 nouveau du décret du 14 mars 1964).

Nommés par décret simple du président de la République, ils ont vocation à accéder au grade de préfet par promotion au choix et sont soumis à des obligations strictes, dérogatoires du droit commun de la fonction publique et semblables à celles qui s'imposent aux préfets.

Enfin, il faut ajouter qu'une partie du corps ne se trouve pas en poste territorial dans les arrondissements. Les sous-préfets peuvent être appelés à exercer les fonctions de secrétaire général dans les préfectures, ou encore de chargés de mission auprès du préfet, voire de chef ou de directeur de cabinet. Leur statut prévoit et facilite cette mobilité.

2. Le rôle

Quant au rôle du sous-préfet, il est à la fois d'assistance au préfet et d'assistance aux communes de son arrondissement.

Le sous-préfet *assiste en effet le préfet* dont il est le délégué pour les affaires relevant de son arrondissement. À ce titre, il assume tout d'abord une importante mission d'information à l'égard du département en présentant régulièrement au préfet la situation de son arrondissement.

De plus, et sous l'autorité du préfet, il veille au respect des lois et des règlements et concourt au maintien de la sécurité et de l'ordre public et à la protection de la population.

Dans le cadre de la nouvelle définition du cadre territorial de l'arrondissement, le sous-préfet anime et coordonne l'action des services de l'État pour la mise en œuvre des politiques nationales et communautaires, notamment en matière d'aménagement du territoire et de développement local.

Le texte de 1982 précise qu'il est appelé à « *susciter, au nom du commissaire de la République de département, toute action de coordination ayant pour objet une matière intéressant son arrondissement et concernant les attributions de plusieurs chefs de services* », dont il peut directement demander le concours. Cependant, malgré ce rôle de coordonateur, il ne doit pas faire écran entre le préfet et les chefs de services.

Le sous-préfet apparaît bien comme un collaborateur direct du préfet du département, et c'est à ce titre que le décret du 10 mai 1982 le désigne expressément. En conséquence, il peut recevoir **délégation de signature** de la part du préfet, selon le régime du décret du 24 juin 1950, modifié en dernier lieu par le décret du 27 avril 1995 relatif aux pouvoirs des sous-préfets[25]. De plus, le titre III de la loi du 4 février 1995 consacré à l'action territoriale de l'État lui reconnaît une large *délégation de pouvoir*. L'article 25 III dispose en effet : «*Le délégué dans l'arrondissement du représentant de l'État dans le département exerce, par délégation, tout ou partie des attributions dévolues à ce dernier*». Cette délégation peut être étendue à l'ensemble du département à l'effet de prendre toute décision nécessitée par une situation d'urgence.

Il faut donc souligner cette *fonction essentielle de collaborateur du préfet*. Et l'article 4 du décret du 10 mai 1982 stipule que les commissaires adjoints de la République «*remplissent dans les arrondissements les attributions qui leur sont conférées par les lois et règlements, et y assurent sous l'autorité du commissaire de la République la coordination des services extérieurs de l'État*». Il n'y a d'ailleurs pas de sous-préfet dans l'arrondissement où se trouve le chef-lieu du département, siège de la préfecture, mais le préfet peut déléguer sa signature en vue d'assurer tout ou partie de l'administration de l'arrondissement chef-lieu au secrétaire général de la préfecture ou à un autre membre du corps préfectoral en fonction dans le département.

Le rôle d'assistance au préfet permet à celui-ci de confier au sous-préfet des *missions particulières*, temporaires ou permanentes, le cas échéant hors des limites de l'arrondissement et, avec l'accord des autres préfets concernés, hors des limites du département (art. 4 al. 1 nouveau du décret du 10 mai 1982).

Enfin, le sous-préfet participe au contrôle administratif et au Conseil intéressant les collectivités locales. C'est ici qu'il peut exercer son rôle d'*assistance aux communes* de son arrondissement. Il joue à leur égard le rôle de *conseiller administratif et juridique* principalement pour la préparation des budgets. Ce rôle traditionnel du sous-préfet a été accentué semble-t-il par la réforme de 1982. Les maires des petites communes rurales ne possèdent pas toujours les informations et les compétences nécessaires pour faire face à une gestion complexe, et ils n'ont plus la possibilité de se mettre à l'abri du contrôle de tutelle pour les questions difficiles. Il en résulte, dans la pratique, un rapprochement très net entre les municipalités des petites communes et le sous-préfet qui joue le rôle d'expert compétent. Cette mission semble promise à un développement certain, malgré les obstacles matériels des sous-préfectures, qui ne disposent que d'un personnel administratif réduit à quelques personnes. La circulaire du 12 juillet 1982 va dans ce sens, en prescrivant au sous-préfet un rôle fondamental de rapprochement entre l'administration et les citoyens.

Nous allons voir que si le sous-préfet est bien un collaborateur privilégié du préfet, en tant qu'agent de la déconcentration au niveau de l'arrondissement, le maire joue un rôle comparable au niveau de la commune.

---

25. Décret n° 95-486 du 27 avril 1995, *JO* du 30 avril 1995, p. 6761.

B. Le rôle du maire

C'est parce que la commune est à la fois circonscription administrative de l'administration d'État et collectivité locale, que le maire est en même temps *représentant de l'État dans la commune* et *représentant élu de la commune*. La réforme de 1982 n'a pas modifié cette dualité fonctionnelle du maire, unique actuellement dans nos institutions.

a) *La représentation de l'État*

En tant que représentant de l'État, le rôle du maire s'exerce dans le domaine administratif et dans le domaine judiciaire.

Dans le *domaine administratif*, le maire est chargé, sous l'autorité du préfet, d'assurer une triple mission (art. 122 al. 23 du Code des communes) :

1. De la *publication* et de l'*exécution des lois et règlements de la République*, parfois même de leur republication, s'agissant des lois et règlements de police en rappelant les citoyens à leur observation (art. 122 al. 27 du Code des communes). C'est ici que la commune, circonscription administrative de base, joue un rôle essentiel dans la connaissance et l'application unitaire de notre droit sur l'ensemble du territoire.

2. De l'exécution des mesures de *sûreté générale* par l'application des règlements et mesures de police pris par les autorités étatiques.

3. Des *fonctions spéciales* qui lui sont attribuées par les lois. Toute une série de *services de l'État* fonctionnent dans la commune sous la direction du maire, en tant que représentant de l'État, en vertu des compétences particulières attribuées par les lois. C'est le cas du recrutement des appelés du contingent, en vue du service national (*cf.* C. Serv. nat., art. R. 34), de l'établissement des listes électorales (art. L. 17 du Code électoral) et de la délivrance des cartes (*ibid.,* art. R. 24 et 25), de certains actes en matière d'urbanisme tels que la délivrance de permis de construire pour le compte de l'État (art. L. 421-2-1 du Code de l'urbanisme), de l'interruption de travaux de construction (art. L. 480-2 du Code de l'urbanisme) ou de la mise en demeure de supprimer un panneau publicitaire (art. 24 de la loi du 29 décembre 1979).

Le maire est encore chargé des opérations de recensement démographique dans sa commune, du contrôle de la fréquentation et de l'assiduité scolaire en ce qui concerne l'enseignement obligatoire, et enfin des statistiques communales que l'on retrouve dans toute institution administrative.

Il faut ajouter à cette série d'attributions celles qui lui incombent en matière de *police spéciale*, qu'il s'agisse de la légalisation des signatures (art. L. 122-26), de la délivrance de certificats de bonne vie et mœurs (décret du 16 mai 1952) ou de la délivrance de certificats d'hébergement d'étrangers (décret du 30 août 1991).

Dans le *domaine judiciaire*, le maire et les adjoints ont la qualité d'*officier de police judiciaire* (art. 122-24 du Code des communes), et ce, conformément à l'article 16 du Code de procédure pénale. De plus, à défaut de commissaire de police, ils jouent le rôle de ministère public auprès du tribunal de police conformément à l'article 46 du même code.

Il faut noter que les attributions judiciaires du maire ne sont et ne peuvent être exercées que pour le compte de l'État, dans la mesure où les collectivités décentralisées ne peuvent recevoir une fraction de la fonction judiciaire, pas plus qu'une fraction de la fonction législative dans le cadre d'un État unitaire. Lorsque de telles fonctions existent au profit d'unités territoriales, et qu'elles sont reconnues par la Constitution, l'État cesse d'être un État unitaire pour être un État fédéral ; ce n'est pas le cas de la France : les pouvoirs étatiques restent entre les mains des autorités centrales ou de leurs représentants, agents déconcentrés de l'administration d'État. C'est ce qui explique que, lorsque le maire se voit reconnaître des attributions dans le domaine judiciaire, c'est en sa qualité d'agent de l'État.

Enfin, et c'est dans ce rôle que le maire est le plus connu, le maire et les adjoints sont *officiers d'état civil* (art. L. 122-25 du Code des communes). Le maire est responsable de l'organisation et du fonctionnement de ce service qui permet la délivrance des actes de naissance, de mariage ou de décès de même que des fiches individuelles ou familiales d'état civil, la réception des déclarations, la rédaction, la transcription et la mention en marge des actes d'état civil, comme aussi la célébration des mariages et parfois même des baptêmes civils.

En ce qui concerne le régime juridique des actes pris par le maire en tant que représentant de l'État, l'article 21 de la loi du 2 mars 1982 précise que le maire agit *« sous l'autorité du représentant de l'État dans le département »*.

b) *L'autorité hiérarchique du préfet*

Le maire est donc soumis au pouvoir et au contrôle hiérarchique du préfet de département et non au contrôle administratif prévu pour les actes pris au nom de la commune. L'article 2 de la loi confirme que le préfet conserve *« son pouvoir hiérarchique »* sur les arrêtés du maire, lorsque celui-ci *« agit comme agent de l'État dans la commune »*.

L'étendue du **pouvoir hiérarchique** exercé par le préfet est fixée par l'article L. 122-23 du Code des communes. Ses conséquences sont de trois ordres :

1. Tout d'abord, lorsque le maire agit au nom de l'État, il doit adresser sa *correspondance* à l'administration centrale ou aux services de l'État dans la région, sous le couvert du préfet : seules échappent à cette centralisation du courrier que nous avons déjà rencontrée, les correspondances de la commune en tant que collectivité locale.

2. Le gouvernement et ses représentants disposent d'un **pouvoir d'instruction** qui leur permet de prescrire aux maires la façon dont ils doivent exercer leur fonction au nom de l'État. C'est le préfet de département qui exerce normalement cette compétence en vertu de son pouvoir hiérarchique.

3. À ce titre, le préfet exerce un contrôle sur les actes du maire auquel il peut adresser des *injonctions* de faire ou de ne pas faire. Il peut aussi *réformer* ses décisions ou les *annuler* si elles sont illégales ou inopportunes et dispose du pouvoir de *substitution*.

En effet, si le maire refuse ou néglige d'accomplir un des actes obligatoires qui lui sont prescrits par la loi en tant que représentant de l'État, le préfet peut le mettre en demeure d'exécuter. Si la mise en demeure adressée au maire n'est pas suivie d'effet, le préfet peut se **substituer** au maire et agir d'office par lui-même ou par délégation spéciale. Ce pouvoir de substitution qui existait avant la loi de 1982 demeure donc, et il peut jouer dans deux types de cas.

Dans le premier cas lorsqu'il s'agit de **mesures de police** prises par l'autorité étatique ou son représentant dans le département, et quand ces mesures obligatoires de sécurité générale visent, soit toutes les communes du département, soit deux ou plusieurs communes, soit une seule commune. Mais bien entendu, la substitution du préfet ne peut intervenir que si, et seulement si, la mise en demeure du maire est restée sans résultat.

Il en est de même lorsqu'il s'agit des autres cas où le préfet exerce son pouvoir hiérarchique sur le maire, en tant qu'agent de l'État, ce qui représente toutes les **autres attributions du maire, sauf celle d'officier de police judiciaire**, et celle d'officier d'état civil qui s'exercent sous le contrôle de l'autorité judiciaire et notamment du Parquet.

Au niveau infra-départemental, le maire apparaît donc comme le collaborateur du préfet de département au niveau de la commune, comme le sous-préfet est son collaborateur au niveau de l'arrondissement. La différence essentielle est que le sous-préfet est un agent nommé et n'assume qu'un rôle exclusif de représentant de l'État dans sa circonscription, alors que le maire élu de sa commune depuis 1881 représente l'État, en même temps qu'il représente sa commune. La qualité de représentant de l'État ne revient d'ailleurs qu'au maire et pour certaines fonctions, à ses adjoints, elle ne concerne pas en principe le conseil municipal, qui n'est organe que de la commune en tant que collectivité territoriale décentralisée.

Les *délégations de pouvoir et de signature* intéressant les actes du maire en tant que représentant de l'État ne peuvent d'ailleurs être consenties à des conseillers municipaux autres que les adjoints. En ce qui concerne par exemple les *actes d'état civil*, le maire peut déléguer, sous sa surveillance et sa responsabilité, les fonctions qu'il exerce en tant qu'officier d'état-civil, mais seulement à un ou plusieurs agents communaux titulaires dans un emploi permanent. Cette délégation ne concerne pas les célébrations de mariages ou baptêmes civils qui peuvent être confiées à un adjoint.

Par ailleurs, en l'absence ou en cas d'empêchement de ses adjoints, le maire peut donner *délégation de signature* à :

– à un ou plusieurs agents titulaires dans un emploi permanent pour la délivrance des expéditions du registre des délibérations et des arrêtés municipaux, la certification matérielle et conforme des pièces et documents et la légalisation des signatures.

– aux secrétaires généraux de mairie et à un ou plusieurs agents d'un grade au moins égal à celui de chef de bureau pour la certification de la conformité et de l'exactitude des pièces justificatives produites à l'appui des mandats de paiement.

Il nous faut voir maintenant que la charge des intérêts nationaux n'est pas confiée seulement aux représentants de l'État à l'échelon départemental avec l'organisation que nous venons d'étudier. On la retrouve au niveau régional que nous étudierons dans un deuxième chapitre.

L'échelon régional

La réforme de 1982 décentralise la région tout en renforçant l'encadrement étatique par rapport à ce qu'il était précédemment. La région cesse d'être un établissement public, comme elle l'était sous le régime antérieur de la loi du 5 juillet 1972, pour devenir une collectivité locale à part entière. Mais, comme par le passé, elle reste une circonscription de l'administration d'État, c'est-à-dire un cadre local de la déconcentration.

L'institution dominante est celle du préfet de région, que nous examinerons avant de préciser quels sont ses collaborateurs et leur rôle.

Section 1
Le préfet de région

Là encore et comme au niveau du département, il faut remarquer que l'actuel préfet de région est l'héritier de l'ex-préfet de région. Ce sera l'objet d'un premier paragraphe. Mais l'institution bénéficie d'une déconcentration renforcée qui l'a renouvelée comme on le verra dans le § II.

§ I. L'HÉRITAGE DU PRÉFET DE RÉGION

Cet héritage se vérifie au niveau du maintien du statut, mais aussi dans la double nature du rôle dévolu à l'institution.

A. Le maintien du statut

Tout comme son prédécesseur, l'actuel préfet de région est un haut fonctionnaire nommé par décret en Conseil des ministres, et soumis au pouvoir hiérarchique du gouvernement. Il représente chacun des ministres dans sa circonscription. Les textes qui intéressent le statut et les pouvoirs du préfet de région sont déjà nombreux, et certains marquent d'eux-mêmes la continuité et l'héritage du statut et de la représentation de l'État dans la région.

a) *Le changement de titre et de rôle*

L'article 79 de la loi du 2 mars 1982 précise, dans un premier alinéa, que les dispositions précisées au sujet du commissaire de la République de région s'inscrivent dans le cadre des deux lois précédentes, la loi du 5 juillet 1972 et celle du 6 mai 1976. Ces lois renvoient elles-mêmes au décret n° 64-251 du 14 mars 1964, qui décide à l'article 1er que : «*Le préfet coordonateur au chef-lieu de chaque circonscription d'action régionale... prend le titre de préfet de région. Le préfet de la région est le préfet du département où se trouve le chef-lieu de la circonscription.*» Cette disposition avait été prise en 1964, parce qu'elle présentait l'avantage de faire l'économie de la création de services administratifs propres à la région, en facilitant l'utilisation des services départementaux existants dans l'attente que la région prenne plus largement son essor.

La continuité apparaît dans l'article 1er du nouveau décret n° 82-390 du 10 mai 1982[1] qui dispose : «*Le représentant de l'État dans la région porte le titre de commissaire de la République de région. Il est le commissaire de la République du département où se trouve le chef-lieu de la région.*» Le principe reste donc inchangé et le commissaire de la République, qui siège au chef-lieu de la région, se trouve, par un phénomène particulier de dédoublement fonctionnel, à la fois commissaire de la République de département et commissaire de la République de région. Par contre, l'émancipation de la région a conduit à distinguer désormais les services de la nouvelle collectivité locale des services départementaux et l'avantage économique et provisoire de 1964 disparaît.

Le changement de titre opéré par ce texte traduit seulement le fait que le représentant de l'État dans la région n'est plus l'exécutif du Conseil régional et perd donc la dualité fonctionnelle particulière qui était la sienne dans le cadre de la décentralisation régionale de 1972. Le retour au titre de préfet de région rétabli par le décret du 29 février 1988 ne change rien fondamentalement à cette clarification des rôles qui confie au préfet la seule représentation de l'État et au président du Conseil régional, élu du conseil, la représentation de la région.

Mais en matière de statut, c'est la continuité qui domine.

b) *La continuité*

Le statut préfectoral étant le même que pour son homologue du département, il faut seulement souligner ici que les nouveaux textes reconduisent et transposent les dispositions antérieures, notamment celles qui prévoient, en cas de vacances momentanées, d'absence ou d'empêchement, que le préfet de la région est suppléé de droit par le préfet de rang le plus élevé en fonction dans la région.

Il est clair que le statut du préfet de région fait de celui-ci un organe déconcentré de l'État, tout comme le faisait le statut de son prédécesseur. L'héritage ne s'arrête pas là. Il se retrouve au niveau de la double nature des attributions de cet organe d'État.

---

1. Décret n° 82-390 du 10 mai 1982, *JO* du 11 mai 1982.

B. La double nature des attributions

Là encore existe une continuité dans les textes. Le décret de 1964 donne au préfet de région un pouvoir général d'impulsion et de coordination dans les domaines de l'aménagement du territoire et de l'action économique. Ce pouvoir se traduit par toute une série d'attributions de nature économique, et de nature administrative, développées par la loi de 1972 qu'il convient de préciser pour mieux mesurer la novation de l'institution introduite en 1982.

a) *Les attributions de nature économique*

Outre un pouvoir de décision en matière d'attributions de certaines primes de développement industriel, le préfet de région a surtout une mission d'animation et de contrôle à l'égard des préfets des départements de la région, des chefs de services, des présidents ou directeurs d'établissements publics ou de sociétés d'économie mixte, dont l'action s'étend sur plusieurs départements.

La région est surtout un cadre pour l'élaboration et l'exécution de la **planification régionale** et le préfet est chargé dans le cadre des directives qui lui sont données par le gouvernement, de la préparation et de l'exécution de la tranche régionale du plan de développement économique et social. Il adresse un rapport annuel au Premier ministre pour servir à la préparation des documents annuels du Commissariat au Plan. À ce niveau économique, les pouvoirs du préfet de région varient selon la nature des investissements :

– Pour les investissements publics à *caractère national*, le préfet de région est seulement **tenu informé de l'élaboration du projet** et il peut, après avis de la conférence administrative régionale, présenter ses observations. Les décisions lui échappent et lui sont notifiées.

– Pour les investissements publics à *caractère départemental*, le préfet de région, après avis de la conférence administrative, **propose lui-même aux ministres intéressés la ventilation** entre les départements de sa circonscription, des autorisations de programme et des crédits de paiement. À ce niveau, il participe directement à la décision.

Ces attributions de nature économique sont maintenues entre les mains de l'actuel préfet de région, qui voit surtout son rôle se développer et s'amplifier dans le domaine de la planification et des investissements intéressant la région, avec davantage de possibilités de décisions.

b) *Les attributions administratives*

Le préfet de région possède aussi des attributions administratives : il est chargé du contrôle et de la coordination des services civils de l'État et des établissements publics n'ayant pas un caractère national, mais dont l'action s'étend sur plusieurs départements.

Deux remarques en conséquence :

1. Il ne s'agit pas d'animation et de direction, mais seulement de **contrôle et de coordination** ; ce qui lui confère un droit d'être informé, ainsi qu'un pouvoir de notation, qui ne s'étend pas toutefois aux fonctionnaires nommés par décrets en Conseil des ministres. Ce qui exclut les préfets de département d'un contrôle hiérarchique de la part du préfet de région, qui n'est pas leur supérieur.

2. Certains services sont exclus de ce contrôle :

– l'action éducatrice et les mesures intéressant la scolarité, ainsi que le personnel et les établissements d'enseignement ;

– l'assiette et le recouvrement des impôts, le paiement des dépenses publiques, les évaluations domaniales et la fixation des conditions financières des opérations de gestion ou d'aliénation des biens de l'État ;

– l'inspection de la législation du travail ;

– les modalités d'établissement des statistiques.

De plus, le préfet peut être investi par décret d'attributions administratives plus particulières en matière de **défense, police et protection civile**. Aux termes de l'article 20 du décret du 14 mars 1964, ces attributions sont celles qui étaient précédemment dévolues aux IGAME. L'article 20 du décret prévoit en effet que le préfet de région où se trouve le chef-lieu de chaque région militaire ou zone de défense exerce les pouvoirs qui étaient ceux des IGAME, pour assurer la préparation, la conduite et la coordination des actions concernant la défense. En matière de police, il s'agit de l'administration de la sûreté nationale et du service des transmissions du ministère de l'Intérieur, ainsi que de la gestion des matériels de la sûreté nationale.

Là encore, existe une remarquable continuité. L'actuel préfet de région hérite des attributions administratives de son prédécesseur. L'article 79 alinéa 5 de la loi du 2 mars 1982 précise en effet que le représentant de l'État dans la région assume les compétences précédemment dévolues au préfet de région, ce qui recouvre les compétences de nature administrative au même titre que les compétences de nature économique. Pas plus que son prédécesseur, il n'est le supérieur hiérarchique des préfets des départements de sa région comme eux-mêmes sont précisément les chefs des sous-préfets. Il est seulement « *primus inter pares* » sans possibilité d'annuler les décisions prises par les préfets des départements, sans compétence pour les noter, et sans pouvoir d'évocation caractéristique du pouvoir hiérarchique.

Ce qu'il faut encore retenir de la **dualité de nature des attributions** héritées du préfet de région, c'est qu'elle souligne la nature même de l'échelon régional qui ne recouvre pas pour l'emboîter l'échelon départemental. La région n'a pas la généralité administrative du département et ne se définit que par certaines activités administratives spécifiques, dont la responsabilité incombe essentiellement au préfet de région.

Cependant, depuis 1982, les textes soulignent de façon expresse, à côte de l'héritage, « la novation majeure » entre l'ex-préfet de région et son successeur. C'est elle que nous allons nous attacher maintenant à mettre en évidence dans le § 2 tout en notant qu'elle a pris une nouvelle ampleur depuis 1992.

§ II. LA NOVATION DE L'INSTITUTION

Dans la mesure où la région devient une collectivité territoriale décentralisée, le préfet de région perd la double casquette de l'État, en tant qu'agent déconcentré, et de la région, en tant qu'exécutif du conseil régional. Désormais, il est seulement le représentant de l'État à l'échelon régional dans sa circonscription et du même coup, il devient l'interlocuteur unique des élus de la région. À ce titre, la déconcentration s'est renforcée en sa faveur au niveau de la direction des services de l'État et au niveau de son rôle économique.

A. La direction des services de l'État dans la région

L'article 79 alinéa 2 de la loi du 2 mars 1982 affirme que le représentant de l'État dans la région « *représente chacun des ministres et dirige les services régionaux de l'État, sous réserve des exceptions limitativement énumérées par un décret en Conseil d'État* ».

a) *Parallélisme des pouvoirs des préfets*

La liste de ces exceptions est la même que celle que nous avons précisée au niveau du département, avec cette nuance que si ces services exclus échappent totalement aux préfets de département, ils relèvent tout de même pour leurs investissements du préfet de région.

L'intention affirmée du gouvernement à l'égard du représentant de l'État dans la région n'a jamais été de diminuer ses compétences, mais au contraire, selon les termes de la déclaration du Premier ministre en date du 22 avril 1982, de lui conférer « *un pouvoir de direction effectif sur les services extérieurs de l'État, et non plus une simple tâche de coordination et d'animation* ». C'est une intention de même nature et de même portée qui avait conduit à renforcer la déconcentration départementale au profit du préfet de département. Le **parallélisme des situations juridiques** s'impose d'autant plus volontiers que la circulaire du Premier ministre, en date du 12 juillet 1982, souligne qu'à l'échelon régional, le commissaire de la République de région exerce « *les mêmes pouvoirs que ceux exercés au niveau départemental par le commissaire de la République de département* ».

Si les pouvoirs sont les mêmes, cela signifie une égalité de valeur, mais dans la mesure où leur domaine d'application est différent, encore faut-il procéder à une délimitation. La même circulaire prend soin de préciser que : « *Les prérogatives des commissaires de la République de région s'exercent sous réserve des commissaires de la République de département.* »

b) *Champ d'application des compétences*

On peut remarquer que les deux préfets ont en commun la charge des intérêts nationaux, mais que la formule « dépositaire de l'autorité de l'État » n'est employée que pour le préfet de département et n'est pas reprise pour le préfet de région. Celui-ci n'a pas d'autorité directe sur les services, dont la direction est confiée aux préfets de département. L'article 3 alinéa 1 du décret n° 82-390 du 10 mai 1982 stipule expressément que le commissaire de la République de région assure la direction de « *l'ensemble des services extérieurs de l'État dont les compétences s'exercent à l'échelon de la région ou dans plusieurs départements* ». Le même service peut avoir des **activités purement départementales** et relever à ce titre du préfet de département, et des **activités interdépartementales** et relever pour ces activités du préfet de région. En ce qui concerne les **services interrégionaux** de l'État, la compétence du préfet de région est matériellement établie à l'égard des activités de ces services, qui s'exercent dans la région.

Une série de décrets, tous en date du 21 juillet 1982, est venue restructurer ces services et établir le support logistique en même temps que les pouvoirs juridiques et financiers, dont dispose le préfet de région. C'est le cas pour la navigation[2], les affaires maritimes[3], les PTT, l'administration pénitentiaire[4], les services fiscaux et douaniers[5]. Un décret n° 82-642 du 24 juillet 1982, relatif aux centres d'études techniques de l'équipement et aux centres interrégionaux de formation professionnelle précise à son tour le rôle d'interlocuteur unique du préfet de région[6]. Il en est de même aux termes du décret n° 83-216 du 17 mars 1983[7] concernant les services régionaux de l'INSEE.

La compétence de direction du préfet de région s'exerce encore à l'égard des organismes interrégionaux qui, sans constituer des services déconcentrés de l'État possèdent pour le compte des administrations centrales des attributions de même nature, et forment des délégations ou des missions implantées dans la région. En réalité si l'on compare la direction des services de l'État dans le département et dans la région, on constate que c'est toujours le département qui forme le cadre essentiel et général de l'administration territoriale d'État. **La région n'est pas un super-département** et le préfet de région n'est pas à cet égard, répétons-le, le supérieur hiérarchique des préfets des départements de sa région, pas plus qu'il ne l'était, comme on l'a vu, avant 1982.

Son autorité n'est pas superposable et s'étend à l'égard des services de l'État dans la région sans empiéter sur l'autorité des préfets de département. Il n'y a pas de pouvoirs concurrents, mais une délimitation complémentaire de compétences générales et de compétences d'exception.

Une nouvelle compétence d'*animation et de coordination* des politiques de l'État est attribuée au préfet de région par l'article 5 alinéa 2 de la loi d'orientation du 6 février 1992. Cette compétence s'exerce dans quatre domaines précisés par la loi : la culture, l'environnement, la ville et l'espace rural ; elle ne peut que se développer en liaison avec les attributions du préfet en matière économique et sociale. En effet, c'est surtout en matière économique et sociale que le préfet de région joue un rôle majeur.

B. Les compétences économiques et sociales

Le rôle du préfet de région en matière économique correspond à la volonté politique de *déconcentrer* au niveau de la région l'action de planification nationale et d'aménagement du territoire.

a) *La déconcentration de la planification*

Dans ce domaine, le préfet de région concentre entre ses mains l'éventail des fonctions spécifiques de toute gestion administrative. Il informe, il propose et il suit l'exécution.

---

2. Décret n° 82-627 du 21 juillet 1982, *JO* du 23 juillet 1982.
3. Décret n° 82-635 du 21 juillet 1982, *JO* du 23 juillet 1982.
4. Décret n° 82-630 du 21 juillet 1982, *JO* du 23 juillet 1982.
5. Décret n° 82-632 du 21 juillet 1982, *JO* du 23 juillet 1982.
6. Décret n° 82-642 du 24 juillet 1982, *JO* du 25 juillet 1982.
7. Décret n° 83-216 du 17 mars 1983, *JO* du 23 mars 1983.

Tout d'abord il **informe** : en ce sens qu'il rassemble les données économiques et sociales propres à sa circonscription, et reçoit les avis des organes de la région en tant que collectivité décentralisée. En premier lieu, les avis du Conseil régional, en vertu de sa compétence plénière à l'égard des affaires de la région ; ensuite, ceux du conseil économique et social régional, la compétence consultative de ce conseil étant obligatoire en ce qui concerne la préparation du Plan national et du projet de la partie régionale du Plan.

Cette mission préliminaire d'information sert à l'élaboration du Plan, à laquelle le préfet de région participe directement et doublement au niveau du Plan national et au niveau de sa tranche régionale.

Au vu de ces informations, le préfet **propose** *en effet les mesures utiles à l'élaboration du Plan*. Les propositions et observations du préfet tiennent compte cette fois de l'avis de la conférence administrative régionale, qui joue auprès de lui le rôle de principal organe collectif de conseil. Les propositions sont adressées à l'administration centrale, c'est-à-dire au ministre chargé du Plan et de l'aménagement du territoire, en même temps qu'aux autres ministres concernés.

Lorsque le Plan national est adopté, le préfet en suit **l'exécution** à l'échelon régional, en concertation permanente avec les autorités représentant les différents agents économiques. Il est chargé principalement à ce niveau de la mise en œuvre de la politique gouvernementale, et applique à cet égard les règles et les procédures prévues par la loi du 29 juillet 1982 portant réforme de la planification. L'article 5 de la loi lui donne un monopole de compétence pour préparer, c'est-à-dire négocier et conclure au nom de l'État les conventions passées entre l'État et la région collectivité locale.

Plus généralement, le préfet de région assure la **coordination régionale de la planification** dans tous les sens où elle s'impose.

En premier lieu, **entre le Plan national et le plan régional** : sous la forme des **conventions** conclues entre l'État et la région. Cette coordination revient également au président du conseil régional. L'article 76 de la loi du 2 mars 1982 stipule précisément que : «*La coordination entre l'action des services régionaux et celle des services de l'État dans la région est assurée conjointement par le président du Conseil régional et le représentant de l'État dans la région.*» Le rôle nouveau d'exécutif de la région, collectivité décentralisée, assumé par le président du Conseil régional, explique son rôle de coordinateur conjoint reconnu par l'article 76. Si le préfet de région représente l'État dans la région, le président du Conseil régional représente la région et devient en son nom l'interlocuteur du préfet, lorsqu'il s'agit d'assurer la coordination du plan régional et du Plan national. Le but de la coordination est d'assurer la cohérence entre les deux en évitant les écarts du plan régional. Si de tels écarts apparaissent malgré tout, c'est au préfet de région qu'il appartient de déclencher le contrôle des actes de la région.

Ensuite, **entre les départements de la région**. En effet, la coordination suppose en outre une certaine vigilance à l'échelon régional lui-même, pour que les différentes actions économiques conduites dans les départements de la région soient également conformes au plan national. À ce titre, le préfet de région exerce vis-à-vis des préfets des départements de sa région «*un pouvoir d'animation et de coordination*», sans qu'il s'agisse pour autant d'un pouvoir hiérarchique.

Au-delà de la planification, strictement entendue, l'article 5 alinéa 1 de la loi d'orientation du 6 février 1992 attribue une compétence large au préfet de région, s'agissant de la mise en œuvre des politiques nationale et communautaire ayant pour objet le développement économique et social et l'aménagement du territoire. Dans ces domaines, et contrairement à ce qui a été précisé à l'égard de la direction des services de l'État, la loi introduit une relation nouvelle de *supériorité hiérarchique* du préfet de région vis-à-vis des préfets des départements compris dans sa circonscription régionale. En effet, le préfet de région est chargé de *fixer les orientations* nécessaires à la mise en œuvre de ces politiques après avis de la conférence administrative régionale.

Il doit ensuite notifier ces orientations aux préfets de départements de sa circonscription et ceux-ci ne peuvent prendre de décisions que *conformes à ces orientations*. Enfin, et surtout la loi d'orientation et la charte de la déconcentration précisent que les préfets de département *rendent compte* des décisions en cause au préfet de région (art. 4 nouveau du décret n° 82-390 du 10 mai 1982).

Mais le préfet de région dispose plus précisément de compétences générales en matière d'investissements publics. Ces compétences sont à la fois très étendues et décisives.

b) *Le rôle en matière d'investissements*

D'une part, il faut donner aux investissements publics un sens particulièrement large et leur inclure les investissements réalisés par des personnes publiques ou privées, bénéficiant d'une subvention de l'État dès lors que ces investissements présentent un caractère d'intérêt général, ce qui recouvre les investissements opérés par tous les services de l'État dans la région sans exception, ainsi qu'un nombre important de services publics assumés par des personnes privées.

D'autre part, les pouvoirs d'intervention de l'actuel préfet de région à l'égard de ces investissements sont plus grands que ceux précédemment reconnus à l'ex-préfet de région par le décret n° 70-1047 du 13 novembre 1970, et aujourd'hui abrogé par le décret n° 82-390 du 10 mai 1982 dont les articles 24 à 31 fixent l'étendue. Ces pouvoirs concernent aussi bien les investissements à caractère national que ceux qui présentent un caractère régional ou départemental.

En matière d'investissements d'*intérêt national*, son rôle est limité à l'**information**, s'il s'agit des programmes d'équipement et d'investissement arrêtés dans la région par le ministre de la Défense. Il peut alors présenter ses observations. Mais il peut recevoir délégation de compétence du ministre intéressé et même subdéléguer cette attribution aux préfets de département (art. 24 et 25 du décret du 10 mai 1982).

Il est plus important pour *tous les autres investissements*, soit qu'il s'agisse d'une **consultation obligatoire** quand il revient aux ministres intéressés d'arrêter eux-mêmes les décisions de programme. Dans ce cas, il consulte lui-même la conférence administrative régionale et reçoit notification de la décision finale en même temps que le préfet du département concerné.

Dans tous les cas où la décision ne relève pas directement et expressément des affectations ministérielles, elle revient au préfet de région. C'est lui qui, par délégation, **décide** de l'utilisation et de la répartition des autorisations de programme régional. Mais il peut, à son tour, **subdéléguer** ses pouvoirs aux préfets de départements s'il s'agit d'autorisations de programmes départementales.

En matière d'*investissements d'intérêt régional ou départemental*, le préfet de région doit établir lui-même un programme prévisionnel après avis de la conférence administrative régionale. Les autorisations de programme correspondantes sont déléguées par les ministres au préfet de région, sous forme de dotation globale. Deux situations peuvent se présenter :

1. Si la délégation ministérielle prévoit que la dotation doit être **affectée** à telle opération précise dans tel département, le préfet de région, après avis de la conférence administrative régionale, **décide de l'utilisation conforme** de ces autorisations de programme et les **subdélègue** aux préfets de département, pour les opérations désignées sous forme de dotations spécialement individualisées ou affectées, par exemple, l'implantation ou le développement d'un réseau informatique dans un

département. La part de la dotation globale de la région affectée à cette opération sera en définitive entre les mains du préfet du département où se réalise l'opération, à charge pour lui de l'utiliser conformément à son objet.

2. Si, par contre, la délégation ministérielle accompagnant la dotation globale **ne prévoit pas d'affectation spéciale**, c'est au préfet de région de **procéder lui-même à la répartition** de la dotation globale entre les départements de sa région, après avis, là encore, de la conférence administrative régionale. La répartition donne lieu à des **autorisations de programme** pour chaque département de la région, et le préfet de chacun de ces départements reçoit la subdélégation sous forme de dotations globales pour chaque chapitre ou chaque article du budget prévisionnel, à charge pour lui de décider ensuite de leur utilisation pour des opérations déterminées, et d'en rendre compte périodiquement au préfet de région. La consultation de la conférence administrative régionale est réglée par l'article 33 nouveau du décret n° 82-390 du 10 mai 1982.

On peut donc observer qu'en matière d'investissements publics ou d'utilité publique, le préfet de région joue un rôle économique très important, celui de « planificateur déconcentré » à l'échelon régional. Pour assurer pleinement ce rôle, il bénéficie d'une information très large et systématique.

L'article 18 § 2 de la loi du 7 janvier 1983 prévoit qu'« *une* **conférence d'harmonisation des investissements** *se réunit au moins deux fois par an pour échanger des informations sur les programmes d'investissement de l'État, de la région et des départements. Participent à ces réunions le président du conseil régional, le représentant de l'État dans la région, les présidents des conseils généraux et les représentants de l'État dans les départements. L'ordre du jour des réunions est fixé conjointement par les membres de la conférence* ».

Par ailleurs, la circulaire du Premier ministre en date du 13 juillet 1994[8] propose pour les décisions d'investissements dont la mise en œuvre est totalement déconcentrée qu'une *analyse économique et financière du trésorier-payeur général*, membre de la conférence administrative régionale et de diverses commissions d'examen des aides, soit établie et jointe au dossier d'engagement de la dépense. Cette analyse constitue une expertise en amont des décisions d'investissement ou d'intervention et constitue un élément permettant de « forcer » la décision du préfet.

Parallèlement, le même texte propose la transposition du dispositif de traitement des entreprises en difficulté dans le domaine des *aides aux entreprises en création et en développement* dans le cadre régional, et à titre expérimental dans une ou plusieurs régions. Un *comité régional* unique pour les aides à la création et au développement des entreprises industrielles, agroalimentaires, et des services industriels, ayant pour président le préfet de région et pour vice-président le trésorier-payeur général, réunirait les membres des administrations concernées pour permettre une plus grande efficacité dans la prise des décisions.

Dans le contexte économique actuel, il y a là un effort intéressant la déconcentration régionale qui incombe principalement au préfet de région. Dans l'exercice de ses attributions, celui-ci bénéficie des compétences de ses collaborateurs et conseillers, comme nous allons le préciser maintenant.

---

8. Circulaire du 13 juillet 1994 relative au plan de modernisation des procédures financières au service de la déconcentration, *cf. JO* du 28 juillet 1994, p. 10898 à 10903.

Les collaborateurs du préfet de région

On peut distinguer parmi eux les auxiliaires directs de l'action du préfet et les organes de conseil.

§ I. LES AUXILIAIRES DIRECTS

Ici, se retrouve le schéma habituel des auxiliaires de toute autorité administrative responsable, un secrétariat général et des bureaux.

A. Le secrétariat général aux affaires régionales

Il remplace la mission régionale qui existait précédemment et ressemble par sa structure et par son rôle à un cabinet ministériel.

a) *Organisation*

Le secrétariat général regroupe une petite équipe de hauts fonctionnaires administratifs ou techniques de la catégorie la plus élevée (A) et nommés par le Premier ministre. Il est placé sous la direction d'un secrétaire général nommé dans les mêmes conditions. Les fonctionnaires qui composent le secrétariat sont autant de chargés de mission, destinés à assumer des fonctions de coordinateurs économiques sous l'autorité directe du préfet de région. Il s'agit pour eux de réaliser la synthèse économique des programmes régionaux et d'harmoniser les données techniques communiquées par les ministères avec les exigences de l'encadrement financier. Le préfet de région peut accorder des délégations de signature au secrétaire général ou à tout autre chargé de mission si le secrétaire général se trouve empêché.

Les choix de l'équipe étant dicté par des considérations techniques, les affaires confiées aux différents membres du secrétariat dépendent de leurs compétences économiques ou financières.

b) *Attributions*

Le secrétariat général prépare les tâches que nous avons vues être celles du préfet de région. C'est lui qui instruit les dossiers lorsque les décisions nécessitent une procédure lourde et complexe. C'est le cas des **contrats de Plan** aux termes desquels l'État et la région s'engagent contractuellement à réaliser certains programmes définis pendant la durée du Plan. Ces contrats, redéfinis par le décret n° 83-32 du 21 janvier 1983[9], sont d'autant plus importants, qu'une fois conclus, ils attestent de la

---

9. Décret n° 83-32 du 21 janvier 1983, *JO* du 23 janvier 1983.

compatibilité de principe entre le plan de région et le plan national et servent de cadre général aux contrats particuliers qui peuvent être négociés et signés par la suite. La responsabilité de la procédure et la mise en œuvre du contrat de plan incombent au secrétariat général.

Il en est de même pour les *autres contrats* que le préfet de région négocie et conclut au nom de l'État avec la région ou l'un de ses établissements publics, à l'exception de ceux dont le champ d'application est limité à un seul département et qui peuvent de ce fait être délégués au préfet du département intéressé.

Le secrétariat général aux affaires régionales apparaît comme l'organe de travail essentiel du préfet de région qui dispose de même de l'activité des bureaux et plus spécialement des chefs de service, responsables des services de l'État dans la région et soumis à son autorité.

B. Les responsables des services déconcentrés

Sans entrer dans des détails inutiles parce que déjà étudiés au niveau du département, rappelons seulement que les chefs de service ou responsables des services de l'État dans la région qui sont placés sous la direction du préfet de région, peuvent recevoir des délégations de signature pour les matières relevant de leurs attributions spécialisées. Les mêmes responsables peuvent à leur tour subdéléguer leurs signatures à leurs subordonnés, dans le cadre de leurs fonctions respectives.

Comme son homologue départemental, le préfet de région n'a pas autorité sur tous les chefs de services déconcentrés de l'administration centrale dans la région (art. 6 du décret du 10 mai 1982). Les exceptions visent par exemple le premier président de la cour d'appel, le recteur d'académie, le général commandant la circonscription de défense ou encore le trésorier-payeur général de région qui l'aide pourtant dans le cadre de son rôle au sein d'instances de conseil.

Concernant l'organisation et le fonctionnement des services déconcentrés des administrations civiles de l'État placés sous son autorité, le préfet peut fixer, après consultations des chefs des services concernés, les moyens affectés à des *actions communes à ces services* (art. 11 de la charte de la déconcentration).

Lorsque plusieurs services de l'État relevant de la région[10] concourent à la mise en œuvre d'une même politique, le préfet de région peut désigner un *chef de projet* chargé d'animer et de coordonner l'action de ces services (art. 12 al. 1 de la charte de la déconcentration). Ce chef de projet, choisi parmi les membres du corps préfectoral, les chefs des services déconcentrés de l'État, ou leurs plus proches collaborateurs, reçoit alors du préfet une lettre de mission qui lui indique la durée de sa mission, ses objectifs, les services auxquels il peut faire appel et les moyens mis à sa disposition (*ibid.*, art. 12 al. 2).

Par ailleurs, les services déconcentrés des administrations civiles de l'État ainsi que, le cas échéant, des organismes assurant une mission de service public, peuvent constituer un *pôle de compétence* pour l'exercice d'actions communes selon les modalités qu'ils déterminent conjointement. Lorsque tous les services concernés sont

---

10. Ce dispositif concerne également le département, le critère posé étant que plusieurs services de l'État relèvent du même échelon territorial.

des services de l'État déconcentrés dans la région[11], le préfet de région désigne le responsable du pôle de compétence et fixe les modalités d'organisation et de fonctionnement de celui-ci.

Ces nouveaux dispositifs devraient permettre une meilleure coordination et une plus grande efficacité.

L'auxiliaire le plus important et le plus original du préfet de région est constitué par la conférence administrative régionale, qui mérite davantage de retenir notre attention. Elle constitue un organe de conseil.

§ II. LA CONFÉRENCE ADMINISTRATIVE RÉGIONALE

Elle joue le rôle de conseiller économique privilégié du préfet de région et, spécialement, lorsqu'il s'agit de ses interventions en matière d'investissements publics. Pour mieux saisir son influence, il convient d'en préciser la composition et le rôle.

A. Composition

Comme son nom l'indique, la conférence administrative régionale constitue un organe collégial interne à l'administration. Elle ne comprend en conséquence que des fonctionnaires comme membres délibérants, sous la présidence du préfet de région.

L'article 32 du décret n° 82-390 du 10 mai 1982 modifié par la charte de la déconcentration précise sa composition en distinguant parmi ses membres quatre catégories de fonctionnaires :

> 1. Les préfets des départements constituant la région ; ils assurent la concertation nécessaire entre la région et ses départements ;
> 2. Le secrétaire général, placé auprès du préfet de département où est situé le chef-lieu de région ;
> 3. Le trésorier-payeur général de la région, qui joue le rôle essentiel et déterminant de conseiller financier à lui tout seul ;
> 4. Les chefs ou responsables des services déconcentrés de l'État dans la région, mais seulement pour les affaires de leur compétence. Leur présence garantit et allège l'harmonisation au niveau de l'exécution.

À ces membres de droit peuvent s'ajouter, à l'initiative du préfet de région, les *chefs de juridiction* invités par lui à assister aux travaux de la conférence pour les affaires relevant de leur compétence. En outre, le préfet de région peut inviter *toute personne qualifiée*, fonctionnaire ou non, à être entendue.

Elle peut aussi être réunie dans une *composition restreinte* que le préfet de région détermine en fonction de l'ordre du jour, pour examiner les conditions d'organisation

---

11. Même observation.

et de fonctionnement des services de l'État à vocation régionale en vue de l'harmonisation de la gestion des moyens ou de la mise en œuvre d'actions communes.

Le secrétariat de la conférence administrative régionale est assuré par le secrétaire général pour les affaires régionales.

B. Le rôle

Il est désormais triple. L'article 33 nouveau du décret du 10 mai 1982 désigne la conférence administrative régionale comme « une instance de consultation, de prospective et d'évaluation ».

Son rôle **consultatif** permet le relais entre la fonction technique d'élaboration et la véritable décision. La conférence assiste le préfet de région dans l'élaboration et la conception de la tranche régionale du plan. Sans bouleverser l'équilibre des programmes qui lui sont soumis, elle permet des ajustements et constitue une structure de **concertation et de négociation**, dans laquelle chaque préfet de département défend les intérêts de sa circonscription.

Elle est consultée sur la préparation des contrats de plan entre l'État et la région ainsi que sur celle des programmes nationaux ou communautaires concernant la région et elle en suit l'exécution.

Elle se prononce sur les *orientations* de l'action de l'État en matière de développement économique et social et d'aménagement du territoire.

À l'égard des décisions d'utilisation des autorisations de programme relatives aux investissements d'intérêt régional ou d'intérêt départemental, elle n'est consultée que si ces décisions ne sont pas conformes au programme prévisionnel. La consultation de chacun des membres concernés de la conférence administrative régionale est alors *écrite*.

Le rôle de *prospection et d'évaluation* de la conférence se combinent lors de l'examen annuel avant le 15 juin des moyens nécessaires à la mise en œuvre des politiques de l'État l'année suivante. À cette occasion en effet, elle dresse le bilan de l'exécution de la programmation de l'année précédente, modifie éventuellement la programmation de l'exercice en cours en fonction des dotations notifiées et des décisions prises, et enfin évalue les conditions de sa mise en œuvre.

Avant le 30 novembre de chaque année, elle se prononce sur le programme prévisionnel d'emploi des crédits de l'exercice suivant élaboré dans le respect des orientations notifiées au préfet de région par chaque ministre.

Enfin, la conférence administrative régionale est *informée* avant le 15 juin de chaque année des prévisions d'utilisation des dotations de crédits d'intervention de l'exercice en cours et du compte rendu d'exécution de l'exercice écoulé.

La conférence permet non seulement la **coordination** régulière et effective de l'action des pouvoirs publics, mais elle permet surtout d'intégrer l'avis déterminant du trésorier-payeur général de la région. C'est lui qui permet de mesurer les incidences des investissements publics sur la vie économique et sociale de la région, en évaluant la rentabilité économique des opérations envisagées et discutées.

Son avis pèse d'autant plus lourd que le **trésorier-payeur général de la région** représente à lui seul une véritable plaque tournante des informations et des responsabilités de nature financière. Il réunit en effet régulièrement les trésoriers-payeurs des départements de la région, l'inspecteur général de l'économie nationale, les chefs des services régionaux des finances relevant de la direction des impôts, des douanes, des contributions indirectes, ainsi que le directeur de l'INSEE. Ces réunions obligatoires permettent la centralisation et l'actualisation permanentes de l'information financière dont dispose le trésorier-payeur de la région. C'est pour cette raison que ses avis sont généralement décisifs. Il peut arriver que son avis prenne un caractère politique s'il vise uniquement les priorités gouvernementales. Mais ce type d'avis est rare. Le plus souvent, l'avis est de nature technique et apporte seulement une estimation des charges financières qui autorise une approche précise et sérieuse du coût et du rendement des décisions.

Lorsque la conférence administrative régionale a donné son avis, elle est ensuite tenue au courant de l'exécution des mesures qui sont finalement adoptées et exécutées dans le domaine économique et social.

Conclusion sur la première partie

En terminant l'étude de l'administration d'État, on peut se rendre compte de l'importance et de la complexité de ses structures.

Au niveau central tout d'abord, où l'exécutif gouvernemental est assisté d'un réseau d'organes de conseil et de contrôle. Au niveau territorial ensuite, où les autorités déconcentrées assurent les relais locaux d'une administration déconcentrée dans le cadre spécifique d'un État unitaire.

La réforme de 1982 réalise une décentralisation plus large qu'elle ne l'était auparavant par un transfert de compétences et de ressources au profit des collectivités territoriales. Mais elle renforce du même coup le pouvoir et l'autorité des agents de l'État qui encadrent et limitent la décentralisation. C'est ce qui nous a permis de mettre en parallèle une plus forte déconcentration accompagnant une décentralisation elle-même plus complète et plus étendue.

Déconcentration et décentralisation constituant les deux techniques de la territorialité administrative, on ne peut les séparer si l'on veut avoir une vision d'ensemble de l'administration territoriale française, et à plus forte raison de son équilibre. L'article 1 de la loi d'orientation du 6 février 1992 nous le rappelle opportunément en proclamant : «*l'administration territoriale de la République est assurée par les collectivités territoriales et par les services déconcentrés de l'État.*»

La réforme ouverte en 1992 par cette même loi et par la charte de la déconcentration du 1er juillet 1992, en posant le principe d'une généralisation de la déconcentration, ouvre la voie d'une réforme de l'État d'une ampleur comparable à celle de 1982, en programmant une redistribution des rôles entre l'administration centrale et l'administration déconcentrée au profit de celle-ci[12].

Au niveau central, la volonté d'harmoniser la décentralisation et l'autorité de l'État unitaire est mise en évidence en premier lieu par le fait qu'un ministre est

---

12. Voir circulaire du Premier ministre du 26 juillet 1995 relative à la préparation et à la mise en œuvre de la réforme de l'État et des services publics, *JO* du 28 juillet 1995, p. 11217.

spécialement chargé de suivre les affaires générales concernant la décentralisation. En 1982, il s'agissait du ministre de l'Intérieur *et* de la Décentralisation, dont le ministère comprenait une direction générale des collectivités territoriales, chargée spécialement de la préparation des textes pris en application de la loi du 2 mars 1982. Et ces textes sont nombreux : 15 lois et 133 décrets publiés à la date du 26 mars 1984, pour les deux premières années seulement de la mise en œuvre de la réforme. Même si le rythme de production des textes s'est quelque peu ralenti, la présence continue d'un ministre chargé de la décentralisation dans les gouvernements qui ont suivi, montre bien que cette réforme n'est pas achevée et reste d'actualité. Le titre révélateur du ministre chargé de la question témoigne en outre du lien qu'il convient de faire avec la réforme de l'État. Dans le gouvernement formé par décret du 18 mai 1995[13] c'est en effet le ministre de la réforme de l'État, de la décentralisation et de la citoyenneté, assisté d'un secrétaire d'État délégué à la décentralisation qui ont eu en charge les problèmes de déconcentration et de décentralisation. Même lien fonctionnel dans le titre de l'actuel ministre de la Fonction publique, de la Réforme de l'État et de la Décentralisation[14].

Mais c'est surtout la création du *comité interministériel de l'administration territoriale* (CIAT) qui a marqué le mieux la prééminence de l'État unitaire et la volonté de traiter les deux volets de la territorialité administrative dans une conception d'ensemble. Institué par l'article 25 du décret n° 82-389 du 10 mai 1982, il a pour but de réaliser la coordination entre les ministères concernés par l'administration territoriale.

Le chapitre II du décret du 1er juillet 1992 en avait modifié l'organisation et redéfini les attributions. Il a été finalement remplacé par un nouveau *comité interministériel pour la réforme de l'État* par un décret du 13 septembre 1995[15] qui crée en même temps le nouveau Commissariat à la réforme de l'État. Cette double création n'est nullement fortuite. Dans le droit fil des efforts inaugurés par les circulaires du Premier ministre Michel Rocard en date des 23 février 1989 et 9 avril 1991, et relayées par la circulaire du Premier ministre Pierre Bérégovoy du 18 septembre 1992, par celle du Premier ministre Édouard Balladur du 23 juillet 1993, la circulaire du Premier ministre Alain Juppé en date du 26 juillet 1995[16] relative à la préparation et à la mise en œuvre de la réforme de l'État et des services publics avait déjà fixé les objectifs prioritaires de la réforme et annoncé l'ouverture d'un séminaire gouvernemental à la mi-septembre[17] en vue de fixer les principaux axes d'un plan triennal.

Le nouveau comité interministériel pour la réforme de l'État est créé pour une durée de trois ans. Il est présidé par le Premier ministre ou, par délégation, par le ministre chargé de la réforme de l'État et réunit le ministre chargé de la fonction publique, le ministre chargé du budget, le ministre de l'intérieur, le ministre chargé de l'aménagement du territoire, le ministre chargé du plan et, en tant que de besoin les autres membres du gouvernement.

Son secrétariat est assuré par le secrétariat général du gouvernement.

---

13. Décret du 18 mai 1995, *JO* du 19 mai 1995, p. 8405.
14. Décret du 7 novembre 1995, *JO* du 8 novembre 1995, p. 16345.
15. Décret n° 95-1007 du 13 septembre 1995 relatif au comité interministériel pour la réforme de l'État et au Commissariat à la réforme de l'État, *JO* du 14 septembre 1995, p. 13558.
16. Circulaire du 26 juillet 1995, *JO* du 28 juillet 1995, p. 11217.
17. Ce séminaire s'est réuni le 14 septembre 1995.

Comme son prédécesseur, le nouveau comité interministériel comprend un *comité permanent* qui prépare les travaux et comprend sous la présidence du ministre chargé de la réforme de l'État ou par délégation par le commissaire à la réforme de l'État, un représentant de chacun des ministres comprenant le comité interministériel et, le cas échéant, un représentant des ministres intéressés par les questions inscrites à l'ordre du jour.

En outre, lorsque le comité permanent examine des mesures de *déconcentration* ou des questions relatives à l'organisation des services déconcentrés de l'État, siègent un préfet de région, un préfet de département et un autre chef de service déconcentré de l'État dans les régions et départements désignés par arrêté du Premier ministre et qui ont seulement *voix consultative*. Le comité permanent prépare les travaux du comité interministériel qui arrête un *plan triennal* de réforme de l'État et fixe les *orientations de la politique gouvernementale* autour de cinq objectifs qui reprennent avec quelques améliorations dans la forme ceux qui avaient été définis dans la circulaire du 26 juillet.

1. Clarifier les missions de l'État et redéfinir le champ des services publics.
2. Prendre en compte les besoins et les attentes des usagers des services publics, notamment par la simplification [18] et l'allégement des procédures.
3. Améliorer l'efficacité des services de l'État et de ses établissements publics.
4. Déléguer les responsabilités au sein de l'État.
5. Moderniser la gestion publique.

Le comité interministériel délibère sur le schéma de réorganisation des services de l'État prévu par la loi du 4 février 1995 [19], dite loi d'orientation pour l'aménagement et le développement du territoire. Il est également chargé enfin d'animer et de coordonner l'action des administrations en matière de systèmes d'information (art. 2 du décret du 13 septembre 1995).

À côté de ce comité interministériel, *le nouveau commissariat à la réforme de l'État*, également créé pour une durée de trois ans, est placé auprès du Premier ministre et dirigé par un commissaire nommé par décret en Conseil des ministres. Il est chargé dans le cadre des orientations fixées par le comité interministériel, après consultation des ministres concernés, de faire au ministre chargé de la réforme de l'État toutes propositions dans les domaines relevant de la compétence du comité (*ibid.*, art. 5 al. 1). Il prépare les décisions du gouvernement et veille à leur mise en œuvre. Administration de mission, il anime la politique de réforme des administrations et mène un certain nombre d'actions, notamment celles répertoriées à l'article 5 alinéa 4 du décret du 13 septembre 1995. Il reçoit en particulier un large *pouvoir de proposition*, tant en ce qui concerne les conséquences à tirer de l'évolution des missions de l'État sur l'organisation et le fonctionnement de ses services et de ses établissements publics, qu'en ce qui concerne les réformes tendant à l'amélioration des procédures de décision publique. Il faut remarquer que ce pouvoir de proposition

---

18. Pour un précédent dans ce domaine qui n'est pas nouveau, *cf.* décret n° 90-1125 du 18 décembre 1990, *JO* du 21 décembre 1990, p. 15729.

19. Loi n° 95-115 du 4 février 1995, *JO* du 5 février 1995, p. 1973.

intéresse les suites à tirer en ce qui concerne la réforme de l'État des travaux au Conseil d'État, de la Cour des comptes, du médiateur de la République, du commissariat général au Plan, de la délégation à l'aménagement du territoire et à l'action régionale et des inspections générales. Il y a là une disposition heureuse qui permettra au commissariat de s'inspirer de documents riches eux-mêmes de propositions de réformes fondées sur une connaissance objective du fonctionnement de l'administration, et dont nous avons pu déplorer nous-mêmes qu'ils soient trop souvent insuffisamment exploités.

Le commissariat anime et coordonne les travaux des organismes et services du Premier ministre ayant pour objet d'améliorer les relations entre les services publics et leurs usagers. Il contribue à la modernisation de la gestion publique en veillant à la prise en compte par les administrations des conséquences des nouvelles technologies sur leur fonctionnement et leur organisation. Enfin, le commissariat peut être associé à sa demande à la *préparation des textes législatifs et réglementaires* ayant une incidence sur l'organisation et le fonctionnement des services publics.

Dans le cadre de ses missions, le commissariat peut solliciter le concours des directions de l'administration centrale et des services centraux intéressés, par exemple, la direction générale de l'administration et de la fonction publique ou le commissariat général au Plan (*ibid.,* art. 6). Lui-même est mis à la disposition du ministre chargé de la Fonction publique et peut être sollicité par les autres ministres en tant que de besoin (*ibid.,* art. 7).

Par ailleurs, il établit un *rapport annuel* qui est rendu public (*ibid.,* art. 8).

Dans l'ensemble, le comité interministériel et le commissariat apparaissent comme de nouvelles institutions au service de la réforme de l'État qui devrait permettre notamment l'application du principe de la généralisation de la déconcentration postulée en 1992. Ce plan triennal d'actions et de missions devrait donc aboutir à un *élargissement considérable de la déconcentration*.

En étudiant l'administration territoriale décentralisée, nous allons découvrir parallèlement l'*élargissement également considérable des droits et des libertés des collectivités territoriales* apporté par la réforme de la décentralisation de 1982. Mais nous devons garder à l'esprit toute l'organisation de l'administration d'État centrale et déconcentrée qui permet un encadrement vigilant de la décentralisation. Il en résulte une superposition équilibrée de deux formes d'administration aux règles distinctes, sans briser l'unité de l'État.

Deuxième partie

L'administration territoriale décentralisée

La décentralisation est une technique d'organisation et de gestion administrative, qui consiste à remettre des pouvoirs de décision effectifs à des organes autres que des agents du pouvoir central, et non soumis par conséquent au devoir d'obéissance hiérarchique vis-à-vis de l'administration d'État.

Ces pouvoirs de décision sont toujours purement administratifs quelle que soit la forme de la décentralisation, ce qui évite l'éclatement de l'État unitaire. Par ailleurs, et dans tous les cas, ils ne s'exercent que conformément à la légalité de cet État qui en assure le contrôle.

Il faut distinguer deux formes de décentralisation :

– la décentralisation **fonctionnelle**, qui réalise un transfert de compétence de l'autorité centrale au profit d'un service lui-même personnalisé et que nous n'étudions pas ici ;

– la décentralisation **territoriale**, qui repose sur une base géographique et aboutit à la création de personnes morales, dont la compétence se détermine par référence à un territoire.

Si la décentralisation territoriale vise une forme de gestion attachée à un territoire donné, elle intéresse à la fois **la gestion des collectivités locales et la gestion des collectivités territoriales**. Ces deux expressions ne sont pas synonymes mais se retrouvent toutes les deux dans la Constitution.

L'article 34 précise que la loi détermine les principes fondamentaux de la libre administration des collectivités locales et désigne par cette formule le département et la commune, c'est-à-dire les deux catégories de personnes publiques traditionnelles.

L'organisation des territoires d'outre-mer (TOM) dépend elle aussi de la loi, mais aux termes de l'article 74, et la notion de collectivité territoriale recouvre plus largement que celle de collectivité locale aussi bien les TOM, les communes et les départements. C'est ce qui ressort du titre XI de la Constitution, sans que cette liste soit limitative, puisque l'article 72 alinéa 1 stipule expressément que : Si « *les collectivités territoriales de la République sont les communes, les départements, les territoires d'outre-mer, toute autre collectivité territoriale est créée par la loi* ».

À plusieurs reprises depuis 1958, le législateur a utilisé cette possibilité de création offerte par la Constitution, une première fois le 31 décembre 1975 en dotant la Ville de Paris d'un statut particulier, puis le 24 décembre 1976 en faisant de l'île de Mayotte une « collectivité territoriale particulière ». La première loi n° 82-213 du 2 mars 1982[1] fait de la région une nouvelle catégorie territoriale tandis que la deuxième loi du même jour, n° 82-214 du 2 mars 1982[2] donne un statut particulier à la Corse. On peut considérer dans le même sens la loi du 31 décembre 1982[3] reconnaissant un statut particulier aux trois plus grandes villes françaises, Paris, Lyon et Marseille.

Notons que la création législative vise aussi bien une catégorie nouvelle de collectivité territoriale comme la région — terme juridique qui recouvre un certain nombre d'unités — ou une collectivité unique en son genre et désignée par son nom géographique, comme Paris, Lyon, Marseille, Mayotte ou encore la Corse. Cette interprétation, affirmée par le Conseil constitutionnel dans sa décision du 25 février 1982[4], souligne le caractère extensif de la notion de collectivité territoriale.

En étudiant la décentralisation territoriale, c'est à ce sens large et extensif que nous nous référons en examinant le droit des collectivités territoriales personnalisées. Dans un premier titre, nous caractériserons les principes de la démocratie locale avant d'en examiner les moyens renouvelés par la réforme dans un titre II.

---

1. Loi n° 82-213 relative aux droits et libertés des communes, des départements et des régions, *JO* du 3 mars 1982, p. 730, rect. *JO* du 6 mars 1982, p. 779.
2. Loi n° 82-214 portant statut particulier de la région de Corse : organisation administrative, *JO* du 3 mars 1982, p. 748.
3. Loi n° 82-1169 du 31 décembre 1982, *JO* du 1er janvier 1983, p. 3, et rect., *JO* du 20 janvier, p. 379.
4. Décision du 25 février 1982 (2e), texte in *AJDA*, 1982, p. 294 et commentaire de J. BOULOUIS, *ibid.*, p. 303 et suiv.

Les principes
de la démocratie locale

La décentralisation territoriale permet une véritable démocratie locale qui la distingue et l'oppose à la déconcentration. Cette démocratie suppose tout d'abord que la collectivité territoriale possède l'autonomie juridique et, par conséquent, qu'elle est une personne morale de droit public. Ce qui suppose surtout une gestion démocratique. Ici, un double principe démocratique domine : d'une part, celui d'une gestion par des organes élus dont nous devons étudier non seulement l'organisation et les attributions, mais aussi le statut encadrant désormais les conditions matérielles et juridiques de l'exercice de leurs mandats, et d'autre part, celui de la libre administration des affaires locales. Les trois chapitres de ce premier titre traiteront ces différents points.

Chapitre 1

Le principe des organes élus

L'article 72 alinéa 2 de la Constitution stipule que les collectivités territoriales « *s'administrent librement par des conseils élus et dans les conditions prévues par la loi* ». L'article 34 précise en effet que la loi fixe les règles concernant le régime électoral des assemblées locales. À s'en tenir aux termes précis de ces articles, il semble que la gestion administrative des collectivités territoriales soit le fait d'assemblées locales élues.

C'est vrai, mais ce n'est pas suffisant. Il est plus juste de dire que chaque collectivité territoriale possède ses organes propres, assemblée délibérante et organe exécutif, et que ces deux organes sont élus. La loi du 2 mars 1982 harmonise sur ce point le droit des collectivités territoriales en les caractérisant par cette dualité fondamentale d'organes élus. Avant elle, seule la commune réalisait sur ce point l'idéal envié et exemplaire d'une collectivité locale. Le département comprenait un exécutif nommé, tandis que la région, établissement public territorial, cumulait la spécialisation économique de l'établissement public avec la présence, là encore, d'un exécutif nommé.

Désormais, si les conseils sont élus, les exécutifs le sont aussi. L'article 60 de la loi subordonne la transformation des régions en collectivités territoriales à l'élection de leur conseil au suffrage universel. Les articles 25 et 73 font du président du conseil général et du conseil régional les organes exécutifs élus du département et de la région.

Le principe d'une gestion décentralisée par des organes élus est donc bien désormais une caractéristique fondamentale et constante de la démocratie locale, et nous l'étudierons en distinguant naturellement les organes délibérants et les organes exécutifs.

Section 1

Les organes délibérants

Nous verrons successivement les organes délibérants de la commune, du département et de la région.

§ I. LE CONSEIL MUNICIPAL

La commune, collectivité territoriale décentralisée, a pour organe délibérant le conseil municipal qui représente la communauté de ses habitants. «Le conseil municipal règle, par ses délibérations, les affaires de la commune» (art. L. 121-26 al. 1).

A. Le régime des élections

Le Conseil est élu pour six ans au **suffrage universel direct** et le législateur est intervenu pour accentuer la participation des citoyens à l'administration municipale par une double modification de la composition et du régime électoral du conseil municipal. Le nombre des conseillers varie selon l'importance démographique de la commune, mais alors que précédemment le nombre variait de 9 à 49, selon un système de paliers de population, la nouvelle loi du 19 novembre 1982[1] prévoit pour les mêmes paliers une variation de 9 à 69 conseillers, en ne maintenant le même nombre de conseillers que pour les premiers paliers, celui de moins de 100 habitants et celui de 100 à 500 habitants.

La nouvelle **composition des conseils municipaux est la suivante :**

			Avant la loi
Moins de 100 habitants	**9**		—
De 100 à 499	**11**		—
De 500 à 1 499	**15**	+ 2	13
De 1 500 à 2 499	**19**	+ 2	17
De 2 500 à 3 499	**23**	+ 2	21
De 3 500 à 4 999	**27**	+ 4	23
De 5 000 à 9 999	**29**	+ 6	23
De 10 000 à 99 999	**33**	+ 6	27
De 100 000 à 199 999	**55**	+ 14	41
De 200 000 à 299 999	**61**	+ 16	45
300 000 et au-dessus	**69**	+ 20	49

Le mode de scrutin varie aussi en fonction de l'importance de la population, selon un système complexe, qui réalise un compromis entre le scrutin majoritaire et la représentation proportionnelle[2].

Trois niveaux de population sont retenus pour définir trois régimes juridiques différents.

---

1. Loi n° 82-974 du 19 novembre 1982, *JO* du 20 novembre 1982, p. 3487.
2. Le système organisé par la loi a été soumis au contrôle du Conseil constitutionnel qui ne l'a pas censuré. *Cf.* décision du 18 novembre 1982, *AJDA*, 1983, p. 128 et 129.

1. *Dans les communes de moins de 2 500 habitants*, c'est le système souple de **scrutin majoritaire à deux tours**, mis en place en 1884, qui demeure inchangé. Les candidats peuvent se présenter par listes incomplètes ou même isolément. Les électeurs peuvent panacher et voter pour les candidats de leur choix, même s'ils appartiennent à des listes rivales. On considère généralement que les petites communes exercent leur choix selon des considérations plus personnelles que politiques. Quand il s'agit d'améliorer la voirie communale ou de créer des services communs, l'appartenance à un parti politique est moins important que le sens de l'intérêt général. On choisit quelqu'un qu'on connaît, qu'on sait disponible et capable d'assumer son mandat.

2. *Dans les communes de 2 501 à 3 499 habitants*, il s'agit toujours de **scrutin majoritaire à deux tours**, les électeurs conservant le droit de rayer certains noms d'une liste et de panacher. Mais les candidats doivent présenter des listes complètes.

3. *Dans les communes de 3 500 habitants et plus*, il s'agit encore d'un scrutin de liste à deux tours, mais combinant cette fois **représentation proportionnelle**, c'est-à-dire représentation des minorités et un **correctif majoritaire**, permettant de conserver l'efficacité du scrutin majoritaire.

Au premier tour, les listes doivent être **complètes et rigides** sans adjonction ou suppression de noms et sans panachage, ni modification dans l'ordre de présentation. Si une liste obtient la **majorité absolue** des suffrages exprimés, la **moitié** des sièges à pourvoir lui revient. L'autre moitié est répartie à la représentation proportionnelle à la plus forte moyenne entre les listes ayant obtenu au moins 5 % des suffrages exprimés, y compris la liste majoritaire qui reçoit donc une prime. Il n'y a pas alors de second tour.

Si au premier tour, l'élection n'est pas acquise, il est procédé à un second tour qui n'est ouvert qu'aux listes ayant atteint 10 % des suffrages exprimés au premier tour.

Ces mêmes listes peuvent être modifiées, si elles acceptent d'intégrer par regroupements certains candidats figurant au premier tour sur des listes exclues du deuxième tour, mais ayant obtenu au moins 5 % des suffrages exprimés. Ce qui permet une forme d'**apparentement** ou de fusion entre listes. À l'issue du deuxième tour, la liste en tête qui obtient la **majorité relative** se voit attribuer la **moitié** des sièges, les autres sièges étant répartis entre les autres listes à la représentation proportionnelle dans les mêmes conditions que précédemment, et en écartant de la répartition les listes n'ayant pas franchi le seuil des 5 %.

C'est cette possibilité de modification des listes au deuxième tour qui explique la mise en place d'une réglementation sévère des candidatures pour chaque tour de scrutin. La déclaration de candidature est obligatoirement déposée à la préfecture ou sous-préfecture par le «responsable de liste», et doit comporter la signature de chaque candidat. Au deuxième tour, cette signature n'est exigée que pour les listes modifiées dans un délai très bref avant le mardi (24 heures) qui suit le premier tour.

Le jeu des primes aux listes les mieux placées jouent le rôle de correctif majoritaire et s'ajoutent aux seuils de représentativité pour renforcer l'autorité de l'équipe municipale.

Le résultat voulu par le législateur en instaurant ce système électoral complexe est double : d'une part, la majorité bénéficie d'un avantage qui la rend solide et stable, mais d'autre part, la minorité est représentée et peut s'exprimer en toute équité[3].

---

3. Les conseillers minoritaires disposent d'un local commun dans les communes de plus de 3 500 habitants, *cf.* décret n° 92-1248 du 27 novembre 1992, *JO* du 3 décembre 1992, p. 16460.

Cet effort louable de démocratisation se double par ailleurs d'une véritable entreprise de *moralisation des opérations électorales* apparue nécessaire pour lutter contre la *fraude électorale*. Dans le but d'éviter aux élections municipales des 12-19 mars 1989 les déconvenues d'annulations multiples comme celles enregistrées en 1983[4], la loi du 30 décembre 1988[5] modifie et complète le Code électoral et le Code des communes par deux types de mesure.

Un premier *volet préventif* comporte une série de dispositions visant les opérations concrètes et matérielles des élections. Afin d'empêcher notamment le stockage répété d'enveloppes préparées à l'avance, l'article 6 de la loi stipule que le vote a lieu sous enveloppe, *obligatoirement d'une couleur différente* de celle de la précédente consultation générale[6].

Ce vote est d'autre part constaté par la *signature de l'électeur* en face de son nom sur la liste d'émargement prévue par l'article 7. S'il s'agit d'un *mandataire* qui ne peut disposer pour chaque scrutin de plus de *deux procurations* dont une seule établie en France, sa signature est apposée en face du nom du mandant.

L'article 8 prescrit d'autre part une *urne transparente* n'ayant qu'une seule ouverture, ce qui a conduit au remplacement progressif des anciennes urnes en bois.

Dès la clôture du scrutin, deux opérations distinctes sont prévues pour se dérouler successivement[7]. Après signature de la liste d'émargement par les membres du bureau, *le décompte des signatures* constitue la première de ces opérations. Le *dépouillement*, c'est-à-dire le dénombrement des enveloppes qui se trouvent dans l'urne constitue la seconde et doit être conduite «sans désemparer jusqu'à son achèvement complet», comme le précise le décret du 8 février 1989[8]. Le nombre des signatures et celui des enveloppes doit être rigoureusement le même.

Les enveloppes électorales sont regroupées par paquet de cent dans des enveloppes spéciales dites *enveloppes de centaine*. Elles sont cachetées et les signatures du président du bureau et d'au moins deux assesseurs[9] représentant des listes ou des candidats différents doivent y être apposées (art. 12).

Enfin, la loi rend *obligatoire la création de commissions de contrôle* dans toutes les communes de plus de 20 000 habitants (art. 16). Cette mesure augmente le nombre de ces commissions et renforce le dispositif de contrôle mis en place par l'article L. 85-1 du Code électoral. En effet, précédemment, l'institution d'une ou plusieurs de ces commissions était prévue dans les départements comptant au moins une commune de plus de 10 000 habitants. Mais la loi n'allait pas jusqu'à imposer la création d'une telle commission[10] dans chacune de ces communes et ce caractère facultatif neutralisait du même coup les garanties de régularité voulues par le système.

---

4. Les élections municipales de 1983 ont été annulées dans plus de vingt communes importantes de la région parisienne. Dans certains cas, l'inversion du scrutin a posé de délicats problèmes (voir plus loin).
5. Loi n° 88-1262 du 30 décembre 1988, *JO* du 4 janvier 1989, p. 114.
6. Cette mesure de prudence a été expérimentée lors des élections législatives et régionales de mars 1986.
7. En écartant toute simultanéité de ces opérations, le législateur veut empêcher la dispersion de l'attention évidemment propice aux comportements frauduleux.
8. Décret n° 89-80 du 8 février 1989, *JO* du 10 février 1989, p. 1907.
9. La loi précise : «sauf liste ou candidat unique».
10. Chaque commission comprend *obligatoirement* un magistrat de l'ordre judiciaire qui préside et qui est désigné par le premier président de la cour d'appel; un membre désigné par la même autorité parmi les magistrats, anciens magistrats ou auxiliaires de justice du département; un fonctionnaire désigné par le préfet. Mais la commission peut s'adjoindre facultativement des délégués choisis parmi les électeurs du département.

Un second *volet répressif* tend à la *sévérité* la plus grande à l'égard des formes variées de la fraude électorale, d'une part en alourdissant sensiblement les sanctions pécuniaires déjà existantes, et d'autre part, en ajoutant au Code électoral de *nouvelles incriminations* et de *nouvelles sanctions*.

Le montant minimum des *amendes* est désormais unifié à 2 000 F. Quant au montant maximum, il varie de 100 000 F à 150 000 F selon la gravité des fraudes.

Les *nouvelles incriminations* visent la substitution ou l'imitation volontaire de signature sur la liste d'émargement aussi bien que les candidatures présentées sous un faux nom ou une fausse qualité. Il est prévu en outre un *doublement des peines* d'amende, désormais de 2 000 à 10 000 F et de un mois à un an de prison en cas de violation ou tentative de violation du secret du vote, de toute atteinte à la sincérité du scrutin ou de toute tentative tendant à empêcher ses opérations, dès lors que le coupable est le président du bureau de vote.

Quant aux *nouvelles sanctions* définies à l'article 21, elles se veulent essentiellement dissuasives. Il s'agit tout d'abord de la *privation des droits civiques* pendant deux ans au moins et dix ans au plus qui accompagne désormais toute condamnation prononcée en matière de fraude électorale, sans préjudice de l'application de l'article 28 du Code pénal[11].

Il s'agit ensuite de la *publicité* faite à la sanction de la fraude. Le tribunal peut en effet ordonner, aux frais du condamné, la publication intégrale ou partielle de sa décision et éventuellement la *diffusion d'un message* dont il fixe les termes informant le public des motifs et du contenu de sa décision, dans un ou plusieurs journaux qu'il désigne ainsi que *son affichage*.

Par ailleurs, et pour accroître le nombre des éligibles, la loi du 19 novembre 1982 a modifié les conditions d'éligibilité en abaissant à 18 ans l'âge nécessaire pour être élu au Conseil municipal. S'y ajoute la nécessité d'avoir la *nationalité française* (Constitution art. 3) *ou la citoyenneté européenne*. En effet, en application du traité de Maastricht et aux termes de l'article 3 de la directive communautaire n° 94-80 du Conseil du 19 décembre 1994[12], la citoyenneté européenne permet à toute personne qui, au jour des élections est :

1. citoyen de l'Union ;

2. sans en avoir la nationalité, réunit par ailleurs les conditions auxquelles la législation de l'État membre de résidence subordonne le droit de vote et d'éligibilité de ses ressortissants ;

d'avoir le droit de vote et d'éligibilité aux élections municipales dans cet État membre.

La non-condamnation à une peine entraînant la déchéance électorale prononcée par le juge est encore exigée, de même que l'inscription sur la liste électorale de la commune ou la manifestation d'une attache communale, telle que l'inscription au rôle des contributions directes au 1er janvier de l'année de l'élection.

---

11. L'article 28 du Code pénal dispose : « la condamnation à une peine criminelle emportera la dégradation civique. »

12. Directive CE n° 94-80 du Conseil du 19 décembre 1994, *JOCE*, L. 368, 31 décembre 1994, p. 38. Voir aussi L. CARTON, « Le droit de vote aux élections municipales vu par la Communauté européenne », *Les Petites Affiches*, 31 mai 1995, n° 65, p. 21 et 22.

Les *inéligibilités* sont fixées par l'article L. 228 à L. 236 du Code électoral. Hors des causes générales d'inéligibilité, elles frappent les fonctionnaires publics d'autorité, et notamment le corps préfectoral, les militaires de carrière, les fonctionnaires des corps actifs de police, les comptables des deniers communaux, les ingénieurs des services techniques, le médiateur pendant la durée de ses fonctions, sauf s'il était déjà conseiller municipal au moment de sa nomination (art. 5 de la loi n° 73-6 du 3 janvier 1973), les directeurs et chefs de services administratifs de l'État, de la région ou du département dans le ressort territorial où ils exercent ou ont exercé leurs fonctions depuis moins de trois ou six mois selon les cas, et enfin les agents salariés de la commune (art. L. 231 du Code électoral).

Une inéligibilité spéciale d'une durée d'un an frappe les conseillers déclarés démissionnaires à la suite d'un refus exprès de remplir les fonctions qui leur sont dévolues par la loi ou encore à la suite d'une abstention persistante après avertissement du maire (art. L. 121-23 du Code des communes).

Les *incompatibilités* s'opposent au maintien du mandat municipal et concernent les titulaires de certaines fonctions publiques que les élus refusent d'abandonner. Sont visés par l'article L. 237 du Code électoral, les membres du corps préfectoral, les commandants et officiers de paix, inspecteurs et commissaires de police, certains salariés, entrepreneurs ou concessionnaires de la commune, ou encore dans les communes de plus de 500 habitants les ascendants, frères, sœurs et alliés au même degré, limités à deux, pour éviter l'influence dominante d'une même famille (art. L. 238 al. 4 du Code électoral).

De plus, *nul ne peut être membre de plusieurs conseils municipaux* (*ibid.,* art. L. 238 al. 1). Le conseiller élu dans plusieurs communes doit adresser au préfet du département concerné une déclaration d'option dans les dix jours qui suivent la proclamation du scrutin. À défaut d'option déclarée dans le délai imparti, le conseiller intéressé fait partie de droit du conseil de la commune où le nombre des électeurs est le moins élevé[13].

Hors les cas de décès et de non-réélection, le mandat peut prendre fin individuellement par la démission volontaire adressée au maire, qui en informe le préfet du département, ou collectivement en cas d'impossibilité de fonctionnement normal d'une assemblée élue, par la dissolution du conseil.

En cas de **vacances partielles**, par suite de décès ou de démissions de conseillers municipaux, les règles applicables sont différentes selon que la commune atteint ou n'atteint pas 3 500 habitants. Si elle n'atteint pas 3 500 habitants, les élections partielles ne sont organisées que si le conseil a perdu le tiers de son effectif, s'il y a lieu de procéder à l'élection du maire ou d'un adjoint, ou encore s'il s'agit d'une section de commune qui a perdu la moitié de ses conseillers.

Si la commune atteint 3 500 habitants, la représentation proportionnelle interdit de procéder à une élection partielle, et le conseiller dont le siège municipal devient vacant est remplacé par le candidat venant immédiatement après le dernier élu de la liste. Si la liste est épuisée, le conseil reste incomplet, sauf dans les cas de renouvellement intégral, rendu obligatoire dès lors que le conseil a perdu le tiers de ses effectifs, ou encore, dans le cas où il y a lieu de procéder à l'élection du maire.

© ARMAND COLIN. La photocopie non autorisée est un délit.

13. *Cf.* CE, 3 mai 1961, «Commune de Saint-Rogatien», *Rec.* p. 283.

La **dissolution du conseil municipal**, mesure très grave, puisqu'elle met fin au fonctionnement d'une assemblée élue, est subordonnée à une procédure précise et solennelle. Elle est prononcée par décret du président de la République, pris en Conseil des ministres. Le décret doit être motivé et publié au *Journal officiel* (art. L. 121-4 du Code des communes).

> La motivation stéréotypée, reprise d'un décret à l'autre, figure dans un considérant où seul le nom de la commune concernée varie bien évidemment.
>
> Pour un exemple[14] :
>
> Décret du 6 mai 1993 portant dissolution du conseil municipal de Perpignan (Pyrénées-Orientales)
>
> NOR : *INTA9310034D*
>
> Le Président de la République,
>
> Sur le rapport du Premier ministre et du ministre d'État, ministre de l'Intérieur et de l'Aménagement du territoire,
>
> Vu l'article L. 121-4 du Code des communes :
>
> Considérant que les *dissensions* qui existent au sein du conseil municipal de *Perpignan (Pyrénées-Orientales) entravent l'administration de cette commune* ;
>
> Le conseil des ministres entendu,
>
> Décrète :
>
> Art. 1er — Le conseil municipal de la commune de Perpignan (Pyrénées-Orientales) est dissous.
>
> Art. 2 — Le Premier ministre et le ministre d'État, ministre de l'Intérieur et de l'Aménagement du territoire, sont chargés, chacun en ce qui le concerne, de l'exécution du présent décret, qui sera publié au *Journal officiel* de la République française.
>
> Fait à Paris, le 6 mai 1993.
>
> François Mitterrand

Dans les huit jours qui suivent la publication du décret, le représentant de l'État dans le département nomme une **délégation spéciale** de trois à sept membres pour procéder aux actes de pure administration et de gestion courante. De nouvelles élections doivent avoir lieu dans les deux mois. Les fonctions de la délégation spéciale expirent de plein droit dès que le conseil municipal est reconstitué.

Outre le cas de dissolution, la délégation spéciale intervient encore en cas de démission de tous les membres en exercice du conseil municipal, ou en cas d'annulation devenue définitive de l'élection de tous ses membres.

B. Le fonctionnement du conseil municipal

Le fonctionnement du conseil municipal consiste en une réunion obligatoire au moins une fois par trimestre. Mais chaque fois qu'il le juge utile, le maire peut convoquer le conseil. Toute *convocation* est mentionnée au registre des délibérations, affichée ou publiée et adressée aux conseillers par écrit et à domicile, en respectant des délais qui varient en fonction de l'importance de la population (art. 30 de la loi d'orientation du 6 février 1992 apportant une nouvelle rédaction de l'art. L. 121-10 du Code des communes). Elle indique les questions portées à l'ordre du jour.

---

14. Décret du 6 mai 1993, *JO* du 7 mai 1993, p. 7064.

Dans les communes de moins de 3 500 habitants, la convocation est toujours adressée dans un délai de trois jours francs au moins avant celui de la réunion (CE, 3 juin 1983, Mme Vincent[15]).

Dans les communes de plus de 3 500 habitants, le délai de convocation est fixé à cinq jours francs. La convocation est alors accompagnée d'une note explicative de synthèse sur les affaires soumises à délibération.

Si la délibération concerne un contrat de service public, le projet de contrat ou de marché accompagné de l'ensemble des pièces peut être consulté à la mairie par tout conseiller municipal qui en fait la demande dans les conditions fixées par le règlement intérieur.

En *cas d'urgence*, et quel que soit le nombre d'habitants, le délai de convocation est réduit à un jour franc minimum. Le maire rend compte dès l'ouverture de la séance du conseil des motifs de la convocation en urgence. L'assemblée se prononce sur l'urgence et peut éventuellement décider du renvoi de tout ou partie de l'ordre du jour à une séance ultérieure. Le caractère de l'urgence peut être contesté devant le juge administratif.

Toutes ces dispositions s'appliquent aux établissements publics de coopération intercommunale, de même qu'aux syndicats mixtes (art. 36 de la loi d'orientation du 6 février 1992).

Il faut cependant ajouter que le conseil municipal peut encore être convoqué par le maire sur *demande motivée du préfet* du département, ou sur *demande d'un tiers* au moins des *membres du conseil* municipal dans les communes de 3 500 habitants et plus, ou de la *majorité des membres du conseil* dans les communes de moins de 3 500 habitants. Dans de telles hypothèses, le maire est tenu de convoquer le conseil dans un délai maximal de trente jours.

Les séances des conseils municipaux sont en principe publiques (art. L. 121-15 al. 1 du Code des communes). Mais à la demande de trois conseillers ou du maire, le conseil municipal peut décider le *huis clos*, à condition que la décision soit prise à la majorité absolue des membres présents ou représentés.

Le conseil municipal ne peut délibérer valablement que lorsque la *majorité* de ses membres en exercice assiste à la séance. Si cette condition de quorum n'est pas remplie, une seconde convocation à trois jours d'intervalle au moins permet une seconde réunion sans condition de quorum cette fois.

Un conseiller municipal empêché peut donner mandat écrit à un autre conseiller sans que ce mandat puisse être valable pour plus de trois séances consécutives, sauf cas de maladie dûment constatée, et sans qu'aucun conseiller ne puisse être porteur de plus d'un seul mandat.

Le maire préside les séances du conseil, excepté celle où il est lui-même élu et qui est présidée par le doyen d'âge, et celle où est débattu le compte administratif.

Ce dernier débat permet au conseil de vérifier les comptes communaux et d'apprécier en conséquence les actes administratifs du maire pendant l'exercice écoulé. L'importance de cette délibération qui porte approbation de la gestion du maire est telle que celui-ci aux termes de l'article R. 241-13 du Code des communes «joint aux comptes de l'exercice clos les développements et explications nécessaires pour éclairer le conseil municipal». Parmi les éléments d'appréciation nécessaires figure

---

15. CE, 3 juin 1983, «Mme Vincent», *Rec.* p. 227, *AJDA*, 1983, p. 479, note Chapuisat.

l'état de situation de l'exercice clos du receveur municipal, qui présente les recouvrements effectués, les dépenses faites, les crédits annuels et l'excédent des recettes. Le juge administratif tient la présentation de ce document comme une formalité substantielle à défaut de laquelle la délibération du conseil doit être annulée. C'est ce qui ressort d'un arrêt du Conseil d'État du 3 novembre 1989[16] qui rappelle clairement la règle et précise que le compte administratif d'une régie municipale dotée de la seule autonomie financière lui obéit également, sans aucune dérogation.

Au début de chaque séance, le conseil municipal nomme un ou plusieurs secrétaires parmi ses membres. Les délibérations sont adoptées à la *majorité absolue des suffrages exprimés*, avec voix prépondérante du maire en cas de partage, sauf le cas de scrutin secret.

Le *scrutin est public* sur la demande du quart des membres présents, il est secret toutes les fois que le tiers des membres présents le réclame, ou qu'il s'agit de procéder à une nomination ou présentation. Dans ces deux derniers cas, le vote est acquis à la majorité absolue lors des deux premiers tours de scrutin secret, et à la majorité relative au troisième, le plus âgé étant élu à égalité de voix.

Lors de la séance du conseil, les conseillers municipaux ont le droit d'exposer des *questions orales* ayant trait aux affaires de la commune. Toutefois dans les communes de 3 500 habitants et plus, le règlement intérieur fixe la fréquence ainsi que les règles de présentation et d'examen de ces questions. À défaut de règlement intérieur, celles-ci sont fixées par une délibération du conseil municipal.

Les délibérations doivent être inscrites sur un registre spécial coté et paraphé par le préfet du département.

Le plus souvent, il s'agit de feuillets mobiles, cotés et paraphés par le préfet et reliés au plus tard en fin d'année (art. R. 121-10 du Code des communes). Il faut toutefois que les communes intéressées en fassent la demande au préfet qui les autorise par arrêté pris, après avis du directeur des services d'archives du département. Les caractéristiques de ces feuillets et les règles à observer pour leur classement provisoire et leur reliure sont elles-mêmes fixées par arrêté du ministre chargé de la Culture et du ministre de l'Intérieur. Ces autorisations sont révocables à tout moment.

Les délibérations doivent être signées par tous les membres présents à la séance, sauf mention expresse de la cause qui les empêche de le faire. Leur compte rendu est affiché, par extraits, sous huitaine à la porte de la mairie.

Dans les communes de 3 500 habitants et plus, le dispositif des délibérations du conseil municipal et les arrêtés du maire, à caractère réglementaire, sont en outre publiés dans un recueil des actes administratifs ayant une périodicité au moins trimestrielle.

Toute personne physique ou morale peut obtenir communication sur place des procès-verbaux et pièces annexées, des budgets et des comptes de la commune et en publier tout ou partie sous sa responsabilité (art. L. 121-19 du Code des communes). L'accès aux documents municipaux est un droit pour les administrés, reconnu d'abord par la jurisprudence du Conseil d'État[17] avant d'être protégé par la loi du 17 juillet 1978, déjà citée.

Enfin, on ne saurait négliger, en matière de publicité, le fait que les séances du conseil municipal peuvent être retransmises par les moyens de communication audiovisuelle, sous réserve des pouvoirs de police de l'assemblée que détient le maire qui

---

16. CE, 3 novembre 1989, « Aff. M. Gérard Écorcheville et autres », req. n° 65013.
17. *Cf.* CE, 11 janvier 1978, commune de Muret, *Rec.* p. 5, concl. Genevois, in *AJDA*, 1978, p. 219.

l'autorisent à faire expulser de l'auditoire ou arrêter tout individu qui trouble l'ordre (*ibid.*, art. L. 121-15 al. 3 et L. 121-16).

Il est toujours possible d'améliorer le travail du conseil en créant des **commissions d'études et d'instruction**, particulièrement dans les grandes villes, qui préparent les délibérations, sans décider pour autant aux lieu et place du conseil. Ces commissions sont présidées de droit par le maire qui les convoque dans les huit jours de leur constitution. Il peut s'agir de commissions créées pour les affaires culturelles, la voirie, la protection des sites ou encore pour suivre un dossier exceptionnel, tel à Poitiers la mise en place d'une commission d'étude pour l'aménagement du quartier de la gare avant la mise en exploitation du TGV. De telles commissions peuvent être extra-municipales et constituer des structures de concertation chez les usagers du service public, et notamment avec le milieu socio-professionnel ou associatif, souvent très impliqués dans la participation à la vie locale.

Dans les communes de plus de 3 500 habitants, la composition des différentes commissions municipales, y compris des commissions d'appel d'offres et des bureaux d'adjudication, doit respecter le principe de la représentation proportionnelle pour permettre l'expression pluraliste des élus au sein de l'assemblée communale (art. L. 121-20 du Code des communes).

Le principe des organes délibérants élus se retrouve au niveau départemental avec le conseil général.

§ II. LE CONSEIL GÉNÉRAL

C'est l'assemblée délibérante du département, collectivité décentralisée, et « le conseil général règle par ses délibérations les affaires du département » (art. 23 al. 1 de la loi du 2 mars 1982).

A. Le régime des élections

Comme le conseil municipal, le conseil général est élu au **suffrage universel**, mais son régime électoral est par contre différent et original, car il reste celui de la loi du 10 août 1871. À la différence des élections municipales où un corps électoral unique désigne la totalité des membres du conseil municipal, les élections des membres du conseil général se déroulent dans le cadre restreint du **canton** ; les électeurs ne choisissent qu'un représentant par canton, selon un scrutin, par conséquent, **uninominal**, ce scrutin étant à la fois uninominal et **majoritaire à deux tours**. Il en résulte que des départements d'importance démographique très différente peuvent avoir le même nombre de conseillers généraux. Le découpage cantonal opéré par décret en Conseil d'État apparaît du même coup comme un instrument de stratégie politique[18]. Le juge de l'excès de pouvoir veille à ce que les modifications en ce

---

18. Rappelons que les conseillers généraux sont inscrits sur la liste des électeurs sénatoriaux (art. L. 281 du Code électoral).

domaine ne viennent pas accroître les disparités de populations préexistantes[19]. Par ailleurs, pour mettre un terme aux abus de la pratique et contribuer à la moralisation de la vie publique, la loi du 11 décembre 1990[20] interdit tout redécoupage des circonscriptions électorales dans l'année précédant l'échéance normale de renouvellement des assemblées concernées (art. 7 de la loi) et prévoit son application à partir de 1998 (art. 12).

Pour être élu au premier tour, il faut obtenir la majorité absolue des suffrages exprimés et un nombre de suffrages égal au moins au quart du nombre des électeurs inscrits. Nul ne peut se présenter au deuxième tour, s'il ne s'est pas présenté au premier et n'y a obtenu un nombre de voix d'au moins 10 % du nombre des électeurs inscrits. La majorité relative suffit au deuxième tour, et à égalité de voix, c'est le plus âgé qui est élu. En cas d'élection partielle, le système est le même.

Les conditions légales d'**éligibilité** se rapportent à la nationalité française obligatoirement ; à l'âge : 21 ans minimum depuis la loi du 23 décembre 1970 ; à la capacité électorale de droit commun et au lien avec le département : domicile ou inscription sur le rôle des contributions directes. La loi ajoute à ces conditions l'exigence que les trois quarts des conseillers généraux doivent être domiciliés dans le département, l'inscription au rôle des impôts directs ne pouvant être suffisante que pour un quart d'entre eux.

Les causes d'**inéligibilité** qui font obstacle à l'élection peuvent intéresser l'ensemble du territoire et fonder des inéligibilités absolues, ou bien seulement le département dans lequel les agents visés exercent leurs fonctions, et fonder des inéligibilités relatives.

Les *inéligibilités absolues* frappent ainsi :

– Les citoyens pourvus d'un conseil judiciaire (art. L. 200 du Code électoral) de même que les majeurs sous tutelle (*ibid.*, art. L. 5).

– Les individus qui n'ont pas satisfait à leurs obligations militaires (*ibid.*, art. 45 et art. L. 4 du Code du service national).

– Les personnes privées de leur droit de vote et d'éligibilité en application des lois qui autorisent cette privation (art. L. 199 du Code électoral).

– Les personnes condamnées pour corruption électorale et qui sont inéligibles pendant deux ans (*ibid.*, art. L. 107).

– Les personnes condamnées pour profits illicites (*ibid.*, art. L. 203).

– Les débiteurs admis au règlement judiciaire ou à l'égard desquels la faillite personnelle ou l'interdiction de gérer a été prononcée (*ibid.*, art. L. 202 et art. L. 220-II de la loi n° 85-98 du 25 janvier 1985 relative au redressement et à la liquidation judiciaire des entreprises).

– Le médiateur pendant la durée de ses fonctions, sauf s'il était déjà conseiller général au moment de sa nomination (art. 4 de la loi n° 73-6 du 3 janvier 1973).

---

19. *Cf.* CE, 12 juillet 1978, « Commune de Sarcelles », *Rec.* p. 309. Voir aussi André ROUX, « Le découpage des circonscriptions administratives et électorales devant le Conseil d'État », *AJDA*, 1983, p. 219.
20. Loi n° 90-1103 du 11 décembre 1990, *JO* du 13 décembre 1990, p. 15271.

Les *inéligibilités relatives* intéressent en premier lieu le département où certains fonctionnaires d'autorité ou non exercent ou ont exercé leurs fonctions :

– depuis *moins de trois ans* pour les préfets ;

– depuis moins d'un an pour les sous-préfets, les secrétaires généraux, directeurs de cabinet de préfet ou sous-préfets chargés de mission auprès d'un préfet, ainsi que les secrétaires en chef de sous-préfecture ;

– depuis *moins de six mois* pour les ingénieurs des Ponts et Chaussées, les inspecteurs d'académie et les inspecteurs de l'enseignement primaire, les agents de tous ordres chargés de l'assiette et du recouvrement de tous impôts[21], les directeurs et inspecteurs des PTT (CE, 11 juin 1975, Élections cantonales de Neuves-Maisons[22]), les ingénieurs en chef, inspecteurs et directeurs des tabacs, les directeurs départementaux et inspecteurs de l'action sanitaire et sociale, les directeurs et chefs de services régionaux des administrations civiles de l'État.

Les *inéligibilités relatives* frappent également certains agents dans les *circonscriptions de leur ressort respectif*, notamment les magistrats de l'ordre judiciaire, membres des tribunaux administratifs, magistrats des chambres régionales des comptes, les officiers des armées de terre, de mer et de l'air, les fonctionnaires des corps actifs de police, les ingénieurs des mines, les recteurs d'académie, les ingénieurs et agents du génie rural ou des eaux et forêts[23], les inspecteurs des poids et mesures, les membres du cabinet du président du conseil régional, les directeurs généraux, les directeurs, chefs de service, et chefs de bureau de conseil général ou régional, tous les fonctionnaires et agents visés exerçant ou ayant exercé leurs fonctions depuis *moins de six mois* dans ces circonscriptions (art. L. 195 du Code électoral).

À la différence de l'inéligibilité, l'incompatibilité ne vicie pas l'élection elle-même, mais fait obstacle tant qu'elle dure, à l'exercice du mandat. Elle peut soit résulter de l'exercice de certaines fonctions, soit résulter d'élections multiples.

Dans le cas des *incompatibilités résultant de l'exercice de certaines fonctions*, les titulaires de ces fonctions qui sont cependant valablement élus, doivent simplement choisir entre ces fonctions et leur mandat.

Dans certains cas d'*incompatibilités générales ou absolues*, le mandat du conseiller général est incompatible dans toute la France avec les fonctions de préfets ou sous-préfets, secrétaires généraux et secrétaires en chef de sous-préfecture, celles des corps actifs de police, celles de militaire de carrière ou assimilé en activité de service ou servant au-delà de la durée légale (*ibid.,* art. L. 46).

Les *incompatibilités relatives ou locales* visent dans le département les fonctions d'architecte départemental, d'ingénieur des travaux publics de l'État, d'employé des bureaux de la préfecture ou d'une sous-préfecture, et généralement de tous les agents salariés ou subventionnés sur les fonds départementaux, de même que les représentants légaux des établissements hospitaliers départementaux ou interdépartementaux.

---

21. À noter qu'un inspecteur des impôts exerçant les fonctions d'inspecteur des domaines ne peut se voir opposer l'inéligibilité prévue, les missions dont il est chargé étant étrangères à son champ d'application. *Cf.* CE, 23 juin 1978, « Élection cantonale de Mulhouse-Ouest », *Rec.* p. 275.

22. CE, 11 juin 1975, « Élections cantonales de Neuves-Maisons », *Rec.* table, p. 1056.

23. Le juge administratif recherche si la direction départementale de l'agriculture, dont dépendent les ingénieurs et autres agents du génie rural, exerce effectivement des compétences totales ou partielles dans le canton où l'intéressé a été élu. *Cf.* CE, 12 mai 1978, « Élection cantonale du Puy Sud-Ouest », *Rec.* p. 208.

L'article L. 207 alinéa 2 du Code électoral précise toutefois à titre d'exception à la règle que ne sont pas considérés comme salariés, les médecins chargés dans leur canton ou dans les cantons voisins des services de la protection de l'enfant et des enfants assistés, non plus que des services des épidémies, de la vaccination ou de tout autre service analogue ayant un caractère de philanthropie. La même exception est prévue par l'article L. 207 alinéa 3 à l'égard des vétérinaires chargés du service des épizooties[24].

Quant aux *incompatibilités résultant d'élections multiples*, elles se fondent sur l'article L. 208 du Code électoral qui dispose que nul ne peut être membre de plusieurs conseils généraux, règle qui ne s'applique pas aux membres du Conseil de Paris en raison de sa nature particulière. Par contre, l'article L. 209 du même code autorise les candidatures multiples, mais oblige le conseiller général élu dans plusieurs cantons, à déclarer son option au président du conseil général « dans les trois jours qui suivent la plus prochaine réunion du conseil général », et en cas de contestation, soit à partir de la date à laquelle la décision du tribunal administratif est devenue définitive, soit à partir de la notification de la décision du Conseil d'État, en cas d'appel. À défaut d'option exercée dans les délais, l'article L. 209 alinéa 2 du Code électoral prévoit une solution originale, le conseil général détermine en séance publique, et par la voie du sort, à quel canton le conseiller appartiendra.

Par contre, tout conseiller général qui, par une cause survenue postérieurement à son élection, se trouve dans un cas d'incompatibilité, est déclaré démissionnaire par le conseil général, soit d'office, soit sur la réclamation de tout électeur (*ibid.*, art. L. 210).

La *durée du mandat est de 6 ans*, mais les règles concernant le renouvellement du mandat ont connu une curieuse valse d'hésitations. Le *renouvellement par moitié tous les trois ans* prévu en 1871 a été supprimé par la loi du 11 décembre 1990 au profit d'un *renouvellement intégral tous les 6 ans* (art. 1), les élections cantonales devant avoir lieu en même temps que les élections régionales (art. 6). La concomitance des élections cantonales et régionales était prévue pour s'appliquer à partir de mars 1998 au terme d'un régime transitoire, avec le souci louable de lutter contre l'abstentionnisme qui atteint facilement 30 % en matière d'élections cantonales[25].

Cette heureuse rationalisation a été supprimée à son tour par *la loi du 18 janvier 1994* qui rétablit le *renouvellement triennal* de 1871, et la nouvelle rédaction de l'article L. 192 reprend l'ancienne formule : les conseillers généraux sont renouvelés par moitié tous les trois ans et *indéfiniment rééligibles*.

Le mandat de conseiller général *prend fin* prématurément en cas de décès, d'option, démission volontaire ou forcée (art. L. 205 et L. 210 du Code électoral). En cas de *vacance*, le remplacement d'un conseiller général donne lieu à une *élection partielle* organisée dans un délai de 3 mois, et dans les mêmes conditions que les élections prévues à échéance triennale. Toutefois, si le renouvellement triennal doit normalement avoir lieu dans les trois mois de la vacance, « l'élection partielle se fait à la même époque » (loi n° 94-44 du 18 janvier 1994).

La *dissolution du conseil général* est prévue par l'article 43 de la loi n° 82-213 du 2 mars 1982. L'article 43 alinéa 1 précise la motivation et la forme de cette décision

---

24. CE, 23 décembre 1966, « Élection cantonale de Roquesteron », *Rec.* p. 692.
25. Voir l'excellent article de Michel VERPEAUX aux *Petites Affiches* du 25 septembre 1991, n° 115, p. 16 à 24.

très grave, puisqu'elle concerne des élus et touche à la démocratie locale : «lorsque le fonctionnement d'un conseil général se révèle impossible, le gouvernement peut en prononcer la dissolution par décret motivé pris en Conseil des ministres.» Il est précisé par ailleurs que le gouvernement en informe le Parlement dans le délai le plus bref et l'article 43 alinéa 2 rappelle que «la dissolution ne peut jamais être prononcée par voie de mesure générale».

En cas de *dissolution, le président du conseil général* est alors chargé de l'expédition des affaires courantes et soumis au régime exceptionnel de l'*approbation préalable* du préfet pour l'exécution de ses décisions. Il y a là un reliquat de contrôle *a priori* dans les cas déterminés par la loi. La réélection du conseil général doit intervenir dans les deux mois.

Le dispositif prévu en cas de dissolution joue également en cas de démission de tous les membres du conseil général ou d'annulation de l'élection de tous les conseillers généraux.

Si la réforme ne modifie pas le régime des élections cantonales, non plus que les règles essentielles concernant le mandat, elle modifie sensiblement les règles de fonctionnement du conseil général, auquel elle consacre les articles 35 à 44.

B. Les règles de fonctionnement

Tout d'abord, le régime des sessions qui existait précédemment et qui limitait l'autonomie de l'assemblée départementale est supprimé. Le nouveau système, très libéral, est calqué sur celui du conseil municipal. Désormais, le conseil se réunit, au moins une fois par trimestre, à l'initiative de son président (art. 35 al. 2). L'année du renouvellement, une réunion de plein droit doit se tenir le second vendredi qui suit le premier tour de scrutin. De plus, l'article 37 dispose que le conseil général se réunit à la demande de «la commission permanente» (loi n° 92-125 du 6 février 1992) ou du tiers de ses membres sur un ordre du jour déterminé, et dans ce cas, pour une durée maximale de deux jours. En cas de circonstances exceptionnelles, la réunion peut être décidée par décret.

Les conditions de **quorum** sont définies par l'article 38. Lors de la réunion de droit qui suit chaque renouvellement triennal, la présence des deux tiers des conseillers généraux est exigée pour délibérer valablement. Cette séance particulièrement importante est présidée par le doyen d'âge, le plus jeune membre du conseil général faisant fonction de secrétaire, et permet au conseil d'élire son président pour trois ans, puis aussitôt après l'élection du président, et sous sa présidence, de fixer le nombre des vice-présidents et des autres membres de la commission permanente et du bureau. Si la condition de quorum n'est pas remplie, une nouvelle réunion se tient trois jours plus tard sans condition de quorum.

Pour les autres réunions, le conseil ne peut délibérer que si la majorité absolue des conseillers en exercice est présente et, à défaut, le système des réunions automatiques trois jours plus tard est repris sans condition de quorum (art. 41 de la loi du 2 mars 1982).

Tout conseiller général empêché d'assister à une réunion peut donner délégation de vote pour cette réunion à un autre conseiller, mais nul ne peut être porteur de plus d'un mandat (*ibid.,* art. 44).

Afin de permettre une bonne information des conseillers, le président du conseil général leur adresse un *rapport* sur chacune des affaires qui doivent leur être soumises *douze jours au moins* avant la réunion du conseil (*ibid.,* art. 42 al. 1 modifié par la loi n° 86-16 du 6 janvier 1986). Au regard du Conseil d'État, il s'agit d'une formalité substantielle[26].

Les séances du conseil général sont *publiques* mais le conseil général, à la demande de cinq membres ou du président, peut décider sans débat, à la majorité absolue des membres présents ou représentés, de se réunir à huis clos[30] (art. 40 al. 1 de la loi du 2 mars 1982). Toutefois les votes ayant pour objet une nomination ont toujours lieu en scrutin secret. En cas de partage, la voix du président est prépondérante (art. 30 al. 1 et 2 de la loi du 10 août 1871).

Comme nous l'avons vu pour le conseil municipal, et sans préjudice des pouvoirs de police de l'assemblée que détient le président en vertu de l'article 29 de la loi du 10 août 1871 et qui lui permettent notamment de faire expulser de l'auditoire ou arrêter tout individu qui trouble l'ordre, les séances du conseil général peuvent désormais être retransmises par les moyens de communication audiovisuelle.

Il est rédigé un *procès-verbal* de chaque séance. Il contient les rapports, les noms des conseillers qui ont pris part à la discussion et l'analyse de leurs opinions (*ibid.,* art. 32). Tout électeur ou contribuable du département a le droit de demander communication sur place et de prendre copie de toutes les délibérations ainsi que des procès-verbaux des séances publiques, et même de les reproduire sous sa responsabilité par la voie de la presse.

Quant à l'organisation générale du conseil, l'article 35 de la loi du 2 mars 1982 précise que son siège est à l'hôtel du département, mais qu'il peut se réunir à l'initiative de son président dans tout autre lieu du département choisi par la commission permanente élue par le conseil. Il y a donc une distinction à faire entre le siège et le lieu de réunion. Le *lieu du siège* n'est pas forcément celui du chef-lieu de département, qui reste par contre le lieu où se trouve le préfet et ses services. En effet, comme le département, en tant que circonscription administrative de l'État, et le département en tant que collectivité locale relèvent désormais d'autorités différentes, rien n'empêche le conseil général d'installer son siège et ses services dans n'importe quelle ville du département, qu'elle coïncide ou non avec le chef-lieu.

D'autre part, le conseil général établit *son règlement intérieur* (*ibid.,* art. 39). Rendu obligatoire par l'article 26 de la loi du 10 août 1871, ce règlement intérieur est une constante qui permet de préciser les modalités de tenue des séances et notamment la fréquence ainsi que les conditions de présentation et d'examen des *questions orales* que les conseillers généraux ont le droit d'exposer en séance, ces questions ayant trait aux affaires du département (art. 33 de la loi d'orientation du 6 février 1992). L'article 31-II de cette même loi apporte deux précisions importantes. D'une part, que le conseil général établit son règlement intérieur dans le mois qui suit son renouvellement. D'autre part, que le règlement intérieur peut être déféré devant le tribunal administratif.

Le représentant de l'État dans le département peut assister aux séances du conseil général et y être entendu, soit à sa demande et avec l'accord du président du conseil

---

26. CE Ass., 2 décembre 1983, «Charbonnel», *Rec.* p. 474, concl. Roux et *AJDA*, 1984, p. 76, Ch. Lasserre et Delarue, *RDP*, 1985, p. 827, note de Soto.

général, soit « sur demande du Premier ministre » (art. 37 de la loi du 2 mars 1982). Par ailleurs, le préfet informe chaque année le conseil général par un *rapport spécial*, de l'activité des services de l'État dans le département. Ce rapport spécial donne lieu éventuellement à un débat en présence du représentant de l'État (*ibid.,* art. 42-III).

Ainsi, la réforme de 1982 organise un conseil général plus autonome et plus conforme au principe de la démocratie locale qui domine la décentralisation. Ce même principe se retrouve au niveau du conseil régional.

§ III. LE CONSEIL RÉGIONAL

L'article 59 alinéa 1 de la loi du 2 mars 1982 consacre le principe d'une réforme profonde des régions, en stipulant que : « *Les régions sont des collectivités territoriales. Elles sont administrées par un conseil régional élu au suffrage universel direct.* » La région cesse d'être un établissement public pour devenir une collectivité territoriale à part entière. Ceci se traduit à titre principal par le respect du principe électif de ses organes, assemblée délibérante et exécutif. Et « le conseil régional règle par ses délibérations les affaires de la région » (art. 59 al. 2 de la loi du 2 mars 1982).

A. Portée de la réforme et nouveau régime des élections

Toutefois, la loi prévoit un régime transitoire. L'article 60 précise en effet, que jusqu'à la première réunion des conseils régionaux élus au suffrage universel, les régions demeurent des établissements publics régis par la loi précédente, en date du 5 juillet 1972[27], sous réserve des adaptations réglementaires. Le conseil régional est donc resté provisoirement conforme à ce qu'il était précédemment, sous réserve du décret du 9 mars 1983[28] qui a modifié le nombre et la répartition des conseillers pour tenir compte du dernier recensement de la population. Jusqu'en 1986, on trouve donc toujours **trois catégories d'élus**, dont le mandat prend fin en même temps que le mandat au titre duquel ils ont été désignés ou lors du renouvellement de l'assemblée qui les a élus.

– 1re catégorie : les députés et sénateurs de la région ;
– 2e catégorie : des représentants des collectivités locales, départements et communes désignés par le conseil général en proportion de la population ;
– 3e catégorie : des représentants des agglomérations, c'est-à-dire des communes de plus de 30 000 habitants et des communautés urbaines.

---

27. Loi n° 72-619 du 5 juillet 1972 portant création et organisation des régions, *JO* du 6 juillet 1972, p. 7176.
28. Décret n° 83-167 du 9 mars 1983, *JO* du 10 mars 1983.

La loi du 10 juillet 1985[29] précise les règles électorales applicables dès mars 1986, à l'élection au suffrage universel du futur conseil régional. Dans chaque département, les conseillers sont désormais élus au scrutin de liste pour **six ans** à la représentation proportionnelle à la plus forte moyenne, sans panachage, ni vote préférentiel. Les sièges sont attribués à chaque liste ayant obtenu au moins 5 % des suffrages exprimés, ce qui impose le respect d'un seuil de représentativité. Les candidats sont désignés dans l'ordre de présentation de chaque liste. Le candidat venant sur une liste immédiatement après le dernier élu est appelé à remplacer le conseiller élu sur cette liste dont le siège devient vacant (art. L. 360 al. 1 du Code électoral).

La loi du 10 juillet 1985 a fixé *les effectifs des conseils régionaux* et *la répartition des sièges* de chaque conseil entre les départements de la région, en fonction de l'importance démographique de chaque département établie *sur la base du dernier recensement.*

Les effectifs et les sièges fixés en 1985 pour les élections de mars 1986, ont été corrigés en conséquence par la loi du 31 décembre 1991[30] pour les élections de 1992.

Par exemple il est prévu pour la région *Aquitaine : 85 conseillers* à raison de :

– 12 sièges pour la Dordogne ;

– 36 sièges pour la Gironde, le département le plus peuplé de la région ;

– 10 sièges pour les Landes ;

– 10 sièges pour le Lot-et-Garonne ;

– 17 sièges pour les Pyrénées-Atlantiques.

Les effectifs vont de *43* conseillers pour la Franche-Comté et le Limousin à *209* pour l'Île-de-France.

Le principe posé pour la *révision du nombre des conseillers régionaux*, est qu'elle a lieu au cours de la première session ordinaire[31] du Parlement qui suit la publication des résultats du recensement général de la population (art. L. 337 al. 2 du Code électoral).

Les conditions *d'éligibilité* concernent l'âge : 21 ans révolus, la nationalité française, et le lien avec la région : domicile ou inscription au rôle des contributions directes (*ibid.*, art. L. 339).

Les *inéligibilités* sont largement alignées sur le régime applicable aux départements (*ibid.*, art. L. 195 et L. 196), visant les mêmes personnes lorsque leurs fonctions concernent ou ont concerné tout ou partie du territoire de la région. S'y ajoutent les fonctionnaires placés auprès du préfet de région et affectés au secrétariat général pour les affaires régionales en qualité de secrétaire général ou de chargé de mission, et pour une durée d'un an, le président de conseil régional qui n'a pas déposé l'une des déclarations prévues à l'article 2 de la loi n° 88-227 du 11 mars 1988 relative à la transparence financière de la vie politique. Comme pour les autres mandats locaux, le médiateur ne peut être candidat à un mandat de conseiller régional pendant toute la durée de ses fonctions, sauf s'il exerçait ce mandat antérieurement à sa nomination.

---

29. Loi n° 85-692 du 10 juillet 1985, modifiant le Code électoral et relative à l'élection des conseillers régionaux, *JO* du 11 juillet 1985, p. 7805. Voir aussi la loi n° 86-16 du 6 janvier 1986, *JO* du 8 janvier 1986, p. 367.

30. Loi n° 91-1384 du 31 décembre 1991, *JO* du 1er janvier 1992.

31. À noter que le Parlement se réunit désormais en une seule session unique de neuf mois selon la révision constitutionnelle du 31 juillet 1995. Il faudra donc interpréter l'expression «première session ordinaire» chronologiquement comme la première session qui suit la publication du recensement.

Le régime des *incompatibilités* est lui aussi calqué sur le régime applicable aux départements en ce sens que les fonctions énumérées par l'article L. 195 du Code électoral sont incompatibles avec le mandat de conseiller régional. S'y ajoutent plus spécialement des incompatibilités avec les fonctions d'agent salarié de la région ou d'entrepreneurs des services régionaux, ou encore d'agents salariés des établissements publics et agences créés par les régions (*ibid.*, art. 343). Comme pour les autres élus locaux, s'applique encore l'incompatibilité de principe visant les fonctions de militaire de carrière ou assimilé (*ibid.*, art. 46).

Par ailleurs, certaines *interdictions de cumuls* s'appliquent aux conseillers régionaux. Nul ne peut être membre de plusieurs conseils régionaux (*ibid.*, art. L. 345), pas plus qu'il ne peut être à la fois membre du conseil régional et membre du conseil économique et social régional, les deux institutions ayant une composition et une vocation distinctes (art. 5-IV de la loi du 5 juillet 1972). De la même façon, il faut préciser que nul ne peut être à la fois président de conseil régional et président de conseil général. Tout président d'une de ces assemblées élu président de l'autre, cesse de ce fait même d'exercer sa première fonction (art. 103-1 de la loi du 2 mars 1982 modifié par la loi n° 85-1406 du 30 décembre 1985).

S'ajoutent encore les *interdictions de cumuls verticaux* entre mandats de niveau différent, réglées par l'article L. 46-I du Code électoral dans la rédaction de la loi n° 85-1406 du 30 décembre 1985. Nul ne peut cumuler plus de deux des mandats électoraux ou fonctions électives ainsi énumérés : parlementaire européen, conseiller régional, conseiller général, conseiller de Paris, maire d'une commune de 20 000 habitants ou plus, autre que Paris, adjoint au maire d'une commune de 100 000 habitants ou plus, autre que Paris. Le mandat de conseiller à l'Assemblée de Corse est ici assimilé à celui de conseiller régional (loi n° 91-428 du 13 mai 1991) et sont assimilées au mandat de conseiller général les fonctions locales exercées dans les assemblées délibérantes des territoires de Nouvelle-Calédonie et de Polynésie française ainsi que des collectivités territoriales à statut particulier de Saint-Pierre-et-Miquelon et de Mayotte.

Les conseils régionaux se renouvellent intégralement et les conseillers régionaux sont rééligibles.

Quant au *contentieux* des élections régionales, il est attribué au Conseil d'État, saisi par tout candidat ou tout électeur ou encore par le préfet du département. La contestation se fait dans les 10 jours de la proclamation des résultats (art. L. 361 du Code électoral). En cas d'annulation de l'ensemble des opérations dans un département, il est procédé à de nouvelles élections dans ce département dans un délai de trois mois (*ibid.*, art. 363).

B. Les règles de fonctionnement

Aucune indication n'est donnée par la loi sur le lieu du siège du conseil, ni sur le lieu de ses réunions. La loi ne fixe pas non plus les conditions de **quorum**, ce qui suppose que l'article 28 du décret précédemment applicable du 5 septembre 1973 est toujours de droit positif. La règle posée par cet article est la même que celle qui est imposée au conseil général, c'est-à-dire plus de la moitié des membres en exercice (majorité absolue). Si le quorum n'est pas atteint, la séance est renvoyée au deuxième jour ouvrable qui suit ; cette seconde réunion n'est soumise à aucune condition de quorum (la même règle existe pour le conseil général, mais la deuxième réunion est fixée au troisième jour).

Le préfet de région cesse d'être l'exécutif nommé du conseil pour n'être plus que le chef de la région, en tant que circonscription administrative déconcentrée. Par conséquent, le président du conseil régional se substitue à lui de plein droit pour l'établissement de l'ordre du jour comme pour le rapport préalable, qui doit être adressé douze jours au moins avant la réunion au cours de laquelle chaque affaire traitée par le rapport doit être discutée. Les décisions sont prises à la majorité des voix avec prépondérance de celle du président en cas de partage des suffrages.

L'article 72-II de la loi du 2 mars 1982 précise que, chaque année, le président rend compte au conseil régional par un **rapport spécial**, de la situation de la région, de l'état d'exécution du plan régional, ainsi que de l'activité et du financement des différents services de la région et des organismes qui dépendent de celle-ci. Le rapport précise l'état d'exécution des délibérations du conseil régional et la situation financière de la région. Parallèlement, le représentant de l'État dans la région doit informer le conseil régional par un *rapport annuel spécial*, de l'activité des services de l'État dans la région. Le rapport du préfet est transmis au gouvernement avec les observations du conseil régional. Le gouvernement présente au Parlement lors de sa session[32], un document faisant la synthèse des rapports et observations prévus par l'article 10 de la loi du 5 juillet 1972.

Mais la vocation économique de la région a conduit le législateur à instituer auprès du conseil régional et de son président un organe consultatif spécialisé, le conseil économique et social régional, dont nous allons préciser le régime et le rôle.

C. Le conseil économique et social régional

Créé pour assurer une représentation des intérêts socio-professionnels au niveau régional, il transpose la conception introduite dans la Constitution de 1946 au niveau national, en juxtaposant la représentation politique issue du suffrage universel au sein du Parlement et la représentation socio-professionnelle issue de la désignation par les organisations représentatives socio-professionnelles. Le Conseil économique et social objet du titre X de la Constitution est ainsi l'organe consultatif constitutionnel de l'administration d'État en matière économique et sociale comme nous l'avons vu en étudiant l'administration centrale.

Sur le même schéma, et juxtaposé à la représentation politique issue du suffrage universel au sein du conseil régional, le conseil économique et social régional assure la représentation des forces socio-économiques de la région. Mis en place sous le nom de comité économique et social[33] par la loi Frey du 5 juillet 1972, dans le cadre de la première décentralisation régionale, il a été reconduit par la loi du 2 mars 1982. Composition, fonctionnement et attributions ont fait l'objet de modifications nombreuses par les lois du 2 mars 1982, du 6 janvier 1988, 11 décembre 1990, 6 février 1992 et 18 janvier 1994. Par ailleurs, c'est l'article 24-I de la loi d'orientation

---

32. Il ne peut plus s'agir de la « seconde session ordinaire » comme le stipule le texte de 1972 en raison de la réforme constitutionnelle du 31 juillet 1995.

33. Cette dénomination avait le mérite d'éviter tout risque de confusion entre le Conseil économique et social national et le comité régional.

du 6 février 1992 qui substitue la dénomination de conseil économique et social régional, sans que cette réforme purement sémantique n'ait de portée fondamentale sur le droit qui leur est applicable[34]. Le décret d'application n° 82-866 du 11 octobre 1982 a été lui-même modifié par de nombreux décrets, plus nombreux encore que les textes législatifs, le dernier en date étant le décret n° 95-990 du 4 septembre 1995[35].

a) *Organisation*

Leur composition est fixée par l'article 1 du décret n° 82-866 du 11 octobre 1982. Ils comprennent entre 40 et 110 membres qui représentent quatre catégories socio-professionnelles dont les deux premières ont une représentation égale.

> – Pour un nombre de sièges au moins égal à 35 % du total des sièges, arrondi, le cas échéant, à l'entier inférieur revenant aux entreprises et activités professionnelles *non salariées*.
> – Pour un nombre de sièges au moins égal à 35 % du total des sièges, arrondi, le cas échéant, à l'entier inférieur, revenant aux syndicats de *salariés* et de l'Union nationale des syndicats autonomes (*UNSA*).
> – Pour un nombre de sièges au moins égal à 25 % du total des sièges, arrondi, le cas échéant, à l'entier inférieur, revenant aux organismes qui participent à la *vie collective* de la région (catégorie hétérogène qui correspond le plus souvent au secteur associatif).
> – Pour un nombre de sièges égal au plus à 5 %, revenant aux personnalités qualifiées qui concourent au développement régional, nommées par arrêté du Premier ministre.

L'actuel décret du 4 septembre 1995 comporte en annexe[36] les tableaux de répartition des sièges à l'intérieur de chaque catégorie entre les organisations représentatives concernées, avec un nombre de conseillers variant entre 59 pour la région Limousin à 110 pour la région Île-de-France.

À titre d'exemple, le tableau de la représentation de la région Auvergne[37] est le suivant (v. p. suiv.).

Les membres du conseil économique et social sont désignés pour *six ans* et leur mandat est renouvelable. Ils doivent avoir la capacité électorale. Le mandat expire par décès, démission ou encore par perte de la qualité en vertu de laquelle un membre a été désigné. Toute personne désignée pour remplacer un membre du conseil exerce son mandat jusqu'à expiration du mandat de la personne qu'elle remplace.

Le conseil économique et social choisit son président et les autres membres de son bureau, élus pour trois ans et rééligibles (art. 13 du décret du 11 octobre 1982).

---

34. Pour une opinion contraire, voir l'article de Raphaël BRUN, « Les conseils économiques et sociaux régionaux. Brève histoire d'une consécration juridique », *Les Petites Affiches*, 3 avril 1992, n° 41, p. 14 à 18.

35. Décret n° 95-990 du 4 septembre 1995 modifiant le décret n° 82-866 du 11 octobre 1982 relatif à la composition et au fonctionnement des conseils économiques et sociaux régionaux, *JO* du 5 septembre 1995, p. 13151 à 13169.

36. Ces tableaux remplacent ceux figurant en annexe du décret du 11 octobre 1982.

37. *JO* du 5 septembre 1995, p. 13153.

Conseil économique et social de la région Auvergne

Nombre de membres : 65

(Dont 1ʳᵉ catégorie : 23 ; 2ᵉ catégorie : 23, 3ᵉ catégorie : 17 ; 4ᵉ catégorie : 2)

NOMBRE de sièges	MODE DE DÉSIGNATION	NOMBRE de sièges	MODE DE DÉSIGNATION
	I. – Entreprises et activités professionnelles non salariées	1	Par accord entre la caisse régionale d'assurance maladie des travailleurs salariés, la caisse mutuelle régionale d'assurance maladie-maternité des travailleurs non salariés des professions non agricoles, les caisses d'allocations familiales du régime général et les organismes de mutualité sociale agricole.
4	Par la chambre régionale de commerce et d'industrie.		
4	Par l'union patronale de la région Auvergne.		
1	Par la délégation régionale de la Confédération générale des petites et moyennes entreprises.		
1	Par accord entre les représentants de la direction régionale de la SNCF et de la direction régionale d'EDF-GDF.	1	Par accord entre les comités départementaux des retraités et des personnes âgées.
1	Par les entreprises industrielles ayant un établissement d'au moins 1 000 salariés dans la région.	1	Par accord entre l'union régionale interfédérale des œuvres privées, sanitaires et sociales et le centre régional pour l'enfance et l'adolescence inadaptées.
1	Par l'union régionale des banques.	1	Par la fédération régionale des sociétés mutualistes.
2	Par la chambre régionale des métiers.	1	Par le groupement régional de la coopération, de la mutualité et des associations.
2	Par l'union professionnelle artisanale régionale.		
1	Par la chambre régionale d'agriculture.	2	Par accord entre les responsables des établissements publics d'enseignement supérieur et de recherche.
4	Par accord entre les unions ou fédérations départementales d'exploitants agricoles, les organisations départementales de jeunes agriculteurs et l'association régionale des organisations départementales de coopération et de crédit agricoles.	1	Par accord entre la section régionale de la Fédération des conseils de parents d'élèves, la section régionale de la Fédération nationale des associations de parents d'élèves de l'enseignement public, la section régionale de l'Union nationale des associations autonomes de parents d'élèves et l'union régionale des associations de parents d'élèves de l'enseignement libre.
1	Par la section régionale de l'Union nationale des associations de professions libérales.		
1	Par accord entre la section régionale de l'Union nationale des associations de professions libérales, les chambres départementales des professions libérales, les conseils départementaux de l'ordre des médecins et chirurgiens-dentistes, le conseil régional de l'ordre des vétérinaires, le conseil régional de l'ordre des pharmaciens, les bâtonniers des barreaux du ressort de la cour d'appel de Riom, le conseil régional des notaires du ressort de la cour d'appel de Riom, le conseil régional de l'ordre des experts-comptables, le conseil régional de l'ordre des architectes et la chambre régionale des huissiers de justice du ressort de la court d'appel de Riom.	1	Par accord entre l'association Les vieilles maisons françaises, l'Association pour la promotion des musées, l'agence régionale des métiers du livre, l'association régionale pour la promotion des activités musicales et l'Association pour la promotion du théâtre.
		1	Par accord entre les associations départementales et interdépartementales agréées de jeunes représentant les mouvements d'éducation populaire et de loisir social.
		1	Par le comité régional olympique et sportif.
		1	Par le comité régional du tourisme.
23		1	Par accord entre les associations et fédérations départementales de locataires.
	II. – Syndicats de salariés	1	Par la fédération régionale Auvergne pour la protection de la nature et de l'environnement.
8	Par le comité régional CGT.	1	Par le centre technique régional de la consommation.
5	Par l'union régionale CFDT.	1	Par accord entre l'association régionale HLM d'une part, la chambre régionale des propriétaires d'autre part.
4	Par l'union régionale CGT-FO.		
2	Par l'union régionale CFTC.		
2	Par l'union régionale CGC.		
2	Par l'UNSA.		
23		**17**	
	III. — Vie collective	**2**	*IV. — Personnalités qualifiées*
1	Par l'union régionale des associations familiales.		

C'est le conseil qui établit son *règlement intérieur* qui fixe la composition du bureau, les compétences et les règles de fonctionnement des commissions, et qui peut prévoir la création de *groupes de travail* spécialisés et temporaires, ainsi que les modalités d'association aux travaux de *personnalités et d'organisations à vocation régionale* n'appartenant pas au conseil économique et social. C'est encore le règlement intérieur qui fixe les règles de fonctionnement des *sections* qui peuvent être créées et dont le nombre ne peut être supérieur à trois. Pour prendre un exemple, le conseil économique et social de la région Languedoc-Roussillon comprend deux sections[38], une section chargée de la prospective et de la conjoncture, et une section chargée de la communication et des relations extérieures.

Ces sections, prévues et supprimées la même année 1986 (lois des 6 janvier et 19 août) ont été rétablies par l'article 24-II de la loi d'orientation du 6 février 1992. Un décret en Conseil d'État fixe le nombre, les attributions et la composition de ces sections qui peuvent comprendre des *personnalités extérieures* au conseil économique et social régional dont le mandat est de trois ans seulement.

Le conseil régional met à la disposition du conseil économique et social régional les *moyens de fonctionnement nécessaires*. Ces moyens doivent permettre notamment d'assurer le secrétariat des séances du conseil et de celles de ses sections et commissions. Les crédits nécessaires à ce fonctionnement et, le cas échéant, à la réalisation de ses études font l'objet d'une inscription distincte au budget de la région (art. 15 de la loi du 5 juillet 1972 modifiée).

b) *Attributions*

Le conseil économique et social régional constitue une *assemblée consultative*[39] dont le rôle est de rendre des *avis* adoptés à la majorité des suffrages exprimés et mentionnant les positions des minorités. Une condition de quorum est en outre exigée par l'article 19 du décret du 11 octobre 1982. Le conseil économique et social ne peut en effet se prononcer valablement que si plus de la moitié de ses membres en exercice sont présents. À défaut de quorum, la séance est renvoyée au deuxième jour ouvrable qui suit sur convocation d'urgence faite par le président. Les avis sont alors rendus sans condition de quorum.

Ces avis font l'objet d'une publication officielle et sont communiqués au conseil régional ainsi qu'au conseil économique et social. Chaque fois qu'il l'estime utile, le conseil économique et social régional peut charger son rapporteur d'exposer l'avis qu'il a rendu devant la commission compétente du conseil régional, laquelle est tenue de l'entendre (art. 14 dernier al. de la loi du 5 juillet 1972 modifiée).

Préalablement à leur examen par le conseil régional, le conseil économique et social est *obligatoirement saisi pour avis* des documents entrant dans le cadre de trois hypothèses précises :

1. *En matière de planification :* préparation et exécution dans la région du plan national, préparation et exécution du plan régional, projet et bilan annuel, mais aussi pour tout document de planification ou schéma directeur intéressant la région.

2. *En matière budgétaire :* il doit se prononcer sur les orientations générales du budget de la région, à partir des différents documents budgétaires de la région.

3. *En matière d'orientations générales* dans tous les domaines de compétences transférés par le législateur à la région, y compris les schémas et programmes prévus par la loi, ainsi que les bilans des actions menées dans ces domaines.

S'ajoutent à ces compétences obligatoires, les cas de *consultations facultatives*, soit *à la demande du président du conseil régional*, sur tout projet à caractère économique,

---

38. *Cf.* Décret n° 94-1245 du 30 décembre 1994 créant deux sections au conseil économique et social de la région Languedoc-Roussillon, *JO* du 8 janvier 1995, p. 389.

39. *Cf.* CE, 23 mai 1986, «Établissement public régional de Bretagne c/ Sté Ouest Audiovisuel», *Rec.* p. 703, et *AJDA*, 1986, p. 650, note Moreau.

social ou culturel. Dans ce cas, il peut s'agir aussi de demandes d'études. Soit dans le cadre d'une *auto-saisine* qui permet au conseil d'émettre des avis sur toute question entrant dans les compétences de la région.

Le conseil économique et social régional se prononce sur tous les avis et rapports établis par les sections avant leur transmission à l'autorité compétente. Ces avis et rapports sont communiqués au conseil régional.

Cette organisation de la région avec un organe délibérant, le conseil régional, et un organe consultatif placé auprès de lui et du président du conseil régional, témoigne de l'importance de la région elle-même, par sa vocation économique et prospective.

En conclusion, on peut constater que les collectivités territoriales décentralisées obéissent au principe électif de la démocratie locale en ce qui concerne les organes délibérants. Mais, nous allons voir que ceci est également vrai en ce qui concerne leurs organes exécutifs, cette **harmonisation** résultant directement des aspects les plus novateurs de la réforme de 1982.

Section 2

Les organes exécutifs

Qu'il s'agisse des communes, des départements et des régions, tous les organes exécutifs sont désormais élus, et on peut les étudier en reprenant le même ordre d'exposition que pour les organes délibérants, en commençant par l'organe exécutif de la commune, c'est-à-dire le maire.

§ I. LE MAIRE

Le maire est l'élu des élus de la commune.

Il ne l'a pas toujours été, puisqu'en réaction aux dérives du système électif de la révolution qui avait conduit à la crise fédéraliste de 1793, le XIXᵉ siècle a maintenu entre 1800 et 1882 un système de désignation par le pouvoir central et par ses représentants, malgré quelques brefs retours démocratiques à l'élection des conseils municipaux comme en 1831 au suffrage censitaire, ou en 1848 au suffrage universel masculin. C'est la loi du 28 mars 1882 confirmée par la grande charte municipale du 5 avril 1884 qui généralise à toutes les communes sauf Paris, l'élection du maire par le conseil municipal élu lui-même au suffrage universel ouvert seulement en 1945 aux femmes et aux militaires, et avec toutefois une ultime éclipse sous le régime de Vichy par l'acte dit loi du 16 novembre 1940 qui organise des municipalités nommées pour les communes de 2 000 habitants au moins.

Mais jusqu'en 1982, le maire sera le seul organe exécutif local à être élu.

A. L'élection du maire et des adjoints

a) *Le régime de l'élection*

Le maire est choisi par le conseil municipal et en son sein, lors de la première réunion du conseil qui suit les élections. Il s'agit donc d'une élection au suffrage universel indirect. La convocation des membres du conseil municipal porte la mention spéciale de l'élection à laquelle il doit être procédé.

Cette séance particulière est présidée par le doyen d'âge. Le scrutin est secret et la majorité absolue n'est exigée que pour les premier et second tours. La majorité relative suffit au troisième tour (art. L. 122-4 al. 1 et 3 du Code des communes). En cas d'égalité de suffrages, le plus âgé est déclaré élu. Le mode de scrutin applicable aux élections municipales des communes de 3 500 habitants et plus, fait que normalement, la tête de la liste victorieuse est élue maire.

Les *conditions d'éligibilité* sont ici *dérogatoires* au droit commun, qui veut que tout électeur soit éligible, puisqu'il suffit d'avoir 18 ans pour être éligible au conseil municipal et qu'il faut avoir 21 ans révolus pour être maire. S'agissant d'une dérogation à un principe général, il faut l'entendre d'application stricte, l'article 21 § II de la loi du 19 novembre 1982 stipulant « nul ne peut être élu maire s'il n'est âgé de 21 ans révolus », sans viser dans la même formule les adjoints, désignés immédiatement après lui par une procédure identique. Il faut donc comprendre que la règle des 21 ans ne s'applique qu'au maire. Sur ce point, les auteurs sont parfois en désaccord.

Aussitôt après l'élection du maire, sont élus les adjoints dans les mêmes conditions que celles prévues pour l'élection de celui-ci (art. L. 122-4 du Code des communes).

Le nombre *des adjoints* est fixé librement par le conseil municipal, mais il *ne peut être inférieur à 1 ni supérieur à 20*, sans excéder 30 % du total de l'effectif du conseil municipal dans les communes de droit commun. La loi prévoit la possibilité que soit créé *un adjoint spécial* sur délibération motivée du conseil municipal, « lorsqu'un obstacle quelconque ou l'éloignement rend difficiles, dangereuses ou momentanément impossibles les communications entre le chef-lieu et une fraction de commune ». Cet adjoint spécial qui n'est pas obligatoirement un conseiller, mais un habitant de la fraction concernée, remplit les fonctions d'officier d'état civil, et peut être chargé de l'exécution des lois et règlements de police, sans autres attributions. De la même façon, un ou plusieurs postes d'adjoint spécial peuvent être institués *en cas de fusion de communes* (*ibid.*, art. L. 122-3).

Les adjoints prennent rang dans l'ordre de leur nomination et forment avec le maire la **municipalité**, au sens strict du terme, tous élus comme le conseil municipal et en son sein, pour une durée de six ans. Les adjoints ne disposent d'aucune attribution propre, mais seulement des pouvoirs qui leur sont délégués par le maire de façon précise[40] et que celui-ci peut retirer à tout moment.

Un certain nombre d'*incompatibilités* frappe communément les maires et les adjoints et visent les cas où l'élu serait agent d'une administration financière de l'État, comptable supérieur du Trésor ou chef d'un service départemental des administrations financières. Une même incompatibilité est opposable dans toutes les

---

40. *Cf.* CE, 12 mars 1975, « Commune de Loges-Margeron », *Rec.* p. 186.

communes de la région ou des régions où ils sont affectés, aux trésoriers-payeurs chargés de régions et aux chefs de services régionaux des administrations financières. Une incompatibilité spéciale et propre aux adjoints concerne les agents salariés du maire (*ibid.*, art. L. 122-8 dans la rédaction apportée par la loi n° 90-1067 du 28 novembre 1990).

Il faut remarquer qu'entre le maire et les adjoints existe une **solidarité** instituée par la loi du 31 décembre 1970. En cas de nouvelle élection du maire, les adjoints doivent eux-mêmes faire l'objet d'une nouvelle élection. La loi du 19 novembre 1982 renforce la solidarité de l'équipe municipale après une élection partielle. Le conseil peut alors décider de procéder à une nouvelle élection de tous les adjoints. Cette hypothèse vise les communes de moins de 3 500 habitants, puisque les autres communes n'ont pas d'élections partielles.

L'élection du maire et des adjoints peut faire l'objet d'une réclamation, et d'une action en nullité devant le tribunal administratif de la part de tout électeur et de tout éligible, comme de la part du préfet, la décision du tribunal administratif étant susceptible d'appel devant le Conseil d'État. Les conditions, formes et délais sont les mêmes s'agissant des réclamations formées contre les élections du conseil municipal, et celles visant l'élection du maire et des adjoints (*ibid.*, art. L. 122-7). Dans les deux hypothèses, cela suppose que les conditions de fond et de forme prescrites par la loi n'ont pas été respectées.

En fait, le seul problème juridique difficile à régler apparu avec l'application de la réforme de 1982 tient à l'**inversion du scrutin des élections municipales**, tel qu'il s'est posé notamment à Limeil-Brevannes et à Villepinte.

b) *Le problème de l'inversion du scrutin*

Dans la mesure où l'élection du maire est une élection distincte de celle du conseil municipal, la contestation des élections municipales ne contient pas implicitement la contestation de l'élection du maire, et nécessite une **action séparée** respectueuse des délais prévus par le Code électoral : cinq jours après l'élection. Ce délai de cinq jours compte à partir de 24 heures écoulées après l'élection.

Si la contestation porte seulement sur l'élection du maire et des adjoints, et que cette élection est annulée, le conseil, s'il est au complet, est convoqué pour procéder au remplacement du maire et des adjoints dans le délai de quinzaine.

S'il y a lieu de compléter le conseil, il est procédé aux élections complémentaires dans la quinzaine de la vacance, et le nouveau maire est élu dans la quinzaine qui suit.

Par contre, si la contestation concerne l'élection du conseil municipal et entraîne par son annulation une inversion du scrutin, c'est-à-dire une rectification par le juge des résultats de l'élection de telle sorte que la majorité des sièges revient à une liste autre que celle victorieuse à l'issue du scrutin, la distinction des actions en nullité et le respect des délais devaient être à l'origine de situations aberrantes et intenables.

Lorsqu'une liste d'opposition avait déposé dans les délais prescrits une requête à fin d'annulation des résultats du scrutin municipal, et que le tribunal administratif annulait et rectifiait en conséquence les résultats du scrutin en l'inversant au profit de la liste requérante, celle-ci s'installait et s'empressait d'élire son maire et ses adjoints. Or l'équipe municipale élue à l'issue du scrutin prétendait rester en place, dans la mesure où sa propre élection n'avait pas fait l'objet d'une annulation distincte, ou du moins avait fait l'objet d'une demande en annulation irrecevable parce que tardive.

C'est ainsi que dans l'affaire de Limeil-Brevannes, le tribunal administratif tout d'abord, le Conseil d'État ensuite, dans son arrêt du 21 décembre 1983[41] ont rejeté comme tardive et hors délais la requête du 13 juin 1983, dirigée contre l'élection du maire en date du 17 mars, cette requête étant présentée seulement après la requête aux fins d'obtenir l'inversion des résultats par le tribunal administratif.

La situation de blocage des institutions qui a pu résulter de l'impossible coexistence de deux maires allait être réglée en deux temps, d'abord par la jurisprudence du Conseil d'État à propos de l'élection du maire de Villepinte, et ensuite, de façon plus complète, par la loi.

Dans le cas de Villepinte, la liste adverse de celle initialement proclamée élue avait pris la précaution de contester l'élection du maire en respectant les délais et avant même que le tribunal administratif de Paris ne proclame l'inversion des résultats. Dans ces conditions, la requête étant recevable, le tribunal administratif devait non seulement inverser les résultats, mais en tirer les conséquences pour annuler l'élection du maire qui fit appel. C'est sur cet appel que le Conseil d'État devait poser une **règle de principe** dans son arrêt du 27 janvier 1984. En se fondant sur la loi électorale qui, nous l'avons vu, entend dégager une majorité au sein du conseil municipal dans les communes de plus de 3 500 habitants, le Conseil d'État rappelle que le législateur a aussi nécessairement entendu que ce soit cette majorité légalement investie de ce mandat par les électeurs, qui contribue à l'élection du maire et des adjoints. *« Qu'il suit de là que, lorsqu'à la suite d'une protestation formée contre l'élection des conseillers municipaux, le juge de l'élection rectifie les résultats de telle manière que le conseil municipal comprenne une majorité de membres nouvellement proclamée, il lui appartient, au cas où il est saisi contre l'élection du maire de conclusions recevables, d'annuler par voie de conséquence cette élection[42]. »* Autrement dit, le Conseil d'État pose le principe d'une annulation automatique de l'élection du maire, dès lors que l'inversion des résultats entraîne un changement de majorité. Il faut toutefois relever que cet automatisme ne joue que si le juge est saisi de conclusions recevables contre l'élection du maire, ce qui suppose en tout état de cause le respect des délais, c'est-à-dire, en pratique, une **double action** dans une période rapprochée et non une action entreprise contre l'élection du maire, seulement après jugement portant inversion des résultats.

La loi du 30 décembre 1988[43] entérine et améliore le système préconisé par le Conseil d'État en évacuant ce dernier obstacle. Désormais, dans les communes de 3 500 habitants et plus, le mandat du maire et des adjoints prend fin *de plein droit* lorsque la juridiction administrative, par une décision devenue définitive, a rectifié les résultats de l'élection des conseillers municipaux de telle sorte que la majorité des sièges a été attribuée à une liste autre que celle qui avait bénéficié de cette attribution lors de la proclamation des résultats à l'issue du scrutin.

Dans notre système administratif de droit français, le principe démocratique de l'élection est bien respecté au niveau de l'exécutif communal, mais remarquons

---

41. *Cf.* CE n° 51-341, 21 décembre 1983.
42. *Cf.* CE, 27 janvier 1984, « Élection du maire de Villepinte », in *Les Petites Affiches*, 2 mars 1984, p. 15 et commentaire, p. 11 à 15.
43. Loi n° 88-1262 du 30 décembre 1988, *JO* du 4 janvier 1989, p. 114.

cependant que le maire et ses adjoints ne sont pas choisis directement par les électeurs de la commune, mais par leurs élus. Ce suffrage indirect s'accompagne d'un
régime de type présidentiel, en ce sens que l'organe délibérant et l'organe exécutif
sont séparés, et que le maire, une fois élu, ne peut pas être renversé par le conseil. De
plus, le maire est à la fois l'exécutif du conseil municipal et son délégataire, et
dispose en outre d'attributions propres, comme nous allons le voir.

B. Les attributions du maire

Le maire est actuellement le seul exécutif local à connaître un *dédoublement fonctionnel*, en tant que représentant de l'État dans le cadre de la circonscription
administrative communale, et en tant que représentant de la commune. Nous avons
déjà étudié son rôle en tant qu'agent de l'État placé sous l'autorité hiérarchique du
préfet et du procureur de la République. C'est son rôle d'agent élu de la commune,
collectivité territoriale décentralisée, qui nous intéresse ici.

Dans ce dernier cadre, les actes du maire tout autant que les délibérations du conseil
municipal, sont soumis au contrôle du juge administratif, le préfet ne pouvant plus que
déférer au juge ceux qu'il estime illégaux. Cependant, le pouvoir central dispose de
sanctions à l'égard des responsables communaux qui auraient gravement manqué à
leurs obligations. Par ordre de gravité, la *suspension* peut être prononcée pour une
durée d'un mois par arrêté du ministre de l'Intérieur, ou la *révocation* qui ne peut être
prononcée que par décret pris en Conseil des ministres (art. L. 122-15 du Code des
communes). La loi ne précise pas la gamme des fautes susceptibles d'entraîner de
telles sanctions. C'est donc au juge administratif qu'il appartient d'apprécier leur légalité sans pouvoir pousser son contrôle jusqu'à l'opportunité, l'administration disposant
d'un pouvoir discrétionnaire en la matière. Les seules *garanties* prévues, outre le
formalisme protecteur, sont que les intéressés doivent avoir été entendus ou invités à
fournir des explications écrites sur les faits qui leur sont reprochés. Les sanctions
doivent être motivées à peine de nullité (loi du 11 juillet 1979).

Les attributions du maire en tant qu'agent de la commune sont d'autant plus larges
qu'en principe : «Le maire est seul chargé de l'administration» (art. L. 122-11 al. 1
du Code des communes). Pour des raisons pratiques évidentes, il peut déléguer par
arrêté une partie de ses fonctions à un ou plusieurs de ses adjoints, et en l'absence ou
en cas d'empêchement des adjoints, à des membres du conseil municipal qui peuvent
également être désignés pour siéger au sein d'organismes extérieurs dans les cas et
conditions prévus par la loi.

Exceptionnellement, en cas d'absence, de suspension, ou de révocation du maire,
celui-ci est provisoirement remplacé dans la plénitude de ses fonctions, par un adjoint
dans l'ordre des nominations, et à défaut d'adjoints par un conseiller municipal
désigné par le conseil, sinon pris dans l'ordre du tableau.

Selon l'article R. 121-11, l'ordre du tableau est déterminé, même quand il y a des sections
électorales :

1. par la date la plus ancienne de nomination intervenue depuis le dernier renouvellement
intégral du conseil municipal ;

2. entre conseillers élus le même jour, par le plus grand nombre de suffrages obtenus ;

3. et à égalité de voix, par la priorité d'âge.

Un double du tableau reste déposé dans les bureaux de la mairie, de la sous-préfecture et de la
préfecture où chacun peut en prendre connaissance ou copie.

Mais le maire peut encore accorder, sous sa surveillance et sa responsabilité, *délégation de signature* :

1. au secrétaire général et au secrétaire général adjoint de la mairie ;

2. au directeur général des services techniques et au directeur des services techniques, c'est-à-dire aux principaux chefs de services de l'administration communale.

En outre, l'article 14 de la loi du 19 novembre 1982 permet au maire, en cas de retrait d'une délégation à un adjoint, de remettre cette même délégation à un conseiller, en tout ou partie, selon qu'il reprend ou non pour lui-même une partie de la délégation qui a été retirée. Mais, il faut qu'il s'agisse de la même délégation, qu'elle soit remise à un seul conseiller et que l'adjoint dessaisi de sa délégation ne démissionne pas de sa fonction d'adjoint, car, alors, un autre adjoint pourrait être élu, et il n'y aurait pas d'empêchement.

Toutes ces délégations subsistent tant qu'elles ne sont pas rapportées par arrêté du maire.

Par contre, si l'article 110 de la loi du 26 janvier 1984 permet au maire d'être assisté d'un *cabinet* dont il recrute librement les membres, dont le nombre est fonction de l'importance de la population (décret du 16 décembre 1987), le jeu des délégations, précisé expressément par les textes, ne lui est pas ouvert.

On peut distinguer *trois types d'attributions du maire* en tant qu'exécutif de la commune au nom de laquelle il agit, qu'il représente et dont il engage, le cas échéant, la responsabilité. Il a des attributions en tant qu'exécutif du conseil municipal, des attributions déléguées par le conseil municipal, et enfin des attributions propres.

a) *L'exécutif du conseil municipal*

En tant qu'*exécutif du conseil municipal*, le maire est chargé, d'une manière générale, d'exécuter les délibérations du conseil municipal. Il exerce à ce titre un certain nombre d'attributions « sous le contrôle du conseil municipal », et il faut entendre par là que le maire lui rend compte de sa gestion même si le conseil n'a aucun pouvoir de sanction à son égard, mais aussi sous le contrôle du préfet.

L'article L. 122-19 du Code des communes énumère neuf cas d'application, particulièrement importants du rôle du maire en tant qu'*exécutif du conseil municipal.*

Il s'agit tout d'abord de pouvoirs *d'ordre financier* : il est chargé de la préparation, de la présentation et de l'exécution du budget de la commune dont il ordonnance les dépenses.

Ce sont aussi des pouvoirs *d'ordre patrimonial* : le maire gère les services municipaux qui fonctionnent en régie directe, c'est-à-dire les services dont la commune prend elle-même en main le fonctionnement avec ses propres biens et ses propres agents. Le maire contrôle également les établissements publics communaux et la comptabilité communale. Il est chargé de conserver et d'administrer les propriétés de la commune et de faire, en conséquence, tous actes conservatoires de ses droits. Il dirige les travaux communaux et doit pourvoir aux mesures relatives à la voirie communale. Dans l'exercice de ces différentes compétences, il apparaît bien davantage que l'exécutif du conseil municipal, il est véritablement le chef de toute l'administration communale.

Ce sont encore des pouvoirs *d'ordre juridique* quand il souscrit les marchés, lorsqu'il passe les baux des biens et les adjudications des travaux communaux, quand il conclut des contrats au nom de la commune, notamment les actes de vente, échange, partage, acquisitions, transactions, quand il s'agit de l'acceptation de dons et legs, ou encore quand il représente la commune en justice, soit en demande, soit en défense.

La loi ajoute qu'il prend toutes les dispositions nécessaires à la destruction des animaux nuisibles désignés comme tels par l'article 393 du Code rural ainsi que des loups et sangliers sur le territoire. À défaut des propriétaires ou des détenteurs du droit de chasse dûment invités à agir en ce sens, le maire peut requérir les habitants avec armes et chiens à l'effet de détruire ces animaux. Il doit surveiller et assurer l'exécution des mesures prises et en dresser procès-verbal. L'année 1994 a été marquée par une série de battues aux loups, voire en fin d'année aux pigeons, toutes abondamment commentées par les médias.

b) *Le délégataire du conseil municipal*

En tant que *délégataire du conseil municipal*, il peut sur délibération expresse du conseil, se voir conférer certaines attributions du conseil énumérées par l'article L. 122-20 du Code des communes. Cette énumération vise 16 cas pour lesquels le maire doit rendre compte à chacune des réunions obligatoires du conseil, des mesures prises en application des délégations auxquelles le conseil municipal peut toujours mettre fin. Il s'agit de la représentation de la commune dans la passation des contrats ou dans les actions en justice, sous réserve des cas où les intérêts du maire se trouvent en opposition avec ceux de la commune, et où le conseil municipal désigne un autre de ses membres pour agir (*ibid.,* art. L. 122-12).

Il s'agit encore, dans les limites déterminées par le conseil municipal, de fixer les *tarifs* des droits de voirie, de stationnement, de dépôt temporaire sur les voies et autres lieux publics, ou de tous les droits dont peut bénéficier la commune et qui n'ont pas un caractère fiscal. Dans les mêmes conditions, il peut être chargé de procéder à la réalisation des emprunts destinés au financement des investissements prévus par le budget.

Il peut encore agir comme délégataire du conseil municipal pour créer les régies financières nécessaires au fonctionnement des services municipaux, ou pour créer des classes dans les établissements d'enseignement, pour prononcer la délivrance ou la reprise de concessions dans les cimetières, pour fixer les reprises d'alignement en application d'un document d'urbanisme, ou encore pour exercer au nom de la commune les droits de préemption définis par le Code de l'urbanisme (loi n° 91-662 du 13 juillet 1991).

En pratique, la délégation est consentie globalement pour l'ensemble des compétences visées par l'article L. 122-20 du Code des communes et pour toute la durée du mandat, dès la première séance du conseil municipal qui peut toujours y mettre fin.

De plus, sauf disposition contraire adoptée par la délibération du conseil municipal qui porte délégation, les *décisions prises en application de la délégation* doivent être signées par le maire *personnellement*, sans subdélégation ni suppléance, sauf par le conseil municipal lui-même, en cas d'empêchement du maire (art. L. 122-21 du Code des communes).

c) *Les pouvoirs propres*

Enfin, *les pouvoirs propres du maire* confortent ses pouvoirs administratifs sur la commune dans deux domaines, en tant que *chef hiérarchique du personnel* communal, qu'il peut nommer, révoquer ou sanctionner, et en tant qu'*autorité de police*.

Sa compétence propre de *chef hiérarchique du personnel communal* comprend toutes les mesures individuelles intéressant les agents communaux (CE, 9 janvier 1959, Ville de Nice[44]), mais aussi les agents soumis au statut de la fonction publique territoriale dans le respect des règles de procédure applicables (lois des 13 juillet 1983 et 26 janvier 1984 modifiées). Comme tout supérieur hiérarchique vis-à-vis de ses subordonnés, il peut leur adresser des instructions, et contrôler leurs actes en les réformant ou en les annulant, pour illégalité ou pour inopportunité.

Les *pouvoirs de police du maire* sont à la fois des pouvoirs généraux (art. L. 131-1 et 2 du Code des communes) et des pouvoirs portant sur des objets particuliers (art. L. 131-2-1 à L. 131-12) qui font du maire une autorité *de police administrative*.

La police générale renvoie à la *police municipale* de la compétence du maire et définie comme ayant « pour objet d'assurer le bon ordre, la sûreté, la sécurité et la salubrité publique » (art. L. 131-2). Cette police municipale renvoie non seulement aux neuf hypothèses de ce même article, mais aussi à la police de la circulation de l'article L. 131-3. Le maire prend les règlements et mesures individuelles nécessaires notamment pour tout ce qui intéresse la *sûreté* et la commodité du passage dans les rues, quais, places et voies publiques, la tranquillité publique, le maintien du bon ordre dans les lieux où il se fait de grands rassemblements d'hommes, tels que les foires et marchés, réjouissances et cérémonies publiques, spectacles, jeux, cafés, églises et autres lieux publics. Cette police municipale comprend encore l'inspection sur la fidélité du débit des denrées qui se vendent au poids ou à la mesure, et sur la salubrité des comestibles exposés en vente pour s'en tenir à quelques exemples précis.

Les *polices spéciales*, c'est-à-dire portant sur des objets particuliers, englobent aussi bien la *police rurale* (*ibid.*, art. L. 131-1), que la police des baignades et des activités nautiques pratiquées jusqu'à une limite fixée à 300 mètres à compter de la limite des eaux (*ibid.*, art. L. 131-2-1) ou encore la police des édifices menaçant ruine (*ibid.*, art. L. 131-8 et L. 511-1 à L. 511-4 du Code de la construction et de l'habitation). La gamme de ces polices spéciales est très étendue et comprend encore la police de la circulation sur les routes nationales, les chemins départementaux et les voies de communication à l'intérieur des agglomérations, sous réserve des pouvoirs du préfet du département sur les routes à grande circulation.

À l'égard des pouvoirs propres du maire en tant que chef du personnel communal ou en tant qu'autorité de police, le conseil municipal n'a lui-même aucune compétence. Les pouvoirs de police du maire sont exercés sous le contrôle administratif du représentant de l'État dans le département qui peut toujours se substituer au maire en cas de carence de celui-ci et après mise en demeure restée sans résultat (art. L. 131-13 al. 2 du Code des communes).

La jurisprudence reconnaît au maire, dans l'exercice de ses pouvoirs de police générale, la possibilité d'aggraver pour sa commune les mesures de police prises par les autorités supérieures[45]. En aucun cas, il ne pourrait les alléger.

Dans les communes où la police municipale est *étatisée*, s'opère une distribution des pouvoirs relatifs au maintien de l'ordre. L'étatisation des pouvoirs de police municipale se limite à la *tranquillité publique*, à l'exclusion des bruits de voisinage,

---

44. *Cf.* CE, 9 janvier 1959, « Ville de Nice », *Rec.* p. 36.

45. *Cf.* CE, 18 avril 1902, « Maire de Néris-les-Bains », *R.*, 275, *S.*, 1902, 3, 81, note Hauriou.

et au *bon ordre* «quand il se fait occasionnellement de grands rassemblements d'hommes» (art. L. 132-8 al. 1 et 2 du Code des communes).

Le législateur prend soin de préciser que tous les autres pouvoirs de police municipale énumérés à l'article L. 131-2 sont exercés par le *maire* y compris le maintien du bon ordre dans les foires, marchés, réjouissances et cérémonies publiques, spectacles, jeux, cafés, églises et autres lieux publics (*ibid.*, art. L. 132-8 al. 3).

Les forces de police étatisées sont chargées notamment d'exécuter les arrêtés du maire dans le cadre de ses propres pouvoirs résiduels. L'étatisation vise l'ensemble des personnels de police municipale et l'exécution des pouvoirs de police du maire se situe dans le cadre de la responsabilité de la commune (art. 91 de la loi du 7 janvier 1983).

Nous verrons que l'intérêt financier majeur de l'étatisation est de permettre un important transfert de charges de la commune à l'État.

Il faut ajouter à toutes ces compétences propres du maire, classiques ou renouvelées par la réforme, celle nouvelle qui résulte de la loi du 7 janvier 1983, qui transfère à la commune d'importantes responsabilités en matière *d'urbanisme*. Désormais, le maire délivre les permis de construire au nom de la commune, à condition que celle-ci soit pourvue d'un plan d'occupation des sols approuvé (art. L. 421-2-1 du Code de l'urbanisme et CE, 5 février 1988, SCI des Granges blanches[46]).

De la même façon, il incombe désormais au maire de présenter au conseil municipal un *rapport annuel* sur le prix et la qualité du service public d'eau potable, destiné notamment à l'information des usagers. Cette attribution prévue dans le cadre de la loi nouvelle du 2 février 1995 relative au renforcement de la protection de l'environnement (art. 73[47]) est le premier élément d'une procédure, qui prévoit l'avis du conseil municipal et la mise à disposition du public, avant fixation obligatoire par décret des indicateurs techniques ou financiers figurant obligatoirement dans le rapport du maire.

Nous allons voir maintenant qu'en généralisant au département le principe de l'élection de l'exécutif de la collectivité locale, la loi de 1982 a profondément modifié la situation du président du conseil général.

§ II. LE PRÉSIDENT DU CONSEIL GÉNÉRAL

Il est l'élu des élus du département.

A. La banalisation de l'exécutif départemental

Il faut rappeler que pendant tout le XIXᵉ siècle et jusqu'en 1982, l'exécutif départemental était confié à l'autorité préfectorale et non au président du conseil général. Il faut souligner que même lorsque la grande charte départementale du 10 août 1871 décentralise le département à travers les pouvoirs qu'elle attribue au conseil général, la réforme

---

46. *Cf.* CE, 5 février 1988, «SCI des Granges blanches», Tab. 1081, *AJDA*, 1988, p. 357, concl. Fornacciari, D., 1988, p. 261, note Llorens.
47. Loi n° 95-101 du 2 février 1995, *JO* du 3 février 1995, p. 1840 à 1856.

achoppe sur l'exécutif. Malgré la déclaration du rapporteur de la loi Waddington précisant : «Nous avons cherché à séparer aussi complètement que possible la gestion des affaires départementales de celle des affaires de l'État…», le législateur n'a pas voulu aller jusqu'au bout de la logique de la décentralisation en confiant ce rôle à un élu selon le modèle démocratique envié de la commune. En contradiction avec les deux principes de la décentralisation, celui d'une gestion par des organes élus, et celui de la libre administration des affaires locales, c'est le préfet, agent nommé du pouvoir central, qui assumera le dédoublement fonctionnel de représentant de l'État dans la circonscription départementale et d'exécutif de la collectivité décentralisée, et ceci de façon continue jusqu'à la loi du 2 mars 1982. Parallèlement, le président du conseil général présidait certes les débats de l'assemblée délibérante, mais restait cantonné dans des tâches honorifiques et protocolaires, sans aucun pouvoir de gestion.

Pourtant, l'idée de banaliser la situation du département en tant que collectivité locale en la dotant d'un exécutif élu par son assemblée délibérante représentative à l'image de l'organisation communale n'est pas absolument nouvelle.

a) *Le précédent de 1946 et le transfert de 1982*

Le Constituant de 1946, persuadé à juste titre que la décentralisation est une dimension essentielle de la démocratie, avait recherché l'équilibre entre l'unité de l'État et l'existence de collectivités décentralisées, en proclamant d'une part, l'indivisibilité de la République et en consacrant largement, d'autre part, les droits des collectivités en face de l'État dans le titre X de la Constitution du 27 octobre.

L'article 87 alinéa 1 dispose à cet égard que les collectivités territoriales s'administrent librement par des conseils élus au suffrage universel. Et l'alinéa 2 généralise le principe de la démocratie locale en précisant que l'exécution des décisions de ces conseils est assumée par leur maire ou **leur président**. Par ailleurs, l'article 89 prévoit que des **lois organiques** déterminant les conditions d'application des dispositions précédentes étendront les libertés départementales et municipales. Ces lois organiques annoncées par la Constitution n'ont jamais vu le jour, et en dépit des intentions constitutionnelles, le préfet nommé est resté l'organe exécutif du département, collectivité locale, alors que ses pouvoirs en tant que tels auraient dû être transférés au président du conseil général, élu par l'assemblée locale.

La Constitution de 1958 ne reprend pas sur ce point le détail des dispositions de 1946, mais l'article 72, en spécifiant que les collectivités territoriales s'administrent librement par des conseils élus et dans les conditions prévues par la loi, remet au législateur la responsabilité de concevoir et d'organiser la décentralisation.

C'est ce qui explique que le transfert de l'exécutif départemental du préfet au président du conseil général ait pu être opéré par la loi du 2 mars 1982. Ce transfert constitue la réforme majeure apportée par la loi aux institutions départementales. Nous en avons vu les conséquences en ce qui concerne le préfet qui cesse de représenter le département pour ne représenter que l'État dans le département, sans aucune dualité fonctionnelle. Quant au président du conseil général, il prend une dimension politique nouvelle. Non seulement il exerce toutes les compétences antérieurement exercées par le préfet au titre du département, mais il en assume de nouvelles dans le cadre des transferts de compétences de l'État au département. De plus, en devenant l'exécutif de droit commun de la collectivité départementale, il devient en même temps le chef de son administration, ce qui lui vaut d'être désigné comme le «président du département».

b) L'élection du président du conseil général

Le président du conseil général est élu par le conseil et en son sein, lors de la première réunion de droit qui suit chaque renouvellement triennal depuis la loi du 18 janvier 1994. La séance est présidée par le doyen d'âge, le plus jeune conseiller faisant fonction de secrétaire (art. 38 de la loi du 2 mars 1982 modifiée).

Le conseil ne peut alors valablement délibérer que si les deux tiers de ses membres sont présents, à défaut, une réunion se tient de plein droit trois jours plus tard, sans condition de quorum.

Les modalités de l'élection du président sont les mêmes que pour le maire. La *majorité absolue des membres* en exercice est nécessaire pour les deux premiers tours, la majorité relative suffit pour le troisième tour, et en cas d'égalité des voix, le plus âgé est élu.

Dès que le président est élu, et sous sa présidence, le conseil général fixe le nombre des *vice-présidents*, entre quatre et dix, et celui des autres membres de la *commission permanente* appelée à assister le président.

Il faut remarquer que si l'article 37 de la loi d'orientation du 6 février 1992 relative à l'administration territoriale de la République procède à un changement terminologique en remplaçant le mot «bureau» employé dans l'ancienne législation départementale, par les mots «commission permanente», il ne faut pas en conclure que le bureau disparaît. Il y a là une ambiguïté rédactionnelle levée par l'article 38-II de la même loi qui situe le bureau comme un élément de la commission permanente. L'élection des vice-présidents et des autres membres du conseil formant avec eux la commission permanente se fait pour la même durée de trois ans que le président.

Quatre modifications en dix ans du mode de représentation au sein de ces institutions départementales témoignent de l'importance des enjeux politiques. La fréquence de ces changements qui suivent le jeu des opportunités électorales n'est pas sans risque pour la stabilité du fonctionnement de la démocratie locale.

Le système actuel résulte de l'article 38-I de la loi du 2 mars 1982 modifiée par la loi du 6 février 1992. Dans un premier temps, une *formation par consensus* de la commission permanente est prévue par le législateur qui s'est inspiré en la matière de l'article 10 alinéas 2 et 5 du règlement de l'Assemblée nationale. Dans ce cadre, si au terme du délai d'une heure qui suit la décision du conseil général relative à la composition de la commission permanente, pendant lequel les candidatures aux différents postes de la commission doivent être déposées auprès du président, il apparaît qu'une seule candidature a été déposée pour chaque poste à pourvoir, les nominations prennent effet immédiatement, et il en est donné lecture par le président. Le consensus rend alors l'élection inutile (art. 38-I al. 2 de la loi du 2 mars 1982 modifiée).

Dans le cas contraire, supposant pluralité de candidatures sur les postes prévus, les membres de la commission autres que le président sont élus au scrutin de liste, à la *représentation proportionnelle à la plus forte moyenne*, sans panachage ni vote préférentiel (*ibid.,* art. 38-I al. 3).

En cas de vacance du siège de président, les fonctions de celui-ci sont provisoirement exercées par un vice-président dans l'ordre des nominations, et à défaut, par un conseiller général désigné par le conseil (*ibid.,* art. 33 al. 1). Dans ce cas, la commission permanente doit être renouvelée en totalité dans un délai d'un mois. Il en est de même en cas de vacance de siège de membres de la commissions autre que le président, sauf si le conseil général décide de ne pas compléter la commission ou encore, s'il se dégage un consensus sur les compléments à apporter dans les conditions prévues par la loi (*ibid.*, art. 38 al. 5).

Mais ce sont les attributions du président du conseil général qui permettent de mesurer l'importance de la réforme de 1982.

B. Les attributions du président du conseil général et de la commission permanente

Nous avons vu qu'avant 1982, le président de l'Assemblée départementale n'avait que des fonctions de représentation honorifique ou protocolaire, qui étaient encore sous-estimées en pratique par la présence du préfet et l'existence de la commission départementale. Désormais, seul détenteur de l'exécutif départemental, il est aussi seul chargé de l'administration, ce qui signifie une série impressionnante de **pouvoirs** que l'on peut résumer en dix points.

a) *Les pouvoirs du président*

– *1er point :* tout d'abord, comme tout organe exécutif d'une assemblée délibérante, le président prépare et exécute les délibérations du conseil général qu'il convoque au moins une fois par trimestre (art. 35 de la loi du 2 mars 1982) pour les réunions ordinaires, dans un lieu du département choisi par la commission permanente. D'autres convocations sont possibles à la demande de la commission permanente ou du tiers des membres du conseil général, sur un ordre du jour déterminé et pour une durée qui ne peut excéder deux jours, enfin exceptionnellement, par décret. Dans le cadre des réunions ordinaires, le président fixe lui-même l'ordre du jour. Il a seul la police de l'assemblée.

– *2e point :* l'article 42 de la loi du 2 mars 1982 l'oblige à adresser un rapport écrit sur chaque affaire et à chaque conseiller 12 jours au moins avant la réunion du conseil général pour information précise.

– *3e point :* il prépare, présente et exécute le *budget* départemental. Dans un délai de deux mois avant son examen, un débat a lieu au conseil général sur les orientations budgétaires (*ibid.*, art. 50). Le président du conseil général prescrit l'exécution des recettes départementales, sous réserve des recettes fiscales des collectivités locales perçues par l'État. Il est *l'unique ordonnateur des dépenses pour le département* et tient la comptabilité de l'engagement des dépenses dans les conditions fixées par arrêté conjoint du ministre de l'Intérieur et du ministre chargé du Budget pris après consultation du comité des finances locales (*ibid.*, art. 50-2 modifié). Le comptable ne peut subordonner ses actes de paiement à une appréciation de l'opportunité des décisions prises. Il peut par contre les soumettre à un contrôle de légalité justifié par sa responsabilité personnelle et pécuniaire. S'il suspend le paiement, il doit motiver sa décision, mais le président du conseil général peut lui adresser un *ordre de réquisition* auquel il est tenu de se conformer sauf exception. L'ordre de réquisition est notifié à la chambre régionale des comptes et le président ordonnateur, engage sa responsabilité propre (*ibid.*, art. 55). À défaut de mandatement d'une *dépense obligatoire* par le président du conseil général, le préfet lui adresse une mise en demeure et y procède d'office, si celle-ci demeure sans effet dans un délai d'un mois porté à deux mois si la dépense est égale ou supérieure à 5 % de la section fonctionnement du budget primitif (*ibid.*, art. 53).

– *4ᵉ point :* chaque année, le président doit rendre compte au conseil général par un **rapport spécial** de la situation générale et financière du département, de l'activité et du financement des différents services du département et des organismes qui dépendent de celui-ci. Le même rapport annuel doit préciser l'état d'exécution des délibérations du conseil général et donner lieu à un débat (*ibid.*, art. 42 al. 2).

– *5ᵉ point :* le président nomme aux emplois du département créés par délibérations du conseil. Il est désormais le **chef hiérarchique des services du département**. Cette attribution entraîne le transfert sous son autorité des services ou parties de services de la préfecture, nécessaires à la préparation et à l'exécution des délibérations du conseil général ainsi qu'à l'exercice des pouvoirs et responsabilités propres du président (*ibid.*, art. 26). Une convention passée entre le préfet et le président du conseil général règle les conditions de ce transfert, selon une convention-type approuvée par décret du 15 mars 1982. Une convention annuelle permet de même la mise à disposition de certains services déconcentrés de l'État au département et leur partition, avec fixation d'un délai d'option pour les agents concernés entre la fonction publique de l'État et la fonction publique territoriale (art. 8 de la loi du 7 janvier 1983). Il faut ajouter que le président, chef des services du département, assure en outre avec le représentant de l'État la coordination des services départementaux et des services de l'État dans le département sur l'activité desquels, le préfet informe chaque année le conseil général par un *rapport spécial* qui donne lieu éventuellement à un débat en sa présence (art. 42-III de la loi du 2 mars 1982).

– *6ᵉ point :* le président peut **déléguer** comme il l'entend ses propres **compétences** aux vice-présidents ou, en l'absence ou en cas d'empêchement de ces derniers, à d'autres membres du conseil général. Parallèlement, il peut retirer les délégations qu'il a consenties à tout moment (*ibid.*, art. 31 al. 1 et 2).

Le jeu des délégations consenties aux vice-présidents et à certains membres de la commission permanente sert de critère pour les distinguer comme formant avec le président le *bureau* qui n'a donc pas disparu et qui continue à intervenir comme organe de concertation (*ibid.*, art. 38-II modifié).

Le président du conseil général désigne aussi les membres du conseil général appelés à siéger au sein d'organismes extérieurs dans les cas et conditions prévus par les dispositions qui régissent ces organismes. À tout moment, ils peuvent être remplacés par une nouvelle désignation du président, indépendamment de la durée des fonctions prévues par les dispositions en cause.

– *7ᵉ point :* il peut également consentir des **délégations de signature** aux chefs de service du département et ceci en tout domaine relevant de sa compétence.

– *8ᵉ point :* il représente le département, et à ce titre, il signe les contrats, entreprend les actions en justice sous réserve de la délibération du conseil général, et représente le département en défense sur avis conforme de la commission permanente.

– *9ᵉ point :* à sa demande, le président est informé par le préfet de l'intention de ne pas déférer au contrôle du tribunal administratif un acte des autorités départementales. Dans ce cas, l'acte est susceptible d'exécution immédiate. À l'inverse, en cas de saisine du juge administratif par le préfet, le président doit être informé sans délai.

– *10ᵉ point :* le président **gère le domaine** du département et, à ce titre précis, il exerce les **pouvoirs de police** afférents à cette gestion. Le président peut en particulier prendre des décisions concernant la circulation sur le domaine, à condition qu'elles soient dictées par des considérations tenant à la conservation ou à l'exploitation du domaine et non par des considérations relevant du maintien de l'ordre public. Nous avons vu qu'en matière de police générale, intéressant l'ordre public, c'est le préfet, représentant de l'État dans le département et les maires dans leurs communes qui sont les autorités compétentes. Il en résulte un **partage des pouvoirs** de police, la police spéciale du domaine départemental étant réservée au président du conseil général, mais seulement la police du domaine (*ibid.*, art. 25 dernier al.).

En pratique, cela signifie par exemple que le président du conseil général ne pourrait dresser un barrage sur les routes pour contrôle d'identité. Il peut, par contre, prendre toute mesure utile à la maintenance des routes départementales : barrières de dégel pour éviter l'effondrement de la chaussée, et interdire le passage des véhicules lourds, déviations pour travaux ou circulation à sens unique ou à double sens sur une seule voie. Ce partage est difficile quand il s'agit de sécurité.

Toutes ces compétences sont importantes et font du président « l'homme fort » du département.

b) *Le rôle de la commission permanente*

À côté de lui et pour l'assister, la commission permanente dispose de compétences propres. Tout d'abord, elle peut recevoir délégation du conseil général pour l'exercice d'une partie de ses attributions (*ibid.*, art. 24 al. 2) à l'exception de ses attributions financières essentielles : vote du budget et du compte administratif ou encore rectification du budget sur mise en demeure de la chambre régionale des comptes qui a constaté qu'une dépense obligatoire n'a pas été inscrite au budget (*ibid.*, art. 50, 51 et 52).

Par ailleurs, la commission intervient dans trois cas précis :

1. Sur les problèmes posés par le nombre excessif des conseillers élus et non domiciliés dans le département. Quand ce nombre dépasse le quart du conseil, la commission procède au tirage au sort du ou des conseillers dont l'élection doit être renouvelée.

2. La commission donne son avis sur la dissolution d'un syndicat intercommunal, lorsqu'elle est demandée par la majorité des communes membres de ce syndicat.

3. Elle donne aussi au président l'avis conforme obligatoire pour représenter le département en défense, dans toute action intentée contre lui.

Mais ce qui est essentiel à retenir au regard des principes de la démocratie locale, c'est que désormais la réforme de l'exécutif départemental banalise le régime du département en tant que collectivité locale. La même forme de banalisation intervient au niveau de la région, nouvelle collectivité locale, dotée, elle aussi, d'un exécutif élu dans la personne du président du conseil régional.

§ III. LE PRÉSIDENT DU CONSEIL RÉGIONAL

A. La banalisation de l'exécutif régional

Le président du conseil régional est l'élu des élus de la région.

Là encore, et comme pour le département, l'attribution à la région d'un exécutif élu est une des réformes les plus importantes réalisées par la loi de décentralisation du 2 mars 1982. Successivement, la fin du dédoublement fonctionnel par le retrait du préfet des fonctions d'exécutif de l'établissement public régional à partir du 15 avril 1982, puis la mise en place effective des institutions élues de la nouvelle collectivité locale régionale par les élections de mars 1986[48], ont donné au nouveau président du conseil régional un rôle politique de premier plan. On a pu vérifier à cet égard lors des élections régionales de 1992, combien la conquête des présidences régionales était devenue un nouvel enjeu pour le pouvoir.

Comme son homologue départemental, le président du conseil régional est devenu « l'homme fort » de la région et souvent dénommé en conséquence, le « président de la région ».

La désignation du président du conseil régional comme ses attributions de même que celles de la commission permanente et du bureau, sont régies par les dispositions applicables aux institutions de même nature du département (art. 11 de la loi du 5 juillet 1972 modifié).

Nous ne noterons par conséquent ici que les points qui ne relèvent pas d'une répétition parfaitement inutile.

Le président du conseil régional est élu par ce conseil et en son sein pour un *mandat de six ans*, la durée confortant sa position et son autorité. Les conditions de majorité requises pour sa désignation sont les mêmes que pour les autres exécutifs locaux, majorité absolue au deux premiers tours, relative au troisième, le plus âgé étant élu en cas d'égalité des voix.

Dès que le président est élu, et sous sa présidence, le conseil régional fixe le nombre des vice-présidents, de quatre à quinze sous réserve que leur nombre ne soit pas supérieur à 30 % de l'effectif de ce conseil (art. 78 de la loi du 6 février 1992 insérant un art. 6-1-A après l'article 6 de la loi du 5 juillet 1972).

La *commission permanente* est formée du président, des vice-présidents et éventuellement d'un ou plusieurs autres membres soumis pour leur désignation aux règles applicables à la commission permanente du conseil général (*ibid.,* art. 38).

Si la présidence devient vacante, la commission doit être intégralement renouvelée dans le délai d'un mois. L'intérim est assuré par un vice-président dans l'ordre des nominations, ou à défaut, par un conseiller régional désigné spécialement par le conseil.

Le bureau est de même constitué du président, des vice-présidents et membres de la commission permanente qui ont reçu délégation de compétence en application de l'article 31 de la loi du 2 mars 1982.

B. Le rôle du président et de la commission permanente

Les attributions du président du conseil régional sont largement calquées sur celles de l'exécutif départemental, mais applicables aux matières qui relèvent de la région.

Comme tout exécutif local, le président du conseil régional convoque l'assemblée, prépare et exécute les délibérations du conseil, avec obligation d'adresser aux conseillers régionaux *un rapport* sur chaque affaire qui doit être soumise, au moins douze jours avant la réunion du conseil régional. Les projets sur lesquels le conseil économique et social régional est obligatoirement et préalablement consulté, sont adressés simultanément aux membres du conseil régional. Le président fixe l'ordre du jour après avis de la commission permanente (art. 16-1 de la loi du 5 juillet 1982 modifié).

---

48. *Cf.* Loi n° 86-16 du 6 janvier 1986, *JO* du 8 janvier 1986, p. 367.

De la même façon, il *prépare, présente et exécute le budget* régional. Il est l'*ordonnateur principal de la collectivité locale*, prescrit les recettes et peut adresser au comptable de la région, qui est un comptable direct du Trésor ayant qualité de comptable principal, un ordre de réquisition, en cas de refus de paiement d'une dépense.

Les règles applicables sont les mêmes que celles prévues dans le cadre du département. De la même façon encore, le président du conseil régional tient la comptabilité de l'engagement des dépenses.

Ces différentes responsabilités, spécialement budgétaires impliquent que le président rende compte chaque année par un *rapport spécial annuel et obligatoire* de la *situation de la région*, de l'état d'exécution du plan régional, ainsi que de l'activité et du financement des différents services de la région et des organismes qui dépendent de celle-ci. Ce même rapport précise l'état d'exécution des délibérations du conseil et la situation financière de la région (*ibid.*, art. 16-1-II).

Le président du conseil régional est également *le chef des services de la région*. Il peut demander au conseil régional la création de *nouveaux services*, et nommer les agents, dans le respect du statut de la fonction publique territoriale (loi du 26 janvier 1984 portant dispositions statutaires relatives à la fonction publique territoriale).

Pour renforcer les effectifs du personnel régional, *trois modalités* sont prévues dans le cadre de la loi du 5 juillet 1972 modifiée en son article 16 résultant de la loi du 6 janvier 1986 permettant :

1. *transfert* à la région des services de la préfecture et placés sous l'autorité du président, après convention conclue entre le préfet et le président du conseil régional (convention-type approuvée par décret du 15 mai 1982) ;

2. *mise à disposition*, en tant que de besoin, de services déconcentrés de l'État, dont les chefs de service reçoivent les instructions nécessaires pour l'exécution des tâches régionales qui leur sont confiées de la part du président, qui contrôle leur exécution ;

3. *mise à disposition* des agents de l'État et agents départementaux affectés selon convention, à l'exécution des tâches régionales, et placés sous l'autorité du président du conseil régional.

Pour l'accomplissement de ses attributions, le président du conseil régional peut consentir des *délégations* de signature aux chefs de service, et des délégations de pouvoirs aux vice-présidents membres du bureau, ou à défaut, aux autres membres du conseil régional, les règles étant les mêmes que celles qui organisent les délégations du président du conseil général.

La coordination entre *l'action des services régionaux et celle de services de l'État* dans la région est assurée conjointement par le préfet de région et le président du conseil régional (*ibid.*, art. L. 16-4). Trois dispositions complémentaires facilitent cette coordination. En premier lieu, le préfet informe chaque année par un *rapport spécial obligatoire* le conseil régional de l'activité des services de l'État dans la région. D'autre part, pour éviter la dispersion ou les doubles emplois en matière de développement économique et social, il est prévu par la loi du 7 janvier 1983, qu'une *conférence d'harmonisation* se réunit deux fois par an pour échanger des informations sur les programmes d'investissement de l'État, de la région et des départements, sur un ordre du jour fixé conjointement par les membres de cette conférence, qui comprend : le président du conseil régional, le préfet de région, les présidents des conseils généraux dans la région, et les préfets des départements de la région. Nous avons déjà souligné l'intérêt de cette conférence en étudiant le rôle du préfet du département en matière d'investissements.

Enfin, la loi d'orientation pour l'aménagement et le développement du territoire du 4 février 1995[49] crée une nouvelle structure de concertation et de coordination dans chaque région et en Corse : la *conférence régionale de l'aménagement et du développement du territoire.* Coprésidée par le préfet de région et le président du conseil régional, elle se réunit une fois par an sur un ordre du jour déterminé, pour examiner les conditions de mise en œuvre du schéma régional d'aménagement et de développement du territoire. Ce schéma exprime les orientations fondamentales en matière d'environnement, de développement durable, de grandes infrastructures de transport, de grands équipements et de projets d'intérêt régional. Relais du schéma national, il prend en compte les projets d'investissements de l'État et veille à la cohérence des projets d'équipement. La conférence est consultée sur les projets de schémas régionaux ou interdépartementaux, et ses avis sont publics.

D'une façon générale, on peut observer que le président du conseil régional dispose en principe des **moyens** de sa politique et que ses attributions sont à cet égard sensiblement les mêmes que celles du président du conseil général à l'égard du département. Toutefois, alors que le président du conseil général gère le «domaine» du département et exerce à ce titre des pouvoirs de police spéciale, le président du conseil régional gère, selon les termes de l'article 73 de la loi du 2 mars 1982, le «**patrimoine**» de la région et n'exerce à ce titre aucun pouvoir de police.

À côté du président du conseil régional, la *commission permanente* peut être *délégataire* d'une partie des attributions du conseil régional, à l'exception de celles qui intéressent le vote du budget, l'approbation du compte administratif et l'éventuelle rectification du budget (art. 12 modifié de la loi du 5 juillet 1972).

En dehors des réunions du conseil régional, la commission permanente se prononce sur l'opportunité de faire jouer au profit de la région les droits de préemption et de rétention prévus par la législation sur les archives (*ibid.,* art. 12 dernier alinéa).

Par ailleurs, elle peut demander une réunion du conseil régional et doit être consultée comme on l'a vu, pour la fixation de l'ordre du jour des réunions du conseil régional.

Si le *bureau* est un élément de la commission permanente selon les mêmes principes que ceux applicables au bureau du conseil général, certaines régions ont mis en place, en marge des textes, un «directoire exécutif» qui réunit autour du président les principaux responsables de la majorité régionale. Les libertés locales permettent ce type de création, à condition que les institutions légales et leurs compétences soient elles-mêmes respectées.

Au terme de cette double étude des organes locaux, on peut observer que le **principe des organes élus** est mis en application de façon généralisée au niveau des organes délibérants, et ce qui est nouveau pour le département et pour la région, au niveau des organes exécutifs. Il en résulte une **harmonisation** de l'organisation des collectivités territoriales en même temps qu'une progression nouvelle de la démocratie locale réclamée depuis longtemps.

Mais la réalité de cette démocratie passe par les conditions matérielles d'exercice des mandats électifs locaux et par un ensemble de règles légales, réglementaires ou jurisprudentielles, qui, pour n'être pas codifiées, n'en constituent pas moins un véritable statut général des élus locaux, ce que nous allons examiner dans un chapitre 2.

---

49. Loi n° 95-115 du 4 février 1995, *JO* du 5 février 1995, p. 1973 à 1991.

Chapitre 2

Le statut des élus locaux

On peut dire qu'un véritable statut des élus communaux, départementaux et régionaux est apparu progressivement à travers de nombreuses règles d'origine et de nature diverses. Les unes concernent les *conditions d'attribution du mandat*, et sont liées au régime des élections, inéligibilités et incompatibilités, cumuls possibles ou interdits. Ce premier volet de droits et d'obligations est étudié en même temps que l'élection des différents organes locaux, délibérants ou exécutifs. Les autres concernent plus spécialement les *conditions d'exercice du mandat*. Ce sont elles que nous allons examiner maintenant.

Ici, le statut des élus locaux s'apprécie classiquement à travers *les protections et avantages* divers liés au mandat. La loi n° 92-108 du 3 février 1992[1] les a renouvelés et étendus en améliorant considérablement la situation matérielle des élus dans l'exercice de leur mandat. De ce fait, elle répond à une attente légitime et constitue un progrès indéniable au service de la démocratie locale.

Section 1
Les protections liées au mandat local

Jusqu'en 1992, les protections des élus locaux comportaient une garantie civile et une garantie pénale incluant depuis 1974 un régime d'immunité pénale.

La loi du 3 février 1992 innove en consacrant un ensemble de garanties professionnelles et sociales, en même temps qu'elle améliore la garantie civile. Quant à la garantie pénale, elle a été sérieusement revue et corrigée par un ensemble de textes récents.

---

1. Loi n° 92-108 du 3 février 1992, relative aux conditions d'exercice des mandats locaux, *JO* du 5 février 1992, p. 1848 à 1854 ; et décret n° 92-1205 du 16 novembre 1992, *JO* du 17 novembre 1992, p. 15744 à 15747.

§ 1. LES GARANTIES PROFESSIONNELLES ET SOCIALES

Tout d'abord, la loi renforce le dispositif visant à faciliter la *disponibilité des élus* pour leur mandat, qu'ils soient salariés ou agents publics, par d'importantes garanties professionnelles. Elle organise ensuite un ensemble de garanties sociales particulièrement avantageux.

A. Les garanties professionnelles

La loi du 3 février 1992 comporte une première série de dispositions novatrices dans un titre I.

a) *Le cas des salariés*

À l'égard des *salariés*, il s'agit tout d'abord du *régime des autorisations d'absences* pour participer aux séances ou réunions qui se trouve élargi par la loi, complétée par le décret du 16 novembre 1992.

Les employeurs sont tenus de laisser à tout salarié membre d'un conseil municipal, général ou régional, le temps nécessaire *pour se rendre et participer* aux séances plénières de ce conseil, aux réunions des commissions dont il est membre, aux réunions des assemblées délibérantes et des bureaux des organismes où il a été désigné pour représenter la commune, le département ou la région.

Le principe en était posé dans l'article L. 121-36 du Code des communes, l'article 2 de la loi du 10 août 1871 pour les élus départementaux et l'article 11 de la loi du 5 juillet 1972 pour les élus régionaux.

La loi du 3 février 1992 améliore cette garantie en l'étendant aux réunions des assemblées délibérantes et des bureaux des organismes où l'élu local a été désigné pour représenter sa collectivité, la notion d'assemblée délibérante renvoyant à des organismes dotés de la personnalité morale : établissement public, groupement d'intérêt public, société d'économie mixte, association loi 1901 par exemple. La loi inclut à l'autorisation d'absence le temps pour se « rendre » à la séance ou l'assemblée, ce qui inclut le temps du voyage.

L'élu *doit informer* l'employeur de la date et de la durée de l'absence « envisagée ». Ce qualificatif « envisagée » permet un refus occasionné pour raison impérieuse, mais *interdit un refus par principe*. Ce que confirme l'arrêt du Conseil d'État du 10 novembre 1982, ministre du Budget c/Soulié.

Par contre, l'employeur *n'est pas tenu de payer* comme temps de travail le temps passé à ces séances ou réunions qui est cependant pris en compte pour le calcul des congés payés. De plus, il n'est plus prévu que « ce temps peut être remplacé » comme le voulaient les articles 121-24 de l'ancien Code des communes ou l'article 19 de la loi du 10 août 1871. Il n'existe donc plus aucune obligation sur ce plan pour l'élu salarié. À noter que rien n'est prévu pour compenser les inconvénients des absences du salarié au profit de l'employeur. Ce qui peut conduire à une pratique occulte dénoncée à juste titre par certains auteurs[2] et conduisant l'employeur à exiger lors de l'embauche le renoncement anticipé à toute candidature de mandat électif.

La perte de rémunération est normalement compensée par les nouvelles indemnités de fonction. Les conseillers municipaux qui n'ont pas droit à ces indemnités ont droit à *une compensation* à la charge des communes ou des organismes auprès desquels ils les représentent. Cette compensation est toutefois limitée à 24 heures par élu et par an, et plafonnée pour chaque heure à une fois et demie la valeur horaire du SMIC (art. L. 121-37 du Code des communes).

À ces règles sur les autorisations d'absences, s'ajoute un *nouveau crédit d'heures* instauré par la loi du 3 février 1992 au bénéfice des maires, des adjoints, des conseillers des communes de plus de 100 000 habitants, des élus départementaux et régionaux. Ce crédit d'heures doit permettre aux élus de disposer du temps nécessaire à l'administration de leur collectivité.

Ce crédit d'heures est *forfaitaire et trimestriel*, non reportable si non utilisé, ce qui est normal, puisqu'il se définit par sa finalité et contribue à permettre un bon exercice du mandat. De la même façon, son importance varie avec l'importance des collectivités et du travail d'administration qu'elles impliquent.

Il est équivalent à *3 fois la durée hebdomadaire légale de travail* (3×39 h = 117 heures) : pour les maires des communes de 10 000 habitants et plus, les adjoints des communes d'au moins 30 000 habitants, les présidents et vice-présidents des conseils généraux et régionaux.

Il est équivalent à *une fois et demie cette même durée* ($1,5 \times 39$ h = 58 heures et demie) pour les maires des communes de moins de 10 000 habitants, les adjoints des communes de 10 000 à 29 999 habitants, les maires d'arrondissement de Paris, Lyon, Marseille (art. 2 du décret du 16 novembre 1992), ainsi que les conseillers généraux et régionaux.

Il est enfin égal à *60 % de cette même durée* ($0,60 \times 39$ h = 23 heures et demie) pour les adjoints des communes de moins de 10 000 habitants et les conseillers municipaux des villes de plus de 100 000 habitants ainsi que les adjoints aux maires d'arrondissement de Paris, Lyon, Marseille.

Le crédit est *majorable* par les conseils municipaux, dans les limites de 30 % par élu, et réductible en cas de travail à temps partiel.

Là encore, les élus concernés doivent informer leur employeur par écrit trois jours au moins avant leur absence, en précisant la date et la durée non seulement de l'absence envisagée, mais encore du crédit d'heures auquel ils ont encore droit au titre du trimestre en cours. Les règles sur les refus éventuels sont les mêmes que pour les autorisations d'absences.

Notons que ce temps d'absence *n'est pas payé par l'employeur. Aucune compensation financière n'est prévue.* Cette dernière règle, plus que tout autre, limite l'usage des droits des élus.

Par ailleurs, *un temps global d'absences* est prévu dans la limite extrême de la moitié de la durée légale de travail pour une année civile en décomptant cinq semaines de congés payés, ainsi que les jours fériés. En pratique, pour atteindre cette limite annuelle

---

2. *Cf.* Yves LUCHAIRE, «Indemnisation et disponibilité des élus locaux», *Cahiers du CFPC*, juin 1984, p. 17 ; J.-L. BECET, «Les garanties accordées aux titulaires de mandats locaux», *RFDA*, 1992, p. 967, et J. BENOÎT, *Le statut des élus locaux*, Dalloz, p. 233 (extrait des collectivités locales).

du mi-temps, un élu utilisant le crédit d'heures maximal de 117 heures par trimestre, devrait en outre s'absenter environ 144 heures et demie par trimestre pour des séances ou des réunions, ce qui est énorme, et suppose un horaire mensuel de 169 heures!

À ces règles qui servent l'exercice du mandat s'ajoutent des garanties professionnelles renforcées par la loi du 3 février 1992. Avant elle, les temps d'absence des élus, considérés comme autant de suspension de contrat de travail ne pouvaient «être une cause de rupture par l'employeur du contrat... et ce à peine de dommages et intérêts au profit du salarié» (art. L. 121-24 du Code des communes et 19 de la loi du 10 août 1871).

Désormais, *aucun licenciement ni déclassement professionnel, aucune sanction disciplinaire* ne peuvent être prononcés en raison de ces absences, sous peine de nullité et de dommages et intérêts au profit de l'élu, la réintégration ou le reclassement étant de droit. De plus, tous ces temps d'absence légaux sont *assimilés à une durée de travail effective* pour déterminer les congés payés, l'ancienneté, et le droit aux prestations sociales.

Enfin, pour les *titulaires de fonctions exécutives qui pour l'exercice de leur mandat, ont cessé leur activité professionnelle*, il est prévu des droits particuliers. L'hypothèse vise les maires des communes de plus de 10 000 habitants, les présidents de conseil général ou régional, les vice-présidents ayant délégation, les adjoints des communes de plus de 30 000 habitants, qui bénéficient du droit *à la suspension* de leur contrat de travail avec droit *à réintégration* et *maintien des avantages acquis* pendant l'exercice du mandat (il y a là une transposition aux élus locaux du régime applicable aux élus du Parlement).

À la fin de leur mandat, les élus bénéficient en outre, à leur demande, d'un *stage de remise à niveau* organisé dans l'entreprise.

Enfin, les élus qui ont cessé leur activité professionnelle pour se consacrer à leur mandat ont droit à une nouvelle affiliation spéciale à la sécurité sociale.

b) *Les cas des agents publics*

Les *fonctionnaires* régis par le statut général de la fonction publique sont placés sur leur demande, en position de *détachement*. À l'expiration de ce détachement qui correspond normalement à l'achèvement d'un mandat non renouvelé, les fonctionnaires ont droit à réintégration dans un emploi correspondant à leur grade avec *priorité* pour le poste qu'ils occupaient avant leur détachement. Ce sont les règles normales du détachement qui s'appliquent. Le renouvellement du détachement d'une durée maximum de 5 ans est de plein renouvelable jusqu'au terme normal du mandat en conservant tous les droits à avancement et à la retraite. Les fonctionnaires réintégrés, comme les salariés, ont droit eux aussi à un *stage de remise à niveau*.

Par contre, en cas de *renouvellement de son mandat*, le salarié ne bénéficie plus que d'un *droit d'embauche prioritaire* dans les emplois auxquels sa qualification lui permet de prétendre, dans le délai d'un an, avec toutefois maintien des avantages acquis à son départ.

S'ajoutent à ces garanties professionnelles d'importantes garanties sociales.

B. Les garanties sociales

Elles prévoient principalement un régime de retraite des élus accompagné d'autres prestations sociales.

a) *Le régime de retraite des élus*

La loi n° 92-108 du 3 février 1992 généralise en premier lieu *le système de retraite complémentaire*, jusque-là applicable aux seuls maires et adjoints. Désormais, *tous les élus* qui reçoivent une indemnité de fonction sont affiliés au régime complémentaire de retraite institué au profit des agents non titulaires de collectivités publiques (art. L. 123-12 du Code des communes, art. 18 de la loi du 10 août 1871 et art. 11a de la loi du 5 juillet 1972).

De façon très avantageuse, il est prévu que les pensions versées à ce titre sont *cumulables sans limitation* avec toutes autres pensions ou retraites. Les cotisations des communes, calculées sur le montant des indemnités perçues, constituent pour elles *une dépense obligatoire*. Celles des élus ont un caractère personnel et obligatoire (art. L. 123-13 du Code des communes).

Les maires des villes de 10 000 habitants au moins et les adjoints au maire des villes de 30 000 habitants au moins, qui, pour la durée de leur mandat, ont cessé d'exercer leur activité professionnelle et n'acquièrent aucun droit à pension au titre d'un régime obligatoire d'assurance vieillesse, sont affiliés à l'assurance vieillesse du régime général de la sécurité sociale. Il en est de même pour les présidents et vice-présidents des conseil généraux et régionaux (art. L. 123-10 du Code des communes et art. 8 de la loi du 10 août 1871 auquel renvoie l'art. 11 de la loi du 5 juillet 1972).

b) *Les autres prestations*

Les mêmes exécutifs locaux et les titulaires de délégations de ces exécutifs sont également *affiliés au régime général de la sécurité sociale pour les prestations en nature* des assurances maladie, maternité et invalidité (art. L. 121-45 du Code des communes, art. 8 de la loi du 10 août 1871 auquel renvoie l'art. 11 de la loi du 5 juillet 1972).

Pour les autres élus, qui perçoivent une indemnité de fonction, et qui ont cessé toute activité professionnelle, la loi prévoit *la possibilité de se constituer une retraite par rente* à la gestion de laquelle ils participent[3]. La constitution de cette rente incombe pour moitié à l'élu, et pour moitié à la collectivité concernée. Dans ce cas, le plafond des taux de cotisation est fixé par décret en Conseil d'État.

§ 2. LA GARANTIE CIVILE DES ÉLUS

A. Le régime statutaire

Elle n'est pas nouvelle puisqu'une loi du 8 novembre 1941 a pris à la charge des communes la réparation des accidents subis par les élus communaux. Le dispositif de la loi a été constamment amélioré, pour aboutir à la rédaction actuelle de l'article L. 122-17 du Code des communes qui dispose que «les communes sont responsables des

---

3. Décret n° 93-825 du 25 mai 1993, *JO* du 28 mai 1993, p. 7870.

dommages résultant des accidents subis par les *maires*, les *adjoints*, et les *présidents* de délégation spéciale dans l'exercice de leurs fonctions». L'article L. 121-25 fait écho à ce texte en ce qui concerne les conseillers municipaux, en stipulant que «les communes sont responsables des dommages subis par les *conseillers municipaux*, et les délégués spéciaux, lorsqu'ils sont victimes d'accidents survenus, soit à l'occasion de séances des conseils municipaux ou de réunions de commissions dont ils sont membres, soit au cours de l'exécution d'un mandat spécial».

Ce régime de responsabilité statutaire confère à ses bénéficiaires un *droit à réparation intégrale*, sous réserve qu'aucune faute ne leur soit imputable[4]. Ce régime est encore amélioré par l'article 44 de la loi du 3 février 1992 qui prévoit le *versement direct des prestations afférentes* à l'accident par les collectivités concernées, qu'il s'agisse des praticiens, pharmaciens, auxiliaires médicaux, fournisseurs et établissements. Le montant des prestations est calculé selon les tarifs appliqués en matière d'assurance maladie.

Ce dispositif est applicable très largement aux collectivités locales, départements (art. 36 *bis* de la loi du 10 août 1871 ajouté par l'ordonnance n° 59-32 du 5 janvier 1959 modifiant elle-même la loi du 8 novembre 1941), régions (art. 11 et 15 de la loi n° 72-619 du 5 juillet 1972), de même qu'à certains établissements publics de coopération locale. Dans tous les cas, ces règles qui s'appliquent encore aux maires d'arrondissement et aux adjoints des grandes villes, Paris, Lyon, Marseille (art. 5 al. 4 de la loi n° 82-1169 du 31 décembre 1982) apportent aux élus un système de garantie à l'occasion de leurs fonctions électives.

Le problème de la combinaison des règles statutaires et du droit administratif peut toutefois se poser dans certains cas.

B. Statut et droit administratif

Le premier problème juridique quelque peu délicat concerne la situation du *maire victime d'un accident*, dans la mesure où il est actuellement le seul élu à être investi, comme on l'a vu, d'une dualité fonctionnelle, représentant l'État dans la circonscription communale, et représentant la commune dont il est l'élu. La garantie civile de l'article L. 122-17 ne fait aucune distinction ni réserve, quant aux fonctions exercées par le maire au moment de l'accident, et couvre donc l'ensemble des fonctions, à titre de garantie personnelle et générale de l'exécutif communal.

Il reste que si le maire est victime d'un accident survenu alors qu'il agissait en tant que représentant de l'État, la commune qui a versé au maire les indemnités prévues, pourrait agir contre l'État pour en obtenir le remboursement, en s'appuyant sur le droit commun de la responsabilité administrative. La règle qui veut que le maire agissant en qualité de représentant de l'État n'engage vis-à-vis des administrés et des tiers que la responsabilité de l'État, pourrait être retenue. C'est là une interprétation conforme à celle donnée par le ministre de l'Intérieur dans une réponse à une question parlementaire[5]. Dans une telle hypothèse, la *règle statutaire de garantie civile*

---

4. La grave imprudence de la victime est de nature à atténuer la responsabilité de la commune. *Cf.* CE, 6 octobre 1971, «Commune de Baud», *Rec.* p. 581, et CE, 25 février 1983, «Cauvin», *Rec.* p. 642.

5. *Cf.* Jean BENOÎT, *Le statut des élus locaux*, collection Collectivités locales, Dalloz, extrait de l'encyclopédie des collectivités locales, p. 45.

peut l'emporter sur le droit commun. Certains auteurs en soulignent le risque, tel le professeur Bénoit qui observe que la juridiction administrative peut considérer la garantie de l'article L. 122-17 «comme une charge spécifique pesant exclusivement sur la commune».

Par contre, la garantie statutaire civile se prolonge d'une règle *de garantie des condamnations civiles* qui obéit au droit administratif général visant tous les agents publics et applicable aux élus locaux[6]. La garantie joue selon trois conditions : il faut qu'il y ait poursuite personnelle de l'agent ou de l'élu par un tiers, que la poursuite ait lieu pour un fait de service, et enfin que ce fait de service soit distinct d'une faute personnelle de l'agent.

Les *contrats d'assurance* souscrits par les collectivités locales ou les établissements publics locaux peuvent couvrir ce risque au titre des dommages causés par leurs services. La mise en jeu de la garantie des condamnations civiles d'un agent public ne joue que lorsque l'agent public a été condamné personnellement, alors que c'est la collectivité qui aurait dû être condamnée, s'agissant d'un fait de service.

Il faut encore ajouter à cet ensemble, *le régime de protection pénale des élus locaux*.

§ 3. LA GARANTIE PÉNALE DES ÉLUS

Il faut rappeler que pendant longtemps, les élus locaux ont bénéficié en matière pénale, pour les fautes commises dans leurs fonctions, de la même quasi-immunité qu'en matière civile. L'article 75 de la Constitution de l'an VIII subordonnait leur poursuite à une autorisation donnée par le Conseil d'État, cette règle valant pour tous les agents publics.

Le décret du 19 septembre 1870 a mis fin à cette situation en abrogeant l'article 75 de la Constitution de l'an VIII.

Le système nouveau n'a pas donné lieu à des mises en cause problématiques, les juges répressifs se sont attachés à ne condamner les agents publics que dans la mesure où les faits incriminés pouvaient leur être imputés en tant qu'homme, et non en qualité d'agent public agissant pour le service.

A. Le principe de protection pénale

D'une façon générale, la protection pénale des élus locaux est calquée sur celle des agents publics et concerne les menaces, outrages, injures ou diffamations, violences ou voies de fait (art. 222 et 228 du Code pénal et art. 33 de la loi du 29 juillet 1981) qui recouvrent toutes les *menaces et attaques* visées par les premiers statuts des agents publics.

---

6. Cette garantie est considérée par le Conseil d'État comme un principe général du droit. *Cf.* CE, 5 mai 1971, «Gillet», *Rec.* p. 324, et *AJDA*, 1971, p. 495, *RDP*, 1971, p. 1348.

La *portée du principe* est très générale, et vise tous les élus locaux, mais son application suppose réunies *deux conditions* : la première est qu'il y ait bien menaces ou attaques, elles-mêmes entendues de façon large pour recouvrir aussi bien l'intégrité physique ou la liberté de la personne ou de ses biens ; la seconde que ces menaces ou attaques soient liées à l'exercice des fonctions.

a) *La double protection traditionnelle*

La protection pénale prévue à l'égard des élus comme à l'égard des agents publics est énoncée à l'article 11 alinéa 3 de la loi du 13 juillet 1983 dans les termes suivants : « La collectivité publique est tenue de protéger les fonctionnaires contre les menaces, violences, voies de fait, injures, diffamations ou outrages dont ils pourraient être victimes, à l'occasion de leurs fonctions, et de réparer le cas échéant le préjudice qui en est résulté. »

La protection pénale dont il s'agit est donc double.

Elle comporte d'une part, une *obligation de protection* qui implique que la collectivité fasse cesser les menaces et attaques, si cela est possible, et qu'elle prenne toutes les mesures nécessaires afin d'éviter leur renouvellement, si celui-ci est prévisible. C'est à l'*exécutif* de la collectivité qu'il appartient d'agir en usant de tous les moyens légaux dont il dispose : police administrative, poursuites pénales, interventions administratives ou même politiques. D'autre part, une *obligation de réparation* du préjudice résultant des menaces ou attaques, qui constitue une garantie statutaire pour les élus, indépendante du régime général de la responsabilité publique. La charge financière en incombe à la collectivité locale concernée, qui a tout intérêt à se couvrir des risques résultant de sa double obligation de protection et de réparation, par une *assurance* adéquate.

Ce régime de protection pénale que l'on peut qualifier de traditionnel a été complété pendant une vingtaine d'années par un privilège de juridiction.

b) *Le privilège de juridiction*

Un privilège de juridiction a été institué au profit des maires et des adjoints par la loi du 18 juillet 1974 pour les crimes et les délits commis dans l'exercice de leurs fonctions. L'apparition et la disparition de ce privilège sont également liées à des circonstances précises et dramatiques.

À la suite de l'incendie tragique du dancing le « 5/7 », qui avait fait 146 victimes, le maire de la commune de Saint-Laurent-du-Pont avait été poursuivi pénalement et condamné le 20 novembre 1972 à 10 mois de prison avec sursis, condamnation confirmée successivement par la cour d'appel de Lyon, puis par la chambre criminelle de la Cour de cassation. Cette affaire devait provoquer de très vives réactions des élus locaux, et une revendication du 56e congrès de l'association des maires de France, que la loi du 18 juillet 1974 est venue satisfaire en étendant aux exécutifs municipaux le privilège de juridiction réservé jusque-là aux préfets et aux magistrats.

> Le privilège de juridiction consiste dans le fait que lorsque les agents publics couverts par ce privilège sont mis en cause pour crimes et délits commis dans l'exercice des fonctions, l'affaire est obligatoirement renvoyée par le procureur de la République devant la chambre criminelle de la Cour de cassation, pour que celle-ci désigne elle-même la juridiction chargée d'instruire et de juger cette affaire.

Vingt ans après la condamnation du maire de Saint-Laurent-du-Pont, les données du problème ont changé dans le contexte malheureux des «affaires», et de la défiance des citoyens à l'égard des élus et des élites. La douloureuse catastrophe du stade de Furiani et la mise en cause d'élus et de responsables locaux, a elle-même contribué à une évolution irrésistible qui entraîne, d'une façon générale, une *pénalisation de l'activité administrative des élus*, par application des régimes de droit commun aux collectivités publiques[7] et à leurs représentants légaux[8].

Face à cette évolution, on peut en critiquer l'opportunité[9], ou à l'opposé, y voir de façon positive une nouvelle extension de l'État de droit. Ce qui est certain, c'est qu'elle se traduit par de profonds changements, et s'accompagne de nouvelles responsabilités pénales des maires et des collectivités locales[10].

B. Les responsabilités pénales des élus

a) *Le régime actuel*

Tout d'abord, la loi n° 93-2 du 4 janvier 1993 ouvrant réforme de la procédure pénale, et déclarée d'application immédiate, supprime le privilège de juridiction de la loi du 18 juillet 1974 et aboutit à soumettre les maires et adjoints au droit commun de la procédure pénale, de même que les magistrats et autres officiers de police judiciaire.

Par ailleurs, les élus locaux ne bénéficient d'*aucune immunité pénale*, et sont pénalement responsables des *crimes et délits* commis dans l'exercice de leurs fonctions. Pour ne retenir ici que les hypothèses les plus fréquentes, on peut citer tout d'abord le *délit dit de favoritisme* qui résulte désormais de la combinaison de deux textes. D'une part, l'article 7 de la loi n° 91-3 du 3 janvier 1991 relative à la transparence et à la régularité des procédures de marché, complété par l'article 4-a-III de la loi n° 93-112 du 29 janvier 1993 dite loi Sapin ou loi anti-corruption et relative précisément à la prévention de la corruption et à la transparence de la vie économique et des procédures publiques ; et d'autre part, l'article 432-14 du nouveau Code pénal. Il faut citer ensuite le classique *délit d'ingérence* de l'article 175 du Code pénal ancien et débaptisé par le nouveau Code pénal, pour devenir le *délit de prise illégale d'intérêts* (art. 432-12 du Code pénal nouveau).

Par ailleurs, il convient de leur ajouter les *nouveaux délits* liés au *manque de précaution*, et qui touchent au domaine très large des risques et de l'environnement, ou encore ceux qui touchent à la responsabilité des élus placés à la tête des sociétés d'économie mixte, et qui relèvent d'un essaimage de textes. Enfin, les délits liés aux faits d'imprudence ou de négligence prévus par la loi du 13 mai 1996[11].

---

7. *Cf.* François LE GUNEHEC, «Les collectivités locales et le nouveau droit pénal», *in* numéro spécial des *Petites Affiches* du 13 septembre 1995. De la loi Sapin au nouveau Code pénal : transparence et contrôle des activités publiques, n° 110, p. 21 à 26.

8. *Cf.* Daniel SOULEZ-LARIVIÈRE, «Les élus et les fonctionnaires face au nouveau code pénal», *ibid.*, p. 26 à 32.

9. Pour une critique de l'extension de la répression pénale aux personnes publiques, voir l'étude de Fabrice GARTNER publiée par la *RFDA*, janvier-février 1994.

10. Sur l'ensemble de la question, se reporter au remarquable numéro spécial des *Petites Affiches* du 15 février 1995, consacré à la responsabilité pénale des maires et des élus. *Cf.* n° 20, 43 pages.

11. *Cf.* Loi n° 96-393 du 13 mai 1996, *JO* du 14 mai 1996, p. 7211.

Une place spéciale doit également être réservée à la répression prévue par l'article 432-7 du Code pénal pour les *discriminations* commises dans l'exercice des fonctions, lorsque la discrimination consiste à refuser le bénéfice d'un droit accordé par la loi, ou à entraver l'exercice normal d'une activité économique quelconque. La peine prévue est de trois ans d'emprisonnement et de 300 000 francs d'amende.

> L'article 255-1 du nouveau Code pénal définit la discrimination comme toute distinction opérée entre les personnes en raison de leur sexe, de leur situation de famille, de leur état de santé, de leur handicap, de leurs mœurs, de leurs opinions politiques, de leurs activités syndicales, de leur appartenance ou de leur non-appartenance, vraie ou supposée, à une ethnie, une nation, une race ou une religion déterminée[12].

Enfin, il ne faut pas négliger la place importante réservée par le *nouveau Code pénal* aux différents *crimes* et *délits susceptibles d'être commis par des personnes publiques*. Le titre IV du nouveau Code pénal intitulé «Des crimes et délits contre la nation, l'État et la paix publique» contient en effet un titre III visant les diverses «atteintes à l'autorité de l'État», dans lequel figure un chapitre II entièrement consacré aux *atteintes à l'administration publique* commises par des personnes exerçant une fonction publique, qu'il s'agisse d'abus d'autorité, du manquement au devoir de probité sous toutes ses formes et variantes, des atteintes à la liberté d'accès et *à l'égalité* des candidats dans les marchés publics, ou enfin de la soustraction ou du détournement de biens, y compris de fonds publics.

Cet alourdissement général de la responsabilité pénale s'accompagne des exigences nouvelles de *transparence financière* que l'on peut situer dans un contexte général de *lutte contre la corruption*.

b) *L'exigence de transparence financière*

C'est cette exigence qui explique l'obligation de *déclaration de situation de patrimoine* qui s'impose désormais à certains élus locaux répertoriés à l'article 2 de la loi n° 88-227 du 11 mars 1988 relative à la transparence financière de la vie politique.

Il s'agit des présidents des conseils régionaux ou généraux et des maires des communes de plus de 30 000 habitants. Il s'agit aussi du président de l'assemblée et du président du conseil exécutif de Corse, des présidents des assemblées et présidents élus des conseils exécutifs des territoires d'outre-mer.

Par extension, cette règle qui intéresse les exécutifs locaux les plus importants, vise également les présidents de communautés urbaines (correspondant par définition à des agglomérations de plus de 20 000 habitants), de communautés de ville et de communautés d'agglomération nouvelle (art. 13 de la loi du 13 juillet 1983).

Quant aux dates retenues en début et fin de fonctions pour ces déclarations de patrimoine, elles se situent dans les quinze jours suivant l'entrée en fonction, et deux mois au plus tôt et un mois au plus tard, avant la date normale d'expiration des fonctions. En cas de démission, de révocation ou de dissolution de l'assemblée présidée : dans les quinze jours qui suivent la fin des fonctions.

---

12. Pour une énumération semblable en vue d'une protection des libertés en droit du travail, voir le titre V de la loi Martine Aubry n° 92-1446 du 31 décembre 1992 ; *JO* 1er janvier 1993, p. 22 et 23. *Cf.* art. L. 122-45 du Code du travail.

La sanction du défaut de déclaration est l'*inéligibilité* pendant un an des élus concernés.

Toutes ces règles de même que l'aggravation de la responsabilité pénale des collectivités locales par l'institution de la nouvelle responsabilité pénale des personnes morales et des élus locaux, ne doit pas occulter le fait qu'en dépit des échos tumultueux des médias sur telle ou telle affaire, le plus souvent amplifiée par des intérêts politiques plus ou moins avoués, la grande majorité des élus locaux accomplissent leurs fonctions avec conscience et avec probité, en dépit des difficultés de leur mandat. Ce qui n'est pas sans mérite, si l'on tient compte que sous l'effet combiné des lois du 2 mars 1982 et des différentes lois portant transfert de compétences de l'État aux collectivités territoriales, ils ont à remplir des tâches de plus en plus complexes et nombreuses.

Mais le statut des élus locaux comporte aussi des avantages désormais importants et que nous allons examiner.

Section 2
Les avantages liés au mandat local

Il s'agit ici principalement du régime indemnitaire des élus locaux, qui, sans être nouveau dans son principe, a été complètement réformé par la loi du 3 février 1992. Par ailleurs, il s'agit aussi des nouveaux droits à la formation et à l'information des élus, indispensables au bon fonctionnement de la démocratie locale.

§ 1. LES INDEMNITÉS DES ÉLUS LOCAUX

La loi départementale de 1871 et la loi municipale de 1884 ont posé le principe de *gratuité* des fonctions des administrateurs locaux dans un contexte socio-économique très différent du nôtre. D'une part, les fonctions électives locales étaient le plus souvent exercées par des notables, à l'abri des soucis matériels. D'autre part, ces fonctions étaient beaucoup moins lourdes et complexes qu'elles ne le sont aujourd'hui.

Depuis le début du siècle, et plus particulièrement depuis la Deuxième Guerre mondiale, les fonctions électives locales se sont largement démocratisées pour passer entre les mains de salariés, obligés de réduire leurs activités professionnelles, alors même qu'elles tendent à être leur unique source de revenus. Il en est résulté une série de textes qui prévoient un système d'indemnités de fonction et des remboursements de frais au bénéfice des élus locaux. La loi du 3 février 1992 reprend l'ensemble, tout en apportant une *revalorisation* confortable et réaliste des indemnités communales, et un *encadrement* limitatif des indemnités départementales et régionales pour éviter les précédentes dérives abusives[13] (titre III de la loi).

Il faut distinguer toutefois dans ce nouveau régime les indemnités de fonction proprement dites, des remboursements de frais et autres indemnités possibles.

---

13. Ces indemnités étaient fixées jusque-là librement par les conseils généraux et régionaux.

A. Les indemnités de fonction des élus locaux

Les indemnités de fonction constituent des allocations assurant aux élus la réparation des préjudices subis sur le plan de leurs activités professionnelles. Ni salaire, ni traitement, elles peuvent cependant parfois recouvrir une « véritable rémunération », pour les maires et maires adjoints d'arrondissements de Paris nommés par l'État, pour exercer des attributions qui en font les agents de l'État : fonctions d'officiers d'état civil, de recensement des conscrits, d'établissements et révisions des listes électorales, de présidences des bureaux de vote.

Les indemnités de fonction doivent être prévues par un texte qui les rend obligatoires. Elles sont désormais *imposables* (art. 28 de la loi) et soumises à des *cotisations sociales*. Elles sont également *plafonnées* en cas de cumul de mandats électoraux, l'autre mandat pouvant être local, national ou européen, les élus ne peuvent percevoir pour l'ensemble de leurs fonctions un montant total de rémunérations et d'indemnités de fonctions supérieur à une *fois et demie*[14] l'indemnité parlementaire (46 671 F sur la base de la circulaire de 15 avril 1992)[15]. Si le cumul concerne un membre du gouvernement, le plafond est porté à une fois et demie le montant du traitement ministériel (art. 23 de la loi du 3 février 1992).

a) *Les élus municipaux*

En ce qui concerne les *élus municipaux*, l'art. L. 123-1 du Code des communes continue à proclamer que les fonctions de maire, d'adjoint et de conseiller municipal sont gratuites, principe purement théorique au regard des *indemnités actuelles* qui concernent les maires, les adjoints, les conseillers municipaux des communes de plus de 100 000 habitants, les présidents et membres de délégations spéciales (art. L. 123-4-1 du Code des communes), de même les conseillers municipaux des communes de moins de 100 000 habitants mais titulaires de mandats spéciaux attribués par le conseil municipal, et enfin les conseillers municipaux titulaires d'une délégation du maire (art. L. 123-6 al. 3 et 5). L'article 19 de la loi du 3 février 1992 vise également les fonctions de président et de vice-président d'un établissement public de coopération intercommunale.

Pour l'ensemble de ces élus, les indemnités sont votées par le conseil délibérant dans les limites maximales fixées par la loi, avec comme terme de référence *l'indice brut terminal de l'échelle indiciaire de la fonction publique* (art. L. 123-5). Cet indice de 1015 représente 20 303 F mensuels en mars 1992. Ces limites varient selon l'importance de la population, en retenant les chiffres du dernier recensement, selon neuf niveaux de population (au lieu de 13 précédemment). La variation au 30 mars 1992 allait de 2 436 F à 19 288 F par mois. Avec toutefois un régime particulier pour les maires de Paris, Lyon et Marseille pour lesquels l'indemnité est égale à l'indice de référence majoré de 15 %, soit 23 348 F par mois à la même date.

---

14. La loi précise qu'il s'agit de l'indemnité parlementaire, telle qu'elle est définie à l'article 1er de l'ordonnance n° 58-1210 du 13 décembre 1958.
15. Circulaire du ministre de l'Intérieur du 15 avril 1992, *JO* du 31 mai 1992, p. 7303 à 7308.

Population (habitants)	Taux maximal en %
Moins de 500 habitants	12
De 500 à 999 habitants	17
De 1 000 à 3 499 habitants	31
De 3 500 à 9 999 habitants	43
De 10 000 à 19 999 habitants	55
De 20 000 à 49 999 habitants	65
De 50 000 à 99 999 habitants	75
De 100 000 à 200 000 habitants	90
Plus de 200 000 habitants	95

Les indemnités votées pour l'exercice des *fonctions d'adjoints* et des *membres de délégation spéciale* faisant fonction d'adjoint, sont en principe au plus égales à 40 % de l'indemnité maximale du maire de la commune. Ce taux peut toutefois être porté à 50 % dans les communes d'au moins 100 000 habitants.

L'indemnité versée à *un adjoint* peut dépasser ce maximum à condition que le total des indemnités maximales susceptibles d'être allouées au maire et aux adjoints ne soit pas dépassé.

L'indemnité de fonction des *conseillers municipaux ordinaires des communes d'au moins 100 000 habitants* est au plus égale à 6 % de l'indice de référence, soit 1 218 F au 30 mars 1992.

Pour Paris, Lyon, Marseille, l'indemnité d'adjoint au maire ou de membre de délégation spéciale est plafonnée à 40 % de l'indemnité maximale du maire, celle de conseiller municipal simple à 30 %.

À titre facultatif, le conseil municipal des communes de moins de 100 000 habitants peut décider de verser une indemnité aux conseillers municipaux chargés par lui de mandats spéciaux, à condition là encore, de ne pas dépasser le total des indemnités maximales prévues pour le maire et les adjoints. On peut donc élargir la liste des bénéficiaires, mais à condition de déduire les indemnités des adjoints ou du maire pour ne pas dépasser le montant total maximum.

b) *Les élus départementaux*

En ce qui concerne les *indemnités de fonction des élus départementaux*, la loi fixe le taux maximal en pourcentage du même indice brut terminal de l'échelle indiciaire de la fonction publique, en fonction de 5 paliers de population.

Population départementale (habitants)	Taux maximal %
Moins de 250 000 habitants	40
De 250 000 à moins de 500 000 habitants	50
De 500 000 à moins d'1 million d'habitants	60
De 1 million à moins de 1,25 million d'habitants	65
1,25 million et plus	70

Ces indemnités obligatoires qui intéressent les *conseillers généraux* remplacent pour eux les indemnités journalières, ou «indemnités de séjour», prévues par l'article 38 de la loi du 27 février 1912 pour des montants souvent supérieurs aux nouveaux maxima. La variation des indemnités de fonction brutes mensuelles des conseillers généraux allait de 8 121 F à 14 212 F au 30 mars 1992.

Les nouvelles dispositions sont applicables aux fonctions de conseiller régional des régions d'outre-mer : Guadeloupe, Guyane, Martinique et La Réunion.

Les *conseillers de Paris* peuvent cumuler l'indemnité de conseiller municipal et de conseiller général dans les limites prévues pour les cumuls d'indemnités de fonction des élus municipaux.

L'indemnité de fonction votée par le conseil général ou par le Conseil de Paris pour l'exercice effectif de *président de conseil général* est au maximum égale à l'indice de référence augmenté de 30 %. Celle prévue pour l'exercice effectif des fonctions de *vice-président* ou de *membre de la commission départementale* est fixée respectivement à 40 % et 10 % de l'indemnité maximale de conseiller général sans possibilité de dépassement ou de répartition différenciée.

c) *Les élus régionaux*

En ce qui concerne les *indemnités de fonction des élus régionaux*, les règles de principe sont les mêmes que pour les élus départementaux ; seul le barème en pourcentage du même indice brut terminal de l'échelle indiciaire de la fonction publique change en fonction de l'importance de la population, selon 4 tranches démographiques.

Population régionale (habitants)	Taux maximal %
Moins de 1 million	40
De 1 million à moins de 2 millions	50
De 2 millions à moins de 3 millions	60
3 millions et plus	70

Là encore ces nouvelles indemnités obligatoires se substituent pour les conseillers régionaux aux «indemnités de séjour». Les règles modulées pour le président, vice-président, membre de la commission permanente reprennent le même dispositif que celui établi pour le département. La variation des indemnités de fonction brutes mensuelles des conseillers régionaux allait donc de 8 121 F à 14 212 F à la même date de référence.

Par contre, en adaptation à la composition particulière de la région, il est prévu, à titre facultatif, que *le président et les membres du conseil économique et social régional*, reçoivent une indemnité spéciale pour chaque journée de présence aux séances du conseil ou des commissions prévues par délibération de l'assemblée dont ils font partie. Le taux des indemnités journalières est alors fixé par le conseil régional (art. 26-III de la loi du 3 février 1992).

Mais il faut ajouter aux indemnités de fonction d'autres avantages financiers propres au mandat des élus locaux.

B. Les autres avantages financiers

Il faut en premier lieu mentionner les *remboursements de frais*, limitativement définis par les textes, ce qui interdit aux assemblées locales d'en prévoir d'autres.

a) *Les frais de fonction*

Pour tous les élus locaux, il s'agit d'abord des remboursements de frais nécessités par *l'exécution de mandats spéciaux* (art. L. 123-2 du Code des communes, art. 15 de la loi du 10 août 1871 auquel renvoie l'art. 11 de la loi du 5 juillet 1972 pour la région et l'art. 29-1 de la loi du 13 mai 1991 pour la Corse). La notion de *mandat spécial* exclut les activités courantes, et suppose une délibération du conseil qui précise l'objet du mandat, et désigne nommément le ou les titulaires qui auront droit au remboursement des frais de séjour, dépenses de transport et tous autres frais nécessaires au bon accomplissement du mandat, ce qui suppose qu'il en soit justifié notamment par des *états de frais*.

Pour les élus départementaux et régionaux, peut s'ajouter une *indemnité spéciale de déplacement*, pour prendre part aux réunions des conseils généraux ou régionaux, et aux séances des commissions ou organismes dont ils font partie (art. 15 al. 1 de la loi du 10 août 1871, dispositions issues de la loi du 3 février 1992 et applicables aux membres des conseils régionaux art. 11b de la loi du 5 juillet 1972 et 29-1 pour la Corse). Ce *n'est pas une obligation*, mais une *faculté* qui relève de la décision du conseil général ou du conseil régional. Ces remboursements visent seulement les déplacements dans le département ou dans la région, et s'appliquent aux départements et régions d'outre-mer.

b) *Les frais de représentation*

Des indemnités pour *frais de représentation* sont prévues *pour le maire* (art. L. 123-3 du Code des communes). Là encore, il ne s'agit pas d'une obligation, mais d'une *possibilité* ouverte au conseil municipal qui vote cette allocation sur les ressources ordinaires de la commune. Cette indemnité qui n'a pas d'équivalent pour les exécutifs départementaux ou régionaux, couvre les dépenses accessoires à l'exercice des fonctions de maire qui peuvent être *exceptionnelles* : congrès, manifestation culturelle ou sportive, réceptions, ou *courantes* et faire l'objet d'un vote attribuant une indemnité unique globale forfaitaire et annuelle. Le montant varie considérablement d'une commune à l'autre selon son importance et les activités du maire.

Enfin, il faut ajouter que toutes les dispositions prévues en *faveur des élus communaux*, sont applicables aux conseillers des communautés urbaines (art. L. 165-2 du Code des communes), des communautés de villes (art. L. 168-6 du même Code) et des communautés d'agglomération nouvelle (art. 12 de la loi du 13 juillet 1983).

De la même façon, les dispositions *relatives aux conseillers généraux et régionaux* semblent transposables aux membres des conseils des institutions interdépartementales (art. 91 de la loi du 10 août 1871 modifié par la loi d'orientation du 6 février 1992) et des ententes interrégionales (*ibid.*, art. 55).

§ 2. LE DROIT À LA FORMATION DES ÉLUS LOCAUX

a) *Un nouveau droit*

Le titre II de la loi du 3 février 1992 crée un nouveau droit à la formation des élus locaux. Ce droit précisé par décret du 16 novembre 1992[16] intéresse les membres d'un conseil municipal, général ou régional, et la loi précise que la formation doit être « adaptée à leurs fonctions » (art. L. 121-46 du Code des communes, art. 10 de la loi du 10 août 1871 applicable ainsi que les art. 11 à 13 aux conseillers régionaux en vertu de l'art. 11a de la loi du 5 juillet 1972).

Les frais de formation constituent une *dépense obligatoire* pour les collectivités locales, dans la limite plafonnée à 20 % du total des crédits ouverts au titre des indemnités de fonction allouées aux élus de la collectivité concernée.

Les *frais de déplacement, de séjour* et le cas échéant, *d'enseignement*, donnent droit à *remboursement. Les pertes de revenus* sont supportées par la collectivité locale sur la base de *six jours pour la durée du mandat*, et pour un montant horaire plafonné lui-même à une fois et demie la valeur horaire du SMIC.

Le régime s'applique aux membres des conseils d'arrondissement de Paris, Lyon, Marseille, aux membres des conseils de communautés urbaines, de villes ou d'agglomérations nouvelles, aux membres du conseil exécutif de la Corse et aux élus d'outre-mer.

Par contre, il ne s'applique pas *aux voyages d'études*. Les délibérations relatives à ces voyages précisent leur *objet* qui doit avoir un lien direct avec l'intérêt de la commune, ainsi que leur coût prévisionnel qui s'impute sur les fonds publics.

Pour l'exercice de leur droit à formation, les élus salariés ont droit à un *congé formation* de six jours, indépendamment des autorisations d'absence et du crédit d'heures. Ce congé formation est renouvelable en cas de réélection. Il en est de même pour les *agents publics* (art. 11*bis* de la loi du 13 juillet 1983, art. 40 de la loi du 3 février 1992), pour *les agents contractuels* de l'État, des collectivités locales et de leurs établissements publics administratifs.

b) *Une nouvelle institution*

Il est créé un *Conseil national de la formation des élus locaux* à titre de garantie (art. 14-II de la loi du 3 février 1992).

Le décret n° 93-1140 du 4 octobre 1993[17] fixe sa composition à vingt membres nommés par le ministre de l'Intérieur pour trois ans, à raison de douze élus locaux et de huit personnalités qualifiées[18].

Il faut enfin préciser que l'ensemble de ces dispositions ne s'applique que si l'organisme de formation a fait l'objet d'un *agrément* délivré par le ministre de

---

16. Décret n° 92-1208 du 16 novembre 1992 fixant les modalités du droit à la formation des élus locaux, *JO* du 17 novembre 1992, p. 15748 à 15750.

17. Décret n° 93-1140 du 4 octobre 1993 modifiant le décret n° 92-1206 du 16 novembre 1992, *JO* du 5 octobre 1993, p. 13806.

18. L'arrêté du 4 octobre 1993 porte nomination au Conseil national de la formation des élus locaux, *JO* du 5 octobre 1993, p. 13824.

l'Intérieur (art. 14-I de la loi du 3 février 1992)[19], après avis du nouveau conseil national de la formation des élus locaux (art. 14-II de la même loi).

§ 3. LE DROIT À L'INFORMATION DES ÉLUS LOCAUX

A. Le principe

Le droit à l'information des élus locaux est désormais érigé en principe par la loi d'orientation du 6 février 1992. L'article L. 121-22 du Code des communes proclame à cet égard que «tout membre du conseil municipal a le droit, dans le cadre de sa fonction, d'être informé des affaires de la commune qui font l'objet d'une délibération». La formule est reprise avec une parfaite symétrie au profit de tout membre du conseil général (art. 23 de la loi du 10 août 1871) et de tout membre du conseil régional (art. 11a de la loi du 5 juillet 1972 modifié).

a) *L'information avant délibération*

Ce droit à l'information comprend plusieurs éléments dont le premier est la *communication en temps utile des documents* intéressant les affaires portées à l'ordre du jour des assemblées locales pour y être délibérées. Le «temps utile» renvoie aux délais de convocation des réunions et de communication concomitant des documents, qui permettent aux conseillers de parfaire leur information.

Pour les communes de 3 500 habitants et plus, il s'agit d'une *note explicative de synthèse* adressée avec la convocation trois jours au moins avant la réunion ordinaire du conseil municipal (art. L. 121-10-II du Code des communes). Ce délai peut être abrégé sans être toutefois inférieur à un jour franc en cas d'urgence, ou au contraire prolongé au maximum à trente jours en cas de convocation exceptionnelle, sur demande motivée du préfet ou du tiers des membres du conseil municipal dans les communes de 3 500 habitants et plus, ou encore de la majorité des membres du conseil dans les communes de moins de 3 500 habitants.

Si la délibération communale concerne un *contrat de service public*, le projet de contrat ou de marché accompagné de l'ensemble des pièces, peut être consulté à la mairie par tout conseiller qui en fait la demande. Le délai de convocation est alors fixé à cinq jours francs (*ibid.*, art. L. 121-10-III).

Pour les *départements et les régions*, les conseillers doivent recevoir un rapport sur chacune des affaires qui doivent leur être soumises douze jours au moins (et non huit comme précédemment) avant la réunion (art. 42-I de la loi du 2 mars 1982 modifié).

b) *L'information en matière budgétaire*

Quand les délibérations concernent l'acte majeur que représente le *budget*, la loi du 2 mars 1982 reconnaît un droit spécifique à l'information budgétaire au bénéfice des élus départementaux et régionaux.

---

19. Le décret n° 92-1207 du 16 novembre 1992 fixe les conditions d'agrément des organismes de formation.

L'article 50 alinéa 2 de la loi prévoit la communication du projet de budget avec les documents correspondants dix jours au moins avant l'ouverture de la première réunion du conseil général consacrée à l'examen du budget.

La même règle est transposée à la région par l'article 12 de la loi d'orientation du 6 février 1992, mais le délai de communication est de douze jours avant la première réunion budgétaire du conseil régional, sans que cette différence de délai ne corresponde à une nécessité rationnelle. De plus, dans un délai de deux mois précédant l'examen du budget, un *débat* a lieu au conseil régional sur les orientations budgétaires (art. 6-1 de la loi du 5 juillet 1972 modifié).

Pour les communes négligées à tort sur ce point en 1982, la loi du 6 février 1992 prévoit un débat de même nature dans les deux mois précédant l'examen du budget des communes de plus de 3 500 habitants. Pour les autres, une jurisprudence constante considère comme contraire au droit des conseillers d'être informés, la présentation des documents budgétaires en séance[20]. Le plus souvent en pratique, les petites communes organisent une commission budgétaire pour suivre la préparation du budget.

B. L'information au sens large

Par ailleurs, les rapports spéciaux, annuels et obligatoires du président du conseil général avec débat sur la situation du département, et du préfet sur l'activité des services de l'État dans le département, avec débat éventuel, complètent l'information des conseillers généraux (art. 42-II et III de la loi du 2 mars 1982). Ce dispositif s'applique à la région (art. 16-1-II et III de la loi du 5 juillet 1972 modifié).

De plus, l'article 32-I et II de la loi du 6 février 1992 consacre le droit de tous les élus locaux d'exposer en séance de l'assemblée délibérante des *questions orales* ayant trait aux affaires de leur collectivité (art. L. 121-15-1 du Code des communes, art. 33 de la loi du 10 août 1871 modifié). L'article 36 de la loi du 6 février 1992 étend ce droit aux établissements publics de coopération intercommunale et aux syndicats mixtes. Le règlement intérieur des différents conseils fixe la fréquence, de même que les conditions de présentation et d'examen de ces questions orales, de même que celles de la consultation en mairie des documents intéressant les contrats de service public.

Le *règlement intérieur* est systématisé par l'article 31 de la loi du 6 février 1992 pour les communes de 3 500 habitants et plus (art. L. 121-10-1), pour les départements (art. 31 de la loi du 10 août 1871 modifié) et pour les régions par transposition des règles applicables au département. Il est élaboré dans les six mois de l'installation du conseil municipal et dans le mois du renouvellement du conseil général. Il constitue un acte administratif susceptible d'être déféré devant le juge administratif.

Enfin, on peut considérer que la *généralisation de la représentation proportionnelle* dans les différentes commissions locales contribue elle aussi à l'information des élus, par la participation des différentes tendances des assemblées délibérantes à la préparation des décisions.

---

20. Pour un exemple : *cf.* TA Saint-Denis, 17 octobre 1990, «M. Paul Vergès c/ Commune de Saint-Paul», Req. n° 158-89.

L'article L. 121-20 du Code des communes complété par l'article 34-III de la loi du 6 février 1992 dispose ainsi que «dans les communes de plus de 3 500 habitants, la composition des différentes commissions, y compris les commissions d'appel d'offres et des bureaux d'adjudication, doit respecter le principe de la représentation proportionnelle pour permettre l'expression pluraliste des élus au sein de l'assemblée communale.» On a vu l'application du même principe aux commissions permanentes du conseil général et du conseil régional.

On peut donc conclure à ce niveau de notre étude que la généralisation du principe des organes élus s'est accompagnée de la mise en place d'un véritable statut des élus locaux, au service du bon fonctionnement de la démocratie locale, qui suppose encore l'application d'un second principe tout aussi fondamental que le premier, celui de la libre administration des affaires locales que nous allons examiner maintenant, dans un troisième chapitre.

Le principe de la libre administration des affaires locales

Principe de valeur constitutionnelle[1], la libre administration des collectivités locales a pris une nouvelle ampleur avec la réforme ouverte en 1982.

L'article 1 de la loi du 2 mars 1982 proclame solennellement que : «*Les communes, les départements et les régions s'administrent librement par des conseils élus.*» La formule est reprise avec une symétrie parfaite, qui en fait une sorte de leitmotiv législatif délibéré, chaque fois qu'il s'agit de préciser le rôle de chacun des conseils. Il faut traduire cette répétition constante comme une **clause générale de compétence** qui reconnaît au profit des organes délibérants le pouvoir de gérer eux-mêmes librement leurs propres affaires locales. Ce qui nous oblige à préciser le sens et la portée de cette notion d'affaires locales et de rechercher par ailleurs quels sont les moyens de leur gestion, car l'administration des affaires locales n'a d'intérêt qu'assortie de moyens suffisants.

Section 1
La gestion locale

La gestion locale renvoie à la notion d'affaires locales à travers la clause générale de compétence propre à la décentralisation.

Voyons tout d'abord comment la notion d'affaires locales apparaît bien au centre du leitmotiv législatif, quand on examine le statut des collectivités territoriales décentralisées.

§ I. LA NOTION D'AFFAIRES LOCALES

A. Sens et valeur de la notion

La notion apparaît au niveau de la commune puisque le conseil municipal règle par ses délibérations les affaires de la commune. La formule est constante depuis la grande charte municipale du 5 avril 1884.

---

1. *Cf.* CC Déc. 79-104, DC du 23 mai 1979, Élection de l'Assemblée territoriale de Nouvelle-Calédonie, *Rec.* p. 27, *GDCC* n° 30, ou encore DC du 18 janvier 1985 relative à la liberté d'enseignement.

a) *La clause de compétence*

Par contre, si la loi du 2 mars 1982 reprend la formule au profit du conseil général, il faut y voir un aspect de la volonté du législateur de **banaliser** la situation du **département** aussi bien au niveau de ses **attributions** qu'au niveau de son **organisation**. L'article 46 de la charte départementale du 10 août 1871 s'exprimait en effet en termes prudents et laconiques, en permettant au conseil général de statuer généralement sur tous les objets d'intérêt départemental. La rédaction nouvelle est à cet égard plus claire et plus ferme, et adopte délibérément la même formulation que celle utilisée à propos du conseil municipal. L'article 33 de la loi du 2 mars 1982 précise en conséquence que : «*Le conseil général règle par ses délibérations les affaires du département*».

Enfin, comme nous l'avons vu au niveau de l'organisation, la volonté de banaliser les collectivités territoriales s'étend parallèlement à la **région**. Ce qui explique que l'on retrouve la clause de compétence générale au profit du **conseil régional** à l'article 59 de la loi du 2 mars 1982, dans une rédaction rigoureusement semblable aux précédentes : «*Le conseil régional règle par ses délibérations les affaires de la région.*» La seule différence est que la clause n'était pas ici d'application immédiate comme les autres. Elle ne devait s'appliquer qu'au conseil régional élu au suffrage universel direct. En attendant et à titre transitoire, la région demeurait un établissement public régi par les lois antérieures. Ce n'est qu'en mars 1986 que la région est devenue une collectivité territoriale, avec l'élection de son conseil au suffrage universel direct.

Sous cette réserve qui constituait une limite temporaire, on peut donc relever une constante volontairement harmonisée par la réforme de 1982. La gestion des affaires locales par des conseils élus caractérise la décentralisation territoriale dont elle est un principe fondamental.

La notion d'affaires locales suppose que soit reconnue, à côté des besoins collectifs communs à tous les citoyens, l'existence de **besoins spécifiques** propres aux habitants de la collectivité territoriale. Ces besoins spécifiques locaux traduisent une solidarité d'intérêts qui noue entre les habitants un lien spécial caractéristique, et distinct du lien plus large, qui marque la solidarité nationale.

Par exemple, à côté du besoin général de relations postales qui rapproche tous les habitants du pays, existe le besoin plus particulier à une ville d'être alimentée en eau ou en électricité, d'être pourvue de transports urbains. Cette solidarité est un pur fait qui se constate, mais qui, à lui seul, suffit à fonder la décentralisation territoriale dès lors qu'il est consacré par le droit. En effet, dès lors que la loi qualifie les intérêts locaux d'«*affaires locales*», affaires de la commune, du département ou de la région, elle autorise sur le plan de l'organisation locale une administration décentralisée de ces affaires ou de ces intérêts. L'organisation de services publics locaux distincts des services nationaux correspond à la mise en place d'une telle administration, chaque service public local correspondant lui-même à la gestion d'une affaire locale.

b) *Le cadre de l'État unitaire*

Le domaine des affaires locales et la gestion des services publics locaux dans le cadre d'un État unitaire, comme la France, ne signifie pas que les collectivités territoriales disposent d'une liberté d'action complète, y compris dans la détermination des affaires qui relèvent de leur gestion décentralisée. Ceci pour deux raisons. La première est que l'administration des collectivités territoriales doit respecter la légalité, ce qui suppose la possibilité d'un contrôle sur sa gestion. La deuxième est que l'administration décentralisée obéit au principe de la **spécialité locale** et qu'ils n'appartient pas à la collectivité territoriale de déterminer elle-même la liste des affaires locales, affaires de la commune, affaires du département ou affaires de la région, pas plus qu'il ne lui appartient *a priori* de dire quels sont les besoins proprement locaux qu'elle envisage de satisfaire en les érigeant en services publics. C'est **l'État** qui est seul **initialement compétent** pour déterminer les besoins qui, étant communs à tous les habitants du territoire, sont affaires de l'État, donc services publics nationaux, et ceux qui, étant propres à tel ou tel groupe local, sont affaires locales, de la commune, du département ou de la région, et justifient la mise en place par ces collectivités de services publics locaux.

Ce n'est que parce que la loi recense les intérêts locaux qui justifient leur gestion locale, qu'elle autorise une administration décentralisée des affaires locales. L'organisation de *services publics locaux* correspond à la mise en place d'une telle administration, chaque service public assurant lui-même la gestion d'une affaire locale. Le domaine des affaires locales est donc déterminé par la **loi** en droit français.

Cette règle, qui apporte une limite à la décentralisation, est cependant atténuée dans une large mesure par les termes mêmes utilisés par le législateur, qui a préféré poser une clause de compétence générale plutôt que de procéder par voie d'énumération limitative.

Non sans un certain paradoxe, plus apparent que réel, le droit français combine l'attribution légale des affaires locales aux collectivités locales, et la vocation générale de ces mêmes collectivités à gérer leurs propres affaires.

La réforme de 1982 n'a rien changé en ce qui concerne d'ailleurs la gestion des affaires proprement locales qui impliquent un budget, un patrimoine et la création des services publics locaux nécessaires. À côté des **services facultatifs** que peuvent toujours créer les conseils, il existe comme auparavant des **services obligatoires**, comme par exemple celui des pompes funèbres et de la désinfection pour la commune, ceux de la voirie, de l'assistance et de l'hygiène pour le département.

Mais ce qui est nouveau, c'est que « l'intérêt local » conduit le législateur à affirmer le principe d'un interventionnisme économique des collectivités locales et à renverser l'économie du régime antérieur à la loi du 2 mars 1982 en la matière.

B. La question du socialisme municipal

En effet, depuis la fin du siècle dernier, à défaut de texte, la question de ce qu'on appelait alors le « socialisme municipal », c'est-à-dire la gestion publique par une commune, d'un service à caractère industriel ou commercial, était réglée par la jurisprudence du Conseil d'État particulièrement limitative en ce domaine au moins jusqu'à la Première Guerre mondiale.

a) *L'évolution de la jurisprudence*

Le principe était l'**interdiction** justifiée doublement par la liberté du commerce et de l'industrie établie par le décret d'Allarde des 2-17 mars 1791, et par le danger pour les budgets locaux de toute activité comportant par nature des risques financiers dans une économie libérale. Seul un texte de loi pouvait par exception déroger au principe.

C'est ce que souligne clairement le commissaire du gouvernement Romieu en 1901 dans ses conclusions célèbres sur la boulangerie coopérative de Poitiers. «*Les conseils municipaux ne peuvent en principe, exercer un commerce ou une industrie : d'abord parce que cela constitue une modification au régime économique de la liberté du commerce et de la libre concurrence auquel le législateur seul peut porter atteinte; ensuite, parce qu'il n'est pas sans inconvénient d'engager les finances communales dans les hasards d'une entreprise commerciale[2]...*»

Cette jurisprudence très ferme[3] devait s'**assouplir** progressivement sous la pression des **circonstances**, guerre et crise économique qui inspiraient par ailleurs les deux **décrets-lois Poincaré** des 5 novembre et 28 décembre 1926, aux termes desquels les communes «*peuvent être autorisées... à exploiter directement des services d'intérêt public à caractère industriel et commercial*».

Cette possibilité d'action ouverte aux collectivités locales par le gouvernement dans des domaines qui leur étaient rigoureusement interdits jusque-là, devait se heurter à la résistance du Conseil d'État, dont la jurisprudence traduit deux temps d'évolution.

Dans un premier temps, le Conseil d'État demeure très restrictif en interprétant précisément les décrets-lois Poincaré dans un **arrêt de principe du 30 mai 1930**. Il commence en effet par indiquer dans un esprit résolument contraire à la logique économique des textes, qu'«*ils n'ont eu ni pour objet, ni pour effet d'étendre en matière de création de services publics communaux les attributions conférées aux conseils municipaux par la législation antérieure*». Or cette extension d'attributions était la raison d'être évidente des textes en cause. Le Conseil d'État pose ensuite la règle nouvelle qui assortit l'interdiction de principe d'une exception légitime sous deux conditions cumulatives en disposant : «*que les entreprises ayant un caractère commercial restent, en règle générale, réservées à l'initiative privée, et que des conseils municipaux ne peuvent ériger des entreprises de cette nature en services publics communaux que si, en raison de circonstances particulières de temps et de lieu, un intérêt public justifie leur intervention en cette matière.*» Enfin, il applique cette règle à l'espèce et sanctionne comme illégale l'institution d'un service de ravitaillement dès lors que la circonstance évoquée par la Ville pour justifier la vente directe au public, à savoir la lutte contre la vie chère, ne constitue pas la circonstance particulière exigée par la jurisprudence[4].

Dans un deuxième temps, avec la persistance des difficultés économiques et l'effacement progressif du libéralisme, le Conseil d'État, tout en maintenant et en rappelant à chaque occasion le postulat de l'interdiction de principe, allait admettre de plus en plus facilement la légalité des interventions, en dehors de l'hypothèse d'une autorisation législative, dès lors que ces interventions visent à satisfaire un *intérêt public local*. Une évolution jurisprudentielle propre au critère de cet intérêt public local a contribué elle-même à faciliter l'évolution extensive des exceptions reconnues légitimes par le Conseil d'État. Ce critère est en effet réalisé par la convergence de deux conditions cumulatives : l'existence d'un **besoin local**, et la **carence**,

---

2. CE, 1er février 1901, Descroix, Deservik et autres, *Leb.*, p. 105 et s., 1901, III, p. 41.
3. Note Hauriou sous CE, 29 mars 1901, Casanova, *S.*, 1901, III, p. 73.
4. CE, 30 mai 1930, «Chambre syndicale du commerce en détail de Nevers», *S.*, 1931, p. 33, concl. Josse, note Alibert.

voire l'**insuffisance**, de l'initiative privée, mais la définition d'une carence, d'abord strictement *quantitative*, a pu évoluer vers la notion plus ouverte de carence *qualitative* et permettre de larges assouplissements dans l'appréciation des situations (CE, 24 novembre 1933, Zénard[5]).

De plus, le même critère s'est finalement imposé, qu'il s'agisse d'interventions dans le secteur proprement industriel et commercial ou qu'il s'agisse d'interventions dans les domaines de l'hygiène et de la santé, traditionnellement libéraux[6], et dans la mesure où l'intérêt général est plus manifeste, comme en témoigne l'arrêt du 20 novembre 1964, Ville de Nanterre, qui reconnaît la légalité de la création d'un cabinet dentaire municipal, tout en retenant le critère financier écarté en 1930, puisqu'il s'agit de permettre à la population qui ne dispose que de ressources modestes de bénéficier de soins dentaires.

L'évolution de la jurisprudence fait ainsi apparaître une ouverture progressive et constante du champ d'application possible des interventions publiques dans le domaine économique, dès lors que l'intérêt local existe. À titre d'exemples caractéristiques de cette évolution, citons la reconnaissance :

– des boucheries municipales, *cf.* CE, 24 novembre 1933, Zénard ;

– des lavoirs publics et bains-douches, *cf.* CE, 19 mai 1933, Blanc et 12 juillet 1939, Chambre syndicale des maîtres buandiers de Saint-Étienne ;

– d'un dispensaire, *cf.* 30 novembre 1934, Le Cam ;

– d'une clinique ouverte dans un hôpital public, *cf.* 14 mai 1954, Syndicat des maisons de santé du Languedoc-Roussillon ;

– de la vente d'articles et fournitures funéraires, *cf.* CE, 4 juin 1954, Dame Berthod ;

– d'un théâtre de verdure, CE, 12 juin 1959, Syndicat des exploitants de cinématographes de l'Oranie ;

– d'un camping municipal, *cf.* 17 avril 1964, Commune de Merville-Franceville ;

– d'un cabinet dentaire, *cf.* 20 novembre 1964, arrêt cité, Ville de Nanterre ;

– d'un service de consultation juridique gratuite, *cf.* CE, 23 décembre 1970, Commune de Montmagny ;

– d'une piscine municipale, *cf.* CE, 23 juin 1972, Sté La plage de la Forêt ;

– et plus récemment une auberge communale. Le TA de Clermont-Ferrand (suivi par le Conseil d'État) reconnaît implicitement dans un arrêt du 21 octobre 1983 qu'un débit de boissons peut constituer un véritable service public industriel et commercial, *cf.* TA Clermont-Ferrand, 21 octobre 1983, Tay, et CE, 25 juillet 1986, commune de Mercœur.

Par là, ce dernier exemple ne manque pas de pittoresque en ce qu'il décerne des lettres de noblesse toutes nouvelles au débit de boisson. Ce n'est plus le lieu de perdition et de débauche décrit par Zola, mais le lieu de rencontres, qui réalise, particulièrement en milieu rural et à défaut d'autres moyens, un besoin social et local de « convivialité » créé et reconnu par l'évolution des mœurs[7].

---

5. CE, 24 novembre 1933, Zénard, *R.*, 1100, *S.*, 1934, 3, 105, concl. Detton, note Mestre.

6. L'évolution est saisissante si l'on compare le raisonnement du Conseil d'État dans l'arrêt Casanova du 29 mars 1901 et l'argumentation développée dans l'arrêt Ville de Nanterre.

7. C'est ce qui ressort des propos d'Yves Madec, Commissaire du gouvernement et de Georges-Daniel Marillia, vice-président du Tribunal administratif de Clermont-Ferrand dans leur note sous le jugement du 21 octobre 1983, *cf. AJDA* du 20 mars 1984, p. 167.

Parallèlement à cette évolution de la jurisprudence du Conseil d'État qui assouplit ses règles et multiplie les exceptions à l'interdiction, l'administration demeurait très **réticente** dans la mise en œuvre des rares textes permettant les interventions économiques des collectivités locales, tel l'article 3 du décret du 20 mai 1955, autorisant les conseils généraux à décider leur intervention, lorsqu'un intérêt départemental le justifie. Pour éviter la mise en péril des finances locales, l'administration exerçait une tutelle étroite et sévère, les préfets étant régulièrement invités à n'approuver les délibérations qu'avec la plus grande circonspection.

La crise économique contemporaine, ouverte en 1973, ne devait pas modifier cette attitude rigide de contrôle, qui allait être mise en échec par les faits eux-mêmes sous la pression de nouveaux besoins. L'onde de choc de la crise pétrolière sur l'économie occidentale s'est traduite en France par la mise en péril de nombreuses activités et par un bouleversement des équilibres économiques, obligeant l'État à mettre en place d'importants programmes d'aides aux entreprises les plus touchées. C'est ainsi qu'en application des décrets du 14 mai 1976 instaurant un nouveau régime d'aides de l'État au développement régional, le ministre de l'Intérieur, M. Poniatowski, rappelle dans une **circulaire du 10 septembre 1976** toutes les conditions et limites qui enferment les interventions locales dans un cadre très étroit.

La logique du texte est à double détente. D'une part, il est rappelé qu'aucune aide financière directe n'est possible, sauf circonstances exceptionnelles. Pas de garantie d'emprunt non plus, sauf si un texte l'autorise et si l'emprunt est réalisé par un concessionnaire de la collectivité ou par une entreprise qui poursuit un objet d'intérêt public indiscutable. Toute prise de participation n'est possible qu'approuvée par le préfet ou les ministres concernés, selon sa conformité ou sa non-conformité à des statuts types.

Par contre, dans le but de faciliter l'implantation d'industries, la circulaire précise les modalités de vente ou de location de bâtiments par les collectivités locales, dans le cadre de l'aménagement de leurs **zones industrielles**.

Ce texte, très restrictif dans son esprit et sa portée, allait être très vite dépassé, de même que l'administration allait être débordée par l'ampleur d'un mouvement irrésistible. La plupart des communes ont voulu créer leur zone commerciale ou industrielle et, dans de nombreux cas, les besoins mal appréciés ont été surestimés, entraînant des gaspillages évidents, quand une partie des bâtiments prévus reste vide. Le développement du **chômage** a par ailleurs accéléré le mouvement, en multipliant les cas d'intervention économique des collectivités pour soutenir des entreprises qui subissaient la crise de plein fouet.

Des sacrifices financiers considérables ont été consentis pour la mise en œuvre d'initiatives audacieuses de collectivités, décidées à attirer de nouvelles entreprises ou à participer au sauvetage d'entreprises en difficulté, dans le but de favoriser ou de maintenir l'emploi local. Les exemples les plus spectaculaires de ces interventions ont souvent passionné l'opinion publique nationale : c'est le cas des aides de Marseille à Titan Codec, de Besançon à l'entreprise Lip ou de Saint-Étienne à Manufrance, la manufacture d'armes et de cycles.

b) *La loi du 2 mars 1982*

Ainsi, la loi du 2 mars 1982, en posant le **principe de l'interventionnisme économique local**, a été largement devancée par les faits. Elle entérine une situation qui s'est développée en marge des textes. En rupture avec une certaine hypocrisie de la jurisprudence qui, se fondant toujours sur l'interdiction de principe justifiée par la liberté du commerce et de l'industrie, n'en multipliait pas moins les exceptions légitimées par des critères rendus très souples, la loi renverse le principe.

Il faut rappeler toutefois que les dispositions finalement adoptées résultent d'un *compromis*. Le *projet de loi* gouvernemental était d'ailleurs modeste. Il autorisait seulement les conseils municipaux à prendre les « *mesures nécessaires à la protection des intérêts économiques et sociaux de la population communale, à l'exclusion de toute prise de participation dans le capital d'une société commerciale et de toute entreprise à but lucratif n'ayant pas pour objet d'exploiter un service public* ».

Le principe des interventions du département et de la région était rédigé avec la même prudence, car celles-ci devaient toutes être conformes au Plan. Pourtant, malgré sa modestie, cette extension de compétences devait opposer les deux assemblées dans un âpre débat. Le Sénat y conteste jusqu'à l'idée même de tout interventionnisme local en des termes qui reprennent les mêmes arguments que ceux développés au début du siècle, tantôt le danger pour les finances locales et la libre concurrence, tantôt l'incompétence des élus locaux dans la gestion des entreprises privées.

La loi n° 82-213 du 2 mars 1982 maintient cependant le principe des nouveaux pouvoirs économiques des collectivités locales, conformément d'ailleurs aux prescriptions contenues dans la loi précédente du 7 janvier 1982[8] approuvant le plan intérimaire. Mais le Sénat obtient une profonde modification du texte initial pour inclure le rappel des limites que certains *principes généraux* imposent aux collectivités.

L'article 5 de la loi du 2 mars 1982 énonce les conditions générales dans lesquelles s'exerce l'interventionnisme local. Elles sont applicables *mutatis mutandis* au département (art. 48 et 49) et à la région.

Le dispositif de la loi n'a pas été remis en cause pendant les périodes de « cohabitation politique », et la loi d'amélioration de la décentralisation en date du 5 janvier 1988 n'a apporté pour sa part que des aménagements de détail.

Le premier principe (art. 5 al. 1) rappelle que l'État est la personne publique désignée comme responsable de la politique économique et sociale du pays ainsi que de la défense de l'emploi. C'est donc par **délégation** seulement que les collectivités locales exercent leurs compétences en ce domaine.

En second lieu (art. 5 al. 2) est réaffirmée solennellement l'intangibilité du **principe de la liberté du commerce et de l'industrie**, ce qui renvoie à la jurisprudence du Conseil d'État, tout en prenant une signification résolument politique. D'une part, l'**initiative privée** demeure la règle, et seule sa carence ou son insuffisance peuvent fonder l'intervention économique des collectivités publiques. D'autre part, et par voie de conséquence, la France reste une société libérale, la décentralisation est une réforme, ce n'est pas une révolution qui remet en cause l'organisation même de la société.

Le même alinéa rappelle le **principe de l'égalité devant la loi**, principe fondamental du droit public français et spécialement appliqué aux services publics.

---

8. *Cf.* Loi n° 82-6 du 7 janvier 1982, *JO* du 8 janvier 1982.

S'ajoutent enfin des **limites techniques** assurant la cohérence générale de l'action économique en France : l'obligation de respecter les règles de l'aménagement du territoire définies par la loi approuvant le **Plan**.

Dans ce cadre de principes et de limites, la loi assigne *trois objectifs* à l'action économique possible des collectivités locales :

1. Favoriser le développement économique par des *aides directes et indirectes* (art. 5, 48 et 66).

2. Protéger les intérêts économiques et sociaux de la population.

3. Assurer la satisfaction des besoins de la population en *milieu rural*, en particulier par le maintien des services nécessaires.

Le dispositif se complète d'une *réserve* générale et nuancée, en stipulant l'*interdiction* de toute participation dans le capital d'une société commerciale, ou de tout autre organisme à but lucratif n'ayant pas pour objet d'exploiter des services publics (ce qui figurait déjà dans le projet de loi), ou des activités d'intérêt général. Cette première formule, ajoutée cette fois au texte initial, a pour but de ne pas restreindre l'aide des collectivités aux seules entreprises gérant un service public. L'interdiction est elle-même fortement atténuée par la possibilité de dérogations autorisées par décrets en Conseil d'État.

Ainsi, la notion d'« affaires locales » s'est enrichie d'une dimension économique et sociale qu'elle n'avait pas normalement jusqu'en 1982. Désormais et par principe, les « affaires locales » englobent l'intérêt économique local géré par les collectivités elles-mêmes dans le cadre de la loi. Par là, la décentralisation gagne des moyens juridiques nouveaux d'administration démocratique par les élus. Mais au-delà de l'élargissement de la notion « d'affaires locales », c'est l'intérêt local en tant que tel qui se trouve bouleversé par la réforme. Ce qui caractérise le mieux en effet la volonté du législateur de pousser plus avant la décentralisation, c'est l'ouverture de la notion d'intérêt local, et par là, l'extension des compétences des collectivités territoriales.

§ II. L'OUVERTURE DE « L'INTÉRÊT LOCAL »

L'article 1 alinéa 2 de la loi du 2 mars 1982 prévoyait que des lois interviendraient pour déterminer la répartition des compétences entre les communes, les départements, les régions et l'État. Les deux lois fondamentales en la matière sont la loi n° 83-8 du 7 janvier 1983 dite deuxième loi de décentralisation, qui annonce elle-même qu'elle sera complétée par une autre loi, la loi n° 83-623 du 22 juillet 1983. Elles ont été modifiées ou complétées par un certain nombre de textes, telles les lois n° 85-97 du 25 janvier 1985, ou n° 88-13 du 5 janvier 1988 et par deux textes de portée étendue et comportant un certain nombre de dispositions intéressant la matière : la loi n° 92-125 du 6 février 1992 dite loi d'orientation relative à l'administration territoriale de la République et la loi quinquennale n° 93-1313 du 20 décembre 1993 relative au travail, à l'emploi et à la formation professionnelle.

Une remarque s'impose : on peut s'étonner d'une **méthode législative** qui inscrit chaque nouvelle loi dans un processus en chaîne, chaque maillon renvoyant au suivant, selon un échéancier prévu dans ses grandes lignes dès 1982. On peut lui reprocher les difficultés d'une approche globale ou son instabilité due aux corrections et aux compléments que chaque texte apporte aux précédents. Mais on peut aussi et surtout y déceler une *volonté politique délibérée*.

Les principes et les règles déterminant la mise en route effective de la réforme sont posés dès la première loi, celle du 2 mars 1982. À cette locomotive, sont accrochés des moyens, autant de wagons que de problèmes à résoudre au fur et à mesure, avec des haltes techniques de mises au point prévues sur le parcours, pour que le train termine celui-ci en entraînant dans son mouvement l'ensemble des institutions territoriales. Si la méthode est malcommode, si le nombre de gares d'arrêt est trop grand pour le théoricien qui regrette le parcours simplifié d'un express et qui déplore la masse des textes, leurs maladresses ou leurs contradictions, c'est que cette méthode n'est pas choisie à son intention. Elle vise la réorganisation profonde de l'administration territoriale avec la volonté d'avancer plus sûrement, parce que progressivement, en se corrigeant et en se perfectionnant elle-même, au fur et à mesure.

En dépit des inconvénients réels, la méthode se donne à elle-même les meilleures chances d'aboutir par une expérience pratique échelonnée dans le temps. Dans ces conditions, s'interroger sur l'ordre des transferts n'autorise que des spéculations limitées. L'importance et la priorité des uns par rapport aux autres peuvent peut-être justifier le partage entre les lois. Ce n'est pas du tout évident. C'est davantage le principe lui-même du partage et de l'**échelonnement dans le temps** qu'il faut retenir d'un système qui veut favoriser l'efficacité du travail législatif. La réforme est en marche et elle n'est pas terminée.

A. La nouvelle répartition des compétences

Ce qui est réalisé de cette manière progressive par l'ensemble de ces textes, c'est une **redistribution** des domaines de l'activité publique, qui permet à chaque collectivité locale de régler davantage que ses affaires propres. Elle continue à ne pouvoir intervenir que pour des affaires d'intérêt local selon le principe de spécialité, mais la notion d'intérêt local est ouverte aux aspects locaux de la politique nationale. Ce qui a pour effet d'élargir les compétences reconnues à chaque collectivité territoriale, par un transfert des compétences de l'État à l'égard desquelles existe un intérêt local.

D'où la formule nouvelle adoptée par l'article 1 de la loi du 7 janvier 1983, « *Les communes, les départements et les régions règlent par leurs délibérations les affaires de leurs compétences* ». La rédaction de l'article n'est pas très heureuse, car seuls les conseils règlent par leurs délibérations lesdites affaires, le maire, le président du conseil général ou le président du conseil régional n'agissent pas par voie de délibérations. Il eût été préférable de dire : les communes, les départements et les régions règlent par l'intermédiaire de leurs élus les affaires de leurs compétences, les élus renvoyant aux organes délibérants et aux organes exécutifs ensemble. Cependant, malgré ce défaut rédactionnel, il est clair qu'en utilisant l'expression « les affaires de leurs compétences », le législateur a voulu signifier que l'intérêt local n'excluait pas l'intervention des collectivités locales dans les affaires présentant elles-mêmes un intérêt plus large réservé jusque-là à l'État.

Cet intérêt local élargi est consacré par l'article 1 alinéa 2 de la loi du 7 janvier 1983 qui pose le principe nouveau que les communes, les départements et les régions **concourent avec l'État** à l'administration et à l'aménagement du territoire, au développement économique, social, sanitaire, culturel et scientifique, ainsi qu'à la protection de l'environnement et à l'aménagement du cadre de vie. Ce concours, largement entendu, opère un partage de compétences avec l'État dans des domaines qui lui étaient réservés jusque-là et entraîne, en conséquence, une extension des compétences des collectivités territoriales, c'est-à-dire en définitive une décentralisation plus importante.

B. Les techniques utilisées

Des textes, on peut dégager deux techniques qui se cumulent et se combinent pour responsabiliser les collectivités à des degrés différents et contribuer à ce concours : d'une part, l'**association à la prise de décision** et d'autre part, l'**attribution des compétences précédemment réservées à l'État avec un réel pouvoir de décision**.

La première technique, apparemment modeste, est de **concertation ou de consultation**, mais dans la mesure où elle permet à la collectivité concernée d'exprimer et de défendre ses intérêts locaux, dans des matières d'ordre public relevant par nature de l'État, elle réalise une avancée de la décentralisation des décisions. C'est à ce titre qu'elle prend place dans les deux lois des 7 janvier et 22 juillet 1983.

Il en est ainsi de la **sauvegarde du patrimoine et des sites**, pour laquelle est maintenue la priorité de l'État, mais exercée désormais en lui associant l'expression directe de l'intérêt local. C'est la même section II de la loi du 7 janvier 1983, qui traite de l'urbanisme décentralisé de façon spectaculaire et de la sauvegarde du patrimoine et des sites, visée par deux séries de dispositions.

La première série prévoit des **schémas de mise en valeur de la mer** (chap. 4), élaborés par l'État, mais soumis pour avis aux communes, départements et régions, avant d'être arrêtés par décret en Conseil des ministres. Ces schémas fixent les orientations fondamentales de la protection, de l'exploitation et de l'aménagement du littoral. À cet effet, l'article 57 de la loi précise qu'ils « déterminent la vocation générale des différentes zones, et notamment les zones affectées aux cultures marines et aux activités de loisirs. Ils précisent les mesures de protection du milieu marin ». Ainsi donc, la politique nationale du littoral français est l'œuvre de l'État, assez importante pour avoir justifié par ailleurs dans la même période la création d'un ministère de la Mer, mais elle associe les collectivités territoriales côtières dans le respect de leur intérêt local particulier, qu'il s'agisse de la protection du littoral, du développement des ressources halieutiques ou de la défense du milieu naturel. Les collectivités côtières traumatisées par les effets dévastateurs des différentes « marées noires » sont les premières intéressées par ce type d'association.

Dans le même sens, la loi n° 86-2 du 3 janvier 1986 relative à l'aménagement, la protection et la mise en valeur du littoral, renforce les moyens locaux de protection et de développement, et la loi n° 95-115 du 4 février 1995 lui insère un article 40 A offrant aux conseils municipaux la faculté de coordonner leur politique du littoral et d'élaborer un *schéma interrégional du littoral*. Celui-ci permet d'assurer la cohérence des projets d'équipement et des actions de l'État qui ont une incidence sur l'aménagement ou la protection du littoral. Il se doit de respecter les orientations du nouveau schéma national d'aménagement et de développement du territoire prévu par l'article 2 de la loi, ainsi que celles des schémas régionaux prévues à l'article 34 de la loi du 7 janvier 1983.

La loi du 22 juillet 1983 va plus loin, en confiant aux collectivités concernées la *création et la gestion des ports*, voire même la décision qui relève toutefois de l'hypothèse d'école, de percer un canal. Quant à la distribution des rôles, elle vise à éviter les recoupements et les gaspillages qui en résultent habituellement.

La *région* reçoit ainsi compétence sur les canaux et ports fluviaux qui lui sont transférés sur demande du conseil régional par décret en Conseil d'État. Cette nouvelle compétence vise aussi bien la création de canaux nouveaux, que l'aménagement ou la gestion des voies navigables (art. 5 de la loi du 22 juillet 1983). Le *département* prend en charge la responsabilité des ports maritimes de commerce et de pêche. Le président du conseil général peut établir des règlements particuliers de police compatibles avec le règlement général de police élaboré par l'État. Enfin, la *commune* devient responsable des ports de plaisance, qu'il s'agisse de les créer, de les aménager ou de les exploiter. Le maire peut établir des règlements particuliers de police portuaire pour sa commune dans le cadre d'une réglementation nationale adoptée par décret. Une convention permet la mise à disposition par l'État à la commune intéressée des dépendances du domaine public affecté à un port communal de plaisance.

Dans le cadre de leurs nouveaux pouvoirs, les collectivités locales peuvent exploiter elles-mêmes en régie les ports qui relèvent de leurs compétences, ou prévoir de concéder cette exploitation à des personnes publiques ou privées.

Cette distribution des rôles ne va pas sans poser certains problèmes. Tout d'abord, la décentralisation de l'administration portuaire est conditionnée par l'adoption par l'État de schémas de mise en valeur de la mer. En l'absence de tels schémas, les décisions de création ou d'extension d'un port relèvent du préfet, sur proposition de la collectivité concernée, et après avis du conseil régional, ce qui ne laisse aux collectivités, en pareille hypothèse, qu'un pouvoir d'*initiative ou de consultation*. Par ailleurs, il faut noter que la décentralisation n'affecte en rien l'administration et la gestion des ports fluviaux internationaux, des ports maritimes autonomes[9], des ports d'intérêt national[10], enfin des ports contigus aux ports militaires qui demeurent sous la responsabilité de l'État.

Enfin, si de façon cohérente, la région est compétente pour financer et attribuer les aides à la modernisation et au renouvellement de la flotte de pêche côtière, ainsi qu'aux entreprises aquacoles (art. 11 de la loi du 22 juillet 1983), cette double compétence ne s'exerce pas sans difficulté pratique du fait que la région n'est pas compétente en matière de ports maritimes[11]. Une amélioration dans la répartition des compétences paraît ici souhaitable. Ce pourrait être un des objets de la clarification annoncée par l'article 65 de la loi d'orientation pour l'aménagement et le développement du territoire du 4 février 1995.

Une seconde série de dispositions associant les collectivités territoriales à la prise de décision prévoit la création de ***zones de protection*** *du patrimoine architectural et urbain* (ZPPAU) (section II, chap. 6)[12]. De telles zones peuvent être instituées autour des monuments historiques, dans les quartiers ou dans les sites à protéger ou à mettre en valeur, pour des raisons tenant à leur caractère esthétique ou à leur valeur historique.

---

9. Pour application, *cf.* décret n° 83-1149 du 23 décembre 1983.

10. Décret n° 83-1148 du 23 décembre 1983 fixant la liste des ports fluviaux d'intérêt national, *JO* du 27 décembre 1983.

11. La difficulté a pu être caricaturée dans un rapport parlementaire «L'eau salée dépend de la région; les ports en eau salée relèvent du département; les ports en eau douce de la région… toutefois quand l'eau douce entre dans l'eau salée, elle reste du domaine du département», *cf.* Sénat, *JO* déb. séance du 6 mai 1983.

12. Décret n° 84-304 du 25 avril 1984, relatif aux zones de protection du patrimoine architectural et urbain, *JO* du 27 avril 1984.

L'article 70 de la loi du 7 janvier précise que la zone de protection est arrêtée au nom de l'État par le préfet de région, mais celui-ci ne peut le faire qu'au terme d'une série de consultations qui visent à garantir le respect de l'intérêt local : enquête publique, avis d'un collège régional du patrimoine et des sites[13], installé auprès du préfet de région, et enfin, l'accord du conseil municipal de la commune intéressée, qui peut d'ailleurs tout aussi bien avoir pris l'initiative de l'opération. Les dispositions ainsi arrêtées sont annexées au plan d'occupation des sols.

Une procédure spéciale est prévue pour les travaux de construction, de démolition, de déboisement, de transformation ou de modification de l'aspect des immeubles compris dans le périmètre de la zone. Là encore dans le but de protéger l'intérêt local, ces travaux doivent obtenir une autorisation spéciale de l'autorité compétente en matière de permis de construire, après *avis conforme de l'architecte des Bâtiments de France*. En cas de désaccord entre le maire et cet architecte, le préfet tranche en substituant son avis à celui de l'architecte. Le ministre compétent en matière culturelle peut à tout moment se saisir du dossier pour se substituer au préfet ou à l'architecte. En cas d'infraction, le tribunal statue sur la mise en conformité des travaux avec les prescriptions du ministre, ou sur leur rétablissement en l'état antérieur.

Ainsi donc, cette première technique d'association des collectivités territoriales intéressées à la prise de décision nationale, a le mérite très positif de faire en sorte que la décision finale ne puisse ignorer *les spécificités de l'intérêt local*. On peut d'ailleurs généraliser et observer que la réforme inaugurée en 1982 a créé à cet égard une véritable dynamique consultative.

En effet, chaque loi nouvelle portant sur un domaine intéressant l'intérêt local, prévoit systématiquement la consultation des collectivités territoriales associées à toute prise de décision nationale importante, et organise leur participation au sein de telle institution utile créé par elle à cet effet.

Autre exemple non moins illustratif, celui des **transports**, qu'il s'agisse de la politique globale des transports définie par la loi d'orientation du 30 décembre 1982 ou des structures particulières de transport décentralisées par la loi du 22 juillet 1983. L'association des collectivités territoriales à la prise de décision est une constante significative de la volonté du législateur. Le principe en est affirmé «*dans le cadre d'une planification décentralisée, contractuelle et démocratique avec la participation des représentants de tous les intéressés*»[14]. Cette **participation** est matérialisée dans **deux types de documents** et organisée dans le cadre de **nouvelles instances consultatives**.

En ce qui concerne les **documents**, il s'agit d'une part des **schémas de développement de transport** qui synthétisent les orientations nationales et locales. Ils sont relayés pour leur mise en œuvre par des **contrats** passés entre l'État et les collectivités territoriales. Il s'agit d'autre part des **schémas directeurs d'infrastructures** qui doivent être établis respectivement par l'État en concertation avec les régions, et par les collectivités territoriales ou leurs groupements. Leur rôle est de fixer les priorités en matière de modernisation, d'adaptation et d'extension des réseaux dont ils assument par ailleurs la cohérence à long terme. Là encore des **contrats** passés entre l'État et les collectivités territoriales viennent relayer les textes de référence, notamment pour la réalisation et l'aménagement de telle ou telle infrastructure.

---

13. Décret n° 84-305 du 25 avril 1984, relatif au collège du patrimoine et des sites, *JO* du 27 avril 1984.
14. *Cf.* article 4 de la loi n° 82-1153 du 30 décembre 1982, *JO* du 31 décembre 1982, p. 4004 et s.

Quant aux **instances consultatives**, elles organisent la concertation par la **représentation des élus locaux**. Tantôt celle-ci est assurée directement par la composition de l'organisme. C'est le cas au niveau national du **Conseil national des transports** qui compte 10 élus locaux parmi ses membres : 3 conseillers régionaux, 3 conseillers généraux et 4 maires[15].

Tantôt le système se complique par le fait que les collectivités locales ne sont pas directement représentées mais peuvent le devenir sur leur demande. C'est le cas des **comités régionaux et départementaux des transports** présidés respectivement par le préfet de région et par celui du département. Les collectivités territoriales ou leurs groupements qui veulent participer aux travaux de ces comités doivent préalablement en faire voter la demande par leurs organes délibérants. Celle-ci est ensuite adressée au préfet de région tenu d'y faire droit.

Par leurs attributions, ces comités concrétisent l'**association** à un triple niveau. En premier lieu, ils **peuvent être consultés** sur la mise en œuvre par l'État de la politique des transports dans l'État et dans le département. Ils le sont en outre **obligatoirement** sur les **projets de schémas**, qu'il s'agisse des projets de schémas de développement de transport ou des projets de schémas directeurs d'infrastructures. Par voie de conséquence, ils le sont aussi sur les **projets de conventions** passées entre l'État et les collectivités intéressées pour mettre en œuvre les schémas. Enfin, ils peuvent à la majorité des deux tiers formuler toutes propositions relatives à la politique des transports de l'État respectivement dans la région et dans le département.

On ne saurait en terminer avec cet exemple sans ajouter que le préfet concerné doit soumettre au comité qu'il préside un **rapport annuel** sur l'action de l'État en matière de transports dans la région ou le département. Ce document adopté par le comité est ensuite transmis au ministre chargé des Transports. Il constitue un instrument privilégié d'information et de concertation.

Mais à côté de cette formule évolutive d'association à la prise de décision, une seconde technique de décentralisation et d'ouverture de l'intérêt local consiste à confier aux collectivités territoriales des responsabilités qui appartenaient précédemment à l'État. Cette technique opère un certain nombre de **transferts de compétence verticaux** de l'État aux collectivités territoriales, en reconnaissant par là un domaine élargi des affaires et de l'intérêt local, assorti de réels pouvoirs de décision. C'est ce que nous allons examiner maintenant.

Section 2
Les transferts de compétence

On observera que les transferts les plus importants ont été opérés en deux temps : tout d'abord par la loi n° 83-8 du 7 janvier 1983 dans quatre domaines :
– la planification et le développement ;
– l'urbanisme et la sauvegarde du patrimoine et des sites ;
– le logement ;
– la formation professionnelle et l'apprentissage.

---

15. Décret n° 84-139 du 24 février 1984, *JO* du 26 février 1984, p. 722, modifié par décret n° 85-908 du 9 août 1985, *JO* du 29 août 1985, p. 9979.

L'article 4 alinéa 2 souligne qu'il ne s'agit là que d'une partie du programme des transferts, et annonce qu'une loi ultérieure viendra compléter l'ensemble dans les domaines de l'action sociale, des transports, de l'éducation et de la culture. C'est ce que fait la loi n° 83-623 du 22 juillet 1983. Par la suite, ces deux textes ont été modifiés et complétés par une série de lois ouvrant toujours davantage l'intérêt local.

Deux remarques méritent d'être relevées.

– Première remarque :

La volonté du législateur était de faire en sorte que les transferts réalisés permettent de constituer des *blocs de compétences*. L'article 3 de la loi du 7 janvier 1983 énonce en ce sens : «La répartition des compétences entre les collectivités locales et l'État s'effectuera, *dans la mesure du possible*, en distinguant celles qui sont mises à la charge de l'État et celles qui sont dévolues aux communes, aux départements ou aux régions, de telle sorte que *chaque domaine de compétences*, ainsi que les ressources correspondantes, soient affectées en totalité soit à l'État, soit aux communes, soit aux départements, soit aux régions.»

En réalité, le principe des blocs de compétences n'a pas été suivi, il n'y a pas eu de séparation aussi tranchée, mais plutôt une distribution des matières transférées entre les collectivités territoriales, qui ont reçu des compétences *complémentaires* dans les mêmes domaines, mais chacune à leur propre niveau d'administration. Sauf en matière sanitaire et sociale qui est l'exception qui confirme la règle, et où la région n'a reçu aucune compétence, les trois niveaux d'administration décentralisée reçoivent donc des compétences propres dans les différents domaines transférés.

– Deuxième remarque :

La distribution des nouveaux rôles élargis des collectivités locales obéit à un *principe* très respectueux de l'autonomie locale en même temps qu'à une *logique* d'organisation de la décentralisation.

Le principe est celui de l'*exclusion de toute forme de tutelle entre collectivités locales*. La *complémentarité* qui s'opère et qui permet une coopération dynamique, n'autorise aucune hiérarchie entre les collectivités locales. La loi les considère à égalité, chacune étant totalement compétente dans sa nouvelle sphère d'activités. En ce sens, l'article 2 de la loi du 7 janvier 1983 dispose en effet que «les transferts de compétence prévus par la présente loi au profit des communes, des départements et des régions ne peuvent autoriser l'une de ces collectivités à établir ou à exercer une tutelle, sous quelque forme que ce soit, sur une autre d'entre elles». Et la nouvelle rédaction de l'article 3 alinéa 2 introduite par la loi d'orientation du 6 février 1992 est encore plus précise, puisqu'elle dispose que «les décisions prises par les collectivités locales d'accorder ou de refuser une aide financière à une autre collectivité locale, ne peuvent avoir pour effet l'établissement ou l'exercice d'une tutelle, sous quelque forme que ce soit, sur celle-ci».

En droit, cela signifie que la région n'a aucune supériorité sur les départements ou les communes qui la composent, pas plus que le département sur les communes, et qu'il ne peut s'introduire aucune forme de contrôle d'une collectivité sur l'autre. En conséquence, est nulle la délibération d'un conseil régional qui subordonne les subventions qu'elle consent aux communes à leur acceptation d'une procédure de contrôle du conseil régional sur l'activité subventionnée (TA Montpellier, 20 juin 1983, commune de Narbonne c/région Languedoc-Roussillon[16]).

---

16. *Cf.* TA Montpellier, 20 juin 1983, «commune de Narbonne c/ région Languedoc-Roussillon», *Rec.* p. 561.

En pratique, il est évident que les inégalités de puissance et de moyens financiers entre les catégories de collectivités locales créent des risques de dépendance et de tutelle, lorsqu'il s'agit notamment de mettre en œuvre les mécanismes de subvention émanant des départements ou des régions. Si on prend l'exemple topique des aides aux entreprises dans le cadre du nouvel interventionnisme local, on peut vérifier aisément que certaines d'entre elles ne sont accordées par les départements ou par les communes, que si la région a décidé au préalable de les accorder[17]. D'une façon générale, le rôle de coordination reconnu par la loi à la région[18] en matière d'investissements publics locaux est propice à l'établissement de certaines dépendances de fait, contraires à l'égalité de principe des collectivités locales.

Il est possible qu'une *clarification des rôles* dans le sens d'un retour plus ou moins rigoureux aux blocs de compétences permette d'évacuer ce type de problème. C'est ce que semble programmer le titre VI de la loi n° 95-115 du 4 février 1995. L'article 65 prévoit qu'une loi modifiant les deux lois des 7 janvier et 22 juillet 1983 doit intervenir dans le délai d'un an, à compter de la publication de la loi d'orientation pour l'aménagement et le développement du territoire, donc avant le 5 février 1996.

L'article 65 alinéa 2 dispose en effet que cette future loi «répartira les compétences de manière que chaque catégorie des collectivités territoriales dispose de compétences homogènes.» Il y a là au moins l'esprit des blocs de compétences pour autant que l'on puisse s'exprimer ainsi.

Quant à la *logique d'organisation de la décentralisation*, elle apparaît à travers la répartition des nouveaux transferts de compétence, qui profitent inégalement aux différentes catégories de collectivités locales : communes, départements et régions bénéficient bien d'une autonomie nouvelle dans tous les domaines de compétences transférées, mais avec une *accentuation très nette de leur vocation privilégiée*. *Vocation d'urbanisme* pour la commune, vecteur essentiel de la démocratie locale qui voit renforcer par là son statut d'administration de proximité et de contact pour les administrés. *Vocation sanitaire et sociale* pour le département qui consacre son rôle de gestion centrée sur les actions de solidarité et les services. Vocation double désormais pour la région, tournée vers l'avenir, vocation *économique* qu'elle tient de ses origines, en charge de la planification économique et de la programmation des équipements, vocation nouvelle en matière de *développement culturel, d'apprentissage et de formation professionnelle*.

La nouvelle loi d'orientation pour l'aménagement et le développement du territoire du 4 février 1995 prévoit, dans l'esprit de ces vocations dominantes, que la future loi annoncée définira les conditions dans lesquelles une collectivité pourra assumer le rôle de «*chef de file*» pour l'exercice d'une compétence, ou d'un groupe de compétences relevant de plusieurs collectivités territoriales, cette dernière expression quelque peu contraire avec la notion de «compétences homogènes», permet de prévoir qu'il n'y aura pas davantage de blocs de compétences qu'auparavant, malgré le souhait exprimé par l'article 65 alinéa 2.

Les règles de transfert nous obligent donc à préciser ce qui revient à chaque catégorie de collectivité territoriale et dans chaque domaine visé par le législateur.

---

17. Sur ce point, voir CE, 6 juin 1986, «Département de la Côte-d'Or», *Rec.* p. 156, et *AJDA*, 1986, p. 653, note Jacques Moreau.
18. *Cf.* art. 8 al. 3 de la loi du 5 juillet 1972 : «Le conseil régional propose aux collectivités territoriales de la région toutes mesures tendant à favoriser la coordination des investissements publics locaux dans la région.»

§ I. LES NOUVELLES COMPÉTENCES COMMUNALES

a) *En matière de planification et de développement*

Ici, le nouveau rôle de la commune dépend de son importance, mais le principe même de ce rôle est une nouveauté.

Précédemment, la loi du 29 juillet 1982[19], portant réforme de la planification, institue à côté du Plan national, des **plans régionaux** avec obligation pour chaque conseil régional de **consulter les départements**, avant d'arrêter son propre plan. Désormais, les **communes aussi doivent être consultées**, les petites communes par l'intermédiaire de leurs représentants désignés par leurs maires et réunis en commissions instituées à cet effet par le conseil général (art. 27 al. 2 de la loi du 7 janvier 1983). Pour les plus importantes, chefs-lieux de départements, communes de plus de 100 000 habitants ou communes associées dans le cadre d'une charte intercommunale de développement, elles sont consultées directement par le conseil régional. Le défaut de consultation des collectivités visées par la loi entraîne l'irrégularité de la délibération du conseil régional (TA Montpellier, 8 juillet 1985, M. Willy Dimiglio c/conseil régional de Languedoc-Roussillon[20]).

Ce n'est qu'après consultation des collectivités locales de la région que le conseil régional peut délibérer valablement pour adopter le plan de la région, et ceci dans un délai de trois mois suivant l'adoption de la seconde partie du Plan de la Nation portant sur la définition des moyens financiers d'exécution.

La double réforme de la planification et de la décentralisation vise à favoriser l'association des communes dans des formules nouvelles de *contrats de plan* qui lient les décisions des parties intéressées. Après les contrats de villes moyennes ou les contrats de pays, successivement créés par la DATAR (Délégation à l'aménagement du territoire et à l'action régionale), la réforme portant transferts de compétences en matière de développement, invite au regroupement des communes dans le *cadre de chartes intercommunales de développement et d'aménagement*.

La formule facultative de l'article 29 de la loi permet aux communes qui acceptent d'élaborer de telles chartes de définir les **perspectives à moyen terme** de leur développement économique, social et culturel, de déterminer les programmes d'actions correspondants et de préciser les conditions d'organisation et de fonctionnement des équipements et services publics. De façon plus concrète, la charte dessine un **périmètre de développement** dans lequel les communes intéressées prévoient des **équipements publics communs** (une piscine ou un camping par exemple), au lieu de les limiter au cercle étroit de chaque commune. En mettant ces équipements en commun, au lieu de les multiplier, la formule évite très sensiblement le gaspillage souvent irrationnel d'équipements identiques multipliés et dispersés.

La charte est normalement arrêtée par le préfet du département, après avis du conseil général. Elle l'est par le préfet de région, après avis du conseil régional et des conseils généraux concernés, lorsqu'elle rassemble des communes de plusieurs départements.

---

19. Loi n° 82-653 du 29 juillet 1982, portant réforme de la planification, *JO* du 30 juillet 1982.

20. *Cf.* TA Montpellier, 8 juillet 1985, « M. Willy Dimiglio c/conseil régional de Languedoc-Roussillon », *Rec.* p. 433 et *AJDA*, 1986, p. 109, note Turpin.

Enfin, la charte doit prévoir les modalités de sa mise en œuvre, notamment de la concertation nécessaire, non seulement avec les autres collectivités publiques, État, région et département mais aussi avec les organismes professionnels qui le demandent.

En zone rurale, la charte se substitue au plan d'aménagement rural qui était élaboré par le directeur départemental de l'agriculture, sur proposition d'une commission où les communes étaient représentées, et décidé par le préfet. Désormais la charte remplace le plan, mais elle analyse comme lui la *situation du territoire* et son évolution probable. Elle propose des **orientations**, tant à l'égard des activités et des productions agricoles et forestières qu'à l'égard de la protection et de la mise en valeur des ressources et de l'espace rural à des fins autres que la production, en prévoyant par exemple la création de réserves naturelles.

En particulier, si une zone géographique concernée par une charge constitue un territoire dont l'équilibre est fragile, elle peut être classée en **parc naturel régional**. Dans ce cas, l'initiative revient à la région qui doit obtenir l'accord des départements et communes intéressés. Par contre, il revient aux communes unies par la charte de prévoir les moyens propres à réaliser les objectifs de même que le statut de l'organisme chargé de la gestion du parc. Il s'agit généralement d'un établissement public.

Par sa nature, la charte réalise donc une décentralisation de l'équipement et du développement rural[21] dont le préfet du département ou de la région se borne à définir le périmètre. La décision ne lui revient par exception que si la charte prévoit des procédures de remembrement ou des semis et plantations forestières.

b) *En matière d'urbanisme*

C'est dans ce domaine que les transferts opérés par la réforme au profit de la commune sont les plus spectaculaires, en ce qu'ils lui donnent une vocation privilégiée. La loi attribue aux responsables des communes de larges compétences et reconnaît par là même que l'aménagement de la cité est fondamentalement un problème d'intérêt local, qui touche les administrés sur le plan personnel, et qui relève en conséquence de l'administration qui leur est la plus proche. L'urbanisme n'est plus seulement un problème national. Il relève désormais d'un partage entre l'État et les communes dans le cadre de leurs nouvelles compétences.

L'article 35 de la loi du 7 janvier 1983, qui ajoute un article L. 110 au Code de l'urbanisme proclame justement et, non sans quelque lyrisme, que : « *Le territoire français est le patrimoine commun de la nation.* » Ce qui rappelle que l'urbanisme est *aussi* affaire d'État, dans la mesure où il affecte l'aménagement du territoire national. En conséquence, la réforme accorde de **larges libertés** aux communes, sous la condition qu'elles respectent les règles générales d'aménagement du territoire, ainsi que les prescriptions et procédures techniques du Code de l'urbanisme. En ce sens, elles doivent coordonner « leurs prévisions et leurs décisions d'utilisation de l'espace », et exercer dans le cadre de leurs compétences les fonctions prévues par la loi et intéressant l'aménagement du cadre de vie, la protection des milieux naturels et des paysages et la promotion de l'équilibre entre zones urbaines et zones rurales.

---

21. Voir sur ce problème : J.-C. BOUZELY, « Les chartes intercommunales ont-elles un avenir ? », *MTPB*, 2 août 1985, p. 23.

Les transferts de compétence au profit de l'administration communale concernent principalement l'élaboration et l'approbation de **deux types de documents** d'urbanisme, qui existaient déjà sans que les collectivités locales puissent en décider. D'une part, les schémas directeurs et d'autre part, les plans d'occupation des sols (ou POS).

1. En premier lieu : les schémas directeurs

Ils fixent les orientations fondamentales de l'aménagement de la ou des communes intéressées en déterminant la **destination générale des sols**, la nature et le tracé des grands équipements d'infrastructure, en particulier de transports, de même que l'implantation des services les plus importants, ainsi que les zones préférentielles d'extension et de rénovation. Ces orientations traduisent généralement un souci d'équilibre et d'harmonisation.

L'article 41 de la loi du 7 janvier 1983 portant l'article L. 122-1 nouveau du Code de l'urbanisme, complété par le décret du 9 septembre 1983[22], précise que pour leur exécution, les schémas directeurs peuvent être complétés par des **schémas de secteurs**, qui en détaillent certaines parties.

Désormais, l'**initiative** revient aux communes «*présentant une communauté d'intérêts économiques et sociaux*» (art. L. 122-1-1). Les conseils municipaux des deux tiers des communes et représentant plus de la moitié de la population totale, ou l'inverse (c'est-à-dire d'au moins la moitié des communes représentant les deux tiers de la population) proposent le **périmètre du schéma** qui est arrêté par le représentant de l'État. L'initiative est soumise à la consultation préalable du conseil général ou régional si la population concernée dépasse 100 000 habitants. Le schéma est ensuite élaboré par un établissement public de coopération intercommunale existant déjà, ou créé spécialement à cet effet.

L'État est seulement associé à cette élaboration, mais il l'est **obligatoirement**, dans la mesure où le préfet doit porter à la connaissance de l'établissement public les dispositions nécessaires à la mise en œuvre des projets d'intérêt général de l'État, de la région ou du département.

Deux types de dispositions nationales s'imposent ainsi aux schémas directeurs.

D'une part, les *directives territoriales d'aménagement* prévues au chapitre II de la loi n° 95-115 du 4 février 1995 dite loi d'orientation pour l'aménagement et le développement du territoire. L'article 4 de la loi donnant une nouvelle rédaction à l'article L. 111-1-1 du Code de l'urbanisme précise que ces directives fixent les principaux objectifs de l'État en matière de localisation des grandes infrastructures de transports et des grands équipements ainsi qu'en matière de préservation des espaces naturels. Mais surtout, elles peuvent préciser pour les territoires concernés les modalités d'application des lois d'aménagement et d'urbanisme adaptées aux particularités géographiques locales. Ces directives sont élaborées sous la responsabilité de l'État, en association avec les régions, les départements et les communes chefs-lieux d'arrondissement, ainsi que les communes de plus de 20 000 habitants, les groupements de communes compétents en matière d'aménagement de l'espace ou d'urbanisme intéressés et les comités de massif. Ces directives prennent elles-mêmes en compte les orientations générales du nouveau *schéma national d'aménagement du territoire* mis en place par l'article 2 de la même loi.

D'autre part, *les lois d'aménagement et d'urbanisme* en ce qu'elles fixent des dispositions nationales ou particulières à certaines parties du territoire.

---

22. Décret n° 83-812 du 9 septembre 1983, relatif aux schémas directeurs, *JO* du 11 septembre 1983.

Désormais, par conséquent, les schémas directeurs et les schémas de secteur doivent obligatoirement être compatibles avec les directives territoriales d'aménagement et, en l'absence de ces directives, avec les lois d'aménagement et d'urbanisme.

Facultativement, par contre, le président de l'établissement public peut en outre recueillir l'avis de tout organisme ou association ayant compétence en matière de construction, d'aménagement ou d'urbanisme, en particulier les organismes de gestion des parcs naturels régionaux s'ils le demandent (art. L. 121-9 nouveau du Code de l'urbanisme inséré par l'art. 47 de la loi n° 95-101 du 2 février 1995 relative au renforcement de la protection de l'environnement[23]).

Le projet délibéré est soumis pendant trois mois pour avis aux conseils municipaux et aux personnes politiques intéressées. Faute d'intervenir dans le délai prescrit suivant la transmission, les avis sont réputés favorables (*ibid.*, art. L. 122-1-2).

Un nouveau délai d'un mois s'ouvre alors pour mettre le schéma à la disposition du public. En cas d'opposition, une commission de conciliation, composée à part égale d'élus communaux et de personnes qualifiées désignées par le représentant de l'État, intervient et formule des propositions transmises aux intéressés dans le mois qui suit l'**enquête publique**.

Le schéma prend la forme d'un rapport qui dresse «l'état des lieux» avant d'analyser les perspectives d'aménagement, et il est assorti de graphiques. La loi du 22 juillet 1987 sur la prévention des risques majeurs leur impose de prendre en compte l'existence des risques naturels prévisibles et des risques technologiques. C'est ce rapport qui doit être complet qui est soumis à examen public.

La procédure de consultation publique peut toutefois se compliquer dans certains cas en s'ouvrant plus largement. Au même titre que tout projet à l'initiative des collectivités territoriales intéressant l'aménagement, un schéma qui projetterait de grandes opérations publiques d'aménagement pourrait faire l'objet d'un *débat public* organisé sur ses objectifs et ses caractéristiques principales. La loi n° 95-101 du 2 février 1995 met en place un nouveau dispositif de consultation du public et des associations en amont des décisions (chap. I de la loi) pendant la phase de leur élaboration, et ceci indépendamment des enquêtes publiques locales.

Il est créé à cette fin une *commission nationale du débat public* qui peut être saisie par le ministre chargé des Collectivités locales après consultation des collectivités intéressées ou encore par vingt députés ou par vingt sénateurs, ou encore par les conseils régionaux concernés par le projet. Les associations agréées exerçant leur activité sur l'ensemble du territoire national peuvent demander à la commission de se saisir du projet.

Sur chaque projet qui lui est soumis, la commission nationale constitue une commission particulière présidée par un de ses membres pour organiser le débat public à l'issue duquel est dressé un bilan dont le compte-rendu est mis à la disposition du commissaire enquêteur ou de la commission d'enquête désignés par le président du tribunal administratif sur une liste d'aptitude établie dans chaque département. Un expert peut être désigné pour assister le responsable de l'enquête. Au terme de cette procédure et en cas de conclusions défavorables du commissaire enquêteur ou de la commission d'enquête, le projet de schéma doit faire l'objet d'une délibération spéciale de l'organe délibérant de l'établissement public chargé de l'élaboration du schéma.

Cette nouvelle procédure n'est appelée à jouer que pour les projets ayant des conséquences particulièrement importantes pour l'aménagement du territoire.

---

23. Loi n° 95-101 du 2 février 1995 relative au renforcement de la protection de l'environnement, *JO* du 3 février 1995, p. 1840 à 1856.

Si la procédure du débat public n'intervient pas, le schéma, après l'enquête publique normale et les éventuelles interventions de la commission de conciliation, est ensuite définitivement approuvé par l'organe délibérant de l'établissement public. Il est transmis au représentant de l'État qui peut dans les soixante jours notifier les modifications susceptibles de surmonter l'avis négatif d'une commune intéressée, ainsi que celles nécessaires à la conformité du schéma, soit aux prescriptions générales et aux projets d'intérêt général, soit aux directives territoriales d'aménagement, ou à défaut, aux lois d'aménagement et d'urbanisme.

L'établissement public dispose alors de 6 mois pour rectifier le schéma. S'il s'y refuse, le préfet arrête alors le schéma, mais dans la stricte limite des modifications qu'il avait lui-même demandées.

Une commune, qui estime que le schéma compromet un de ses intérêts essentiels, peut s'y **opposer** dans les quinze jours qui suivent l'approbation du schéma directeur. Cette opposition est transmise à l'établissement public et au préfet qui a de nouveau quinze jours pour demander d'ultimes modifications. S'il ne le fait pas, un dernier délai de quinze jours permet à la commission de conciliation d'intervenir et de notifier les modifications demandées. Si l'établissement public le refuse, la commune opposante a le droit de se retirer du schéma directeur et le préfet **constate son retrait**.

2. En second lieu : les plans d'occupation des sols (POS)[24].

Les POS fixent dans le cadre des schémas, s'il en existe, les règles générales et les servitudes d'utilisation des sols applicables sur le territoire communal.

Les POS permettent aux communes de planifier leur développement en tenant compte des objectifs de l'État et des autres collectivités publiques. Sur ce point, l'article L. 111-1-1 alinéa 6 du Code de l'urbanisme dans la rédaction que lui donne la loi n° 95-115 du 4 février 1995, prévoit que les POS et les documents d'urbanisme en tenant lieu, doivent être compatibles avec les orientations des schémas directeurs et des schémas de secteur et qu'en l'absence de ces schémas, ils doivent être compatibles avec les directives territoriales d'aménagement et à défaut, avec les lois d'aménagement et d'urbanisme.

Les POS prévoient notamment les *interdictions de construire* et la nature des constructions interdites en tenant compte des *servitudes d'utilité publique* (art. 48 de la loi du 7 janvier 1983 modifiant l'art. L. 123-1 du Code de l'urbanisme). Ces servitudes figurent en annexe et s'imposent de façon obligatoire, pour éviter toute incohérence ou contradiction entre les règles applicables aux permis de construire.

Sans entrer dans les détails, les servitudes d'utilité publique justifient que soient *interdites ou soumises à prescriptions spéciales*, les constructions et installations de toute nature, permanentes ou non, plantations, dépôts, forages, affouillements ou exhaussements des sols. Elles ont trait à l'utilisation de certaines *ressources ou équipements*, par exemple les passages de canalisations électriques, de gaz, d'eau et d'assainissement, spécialement protégées, de même que les voies ferrées, les routes et autoroutes qui impliquent un alignement et un recul des constructions ; elles peuvent concerner la *défense nationale* s'il s'agit par exemple du dégagement des champs de vue des postes côtiers, ou des abords des fortifications militaires et champs de tir. Elles peuvent encore concerner la *conservation du patrimoine naturel et culturel*, en protégeant les abords des monuments, les espaces naturels boisés, impliquant l'interdiction de fours à chaux, briqueteries,

---

24. Décret n° 83-813 du 9 septembre 1983, *JO* du 11 septembre 1983.

ateliers de bois ou hangars (art. L. 151-1 à L. 151-6 et L. 342-2 du Code forestier). Il peut aussi s'agir de règles intéressant la salubrité et la sécurité publiques, avec le repérage des zones de nuisance ou de risques. Sur ce point, les inondations répétitives, dramatiques et ruineuses que la France a dû supporter depuis quelques années, ont montré la nécessité de renforcer avec énergie les mesures de prévention. En ce sens, la loi n° 95-101 du 2 février 1995 institue de nouveaux *plans de prévention des risques naturels prévisibles* (inondations, mouvements de terrain, avalanches, incendies de forêt, séismes, éruptions volcaniques, tempêtes ou cyclones). Ces plans valent servitudes d'utilité publique, et en tant que tels, doivent être annexés aux POS. Les interdictions et prescriptions techniques à respecter, en particulier dans les zones submersibles et inondables, comme dans celles particulièrement exposées à un risque sismique ou cyclonique, s'imposent obligatoirement, et les infractions constatées sont soumises aux peines de l'art. L. 480-4 du Code de l'urbanisme.

En pratique, dès le début de l'élaboration d'un POS, le maire doit prendre connaissance des servitudes d'utilité publique applicables sur sa commune et que lui communique le préfet. Les textes porteurs de ces servitudes, lois, ordonnances, codifiées ou non, sont très nombreux, et selon le type de servitudes, le maire peut entrer en contact avec les différents services publics responsables de la gestion de ces servitudes. Il devra les consulter sur le projet de POS arrêté. Le maire devra par la suite mettre à jour le POS chaque fois que le préfet lui communique une nouvelle servitude d'utilité publique ou la modification d'une servitude existante.

Le contenu du POS est *adaptable aux objectifs et aux besoins de la commune*, qu'il s'agisse de l'organisation de son développement, de la prévision de ses équipements ou de la protection et de la mise en valeur des espaces naturels ou bâtis. Ces objectifs peuvent, le cas échéant, résulter d'une concertation avec d'autres communes, dans le cadre d'une charte intercommunale ou d'un schéma directeur comme nous l'avons vu. D'une façon plus précise, l'article 48 de la loi du 7 janvier 1983 (nouvel art. L. 123-1 du Code de l'urbanisme) définit les *neuf fonctions* assignées aux POS.

1. Délimiter les zones urbaines et les zones d'affectation des sols, selon la nature des activités dominantes qui peuvent y être exercées.

2. Définir, en fonction des situations locales, les règles concernant le droit de construire, la nature et la destination des constructions. Elles peuvent être imposées par des servitudes d'utilité publique, telles par exemple les règles spéciales de construction parasismique ou paracyclonique comme nous l'avons vu.

3. Déterminer les règles concernant l'**aspect extérieur** des constructions, leurs dimensions et l'aménagement de leurs abords. En cas de création de lotissements par exemple, le respect d'une harmonie des formes, des couleurs et même parfois des matériaux de construction peut être imposé.

4. Fixer dans chaque zone, en fonction de la capacité des équipements existants, ou en cours de réalisation, un ou des coefficients d'occupation des sols (COS), qui déterminent éventuellement pour chaque nature de construction **la densité** de construction qui peut être admise[25]. Le COS permet de lier la constructibilité des sols aux équipements et détermine la superficie maximale de construction possible dans une zone déterminée. Le *dépassement du COS* n'est possible que si certaines conditions restrictives de fond et de forme sont réunies, mais il doit avoir été prévu par le règlement du COS qui désigne les zones ou parties de zones concernées.

---

25. Décret n° 84-669 du 17 juillet 1984, *JO* du 21 juillet 1984.

Enfin, le dépassement doit obéir à l'un des 3 motifs prévus par la loi :

– respect des servitudes d'architecture ou d'urbanisme quand l'application du COS ne permet pas d'édifier un immeuble satisfaisant d'un point de vue architectural ou urbanistique ;

– reconstruction sur place avec une densité égale à celle initialement bâtie d'un immeuble situé dans une zone préalablement délimitée par le POS ;

– existence de projets tendant à renforcer les équipements existants dans la zone.

En cas de dépassement, le constructeur verse à la commune une redevance pour « surdensité », proportionnelle à la surface excédentaire.

5. Délimiter les zones dans lesquelles la reconstruction sur place ou l'aménagement de bâtiments existants pourront, pour des motifs d'urbanisme ou d'architecture, être imposés ou autorisés sans que soit dépassée la densité initialement bâtie.

6. Préciser le tracé et les caractéristiques des voies de circulation à conserver, à modifier ou à créer, y compris les rues ou sentiers piétonniers et les pistes cyclables, ou réservées aux transports en commun de surface, ou encore à aménager en vue de la pratique du ski de même que les secteurs réservés aux remontées mécaniques.

7. Délimiter les quartiers, rues, monuments, sites et secteurs à protéger ou à mettre en valeur pour des motifs d'ordre esthétique, historique ou écologique, et notamment les zones dans lesquelles la démolition de tout ou partie des bâtiments existants est subordonnée à la délivrance d'un permis de démolir. La mise en valeur des sites touristiques peut être prévue dans ce cadre.

8. Fixer les emplacements réservés aux voies et ouvrages publics, aux installations d'intérêt général et aux espaces verts.

9. Localiser dans les zones urbaines, les terrains cultivés à protéger et inconstructibles, quels que soient les équipements éventuels qui les desservent. Au titre des terrains cultivés particulièrement protégés, on peut citer la célèbre vigne de Montmartre et les vignes des coteaux de Suresnes qui produisent un vin aigrelet fort apprécié par François Ier et Henri IV, et qui ajoutent au charme d'une culture pittoresque, celui d'une longue tradition.

Les POS apparaissent ainsi comme des documents d'urbanisme d'intérêt local majeur. Ils déterminent notamment la valeur des terrains urbains. Or ces documents deviennent par l'effet de la réforme l'affaire du seul conseil municipal. La loi précise à l'article 50 (art. L. 123-3) : « Le POS est élaboré à l'initiative et sous la responsabilité de la commune. » Elle peut confectionner elle-même le POS, ou en charger un établissement public de coopération intercommunale.

Dans tous les cas, le POS comprend des *pièces obligatoires* prévues par l'article R. 123-16 du Code de l'urbanisme. Il se présente sous la forme d'un dossier qui comprend un rapport de présentation, des documents graphiques, un règlement et des annexes.

Le *rapport de présentation* justifie les différentes dispositions du plan de zonage et du règlement au regard des objectifs et des perspectives d'évolution démographiques, économiques et sociales de la commune. Il doit présenter les conséquences du POS sur l'environnement et les mesures prises pour sa préservation.

Les *documents graphiques* se présentent sous la forme d'une ou de plusieurs cartes, et font apparaître, suivant les cas, les zones urbaines immédiatement constructibles, les zones d'urbanisation future qui doivent être préalablement aménagées ou équipées, les zones naturelles à protéger, en raison de leurs richesses naturelles, de l'existence de risques naturels, où la construction est interdite ou limitée réglementairement, ou de la qualité des sites et des paysages. Ces documents graphiques constituent *le plan de zonage*. Les neuf fonctions du POS s'y trouvent représentées de même que divers *périmètres spéciaux* reportés pour information et visés à l'article R. 123-19 du Code de l'urbanisme : secteurs sauvegardés, zones de préemption, secteurs de participation ou zones d'aménagement concerté par exemple.

Le *règlement* fixe, dans chacune des zones délimitées par le plan de zonage, la nature des constructions, ou installations autorisées ou interdites, ainsi que leurs modalités d'implantation par rapport aux limites du terrain. Il comprend les prescriptions concernant l'accès, la desserte du terrain par les réseaux, et toutes les règles utiles en matière d'implantation, de hauteur, d'aspect extérieur ou de densité de construction.

Enfin les *annexes* comprennent elles-mêmes des schémas et des notes sur les caractéristiques actuelles et l'état futur des réseaux d'eau et d'assainissement, ainsi que du système d'élimination des déchets. S'y ajoutent toutes les servitudes d'utilité publique affectant l'utilisation du sol.

L'État est seulement associé à l'élaboration du POS, mais il l'est *obligatoirement* dans la mesure où le préfet doit porter à la connaissance de la commune l'ensemble des prescriptions et servitudes nationales ou régionales qu'il convient de respecter. *Facultativement*, sont également associés, à leur demande, la région, le département et les communes limitrophes, ces dernières pouvant être directement intéressées par le plan. D'autres organismes peuvent être également concernés et demander à participer à la préparation du POS, telles les chambres de métiers, de commerce et d'industrie, d'agriculture ou encore les associations agréées.

Le projet de POS est soumis pour avis aux personnes publiques associées, qui donnent un avis au plus tard dans les trois mois de la transmission. Au-delà, leur avis est réputé favorable. Si leur avis est défavorable, elles peuvent saisir la *commission de conciliation* qui s'efforce, comme pour les schémas directeurs, de résoudre le conflit.

Cette phase de consultation permet au préfet de demander les modifications éventuellement nécessaires pour permettre la réalisation d'un projet d'intérêt général que le projet de POS n'aurait pas suffisamment pris en compte.

Quand les différents avis ou accords ont été recueillis ou sont réputés acquis, le projet de POS est *rendu public par arrêté du maire*, avec en annexe, les avis des personnes consultées (art. R. 123-10 du Code de l'urbanisme). Ce projet publié, après éventuelles modifications tenant compte des avis des personnes consultées, des communications du préfet ou des propositions de la commission de conciliation, fait l'objet d'un *affichage* en mairie ou au siège de l'établissement public de coopération intercommunal pendant un mois.

Une fois publié, le POS est *soumis à enquête publique* par arrêté du maire (art. R. 123-11 du Code de l'urbanisme). Le président du tribunal administratif désigne, à la demande du maire, un commissaire enquêteur ou une commission d'enquête, choisis sur liste de personnalités compétentes et indépendantes pour conduire l'enquête «de manière à permettre au public de prendre connaissance complète du projet et de présenter ses appréciations, suggestions et contre-propositions…» aux termes de l'article 4 de la loi n° 83-0630 du 12 juillet 1983. L'enquête publique doit permettre aux *propriétaires fonciers* de la commune de discuter du bien-fondé des servitudes qui leur sont imposées et à tous les administrés de participer aux choix concernant leur cadre de vie.

Après enquête publique, le commissaire enquêteur transmet au maire dans les trente jours, le dossier de l'enquête et *son rapport* qui comprend à la fois le résumé des observations présentées et ses *conclusions motivées*. Et pour éviter toute ambiguïté, l'article R. 123-11 du Code de l'urbanisme dispose que celles-ci doivent préciser si elles sont *favorables* ou *défavorables*. Le rapport est tenu à la disposition du public. Une copie doit en être adressée au préfet et une autre au président du tribunal administratif.

> Il faut souligner que les autorités chargées de l'établissement du POS *ne sont pas liées par les conclusions* du commissaire enquêteur ou de la commission d'enquête. Mais l'article 6 de la loi du 12 juillet 1983 précise qu'une décision prise après conclusions défavorables pourrait donner lieu à un *sursis à exécution* si l'un des moyens invoqués par les requérants paraît sérieux et de nature à justifier l'annulation. Ce sursis dérogatoire du droit commun, en ce qu'il n'exige qu'une seule condition de fond, bénéficie en outre d'une procédure rapide et simplifiée dans le cadre de la nouvelle loi du 8 février 1995[26] dont le titre IV est consacré à la juridiction administrative. L'article 67 de cette loi insère un article L. 25 dans le Code des tribunaux administratifs et des cours administratives d'appel qui permet de codifier le sursis à exécution transféré de la loi Bosson du 6 février 1994 sous l'article L. 600-5 et qui concerne toutes les instances en matière d'urbanisme.
>
> En pratique, dans *tous* les domaines du droit de l'urbanisme, le sursis à exécution demandé fait l'objet d'une *ordonnance* prise par les présidents de tribunal administratif, les présidents de cours administratives d'appel, le vice-président du tribunal administratif de Paris et les présidents de formation de jugement. Cette ordonnance est prise au terme d'une procédure contradictoire (échange de mémoires).

Le POS *éventuellement* modifié pour tenir compte des résultats de l'enquête publique et des propositions de la commission de conciliation qui peut encore intervenir dans le mois qui suit la fin de l'enquête, peut être une nouvelle fois soumis à l'avis des représentants des services de l'État et des personnes publiques associées, si l'importance des modifications le justifie. Ce n'est qu'ensuite qu'il sera définitivement *approuvé* par délibération du conseil municipal.

Le POS, approuvé et devenu exécutoire, entraîne transfert de compétence pour la délivrance du **permis de construire**[27] au profit du **maire**, qui le délivre **au nom de la commune** et non comme précédemment au nom de l'État, après approbation du directeur départemental de l'Équipement. En cas de conflit autrefois, le préfet tranchait. Désormais, le maire consulte seulement le directeur départemental de l'Équipement (DDE), qui ne peut donner qu'un avis auquel le maire peut passer outre. Cette décentralisation joue de même et de façon large pour toutes les autorisations d'utilisation du sol, sauf *exceptions* visées par l'article L. 421-2-1 alinéa 4 du Code de l'urbanisme, qui intéressent trois hypothèses :

1. Constructions, installations ou travaux réalisés pour le compte de l'État, de la région, du département ou de leurs établissements publics et concessionnaires de services publics, d'un État étranger ou d'une organisation internationale : la décision relève alors du préfet (*ibid.,* art. R. 421-36-1°).

2. Les ouvrages de production, de transport, de distribution ou de stockage d'énergie : le préfet est compétent (*ibid.,* art. R. 490-3 et R. 490-4).

3. Les constructions, installations ou travaux réalisés à l'intérieur des périmètres réservés aux opérations d'intérêt national (*ibid.,* art. R. 490-5).

---

26. *Cf.* Loi n° 95-125 du 8 février 1995, *JO* du 9 février 1995, p. 2162 à 2164.
27. Décret n° 83-1261 du 30 décembre 1983, *JO* du 7 janvier 1984.

Toutefois, le transfert de compétences au profit du maire est réservé aux communes qui disposent d'un POS. À titre indicatif, en 1984, 6 200 communes sur 36 000 disposaient d'un POS, ce qui signifie que la tâche accomplie pour mettre en pratique la décentralisation prévue par les textes a été considérable. C'est ce qui explique l'effort d'information qui est fait par le ministère de l'Urbanisme et du Logement, auquel s'associent les directions régionales et départementales de l'équipement pour informer les élus locaux des perspectives nouvelles ouvertes par la loi.

Une remarque : il n'y a pas d'obligation de faire un POS, même si la commune atteint 10 000 habitants, alors qu'avant la réforme, le gouvernement pouvait obliger certaines de ces communes à le faire. Le POS est donc bien devenu l'affaire de la commune et le législateur incite à la réalisation de cette décentralisation sur un plan juridique et sur un plan financier.

Sur le plan juridique, la commune qui ne dispose pas d'un POS voit ses pouvoirs restreints en matière d'urbanisme dans la mesure où il ne peut être délivré de permis de construire que « *dans les parties actuellement urbanisées de la commune* ». La règle protège de façon très nette les zones agricoles.

En effet, dans les zones non urbanisées, l'article L. 111-2 du Code de l'urbanisme prévoit une liste limitative des travaux autorisés : adaptations, réfection et extension des constructions existantes, constructions nécessaires aux équipements collectifs agricoles, à la mise en valeur des ressources matérielles ou à la réalisation d'opérations d'intérêt général enfin, celles qui sont incompatibles avec le voisinage des zones habitées. Pour tout autre construction que celles prévues par la liste, il faut obtenir une autorisation du représentant de l'État, sur *demande motivée du conseil municipal*, faisant apparaître un intérêt communal en même temps que celui du propriétaire concerné.

À ces règles de fond, s'ajoutent les règles de forme du système en vigueur antérieurement à la réforme. En effet, dans les communes qui ne disposent pas de POS approuvé, les demandes de permis de construire continuent à être instruites par la direction départementale de l'équipement, et les permis sont délivrés au nom de l'État par le maire ou par le préfet dans certains cas, par exemple lorsque le maire et le directeur départemental sont d'avis opposés ou lorsque la construction concernée se situe aux abords de monuments historiques (*ibid.,* art. R. 421-36).

La loi prévoit en outre un délai pour que la commune puisse arrêter un POS et bénéficier des transferts de compétences qui s'y rattachent.

Par ailleurs, **sur le plan financier**, et pour inciter les communes à prendre leurs responsabilités, la loi prévoit que les dépenses entraînées par les études et l'établissement des documents d'urbanisme sont à la charge de l'État, qui met gratuitement ses services techniques à la disposition des élus locaux. La commune passe alors une convention avec le préfet pour définir les conditions et l'objet de la mise à disposition des services de l'État auxquels le maire peut ensuite adresser toutes instructions nécessaires (*ibid.,* art. L. 121-2).

c) *En matière de logement*

L'article 76 de la loi du 7 janvier 1983 assigne aux communes, au même titre qu'aux départements et régions, la responsabilité de **définir leurs priorités en matière d'habitat**. L'article 78 précise le contenu de cette responsabilité, qui permet aux communes et aux établissements publics de coopération intercommunale de définir un *programme local de l'habitat*. Celui-ci détermine leurs opérations prioritaires et notamment les actions en faveur des personnes mal logées ou défavorisées.

Ce programme se répercute sur celui de la **région**, qui joue un rôle essentiel dans l'octroi des aides financières et qui doit en tenir compte pour établir les priorités régionales, après consultation des départements qui la composent (*ibid.*, art. 77). Les priorités définies par la commune s'imposent également obligatoirement au préfet pour répartir les crédits affectés au département.

Les concours financiers de l'État à la réhabilitation de l'habitat ancien sont attribués par priorité aux communes situées dans *les zones de revitalisation rurale* définies à l'article 1465A du Code général des impôts, ayant fait l'acquisition de biens immobiliers anciens situés sur leur territoire, en vue de les transformer en logements sociaux à usage locatif. C'est ce que prévoit l'article 62 de la loi n° 95-115 du 4 février 1995 dite d'orientation pour l'aménagement et le développement du territoire. La région peut compléter ces aides.

Dans le cadre de la loi est prévue une exception aux dispositions de l'article 66 de la loi du 2 mars 1982 qui permet aux communes d'accorder des garanties d'emprunt ou de cautionnements pour les opérations de construction, d'acquisition ou d'amélioration de logements réalisés avec le bénéfice de prêts aidés par l'État.

d) *En matière de formation professionnelle et d'apprentissage*

La compétence générale dans ce domaine revient à la région. Mais la décentralisation profite à la commune et aux groupements de communes qui peuvent arrêter un **programme de formation** en fonction des besoins locaux (art. 84 al. 2 de la loi du 7 janvier 1983). Dans ce cas, ces mêmes communes sont associées à l'élaboration du programme régional.

L'article 83 permet aux communes intéressées de conclure des conventions avec la région, pour créer des **centres de formation d'apprentis**. La région peut refuser, mais seulement par une décision motivée. Elle doit se prononcer dans les six mois suivant la proposition.

Ces dispositions spéciales de la loi se prolongent en matière culturelle au sens large, et d'abord en matière d'enseignement. Les transferts opérés visent ici à attribuer à chaque catégorie de collectivités locales un seul niveau d'éducation : aux régions les lycées, aux départements les collèges, et aux communes, les écoles.

La loi du 22 juillet 1983 reconnaît en effet à la commune la *compétence traditionnelle* en matière d'*enseignement primaire*[28] *public* en ce qui concerne les dépenses de construction, d'entretien et de fonctionnement des établissements scolaires du *premier degré* et du logement des instituteurs[29]. Une *dotation spéciale* inscrite au budget de l'État dès la loi du 2 mars 1982 et annuellement renouvelée depuis, permet en principe de décharger les communes de cette dernière charge, en opérant un transfert financier du budget de l'État au profit des communes et depuis le 1er janvier 1990, sous certaines conditions, au bénéfice direct des instituteurs.

---

28. Sur ces problèmes, voir l'excellent ouvrage produit sous le titre *Décentralisation et éducation* et rassemblant 7 études menées par des enseignants chercheurs de la faculté de droit et des sciences sociales de l'université de Poitiers. Les Cahiers du droit public, 1992.

29. Ce sont les lois du 30 octobre 1886 et 19 juillet 1889 dites « lois Jules Ferry » qui mettent expressément pour la première fois les dépenses relatives au logement des instituteurs à la charge des communes bénéficiaires de l'enseignement dispensé.

Les conseils municipaux peuvent *créer des écoles et des classes primaires et maternelles*, avec l'avis du préfet. On sait l'importance du maintien de ces classes dans les petites communes et combien les décisions de fermeture peuvent être parfois catastrophiques pour la vie locale. L'État qui a la charge de rémunérer le personnel enseignant, semble s'être engagé, dans le cadre de son action territoriale, à empêcher des fermetures qui ne seraient pas justifiées.

Quand l'école reçoit des élèves habitant sur plusieurs communes, les charges d'équipement et de fonctionnement qui pèsent sur la commune d'accueil peuvent être réparties entre les différentes communes bénéficiaires, par accord entre elles. Une circulaire du 22 mars 1985[30] prévoit que le partage se fait entre les communes intéressées dès lors que 10 % au moins des élèves proviennent d'une autre commune.

Le même texte dispose qu'en cas de désaccord, le ou les préfets concernés arbitrent la question après avis du Conseil de l'Éducation nationale, qui réunit les représentants des communes, du département, de la région, des personnels et des usagers.

En matière d'*enseignement primaire privé*[31], s'applique la loi Debré du 31 décembre 1959 modifiée par la loi du 25 janvier 1985 elle-même suivie de trois circulaires interprétatives visant à préciser le régime des aides financières aux établissements privés (n° 85-103, 85-104 et 85-105). Ces textes prévoient la contribution des *communes au financement* des écoles privées pour les classes sous contrat d'association. Les conditions de conclusion et de résiliation des contrats sont les mêmes que pour l'ouverture ou la fermeture des classes correspondantes de l'enseignement public. Le même traitement paritaire entre établissements publics et privés concerne la prise en charge par la commune *des dépenses de fonctionnement*, à l'exclusion des subventions d'investissements. Dans ce domaine, les communes ont parfois accordé des garanties d'emprunts émis par des groupements ou associations à caractère local pour financer construction, acquisition ou aménagement d'établissements privés. Certaines formules permettent toutefois à la commune de concourir avec l'État à l'acquisition de certains matériels, tel le matériel informatique et dans la même proportion que les dépenses faites au profit d'écoles publiques.

Les compétences de la commune en matière d'enseignement primaire sont accompagnées sur un plan pratique par les articles intéressant l'organisation et le fonctionnement des **transports scolaires**, qui relèvent de la compétence du conseil général ou du conseil municipal, le département ou la ville pouvant assumer directement cette charge en régie[32]. Le législateur a prévu un délai de quatre ans pour que les départements ou les villes prennent eux-mêmes la décision de **déléguer leurs compétences** en la matière aux communes, aux établissements d'enseignement, voire même aux associations familiales ou de parents d'élèves.

Le législateur s'est voulu **incitatif** à l'égard des délégations, puisqu'il est prévu qu'en l'absence de décision prise dans les quatre ans, départements et villes sont tenus par l'obligation de prendre eux-mêmes les transports en régie.

---

30. Circulaire du 22 mars 1985. Répartition entre communes des charges de fonctionnement et d'annuités d'emprunt des écoles accueillant des enfants de plusieurs communes, *JO* du 4 avril 1985.
31. *Cf.* Erik TAMION, « Les collectivités locales et les établissements d'enseignement privés : les aspects financiers », *Les Petites Affiches*, 2 juin 1995, n° 66, p. 9 à 12.
32. Voir décret n° 84-324 du 3 mai 1984, *JO* du 4 mai 1984.

Il faut ajouter que la commune est représentée au sein des *conseils d'administration* de tous les établissements, publics ou privés, implantés sur son territoire. S'il s'agit d'un établissement public qui dispense un enseignement professionnel, le maire ou le représentant de la commune ou du groupement de communes intéressé, siège aussi au sein de la *commission d'hygiène et de sécurité*[33].

Le maire a compétence pour *modifier* les heures d'entrée et de sortie des établissements d'enseignement en raison de circonstances locales. L'autorité scolaire responsable doit être consultée sur ce changement.

Par ailleurs, la décentralisation est marquée par une double avancée en matière de **pédagogie et d'enseignement complémentaire**. La première en accord avec les autorités responsables et pendant les heures d'ouverture permet aux communes d'organiser à leurs frais, dans les établissements scolaires, des activités éducatives, sportives et culturelles complémentaires et facultatives. Une circulaire du 22 mars 1985[34] précise la nécessité de passer une convention avec l'établissement. La deuxième prévoit que, pendant les heures où les locaux sont inutilisés par les activités d'enseignement, le maire peut y organiser des activités de caractère culturel, sportif ou socio-éducatif. L'avis du conseil d'établissement est requis. La commune est responsable de tout dommage éventuel.

Enfin, la commune de rattachement est compétente en matière de dénomination ou de changement de dénomination des écoles.

Mais au-delà de l'apprentissage et de l'enseignement public, la décentralisation bénéficie à la commune, en ce qui concerne la **culture** au sens large. Tout d'abord, et pour favoriser la création artistique, une servitude existant précédemment à la charge de l'État est étendue aux communes, comme d'ailleurs aux départements et aux régions. 1 % de l'investissement que représente une construction doit être consacré à l'insertion d'une *œuvre d'art* dans cet édifice. De plus, en ce qui concerne les établissements d'action culturelle, les communes gardent la maîtrise des *bibliothèques municipales*, les plus importantes d'entre elles, classées, étant soumises au contrôle technique de l'État. Ce contrôle est également exercé sur les *musées*.

Les communes se voient encore reconnaître le pouvoir de créer des établissements d'enseignement artistique, tels les conservatoires de danse, de musique, d'arts dramatiques ou d'arts plastiques. Mais alors, l'État intervient au niveau national pour définir les qualifications requises des enseignants de danse, de musique et des arts dramatiques. Il exerce en outre son contrôle sur le recrutement et les activités du directeur et des établissements d'art plastique qu'il classe en accord avec les collectivités concernées.

Enfin, s'agissant des **archives**, les communes sont propriétaires de leurs propres archives ; elles les conservent et les mettent en valeur sous le contrôle technique de l'État (décret du 28 juillet 1988). Elle doivent en outre respecter les obligations de transmettre certaines d'entre elles au département.

e) *En matière de transports*

Là encore, la décentralisation joue en faveur des communes. Les villes, déjà chargées traditionnellement d'organiser les transports en commun, bénéficient désormais

---

33. Voir décrets n° 91-1162 et 91-1194 du 7 novembre 1991 et la circulaire n° 93-306 du 26 octobre 1993.
34. Voir circulaire du 22 mars 1985. Utilisation des locaux scolaires par le maire, *JO* du 4 avril 1985.

d'une plus grande liberté et d'une meilleure souplesse de gestion. Le statut type des régies, les contrats types ou cahiers des charges imposés jusque-là aux concessions n'ont plus qu'une simple valeur indicative.

La loi d'orientation des transports intérieurs du 30 décembre 1982[35] et la loi du 22 juillet 1983 reconnaissent la compétence des communes pour organiser les transports en commun dans la zone urbaine, les départements étant chargés d'organiser les transports routiers non urbains de personnes en dehors de cette zone.

En ce qui concerne les **transports ferroviaires**, la loi d'orientation fait obligation à la SNCF de consulter les communes concernées par toute création ou suppression de points d'arrêt, toute ouverture ou fermeture de ligne.

Ce qui caractérise généralement tous les transports en commun, quelle que soit leur nature, c'est leur déficit d'exploitation, souvent considérable[36]. Deux types de mesures sont utilisés pour y faire face.

Le premier, à l'initiative des communes, regroupe les divers moyens techniques de **diversification** des modes de transports, pour les rendre plus attractifs et donc plus productifs et plus rentables.

Cette diversification joue dans trois directions :

1. Utilisation de l'expérience parisienne du métro par la mise en place d'un réseau ferroviaire souterrain dans quelques grandes villes : Lyon, Marseille, Lille et Toulouse.

2. Retour aux anciens modes de transports : tramways et trolleybus, provoqué à la fois par la crise de l'énergie et la lutte contre la pollution de l'air en ville. Grenoble a fait un large effort en ce sens de même que Bobigny en banlieue parisienne.

3. Expérimentation de moyens de transports inédits, voire futuristes comme à Tours par l'utilisation d'autobus électriques disposant d'une autonomie de 100 km. Un projet ambitieux et original pour 1996 parrainé là encore par la Ville de Tours, prévoit une sorte de *self-service auto-électrique*, avec une série de points d'échange, où l'usager peut trouver des voitures électriques (106 Peugeot ou Citroën AX dans le projet initial, ouvert depuis aux Renault Clio) qui permettra de développer une sorte de « transport en commun individuel ». L'usager empruntera une voiture sur un parking équipé de bornes de recharges rapides permettant en outre l'identification du véhicule, du permis de conduire et du paiement. Un accord cadre signé le 28 juillet 1992 par les ministres de l'Industrie et de l'Environnement et les firmes automobiles Renault et PSA prévoit l'équipement de dix agglomérations pilotes en bornes de chargement et en réseau d'entretien et de maintenance. Le projet s'est enrichi de la mise au point de *voiturettes* électriques d'un format très réduit, construites pour être très résistantes, en attendant la voiture intelligente qui programmera elle-même son itinéraire et qui existe déjà à titre expérimental !

Un deuxième type de moyens de nature financière est également prévu pour alléger le déficit de ces services. Des *taxes* ont été créées dans les villes de plus de 50 000 habitants pour obtenir la participation des employeurs de main-d'œuvre, considérés comme des bénéficiaires indirects des réseaux de transports. Le taux de versement de transport exprimé en pourcentage des salaires payés est de 2,5 % à Paris et dans le département des Hauts-de-Seine, 1,6 % dans les départements de Seine-Saint-Denis et du Val-de-Marne, 1 % dans les autres départements de l'Ile-de-France[37].

---

35. Loi n° 82-1153 du 30 décembre 1982, *JO* du 31 décembre 1982, p. 4004.
36. Nous verrons plus loin en étudiant les modes de gestion des services publics locaux les raisons de ce phénomène.
37. Décret n° 96-17 du 10 janvier 1996, *JO* du 11 janvier 1996, p. 425.

En ce qui concerne Paris, on peut noter que les transports parisiens représentent un budget considérable, mais que l'usager ne paie environ qu'un tiers du coût réel de son transport.

f) *L'action sanitaire et sociale*

Bien que la décentralisation dans ce secteur ait été qualifiée de « *révolution au cœur de la France* », c'est moins de révolution que de réforme modérée qu'il convient de parler, du moins au niveau de la commune.

Le décret d'application du 23 décembre 1983[38] et la circulaire du 19 octobre 1984[39] confirment cette interprétation, en précisant que : « *La nouvelle répartition des compétences n'a pas pour effet de modifier les conditions d'intervention et les attributions des communes, notamment en ce qui concerne l'instruction des dossiers et les admissions d'urgence à l'aide médicale et sociale.* » Si donc le département a désormais la charge de l'ensemble des prestations légales en matière sociale, sauf exceptions, l'**instruction des dossiers** revient à la commune. La loi sur ce point ne fait que redonner à la commune une compétence propre qu'elle avait perdue par décret du 15 mai 1961 au profit du département. C'est un retour au bon sens que de confier cette instruction de même que les admissions d'urgence à l'aide médicale et sociale à la collectivité la plus proche des administrés.

Cette compétence s'exerce le plus souvent par l'intermédiaire d'un établissement public local, le *centre communal d'action sociale* (CCAS) institué par la loi du 6 janvier 1986 pour remplacer l'ancien bureau d'aide sociale. Actuellement, c'est le décret n° 95-562 du 6 mai 1995[40] qui fixe les règles d'organisation et de fonctionnement de ces établissements publics, qui s'appliquent aussi aux grandes villes de France, sous réserve de dispositions particulières. Pour Paris, c'est le décret n° 95-563 du 6 mai 1995[41] qui fixe le régime applicable.

D'une façon générale, le centre communal d'action sociale assure un service important et joue un rôle multiforme de prévoyance et d'entraide. Ce centre, financé principalement par une subvention, organise les pouponnières, les crèches ou garderies d'enfants, rémunère les nourrices à domicile, en même temps qu'il gère des restaurants populaires, distribue des secours aux indigents, s'occupe des aides bénéficiant aux personnes du troisième âge. Son budget autonome est annexé à celui de la commune et les fonctions de comptable du centre sont exercées par le receveur de celle-ci (art. 26 du décret du 6 mai 1995).

Dans les communes les plus importantes, Paris et certaines grandes villes, fonctionne en outre un système complémentaire d'*allocations* pour les familles ou les personnes âgées ne disposant pas d'un minimum de ressources. Ce système est encore complété par un ensemble d'aides intéressant des *prestations de service* diversifiées (transports ou vie quotidienne par exemple), qui contribuent notamment au maintien à domicile des personnes âgées.

---

38. Décret n° 83-1123 du 23 décembre 1983, *JO* du 24 décembre 1983.
39. Circulaire du 19 octobre 1984, *JO* du 20 octobre 1984.
40. Décret n° 95-562 du 6 mai 1995, *JO* du 7 mai 1995, p. 7366 à 7370. Le décret porte également dispositions particulières relatives aux centres communaux d'action sociale de Marseille et de Lyon (chapitre V).
41. Décret n° 95-563 du 6 mai 1995, *JO* du 7 mai 1995, p. 7370 et 7371.

À côté de cette action sociale large, la commune est responsable de façon plus spécifique des **cantines scolaires** pour les enfants des établissements du premier degré. C'est elle qui subventionne la *caisse des écoles*, qui constitue un établissement public spécialement chargé par vocation d'origine[42] de faciliter la fréquentation scolaire. Si ses missions initiales étaient de récompenser les élèves assidus et attribuer des secours aux élèves indigents ou peu aisés, elle organise actuellement les cantines scolaires. La caisse des écoles peut encore gérer des colonies de vacances, des classes de neige ou de mer et acquérir ou louer des immeubles à cet effet. Gérant des activités de restauration, de loisirs et d'hébergement, la caisse des écoles accentue encore son rôle quelque peu récréatif, en organisant des fêtes et des cérémonies. Elle fait partie à part entière des «institutions périphériques» de l'enseignement primaire public et dispose pour ses activités de moyens financiers souvent très importants. Son budget autonome est annexé au budget communal.

En outre, en matière **d'hygiène**, la décentralisation innove, puisque le seuil de 20 000 habitants est supprimé pour les *services municipaux d'hygiène et de santé*[43] et pour les services de désinfection. Toute commune ou tout groupement de communes peuvent donc décider d'en assurer l'organisation et le financement, sous l'autorité du maire ou du président de l'établissement public intercommunal.

Les *services communaux d'hygiène et de santé* sont chargés (art. L. 772 du Code de la santé publique) de la protection générale de la santé publique (décret du 10 décembre 1984). La carence de ces services et les fautes commises par leurs agents engagent la responsabilité de la commune.

Enfin, sur le plan de la **santé publique**, la commune participe avec l'aide de l'État et de la Sécurité sociale à la construction des établissements publics communaux. Elle peut également prendre l'initiative de mettre en place un *dispensaire communal* qui a le statut d'établissement public municipal. Les communes peuvent encore créer des *laboratoires municipaux d'hygiène* et des *centres de soins municipaux*. À l'égard de ces derniers, leur responsabilité est alors engagée, le cas échéant, selon les règles de la responsabilité hospitalière (CE, 16 octobre 1987, Mlle Richard)[44].

Il faut toutefois souligner que dans le domaine sanitaire et social, c'est le département qui bénéficie des très larges transferts opérés de façon spectaculaire par la réforme. Mais les articles 33 et 41 de la loi du 22 juillet 1983 fondent les collectivités intéressées à passer des conventions par lesquelles les compétences de droit commun désormais reconnues aux départements peuvent être déléguées aux communes. Pour faciliter et encourager de telles délégations, la loi prévoit de les assortir de mises à disposition par le département des services nécessaires. Ici comme ailleurs, la décentralisation, mise en place par le législateur, n'est pas fermée, elle prévoit sa propre ouverture par un *processus évolutif de type contractuel*, à l'initiative des collectivités elles-mêmes et sur la base des textes. L'État ne conserve en la matière qu'une compétence d'exception strictement définie.

Par ailleurs, les établissements communaux d'hygiène et de santé qui exercent effectivement des attributions en matière de vaccination ou de désinfection, ainsi

---

42. Créé par l'article 15 de la loi du 10 avril 1867, elle n'est devenue obligatoire dans chaque commune que par l'article 17 de la loi du 28 mars 1882 en même temps qu'était posé le principe de l'obligation scolaire.

43. Cette nouvelle terminologie remplace celle des «bureaux municipaux d'hygiène», *cf.* art. 68 de la loi n° 86-17 du 6 janvier 1986.

44. *Cf.* CE, 16 octobre 1987, «Mlle Richard», *Rec.* p. 327, et *AJDP*, 1988, P. 30, note J. Moreau.

qu'en matière de contrôle administratif et technique des règles d'hygiène, permettent aux communes, dont ils relèvent, de recevoir la dotation générale de décentralisation correspondante (art. 25 de la loi n° 83-1186 du 29 décembre 1983, art. 22 de la loi n° 85-97 du 25 janvier 1985, art. 12 de la loi n° 86-29 de la loi du 9 janvier 1986 et art. 3 de la loi n° 86-972 du 19 août 1986).

Voyons maintenant les transferts de compétences réalisés au profit du département par le législateur.

§ II. LES NOUVELLES COMPÉTENCES DÉPARTEMENTALES

La décentralisation ouvrant l'intérêt local aux aspects locaux de la politique nationale, le département bénéficie comme la commune de transferts de compétences dans les mêmes domaines que ceux intéressant la décentralisation communale, avec la différence d'une participation plus faible des citoyens à la vie locale, au niveau départemental, le centre de l'activité du département étant plus éloigné des citoyens. Sous réserve de cette différence, la décentralisation obéit aux mêmes principes et concerne les mêmes domaines.

Mais alors que pour la commune, la réforme était la plus spectaculaire en matière d'urbanisme, c'est en matière d'action sanitaire et sociale que l'apport de la décentralisation est le plus important pour le département.

a) *En matière de planification*

En amont, le département se voit reconnaître comme à toute collectivité locale, la possibilité de conclure des **contrats de plans avec l'État** pour l'exécution du Plan national. Ces contrats doivent être communiqués à la région, avec laquelle le département peut également contracter pour la mise en œuvre du plan régional (art. 11 à 16 de la loi du 29 juillet 1982)[45]. Ce plan régional est lui-même élaboré sur consultation obligatoire du département.

En aval, le processus contractuel joue aussi entre le département et la commune sur la base des **chartes intercommunales**, et, cette fois, pour la réalisation de projets et de programmes communaux.

À l'égard de ces chartes, le rôle du département est multiple. Il est *consulté* lors de la définition d'un périmètre faisant l'objet d'une charte. Il peut être *associé* à l'élaboration même de la charte, mais selon la volonté des communes qui déterminent elles-mêmes les modalités de concertation (art. 29 de la loi du 7 janvier 1983). Il donne son *accord* au classement en parc régional d'une zone dont l'équilibre est fragile, mais dont le patrimoine naturel et culturel est riche et qui entre dans le cadre de la charte intercommunale.

En ce qui concerne plus directement le développement et l'aménagement du territoire, c'est en matière d'**équipement rural** que le département se voit attribuer un large pouvoir de coordination et de décision. Le département, plus proche que la région des petites communes agricoles, est le cadre de la décentralisation des procédures intéressant le développement des exploitations rurales. L'article 31 de la loi du 7 janvier 1983 le

---

45. *Cf.* Loi n° 82-653 du 29 juillet 1982 portant réforme de la planification, *JO* du 30 juillet 1982, p. 2441.

charge d'établir un *programme d'aide à l'équipement rural*, en prenant en compte les priorités définies par les communes, ou, le cas échéant, par les chartes intercommunales.

Le décret n° 95-360 du 5 avril 1995[46] institue dans chaque département une *commission départementale de gestion de l'espace rural* prévue par l'article 38 de la loi n° 95-115 du 4 février 1995. Présidée par le préfet, le président du conseil régional en assurant la vice-présidence, cette commission consultative associe des représentants des services de l'État, du département, des communes concernées et de leurs groupements, de la profession agricole, des autres partenaires économiques et du milieu associatif (associations de protection de la nature et organismes gestion-naires de milieux naturels, de la faune et de la flore). Cette nouvelle commission qui se réunit une fois par an, et à laquelle peut être associée par le préfet toute personne qualifiée à titre d'expert, est consultée sur les orientations générales pour l'utilisation du *fonds de gestion de l'espace rural* prévu à l'article L. 112-16 du Code rural modifié par la loi du 4 février 1995. Ce fonds contribue au financement de tout projet d'intérêt collectif concourant à l'entretien et à la réhabilitation de l'espace rural. Il doit être en priorité affecté aux agriculteurs et à leurs groupements. En donnant un avis sur les dossiers susceptibles d'être financés par le fonds[47], la commission orga-nise un partenariat au niveau du département, cadre naturel du développement rural.

Le département est encore chargé des opérations de **remembrement** et de **réorgani-sation foncière** (art. 32 de la loi du 7 janvier 1983), et à ce titre, il est substitué à l'État pour les dépenses correspondantes. Ces dépenses devront donc désormais être ordonnan-cées par le président du conseil général, et non plus par l'ingénieur en chef du génie rural.

b) *En matière d'urbanisme*

Le rôle majeur revient à la commune, mais le département joue un rôle à la fois nécessaire et complémentaire. **Nécessaire**, parce qu'il peut avoir établi des projets d'intérêt général que les communes doivent respecter. C'est ce qui apparaît quand on considère le rôle du département à l'égard des documents d'urbanisme.

Le département peut tout d'abord demander à être associé à l'élaboration du schéma directeur ou de secteur, comme il peut le faire pour l'élaboration du POS. La commune a la responsabi-lité d'organiser les modalités de cette association, mais quel que soit le document d'urbanisme concerné, il faut insister sur le fait que dès lors que le département a été associé à son élaboration, il doit ensuite être également consulté sur le projet arrêté.

Lorsque le département émet un avis défavorable sur le schéma, il peut saisir la commission de conciliation. Le préfet peut également notifier de son côté les modifications qu'il estime nécessaires pour que soit respecté un projet d'intérêt général relevant du département. S'il ne le fait pas, le département peut lui-même attaquer le schéma, lorsque celui-ci est devenu opposable, comme il peut demander le sursis à exécution par ordonnance du président du tribunal administratif (art. L. 25 du Code des tribunaux administratifs).

De la même façon, si le département arrête un projet d'intérêt général postérieur au POS, le représentant de l'État peut exiger la révision de celui-ci, par mise en demeure pour mise en conformité du POS. Si cette mise en demeure n'est pas suivie d'effets dans les six mois, le préfet procède d'office à la révision.

---

46. Décret n° 95-360 du 5 avril 1995, *JO* du 6 avril 1995, p. 5499.
47. Une circulaire du 17 juillet 1984 suggère à titre indicatif diverses solutions utiles.

Ajoutons que les permis de construire et autres autorisations d'urbanisme sollicités par le département sont délivrés non par le maire, mais par le représentant de l'État. Il en est de même pour toute demande émanant des établissements publics ou des concessionnaires du département.

Le rôle du département est également **complémentaire** en matière d'urbanisme, en ce qu'il possède des **compétences propres** qui intéressent les règles d'urbanisme applicables aux communes. C'est ainsi qu'il possède une mission générale de **protection des espaces verts** spécialement protégés (art. L. 142-1 et s. du Code de l'urbanisme).

Il peut créer des *zones de préemption* avec l'accord du conseil municipal dans les communes dotées d'un POS rendu public et approuvé, avec l'accord du préfet dans les autres cas.

De la même façon, les **itinéraires de promenades et de randonnées**, qui se déroulent généralement sur le territoire de plusieurs communes, relèvent désormais du département, qui établit leur plan après avoir recueilli l'avis des communes concernées : articles 56 et 57 de la loi du 22 juillet 1983. Le tracé peut emprunter des voies publiques ou privées, en vertu de conventions qui fixent les dépenses d'entretien et de signalisation à la charge du département. L'itinéraire est protégé, en ce sens qu'il ne doit pas être interrompu par des aliénations sur une partie du parcours. Toute opération d'aménagement foncier ou d'aliénation d'un chemin rural susceptible de rompre la continuité de l'itinéraire doit prévoir un itinéraire de substitution proposé par le conseil municipal.

Si l'on ajoute à ces compétences relativement récentes, celle traditionnelle et constamment élargie de la création et de l'entretien des **routes départementales**, on comprend que le rôle du département en matière d'urbanisme ne doit pas être considéré comme négligeable.

c) *En matière de logement*

Le département décide des *priorités départementales* (art. 77 de la loi du 7 janvier 1983). Mais les crédits affectés par l'État au département sont répartis par le préfet, en tenant compte à la fois des priorités communales et des objectifs nationaux (art. 80) définis par le Plan et la politique d'aménagement du territoire. La répartition n'est donc pas décidée par le conseil général qui est seulement consulté sur la question. Par contre, le département peut, comme la commune, et par dérogation à l'article 66 de la loi du 2 mars 1982, accorder des garanties d'emprunt et des cautionnements pour les opérations de logement réalisées avec le bénéfice de prêts aidés par l'État.

L'article 79 de la loi du 7 janvier 1983 institue un conseil départemental de l'habitat, qui se substitue à l'ensemble des commissions, comités et conseils départementaux en matière de logement[48]. Il y a là une **unification** et une **simplification** des organes techniques du département en la matière.

Enfin, en amont, le département est consulté sur les priorités régionales (art. 77). Les aides de l'État sont réparties entre les départements par le préfet de région, en tenant compte de ces priorités. La région peut compléter les aides de l'État par des apports financiers tels que des subventions, des prêts, des bonifications d'intérêt ou des garanties d'emprunt.

---

48. *Cf.* Décret n° 84-702 du 30 juin 1984, *JO* du 24 juillet 1984.

d) *En matière de formation professionnelle et d'apprentissage*

La compétence du département est modeste, l'essentiel revient en la matière à la région. Toutefois, le département peut demander à passer une convention avec la région pour créer un **centre de formation d'apprentis**. La région dispose de six mois pour répondre et en cas de refus, elle doit motiver sa décision (art. 83 de la loi du 7 janvier 1983).

Mais au-delà de la formation professionnelle, le département se voit reconnaître des compétences essentielles en matière d'enseignement public **secondaire** par la loi du 22 juillet 1983[49]. C'est en effet le conseil général qui arrête, après accord des communes, le *programme prévisionnel des investissements* relatifs aux **collèges**. Le département en assume la charge financière, à l'exception des rémunérations des enseignants qui sont à la charge de l'État. Toutefois, le département peut partager les dépenses qui lui incombent dans deux hypothèses. D'une part, si 10 % au moins des élèves proviennent d'un autre département, un partage des frais est opéré par accord entre les départements intéressés. À défaut d'accord, la répartition est arrêtée par le ou les préfets de région concernés. D'autre part, si un même établissement est à la fois collège et lycée, une convention est conclue avec la région responsable du financement des lycées pour répartir la charge financière entre le département et la région.

Pour exercer les attributions qui lui sont reconnues par la loi, le département bénéficie d'une *dotation départementale d'équipement des collèges*, et bénéficie des compensations prévues par la loi du 7 janvier 1983 pour l'ensemble des transferts de compétence.

Par ailleurs, une commune peut toujours demander à passer une convention avec le département pour que lui soient confiés la construction, l'équipement et le fonctionnement d'un collège sur son territoire. La convention règle financièrement la délégation pour une durée qui ne peut être inférieure à six ans.

Le département doit donner son accord sur le *schéma prévisionnel des formations des collèges, lycées, établissements d'éducation nationale, écoles de formation maritime et aquacole, et établissements d'enseignement agricole* (art. L. 815-1 du Code rural). Ce schéma est établi par la région qui a une vocation générale de projection sur l'avenir, ici en matière d'enseignement secondaire. Ce document doit être conforme au plan régional et englobe les prévisions concernant les collèges qui relèvent pourtant financièrement du département. Cet éclatement des compétences prévisionnelles et des compétences financières en ce qui concerne les collèges, évite à la région d'avoir à elle seule les charges de l'ensemble des établissements de l'enseignement secondaire. En application du schéma, le conseil régional établit en effet le *programme prévisionnel des investissements* relatifs aux établissements intéressés sauf les collèges.

En outre, en ce qui concerne les lycées et établissements d'éducation spéciale situés sur son territoire, le département doit donner son accord sur le *schéma*, de même que sur le *programme prévisionnel* des investissements établi par la région en application du schéma.

---

49. Décret n° 85-348 du 20 mars 1985 pour l'entrée en vigueur du transfert des compétences en matière d'enseignement, *JO* du 21 mars 1985.

Dans le domaine de l'**action culturelle**, les règles sont les mêmes *mutatis mutandis* que pour la commune. Le département peut disposer notamment de bibliothèques, de musées, de conservatoires dans les mêmes conditions que la commune.

Toutefois, en ce qui concerne les **archives**, les départements propriétaires de leurs propres archives doivent recevoir en outre les archives des services extérieurs de l'État qui s'exercent dans le cadre du département, les archives publiques du ressort et certaines archives communales définies par les textes. Ils peuvent également recevoir des archives privées. Enfin, par convention, les régions peuvent confier leurs archives à un des départements qui la composent. Ce département joue alors un rôle de centralisation locale particulièrement important.

Les personnels scientifiques ou de documentation des archives départementales restent fonctionnaires de l'État s'ils le sont déjà. Par ailleurs, et quel que soit leur statut, ils sont payés par l'État et placés sous l'autorité du président du conseil général.

e) *En matière de transports*

Les compétences dévolues au département obéissent aux principes définis par la loi d'orientation des transports intérieurs du 30 décembre 1982 et la loi du 22 juillet 1983.

En matière de **transports routiers non urbains**, le conseil général est chargé d'organiser deux types de services. D'une part les **services publics réguliers** définis par l'article 25 du décret du 16 août 1985[50] comme des « *services offerts à la place dont le ou les itinéraires, les points d'arrêt, les fréquences, les horaires et les tarifs sont fixés et publiés à l'avance* ». D'autre part, les **services publics à la demande** que l'article 26 du même décret définit comme des « *services collectifs offerts à la place, déterminés en partie en fonction de la demande des usagers et dont les règles générales de tarification sont établies à l'avance, et qui sont exécutés par des véhicules dont la capacité minimale est fixée par décret* ». Ce dernier type de transport est particulièrement important en zone rurale où la faible densité de population ne permet pas l'exploitation de services réguliers.

Services réguliers et services à la demande sont inscrits au **plan départemental des transports** établi et tenu à jour par le conseil général après avis des communes concernées. Le département, devenant autorité organisatrice de droit commun pour ces services, a le choix entre deux formules d'exploitation. Soit en **régie directe** sous forme d'un service public industriel et commercial, soit par **convention** à durée déterminée passée avec une entreprise publique ou privée.

Quant au problème du **financement**, qui peut être lourd, l'article 30 dernier alinéa de la loi d'orientation prévoit la possibilité pour le département de passer avec l'État des **contrats de développement** en vue de la modernisation des réseaux de transport dont il assume la responsabilité. Pour les autres types de liaisons, **d'intérêt régional ou national**, le département peut, sur sa demande, être chargé par la région ou par l'État, de l'organisation et de la mise en œuvre d'un service régulier ou à la demande,

---

50. Décret n° 85-891 du 16 août 1985 relatif aux transports urbains de personnes et aux transports routiers non urbains de personnes, *JO* du 23 août 1985, p. 9744.

avec l'accord des régions et des départements concernés, s'il s'agit d'un service d'intérêt national.

En matière de **transports ferroviaires**, le département est consulté sur les conventions passées entre la région et la SNCF. Il peut lui-même contracter avec elle pour l'organisation de ce type de transport.

Pour les **services non conventionnés de voyageurs**, la SNCF est tenue de consulter les départements concernés par les modifications qu'elle prévoit d'apporter à leur consistance générale, qu'il s'agisse d'ouverture ou de fermeture de ligne, de création ou de suppression d'une gare ou d'un point d'arrêt. Il en est de même pour toute modification substantielle des services de **marchandises**. Les départements consultés doivent formuler leurs observations en vue de la modification éventuelle des projets de la SNCF.

f) *En matière d'action sanitaire et sociale*

La réforme de la décentralisation consacre la *vocation* du département en matière de santé publique et d'action sociale[51], à l'exclusion de la région. Les dépenses de fonctionnement des multiples services, prestations et actions de solidarité transférées représentent un poids financier considérable et absorbent désormais les deux tiers des budgets départementaux.

Le nouveau régime reconnaît en effet au **département** une **compétence générale de droit commun**. Ce qui ne relève pas de l'État, qui n'a aucune compétence d'exception, relève du département (art. 32 de la loi du 22 juillet 1983 et décret du 8 décembre 1983[52]).

Dans le *domaine social*, la loi ne confère en effet à l'**État** qu'une **compétence d'attribution** (art. 35) dans deux types de cas : lorsqu'il s'agit de solidarité nationale ou lorsqu'il s'agit d'actions visant des groupes sociaux particuliers.

– Il a ainsi la charge de l'**aide sociale** quand les prestations sont automatiquement liées à des prestations de Sécurité sociale : cotisations d'assurances maladies des adultes handicapés (art. 613-15 du Code de Sécurité sociale), ou cotisations d'assurances maladies volontaires instituées par la loi du 22 janvier 1978, relative à la généralisation de la Sécurité sociale).

– Il a aussi la charge de l'aide sociale, quand il s'agit de prestations faisant appel à la **solidarité nationale** telles que l'allocation aux familles dont les soutiens accomplissent leur service national, les frais afférents à l'interruption volontaire de grossesse non couverts par l'assurance maladie, les frais d'hébergement, d'entretien et de formation des personnes handicapées dans les *établissements de rééducation* professionnelle, ainsi que les frais de fonctionnement des *centres d'aide par le travail*. La loi n° 95-116 du 4 février 1995[53] complète ce dispositif en prévoyant la prise en charge par l'assurance maladie, de tous les frais directement entraînés par la formation professionnelle ou le fonctionnement de l'atelier, et notamment les frais de transport collectif en ce qui concerne les établissements de rééducation professionnelle (art. 68 de la loi).

Enfin, l'État a la charge des mesures en matière de logement, d'hébergement et de réadaptation sociale (réfugiés, vagabonds, anciens détenus, ou déportés), en particulier de l'allocation

---

51. La vocation sanitaire et sociale du département est encore accentuée par la loi n° 84-5 du 3 janvier 1984 (*JO* du 4 janvier 1984) qui réalise la départementalisation des hôpitaux.

52. Décret n° 83-1067 du 8 décembre 1983, *JO* du 14 décembre 1983.

53. Loi n° 95-116 du 4 février 1995 portant diverses dispositions d'ordre social, *JO* du 5 février, p. 1992 à 2011.

perçue au titre du *revenu minimum d'insertion* prévu par la loi n° 88-1088 du 1er décembre 1988[54]. L'allocation est attribuée par le représentant de l'État dans le département, l'instruction du dossier relevant du centre communal ou intercommunal d'action sociale (art. 12 et 13 de la loi).

Dans le *domaine sanitaire*, l'État prend en charge la protection de la santé mentale, les mesures de lutte contre la toxicomanie, la répression du trafic des substances vénéneuses, la lutte contre l'alcoolisme et l'hospitalisation des alcooliques dangereux non assurés sociaux, enfin les dépenses de contrôle des hôpitaux recevant des femmes enceintes ou pratiquant l'IVG, ainsi que ceux qui reçoivent des mineurs. Il partage avec les communes la responsabilité de l'organisation, de l'exécution et du financement du contrôle administratif et technique des règles d'hygiène.

Ces attributions limitatives de l'État font du département le responsable de l'ensemble des autres prestations légales (art. 32 de la loi du 22 juillet 1983), sous réserve de la participation financière éventuelle des communes[55]. On peut répertorier au titre de l'**aide sociale**, les prestations d'aide à l'enfance, l'aide aux familles, aux personnes âgées, l'aide médicale à domicile, l'aide médicale hospitalière, certaines aides annexes aux handicapés[56], en particulier l'allocation compensatrice aux adultes handicapés.

Le conseil général arrête **un règlement départemental d'aide sociale**, définissant les conditions d'attributions des prestations versées par le département qui peuvent être plus favorables que celles prévues par la réglementation nationale. Le département est ici responsable de ces conditions et des montants dont il assure la charge financière. C'est le président du conseil général qui est désormais compétent pour accorder les prestations (art. 34), sous réserve de la compétence des juges sur le placement des enfants, ou des commissions techniques d'orientation et de reclassement professionnel et des commissions d'aide médicale.

De plus, à l'exception des instituts médico-sociaux financés par la Sécurité sociale, l'exécutif départemental reçoit les compétences détenues précédemment par l'ex-préfet, en ce qui concerne la création des établissements du secteur sanitaire et social chargés de l'éducation ou du travail des handicapés, jeunes ou adultes, ainsi que de ceux qui assurent leur hébergement ou celui des personnes âgées. Il en est de même pour les foyers de jeunes travailleurs. C'est encore lui qui décide des habilitations délivrées aux établissements pour recevoir des bénéficiaires de l'aide sociale, lorsque cette habilitation est nécessaire. Enfin, c'est aussi le président du conseil général qui arrête seul la tarification revue annuellement des prestations fournies par les établissements relevant de sa compétence (prix de journée).

Toutes les *prestations d'aide sociale* relevant du département sont désormais programmées dans le cadre d'un *schéma départemental d'action sociale* établi par le département au terme d'une procédure consultative, et révisé périodiquement (art. 2 de la loi du 6 janvier 1986). Ce schéma général précise la *nature des besoins sociaux*, et relève ceux qui nécessitent la création d'établissements adaptés, et de services sociaux ou médico-sociaux. Il établit les perspectives de développement de ces services ou établissements et pose les critères d'évaluation des actions départementales. Il prévoit

© ARMAND COLIN. La photocopie non autorisée est un délit.

---

54. Loi n° 88-1088 du 1er décembre 1988, *JO* du 3 décembre 1988 et loi n° 92-722 du 29 juillet 1992 portant adaptation de la précédente, *JO* du 30 juillet 1992, p. 10215.

55. Décret n° 83-1123 du 23 décembre 1983, *JO* du 24 décembre 1983.

56. Circulaire du 12 mars 1984, *JO* du 28 mars 1984.

encore les modalités de *collaboration* ou de *coordination* avec les autres collectivités locales intéressées.

Enfin, dans un domaine aussi sensible en cette fin de siècle que la *lutte contre la pauvreté et l'exclusion*, qui relève à la fois de la solidarité nationale du rôle de l'État et des efforts conjugués de tous les niveaux d'administration, le département joue désormais un rôle essentiel et mobilisateur conforme à sa vocation sociale, en partenariat avec l'État.

Le nouveau dispositif départemental d'insertion et de lutte contre la pauvreté et l'exclusion, mis en place par la loi n° 92-772 du 29 juillet 1992 modifiant le titre III de la loi du 1er décembre 1988, permet au représentant de l'État dans le département *et* au président du conseil général d'exercer *conjointement* un certain nombre de responsabilités dans ce domaine.

Ils président désormais ensemble un *conseil départemental d'insertion* créé par l'article 36 de la loi, et composé de représentants de collectivités territoriales et de tous les organismes privés ou publics intéressés, nommés conjointement par eux, pour élaborer et adopter avant le 31 mars[57], le *programme départemental d'insertion* de l'année en cours. Ce programme s'appuie lui-même sur les programmes locaux d'insertion élaborés en aval, par les nouvelles *commissions locales d'insertion* (art. 42-1 de la loi) dont le nombre et le ressort sont fixés conjointement là encore par le préfet et l'exécutif départemental.

> Le programme départemental d'insertion permet une *évaluation des besoins*, y compris de formation des personnels et bénévoles, de recenser les actions d'insertion déjà prises en charge par l'État, les collectivités territoriales et autres personnes morales de droit public ou privé, et d'évaluer, le cas échéant, les moyens supplémentaires à mettre en œuvre.
>
> Le conseil départemental d'insertion a toute liberté pour élargir le programme d'insertion à l'ensemble de la lutte contre la pauvreté et l'exclusion, et à l'ensemble des actions en faveur de l'insertion, notamment en matière économique. Pour mieux connaître «l'état des lieux» dans ce domaine, il peut proposer *toutes études ou enquêtes* sur les phénomènes spécifiques de pauvreté et de précarité dans le département.
>
> De plus, l'article 38 de la loi fixe une *contribution minimale du département* au financement des actions inscrites au programme à hauteur de 20 % des sommes versées au cours de l'exercice précédent par l'État dans le département au titre de l'allocation de RMI. Ce *crédit obligatoire* inscrit annuellement dans un chapitre individualisé du budget départemental, est complété par l'imputation des dépenses non couvertes par l'assurance maladie des bénéficiaires du RMI à concurrence de 3 % du crédit d'insertion en métropole, et de 3,75 % dans les départements d'outre-mer.
>
> Une *convention entre l'État et le département* définit les conditions, notamment financières, de mise en œuvre du programme d'insertion. Cette convention est elle-même relayée par des conventions passées avec tous les partenaires concernés.

Par ailleurs, la loi instaure un nouveau *fonds départemental d'aide aux jeunes en difficulté*, âgés de 18 à 25 ans, complété par des *fonds locaux*, créés par convention entre l'État, le département et une ou plusieurs communes. Le fonds départemental (art. 43-2 de la loi du 29 juillet 1992) est financé par l'État et le département, la participation du département devant être au moins égale à celle de l'État, ainsi que par tout autre des partenaires intéressés, région, communes et organismes de protection sociale.

---

57. Pour rappel, l'article 51 de la loi du 2 mars 1982 dispose qu'à défaut d'adoption au 1er janvier, le budget départemental doit être voté avant le 31 mars de l'année concernant l'exercice auquel il s'applique.

En matière sanitaire, le département a la charge spécifique des **actions de prévention et de lutte** contre la tuberculose et les maladies vénériennes, du dépistage précoce du cancer, de la lutte contre la lèpre, des vaccinations et, plus largement, de la protection sanitaire de la famille et de l'enfance. Le département organise et finance les centres et consultations de protection maternelle et infantile, ainsi que la formation et l'agrément des assistantes maternelles.

Les transferts de compétence en matière sanitaire et sociale se sont accompagnés d'une **redistribution importante des personnels et des services**, réglée dans un premier temps par convention passée entre le préfet et le président du conseil général et arrêtée par le ministre de l'Intérieur. La réforme s'est voulue là encore progressive dans un domaine où la vocation du département s'est encore accentuée par la départementalisation des hôpitaux opérée par la loi du 3 janvier 1984[58].

Tous ces transferts de compétence accentuent la décentralisation du département, qui contribue lui-même à la décentralisation communale. La loi du 2 mars 1982 lui assigne un rôle déterminant de soutien aux communes dans l'exercice de leurs compétences (*cf.* art. 23). Le département peut ainsi subventionner les communes les plus défavorisées et les soulager dans leur effort fiscal d'investissement, ces subventions s'ajoutant à celles de l'État, et éventuellement, à celles de la région. Ces mesures ont été renforcées par la loi n° 95-115 du 4 février 1995 à l'égard des *zones prioritaires* (chap. II titre V de la loi), réalisant une convergence des efforts de l'État et des collectivités territoriales.

Le département peut aussi assurer une **assistance technique juridique et financière** aux communes en créant une **agence départementale** spécialisée à cet effet (art. 32), soit en créant un organisme du type *syndicat mixte* ou *société d'économie mixte*.

Deux observations doivent être faites :

1. Le département ne peut en aucun cas profiter de ses interventions pour exercer une nouvelle tutelle sur les communes, même si ces interventions sont importantes, comme en matière d'aménagement rural.

2. Le développement rapide de ces aides, elles-mêmes décentralisées de l'État au département, montre bien qu'elles correspondent à un réel besoin, que la décentralisation contribue d'ailleurs à amplifier. La prise en charge des nouvelles responsabilités communales est ici facilitée par une solidarité accrue du département, caractérisée par les nouvelles interventions du conseil général.

Après la commune et le département, il nous faut examiner le renouveau des compétences régionales.

§ III. LES NOUVELLES COMPÉTENCES RÉGIONALES

L'alignement de la région sur les autres collectivités territoriales a pour effet d'accroître ses compétences, qui ne se limitent plus à sa *vocation économique* d'origine, de promotion du développement économique et social dans le cadre de la

---

58. Loi n° 84-5 du 3 janvier 1984, *JO* du 4 janvier 1984.

planification et de l'aménagement du territoire. L'ouverture étendue de ses compétences au *domaine culturel et scientifique* se conjugue avec les transferts opérés en sa faveur dans les différents domaines éclatés entre les catégories de collectivités locales sauf en matière sanitaire et sociale, où elle n'a aucune responsabilité propre. L'article 59 de la loi du 2 mars 1982 ajoute que la région doit assurer la préservation de son identité qui s'affirme, avec l'expérience, être celle d'une collectivité prospective, tournée vers l'avenir.

L'ouverture des domaines d'intervention s'accompagne d'un surcroît d'autonomie, le conseil régional pouvant désormais intervenir seul dans le domaine économique, et «*le cas échéant*» seulement, en collaboration avec l'État ou les collectivités locales. L'action régionale est d'ailleurs facilitée par le fait que le conseil régional s'est vu reconnaître la possibilité nouvelle pour lui de **participer à des dépenses de fonctionnement** *liées à des opérations d'intérêt régional*. Le régime précédent le lui interdisait, sauf à obtenir une habilitation spéciale par décret (art. 4 al. 3 de la loi du 5 juillet 1972). La décentralisation entérine une évolution de fait, qui avait vu se multiplier les habilitations réglementaires, notamment en matière de parcs naturels régionaux, de transports collectifs de personnes, d'économie d'énergie (décret du 13 février 1981), de recherche scientifique et technique, ou encore de comités de tourisme. La réforme prend le relais et assouplit le système en faveur de l'action régionale.

a) *En matière de plan et d'aménagement du territoire*

L'importante réforme apportée par la loi Rocard du 29 juillet 1982 consiste à *décentraliser la planification au profit des régions.*

Jusque-là, les principaux progrès en la matière, particulièrement depuis les VIe et VIIe Plans, consistaient à associer toujours plus complètement les régions à la définition de la planification nationale, spécialement en matière d'équipements. La réforme Rocard maintient et renouvelle l'association des régions à l'élaboration du Plan national, mais surtout, elle systématise une *dualité de la planification française* en distinguant à côté du Plan de la nation, les plans des régions.

En ce qui concerne l'*association* des régions à l'élaboration du *plan national*, elle est systématique à chaque moment du processus de préparation des deux lois constitutives du plan de la nation, la première définissant pour une durée de cinq ans les choix stratégiques et les objectifs ainsi que les grandes options proposées pour parvenir aux résultats attendus, la seconde définissant les mesures juridiques, financières et administratives pour atteindre les objectifs visés par la première loi de Plan. Cette seconde loi fait une large place aux programmes d'application du Plan de la nation à l'échelon régional, mais dès la première loi, chaque région est invitée à faire connaître au gouvernement les *priorités de ses activités productives* par l'intermédiaire de la *commission nationale de planification* (art. 6 de la loi et décret du 26 août 1982). Cet organisme unique remplace les nombreuses commissions de modernisation et l'ancien conseil du Plan. Il est présidé par le ministre chargé du Plan, et comprend une large représentation des organisations socioprofessionnelles, des personnalités qualifiées, et, de droit, tous les présidents des conseils régionaux. La présence de ces derniers assure la liaison et la cohérence de la planification nationale et de la planification régionale.

À côté du Plan de la nation, les *plans des régions* constituent l'innovation la plus marquante de la planification. Aux termes de l'article 14 de la loi du 29 juillet 1982, ils doivent déterminer, pour la période couverte par le Plan de la nation : «les objectifs à moyen terme du développement économique, social et culturel de la région.»

Ils doivent être compatibles avec le Plan de la nation (*ibid.*, art. 11 al. 2 et 17 al. 2), et prévoir les *programmes d'exécution* mis en œuvre par la région, soit directement, soit par voie contractuelle avec l'État, d'autres régions, les collectivités locales ou des entreprises. Il s'agit donc désormais d'un contenu ouvert à tous les aspects du développement et de l'avenir régional, et non plus d'une simple programmation d'équipements collectifs.

La *procédure d'élaboration* des plans des régions est très souple, mais plusieurs règles s'imposent. *Certaines consultations sont obligatoires*, celle du conseil économique et social régional dont c'est l'une des compétences obligatoires, celle des départements (*ibid.*, art. 15 al. 1) qui détiennent les leviers financiers les plus puissants en matière d'équipement rural et en matière sanitaire et sociale, les communes chefs-lieux de département, les communes de plus de 100 000 habitants et les communes associées dans le cadre d'une charte intercommunale de développement. La loi prévoit aussi la consultation *de droit* des commissions instituées à cet effet par chaque conseil général et composées des représentants des autres communes désignés par les maires de celles-ci. La non-consultation prévue par la loi entraîne l'annulation pour irrégularité de la délibération en cause (TA, Montpellier, 8 juillet 1985, W. Dimiglio c/conseil régional de Languedoc-Roussillon[59]).

Certaines consultations sont facultatives et concernent des entreprises publiques ou groupes d'entreprises publiques, et plus largement les partenaires économiques et sociaux de la région (*ibid.*, art. 1 al. 3 et 15).

Après les consultations prévues, le conseil régional arrête le plan de la région au plus tard dans les *trois mois* suivant la promulgation de la seconde loi du Plan de la nation, c'est-à-dire la loi définissant les moyens d'exécution. Ce plan indique l'objet et la portée du *contrat de plan* que la région propose de souscrire avec l'État (*ibid.*, art. 16 al. 1) ainsi que des autres contrats particuliers d'exécution.

Les *contrats de plan* constituent une modalité d'articulation essentielle entre le Plan de la nation et les plans des régions. Pour qu'un contrat de plan puisse être conclu entre l'État et la région, il faut que le gouvernement puisse apprécier la compatibilité entre le plan régional et celui de la nation. À cette fin, l'article 17 de la loi dispose que « dès leur adoption, les plans des régions sont adressés au ministre chargé du Plan » et, par son intermédiaire, à la commission nationale de planification. La seule sanction à cet égard est de limiter aux actions compatibles avec le Plan de la nation, les contrats de plan entre l'État et les régions et les contrats particuliers pris pour leur exécution.

Le *contrat de plan* élaboré conjointement par le président du conseil régional et par le préfet de région, représente un programme d'actions identifiées dans leur objet et chiffrées financièrement, assorti d'un plan de financement et d'un échéancier de réalisation. Les contrats de plan traduisent la convergence des politiques de l'État et de la région et constituent des stratégies adaptées aux spécificités régionales. Ils comportent des « engagements réciproques » (*ibid.*, art. 11 al. 1) des parties, tous les éléments de l'acte étant considérés comme autant de « clauses contractuelles » (*ibid.*, art. 12 al. 1) d'un contrat administratif, par application du critère organique, mais ils obéissent à un régime législatif propre, dérogatoire au droit commun, en ce que le droit de résiliation unilatérale est exclu (*ibid.*, art. 12 al. 1). De tels contrats permettent de lier l'État et les régions à la fois sur les objectifs régionaux du Plan national et sur les objectifs particuliers des plans régionaux.

---

59. TA Montpellier, 8 juillet 1985, « W. Dimiglio c/conseil régional Languedoc-Roussillon », *Rec.* p. 433, et *AJDA*, 1986, p. 109, note Turpin.

En matière d'*aménagement du territoire*, la loi n° 95-115 du 4 février 1995 systématise à son tour une dualité des schémas d'orientation comparable à celle des plans, en distinguant à côté du schéma national d'aménagement et de développement du territoire, des schémas régionaux (art. 2 et 6 de la loi).

Le *projet de schéma national* est soumis pour avis aux régions ainsi qu'aux principales organisations représentatives des communautés urbaines et des groupements de communes. Le premier projet doit être présenté au Parlement et approuvé par une loi avant le 5 février 1996. Les régions, de même que les autres collectivités territoriales et leurs groupements sont *associés* à l'élaboration du projet de schéma national ainsi qu'à celle des projets de schémas sectoriels qui complètent le schéma national en précisant ses orientations concernant l'enseignement supérieur, la recherche, les équipements culturels ainsi que les infrastructures relatives aux différents modes de transports et de télécommunications. L'association est organisée dans le cadre du nouveau *conseil national de l'aménagement et du développement du territoire*, présidé par le Premier ministre (*ibid.,* art. 3). Sa compétence consultative est très large à l'égard des projets de schémas, mais aussi de la mise en œuvre de la politique d'aménagement du territoire par l'État, les collectivités territoriales et l'Union européenne. Il peut également formuler des *suggestions* et est associé à l'*évaluation et au réexamen* du schéma national prévu tous les cinq ans, selon la même procédure que celle suivie pour son élaboration (*ibid.*, art. 3-II et art. 2 al. 6).

À côté du schéma national, les *schémas régionaux d'aménagement et de développement* du territoire expriment les orientations fondamentales en matière d'environnement, de développement durable des grandes infrastructures de transport, de grands équipements et de services d'intérêt régional (*ibid.,* art. 6 al. 1).

L'élaboration de ces schémas régionaux associe les départements, les communes chefs-lieux de département ou d'arrondissement, les communes de plus de 20 000 habitants et les groupements de communes compétents en matière d'aménagement ou d'urbanisme. L'adoption motivée par le conseil régional intervient après mise à disposition au public pendant deux mois du projet, assorti des avis des conseils généraux des départements concernés, et de celui du conseil économique et social régional.

Une *conférence régionale de l'aménagement et du développement du territoire* est créée dans chaque région, composée de représentants de l'État, des exécutifs de la région, des départements, des communes et groupements de communes compétents en matière d'aménagement et d'urbanisme ainsi que du président du conseil économique et social régional. Coprésidée par le préfet de région et le président du conseil régional, elle est consultée sur les schémas régionaux ou interdépartementaux qui concernent les services publics ou les services privés participant à une mission de service public, et se réunit au moins une fois par an pour examiner les conditions de mise en œuvre du schéma régional, lui-même soumis à évaluation et réexamen tous les cinq ans.

Plan régional et schéma régional sont complémentaires, puisque le plan régional arrête en matière d'aménagement et de développement du territoire les priorités à mettre en œuvre pour la réalisation du schéma régional pour une durée de cinq ans. En conséquence aussi, les *contrats de plan État-région* tiennent compte des orientations retenues par le schéma régional, qui doit lui-même prendre en compte les orientations du schéma national, de même que les projets d'investissements de l'État et des collectivités territoriales et établissements publics ayant une incidence sur l'aménagement du territoire. Ces projets d'investissements peuvent aussi être prévus dans le cadre des *chartes intercommunales*. L'ensemble des procédures de programmations et de prévisions offre ainsi une garantie de cohérence indispensable.

La région est par ailleurs consultée précisément sur l'élaboration des chartes inter-communales de développement intéressant des agglomérations de plus de 10 000 habitants ou des ensembles de communes situées dans plusieurs départements. Le périmètre est alors arrêté par le préfet de région, après avis du conseil régional et des conseils municipaux intéressés.

En liaison avec la politique d'aménagement du territoire, l'*aménagement touristique* devient, à sa demande, une compétence de la région (art. 33 de la loi du 7 janvier 1983). L'institution par la loi de *comités régionaux du tourisme*, à raison d'un comité par région, permet d'organiser une décentralisation des décisions. Le comité régional élabore en effet un *schéma régional de développement du tourisme et des loisirs*, soumis au conseil économique et social régional et aux comités départementaux pour avis. Le schéma est approuvé par le conseil régional qui peut élargir la mission du comité en lui confiant « tout ou partie de la mise en œuvre de la politique du tourisme de la région ».

Enfin, c'est à la région que revient l'initiative de transformer en parcs naturels régionaux les zones faisant l'objet d'une charte, mais constituant des territoires à l'équilibre fragile et au riche patrimoine naturel et culturel.

b) *En matière d'urbanisme*

La région peut proposer l'élaboration de prescriptions particulières à son territoire. Elle est consultée lors de l'élaboration des lois et des décrets d'application. En ce qui concerne les principaux documents d'urbanisme, la région est associée à sa demande à l'élaboration des schémas directeurs et des plans d'occupation des sols des communes, ou des groupements de communes. Cette association entraîne consulta-tion sur les projets et communication des textes arrêtés.

La région peut avoir établi un projet d'intérêt général propre à la région que les documents établis par les communes doivent respecter. À cet égard, les interventions de la région présentent le même fondement et les mêmes modalités que ceux du département en la matière.

Au-delà de l'urbanisme, en ce qui concerne la sauvegarde du patrimoine et des sites, la région joue un rôle important. L'institution auprès du préfet de région d'un **collège du patrimoine et des sites** lui assure l'assistance technique prévue par la loi (art. 70 de la loi du 7 janvier 1983), en formant un groupe d'experts à vocation consul-tative. Ce collège intervient dans la procédure de création des *zones de protection du patrimoine architectural et urbain* : ZPPAU prévues par un décret du 25 avril 1984.

La mise à l'étude du projet est décidée par le conseil municipal concerné, ou par le préfet de région si le projet intéresse plusieurs communes. Dans le premier cas, la conduite de l'étude est assurée par un architecte placé sous l'autorité du maire, et avec l'assistance de l'architecte des Bâtiments de France. Dans le second cas, le projet est préparé sous l'autorité du préfet de département, assisté de l'architecte des Bâtiments de France, et en liaison avec le ou les maires des communes concernées.

Le projet établi est soumis pour avis au conseils municipaux avant d'être transmis au préfet de département, qui le soumet à enquête publique avant de l'adresser à son tour au préfet de région[60] avec son avis et les conclusions du commissaire enquêteur.

---

60. L'article 5 du décret du 25 avril 1984 permet au ministre chargé de l'urbanisme d'évoquer le dossier à ce moment du transfert au préfet de région, sans modification de la suite des opérations. Cette évocation est discrétionnaire et peut être demandée par le ministre de la Culture. La zone est alors créée par arrêté conjoint des deux ministres.

Le préfet de région consulte alors le collège régional du patrimoine et des sites avant d'arrêter la ZPPAU, qui crée sur le territoire qu'elle couvre, des *servitudes d'utilité publique* (art. L. 126-1 du Code de l'urbanisme), et qui doivent en conséquence figurer en annexe du POS, s'il en a été établi un. Leur respect est assuré de façon originale et donne à nouveau une compétence spéciale au collège régional.

En effet, comme dans les autres zones de protection des monuments historiques ou des quartiers anciens, les travaux de construction, de démolition, de déboisement, de transformation et de modification de l'aspect des immeubles, sont soumis à une *autorisation*, qui ne peut être délivrée que sur avis conforme de l'architecte des Bâtiments de France (ABF). Mais alors que dans les autres zones, la décision de l'ABF est sans appel, il est prévu pour les ZPPAU qu'*en cas de désaccord* entre le maire ou l'autorité compétente pour délivrer l'autorisation, avec l'avis de l'ABF, il est possible de faire *appel au préfet de région* pour trancher. Dans ce cas, le préfet de région saisit le collège régional du patrimoine et des sites qui émet un avis qui se substitue à celui de l'ABF (art. 71 de la loi du 7 janvier 1983).

Par ailleurs, la région est consultée sur les *schémas de mise en valeur de la mer* élaborés par l'État. Dans le cadre de la loi n° 86-2 du 3 janvier 1986[61], complétée par l'article 7 de la loi n° 95-115 du 4 février 1995, les conseils régionaux peuvent désormais coordonner leur politique du littoral, en élaborant un *schéma interrégional du littoral*. Ce schéma veille à la cohérence des projets d'équipements et des actions de l'État et des collectivités territoriales qui ont une incidence sur l'aménagement ou la protection du littoral. Il respecte les orientations du schéma national et celles des schémas régionaux d'aménagement et de développement du territoire.

De la même façon, dans le cadre de la loi n° 85-30 du 9 janvier 1985 relative au développement et à la protection de la montagne[62], modifiée et complétée par l'article 8 de la loi du 4 février 1995, les conseils régionaux peuvent élaborer et approuver conjointement un *schéma interrégional d'aménagement et de développement de massif*. Les comités de massif mis en place par la «loi Montagne» doivent donner leur avis et proposer éventuellement des modifications au projet. Les nouveaux schémas interrégionaux formalisent de véritables politiques interrégionales, qui s'inscrivent dans les orientations définies par la loi d'orientation, d'aménagement et de développement du territoire, ainsi que par le schéma national qu'elle institue. Les schémas régionaux doivent tenir compte des orientations du schéma interrégional de massif qui intéresse par définition, un massif s'étendant sur plusieurs régions. Mais deux massifs peuvent également donner lieu, dans les mêmes conditions, à un schéma interrégional de massifs (art. 9*bis* modifié de la loi du 9 janvier 1985).

Tous ces schémas peuvent être le support de projets d'intérêts généraux qui s'imposent aux documents d'urbanisme.

c) *En matière de logement*

Ici, le rôle de la région illustre parfaitement sa vocation d'**harmonisation locale**.

Dans ce domaine, là encore éclaté entre les différentes collectivités territoriales, l'article 76 de la loi du 7 janvier 1983 prévoit que les communes, les départements et

---

61. *Cf.* Loi n° 86-2 du 3 janvier 1986 relative à l'aménagement, la protection et la mise en valeur du littoral, *cf.* Ph. GODFRIN, *AJDA*, 1986, p. 359.
62. *Cf.* F. BOUYSSON, «L'urbanisme dans la loi Montagne», *Droit et Ville*, 1987, n° 24, p. 239.

les régions définissent dans le cadre de leurs compétences respectives, leurs *priorités* en matière d'habitat.

La région, pour sa part, et dans le cadre de ses compétences de promotion du développement économique et social et de l'aménagement du territoire, définit *ses priorités* en matière d'habitat. Mais elle ne le fait qu'après consultation des départements, et au vu des programmes locaux qui lui sont adressés par les communes ou les établissements publics de coopération intercommunale (art. 77). Le programme régional des priorités assure ainsi la coordination des politiques locales de l'habitat.

Si le niveau auquel sont attribuées les aides en faveur du logement demeure celui de l'État (*ibid.*, art. 80), la loi reconnaît le rôle d'intermédiaire financier à la région, et modifie le régime de répartition des aides de l'État. La répartition est réalisée par la loi de finances annuelle entre les opérations d'intérêt national, et les interventions locales. Le cadre régional en assure l'exécution. C'est le *préfet de région* qui répartit les crédits de l'État entre les départements, après consultation du conseil régional, et en tenant compte des priorités régionales.

La collectivité régionale peut ensuite *compléter les aides de l'État* par des *aides-relais*, en accordant des subventions, des prêts, des bonifications d'intérêt ou des garanties d'emprunt.

L'article 77 de la loi stipule en outre que, pour faciliter la réalisation des opérations d'habitat à caractère essentiellement social, la région peut également accorder ses subventions aux départements et aux communes, pour l'acquisition et l'aménagement des *terrains à bâtir*. Elle peut engager seule, ou par voie contractuelle notamment avec l'État, un programme d'aides destinées à favoriser la qualité de l'habitat, l'amélioration des quartiers ou logements existants, l'équipement de terrains à bâtir, l'innovation, les économies d'énergie et l'utilisation des énergies renouvelables.

d) *En matière de formation professionnelle et d'apprentissage*

Ici, la décentralisation nouvelle en la matière profite essentiellement à la région, qui dispose en outre d'une large compétence en matière d'enseignement, et dans les domaines de la recherche et de l'action culturelle.

L'article 82 de la loi du 7 janvier 1983 aménage un **régime de coresponsabilité de l'État et de la région**, l'État n'ayant qu'une compétence d'attribution dans quatre domaines précis, intéressant la *formation professionnelle et l'apprentissage*.

1. L'État est initialement compétent pour définir le cadre législatif et réglementaire de la politique développée en ce domaine. Un décret n° 83-423 du 30 mai 1983 est intervenu pour adapter les dispositions pertinentes du Code du travail à la régionalisation opérée par la réforme, elle-même étendue par la loi n° 93-1313 du 20 décembre 1993[63]. De même, l'État demeure seul habilité à effectuer les contrôles relatifs à l'utilisation de la participation obligatoire des employeurs au financement de la formation professionnelle continue et de la taxe professionnelle, sous réserve des contrôles financiers exercés par les régions sur les centres de formation d'apprentis (CFA) qu'elles conventionnent.

2. L'État est compétent pour organiser des actions de portée générale intéressant l'apprentissage et la formation professionnelle continue dans un cadre plus large que la région, qu'il

---

63. Loi n° 93-1313 du 20 décembre 1993 relative au travail, à l'emploi et à la formation professionnelle, *JO* du 21 décembre 1993, p. 17769 à 17786.

s'agisse de stages assurés par un même organisme dans plusieurs régions, ou de formations destinées à des apprentis ou à des stagiaires sans considération d'origine régionale. Toutefois, à partir du 21 décembre 1998[64], l'État perdra toute compétence sur l'*ensemble de la formation professionnelle des jeunes de moins de 26 ans* (*ibid.*, art. 49). Ne sont pas visées les actions spécifiques de formation de groupes sociaux particuliers relevant de la solidarité nationale, détenus ou réfugiés, ou formations assurées à certains handicapés.

3. L'État est encore compétent pour organiser des stages ou des actions correspondant à des *programmes prioritaires*, variables d'une année sur l'autre, sauf à partir du 21 décembre 1998, en ce qui concerne les actions de ce type réservées aux jeunes de moins de 26 ans et destinées à leur permettre d'acquérir une qualification (art. 82-II de la loi du 7 janvier 1983 modifié).

4. Enfin, l'État est compétent pour assurer la *coordination* de l'ensemble des formations. À cet effet, le Premier ministre préside un *comité national de coordination des programmes régionaux* d'apprentissage et de formation professionnelle continue[65], composé pour un tiers, de représentants de l'État, pour un tiers, de représentants élus par les conseil régionaux et pour un tiers, des représentants des organisations syndicales et professionnelles. Ce comité, spécialement chargé de veiller à la cohérence et à l'efficacité des actions entreprises par l'État et par les régions, est désormais chargé d'évaluer les politiques régionales d'apprentissage et de formation professionnelle initiale et continue (*ibid.*, art. 84 modifié). Le comité est assisté dans cette tâche par des experts nommés par arrêté interministériel et s'appuie sur les évaluations réalisées par les *comités régionaux* institués dans chaque région. Enfin, il recommande les mesures propres à améliorer les résultats des politiques régionales et à assurer cohérence et complémentarité des politiques régionales entre elles, et avec les actions menées par l'État. Cette coordination tend à assurer une égalité des chances[66] d'accès à l'apprentissage et à la formation professionnelle continue, pour tous les intéressés, quelle que soit la région concernée. Enfin, le comité publie tous les trois ans un *rapport* sur son activité, transmis au Parlement, au conseil national de la formation professionnelle, de la promotion sociale et de l'emploi, aux conseils régionaux et aux comités régionaux de la formation professionnelle, de la promotion sociale et de l'emploi.

À côté du rôle limité de l'État encore restreint par la décentralisation de la formation professionnelle continue des jeunes opérée par le chapitre I titre III de la loi du 20 décembre 1993, la région reçoit une compétence générale (*ibid.*, art. 82). En effet, elle se substitue à l'État dans ses responsabilités concernant trois types d'action :

1. *La création des centres de formation d'apprentis.* Ces centres sont créés par convention entre la région et les personnes physiques ou morales, publiques ou privées, après avis obligatoire du comité régional de la formation professionnelle, de la promotion sociale et de l'emploi[67]. Cet avis porte notamment sur les garanties présentées par le projet et sur son intérêt eu égard aux besoins dans la zone d'action considérée. L'article 83 de la loi du 7 janvier 1983 précise qu'une demande de convention doit donner lieu à une décision dans les six mois, et que toute décision de refus ou de dénonciation doit être dûment motivée. Un régime transitoire a reconduit

---

64. C'est-à-dire à l'issue d'une période de 5 ans à compter de la publication de la loi n° 93-1313 du 20 décembre 1993, publiée le 21 décembre 1993.

65. Voir décret n° 83-860 du 27 décembre 1983, *JO* du 29 septembre 1983.

66. Il est intéressant de noter que les principaux prétendants à l'Élysée ont fait une place importante dans leur campagne en 1995 au thème de l'égalité des chances et à la revalorisation effective de l'enseignement technique et professionnel. *Cf. Le Figaro* des samedi 9 et dimanche 10 avril 1995, p. 1 et 11.

67. Décret n° 84-581 du 9 juillet 1984, *JO* du 11 juillet 1984 et décret n° 85-582 du 9 juillet 1984, *JO* du 11 juillet 1984.

les conventions en cours jusque fin mai 1985 et poursuivies par la région substituée à l'État depuis le 1er juin 1983.

De plus, *les plans régionaux de développement des formations professionnelles des jeunes* remplacent, dans la nouvelle rédaction de la loi du 20 décembre 1993 les programmes régionaux d'apprentissage et de formation continue prévus par l'article 83 de la loi du 7 janvier 1983. Le nouveau plan régional de développement a pour objet la programmation à moyen terme des réponses aux besoins de formation dans le but de permettre un développement cohérent des filières de formation et de prendre en compte les réalités économiques régionales et les besoins des jeunes, de manière à leur assurer les meilleures chances d'accès à l'emploi.

Le plan doit prendre en compte les orientations et les priorités définies par les *contrats d'objectifs* annuels ou pluriannuels, par lesquels l'État, la région et une ou plusieurs organisations socio-professionnelles, peuvent fixer des objectifs de développement, coordonner des formations, et notamment des formations alternées.

Le plan tient compte des dispositions relatives à la formation professionnelle qui figurent au *schéma prévisionnel de formation des collèges, des lycées*, des établissements d'éducation spéciale, des écoles de formation maritime et aquacole et des établissements d'enseignement agricole, de même qu'il tient compte du *schéma prévisionnel national des formations de l'enseignement agricole*.

Le plan régional de développement des formations professionnelles est *élaboré par le conseil régional*, en concertation avec l'État, après une large consultation préalable de tous les intéressés : conseils généraux, conseil économique et social régional, conseil académique de l'éducation nationale, comité régional de l'enseignement agricole, sans oublier les organisations d'employeurs et de salariés au niveau régional, les chambres de commerce et d'industrie, les chambres de métiers et les chambres d'agriculture au niveau régional. Il n'est approuvé par le conseil régional, qu'après consultation du préfet de région et des autorités académiques, des partenaires économiques et sociaux de la région et du conseil économique et social régional.

Ce nouveau plan est un instrument privilégié de politique concertée pour l'ensemble des filières de formation préparant à l'emploi. Il donne lieu à des *conventions annuelles d'application* qui précisent pour l'État et pour la région la programmation et les financements des formations.

2. *La formation professionnelle continue des jeunes de moins de vingt-six ans*, ce qui recouvre deux types de transferts opérés par la loi quinquennale du 20 décembre 1993. D'une part, la région reçoit compétence pour organiser les actions de formation professionnelle continue, financées jusque-là par l'État, au titre des *orientations prioritaires*, lorsque ces actions visent la qualification de jeunes de moins de vingt-six ans. D'autre part, et à compter du 21 décembre 1998, la région aura compétence pour l'ensemble de la formation professionnelle continue des jeunes de moins de vingt-six ans, et disposera de toutes les compétences précédemment exercées par l'État sur le réseau d'accueil, d'information, d'orientation et de suivi des jeunes. Pendant la période transitoire de cinq ans précédant ce transfert définitif à la région, la région peut mettre en œuvre des stages par convention avec le représentant de l'État. Ces conventions prévoient le montant des ressources attribuées par l'État.

Ces nouveaux transferts de compétences s'accompagnent du *transfert aux régions des ressources nécessaires* pour couvrir, premièrement, le coût de fonctionnement des heures de formation et les frais de personnels ; deuxièmement, la rémunération des stagiaires ; et troisièmement, les coûts de gestion des conventions.

Tableau des dépenses transférées aux régions[68] (en millions de francs)

	1990	1991	1992	1993*	1994*
Dépenses de formation professionnelle continue et apprentissage	5 695	6 314	6 997	7 274	7 704
	(+ 17,7 %)	(+ 10,9 %)	(+ 10,8 %)	(+ 1,5 %)	(+ 6,7 %)
Fonctionnement	5 112	5 474	6 052	6 470	6 915
Investissement	583	840	945	804	789

* Montants et croissances obtenus à partir des budgets primitifs (comptes administratifs pour les années précédentes).

Dans le contexte actuel de crise économique et sociale, la décentralisation régionale répond de façon réaliste à la nécessité d'un meilleur ajustement des décisions aux besoins.

En *matière d'enseignement public secondaire*, la région est chargée d'une part, des *lycées* et établissements d'éducation spéciale (art. 14-III de la loi du 22 juillet 1983 modifiée par celle du 25 janvier 1985) et d'autre part, de l'élaboration du *schéma prévisionnel des formations* de ces établissements et des collèges et plus largement de tous les établissements d'enseignement secondaire dont sont désormais chargés les départements et les régions (*ibid.,* art. 13-II). Ce schéma doit obtenir l'accord des départements concernés et respecter les orientations du plan régional. Les représentants des établissements privés sous contrat sont associés à l'élaboration du schéma[69].

En application de ce schéma, le conseil régional établit ensuite le *programme prévisionnel des investissements* (*ibid.,* art. 13-III al. 3) relatifs aux établissements dont il a la charge, le conseil général établissant pour sa part celui des collèges. Ce programme doit recevoir l'accord des collectivités concernées pour les établissements situés sur leur territoire.

Pour les établissements dont elle a désormais la charge, la région « en assure la construction, la reconstruction, l'extension, les grosses réparations, l'équipement et le fonctionnement » comme le font les communes pour les écoles et les départements pour les collèges. Le conseil régional définit à la fois leur localisation, leur capacité d'accueil et le mode d'hébergement.

Cette charge exclut les dépenses pédagogiques à charge de l'État et les dépenses de personnels. Par contre, elle englobe les lycées agricoles et établissements de même niveau, les écoles de formation maritime et aquacole ainsi que les établissements d'enseignement technique maritime[70]. La région est propriétaire des locaux qu'elle construit, elle en assume toutes les responsabilités, sauf transfert éventuel à une commune qui le demande (*ibid.,* art. 14-III *bis* et VII *ter*).

Selon l'article 24-II nouveau de la loi, un *partage des dépenses de fonctionnement* intervient, soit lorsque 10 % au moins des élèves résident dans une autre région (5 % s'il s'agit d'un lycée d'enseignement professionnel), soit lorsque le même établissement est à la fois collège et lycée. La participation aux charges est établie par convention entre les régions intéressées dans le premier cas, entre département et région dans le second.

---

68. *Source :* Direction générale des collectivités locales.
69. Loi n° 94-51 du 21 janvier 1994, *JO* du 22 janvier 1994, p. 1152.
70. Circulaire du 18 juin 1985, *JO* du 12 juillet 1985.

Mais ce sont les dépenses d'investissements qui sont les plus lourdes, l'état de délabrement des lycées ayant obligé les élus régionaux à faire face à des dépenses de *rénovation* plus lourdes que prévu.

Tableau des dépenses transférées aux régions[71] (en millions de francs)

	1990	1991	1992	1993*	1994*
Dépenses totales pour les lycées	15 964 (+ 29,9 %)	19 101 (+ 19,6 %)	19 775 (+ 3,5 %)	18 576 (− 2,9 %)	19 444 (+ 4,7 %)
Fonctionnement	3 400	3 650	3 913	4 121	4 360
Investissement	12 564	15 451	15 862	14 455	15 084

* Montants et croissances obtenus à partir des budgets primitifs (comptes administratifs pour les années précédentes).

En contrepartie, pour exercer ses nouvelles compétences, la région bénéficie d'une dotation spéciale émanant du budget.

En matière d'*enseignement supérieur*, l'État conserve l'essentiel des compétences. L'article 13-V de la loi du 22 juillet 1983 prévoit seulement que les différentes collectivités locales concernées doivent être consultées par l'État au sujet de l'implantation et des aménagements des établissements.

> La région peut toutefois se voir confier par l'État la *maîtrise d'ouvrage*, de construction ou d'extension d'établissements d'enseignement supérieur, dans le cadre d'une convention prévoyant le lieu d'implantation des constructions, leur programme technique, ainsi que les engagements financiers des parties.
>
> Le *Plan « Université 2000 »* va encore plus loin. Au terme de deux années de réflexion et de négociations entre l'État et les régions, le CIAT (Comité interministériel de l'administration territoriale)[72] a approuvé ce plan le 29 janvier 1992. Il sollicite fortement *les budgets régionaux*. L'enseignement supérieur reste, dans le cadre du Plan, de la compétence de l'État, mais celui-ci sollicite ses partenaires obligés que sont les collectivités locales, en leur consentant en contrepartie une *association au choix des types d'établissements et de filières*. Les régions ont largement contribué à la maturation du Plan, et leur contribution financière a parfois dépassé celle de l'État (Rhône-Alpes, Île-de-France, Corse, Midi-Pyrénées). Pour une enveloppe globale de 31 milliards de francs, les collectivités locales se sont engagées à elles seules à hauteur de 16,5 milliards contre 14,5 pour l'État. Les régions qui ont le plus contribué aux opérations de ce plan ont traduit leurs exigences dans des conventions passées avec l'État.

Par ailleurs, la région est consultée sur les aspects régionaux de la *carte des formations supérieures et de la recherche* (*ibid.,* art. 13-VI). Cette carte tient compte de l'ensemble des besoins de formation aux termes de la loi du 25 janvier 1985.

Plus largement, à l'égard de la *recherche et du développement technologique,* la région a reçu des compétences mentionnées par la loi n° 82-610 du 15 juillet 1982[73] dite loi d'orientation et de programmation pour la recherche et le développement technologique de la France. Ces attributions ont été reconduites par la loi n° 85-1376 du 23 décembre 1985 relative à la recherche et au développement technologique.

---

71. *Source :* Direction générale des collectivités locales.

72. Pour rappel, il a été remplacé par le comité interministériel pour la réforme de l'État par le décret n° 95-1007 du 13 septembre 1995, *JO* du 14 septembre 1995, p. 13558.

73. Voir loi n° 82-610 du 15 juillet 1982, *JO* du 16 juillet 1982 et décret n° 83-1174 du 27 décembre 1983, *JO* du 29 décembre 1983.

Dans ce domaine, la région est associée à l'élaboration de la politique nationale et participe à sa mise en œuvre.

À ce titre, elle veille à la diffusion et au **développement des nouvelles technologies**, à la formation et à l'information scientifique et technique des technologies existantes, au décloisonnement de la recherche, et à son intégration dans le développement économique, social et culturel régional.

De plus, elle définit et développe des pôles technologiques régionaux dans le cadre de la planification, et des plans de localisation des établissements. Elle est dotée d'un comité consultatif de recherche et de développement technologique et peut déterminer des *programmes* pluri-annuels d'intérêt régional, après avis de ce comité compétent également en ce qui concerne la répartition et l'emploi des crédits publics de recherche. La région peut conclure des conventions pour la mise en œuvre des programmes. Ces conventions peuvent être passées avec l'État, mais aussi avec les organismes de recherche publics ou privés, les centres techniques, ou les entreprises, ou les établissements d'enseignement supérieur (universités).

La région peut encore engager un programme de recherche interrégional par conventions avec d'autres régions.

Les actions régionales devront respecter désormais le nouveau *schéma de l'enseignement supérieur et de la recherche* mis en place par l'article 11 de la loi n° 95-115 du 4 février 1995 d'orientation pour l'aménagement et le développement du territoire. Ce schéma vise à organiser une répartition équilibrée des établissements d'enseignement supérieur sur le territoire national, et programme la création d'*universités thématiques* destinées à se développer dans des villes moyennes, éventuellement insérées dans des réseaux de villes. Cette création nouvelle est prévue pour être réalisée avant 1998. Les autres structures universitaires pourront accueillir pour leur part, des unités de formation et de recherche, ainsi que des départements, laboratoires et centres de recherche délocalisés d'une université (*ibid., art.* 12).

Dans le prolongement de ses responsabilités et au titre de l'*action culturelle régionale*, la région peut, comme les autres catégories de collectivités territoriales vis-à-vis des établissements dont elles ont la charge, utiliser les bâtiments scolaires qui lui incombent, pour organiser des *activités éducatives, sportives et culturelles complémentaires*, pendant les heures d'ouverture avec l'accord des conseils et autorités responsables. Des conventions sont alors passées avec l'établissement concerné. Il en est de même si les initiatives de la région intéressent les heures où les locaux scolaires sont inutilisés par les activités d'enseignement.

La région peut encore ouvrir des *établissements d'enseignement artistique* dans les mêmes conditions que les départements et les communes.

Par ailleurs, certaines dispositions de la loi n° 82-652 du 29 juillet 1982[74] prévoient une *régionalisation de la communication audiovisuelle* en créant dans chaque région un *comité régional* (chap. IV titre II art. 29 de la loi) de la communication audiovisuelle. La loi précise que ce comité dispose des crédits qui lui sont nécessaires. Les comités prévus n'ont jamais vu le jour, et ils ont été remplacés dans le cadre de l'article 8 de la loi du 6 janvier 1986 par la mise en place au sein des comités économiques et sociaux[75] régionaux, d'une *section spéciale* compétente en la

---

74. *Cf.* S. RÉGOURD, « Le droit de la communication audiovisuelle après la loi du 19 juillet 1982 », *Actualités législatives*, Dalloz, 1983, p. 23, et « La décentralisation et le système audiovisuel français », *in AJDA*, 1985, p. 515 à 527.

75. Devenus « conseils » par la loi du 6 février 1992.

matière. Ces sections ont été supprimées à leur tour par la loi du 16 août 1986 portant certaines dispositions relatives aux collectivités territoriales.

De plus, la loi du 29 juillet 1982 dispose que le gouvernement autorise la création de *sociétés régionales de radiodiffusion sonore*, et l'article 51 programmait la création en quatre ans de douze *sociétés régionales de télévision* chargées de la conception et de la programmation des œuvres et documents audiovisuels du service public de la télévision. Les régions pouvaient acquérir des actions des sociétés régionales de radiodiffusion ou de télévision, sans pouvoir toutefois y être majoritaires, et au même titre que toute autre collectivité territoriale ou établissement public.

> Là encore, les prévisions ont été peu suivies, les projets abandonnés. Dans différentes villes, des fonds d'aide à la production et à la création audiovisuelles se sont mis en place : à Lille, Bordeaux, Montpellier, Lyon. La plupart des conseils régionaux ont entrepris une politique d'aide à travers leur service culturel. En réalité, la *déconcentration fonctionnelle* des stations France 3 ou Radio-France, a relayé les tentatives avortées de décentralisation, en même temps que les directions régionales des affaires culturelles (DRAC) ont tenté d'offrir depuis 1984 des aides aux réalisations de fictions et de documentaires. Un rapport établi en 1991[76] signale que beaucoup de producteurs en région ignorent les aides auxquelles ils ont droit et que le déséquilibre entre producteurs et diffuseurs constitue un obstacle majeur au développement de la régionalisation audiovisuelle.

e) *En matière de transports*

La loi du 10 décembre 1982, dite loi d'orientation des transports intérieurs, confère à la région des attributions en matière de transports de voyageurs, qu'il s'agisse de transports routiers ou de transports ferroviaires, ou encore des transports fluviaux et aériens.

En ce qui concerne les **transports routiers**, l'article 29 de la loi charge le conseil régional d'établir un plan régional des services réguliers non urbains d'intérêt régional, après avis des conseils généraux et des autorités compétentes pour l'organisation des transports urbains. Les services d'intérêt régional font l'objet de conventions à durée déterminée passées entre la région, les départements concernés et le transporteur.

En outre, le conseil régional est consulté de même que les conseils généraux sur les conventions passées entre l'État et le transporteur à l'égard des services réguliers non urbains d'intérêt national.

S'agissant du *transport routier de marchandises*, les collectivités publiques, dont la région, peuvent favoriser les initiatives de *coopération* prises par les entreprises et contribuer à la promotion des technologies ou équipements améliorant le système de transport.

En ce qui concerne les **transports ferroviaires**, l'association des régions à l'organisation des services n'est pas sans suggérer l'arrière-pensée de les faire participer au déficit de certaines lignes[77]. L'article 22-1 précise en premier lieu que le conseil régional inscrit au plan régional des transports l'organisation des liaisons ferroviaires

---

76. Étude sur «La production audiovisuelle et documentaire en régions françaises», menée par le ministère de la Culture et de la Communication, le CNC, Médialto et La Bande à Lumière. Commentaire *in* article *Le Point*, 14 mai 1992, p. 16 et 17.

77. Le problème du déficit d'exploitation est commun à tous les types de transport en commun (voir plus haut).

qu'il estime d'intérêt régional, après avis des conseils généraux et des autorités compétentes pour l'organisation des transports urbains.

Le conseil régional, qui établit ce plan régional des transports, doit aussi le tenir à jour et l'appliquer en passant des conventions avec la SNCF[78]. La région est consultée sur les modifications de la consistance générale des services assurés dans son ressort par la SNCF. Il en est de même pour toute ouverture ou fermeture de ligne, toute création ou suppression de points d'arrêts. Départements et communes concernés sont également consultés.

Mais l'association de la région peut être poussée plus avant, si elle prend elle-même l'initiative d'instituer une **commission consultative** auprès de chaque direction régionale de la SNCF. Dans ce cas, l'article 22-11 prévoit que la commission est consultée notamment sur les conséquences des activités de la SNCF sur la vie économique et sociale de la région, et qu'elle peut faire toutes suggestions utiles sur l'exercice et le développement de ces activités.

Dans le domaine des **transports aériens**, le nouvel article L. 330-3 du Code de l'aviation civile prévoit la *consultation des autorités régionales*, avant délivrance de l'autorisation administrative, exigée pour l'exercice de toute activité de transport aérien public. La région peut, comme toute autre collectivité territoriale intéressée, passer une convention avec l'entreprise exploitante, l'État, une chambre de commerce ou un établissement public concerné, afin de moduler les services en fonction des besoins. Cette convention s'étend par conséquent aux conditions de consistance et de fonctionnement des services.

Ainsi, **communes, départements et régions bénéficient d'une autonomie nouvelle dans tous les domaines de transferts de compétence, avec une accentuation très nette de leur vocation privilégiée, vocation d'urbanisme pour la commune, sociale pour le département, économique, culturelle et de formation professionnelle pour la région, résolument tournée vers l'avenir.**

Et pour accomplir avec plus d'efficacité cette démocratisation locale, la réforme multiplie les formules de dialogue et de contrats entre les collectivités territoriales elles-mêmes, ou entre elles et l'État, avec le souci constant de faire participer et de responsabiliser les partenaires en présence. Cette triple perspective d'**autonomie, de dialogue et de contrat** caractérise la décentralisation qui se met en place progressivement. Elle ne serait rien sans les *moyens* appropriés qui concrétisent sur le terrain pratique les principes et les règles affirmées dès 1982.

La redistribution des domaines de l'activité publique s'est en effet accompagnée de transferts de charges importants pour les budgets locaux qui doivent supporter le surcoût de la décentralisation et de la réforme.

Ce sont les moyens de la décentralisation qu'il nous faut examiner maintenant dans un titre II.

---

78. Voir décret n° 83-109 du 18 février 1983, *JO* du 19 février 1983.

Les moyens de la décentralisation

Pas de décentralisation possible sans moyens d'actions suffisants, pas de réforme possible pour accroître la décentralisation sans accroissement corrélatif des moyens. Les moyens de la démocratie locale comprennent aussi bien les moyens proprement **matériels**, finances, biens et services qui constituent l'intendance indispensable de toute administration, que les **moyens juridiques** qui assurent l'autorité et le degré d'autonomie des décisions.

Depuis le début du XXᵉ siècle, les uns et les autres ont toujours été jugés insuffisants par les élus locaux, et les gouvernements se sont généralement montrés très conservateurs sur ces problèmes, en particulier à l'égard de la crise quasi permanente des finances locales. Les raisons en sont complexes : difficultés techniques propres à toute modification du système fiscal, mais aussi opportunité politique et économique, l'augmentation des ressources locales signifiant à terme, soit une aggravation de la pression fiscale sur les contribuables, soit un transfert des ressources de l'État. La première voie est nécessairement limitée, la seconde suppose une politique réaliste et rigoureuse adaptée aux besoins. Quant aux revendications portant sur les moyens juridiques, elles n'ont trouvé aucune solution d'ensemble avant 1982, mais seulement des mesures partielles et conjoncturelles.

Si la réforme en cours a l'ambition d'accroître la décentralisation et de responsabiliser les collectivités territoriales en les traitant en adultes, encore faut-il que les moyens soient à la hauteur de l'ambition. Le premier moyen traditionnel est le regroupement des collectivités entre elles. Nous verrons dans un premier chapitre les formules renouvelées en partie par la réforme. Nous étudierons ensuite les moyens matériels, en distinguant les ressources traditionnelles modernisées par la réforme et les moyens nouveaux créés par elle. Enfin, nous consacrerons un troisième chapitre aux nouveaux moyens juridiques.

Chapitre 1

Le regroupement des collectivités décentralisées

L'étude de la décentralisation serait incomplète si l'on s'en tenait à une vision des collectivités locales séparées les unes des autres, chacune campant sur son territoire et gérant seule ses affaires, dans la limite de ses moyens.

En matière d'administration locale comme ailleurs, «l'union fait la force» et le bon sens autant que la nécessité ont conduit les collectivités à tisser entre elles un réseau de liens privilégiés à partir des besoins. La rationalisation économique et financière a permis d'organiser une *gestion commune des intérêts communs* à l'avantage des intéressés.

C'est au niveau de la commune que le problème du regroupement est le plus impérieux, mais c'est aussi à ce niveau que les formules proposées par le législateur ont eu le plus de mal à s'imposer. Nous verrons que les institutions intercommunales ont dû être modulées et adaptées davantage en fonction des contraintes psychologiques que des priorités économiques.

Aux autres niveaux de regroupements, du département ou de la région, les dimensions géographiques des collectivités facilitent les solutions qui ont pris récemment une ampleur nouvelle en s'ouvrant, soit aux différentes catégories de personnes publiques, soit aux institutions transfrontalières.

Section 1
Le regroupement communal

Nous examinerons en premier lieu les difficultés spécifiques du regroupement communal avant d'étudier la formule qui a le mieux réussi à s'implanter dans la réalité, c'est-à-dire la coopération intercommunale.

§ I. LES DIFFICULTÉS SPÉCIFIQUES

Elles apparaissent dès qu'on examine les données du problème, que celui-ci se pose en milieu rural ou en milieu urbain. L'étude des formules de fusion témoigne par ailleurs d'un échec relatif très significatif du particularisme communal.

A. Les données du problème

La carte communale française révèle un phénomène exceptionnel par son ampleur et par sa permanence : il s'agit de l'extraordinaire morcellement communal et des disparités démographiques qu'il entraîne.

a) *Le morcellement communal*

Ce morcellement est hérité des groupements naturels en paroisses de l'Ancien Régime : 44 000 communes en 1793, 38 000 en l'an VIII, après un effort sensible de regroupement, et malgré l'abandon d'une expérience intéressante, « unique dans notre histoire »[1], celle des municipalités cantonales instaurées par le Directoire et regroupant les communes de moins de 5 000 habitants. Et depuis l'an VIII, une stabilité remarquable, puisque le même nombre de 38 000 communes se retrouve en 1954 et que, malgré toutes les formules de restructuration proposées par la loi, l'émiettement communal demeure une constante de la vie locale avec 36 494 communes en 1982 et 36 763 au dernier recensement de 1990 pour une population de 58 073 553 habitants. Ce maintien du grand nombre traduit sans doute un **conservatisme** étroit à l'égard de la trame communale, mais il s'explique surtout par un **attachement** profond de la population française à cette division administrative de base. « L'esprit de clocher » n'est pas seulement une image, c'est une réalité affective et vivante.

Pourtant, et hors de tout sentimentalisme, à cette permanence du découpage communal, correspond une permanence des difficultés financières des communes. Pour créer et entretenir un minimum de services publics indispensables à toute vie sociale commune, il faut un minimum de ressources, donc un minimum d'habitants. Le seuil de viabilité est difficile à fixer. Pour certains économistes, il faut un minimum de 200 habitants, pour d'autres, la base s'élève à 1 000. Sans entrer dans le débat sur ce minimum vital[2], on peut constater que plus de 30 000 communes n'atteignent pas 1 000 habitants[3], ce qui représente plus de 80 % du nombre total des communes ; plus de 10 000 n'atteignent pas même les 200 habitants[4]. Par comparaison, 2 % seulement d'entre elles dépassent les 10 000 habitants et 38 villes seulement dépassent les 100 000 habitants.

Ce phénomène typiquement français n'a pas d'équivalent dans les autres États de l'Union européenne. Depuis la signature du traité de Rome en 1957, jusqu'en 1986, le décompte comparé des communes ou collectivités équivalentes dans les cinq autres pays de la *Communauté originaire* fait apparaître un total inférieur au nombre des communes françaises (v. p. suiv.).

En ajoutant à ce tableau les 358 bourgs-comtés ou bourgs municipaux de la Grande-Bretagne, entrée dans le Marché commun, on arrive à un total de 36 210, chiffre encore inférieur au nombre de communes françaises oscillant autour de 37 000 dans la même période de référence.

---

1. L'expression est de Pierre VILLARD, historien du droit, *cf. Histoire des Institutions publiques de la France de 1789 à nos jours*, Mémento Dalloz, p. 28.
2. Le problème a été débattu pour la première fois au sein de la Constituante et Maury avait proposé un seuil arithmétique de 250 habitants.
3. Très exactement 32 157 communes.
4. Très exactement 10 663 communes.

République fédérale d'Allemagne	24 156
Italie	8 031
Belgique	2 500
Pays-Bas	990
Luxembourg	175
Total	35 852

Le tableau de l'Europe des Douze[5] est non moins saisissant en remarquant que, même en Italie, où la décentralisation est très forte, on ne compte que 8 074 communes et que l'Allemagne qui est actuellement le pays le plus peuplé d'Europe du fait de son unification, n'en compte que 16 068 pour 80,6 millions d'habitants. Le total des communes dans les onze pays autres que la France n'est supérieur que de 3 978 par rapport au nombre des communes françaises. Jusqu'à l'unification de l'Allemagne, il lui était inférieur : 33 174 communes bien que le nombre d'États membres de l'Union européenne ait, à la date de référence, doublé par rapport à la communauté d'origine.

Allemagne unifiée	16 068
Belgique	596
Danemark	275
Espagne	8 027
Grèce	6 022
Irlande	84
Italie	8 074
Luxembourg	126
Pays-Bas	714
Portugal	275
Royaume-Uni	481
Total	40 742

C'est dire que nos voisins et partenaires européens ont choisi volontairement des politiques très différentes des nôtres à l'égard de leurs collectivités territoriales élémentaires, en cherchant à leur donner une taille suffisante pour pouvoir satisfaire les besoins de la population. Cette tendance manifeste se retrouve dans d'autres pays, notamment de façon topique, en Suède, qui a su faire face à l'exode rural, en réduisant le nombre de ses communes rurales dans des proportions importantes. De 2 292 en 1946, leur nombre est passé à 812 seulement en 1955, la Suède ne comptant plus à cette date que 1 037 collectivités locales y compris 137 villes et 92 bourgs-marchés. L'objectif gouvernemental est d'atteindre à terme le nombre total de 280. La Finlande a elle-même une organisation comparable à celle de la Suède. C'est dire que leur entrée dans l'Union européenne au 1er janvier 1995 en même temps que l'Autriche qui compte peu de communes n'a pas modifié ces proportions d'ensemble défavorables à la France.

Or, non seulement la France connaît le problème général de l'équilibrage de la taille des communes, mais il se trouve précisément aggravé par l'**exode rural** qui pousse la situation à la caricature, pour les communes réduites à quelques dizaines d'habitants, voire à quelques unités : 1 087 communes comptent moins de cinquante habitants.

---

5. *Source :* CCRE et OCDE en chiffres, édition 1994, et pour la France : recensement général de la population 1990.

Dans ces conditions, le moindre **équipement**, dans de nombreux cas, devient un problème quasi insurmontable. Il ne trouve que deux types de solutions possibles et également néfastes, qui se combinent en cumulant leurs effets négatifs, qu'il s'agisse d'un accroissement de la pression fiscale qui devient disproportionnée, et contrarie par ailleurs les efforts entrepris pour stabiliser la population attirée par la ville, ou qu'il s'agisse de l'aide massive de l'État ou du département qui compromet l'équilibre général du développement économique.

Deux techniques juridiques offrent cependant des moyens positifs pour résoudre la question, soit en supprimant l'exiguïté territoriale elle-même : il s'agit de **formules de fusion**, soit en remédiant à ses principaux inconvénients par une gestion élargie dans des formules de coopération déjà anciennes, comme les *syndicats de communes*, ou nouvelles et créées par la loi d'orientation du 6 février 1992 : *les communautés de communes* (art. 71).

Mais ce n'est pas seulement en milieu rural que le morcellement communal pose des problèmes.

b) *Le gigantisme urbain*

La croissance rapide des villes et l'attraction que les plus grandes exercent sur leur banlieue donnent aux limites communales, et pour des raisons inverses que celles de l'exode rural, un caractère tout aussi anachronique et malcommode. La juxtaposition d'agglomérations dans des périmètres relevant de communes différentes, la disproportion évidente entre la grande ville et les communes limitrophes réclament une structure de gestion adaptée aux besoins et aux ressources. Les intérêts communs créent en effet une réalité sociologique et économique homogène et continue : ce sont les mêmes besoins de transport, d'équipement et d'assainissement qui se ramifient et se prolongent de la ville à sa banlieue, sans solution de continuité. Dans ces conditions, l'osmose administrative est naturelle et le découpage ne peut constituer à l'inverse qu'un obstacle artificiel à la rationalisation des équipements et des moyens.

Sur le plan des **équipements**, si les communes suburbaines procèdent chacune pour son propre compte à ceux qu'elles estiment nécessaires à la satisfaction de leurs besoins, elles créeront immanquablement d'inutiles doubles emplois. Inversement, si la ville engage un programme d'investissements importants, intéressant les communes environnantes, il n'est pas normal qu'elle supporte seule la charge de leurs éventuels prolongements intra muros.

Sur le **plan financier**, le tracé communal aboutit à des **distorsions** insupportables entre les charges et les ressources de collectivités voisines. Pendant longtemps les charges de la ville, plus lourdes que celles des communes limitrophes étaient compensées par des recettes beaucoup plus importantes. La concentration des commerces et le volume des achats faits en partie par les habitants des banlieues procuraient des ressources considérables, grâce aux patentes et à la taxe locale sur le chiffre d'affaires. La banlieue dortoir, au contraire, ne pouvait compter que sur les impôts imposés aux ménages. D'où des impôts locaux très lourds et disproportionnés aux charges de ces communes.

La situation a tendance à s'inverser par l'effet de la réforme fiscale et de l'accroissement des charges de la ville. Mais dans les deux cas, qu'il s'agisse d'investissements ou de ressources, **il est utile qu'une gestion commune des intérêts communs soit organisée, pour éviter les gaspillages et pour rassembler les**

moyens. Jusqu'en 1992, deux techniques juridiques ont permis un regroupement adapté au tissu urbain : l'institution d'une communauté urbaine ou la création d'un district. Ces deux formules de coopération, parentes du syndicat intercommunal par l'esprit et par la forme d'établissement public, laissent la place ouverte aux formules de fusion également applicables. Elles ont été complétées par les nouvelles communautés de villes créées par la loi d'orientation du 6 février 1992 (art. 72).

Il nous faut donc examiner de plus près les différentes solutions proposées par le législateur, en notant qu'elles peuvent être classées et répertoriées à partir des deux idées-forces qui les ont inspirées : la fusion et la coopération.

B. Les formules de fusion

La loi du 5 avril 1884 envisageait déjà la fusion de 2 ou plusieurs communes. Mais ce n'est que depuis 1959 que les efforts politiques ont permis de faire avancer la question. Le régime actuel résulte de plusieurs textes permettant de dégager 3 procédures distinctes.

a) *Les procédures de fusion*

La première procédure est due au décret du 22 janvier 1959, qui prévoit que l'initiative de la fusion peut être prise soit par les conseils municipaux intéressés, soit par le préfet avec possibilité d'enquête et de consultation des conseils municipaux. En cas **d'accord unanime** et spontané, un arrêté préfectoral prononce la fusion. En cas de désaccord entre les communes, ou en cas de modification des limites du canton par l'effet de la fusion, le conseil général est consulté, et la fusion peut alors être prononcée par décret en Conseil d'État sur la proposition du ministre de l'Intérieur.

Ce régime qui autorise les **fusions autoritaires** sous certaines conditions porte atteinte indirectement à l'autonomie locale et permet de douter du même coup de la légalité du décret qui l'instaure. En pratique, le gouvernement s'est toujours refusé à procéder par voie autoritaire, en préférant s'orienter vers une politique de **persuasion et d'incitation**.

D'où les nouvelles procédures mises en place par la loi Marcellin n° 71-588 du 16 juillet 1971 qui innove sur deux points : en ouvrant une option entre deux types de fusions : la *fusion simple* ou la *fusion-association* (art. L. 112-1 du Code des communes), et en organisant une procédure permanente de droit commun, qui associe démocratiquement la population à la prise de décision.

Cette fois, l'**initiative** revient normalement aux **conseils municipaux**. S'ils optent pour la *fusion simple*, ils se prononcent sur une *convention* qui en détermine les modalités. Cette convention peut se borner à établir les caractères généraux de la nouvelle commune, tels que son nom ou son chef-lieu. Mais elle peut au contraire déterminer avec précision les effets de la fusion et les orientations générales de la politique de la nouvelle commune. Dans ce cas, elle organise la dévolution des biens des anciennes communes, de même que l'affectation des personnels, et l'organisation nouvelle des services. Dans certains cas, elle peut prévoir la création de *sections de communes et de mairies annexes*, ce qui maintient sur place la plupart des commodités antérieures, le contact avec la mairie se limitant aux actes d'état civil.

S'il s'agit d'une **fusion simple** en milieu urbain, le ministre de l'Intérieur considère que la convention peut aller jusqu'à prévoir les étapes de la réalisation du programme d'équipement et de modernisation. Il faut entendre par là aussi bien les améliorations des services intéressant l'ensemble des anciennes communes que les implantations précises d'équipements nouveaux.

Le préfet n'intervient que pour constater et authentifier l'accord des communes, en déterminant la date de ses effets, c'est-à-dire la date de la fusion.

Mais, ce qui est nouveau, c'est la **possibilité de consulter les populations** intéressées par voie de **référendum**. L'article 8 de la loi stipule qu'à la demande de la moitié des conseils municipaux des communes comptant les deux tiers de la population totale ou à la demande des deux tiers des conseils comptant la moitié de la population totale, ou sur décision du préfet, la population est consultée sur l'opportunité de la fusion. Les dépenses résultant de la consultation sont à la charge de l'État.

Le décret du 3 février 1972 fixe les modalités de la consultation organisée le même jour dans les communes concernées, les électeurs devant répondre par oui ou par non. Les résultats sont consignés dans un procès-verbal dont une copie est envoyée au préfet qui totalise les résultats, les proclame et les fait publier dans chaque commune.

La régularité des opérations peut être contestée devant le tribunal administratif par tout électeur participant à la consultation ainsi que par le préfet (art. L. 112-3 du Code des communes).

La fusion est prononcée par arrêté préfectoral, si elle est approuvée par la majorité absolue des voix représentant au moins le quart des électeurs inscrits dans l'ensemble des communes consultées. C'est cet arrêté préfectoral qui détermine la date d'effet de la fusion et en complète, en tant que de besoin, les modalités (*ibid.,* art. L. 112-5).

D'une certaine façon, cette procédure peut paraître coercitive puisque la majorité réglementaire peut vaincre la résistance d'une commune. Toutefois, cette contrainte est limitée. Si les deux tiers des électeurs inscrits, représentant au moins la moitié de la population d'une commune, s'opposent à la fusion, cette commune restera indépendante. Il y a là une garantie aussi originale que la procédure elle-même.

La fusion simple n'est pas toutefois la seule formule possible. La loi inaugure encore celle de la **fusion-association**, accordée de droit dès qu'un conseil municipal en fait la demande. Un accord général entre les communes intéressées par la fusion n'est pas nécessaire.

Le statut de commune associée peut être accordé à toutes les anciennes communes où n'est pas situé le chef-lieu de la nouvelle commune. Chaque commune associée conserve son **individualité** et bénéficie automatiquement d'un **sectionnement électoral**, sauf dans les communes de plus de 30 000 habitants. L'ancienne mairie devient de plein droit une **annexe** de la mairie principale. Tandis que le **maire délégué**, qui ne peut être en même temps maire de la nouvelle commune, remplit les fonctions d'officier d'état civil et d'officier de police judiciaire. Le maire délégué peut encore être chargé de l'exécution des lois et des règlements de police et recevoir les attributions qui sont celles d'un adjoint.

La commune associée peut conserver **son nom**, ce qui renforce l'attrait psychologique de la formule pour une population généralement très attachée à cette marque historique d'individualité.

Enfin, deux institutions permettent de participer activement à l'administration communale. D'autre part, il est créé une section du Centre communal d'action sociale, dotée de la personnalité morale et héritière des biens du centre de l'ancienne commune.

D'autre part, aux termes de l'article 66 de la loi n° 82-1169 du 31 décembre 1982, la convention de fusion peut prévoir l'organisation d'un **conseil consultatif**, présidé dans chaque commune associée par son maire délégué. Cet organe *nouveau*, à vocation *générale*, n'est obligatoire que pour les communes fusionnées comptant plus de 100 000 habitants. Son rôle est de concertation, de dialogue et de proposition. Il est chargé de veiller au bon fonctionnement des équipements et des services dans la commune associée, mais il peut se saisir de toute affaire intéressant la population ou le territoire de cette même commune, et proposer des solutions au maire.

Il faut remarquer que le législateur de 1971 avait ajouté à ces procédures normales un dispositif exceptionnel qui ne s'est pas maintenu, mais qui témoigne d'une tentative politique intéressante. Le principe en sera repris en 1992.

b) *Le projet de rationalisation de 1971*

Convaincu des avantages financiers et économiques de la fusion, le gouvernement avait en effet prévu une vaste opération de *restructuration* des communes, chaque département devant proposer un **plan départemental des solidarités communales**, élaboré par une commission présidée par le président du conseil général, et composée des maires et de conseillers généraux. Le plan comportait des propositions de fusion et des propositions visant les différentes formes de coopération intercommunale. La méthode ne laissait pas l'initiative aux conseils municipaux et permettait surtout de passer outre à leur désaccord, sous la double garantie de l'avis favorable du conseil général, et dans certains cas, d'un décret en Conseil d'État.

Cette procédure, appliquée systématiquement en 1972, se solda par un **échec** puisque sur 3 500 propositions de fusions, moins d'un quart furent réalisées. La solidarité a joué en effet entre les élus, et les conseils généraux ont rarement accepté de donner un avis favorable, en cas d'opposition des conseils municipaux.

Cette tentative de rationalisation a été abandonnée en même temps que toute forme de procédure autoritaire. Reste donc **à convaincre et à inciter** les communes à choisir d'elles-mêmes ou la fusion simple ou la fusion-association.

L'article 11 de la loi du 16 juillet 1971 prévoit ainsi une **majoration de 50 % des subventions d'équipement** attribuées par l'État. La durée d'application est de cinq ans à compter de la fusion, mais elle est plafonnée à 80 % de la dépense subventionnable déterminée lors de son agrément. Pour les communes de plus de 100 000 habitants, des dispositions imposent la localisation de l'équipement hors de la commune la plus peuplée avant la fusion (la ville), et prescrivent que l'opération doit intéresser les habitants des communes autres que la commune précédemment la plus peuplée. La majoration ne doit pas en effet procurer des avantages financiers disproportionnés avec l'intérêt de la fusion.

De plus, il est prévu une **intégration fiscale progressive** sur cinq ans des communes fusionnées, afin de réaliser un alignement des charges contributives. Les différences entre les taux d'imposition sont réduites d'un sixième chaque année, l'égalité fiscale devant être atteinte la sixième année avec une garantie spéciale au profit des contribuables les moins imposés avant la fusion.

En même temps, la loi complète ces mécanismes d'une **aide financière spéciale** de l'État qui accompagne pendant cinq ans et de façon dégressive l'intégration fiscale.

Enfin, lorsque la fusion-association conduit à conférer aux communes associées le statut d'arrondissement prévu par la loi du 31 décembre 1982[6], elles bénéficient d'une certaine autonomie financière, en particulier par l'attribution d'une dotation globale versée par la commune (art. 66).

---

6. Loi n° 82-1169 du 31 décembre 1982, *JO* du 1er janvier 1983, p. 3, rect. *JO* du 20 janvier, p. 379.

Il faut conclure sur la fusion, en soulignant les efforts constants des différents gouvernements pour rendre les formules attrayantes. Mais les particularismes locaux sont demeurés les plus forts et ont partout résisté.

Bien plus, il faut relever paradoxalement, que la conscience aiguë des difficultés liées au découpage communal n'a pas empêché *l'augmentation du nombre total des communes françaises*, plus particulièrement depuis la fin de l'application de la loi Marcellin en 1977. L'exécution des dispositions relatives aux modifications du territoire des communes permet notamment le détachement d'une section de commune ou d'une portion du territoire d'une commune, soit pour la rattacher à une autre commune, soit pour l'ériger en commune séparée (décret n° 88-419 du 22 avril 1988).

C'est ainsi qu'il y a eu 399 communes de plus en 1977 et 1978 et 53 de 1975 à 1985 par diffusion de communes. À titre d'exemple : l'arrêté du 20 octobre 1993[7] porte création de la commune de Pomsampère : 110 habitants ! par détachement de la commune de Berdoues : 366 habitants après détachement. Quand on remarque que les deux communes situées dans le Gers ne comptaient que 476 habitants du temps de leur union, on mesure l'importance des problèmes que ne peut manquer de poser ce genre de « divorce » qui n'est pourtant pas isolé[8].

Par contre, le principe d'une coopération intercommunale qui propose un fédéralisme municipal plus ou moins poussé a remporté un succès grandissant et significatif. Les communes acceptent volontiers la gestion commune de leurs intérêts communs, à condition de ne rien perdre de leur individualité propre. C'est ce que nous allons pouvoir vérifier en étudiant la coopération intercommunale.

§ II. LA COOPÉRATION INTERCOMMUNALE

Sous la IIIe République, le Parlement s'est montré tout d'abord réticent à l'égard de toute formule de coopération qui lui semblait de nature à démembrer les attributions des départements et des communes. La loi du 5 avril 1884 ne prévoit qu'une simple *conférence intercommunale* sans personnalité morale et sans pouvoir de décision. Elle reprend une solution organisée par la loi du 18 juillet 1837 qui permettait de créer des ententes ou des conférences intercommunales. Les deux formules n'ont pas disparu du droit positif, bien qu'elles soient peu utilisées malgré leur souplesse et leur facilité d'emploi.

L'*entente* permet à deux ou plusieurs conseils de régler entre eux les « objets d'utilité communale compris dans leurs attributions et qui intéressent à la fois leurs communes respectives » (art. L. 161-1 du Code des communes). Ils peuvent notamment faire des conventions à l'effet d'entreprendre ou de conserver à frais communs des ouvrages ou des institutions d'utilité commune.

La *conférence intercommunale* permet pour sa part aux communes intéressées de débattre des questions d'intérêt commun, chaque conseil municipal étant représenté par une *commission spéciale* composée de trois membres désignés au scrutin secret (*ibid.*, art. L. 161-2 al. 1). Les décisions prises par la conférence ne sont toutefois exécutoires qu'après avoir été ratifiées par les conseils municipaux. Par ailleurs, les représentants de l'État dans le département peuvent assister à ces conférences à la demande des communes concernées.

---

7. Arrêté du 20 octobre 1993, *JO* du 1er décembre 1993, p. 16584.
8. À l'inverse, fusion par arrêté du 16 juin 1995, *JO* du 30 septembre 1995, p. 14313.

Si ces premières ententes et conférences sans personnalité morale n'ont pas connu le succès qu'elles méritent, par la suite, la tendance s'est inversée à la demande et sous la pression des élus locaux, et le législateur a dû créer, puis adapter les techniques appropriées au cadre intercommunal. Ainsi sont apparus des *établissements publics* nouveaux, dotés de la capacité juridique de gérer un patrimoine et de réaliser des équipements. Ils se sont superposés aux structures communales et se sont assouplis pour mieux répondre aux besoins. *Syndicats intercommunaux, districts et communautés urbaines* ont été institués ainsi, avec le souci d'alléger et de rationaliser l'administration communale.

Toutefois cette première «famille» d'établissements publics vise essentiellement la gestion commune de services communs, sans offrir les moyens de compenser les disparités en vue d'un développement économique harmonieux et plus juste. C'est cette ambition nouvelle qui inspire la loi d'orientation du 6 février 1992 qui innove en créant *les communautés de communes et les communautés de villes*, deux structures de coopération intercommunale à vocation économique, en vue de servir au développement des communes rurales et des communes urbaines dans le cadre de *véritables espaces de solidarité*.

A. La gestion commune des services communs

L'institution principale est aussi la plus ancienne puisqu'il s'agit des syndicats de communes. Les districts et les communautés urbaines complètent ce premier volet.

a) *Les syndicats de communes*

La première technique de coopération intercommunale est celle des syndicats de communes, apparue dans la loi du 22 mars 1890. Les décisions devaient être prises à l'*unanimité* et la représentation était la même pour chaque commune membre du syndicat. Après des débuts modestes, les syndicats intercommunaux, à partir de 1906, devaient devenir le support essentiel des grands équipements, comme l'électrification rurale ou l'adduction d'eau. Depuis l'ordonnance n° 59-29 du 5 janvier 1959, le régime s'est à la fois assoupli et renforcé.

1. *Création et objet du syndicat*

Un syndicat peut désormais être créé non plus seulement à l'unanimité des conseils municipaux, mais sur avis simple du conseil général à la **majorité qualifiée**, lorsque les deux tiers au moins des communes intéressées, représentant plus de la moitié de la population totale, ont fait connaître leur volonté de créer un syndicat. Il en est de même s'il s'agit de la moitié des communes représentant les deux tiers de la population.

Dans les deux cas, la délibération favorable doit avoir été prise par les conseils municipaux des communes dont la population totale est supérieure au quart de la population totale concernée (art. L. 163-1 du Code des communes modifié par la loi Foyer n° 77-825 du 22 juillet 1977).

Sauf dans le cas où les conseils municipaux ont fait connaître, par des délibérations concordantes, leur volonté de créer un syndicat, le préfet fixe la liste des communes intéressées. L'arrêté préfectoral détermine le siège du syndicat et, le cas échéant, les conditions de la participation au syndicat des communes qui ont refusé leur adhésion. L'institution est **évolutive** et permet d'admettre de nouvelles adhésions. Parallèlement, le retrait de communes membres est possible. *Admission et retrait* supposent le consentement du *comité de gestion* et peuvent être refusés, si plus d'un tiers des conseils municipaux adhérents s'y opposent (*ibid.*, art. L. 163-15 et L. 163-16).

Deux hypothèses spéciales de retrait sont en outre prévues :

a) le retrait d'une commune peut être autorisé par le préfet si la participation de cette commune est devenue sans objet. À défaut d'accord entre les communes, le préfet fixe les conditions notamment financières et patrimoniales de ce type de retrait qui ne s'applique pas aux syndicats de distribution d'électricité (*ibid.*, art. L. 163-16-1).

b) Le retrait d'une commune, membre d'un syndicat depuis six ans au moins, lorsqu'elle estime que les dispositions statutaires relatives à la représentation des communes au sein du comité, aux compétences ou aux ressources, sont de nature à compromettre de manière essentielle son intérêt à participer à l'objet syndical (*ibid.*, art. L. 163-16-2). La commune concernée peut alors demander au syndicat la *modification* des dispositions litigieuses qui est adoptée par le préfet après délibération du comité notifiée aux maires et à condition de réunir l'accord de la majorité qualifiée des communes intéressées.

Faute d'obtenir une modification satisfaisant ses intérêts, la commune peut demander son retrait dans un délai de six mois suivant la modification. Enfin, à défaut de décision favorable du syndicat dans un délai de six mois, qu'il s'agisse d'un refus de modification, d'une modification insuffisante ou d'un refus de retrait, la commune peut demander au préfet l'autorisation de se retirer du syndicat. Après consultation de la *commission départementale de conciliation* en matière de coopération intercommunale (art. 31 de la loi n° 88-13 du 5 janvier 1988), le représentant de l'État se prononce sur la demande de retrait. À défaut d'accord amiable entre les communes, le préfet fixe les conditions, en particulier financières et patrimoniales du retrait dans un nouvel arrêté (art. L. 163-16-2 du Code des communes).

Le syndicat peut être formé à perpétuité ou pour une durée déterminée. Il est dissous, soit à l'expiration normale du terme, soit par le transfert de ses attributions à un district ou une communauté urbaine, soit par l'accord de tous les conseils municipaux intéressés. Mais il peut être dissous à la demande motivée de la majorité des conseils, après avis du conseil général, et exceptionnellement, d'office, par un décret rendu sur avis conforme du conseil général et du Conseil d'État.

L'objet du syndicat peut être **spécialisé**, comme il l'était à l'origine de l'institution et être créé en vue «d'une œuvre d'utilité communale». Il s'agit alors d'un syndicat intercommunal à vocation unique (SIVU). Mais l'ordonnance de 1959 permet de créer des syndicats à **vocation multiple** (SIVOM). L'article L. 141 du Code des communes indique que l'objet des syndicats peut être la réalisation d'œuvres ou la gestion de services d'intérêt communal. En fait, tout le champ d'action des communes peut très bien être transféré au syndicat, qui peut avoir désormais une vocation polyvalente.

2. La gestion du syndicat

L'administration du syndicat est assurée par un **comité** composé de deux délégués élus par chaque conseil municipal adhérent, mais il est possible de rompre l'égalité de la représentation pour tenir compte des différences démographiques ou financières, à condition que la formule retenue soit prévue au moment de la formation du syndicat.

La décision d'institution ou une décision modificative peut prévoir la désignation d'un ou plusieurs délégués suppléants appelés à siéger avec voix délibérative en cas d'empêchement du ou des délégués titulaires.

Le choix du conseil municipal peut porter sur tout citoyen réunissant les conditions requises pour faire partie d'un conseil municipal, à l'exception des agents salariés de l'établissement public de coopération (art. L. 169-2 nouveau inséré au Code des communes par la loi du 6 février 1992).

L'irrégularité purement formelle des désignations ne peut plus être invoquée passé le délai de recours pour excès de pouvoir (*ibid.,* art. L. 163-6).

Le comité élit en son sein un **président**, un ou plusieurs vice-présidents et les autres membres du *bureau* selon les règles de l'élection de l'exécutif communal et avec des attributions comparables. Le président prépare et exécute les décisions du comité et représente le syndicat en justice. Il est l'ordonnateur des dépenses et le chef des services créés par le syndicat. Seul chargé de l'administration, il peut *déléguer* par arrêté l'exercice d'*une partie de ses fonctions* aux vice-présidents et, en l'absence ou en cas d'empêchement de ces derniers, à d'autres membres du bureau. Il peut également donner *délégation de signature* au directeur et au directeur adjoint dans les syndicats dont les compétences, l'importance du budget, le nombre et la qualification des agents à encadrer permettent de les assimiler à des communes de plus de 20 000 habitants.

Le syndicat de communes est un **établissement public**. Mais, il peut très bien, pour remplir sa tâche, créer lui-même des établissements ou des services qui seront alors soumis aux règles du droit commun. Le comité exerce alors à leur égard un contrôle semblable à celui qui est exercé par les conseils municipaux à l'égard des établissements communaux de même nature.

Le syndicat dispose des compétences d'attribution énumérées dans la décision d'institution ou dans des modifications ultérieures de son statut.

La loi précise toutefois que si le syndicat a pour objet de secourir des malades, des vieillards, des enfants ou des incurables, le comité peut décider qu'une **commission** administre les secours, d'une part à domicile, et d'autre part à l'hôpital ou à l'hospice.

Par ailleurs, et depuis la loi n° 88-13 du 5 janvier 1988 portant amélioration de la décentralisation, une commune membre peut adhérer à un syndicat pour *une partie seulement des compétences* exercées par celui-ci (*ibid.,* art. L. 163-14-1). La décision d'institution ou une décision modificative règle les conditions de cette adhésion partielle[9] et prévoit les contributions correspondant aux compétences acceptées.

En effet, doté de la personnalité morale et de l'autonomie financière qui caractérisent l'établissement public, le syndicat dispose de trois types de ressources pour alimenter son budget (*ibid.,* art. L. 251-3).

1. Les **contributions financières des communes** syndiquées. D'une façon générale, la contribution des communes est obligatoire pendant toute la durée du syndicat et dans la limite des besoins. Son taux est fixé par les statuts du syndicat à partir

---

9. Ce type de syndicat est le plus souvent désigné comme SIVOM « à la carte ».

d'indices pondérés. Mais l'ordonnance de 1959 autorise le syndicat à percevoir directement des impôts directs locaux, sauf opposition des communes intéressées. Dans ce dernier cas, les conseils municipaux doivent affecter d'autres ressources au montant de leur quote-part.

2. Le **revenu des biens, des taxes, des redevances** versés par les usagers des services assurés par le syndicat.

3. Le **produit des emprunts et des subventions** que le syndicat reçoit de l'État et des collectivités locales. À titre d'incitation financière, l'État accorde généralement des subventions d'un montant plus élevé, lorsque les travaux subventionnés sont exécutés par un syndicat, que lorsqu'ils le sont par des communes isolées.

Le bilan de l'institution est **positif** et on peut dire que le **succès** des syndicats s'est accru en même temps que se sont multipliés leurs domaines d'activité. Conçus à l'origine pour des objets précis et limités, ils se sont diversifiés pour s'ouvrir progressivement à toutes les compétences communales : transports, ramassage des ordures ménagères, tourisme, gestion de marchés, d'hôpitaux, d'hospices se sont ajoutés aux vocations initiales d'équipement. C'est ce qui explique l'autorité politique de leurs présidents sur le plan local.

Actuellement, 14 584[10] syndicats spécialisés et 2 362[11] à vocation multiple intéressent plus du quart de la population française. Pourtant, la formule donne lieu à des enchevêtrements complexes et inévitables, la même commune pouvant être associée à des communes différentes dans le cadre de syndicats différents. Cette situation, moins gênante en milieu rural qu'en milieu urbain, a conduit à rechercher une nouvelle technique plus adaptée au tissu urbain : ville-banlieue. La première proposée a été celle du «**district urbain**», créé par l'ordonnance n° 59-30 du 5 janvier 1959, et devenu district tout court, par suite d'une évolution inattendue.

b) *Les districts*

Là encore, le district est un établissement public groupant plusieurs communes.

1. Création et compétences du district

L'ordonnance de 1959 prévoyait qu'il pouvait être créé non seulement à l'initiative des conseils municipaux intéressés, mais aussi autoritairement par décret en Conseil d'État. Cette voie autoritaire a servi de repoussoir et provoqué l'émotion des élus locaux. Un seul district urbain, celui de Tours a été créé de cette façon par un décret du 18 juin 1959.

Par ailleurs, la formule prévue pour des **villes** a été expérimentée avec succès par des **communes rurales**, en particulier, dans l'Isère, où l'apparition de districts ruraux a permis de démontrer leur intérêt pratique dans un milieu qui ne leur était pas destiné par le législateur. Enfin, il est vite apparu indispensable d'augmenter leurs ressources financières pour leur donner les moyens d'assumer des tâches différentes de celles des syndicats.

---

10. Chiffres 1993. Source *DGCL*.
11. Chiffres 1993. Source *DGCL*.

Pour toutes ces raisons, ni le nom ni le régime d'origine n'ont pu être maintenus. Une réforme d'ensemble réalisée par la loi du 31 décembre 1970 transforme l'institution et supprime son qualificatif d'« urbain », mal approprié à la pratique.

Désormais, il n'y a plus de création autoritaire, mais seulement un **volontarisme** des communes intéressées, dans les mêmes conditions qu'un syndicat de communes, et en particulier, avec la même **majorité qualifiée** et avec le même correctif apporté par la loi Foyer du 22 juillet 1977 (art. L. 164-1 du Code des communes). Ainsi, les communes de banlieue ne peuvent pas plus imposer leur volonté à la grande ville que celle-ci ne peut le faire vis-à-vis de ses voisines récalcitrantes. À la suite des délibérations des conseils municipaux, et avis du conseil général, la création du district est prononcée par arrêté préfectoral qui détermine le siège du district.

L'**adhésion** de nouvelles communes est possible avec l'accord du Conseil gestionnaire et l'approbation du représentant de l'État dans le département. Le **retrait** parallèle à l'adhésion a été prévu par la loi du 22 juillet 1977 et supprimé par l'article 65-I de la loi n° 82-1169 du 31 décembre 1982.

Constitué soit à perpétuité, soit pour une durée déterminée par la décision institutive, le district peut être dissous, soit à la demande de la moitié au moins des conseils municipaux représentant plus de la moitié de la population totale, soit de plein droit à l'arrivée du terme, soit par transfert de ses attributions à une communauté urbaine facilité par la loi du 30 décembre 1995[12]. Il y a là un net parallélisme avec l'institution des syndicats.

C'est au niveau des **compétences** que s'affirment les différences essentielles. Le district détient en effet deux catégories d'attributions.

Les premières, de **plein droit**, lui sont acquises automatiquement du seul fait de sa création. Il s'agit de la gestion (art. L. 164-4 du Code des communes) :

---

1. Des services de logements à caractère social.

2. Des centres de secours contre l'incendie.

3. Des services assurés antérieurement par un syndicat associant les mêmes communes, le district pouvant résulter de la transformation voulue par les communes membres d'un syndicat. L'avantage de la transformation est alors de réaliser une intégration plus poussée des communes.

Les secondes sont **énumérées par l'acte constitutif** et peuvent même être ajoutées en cours de fonctionnement. Les communes peuvent ainsi, à leur gré, transférer au district certaines de leurs attributions dans des domaines très variés : équipements scolaires, transports en commun, assainissement, pompes funèbres, installations sportives, urbanisme, notamment pour l'élaboration des schémas directeurs, l'équipement de zones d'habitation ou de zones industrielles, les installations d'intérêt culturel ou touristique. La gamme est très large.

---

12. *Cf.* Loi n° 95-1350 du 30 décembre 1995 tendant à faciliter la transformation des districts en communautés urbaines, *JO* du 31 décembre 1995, p. 19098.

2. La gestion du district

La gestion du district est assurée par un **conseil**, composé de délégués des communes, et par un bureau comprenant un président et des vice-présidents élus par le conseil en son sein pouvant recevoir délégation du conseil (*ibid.,* art. L. 164-6). Le législateur laisse toute liberté aux communes de se mettre d'accord sur leur représentation respective, qui est fixée dans l'acte constitutif, l'égalité n'étant pas imposée. L'élection du président et du bureau suit les règles de l'élection de tout exécutif communal. Il en est de même pour son rôle. De la même façon encore, les règles de fonctionnement du conseil de district sont celles qui régissent le fonctionnement des conseils municipaux.

Toutefois, pour certaines décisions extraordinaires, la **majorité qualifiée** des deux tiers des membres représentant plus de la moitié de la population totale est nécessaire, et il ne peut être passé outre à l'opposition de plus d'un tiers des conseils municipaux intéressés. Il en est ainsi pour toute modification des conditions de fonctionnement, de durée ou d'extension des attributions.

Quant aux **recettes du district**, elles ajoutent au particularisme des compétences, celui d'une **fiscalité propre** décidée par le conseil à la majorité des deux tiers. Le district peut alors prélever dans chaque commune membre une part des *impôts directs locaux*, en remplacement de la quote-part communale. La loi du 6 février 1992 prévoit que les recettes du district peuvent comprendre le produit des impositions locales perçues à leur profit (*ibid.,* art. L. 252-3-1 nouveau).

À ces produits fiscaux, s'ajoutent les **recettes normales d'un établissement public territorial** et que nous avons déjà précisées pour les syndicats, à savoir le produit des biens, des taxes et redevances correspondant aux services assurés, celui des emprunts et des subventions diverses. Parmi ces dernières, une subvention spéciale de l'État vient compenser les pertes de recettes que le district subit du fait des exemptions temporaires dont bénéficient les constructions nouvelles au titre de la taxe foncière des propriétés bâties et compte tenu de sa compétence obligatoire en matière de logement (*ibid.,* art. L. 252-4). En outre, le district peut bénéficier d'une part de la dotation globale de fonctionnement des communes membres[13].

Dans l'ensemble, la technique du district a connu un **succès plus important en milieu rural** et dans les villes moyennes que dans les grandes villes. Actuellement, il en existe 289[14] qui correspondent assez souvent au cadre du canton. Mais leur évolution a été précisée par l'intervention de la loi n° 66-1069 du 31 décembre 1966 créant les communautés urbaines.

c) Les communautés urbaines

Il s'agit là d'une catégorie nouvelle d'établissements publics, dont la création s'explique en partie par l'échec du district proprement urbain et par la volonté de disposer d'une technique plus contraignante, adaptée spécialement aux agglomérations importantes.

---

13. Voir loi n° 85-1268 du 29 novembre 1985, *JO* du 3 décembre 1985, p. 13999.
14. Chiffres 1993. Source *DGCL*.

1. Création et compétences

L'article 3 de la loi du 31 décembre 1966 crée d'emblée et autoritairement les quatre communautés urbaines de Bordeaux, Lille, Lyon et Strasbourg. Pour les créations ultérieures, le seuil prévu par le projet de loi était de 100 000 habitants au moins, mais le Sénat a fini par imposer le chiffre de 50 000, qui ouvre la formule aux villes moyennes.

La loi a été fréquemment modifiée et la loi du 6 février 1992 a encore abaissé ce chiffre à 20 000, en alignement avec celui retenu pour les communautés de villes (*ibid.*, art. L. 165-4).

La **création normale** est analogue à celle des autres techniques de coopération et doit être demandée par les conseils municipaux, avec la même **majorité qualifiée** que celle requise pour la création d'un syndicat intercommunal ou d'un district. Cette majorité doit comprendre le conseil municipal de la commune dont la population est supérieure à la moitié de la population totale concernée. La communauté urbaine est créée par arrêté du représentant de l'État dans le département lorsque les communes concernées font partie du même département, ou par arrêté conjoint des représentants intéressés dans le cas contraire.

Sur l'initiative d'un ou de plusieurs conseils municipaux demandant la création d'une communauté urbaine, le ou les représentants de l'État fixent par arrêté la liste des communes intéressées. La décision institutive détermine le siège de la communauté urbaine.

L'*institution évolutive* est prévue pour suivre les mouvements démographiques propres aux grandes agglomérations. En conséquence, l'*extension* par adjonction des communes nouvelles peut être opérée par arrêté préfectoral, soit à l'initiative du conseil gestionnaire, soit à la demande des conseils municipaux intéressés.

Il faut relever que la loi du 22 juillet 1977 avait prévu une possibilité de *retrait* en faveur des communes dont la population représente plus du quart de la population de la communauté, et dont le produit des recettes fiscales sur son territoire représente plus de 40 % des impôts directs perçus par la communauté. Ce retrait a été rendu impossible par l'article 65 de la loi du 31 décembre 1982.

De ce point de vue, la communauté urbaine constitue donc une **institution stable**. Prévue sans limitation de durée, sa dissolution ne peut être prononcée que par décret en Conseil des ministres.

La *dissolution* intervient sur demande des deux tiers au moins des conseils municipaux représentant plus des trois quarts de la population totale, ou des trois quarts des conseils municipaux représentant plus des deux tiers de la population totale, cette majorité qualifiée devant comprendre nécessairement les conseils municipaux des communes dont la population totale est supérieure au quart de la population totale concernée.

Un décret en Conseil d'État détermine, sous réserve du droit des tiers, les conditions dans lesquelles la communauté *est liquidée*, et notamment celles qui règlent le transfert des biens, droits et obligations après l'avis d'une *commission spéciale* qui comprend notamment des maires et des conseillers généraux, et dont la composition est fixée par arrêté du ministre de l'Intérieur. La loi garantit le maintien des droits acquis par le personnel et sa répartition dans des emplois communaux équivalents.

Comme le district, la communauté possède des **compétences de plein droit** et obligatoires. Mais celles-ci sont beaucoup plus étendues et ne laissent aux communes membres que des *attributions résiduelles*, sauf dans deux cas : lorsque les *équipements* ou opérations sont *principalement destinés à leurs habitants*. Les communes peuvent décider de les exclure des compétences de la communauté. La décision est prise à la majorité qualifiée, cette majorité devant comprendre le conseil municipal de la commune dont la population est supérieure à la moitié de la population totale concernée.

De la même façon, en cas de *transformation d'un ancien district en communauté urbaine* comprenant les mêmes communes membres, la possibilité d'*exclure* la création et l'équipement de zones d'aménagement, la création et l'extension de cimetières, la voirie et la signalisation de même que les parcs de stationnement permet de restituer ces compétences aux communes membres (art. L. 16-17-1 du Code des communes).

La deuxième exception plus générale vise les pouvoirs de police.

Hors de ces deux cas, les compétences transférées obligatoirement à la communauté recouvrent normalement toutes celles qui appartenaient aux syndicats ou aux districts situés dans le même périmètre, ainsi que celles énumérées par l'article 57 de la loi du 31 décembre 1982 modifié par la loi du 6 février 1992. Il s'agit :

> 1. De l'urbanisme : chartes intercommunales de développement et d'aménagement, schémas directeurs, POS, programmes locaux de l'habitat, et de la constitution des réserves foncières ;
> 2. De la création et la réalisation de zones d'aménagement concerté et de zones d'activité ;
> 3. De la construction, l'aménagement et l'entretien des locaux scolaires dans les zones visées au 2. et réalisés ou déterminés par la communauté ;
> 4. Des services de secours et de lutte contre l'incendie ;
> 5. Des transports urbains de voyageurs ;
> 6. Des lycées et collèges ;
> 7. De l'eau, de l'assainissement, à l'exclusion de l'hydraulique agricole, des ordures ménagères ;
> 8. De la création et extension des cimetières, des fours crématoires ;
> 9. Des abattoirs, abattoirs-marchés et marchés d'intérêt national ;
> 10. De la voirie et de la signalisation ;
> 11. Des parcs de stationnement.

À cette longue énumération des compétences obligatoires détaillées par la loi, s'ajoutent à titre facultatif toutes celles que les communes décident de transférer en tout ou partie à la communauté, qui peut réciproquement transférer certaines de ses compétences à des communes membres (art. L. 165-11 du Code des communes).

La mise en œuvre de ce dispositif est décidée par *délibérations concordantes* du conseil de la communauté et de la majorité qualifiées des conseils municipaux des communes membres. Cette majorité qualifiée est la même que celle prévue pour la création des communautés. Les transferts de compétences sont accompagnés des transferts de moyens correspondants déterminés par ces mêmes délibérations concordantes.

La loi prévoit la possibilité d'une **convention** entre la communauté et les communes membres pour régler les problèmes posés par la création ou la gestion de certains équipements ou services. Les conditions patrimoniales et financières, de même que l'affectation des personnels, doivent être délibérées à la majorité qualifiée habituelle (*ibid.,* art. L. 165-15).

Enfin, il faut préciser que pour l'exercice de ses compétences, la communauté urbaine est substituée de plein droit aux communes, syndicats ou districts préexistants constitués entre tout ou partie des communes qui la composent (*ibid.*, art. L. 165-16).

2. *La gestion de la communauté urbaine*

Les organes de l'établissement public communautaire comprennent d'abord un **conseil de communauté**, composé de 50 à 140 délégués selon l'importance de la population municipale totale de l'agglomération, et selon le nombre de communes membres (tableau 1).

Tableau 1

Nombre de communes	Population municipale totale de l'agglomération			
	200 000 au plus	200 001 à 600 000	600 001 à 1 000 000	Plus de 1 000 000
20 au plus	50	80	90	120
21 à 50	70	90	120	140
+ de 50	90	120	140	140

La répartition des délégués est librement fixée par accord à la **majorité qualifiée** des communes membres, cette majorité devant nécessairement comprendre les conseils municipaux des communes dont la population totale est supérieure au quart de la population totale concernée.

Mais la loi garantit qu'aucune commune ne peut être contrainte à participer à une communauté si sa représentation directe n'est pas assurée (*ibid.*, art. L. 165-27).

À défaut d'accord sur la répartition, la représentation proportionnelle au plus fort reste est appliquée. Le préfet opère la répartition en s'efforçant d'attribuer un siège au moins à chaque commune membre, quelle que soit sa population (*ibid.*, art. L. 165-28 à L. 165-30).

L'ensemble des communes, dont la population municipale totale est inférieure au quotient obtenu en divisant la population municipale totale de l'agglomération telle qu'elle résulte du dernier recensement général, par le nombre de sièges à pourvoir, se voit attribuer un nombre de sièges calculé sur la population municipale totale de l'ensemble de ces communes suivant le tableau 2.

Tableau 2

Nombre de communes	Population municipale totale de l'agglomération	
	200 000 au plus	plus de 200 000
50 au plus	50	80
Plus de 50	70	100

Dans l'ensemble, ces règles sont favorables à l'entente entre membres de la communauté et s'efforcent, non seulement d'organiser une représentation équitable, mais aussi d'assurer une participation des petites communes. Deux dispositions les intéressent plus spécialement et compensent les insuffisances de représentation par une compétence consultative organisée par la loi.

D'une part, lorsque toutes les communes ne sont pas directement représentées au sein du conseil, le président réunit les maires de toutes les communes de l'agglomération en vue de les consulter dans les cas précis qu'énumère l'article L. 165-36 :

– à la demande des deux tiers des maires des communes non directement représentées ;
– à la demande de la majorité des maires de l'agglomération ;
– à la demande du conseil de communauté ;
– avant le vote du budget de la communauté.

Les modalités de la consultation sont déterminées par le conseil de communauté.

D'autre part, des **comités consultatifs de secteurs** peuvent être créés dans les communautés groupant plus de 50 communes pourvues de secteurs électoraux. Ils sont composés des maires de chaque secteur et sont consultés sur toutes les questions intéressant leurs communes (*ibid.,* art. L. 165-37).

Par ailleurs, pour faciliter la transformation des districts en communautés urbaines, la loi du 30 décembre 1995[15] prévoit qu'en cas de substitution d'une communauté urbaine à un district, les communes qui n'ont pas désigné leurs représentants au conseil de communauté dans un délai de trente jours à compter de la création de la communauté, sont représentées par leur maire jusqu'à ce qu'elles aient procédé à cette désignation. Cette solution évite tout blocage puisque dans une telle situation, le conseil de communauté est réputé complet.

Le conseil de communauté, comme tout organe délibérant local, « gère par ses délibérations les affaires qui sont de la compétence de la communauté » (*ibid.,* art. L. 165-24 al. 2). Il vote le budget, autorise l'exécutif communautaire à conclure les marchés publics, décide du mode de gestion des services publics qui lui incombent et crée les emplois de la communauté.

Le conseil de communauté élit en son sein un président et un *bureau* composé de vice-présidents dont le nombre est librement déterminé par le conseil de communauté sans que ce nombre puisse excéder 30 % de l'effectif légal du conseil (*ibid.,* art. L. 165-33). Le mandat du président et des vice-présidents prend fin en même temps que celui des membres du conseil, c'est-à-dire lors de l'installation du conseil de communauté suivant le renouvellement général des conseils municipaux, par conséquent tous les six ans.

Indépendamment de ses pouvoirs propres, le président assure l'exécution des décisions du conseil et représente la communauté urbaine dans tous les actes de la vie civile. Il peut déléguer une partie de ses fonctions à un ou plusieurs vice-présidents ou en cas d'empêchement de ces derniers, à des membres du conseil de communauté. Il peut également donner délégation de signature au directeur et au directeur adjoint de la communauté (*ibid.,* art. L. 165-34). Il peut exercer par délégation du conseil et pour le compte de la communauté le droit de *préemption* à l'intérieur d'une *zone d'intervention foncière* (ZIF) (art. L. 211-2 du Code de l'urbanisme).

Par ailleurs, le législateur s'est efforcé de prévoir des **ressources financières adaptées** aux attributions étendues des communautés. Non seulement celles-ci perçoivent le revenu de leurs biens et les taxes et redevances des services qu'elles

---

15. *Cf.* Loi n° 95-1350 du 30 décembre 1995, *JO* du 31 décembre 1995, p. 19098.

assument, mais elles peuvent décider de percevoir la majeure partie des recettes fiscales des communes membres, de même qu'une partie de la dotation globale de fonctionnement, le produit de la taxe locale d'équipement et de la taxe d'enlèvement des ordures ménagères. Elles peuvent en outre percevoir les subventions de l'État ou des collectivités locales majorées de 33 % pendant les cinq premières années, mais la majoration est prorogée constamment depuis, même si elle a été réduite à 25 % par le décret n° 87-103 du 14 février 1987, sans que l'ensemble de la subvention d'État puisse excéder 80 % du montant de la dépense subventionnable. Les majorations de subventions sont attribuées par le préfet sur crédits délégués par le ministre de l'Intérieur. Enfin, les communautés urbaines peuvent recevoir le produit des dons et legs, de même que celui des emprunts.

La loi d'orientation du 6 février 1992 prévoit que la communauté urbaine peut désormais accorder des fonds de concours aux communes membres afin de contribuer à la réalisation et au fonctionnement d'équipements d'intérêt communautaire.

En pratique, on peut relever que la technique de la communauté urbaine prévue pour les grandes villes n'a guère été adoptée, en dehors des 4 communautés initiales, que par des **villes moyennes** : Dunkerque[16], le Creusot/Montceau-les-Mines[17], Cherbourg[18], Le Mans[19] et Brest[20], nommées dans l'ordre de leur création[21], aucune depuis 1973.

Ce **résultat médiocre** s'explique d'abord par les **difficultés** propres aux transferts de compétences dans certaines matières, tels l'urbanisme ou les transports. Dans ce dernier domaine, par exemple, le président de la communauté a pu revendiquer des pouvoirs de police, problème délicat qui s'est ajouté à celui des transports.

De plus, la **situation financière** peut paraître préoccupante à partir de trois constats qui ressortent du bilan des premières expériences. En premier lieu, la communauté doit faire face à une progression rapide des dépenses de fonctionnement. Les dépenses de personnels des agglomérations ont augmenté de 31 à 57 %. Le second phénomène est l'accélération brutale de la progression de la pression fiscale. En moyenne, l'effort fiscal par habitant a augmenté de 32 à 58 % dès les premières années, soit deux fois plus vite que dans les autres grandes villes sans communauté.

Le troisième élément est la distorsion très nette des situations financières, entre la ville, qui fournit de 60 à 80 % de ses ressources pour atteindre parfois un seuil critique, et les communes suburbaines qui profitent généralement de la communauté pour accroître leurs investissements et transférer leurs dettes.

Ces difficultés ont eu deux conséquences : le gouvernement a décidé une **aide financière spéciale**. Le décret du 23 décembre 1970 prévoit que l'État peut conclure avec les communautés urbaines des « contrats de plan pluriannuels » pour la mise en œuvre du programme de modernisation et d'équipement des agglomérations urbaines (art. R. 253-11 du Code des communes). Cette mesure inaugurait des rapports

---

16. Dunkerque : décret n° 68-910 du 21 octobre 1968.
17. Le Creusot/Montceau-les-Mines : décret n° 70-37 du 13 janvier 1970.
18. Cherbourg : décret du 2 octobre 1970.
19. Le Mans : décret n° 71-922 du 19 octobre 1971.
20. Brest : décret n° 73-508 du 24 mai 1973.
21. Au total 9 communautés urbaines regroupant 251 communes pour une population d'environ 4 millions d'habitants. Chiffres 1993, source *DGCL*.

nouveaux entre l'État et les collectivités locales, et devait aboutir aux contrats de plan, puis se poursuivre de façon continue et normalisée dans le cadre de la planification nationale.

La deuxième conséquence a été la constitution d'un **groupement des présidents des communautés urbaines**, qui ont pu analyser ensemble leurs difficultés et revendiquer les aides nécessaires. Élaborée sous l'influence du maire de Bordeaux, la loi du 22 juillet 1977, qui instituait un droit de **retrait**, était par elle-même une forme d'aveu d'échec que l'exemple de Bordeaux avait mis en évidence[22], en même temps qu'une réaction des villes-centres en crise contre les risques de coalition des petites communes suburbaines.

Malgré les assouplissements des règles de création[23] apportées par la loi d'orientation du 6 février 1992, la formule des communautés urbaines reste au point mort. Il est vrai qu'elle est désormais concurrencée par les communautés de villes qui constitue l'une des nouvelles structures intercommunales destinées à créer de véritables espaces de solidarité.

B. Les nouveaux espaces de solidarité

La loi d'orientation du 6 février 1992 relative à l'administration territoriale de la République met en place deux nouvelles institutions intercommunales jouant la double carte de la coopération et du développement économique. Les communautés de communes et les communautés de villes se veulent à cet égard résolument novatrices et attractives en organisant les solidarités nécessaires à ce développement tout autant qu'à l'aménagement de deux types d'espaces : l'espace rural qui intéresse les petites communes et qui tend à concerner les petites villes, et l'espace urbain proprement dit qui intéresse les villes moyennes[24].

Pour inciter les communes à adopter ces nouvelles formules de regroupement, la loi joue la carte de la *concertation* dans le cadre de l'élaboration d'un *schéma départemental de la coopération intercommunale* qui n'est pas sans rappeler le plan départemental des solidarités communales de 1971, à la fois parce qu'il se présente comme un instrument de rationalisation et parce qu'il est établi par une commission départementale composée d'élus, créée à cet effet. Mais forte de l'expérience passée, la loi renonce aux ambitions de fusions au profit d'une coopération nouvelle, et par ailleurs, elle exclut toute procédure autoritaire pour fonder les progrès de la coopération intercommunale sur la seule libre volonté des communes (art. 66 de la loi) d'élaborer des projets communs de développement.

---

22. Le sénateur Guy Petit avait lui-même présenté ce retrait comme « une sorte d'arme de dissuasion contre ceux qui prétendent tout accaparer, tout faire pour exercer une dictature sur la communauté, en utilisant les crédits mis à leur disposition, sans tenir compte de l'importance des populations. Avancer l'éventualité du départ de la communauté sera le commencement de la sagesse ». *Cf.* Sénat, séance du 27 juin 1977, *Annales*, p. 1607. Ce départ est impossible depuis la loi du 31 décembre 1982, *JO* du 1er janvier 1983.

23. La création était prévue par décret simple lorsque toutes les communes intéressées avaient donné leur accord, par décret en Conseil d'État dans le cas contraire.

24. *Cf.* Annie GRUBER, « La coopération locale à l'heure de l'Union européenne. Les nouvelles formes de regroupements des collectivités décentralisées », *Les Petites Affiches*, 28 janvier 1994, n° 12, p. 10 à 15, et 2 février 1994, n° 14, p. 16 à 23.

a) *Les instruments de la concertation dans la loi d'orientation*

Au nombre de deux, c'est la commission départementale de la coopération intercommunale et le schéma départemental de la coopération intercommunale qui constituent ces instruments.

Pour réussir une intégration économique évolutive de qualité dans le cadre des nouvelles structures de coopération, la loi d'orientation organise une *concertation préalable* des communes intéressées, et institue dans chaque département, une commission départementale de la coopération intercommunale (art. 67).

1. La commission départementale de la coopération intercommunale

Présidée par le préfet, lui-même assisté d'un rapporteur général et de deux assesseurs élus parmi les maires, la commission comprend trois catégories d'élus désignés par leurs collèges respectifs à la représentation proportionnelle à la plus forte moyenne :

– Des élus municipaux à raison de 60 %.

– Des représentants d'établissements publics de coopération intercommunale à raison de 20 %.

– Et enfin des élus départementaux : 15 % et des élus régionaux : 5 %.

La loi prévoit dans un délai de trois mois à compter de sa publication qu'un décret en Conseil d'État précisera les conditions d'application relatives à la composition et au fonctionnement de cette commission. C'est le décret du 6 mai 1992[25] qui complète donc le dispositif de la loi et fixe à 40 le nombre des membres de la commission, nombre modulé selon des critères précis intégrant la population globale du département, le nombre des communes du département et leur importance démographique. Un siège supplémentaire est ainsi prévu :

a) À partir d'un seuil de 600 000 habitants dans le département, puis par tranche de 300 000 habitants.

b) Par commune de plus de 100 000 habitants dans le département.

c) À partir d'un seuil de 400 communes dans le département, puis par tranche de 100 communes.

Le même décret fixe la composition des collèges de maires habilités à désigner les représentants des communes, les modalités de l'élection des membres de la commission ainsi que certaines règles de fonctionnement de celle-ci.

La loi assigne à la commission deux types d'attribution. Les premières, permanentes, en font un véritable *observatoire de la coopération intercommunale* dans le cadre du département. Les secondes, à la fois temporaires et principales en font l'organe d'élaboration du schéma départemental de la coopération intercommunale.

Les attributions permanentes permettent à la commission de réaliser un « suivi » de la coopération intercommunale, puisqu'elle établit et tient à jour un état de cette coopération dans le département. Elle entend, à leur demande, des représentants des collectivités territoriales concernées. Enfin, elle est informée de tout projet de création d'établissement public de coopération ou d'association de communes en vue de l'élaboration d'une charte intercommunale de développement et d'aménagement et peut intervenir en formulant des observations ou des propositions qui sont rendues publiques.

---

25. Décret n° 92-417 du 6 mai 1992 relatif à la commission départementale de la coopération intercommunale, *JO* du 7 mai 1992, p. 6233.

Les *attributions temporaires* de la commission sont d'autant plus importantes qu'elles sont déterminantes pour la constitution des structures de coopération intercommunale. Dans un premier délai de six mois à compter de la publication de la loi, les communes peuvent proposer de façon discrétionnaire la forme de coopération et les partenaires qu'elles souhaitent sans que la loi leur impose un cadre type ou un seuil minimum intéressant l'importance démographique ou l'étendue du territoire.

Puis au vu de ces propositions, et en conformité avec elles si elles sont concordantes, la commission propose un projet de schéma départemental de la coopération intercommunale, dans un nouveau délai initialement fixé par la loi à un an à compter de sa publication, et prolongé utilement depuis, à dix-huit mois par la loi du 29 janvier 1993[26] avant d'être reconduit une deuxième fois par la loi du 29 juin 1993[27] au 31 décembre 1993, ce qui n'est pas trop, étant donné l'importance des questions en jeu. Ce schéma résulte d'une concertation large et réfléchie des responsables locaux sur les formes les plus opportunes de la coopération intercommunale.

2. Le schéma de la coopération intercommunale

Toute la procédure d'élaboration du nouveau schéma de la coopération intercommunale traduit la volonté de donner aux communes intéressées toute la liberté possible en leur attribuant les initiatives nécessaires et le pouvoir de décision.

Le schéma proposé par la commission n'a d'ailleurs lui-même qu'un caractère indicatif et temporaire, mais il a le grand mérite de dresser un tableau des possibilités de coopération offertes aux communes qu'il s'agisse de formes désormais classiques de regroupements, ou qu'il s'agisse d'adopter les nouvelles formes juridiques offertes par la loi d'orientation. Selon les termes de l'article 68, le schéma comporte en effet des propositions de création ou de modification de communautés de communes, de communautés de villes, de communautés urbaines, de districts ou de syndicats de communes.

Le projet en est transmis *pour avis* aux communes et aux établissements publics de coopération intercommunale concernés qui disposent d'un délai de trois mois renouvelable une fois pour se prononcer.

Le même projet est transmis *pour information* au conseil général et aux autres communes et établissements publics de coopérations intercommunales ainsi qu'aux chambres consulaires territoriales compétentes.

Sur l'avis reçu des intéressés, la commission peut procéder à une nouvelle délibération.

Ce n'est qu'ensuite et sur proposition de la commission que le schéma départemental de la coopération intercommunale est arrêté par le préfet qui transmet aux communes concernées les propositions de création de communautés de communes ou de communautés de villes. Lorsque le projet prévu par le schéma concerne des communes de départements différents, la transmission est faite conjointement par les préfets intéressés. Dans tous les cas, pour les communes visées, s'ouvre alors une *nouvelle phase de procédure et de concertation* qui leur permet de *fixer librement le périmètre* de leur regroupement dans un délai de quatre mois à compter de la saisine pour faire connaître leur décision.

Par dérogation au droit commun, la même procédure s'applique aux créations de nouvelles communautés urbaines inscrites au schéma départemental et qui regroupent désormais plusieurs communes d'une agglomération de plus de 20 000 habitants (art. 84).

---

26. Loi n° 93-122 du 29 janvier 1993, *JO* du 30 janvier 1993, p. 1588 à 1598.
27. Loi n° 93-869 du 29 juin 1993, *JO* du 30 juin 1993, p. 9264.

On peut faire ici deux remarques :

La première est que dans toute cette procédure, le préfet et ses services jouent un rôle majeur d'information et d'encadrement dans le respect de la liberté des communes. Ce rôle est parfaitement conforme au rôle particulier de l'État dans la politique de développement économique et d'aménagement du territoire.

La seconde est que la loi d'orientation, tout en reprenant l'éventail des formules classiques de regroupements, *privilégie* les nouvelles formes juridiques qu'elle met en place par un train de mesures d'accompagnement qui tendent à simplifier l'ensemble du dispositif de coopération intercommunale et à donner aux nouvelles communautés des ressources capables de répondre aux besoins et aux espoirs.

b) *Les communautés de communes*

La nouvelle communauté de communes se définit fondamentalement par *son objet* qui est de créer un *espace de solidarité* capable de créer une véritable intégration communautaire en vue *d'un projet commun de développement et d'aménagement de l'espace*.

Dans un premier temps réservé aux communes rurales par la loi d'orientation, la nouvelle structure s'étend désormais au milieu urbain et intéresse les petites villes pour s'adapter avec souplesse aux contextes locaux.

1. Création et objet

Le régime juridique de ce nouveau type de coopération intercommunale est fixé par l'article 71 de la loi d'orientation et recouvre les nouveaux articles L. 167-1 à L. 167-6 du Code des communes. Comme les autres formes de regroupements, la communauté de communes est un établissement public regroupant plusieurs communes. Sa création se fait à titre temporaire en application du schéma départemental de la coopération intercommunale, et ultérieurement selon une procédure permanente en trois phases.

En premier lieu, l'*initiative* d'un ou de plusieurs conseils municipaux demandant la création d'une communauté de communes conduit le représentant de l'État à fixer la liste des communes intéressées.

La *délibération des conseils municipaux* est ensuite nécessaire pour adopter le projet selon la règle de *la majorité qualifiée* de droit commun en matière de coopération intercommunale. Ce qui signifie que deux tiers au moins des conseils municipaux des communes intéressées représentent plus de la moitié de la population totale de celles-ci, ou l'inverse, c'est-à-dire la moitié au moins des conseils municipaux des communes comptant les deux tiers de la population doivent être d'accord. La loi précise toutefois que cette majorité doit nécessairement comprendre les conseils municipaux des communes dont la population totale est supérieure au quart de la population totale concernée.

Enfin, la *décision institutive* est prise soit par arrêté préfectoral, soit par arrêté interpréfectoral selon que les communes concernées appartiennent ou non au même département. La même décision fixe le siège de la communauté.

Les élus locaux qui avaient pu craindre de se voir imposer une structure non désirée n'ont pas eu en réalité à subir la contrainte de la majorité qualifiée écartée volontairement par certaines commissions départementales de la coopération inter-communale attachées à faire naître un accord réel et durable sur le fond permettant une véritable conscience communautaire[28]. La libre volonté et la concertation sont bien au cœur du nouveau dispositif et commandent la réussite des nouvelles associations.

L'administration de la communauté de communes est assurée part un *conseil* dont les membres sont élus par les conseils municipaux des communes concernées dans des conditions décidées par délibération spéciale et selon une majorité qualifiée fixée par la loi aux deux tiers au moins des conseils municipaux représentant plus des trois quarts de la population totale. Cette *majorité renforcée* doit comprendre obligatoirement les conseils municipaux des communes dont la population totale est supérieure au quart de la population totale intéressée. On peut s'étonner de telles exigences qui ne s'expliquent là encore que par la volonté du législateur de faire en sorte que le fonctionnement des futures communautés repose sur l'accord le plus large possible de leurs membres.

La loi précise encore que la répartition des sièges au sein de ce conseil est assurée en fonction de la population avec un *seuil minimum d'un siège pour les plus petites communes*, et un maximum fixé à la moitié des sièges pour les plus importantes.

La décision institutive ou toute autre décision modificative complémentaire peut prévoir la désignation d'un ou plusieurs *délégués suppléants* appelés à siéger au conseil avec voix délibérative, les agents salariés de la communauté de communes ne pouvant toutefois être titulaires ni suppléants aux termes de l'article 90 de la loi d'orientation.

L'*adhésion* de nouvelles communes à la communauté de communes, le *retrait* d'une commune, la *dissolution* de la communauté et l'adhésion de la communauté de communes à un établissement public de coopération intercommunale sont soumis aux règles applicables aux syndicats de communes selon l'article L. 167-5 nouveau du Code des communes.

Mais ce qui est le plus important pour l'avenir de l'intercommunalité, c'est l'ensemble des compétences transférées à la nouvelle communauté de communes, qu'elles soient obligatoires, facultatives ou encore de substitution.

Au titre des *compétences obligatoires*, l'article L. 167-3 nouveau du Code des communes dispose que la communauté de communes exerce de plein droit au lieu et place des communes membres des compétences relevant de chacun des deux groupes suivants :

1. Aménagement de l'espace.

2. Actions de développement économique intéressant l'ensemble de la communauté.

La loi précise toutefois expressément que cette attribution de compétences n'est réalisée que pour *la conduite d'actions d'intérêt communautaire*, ce qui suppose qu'il s'agit d'actions profitables à l'ensemble des communes membres, et ce qui garantit par conséquent le respect des intérêts proprement communaux.

L'élaboration et la révision du schéma directeur, du schéma de secteur, de la charte intercommunale de développement et d'aménagement entrent dans le premier groupe à l'inverse du POS spécifiquement communal.

---

28. Voir sur ce point J.-L. MAILLOT, «Communauté de communes et aménagement de l'espace», *Les Petites Affiches*, 18 juin 1993, n° 73, p. 20 à 25.

La création d'organismes de développement économique, l'aide aux entreprises, la création et l'équipement des zones d'activité économique partenaires entrent dans le second groupe.

La communauté de communes doit en outre exercer dans les mêmes conditions des compétences relevant d'un des quatre groupes suivants :

---

1. Protection et mise en valeur de l'environnement le cas échéant dans le cadre de schémas départementaux.
2. Politique du logement et du cadre de vie.
3. Création, aménagement et entretien de la voirie.
4. Construction, entretien et fonctionnement d'équipements culturels et sportifs et d'équipements de l'enseignement préélémentaire et élémentaire, et pour ce qui concerne l'Alsace et la Moselle, les investissements culturels concordataires.

La définition des compétences transférées au sein de chacun des groupes est fixée à la majorité qualifiée de droit commun en matière intercommunale. Il en est de même pour *les compétences facultatives* que les communes membres peuvent transférer à tout moment, en tout ou partie, à la communauté de communes en même temps que les équipements ou services publics utiles à l'exercice de ces compétences. Dans ce cas, la délibération concordante du conseil de communauté est également requise par la loi.

Dans le cadre de ces compétences facultatives, les communes membres peuvent très bien décider de transférer à la communauté de communes la responsabilité de l'élaboration de leur POS document essentiel d'urbanisme qui ressort de leur compétence. Il leur appartient de préciser l'étendue de ce transfert.

Selon la logique qui commande les règles de décentralisation, l'acte institutif de même que les délibérations ultérieures qui portent transferts de compétences déterminent obligatoirement les *conditions financières et patrimoniales* de ces transferts, ainsi que l'affectation des personnels, afin d'assurer les moyens d'un bon fonctionnement du système.

Dans tous les cas de figure, les communes intéressées ont des choix à faire et à peser pour définir les transferts les plus opportuns, et doivent mesurer la portée de leurs engagements. En effet, les décisions du conseil de communauté dont les effets ne concernent qu'une seule commune peuvent lui être imposées à la majorité des deux tiers de ses membres lorsque la consultation préalable de cette commune donne lieu à un avis défavorable de son conseil municipal (art. L. 167-3-1 nouveau du Code des communes).

Enfin, la loi d'orientation simplifie heureusement la carte de l'intercommunalité en prévoyant à l'article L. 167-4 nouveau du Code des communes une *substitution de plein droit* de la communauté de communes aux syndicats de communes ou aux districts auxquels étaient associées préalablement à l'exclusion de toute autre, les communes membres de la communauté de communes.

D'une façon plus large, les districts existant à la date de publication de la loi d'orientation, c'est-à-dire au 8 février 1992, peuvent se transformer en communautés de communes par décision du conseil de district adoptée à la majorité des deux tiers de ses membres. Pour l'exercice de ses compétences, la communauté de communes est également substituée aux communes qui en font partie lorsque celles-ci sont groupées avec des communes extérieures à la communauté.

La loi prévoit la possibilité de transferts plus souples de compétences exercées antérieurement par un syndicat de communes ou un district inclus en tout ou partie dans le périmètre de la communauté.

Le décret du 17 février 1993[29], prévu par la loi, fixe les conditions de ces dévolutions.

2. *Les ressources*

Face à cet ensemble de compétences, il est clair que l'atout déterminant pour la réussite des nouvelles communautés de communes réside dans l'attribution de ressources suffisantes pour leur permettre de répondre à leur vocation économique.

À cet égard, les communautés de communes ont l'avantage de disposer d'une *fiscalité propre* comme les districts et d'une fiscalité de substitution, auxquelles s'ajoute une gamme étendue de ressources non fiscales.

Au titre de la *fiscalité propre*, elles bénéficient d'une fiscalité additionnelle aux quatre taxes directes locales. L'article 1609 *quinquies* C-I nouveau inséré dans le Code général des impôts par l'article 98 de la loi d'orientation dispose qu'elles perçoivent la taxe foncière sur les propriétés bâties, la taxe foncière sur les propriétés non bâties, la taxe d'habitation et la taxe professionnelle selon les règles applicables aux communautés urbaines.

Elles peuvent également percevoir à la place des communes membres et selon les compétences qui leur sont transférées :

a) La taxe d'enlèvement des ordures ménagères.

b) La taxe de balayage.

c) La taxe de séjour lorsqu'elle répond aux conditions fixées à l'article L. 233-45 du Code des communes. En ce cas, le conseil de communauté doit se prononcer à la majorité des deux tiers de ses membres pour instituer cette taxe.

d) La taxe sur la publicité.

L'article L. 252-2 nouveau du Code des communes les autorise également à percevoir le produit du versement destiné au transport en commun lorsque la communauté est compétente pour l'organisation des transports urbains.

S'ajoute une *fiscalité de substitution* intéressant les communautés de communes ayant créé, créant ou gérant une *zone d'activités économiques* qui se situe sur le territoire d'une ou de plusieurs communes membres. Le conseil de communauté statuant à la majorité des deux tiers peut décider de substituer la communauté à ses membres pour percevoir la *taxe professionnelle* acquittée par les entreprises implantées dans la zone. Le même conseil votera chaque année le taux de cette taxe selon les règles fixées par l'article 1609 *quinquies* C-II du CGI. Ce régime introduit un taux unifié de la taxe professionnelle à l'intérieur de la zone d'activités économiques, mais pas à l'intérieur du périmètre de la communauté.

Mais les communautés de communes peuvent aussi opter pour le régime prévu par l'article 1609 *nonies* C du CGI, c'est-à-dire choisir d'instituer une *taxe professionnelle unique* pour toutes les communes de la communauté. L'article 1609 *quinquies* C-III du CGI prévoit alors que la décision en incombe au conseil de communauté statuant à la majorité des trois quarts. Pour la détermination du *potentiel fiscal* des communes membres, un calcul de bases de taxe professionnelle résultant de la ventilation entre les

---

29. Décret n° 93-223 du 17 février 1993, *JO* du 19 février 1993, p. 2721.

communes de base du groupement est opéré. Les modalités de ce calcul sont définies par le décret du 1ᵉʳ mars 1993[30]. Elles prennent en compte notamment la répartition des bases de taxe professionnelle entre les communes l'année précédant l'application de la taxe professionnelle de la communauté.

Une *commission locale* est chargée d'évaluer les transferts de charges entre la communauté et les communes membres d'après leur coût réel dans les budgets communaux, lors de l'exercice précédent le transfert de compétences. Elle est composée d'au moins un représentant du conseil municipal de chaque commune membre, et éventuellement assistée d'experts.

En ce qui concerne les *ressources non fiscales*, elles sont nombreuses et comprennent le produit des taxes, redevances et contributions correspondant aux services assurés, le produit des emprunts, le revenu des biens meubles et immeubles de la communauté, les contributions des communes adhérentes qui sont pour elles des dépenses obligatoires et les subventions d'autres personnes publiques.

Les communautés de communes bénéficient aussi de la *dotation globale de fonctionnement* selon les mêmes règles que celles prévues pour les communautés urbaines et les districts à fiscalité propre. L'article L. 234-17 nouveau du Code des communes dispose que le montant total de la dotation prévue pour les groupements de communes dotés d'une fiscalité propre est fixé chaque année par le comité des finances locales[31]. L'article 112 de la loi d'orientation fixe le régime applicable.

Les communautés de communes bénéficient encore de la *dotation globale d'équipement* dans les conditions prévues par la loi du 7 janvier 1983 applicable à tous les groupements de communes.

Une *nouvelle dotation de développement rural* incluse dans le nouvel article 1648 B-I du CGI intéresse également les communautés de communes. Il s'agit là de la première fraction du Fonds national de péréquation de la taxe professionnelle. La loi stipule que les communautés de communes bénéficiaires ne doivent pas compter une population regroupée excédant 35 000 habitants, la commune la plus peuplée ne devant pas excéder elle-même 25 000 habitants.

Enfin, l'article 118 de la loi d'orientation prévoit que les dépenses réelles d'investissement à prendre en considération au titre du fonds de compensation pour la taxe sur la valeur ajoutée sont celles afférentes à l'exercice en cours.

Cet ensemble cohérent de dispositions fiscales et financières devrait rendre attrayante la nouvelle structure intercommunale et permettre aux petites communes de surmonter leur handicap économique. Un développement rapide de l'institution montre qu'elles l'ont compris : 193 communautés de communes en 1992, 554 en 1994 réparties sur l'ensemble du territoire[32].

Un effort comparable est réalisé au profit des nouvelles communautés de villes.

---

30. Décret n° 93-270 du 1ᵉʳ mars 1993 pris pour l'application de l'article L. 234-6 du Code des communes et relatif à la détermination du potentiel fiscal des communautés de villes, des groupements de communes ayant opté pour le régime fiscal prévu à l'article 1609 *nonies* C du CGI, des communes membres de ces communautés ou groupements, *JO* du 3 mars 1993, p. 3307.

31. Pour l'élection des représentants des présidents de communautés de villes et des communautés de communes au sein du comité des finances locales, voir l'arrêté du 8 juin 1993 modifié le 10 juin 1993, *JO* du 12 juin 1993, p. 8406 complété par l'arrêté du 24 août 1993, *JO* du 5 septembre 1993, p. 12505.

32. Seuls, le centre de la France, l'Ile-de-France et les Dom-Tom restent peu couverts.

c) *Les communautés de villes*

Tout comme la communauté de communes, la nouvelle communauté de villes se définit par son objet qui est d'associer des communes au sein d'un *périmètre de solidarité urbaine* en vue du développement concerté de l'agglomération.

Instituée par l'article 73 de la loi d'orientation qui insère dans le Code des communes les nouveaux articles L. 168-1 à L. 168-8, la communauté de villes connaît un régime juridique très proche de celui des districts et surtout des communautés urbaines auquel il emprunte nombre de dispositions.

Comme les autres structures intercommunales, la communauté de villes est un établissement public qui regroupe plusieurs communes d'une agglomération de plus de 20 000 habitants.

1. Création et objet

Une *procédure temporaire* prévoit qu'elle puisse être créée en application du schéma départemental de la coopération intercommunale. Dans ce cadre, l'article 70 de la loi d'orientation prévoit que le préfet transmet les propositions de création de communautés de villes aux communes concernées qui en définissent librement le périmètre et délibèrent dans les conditions de majorité qualifiée prévues à l'article L. 168-1, ce qui signifie l'accord des deux tiers au moins des communes intéressées représentant plus de la moitié de la population totale de celles-ci, ou l'inverse, c'est-à-dire l'accord de la moitié des conseils municipaux représentant les deux tiers de la population. Les communes disposent d'un délai de quatre mois à compter de la saisine pour faire connaître leur décision. Selon que les communes concernées appartiennent ou non au même département, transmission et création sont faites par le ou les représentants de l'État intéressés et dans ce dernier cas, par arrêté conjoint.

Une *procédure permanente* mise en place à l'article L. 168-1 nouveau permet de créer une communauté de villes indépendamment du schéma départemental selon une procédure en trois phases rigoureusement identiques à celle prévue pour les créations de communautés de communes. Là encore, la décision institutive détermine le siège de la communauté.

L'article L. 168-7 nouveau permet aussi la *transformation* en communauté de villes d'*une communauté urbaine ou d'un district* existant à la date du 8 février 1992[33] et regroupant 20 000 habitants au moins. Il faut alors une décision du conseil de communauté ou du conseil de district prise à la majorité des deux tiers au moins de ses membres.

Créée sans limitation de durée, la communauté de villes peut être *dissoute par décret en Conseil des ministres* dans les mêmes conditions qu'une communauté urbaine, à la demande des deux tiers au moins des conseils municipaux des communes intéressées représentant plus des trois quarts de la population totale de celles-ci, ou inversement à la demande des trois quarts des conseils municipaux représentant plus des deux tiers de la population totale selon l'article L. 165-38 et L. 168-6 nouveau du Code des communes.

L'administration de la communauté de villes est assurée par un *conseil* composé des délégués des communes élus au sein de chaque conseil municipal au scrutin

---

33. Pour rappel, la date du 8 février 1992 est la date de publication au *Journal officiel* de la loi d'orientation du 6 février 1992.

uninominal à deux tours lorsque le nombre de délégués est inférieur à deux, et au scrutin de liste majoritaire dans le cas contraire.

Toutefois par dérogation spéciale, la loi prévoit qu'au cas où le nombre de conseillers municipaux est inférieur au nombre de sièges à pourvoir, le conseil municipal peut désigner *tout citoyen éligible* au conseil municipal de la commune pour occuper les sièges qui ne peuvent être pourvus par des conseillers municipaux.

Quant au nombre de sièges et à leur répartition, ils sont fixés soit par *accord amiable* conclu dans les trois mois suivant le renouvellement général des conseils municipaux intéressés ou de la publication de l'arrêté préfectoral fixant le périmètre de communauté soit, à défaut d'accord amiable, selon les règles de l'article L. 168-3 nouveau du Code des communes. La répartition des sièges se fait alors *en fonction de la population* à la représentation proportionnelle à la plus forte moyenne, chaque commune devant disposer au *minimum d'un siège* et au maximum de la moitié des sièges.

Vouée au développement, la nouvelle communauté de villes dispose de compétences larges et importantes qui recouvrent les mêmes compétences que celles dévolues aux communautés de communes, soit à titre obligatoire de plein droit, soit à titre facultatif et conventionnel. Toutefois il est intéressant de relever que le législateur a volontairement précisé sa rédaction des groupes de compétences en détaillant davantage que pour les communautés de communes, les possibilités de transfert offertes aux communes membres.

C'est ainsi qu'au titre *des compétences obligatoires*, la communauté de villes exerce de plein droit au lieu et place des communes membres et pour la conduite d'actions d'intérêt communautaire les compétences ainsi que les règlements y afférents relevant de chacun des deux groupes suivants :

---

1. *Aménagement de l'espace :* ici il est spécifié que ce premier groupe comprend le schéma directeur, le schéma de secteur, la charte intercommunale de développement et d'aménagement, l'élaboration des programmes locaux de l'habitat visés à l'article L. 302-1 du Code de la construction et de l'habitation, de même que la création et la réalisation de zones d'aménagement concerté.

2. *Actions de développement économique :* ici, le législateur précise que création et équipement des zones d'activités industrielle, tertiaire, artisanale, touristique, portuaire ou aéroportuaire entrent dans le cadre de ce second groupe.

La communauté de villes doit en outre exercer dans les mêmes conditions des compétences relevant d'au moins un des quatre groupes suivants :

---

1. *Protection et mise en valeur de l'environnement :* ici sont visés la politique du cadre de vie, la lutte contre la pollution des eaux et de l'air, la lutte contre le bruit, l'assainissement, la collecte, le traitement et l'élimination des déchets dans le cadre des schémas départementaux les concernant lorsqu'ils existent.

2. *Politique du logement et actions de réhabilitation.*

3. *Création, aménagement et entretien de la voirie :* ici, il s'agit aussi des plans de déplacements urbains et de transports urbains.

4. *Construction, entretien et fonctionnement d'équipements culturels et sportifs* relevant de l'enseignement préélémentaire et élémentaire et investissements culturels concordataires pour ce qui concerne l'Alsace et la Moselle.

Par ailleurs, l'article L. 168-5 prévoit que la communauté de villes *se substitue de plein droit* aux syndicats de communes ou districts préexistants dont le périmètre est identique au sien.

De la même façon, la communauté de villes est substituée pour l'exercice de ses compétences aux communes qui en font partie lorsque celles-ci sont groupées avec des communes extérieures à la communauté.

Cette disposition ne modifie ni les attributions des syndicats de communes ou des districts intéressés, ni le périmètre dans lequel ces établissements publics exercent leur compétence.

À titre *facultatif*, les communes membres de la communauté de villes peuvent lui transférer, en tout ou partie, certaines de leurs compétences et les équipements ou services publics utiles à l'exercice de ces compétences. Ces décisions relèvent des délibérations concordantes du conseil de communauté et de la majorité qualifiée des conseils municipaux telle qu'elle est définie à l'article L. 168-1 du Code des communes.

L'acte institutif ou les délibérations ultérieures qui décident de transferts de compétences déterminent les *conditions financières et patrimoniales* de ces transferts notamment en ce qui concerne les emprunts en cours des communes intéressées ainsi que l'affectation des personnels.

Les règles de *partage de compétences* entre communes et communauté en matière d'acquisitions foncières par préemption, de réalisations d'opérations de logements ou d'activités économiques, de charge d'équipement de ces zones, de voirie sont déter-minées de la même manière par l'acte institutif ou des délibérations ultérieures.

Enfin, si la communauté de villes créée par transformation d'une communauté urbaine ou d'un district regroupant 20 000 habitants conserve l'intégralité des compétences exercées antérieurement par la structure qu'elle remplace, d'autres formules plus souples sont prévues à l'article L. 168-8. Un syndicat de communes, un district ou une communauté de communes inclus en tout ou partie dans le péri-mètre de la communauté de villes ou englobant celle-ci, peut transférer certaines de ses compétences à la communauté de villes. Les conditions de dévolution de ces compétences facultatives sont fixées par le décret du 17 février 1993 applicable également aux communautés de communes.

La loi d'orientation prévoit à l'article L. 168-4-1 l'hypothèse de décisions du conseil de communauté dont les effets ne concernent qu'une seule des communes membres. Dans ce cas, l'avis préalable du conseil municipal de cette commune est nécessaire, et à défaut d'être rendu dans les deux mois de la transmission du projet, il est réputé favorable. Lorsqu'il est défavorable, il ne peut être surmonté que par une décision des deux tiers des membres de la communauté.

L'ensemble du dispositif instituant les nouvelles communautés de villes comprend un volet fiscal et financier important consacré aux ressources et aux recettes qui leur sont affectées.

2. Les ressources

Tout d'abord, la communauté de villes dispose d'une *fiscalité de substitution* prévue à l'article 1609 *nonies* C nouveau du CGI qui stipule que les communautés de villes sont substituées aux communes membres pour l'application des dispositions relatives à *la taxe professionnelle*.

Le taux sera unifié pour toutes les communes membres et la loi prévoit l'étalement du processus d'unification des taux sur plusieurs années. Par contre, dès la première année du regroupement, les taux de la taxe professionnelle cessent d'être votés par les communes membres. C'est le conseil de communauté qui vote le taux de taxe correspondant au *taux moyen* de la taxe professionnelle des communes membres l'année précédente, pondéré par l'importance relative des bases de ces communes. C'est également la communauté qui perçoit le produit correspondant qui est réparti entre la communauté et les communes membres au prorata de leurs recettes fiscales antérieures au titre de la taxe professionnelle.

Chaque commune membre reçoit au minimum une *attribution de compensation* égale au montant du produit de taxe professionnelle perçu l'année précédant l'institution du taux de la taxe professionnelle communautaire diminué du coût net des charges transférées.

La communauté de villes prélève le montant nécessaire à la *couverture des charges transférées*, calculé lors de la création de la communauté et augmenté éventuellement dans la limite de l'évolution des dépenses de fonctionnement des communes membres.

Le solde disponible constitue une *dotation de solidarité communautaire* qui est répartie entre les communes membres en fonction de critères fixés librement par le conseil de communauté statuant à la majorité des deux tiers. A défaut d'accord à la majorité requise, la répartition obéit aux règles suivantes :

– 30 % selon le supplément de bases de taxe professionnelle constaté dans chaque commune.
– 30 % selon les bases de taxe professionnelle par habitant de chaque commune.
– 30 % selon la population communale totale.
– 10 % selon le nombre d'établissements soumis à la législation sur les installations classées implantées dans chaque commune.

Afin de pouvoir mettre en œuvre cette procédure de répartition, l'article 1609 *nonies* C-I crée une *commission locale* composée d'au moins un représentant du conseil municipal de chacune des communes membres et présidée par l'un d'entre eux. Cette commission est spécialement chargée d'évaluer les *transferts de charge* entre la communauté de villes et les communes membres et peut faire appel à des experts pour l'exercice de sa mission.

L'évaluation des charges calculées selon leur coût réel est déterminée à la date du transfert et approuvée par les conseils municipaux dans les conditions de majorité qualifiée de droit commun en matière intercommunale prévues à l'article L. 168-1 du Code des communes.

De la même façon que les communautés de communes, les communautés de villes peuvent opter pour une *fiscalité propre* dans les termes de l'article 1609 *quinquies* C du CGI qui leur permet de percevoir la taxe foncière sur les propriétés bâties, la taxe foncière sur les propriétés non bâties, la taxe d'habitation et la taxe professionnelle selon les règles applicables aux communautés urbaines.

Les communautés de villes disposent encore de différentes *recettes fiscales* perçues à la place des communes membres, *en fonction des compétences* qui leur sont transférées.

L'article 1609 *nonies* D du CGI prévoit à ce titre que les communautés de villes peuvent percevoir :

---

a) La taxe d'enlèvement des ordures ménagères, la redevance d'enlèvement des ordures ménagères sur les terrains de camping ou la redevance pour enlèvement des ordures, déchets et résidus.

b) La taxe de balayage.

c) La taxe de séjour, lorsqu'elle répond aux conditions fixées à l'article L. 233-45 du Code des communes, dans ce cas, les communautés de villes peuvent instituer la taxe sur délibération du conseil de communauté statuant à la majorité des deux tiers.

d) La taxe sur la publicité mentionnée à l'article L. 233-15 du Code des communes.

Selon les mêmes principes, la communauté de villes perçoit aussi le produit du *versement destiné aux transports en commun* prévu à l'article L. 233-58 du Code des communes, lorsqu'elle est compétente pour l'organisation des transports en commun.

Les communautés de villes disposent également de bon nombre de *ressources non fiscales*, les mêmes que celles affectées aux autres groupements de communes, qu'il s'agisse des produits classiques des services assurés, des biens meubles et immeubles, des emprunts et subventions ou qu'il s'agisse des dotations modernes.

Les communautés de villes bénéficient ainsi de la *dotation globale de fonctionnement* dans les conditions fixées par l'article 112 de la loi d'orientation qui modifie l'article L. 234-17 du Code des communes afin d'intégrer les mesures transitoires indispensables à la mise en application du système. Il résulte de ces dispositions qu'au titre de l'année où la communauté de villes perçoit pour la première fois sa fiscalité propre, elle bénéficie d'une dotation égale au produit de l'attribution moyenne de la dotation globale de fonctionnement par habitant constatée pour l'ensemble des communautés de villes au titre de l'exercice précédent, pour la population des communes regroupées. Un abattement de 50 % est opéré sur cette dotation.

Pour la première année d'application de la loi d'orientation, la dotation globale de fonctionnement attribuée aux communautés de villes est répartie au prorata de la population.

Le mécanisme de *garantie de l'évolution minimale* prévu par le premier alinéa de l'article L. 234-19-1 ne s'applique qu'à compter de la troisième année d'attribution de la dotation globale de fonctionnement.

Lorsqu'un groupement de communes à fiscalité propre *change de catégorie* de groupements à fiscalité propre, il est assuré de percevoir, l'année où il lève pour la première fois sa fiscalité propre dans la nouvelle catégorie, une dotation égale à celle qu'il a perçue l'année précédente à laquelle est appliqué le taux minimum garanti défini à l'article L. 234-19-1.

Les communautés de villes bénéficient aussi de la *dotation globale d'équipement* dans les conditions fixées par l'article 103 de la loi n° 83-8 du 7 janvier 1983 modifiée par la loi d'orientation.

Enfin, l'article 118 de cette même loi prévoit que les communautés de villes bénéficient d'attributions du fonds de compensation pour la TVA sur la base des dépenses réelles d'investissement afférentes à l'exercice en cours.

Le développement des communautés de villes est encore très limité : 3 en 1992, 4 au total en 1993[34]. On peut comprendre ce résultat si l'on observe que l'étude des communautés de communes et des communautés de villes conduit inévitablement à conclure à leur très grande similitude aussi bien en ce qui concerne leur organisation, leur fonctionnement, leurs attributions et leurs ressources, les quelques différences notables, en particulier fiscales et financières n'étant certainement pas déterminantes à elles seules, sauf exception, pour choisir l'une ou l'autre formule de regroupement communal.

L'essentiel est ailleurs, dans leur logique commune de *solidarité* et l'on peut s'interroger sur l'intérêt et l'opportunité d'avoir créé deux structures intercommunales plutôt qu'une seule. On comprend bien que la conscience d'une *urgente nécessité* de multiplier et surtout de renforcer les regroupements communaux à la veille de l'union européenne ait conduit à rechercher des formules *plus intégratives et plus attractives* que celles qui existaient déjà. Mais l'efficacité recherchée aurait été sans doute plus grande avec une seule proposition réfléchie et adaptée, ne serait-ce que pour éviter les hésitations et la perplexité des communes susceptibles de répondre à l'attente du législateur. Cette difficulté est encore aggravée si l'on observe que le seuil de création des communautés urbaines passe de 50 000 à 20 000 habitants, à égalité avec les communautés de villes !

Renoncer à la simplicité ne vaut que lorsque des différences marquées de situations des communes commandent véritablement des institutions nettement différenciées. Quand les critères retenus et les mécanismes se confondent, le choix y perd inévitablement en clarté et relève de mises en concurrence souvent trop peu significatives entre les options possibles pour entraîner, sinon l'enthousiasme, du moins la conviction indispensable à la réussite, qu'il s'agit du meilleur choix possible. Les solutions offertes par la loi d'orientation entrent dans un système de plus en plus lourd de multiplication excessive des formules juridiques de coopération interlocale.

D'une façon générale, qu'il s'agisse de fusion ou de coopération, le regroupement intercommunal dispose d'une gamme d'institutions complétée par les *établissements publics intercommunaux* prévus par la loi n° 83-8 du 7 janvier 1983 en matière d'urbanisme. Dans ce domaine particulier qui constitue désormais la vocation privilégiée de la commune, le regroupement facilite l'exercice des nouvelles compétences, qu'il s'agisse de l'élaboration des schémas directeurs et schémas de plan (art. 42), des plans d'occupation des sols (art. 50), voire même de la délivrance du permis de construire (art. 59).

L'intercommunalité a connu un développement important accéléré par la dynamique lancée par le gouvernement socialiste en 1992. Un bilan réalisé au début de l'année 1993 par la direction générale des collectivités locales permet de relever quelques traits caractéristiques de ce développement. Les communautés tout d'abord sont de *taille variable* puisqu'elles rassemblent de deux communes, comme dans l'Orne, jusqu'à cent trente communes, comme en Charente-Maritime.

La moitié de ces structures ont adopté le moule préexistant du *syndicat intercommunal*. Pour les autres, elles ont été créées *ex nihilo*. Leurs frontières coïncident souvent avec celles du canton et leur territoire est en principe structuré autour d'une ville-centre. Rares sont celles qui regroupent des communes appartenant à plusieurs départements.

Enfin, les présidents des communautés ne sont pas toujours les maires des communes les plus peuplées, ceci afin de faciliter la coopération. Il arrive même que certains d'entre eux ne détiennent aucun mandat électif. Ils sont alors choisis en raison de leur investissement personnel dans le développement local.

---

34. Source *DGCL*. Il s'agit de La Rochelle, Cambrai, Aubagne et Flers.

Les commissions départementales de la coopération intercommunale ont remis leurs projets de schémas de coopération le 31 décembre 1993. Il est peu probable que ceux-ci donnent lieu à une nouvelle vague de groupements dans la mesure où les commissions se sont contentées dans l'ensemble de ratifier les initiatives déjà prises par les communes.

Cependant, le principe de regroupement n'est pas cantonné à l'horizon intercommunal comme nous allons le constater maintenant.

Section 2
Les autres types de regroupements

On peut distinguer deux types de regroupements plus ou moins larges, ceux qui intéressent une même catégorie de collectivités locales autres que les communes, c'est-à-dire départements et régions, et ceux qui ont une portée beaucoup plus générale, soit qu'ils concernent différentes catégories de personnes publiques, soit qu'ils débordent de façon originale le cadre strictement national.

§ I. LES REGROUPEMENTS SPÉCIFIQUES DE COLLECTIVITÉS LOCALES

Ils sont à considérer sur deux plans : au niveau interdépartemental et au niveau interrégional. Le premier bénéficie d'une organisation déjà ancienne, mais la réforme a voulu lui donner un nouvel élan et faciliter son développement en le dotant d'un nouveau statut en 1983. La loi d'orientation du 6 février 1992 a voulu l'améliorer en l'élargissant.

Le second a fait la preuve d'une grande vitalité en dix ans et les textes de 1982 et 1983 visent à renforcer les formes de coopération entre régions renouvelées en 1992 par la création d'une nouvelle institution.

A. Les institutions interdépartementales

La loi du 10 août 1871 prévoyait le règlement des intérêts communs à plusieurs départements dans le cadre de *conférences interdépartementales* (art. 90), ou *d'ententes* (art. 89), qui constituent des cadres de concertation permettant la constitution d'organismes interdépartementaux (art. 91).

a) *Les conférences interdépartementales*

L'article 90 de la loi, modifié par le décret du 5 novembre 1926, dispose que les questions d'intérêt commun sont débattues dans des **conférences** où chaque conseil général est représenté. Cette représentation est assurée soit par la commission départementale, soit par une commission spéciale. Par ailleurs, les préfets des départements peuvent assister aux réunions et les décisions qui y sont prises ne sont exécutoires qu'après avoir été *ratifiées* par tous les conseils généraux intéressés. Le décret de 1926, très imprégné de la crainte latente du fédéralisme, prévoit en outre un droit de *dissolution* entre les mains du préfet.

La loi du 2 mars 1982 modifie sensiblement le régime de ces conférences en supprimant le droit de dissolution du représentant de l'État qui perd son privilège de contrôle. La nouvelle rédaction s'abstient de préciser les conditions de la représentation des conseils généraux, mais la suppression de la commission départementale limite le problème à la possibilité d'organiser une **commission spéciale** que rien n'interdit, en pratique, et qui ne dépend d'ailleurs pas d'un texte quelconque. La nouvelle commission départementale règle le problème depuis 1992. Parallèlement à l'évolution des conférences interdépartementales, il faut situer celle des ententes et des institutions et organismes interdépartementaux.

b) *Les ententes et organismes interdépartementaux*

L'article 89 de la loi de 1871 prévoit que deux ou plusieurs conseils généraux peuvent provoquer entre eux, par l'entremise de leurs présidents et après avoir averti les préfets intéressés, une **entente** sur les objets d'utilité départementale compris dans leurs attributions, et qui intéressent simultanément leurs départements respectifs. Ils peuvent conclure des **conventions** à l'effet d'entreprendre ou de conserver à frais communs des ouvrages ou des institutions d'utilité commune.

Cette institution devait être fortement améliorée par la loi du 9 janvier 1930, qui organise la possibilité de créer un **établissement public interdépartemental**, donc doté de la personnalité morale et de l'autonomie financière, pour gérer l'objet des ententes qui peuvent regrouper des départements même non limitrophes.

Par ailleurs, l'administration des «institutions ou organismes interdépartementaux» (art. 91) est assurée par les conseillers généraux élus à cet effet, et leur structure est assez semblable à celle des syndicats de communes.

Dans l'ensemble, cette forme de regroupements n'a pas connu un très grand succès. L'entretien et le fonctionnement du canal de Nantes à Brest ont donné lieu à une entente efficace entre Finistère, Loire-Atlantique et Morbihan. De même, le démoustiquage du littoral a réuni les quatre départements concernés par l'entente visant l'aménagement touristique du Languedoc : Gard, Hérault, Aude et Pyrénées-Orientales. La sauvegarde des eaux de la Dordogne, a fait l'objet d'un regroupement de six départements : Puy-de-Dôme, Cantal, Corrèze, Dordogne, Lot et Gironde. Mais d'autres types de regroupements ont paru plus attrayants et le législateur de 1982 a voulu faciliter la formule en la faisant bénéficier des mêmes allégements que tout autre établissement public territorial. En particulier, l'article 58, 2 f de la loi du 2 mars 1982 supprime l'obligation d'aviser le représentant de l'État de la formation d'une entente interdépartementale.

De plus, le décret n° 83-479 du 10 juin 1983[35] relatif aux institutions interdépartementales aménage le régime applicable aux établissements publics et détermine la nature de leurs **recettes**. Outre la contribution des départements associés, et les produits de l'activité des établissements concernés, l'article 7 vise les revenus des biens, les produits des subventions, des emprunts, des dons et legs. À ces recettes classiques s'en ajoutent deux autres qui assouplissent la gestion en la dotant d'une

---

35. Décret n° 83-479 du 10 juin 1983, *JO* du 12 juin 1983.

marge de manœuvre évolutive, qu'il s'agisse des « *autres recettes prévues par les lois en vigueur* » ou de la création d'un fonds de réserve, sur lequel sont prélevées les sommes nécessaires aux besoins exceptionnels.

La seule innovation importante introduite par la nouvelle rédaction de l'article 91 du 10 août 1971 telle qu'elle ressort de la loi d'orientation du 6 février 1992 concerne la possibilité nouvelle pour les institutions ou organismes interdépartementaux, d'associer des conseils régionaux et des conseils municipaux. Cette ouverture marque l'unité d'inspiration de la décentralisation qui tend à développer la liberté d'association entre toutes les collectivités territoriales.

L'article 91 alinéa 5 nouveau prévoit en conséquence que l'association de conseils régionaux ou municipaux entraîne l'application des articles L. 166-1 à L. 166-4 du Code des communes, ce qui signifie que dans un tel cas de figure, l'institution inter-départementale concernée fonctionne comme un *syndicat mixte*. La loi précise seulement que le conseil d'administration comprend alors des représentants de tous les conseils ainsi associés.

À cet ensemble d'institutions interdépartementales se superposent les institutions propres à la coopération interrégionale.

B. Les institutions interrégionales

Bien que l'échelle ne soit pas la même que pour les communes, les limites régio-nales peuvent apparaître trop étroites quand il s'agit de programmer et de réaliser des équipements d'une certaine importance, par exemple, de canaux ou d'autoroutes au tracé linéaire, qui traversent plusieurs régions. Le même obstacle surgit quand on entreprend des études économiques de grande ampleur et qui intéressent là encore plusieurs régions.

Le souci de rendre nos régions compétitives face à leurs homologues étrangères au sein de l'Union européenne a conduit le législateur de 1992 à offrir aux régions un nouvel espace de coopération interrégionale.

a) *Les premières formules*

Malgré les réticences du gouvernement de l'époque, l'article 4-III de la loi du 5 juillet 1972 met en place une première forme de coopération, en permettant à un ou plusieurs établissements publics régionaux de conclure entre eux des « *accords pour l'étude, le financement et les réalisations d'équipements d'intérêt commun ou pour la création d'institutions d'utilité commune.* »

Un décret du 22 novembre 1974[36] précise les modalités de cette coopération. Elle est organisée au moyen de **conférences interrégionales**, décidées par délibérations concordantes des conseils régionaux intéressés, après avis des comités économiques et sociaux régionaux. Chaque conférence élabore des *recommandations* tendant à la conclusion de **conventions** ou à **la création d'institutions d'utilité commune**. Les conseils régionaux saisis par les préfets des régions intéressées décident, par des déli-bérations concordantes, de la suite à donner à ces recommandations.

---

36. Décret n° 74-967 du 22 novembre 1974, *JO* du 24 novembre 1974.

Lorsque l'accord donnant lieu à une convention porte sur la réalisation d'un équipement pour le compte d'une collectivité locale ou de l'État, cette collectivité ou l'État doit donner expressément son accord préalable. Tel est le cas de la convention signée en 1977 entre les régions de Languedoc-Roussillon, de Midi-Pyrénées et d'Aquitaine d'une part, et l'État d'autre part, en vue de la modernisation du canal du Midi.

Dans la plupart des cas, la convention porte sur une étude ou sur la réalisation d'un équipement public pour lequel il n'est pas nécessaire de créer une institution d'utilité publique commune. La gestion et l'exploitation de l'ouvrage réalisé seront confiées à une collectivité locale ou à son concessionnaire.

La convention négociée au cours d'une conférence interrégionale peut prévoir la création d'une institution spéciale dotée de la personnalité morale, qui apparaît comme l'équivalent d'un syndicat interrégional. Il s'agit d'un **établissement public** administré par un conseil d'administration composé des délégués des conseils régionaux. Il bénéficie de règles comptables et financières identiques à celles de la région.

b) *L'ouverture de la réforme de 1982*

Le législateur de 1982 ne reprend pas la formule des conférences interrégionales, mais l'article 65 de la loi du 2 mars élargit le champ d'application des conventions et des institutions d'utilité commune. Désormais, il ne s'agit plus seulement d'études financières ou d'équipements d'intérêt commun, mais plus largement, de l'**ensemble des compétences régionales**.

Le décret n° 83-471 du 9 juin 1983[37] précise le régime relatif aux **conventions et institutions d'utilité commune interrégionales**. La réalisation des équipements d'intérêt commun est désormais décidée par le seul accord commun des conseils régionaux intéressés, qui s'engagent du même coup à inscrire à leurs budgets les dépenses nécessaires. L'accord préalable des collectivités locales n'est plus nécessaire, ce qui permet de reconnaître une réelle spécificité à la notion d'équipement régional.

En pratique, ces différentes solutions se sont appliquées en permettant le regroupement de plusieurs conseils régionaux autour de vastes projets d'intérêt commun, qu'il s'agisse de l'aménagement des Pyrénées ou de l'étude des problèmes de politique routière. Dans le cas particulier de la liaison Rhin-Rhône et des liaisons fluviales du nord et de l'est du pays, deux groupements interrégionaux se sont même créés autour de projets concurrents. Au total, une dizaine d'institutions seulement, ce qui a conduit le législateur de 1992 à proposer une nouvelle formule de coopération interrégionale.

c) *L'espace nouveau de l'entente interrégionale*

À l'heure de l'Union européenne, il devenait urgent d'offrir aux régions un espace plus vaste tout en corrigeant leurs disparités économiques. Telles sont les deux lignes directrices qui ont inspiré les mesures adoptées par le législateur et qui n'ont pas d'autre but que de donner aux régions les moyens de peser suffisamment sur l'avenir par rapport aux autres vastes régions européennes concurrentes.

---

37. Décret n° 83-471 du 9 juin 1983, *JO* du 11 juin 1983.

Ce souci de compétitivité régionale n'est pas nouveau. Le Xe Plan pour 1989-1992 décrivant les grands axes d'une politique d'aménagement du territoire rénovée avait mis l'accent sur la nécessité de donner à nos régions une «taille critique à l'échelle européenne». Ce n'est précisément que par un changement d'échelle que peut s'expliquer la situation paradoxale des régions, nées des critiques sur l'étroitesse des départements inadaptés aux ambitions de la planification économique hexagonale, et qui souffrent à leur tour du même mal, face à la concurrence européenne.

1. Création et objet

L'article 54 de la loi d'orientation du 6 février 1992 institue une catégorie nouvelle d'établissement public : *l'entente interrégionale*, dont les espèces seront à leur tour créées par décret en Conseil d'État, sur délibérations concordantes des conseils régionaux, et après avis des conseils économiques et sociaux régionaux.

Sur le modèle de l'entente interdépartementale de l'article 89 de la loi du 10 août 1871, la nouvelle entente interrégionale associe de deux à quatre régions limitrophes, une région pouvant désormais adhérer à plusieurs ententes (art. 54 nouveau de la loi)[38]. L'entente voit son siège déterminé par la décision institutive et ses règles de fonctionnement définies par la loi.

L'organisation interne de l'entente est fixée par la loi. Elle comprend un organe délibérant, le *Conseil de l'entente*, assisté d'une *commission permanente* (art. 55), et un organe exécutif, le président de ce conseil (art. 56). Enfin les *conseils économiques et sociaux des régions membres* interviennent à titre consultatif.

1) Le *Conseil de l'entente*, tout d'abord, est composé de délégués des conseils régionaux dont le nombre est déterminé par la décision institutive, qui règle également la répartition des délégués entre chaque conseil régional. Ces délégués sont élus au scrutin proportionnel à la plus forte moyenne, les listes de candidats pouvant comporter moins de noms que de sièges à pourvoir.

Les *règles de fonctionnement spécifiques* sont précisées par l'article 55. Le Conseil de l'entente qui arrête son règlement intérieur[39], joue un rôle décisif puisqu'il règle par ses délibérations les affaires relevant des compétences attribuées à l'entente telles qu'elles sont énumérées dans l'acte institutif. L'étendue de ces compétences, leur nombre et leur importance dépendent de la volonté concordante des régions membres qui en ont pris la commune décision.

2) Le Conseil de l'entente est assisté d'une *commission permanente* à laquelle il peut déléguer une partie de ses attributions à l'exception de celles qui ont trait au budget et aux comptes. Cette commission renouvelée en même temps que lui, est élue par le conseil au scrutin proportionnel à la plus forte moyenne.

Toutes les autres règles de fonctionnement du conseil et de la commission, ainsi que celles concernant l'exécution de leurs délibérations sont celles de droit commun applicables aux régions.

3) Le *président du conseil* prévu à l'article 56 est l'organe *exécutif* de l'entente interrégionale[40]. À ce titre comme tout exécutif d'assemblée délibérante, il prépare et exécute les décisions du Conseil de l'entente. Il préside la commission permanente et

---

38. *Cf.* Loi n° 95-115 du 4 février 1995, *JO* du 5 février 1995, p. 1973. L'article 81 de cette loi modifie l'article 54 de la loi du 6 février 1992.

39. Ici les conditions sont celles fixées à l'article 11 de la loi n° 72-619 du 5 juillet 1972, *JO* du 9 juillet 1972, p. 7176 et 7177.

40. Il est élu dans les conditions fixées par la loi du 5 juillet 1972.

peut prendre l'initiative de consulter les conseils économiques et sociaux des régions membres de l'entente. Il est appelé à assumer un rôle déterminant à la mesure de l'importance de l'entente.

4) Les *conseils économiques et sociaux* voient leur vocation consultative renforcée dans le cadre des nouvelles ententes interrégionales. Non seulement les conseils des régions membres peuvent être saisis pour avis par le président du Conseil de l'entente de tout projet à caractère économique, social ou culturel du domaine de compétence de l'entente, mais ils peuvent eux-mêmes prendre l'initiative d'émettre des avis sur toute question entrant dans les compétences de l'entente. Organes consultatifs en matière économique et sociale auprès des conseils régionaux, le nouveau rôle des comités économiques et sociaux des régions membres auprès du Conseil de l'entente, leur ouvre un registre complémentaire d'interventions parfaitement conforme à leur mission.

Quant aux *compétences de l'entente*, l'article 57 précise qu'elles sont énumérées dans le décret institutif. Ces compétences sont exercées par l'entente aux lieu et place des régions membres. La loi souligne en particulier la tâche d'*harmonisation* qui incombe à la nouvelle entente à l'égard des programmes des régions membres dont elle assure la cohérence. Dans cette perspective, il lui revient de conclure avec l'État aux lieu et place des régions qui la composent, des *contrats de plan*, dans la limite des compétences qui lui ont été transférées. Rien n'interdit à cet égard un transfert plus large autorisant les ententes à conclure des contrats de plans avec d'autres personnes morales que l'État, qu'elles soient publiques ou privées.

C'est au conseil qu'il appartient d'assumer par ses délibérations les compétences de l'entente. Le rôle du conseil est ici exclusif, sauf à déléguer à la commission permanente les attributions dont la délégation n'est pas interdite. Il en résulte une dissolution de plein droit des institutions d'utilité commune groupant les régions membres et définies par le § II de l'article 4 de la loi du 5 juillet 1972.

Une *évolution* de l'entente est possible par modification de la décision institutive prononcée comme elle, en vertu du parallélisme des formes, par décret en Conseil d'État (art. 62 al. 1). La décision originaire portant sur le nombre des régions associées, leur représentation au sein du conseil et sur les compétences exercées par l'entente aux lieux et place des régions membres, c'est sur ces données fondamentales que des changements peuvent intervenir. La proposition en est faite par le Conseil de l'entente après délibérations concordantes des conseils régionaux des régions membres.

Toute région membre de l'entente peut s'en retirer à condition que la décision de *retrait* soit adoptée à l'unanimité par le Conseil de l'entente (art. 62 al. 2), ce qui confère un droit de veto à toute région membre hostile à ce retrait[41].

Enfin, terme ultime prévu par la loi d'une évolution négative, l'entente peut être *dissoute* à la demande du conseil régional, de toute région membre dans des conditions prévues par décret en Conseil d'État (art. 62 al. 3). Il est évident qu'une telle dissolution ne peut traduire qu'un échec consommé de l'entente que la loi vise plutôt à consolider par un cumul de moyens importants.

La loi nouvelle prévoit en outre de façon précise les conditions de l'*évolution géographique* des régions de même que leur *changement de nom* et modifie en conséquence l'article 2 de la loi du 5 juillet 1972 qui fixait jusque-là le régime juridique applicable à de telles situations.

---

41. Il y a là un verrouillage voulu de l'institution comparable à celui de la communauté urbaine.

Désormais les limites territoriales et le nom des régions sont normalement modifiés par la loi après consultation des conseils régionaux et des conseils généraux intéressés qui peuvent également prendre l'initiative de ces modifications en saisissant le gouvernement de propositions à cet effet.

L'article 63 de la loi dispose que deux ou plusieurs régions peuvent demander à se *regrouper* en une seule par délibérations concordantes des conseils régionaux intéressés. La demande doit être accompagnée de l'avis favorable exprimé par une *majorité qualifiée* constituée soit de la moitié des conseils généraux représentant les deux tiers de la population soit des deux tiers des conseils généraux représentant la moitié de la population. Le regroupement demandé est alors réalisé par décret en Conseil d'État.

Toutefois, un cas particulier de *modification automatique* des limites de la région est possible : lorsqu'elle est elle-même la conséquence d'une modification des limites territoriales de départements limitrophes n'appartenant pas à la même région. Cette modification des limites départementales est opérée par décret en Conseil d'État et n'intervient qu'après avis favorable des conseils généraux et régionaux intéressés, mais elle est à double détente : elle entraîne avec elle la modification des limites de la région.

La loi met donc en place un nouveau système évolutif favorisant l'extension de l'espace régional. Elle le complète et le soutient par un ensemble de *moyens* sans lesquels il ne serait qu'une ambition théorique dépourvue de portée réelle.

2. *Les ressources*

Le principe posé par la loi est qu'il ne peut y avoir de transfert de compétence sans transfert corrélatif des moyens nécessaires à la mise en place et au bon fonctionnement de la nouvelle entité régionale. Le principe traduit l'unité d'inspiration de la décentralisation qui postule depuis la loi du 2 mars 1982 (art. 102) qu'il ne peut y avoir création de charges nouvelles par transfert de compétences sans transfert de ressources appropriées, voire création de ressources nouvelles. L'article 62 alinéa 3 *in fine* stipule en effet que tout acte qui procède à des transferts de compétences détermine non seulement les conditions financières et patrimoniales de ces transferts, mais aussi l'affectation des personnels.

La loi attribue de façon précise *six masses de recettes* importantes pour constituer une part essentielle mais non exhaustive du budget de l'entente interrégionale (art. 58).

On peut y distinguer des *ressources propres et autonomes* dans la mesure où il appartient aux régions membres d'en fixer ou d'en modifier le taux, à savoir :
1. La contribution budgétaire des régions membres fixée par la décision institutive.
2. Les redevances pour services rendus.
3. Les revenus des biens de l'entente.

Il s'y ajoute des *apports extérieurs*, soit traditionnels comme :
4. Les fonds de concours reçus.
5. Les ressources d'emprunt.

Soit originaux comme :
6. Les versements du Fonds de compensation pour la taxe sur la valeur ajoutée (FCTVA).

Par ailleurs, le souci d'équilibre qui est au cœur de tout système de regroupement de collectivités locales pour le rendre viable explique la création du nouveau *fonds de correction des déséquilibres régionaux* de l'article 64 alinéa 1 et prévu pour fonctionner à partir du 1er janvier 1993.

Comme son nom l'indique sans ambiguïté la finalité assignée au nouveau fonds est de corriger les déséquilibres régionaux existants, et surtout d'éviter pour l'avenir l'aggravation des disparités régionales qui pèsent comme autant d'hypothèques sur les chances de succès économique de nos régions dans la future compétition européenne.

La loi détaille à cet effet les règles de *prélèvement* et *d'attributions* applicables à ce fonds de correction. Elle est complétée par l'arrêté du 28 décembre 1992 pris pour l'application en 1993 de l'article 64 de la loi d'orientation.

3. Le prélèvement

Le principe en est fixé à l'article 64-II qui stipule que ce prélèvement est opéré sur les recettes fiscales des régions dont le *potentiel fiscal direct* est supérieur au potentiel fiscal direct moyen par habitant de l'ensemble des régions. Pour la première année d'application en 1993, ce critère de potentialité fiscale se combine avec celui du taux de chômage, le prélèvement étant opéré dans les régions dont le taux de chômage de 1991 est inférieur au taux de chômage annuel moyen de l'ensemble des régions métropolitaines. Il est en outre proportionnel au montant des dépenses totales de la région constatée dans le compte administratif de l'exercice de référence 1991.

L'article 64-IV précise que les recettes fiscales soumises au prélèvement sont la taxe foncière sur les propriétés bâties, la taxe foncière sur les propriétés non bâties, la taxe d'habitation et la taxe professionnelle. En conséquence, le produit de ces taxes inscrit à la section de fonctionnement du budget des régions intéressées est diminué du montant de ce prélèvement.

Par ailleurs, l'article 64-V définit le potentiel fiscal direct de la région comme égal au montant des bases pondérées des quatre taxes directes locales, ces bases étant les bases brutes de la dernière année dont les résultats sont connus servant à l'assiette des impositions régionales.

Quant au *coefficient de pondération* de la base de chacune des quatre taxes, il correspond au taux moyen national d'imposition de la taxe considérée, constatée lors de la dernière année dont les résultats sont connus.

La loi fixe très précisément d'une part, les trois critères quantitatifs commandant le prélèvement, et d'autre part, les conditions sociales permettant sa cessation.

– *Le premier critère* retenu pour le prélèvement joue lorsque le potentiel fiscal par habitant d'une région est supérieur de 5 % au plus au potentiel fiscal moyen. Le prélèvement est alors égal à 1 % du montant total des dépenses de la région considérée, constatées dans le compte administratif afférent au pénultième exercice.

– *Le deuxième critère* joue lorsque le potentiel fiscal par habitant d'une région est supérieur de 5 % et de moins de 20 % au potentiel fiscal moyen. Le prélèvement dans ce cas est égal à 1,5 % des dépenses totales.

– Enfin, *le troisième critère quantitatif* suppose une région en forte expansion dont le potentiel fiscal par habitant est supérieur de 20 % au moins au potentiel fiscal moyen. Le prélèvement opéré est alors plus important et atteint 2 % des dépenses totales.

Les règles d'équilibre et de solidarité économiques se complètent par une disposition d'équité sociale permettant de *mettre fin au prélèvement* dans une région qui viendrait à être particulièrement affectée par le chômage. La loi prévoit en effet que le prélèvement cesse d'être opéré lorsque dans une région le *taux de chômage* de la pénultième année calculé par l'INSEE est supérieur au taux de chômage annuel moyen de l'ensemble des régions métropolitaines. Il y a là une soupape de sécurité indispensable à un tel système opérationnel qui se doit d'offrir les meilleurs chances de développement aux régions de l'entente sans risquer de nuire à aucune d'entre elles, fut-elle au départ la plus riche, par des charges devenues trop lourdes du fait d'un changement de conjoncture.

Les attributions témoignent des mêmes préoccupations d'équilibre, de pondération et d'équité solidaire.

4. Les attributions

L'article 64-III fixe les règles de répartition des ressources du fonds de correction entre les régions d'outre-mer et les régions métropolitaines dont le potentiel fiscal par habitant est inférieur d'au moins 15 % au potentiel fiscal moyen par habitant de l'ensemble des régions.

Les montants des attributions comme d'ailleurs ceux des prélèvements sont fixés chaque année par arrêté. Par commodité, il est prévu que les attributions font l'objet, dans les limites des disponibilités du fonds, de deux versements, l'un avant le 31 juillet, l'autre avant le 31 décembre de l'exercice en cours.

En ce qui concerne *les régions métropolitaines*, les attributions du fonds constituent deux masses égales obéissant à deux clefs de répartition différentes intégrant les disparités financières et géographiques des régions.

Pour la première moitié, les attributions versées sont déterminées proportionnellement à l'écart relatif entre 85 % du potentiel fiscal par habitant de l'ensemble des régions et le potentiel fiscal par habitant de chaque région, pondéré par son effort fiscal et sa population.

Pour la deuxième moitié, les attributions versées sont déterminées proportionnellement au rapport entre le potentiel fiscal moyen par km^2 de l'ensemble des régions et le potentiel fiscal par km^2 de chaque région bénéficiaire.

En ce qui concerne *les régions d'outre-mer*, la quote-part du fonds de correction des déséquilibres régionaux qui leur est réservée est déterminée par application au montant total des ressources du fonds, du rapport entre la population d'outre-mer, telle qu'elle résulte du dernier recensement général, et la population totale des autres régions attributaires du fonds. Les disparités démographiques entre l'outre-mer et la métropole sont ainsi prises en compte à la base du calcul de la masse globale de cette quote-part répartie entre les régions d'outre-mer selon deux clefs de répartition.

Pour moitié, proportionnellement à l'écart relatif entre 85 % du potentiel fiscal par habitant de l'ensemble des régions et le potentiel fiscal par habitant de chaque région, pondéré par son effort fiscal et sa population. La règle est donc ici la même que celle retenue pour la première moitié des attributions du fonds versée aux régions métropolitaines.

Par contre, la seconde clef de répartition de la quote-part versée aux régions d'outre-mer est *spécifique* puisque pour la deuxième moitié de cette quote-part, la loi prévoit un versement au prorata des dépenses totales constatées dans le compte administratif afférent au pénultième exercice.

Pour l'application de ces règles, la loi précise ce que représente l'effort fiscal de la région. Il est égal au rapport entre le produit des quatre taxes directes locales et le potentiel fiscal direct.

Dans l'ensemble, la nouvelle entente interrégionale dispose de moyens importants et le rodage de l'institution permettra de juger de leur efficacité.

Toutes ces formules de coopération interlocale visent des collectivités de même nature : départements ou régions. Mais les regroupements peuvent aussi déborder du cadre spécifique d'une même catégorie de collectivités locales, et s'ouvrir à d'autres formules intéressantes de coopération.

§ II. LES FORMES OUVERTES DE REGROUPEMENTS

Les besoins font naître les institutions de façon vivante. C'est la conscience du besoin d'élargir les possibilités de coopération entre collectivités locales qui a conduit le législateur à définir de nouvelles institutions permettant le regroupement de diverses catégories de personnes publiques.

Mais, il peut arriver aussi que les initiatives prises sur le terrain devancent la législation qui entérine alors plus ou moins fidèlement les solutions nées de la pratique. C'est de cette façon que s'est imposée la coopération transfrontalière comme une nouvelle technique audacieuse et originale[42].

A. La collaboration entre personnes publiques

Ici quatre formules peuvent être utilisées, mais la plus générale est celle du syndicat mixte, prévue par la loi du 31 décembre 1970[42].

a) *Le syndicat mixte*

Aux termes de l'article L. 166-I du Code des communes, des syndicats mixtes peuvent être constitués par accord entre des institutions d'utilité commune interrégionales, des régions, des ententes ou des institutions interdépartementales, des départements, des communautés de villes et des communautés de communes, des communautés urbaines, des districts, des syndicats de communes, des communes, des chambres de commerce et d'industrie, d'agriculture, des métiers et autres établissements publics. La loi n'impose qu'une seule condition : il faut que ces syndicats comprennent au moins une **collectivité territoriale ou un groupement de collectivités**. Ce qui permet à la limite de ne regrouper dans un syndicat mixte que des établissements publics, le syndicat de communes étant lui-même un établissement public de même que toute institution interdépartementale.

En ce qui concerne l'**objet** du regroupement en syndicat mixte, il est très large et a la mesure des intérêts qu'il représente, puisqu'il est constitué en vue d'œuvres ou de services présentant une utilité pour chacune des personnes morales qu'il associe.

Juridiquement, il constitue lui-même un **établissement public** créé par décisions conformes des différents organismes intéressés qui veulent se regrouper. Mais il doit être autorisé par «l'autorité qualifiée», le préfet du département siège du syndicat mixte. La décision d'autorisation approuve les modalités de fonctionnement du

---

42. Loi n° 70-1297 du 31 décembre 1970, *JO* du 1ᵉʳ janvier 1971.

syndicat et détermine les conditions d'exercice du contrôle administratif, financier et technique.

Le syndicat mixte peut réaliser l'objet pour lequel il est constitué par voie **d'exploitation directe** ou par simple **participation financière** dans des sociétés ou organismes, dans les mêmes conditions que les départements et les communes.

L'article L. 324-4 précise en outre que les communes, départements, chambres de commerce et d'industrie et établissements publics peuvent se regrouper sous forme de syndicats, pour l'exploitation par voie de concession de services publics présentant un intérêt pour chacune de ces personnes morales. Les comptes et budgets des syndicats ainsi constitués sont justiciables de la chambre régionale des comptes.

Enfin, le syndicat mixte peut être dissous, soit de plein droit à l'expiration de la durée pour laquelle il a été formé, soit à l'achèvement de l'opération qu'il avait pour objet de conduire. Mais il peut également être dissous d'office, soit à la demande des personnes morales qui le composent, par décret pris sur l'avis conforme du Conseil d'État, soit par arrêté du préfet du département siège du syndicat, lorsque la demande de dissolution est présentée à l'unanimité de ses membres et qu'elle prévoit les conditions de liquidation (*ibid.*, art. L. 166-4).

Actuellement, on dénombre 1 100 syndicats mixtes qui témoignent de l'utilité et de la vitalité de l'institution.

b) *Les autres formules de groupements mixtes*

Il s'agit ici des groupements urbains, des agences départementales et des groupements d'intérêt public en matière locale.

1. Les groupements interurbains

Cette formule dont le régime juridique est aligné sur celui des syndicats de communes, est prévue à l'article L. 165-3 du Code des communes, lui-même inclus dans le chapitre consacré aux communautés urbaines. Ces structures spéciales permettent aux communautés urbaines de se grouper entre elles ou avec d'autres communes, départements, ententes ou institutions interdépartementales en vue de réaliser une ou plusieurs œuvres, de gérer un ou plusieurs services ou de procéder à des études d'intérêt commun. Les séances du comité du groupement sont publiques.

Ces groupements proches des syndicats mixtes n'ont plus grand intérêt depuis que la loi d'orientation du 6 février 1992 permet aux communautés urbaines de regrouper des communes appartenant à des départements différents, ce qui était interdit jusque-là.

2. Les agences départementales

Ce type d'établissement public de coopération interlocale est prévu par l'article 32 de la loi du 2 mars 1982 et permet de regrouper en une agence départementale le département, des communes et des établissements publics intercommunaux. Cette agence a pour objet d'apporter aux collectivités territoriales et aux établissements publics intercommunaux du département qui le demandent «une assistance d'ordre technique, juridique ou financier».

Prévue pour aider surtout les petites communes rurales, la formule n'a pas pu se développer du fait même de la multiplication excessive des institutions concurrentes de coopération.

3. Les groupements d'intérêt public en matière locale

Prévus par la loi n° 82-610 du 15 juillet 1982[43] d'orientation et de programmation pour la recherche et le développement technologique de la France, ils permettent d'organiser pendant la durée prévue par la convention institutive, une coopération entre personnes publiques, et le cas échéant, privées. Dotés de la personnalité morale et de l'autonomie financière, ces groupements peuvent servir la coopération locale et l'article 133 de la loi d'orientation du 6 février 1992 leur assigne deux nouvelles vocations puisqu'ils peuvent être créés pour servir le développement social urbain ou pour servir la nouvelle coopération transfrontalière.

À côté des *unions d'économie sociale*[44] qui permettent le regroupement des acteurs du développement local au sein de structures qui ont le statut de *sociétés coopératives* et qui autorisent l'admission d'une personne morale publique ou privée à hauteur limite d'un quart du capital maximum, il faut ajouter que les personnes publiques peuvent encore utiliser, si elles la préfèrent, la formule de la *société d'économie mixte*. Cette dernière formule joue également un rôle important en matière de coopération transfrontalière.

C'est dans ce domaine nouveau de la coopération interlocale que l'ouverture d'une coopération entre collectivités territoriales françaises et étrangères traduit l'avancée la plus étonnante, et peut-être la plus prometteuse dans le cadre européen.

B. La coopération transfrontalière

Bien avant l'intervention des lois sur la décentralisation, certaines régions (Nord-Pas-de-Calais et Provence-Alpes-Côte d'Azur) avaient inauguré une pratique nouvelle d'accords directs avec des régions ou des collectivités locales étrangères, voire même avec des États étrangers.

a) *Les premières expériences*

C'est ainsi que la « convention d'amitié et de collaboration », signée le 28 juin 1980, lie officiellement les deux villes de Marseille et d'Alger. Du côté français, elle est signée M. Gaston Defferre en sa triple qualité de maire, de député et de président du conseil régional. Ce sont les villes et les régions qui se trouvent en effet engagées par l'accord qui prévoit pour son exécution la formation d'une association « Échanges-Méditerranée ». Cette association intervient comme conseiller technique auprès du conseil régional et celui-ci contribue pour l'essentiel à son financement.

Cette première incursion de la région dans un cadre international a été suivie d'autres expériences du même type. Les changements politiques du 10 mai 1981 n'ont pas freiné le nouveau mouvement de coopération et la présence du maire de Marseille à un poste gouvernemental, de même que les régions concernées, expliquent sans doute son développement.

---

43. Loi n° 82-610 du 15 juillet 1982, *JO* du 16 juillet 1982.
44. Prévues par les lois du 20 juillet 1983 et du 13 juillet 1985, elles restent marginales dans la gestion interlocale.

Un protocole d'accord en date du 30 mai 1980 va même plus loin puisqu'il est signé par le président du conseil régional Nord-Pas-de-Calais et par le gouverneur de l'État du Maryland (États-Unis). Dans ce dernier cas, il est vrai, l'État français était représenté par le préfet de région et l'État fédéral américain, par l'ambassadeur des États-Unis.

Le nouvel accord règle directement les échanges industriels entre la région française et l'État du Maryland et vient renforcer une pratique de collaboration que le gouvernement ne pouvait laisser se développer sans contrôle. Ce nouveau type d'accords apparaît en effet en contradiction flagrante avec le principe de l'unité de l'État et la notion constitutionnelle de «République une et indivisible»[45].

Bien qu'à aucun moment le gouvernement français ne se soit opposé à ce type nouveau de collaboration, le projet de loi sur les droits et libertés des collectivités locales ne comportait aucun article sur la question. C'est même malgré l'hostilité déclarée du ministre de l'Intérieur qu'un amendement adopté par le Sénat, et accepté par le Parlement, a pu consacrer les possibilités nouvelles offertes par la coopération entre les régions et leurs homologues étrangers.

b) *La consécration législative*

1. La loi n° 82-213 du 2 mars 1982

L'article 65 de la loi du 2 mars 1982 modifie en conséquence l'article 4 § 2 de la loi du 5 juillet 1972 et prévoit un dispositif original, d'ailleurs en retrait par rapport aux initiatives audacieuses des régions signataires des accords antérieurs à la loi.

Désormais, «*le conseil régional peut décider, avec l'autorisation du gouvernement d'organiser à des fins de concertation et dans le cadre de la coopération transfrontalière des contacts réguliers avec des collectivités décentralisées étrangères ayant une frontière commune avec la région*».

Sans doute la reconnaissance du principe même d'une coopération des régions au-delà du cadre national est-elle en soi très importante, mais ses conditions et sa portée n'en sont pas moins restrictives et cumulatives. **Condition procédurale** : il faut une autorisation préalable du gouvernement, ce qui constitue un des cas exceptionnels de tutelle *a priori* exercé à l'égard d'une décision prise par un organe décentralisé. **Portée de l'accord** : il s'agit de réaliser une concertation et de permettre des contacts réguliers. Ce qui limite la marge de manœuvre reconnue à la région en ce domaine. **Champ d'application :** réduit aux collectivités étrangères ayant une frontière commune avec la région en cause. Ce qui place les accords précédemment signés par les régions Provence-Alpes-Côte d'Azur et Nord-Pas-de-Calais en dehors de la légalité, la notion de frontière commune soulevant un problème lorsque les États sont séparés par la mer !

Cette nouvelle forme de coopération a cependant trouvé un terrain privilégié d'application en Europe. Une **convention-cadre européenne sur la coopération transfrontalière** des collectivités ou autorités territoriales a été adoptée à Madrid le 21 mai 1980[46] dans le cadre du Conseil de l'Europe. La loi n° 83-1132 du 23 décembre 1983[47] a autorisé en France l'approbation de cette convention dont le préambule souligne

---

45. En cela, il pouvait paraître choquant au regard du droit constitutionnel et du droit international.
46. Texte de la convention *in :* J.-M. et J.-B. AUBY, *Textes usuels*, déjà cité, Vuibert, 1985, p. 560 et s.
47. Loi n° 83-1132 du 23 décembre 1983, *JO* du 23 décembre 1983.

l'intérêt de la coopération nouvelle dans des domaines tels que le développement régional, urbain et rural, la protection de l'environnement, l'amélioration des infrastructures et des services offerts aux citoyens, de même que l'entraide en cas de sinistre.

L'article 1 de la convention définit la **coopération transfrontalière** comme «toute concertation visant à renforcer et à développer les rapports de voisinage» entre les collectivités contractantes et précise qu'elle s'exerce dans le cadre des compétences des collectivités ou autorités territoriales prévues par le droit interne. La notion restrictive de «frontière commune» n'apparaît pas.

Pourtant, rien n'interdit à un État de se référer lui-même à cette notion dans la mesure où l'article 3 § 2 dispose que toute partie contractante peut subordonner l'application de la convention à la conclusion d'**accords inter-étatiques** qui peuvent «*fixer le **cadre**, les **formes** et les **limites** dans lesquelles ont la possibilité d'agir les collectivités et autorités territoriales concernées par la coopération transfrontalière*». Les accords peuvent également déterminer les collectivités ou organismes auxquels ils s'appliquent.

Bien plus, l'article 10 prévoit l'**adhésion** de tout État européen non membre du Conseil de l'Europe à la double condition toutefois de l'accord unanime du Comité des ministres et de l'accord exprès de chacun des États ayant ratifié la convention.

2. La loi n° 92-125 du 6 février 1992

Quelque dix ans plus tard, une nouvelle étape législative a été franchie avec la loi d'orientation du 6 février 1992, puisque la limite apportée par la notion de «frontière commune» disparaît cette fois sans réserve aucune. L'article 131-I de la loi dispose en effet que «les collectivités territoriales et leurs groupements peuvent conclure des conventions avec des collectivités territoriales étrangères et leurs groupements».

1. Le principe

Le verrou géographique limitant dans l'espace la coopération transfrontalière ayant sauté grâce à cette nouvelle formulation, les seules obligations imposées par le législateur aux collectivités sont, d'une part, le respect du principe de spécialité qui ne leur permet de conclure des conventions que dans les limites de leurs compétences et, d'autre part, le respect de la supériorité des traités et accords internationaux de la France.

Les nouvelles conventions transfrontalières bénéficient d'un régime d'autant plus libéral que la loi précise qu'elles entrent en vigueur dès leur transmission au représentant de l'État qui assure le contrôle de leur légalité dans les conditions de droit commun fixées par la loi n° 82-213 du 2 mars 1982.

Cette libéralisation correspond à un besoin souvent exprimé par les responsables des collectivités territoriales appelés à rencontrer leurs homologues étrangers et à concevoir avec eux des projets communs de développement et des actions précises de coopération.

La loi d'orientation facilite ces projets et ces actions non seulement par les possibilités ouvertes des conventions, mais par la mise en place de deux techniques nouvelles de gestion commune des intérêts communs des collectivités intéressées.

2. Les techniques nouvelles de coopération transfrontalière

L'article 132 de la loi d'orientation prévoit la possibilité nouvelle pour des collectivités territoriales étrangères de *participer au capital de sociétés d'économie mixte locales* de droit français dont *l'objet est d'exploiter des services publics d'intérêt commun*.

Le législateur pose deux conditions à cette participation. La première est la conclusion préalable d'un accord international entre les États concernés, la seconde de fond est la *réciprocité* au profit des collectivités territoriales françaises prévue dans l'accord préalable.

Ces dispositions complètent l'article I de la loi n° 83-597 du 7 juillet 1983 relative aux sociétés d'économie mixte locales avec cependant une double restriction importante à l'égard des collectivités territoriales étrangères. L'article I-2ᵉ de la loi du 7 juillet 1983 qui dispose que « les communes, les départements, les régions et leurs groupements détiennent, séparément ou à plusieurs, plus de la moitié du capital de ces sociétés et des voix dans les organes délibérants » est en effet visé par l'article 132 alinéa 3 de la loi d'orientation qui précise que les collectivités territoriales étrangères n'en sont pas bénéficiaires.

On comprend que la gestion déléguée de services publics communs à une société d'économie mixte, particulièrement rodée et importante en droit français comparée aux systèmes utilisés par les États étrangers y compris au sein de la Communauté puisse offrir un cadre séduisant à la coopération transfrontalière. Mais il n'est pas certain que cette séduction soit suffisamment opérante pour entraîner dans ce type d'opérations des *collectivités territoriales étrangères assurées* d'être *minoritaires en voix et en participation* face à leurs homologues françaises pour gérer des services publics véritablement communs. L'institution qui ne laisse guère de place par ailleurs à des personnes privées est sans doute appelée à évoluer.

C'est par contre sans réticence aucune que la loi d'orientation met en place une deuxième technique de coopération, celle *des groupements d'intérêt public* ouvertes aux collectivités territoriales appartenant à des États membres de la Communauté économique européenne.

L'article 133 de la loi d'orientation insère à cet effet quatre nouveaux alinéas après le premier de l'article 21 de la loi n° 82-610 du 15 juillet 1982 d'orientation et de programmation pour la recherche et le développement technologique de la France.

Aux termes de ce nouveau dispositif, des groupements d'intérêt public peuvent être créés dans deux hypothèses.

La première pour exercer, pendant une durée déterminée, des activités contribuant à l'élaboration et la mise en œuvre de politiques concertées de *développement social urbain*. Ce type de groupement d'intérêt public se caractérise par conséquent par un objet spécifique, celui du développement social urbain, qui entre dans les préoccupations de l'aménagement du territoire, aussi bien national qu'européen.

La seconde est une hypothèse de création plus large et plus libre, pour mettre en œuvre et gérer ensemble, pendant une durée déterminée, *toutes les actions requises par les projets et programmes de coopération interrégionale et transfrontalière* intéressant des collectivités locales appartenant à des États membres de la Communauté économique européenne. Si l'objet ainsi défini du groupement est large et polyvalent, sa durée reste limitée comme dans la première hypothèse, le but étant dans les deux cas l'efficacité à terme.

C'est un décret du 27 mars 1993[48] qui fixe les conditions d'application de l'article 133 de la loi d'orientation. La constitution de ces nouveaux groupements d'intérêt public se fonde sur une *convention* conclue entre les partenaires, soumise à

---

48. *Cf.* Décret n° 93-571 du 27 mars 1993, *JO* du 28 mars 1993.

l'approbation du ministre de l'Intérieur et du ministre chargé du Budget. Cette convention précise les droits et obligations de même que les règles de fonctionnement du groupement. L'approbation est publiée au *Journal officiel* et le groupement jouit de la personnalité morale à compter de cette publication. La convention peut faire l'objet de *modifications* approuvées et publiées dans les mêmes conditions.

L'article 4 du décret désigne le *préfet de région* comme commissaire du gouvernement auprès du groupement. Le préfet de région ou son représentant assiste aux séances de toutes les instances de délibération et d'administration du groupement et dispose de droits importants : droits de communication de tous les documents, droit de visite dans les locaux, et surtout droit de *veto suspensif* pour les décisions qui mettent en jeu l'existence ou le bon fonctionnement du groupement. La décision est soumise à un nouvel examen pendant ce délai.

C'est encore le commissaire du gouvernement qui approuve le *recrutement de personnel propre* par le groupement. Ce recrutement qui ne peut concerner que des agents dont la qualification technique est indispensable aux activités spécifiques du groupement présente un caractère à la fois subsidiaire et précaire. *Subsidiaire* dans la mesure où les effectifs de personnel sont normalement mis à la disposition du groupement ou détachés auprès de lui. *Précaire* dans la mesure où l'article 7 alinéa 2 du décret prévoit non seulement que les personnels ainsi recrutés ne le sont que pour une durée au plus égale à la durée du groupement, mais en outre qu'ils n'acquièrent aucun droit particulier à occuper ultérieurement des emplois dans les organismes et collectivités participant au groupement.

Quant à la *comptabilité* du groupement d'intérêt public, elle obéit normalement aux *règles du droit privé* à l'exception de trois hypothèses prévues à l'article 6 du décret.

1. Lorsque le contrat constitutif du groupement en dispose autrement, ce qui ouvre un droit d'option aux partenaires en faveur d'un régime public.

2. Lorsque des personnes morales françaises de droit public constituent exclusivement le groupement, par exemple dans un cadre de coopération interrégionale.

3. Lorsque le groupement est chargé du suivi et de la gestion des programmes bénéficiant des financements européens.

Dans ces trois hypothèses, il est spécifié, d'une part, que les dispositions du décret n° 62-1587 du 29 décembre 1962, portant statut général de la comptabilité publique, s'appliquent, et d'autre part, que l'agent comptable du groupement est nommé par arrêté du ministre du Budget.

Enfin, pour contribuer activement au développement de la coopération transfrontalière, il est créé une *commission nationale de la coopération décentralisée* par l'article 134 de la loi d'orientation qui lui assigne une double rôle. La commission est chargée non seulement d'établir et de tenir à jour un état de la coopération décentralisée menée par les collectivités territoriales, mais aussi de formuler toute proposition tendant à renforcer celle-ci.

La loi d'orientation du 4 février 1995 est venue compléter ce dispositif par deux articles nouveaux insérés après l'article 133.

Tout d'abord l'article 133-1 nouveau prévoit que les collectivités territoriales et leurs groupements peuvent *adhérer* à *un organisme public* de droit étranger ou participer au *capital d'une personne morale* de droit étranger auquel adhère ou participe au moins une collectivité territoriale ou un groupement de collectivités territoriales d'un État européen frontalier. La loi pose un certain nombre de conditions.

Tout d'abord, que les collectivités et groupements français agissent dans les limites de leurs compétences et dans le respect des engagements internationaux de la France. Ensuite, que l'objet de l'organisme public ou de la personne morale concernés soit l'exploitation d'un service public ou la réalisation d'un équipement local intéressant toutes les personnes publiques participantes.

Cette adhésion ou cette participation est *autorisée par décret en Conseil d'État*, ce qui constitue un nouveau cas de tutelle *a priori* de l'État sur une décision locale.

Une *convention* détermine les conditions, la durée, les modalités de contrôle et les dispositions financières de cette adhésion ou de cette *participation* dont le total ne peut excéder 50 % du capital ou des charges en ce qui concerne les collectivités et groupements français. Les comptes certifiés par un commissaire aux comptes sont annexés chaque année au budget de ces personnes publiques.

Par ailleurs, l'article 133-2 nouveau fixe les limites de la coopération transfrontalière en stipulant qu'aucune convention, de quelque nature que ce soit, ne peut être passée par une collectivité territoriale ou un groupement *et un État étranger*.

Cette règle a pour but évident d'éviter toute forme de dérive empiétant sur les compétences exclusivement étatiques.

Par ailleurs, toutes les nouvelles mesures adoptées par le législateur français viennent conforter les efforts multiples déjà accomplis au niveau européen en faveur de la coopération des collectivités territoriales des États de la Communauté.

La *réforme des fonds structurels* communautaires a permis à ces collectivités un accès direct en particulier au FEDER (Fonds européen de développement régional) qui se propose de «favoriser l'échange d'expériences et la coopération en matière de développement entre régions de la communauté»[49]. Il faut rappeler à cet égard que le FEDER joue un rôle essentiel dans la politique régionale communautaire, et l'article 130 C du Traité de Maastricht[50] le définit précisément comme «destiné à contribuer à la correction des principaux déséquilibres régionaux dans la Communauté, par une participation au développement et à l'ajustement structurel des régions en retard de développement et à la reconversion des régions industrielles en déclin».

De plus, depuis 1989, une décision du Parlement européen[51] dont l'orientation régionaliste affirmée l'avait déjà conduit en 1988 à voter la charte communautaire de la régionalisation, permet de «couvrir le financement des opérations qui entraînent coopération, information et relations entre régions de la Communauté européenne».

Sur ces deux bases de financement, dans le cadre d'un programme élaboré par la commission, un grand nombre de projets émanant de villes, de départements et de régions soumis par l'Association française des communes et régions d'Europe ont reçu un cofinancement communautaire à hauteur de 60 %[52].

Il est certain par ailleurs que la multiplication des jumelages entre communes des États membres de la Communauté ont contribué, non seulement à sensibiliser les citoyens à la réalité européenne, mais à faire prendre conscience de l'intérêt des actions de coopération, que celles-ci soient économiques, sociales ou culturelles.

Cette coopération est appelée à l'avenir à prendre de nouvelles dimensions en s'ouvrant plus largement vers les pays d'*Europe centrale et orientale*.

---

49. Règlement n° 4254/88 du 19 décembre 1988.
50. Voir sur ces questions la série «Maastricht commenté», par le Professeur L. CARTOU, publiée aux *Petites Affiches*, février 1992.
51. Ligne budgétaire 5412.
52. *Cf.* Étude «Les collectivités territoriales et les institutions européennes», *Annuaire des collectivités locales*, 1995, p. 129 à 135.

Une ouverture vers le sud a déjà pu prendre forme avec un programme de coopération entre les villes de la Communauté et les villes des pays tiers méditerranéens : MED-URBS. Dans ce cadre, la Communauté cofinance des projets pilotes de développement économique, social, culturel et institutionnel entre collectivités locales et régionales de la Communauté et collectivités territoriales des pays méditerranéens, sur la base de conventions engageant au minimum deux États de la Communauté et un État des pays tiers méditerranéens.

Enfin, il convient de souligner l'importance de l'émergence des régions dans les institutions communautaires avec la création dès 1988 auprès de la commission du CCCRLE, et surtout avec la création du *Comité des régions* par l'article 198 du Traité de Maastricht. De caractère consultatif et composé de 189 membres représentants des collectivités régionales et locales, il est appelé à donner son avis sur les interventions communautaires en faveur de la cohésion économique et sociale, en particulier celles des fonds structurels. Il peut également émettre des avis de sa propre initiative sur toute question intéressant les intérêts régionaux.

La loi d'orientation française du 6 février 1992 est donc en parfaite harmonie avec le dispositif européen en apportant ses propres solutions techniques à la coopération transfrontalière.

En conclusion, il faut souligner l'intérêt considérable qui s'attache aux regroupements des collectivités décentralisées et ceci à tous les niveaux. Les solutions techniques font valoir la primauté du recours à la forme juridique de l'établissement public qui offre les avantages d'une souplesse adaptative très remarquable.

Seule réserve : leur multiplication excessive s'accompagne de structures manifestement en «double emploi» avec d'autres, ce qui ne simplifie ni ne facilite les options des élus locaux tentés par la coopération, mais rendus perplexes quant aux avantages comparés des différentes formules. Une rationalisation serait la bienvenue en la matière.

Enfin, il faut souligner que les formes ouvertes récemment à la coopération transfrontalière ne font que témoigner de la volonté des collectivités intéressées de multiplier les liens coopératifs selon leurs intérêts directs, au besoin en imaginant elles-mêmes les structures appropriées[53]. Il y a là la preuve manifeste d'une grande vitalité des regroupements qui favorise le développement des collectivités locales.

---

53. Les bureaux de représentation à l'étranger mis en place par les régions Rhône-Alpes et Nord-Pas-de-Calais en sont des exemples significatifs.

Chapitre 2

Les moyens matériels

Considérons en premier lieu les moyens financiers qui constituent le ressort principal de toute entreprise organisée. Nous verrons ensuite les éléments nouveaux du régime des biens et des services.

La décentralisation a des répercussions sensibles sur le contenu des budgets des collectivités territoriales. Sur les dépenses locales, l'effet est évident : les autorités locales ayant de nouvelles attributions à exercer en propre doivent accroître les dépenses.

Le tableau[1] de l'évolution des dépenses des collectivités locales entre 1987 et 1993 montre une progression de 25,8 % pour l'ensemble des collectivités locales et de leurs groupements.

	1987	1988	1989	1990	1991[1]	1992[1]	1993[1]	Évolution en 93/87 en %
Ensemble des collectivités locales[2]	580,0	628	664	756	760,8	799	828	+ 25,8
Progression en %	+ 8,7	+ 8,4	+ 5,7	+ 5,4	+ 7,9	+ 5,7	+ 3,6	

1. Chiffres obtenus à partir des taux d'évolution des budgets primitifs des collectivités locales (en milliards de francs).
2. En francs constants.

Cette augmentation des dépenses pose le problème qui nous intéresse des recettes. Sur ce point précis, il nous faut distinguer les ressources traditionnelles et celles spécialement liées aux transferts de compétences, et créées en même temps qu'eux par la réforme.

---

1. *Source : DGCL.* Dépenses en milliards de francs.

§ 1. LES RESSOURCES TRADITIONNELLES

En ce qui concerne les départements et les communes, il existe deux sortes de ressources traditionnelles : d'une part, les produits du domaine et des services, ainsi que l'ensemble des ressources fiscales directes ou indirectes. D'autre part, les apports extérieurs représentés par les subventions et les emprunts.

Il faut remarquer que les produits du domaine et des services intéressent principalement les communes et les départements, les régions n'étant pas en charge de services publics facilement tarifiables, ne peuvent guère percevoir de redevances. Par ailleurs, ces produits municipaux et départementaux constituent les seules ressources autonomes des collectivités locales, qui en fixent ou en modifient librement le taux.

A. Les ressources autonomes

La liberté de ces ressources est toutefois encadrée par la réglementation des prix et par les réglementations spéciales, telles celles qui établissent le prix de journée des hôpitaux ou les tarifs de transports et qui s'imposent aux collectivités publiques comme aux particuliers.

Lorsqu'elles disposent d'un patrimoine, les collectivités locales peuvent en tirer des ressources qui varient non seulement selon son importance, mais aussi selon le mode d'exploitation et de gestion choisi.

Depuis une vingtaine d'années, en fait, depuis la mise en place de la réforme, s'est affirmée une volonté de tirer le meilleur parti possible de la gestion du patrimoine local et de l'exploitation des services publics, en s'inspirant le plus souvent des principes et des méthodes de la gestion privée des entreprises, sans qu'on puisse toutefois confondre totalement la gestion publique locale et la gestion privée. Le souci de *rentabilité* a conduit à introduire de nouvelles pratiques de gestion fondée sur une meilleure évaluation et une meilleure approche économique.

a) Les produits du domaine

Par produits du domaine, il faut entendre ceux du domaine privé et ceux du domaine public.

1. Le domaine privé

Le **domaine privé** est constitué par des biens de caractère patrimonial qui comprennent des **immeubles** bâtis ou non bâtis (terrains, forêts et pâturages), mais aussi des **biens meubles** variés. Lorsque les collectivités territoriales sont propriétaires en propre de tels biens, elles ont à l'égard de ceux-ci la capacité juridique d'effectuer tous les actes se rapportant à leur droit de propriété.

L'actualité judiciaire et politique des «affaires» a conduit le législateur à encadrer d'un dispositif «anti-corruption» les transactions immobilières des collectivités locales et de certains de leurs établissements publics. La loi n° 95-127 du 8 février 1995[2] impose leur transparence par l'effet conjugué de trois nouvelles contraintes.

---

2. Loi n° 95-127 du 8 février 1995, *JO* du 9 février 1995, p. 2186.

1° Tout d'abord, s'agissant *des acquisitions et des cessions*, les communes de plus de 3 500 habitants, les établissements publics de coopération intercommunale, les syndicats mixtes, les établissements publics fonciers visés à l'article L. 324-1 du Code de l'urbanisme[3], les départements[4] et les régions[5] doivent désormais établir un *bilan annuel* de leurs acquisitions et cessions. Les collectivités locales sont tenues d'y faire figurer les opérations de même nature effectuées par les personnes publiques ou privées qui leur sont liées par convention. Ce bilan doit être soumis à l'assemblée locale délibérante et *annexé aux comptes administratifs*.

2° Les mêmes collectivités et personnes publiques sont également tenues de recenser dans un tableau récapitulatif l'ensemble de leurs cessions d'immeubles et de droits réels immobiliers. Les ventes réalisées par les personnes publiques ou privées qui leur sont liées par convention devront être mentionnées dans ce tableau qui devra être annexé lui aussi aux comptes administratifs.

3° Enfin, avant *toute cession d'immeubles ou de droits réels immobiliers* envisagés par les collectivités locales et personnes publiques visées par la loi et incluant cette fois les communes de plus de 2 000 habitants[6], il faudra demander l'avis du service des domaines et au vu de cet avis, réputé favorable à l'issue d'un mois à compter de la saisine, obtenir une décision motivée de l'organe délibérant sur les conditions de la vente et ses caractéristiques essentielles.

Si la cession est réalisée dans le cadre d'une convention avec une commune, un département ou une région, les établissements publics intercommunaux, les syndicats mixtes, les établissements publics fonciers responsables de l'opération, doivent obligatoirement transmettre à la collectivité intéressée, copie de la délibération décisive dans les deux mois de son adoption.

La loi du 21 février 1996[7] précise ce dispositif qui se complète d'une mesure particulière intéressant les SEM qui ont conclu une convention avec une collectivité locale ou une autre personne publique pour la réalisation d'acquisitions foncières, l'exécution de travaux, la construction d'ouvrages ou de bâtiments de toute nature. Pour ces SEM et notamment les SEM concessionnaires d'une concession d'aménagement urbain, « un *tableau des acquisitions et cessions* réalisées pendant la durée de l'exercice »[8], devra être produit en annexe du compte rendu financier. Les collectivités locales concernées devront annexer ce document à leur budget et le mettre à la disposition du public[9].

D'une façon générale, le patrimoine local produit des revenus qui peuvent être *exceptionnels*, comme les ventes de meubles ou immeubles ou de coupes extraordinaires de bois. Les communes qui disposent d'un important domaine forestier tirent un revenu appréciable de la vente périodique de coupes de bois suivant un programme établi par le service des Eaux et forêts. La vente se fait par adjudication publique. Dans des régions forestières comme les Vosges, l'Alsace ou les Landes, les produits du domaine constituent grâce à l'exploitation forestière, la principale ressource budgétaire pour de nombreuses communes de moins de 700 habitants, avant même les ressources fiscales ou les dotations.

Le *domaine privé* fournit aussi des **recettes habituelles et régulières** comme les loyers et fermages des propriétés bâties ou non, les droits de chasse ou de pêche sur les propriétés communales ou départementales, les revenus des biens exploités ou concédés par la collectivité, les revenus de valeurs mobilières, titres d'emprunts

---

3. Art. L. 311-1 du Code des communes complété par l'art. 11-1 al. 2 de la loi du 8 février 1995.

4. Voir art. 45-1-III nouveau de la loi du 2 mars 1982 introduit par l'art. 11-III al. 5 de la loi du 8 février 1995.

5. Pour les régions, voir art. 7-1-III nouveau de la loi du 5 juillet 1972 introduit par l'art.11-IV al. 5 de la loi du 8 février 1995.

6. *Cf.* art. L. 311-8-1 du Code des communes introduit par l'art. 11-II al. 2 de la loi du 8 février 1995.

7. *Cf.* Loi n° 96-142 du 21 février 1996, *JO* du 24 février 1996, p. 2992.

8. *Cf.* art. 11-V de la loi du 8 février 1995.

9. *Cf.* art. 11-VII de la loi du 8 février 1995 modifiant l'art. L. 212-14 du Code des communes.

d'État souvent détenus par les collectivités locales à la suite de dons ou de legs, ou encore et régulièrement la vente des récoltes et les produits des propriétés.

Comparativement, la plus grande partie des revenus tirés du domaine privé se retrouve dans les communes de moins de 10 000 habitants[10].

2. Le domaine public

Le domaine public recouvre la voirie et ses dépendances, et offre aux collectivités des ressources constituées exclusivement de produits d'exploitation dans la mesure où le domaine public est réputé inaliénable par nature.

Les recettes qui en résultent sont d'importance variable et se fondent sur l'*utilisation privative* du domaine public : droits de péage sur les bacs, passages d'eau, ou parcs pour les départements.

Les redevances perçues au titre de l'*occupation temporaire du domaine public* sont particulièrement intéressantes dans les villes et agglomérations. On peut distinguer les redevances d'autorisations d'occupation du domaine public qui prennent 2 formes : **permis de stationnement si l'emprise est passagère** : cela concerne par exemple le stationnement des chauffeurs de taxis ou l'occupation des trottoirs par les terrasses de café ou de restaurant.

Par contre, l'**emprise permanente** au sol donne lieu à des **permissions de voirie** subordonnées au paiement de redevances fixées par le conseil municipal, ou par le conseil général, leurs révisions intervenant à l'issue de chaque période stipulée pour leur paiement. Il en est ainsi pour l'installation de kiosques à journaux, de postes distributeurs de carburants (pompes à essence), ou plus banalement chaque fois que des fouilles ou des fondations sont nécessaires, par exemple pour faire passer des canalisations.

À ces recettes s'ajoutent celles des redevances sur le **stationnement** des véhicules sur la voie publique, ou encore le produit des **amendes** de police en matière de circulation routière réparti par le conseil général et affecté à l'amélioration de la circulation et des transports de surface.

L'occupation du domaine public peut encore faire l'objet de **contrats** garantissant une durée minimum et fixant une redevance qui peut être ou non périodique. La *concession de voirie* est le nom donné au contrat conclu entre la collectivité propriétaire du domaine et une autre personne en vue d'une occupation privative d'une dépendance domaniale. Les concessions de voirie correspondent à une utilisation normale et conforme du domaine, comme les concessions dans les cimetières ou les concessions dans les halles et marchés, les abattoirs, les parcs souterrains de stationnement ou visant des panneaux d'affichage qui fournissent une ressource essentiellement communale. Le contrat, administratif par détermination de la loi (décret-loi du 17 juin 1938), confère des droits d'autant plus forts et d'autant mieux protégés qu'ils accordent la permission d'utiliser le domaine *conformément* à son affectation.

D'autres concessions de voirie prévoient une utilisation *compatible* avec l'affectation du domaine, mais, dans la mesure où le contrat ne prévoit qu'une utilisation

---

10. Ce qui représente 35 780 communes sur un total de 36 763 (recensement général de la population de 1990).

possible parmi d'autres, il confère des droits plus précaires. Il en est ainsi des conces-sions d'établissements de pêche, d'outillage public dans les ports, des concessions de plage ou des contrats de mobilier urbain.

Dans le cas des concessions de mine pour l'usage de tréfonds, les redevances sont prévues au bénéfice exclusif du département.

b) *Les produits des services*

Il faut entendre par produits des services ceux qui proviennent des **redevances** ou prix demandés aux usagers des services publics locaux, qu'ils soient administratifs ou bien industriels et commerciaux. Ils intéressent davantage les communes que les départements et les régions, en raison même de leurs différentes compétences.

Les élus locaux attachent une grande attention à la gestion de ces services, qui, pour la plupart, *ne sont pas obligatoires* mais ont un *caractère impératif de fait*, dans la mesure où ils répondent aux besoins de la population. Ce qui explique leur multi-plication sous la pression de l'évolution économique et sociale.

La gestion des services publics locaux obéit au principe de *libre-administration* qui ouvre aux collectivités locales un libre choix de leur mode de gestion. Ce qui signifie que les organes délibérants fixent les règles d'organisation et de fonctionne-ment, et notamment *les tarifs d'utilisation* des services.

1. *Le choix du mode de gestion*

Les collectivités locales peuvent donc choisir en principe et sous réserve de quel-ques exceptions, entre la régie directe et ses variantes, la gestion déléguée, ou l'institution d'un partenariat.

La régie directe est le mode le plus ancien d'exploitation des services publics. Il n'y a pas normalement de création d'une personne morale distincte de la collectivité locale, qui exerce un *contrôle absolu* sur les opérations effectuées en dépenses et en recettes, et inscrites directement dans le budget de la collectivité.

La loi impose que certains services soient gérés en régie directe : la voirie, l'aide sociale obligatoire, les services de secours et de défense contre les incendies. Par ailleurs, selon un avis du Conseil d'État du 7 octobre 1986 «certains services ne peuvent "en raison de leur nature ou par la volonté du législateur" être assurés que par la collectivité territoriale elle-même». Une circulaire du 7 août 1987 précise qu'il en est ainsi des *tâches* que les collectivités territoriales accomplissent *au nom* et *pour le compte de l'État*. Tel est le cas du service de l'état civil, ou de ceux qui intéressent les élections ou les obligations militaires. La circulaire vise également les missions qui relèvent d'une *prérogative de puissance publique*, tels que l'exercice du pouvoir de police, l'édiction de mesures réglementaires ou l'exercice du droit de préemption.

À l'égard des *cantines scolaires*, le Conseil d'État a précisé que les communes ne peuvent confier à des personnes privées que la fourniture ou la préparation des repas, à l'exclusion des missions qui relèvent du service de l'enseignement public, et notamment de la surveillance des élèves[11].

---

11. Pour une application à la qualité d'agent public, *cf.* TC, 25 novembre 1963, dame Vve Mazerand, *JCP*, 1964, II, p. 13466, note RL.

Mais les collectivités locales peuvent choisir de doter la **régie** d'une **autonomie financière** sans lui attribuer pour autant la personnalité morale, la variante ayant des effets essentiellement internes. Dans ce cadre, les produits de la régie figurent dans un *budget spécial annexé au budget de la commune*. Ce type de régie est administré sous l'autorité de l'exécutif local et de son conseil, par un directeur assisté lui-même d'un conseil d'exploitation, dont les décisions sont ratifiées par l'organe délibérant de la collectivité locale. L'autonomie budgétaire ne s'accompagne pas d'un véritable démembrement du budget local, puisque sur le plan formel, le budget distinct de cette forme de régie figurant en annexe, signifie en effet que les recettes et dépenses de la régie font partie des comptes locaux.

Les services les plus fréquemment exploités en régies dotées de l'autonomie financière sont les services de distribution d'eau ou de récupération des ordures ménagères[12]. Mais certains équipements sportifs et culturels locaux sont également le plus souvent des régies de ce type, tels les musées, les bibliothèques, les théâtres, les terrains de sport, les piscines, les parcs, de même encore, en montagne, les remontées mécaniques, téléskis, télésièges. Tous ces services donnent lieu à un *droit d'entrée* ou un *droit d'accès*, de même que toutes les manifestations culturelles ou sportives organisées par la collectivité, comme les festivals, expositions, compétitions sportives diverses. Les colonies de vacances donnent lieu à des frais de séjour. Les départements bénéficient spécialement de redevances perçues par les services de désinfection, de la rétribution pour frais d'analyse de laboratoires départementaux ou encore des produits de l'expédition des pièces d'archives.

Enfin, une troisième forme de régie permet la mise en place d'une **régie personnalisée**, dotée à la fois de l'autonomie financière et de la personnalité morale. D'abord exceptionnelle, et réservée aux services considérés comme stratégiques, comme les transports, le gaz et l'électricité, ou encore les régies de marché d'intérêt national, la formule a été généralisée par un décret-loi du 20 mai 1955. Les collectivités territoriales peuvent donc choisir de remettre la gestion de tous leurs services industriels et commerciaux, à des régies dotées de la personnalité morale, créés par simple délibération du conseil local. La régie personnalisée est administrée par un conseil d'administration, qui élit un président, qui lui-même désigne un directeur. L'agent comptable de la régie est soit un agent comptable spécial nommé par le préfet sur proposition du conseil d'administration après avis du trésorier-payeur général, soit un comptable direct du Trésor.

À côté de ces formes variées de gestion directe, les collectivités locales peuvent choisir de confier l'exploitation de certains services publics à des *personnes privées*. Là encore, il s'agit de pratiques anciennes fondées sur des *relations contractuelles* entre l'exploitant et la collectivité. Dans certains cas, l'entrepreneur privé est rémunéré par la collectivité qui participe directement aux résultats financiers. C'est le cas du **contrat de gérance** dont les clauses fixent les conditions de rémunération du gérant. C'est encore le cas de **la régie intéressée**, où l'exploitant est rémunéré par forfait et par participation aux résultats. La collectivité supporte seule les pertes éventuelles, et prend en charge les amortissements, mais dispose en contrepartie d'un droit de regard sur la gestion et notamment sur la fixation des tarifs.

---

12. Quand elles ne font pas l'objet d'un regroupement intercommunal.

Dans d'autres situations, la collectivité locale ne participe pas directement aux résultats financiers, et choisit des conventions qui lui apportent un certain confort financier, en se déchargeant de l'investissement initial sur son cocontractant, et en s'assurant en quelque sorte contre les risques de déficit, la personne privée devant assurer le fonctionnement du service public à ses risques et périls [13]. C'est le cas des **concessions**, dans lesquelles le concessionnaire est rémunéré par les *redevances des usagers*. Seuls des services publics industriels et commerciaux peuvent être concédés, et certains ne peuvent être délégués que sous cette forme, comme par exemple la distribution d'électricité et de gaz, sauf s'il existait des régies locales avant la nationalisation.

L'exploitant doit respecter un *cahier des charges* définissant la qualité du service attendu par la collectivité qui ne peut se désintéresser politiquement du fonctionnement du service. Cet intérêt conduit parfois la collectivité à s'engager davantage financièrement, et à prévoir, soit la mise à disposition d'équipements collectifs, soit le versement de subventions d'équipement, notamment en matière de transports publics. Enfin, dans certaines situations, pour atténuer les risques commerciaux, le contrat peut aller jusqu'à prévoir une participation financière de la collectivité, ce qui apparaît quand la concession intéresse la distribution d'eau, les parkings ou encore les transports.

L'**affermage** est également une formule de délégation qui se distingue de la concession par le fait que l'entrepreneur ne supporte pas les frais d'installation du service ou de premier établissement, pris en charge par la collectivité. La formule répartit les charges et les gains du service de façon équitable, les redevances des usagers étant destinées à rémunérer le fermier, et à amortir une partie des frais supportés par la collectivité lors de sa mise en place.

Il faut remarquer que les délégations conventionnelles de service public obéissent non seulement au régime juridique propre à chaque type de convention concerné, mais aussi à un régime législatif commun autoritaire, destiné à éviter les comportements frauduleux qui ont pu défrayer la chronique ces dernières années. À cette fin, la loi n° 95-127 du 8 février 1995 [14] renforce les mécanismes de la loi du 3 janvier 1991 relative à la transparence et à la régularité des procédures de marchés, des lois des 6 février 1992 sur l'administration territoriale de la République et du 29 janvier 1993 relative à la prévention de la corruption et à la transparence de la vie économique et des procédures publiques, dite loi Sapin [15].

L'encadrement rigoureux par la loi concerne d'abord la passation du contrat soumise à mise en concurrence et publicité, le contrat devant comprendre une clause obligatoire mentionnant les tarifs à la charge des usagers, et l'indication des paramètres ou indices déterminant l'évolution de ces tarifs (art. 4 de la loi du 8 février 1995 modifiant l'art. 40 de la loi du 29 janvier 1993). Mais la *modification* par avenant et la *prolongation* de la convention sont elles-mêmes strictement organisées par la loi pour éviter notamment tout dérapage financier lié par exemple à de nouveaux investissements. Une loi du 21 février 1996 renforce ce dispositif [16].

---

13. Sauf application de la théorie de l'imprévision soumise à des conditions restrictives.
14. Loi n° 95-125 du 8 février 1995 relative aux marchés publics et délégations de service public, *JO* du 9 février 1995.
15. *Cf.* J.-F. AUBY et A. EKAM, « Remarques sur le régime actuel de la délégation de service public local », *Les Petites Affiches*, 26 octobre 1994.
16. *Cf.* 32Loi n° 96-142 du 21 février 1996, *JO* du 24 février 1996, p. 2992.

Mais la gestion des services locaux peut passer encore par d'autres formules, soit que des établissements publics locaux soient créés par une seule commune, soit qu'il s'agisse de formes parfois audacieuses de partenariat local.

Les *établissements publics locaux créés par une seule collectivité* locale peuvent être imposés dans certains cas par la loi. C'est le cas au niveau communal de la Caisse des écoles ou des centres communaux d'action sociale. Au niveau départemental et régional, les collèges, lycées, établissements d'éducation spéciale, centres de formations d'apprentis sont des établissements publics locaux depuis la loi du 22 juillet 1983.

La loi est encore intervenue pour transformer les caisses de Crédit municipal, précédemment établissements publics administratifs, en établissements publics à caractère industriel et commercial.

À côté des obligations légales, les collectivités locales ont toute liberté pour décider de créer des établissements publics locaux. La plupart d'entre eux sont des établissements publics administratifs. En l'absence de précision donnée par la collectivité locale sur leur nature, on applique les critères de distinction établis par la jurisprudence administrative. Par ailleurs, le Code des communes précise que les exploitations « susceptibles d'être gérées par des personnes privées » sont à caractère industriel et commercial (art. L. 323-1 al. 2).

D'une façon générale, la formule de l'établissement public a été largement utilisée par les collectivités locales, qu'il s'agisse de la gestion de services de transports en commun, des musées, des offices publics d'HLM, des pompes funèbres ou encore de la plupart des équipements sportifs. L'avantage de ce mode de gestion est de permettre une individualisation des charges et des produits du service public, puisque l'établissement public, personne morale, dispose d'un *budget propre*. Il est soumis aux contrôles du comptable public et de la chambre régionale des comptes. Les subventions versées par la collectivité doivent néanmoins apparaître dans son budget.

Mais la gestion des services publics peut encore relever d'une des nombreuses modalités de *partenariat*, particulièrement développées par les collectivités locales soucieuses d'assurer à leurs services publics une gestion efficace dans le cadre d'une *coopération* organisée avec des personnes publiques ou privées.

Ce partenariat intéresse *toutes les formes de regroupements* des collectivités territoriales entre elles. Nous avons vu que, quelle que soit la formule choisie, le statut juridique est celui d'un établissement public administratif. L'acte institutif précise les compétences, de même que les conditions de fonctionnement et de financement y compris tarifaire du regroupement.

La gestion en partenariat de services publics locaux peut également se faire au sein d'une personne morale privée ou mixte. La constitution d'*associations* (loi 1901) est une technique souple, mais généralement limitée aux services impliquant de faibles dépenses comme la gestion de clubs sportifs municipaux ou d'équipements sociaux culturels tels les MJC. Les associations peuvent être créées également dans le cadre de projets de développement économique local et permettent aux citoyens membres de ces personnes morales de gérer un certain nombre d'opérations intéressant la collectivité.

Le partenariat peut encore être réalisé sous la forme des *unions d'économie sociale*, des *groupements d'intérêt publics* ou des *sociétés d'économie mixte* dont on a vu le rôle nouveau en matière de coopération transfrontalière, mais qui sur le plan interne, ont connu un grand développement depuis 1983.

Le choix du mode de gestion est évidemment important pour la rentabilité de la gestion, tout autant que pour la part de responsabilité de la collectivité locale dans la fixation des tarifs.

Mais quels que soient les modes de gestion possibles, directs ou délégués, publics ou privés, les services publics entraînent des *charges importantes*, non seulement pour leurs équipements mais aussi pour leur fonctionnement. Les premières sont assez faciles à identifier et à chiffrer, les secondes représentent des coûts induits : entretien, administration, eau, électricité, chauffage, etc. qui sont parfois insuffisamment intégrés aux plans de financement. Les *coûts réels des services* ne sont pas toujours bien évalués faute d'intégrer la totalité des charges d'exploitation. La Cour des comptes dénonce régulièrement ce type de lacunes qu'elle estime recouvrir entre 5 et 15 % des frais de fonctionnement selon les cas.

2. *Les problèmes de financement*

Pour financer tous ces services, la marge de manœuvre des élus locaux est relativement étroite et joue principalement entre la *fiscalité* et les *produits d'exploitation*.

Tout d'abord, la distinction traditionnelle entre services publics administratifs et services publics industriels et commerciaux n'a pas que des incidences quant au droit applicable et au juge compétent. Elle joue aussi sur le mode de financement.

S'agissant d'un *service public administratif*, rien n'interdit aux usagers de participer financièrement à la couverture de ses dépenses, puisqu'il n'existe pas de principe général de gratuité du service public. Pourtant les assemblées locales préfèrent un *financement par l'impôt local* considéré comme redistributeur, et donc utile à la justice sociale. Ils répugnent le plus souvent à augmenter le prix de certains services. Par ailleurs, la crainte d'une baisse de fréquentation du service en raison de tarifs élevés joue un rôle important, le service public devant être avant tout au service de la population la plus large possible. L'argument de justice sociale se vérifie davantage pour les services purement sociaux que pour les services culturels, ou même pour les crèches ou garderies, dans la mesure où les cadres moyens et les employés en sont les principaux utilisateurs. Celui de la fréquentation du service liée au prix du service dépend surtout des conditions de concurrence (services sportifs ou culturels) ou de monopole (comme pour l'eau) ou encore de quasi-monopole (comme pour les crèches) dans lesquelles s'exercent le service public.

En réalité, les prix des services publics tiennent le plus grand compte du *coût politique* qu'ils représentent, même si la pratique d'une gestion privée s'est développée et entraîne les responsables locaux à rechercher une gestion plus réaliste.

S'agissant d'un *service public industriel et commercial*, l'exigence d'équilibre budgétaire entraîne une *participation obligatoire des usagers*. Dans les termes de l'article L. 322-5 du Code des communes applicable aux départements par décret du 6 mai 1988, les budgets des SPIC locaux doivent être équilibrés en dépenses et en recettes, sans participation du budget propre de la collectivité locale, sauf dérogations prévues par la loi du 5 janvier 1988. Mais là encore, les tarifs pratiqués ne couvrent que très partiellement les coûts des services publics. Dans le cas des *transports publics*, le rapport de la Cour des comptes de 1990 montre que la contribution des usagers ne couvre au mieux que 50 % des frais réels, alors que la loi d'orientation des transports intérieurs (LOTI) prévoyait en 1982 que le financement des transports devait être à la charge des usagers. La tarification étant en règle générale trop faible, le solde des charges est couvert par des recettes fiscales ou parafiscales.

Dans l'ensemble, qu'il s'agisse des tarifs de transports en commun ou de chauffage urbain, ou encore du prix de la consommation de l'eau lorsque ces services sont exploités par les collectivités elles-mêmes, les produits d'exploitation n'occupent qu'une place encore marginale dans les recettes des collectivités locales : entre 10 et 15 %. Pourtant *les prix des services publics sont libres* depuis le 1er septembre 1987[17], à l'exception des cantines scolaires et des transports urbains de voyageurs qui restent encadrés par la réglementation. Mais la liberté n'a pas bouleversé les règles de financement dans la pratique.

Les recettes restent donc insuffisantes pour couvrir les frais d'exploitation en raison des tarifs très bas pratiqués à l'égard des usagers. Le déficit est comblé par d'autres ressources, et ce que l'usager ne paye pas est payé par le contribuable sans que ce système soit pour autant satisfaisant. Il y a là un problème permanent et difficile de choix et de pondération pour les collectivités locales.

Jusque-là, le financement des services publics par l'impôt a été dans l'ensemble privilégié, mais la hausse de la pression fiscale, constante depuis 1970, n'est pas sans limites[18]. Le coût politique des impôts peut alors contribuer à inverser la tendance, en ouvrant un financement par la facturation plus important.

> De plus, le *principe de l'égalité des citoyens* devant le service public empêche d'opérer certaines différenciations au sein d'un même groupe d'usagers, à moins d'une disposition législative particulière ou encore d'une situation spéciale de certains utilisateurs. La jurisprudence administrative exige que les différenciations tarifaires correspondent à des « différences de situation appréciables » (*cf.* CE, 10 mai 1974, Desnoyez et Chorques[19]). Le juge se réserve de vérifier si les catégories établies par l'organisme qui gère le service public sont justifiées ou non par de telles différences de situation. Un tarif préférentiel peut ainsi être pratiqué pour les habitants d'une commune alors que l'usager extérieur paie un prix plus élevé (par exemple pour un tennis municipal). L'intérêt général peut nécessiter une modulation[20], et certains tarifs tiennent compte de l'âge, du nombre d'enfants, de l'invalidité, de la qualité d'étudiant ou encore de la situation professionnelle (chômage). Par contre, la modulation tarifaire en fonction du *revenu* a pu être considérée tantôt comme illégale s'agissant des tarifs d'inscription à une école de musique (*cf.* CE, 26 avril 1985, Ville de Tarbes[21]), tantôt au contraire admise comme légale s'agissant d'une crèche (*cf.* CE, 20 janvier 1989, Centre communal d'action sociale de La Rochelle[22]).

Pour conclure sur ces ressources autonomes qui constituent la première catégorie de ressources traditionnelles, il convient de remarquer que les produits du domaine et les produits des services ne représentent ensemble qu'une part modeste des budgets locaux (15 % en 1990 soit environ 75 milliards de francs). Ce sont les recettes fiscales, directes ou indirectes qui constituent l'apport essentiel, environ 85 % de la section fonctionnement.

---

17. L'ordonnance du 1er décembre 1986 a été abrogée sur ce point.
18. Voir à ce sujet l'article révélateur titré « Impôts locaux : la côte d'alerte », *Le Figaro* du 2 février 1996, p. 6.
19. *Cf.* CE, 10 mai 1974, Desnoyez et Chorques, *Rec.* p. 274, *AJDA*, 1974, p. 298, Chr. *RDP*, 1974, p. 467, note Waline.
20. Voir circulaire du 16 janvier 1986.
21. *Cf.* CE, 26 avril 1985, « Ville de Tarbes », *Rec.* p. 119, Concl. B. Lasserre, *AJDA*, 1985, p. 409.
22. *Cf.* CE, 20 janvier 1989, « Centre communal d'action sociale de La Rochelle », *Rec.* p. 8.

B. Les ressources fiscales

Pour l'année 1993, le montant total de la fiscalité locale de l'ensemble des collectivités locales incluant communes et groupements de communes s'est élevé à 327,2 milliards de francs dont[23] :

fiscalité directe	256,2	
fiscalité indirecte	55,4	311,6
taxes pour services rendus	11,7	
taxes liées à l'urbanisme	3,9	

Le système actuel résulte d'une réforme profonde, rendue nécessaire par l'anachronisme et la complexité d'une fiscalité imprégnée jusqu'à la fin de la première moitié du XXᵉ siècle par des doctrines économiques totalement dépassées, et pour lesquelles la principale source de richesse était de nature immobilière.

a) *La réforme de la fiscalité directe*

La fiscalité locale directe date de la Révolution[24] sans que la tradition jacobine n'ait permis pendant longtemps qu'elle soit indépendante des impôts d'État.

La *contribution foncière*, impôt réel, proportionnel et indiciaire assis sur le revenu présumé de chaque immeuble a été instituée par les lois des 23 novembre et 1ᵉʳ décembre 1790 pour être fractionnée en deux par la loi du 8 août 1890 = contribution foncière sur les propriétés bâties et contribution foncière sur les propriétés non bâties.

Une *contribution mobilière*, impôt personnel complexe, plusieurs fois modifiée, a été de même instituée par les lois des 13 janvier - 18 février 1791 pour taxer les revenus au travers principalement du loyer. On ne taxera franchement les revenus que beaucoup plus tard et en deux étapes, d'abord par la loi du 28 juin 1872 qui frappe les revenus des capitaux mobiliers, puis surtout par la loi du 31 juillet 1917 qui crée l'impôt sur le revenu et fait disparaître la contribution mobilière.

La *patente*, instaurée en dépit des principes physiocratiques par la loi des 2 et 17 mars 1791, supprimée en 1793 et rétablie en 1795, est assise sur le loyer des locaux utilisés pour exercer une activité industrielle et commerciale et vaut autorisation d'effectuer de telles activités.

Enfin, le Directoire avait créé un impôt particulièrement absurde puisqu'il est à l'origine de nombreux murs aveugles que l'on peut encore observer en province, la *contribution des portes et fenêtres* supprimée par la loi du 19 juillet 1925.

Tous ces impôts étaient des impôts d'État obligatoires et c'est sur la base de ces contributions d'État décidées par le Parlement que les collectivités locales pouvaient voter à leur profit des **centimes additionnels**, calculés sur la base du centième des produits des contributions pour la collectivité (un centime = un centième). Si les contributions par exemple rapportaient 100 000 F dans la commune, la valeur du centime était de 1 000 F. Il suffisait ensuite de voter le nombre de centimes nécessaires pour obtenir la recette escomptée. L'impôt local était donc *additionnel au principal*, c'est-à-dire l'impôt d'État.

---

23. En milliards de francs. Source *DGCL*.
24. G. ARDANT, *Histoire de l'impôt*, tome 2, Paris, Fayard, 1972 et A. WAGNER, *Traité de la science des finances*, tome 4, Paris, Giard et Brière, 1913.

L'insuffisance de ces ressources mises en place dans le contexte économique de la fin du XIXᵉ siècle a conduit l'État à leur adjoindre toute une série disparate d'*impôts directs accessoires*, l'ensemble accusant une extrême *complexité* aggravée par la généralisation des *principaux fictifs* en 1917 et apparus dès 1890.

La réforme du 31 juillet 1917 transfère la contribution mobilière et la patente aux collectivités locales, qui continuent à être calculées en fonction de ce qu'elles auraient rapporté à l'État (principal fictif) pour que les collectivités locales puissent continuer à voter sur cette base des centimes additionnels. Il faut attendre 1948 pour que les deux taxes foncières soient à leur tour transférées aux collectivités locales.

L'ensemble était particulièrement lourd et inadapté en raison de bases d'évaluation anciennes, en principe fixes, mais que certaines lois avaient périodiquement tenté de corriger et d'améliorer par des réajustements successifs, sans que les résultats soient pour autant convaincants. Par ailleurs, les inégalités intercommunales dues aux différences de potentialité fiscale d'une commune à l'autre, ajoutées à l'injustice d'impôts ne tenant pas compte des charges de famille, devenaient de plus en plus insupportables au fur et à mesure qu'augmentaient les besoins des collectivités locales et l'aggravation de la pression fiscale qui en résultait.

En dépit des multiples commissions et projets de réformes qui se sont succédé vainement[25], l'obsolescence d'un dispositif fiscal sclérosé ne tenant aucun compte du passage de l'économie agricole du XIXᵉ siècle à l'économie industrielle moderne condamnait à terme le système.

La réforme inaugurée par les ordonnances du 7 janvier 1959[26] vise l'ensemble des impôts directs obligatoires et des impôts directs accessoires. La réforme programme à terme la disparition des quatre principales contributions directes dénommées les « quatre vieilles », en raison de leur ancienneté :

– contribution foncière des propriétés bâties ;
– contribution foncière des propriétés non bâties ;
– contribution mobilière ;
– contribution des patentes établies sur les activités industrielles, commerciales et libérales.

---

1. Les quatre taxes directes locales

L'ordonnance du 7 janvier 1959, qui constitue une sorte de « loi-cadre », vise à simplifier les bases d'imposition et à mieux répartir la charge fiscale en substituant progressivement aux « quatre vieilles », quatre taxes modernes, évolutives et de meilleur rendement, assises sur une donnée technique commune relativement simple : **la valeur locative cadastrale** révisable périodiquement, la taxe professionnelle devant remplacer la patente étant pour sa part assise sur le « produit brut annuel du fonds exploité ».

---

25. Dans l'ordre chronologique, on peut citer notamment les propositions Boquet (1920), le projet Piétri (1931), la commission Aubaud (1936), les projets Auriol (1936), Bonnet (1937), Blum et Marchandeau (1938), la commission Barand (1945), le projet Blum (1947), la proposition Queuille (1948) ou encore le projet Pinay (1952).
26. Ordonnances n° 59-108 et 59-110 du 7 janvier 1959, *JO* du 9 janvier 1959.

Ces quatre impôts nouveaux sont[27] :

> – la taxe foncière sur les propriétés bâties ;
> – la taxe foncière sur les propriétés non bâties ;
> – la taxe d'habitation ;
> – la taxe professionnelle.

L'ordonnance de 1959 pose les principes et les axes essentiels de la réforme. Elle est suivie par de nombreuses lois permettant sa mise en place progressive, selon un échéancier d'étapes et de transitions.

La *loi du 2 février 1968* qui porte sur l'évaluation des propriétés bâties complétée par son décret d'application du 28 novembre 1968 qui programme la révision des assiettes, est suivie d'une vaste opération de recensement. De 1970 à 1974, 20 millions de logements, 2 millions de locaux commerciaux, 200 000 établissements industriels et 120 millions de parcelles ont été évaluées conformément à ces prescriptions.

La *loi du 31 décembre 1973* fixe en 1974 la première application des taxes foncières et de la taxe d'habitation avec un transfert de charges au sein de chaque catégorie de contribuables. Un abattement obligatoire de la base imposable à la taxe d'habitation est prévu pour charges de famille[28]. Ajoutée à l'abattement facultatif existant, cette nouvelle mesure permet de personnaliser cet impôt.

Tout en maintenant le mécanisme de la répartition, il est prévu que la collectivité ne vote plus le nombre des centimes, mais la masse globale de l'impôt.

La *loi du 18 juillet 1974* complétant la précédente porte sur les déclarations à souscrire par les propriétaires et établit « un mécanisme de mise à jour régulier des bases d'imposition des impôts locaux correspondant à une révision générale des valeurs locatives tous les six ans et une actualisation de ces mêmes bases tous les deux ans », avec augmentation annuelle.

La *loi du 29 juillet 1975* modernise la patente en attendant qu'elle soit remplacée à compter du 1er janvier 1976 par la taxe professionnelle assise pour partie sur la valeur locative des immeubles et équipements (actualisés au 1er janvier 1970), et pour partie sur la masse salariale. L'instauration d'un système de péréquation témoigne d'un souci d'équilibre et de solidarité entre les communes inégalement favorisées. Les règles relatives au vote direct des taux d'imposition par les collectivités locales sont posées et différées en raison des difficultés multiples soulevées lors du débat parlementaire.

La *loi du 10 janvier 1980*[29] constitue une étape décisive de la réforme en prévoyant qu'à compter du 1er janvier 1981, « les conseils généraux, conseils municipaux et instances délibérantes[30] des organismes de coopération intercommunale dotés d'une fiscalité propre, *votent chaque année les taux* des taxes foncières, de la taxe

---

27. Le changement sémantique participe de cette modernisation.
28. Le texte sera complété par les lois du 27 décembre 1974 sur les abattements pour charges de famille et du 30 décembre 1974 sur la situation fiscale des personnes âgées.
29. Loi n° 80-10 du 10 janvier 1980, *JO* du 11 janvier 1980.
30. La mesure a été étendue aux conseils régionaux à compter de leur transformation effective en collectivité territoriale en 1986.

d'habitation et de la taxe professionnelle », tout en pouvant continuer à voter globalement leurs impôts, ce qui permet de pratiquer une hausse des taux uniforme en conservant les proportions existantes.

Toutefois, cette liberté locale est « surveillée », la loi instituant elle-même deux limites : la première au profit des assujettis à la **taxe professionnelle** prévoit que le taux de cette taxe ne peut excéder celui de l'année précédente, corrigé de la variation du taux moyen des autres taxes, pondéré par l'importance relative des bases de ces taxes. En 1983, cette restriction a été renforcée, le taux de la taxe ne pouvant varier davantage que celui de la taxe d'habitation ou, si celle-ci est moins élevée, que celui du taux moyen pondéré des trois autres taxes. Le législateur a voulu éviter que les élus locaux, par démagogie, ne soient tentés d'alléger la taxe d'habitation de plus en plus impopulaire, en surchargeant d'autant la taxe professionnelle.

La deuxième limite vise à réduire les écarts entre les communes par une formule de **péréquation**, en plafonnant l'augmentation de la taxe d'habitation et des taxes foncières à deux fois le taux moyen constaté l'année précédente pour la même taxe dans l'ensemble des communes du département, ou à deux fois et demie le taux moyen constaté au niveau national s'il est plus élevé. De même, le taux de la taxe professionnelle voté par une commune ne peut excéder deux fois le taux moyen de cette taxe constaté au niveau national pour l'ensemble des communes.

En réalité, l'expérience montre qu'un écart du simple au double reste possible, mais qu'il n'y a rien de comparable avec la situation antérieure à la réforme, où le rapport entre les deux extrêmes, pour ne considérer que la patente, était de 1 à 12 pour les communes d'un même département, et de 1 à 25 pour l'ensemble de la France.

Aucun changement fondamental n'est venu affecter le fonctionnement des impôts locaux depuis la loi du 10 janvier 1980. Seules des modifications techniques permettant leur adaptation au contexte économique et financier ont été apportées notamment par la loi du 28 juin 1982 et par les lois de finances pour 1988 et 1989, complétées en 1992 et 1993 par des transformations de dégrèvements de taxes (d'habitation et foncier bâti) en exonérations des bases.

La situation actuelle de la fiscalité locale dépend donc pour l'essentiel du nouveau régime des quatre taxes mises en place progressivement, et dont il convient de préciser les données essentielles pour en comprendre l'économie.

1. La taxe foncière sur les propriétés bâties

Elle est assurément la moins contestée des quatre taxes et représentait en 1993 25,6 % de leur produit total, soit 60,6 milliards de francs[31], dont 40,1 milliards de francs pour les communes, 16,4 milliards de francs pour les départements et 4,1 milliards de francs pour les régions.

Les assujettis sont les propriétaires et les usufruitiers. Les biens imposables sont formés par toutes les propriétés bâties et les biens assimilés, notamment les terrains qui forment une dépendance indispensable et immédiate des constructions. Selon la jurisprudence du Conseil d'État, il faut que les constructions soient fixées au sol à perpétuelle demeure, ce qui englobe les ouvrages d'art (quais, ports, viaducs), les installations, qu'elles soient commerciales ou industrielles, destinées à abriter des personnes ou à stocker des produits, les bateaux utilisés en un point fixe et aménagés pour l'habitation, le commerce ou l'industrie.

---

31. C'est aussi la taxe qui s'est accrue le plus rapidement : 45,5 milliards de francs en 1990.

Le lieu d'imposition est la commune où est situé le bien à l'exception des chutes d'eau et des aménagements utilisés par les entreprises hydrauliques concédées, ou d'une puissance supérieure à 500 kW. La valeur locative est répartie en ce cas entre les communes sur le territoire desquelles coulent les cours d'eau ainsi aménagés.

Le régime prévoit un abattement forfaitaire pour frais de gestion ou d'amortissement égal à 50 % de la valeur locative cadastrale. Celle-ci est établie de la façon suivante :

– sur la base des loyers au 1er janvier 1970 pour les baux en cours de validité ou sur la base d'évaluations comparées pour les nouveaux baux, en ce qui concerne les locaux commerciaux ;

– en tenant compte des superficies pondérées par les éléments de confort, en ce qui concerne les logements ;

– pour les immeubles industriels le mode de calcul fait intervenir la comptabilité des entreprises, la valeur locative étant arrêtée à 8 % du prix de revient comptable des terrains, et à 12 % du prix de revient des bâtiments.

Cette valeur locative est révisable annuellement à la demande de l'administration ou du contribuable ; tous les deux ans depuis 1978, elle donne lieu à une mise à jour systématique, enfin tous les six ans, un examen détaillé et complet corrige ce que la mise à jour biennale peut avoir de sommaire. Mais ce dispositif d'actualisations périodiques mis en place par les lois du 31 décembre 1973 et 18 juillet 1974, n'est pas correctement appliqué, la dernière actualisation remontant à 1980.

Pour remédier à ce défaut, la loi du 30 juillet 1990 prévoit la répartition des propriétés bâties en quatre groupes : locaux d'habitation, locaux d'habitation à usage locatif, locaux professionnels et locaux industriels. Certains groupes sont divisés en sous-groupes : locaux d'habitation divisés en maisons individuelles, appartements, dépendances ordinaires, d'agrément, maisons exceptionnelles.

Ces sous-groupes sont à leur tour distribués en catégories, les appartements recouvrant pour leur part huit catégories de « grand luxe » à « très médiocre », 80 % étant classés « assez confortable » ou « ordinaires ». À ces distinctions s'ajoute celle des secteurs d'évaluation en ce qui concerne les immeubles d'habitation, les immeubles HLM et à usage professionnel. Le calcul des *évaluations cadastrales* résulte enfin de l'application du tarif de la catégorie et du coefficient de situation (lui-même fonction de l'état du bien et de sa situation dans le secteur) à la surface du local réduite pour certaines dépendances comme les greniers et les caves.

Le régime de la taxe prévoit des *exonérations, tantôt permanentes* au profit par exemple des propriétés publiques affectées à un service public d'utilité générale et improductives de revenus, des édifices du culte, des bâtiments ruraux affectés de manière permanente et exclusive à un usage agricole (greniers, écuries, granges et hangars notamment), ouvrages de distribution d'eau potable, hôtels des ambassades. *Tantôt des exonérations temporaires* : pendant deux ans après leur achèvement pour les constructions nouvelles d'habitation, sauf délibération contraire de la commune. Pour les autres locaux non affectés à l'habitation, l'exonération pour 2 ans ne joue que pour la part départementale et régionale de la taxe depuis le 1er janvier 1992. Exonération de quinze ans pour les nouvelles HLM, et logements à usage locatif financés par des prêts locatifs aidés (PLA), vingt-cinq ans pour ces mêmes HLM et logements achevés avant le 1er janvier 1973.

Des **dégrèvements** profitent enfin aux personnes âgées de condition modeste, titulaires du Fonds national de solidarité, ou âgées de plus de 75 ans et non assujetties à l'impôt sur le revenu, de même qu'aux bénéficiaires de l'allocation aux adultes handicapés non passibles de l'impôt sur le revenu et qui le demandent.

2. La taxe foncière sur les propriétés non bâties

Plus contestée que la précédente, notamment par le fait qu'elle représente la plus grande partie de la fiscalité acquittée par les agriculteurs des communes rurales[32], son évolution déclinante[33] en fait un produit fiscal marginal pour les collectivités locales. En 1993, elle représentait seulement 2,8 % du produit des quatre taxes directes locales, soit 6,59 milliards de francs dont 4,75 milliards de francs pour les communes et 1,77 milliard de francs pour les départements, 0,63 milliard de francs pour les régions.

Les assujettis sont les mêmes que pour la taxe précédente, propriétaires et usufruitiers.

Les biens imposables sont constitués par tous les terrains non bâtis, et propriétés foncières non bâties de toute nature situées en France.

Sont exonérés à titre permanent :
– les propriétés des personnes publiques affectées à un service public ou d'utilité générale et improductives de revenus ;
– les voies publiques, fleuves, rivières navigables et flottables ;
– les sols des constructions assujetties à la taxe foncière des propriétés bâties, ainsi que les terrains attenants dont la superficie n'excède pas 500 m² (jardins par exemple) ;
– les terrains appartenant à certaines associations : mutilés de guerre, associations syndicales de propriétaires.

Sont exonérés à titre temporaire :
– les terrains plantés en bois ou reboisés pendant trente ans ;
– les marais desséchés pendant vingt ans ;
– les terrains plantés en arbres truffiers pendant quinze ans ;
– les terres incultes mises en culture ou plantées d'arbres fruitiers pendant dix ans ;
– les terrains nouvellement plantés en noyers pendant huit ans au maximum. Une délibération spéciale fixe la durée.

Toutes les durées d'exonération correspondent au temps nécessaire pour rendre ces terrains productifs.

Des _dégrèvements_ individuels sont accordés sur réclamation individuelle, mais la loi a également prévu des dégrèvements spéciaux sur réclamation collective ou individuelle, en cas de pertes de récoltes sur pied par suite de grêle, gelée, inondation ou incendie… ou de pertes de bétail par suite d'épizootie. Enfin, la loi de finances pour 1992 prévoit que les terrains classés en prés, prairies, herbages, landes et pâturages bénéficient d'un dégrèvement de 70 % pour la taxe levée par le département et la région. Enfin, la collectivité peut accorder un dégrèvement à sa charge au profit des jeunes agriculteurs installés pendant cinq ans maximum.

La base d'imposition est également la valeur locative cadastrale, c'est-à-dire le prix théorique de location avec un **abattement** forfaitaire de 20 % pour risque de non-location. La loi du 31 décembre 1973 n'ayant pas été appliquée, il n'y a pas eu

---

32. Elle représente 15 % des recettes fiscales des communes de moins de 2 000 habitants, 32 % pour les communes de moins de 700 habitants.
33. Elle représentait 5,3 % du produit des 4 taxes en 1988, 3,7 % en 1991 pour 2,8 % en 1993.

de révision générale depuis l'évaluation initiale de 1961. La dernière actualisation remonte à 1980, avec le relais de majorations forfaitaires en 1983, 1986 et 1989.

Les valeurs locatives retenues n'ont guère de rapport avec la valeur réelle qui leur est le plus souvent supérieure. Le système renforce les inégalités entre collectivités puisque les évaluations cadastrales servent de références pour la répartition des concours financiers de l'État entre elles.

Pour remédier à cette situation, la loi du 30 juillet 1990 a décidé la révision générale des bases cadastrales. Sans revoir le classement des 90 millions de parcelles, il s'agissait de l'adapter en deux ans. Les propriétés non bâties sont réparties en *7 groupes* (au lieu des 13 répertoriés depuis 1908)[34] : terres de culture ou d'élevage, lacs et étangs, vignes, vergers et cultures fruitières, bois et forêts, sols et terrains assujettis à la taxe foncière sur les propriétés bâties, autres propriétés non bâties. Certains groupes sont divisés en sous-groupes. Par exemple, les terres de culture divisées en terres labourables et terres légumières. Ces sous-groupes sont à leur tour divisés en classes à partir du degré de fertilité et de la qualité du sol : terres labourables par exemple divisées en terres d'alluvions, des coteaux peu profonds.

La révision implique la *détermination d'un tarif* précisant la valeur à l'hectare selon trois types de secteurs, c'est-à-dire de zones où les loyers sont homogènes : secteurs agricoles, forestiers et urbains. Le *calcul des évaluations cadastrales* intervient ensuite : il résulte de la multiplication du tarif de la classe par la surface de la parcelle appartenant à cette classe.

L'article 48 de la loi du 30 juillet 1990 prévoyait le dépôt d'un rapport du gouvernement au Parlement avant le 30 septembre 1992, puis le dépôt d'un projet de loi intégrant les résultats. Le rapport n'a pas été déposé à la date prévue, mais les décrets d'application du 4 décembre 1990 précisant les conditions de révision générale des évaluations des immeubles et de détermination des bases des impôts fonciers locaux et du 28 janvier 1991 accordant délégation de compétence à un délégué régional pour le traitement en première instance du contentieux relatif aux travaux de révision ont permis de faire progresser la réforme en cours. Mais son entrée en vigueur prévue pour 1994 a été reportée.

En attendant, le *calcul de la cotisation* se fait à partir de la valeur locative cadastrale déterminée en fonction de la classification des terrains en 13 catégories auxquelles on affecte une valeur locative correspondant au marché local ; on applique l'abattement forfaitaire de 20 %, et le prix obtenu est multiplié par le taux de l'impôt voté par les différentes collectivités locales concernées, c'est-à-dire les communes et leurs groupements, et il faut noter que depuis 1993, la taxe n'est plus perçue par les régions ni par les départements sur les terrains agricoles.

3. La taxe d'habitation

Elle est critiquée comme doublement injuste *à l'égard des collectivités locales* où elle est plus lourde quand la commune de résidence est importante (à l'exception de quelques grandes villes) et *à l'égard des contribuables* dans la mesure où la charge en pourcentage du revenu est d'autant moins élevée que le revenu augmente. Elle représentait en 1993 : 22,6 % du produit des quatre taxes directes locales, soit

---

34. Une instruction ministérielle du 31 décembre 1908 classait les propriétés non bâties en 13 groupes : terres, prés, vergers, vignes, bois, landes, carrières, lacs et étangs, jardins, terrains à bâtir, terrasses d'agrément, chemins de fer et canaux, sols de propriétés bâties. Les terres et les prés représentent 52,5 % des surfaces non bâties.

53,4 milliards de francs dont 34,5 pour les communes et groupements de communes, 14,9 pour les départements et 4 pour les régions. Il faut ajouter à ces caractères, qu'il s'agit d'une taxe très concentrée puisque 62 % de la taxe sont payés par 27 % seulement des contribuables, soit encore 25 millions d'articles de rôles émis à raison de 84 % pour les résidences principales et 16 % pour les résidences secondaires et dépendances non rattachées à l'habitation principale.

Les *assujettis* sont toutes les personnes qui ont la disposition ou la jouissance au 1er janvier de l'année considérée de locaux à usage d'habitation, que ces personnes soient propriétaires, locataires ou occupants à titre gratuit, que l'occupation soit effective ou non. La taxe frappe les locaux d'habitation proprement dits, mais aussi les chambres individuelles, les dépendances, les garages ou boxes, les locaux mixtes habitation-profession, tout local meublé sans caractère commercial ou public de l'État et des collectivités publiques, tout local meublé et à usage privatif des organismes et sociétés non soumis à la taxe professionnelle, enfin même dans certains cas les caravanes. La base d'imposition est la valeur locative mais sans aucun abattement pour frais.

Ne sont pas imposés : certains locaux tels que les bâtiments ruraux, les internats, les pensionnats ou encore les bureaux des fonctionnaires.

Sont exonérés à titre permanent :

– les établissements publics scientifiques d'enseignement ou d'assistance ;

– les ambassades.

Sont exonérés à titre viager :

Certaines catégories de personnes depuis le 1er janvier 1992 :

– les titulaires de l'allocation supplémentaire du Fonds national de solidarité ;

– les personnes invalides ou infirmes dans l'incapacité de travailler et non imposables à l'impôt sur le revenu ;

– les personnes de 60 ans, veufs ou veuves (quel que soit leur âge) lorsqu'elles ne sont pas passibles de l'impôt sur le revenu ;

– les bénéficiaires du RMI.

À défaut d'un système satisfaisant, le législateur s'est efforcé de corriger les injustices les plus évidentes de la taxe par le jeu des dégrèvements et des abattements.

Des *dégrèvements* réduisent le montant des cotisations des contribuables non soumis à l'impôt sur le revenu ou faiblement imposés, quand la cotisation relative à leur habitation principale est supérieure au seuil de taxe réévalué chaque année.

Un *abattement obligatoire* pour charges de famille est fixé à 10 % de la valeur locative moyenne de la commune pour les deux premières personnes à charge, 15 % pour chacune des suivantes, mais la loi de finances rectificative du 27 décembre 1974 autorise les organes délibérants à *majorer* de 5 ou 10 points le taux de ces abattements qui peut donc atteindre 10, 15 ou 20 % pour les deux premières personnes à charge, 15, 20 ou 25 % à partir de la troisième.

Un *abattement facultatif* général peut en outre être décidé sans condition, par les collectivités intéressées à hauteur de 5, 10 ou 15 %.

Enfin, la loi du 10 janvier 1980 modifiée, institue un *abattement facultatif spécial* en faveur des personnes non imposées à l'impôt sur le revenu *et* dont le logement représente une valeur locative inférieure de 130 % par rapport à la moyenne, avec une augmentation possible de 10 % par personne à charge.

Le *calcul de la cotisation* se fait à partir de la valeur locative, réduite par les abattements, multipliée par les taux d'imposition votés par les différentes collectivités territoriales intéressées. Un *plafonnement* est prévu d'un montant égal à 3,4 % (en 1993) du revenu imposable, à la double condition réévaluée chaque année, que la cotisation soit supérieure au seuil de taxe, et que l'impôt sur le revenu soit inférieur à une certaine somme (16 390 F en 1993).

La multiplication des dégrèvements et abattements a permis d'accentuer la personnalisation de cet impôt sans que les résultats non plus qu'une complexité croissante soient pleinement satisfaisants. Il faut y voir l'échec d'une réforme de fond.

Pourtant, dès la loi du 28 juin 1982, le Parlement avait demandé au gouvernement de lui présenter un rapport « exposant la possibilité et les conditions d'une meilleure prise en compte des ressources des redevables dans l'assiette de la contribution ». Ce rapport remis en mai 1984 est resté sans suite, jusqu'à ce qu'en 1988 plusieurs projets de réformes soient de nouveau débattus. La commission d'experts AICARDI était mise en place avec l'objectif de trouver les solutions qui permettent de substituer le revenu au logement dans l'assiette de la taxe.

La loi de finances pour 1990 décida de remplacer la part départementale de la taxe d'habitation due au titre des habitations principales par une taxe départementale sur le revenu[35]. Le département devait voter le taux d'imposition en fonction du revenu moyen de ses contribuables et *la réforme* était applicable pour la première fois en 1992, les bases de calcul étaient prises en compte au 1er janvier 1991. Elle ne dépassera pas le stade de la simulation.

La loi n° 90-669 du 30 juillet 1990 élargit les abattements et prévoit des dégrèvements plus importants. Mais l'article 56 de la loi prévoit de remplacer à terme la valeur locative cadastrale par le *revenu* du contribuable pour l'ensemble de la taxe, tout en exigeant de nouvelles simulations, avec le souci d'éviter des transferts de charges excessifs. La loi du 26 juillet 1991 arrête le dispositif qui ne sera pas appliqué. Enfin, la loi du 15 juillet 1992 a ajourné la réforme.

4. La taxe professionnelle

Elle constitue la part la plus importante de la fiscalité locale puisqu'elle représentait en 1993 : 49 % des quatre taxes directes, soit 117,7 milliards de francs, dont 76,6 pour les communes et leurs groupements, 31,9 pour les départements et 9,2 pour les régions.

Mais par son importance même, cet impôt économique entraîne des disparités de ressources très grandes entre les collectivités locales selon leur situation, l'inégale concentration des entreprises étant la source essentielle des inégalités de richesses taxables. D'où la nécessité de corrections sans qu'intervienne une réforme fondamentale de l'impôt local globalement le plus rentable.

Les assujettis sont toutes les personnes morales ou physiques qui exercent à titre habituel une activité professionnelle non salariée à but lucratif : industriels, commerçants, membres des professions libérales (anciens redevables de la patente) (Code général des impôts, art. 1447).

De nombreuses **exonérations**[36] existent de *façon obligatoire et permanente* et concernent les activités exercées par l'État (à l'exception des arsenaux), les collectivités locales (à l'exception des ports de plaisance), les activités d'intérêt général, et notamment tous les établissements publics, les exploitants agricoles et les petites coopératives (moins de trois salariés sauf exception), la presse au sens large (éditeurs, agences, imprimeurs), les artisans sans compagnons, les chauffeurs de taxi

---

35. Il s'agirait là d'une réforme très modeste !

36. 22 articles du Code général des impôts sont consacrés aux exonérations, art. 1449 à 1466 inclus !

qui n'ont pas plus de deux véhicules, les pêcheurs, les artistes (peintres, auteurs, compositeurs), les concessionnaires de mines, certaines activités à caractère social, notamment les mutuelles, les établissements d'enseignement privé, les sages-femmes, les loueurs en meublé de leur habitation principale (une ou plusieurs pièces) ou encore les offices publics d'aménagement et de construction.

Si cette liste présente un caractère hétéroclite surprenant, quelques exonérations ont un côté folklorique et visent des activités déjà exonérées sous l'Ancien Régime de la patente. Ce sont celles qui concernent les marchands ambulants de fleurs, d'amadou, de balais et de figurines en plâtre.

Sont exonérées à titre facultatif et temporaire sur délibération du conseil de la collectivité territoriale concernée :

Les entreprises qui n'ont que des activités de recherche, les médecins et auxiliaires médicaux pour une durée de deux ans maximum après leur installation dans les communes de moins de 2 000 habitants, et de *plein droit* sauf délibération contraire, les entreprises nouvelles, et depuis la loi du 4 février 1995, les entreprises qui procèdent à des créations ou extensions dans les zones prioritaires de *révitalisation rurale* ou de *redynamisation urbaine* pour une durée de cinq ans maximum (art. 52 I et II de la loi). Les exonérations sont compensées par l'État en cas de créations d'activités (*ibid.,* art. 52 III) ou par le Fonds national de péréquation créé à l'article 70 de la même loi. Ces compensations sont égales au produit obtenu en multipliant la perte de base par le taux de la taxe de la collectivité ou du groupement pour 1994.

Enfin, sont *exonérées à titre partiel et temporaire* sur décision du conseil de la collectivité : les entreprises de spectacles (50 ou 66 %).

La base d'imposition est double et constituée d'un élément assez *stable*, la *valeur locative* des biens utilisés : terrains, locaux passibles de la taxe foncière non bâtie et bâtie, mais aussi équipements, matériel et mobilier de bureau ou de transport, moyens de production et outillages avec éventuellement un abattement de 25 000 F.

Le second élément pris en compte est *évolutif* : il s'agit des *salaires* à concurrence de 18 %. Pour les professions libérales où les salaires n'ont pas grande signification, on retient 10 % des recettes quand moins de cinq salariés sont employés.

Plusieurs *réductions* interviennent pour corriger cette base brute d'imposition. La principale est la *réduction générale* de *16 %* des bases d'imposition : elle s'applique à tous les contribuables passibles de la taxe.

D'autres réductions sélectives interviennent pour *embauche et investissement* en permettant une répartition sur plusieurs années de l'augmentation de base qu'impliquent une embauche ou un investissement nouveau. Des réductions sont prévues pour les entreprises qui exercent une partie de leurs activités en dehors du territoire national, pour les artisans inscrits au répertoire des métiers qui emploient moins de trois salariés et effectuent essentiellement des travaux de fabrication, de transformation, réparation ou des prestations de services. Enfin, le même dispositif de réduction s'applique aux coopératives agricoles et aux SICA.

Enfin, un *écrêtement* intervient dans certains cas.

En effet, en substituant la taxe professionnelle à la patente, l'application de la réforme fiscale a eu pour effet des **transferts de charges** plus importants que prévu : pour un tiers d'entre eux, les assujettis ont vu leur impôt au moins doublé, parfois multiplié par cinq ou par dix. La surcharge est intervenue au moment même où un plan Barre contre l'inflation prévoyait un blocage partiel des prix et un contrôle renforcé, ce qui explique la montée d'un mécontentement général contre un impôt abusif et mauvais, parce que nuisible à l'emploi.

Face à ce mécontentement parfois violent, le gouvernement a dû prendre des mesures techniques ponctuelles qui ont multiplié les palliatifs, constitués notamment des différentes réductions possibles.

De plus, les redevables dont les bases progressaient à un rythme supérieur au rythme moyen des entreprises de la commune voyaient leurs bases « écrêtées » des 2/3 de l'écart constaté.

Le système d'écrêtement a été stabilisé depuis à son niveau de 1979. Mais il faut noter qu'il concerne encore 100 000 contribuables.

Le *calcul de l'impôt* se fait en multipliant la base corrigée (par les diverses mesures de réductions ou écrêtement) par le taux voté par la collectivité intéressée.

Cette cotisation peut être modifiée dans *quatre cas*.

– Elle ne peut être inférieure à un *minimum* qui correspond à la taxe d'habitation qui serait payée pour un local de référence (environ 1 000 F).

– Elle ne peut excéder 3,5 % de la valeur ajoutée produite au cours de la période d'imposition. Si c'est le cas, elle est réduite en conséquence.

– Elle ne peut pas non plus excéder 170 % de la cotisation de patente que payait l'entreprise si elle existait en 1975. Depuis 1982, l'allégement transitoire obtenu en 1981 est réduit chaque année de 5 à 10 %. De nombreuses entreprises continuent à en bénéficier.

– Elle peut être majorée d'une *cotisation de péréquation* : si l'établissement est situé sur une commune dont le taux de taxe professionnelle est inférieur au taux moyen national de l'année précédente. Cette majoration alimente le Fonds national de péréquation de la taxe professionnelle et depuis 1989, sert à compenser pour partie le coût de la mesure de plafonnement de la taxe par rapport à la valeur ajoutée.

La taxe professionnelle étant à la fois l'impôt local direct le plus productif et le plus inégalement réparti, le législateur a dû en effet instaurer une péréquation qui permet de redistribuer une part de la taxe professionnelle des communes favorisées par une implantation importante d'entreprises industrielles et commerciales, vers les communes moins bien loties sur ce point de par leur situation.

1° L'instauration d'une péréquation nationale mise en place par les lois du 10 janvier 1980[37] et du 28 juin 1982[38] a permis la mise en place du *Fonds national de péréquation de la taxe professionnelle* (FNPTP).

Ce fonds est alimenté par la cotisation de péréquation mise à la charge des entreprises implantées dans les communes au taux de taxe professionnelle inférieur au taux global moyen communal constaté au plan national et par une dotation annuelle versée par l'État en contrepartie des allégements de taxe professionnelle (TP) soit 1,29 milliard de francs en 1994[39], auxquelles s'ajoutent des intérêts de retard et de majorations applicables.

Quant à la répartition du fonds, elle a fait l'objet de deux réformes importantes.

À l'origine, les sommes collectées étaient réparties entre les communes dont le potentiel fiscal était inférieur à la moitié de la moyenne nationale et dont les impôts sur les ménages étaient au moins égaux à la moyenne nationale. La répartition a été vivement critiquée, parce qu'elle désavantageait les communes urbaines.

---

37. Loi n° 80-10 du 10 janvier 1980, *JO* du 11 janvier 1980.
38. Loi n° 82-540 du 28 juin 1982, *JO* du 29 juin 1982.
39. Le principe de cette péréquation est apparu d'emblée indispensable.

Un nouveau système de répartition a été introduit par la loi du 31 décembre 1984[40]. Il prévoit trois parts[41]. La première, égale à 75 %, reste réservée aux communes de faible potentiel fiscal. La deuxième, de 20 %, revient aux communes qui subissent d'une année sur l'autre une perte importante de taxe professionnelle, en raison de la fermeture ou du transfert d'entreprises, de restructurations industrielles ou de réduction d'activité. Cette part est versée, sur deux ans, à certaines conditions selon un système dégressif. La troisième part, égale à 5 %, est réservée aux communes dont le budget est en déséquilibre, à cause d'une baisse sur une ou plusieurs années de la taxe professionnelle ou de leur redevance des mines.

Depuis, la loi du 6 février 1992[42], le dispositif actuel prévoit deux fractions. La première finance la DDR ou *dotation de développement rural* à partir de la dotation pour compensation des allégements de TP. En bénéficient les groupements de communes regroupant moins de 35 000 habitants et qui exercent une compétence en matière d'aménagement de l'espace et de développement économique, les communes de moins de 10 000 habitants éligibles à la dotation de solidarité urbaine et outre-mer[43], les communes de Saint-Pierre-et-Miquelon et les communes de moins de 20 000 habitants, chefs-lieux de canton ou qui constituent une commune plus peuplée que le chef-lieu de canton (art. 126 de la loi).

Une seconde fraction se divise en deux parts, l'une compense les pertes importantes de bases de TP sur quatre ans, l'autre est versée aux communes qui connaissent des difficultés financières graves du fait d'une baisse de leurs bases d'imposition à la TP ou de leurs ressources de redevances de mines et dont le budget primitif a été transmis à la chambre régionale des comptes. Cette seconde fraction reprend l'unité d'inspiration qui organisait les 2e et 3e parts prévues par la loi du 31 décembre 1984.

2° Un second fonds intervient désormais dans le jeu des rééquilibrages de ressources des communes. Il s'agit du nouveau *Fonds national de péréquation* (FNP) créé par l'article 70 de la loi du 4 février 1995[44]. Il dispose du produit de la dotation de compensation de taxe professionnelle indexée à partir de 1996 sur les recettes fiscales nettes de l'État. Cette dotation annuelle constitue une subvention de l'État et représente 19,10 milliards de francs en 1994. Bénéficient du Fonds les communes dont le potentiel fiscal est inférieur de 5 % au potentiel fiscal moyen par habitant des communes appartenant au même groupe démographique et dont l'effort fiscal est supérieur à l'effort fiscal moyen des communes de ce même groupe. La loi prévoit deux parts, la première se fondant sur le potentiel fiscal des quatre taxes locales directes, la seconde sur le potentiel fiscal de la TP et réservée aux communes de moins de 200 000 habitants si le potentiel fiscal par habitant est inférieur de 20 % au potentiel fiscal par habitant du même groupe démographique. Les exonérations liées aux créations ou extensions d'activité dans les zones prioritaires d'aménagement du territoire sont compensées de plein droit par le nouveau Fonds (*ibid.*, art. 52). Une quote-part est également affectée aux communes des DOM.

Si les deux Fonds nationaux conjuguent désormais leurs effets compensateurs auprès des communes les plus démunies, la péréquation départementale complète le dispositif péréquateur dans des cas bien précis.

---

40. Loi n° 84-1284 du 31 décembre 1984, *JO* du 1er janvier 1985.
41. Décret n° 85-260 du 22 février 1985, *JO* du 24 février 1985.
42. Loi n° 92-125 du 6 février 1992, *JO* du 8 février 1992.
43. Décret n° 95-526 du 2 mai 1995, *JO* du 6 mai 1995, p. 7167.
44. Loi n° 95-115 du 4 février 1995, *JO* du 5 février 1995.

3° *Les Fonds départementaux de péréquation* ont été créés en 1975 afin de redistribuer dans le cadre départemental ou le cas échéant, interdépartemental, les ressources provenant de l'écrêtement des bases communales de taxe professionnelle d'*établissements de particulière importance* (ports, centrales hydrauliques, hydro-électriques, nucléaires, industries chimiques ou sidérurgiques).

Ces *établissements qualifiés d'exceptionnels* sont ceux dont les bases de taxe professionnelle par habitant dans leur commune d'implantation dépassent deux fois la moyenne constatée au niveau national. La fraction excédant cette moyenne est écrêtée et un prélèvement correspondant au produit du montant des bases excédentaires par le taux en vigueur dans la commune vient directement alimenter le fonds départemental de péréquation de la taxe professionnelle.

Les ressources de ce fonds sont *redistribuées* par les conseils généraux avec une part prioritaire au profit des communes bénéficiaires de ces ressources pour leur permettre de rembourser les annuités d'emprunt antérieurs à 1975.

Le solde revient aux communes dites « concernées » et à celles dites « défavorisées ».

– *Les communes « concernées »* sont de droit la commune d'implantation, et les communes qui accueillent sur leur territoire au moins 10 salariés travaillant dans l'établissement et représentant au moins avec leur famille 1 % de la population de la commune.

De la même façon, les communes sur le territoire desquelles est implanté un barrage ou une retenue nécessaire au fonctionnement d'un établissement producteur d'énergie, sont concernées.

Enfin peuvent être également « concernées » les communes qui subissent un *préjudice* précis et réel ou une charge spéciale du fait de la présence dans une commune voisine d'un établissement exceptionnel. Il appartient au conseil général de déterminer les critères du préjudice en retenant l'implantation, la dégradation de la voirie, ou la présence de salariés, quel qu'en soit le nombre.

– *Les communes « défavorisées »* se caractérisent par leur faible potentiel fiscal comparé avec le potentiel fiscal moyen du département, et par l'importance de leurs charges. Le conseil général tient compte de la faible capacité d'investissement ou encore du nombre d'habitants.

Par ailleurs, la loi de finances pour 1993 permet de donner la priorité aux groupements de communes dans le but de favoriser l'intercommunalité.

La péréquation départementale est critiquée pour plusieurs raisons. La première est l'*absence de clarté* dans la définition des critères de répartition utilisés par les départements. La seconde, *plus fondamentale*, touche au principe même d'une péréquation départementale alimentée par des cotisations d'établissements dont la portée économique est nationale alors que le FNPTP reçoit les cotisations d'entreprises beaucoup moins importantes.

Enfin, si toute péréquation a pour but de réduire les inégalités, la *portée* paradoxale de celle-ci est d'en créer. Il est évident que les montants redistribués par les départements sont extrêmement variables selon que les départements possèdent ou non de telles installations. Certains départements sont surdotés (la Seine-Maritime, les Bouches-du-Rhône) alors qu'une vingtaine, dont la petite couronne parisienne, ne disposent que de sommes limitées et se répartissent moins d'un million de francs par an.

4° Un *dernier système de péréquation* mis en place par la loi du 31 décembre 1990 joue sur le produit de la TP correspondant aux *créations et extensions de grandes surfaces commerciales* — 20 % des bases d'imposition sont directement affectées à la commune d'implantation et 80 % au profit du fonds départemental. Sur cette deuxième part, 85 % des sommes perçues par le fonds sont redistribuées entre les communes de la zone de chalandise en proportion de la population. Le solde du produit total de la TP est versé à un *fonds régional* dont les ressources sont mises à la disposition des *fonds départementaux d'adaptation du commerce rural*, le but étant le maintien du dernier commerce dans les communes menacées de le perdre.

Quand on examine la taxe professionnelle et la multiplication des corrections et péréquations animées des meilleures intentions, on ne peut qu'être étonné par un ensemble de règles aussi lourd que complexe.

Lors d'un exposé télévisé le 15 septembre 1983, le président François Mitterrand n'a pas hésité à qualifier cette taxe «d'impôt imbécile», laissant entendre implicitement qu'il pouvait être abandonné tôt ou tard dans sa formule actuelle. Des études existent qui prennent pour base d'imposition la *valeur ajoutée*. Un important travail de simulation pour en tester les conséquences a été réalisé sur un échantillon de 230 000 entreprises, répertoriées dans une dizaine de départements et correspondant à 1/10 des assujettis. L'ensemble fait apparaître de nouveaux transferts de charge et l'administration semble avoir reporté le projet d'une refonte complète de la taxe, pour se donner le temps de nouvelles études ou de nouveaux essais. Le programme des réformes fiscales annoncées par le gouvernement Juppé en 1995 ne concerne pas spécialement la TP. En attendant et à défaut de modifications fondamentales, les corrections et péréquations interviennent pour imposer leurs nécessaires effets régulateurs.

2. *Les impôts directs accessoires*

Il nous faut voir que la réforme de la fiscalité directe n'a pas seulement remodelé les principaux impôts en remplaçant les «quatre vieilles» par les quatre taxes que nous venons de voir. Elle concerne aussi les **impôts directs accessoires**, dont le nombre et la variété avaient fini par constituer une liste impressionnante au fur et à mesure que l'imagination des élus locaux travaillait à réduire les poussées de fièvre intermittentes de la crise des finances locales.

Ces taxes annexes pouvaient porter sur n'importe quoi, les plus étonnantes étant les **taxes somptuaires** : sur les chasses gardées ou louées, sur les domestiques attachés à la personne : précepteurs, préceptrices et gouvernantes, sur les cercles, les balcons, sur les voitures, sur les chevaux, les mules et les mulets, etc. Il n'est pas dans notre intention de les répertorier toutes, mais ajoutons la plus pittoresque de ces taxes, celle sur les instruments de musique à clavier : orgues, harmoniums et, bien sûr, les pianos. L'humour ne perdant jamais ses droits en France, les chansonniers de la belle époque en avaient fait un refrain à succès «cache ton piano», qui se moquait de cet impôt ridicule.

Il faut remarquer que les collectivités locales tiraient un maigre revenu de toutes ces taxes et la réforme a d'abord consisté à en **supprimer les deux tiers**. L'ordonnance 59-103 du 7 janvier 1959 dresse la longue liste des taxes supprimées.

Par contre, certaines anciennes taxes sont **maintenues ou créées** avec les nouvelles dispositions. Certaines sont **facultatives** et sont à la disposition des communes qui les décident. La liste établie à l'article L. 231-5 du Code des communes en est très longue.

C'est le cas de la *taxe d'enlèvement des ordures ménagères* (art. 1520 à 1526 du Code général des impôts) : elle porte sur toutes les propriétés assujetties à la taxe foncière sur les propriétés bâties.

Son taux doit permettre d'équilibrer les dépenses du service, mais la loi de finances pour 1975 autorise les communes à organiser un service plus complet dans le cadre des campagnes de lutte contre les pollutions et de récupération des déchets. Elles peuvent alors fixer une redevance calculée proportionnellement au coût du service rendu, ce qui permet de faire payer les principaux déposants : hôpitaux et lycées notamment. Le produit de cette taxe s'est élevé à 11,7 milliards de francs en 1993 et est en croissance rapide depuis 1987.

Est également facultative la *taxe de balayage* (art. 1528 du Code général des impôts), calculée selon un tarif au m^2 ou au mètre linéaire, et comme la précédente, récupérable par les propriétaires sur leurs locataires. Peu de villes, dont Paris[45], ont recours à cette taxe dont le tarif est pourtant libre et révisé tous les cinq ans.

Par contre, d'autres taxes sont **obligatoires**, telles que la *redevance communale et départementale des mines* ; elle est calculée selon des taux fixés en fonction de la nature des produits : charbon, pétrole ou gaz, et appliqués aux tonnages de produits extraits. Cette taxe compense en fait la taxe professionnelle que les entreprises minières ne paient pas.

Elle se justifie par ailleurs par les contraintes et nuisances occasionnées par ce type d'activité. Cette taxe constitue une recette de rentabilité très inégale selon la situation des communes ou des départements concernés. Les hydrocarbures comptent pour un tiers environ de la redevance départementale, mais n'intéressent que six départements sur la cinquantaine qui la perçoivent. Les taux de redevance sont revus annuellement[46].

Depuis 1980, les communes perçoivent une *imposition sur les pylônes* implantés sur leur territoire et supportant (ou prévus pour supporter) des lignes électriques dont la tension est égale ou supérieure à 200 kilovolts. La taxe est forfaitaire et annuelle et varie avec la puissance de la tension, ce qui est logique. Elle est révisable annuellement en fonction de la variation du produit de la taxe foncière sur les propriétés bâties constatée au niveau national. Elle est payée par les distributeurs, essentiellement par EDF. Pour 1992, la taxe révisée par arrêté du 16 décembre 1991 était fixée à 4 383 F pour les pylônes supportant des lignes électriques dont la tension est comprise entre 200 et 350 kW et à 8 771 F au-dessus.

À côté de ces impôts directs accessoires, un grand nombre de **prélèvements nouveaux** ont été créés par le législateur sans que leur nature juridique exacte soit évidente. Ils ont cependant un point commun : celui d'être affectés à une finalité précise, qu'il s'agisse du financement des équipements, des transports ou des espaces verts.

— En ce qui concerne les *prélèvements affectés au financement des équipements*, le plus important est :

1. La **taxe locale d'équipement**, instituée de plein droit par la loi du 16 juillet 1971 dans les communes qui ont plus de 10 000 habitants et en région Ile-de-France, mais ces collectivités peuvent y renoncer. Elle est facultative pour les autres communes.

---

45. Le Xe rapport du Conseil des Impôts précise que seules deux communes, Paris et une commune de l'Isère utilisaient encore cet impôt en 1988. *Cf.* tome 2, *JO* 1989.
46. L'arrêté du 5 juillet 1995 fixe les taux applicables en 1995. *Cf. JO* du 27 juillet 1995, p. 11181.

À côté des exonérations de plein droit qui intéressent les constructions édifiées dans les ZAC ou les bâtiments affectés à un service public, le conseil municipal peut décider d'exonérer en tout ou partie les logements sociaux (type HLM), les SEM ou les garages à usage commercial.

De taux variable 1 à 3 %, d'une valeur forfaitaire, calculée selon le type et l'usage de l'immeuble quand elle est fixée par le conseil municipal, elle peut atteindre 5 % par décret à la demande du conseil. Elle est due par le titulaire d'un permis de construire, de reconstruire ou d'agrandir et prélevée par 12 500 communes environ.

Une taxe complémentaire de 1 % est perçue au profit de la région Ile-de-France. Par ailleurs, une taxe spéciale d'équipement routier de la Savoie a été instituée en 1987 pour financer les travaux routiers nécessités par les jeux Olympiques de 1992 (taux = 5 %).

Enfin, les conseils généraux peuvent décider d'instituer une taxe départementale *pour le financement des conseils d'architecture, d'urbanisme et de l'environnement*. Sa base est alors celle de la taxe locale d'équipement, et son taux ne peut dépasser 0,3 %.

2. Un prélèvement spécial est prévu pour **dépassement du COS** (coefficient d'occupation des sols). Dans ce cas, le bénéficiaire du permis de construire verse à la commune une participation, qui finance les équipements destinés à accroître la capacité de la zone considérée.

3. De la même façon, il est prévu un versement pour **dépassement du plafond légal de densité**. La loi du 31 décembre 1975, portant réforme de la politique foncière, définit un plafond légal de densité. Par ailleurs, depuis la loi du 23 décembre 1986, les communes sont libres de maintenir ou non un plafond légal de densité (PLD) qui ne peut être inférieur à un (en province) ou 1,5 pour Paris[47]. Les communes de plus de 50 000 habitants peuvent augmenter leur PLD dans la limite du double, soit 2 pour la province et 3 pour Paris. Si ce plafond est dépassé, le constructeur doit payer l'équivalent de la valeur du terrain dont l'acquisition serait nécessaire pour que la construction n'excède pas ce plafond. La recette est attribuée pour trois quarts à la commune sur le territoire de laquelle est édifiée la construction, le quart restant revenant au département.

4. Enfin, le conseil municipal peut réclamer au constructeur une participation pour **non-réalisation d'aires de stationnement**, si le POS les avaient prévues sans que leur construction soit possible, en raison de la nature du sol (rocheux, inondé), d'une pente excessive, ou de la sauvegarde d'un espace planté, alors qu'il n'y a pas de solution de remplacement. Le tarif forfaitaire est normalement limité à 50 000 F par place non réalisée.

5. Une redevance pour *création de bureaux ou de locaux de recherche* en région *Ile-de-France* s'applique sur la base d'une répartition des communes en trois zones ayant chacune un taux différent par m² de surface.

6. À ces différentes taxes et redevances d'urbanisme s'ajoute une *participation à la diversité de l'habitat*, prévue par la loi d'orientation de la ville du 13 juillet 1991 pour faciliter la réalisation de logements locatifs sociaux et permettre une diversité de l'offre de logements dans les communes ou groupements de communes dont le territoire est couvert par un programme local de l'habitat. La participation créée par les communes intéressées est à la charge des constructeurs ou des lotisseurs.

---

47. Cette modulation de 1 à 2 en province et de 1,5 à 3 à Paris a été fixée elle-même par la loi du 29 décembre 1982.

— *En ce qui concerne le financement des transports*, la loi du 11 juillet 1973 a étendu aux villes de plus de 30 000 habitants le bénéfice d'un prélèvement spécial supporté par les entreprises de plus de 9 salariés. Il représente 0,5 % de la masse salariale pour les communes de moins de 100 000 habitants et 1 % au-delà, et il est affecté à la réduction faite aux salariés sur les tarifs, aux investissements en faveur des transports collectifs, enfin à l'amélioration du service. La loi du 2 janvier 1985[48] précise que les entreprises transportant gratuitement leurs salariés ont un droit exclusif au remboursement de ce versement spécial, qui a connu une croissance rapide et favorisé le renouvellement des transports urbains. Le recouvrement en est assuré par l'URSSAF pour un montant de 16,7 milliards de francs en 1993[49].

En ce qui concerne l'assujettissement des employeurs de Paris et des départements de la région Ile-de-France, c'est un décret du 10 janvier 1996[50] qui fixe les taux de versement de transport exprimés en pourcentages des salaires payés. Ces taux varient de 1 à 2,5 % à raison de :
– 2,5 % à Paris et dans le département des Hauts-de-Seine ;
– 1,6 % dans les départements de la Seine-Saint-Denis et du Val-de-Marne ;
– 1 % dans les départements de l'Essonne, des Yvelines, du Val-d'Oise et de Seine-et-Marne.
Le produit est versé au *syndicat des transports parisiens* qui rembourse les versements effectués à deux catégories d'employeurs. D'une part, ceux qui justifient avoir logé sur les lieux de travail ou transporté tous leurs salariés ou certains d'entre eux, le remboursement étant calculé au prorata des effectifs ainsi logés ou transportés par rapport à l'effectif total. D'autre part, ceux qui emploient des salariés à l'intérieur des périmètres d'urbanisation des villes nouvelles (art. L. 263-8 du Code des communes).

— *Quant au financement des espaces verts*, la loi du 31 décembre 1976 a institué une **taxe départementale** d'espace vert, applicable jusqu'au 1er juin 1987. Elle a été remplacée par une taxe départementale des *espaces naturels sensibles*. Facultative, cette taxe est assise sur les mêmes bases que la taxe locale d'équipement. Son taux variable, voté par le conseil général et limité à 2 %, et son produit initialement affecté à l'acquisition, à l'aménagement et à l'entretien d'espaces verts peut être également utilisé pour les itinéraires de promenades et de randonnées.

À ce vaste ensemble de ressources traditionnelles relevant de la fiscalité directe et des prélèvements affectés s'ajoutent les recettes fiscales indirectes.

b) *La réforme de la fiscalité indirecte*

Là encore, le système actuel, dont nous ne précisons que les données essentielles, résulte d'une réforme échelonnée dans le temps et dont le double but était de vaincre l'archaïsme et la complexité. Témoin significatif de cet **archaïsme** : **le droit d'octroi** issu en droite ligne d'une taxe instaurée au Moyen Âge, qui a permis aux communes jusqu'en 1941 de frapper l'entrée et la sortie de toute marchandise en provenance ou à destination des villes. Cet impôt était à la fois malcommode (il se heurtait aux nécessités de la rapidité des échanges) et peu rentable, pour ne pas dire improductif, car ses frais de perception étaient eux-mêmes très lourds : à Paris, ils dépassaient le quart de la recette. Quant à la **complexité**, elle tient d'une part à la succession de **taxes éphémères** se substituant les unes aux autres dans un programme ininterrompu d'expériences malheureuses.

---

48. Loi du 2 janvier 1985, *JO* du 3 janvier 1985, p. 63.
49. Ce qui fait du versement transport la première recette fiscale des communes après les impôts directs locaux.
50. Décret n° 96-17 du 10 janvier 1996, *JO* du 11 janvier 1996, p. 425.

Ainsi la taxe sur les ventes au détail, créée par la loi du 6 novembre 1941 et réservée dans un premier temps aux seules grandes villes, puis généralisée à l'ensemble des communes en 1945 avant d'être remplacée en 1948 par la taxe additionnelle aux taxes sur le chiffre d'affaires. Celle-ci disparaissait à son tour au profit de la taxe locale sur le chiffre d'affaires, instituée par la loi du 30 avril 1955.

Mais cette complexité tient d'autre part aussi au poids d'un système dominé par le **principe du prélèvement et de la répartition à partir d'impôts d'État**, si l'on excepte la taxe locale sur le chiffre d'affaires qui avait le mérite d'être une ressource locale autonome indépendante d'impôts d'État.

Parallèlement aux avatars des ressources indirectes d'État bénéficiant aux collectivités locales, existent des **taxes locales spécifiques**.

À titre obligatoire, la commune perçoit ainsi une **taxe additionnelle aux droits d'enregistrement**, perçue si la commune a plus de 5 000 habitants ou si elle est classée station, au taux de 1,2 %, pour les cessions d'immeubles ou les mutations mobilières assujetties à des droits de mutation perçus par l'État ou le département (art. 1584 du Code général des impôts).

La taxe est attribuée à la commune de situation des biens s'il s'agit d'une commune de plus de 5 000 habitants, ou d'une station, classée balnéaire, thermale, climatique, de tourisme ou de sports d'hiver. Pour les communes de moins de 5 000 habitants, la taxe alimente un fonds de péréquation départemental dont les ressources sont réparties par le conseil général en tenant compte de la population, de la voirie et de l'effort fiscal (CGI art. 1595 *bis*). En 1993, le produit de cette taxe communale a représenté 2,3 milliards de francs.

Parallèlement, le département perçoit une *taxe additionnelle aux droits de mutations mobilières* soumise à des droits perçus par l'État. Le taux varie de 0 à 1,6 % selon le montant et l'objet des cessions (CGI art. 1595). Cette taxe a rapporté en 1993 1,2 milliard de francs.

Facultativement, le conseil régional peut instituer une *taxe additionnelle régionale* perçue à l'occasion des mutations immobilières assujetties aux droits perçus par le département (CGI art. 1599 *sexies* et *septies*). Toutes les régions ont institué cette taxe dont le taux ne peut être supérieur à 1,6 % de la valeur imposable, et dont le produit s'est élevé à 4,1 milliards de francs en 1993, soit près de 19 % des ressources fiscales régionales.

D'une façon générale, cette cascade superposée de taxes additionnelles aux droits de mutation s'est élevée à 7,6 milliards de francs en 1993 (total des trois taxes, communale, départementale et régionale).

D'autres taxes indirectes procurent des ressources locales d'importance variable selon la localisation des activités taxées.

À titre obligatoire :

Si un casino fonctionne sur son territoire, la commune perçoit ainsi une taxe forfaitaire ou contractuelle sur le **produit des jeux**, comprise entre 5 et 15 % du prélèvement effectué au profit de l'État. Ce qui a représenté 267 millions de francs en 1990 (art. L. 233-48 à L. 233-51 du Code des communes).

Plus largement, un impôt sur les spectacles, jeux et divertissements bénéficie aux communes. Il ne s'applique qu'aux réunions sportives, aux cercles et maisons de jeux et aux appareils automatiques installés dans les lieux publics (CGI art. 1559 et suiv.).

À noter que pour tenir compte de l'ancien « droit des pauvres » supprimé, les communes sont tenues de verser aux centres d'action sociale une fraction du produit de l'impôt au moins égale au tiers des sommes perçues (CGI art. 1566 al. 4). Le produit de cet impôt a représenté environ 180 millions de francs en 1990.

Par ailleurs, la commune perçoit aussi les *droits de licence sur les débits de boisson*, fixés par le conseil municipal à l'intérieur de limites fixées par la loi en fonction de l'importance démographique (CGI art. 1568 et suiv.). Ces droits s'appliquent aux débitants d'alcool titulaires d'une licence de 3ᵉ ou 4ᵉ catégorie. En sont affranchis, les débitants de boissons non alcooliques ou vendant exclusivement des bières, cidres, vins y compris les vins doux naturels sous certaines conditions (CGI art. 1571).

Le produit de la *taxe afférente à la délivrance du permis de chasser* bénéficie aux communes de moins de 10 000 habitants qui en reçoivent 85 %.

Obligatoire, mais non prévue par le Code général des impôts, la taxe communale d'*usage des abattoirs publics et de protection sanitaire* instituée par la loi du 22 décembre 1966 est calculée par application d'un taux national et d'un taux local au poids de la viande fraîche net[51] (art. L. 233-10 et suiv. du Code des communes).

À titre facultatif :

Une série de taxes sur la **publicité** peuvent frapper les véhicules publicitaires, les emplacements publicitaires fixes, les affiches quand elles ne font pas l'objet d'un droit de timbre de la part de l'État (*ibid.*, art. L. 233-15 et suiv.).

De même, quand les installations existent, une taxe sur les **jeux de boule** ou de quilles comportant des dispositifs électroniques (taxe sur les bowlings) est possible, mais en raison de son objet elle n'intéresse qu'un nombre limité de collectivités (une soixantaine de communes). Le montant de cette taxe annuelle est fixé pour chaque piste entre 120 et 480 F selon l'importance démographique (CGI art. 1582 *bis*).

Dans les conditions fixées par les articles L. 233-29 à L. 233-45 du Code des communes, le conseil municipal peut instituer une *taxe de séjour* variant selon les natures d'hébergement elles-mêmes fixées par décret en Conseil d'État. D'abord réservée par une loi du 24 septembre 1913 aux communes classées stations touristiques par décret en Conseil d'État, la taxe s'est élargie progressivement pour s'appliquer à partir de 1982 aux communes touristiques et thermales, puis aux communes de montagne au sens de la loi n° 85-30 du 30 janvier 1985, enfin aux communes littorales au sens de la loi n° 86-2 du 3 janvier 1986.

Le *régime de la taxe* a été profondément modifié par la loi n° 88-13 du 5 janvier 1988 qui donne aux communes le choix entre deux systèmes. Le premier est celui de la taxe traditionnelle. Elle frappe alors toutes les personnes résidant temporairement dans la station et ne possédant pas de résidence passible de la taxe d'habitation (résidence secondaire). Le tarif est fixé par nuitée. Elle est perçue par les logeurs qui la reversent au receveur municipal. Des exonérations existent pour les VRP qui séjournent pour les besoins de leur profession, les mutilés de guerre et éventuellement les personnes qui participent au développement de la station. Une surtaxe peut être instituée par le conseil général. Une taxe départementale additionnelle représente 10 % de la taxe prélevée par les communes. Le système est alourdi par les formalités et justificatifs qui pèsent sur les différents logeurs.

Mais les communes peuvent désormais opter pour la *taxe de séjour forfaitaire* perçue sur les logeurs et assise sur la capacité d'accueil, éventuellement corrigée par l'application d'un coefficient de fréquentation fixé par nature d'hébergement, par le

---

51. Ces conditions sont fixées par le décret n° 95-382 du 5 avril 1995. *Cf. JO* du 12 avril 1995, p. 5800.

conseil municipal. Cette option supprime les exonérations qui s'appliquent au système classique.

Dans certains cas, **les taxes facultatives bénéficient à la fois à la commune et au département**; c'est le cas de la taxe sur l'**électricité**, fondée sur la consommation pour le chauffage, l'éclairage et les usages domestiques. Elle est perçue par EDF au profit des collectivités locales qui décident de l'imposer à raison de 4 % maximum au profit du département et de 8 % maximum pour la commune. Le calcul de l'assiette de la taxe a été simplifié par la loi de finances rectificative n° 84-1209 du 29 décembre 1984[52]. Le produit encaissé en 1990 a été de 6,58 milliards de francs dont 4,5 pour les communes et 2,08 pour les départements.

De même, dans les stations de sport d'hiver et d'alpinisme, une taxe sur les **remontées mécaniques** est perçue sur les exploitants de chemins de fer de montagne, téléphériques, télécabines ou téléskis. Instituée en 1968, elle a été modifiée par la loi Montagne du 9 janvier 1985[53] et peut être perçue dans les communes de montagne. Son taux maximum est de 3 % des recettes brutes d'exploitation, ce qui représente un produit de 110 millions de francs en 1993 pour 125 communes. Cette taxe est affectée aux dépenses induites par le développement du tourisme ou par la situation particulière des communes de montagne : interventions favorisant le développement de l'agriculture, financements des actions de prévention des accidents en montagne. La même loi autorise les communes concernées à accroître leurs ressources fiscales en créant une redevance pour ski de fond et une nouvelle taxe sur le ski de piste.

Depuis 1985, les départements de montagne sont autorisés à percevoir une *taxe départementale sur les remontées mécaniques* qui obéit aux mêmes règles que la taxe communale, mais pour un taux maximum de 2 %. Les onze départements qui l'ont instituée ont perçu environ 30 millions de francs en 1993.

Une *surtaxe sur les eaux minérales* bénéficie aux départements et communes sur le territoire desquels sont situées et exploitées des sources d'eaux minérales. Instituée en 1939, cette surtaxe est perçue par les communes dans la limite de 0,023 F par litre ou fraction de litre. Son produit total ne peut excéder le montant des ressources ordinaires de la commune (surtaxe incluse) pour l'exercice précédent. Si tel est le cas, le surplus est attribué au département (art. 1582 du Code des communes) à moins que les communes concernées n'exécutent des travaux d'assainissement, ce qui leur permet de conserver à concurrence de la moitié au maximum du surplus, les sommes nécessaires pour compléter les ressources de la surtaxe, le tout destiné à couvrir le coût des travaux approuvés par le préfet, ou les charges d'emprunt. Pour certaines des 64 communes bénéficiaires, cette surtaxe est plus importante que le produit des quatre taxes locales directes[54].

En réalité, les ressources fiscales locales directes et indirectes, même ajoutées aux produits du domaine et des services, ne suffisent pas à couvrir les besoins. C'est ce qui explique la nécessité des ressources externes non autonomes, indispensables aussi bien au fonctionnement qu'aux investissements des collectivités locales.

---

52. *JO* du 30 décembre 1984, p. 4109.
53. Sur le rôle du Conseil national de la montagne, voir décret n° 95-1006 du 6 septembre 1995, *JO* du 13 septembre 1995, p. 13515.
54. Plus de 4 fois le montant de ces taxes pour Contrexéville, 3 fois pour Volvic.

C. Les ressources extérieures

Ces apports extérieurs qui sont comme les poumons des budgets locaux sont principalement de deux catégories : les subventions et les emprunts.

a) *Les subventions*

La subvention peut se définir comme **une participation financière à fonds perdu, accordée à une collectivité locale dans un but d'intérêt général**. Elle peut être accordée par une autre collectivité locale.

Mais la plus grosse part des subventions provient de l'État, suivant une tradition apparue dès le Directoire pour contribuer aux dépenses de fonctionnement. Depuis une vingtaine d'années, la caractéristique générale a été de multiplier les subventions destinées surtout aux équipements.

Subventions de fonctionnement et subventions d'équipement ont été récemment remodelées dans le but de les simplifier et d'offrir à leurs bénéficiaires une plus grande liberté de manœuvre. Le principe qui permet d'atteindre progressivement ce double objectif est la **globalisation des dotations**. Cette globalisation, qui répond à un besoin et à une demande, apparaît avec la loi n° 79-15 du 3 janvier 1979 qui institue la **dotation globale de fonctionnement** (ou DGF) résultant elle-même d'une longue évolution en trois étapes.

1. La mise en place de la dotation globale de fonctionnement

Une loi du 6 novembre 1941 avait créé une taxe locale sur les *ventes au détail* au taux de 1,75 %. Cet impôt indirect réservé tout d'abord aux grandes villes avant d'être généralisé à toutes les communes en 1945, allait être remplacé, on l'a vu, par une éphémère *taxe additionnelle sur le chiffre d'affaires* créée en 1948 pour disparaître à son tour au profit de la *taxe locale sur le chiffre d'affaires* instituée par la loi du 30 avril 1955. Cependant, cette taxe était elle-même condamnée par la généralisation de la TVA à tous les stades de la production et de la commercialisation. L'article 57 de la loi du 28 décembre 1959 annonçait une réforme d'ensemble en même temps que le retour à un impôt d'État. La loi du 6 janvier 1966 abroge la taxe locale sur le chiffre d'affaires et prévoit la généralisation de la TVA à compter du 1ᵉʳ janvier 1968. En compensation, la loi permettait d'affecter aux communes et aux départements 85 % du produit de la taxe de 5 % sur les salaires jusque-là perçue par l'État. Le pourcentage sera porté à 100 % lorsque le taux de la taxe sera lui-même réduit à 4,25 % par la loi du 9 octobre 1968 qui modifie son régime.

Un mois plus tard, une deuxième étape est franchie. Pour améliorer la compétitivité des entreprises et favoriser la relance de l'activité économique, la loi du 29 novembre 1968 supprime à son tour la taxe sur les salaires pour toutes les entreprises désormais soumises à TVA, mais prévoit de la remplacer à compter du 1ᵉʳ janvier 1969 par l'attribution aux collectivités locales d'un *versement représentatif de la taxe sur les salaires* (VRTS). Ce nouveau produit prélevé sur les recettes du budget de l'État s'apparente à une subvention calculée sur le montant fictif de ce qu'aurait représenté la taxe si elle n'avait pas été supprimée ! Ce calcul était opéré par l'administration à partir des déclarations de salaires établies par les employeurs. Un dispositif complexe répartit le VRTS en trois masses et visait à atténuer les inégalités de richesse fiscale. En effet, le VRTS bénéficie d'un régime dont la mise en application progressive est prévue sur 20 ans de 1969 à 1989, pour, à terme, être entièrement réparti entre les collectivités locales, en fonction de l'effort fiscal imposé aux ménages, et sous réserve d'un prélèvement de 5 % au bénéfice du Fonds d'action sociale.

Mais l'échéancier prévu ne devait pas être respecté, et dès 1976, le mécanisme grippait : on lui reprochera ses nombreux défauts techniques et juridiques et notamment de maintenir la fiction d'un impôt indirect alors qu'il s'agit en réalité d'une subvention.

C'est dans ces conditions que la loi du 3 janvier 1979 substitue à son tour au VRTS, la dotation globale de fonctionnement avec l'avantage d'un régime simplifié et adapté à la vraie nature de cette masse nationale dans le cadre des subventions globales.

La nouvelle dotation regroupe en outre le versement représentatif de l'impôt sur les spectacles, cinéma et théâtre étant à leur tour assujettis à la TVA et la subvention de l'État, au titre de la participation de celui-ci aux dépenses d'intérêt général des collectivités locales. La loi précise que « *le montant de la DGF est déterminé chaque année, en appliquant un taux de prélèvement sur le produit net de la TVA aux taux en vigueur au 1er janvier 1979* ».

La volonté du législateur est alors d'assurer la progression satisfaisante des ressources fournies par la dotation. Pour cela, l'**indexation sur la TVA**, qui est un impôt par nature évolutif, représente une première garantie d'élasticité. En effet, pour fixer le montant initial de la DGF ont été additionnés les produits pour 1978 du VRTS, de l'impôt sur les spectacles et la subvention de l'État aux frais de fonctionnement ; ce total a été majoré du taux de croissance de la TVA, soit 12,8 % ce qui fait apparaît pour la DGF de 1979 une somme de 32 milliards 708 millions. Cette somme représente 16,45 % du produit net prévisionnel de la TVA.

Depuis, le **Parlement vote chaque année** le montant prévisionnel de la DGF et, par voie de conséquence, le taux de prélèvement sur le produit de la TVA. Ce taux varie peu :

> 16,45 % en 1979,
>
> 16,386 % en 1980-1981,
>
> 16,347 % en 1982.

Mais comme la TVA est un impôt moderne qui évolue de lui-même, la progression de la DGF est elle-même tout à fait remarquable, particulièrement jusqu'en 1983-1984.

	Taux de croissance (en %)
32 milliards 708 millions en 1979	–
37 milliards 966 millions en 1980	+ 13,87
45 milliards 22 millions en 1981	+ 15,40
51 milliards 855 millions en 1982	+ 15,12
58 milliards 666 millions en 1983	+ 9,10
62 milliards 749 millions en 1984	+ 7,28

C'est d'ailleurs cette progression qui lui a valu son **succès** auprès des élus locaux, particulièrement lors des premières années d'application. La loi avait d'ailleurs prévu deux mécanismes de sauvegarde. D'une part, une **régularisation** au 31 janvier du montant de la dotation afférente à l'exercice précédent, sur la base de l'évolution du produit net de la TVA au taux en vigueur le 1er janvier 1979. D'autre part, une **indexation de rattrapage** destinée à assurer une **progression minimum**. Si la dotation progresse à un rythme inférieur à celui du traitement annuel des fonctionnaires afférent à l'indice 100, c'est le taux d'accroissement de ce traitement qui s'applique lors de la régulation. L'importance des dépenses de personnel dans les budgets des collectivités locales explique le choix de cet indice de référence.

Or, malgré cette indexation prometteuse et les mécanismes de sauvegarde, une dégradation du système est apparue à partir de 1983. L'efficacité de la lutte contre l'inflation entraînait la chute de la progression de la dotation, alors que les dépenses de fonctionnement des collectivités locales progressaient de façon inquiétante[55].

La loi n° 85-1268 du 29 novembre 1985[56] corrige le système en conséquence et revoit les mécanismes de péréquation permettant une redistribution plus favorable aux communes défavorisées. De plus, l'indexation de rattrapage est réévaluée en prenant pour référence l'indice 254 nouveau majoré du traitement annuel des fonctionnaires. Cette loi a été modifiée à son tour plusieurs fois et notamment par les lois du 31 décembre 1993[57] et du 26 mars 1996[58].

2. *Le régime actuel de la dotation globale de fonctionnement*

Devant la baisse des taux de TVA rendue nécessaire par l'harmonisation européenne, le législateur a dû corriger les règles d'indexation en écartant celles établies en 1979. Si le montant de la DGF prévu pour l'exercice 1994 s'élève à 98,143 milliards de francs, l'indexation évolutive pour 1995 exclut toute référence à la croissance pour ne retenir que la seule *évolution des prix*. Pour 1995 en effet, le montant de 99,8 milliards de francs sera obtenu en appliquant au montant de 1994 le taux prévisionnel d'évolution de la moyenne annuelle des prix de la consommation des ménages (hors tabac), calculé à partir des estimations figurant dans la projection économique annexée au projet de loi de finances.

Pour 1996, le montant évolue en fonction d'un indice égal à la somme du taux prévisionnel d'évolution de la moyenne annelle du même prix à la consommation et de la moitié du taux d'évolution du PIB en volume de l'année en cours, sous réserve que celui-ci soit positif. De plus, à compter de 1996, intervient une *régularisation du montant de la dotation afférente à l'exercice précédent*, si l'évolution de l'indice constatée au 31 juillet au plus tard, entraîne un produit différent du montant prévisionnel. Si le produit est supérieur, il est réparti entre les bénéficiaires de la DGF. S'il est inférieur, la différence est imputée sur la DGF du plus prochain exercice.

Le montant prévisionnel de la DGF est arrêté lui-même pour être inscrit dans le projet de loi de finances après avis du Comité des finances locales qui est saisi des éléments d'évaluation fournis par le ministre chargé du budget.

— La *DGF des communes et de leurs groupements* comprend désormais deux masses distinctes : la dotation forfaitaire et la dotation d'aménagement, le tout représentant 81 milliards de francs en 1994.

1° *La dotation forfaitaire* forme la masse la plus importante = 75 milliards de francs en 1994. Elle regroupe les attributions permanentes mises en place en 1985 (63 milliards de francs) soit la dotation de base distribuée en fonction du nombre d'habitants, la dotation de péréquation attribuée en fonction de l'effort fiscal et du

---

55. Voir, sur ce point, le rapport d'information du Sénat n° 177, 1re session ordinaire 1984-1985. Annexe au procès-verbal de la séance du 19 décembre 1984.

56. Loi n° 85-1268 du 29 novembre 1985, *JO* du 3 décembre 1985, p. 13 999. Sur cette étape législative, voir A. GRUBER, « Le nouveau régime de la dotation globale de fonctionnement : la loi n° 85-1268 du 29 novembre 1985 », *Actualité juridique Dalloz* n° 15, 18 septembre 1986, p. 20 à 28.

57. Loi n° 93-1436 du 31 décembre 1993, *JO* du 4 janvier 1994, p. 122 à 128.

58. Loi n° 96-241 du 26 mars 1996, *JO* du 27 mars 1996, p. 4663.

potentiel fiscal ainsi que du revenu des résidents, et la dotation de compensation répartie en fonction de trois critères : le nombre d'enfants scolarisés, la longueur de la voirie et l'importance du parc de logements sociaux.

La dotation forfaitaire inclut également les anciens concours particuliers (2 milliards de francs) au titre des dotations supplémentaires aux communes et groupements touristiques et thermaux, aux centres d'unités urbaines, aux communes touristiques, ces sommes étant identifiées au sein de la dotation forfaitaire. Enfin, elle absorbe l'ancienne attribution de garantie (8 milliards de francs) qui offre une garantie de progression plafonnée pour chaque commune.

Pour cette première part, chaque commune a pu recevoir en 1994 le montant obtenu en 1993. L'évolution enregistrée depuis est restée faible, et la dotation forfaitaire a progressé en 1995 de la moitié du taux d'évolution de l'ensemble des ressources affectées à la DGF, avec une garantie de 50 % sur une seule fraction de l'attribution de la DGF au lieu de 55 % comme précédemment sur l'ensemble des ressources de la DGF.

À compter de 1996, le taux de progression de la dotation forfaitaire évoluera comme en 1995, mais la loi du 26 mars 1996 améliore la garantie en reprenant pour base du taux de progression *l'ensemble des ressources* de la DGF. Ce taux peut être fixé par le comité des finances locales entre 50 et 55 % à condition que l'évolution des ressources considérées résulte pour un tiers au moins de la progression du PIB en volume. Dans le cas contraire, le taux est fixé par la loi à 50 %.

De plus, la loi *majore doublement la dotation forfaitaire* de 1996, d'une part, de 97,5 millions de francs, répartis au prorata de la population, et d'autre part de 22 millions de francs répartis au prorata du nombre des écoles primaires et maternelles situées sur le territoire des communes à la rentrée scolaire 1994. Ces sommes nouvelles devront évoluer par la suite comme la dotation forfaitaire elle-même.

À compter de 1997, la dotation supplémentaire aux communes et groupements, touristiques ou thermaux, aux centres d'unités urbaines, est également majorée en doublant la base de calcul établie en 1993 et en indexant les crédits correspondants dans les mêmes conditions que la dotation forfaitaire.

2° *La dotation d'aménagement* regroupe elle-même une dotation au bénéfice des groupements de communes, une dotation de solidarité urbaine et une dotation de solidarité rurale. Elle représente 6 milliards de francs en 1994.

– La dotation des *groupements de communes* (3,9 milliards de francs en 1994) intéresse les groupements dotés d'une fiscalité propre : communautés urbaines, communautés de villes et groupements intercommunaux appliquant l'article 1609 *nonies* C du Code général des impôts, districts et communautés de communes, syndicats ou communautés d'agglomérations nouvelles.

La loi prévoit pour eux une *dotation de démarrage* (art. L. 234-10 du Code des communes) au titre de l'année où le groupement lève pour la première fois sa fiscalité propre. Le régime normal comprend une dotation de base correspondant à 15 % du montant de la DGF et calculée en fonction de la population totale des communes regroupées, pondérée, le cas échéant, par le coefficient d'intégration fiscale[59]. Une dotation de

---

59. Ce coefficient propre à la DGF permet de mesurer par une fraction la part du groupement dans la fiscalité des communes intéressées. Au numérateur : le produit de la fiscalité reçue par le groupement, au dénominateur : ce même produit majoré de la fiscalité laissée aux communes membres du groupement.

péréquation calculée en fonction du potentiel fiscal du groupement et pondérée là encore, le cas échéant, par le coefficient d'intégration fiscale complète le dispositif.

– La *dotation de solidarité urbaine* (DSU) intéresse tout d'abord les trois premiers quarts des communes de 10 000 habitants et plus, classées chaque année en fonction de la valeur décroissante d'un *indice synthétique de ressources et de charges*, qui prend en compte le potentiel fiscal par habitant, la part de logements sociaux, la part de logements financés par des prestations d'aide, et enfin la part du revenu imposable moyen par habitant en les comparant aux moyennes nationales constatées pour les communes de même niveau démographique. De plus, les 888 communes de plus de 10 000 habitants sont réparties en quatre groupes de 222, le premier regroupant les communes les plus pauvres, le dernier les plus riches. Ces quatre groupes sont affectés d'un coefficient multiplicateur dégressif de 2, à 0,5.

L'attribution revenant à chaque commune éligible est égale au produit de sa population par la valeur de l'indice synthétique pondéré par le coefficient multiplicateur et par l'effort fiscal dans la limite de 1,3.

La DSU intéresse également le premier dixième des communes dont la population est comprise entre 5 000 et 9 999 habitants, classées chaque année en fonction de la valeur décroissante de leur indice synthétique établi selon les mêmes modalités que pour les communes de 10 000 habitants et plus, mais en substituant les moyennes nationales constatées pour ces communes à celles constatées pour les communes de 10 000 habitants et plus.

L'enveloppe à répartir entre ces communes est égale au produit de leur population par le montant moyen par habitant revenant à l'ensemble des communes éligibles.

La loi du 26 mars 1996 institue une garantie au bénéfice des communes qui cessent d'être éligibles à la dotation. Elles perçoivent une attribution égale à la moitié de celle perçue l'année précédente. Les sommes nécessaires sont prélevées sur les crédits affectés par le comité des finances locales à la DSU, ce qui représentait 1,26 milliard de francs en 1994.

– La *dotation de solidarité rurale* (DSR) est attribuée aux communes de moins de 10 000 habitants et à certains chefs-lieux d'arrondissement de moins de 20 000 habitants pour tenir compte des charges spéciales qu'elles supportent pour contribuer au maintien de la vie sociale en milieu rural, et pour compenser l'insuffisance de leurs ressources fiscales. La DSR comporte deux fractions. La première intéresse les communes dont la population représente au moins 15 % de la population du canton et aux communes chefs-lieux de canton, les chefs-lieux d'arrondissement dont la population est comprise entre 10 000 et 20 000 habitants. Elle est attribuée selon la population prise en compte dans la limite de 10 000 habitants, le potentiel fiscal et l'effort fiscal dans la limite de 1,2.

La deuxième fraction de la DSR est réservée aux communes dont le potentiel fiscal moyen par habitant est inférieur au double du potentiel fiscal moyen par habitant des communes appartenant au même groupe démographique (*ibid.*, art. L. 234-13).

Le *montant de la dotation d'aménagement* est égal depuis 1994 à la différence entre l'ensemble des ressources de la DGF et celles affectées à la dotation forfaitaire. Ce solde représente une masse financière trop faible pour répondre aux ambitions d'équilibrage qui avaient fondé la réforme de 1993. La loi du 26 mars 1996 améliore le dispositif en prévoyant que pour l'année 1996, le montant des crédits affectés à la DSU est égal à 57 % du solde.

De plus, à compter de 1997, l'augmentation annuelle de ce solde est répartie par le comité des finances locales entre la DSU et la DSR de manière à ce que chacune en reçoive 45 % au moins et 55 % au plus.

— La loi du 29 novembre 1985, complétée par les articles 27 à 30 de la loi du 31 décembre 1993 fixent le régime de la *DGF des départements* qui comprend une dotation forfaitaire, une dotation de péréquation, des concours particuliers et, éventuellement une garantie d'évolution, le tout pour un total de 16 milliards 594 millions en 1994.

La **dotation forfaitaire** représente **45 %** de la DGF départementale et elle est proportionnelle à celle de l'année précédente, éventuellement majorée des sommes perçues en 1985, au titre du minimum garanti par habitant des départements.

La **dotation de péréquation** des départements pour sa part comprend deux fractions, la première égale à **40 %** de la dotation est répartie en fonction de l'écart relatif entre le potentiel fiscal moyen par habitant de l'ensemble des départements et le potentiel fiscal par habitant de chaque département concerné. La deuxième fraction, égale à **60 %** de la dotation, est proportionnelle aux impôts sur les ménages, en tenant compte de 30 % de la taxe foncière sur les propriétés non bâties, ajoutés à la taxe foncière sur les propriétés bâties et à la taxe d'habitation, majorée de la somme correspondante aux exonérations permanentes prévues par l'article 1408 du Code général des impôts.

Une dotation de fonctionnement minimale est prévue. En 1994, 25 % de la croissance des sommes consacrées à la DGF des départements sont affectées à cette dotation qui offre un concours particulier aux départements défavorisés de moins de 200 000 habitants, fiscalement défavorisés. 25 départements bénéficient de cette dotation dont 4 d'outre-mer.

Il s'y ajoute un mécanisme de solidarité financière entre départements, organisant une péréquation en vue d'améliorer les conditions de vie en milieu rural (*ibid.,* art. 34 *bis*). La loi module le prélèvement des départements contributifs. Désormais, pour les départements dont le potentiel fiscal par habitant est supérieur au potentiel fiscal moyen national par habitant des départements, et inférieur ou égal au double de cette valeur, un prélèvement égal à 15 % est appliqué à la DGF de l'exercice considéré pour ces départements.

Sont toutefois exonérés de ce prélèvement les départements dans lesquels le rapport entre le nombre de logements sociaux et la population est supérieur à 8,5 % ainsi que les départements dans lesquels la moyenne par logement des bénéficiaires d'aides au logement est supérieure à la moyenne nationale (art. 8 de la loi du 26 mars 1996).

Les *collectivités bénéficiaires* de cette péréquation spéciale sont non seulement les 25 départements les plus défavorisés qui perçoivent déjà la dotation minimale, mais les communes urbaines confrontées à une insuffisance de ressources face à des charges élevées, et n'entrant pas dans le cadre de la DSU.

Dans l'ensemble, le tableau de la DGF depuis 1985 traduit surtout un fort ralentissement de son taux de croissance (voir tableau page suivante).

Des régimes juridiques particuliers s'appliquent à la DGF de Paris, de la région Ile-de-France et des départements d'outre-mer.

À cette DGF qui constitue la plus forte subvention de fonctionnement s'ajoutent les *subventions spécifiques* aux collectivités territoriales accordées par différents ministères : Affaires sociales, Agriculture, Culture et surtout Intérieur. Le montant total s'élève à 4 milliards 264 millions en 1994 dont 515 millions pour le seul ministère de l'Intérieur qui les affecte principalement à une participation aux dépenses de police et d'incendie de la Ville de Paris.

	Taux de croissance en %
64 milliards 437 millions en 1985	+ 6,03
67 milliards 256 millions en 1986	+ 4,37
72 milliards 100 millions en 1987	+ 7,23
77 milliards 214 millions en 1988	+ 7,09
82 milliards 734 millions en 1989	+ 7,15
85 milliards 546 millions en 1990	+ 3,40
88 milliards 322 millions en 1991	+ 3,2
92 milliards 225 millions en 1992	+ 3,9
96 milliards 219 millions en 1993	+ 4,3
98 milliards 144 millions en 1994	+ 2
99 milliards 812 millions en 1995	+ 1,7

De plus, l'article L. 235-5 du Code des communes prévoit que des *subventions exceptionnelles* peuvent être attribuées par arrêté ministériel à des communes dans lesquelles des circonstances anormales entraînent des difficultés financières particulières. Le crédit en est modeste : 21,7 millions de francs en 1993.

Enfin, l'article 42 de la loi du 3 février 1992 a créé une dotation spéciale (250 millions de francs en 1993) destinée à financer *la progression des indemnités des élus locaux* dans les communes rurales de moins de 1 000 habitants et dont le potentiel fiscal est faible.

b) *Les emprunts*

L'emprunt peut se définir comme **un recours au marché financier pour financer les investissements en équipements que les ressources propres et les subventions sont insuffisantes à assurer.** Pendant longtemps, il figurait comme ressource extraordinaire. Cette analyse est aujourd'hui dépassée. La croissance des besoins en équipements, qu'il s'agisse des grands services publics ou de l'action sanitaire et sociale, a conduit à banaliser le recours à l'emprunt. Dans les grandes villes et dans les cités en expansion, il est devenu une rubrique permanente du budget. Le constat des quinze dernières années fait apparaître une **progression** constante de l'endettement des collectivités locales pour lesquelles l'emprunt est une nécessité en même temps qu'une ressource ordinaire.

Cette évolution n'est pas sans danger. Contrairement à la subvention, l'emprunt n'est pas une ressource gratuite. Non seulement, il doit être **remboursé** dans un certain délai, mais il comporte un **intérêt** pour le prêteur et cet intérêt doit également être payé. D'où une menace réelle pour les finances locales qui peuvent être asphyxiées par l'endettement. Le risque n'est atténué que lorsque l'emprunt est à long terme et que la charge des annuités est allégée par les effets de l'inflation.

En règle générale, la capacité d'emprunt dépend directement du **potentiel fiscal** de la collectivité emprunteuse. S'il ne lui permet pas d'autofinancer le remboursement de la dette, la collectivité est condamnée à emprunter pour assurer le remboursement de ses dettes antérieures, ce qui représente à terme, par accumulation du processus, une hypothèque sur son équipement. Au niveau des États, c'est ce même cycle infernal qui définit l'engrenage du sous-développement. Au niveau des collectivités locales, et sans prendre la même dimension, le danger d'un endettement permanent et disproportionné est suffisamment grave pour expliquer le régime sévère de l'emprunt et son contrôle rigoureux par l'État.

L'emprunt local a connu une évolution radicale en passant par trois étapes importantes.

1° **De 1956 à 1976**, le recours des collectivités locales à l'emprunt est encadré par une réglementation contraignante.

Les **conditions d'emprunt** sont complexes. Tout d'abord, l'emprunt est contracté pour un objet déterminé. En cas d'utilisation non approuvée par le prêteur, celui-ci peut récupérer ses fonds. Cette *affectation* est une règle budgétaire très critiquée par les élus locaux, qui souhaitaient depuis longtemps une transposition à l'emprunt du système de globalisation des fonds disponibles.

Par ailleurs, est intervenue durablement une double règle de **procédure** imposée par la Caisse des dépôts et consignations, principal banquier des collectivités locales. Cette règle établit en premier lieu une liaison obligatoire entre **le prêt et la subvention**. Le prêt n'est accordé que pour des opérations qui bénéficient déjà de subventions de l'État. Comme les disponibilités sont insuffisantes pour répondre à toutes les demandes, l'avantage de la règle est de pouvoir opérer un tri objectif et de satisfaire en priorité les demandes présumées les plus utiles.

En second lieu, la règle s'inscrit comme une **technique de planification**. Pour être subventionnés, les investissements à financer doivent être inscrits à un plan régional ou national, voire départemental. La subvention étant une condition de l'emprunt, l'arbitrage est opéré en définitive par l'État, qui accorde la subvention. C'est lui le vrai maître des emprunts locaux et ceci indirectement. Il y a là en effet une tutelle très lourde, à la fois financière et technique, qui transfère le pouvoir des élus locaux aux représentants de l'État. La conséquence est que pour juger de la réussite ou de l'échec du maire, il suffisait de se reporter aux subventions qu'il avait pu ou qu'il n'avait pas pu obtenir. Là encore, pour régler ce problème, comme pour régler celui de l'affectation, la solution était d'obtenir la **globalisation** de l'emprunt réclamée avec insistance par l'Association des maires de France.

2° **À partir de 1976**, la *globalisation* a été tentée à titre expérimental à l'égard de 80 communes. En 1977, elle était étendue à 300 collectivités et, en 1978, à 680 communes ou groupements de communes. Des correctifs sont intervenus, et en 1979, il a été décidé d'appliquer la globalisation aux départements et aux communes de plus de 10 000 habitants et d'instaurer parallèlement un régime très souple et très libéral pour les petites communes, avant de généraliser l'expérience.

La Caisse des dépôts et consignations (CDC) négocie désormais chaque année avec les élus l'octroi d'une enveloppe globale, la fixation des durées et des taux de remboursement, de même que l'échelonnement des versements des fonds. Alors que, précédemment, il fallait un contrat par emprunt affecté, la CDC accorde un *prêt global* qui intéresse toujours l'équipement, mais dont l'utilisation et la destination ainsi que la mobilisation est libre. La collectivité doit seulement présenter son plan d'équipements et sa demande de prêt pour l'année.

Il faut remarquer que la **suppression du lien entre subvention et emprunt** opère un transfert du pouvoir de décision qui n'est pas sans risque. L'arbitrage n'est plus entre les mains de l'État mais entre celles de l'organisme prêteur qui prend sa décision en fonction du volume général des crédits dont il dispose, et aussi, fatalement, de l'urgence et de l'intérêt que présentent à ses propres yeux les projets à financer, et en fonction également de la situation financière de la collectivité emprunteuse. Il y a là le risque de remplacer un arbitraire, celui de l'État, par un autre, celui de l'organisme de prêt, risque qui peut être particulièrement sensible en période de restrictions des crédits. Ce problème restera sans réponse jusqu'à la réforme de 1982.

3° **À partir de la loi du 2 mars 1982** s'ouvre une période à la fois *de libéralisation* et *de banalisation* de l'emprunt local.

c) *La libéralisation de l'emprunt local*

Le régime juridique de l'emprunt local a été libéralisé dans la mesure où depuis la loi du 2 mars 1982 l'emprunt *est voté librement* par les assemblées locales ; les délibérations relatives aux emprunts sont, comme les autres, exécutoires de plein droit dès leur publication et leur transmission au préfet pour un contrôle *a posteriori*[60]. Il en est de même des *contrats de prêts* conclus généralement de gré à gré entre le représentant de la collectivité locale et celui de l'organisme prêteur.

Les emprunts étant prévus pour financer des équipements, le contrat précise l'affectation du prêt, sa durée (de un an pour un emprunt de trésorerie à 30 ans), les dates d'échéance, le taux, la mise à disposition des fonds, les modalités de remboursement du capital et des intérêts, les facultés de remboursement anticipé, et bien entendu le montant qui est lui-même négocié sur la base de critères objectifs : le niveau des emprunts antérieurs de la collectivité, sa capacité financière, la réalisation des équipements financés par un prêt global antérieur, l'évolution des dépenses, celle de la fiscalité, celle de l'environnement économique et social (entreprises, population, revenu des ménages).

Pour éviter tout risque d'arbitraire dans l'appréciation de la situation, et surtout dans la décision prise par le prêteur, l'article 68 de la loi du 2 mars 1982 crée un **comité des prêts dans le cadre de la région**. Ce comité est organisé par le décret n° 83-68 du 2 février 1983[61] qui lui assure la majorité d'élus prévue par la loi. Le comité comprend en effet vingt-neuf élus locaux et quatre membres de droit. Les vingt-neuf élus comptent quatorze maires, trois présidents de groupements de communes, huit conseillers généraux, quatre conseillers régionaux. Les quatre membres de droit comptent le préfet de région, le trésorier-payeur général de la région, le délégué régional de la Caisse des dépôts et consignations et le représentant des caisses d'épargne de la région.

Nécessairement présidé par un élu, le comité assure un triple rôle :

1° Il détermine les orientations générales des prêts à consentir pour les équipements publics par la Caisse des dépôts et consignations, et par la Caisse d'aide à l'équipement des collectivités locales remplacée en 1987 lors de sa privatisation par le Crédit local de France.

2° Il peut être consulté, à la requête des collectivités, sur les demandes de prêts pour les équipements publics importants, réalisés par la région ou bénéficiant de l'aide financière de la région. Leur réalisation doit s'échelonner sur au moins trois exercices budgétaires.

3° Il peut jouer un rôle de médiation dans certains conflits. Lorsqu'une collectivité n'a pas obtenu le prêt qu'elle sollicite, elle peut saisir le comité qui entend les parties

---

60. Il faut toutefois observer que depuis la loi du 31 décembre 1970, l'emprunt était immédiatement exécutoire, l'approbation préalable n'étant maintenue que dans deux cas : lorsque le budget est lui-même soumis à un contrôle spécial ou lorsque l'organisme prêteur n'est pas une caisse publique.

61. Décret n° 83-68 du 2 février 1983, *JO* du 3 février 1983.

et formule un avis motivé qui leur est notifié. Le comité peut demander à la caisse concernée un réexamen de la demande de prêt et le prêteur dispose alors de deux mois pour décider définitivement.

Malgré les tendances exprimées lors du débat parlementaire favorables à la reconnaissance d'un pouvoir de décision autonome entre les mains du comité, il est clair que celui-ci n'est qu'un **organe consultatif**. La décision finale revient au prêteur et le prêt lui-même reste un contrat conclu entre ce prêteur et la collectivité. Par contre, outre que l'existence du comité garantit en dernière analyse le sérieux de l'examen des demandes, son caractère représentatif lui confère une autorité capable de contrebalancer la rigueur financière du prêteur. Les collectivités disposent grâce à lui d'un atout appréciable au moment des arbitrages décisifs.

Indépendamment de ce dispositif qui garantit la collectivité emprunteuse contre l'arbitraire du prêteur, la *liberté de l'emprunt* n'est pas totale. Elle connaît des exceptions et des limites.

– *Exceptions :* visant deux catégories d'emprunt — peu fréquents, il est vrai —, les emprunts obligataires par voie de souscription publique d'un montant supérieur à 500 millions de francs, et les emprunts à l'étranger effectués par les collectivités locales sont soumis à l'*accord préalable* des ministres de l'Intérieur et des Finances[62]. De la même façon, la directive communautaire du 18 juin 1992 relative aux marchés publics de services impose des règles particulières de publicité et de passation des contrats au-delà de 200 000 écus (1,3 million de francs).

– *Limites :* dans la mesure où l'emprunt ne peut financer qu'une dépense d'investissement et non de fonctionnement : les produits de l'emprunt sont inscrits à la section investissement du budget local. En aucun cas l'emprunt souscrit ne peut être utilisé pour rembourser un emprunt antérieur (ceci pour permettre l'équilibre réel du budget). De plus, chaque contrat doit faire l'objet d'une délibération spéciale de l'assemblée locale qui peut déléguer sa compétence au maire, au bureau du conseil général ou à celui du conseil régional pour réaliser les emprunts. L'exécutif qui négocie doit respecter la loi du 28 décembre 1966 qui *interdit l'usure* et impose l'insertion dans tous les contrats du *taux effectif global* ou TEG, incluant les intérêts, frais et rémunérations de toute nature afférents à l'emprunt.

Limites encore dans le cadre des différents contrôles possibles, *contrôle de légalité de droit commun* des actes administratifs, *contrôle budgétaire* de l'emprunt, notamment de l'inscription de crédits suffisants pour rembourser le capital et payer les intérêts, ce qui représente des dépenses obligatoires pour la collectivité, *contrôle du contrat de prêt* lui-même par le juge compétent, le contrat de prêt constituant une convention de *droit privé*, quelles que soient ses clauses, notamment celles qui engagent la collectivité à créer et à mettre en recouvrement les impositions nécessaires au paiement des annuités.

d) *La banalisation de l'emprunt local*

La libéralisation de l'emprunt local a été relayée en 1986 par une *banalisation* qui place les groupes prêteurs dans une situation nouvelle de *concurrence ouverte* et qui bouleverse le marché financier de l'emprunt local.

Le phénomène se traduit d'abord par une banalisation des taux d'intérêt.

---

62. Une circulaire du 7 février 1995 réaffirme cette règle impérative.

Jusqu'au 1er avril 1986, les collectivités locales pouvaient emprunter à des taux privilégiés, le plus souvent fixes, et inférieurs de 1 à 6 % à ceux du marché financier auprès de leur principal banquier : le groupe Caisse des dépôts et consignations (CDC) dont les principales ressources sont constituées depuis une loi du 31 mars 1837 par les fonds des Caisses d'épargne. Même possibilité auprès du Crédit mutuel et jusqu'au 1er janvier 1986 auprès du Crédit agricole.

La chute des dépôts sur les livrets A dont la rémunération était inférieure au taux d'inflation, et la collecte négative en 1986, le transfert concomitant de l'épargne des ménages vers les nouveaux placements financiers, vont obliger le groupe CDC à offrir de nouveaux produits, en même temps que la concurrence de la plupart des banques d'affaires et de dépôts bouleverse les conditions du marché financier de l'emprunt local.

Parallèlement, la *désinflation* modifie la charge de la dette locale. En 1980, le taux moyen de 8 % des prêts locaux à long terme était avantageux confronté à 14 % d'inflation. En 1986 l'écart entre le taux nominal banalisé des prêts à 8,9 % face à un taux d'inflation de 2,8 %, aggrave non seulement l'encours des emprunts anciens réalisés à des taux souvent lourds (jusqu'à 20 %), mais alourdit le coût des nouveaux emprunts. Les collectivités locales ont réagi en demandant la renégociation de leurs anciens emprunts[63], que le groupe CDC leur a accordée, et en s'obligeant à une approche plus technique du nouveau marché ouvert à la concurrence du secteur bancaire.

La banalisation des taux d'intérêt a en effet provoqué à la fois une *diversification des produits* et un choix *entre les prêteurs*.

Du côté *des produits d'emprunt*, les prêts classiques à taux fixe et annuités constantes continuent à être proposés aux élus. Il en est ainsi du très récent *« prêt CODEVI »* appelé à couvrir les dépenses nouvelles d'équipement des collectivités locales et de leurs groupements dans le cadre de la loi du 14 mars 1996[64], lorsque ces dépenses sont destinées à accompagner le développement ou l'implantation d'entreprises réalisant un chiffre d'affaires annuel inférieur à 500 millions de francs.

Ce nouveau prêt a une *durée maximale* de *10 ans* et est amorti sans différé total ou partiel par échéances ou amortissements constants. Il peut représenter jusqu'à 70 % du coût hors taxes de l'investissement à réaliser.

Le décret du 3 avril 1996[65] précise les conditions et les limites de ces prêts sur ressources CODEVI. En particulier, il faut que 25 % des dépenses éligibles aient été engagées avant le 31 décembre 1996 et la totalité avant le 31 décembre 1997. L'octroi du concours par un établissement de crédit agréé par le ministre chargé de l'Économie, fait l'objet d'un *contrôle préalable* du trésorier-payeur général ou du receveur des finances.

Mais le plus souvent, les prêts consentis aux collectivités locales sont à *taux révisables ou variables*.

Les taux révisables peuvent être indexés au choix des collectivités :
– Sur le *marché monétaire* : sur le TAM (taux annuel monétaire) ou le TIOP (taux interbancaire offert à Paris).

---

63. *Cf.* J. RECOULES, P.-B. FRAUDET, R. A. PENTECÔTE, « Point de vue sur les renégociations des dettes des collectivités locales », *RFFP* n° 34, 1991.
64. *Cf.* Loi n° 96-209 du 14 mars 1996, *JO* du 20 mars 1996, p. 4257.
65. *Cf.* Décret n° 96-282 du 3 avril 1996, *JO* du 4 avril 1996, p. 5212.

– Sur le *marché obligataire* : sur le TMO (taux moyen mensuel des emprunts publics ou du secteur privé) ou sur le TME (taux moyen des emprunts d'État).

– Sur le *marché des devises* : sur le LIBOR (London interbank offered rate = taux interbancaire au jour le jour offert à Londres sur une période d'un an) ou FIBOR (Francfort interbank…) ou PIBOR (Paris interbank…).

Cette flexibilité multiplie les *contrats de Swap* qui permettent les échanges d'intérêt. Mais surtout, elle n'est pas sans risque, et si les collectivités locales peuvent souscrire depuis la loi du 11 juillet 1985 des *contrats de couverture de risque de taux d'intérêt*, elles ont tout avantage à recourir à des spécialistes compétents.

Les collectivités locales peuvent encore choisir de faire *appel à l'épargne* en émettant *des obligations*, soit directement, pour celles qui ont la surface financière nécessaire, soit par l'intermédiaire d'un établissement spécialisé. Ces *emprunts obligataires* épisodiques sont moins importants que les multiples produits d'emprunts bancaires dominant quand on examine la structure des dettes locales. En effet, la plupart des collectivités locales, mis à part Paris, ne peuvent avoir recours directement à la souscription publique faute d'un crédit suffisant auprès des épargnants.

Les *marchés étrangers* sont également ouverts aux emprunts locaux.

Il faut en effet souligner qu'il est possible à un département ou à une commune de négocier un emprunt à l'étranger. Ce sont des opérations graves en raison de leur incidence sur la balance des paiements. C'est ce qui explique la nécessité du double accord des ministres de l'Intérieur et des Finances vu plus haut. Les emprunts en devises (Mark, franc suisse ou encore en Écu) ont connu un certain succès en 1988-1989 en raison notamment d'un coût plus faible que celui du marché intérieur.

En dehors des emprunts proprement dits, les besoins passagers de liquidités des collectivités locales peuvent se régler, *soit par une avance de trésorerie*, s'il s'agit d'un besoin ponctuel et certain, c'est-à-dire un prêt à court terme (de dix jours à six mois), remboursable en une fois à échéance du contrat, avec un intérêt indexé sur le taux moyen mensuel du marché monétaire (TMM), *soit par un crédit de trésorerie*, si ce besoin ponctuel est seulement éventuel, ce qui se traduit par l'ouverture d'une ligne de crédit à la disposition de la collectivité, qui la rembourse à son gré, sur la base d'un taux d'intérêt égal au TMM. Une délibération spéciale de l'assemblée délibérante est nécessaire pour conclure un contrat de crédit de trésorerie. Il en est de même pour le reconduire.

Si la gamme des produits financiers offerts aux collectivités locales s'est ainsi considérablement enrichie, *le choix des prêteurs* témoigne d'une large concurrence.

Parmi eux, on retrouve en position dominante les prêteurs traditionnels des collectivités locales, mais profondément transformés et modernisés pour s'adapter aux nouvelles règles du marché financier.

• En premier lieu la *Caisse des dépôts et consignations et ses satellites*.

La CDC est un établissement public créé par une loi du 28 avril 1816 pour gérer à l'origine les fonds privés non disponibles (consignations ou cautions) ou faisant l'objet d'un litige. Dès 1921, elle prête aux collectivités locales dont elle devient jusqu'en 1985 le premier banquier, sans bénéficier pour autant d'un monopole de droit. Centralisant les fonds des Caisses d'épargne, mais aussi les dépôts des notaires et autres officiers ministériels, ceux des sociétés mutualistes et de la Sécurité sociale, sa puissance financière lui a permis de jouer un rôle de premier plan dans le financement des logements sociaux et de l'équipement local.

Le groupe CDC-Caisses d'épargne, ayant à faire face à une demande d'emprunt croissante est renforcé par la création de la *Caisse d'aide à l'équipement des collectivités locales* (CAECL) par décret du 4 mai 1966. Ce nouvel établissement public administratif propose d'abord des « programmes annuels d'emprunt », avant d'offrir dès 1976 des prêts globalisés. Elle a eu un rôle très positif, non seulement en émettant pour son propre compte des emprunts régionaux, mais en regroupant des collectivités désireuses d'émettre des obligations sur le marché financier : les « emprunts Villes de France ».

Pendant que la CDC diminuait le volume de ses prêts au secteur local pour s'affirmer le banquier des organismes d'HLM et le partenaire des SEM locales, la CAECL a pu progressivement se substituer à elle, pour devenir à son tour le principal prêteur des collectivité locales.

La montée en puissance de la CAECL au sein du groupe aboutit à sa privatisation par son remplacement le 1er octobre 1987 par le *Crédit local de France* (CLF). Le CLF est une société anonyme à directoire et sous contrôle de la CDC et de l'État malgré la cotation en bourse depuis 1991 d'une partie de son capital. Les collectivités locales peuvent participer à ce capital[66] dans des limites fixées par décret en Conseil d'État.

Le CLF est administré par un conseil de surveillance de 12 membres qui élit son président parmi les quatre élus siégeant au Conseil, ainsi que le président du directoire.

Il a repris et développé la politique suivie par la CAECL pour diversifier ses ressources, dont la part essentielle provient de ses émissions sur le marché obligataire national complété par des émissions sur l'euromarché, ainsi que par des emprunts bancaires, notamment auprès de la Banque européenne d'investissement. Avec sa propre filiale, FLORAL qui émet des emprunts sur le marché obligataire pour le compte des collectivités, le CLF est devenu l'établissement de référence du secteur local en France comme en Europe, en même temps que le premier prêteur des collectivités locales, ce qui représente en 1992 32,6 % des dettes sur emprunts des communes hors Paris, 36,7 % pour les départements et 29,7 % pour les régions.

Par son propre rôle prépondérant sur le secteur local, il maintient la *position dominante du groupe CDC-CLF* (ex-CAECL)[67]. Sa part du marché local est de 43 % en 1992.

• Les *Caisses d'épargne* ont vu leur rôle renouvelé sous l'effet de la banalisation du crédit avant de subir une profonde mutation interne dans le but de les adapter au nouveau marché concurrentiel.

Déjà la loi « Minjoz » (ancien ministre et maire de Besançon) du 24 juin 1950 avait permis aux Caisses d'épargne d'accorder directement des prêts, en utilisant les excédents de dépôts des livrets A et une partie des remboursements des prêts antérieurs. La baisse des dépôts sur les livrets A nécessitait la recherche de nouvelles formules.

Les exigences du marché financier entraînent une profonde réforme du statut des Caisses d'épargne réorganisées en *réseau* par la loi du 1er juillet 1983 et fonctionnant comme de véritables banques. Les ressources banalisées des fonds P 3 — comptes

---

66. Décret n° 94-1082 du 15 décembre 1994 autorisant la participation des collectivités locales au capital du CLF, *JO* du 16 décembre 1994, p. 17824 à 17828 et décret n° 95-333 du 23 mars 1995 pour la région Guadeloupe et les communes de Fort-de-France de Lecci et de Burosse-Mendousse, *JO* du 30 mars 1995, p. 5052.

67. La CAECL ayant joué un rôle majeur de 1966 à 1987, elle apparaît nécessairement dans tous les tableaux représentant la structure de la dette locale pour les encours des emprunts qu'elle a consentis.

chèques, livrets B, bons et emprunts Écureuil —, permettent alors de compenser la chute des livrets A et d'accorder de nouveaux prêts d'un montant presque équivalent à celui des prêts directs de la CDC et des prêts Minjoz.

Le dispositif de 1983 coiffe le réseau de *Sociétés régionales de financement* (SOREFI) chargées de centraliser les comptes et les ressources des caisses, qu'elles refinancent ensuite pour leurs opérations de prêts, tout en pouvant elles-mêmes consentir des prêts Minjoz.

Enfin, à la tête de l'ensemble, et notamment pour le représenter auprès des pouvoirs publics, le *Centre national des Caisses d'épargne et de prévoyance* (CENCEP), constitué sous forme de groupement d'intérêt économique, dispose de pouvoirs étendus pour définir la gamme des produits, et conduire une politique visant à renforcer le réseau, notamment en le concentrant (301 caisses en 1989, 180 en 1990).

La loi du 10 juillet 1991 achève la mutation par la mise en place du *Groupe Caisse d'épargne* et accentue le mouvement, puisqu'il n'y a plus que *31 caisses régionales autonomes* issues de fusions entre les différents établissements existant en 1991.

À la tête du groupe et avec des compétences élargies, le CENCEP, spécialement chargé «d'exercer un contrôle administratif, financier et technique sur l'organisation et la gestion des caisses et autres établissements du réseau» (art. 5 al. 1 de la loi du 10 juillet 1991), désigne un *censeur* auprès de chacune des caisses régionales.

Les *caisses régionales* sont responsables de la gestion de leur bilan et dirigées par un *directoire* de 2 à 5 membres, le président étant lui-même désigné par un *Conseil d'orientation et de surveillance* (COS) de 17 à 25 membres représentant les salariés, les déposants et comprenant des élus locaux. Les clients sont associés au fonctionnement des caisses dans des *conseils consultatifs*.

Les SOREFI sont supprimées et remplacées dans leur fonction de caisse centrale, par deux sociétés financières nationales créées en 1991 en association avec la CDC.

D'une part, la *Société centrale de trésorerie* (SCT) dont le capital est réparti entre la CDC : 65 % et les Caisses d'épargne : 35 %, centralise les excédents de liquidité de tous les établissements de crédit du groupe pour les placer auprès de la CDC.

D'autre part, la *Société centrale des Caisses d'épargne* (SCE) dont le capital est réparti en proportion inverse entre la CDC : 35 % et les Caisses d'épargne : 65 %, a pour rôle de réaliser l'ensemble des émissions du groupe sur les marchés financiers et monétaires, pour pouvoir refinancer les caisses régionales.

Enfin, des *filiales spécialisées* dans la gestion des divers produits d'assurance-vie et de capitalisation, ou encore dans la gestion des SICAV et FCP complètent l'ensemble du groupe désormais apte à mieux rivaliser avec les autres circuits financiers.

À côté de ces deux groupes importants CDC-CLF et Caisses d'épargne qui continuent à avoir entre eux des liens étroits de partenariat, les autres prêteurs, traditionnels ou non, sont de plus en plus nombreux à intervenir dans le secteur local.

• Le *Crédit agricole* (CA) dont les caisses récemment implantées en milieu urbain sont depuis 1923 les banquiers privilégiés de l'agriculture et des communes rurales. Après avoir longtemps accordé des prêts bonifiés, elles se sont alignées sur les conditions du marché, tout en ouvrant aux collectivités locales des services d'*ingénierie financière* par le biais de la filiale «Province de France». En 1992, le CA couvre 9,8 % des dettes sur emprunts des communes hors Paris, 7,7 % pour les départements, 4 % pour les régions.

• Le *Crédit foncier de France* (CFF). Là encore et pendant longtemps, de 1866 aux années cinquante, le CFF a été l'interlocuteur privilégié des collectivités locales avant de se consacrer principalement au financement de l'urbanisme. Cependant il intervient encore dans le secteur du crédit local pour les acquisitions de terrains à bâtir destinés à être équipés et lotis (prêts d'une durée de huit ans) pour les réparations de bâtiments ou de voirie, d'adduction d'eau ou d'assainissement (prêts de quinze à vingt ans).

En 1992, sa part dans la structure de la dette sur emprunts représente 2,7 % pour les communes hors Paris, 4,6 % pour les départements et 0,5 % pour les régions.

• Le *Crédit mutuel* joue un rôle particulier sur le marché local depuis 1976 dans la mesure où la gestion du « livret bleu » soumis au même régime fiscal privilégié que le livret A des Caisses d'épargne, lui impose en contrepartie, d'en consacrer 65 % à des « emplois d'intérêt général » dont font partie les prêts aux collectivités locales. Son organisation décentralisée en 21 fédérations régionales, relayées par un solide réseau de points de vente permet de fixer les taux de prêts au niveau local.

Par sa filiale spécialisée, la SODEREC, le Crédit mutuel offre lui aussi les services d'ingénierie financière, souvent indispensables pour éclairer les élus locaux, et procéder au montage financier des dossiers d'équipements locaux. En 1992, la part du Crédit mutuel représente 1,7 % des dettes sur emprunts des communes hors Paris, 2,0 % pour les départements, 1,4 % pour les régions.

Quant aux autres organismes prêteurs, ils se sont multipliés avec la banalisation du crédit local, qu'il s'agisse de *l'ensemble du secteur bancaire*, banques d'affaires comme la Banque Worms, banques de dépôts comme la Banque nationale de Paris (BNP), la Société générale ou le Crédit Lyonnais, banques étrangères (notamment japonaises) ou qu'il s'agisse d'*organismes d'assurance*, voire de caisses de retraite et de prévoyance. À la limite, et bien que ce type de prêts soit en voie de disparition, des particuliers pourraient encore prêter des fonds à titre personnel. Enfin, l'évolution du marché a conduit certaines *maisons de courtage* à offrir leurs services.

En 1992, la part de ces groupes d'intervenants dans la *structure des dettes sur emprunts des collectivités locales* est assez importante comme on peut le voir sur ce petit tableau[68] :

	Communes hors Paris	Départements	Régions
Banques et organismes assimilés	5,4 %	16,4 %	21,1 %
Organismes d'assurance	1,0 %	3,1 %	0,3 %
Autres	10,9 %	7 %	9,4 %

L'apport de l'emprunt dans les ressources locales est essentiel, mais son importance même invite les élus locaux à la prudence. Au-delà d'un ratio de dette de 8 000 F par habitant ou d'une annuité de dette supérieure à 30 % des recettes de fonctionnement, tout nouvel endettement devient critique et nécessite une analyse financière préalable rigoureuse.

Globalement, la dette des collectivités locales totalise, en 1994, 305,5 milliards de francs pour les communes (y compris Paris), 131,6 milliards pour les départements et 42,9 milliards pour les régions.

---

68. *Source :* Direction de la comptabilité publique, bureau D3.

Dans l'ensemble, emprunts et subventions jouent un rôle majeur pour renforcer les moyens financiers des collectivités locales. Mais, même renforcées par ces apports extérieurs, les ressources traditionnelles ont toujours été dénoncées comme insuffisantes. Face aux transferts de compétence réalisés par la décentralisation, le problème des recettes locales se pose en termes nouveaux. Pour permettre aux collectivités d'assumer un accroissement de dépenses inévitable, sans faire basculer leurs finances dans un déséquilibre qui stérilise tout progrès de démocratie locale, il a fallu trouver de **nouveaux moyens**, que nous allons examiner maintenant.

§ 2. LES RESSOURCES LOCALES NOUVELLES

Le législateur de 1982 s'est efforcé avec une certaine insistance d'apaiser les inquiétudes quant aux moyens financiers de la décentralisation tout d'abord, en posant le principe fondamental de la compensation des charges.

A. Le principe de compensation des charges nouvelles

L'article 102 de la loi du 2 mars 1982 dispose : *« Tout accroissement net de charges résultant des transferts de compétences effectués entre l'État et les collectivités territoriales ou la région sera compensé par un transfert de ressources. Ces ressources sont équivalentes aux charges existantes à la date du transfert. »*

Par ailleurs, le législateur précise de façon très nette les trois règles majeures commandant l'application du principe.

a) *Les trois règles applicables*

La compensation doit être intégrale, concomitante au transfert de compétence et garantie pour l'avenir.

1) **La règle de l'intégralité :** elle est posée à l'article 94 alinéa 2 de la loi du 7 janvier 1983. *« Les ressources attribuées sont équivalentes aux dépenses effectuées, à la date du transfert, par l'État au titre des compétences transférées. Ces ressources assurent la compensation intégrale des charges transférées. »*

Le mode de calcul est prévu par le même article à l'alinéa 3. Le montant des dépenses résultant d'accroissement et diminution de charges est constaté pour chaque collectivité par arrêté conjoint des ministres de l'Intérieur et du Budget. Toutefois, si la décision appartient au gouvernement, la loi prévoit qu'elle ne peut être prise qu'après avis d'une **commission consultative**.

Cette commission, mise en place par le décret n° 83-178 du 10 mars 1983[69], modifié par le décret n° 83-264 du 31 mars 1983[70], est composée de 16 membres représentants des collectivités locales[71] et présidée par un conseiller-maître à la Cour

---

69. Décret n° 83-178 du 10 mars 1983, *JO* du 12 mars 1983.

70. Décret n° 83-264 du 31 mars 1983, *JO* du 1er avril 1983.

71. Décret n° 83-298 du 13 avril 1983, *JO* du 14 avril 1983.

des comptes, nommé sur proposition du premier président. Deux représentants de l'État (du Budget et de l'Intérieur) interviennent en outre comme rapporteurs.

La commission intervient dans trois cas. En amont des décisions, elle donne tout d'abord son avis sur les modalités d'évaluation. En second lieu, elle est obligatoirement saisie du projet d'arrêté interministériel et doit rendre son avis sur ce projet dans les deux mois. Enfin, en aval de la décision, et en cas de réclamations des collectivités locales, elle peut être consultée par les ministres intéressés.

2) **La règle de concomitance :** elle apparaît à l'article 5 alinéa 1 de la même loi qui stipule expressément *« que les transferts de compétence... sont accompagnés du transfert concomitant par l'État aux communes, aux départements et aux régions des ressources nécessaires à l'exercice normal de ces compétences... »*. L'alinéa 2 précise que les charges correspondant à l'exercice des compétences font l'objet d'une **évaluation préalable** au transfert.

3) **La règle de garantie pour l'avenir :** en réalité, elle est double et doublement destinée à rassurer les élus locaux, principaux bénéficiaires de la compensation.

D'une part, l'article 5 alinéa 3 de la même loi assure que toute charge nouvelle incombant aux collectivités territoriales du fait de la modification par l'État par **voie réglementaire**, des règles relatives à l'exercice des compétences transférées, doit être intégralement compensée. Ce qui souligne qu'en la matière le pouvoir réglementaire est strictement conditionné par la **loi** et donc soumis au respect du principe de compensation posé par elle. D'autre part, le législateur entend garantir l'application à venir de la compensation contre les risques de dépréciation monétaire. À cet effet, l'article 102 de la loi du 2 mars 1982 prévoit une **indexation** des sommes évaluées au titre de la compensation. Ces sommes *« devront évoluer comme la dotation globale de fonctionnement »*. Le choix de l'indice est particulièrement judicieux dans la mesure où le surcroît de dépenses occasionné par les compétences transférées concerne surtout les dépenses de fonctionnement et, à titre principal, les dépenses de personnel. Or, la progression de la DGF est elle-même garantie par la loi comme on l'a vu.

Quant aux **modalités pratiques** de réalisation du principe de compensation, l'article 95 de la même loi en prévoit deux qui se cumulent et se complètent : le transfert d'impôts d'État et l'attribution d'une dotation générale de décentralisation.

b) *Le transfert d'impôts d'État*

En ce qui concerne le transfert d'impôts d'État, on peut remarquer que c'est la formule la plus attrayante pour les élus en ce qu'elle répond à leur besoin de sécurité et d'autonomie. C'est pourquoi l'article 95 alinéa 2 prévoit qu'à l'issue de la période de mise en œuvre de la réforme, les transferts d'impôts devront représenter la moitié au moins des ressources attribuées par l'État à l'ensemble des collectivités locales.

1) *Au bénéfice de la région* sont transférés deux impôts : la taxe sur les certificats d'immatriculation des véhicules et la taxe sur les permis de conduire.

• La *taxe sur les certificats d'immatriculation des véhicules à moteur* (cartes grises), automobiles et de tous autres véhicules à moteur, fait l'objet d'un transfert prévu par l'article 99-1 de la loi du 7 janvier 1983, réalisé par l'article 20 de la loi de finances n° 82-1126 du 29 décembre 1982 (art. 1599 *quindecies* à *novodecies* du Code général des impôts).

La taxe est due par le propriétaire du véhicule. Des *exonérations* sont prévues pour les véhicules des agents diplomatiques et consulaires, de même que pour ceux qui appartiennent à l'État ou à des offices ou établissements publics à caractère administratif. Des réductions sont prévues pour les véhicules utilitaires, les tracteurs non agricoles, les motocyclettes. La réduction peut atteindre 50 % pour les véhicules ayant plus de dix ans d'âge.

Chaque année, le *conseil régional fixe librement le taux unitaire par cheval-vapeur*. Proportionnelle, la taxe assise et recouvrée comme un droit de timbre, est calculée en multipliant le taux unitaire de base par la puissance fiscale du moteur.

Cette taxe évolutive a connu une progression rapide qui la place en tête des ressources fiscales indirectes des régions. Elle représente en effet à elle seule plus de la moitié de la fiscalité indirecte et plus du quart de la fiscalité totale. Elle a rapporté 7,2 milliards de francs en 1994.

• *La taxe sur les permis de conduire* (*ibid.*, art. 1599 *terdecies* et *quaterdecies*) a été transférée aux régions par l'art. 17 alinéa 1 de la loi du 5 juillet 1972 instituant la première décentralisation régionale. Elle est perçue lors de la délivrance des permis de conduire les véhicules automobiles, les motocyclettes d'une cylindrée supérieure à 125 cm^3, et tous autres véhicules à moteur. *Le taux unique de la taxe est fixé librement par le conseil régional*. Son évolution modérée explique son faible rapport : 0,3 milliard de francs en 1993.

2) *Au bénéfice du département* sont transférés trois impôts d'État, d'une part, la taxe différentielle sur les véhicules à moteur, et d'autre part, le droit d'enregistrement et la taxe de publicité foncière qui constituent des droits de mutation à titre onéreux.

• *La taxe différentielle sur les véhicules à moteur* (vignette) a été transférée aux départements et à la région de Corse à compter du 1er janvier 1984 par les articles 24 alinéas 1er et 12 et 26 alinéas 3 à 5 de la loi n° 83-1179 du 29 décembre 1983 (art. 1599 C à J et 1599 *nonies* à 1599 *duodecies* du Code général des impôts).

La taxe est payée annuellement par les propriétaires de véhicules à moteur ayant fait l'objet d'une immatriculation. De nombreuses *exonérations* intéressent les véhicules agricoles, les motocyclettes, les véhicules utilitaires utilisés pour l'exécution, soit de missions de service public (véhicules d'incendie, de transport en commun, bennes à ordures), soit de certaines professions : taxis, ambulances, véhicules des VRP, ou encore dans la limite d'un véhicule par propriétaire, les véhicules appartenant aux handicapés, infirmes civils, aveugles, invalides et victimes de guerre, enfin, les véhicules ayant plus de vingt-cinq ans d'âge.

Par ailleurs, la taxe spéciale à l'essieu applicable à certains véhicules routiers et la taxe sur les voitures particulières des sociétés continuent à être perçues par l'État (3,1 milliards de francs en 1993).

La loi prévoit un *tarif de base* pour les véhicules de 4 CH au moins ayant moins de cinq ans d'âge. Les conseils généraux peuvent *modifier chaque année* ce tarif de base. Pour les autres véhicules de moins de cinq ans d'âge est appliqué un *coefficient multiplicateur national* qui varie de 1,9 à 47,6 en fonction de la puissance fiscale. Pour les véhicules de cinq à vingt ans d'âge, les tarifs sont réduits de moitié. Entre vingt et vingt-cinq ans, le coefficient applicable est de 0,4.

Le département peut modifier les coefficients multiplicateurs ou réducteurs prévus par la loi, mais seulement dans la limite de 5 %, ce qui limite la progressivité des tarifs qui dans l'ensemble, augmentent peu, malgré des écarts parfois importants entre départements.

La vignette automobile a rapporté 12,7 milliards de francs aux départements en 1994.

• *Le droit départemental d'enregistrement et la taxe départementale de publicité foncière*, transférés en deux temps au 1er janvier 1984 pour les droits perçus sur les mutations d'immeubles, autre que ceux affectés à l'habitation, et pour ces derniers, au 1er janvier 1985 (CGI, art. 1594 A à 1594 J et art. 662 à 715) recouvrent une série de droits et taxes : douze catégories de droits d'enregistrement, auxquelles s'ajoutent la taxe de publicité foncière sur les inscriptions d'hypothèques judiciaires ou conventionnelles, et la taxe de publicité foncière perçue lors de l'inscription à la conservation des hypothèques, sur les actes et décisions judiciaires autres que ceux constatant des mutations à titre onéreux.

À la différence des taxes foncières, assises sur la valeur locative, l'assiette applicable ici est la *valeur vénale du bien*. Les taux applicables sont multiples, et vont de 0,6 % pour certaines terres agricoles, à 15,4 % pour le régime de droit commun qui ne couvre que le quart du produit total.

Sont exclus des transferts et continuent à être perçus au profit de l'État, tous les droits dus sur les actes des sociétés ainsi que le droit d'échange et tous les droits et taxes fixes.

Par ailleurs, et à partir de la date des transferts, le conseil général *a pu modifier les taux* applicables dans d'étroites limites imposées par la loi. Les taux supérieurs à 10 % ne peuvent être augmentés, ceux inférieurs à 10 % ne peuvent être relevés au-delà de cette limite. En aucun cas, ils ne peuvent être réduits à moins de 1 %.

En même temps, une diminution progressive du taux plafond applicable aux immeubles d'habitation a été programmée par la loi. Ce taux de 7 % en 1992 n'est plus que de 6 % à compter du 1er juin 1993 et de 5 % à compter du 1er juin 1995. Aux termes de la loi du 4 février 1995, ce taux peut même être réduit à 3,60 % par délibération des conseils généraux pour les immeubles situés dans les zones d'aménagement du territoire, dans les territoires ruraux de développement prioritaire, et dans les zones de redynamisation urbaine. La perte de recettes est alors compensée à 50 % par l'État.

Les départements peuvent accorder en effet des *exonérations* et des *abattements* prévus par la loi.

– *Exonérations :* depuis le 1er janvier 1988 des acquisitions ou cessions d'immeubles réalisées sous certains conditions par les organismes d'HLM ou encore, et depuis le 1er janvier 1991 des acquisitions immobilières réalisées par les mutuelles de retraite des anciens combattants et victimes de guerre.

– *Abattements :* sur les acquisitions d'immeubles ruraux par les bénéficiaires de la dotation d'installation aux jeunes agriculteurs, ou encore de 50 à 300 000 francs sur l'assiette de la taxe applicable aux cessions d'immeubles d'habitation et de garage.

L'encadrement législatif limite la marge de liberté des départements qui ont augmenté les taux de façon modérée. Il reste que ces deux impôts sensibles à la conjoncture économique et au volume des transactions immobilières, ont rapporté aux départements 17,9 milliards de francs en 1994.

On observera, concernant ces transferts d'impôts d'État qu'ils portent sur l'*automobile et l'immobilier*, leur décentralisation étant facilitée par leur mode de perception et leur répartition sur l'ensemble du territoire.

c) *La dotation générale de décentralisation (DGD)*

À ces transferts d'impôts s'ajoute la dotation générale de décentralisation. L'article 98-I de la loi du 7 janvier 1983 prévoit qu'elle assure pour chaque collectivité concernée la compensation intégrale des charges résultant des compétences transférées et qui ne sont pas compensées par des transferts de fiscalité.

Pour les communes peu avantagées par ce type de transfert, la DGD constitue le mécanisme compensatoire essentiel. Pour les départements et les régions, elle a joué un rôle prépondérant surtout pendant la première période de trois ans, aux termes de laquelle elle a été équilibrée par les transferts d'impôts.

1. Les règles générales

La DGD peut se définir comme un transfert budgétaire de l'État. Son *montant total annuel* est fixé par la *loi de finances*, et inscrit au chapitre 41-56 du budget du ministère de l'Intérieur, mais les dotations des communes, des départements, des régions et de la Corse sont individualisées de façon précise. Globale, elle est libre d'emploi.

Son évolution est prévue de façon satisfaisante, puisqu'elle est alignée sur la dotation globale de fonctionnement, avec un système d'**actualisation** pendant la période intermédiaire prenant pour référence le taux de progression de la DGF et une *indexation automatique* à l'issue de cette période.

D'un montant total de 13 333 millions de francs en 1994 auxquels s'ajoutent 1 155 millions de francs pour la Corse, elle se place en tête des modes de financement par l'État des transferts de compétences.

La dotation globale de décentralisation cumule le double avantage d'une compensation évolutive et d'une **globalisation** propice à l'autonomie. Sur ce dernier point, la loi apporte des exceptions en prévoyant au sein même de la dotation globale des **concours particuliers** affectés à certains objets bien déterminés.

Il en est ainsi du concours affecté aux travaux réalisés par les *départements* désormais responsables de la création et de la **gestion de certains ports**. Ce concours est alimenté par les crédits précédemment ouverts au budget de l'État pour les mêmes investissements exécutés ou subventionnés par l'État. Ces concours particuliers concernent la création, l'aménagement et l'exploitation des ports maritimes de commerce et de pêche. Des aides spéciales aux travaux d'aménagement destinés aux cultures marines sont prévues depuis le 1er janvier 1984.

De la même façon, un concours particulier couvre les souscriptions des **contrats d'assurance** par les communes et les établissements publics de coopération intercommunale en application de la loi du 3 janvier 1983 (art. 17).

C'est encore un concours particulier affecté à l'établissement et à la mise en œuvre des **documents d'urbanisme** et des servitudes qui est prévu au bénéfice des communes qui assurent ces nouvelles compétences (*ibid.*, art. 40). Il faut distinguer ici la part qui concerne l'élaboration des documents eux-mêmes et celle qui intéresse les demandes d'autorisation d'utilisation du sol. Il s'y ajoute les primes d'assurance souscrites en matière d'urbanisme.

En ce qui concerne le **logement des instituteurs**, une dotation spéciale prévue par l'art. 94 de la loi du 2 mars 1982 vient compenser les charges correspondantes supportées par les communes[72]. Cette dotation comprend deux parts distinctes, la première compense les charges afférentes aux logements mis à la disposition des instituteurs par la commune. La seconde, gérée par le Centre national de la fonction publique territoriale, est versée directement aux

---

72. Voir désormais art. 1, loi n° 85-1268 du 29 novembre 1985, *JO* du 9 décembre, p. 13999.

instituteurs qui ne sont pas logés par la commune mais qui ont droit à une indemnité compensatrice. La dotation spéciale instituteurs ou DSI diminue progressivement avec la mise en place du nouveau corps des «professeurs d'école» dont le traitement compense en principe la perte de toute prestation en matière de logement. Pour cette raison le montant de la DSI pour 1993 soit 3 257 millions de francs est en régression de 2 % par rapport à 1992, 15 000 instituteurs ayant été intégrés dans le nouveau corps.

Au titre des transferts de compétence **en matière culturelle**, l'art. 93 de la loi du 2 mars 1982 institue une **dotation spéciale** attribuée par l'État aux régions, aux départements et aux communes pour atténuer les charges résultant de leur action culturelle et pour contribuer au développement de cette action. L'art. 117 de la loi du 7 janvier 1983 précise que 30 % de la dotation constituent un Fonds spécial de développement culturel, dont le montant est réparti entre les régions qui en disposent librement.

Un *concours particulier de la DGD* intéresse les *bibliothèques municipales*. Par décret du 5 février 1993[73], il comporte trois parts, la première destinée à financer les dépenses de fonctionnement des bibliothèques municipales et de celles d'entre elles qui ont une vocation régionale, la seconde (65 %) finance les dépenses d'équipement des bibliothèques municipales, la troisième, les dépenses d'équipement des bibliothèques municipales à vocation régionale. Le taux de concours (3,68 % pour 1995)[74] est fixé chaque année par décret.

À ces concours spéciaux s'ajoutent ceux qui concernent l'**action sanitaire et sociale**, créés en vertu des articles 54 *bis* et 55 *bis* de la loi du 22 juillet 1983, ajoutés par la loi du 29 décembre 1983. S'ajoutent aussi les aides à l'**équipement rural** (art. 109 et suivants de la loi du 7 janvier 1983), celles qui concernent les transports scolaires en site non urbain ou les bibliothèques centrales des prêts qui ont un régime propre.

Au profit de la région, les concours de la DGD compensent l'aide à la flotte de pêche côtière, les charges des ports fluviaux et voies navigables, l'aide aux entreprises de culture marine ou encore le développement culturel des régions d'outre-mer.

Suivant le même principe, l'art. 85 de la loi du 7 janvier 1983 crée un **Fonds régional de l'apprentissage et de la formation continue**, alimenté essentiellement par transfert des crédits de l'État au titre de ces compétences. Depuis 1985, la dotation de décentralisation relative à la formation professionnelle et à l'apprentissage assure aux régions une progression satisfaisante de crédits pour atteindre en 1995 4,7 milliards de francs.

Entrant dans le cadre général de compensation par la DGD, il convient de faire une place à part aux dotations d'équipement scolaire.

2. Les dotations d'équipement scolaire

Deux dotations particulières d'équipement scolaire complètent le dispositif de la DGD : d'une part, la dotation départementale d'équipement des collèges (DDEC) qui atteint 1,45 milliard de francs en 1994, et d'autre part, la dotation régionale d'équipement scolaire (DRES) qui atteint 2,9 milliards de francs en 1994.

Ces deux dotations sont *indexées* sur la formation brute de capital fixe des administrations publiques (FBCF) et ne sont pas libres d'emploi. Elles sont *affectées* aux opérations de reconstruction, de grosses réparations et d'équipement concernant les établissements transférés respectivement au département ou à la région.

La *dotation départementale d'équipement scolaire ou DDES* est inscrite au chapitre 67-57 du ministère de l'Intérieur et répartie chaque année en deux temps. D'abord, au niveau des régions en fonction de la capacité d'accueil des établissements (70 %) et de l'évolution de la population scolarisable (30 %). Puis, entre les départements par la Conférence des présidents

---

73. Décret n° 93-173 du 5 février 1993, *JO* du 7 février 1993, p. 2086.
74. Décret n° 95-1063 du 28 septembre 1995, *JO* du 30 septembre 1995, p. 14313.

des conseils généraux qui doit se prononcer à l'unanimité au vu de la liste des opérations de construction et d'extension arrêtée par le préfet. En cas de désaccord sur la répartition, le préfet de région tranche (art. 4 du décret du 19 décembre 1985).

La *dotation régionale d'équipement scolaire* ou DRES est inscrite au chapitre 67-56 du ministère de l'Intérieur et répartie en fonction de la capacité d'accueil des établissements (60 %) et de l'évolution de la population scolarisable (40 %). Elle est assortie d'une garantie de progression minimale fixée à 50 % du taux global d'augmentation de la DRES pour chaque région. En 1994, ce taux étant de 5 %, les régions étaient assurées d'une progression de leur dotation par rapport à 1993 au moins égale à 2,5 %.

Dans l'ensemble, ces deux dotations sont très insuffisantes pour couvrir l'évolution galopante des dépenses d'investissement comme on l'a vu en étudiant les transferts de compétence. Les élus locaux souhaiteraient en particulier que soit revu leur mode d'indexation. Le taux de croissance des investissements scolaires des collectivités locales leur paraîtrait préférable[75].

Toutes ces mesures se complètent hors DGD de la *compensation* soit partielle des *exonérations* et *plafonnements* des impôts directs locaux, soit totale de certains *dégrèvements législatifs*, le tout pour un total de 5,31 milliards de francs à la charge de l'État.

L'ensemble de ces mesures spécifiques vient rompre avec le principe d'autonomie locale appliqué par la dotation globale de décentralisation, dans la mesure où leur affectation est prévue. Cette altération de la globalisation s'explique par les difficultés transitoires propres à la période de rodage de la réforme. Elle permet, dans un premier temps, d'éviter la dispersion des crédits en offrant rapidement les moyens de faire face à des charges déjà transférées et déjà mesurables. Cette formule renforce le dispositif de compensation, en neutralisant préventivement les effets de turbulence dans la gestion locale engendrés par les inévitables et compréhensibles hésitations de la part des élus aux prises avec une masse de textes nouveaux.

Enfin, s'ajoutent à l'ensemble, deux séries de dispositions en matière de justice et de police qui s'analysent cette fois comme des transferts de charges à l'État.

B. Les transferts de charges à l'État

Il s'agit tout d'abord de la dotation spéciale, destinée à compenser les dépenses de fonctionnement et d'équipement supportées par les collectivités au titre du service public de la **justice**, prévue par l'article 96 de la loi du 2 mars 1982. C'est en réalité une dotation toute provisoire qui sert de relais financier avant la prise en charge directe par l'État de l'ensemble des dépenses de ce service (personnel, matériel d'équipement, loyer, et total des annuités restant à courir des emprunts contractés pour ce service). C'est ce que prévoit l'article 87 de la loi du 7 janvier 1983 à compter du 1er janvier 1984.

Il s'agit ensuite de la **suppression des contingents de police** prévue par l'article 95 de la loi du 2 mars 1982. Cette mesure vise la participation financière demandée aux communes dans lesquelles le service de police a été étatisé.

---

75. Voir Doc. parl. AN n° 3053 du 19 novembre 1992, p. 31 et 58.

Rappelons que la police municipale a été partiellement étatisée selon un processus mis en place progressivement sous la IIIe République par des législations spéciales applicables à certaines villes (telle la loi du 26 juin 1920 pour la ville de Nice) avant d'être généralisée à toutes les villes de la région parisienne (décret-loi du 30 octobre 1935) puis aux villes de 10 000 habitants et plus par l'acte dit-loi du 23 avril 1941.

C'est cet ensemble complété à diverses reprises que visait l'article 95 de la loi du 2 mars 1982, qui s'inscrit dans la logique des blocs de compétence en réalisant un transfert de charges à l'État dans les communes à police d'État.

Cette mesure se complète elle-même par les dispositions de l'article 88 de la loi du 7 janvier 1983 qui prévoient l'*institution de droit du régime de police d'État* dans les communes dotées d'un corps de police municipale, à la double condition que le conseil municipal le demande et que les communes intéressées remplissent les conditions de seuil démographique ou d'effectifs et de qualification professionnelle prévues par décrets en Conseil d'État.

Faute de décret d'application, ce dispositif n'a pu entrer en vigueur et l'ensemble a été repris par la loi du 21 janvier 1995 dite loi d'orientation et de programmation relative à la sécurité[76]. Désormais l'article L. 132-6 alinéa 1er dispose : « Le régime de la police d'État peut être établi dans une commune en fonction de ses besoins en matière de sécurité. Ces besoins s'apprécient au regard de la population permanente et saisonnière, de la situation de la commune dans un ensemble urbain et des caractéristiques de la délinquance. » Ce système supprime toute référence à un seuil démographique et abroge l'acte dit-loi du 23 avril 1941 en même temps que l'art. 88 de la loi du 7 janvier 1983.

L'étatisation s'applique en outre de droit aux communes résultant de la *fusion* de deux ou plusieurs communes, lorsque le régime de la police d'État était déjà institué sur le territoire d'au moins l'une d'entre elles, antérieurement à l'acte prononçant la fusion (art. L. 132-9 du Code des communes).

Ce régime de police d'État est institué par *arrêté conjoint* des ministres de l'Intérieur et des Finances pris sur la demande ou avec l'accord du conseil municipal, ou par décret en Conseil d'État dans le cas contraire. Le transfert de charges est important pour la commune puisqu'il concerne l'ensemble des personnels de police municipale.

De cette étude des modes de compensation et des mesures spécifiques d'accompagnement, il ressort un premier constat positif. La **réforme a voulu se donner les moyens de couvrir les surcharges financières dues aux transferts de compétence**. Les réalisations accomplies en témoignent, et si la pression des besoins pousse à de nouveaux progrès, elle a elle-même prévu son mode adaptatif par une suite programmée de relais législatifs.

Toutefois, l'ambition et la raison d'être de la réforme ne s'arrêtent pas à un objectif purement et doublement quantitatif d'accroissement des compétences et d'accroissement des ressources. Le problème de la décentralisation est également d'ordre qualitatif. Il s'agit de responsabiliser les collectivités locales. Et à cet égard, la compensation ne suffit pas. Un second principe vient relayer le premier pour assurer à la gestion locale le maximum d'autonomie. Il s'agit de *généraliser le principe de la globalisation* des aides de l'État expérimentée depuis 1979 avec la dotation globale de fonctionnement, reprise avec des aménagements par l'institution de la dotation globale de décentralisation et plus laborieusement au niveau des emprunts.

---

76. *Cf.* Loi n° 95-73 du 21 janvier 1995, *JO* du 24 janvier 1995, p. 1249.

C. Le principe de la globalisation

Cette généralisation de la globalisation concerne principalement les dotations et subventions d'équipement globalisées en une dotation nouvelle, la dotation globale d'équipement (DGE) créée par l'article 103 de la loi du 2 mars 1982. Il faut situer l'évolution en ce domaine avant de préciser le régime de la DGE qui atteint 5 895 millions de francs en 1994.

a) *De l'affectation à la globalisation*

Jusque dans les années 1970, l'affectation des subventions spécifiques accordées par l'État, équipement par équipement, était sensée permettre une péréquation des ressources entre collectivités locales et servir une planification des investissements en retenant sélectivement les équipements prioritaires.

En réalité, les effets attendus d'équilibrage et de planification ont été médiocres. De plus, le saupoudrage des financements tout autant que les contraintes et lenteurs imposées par l'instruction des dossiers et par leur contrôle technique, étaient ressentis comme autant de freins inadaptés aux politiques locales d'investissements[77] et soulevaient l'hostilité croissante des élus locaux soucieux de se dégager des tutelles de l'État.

La solution devait être recherchée dans l'attribution des dotations libres d'emploi. L'application du VIe Plan a permis d'en faire l'expérience positive. La recommandation du plan de porter une attention particulière au développement des villes moyennes s'est traduite par des *contrats d'aménagement de villes moyennes*[78] fixant les engagements réciproques de l'État et des villes concernées sur des programmes d'équipement et d'aménagement urbains. Après une expérience pilote conduite sur Angoulême, 82 contrats de ce type devaient être passés de 1972 à 1978[79] avec l'avantage de subventions d'État libres d'emploi.

Le VIIe Plan devait permettre de prolonger l'expérience au travers cette fois des « contrats de pays », intéressant des cadres géographiques intercommunaux homogènes. L'État devait ainsi s'engager dans 12 contrats en 1975, 51 en 1976 avant d'être relayé par les établissements publics régionaux qui ont poursuivi et étendu cette politique contractuelle[80].

Parallèlement, un décret du 10 mars 1972 est venu assouplir le régime des subventions d'investissements en posant le principe de leur globalisation. L'article 26 prévoit en effet l'attribution d'une subvention globale destinée « à permettre l'équilibre financier d'un groupe d'opérations de nature différente concourant à la réalisation d'un même objectif ». Ce dispositif n'a pu être appliqué et si le principe de la globalisation apparaît dans le rapport Guichard de même que dans un projet de loi Bonnet de 1979 sur le développement des responsabilités locales, il n'a été mis en pratique jusqu'en 1982 que dans des cas exceptionnels et dans le cadre des contrats d'aménagement.

---

77. Voir le rapport « Vivre ensemble », La Documentation française, 1976, 2 vol.
78. *Cf.* Ph. LERUSTE, « Le contrat d'aménagement de villes moyennes », *NED* n° 4334-36 (17 novembre 1975).
79. Après la loi du 5 juillet 1972 créant les établissements publics régionaux, des contrats régionaux de villes moyennes ont pris le relais des contrats nationaux.
80. En 1982, on compte 399 contrats de ce type intéressant 8 000 communes.

b) *La dotation globale d'équipement ou DGE*

Répondant enfin aux vœux des élus locaux, l'article 103 de la loi du 2 mars 1982 dispose : « il est créé une dotation globale d'équipement qui se substitue aux dotations spécifiques d'investissement de l'État. » La loi du 7 janvier 1983 en fixe les règles.

Dans le budget de l'État sont créés deux chapitres, un chapitre « DGE des communes », qui regroupe dans un premier temps les subventions de l'État pour la voirie et les espaces verts forestiers, la globalisation progressive des autres subventions étant échelonnée sur trois ans. Un chapitre « DGE des départements » regroupe celles relatives à l'équipement rural, et de façon large celles qui intéressent la réalisation de leurs investissements.

Par rapport au système antérieur, la DGE présente un triple avantage : celui de la *liberté* avec la suppression des contrôles préalables et critères automatiques d'attribution ; celui de la *sécurité* : les taux de concours de l'État étant connus dès le début de l'année, les collectivités locales ont l'assurance de percevoir par liquidation trimestrielle de leurs droits l'intégralité de la subvention accordée sur justification des paiements. Sécurité encore par l'indexation des crédits affectés à la DGE sur la formation brute de capital fixe des administrations publiques. Celui de la *simplicité* : suppression des dossiers, l'exécutif local devant seulement adresser chaque trimestre au préfet l'état récapitulatif des mandats payés par le comptable au titre des dépenses d'investissement. L'application du taux de concours fixé pour l'année au total des dépenses détermine la somme attribuée à la collectivité locale.

La globalisation prévue pour les départements a pu atteindre rapidement son plein régime et de ce fait, sa mise en œuvre s'est faite dans des conditions suffisamment satisfaisantes pour ne pas nécessiter de profonde réforme. La loi du 29 décembre 1983 introduit cependant un mécanisme de garantie et la loi du 5 janvier 1988 limite le nombre des départements défavorisés bénéficiaires des majorations prévues pour insuffisance de potentiel fiscal.

Il n'en a pas été de même pour la *DGE communale* viciée dès l'origine par de graves défauts qu'il s'agisse des insuffisances liées à l'échelonnement de la globalisation ou des règles de répartition préjudiciables pour les petites communes rurales.

Cette dotation comprenait **trois parts, dont la principale représentait 70 %** au moins de ses crédits. Or cette part prévue pour être **répartie en fonction du propre effort d'investissement des communes** favorisait les communes riches au détriment des plus pauvres. La loi du 29 décembre 1983 tentait un rééquilibrage, en réservant la 2ᵉ part de cette dotation égale à **15 %** des crédits aux communes de moins de 2 000 habitants et en retenant le double critère attributif du potentiel fiscal et de la longueur de la voirie communale. Un solde de **15 %** permettait de majorer la dotation des districts et communautés urbaines de même que les communes ayant un potentiel fiscal inférieur de 20 % au potentiel fiscal moyen des communes de même importance démographique, et qui consentent un effort fiscal supérieur de 20 % par rapport à la moyenne de ces mêmes communes.

En dépit des corrections et du jeu des pondérations prévu pour les deuxième et troisième parts, le système était inadapté aux besoins des petites communes rurales condamnées au **sous-équipement.** En effet, la part principale de 70 % était répartie entre **toutes les communes pour tous leurs investissements** sans distinguer entre les investissements légers et peu coûteux, qui jusqu'alors étaient exclus du bénéfice de toute subvention et les investissements importants et particulièrement onéreux, conditionnés par l'aide de l'État. Il en est résulté une dispersion des crédits, aggravée par le mécanisme choisi d'un taux très faible de concours de l'État, 2 % en 1983, 2,2 % en 1984. Malgré les redressements de la loi du 29 décembre 1983, ce taux n'atteignait toujours que 6,5 % en 1984 pour les communes rurales les plus défavorisées, les rendant d'autant plus incapables de s'engager dans des investissements lourds qu'elles ne peuvent espérer compenser par l'emprunt l'insuffisance manifeste de leur dotation[81].

Une réforme d'ensemble de la DGE communale s'avérait donc indispensable. La loi n° 85-1352 du 20 décembre 1985[82] opère en conséquence une redistribution des parts et pose de nouvelles règles de répartition. Désormais, la DGE des communes et de leurs groupements comprend *deux parts* soumises à des régimes différents selon la taille démographique des communes. La loi du 6 février 1992 complète le dispositif notamment en faveur des groupements de communes et modifie les quotités applicables.

1. Le régime actuel de la DGE communale

La première part est attribuée **d'office** aux communes et groupements de communes des départements des Hauts-de-Seine, de la Seine-Saint-Denis et du Val-de-Marne. Elle est **normalement** destinée aux communes de plus de 2 000 habitants en métropole ou de plus de 7 500 habitants outre-mer. Une **exception** fait cependant jouer un **droit d'option** au bénéfice des communes ou groupements dont la population est comprise entre 2 001 et 10 000 habitants en métropole, et entre 7 500 et 35 000 outre-mer. L'option prévue peut être exercée en faveur de la deuxième part et suppose le renoncement au bénéfice de la première. La même option est ouverte aux groupements de communes par la loi du 6 février 1992 dans un délai de 3 mois après la date de leur création.

La deuxième part est attribuée **d'office** aux communes de la collectivité de Saint-Pierre-et-Miquelon. Elle est d'autre part **normalement** destinée aux communes et groupements métropolitains de moins de 2 000 habitants et moins de 7 500 outre-mer. Toutefois, là encore, une exception réserve un droit d'option en faveur de la première part aux communes de moins de 2 000 habitants en métropole et éligibles au concours particulier prévu par l'article L. 243-13 du Code des communes pour les petites communes qui connaissent une importante fréquentation touristique journalière. La même option est ouverte aux groupements de communes par la loi du 6 février 1992. Bien entendu, la deuxième part compte en outre les communes et groupements d'outre-mer, dont la population est comprise entre 7 500 et 30 000 habitants et qui ont choisi la deuxième part. L'option interdit dans tous les cas de cumuler les avantages de la première et de la deuxième part.

Dans un sens comme dans l'autre, l'option entre les deux parts doit être exercée dans les trois mois suivant le renouvellement général des conseils municipaux. À titre dérogatoire, selon la loi du 6 février 1992, l'option prévue en faveur de la seconde part est ouverte à toutes les communes et aux groupements de communes dans les trois mois suivant la date d'entrée en vigueur de la loi.

---

81. Voir sur ce point, rapport d'information du Sénat n° 177, 1re session ordinaire 1984-1985. Annexe du procès-verbal de la séance du 19 décembre 1984.
82. Loi n° 85-1352 du 20 décembre 1985, *JO* du 21 décembre 1985, p. 14943.

La **répartition** des crédits de la DGE entre ces deux parts est opérée après prélève-ment d'une **quote-part spéciale** prévue pour les territoires de Wallis-et-Futuna, la collectivité de Mayotte ainsi que les groupements (art. 104-1 nouveau). Cette quote-part de 31 755 000 francs pour l'année 1994 est attribuée par le représentant de l'État sous forme de subventions pour la réalisation d'une opération déterminée. Un *préciput* doit de même être constitué au profit des groupements. Le solde ainsi obtenu est réparti entre les deux parts de la DGE pour 50 % au profit de la première part et pour 50 % au profit de la seconde part. Chaque part ainsi constituée est ensuite augmentée d'une partie du **préciput** en faveur des groupements, proportionnellement aux investisse-ments réalisés par les groupements bénéficiaires de l'une ou l'autre des deux parts.

• La *première part* (1 759 786 000 F pour 1994) comprend deux fractions. La *fraction principale* est répartie au prorata des dépenses réelles d'investissement par application d'un taux de concours fixé par décret après avis du comité des finances locales : 1,54 % pour l'année 1994[83].

La *seconde fraction* dont le montant est défini chaque année par décret pris après avis du Comité des finances locales (150 000 000 F pour 1994) est destinée *aux majorations* bénéficiant aux groupements de communes (69 000 000 F pour 1994) ainsi qu'aux communes fiscalement défavorisées : potentiel fiscal inférieur d'au moins 20 % et effort fiscal supérieur d'au moins 20 % à ceux des communes du même groupe (81 000 000 F pour 1994).

• La *deuxième part* (1 349 757 000 F pour 1994) se divise elle aussi en deux frac-tions, l'une en faveur des communes et fonction du nombre de communes bénéficiaires dans chaque département, de leur population, de leur voirie et de leur potentiel fiscal. L'autre, en faveur des groupements bénéficiaires en fonction des investissements réalisés par l'ensemble des groupements dans chaque département.

L'apport nouveau est que la deuxième part est **déléguée au représentant de l'État dans le département**, qui attribue les crédits aux bénéficiaires sous forme de subven-tions pour la réalisation d'une opération déterminée, c'est-à-dire sous forme de **subventions spécifiques** (art. 103-3 al. 3 nouveau). Pour éviter que ce système ne rétablisse une tutelle étatique, une **commission nouvelle** est instituée auprès du repré-sentant de l'État. Elle est composée des membres représentants des bénéficiaires, maires ou présidents de groupements, soit désignés par l'association des maires du département, soit si une telle association n'existe pas, élus en collèges regroupant les catégories d'intéressés à la représentation proportionnelle au plus fort reste.

La commission fixe elle-même chaque année les *catégories d'opérations priori-taires* susceptibles d'être subventionnées. Elle fixe de plus les taux minima et maxima de subvention applicables à ces catégories dans des limites variant de 20 à 60 % du montant hors taxe de l'investissement.

Le préfet arrête chaque année la liste des opérations à subventionner ainsi que le montant de l'aide de l'État suivant les catégories et dans les limites fixées par la commission. Il en informe la commission ainsi que la conférence départementale d'harmonisation des investissements. Ce système permet un meilleur contrôle de la répartition des crédits en évitant la dispersion stérile sur des opérations de peu d'intérêt. Les taux de subvention de cette deuxième part permettent de financer des investissements lourds, ce que le taux de concours de la première part ne permet pas.

---

83. *Cf.* Décret du 6 juin 1994, *JO* du 8 juin 1994, p. 8255.

2. *Le régime de la DGE départementale*

Les bénéficiaires de cette DGE départementale sont les départements et leurs groupements, les syndicats associant des communes ou groupements de communes et un ou plusieurs départements ou régions, ainsi depuis 1986 que les services départementaux d'incendie et de secours.

La DGE départementale comporte *deux parts* dont les montants sont fixés chaque année par décret après avis du comité des finances locales. Il en est de même pour les fractions de ces deux parts et pour les taux de concours applicables.

• La **première part** comporte une fraction principale, une fraction voirie et un solde, le tout étant fixé à 1 250 364 000 F pour 1995.

La *fraction principale* (au plus 75 %) est répartie au prorata des dépenses réelles directes d'investissement par application d'un taux de concours : 2,55 % pour l'année 1995[84] sur un montant fixé à 795 273 000 F.

La *fraction voirie* (au plus 20 %) est répartie au prorata de la longueur de la voirie classée dans le domaine public départemental y compris la distance des liaisons maritimes et doublée en zone de montagne. Son montant est fixé à 212 073 000 F pour 1995.

Le *solde* de 5 % modulable selon les pourcentages retenus pour les deux autres fractions, est destiné *à majorer les départements fiscalement défavorisés*, c'est-à-dire dont le potentiel fiscal moyen par habitant est inférieur d'au moins 40 % au potentiel fiscal moyen par habitant de l'ensemble des départements ou dont le potentiel fiscal par kilomètre carré est inférieur d'au moins 60 % au même potentiel moyen de l'ensemble des départements. Cette première partie du solde représente 45 410 000 F pour 1994.

Une partie du solde réservé aux majorations bénéficie aux *groupements de départements* et aux syndicats associant des communes ou groupements de communes et des départements ou régions. Pour eux, la majoration est de 15 % et le montant du solde qui leur est attribué s'élève à 7 608 000 F pour 1994.

La loi organise un *mécanisme de garantie* à double détente. D'une part, les attributions qu'un département reçoit au titre de la première part (hors majorations) ne peuvent excéder le montant des crédits reçus l'année précédente actualisé du double du taux de progression de la DGE des départements. D'autre part, chaque département est assuré de recevoir une *attribution de garantie* au titre de la première part égale à la moyenne des concours spécifiques reçus en 1980-1981-1982, actualisé depuis 1984 du taux de progression de la formation brute de capital fixe des administrations publiques (3,3 % en 1995).

• La **seconde part** de la DGE départementale d'un montant de 985 137 000 pour 1995, comprend une fraction principale et deux fractions de majorations.

La *fraction principale* (80 % au plus) est répartie «au prorata des dépenses d'aménagement foncier effectuées et des subventions versées pour la réalisation de travaux d'équipement rural par chaque département». D'un montant de 750 674 000 pour 1995, le taux de concours applicable est de 11,14 % pour la même année.

Une *fraction de 10 % au plus* permet de *majorer* les attributions versées aux départements au titre de leurs dépenses d'aménagement foncier du dernier exercice connu. Les crédits à répartir à ce titre s'élèvent à 90 830 000 F pour 1995.

---

84. *Cf.* Décret n° 95-983 du 25 août 1995, *JO* du 2 septembre 1995, p. 13003.

Une dernière fraction de *10 % au moins* permet de *majorer les départements fiscalement défavorisés* déterminés selon les mêmes critères que ceux retenus pour la première part. Les crédits réservés à cette majoration s'élèvent à 143 633 000 F pour 1995.

Les collectivités territoriales de Mayotte et de St-Pierre-et-Miquelon bénéficient de la DGE départementale dans des conditions définies par décret en Conseil d'État. Par ailleurs, les montant des crédits réservés aux majorations prévues pour les départements défavorisés et revenant aux *départements d'outre-mer* qui remplissent les conditions d'attribution sont fixés par le décret pris après avis du comité des finances locales portant répartition annuelle de la DGE. Ils sont respectivement de 9 433 000 F pour la première part et de 29 978 000 F pour la deuxième part.

Dans l'ensemble, la DGE telle qu'elle résulte du système actuel **marque un progrès** par rapport au système précédent. On peut cependant reprocher au système de ne réaliser qu'une globalisation partielle des subventions d'équipement. Au sein même de la DGE, la deuxième part recouvre en fait des dotations affectées en contradiction interne avec le principe de la globalisation. Hors DGE, trop d'exceptions demeurent importantes.

c) *Les exceptions*

Elles concernent une série de catégories de subventions spécifiques ou de crédits affectés, tout en rappelant que les dotations d'équipement scolaire se rattachent par nature à ces catégories, mais relèvent du financement par l'État des transferts de compétence et non des dotations et subventions d'équipement proprement dites.

De plus, le fonds de compensation de la TVA continue à coexister avec la DGE et représente un apport important destiné à l'équipement.

1. *Les subventions et crédits spécifiques d'équipement*

• Les *subventions spécifiques* sont en déclin du fait même de la création de la DGE. La loi du 29 décembre 1983 précise elle-même que la liste des subventions d'investissement de l'État non globalisées dans la DGE est fixée par décret en Conseil d'État, ce qui souligne leur caractère limitatif.

Un certain nombre de subventions spécifiques sont accordées par treize *ministères* pour un montant de 3 562 millions de francs dont 310 pour l'Intérieur en 1994[85].

Les ministères de l'Équipement et du Logement, des Affaires sociales, de la Culture, des Transports, de l'Agriculture et de l'Intérieur sont les principaux ministères dispensateurs de cette première catégorie de subventions spécifiques hors DGE.

• Par ailleurs, quatre *comptes spéciaux du Trésor* financent des subventions spéciales, provenant principalement du ministère de l'Agriculture et de la Jeunesse et des Sports et accordées aux collectivités locales pour un montant total de 1 057 millions de francs en 1994.

– Le *fonds forestier national* contribue ainsi à l'amélioration de la forêt française grâce au produit de la taxe sur les produits des exploitations forestières.

---

85. Pour rappel, des subventions spécifiques de fonctionnement sont accordées aussi aux collectivités locales par les ministères qui jouent ainsi un rôle important en matière de dotations.

– Le *fonds national pour le développement des adductions d'eau* alimenté par une redevance sur la consommation d'eau et par un prélèvement sur le produit du pari mutuel permet de financer certaines opérations locales d'adduction d'eau.

– Le *fonds national pour le développement du sport* alimenté par un double prélèvement sur le produit du loto sportif et sur le produit du loto national permet d'attribuer des subventions affectées aux équipements sportifs locaux.

– Le *fonds national des haras* finance pour sa part des équipements hippiques grâce à un prélèvement sur le produit du pari mutuel.

• À côté des subventions spécifiques des ministères et des comptes spéciaux du Trésor, un prélèvement sur les recettes de l'État au titre des *amendes forfaitaires de la circulation* routière sert à financer des opérations locales destinées à l'amélioration des transports en commun et de la circulation (art. L. 234-22 du Code des communes).

Depuis 1979, la totalité du produit des amendes (1 300 millions de francs en 1995) est répartie par le comité des finances locales entre les communes et les groupements de communes proportionnellement au nombre de contraventions constatées l'année précédente sur le territoire de chacune des collectivités bénéficiaires. Le montant prévisionnel inscrit dans la loi de finances initiale est modifié par la loi de finances rectificative une fois connu le total des amendes perçues au cours de l'année.

Les attributions sont versées directement aux communes de plus de 10 000 habitants et aux groupements de communes de plus de 10 000 habitants, auxquels les communes membres ont transféré leurs compétences en matière de voirie, de transports en commun et de parcs de stationnement, ce qui est le cas des communautés urbaines.

Pour les communes et groupements de communes de moins de 10 000 habitants, les sommes attribuées aux différents départements sont réparties par les conseils généraux qui arrêtent la liste des bénéficiaires et le montant de leurs dotations en fonction de l'urgence et du coût des projets présentés. Le préfet notifie les sommes à verser.

Toutes ces attributions obligatoirement affectées à l'équipement routier (aménagement de la voirie, de carrefours, création de parcs de stationnement par exemple) sont autant de dotations spécifiques hors DGE, à côté de laquelle il faut encore faire une place à part au fonds de compensation pour la TVA.

2. Le fonds de compensation de la TVA

Ce fonds constitue la réponse actuelle au problème du remboursement de la TVA payée par les collectivités locales sur leurs investissements.

Dès le début des années soixante-dix, les élus locaux ont fait valoir justement que les collectivités locales supportent la TVA sur leurs achats et investissements sans pouvoir la récupérer, comme tout intermédiaire peut le faire sur ses clients. Dans ces conditions, les effets positifs des subventions spécifiques étaient neutralisés par le paiement de la TVA.

La récupération de la TVA n'a été reconnue possible que pour les services affermés payés par les usagers et en cas d'option volontaire des collectivités locales pour leur *assujettissement*. La loi du 29 décembre 1979 reconnaît cette *option de droit* au titre des opérations relatives aux services publics industriels et commerciaux intéressant la fourniture de l'eau, l'assainissement, les abattoirs publics, les marchés d'intérêt national, l'enlèvement et le traitement des ordures ménagères (CGI art. 260 A). L'option permet la récupération de la TVA et des frais de fonctionnement.

Hors de ces cas, et à défaut d'une exonération demandée et refusée, la solution générale recherchée consistait en une compensation du paiement de la TVA sur les opérations locales d'investissement.

La première formule compensatoire a été organisée par la loi du 29 juillet 1975 créant *le fonds d'équipement des collectivités locales* ou FECL. Ce fonds alimenté par un prélèvement sur les recettes de l'État permettait de compenser en partie la charge de la TVA par une *subvention spéciale* d'équipement attribuée sur des critères faisant intervenir la population, le montant des impôts sur les ménages et la valeur du centime communal, sans lien direct avec les investissements réalisés.

Ce lien nécessaire ne sera établi que par le remplacement du FECL par le fonds de compensation pour la TVA ou FCTVA par la loi de finances du 29 décembre 1976 et par le décret n° 77-208 du 28 octobre 1977.

Désormais les ressources du fonds sont réparties au prorata des dépenses d'investissement figurant au compte administratif de la pénultième année, et les dotations, encore limitatives de 1978 à 1980, permettent une *compensation intégrale* depuis 1981. Ce qui représente actuellement la plus forte contribution de l'État à l'équipement des collectivités locales, soit 21 800 millions de francs pour 1994 contre 5 895 pour la DGE.

• La liste des *bénéficiaires* est fixée par la loi de façon limitative. Il s'agit :

– des collectivités territoriales : communes, départements, régions depuis 1983, TOM ;
– des groupements de communes, départements, régions ;
– des régies des communes, départements et régions ;
– des organismes de gestion des agglomérations nouvelles ;
– des services départementaux d'incendie et de secours ;
– des centres communaux d'action sociale ;
– des caisses des écoles ;
– du centre national de la fonction publique territoriale ;
– des centres de gestion de la fonction publique territoriale.

Sont exclus : les sociétés d'économie mixte, les offices publics d'HLM, les hôpitaux et les établissements sanitaires et sociaux dotés de la personnalité morale, les établissements publics d'aménagement, les associations foncières.

• Les *dépenses éligibles* sont les seules dépenses d'investissement qui supportent la TVA et qui sont réalisées[86] directement par la collectivité ou par ses mandataires légalement habilités dans le but d'enrichir son patrimoine propre : immobilisations et immobilisations en cours des comptes 21 et 23 du compte administratif. Ces dépenses incluent les *grosses réparations* et les dépenses accessoires suivies de réalisation (frais d'études et de recherches).

Le financement de ces dépenses par des subventions non spécifiques (DGE, dotations d'équipement scolaire, fonds européen de développement) n'est pas incompatible. Par contre, les dépenses déjà partiellement subventionnées par l'État au titre des subventions spécifiques du budget général ou des comptes spéciaux du Trésor et calculées TVA incluse, ne peuvent en bonne logique être reprises que pour leur montant net.

A contrario, sont inéligibles les dépenses exonérées de la TVA telles les acquisitions foncières de terrains nus ou d'immeubles achevés depuis plus de cinq ans, ou encore

---

86. *Cf.* Décret n° 94-655 du 27 juillet 1994 relatif au FCTVA, *JO* du 30 juillet 1994, p. 11069.

qui ont donné lieu à récupération, les dépenses de fonctionnement en général et en particulier depuis 1992 les frais de personnel relatifs à des travaux effectués en régie.

Sont également exclues de l'assiette du fonds les dépenses intéressant des équipements qui ne s'intègrent pas définitivement dans le patrimoine de la collectivité, ce qui est le cas *des opérations réalisées pour des tiers*, des fonds de concours versés à des organismes tiers ou à l'État. L'article 18 de la loi du 4 juillet 1990 prévoit cependant une dérogation à ce type d'exclusion en faveur des collectivités ou groupements à qui l'État aura délégué la maîtrise d'ouvrage pour les constructions universitaires ou leurs extensions[87].

• Les *attributions du FCTVA* sont calculées en multipliant le montant total des dépenses d'investissement par un *taux de compensation forfaitaire* égal au taux de TVA fixé à l'article 278 du Code général des impôts soit 18,6 % divisé par 118,6, soit *15,682 %*. Ce taux de restitution arrondi à la troisième décimale doit passer à *14,777 %* en 1997 pour suivre les impératifs d'harmonisation européenne du taux de la TVA.

Depuis 1983, les dotations du FCTVA sont financées par un *prélèvement évaluatif sur recettes de l'État*[88], le montant définitif dépendant des investissements éligibles effectivement réalisés par les collectivités bénéficiaires au cours de la pénultième année. En conséquence, si le versement des attributions a lieu en début d'année, l'état des dépenses certifié conforme par l'exécutif local doit être établi à partir du compte administratif de la pénultième année et transmis au préfet pour contrôle avant tout ordre de paiement. Ce *décalage de deux ans* justifié par la complexité du traitement des comptes administratifs est critiqué par les élus locaux qui lui reprochent de diminuer la valeur réelle de la compensation du fait de l'inflation.

Par exception, pour favoriser la nouvelle intercommunalité, l'article 118 de la loi du 6 février 1992 réduit le délai à un an pour les communautés de villes et les communautés de communes, les dépenses réelles d'investissement à prendre en compte étant celles de l'exercice en cours.

En cas de difficulté de trésorerie et si les contrôles ne sont pas achevés au cours du premier trimestre, les collectivités locales concernées peuvent obtenir sur leur demande un acompte de 70 % de l'attribution escomptée.

Le produit du FCTVA constitue des recettes d'investissement *libres d'emploi* pour son bénéficiaire. À cet avantage indiscutable, on peut opposer l'absence de toute péréquation, ce qui aboutit à défavoriser les communes qui investissent peu.

D'une façon générale, cette multiplication de dotations hors DGE, les confusions du FCTVA avec d'autres dotations appellent un effort de rationalisation et de simplification. La solution d'ensemble passe par une *globalisation effective* des aides de l'État à l'équipement local.

Cependant, les moyens matériels de la décentralisation ne se limitent pas aux moyens financiers. Il nous faut préciser le sort réservé par la réforme aux services et aux biens.

---

87. Voir circulaire interministérielle du 21 décembre 1990.
88. Le Fonds peut bénéficier d'une partie des *astreintes* prononcées en matière administrative depuis la loi du 16 juillet 1980.

Section 2
Les services et les biens

Les transferts de compétences opérés par la réforme ont entraîné inévitablement une modification du régime des services et des biens des collectivités. La loi du 7 janvier 1983 apporte à cet égard les réponses fondamentales. Mais la loi du 2 mars 1982, en transférant l'exécutif du département et de la région aux présidents de leurs assemblées, contient déjà un certain nombre de dispositions reprises et complétées par la suite, afin de placer sous l'autorité des nouveaux responsables les services nécessaires à l'exercice de leurs pouvoirs.

Qu'il s'agisse de mise à disposition ou de transfert, le choix du législateur a été guidé par le souci de mettre en place rapidement les moyens matériels nécessaires à la décentralisation. Notons d'ailleurs que le principe que le législateur applique aux biens et aux services est le même *mutatis mutandis* que celui qu'il applique aux ressources. Il s'agit du transfert corrélatif et automatique des compétences et des moyens. Formulé à l'article 5 pour les ressources, on le retrouve à l'article 7 pour les services et à l'article 19 pour les biens. C'est ce que nous allons pouvoir vérifier en examinant successivement le régime prévu pour les services et celui des biens.

§ I. LE CAS DES SERVICES

Au niveau des services, la réforme a mis en place un double régime qui s'applique inégalement selon qu'il s'agit des communes ou des départements et des régions.

A. Les solutions applicables aux communes

En ce qui concerne les communes, la loi ne prévoit pas de transferts de services. Les communes peuvent cependant recourir à deux sortes de solutions pour leur permettre de parer à l'insuffisance de leurs services : la voie conventionnelle d'une part, et celle de la mise à disposition des services de l'État d'autre part.

a) *La voie conventionnelle*

En premier lieu, l'article 6, alinéa 3 de la loi du 7 janvier 1983 stipule que *« les collectivités territoriales peuvent conclure entre elles des conventions par lesquelles l'une d'elles s'engage à mettre à la disposition d'une autre collectivité ses services et moyens afin de lui faciliter l'exercice de ses compétences »*.

Cette formule conventionnelle est particulièrement souple et entre directement dans la perspective de coopération intercommunale que le législateur souhaite voir se développer. Il faut souligner sa spécificité et sa simplicité en ce qu'elle permet aux communes intéressées de résoudre elles-mêmes précisément et directement leurs problèmes de service.

Par ailleurs et en marge de cette formule, une possibilité intéressante est ouverte quand les communes décident de s'associer pour l'exercice de leurs nouvelles compétences en créant des organismes publics de coopération intercommunale. Il peut s'agir de syndicats de communes par exemple. De tels organismes apportent aux communes qu'ils associent le renfort de leurs services propres et étoffent les ressources communales en personnel. Mais cette amélioration n'est qu'une conséquence indirecte du regroupement communal.

b) *La mise à disposition*

Au titre des solutions directes, la loi ouvre une deuxième voie en autorisant les communes à utiliser gratuitement les services déconcentrés de l'État par le jeu d'une mise à disposition prévue par l'article 10. La commune peut alors utiliser aussi bien les services de l'État dans le département que dans la région.

La même loi du 7 janvier 1983 applique elle-même la formule de mise à disposition **en matière d'urbanisme**. L'article 40 alinéa 2 prévoit que les services déconcentrés de l'État peuvent être mis *gratuitement* et, en tant que de besoin, à la disposition des communes ou des groupements de communes désormais compétents pour élaborer, modifier ou réviser les schémas directeurs, les schémas de secteur, les POS ou tout autre document d'urbanisme élaboré par la commune. Et le texte précise que pendant toute la durée de cette mise à disposition, les services et personnels agissent en concertation permanente avec le maire ou le président de l'établissement public qui leur adresse toutes instructions nécessaires pour l'exécution des tâches qu'il leur confie. Autant dire que la mise à disposition place les services sous l'autorité directe des exécutifs locaux pendant la durée du travail qui leur est spécialement demandé.

La loi reprend cette formule qui caractérise la subordination juridique des services liée à la mise à disposition, s'agissant de l'instruction des demandes de permis de construire ou d'autres autorisations d'urbanisme que le maire ou le président de l'établissement public compétent peut faire exécuter de même par les services déconcentrés de l'État (art. 61 de la loi).

De plus, les communes reçoivent la garantie qu'elles peuvent compter sur les services de l'État qui les intéressent dans la mesure où les transferts au bénéfice du département et de la région ne peuvent affecter les services ou parties de services nécessaires à l'exercice des compétences nouvelles transférées aux communes (art. 8 al. 3 de la loi). Il y a là une clause de sauvegarde prudente qui prévient les risques de conflits avec les autres collectivités locales.

B. Les solutions pour les départements et les régions

Si les communes peuvent disposer des services de l'État, en ce qui concerne les départements et les régions, la mise à disposition n'est qu'une solution transitoire avant transfert de certains services déconcentrés.

a) *Le principe du transfert*

Le principe du transfert des services déconcentrés est posé à l'article 8, qui précise qu'il sera réalisé dans un délai de deux ans, à compter de la publication de la loi relative aux garanties statutaires accordées aux personnels des collectivités locales, prévue par l'article 1 de la loi du 2 mars 1982. Cette loi intervenue depuis le 26 janvier 1984[89] a fixé le terme des transferts au 27 janvier 1986. Pour chaque catégorie de services, les modalités et la date du transfert sont fixées par décret.

En attendant, un **régime provisoire** défini à l'article 9 reprend le système prévu précédemment par les articles 26 (pour le département) et 73 (pour la région). Il prévoit une **convention** conclue entre le représentant de l'État dans le département ou dans la région et le président du conseil général ou du conseil régional. Cette convention approuvée par le ministre de l'Intérieur constate la liste des services placés sous l'autorité de l'exécutif départemental ou régional pour l'exercice de ses compétences.

Une telle convention adapte à la situation particulière de chaque département ou de chaque région les dispositions d'une **convention-type** approuvée par décret. C'est précisément les décrets 82-242 et 82-243 du 15 mars 1982[90] et la circulaire du 16 mars 1982[91] qui règlent la question. Les textes combinent donc souplesse et rigueur et programment l'organisation nouvelle des services.

La convention constate à titre principal le nombre d'agents de l'État et le nombre d'agents du département ou de la région composant les services de la préfecture concernée. Ce constat se décompose ensuite pour analyser le nombre d'emplois catégorie par catégorie, consacrés à l'exercice des attributions de l'exécutif départemental ou régional. Dans les mêmes conditions est précisé le nombre d'emplois consacrés à l'exercice des attributions du préfet de département ou de région. La confrontation des tableaux ainsi dressés débouche sur des mises à dispositions réciproques.

La convention peut opérer dans le même temps un transfert immédiat au département ou à la région des services, ou parties de services, qui concernent strictement les attributions départementales ou régionales, telles que la préparation ou l'exécution des délibérations de l'assemblée locale, les affaires budgétaires ou la gestion du patrimoine. Elle règle encore le partage de certains moyens matériels tels que le garage, le service intérieur, l'accueil ou l'imprimerie. Une direction conjointe est organisée pour le service social : dans ce cas, chaque autorité assure les prestations du personnel qui dépend d'elle.

La convention règle donc les problèmes pratiques immédiats d'organisation et de partage des services de la préfecture. Mais par la suite elle peut être complétée par avenant approuvé par arrêté du ministre de l'Intérieur. De plus, ses effets sont prorogés de droit pour trois ans, à compter de la publication de la loi du 7 janvier 1983, soit jusqu'au 8 janvier 1986, et reconduits depuis.

b) *La mise à disposition*

À côté de cette première série de mesures, les textes prévoient la mise à disposition du département ou de la région des services déconcentrés de l'État. L'article 10 de la loi du 7 janvier 1983 renvoie lui-même aux articles 27 et 74 de la loi du 2 mars 1982, qui précisent que des décrets en Conseil d'État fixent les conditions et modalités de la mise à disposition. Ce sont les décrets n° 82-331 et 82-332 du 13 avril

---

89. Loi n° 84-53 du 26 janvier 1984, *JO* du 27 janvier 1984.

90. Décret n° 82-242 du 15 mars 1982, *JO* du 17 mars 1982. Décret n° 82-243 du 15 mars 1982, *JO* du 17 mars 1982.

91. Circulaire du 16 mars 1982, *JO* du 19 mars 1982.

1982[92] et la circulaire du 2 juin 1982[93] qui fixent les règles pratiques applicables à cette mise à disposition. Ils ont été modifiés le 31 janvier 1984[94].

L'article 1er du décret dresse la **liste des services** susceptibles d'être mis à disposition et prévoit qu'elle est de droit pour tous les services soumis directement à l'autorité du préfet. L'opération s'effectue à la demande du président. Par contre, certains services sont totalement **exclus** : il s'agit des services juridictionnels ou chargés d'une mission de contrôle des comptes, des services relevant du garde des Sceaux. D'autres services ne peuvent être mis globalement à disposition, mais peuvent collaborer avec l'exécutif élu s'il le demande. Il s'agit des services de l'éducation et de l'action éducative au sens large, de l'inspection du travail, du paiement des dépenses publiques, de l'assiette et du recouvrement des impôts et des recettes publiques.

Aux termes de l'article 4, une **convention annuelle** modifiable par avenant et propre à chaque service détermine les actions à mener pour le compte de la collectivité et leurs modalités d'exécution.

Les articles 11-I et 11-II de la loi du 7 janvier 1983 précisent que l'exécutif local adresse directement aux chefs de service toutes instructions nécessaires pour l'exécution des tâches qu'il confie aux services ainsi mis à sa disposition. C'est encore lui qui contrôle l'exécution de ces tâches. Il y a là l'expression de la volonté du législateur de ne pas voir se créer une forme de tutelle technique de la part de l'État.

En cas de désaccord entre le représentant de l'État et l'exécutif élu, le conflit est réglé par le ministre de l'Intérieur et les autres ministres dont les services sont concernés.

Dans l'ensemble, cette mise à disposition a préfiguré le transfert définitif avec le partage des services qui en est résulté[95]. Elle a permis un démarrage sans heurt de la réforme tout en permettant de mesurer l'importance des problèmes de personnel et la nécessité de leur trouver des réponses de droit. La loi n° 85-1098 du 11 octobre 1985 est venue régler le problème financier et constitue une nouvelle étape importante[96]. Les services ne peuvent eux-mêmes fonctionner sans les biens mobiliers ou immobiliers indispensables. La loi aménage donc aussi le régime des biens.

§ 2. LE SORT DES BIENS

L'article 19 alinéa 1 de la loi du 7 janvier 1983 stipule expressément que le transfert d'une compétence entraîne de plein droit la mise à disposition de la collectivité bénéficiaire des biens meubles et immeubles, utilisés à la date de ce transfert pour l'exercice de cette compétence.

---

92. Décret n° 82-331 du 13 avril 1982, *JO* du 14 avril 1982. Décret n° 82-332 du 13 avril 1982, *JO* du 14 avril 1982.

93. Circulaire du 2 juin 1982 (Premier ministre), *JO* du 4 juin 1982.

94. Décret n° 84-79 du 31 janvier 1984, *JO* du 3 février 1984. Décret n° 84-80 du 31 janvier 1984, *JO* du 3 février 1984.

95. Circulaire du 28 mars 1985, *JO* du 13 avril 1985.

96. Loi 85-1098 du 11 octobre 1985 relative à la prise en charge par l'État, les départements et les régions des dépenses de personnel, de fonctionnement et d'équipement des services placés sous leur autorité, *JO* Lois et décrets, n° 241 du 16 octobre 1985, p. 12022.

A. La mise à disposition

Le principe de cette mise à disposition répond au souci constant du législateur d'assurer à l'administration locale les moyens matériels de faire face aux charges nouvelles qui lui incombent.

Au-delà de l'aspect quantitatif du problème, la réforme a été l'occasion d'une prise de conscience de la **pauvreté** ou de la **vétusté** des biens propres à l'administration locale. D'où une prise en compte réaliste de la situation à travers une série d'articles consacrés au transfert des biens et à son régime juridique. La loi apporte tout d'abord une garantie procédurale aux opérations de mise à disposition. Un *procès-verbal* établi contradictoirement précise la consistance, la situation juridique, l'état des biens et l'évaluation de leur remise en état[97]. Par ailleurs, elle aménage le régime du transfert des biens.

B. Le régime du transfert

La loi distingue deux situations :

La première situation est celle prévue par l'article 20 lorsque la collectivité antérieurement compétente était **propriétaire** des biens mis à disposition. Dans ce cas, la collectivité bénéficiaire assume toutes les obligations du propriétaire. Elle possède tous pouvoirs de gestion. Elle peut assurer le renouvellement des biens remis, elle peut en percevoir les fruits et produits. Elle peut encore ester en justice aux lieu et place du propriétaire. L'article 20 alinéa 2 lui reconnaît le pouvoir de procéder à tous travaux de construction propres à maintenir l'affectation des biens.

De plus, le législateur veille à ne pas remettre en cause la sécurité juridique des cocontractants ou des tiers concernés tant par les contrats, emprunts, marchés que par l'octroi des concessions ou d'autorisations de toute nature par le propriétaire et intéressant les biens en cause. L'article 20 alinéas 3 et 4 règle ces hypothèses en précisant que la collectivité bénéficiaire est substituée à la collectivité propriétaire dans tous ses droits et obligations.

La **deuxième situation** est celle prévue par l'article 23 lorsque la collectivité antérieurement compétente était seulement **locataire** des biens mis à disposition. Dans ce cas, la collectivité bénéficiaire succède à tous ses droits et obligations et se trouve substituée à elle dans tous les contrats conclus pour l'aménagement, l'entretien et la conservation des biens mis à disposition ainsi que pour le fonctionnement des services. Cette substitution est constatée par la collectivité antérieurement compétente qui la notifie à ses cocontractants.

À côté de ces dispositions générales, **deux cas particuliers** sont également réglés.

Tout d'abord, lorsque la collectivité est propriétaire des biens nécessaires à la mise en œuvre d'une compétence qu'elle exerçait déjà et qui lui est seulement confirmée par la loi, elle assume désormais sans restriction aucune l'ensemble des droits et obligations du propriétaire. À cet égard, l'article 24 souligne le lien fondamental établi par la loi entre le régime des biens et le partage de compétences opéré par la réforme qui commande les solutions.

---

97. Voir circulaire du 22 mars 1985, *JO* du 4 avril 1985.

D'autre part, l'article 21 prévoit l'hypothèse d'une *désaffection* **totale ou partielle** des biens mis à la disposition d'une collectivité locale. Si celle-ci était seulement substituée à la collectivité propriétaire, c'est cette dernière qui recouvre l'ensemble de ses droits et obligations. Mais elle peut aussi devenir propriétaire des biens désaffectés à condition qu'elle le demande et que les biens en cause ne fassent pas partie du domaine public. Le prix doit être débattu entre les deux collectivités intéressées. Il doit correspondre à la valeur vénale du bien et tenir compte des plus- ou moins-values éventuelles détaillées avec précision, qu'il s'agisse des travaux effectués par la collectivité bénéficiaire, des charges d'emprunt assumés par elle par l'effet de la mise à disposition ou encore à l'inverse du défaut d'entretien des biens par la collectivité bénéficiaire. L'article 21 alinéa 5 ajoute qu'à défaut d'accord sur les prix, c'est le juge de l'expropriation qui le fixe.

Ces règles déterminent une sorte de code de bonne conduite des collectivités quand elles négocient entre elles la vente de leurs biens.

Enfin l'article 22 dispose pour l'avenir que la loi prévue à l'article 1er de la loi du 2 mars 1982, relative à la répartition des ressources entre l'État et les collectivités locales, définira les conditions dans lesquelles les biens mis à disposition pourront faire l'objet d'un transfert en pleine propriété à la collectivité bénéficiaire.

Cette disposition appelle deux remarques. La première est que le régime mis en place en 1982 est seulement **transitoire**. La seconde est que le **transfert définitif à terme** n'est réglé que lorsque la réforme entrée en application permet un recul suffisant pour juger et éventuellement ajuster la répartition des ressources. Nous retrouvons là la démarche caractéristique du législateur qui prévoit la mise à l'épreuve progressive des nouvelles dispositions et la possibilité de correctifs avant leur mise en place définitive.

D'ores et déjà, il nous est permis de conclure cet examen des moyens matériels de la décentralisation en constatant leur **ampleur**. Tout n'est pas réglé, mais les progrès réalisés sont suffisamment importants pour que la réforme en marche s'accomplisse sans obstacle majeur. Il nous faut encore prendre la mesure des moyens juridiques offerts aux collectivités locales pour mieux apprécier l'œuvre de décentralisation entreprise.

Chapitre 3

Les nouveaux moyens juridiques

Ici se posent deux problèmes majeurs, celui des hommes et celui des actes. Tout d'abord, **le sort des hommes**, en ce sens que la nouvelle organisation administrative transite par une mise à disposition des services pour déboucher à terme sur de larges transferts. Un tel mouvement n'est opérationnel que si les personnels voient leur situation juridique clairement définie et assortie des garanties statutaires appropriées. Les cent quarante articles de la loi du 26 janvier 1984[1] portant sur la *fonction publique territoriale* offrent le moyen juridique de franchir l'obstacle. L'exposé des motifs de la loi révèle clairement l'objectif poursuivi à cet égard; il « *convenait de créer une fonction publique territoriale véritablement attractive... la décentralisation effective impliquait que les collectivités territoriales disposent des moyens humains nécessaires* ».

Quant au **problème des actes**, il vise les modalités de mise en œuvre des initiatives nouvelles, reconnues aux collectivités pour surmonter leurs difficultés de développement. Sur ce point, le changement radical opéré par la réforme est apporté par la consécration d'un véritable *interventionnisme économique local*. Ce pouvoir contribue à l'évolution de la décentralisation en lui fournissant un moyen juridique déterminant.

Nous examinerons successivement ces deux types de moyens constitués par la fonction publique territoriale et par l'action économique locale.

Section 1
La fonction publique territoriale

Pour que les collectivités locales disposent d'un personnel compétent en nombre suffisant, la loi joue sur le paradoxe et réalise un compromis. Servir l'autonomie locale en dotant ses agents d'un statut identique et national peut en effet sembler paradoxal. Cette solution, en rupture avec le système précédent dépendant de textes

---

1. Loi n° 84-53 du 26 janvier 1984, *JO* du 27 janvier 1984.

hétérogènes et incomplets, répond cependant aux revendications des intéressés eux-mêmes souffrant le plus souvent d'un complexe d'infériorité et désireux de voir leur sort aligné sur celui envié des fonctionnaires de l'État. Sur ce terrain, les garanties apportées par la loi sont autant de progrès attractifs pour les agents locaux, assurés de faire une carrière satisfaisante.

Par ailleurs, la loi du 26 janvier 1984 réalise un compromis entre l'unité nationale du statut et la spécificité locale d'une gestion décentralisée. La loi Galland du 13 juillet 1987[2] devait lui apporter de profondes modifications.

§ 1. L'UNITÉ NATIONALE DU STATUT

Désormais les quelque 1 370 852 fonctionnaires locaux sont régis par un seul et même statut législatif qui s'applique uniformément aux personnels des communes, des départements, des régions et des établissements publics qui en dépendent. L'article 2 ajoute à cette liste les personnels des offices publics d'HLM et des caisses de crédit municipal à l'exception, pour ces dernières, de leurs directeurs et agents comptables.

Tableau des effectifs de la Fonction publique territoriale au 1er janvier 1993[3]

Effectifs par type de collectivité	Effectifs	Proportion
Organismes régionaux et départementaux	191 315	14,0 %
Organismes communaux	964 430	70,3 %
Organismes intercommunaux	88 912	6,5 %
Organismes divers d'action locale	67 586	4,9 %
Ensemble des administrations locales	1 312 243	95,7 %
Autres organismes*	58 609	4,3 %
Total collectivités territoriales	1 370 852	100,0 %

* *OPHLM, Caisses de crédit municipal, Établissements publics industriels*   *(France entière)*
et commerciaux, Associations syndicales autorisées.

A. La conception unifiée du fonctionnaire

Cette unité est le premier principe fondamental qui s'accompagne d'une assimilation de la situation du fonctionnaire local et du fonctionnaire d'État. Dans les deux cas, la notion de fonctionnaire s'applique aux personnes nommées dans un emploi permanent et titularisées dans un grade de la hiérarchie administrative.

---

2. Loi n° 87-529 du 13 juillet 1987, *JO* du 16 juillet 1987, p. 7918 à 7927.
3. *Source : DGCL.*

a) *Les conséquences*

Cette conception unifiée du fonctionnaire est une innovation qui entraîne trois conséquences.

1. Elle consacre d'abord la **disparition de l'auxiliariat** dans la fonction publique prévue par la loi 83-481 du 11 juin 1983[4], en réservant les emplois publics permanents aux fonctionnaires. L'article 3 du statut de la fonction publique territoriale ne prévoit d'exceptions à la règle que pour les tâches saisonnières ou occasionnelles, ou encore, pour les emplois nécessitant des connaissances techniques hautement spécialisées.

2. L'unification s'étend aux **droits et aux obligations** applicables à l'ensemble des fonctionnaires. À cet égard, la loi du 26 janvier 1984 prend place dans un ensemble ordonné et cohérent de textes qui forment ensemble le nouveau statut général de la fonction publique. Le titre I de ce statut porte précisément droits et obligations de tous les fonctionnaires aux termes de la loi 83-634 du 13 juillet 1983[5]. Le titre II porte statut de la fonction publique de l'État aux termes de la loi 84-16 du 11 janvier 1984[6]. La loi portant dispositions statutaires relatives à la fonction publique territoriale constitue pour sa part le titre III, et son article 2 souligne l'unification du droit des fonctionnaires, en précisant que le titre I leur est commun.

En conséquence, elle ne détaille elle-même que certains points particuliers tels le droit syndical et la participation des représentants du personnel dans les organes et commissions paritaires de la fonction publique territoriale.

3. L'unification assure les mêmes **garanties d'emploi et de carrière** à tous les fonctionnaires. Comme dans la fonction publique de l'État, l'attribution d'un grade donne désormais vocation pour son titulaire local à occuper un emploi, et la titularisation a pour effet de l'intégrer dans la fonction publique pour toute la durée de sa vie professionnelle. Cette stabilité de l'emploi résulte de la séparation du grade et de l'emploi. Si l'emploi disparaît, le grade demeure assorti de sa vocation propre qui se traduit par l'affectation dans un nouvel emploi. Cette règle réservée jusque-là aux fonctionnaires d'État s'applique pour la première fois aux agents locaux. Pour eux, le système précédent, fondé sur l'emploi, *permettait le licenciement pour suppression d'emploi*. La loi de 1984 bouleverse ce régime et va jusqu'à prévoir que si l'emploi est supprimé et si la collectivité ne peut offrir immédiatement un autre emploi correspondant au grade, le fonctionnaire est pris en charge en surnombre au besoin par le centre de gestion compétent ou par la collectivité elle-même.

Cette règle a été modifiée par l'article 53 de la loi du 13 juillet 1987 qui prévoit pour un certain nombre de fonctionnaires territoriaux déchargés de leurs fonctions et auxquels la collectivité ne peut offrir un emploi correspondant à son grade, la possibilité de demander soit sa prise en charge par le Centre national de la fonction publique territoriale soit une *indemnité de licenciement*, ce qui constitue un retour au système précédent sur ce point précis.

Concernant la carrière et la parité entre les fonctions publiques, l'importance du bouleversement apporté par la loi Galland en 1987 peut être mesurée par un rappel systématique des règles posées en 1984.

---

4. Loi n° 83-481 du 11 juin 1983, *JO* du 12 juin 1983.
5. Loi n° 83-634 du 13 juillet 1983, *JO* du 14 juillet 1983, p. 7503.
6. Loi n° 84-16 du 11 janvier 1984, *JO* du 12 janvier 1984.

b) *La carrière*

En 1984, elle se fonde sur l'**avancement** et sur l'**organisation en corps**, qui regroupent les fonctionnaires de même statut et ayant vocation aux mêmes grades. Les corps sont eux-mêmes répartis entre les quatre catégories traditionnelles de la fonction publique de l'État :

Catégorie A	recrutement au niveau de l'enseignement supérieur,
Catégorie B	recrutement au niveau du baccalauréat,
Catégorie C	recrutement au niveau de l'ancien brevet,
Catégorie D	C et D correspondent aux anciens «cadres d'exécution».

L'avancement peut être d'échelon dans le grade, selon l'ancienneté et la valeur professionnelle, ou de grade effectué au choix après inscription sur un tableau d'avancement.

La promotion au grade supérieur entraîne nomination dans un emploi correspondant. Mais elle peut du même coup entraîner aussi un changement de collectivité ou d'établissement public. Le fonctionnaire territorial peut en effet occuper un emploi correspondant à son grade dans n'importe quelle collectivité métropolitaine. Cette mobilité joue non seulement entre collectivités territoriales, mais aussi et dans les deux sens, entre fonction publique locale et fonction publique d'État.

Le système actuel issu de la loi de 1987 est très différent. La distinction classique du grade et de l'emploi est maintenue ainsi que l'existence des institutions de participation et celle des statuts particuliers. Mais d'une part, une notion nouvelle dans le droit de la fonction publique apparaît : celle de *cadre d'emplois*, et d'autre part des transformations importantes affectent la carrière des agents en même temps que disparaît la notion de corps.

L'article 7 de la loi du 13 juillet 1987 modifiant l'article 4 de la loi du 26 janvier 1984 définit le cadre d'emploi et précise certaines notions qui s'y rattachent.

« Un cadre d'emplois regroupe les fonctionnaires soumis au même statut particulier, titulaires d'un grade leur donnant vocation à occuper un ensemble d'emplois. Chaque titulaire d'un grade a vocation à occuper certains emplois correspondant à ce grade. »

Par exemple : un rédacteur peut être secrétaire d'une mairie de moins de 2 000 habitants. Un directeur territorial peut être secrétaire général d'une commune de plus de 20 000 habitants ou chef de service dans une commune de plus de 40 000 habitants.

La loi précise que ces cadres d'emplois sont régis par des **statuts particuliers** qui ont un **caractère national**. Un train réglementaire de 15 décrets publiés au *JO* du 31 décembre 1987[7] met ainsi en place les statuts particuliers des **cadres d'emplois administratifs** pour les catégories A, B et C, les statuts des emplois de direction et enfin la carrière des agents des catégories C et D. Les autres grandes filières de métier (technique, sociale, culturelle, touristique et sportive) sont réglées de la même façon.

Le cadre d'emplois peut enfin regrouper **plusieurs grades**. Par exemple, celui de la catégorie A des administrateurs territoriaux en compte deux.

Les grades sont organisés en grade initial et en grades d'avancement. L'accès aux grades dans chaque cadre d'emplois s'effectue par voie de concours, de promotion interne ou d'avancement, dans les conditions fixées par les statuts particuliers.

---

7. Ce sont les décrets n° 88-1097 à 88-1111 tous en date du 30 décembre 1987, *JO* du 31 décembre 1987, p. 15684 à 15712. Ils ont été modifiés et complétés depuis.

La notion de cadre d'emplois[8] est toutefois écartée dans certains cas : lorsqu'il s'agit d'emplois à temps incomplet comportant une durée de travail inférieure à un certain seuil, ou lorsque l'organisation en corps existe par exception comme le prévoit le statut du personnel de la commune et du département de Paris.

Comparée à la notion de corps qui suppose une gestion organisée au plan national, la notion nouvelle de cadre d'emplois renvoie à une *gestion opérée par chaque collectivité*, et on peut dire avec certains auteurs qu'elle apparaît de ce fait comme un « corps éclaté »[9].

En instituant les cadres d'emplois, la loi non seulement **supprime les corps** dans la fonction publique territoriale mais elle frappe d'un **aléa** spécial l'entrée dans la carrière en la rendant totalement dépendante de l'autorité locale qui décide du recrutement.

Celui-ci suppose préalablement la réussite à un **concours** organisé par les statuts **soit sur épreuves, soit sur titres** lorsque les emplois nécessitent une expérience ou une formation préalable.

C'est ici que la loi innove considérablement.

Dans le système précédent, les **candidats reçus** à un concours, pour être reçus dans un corps, étaient inscrits sur une liste d'aptitude par **ordre de mérite** pour être affectés selon leurs préférences elles-mêmes exprimées selon l'ordre du classement. Mais ils devenaient fonctionnaires le jour même de leur réussite au concours[10]. La collectivité locale pouvait refuser la nomination proposée par le centre de gestion, mais elle devait alors **participer à la prise en charge** par le centre de gestion, dans des conditions qui rendaient onéreux les refus successifs.

Désormais, les candidats reçus sont inscrits sur une liste d'aptitude par **ordre alphabétique** et cette inscription qui ne vaut pas recrutement ne confère que de maigres garanties. L'autorité locale **recrute et nomme** parmi les reçus inscrits selon un choix discrétionnaire et seuls les reçus choisis deviendront fonctionnaires au jour de leur nomination. Ainsi apparaît la catégorie nouvelle des « reçus-collés », non intégrés par ce que non recrutés.

La liste d'aptitude est prorogée toutefois pour une durée de deux ans et même au-delà sous réserve que les personnes déclarées aptes en manifestent l'intention. Mais le nombre maximum de noms pouvant figurer sur une liste est fixé à 120 % du nombre de postes à pourvoir. L'aléa du choix du responsable local demeure assorti du jeu inévitable des pressions diverses que le système de 1984 avait neutralisées. On ne peut plus dire que la loi protège les lauréats des concours !

De plus, *le principe du recrutement par concours* est lui-même écarté dans deux types d'hypothèses.

1° Quand il s'agit de **recrutements particuliers** prévus par la loi (art. 38 de la loi du 26 janvier 1984).

    a) en application de la législation sur les emplois réservés ;

    b) lors de la constitution initiale d'un corps ou d'un cadre d'emplois ou de la création d'un emploi par transformation de corps, de cadres d'emplois ou d'emplois existants ;

    c) pour le recrutement des fonctionnaires des catégories C et D lorsque le statut particulier le prévoit.

---

8. On compte actuellement 52 cadres d'emplois.

9. *Cf.* Jean-Marie AUBY et Jean-Bernard AUBY, *Droit de la fonction publique*, Précis Dalloz 1990, p. 74.

10. Le recrutement prévu en 1984 s'alignait à cet égard sur le recrutement de la fonction publique d'État.

2° Quand il s'agit **des formules de recrutement direct** ouvertes aux collectivités locales, et donc à la discrétion des élus locaux.

Ces formules constitutives d'exceptions au principe du concours concernent deux catégories d'emplois. Il s'agit tout d'abord des **emplois de cabinet** dont la création et le recrutement sont libres, conformément aux vœux des maires et des présidents de conseils généraux qui entendent recruter librement un ou plusieurs collaborateurs directs. L'article 110 de la loi du 26 janvier 1984 prévoit en conséquence qu'ils peuvent former un cabinet sans être tenus par les règles de recrutement et de licenciement de la fonction publique. La nomination de non-fonctionnaires à ces emplois ne leur donne toutefois aucun droit à être titularisés dans un grade de la fonction publique territoriale. Le décret n° 87-1004 du 16 décembre 1987[11] fixe les modalités de rémunération des membres des cabinets ainsi que leur effectif maximal en fonction de l'importance démographique des collectivités locales ou du nombre de fonctionnaires employés pour les établissements publics.

Le recrutement direct s'applique aux emplois visés par l'article 47 du titre III. Par analogie avec les fonctions de directeur dans les ministères, il s'agit des **plus hauts emplois fonctionnels** dans le respect toutefois des conditions de diplômes et de capacité fixées par décret en Conseil d'État.

Les emplois supérieurs de *cadres* expressément visés par l'article 47 sont ceux :

– de directeur général des services ;
et lorsque l'emploi est créé, de directeur général adjoint des services des départements et des régions ;
– de secrétaire général et directeur général adjoint des services techniques des communes de plus de 80 000 habitants ;
– de secrétaire général adjoint des communes de plus de 150 000 habitants ;
– de directeurs de certains établissements publics dont les caractéristiques et l'importance le justifient et qui sont inscrits sur une liste établie par décret en Conseil d'État[12] : centre national de la fonction publique territoriale, communautés urbaines de plus de 80 000 habitants, syndicats d'agglomération nouvelle, offices publics d'HLM de plus de 150 000 logements.

Pour les emplois supérieurs comme pour les emplois de cabinet, le recrutement, aléatoire par nature, n'entraîne pas titularisation.

Il y a là une latitude optimale laissée aux responsables locaux qui intègre la dimension politique de leur action. La même considération permet une procédure exceptionnelle de **retrait de fonctions**, applicable à certains fonctionnaires territoriaux qui occupent un emploi fonctionnel et qui peuvent, de ce fait, être déchargés de leurs fonctions (*ibid.*, art. 53).

Cette possibilité prévue par la loi concerne les emplois de directeur général des services et, lorsque l'emploi est créé de directeur général adjoint des services des départements et des régions, de secrétaire général, secrétaire général adjoint des communes

---

11. Décret n° 87-1004 du 16 décembre 1987, *JO* du 17 décembre.
12. Décret n° 88-546 du 6 mai 1988, *JO* du 7 mai 1988, modifié par décret n° 93-986 du 4 août 1993, *JO* du 8 août 1993.

de plus de 5 000 habitants, de directeur général des services techniques ou de directeur des services techniques des communes de plus de 20 000 habitants, de directeur et directeur adjoint d'établissements publics inscrits sur une liste établis par décret en Conseil d'État (le même que celui prévu à l'article 47 : décret n° 88-546 du 6 mai 1988 modifié par décret n° 93-986 du 4 août 1993).

La procédure ne peut être mise en œuvre qu'au terme d'un délai de six mois suivant soit leur nomination dans l'emploi soit le renouvellement de l'organe délibérant de la collectivité ou de l'établissement considéré, sauf dans les cas de recrutement direct prévus par l'article 47. Pour le fonctionnaire évincé, la **décharge de fonction** débouche sur l'une des trois situations suivantes : ou bien la collectivité lui offre un autre emploi correspondant à son grade. Ou bien, à défaut de possibilité d'une telle proposition, il peut demander à être pris en charge et reclassé par le centre de gestion compétent, ou bien choisir de quitter la fonction publique territoriale en demandant que lui soit versée une indemnité de licenciement égale à une année de traitement.

Mais même pour les candidats aux concours, l'aléa spécial de leur recrutement n'est pas le seul obstacle d'un parcours difficile. La *nomination* à un grade de la fonction publique territoriale est purement *conditionnelle*. La titularisation intervient à l'issue d'un stage dont la durée est fixée par les statuts particuliers et au cours duquel les fonctionnaires stagiaires peuvent être astreints à suivre une période de formation. Ce stage validé pour l'avancement et pour la retraite peut être écourté pour les agents recrutés sur titres en cours de carrière qui peuvent même en être dispensés, s'ils comptent deux ans au moins de services publics effectifs dans un emploi de même nature (*ibid.,* art. 46). Ce stage permet de licencier un agent en cas d'insuffisance professionnelle ou de faute disciplinaire[13], après avis toutefois de la commission administrative compétente et communication du dossier.

Le fonctionnaire local enfin recruté et titularisé est-il au moins bien protégé ? En principe, la séparation du grade et de l'emploi évite le licenciement en cas de suppression d'emploi. Mais cette garantie est limitée par l'article 38 de la loi qui prévoit le cas de **suppression d'emploi** décidée après avis du **comité technique paritaire**. Si la collectivité ne peut lui offrir un emploi correspondant à son grade, le fonctionnaire est **pris en charge** par le centre de gestion dont relève sa catégorie. Pendant la durée de la prise en charge, le centre de gestion peut lui confier des missions et doit lui proposer tout emploi vacant correspondant à son grade.

La prise en charge est financée dégressivement selon sa durée par la collectivité qui employait l'intéressé ; elle cesse **après trois refus**. Le fonctionnaire est alors licencié ou admis à faire valoir ses droits à la retraite s'il remplit les conditions de jouissance immédiate. Ne peut être comprise dans ce décompte qu'une seule offre d'emploi émanant de la collectivité ou établissement d'origine (*ibid.,* art. 97).

La régression vers l'aléa dans la fonction publique territoriale se double d'une **menace** d'une autre nature. Alors que la loi du 26 janvier 1984 énumérait restrictivement les cas de recours exceptionnels à des **agents non titulaires**, l'article 6 de la loi du 13 juillet 1987 facilite et banalise ce type de recrutement.

D'une part, et pour toutes les collectivités territoriales, des **emplois permanents** peuvent être occupés par des **agents contractuels** dans les mêmes cas et selon les mêmes conditions que ceux applicables aux agents de l'État. D'autre part, les communes

---

13. La situation précaire du stagiaire est comparable à celle du salarié sous contrat à essai.

de moins de 2 000 habitants et les groupements de communes dont la moyenne des nombres d'habitants ne dépasse pas ce seuil peuvent conclure des **contrats à durée déterminée** pour pourvoir des **emplois permanents à temps non complet**. Ces contrats ne doivent pas porter sur plus de 31 heures par semaine et sont reconductibles par reconduction expresse. Un décret du 15 février 1988[14] fixe les conditions d'application de ce dispositif qui ouvre largement la fonction publique territoriale aux **emplois précaires** qui ont tendance à se multiplier.

Par ailleurs, **mutations** ou **tableaux annuels d'avancements** relèvent de la compétence des autorités locales et non plus du centre de gestion. La gamme des **sanctions disciplinaires** entre les mains des employeurs locaux est étendue et répartie en quatre groupes de gravité croissante. Seule la moins grave, l'avertissement, peut être prononcée sans consultation du conseil de discipline. Les **recours possibles** contre ces sanctions sont portés devant le **conseil de discipline départemental ou interdépartemental**.

La loi de 1987 revient également sur un principe posé en 1984 au service de la mobilité, celui de la parité entre les deux fonctions publiques, nationale et territoriale.

B. La parité entre les fonctions publiques

À l'égard de cette parité, l'unité des droits et des obligations et l'organisation en corps étaient en 1984 des éléments positifs, mais insuffisants. Il fallait d'une part que les recrutements soient incontestables et, d'autre part, que les corps des deux fonctions publiques soient comparables pour égaliser celles-ci.

En ce qui concerne le recrutement, on a vu que la loi de 1984 généralisait comme précédemment pour l'État, la règle du concours, assortie d'exceptions lorsque les emplois sont pourvus par mutation, par recrutement direct ou par promotion interne. Cette voie normale du concours sur épreuves offre les meilleures garanties de qualité en même temps qu'elle moralise le recrutement par l'impartialité et l'égalité qu'elle assure. De plus, le nombre de postes mis au concours devait être égal au nombre d'emplois vacants.

Par ailleurs, le système établi en 1983 introduisait la notion de corps comparables.

a) *La notion de corps comparables*

En effet, si l'article 14 de la loi du 13 juillet 1983 autorise l'accès direct des fonctionnaires de chaque fonction publique aux corps de l'autre, cette **mobilité** ne peut jouer qu'entre corps comparables. À cet égard, un corps de fonctionnaires territoriaux n'est comparable que si ses membres sont recrutés selon un **même niveau de recrutement** que les membres d'un corps de la fonction publique de l'État, et que si les uns et les autres exercent des **fonctions analogues**. La comparabilité des corps assure de plus au fonctionnaire, qui passe ainsi d'une fonction publique à l'autre, une **égalité de rémunération**.

L'article 12 du titre III prévoit que la liste des corps comparables est fixée par décret en Conseil d'État sur proposition du Conseil supérieur de la fonction publique territoriale. Si le gouvernement n'entend pas suivre ces propositions, il doit saisir pour avis la **commission mixte paritaire**, qui comprend des membres de chacune des deux fonctions publiques sous la présidence du Premier ministre ou par délégation du ministre chargé des Collectivités locales ou du ministre chargé de la Fonction publique.

---

14. Décret n° 88-145 du 15 février 1988, *JO* du 16 février 1988, p. 2176 à 2180.

La composition paritaire de cette commission manifeste l'égalité des fonctions publiques qu'elle veille à rendre effective, en intervenant sur toute question intéressant les différents statuts. Elle est spécialement chargée de contrôler les mouvements entre les deux fonctions publiques. Elle en fait le bilan dans un rapport annuel et peut formuler toute proposition tendant à favoriser leur équilibre. Le même souci d'équilibre oblige chaque statut particulier à fixer les modalités d'accueil des fonctionnaires d'un autre corps ainsi que la proportion de membres recrutés par changement de corps.

L'ensemble de ces dispositions permet une circulation homogène entre les deux fonctions publiques.

Le système actuel établi par la loi du 13 juillet 1987 écarte ce mécanisme au profit d'une notion d'équivalence applicable aux régimes indemnitaires.

b) *La notion d'équivalence*

La loi de 1987 **supprime la parité entre fonction publique d'État et fonction publique territoriale** qui constituait pour celle-ci à la fois un attrait et un atout de recrutement et de carrière. La disparition des corps entraîne celle de la **commission mixte paritaire**[15] chargée de se prononcer sur la **comparabilité** qui n'a plus lieu d'être. La **mobilité** au sein de la fonction publique entre l'État et les collectivités locales est désormais réglée et limitée par l'article 2 de la loi qui prévoit seulement la voie classique du **détachement** suivi ou non d'intégration ou celles du **concours interne** ou du **tour extérieur** si les statuts le prévoient. La mise à disposition est également prévue par l'article 61 de la loi du 26 janvier 1984 modifié.

En cas d'intégration ou de réintégration, les conditions en sont fixées par décret en Conseil d'État. Le décret n° 91-200 du 21 février 1991[16] fixe par exemple les *conditions d'intégration* dans des corps de la fonction publique de l'État de fonctionnaires des collectivités locales mis à disposition de services relevant du ministère de l'Éducation nationale, de la Jeunesse et des Sports. Il en est de même pour les intégrations après détachement.

À défaut de passerelle ouverte entre les deux fonctions publiques, la loi n° 90-1067 du 28 novembre 1990 impose une *équivalence* en matière de rémunération dans la mesure où l'organe délibérant de chaque collectivité ou établissement fixe les régimes indemnitaires dans la limite de ceux dont bénéficient les différents services de l'État. Le décret n° 92-1305 du 15 décembre 1992[17] règle la question par un tableau joint en annexe qui établit les équivalences avec la fonction publique de l'État des différents grades des cadres d'emploi de la fonction publique territoriale dans le domaine de l'administration générale, dans le domaine technique, dans le domaine médico-social, dans le domaine culturel et dans le domaine sportif.

Une *comparabilité* particulière résulte enfin de l'article 5 *bis* de la loi du 13 juillet 1983 qui autorise sous certaines conditions l'accès à la fonction publique des ressortissants des États membres de la communauté européenne autres que la France. Deux limites légales excluent de cet accès les corps, cadres d'emploi ou emplois dont les

---

15. Cette commission commune aux fonctions publiques territoriale et d'État avait été étendue à la fonction publique hospitalière par la loi n° 86-33 du 9 janvier 1986. Du même coup, la suppression de la commission dépasse le cadre assigné par la loi n° 87-529.

16. Décret n° 91-200 du 21 février 1991, *JO* du 27 février 1991, p. 2840.

17. Décret n° 92-1305 du 15 décembre 1992, *JO* du 17 décembre 1992, p. 17249 à 17251.

attributions sont inséparables de l'exercice de la souveraineté ou comportent une participation directe ou indirecte à l'exercice de prérogatives de puissance publique. Le décret n° 94-163 du 16 février 1994[18] applique ces règles aux cadres d'emplois de la fonction publique territoriale dont la liste figure en annexe et rappelle que les *mêmes conditions d'accès* s'imposent aux ressortissants des États membres de la Communauté et aux ressortissants français. Ici, la comparabilité se traduit notamment par les équivalences de diplômes.

Mais la loi Galland du 13 juillet 1987 n'a pas seulement supprimé la parité entre les deux fonctions publiques, d'État et territoriale, elle est revenue aussi sur un important principe consacré par la loi du 26 janvier 1984.

En effet, la loi oppose à l'unicité de la fonction publique territoriale l'autonomie de Paris et du statut des **personnels parisiens organisés en corps**. L'installation d'un **Conseil supérieur des administrations parisiennes** consacre la **rupture d'unité** qui n'obéit visiblement qu'à l'opportunité politique du moment.

Aux deux principes d'unité et de parité remis en cause en 1987 s'ajoute un troisième principe, celui de la spécificité du statut affirmé et maintenu dans le respect de la libre administration des collectivités intéressées.

§ II. LA SPÉCIFICITÉ DU STATUT

Cette spécificité se traduit dans l'organigramme de la nouvelle fonction territoriale à deux niveaux. D'une part, par la création d'une instance supérieure, qui joue un rôle majeur et fait figure d'homologue du Conseil supérieur de la fonction publique de l'État. D'autre part, par la création d'organes de gestion, de participation et de formation des personnels.

A. Le Conseil supérieur de la fonction publique territoriale

En ce qui concerne l'instance supérieure, il s'agit du Conseil supérieur de la fonction publique territoriale, organisme paritaire national.

a) *Composition*

Présidé par un élu local, ce conseil est composé pour moitié de représentants des personnels désignés par leurs organisations syndicales et de représentants des collectivités territoriales[19]. Les sièges attribués aux représentants du personnel sont répartis au prorata des suffrages obtenus par les syndicats aux élections des commissions administratives paritaires[20]. Les collectivités territoriales ont leurs représentants élus par des collèges de maires, de présidents de conseil général et de présidents de conseil régional,

---

18. Décret n° 94-163 du 16 février 1994, *JO* du 25 février 1994, p. 3137.
19. Décret n° 84-346 du 10 mai 1984, *JO* du 11 mai 1984.
20. Décret n° 85-565 du 30 mai 1985, *JO* du 2 juin 1985.

en tenant compte de leur importance démographique respective et du nombre d'agents qu'elles emploient. Des suppléants sont désignés ou élus dans les mêmes conditions que les titulaires.

Un représentant du Premier ministre ou du ministre chargé des Collectivités territoriales assiste aux délibérations du Conseil supérieur.

b) *Attributions*

Par son rôle, le Conseil, qui se substitue aux anciennes commissions nationales paritaires du personnel communal, des offices publics d'HLM, a été conçu pour assurer l'unité et l'harmonisation de la fonction publique territoriale. Conformément à cet objectif, il a été conçu initialement pour remplir trois missions essentielles calquées plus ou moins sur celles du Conseil supérieur de la fonction publique d'État : de recours, de conseil et d'études.

En premier lieu, **en tant qu'organe de recours suprême**, il devait exercer des compétences disciplinaires dans tous les cas importants, sous réserve des recours contentieux ouverts en la matière. Saisi en appel des avis des conseils de discipline de chaque corps, il remplissait cet office sous la présidence d'un magistrat de l'ordre judiciaire ou d'un membre des tribunaux administratifs ou du Conseil d'État. Il était appelé à jouer un rôle décisif dans l'harmonisation et l'unification de la procédure disciplinaire.

Cette première compétence a été supprimée par la loi du 13 juillet 1987[21]. Le Conseil n'a plus qu'un rôle de conseil et d'études.

En tant qu'organe de conseil, il est saisi pour *avis* par le ministre chargé des Collectivités territoriales des projets de lois relatifs à la fonction publique territoriale. Il en est de même pour les décrets réglementaires relatifs à la situation des fonctionnaires territoriaux et aux statuts particuliers des cadres d'emplois.

À cette double compétence obligatoire s'ajoute une compétence facultative large dans la mesure où il peut être saisi par le ministre ou par demande écrite du tiers de ses membres de toute question relative à la fonction publique territoriale.

Il dispose en outre d'*un pouvoir de proposition* en matière statutaire et pour toutes les questions qui relèvent de sa compétence.

Enfin, **en tant qu'organe d'études**, il est chargé de constituer une documentation sur la fonction publique territoriale. À ce titre, il doit tenir à jour les statistiques d'ensemble et centraliser les informations et les documents que les collectivités et leurs établissements publics sont tenus de lui fournir à sa demande. Il peut par ailleurs procéder lui-même à toutes études sur l'organisation et le perfectionnement de la gestion du personnel territorial.

L'ensemble des prérogatives du nouveau Conseil supérieur lui permet d'appréhender les règles de droit intéressant la fonction publique territoriale, qu'il s'agisse de son organisation ou de son fonctionnement. Par là, il contribue au respect du principe de libre gestion des collectivités locales qui se trouve également mis en œuvre de façon originale à travers les institutions de gestion et de formation.

---

21. Il a également perdu ses compétences de proposition en matière de comparabilité des corps.

B. Les institutions de gestion et de formation

Ici encore, la loi du 13 juillet 1987 est venue modifier profondément le système mis en place en 1984, mais cette fois de façon plus heureuse au bénéfice d'une simplification et d'un allégement des coûts dénoncés comme excessifs. Les institutions de participation ont été peu modifiées.

À l'origine, les *centres de gestion prévus en 1984* regroupent les collectivités territoriales et leurs établissements à trois niveaux.

Au *niveau national*, un **centre national de gestion** regroupe l'ensemble des collectivités territoriales et de leurs établissements. Il est spécialement compétent pour les corps de catégorie A. Il assure la publicité des vacances d'emplois de cette catégorie. Il peut également selon les dispositions des statuts particuliers assurer le recrutement et certains actes de gestion de certains corps de cette même catégorie. Il peut aussi déléguer une partie de ses compétences aux **centres régionaux**.

Ces centres regroupent *au niveau régional* les collectivités et établissements de chaque région. Sous réserve de la publicité des vacances d'emplois de la catégorie A, ils assurent le recrutement et la gestion des corps de catégories A et B. Les centres régionaux arrêtent en effet la liste des postes mis en concours, organisent concours et examens, établissent les tableaux d'avancement et de mutation, et en tant que de besoin, la gestion des fonctionnaires momentanément privés d'emplois et le reclassement des fonctionnaires devenus physiquement inaptes à l'exercice de leur fonction. L'exercice de ces attributions est garanti par la nullité de plein droit de toute nomination à un emploi dont la vacance n'aurait pas été déclarée.

Au *niveau départemental*, les **centres départementaux** regroupent les communes et leurs établissements à titre obligatoire ou volontaire. L'affiliation est obligatoire pour les communes et établissements qui comptent moins de deux cents fonctionnaires à temps complet, des catégories C et D, ce qui représente la très grande majorité des cas. L'obligation vise aussi ceux qui n'emploient que des fonctionnaires à temps non complet.

Dans tous les autres cas, l'affiliation est volontaire sous réserve d'une acceptation de la part des affiliés obligatoires. Adhésion et retrait obéissent aux mêmes conditions de majorité qualifiée : deux tiers des collectivités et établissements déjà affiliés représentant au moins les trois quarts des fonctionnaires concernés, ou des trois quarts des collectivités représentant au moins les deux tiers des fonctionnaires en cause.

Les centres départementaux de gestion ont les mêmes compétences pour les corps de catégories C et D que les centres régionaux pour les catégories A et B. Ils assurent en outre leur concours à la Caisse nationale de retraite des agents des collectivités locales, pour constater les durées des services accomplis par les personnels affiliés en fonction dans le département. Ils participent de même à la gestion des œuvres sociales en faveur des retraités.

Notons qu'à ces trois niveaux de gestion s'ajoute un régime dérogatoire pour les centres de la couronne parisienne et de la région Ile-de-France.

La superposition des centres de gestion et l'étendue de leurs compétences ont soulevé le problème de la **complexité du système et de son poids financier**. Mais c'est surtout le problème de l'éventuelle **atteinte à l'autonomie locale**, qu'il pouvait comporter, qui explique les avatars subis par le projet de loi.

Après l'échec de l'exception d'irrecevabilité fondée en 1984 sur l'inconstitutionnalité des articles prévoyant la gestion et le recrutement des personnels locaux[22], le Conseil constitutionnel devait censurer seulement et très partiellement quatre dispositions sur le vaste ensemble qui lui était soumis. Il ressort de sa décision n° 83-168 DC des 19 et 20 janvier 1984[23] que la loi ne porte aucune atteinte à la libre administration locale en confiant aux centres composés d'élus des tâches de recrutement et de gestion des personnels locaux.

---

22. La question a fait l'objet de nombreuses polémiques.
23. Voir la décision à l'*AJDA*, 1984, p. 257 et 258, suivie d'une note de J.-C. NEMERY.

Et il précise que cette loi : «*pouvait rendre obligatoire, sous certaines conditions, l'affiliation de collectivités à ces centres, dès lors que l'autorité territoriale se prononce librement sur les créations et suppressions d'emplois, procède à la nomination aux grades et emplois de la fonction publique territoriale, décide des positions statutaires, de la notation, de l'avancement d'échelon et des propositions d'avancement de grade, dispose dans les conditions du droit commun de la fonction publique du pouvoir disciplinaire et, après observation de la procédure légale de la possibilité de licenciement pour insuffisance professionnelle.*»

Cette insistance étonnante avec laquelle le Conseil recense tous les actes de gestion du personnel depuis l'entrée dans la fonction publique jusqu'au licenciement pourrait faire croire que le nouveau statut n'a rien changé aux compétences exercées par les autorités locales en la matière. Les attributions confiées aux centres s'opposent à l'évidence à cette interprétation. La loi réalise une sorte de **partage** entre la décision formelle qui continue d'appartenir à l'autorité locale et les procédures conditionnant la décision entre les mains des centres de gestion.

Ce partage mal ressenti par les élus locaux tout autant que la lourdeur des institutions doublées en matière de formation par un centre national et des centres régionaux allaient aboutir à la réforme de 1987. De plus, les statuts réglementaires ont tardé à voir le jour, et seuls ceux des administrateurs territoriaux et des attachés municipaux et attachés territoriaux ont vu le jour. Dans ces conditions, les centres de gestion n'ayant pas de corps à gérer n'ont pu fonctionner normalement.

Par ailleurs, le changement de majorité a porté un coup d'arrêt à cette construction.

Dès le 26 juin, une proposition de loi était déposée sur le bureau du Sénat[24]. La consultation des intéressés devait conduire le ministre chargé des collectivités territoriales, M. Galland, à reprendre la question et à déposer à son tour le 26 novembre 1986 un projet gouvernemental sur le bureau du Sénat. Après de longs débats et de nombreux amendements le texte définitif de la loi du 13 juillet 1987 ne comprend pas moins de 66 articles qui modifient sensiblement le système précédent.

a) *Les organes de gestion et de participation*

— La loi de 1987 crée le **Centre national de la fonction publique territoriale** qui remplace à la fois le Centre national de gestion et le Centre national de formation et assume en conséquence des compétences doubles, **de gestion et de formation**. Ce nouveau centre est un établissement public administratif qui regroupe les collectivités locales et leurs établissements publics. Il est dirigé par un **conseil d'administration** de trente-quatre membres représentants des communes, des départements et des régions et depuis la loi n° 89-19 du 13 janvier 1989 de représentants des organisations syndicales de fonctionnaires territoriaux.

Le nombre de sièges attribué aux représentants des collectivités territoriales tient compte des effectifs des fonctionnaires territoriaux sans pouvoir être inférieur à 3 pour les départements et à 2 pour les régions. Le décret du 26 janvier 1996[25] précise la composition des collèges électoraux.

Les sièges attribués aux organisations syndicales sont répartis entre elles au prorata de leurs résultats aux élections des comités techniques paritaires. Les organisations syndicales membres du Conseil supérieur de la fonction publique territoriale disposent au moins d'un siège.

---

24. La proposition était déposée par Pierre Schiele et une trentaine de sénateurs.
25. *Cf.* Décret n° 96-61 du 26 janvier 1996, *JO* du 28 janvier 1996, p. 1392 à 1396.

Le conseil d'administration élit en son sein son président parmi les représentants des collectivités, et deux vice-président, l'un parmi les représentants des collectivités, l'autre parmi les représentants des syndicats.

En matière de gestion, les missions qui lui sont attribuées « à l'exclusion de toute autre » sont les suivantes :

---

1. L'organisation des concours et examens professionnels des fonctionnaires de catégorie A et B à l'exclusion des personnels qui relèvent de la compétence des centres de gestion.

2. La bourse nationale des emplois.

3. La publicité des déclarations de vacances des emplois de catégorie A et B qui doivent lui être transmis par les centres de gestion.

4. La prise en charge des fonctionnaires de catégorie A momentanément privés d'emploi.

5. Le reclassement des fonctionnaires de catégorie A devenus inaptes à l'exercice de leurs fonctions.

6. La gestion de ses personnels et de ceux qu'il prend en charge en cas de suppression d'emploi. Il est tenu de communiquer les vacances et les créations d'emplois de catégorie B et C auxquels il procède, au centre de gestion interdépartemental unique intéressant l'Essonne, le Val-d'Oise et les Yvelines.

Le président peut recevoir *délégation* du conseil d'administration dans les conditions fixées par l'article 13 III du décret du 26 janvier 1996.

Le centre national est relayé par des *délégations régionales ou interdépartementales* chargées dans leur ressort de l'organisation matérielle des concours et examens, sous le contrôle du président du Centre national qui peut décider l'organisation de concours ou d'examens communs à plusieurs délégations. Le nombre de postes offerts chaque année est fixé selon les statuts soit par le président soit par le délégué régional ou interdépartemental. Celui-ci prend les arrêtés d'ouverture des concours ou examens professionnels qui relèvent de sa compétence et a la qualité d'*ordonnateur secondaire* des recettes et des dépenses afférentes à leur organisation.

Le Centre national, établissement public administratif, est financé principalement par une *cotisation obligatoire* des collectivités et établissements qui comptent au moins au 1er janvier de l'année de recouvrement un emploi complet inscrit à leur budget. Votée par le conseil d'administration, elle ne peut excéder 1 % de leur masse salariale. S'y ajoutent, outre les recettes habituelles[26], un *prélèvement supplémentaire* versé par les offices publics d'HLM qui ne peut être supérieur à 0,05 %, ainsi que les droits d'inscription aux différents concours organisés par le centre. Le président est l'*ordonnateur principal* des recettes et des dépenses du centre.

Le Centre est soumis au *contrôle administratif* de droit commun. La loi n° 94-1134 du 27 décembre 1994[27] ajoute à l'article 12-3 nouveau qu'il est statué sur les demandes de sursis à exécution dans le délai d'un mois. Il est également soumis au contrôle de la *Cour des comptes*, juge de ses comptes et contrôleur de sa gestion (*ibid.,* art. 12-4 al. 1).

---

26. Ce sont notamment les redevances, les dons et legs, emprunts, subventions, etc.
27. Loi n° 94-1134 du 27 décembre 1994, *JO* du 28 décembre 1994, p. 18527 à 18534.

Notons enfin que le comptable du Centre national est un *comptable spécial* nommé par le ministre chargé du Budget après information préalable du conseil d'administration. Il est assisté par les agents comptables spéciaux secondaires placés auprès de chaque délégué régional (*ibid.*, art. 12-4 al. 2) ou interdépartemental.

— Au niveau **départemental** et éventuellement *interdépartemental*, des **centres de gestion** sont organisés. L'**affiliation** des collectivités à ces centres est en principe **facultative** sauf pour les communes et leurs établissements publics qui emploient moins de **trois cent cinquante fonctionnaires** titulaires et stagiaires à temps complet pour lesquels l'affiliation est **obligatoire**[28]. Sont pris en compte les effectifs cumulés des fonctionnaires de la commune, du Centre communal d'action sociale et le cas échéant, de la Caisse des écoles, qui lui sont rattachés. L'affiliation obligatoire est également prévue pour les offices publics d'aménagement et de construction ainsi que pour les Caisses de crédit municipal qui emploient des fonctionnaires territoriaux.

Les affiliations volontaires des communes, des départements et des régions ne peuvent être remises en cause qu'après un délai de six ans. *L'option facultative comme le retrait* peuvent être refusés à la majorité qualifiée des deux tiers des collectivités et établissements déjà affiliés représentant au moins les trois-quarts des fonctionnaires concernés, ou l'inverse (art. 15 de la loi du 26 janvier 1984 modif.).

Les *centres de gestion* de la fonction publique territoriale sont des établissements publics locaux dirigés par un conseil d'administration composé de représentants élus des collectivités territoriales et des établissements publics affiliés, titulaires d'un mandat local. La représentation des affiliés est fonction de l'effectif des personnels territoriaux qu'ils emploient. Ce conseil d'administration élit le président du centre de gestion.

Les centres de gestion *organisent les concours et examens professionnels* pour leurs fonctionnaires de *catégorie C* et pour ceux des collectivités et établissements affiliés de même catégorie. Ils établissent les listes d'aptitude et assurent la publicité des créations et vacances d'emplois.

Les statuts particuliers peuvent leur attribuer les mêmes compétences pour les concours et examens professionnels de catégorie A et B ou prévoir qu'ils sont chargés auprès de l'ensemble des collectivités et établissements, *affiliés ou non*, de l'ensemble des concours et examens.

Pour toutes les catégories, les centres assurent la publicité des listes d'aptitude résultant des concours et examens.

Des *conventions* peuvent confier aux centres de gestion l'organisation de concours et examens communs ou propres aux collectivités et établissements non affiliés et prévoir les remboursements des dépenses correspondantes (*ibid.*, art. 26)[29].

Par ailleurs, les centres de gestion assurent le fonctionnement des commissions administratives et des conseils de discipline et peuvent à la demande des collectivités et établissements affiliés assurer toute tâche administrative concernant leurs agents.

---

28. L'affiliation est également obligatoire pour les communes et leurs établissements publics qui n'emploient que des fonctionnaires à temps non complet.

29. Le montant des dépenses transférées est arrêté par le ministre chargé des Collectivités locales après avis d'une commission spéciale instituée par l'article 62 de la loi du 27 décembre 1994 et organisée par le décret n° 95-1062 du 22 septembre 1995, *cf. JO* du 30 septembre 1995, p. 14312.

Les dépenses supportées par les centres de gestion sont financées principalement par une *cotisation obligatoire* de leurs affiliés avec un complément de même taux pour ceux d'entre eux qui emploient des agents à temps non complet, fonctionnaires de l'État ou d'une autre collectivité territoriale.

Les centres de gestion bénéficient aussi des remboursements du FCTVA, ainsi que des remboursements conventionnels ou de la cotisation additionnelle couvrant les missions supplémentaires à caractère facultatif confiées par les intéressés.

Les actes et le budget des centres sont exécutoires dès leur transmission au préfet et soumis au double contrôle administratif de droit commun, et budgétaire confié par l'article 27 au représentant de l'État de leur siège.

— *Auprès des centres de gestion* sont placés des organes paritaires de participation. Tout d'abord, les *commissions administratives paritaires* créées pour chaque catégorie de fonctionnaires. Toutefois les collectivités dont l'affiliation n'est pas obligatoire peuvent assurer elles-mêmes le fonctionnement de ces commissions (*ibid.,* art. 28).

Ces commissions comprennent en nombre égal des représentants des fonctionnaires, élus sur des listes présentées par les organisations syndicales représentatives, et des représentants des collectivités et établissements désignés par les exécutifs locaux. Elles sont présidées par un élu local sauf quand elles siègent en tant que conseil de discipline : un magistrat de l'ordre judiciaire préside alors les débats.

Les commissions connaissent des refus de titularisation et des nombreuses mesures individuelles qui intéressent les fonctionnaires locaux.

— Un *comité technique paritaire* est créé, soit dans chaque collectivité ou établissement employant au moins cinquante agents soit auprès d'un centre de gestion si le nombre des agents est inférieur à cinquante.

Toutefois, une collectivité et un ou plusieurs établissements rattachés à cette collectivité peuvent décider sur délibérations concordantes de leurs organes délibérants de créer un comité technique paritaire commun à condition que l'effectif global de leurs agents soit au moins égal à cinquante (*ibid.,* art. 32, nouv. al. 1).

Les comités techniques paritaires comprennent en nombre égal des représentants des collectivités et établissements et des représentants du personnel élus à la représentation proportionnelle sur des listes de candidats présentées par les organisations syndicales représentatives. Ils sont présidés de droit par l'autorité exécutive de la collectivité ou de l'établissement.

Leur *compétence consultative est obligatoire* sur les questions relatives :

---

1. à l'organisation des administrations intéressées ;
2. aux conditions générales de fonctionnement de ces administrations ;
3. aux programmes de modernisation des méthodes et techniques de travail et à leur incidence sur la situation du personnel, de même qu'aux plans de formation ;
4. à l'examen des grandes orientations à définir pour l'accomplissement des tâches de l'administration concernée ;
5. aux problèmes d'hygiène et de sécurité ;
6. aux suppressions d'emplois.

La loi fait obligation à l'autorité territoriale de présenter au moins tous les deux ans au comité technique paritaire, un rapport complet sur les moyens budgétaires et en personnel de la collectivité ou de l'établissement. Ce rapport dresse le bilan des recrutements et des avancements, des actions de formation et des demandes de travail à temps partiel prévues par la loi n° 94-628 du 25 juillet 1994[30]. La présentation de ce rapport donne lieu à un débat.

— Enfin en matière d'hygiène et de sécurité, l'article 33 de la loi du 26 janvier 1984 complété par le décret n° 85-603 du 10 juin 1985 modifié, prévoit la création de *comités d'hygiène et de sécurité locaux* ou spéciaux dans toutes les collectivités employant au moins deux cents agents dans un ou plusieurs services comportant des risques professionnels particuliers. La réalisation d'une seule des deux conditions permet cette création décidée par l'organe délibérant compétent.

Ces comités sont composés paritairement de représentants des autorités territoriales et de représentants des personnels élus dans les mêmes conditions que les représentants aux comités techniques paritaires.

Ils ont une *compétence consultative obligatoire* à l'égard des règlements, consignes et instructions intéressant l'hygiène et la sécurité, et peuvent procéder aux enquêtes nécessaires en cas d'accident de service ou de maladie professionnelle.

À côté de ces institutions de gestion et de participation, les institutions de formation ont été également profondément modifiées en 1987.

b) *Les institutions de formation*

La loi du 26 janvier 1984 portant dispositions statutaires de la fonction publique territoriale est complétée par la loi n° 84-594 du 12 juillet 1984[31] relative à la formation des agents.

Cette loi met en place des *centres régionaux de formation*[32], sous la forme juridique d'établissements publics administratifs qui regroupent, au niveau de chaque région, les communes, les départements, la région et leurs établissements publics. Ces centres reçoivent une compétence de droit commun pour organiser les actions de formation conformes aux orientations nationales selon un programme régional annuel, lui-même établi en fonction de *plans de formation*. Ces plans de formation sont établis par les régions, départements et communes non affiliées aux centres départementaux de gestion, ainsi que par ces centres départementaux pour le compte des collectivités affiliées. Les plans prévoient les projets d'action à moyen terme pour la formation des agents, d'une part, et les besoins des usagers, d'autre part.

Ces centres régionaux sont dirigés par des **conseils d'administration** de dix à trente membres composés paritairement d'élus locaux et de représentants élus du personnel.

Au-dessus des centres régionaux, le chapitre III de la loi crée un **Centre national** de formation de la fonction publique territoriale, dont les fonctions définies par l'article 17 alinéa 2 sont plus restreintes que celles de l'ancien centre de formation des personnels communaux. La loi précise en effet qu'il constitue un établissement public administratif qui *« procède à toutes études et recherches en matière de formation. Il définit, en concertation avec le Conseil supérieur de la fonction publique territoriale, des orientations générales pour la formation*

30. Loi n° 94-628 du 25 juillet 1994, *JO* du 26 juillet 1994, p. 10735 à 10739. Le décret en Conseil d'État n° 95-469 du 24 avril 1995 prévoit les modalités d'expérimentation de l'annualisation du service à temps partiel dans la fonction publique territoriale, *cf. JO* du 29 avril 1995, p. 6658. Le taux de travail à temps partiel est de 30 % en 1993.
31. Loi n° 84-594 du 12 juillet 1984, *JO* du 13 juillet 1984.
32. Décret n° 85-644 du 26 juin 1985, *JO* du 28 juin 1985.

des agents de la fonction publique territoriale et fait connaître ces orientations aux centres régionaux de formation ».

À ce titre, les programmes régionaux de formation lui sont transmis à leur tour. Par ailleurs, le Centre national organise directement, ou par convention avec un ou plusieurs centres régionaux, les actions de formation des fonctionnaires appartenant aux corps de la catégorie A, ainsi que des actions de formations spécialisées dont la liste est fixée par décret en Conseil d'État.

Le Centre national est dirigé par un **conseil d'administration** de trente membres, lui aussi composé paritairement d'élus locaux et de représentants élus du personnel.

Quant aux **ressources** de ces différents centres de formation, elles sont constituées principalement par des **cotisations obligatoires** versées par les communes, départements et régions ainsi que par leurs établissements publics administratifs. Ces cotisations sont votées par le conseil d'administration concerné, mais dans la limite d'un minimum et d'un maximum déterminés par la loi. Les autres ressources proviennent des redevances pour prestations de service, des dons ou legs, des emprunts affectés aux opérations d'investissement et des subventions spécialement accordées aux centres.

Le changement de majorité politique en 1986 a entraîné la suspension de l'installation des centres régionaux de formation avant qu'ils ne soient supprimés en même temps que le Centre national de formation par la loi Galland du 13 juillet 1987.

Désormais, le *Centre national de la fonction publique territoriale* reçoit de *larges compétences en matière de formation* pour :

– Définir les *orientations générales* de la formation professionnelle des agents de la fonction publique territoriale.

– Définir, dans les conditions prévues par les statuts particuliers, les programmes des *formations initiales* préalables à la titularisation ou, le cas échéant, à la nomination des agents.

– Définir et assurer des *programmes de formation* relatifs notamment à :

    1. la préparation aux concours d'accès et examens professionnels ;

    2. la formation continue dispensée en cours de carrière, soit en relation avec les fonctions exercées, soit en vue d'accéder à un nouveau corps, à un nouveau grade, ou à un nouvel emploi ;

    3. la formation personnelle des agents suivie à leur initiative ;

    4. définir, dans les conditions prévues par les statuts particuliers, les programmes des formations d'adaptation à l'emploi.

– Définir en concertation avec la Fédération nationale des offices publics d'HLM le programme national des actions de formation spécialisées financées en partie, on l'a vu, par un prélèvement supplémentaire versé par ces organismes.

Le Centre national procède à toutes études et recherches en matière de formation, de même qu'il procède à l'évaluation des besoins en matière de formation et de recrutement. Il établit un *bilan annuel* des actions engagées.

Le Centre national est assisté en matière de formation d'un *conseil d'orientation paritaire* qui peut faire toutes propositions en matière de formation et qui élabore chaque année un projet de programme de formation à partir des plans de formation élaborés en amont par les régions, départements et communes sur avis de leurs comités techniques paritaires (art. 13 de la loi du 12 juillet 1984 modifiée).

Les programmes de formation initiale sont obligatoirement arrêtés au plan national. Pour l'exécution de ses autres missions en matière de formation, le Centre national de la fonction publique territoriale est relayé sur l'ensemble du territoire par des *délégations interdépartementales ou régionales*[33]. La collectivité territoriale de Mayotte bénéficie des services de la délégation régionale de La Réunion.

Ces délégations sont placées sous l'autorité de *délégués* élus par les élus locaux siégeant aux conseils d'orientation paritaires prévus pour assister les délégués dans leurs attributions.

Chaque délégué peut recevoir du président du Centre national *délégation de signature* pour faire assurer des actions de formation. Le délégué a la qualité d'ordonnateur secondaire.

Le conseil d'orientation placé auprès de chaque délégué donne son avis sur un certain nombre de questions importantes. C'est notamment sur proposition du délégué et seulement après avis du conseil d'orientation qui l'assiste, que les délégations peuvent comporter des services pédagogiques déconcentrés à l'échelon départemental.

Il est également *obligatoirement consulté* sur :

> 1. le projet de budget de la délégation. Son avis motivé est transmis au conseil d'administration du Centre national avec les propositions du délégué ;
> 2. l'exécution du budget de la délégation ;
> 3. le rapport annuel d'activités de la délégation avant qu'il ne soit transmis au conseil d'administration du Centre national.

Outre sa fonction consultative, le conseil d'orientation établit un rapport relatif aux besoins de formation des collectivités territoriales qui transmettent leurs plans de formation à la délégation. De plus, il élabore, conformément aux décisions du Centre national de la fonction publique territoriale, le programme des formations qui doivent être assurées directement ou par voie de convention par la délégation. Enfin, il peut faire toute proposition en matière de formation et de pédagogie (*ibid.,* art. 16).

Quant aux formations organisées par le Centre national et ses délégations, elles sont assurées, ou bien par eux-mêmes, ou bien, soit par les organismes suivants visés par la loi :

a) les administrations et les établissements publics de l'État et notamment les instituts régionaux d'administration ;

b) les établissements participant à la formation du personnel relevant des titres I et IV du statut général des fonctionnaires de l'État et des collectivités territoriales ;

c) les organismes et personnes morales visés à l'article L. 920-2 du Code du travail, c'est-à-dire :

Art. L. 920-2. Les entreprises, groupes d'entreprises, associations, établissements et organismes privés, organisations professionnelles, syndicales ou familiales, les collectivités locales, les établissements publics, notamment les chambres de commerce et d'industrie, les chambres de métiers et les chambres d'agriculture, ainsi que les établissements qui en dépendent.

et L. 920-3 du même code, c'est-à-dire :

Art. L. 920-3. Les établissements d'enseignement publics, l'*Office de radiodiffusion-télévision française* et les centres collectifs de formation professionnelle des adultes subventionnés par le

---

33. Ces délégations se substituent aux centres régionaux de formation prévus par la loi du 12 juillet 1984.

ministère du Travail, de l'Emploi et de la Population *(L. n° 88-20 du 6 janv. 1988, art. 13)* «ainsi que les établissements d'enseignement artistique mentionnés au chapitre Iᵉʳ et à l'article 9 de la loi n° 88-20 du 6 janvier 1988 relative aux enseignements artistiques».

soit directement : par les communes, les départements, les régions et leurs établissements publics administratifs.

De plus, le Centre national de la fonction publique territoriale peut passer des conventions avec les écoles relevant de l'État pour l'organisation de concours communs en vue de recruter simultanément des fonctionnaires territoriaux et des fonctionnaires de l'État. Les statuts particuliers peuvent stipuler que soient confiés à des *établissements publics* deux types de formations : celles prévues pour la titularisation ou le cas échéant, la nomination, et celles d'adaptation à l'emploi prévues après titularisation. Les modalités de mise en œuvre de ces formations font également l'objet de conventions entre le Centre national et les établissements concernés.

Dans l'ensemble, la nouvelle fonction publique territoriale qui représente 26,6 % de l'ensemble de la fonction publique, tous statuts confondus, au 1ᵉʳ janvier 1993 donne aux collectivités locales les moyens juridiques nécessaires à la mise en place de leurs services. Il s'agit là d'un volet essentiel de la réforme engagée en 1982 qui permet de régler le problème majeur du sort des hommes.

Par ailleurs, la décentralisation renouvelée autorise une véritable action économique locale qui nécessite elle aussi l'attribution de moyens juridiques.

Section 2
L'interventionnisme économique local

Dans le respect des principes et des limites assignés par la loi, les collectivités territoriales disposent de pouvoirs importants et nouveaux. Leur régime juridique varie selon l'objectif poursuivi.

Les articles 5-48 et 66 de la loi n° 82-213 du 2 mars 1982 fixent trois objectifs à l'interventionnisme économique local :

1. favoriser le développement économique,
2. protéger les intérêts économiques et sociaux de la population,
3. assurer la satisfaction des besoins de la population en milieu rural.

On peut distinguer les interventions en faveur du développement économique, qui font une place privilégiée à la région, et l'ensemble des autres interventions, qui obéissent à des régimes juridiques variables selon leur domaine.

§ 1. LES INTERVENTIONS EN FAVEUR DU DÉVELOPPEMENT ÉCONOMIQUE

La loi du 2 mars 1982 précise qu'en matière de développement économique, les interventions peuvent prendre la forme d'*aides directes ou indirectes* dans les conditions prévues par la loi approuvant le plan. Cet encadrement par le plan s'explique par la volonté d'harmoniser l'ensemble des aides publiques dans le respect des priorités de l'aménagement du territoire. C'est l'article 4 de la loi du 7 janvier 1982 approuvant le plan intérimaire qui précise le régime des aides. Il se combine avec un régime dérogatoire dans le cadre de conventions conclues avec l'État (*ibid.,* art. 4 dernier al.), ainsi qu'avec un régime particulier ouvert aux départements par la loi du 7 janvier 1983.

A. Les aides directes

En ce qui concerne les aides directes, la région est responsable des attributions.

a) La *primauté du rôle de la région*

Les départements et les communes ne peuvent en effet intervenir que pour compléter l'aide régionale lorsque celle-ci n'atteint pas le plafond réglementaire. Le Conseil régional élabore le régime juridique des aides, en particulier les règles de procédure d'octroi. La région reçoit les demandes, décide non seulement de les écarter ou de les retenir, mais dans ce dernier cas, fixe le montant accordé.

Les formes d'aides directes sont définies par la loi, tandis que les règles générales de zone et de plafond sont déterminées par décrets en Conseil d'État (trois décrets du 22 septembre 1982)[34].

La première forme d'aide directe est constituée par la **prime régionale à l'emploi**[35]. Cette prime est destinée à encourager la création ou le maintien d'activités économiques. Quatre conditions doivent être respectées :

> 1. Le nombre d'emplois primés ne peut dépasser trente.
> 2. Le montant maximum de la prime, qui est normalement de 20 000 F par emploi, est modulé pour être porté à 40 000 F dans les zones classées zones spéciales rurales et les zones de montagne, alors qu'elle est limitée à 10 000 F dans les agglomérations de plus de 100 000 habitants.
> 3. Cette prime ne peut être cumulée avec la prime d'aménagement du territoire.[36]
> 4. La prime attribuée pour une opération ne doit pas dépasser le double du total des fonds propres de l'entreprise et des comptes courants d'associés de la société, ou des apports de l'entrepreneur individuel.

La deuxième forme d'aide directe est la **prime régionale à la création d'entreprise**[37]. Ici, la prime est plafonnée et son octroi est subordonné à deux conditions. D'une part, les entreprises intéressées doivent être inscrites, agréées ou enregistrées depuis moins de douze mois avant le dépôt de leur demande. D'autre part, les entreprises doivent s'engager à créer des emplois permanents dont le nombre minimum

---

34. Décrets n° 82-806, 82-807, 82-808 du 22 septembre 1982, *cf. JO* du 24 septembre 1982.
35. Décret n° 82-807 relatif à la prime régionale à l'emploi, *JO* du 24 septembre 1982.
36. Décret n° 82-379 du 6 mai 1982, *JO* du 7 mai 1982.
37. Décret n° 82-806 du 22 septembre 1982, *JO* du 24 septembre 1982.

est fixé par le conseil régional. En principe la prime (PRCE) est de 150 000 francs mais elle peut être portée à 200 000 francs si le projet concerne une zone classée comme prioritaire par le conseil régional.

Les autres formes directes regroupent les bonifications d'intérêt, les prêts et les avances[38], dans la mesure où ils sont accordés aux entreprises pour création, extension, reprise ou conversion à des conditions plus favorables que celles du taux moyen des obligations (ou taux du marché) dans la limite d'un écart maximal fixé par arrêté du ministre des finances.

b) *Le relais des départements et des communes*

Dans les trois cas d'aides directes, prime régionale à l'emploi, prime régionale à la création d'entreprise et prêts, avances et bonifications d'intérêts, les départements et les communes ne peuvent ni prendre les initiatives ni faire de la surenchère. Leurs assemblées délibérantes apprécient l'opportunité de leurs interventions éventuelles, elles en déterminent les modalités, mais la marge de liberté qui leur est reconnue est étroite puisqu'elles n'interviennent que pour **compléter** les aides régionales qui n'ont pas atteint les limites réglementaires. Là encore le souci de cohérence commande le système. Les règles évitent que l'efficacité et l'équilibre du Plan national ne soient affectés par la prolifération d'actions locales individuelles et anarchiques.

B. Les aides indirectes

Les aides indirectes permettent aux collectivités territoriales et à leurs groupements, comme aussi aux régions, d'intervenir librement, seuls ou conjointement. L'initiative locale n'est plus conditionnée par l'intervention préalable de la région. Deux types d'aides indirectes obéissent toutefois à certaines contraintes réglementaires. Il s'agit des aides en matière de bâtiments (rabais sur prix de vente ou de location) et des garanties ou cautionnements d'emprunts.

a) *Les rabais sur les bâtiments industriels*

Tout d'abord, les rabais sur les bâtiments industriels consentis aux entreprises doivent respecter les conditions de plafond ou de zone. Les collectivités territoriales peuvent acquérir des immeubles industriels et afin d'en favoriser la réutilisation, elles peuvent les rétrocéder ou les louer à des entreprises. Normalement, la revente ou la location doit se faire au prix du marché. Mais une aide indirecte peut être consentie à l'entreprise intéressée sous la forme d'un rabais ou d'un abattement sur les charges de rénovation[39].

Ces conditions spéciales sont consenties pour des opérations localisées dans les zones où la prime à l'aménagement du territoire est elle-même possible. Le rabais ne peut excéder 25 % de la valeur vénale des immeubles revendus ou 25 % du prix du loyer. En cas de rénovation, le rabais ne peut excéder la différence entre le prix de revient après rénovation et le prix du marché.

---

38. Décret n° 82-808 du 22 septembre 1982, *JO* du 24 septembre 1982.
39. Décret n° 82-809 du 22 septembre 1982, *JO* du 24 septembre 1982, art. 1er.

b) *Les garanties ou cautionnements*

Le deuxième type d'aides indirectes vise les garanties d'emprunt ou les cautionnements que les collectivités peuvent accorder à des personnes privées, entreprises individuelles ou sociétés.

En transférant aux collectivités les risques que devraient assumer les organismes bancaires, ces interventions économiques ne doivent pas hypothéquer l'avenir économique du développement local. Pour limier l'aléa financier de telles opérations[40], les articles 6, 49 et 66 de la loi du 2 mars 1982 prévoient un encadrement modifié et renforcé par la loi du 5 janvier 1988. Cette loi impose aux collectivités locales le respect de trois ratios financiers fixés eux-mêmes par un décret du 18 avril 1988.

---

1. Les collectivités locales ne peuvent intervenir que si le montant total des annuités d'emprunts déjà garantis ou cautionnés à échoir au cours de l'exercice, majoré du montant de la première annuité entière du nouvel emprunt garanti et du montant net des annuités de la dette de la collectivité locale, n'excède pas 50 % des recettes réelles de la section de fonctionnement du budget de la collectivité locale.

2. Le montant des annuités garanties ou cautionnées au profit du même débiteur ne doit pas dépasser 10 % du montant des annuités susceptibles d'être garanties. Cette règle permet une division du risque[41].

3. La quotité garantie par une ou plusieurs collectivités sur un même emprunt ne peut être supérieure à 50 % du montant de l'emprunt. Cette quotité maximale peut être portée à 80 % pour les opérations d'aménagement définies par les articles L. 300-1 à L. 300-4 du Code de l'urbanisme. Cette troisième règle ne s'applique pas s'il s'agit de garanties d'emprunt accordées à des organismes d'intérêt général, par exemple notamment les associations reconnues d'utilité publique et organismes visés par l'article 238 *bis* du Code général des impôts.

À noter que ce dispositif ne s'applique pas aux emprunts contractés par des personnes publiques pour lesquelles les garanties consenties par les collectivités locales sont libres. Il en est de même des garanties accordées aux offices publics d'HLM ou à des SEM ou encore à des personnes privées ayant bénéficié de prêts aidés par l'État ou d'une subvention de l'État, pour des opérations de construction, d'acquisition ou d'amélioration de logements.

c) *Les régimes dérogatoires spéciaux*

1) Il s'agit tout d'abord du régime dérogatoire applicable aux actions de développement économique conduites par l'État et les collectivités locales sur la base de conventions organisant leur coopération et fixant les modalités des aides.

Cette solution qui allie souplesse conventionnelle et liberté de gestion peut prendre la forme des chartes intercommunales de développement et d'aménagement ou des contrats de plans. Ce cadre préconisé spécialement dans les zones de revitalisation

---

40. *Cf.* J.-L. COUDERT et Chantal VIMMER, «La mise en jeu de la caution d'une collectivité locale», *Les Petites Affiches*, 17 juillet 1995, n° 85, p. 4 et suiv.

41. Pour un exemple *cf.* D. SANTACRU, «Garanties d'emprunt données par les communes dans les opérations de concession», *Les Petites Affiches* du 26 mai 1995, n° 63, p. 9 à 13.

rurale et pour toute la durée du plan par l'article 63 de la loi n° 95-115 du 4 février 1995 peut servir au développement de tous les secteurs d'activités économiques : agriculture, industrie, commerce et artisanat ou encore tourisme.

Les conventions de ce type peuvent prévoir l'attribution de prêts à des taux inférieurs à ceux fixés par arrêté du ministre des Finances, des avances remboursables à taux nul, ainsi que des subventions spéciales. Mais elles permettent surtout des aides directes non autorisées, voir même normalement interdites par les textes. C'est ce qui ressort d'un jugement du tribunal administratif de Strasbourg annulant la délibération du Conseil régional de Lorraine qui avait prévu l'octroi d'aides régionales à l'exportation, en l'absence de convention conclue avec l'État (TA, Strasbourg, 31 juillet 1985, COREP région Lorraine c/région[42]).

2) Il s'agit ensuite du régime des *interventions économiques départementales* prévues par la loi du 7 janvier 1983 au titre de la vocation particulière des départements en matière d'aménagement rural. L'article 31 de la loi dispose à cet égard que « le département établit un programme d'aide à l'équipement rural, au vu notamment des propositions qui lui sont adressées par les communes ». De la même façon, la loi dispose que le département bénéficie de la DGE pour le financement de travaux d'équipement rural et de modernisation de l'hôtellerie rurale (*ibid.*, art. 105) et précise que les dotations prévues à cet effet permettent soit la réalisation directe des travaux, soit l'attribution de subventions aux maîtres d'œuvre concernés (*ibid.*, art. 107 al. 3).

Le Conseil d'État a eu l'occasion de se prononcer sur le caractère exorbitant du droit commun du régime juridique des *aides départementales directes* accordées dans le cadre de l'article 31 de la loi du 7 janvier 1983. Sous réserve qu'il s'agisse bien de travaux effectués dans des communes rurales et non urbaines, le Conseil d'État affirme qu'elles « n'ont pas à intervenir en complément d'aides régionales, ni à respecter les règles fixées par le décret du 22 septembre 1982 » (CE, 11 juillet 1991, préfet, commissaire de la République du département de la Haute-Saône)[43].

Ainsi, d'une façon générale, et sauf pour les régimes dérogatoires spéciaux, les interventions en faveur du développement économique obéissent à un régime de compromis, où la primauté régionale en matière d'aides directes se combine à la liberté aménagée par la loi en matière d'aides indirectes.

À côté des interventions en faveur du développement économique qui concentrent près des 3/4 des aides consenties par les collectivités locales, il faut examiner les interventions ayant pour but la protection des intérêts économiques et sociaux de la population dans des situations conjoncturelles précises.

§ 2. LES ACTIONS CONJONCTURELLES DE L'INTERVENTIONNISME LOCAL

Il s'agit des interventions ouvertes aux collectivités dans deux types de situations. D'une part, lorsqu'une entreprise en difficulté dans la collectivité risque d'affecter

---

42. *Cf.* TA Strasbourg, 31 juillet 1985, Lebon, tables p. 757.
43. *Cf.* CE 11 juillet 1991, préfet, commissaire de la République de la Haute-Saône, *AJDA* 1991, p. 822, note Claude Deves.

gravement l'équilibre local de l'emploi. D'autre part, lorsque l'exode rural entraîne la disparition des services nécessaires aux besoins de la population.

A. L'aide aux entreprises en difficulté

À l'égard des entreprises en difficulté, la loi précise que lorsque la protection des intérêts économiques et sociaux de la population l'exige, la collectivité, qu'il s'agisse du département ou de la région, à l'exclusion des communes, peut accorder des aides directes ou indirectes à ces entreprises.

La rédaction des articles 5 II, 48 II et 66 II de la loi du 2 mars 1982 établit un rapport étroit entre les interventions locales en vue d'assurer la protection des intérêts économiques et sociaux de la population, et l'aide aux entreprises en difficulté.

a) *Les conditions de l'aide*

C'est une circulaire du ministre d'État, ministre de l'Intérieur et de la Décentralisation en date du 24 juin 1982 (n° 82-102), adressée aux commissaires de la République, qui précise les conditions de ces interventions. Il en ressort notamment que l'exigence d'une protection des intérêts économiques et sociaux est affaire de circonstances, et dépend d'un examen empirique, cas par cas, des conséquences de la fermeture de l'entreprise sur l'emploi local.

Certains éléments peuvent servir à l'appréciation de la situation, en particulier, l'**importance de l'entreprise** dans l'ensemble du tissu économique de la collectivité. Il faut en quelque sorte que la fermeture éventuelle de l'entreprise déséquilibre l'économie locale pour justifier l'intervention de la collectivité. La mesure d'un tel déséquilibre donne lieu à un bilan aussi bien des causes que des conséquences des difficultés. Les causes peuvent comprendre des erreurs de gestion économiques ou financières, une insuffisance des investissements ou des fonds propres. Ce qui met en cause la structure même de l'entreprise. Elles peuvent aussi être liées à des faits extérieurs et conjoncturels, tels que la crise d'un secteur économique et la chute brutale du carnet de commandes, par suite de la défection des clients les plus importants.

Les conséquences généralement nombreuses et variées doivent être mesurées et quantifiées : en priorité, l'aggravation chiffrée du **chômage local**, mais aussi la diminution des **ressources de la collectivité** par une diminution de la taxe professionnelle ou l'accroissement des dépenses sociales. On doit tenir compte également du climat social et culturel, des **tensions** créées par la disparition éventuelle d'industries traditionnelles.

En fait, le problème le plus difficile à apprécier est de reconnaître objectivement à partir de quels **seuils** une entreprise est réellement en danger, dans la mesure où il n'existe pas de définition juridique de la notion d'entreprise en difficulté. La circulaire ministérielle apporte sur ce point quelques indications utiles pour éviter de confondre un simple ralentissement provisoire d'activité et l'ampleur de difficultés justifiant l'intervention locale. En particulier, les compressions de personnel ne sont pas par elles-mêmes un critère déterminant quand elles résultent d'un plan de modernisation qui ouvre la perspective d'un nouveau dynamisme.

À cet égard, les **indicateurs économiques** les plus significatifs sont entre les mains des partenaires financiers et fiscaux de l'entreprise. En effet, à côté des indices de difficulté que constitue le taux de chômage technique ou partiel, le non-respect par l'entreprise de ses obligations fiscales et sociales est généralement retenu comme élément révélateur de la situation.

b) *La liberté d'action locale et ses limites*

Depuis la loi du 5 avril 1988, les aides aux entreprises en difficulté ne peuvent plus être accordées par les communes dont les initiatives audacieuses avaient été pourtant à l'origine du revirement de principe à l'égard de l'interventionnisme local entériné par la loi du 2 mars 1982. C'est donc désormais au seul niveau des départements et des régions, et lorsque le bilan économique et social de l'entreprise permet de la reconnaître « en difficulté », que l'assemblée délibérante apprécie l'opportunité et les modalités de son intervention. La commune doit seulement donner son avis, mais cet avis est obligatoire.

À ce niveau, deux remarques doivent être faites.

Première remarque : les modalités d'intervention sont entendues de façon très souple et très libérale comme recouvrant les aides directes ou indirectes de toute nature que la collectivité juge nécessaires. Il n'y a qu'une seule limite légale : l'**interdiction de toute participation** dans le capital d'une société commerciale ou de tout autre organisme à but lucratif n'ayant pas pour objet d'exploiter des services publics ou des activités d'intérêt général. L'interdiction de principe est toutefois assortie d'une possibilité de *dérogation* par décret en Conseil d'État (art. 5 III, 48 III et 66 I de la loi du 2 mars 1982). Le Conseil d'État évalue les risques encourus, les garanties apportées à la collectivité locale, et tient compte de l'intérêt public.

A contrario, la prise de participation est possible dès lors que la société est chargée d'exploiter des services publics ou toute activité d'intérêt général.

L'autorisation du Conseil d'État est doublement dérogatoire en ce sens qu'elle peut être accordée aux *communes*. En ce qui concerne les prises de participation au capital des sociétés de développement régional et des sociétés de financement régional, même système d'autorisation dérogatoire, mais cette fois au profit *des départements et des communes*, les régions pouvant seules décider librement de leur participation.

Les prises de participation autorisées peuvent porter sur des obligations ou sur des actions.

La **souscription d'obligations** s'apparente à un simple **prêt** et n'a pas pour effet de modifier la nature juridique de la société. La collectivité détient seulement un droit de regard sur sa gestion.

La **souscription d'actions**, par contre, a pour effet de juxtaposer fonds publics et fonds privés dans le capital et de permettre la création de **sociétés d'économie mixte locale** (SEML) qui combinent la souplesse du droit privé et les garanties d'un contrôle de gestion.

Une SEML doit avoir la forme d'une société anonyme. Les participations et l'ensemble du régime juridique sont réglés par la loi du 7 juillet 1983[44]. La participation des actionnaires autres que les collectivités territoriales ne peut être inférieure à 20 %. Celle des collectivités, prise séparément ou en commun avec leurs propres groupements, doit être majoritaire, c'est-à-dire dépasser la moitié du capital et des voix. La marge possible varie entre au moins 50 % et 80 % au plus au profit de la collectivité qui est représentée au sein des organes délibérants par au moins un représentant

---

44. Loi n° 83-597 du 7 juillet 1983, *JO* du 8 juillet 1983.

désigné au sein de l'assemblée locale[45]. Ce représentant peut être révoqué à tout moment[46].

Une convention précise les modalités du contrôle technique, financier et comptable et assure la transparence de l'ensemble des rapports entre la SEML et les collectivités concernées. C'est la Chambre régionale des comptes qui assure la vérification de la gestion et des comptes. Elle dispose à cet égard d'un véritable droit de remontrance lorsqu'elle est saisie pour avis par le préfet. Celui-ci peut en effet estimer qu'une délibération du Conseil d'administration est de nature à aggraver dangereusement la charge financière de la collectivité.

Au total, la commodité et l'efficacité de cette formule expliquent sa prolifération, soit que les collectivités locales l'utilisent pour réaliser des opérations de construction ou d'aménagement, soit de façon plus classique pour l'exploitation de services publics à caractère industriel et commercial.

Enfin, les collectivités locales peuvent participer de plein droit au capital *d'un établissement de crédit* en forme de société anonyme (SA) dès lors que celui-ci a pour objet exclusif de garantir les concours financiers (prêts) accordés à des entreprises, personnes morales de droit privé, et à condition qu'une ou plusieurs sociétés commerciales participent également au capital de cet établissement de crédit (art. 10-11 et 12 de la loi du 5 janvier 1988). La participation des collectivités locales est plafonnée par le décret du 2 mai 1988 à 50 % du capital. Par ailleurs, la garantie accordée à chaque concours financier par l'établissement de crédit ne peut excéder 50 %.

En définitive, l'exclusion des communes des aides aux entreprises en difficulté ne concerne que les aides directes ou indirectes, sans remettre en cause les régimes dérogatoires applicables aux prises de participation en général.

Deuxième remarque : Le législateur assigne un objectif clair à l'intervention en même temps qu'il fixe une condition.

L'**objectif** est la mise en œuvre de mesures de redressement, ce qui confère à l'opération le caractère d'un véritable **sauvetage** de l'entreprise.

Quant à la **condition**, elle est purement formelle. La loi exige que l'aide fasse l'objet d'une **convention** entre la collectivité et l'entreprise pour fixer de façon précise les engagements réciproques. Dans cette convention figurent principalement un plan de redressement, c'est-à-dire non seulement le détail des mesures préconisées, mais leur échéancier, le programme financier des mesures et les engagements des autres partenaires. On y trouve aussi les définitions des politiques que l'entreprise s'engage à mettre en œuvre, de même que celle du plan social, c'est-à-dire des emplois et des effectifs. Enfin la convention prévoit les sanctions du non-respect des engagements.

L'exigence légale de l'existence de cette convention est une condition de légalité de l'intervention dont la décision se concrétise formellement à la fois par le procès-verbal de la délibération de l'assemblée locale et par la convention obligatoire jointe au procès-verbal. La circulaire du 24 juin 1982 précise que l'absence de convention suffit à justifier un recours en annulation devant le juge administratif.

---

45. Voir décret n° 85-491 du 9 mai 1985, *JO* du 10 mai 1985.
46. Pour un exemple, voir le décret n° 95-387 du 7 avril 1995 autorisant les régions Basse-Normandie et Haute-Normandie à participer au capital de la Société des autoroutes Paris-Normandie, *JO* du 14 avril 1995, p. 5948.

Par ailleurs, pour renforcer son action et la rendre plus efficace, la collectivité qui décide d'intervenir peut contracter avec d'autres collectivités territoriales également compétentes et intéressées par l'opération. Cette concertation permet de conjuguer les efforts et les moyens et de mieux adapter les mesures à la situation. Les textes favorisent la concentration des interventions dans le cadre d'un plan de redressement économique, technique et financier qui permet une cohérence et une complémentarité des aides publiques.

B. Le maintien des services en milieu rural

À côté de ce vaste ensemble d'actions conjoncturelles possibles en faveur des entreprises en difficulté, la loi prévoit encore l'intervention des collectivités dans le but d'assurer le maintien des services nécessaires à la satisfaction des besoins de la population en milieu rural.

a) *Le problème de l'exode rural*

Le fait de l'exode rural entraîne souvent la disparition progressive de services, qui compromet l'équilibre économique et démographique en contribuant à accentuer encore le mouvement d'exode. L'État, pour sa part, semble avoir renoncé pour un temps à sa politique de rationalisation des services en suspendant la fermeture des bureaux des P et T ou des services financiers. Une expérience intéressante a consisté à créer des bureaux polyvalents dans certaines zones. Les principes posés par la charte de la déconcentration du 1er juillet 1992, de même que la finalité assignée au nouveau Comité interministériel pour la réforme de l'État de « prendre en compte les besoins et les attentes des usagers »[47] ne peuvent que contribuer à améliorer la situation.

Mais les collectivités locales qui sont les premières intéressées par ces questions peuvent très bien intervenir librement dans le même sens. Dès lors que l'initiative privée est défaillante ou absente et que l'intérêt général justifie son action, la collectivité peut décider de la solution. Là encore, la loi permet une association conventionnelle des collectivités pour renforcer l'efficacité des mesures adoptées.

Ainsi, si l'on considère l'ensemble des dispositions réglant le jeu de l'interventionnisme local, on peut conclure en constatant l'importance des moyens juridiques développés par la réforme. Désormais, les collectivités peuvent prendre en charge leurs propres intérêts économiques, activer leur développement et réagir en cas de menaces graves sur l'équilibre de l'emploi.

Par ailleurs, le dispositif de ce système d'interventions est complété par deux mécanismes d'exonérations fiscales.

b) *Le rôle complémentaire des exonérations fiscales*

Ces exonérations tendent à faciliter la création ou l'installation d'entreprises et cohabitent en effet aussi bien avec les mesures propres à favoriser le développement local qu'avec les actions conjoncturelles de protection des intérêts économiques et sociaux.

---

47. *Cf.* Décret n° 95-1007 du 13 septembre 1995, *JO* du 14 septembre 1995, p. 13558 et suiv.

Tout d'abord, l'**exonération pour installation d'entreprises** prévue par l'article 1465 du Code général des impôts permet aux collectivités locales d'exonérer de la taxe professionnelle les entreprises qui concourent au développement local. Cette exonération peut être décidée pour une durée de cinq ans au plus. Elle est totale ou partielle selon les cas.

a) Elle est de **plein droit** s'il s'agit de création, d'extension ou de décentralisation d'un établissement industriel, ou de recherche technique ou scientifique, après le 1er janvier 1980, dans l'une des zones délimitées par l'aménagement du territoire.

b) Elle est **subordonnée à l'agrément** des services fiscaux s'il s'agit de création, décentralisation ou extension des services de direction, d'études, d'ingénierie, d'informatique, de reconversion avec substitution de produits ou encore de reprise d'établissement industriel en difficulté.

c) Elle est **limitée à 50 %** quand il s'agit d'entreprises de spectacles : théâtres, concerts symphoniques, cirques…

Un nouvel article 1465 A inséré dans le Code général des impôts par la loi n° 95-115 du 4 février 1995 dite loi d'orientation pour l'aménagement et le développement du territoire prévoit la *même exonération* sauf délibération contraire de la collectivité territoriale ou du groupement de collectivités concerné dans les *zones de revitalisation rurale* au profit des entreprises qui procèdent à compter du 1er janvier 1995 à des créations ou extensions d'activités industrielles ou de recherche scientifique et technique, ou de service de direction, d'études, d'ingénierie et d'informatique, sous réserve de l'agrément nécessaire le cas échéant. Cette exonération ne peut avoir pour effet de reporter de plus de cinq ans l'application du régime d'imposition de droit commun.

La même règle s'applique encore au profit des créations et extensions d'établissements réalisées dans *des zones de redynamisation urbaine*. L'exonération est limitée au montant de base net imposable fixé pour 1992 à un million de francs et actualisé chaque année en fonction de la variation des prix constatée par l'INSEE pour l'année de référence (*ibid.*, art. 1466 I *bis*). L'État compense chaque année la perte de recettes résultant des exonérations nouvelles prévues dans ces deux types de zones prioritaires.

Quant à l'**exonération pour création d'entreprises** prévue par la loi du 8 juillet 1983[48] modifiée portant diverses dispositions relatives à la fiscalité des entreprises et à l'épargne industrielle, elle vise les entreprises créées du 1er janvier 1983 au 31 décembre 1988. Elle a permis aux collectivités locales de les exonérer de la taxe professionnelle et de la taxe foncière sur les propriétés bâties au titre des deux années qui ont suivi celle de leur création (*ibid.*, art. 1464 B et 1383 A).

Les entreprises créées à compter du 1er janvier 1989, qu'elles exercent une activité industrielle, commerciale ou artisanale ou qu'il s'agisse de sociétés créées pour reprendre une entreprise industrielle en difficulté, peuvent bénéficier de la même double exonération si elles remplissent les conditions légales.

Le double mécanisme des exonérations de l'article 1465 du Code général des impôts et de la loi du 8 juillet 1983 n'est pas cumulable. Si une entreprise remplit les conditions prévues pour les deux régimes, elle doit choisir clairement pour l'un ou pour l'autre. Les instructions du 17 octobre 1983 (6 C-2-83, 6 E-7-83) précisent que l'option est globale et irrévocable.

---

48. Loi n° 83-607 du 8 juillet 1983, art. 1 et 2.

De plus, dans les communes autres que celles classées comme stations balnéaires, thermales, climatiques, de tourisme et de sports d'hiver comportant plus de 2 500 lits touristiques, dont la population est inférieure à 5 000 habitants et qui sont situées dans les *territoires ruraux de développement prioritaire*, la loi du 4 février 1995 prévoit que le taux de 6 % du droit de mutation applicable aux *acquisitions de fonds de commerce et de clientèles* est réduit à *O* (*ibid.*, art. 722 *bis* nouveau). La même réduction de taux s'applique aux acquisitions de même nature situées dans *les zones de redynamisation urbaine*. Il faut toutefois que l'acquéreur s'engage à maintenir l'exploitation du bien acquis pendant une période minimale de cinq ans.

Enfin, il faut ajouter que dans le but de développer l'emploi et de favoriser le maintien, la croissance et la création des petites et moyennes entreprises dans l'ensemble *des zones prioritaires* (zones d'aménagement du territoire, territoires ruraux de développement prioritaire et zones de redynamisation urbaine), il est créé un *fonds national de développement des entreprises*. Ce nouveau fonds a pour objet de renforcer les fonds propres et de favoriser l'accès au crédit de ces entreprises et concourt à la mobilisation en leur faveur de l'épargne de proximité.

Le fonds intervient selon trois modalités prévues par l'article 43 de la loi du 4 février 1995 :

---

1. Par des prêts accordés aux personnes qui créent, développent ou reprennent une entreprise dans la limite de leur apport personnel en fonds propres au capital.

2. Par la garantie directe ou indirecte d'emprunts et d'engagements de crédit-bail immobilier contractés par les entreprises dans la limite de 50 % de leur montant.

3. Par la garantie d'engagements pris par les sociétés de caution, les sociétés de capital risque, les fonds communs de placement à risque, les sociétés de développement régional ou par un fonds de garantie créé par une collectivité territoriale.

Les *ressources du fonds* sont constituées par des dotations de l'État, des concours de l'Union européenne, des emprunts et l'appel public à l'épargne, les produits générés par l'activité du fonds, les remboursements des prêts accordés, et le cas échéant, par des apports de la Caisse des dépôts et des consignations.

Des conventions organisent les modalités selon lesquelles les organismes régionaux, départementaux ou locaux agréés par le ministre chargé de l'Économie sont associés aux interventions du fonds et notamment à l'instruction des demandes de prêts.

Tous ces mécanismes complétant leurs aides, les collectivités locales disposent désormais des moyens juridiques qu'elles souhaitaient depuis longtemps pour pouvoir jouer un rôle économique effectif. Au total, l'interventionnisme économique local représente 13 milliards 294 millions en 1992 (hors garanties d'emprunt), dont 10 milliards 105 millions pour les aides directes répartis pour 98,8 % en faveur du développement économique et 1,2 % au profit des entreprises en difficulté et 3 milliards 188 millions pour les aides indirectes.

Plus largement, le bilan des moyens de la décentralisation, mis en place progressivement, permet de parler d'un **progrès** considérable au profit d'une **démocratie locale effective**. L'ensemble des moyens financiers totalement renouvelé permet non seulement de couvrir à terme le surcoût des transferts de compétences, mais de responsabiliser les collectivités dans leur gestion. La globalisation généralisée des subventions sans affectation, encore insuffisante il est vrai, mais aussi la simplification des procédures concrétisent ce renouveau, en supprimant un grand nombre de contraintes lourdes et inutiles dénoncées à juste titre par le passé. De la même façon, les transferts des biens et des services et les garanties juridiques nouvelles de la fonction publique territoriale ou de l'interventionnisme local renforcent le dispositif légal propre à assurer le développement sans heurt de cette autonomie.

De ce bilan positif, il ressort que la réforme ouverte en 1982 instaure en France une forte décentralisation, qui répond aux aspirations profondes des collectivités, en donnant pour la première fois tout son sens pratique au principe de leur libre administration. Cette réalité, vivifiée par l'élection généralisée des organes gestionnaires, exécutifs et délibérants, ne doit pas occulter les limites de droit imposées par le cadre unitaire de l'État. Ce sont ces limites qui marquent le fossé par nature infranchissable entre la décentralisation territoriale de collectivités comme les nôtres et l'organisation politique des États fédérés. Il nous reste ainsi à comprendre comment s'affirme l'unité de l'État à travers ces limites.

Troisième partie

L'unité de l'État

Dans le cadre d'un État unitaire, les limites apportées à la libre administration des collectivités décentralisées **dépendent de la Constitution et de la loi**. Leur application, imposée par les textes, est garantie sur le plan pratique par l'efficacité des contrôles qui conditionnent l'unité juridique de l'État en veillant au respect du principe de légalité.

Il faut toutefois remarquer qu'une **certaine logique institutionnelle commande l'organisation même de ces contrôles**. Lorsque la décentralisation est étroite et n'accorde aux collectivités que des compétences limitées il est nécessaire que l'État renforce sa surveillance sur leur gestion pour éviter tout débordement qui puisse empiéter sur sa propre autorité. Dans ce cas, non seulement les contrôles spécialement mis en place par le législateur sont sévères, mais ils ont tendance à se multiplier en accablant leurs destinataires de procédures plus ou moins lourdes et tatillonnes. Ce type de situation est illustré en France par la gamme variée des procédés de **tutelle** en vigueur avant que ne s'engage un processus de réduction progressive.

Par contre, lorsque la décentralisation est large et donne aux collectivités les moyens suffisants d'une autonomie réelle, il est cette fois indispensable que l'État, sans renoncer à sa surveillance, la limite au minimum nécessaire à sa propre unité, c'est-à-dire au **contrôle de légalité**. À moins de remettre en cause l'autonomie consentie, les contrôles doivent alors être simplifiés et se rapprocher autant que possible des contrôles de droit commun auxquels est soumise normalement l'administration dans un État de droit.

La réforme de 1982 obéit à cette logique. En élargissant la décentralisation elle renouvelle les mécanismes de contrôle pour les purger des contraintes les plus pesantes. C'est ce que l'on peut vérifier principalement au niveau du contrôle des actes que nous étudierons dans un titre premier.

Nous examinerons ensuite les cas particuliers des *collectivités locales à statuts dérogatoires* qui n'ont pas été sans soulever parfois de délicats problèmes constitutionnels de conformité au principe de l'unité de l'État. Ce sera l'objet du titre II.

Les contrôles de l'État

La suppression de la tutelle, tant à l'égard des actes budgétaires que des autres décisions prises par les autorités locales, n'est pas réductible à un simple changement formel et terminologique qui signifierait simplement le remplacement du mot tutelle par celui de contrôle. Sans être totale puisqu'elle maintient notamment des cas de substitution en cas de carence en matière de finances et de police, cette suppression correspond fondamentalement à la volonté délibérée de transformer la nature même du contrôle pour traiter davantage les collectivités locales en adultes majeurs et responsables. Par ailleurs, elle s'accompagne de mesures moins spectaculaires de simplification au niveau du contrôle désormais unifié des organes, et se prolonge utilement par une œuvre de codification et d'allégement des prescriptions techniques, dénoncées jusque-là comme autant de tutelles parallèles exercées par l'État.

Chapitre 1

Le contrôle des actes non budgétaires

Deux idées complémentaires apparaissent dès le titre 1er de la loi du 2 mars 1982. D'une part, la loi qui est consacrée aux droits et libertés des communes, des départements et des régions associe l'extension de ces droits et libertés à la suppression de la tutelle. Mais dans le même temps, elle ne fait disparaître ni l'exigence de contrôle ni le fait que comme la tutelle précédente, le nouveau contrôle doit être soigneusement défini et conditionné par la loi.

Nous retrouverons ces idées en étudiant la suppression de la tutelle avant d'examiner la mise en œuvre des contrôles exercés par l'État. Le pluriel se justifie ici car les mécanismes du nouveau contrôle sur les actes ne sont pas seuls en cause. La réforme maintient en effet le contrôle sur les organes qui est modifié sur certains points sans être bouleversé.

Section 1
La suppression de la tutelle sur les actes

Pour comprendre précisément le changement radical de nature et de forme du contrôle de l'État sur les décisions des collectivités locales, il convient en premier lieu de mesurer la portée de la réforme à l'égard de l'ancienne tutelle. Les principes du nouveau contrôle résultent directement en effet de cette révision en profondeur voulue par le législateur.

§ 1. PORTÉE DE LA RÉFORME

Pour simplifier, nous distinguerons ce qui disparaît du régime antérieur et ce qui est maintenu.

A. Ce qui disparaît

Pour donner tout son sens à la libre administration des collectivités locales, la loi du 2 mars 1982 supprime tout d'abord le mot même de tutelle et, avec lui, toute connotation contradictoire au regard de l'autonomie locale. Avec une insistance remarquable, le législateur répète à propos des communes, des départements et des régions la suppression totale et définitive de toute tutelle administrative ou financière.

a) *Le mot même de tutelle*

Il faut souligner que le mot de *tutelle* évoque irrésistiblement l'institution de droit privé qui place un **tuteur aux côtés de mineurs incapables juridiquement**, dans le but de prendre les décisions à leur place. La tutelle supplée les déficiences d'une personne amputée du pouvoir de vouloir et d'agir par elle-même. On comprend qu'appliquée aux collectivités locales, elle induit naturellement l'idée injurieuse d'entités inaptes à se gérer elles-mêmes, ce qui explique du même coup que, faisant écho à Tocqueville qui dénonçait déjà *« l'insolence du mot »* en s'étonnant que personne ne l'ait relevée avant lui, les élus locaux aient multiplié leurs critiques à l'égard d'un terme aussi irritant que malheureux.

On peut tenir pour topique sur ce point cette remarque d'un sénateur en 1979 : *« Parler de tutelle à l'égard des collectivités locales, c'est dire qu'on les regarde un peu comme des mineures, juridiquement incapables de prendre par elles-mêmes des décisions définitives. Seul l'accord d'une personne qui leur est étrangère, qui est supposée avoir un jugement plus sûr que le mineur, valide leurs décisions*[1]*. »*

En l'occurrence, la personne étrangère, au jugement plus sûr est **l'État**, ce qui suggère de façon tout aussi fâcheuse l'analyse paradoxale d'une **hiérarchie qualitative entre les personnes morales de droit public**. Il y aurait celles d'ordre supérieur qui disposent de tous leurs attributs juridiques et qui constitueraient des personnes morales à part entière et celles d'ordre inférieur, diminuées par l'incapacité du pouvoir de gérer elles-mêmes leurs propres affaires. La première catégorie se réduirait au seul État, la seconde, beaucoup plus large, englobérait nécessairement l'ensemble des collectivités locales.

Désormais on ne parlera plus de tutelle mais de **contrôle**. Mais plus encore que le mot et les idées fausses qu'il véhicule, certaines formes de la tutelle disparaissent. Ce sont celles qui concentraient les privilèges les plus choquants du pouvoir central, en confortant l'idée de l'amputation du libre arbitre des collectivités sous tutelle, c'est-à-dire l'approbation et l'annulation des actes.

b) *L'approbation et l'annulation*

Le régime antérieur à 1982 organisait une tutelle sur les actes, qui pouvait s'exercer *a priori* ou *a posteriori* et revêtir différentes formes, d'énergie variable.

Tout d'abord dans le cadre de la tutelle *a priori* certaines décisions étaient soumises au régime rigoureux de l'**approbation préalable** avant de pouvoir devenir exécutoires. Cette approbation était donnée le plus souvent par le préfet, mais, selon les cas, elle pouvait l'être par les ministres concernés ou par le gouvernement, par décret simple ou par décret en Conseil d'État. Cette procédure lourde, manifestement contraire au principe d'une libre administration par les élus locaux, avait été à la fois

---

1. La remarque est de L. de Tinguy du Pouet. *Cf.* rapport sur le projet de loi pour le développement des responsabilités locales, *JO*, Sénat, n° 4006, t. I, p. 39.

assouplie et allégée en même temps que progressait l'idée qu'il fallait laisser aux collectivités locales la responsabilité de leur gestion, et ne contrôler leurs actes qu'*a posteriori*.

L'assouplissement a consisté pour l'essentiel à appliquer l'adage «qui ne dit mot consent» et à introduire un système d'approbation tacite. Si l'autorité saisie à fin d'approbation n'avait pas fait connaître sa décision dans un certain délai à dater du dépôt de la délibération, celle-ci était considérée comme acquise. Le délai acquisitif était variable : trente jours si l'approbation dépendait du préfet ou du sous-préfet, trois mois si elle relevait du ministre ou d'un décret, davantage si elle concernait les décisions économiques majeures que sont les concessions de services publics locaux.

Quant à l'**allégement**, il a fait l'objet d'un certain nombre de textes dont le plus important est la **loi n° 70-1297 du 31 décembre 1970 pour les communes**, qui réduit considérablement le nombre de cas pour lesquels l'autorisation préalable était exigée. Il s'agissait naturellement des actes les plus importants : les budgets, quand l'exécution du budget précédent était en déficit, les emprunts et les engagements financiers à long ou à moyen terme, les garanties d'emprunts, les taxes autorisées par le Code général des impôts, mais dont la quotité dépasse le maximum légal, les interventions dans le domaine industriel et commercial et, d'une façon plus large, les cas prévus spécialement par la loi. Cette liste étant limitative, l'amélioration voulue était très sensible.

Mais, d'une part, une **pratique routinière** entraînait la confusion, et les bureaux des préfectures comme les élus locaux ne distinguaient pas toujours clairement les délibérations envoyées pour simple information et celles qui nécessitaient l'approbation légale.

D'autre part, le principe même de la tutelle *a priori* donnait au pouvoir central une liberté totale et souveraine d'appréciation pour accorder ou pour refuser l'approbation. L'administration centrale se faisait par là même, arbitrairement, seul juge de l'opportunité des décisions des collectivités, dont la Constitution garantit pourtant la libre administration par des conseils élus.

Désormais, la réforme ouverte en 1982 supprime la tutelle *a priori* et retire à l'État son privilège exorbitant de contrôle d'opportunité.

Par ailleurs, l'article L. 121-31 disposait d'une façon générale que les délibérations du conseil municipal n'étaient exécutoires que *« quinze jours après le dépôt auprès de l'autorité supérieure »*. La formule, très maladroite, évoque la hiérarchie entre personnes morales que nous avons indiquée. Mais, surtout, elle ouvre au représentant de l'État, normalement le préfet, et plus couramment, le sous-préfet plus proche des responsables communaux, un délai de quinzaine pendant lequel il peut **annuler d'office** les délibérations illégales avant même qu'elles ne soient exécutoires. Cette hypothèse d'annulabilité visait le cas particulier des délibérations annulables dès lors que des conseillers personnellement intéressés à l'affaire avaient pris part à leur vote.

La loi prévoyait parallèlement une deuxième hypothèse d'annulation sans l'enfermer dans aucun délai et pouvant jouer dans **trois cas de nullité de plein droit** : quand les délibérations du conseil municipal portaient sur un objet étranger à ses compétences, quand elles avaient été prises hors des réunions légales, ou encore, quand elles violaient une loi ou un règlement d'administration publique.

Dans tous les cas, le préfet pouvait agir lui-même ou à la demande d'un administré intéressé. La tutelle imposait alors obligatoirement au particulier cette procédure préalable auprès du préfet, avant tout recours devant le juge de l'excès de pouvoir, c'est-à-dire le juge administratif. **L'absence de délai** d'annulation pour les cas de nullité de droit avait pour conséquence d'ouvrir à l'infini les possibilités de demande de la part des administrés, et de vouer à une précarité permanente certaines décisions locales.

Par là, la **tutelle dite de légalité** conférait au pouvoir central un double privilège exorbitant, celui de pouvoir annuler des décisions illégales sans recourir au juge, et celui d'étendre indéfiniment les possibilités du contrôle de légalité des délibérations locales alors que ce type de contrôle est normalement limité pour tous les autres actes administratifs au délai de recours contentieux.

Enfin, remettant à une autorité administrative le pouvoir d'annulation qui appartient au juge administratif, cette tutelle de légalité n'était pas sans soulever de délicats problèmes au sujet de sa **nature juridique**, certains auteurs penchant pour un caractère quasi juridictionnel[2]. Le Conseil d'État devait affirmer le caractère administratif des décisions prises par le préfet, sans pouvoir effacer définitivement toute trace d'équivoque au sein des discussions doctrinales[3].

Désormais, à l'égard de cette forme de tutelle, la réforme ouverte en 1982 tranche les difficultés en supprimant les privilèges du gouvernement ou de son représentant dans le département. Ceux-ci ne pourront plus disposer eux-mêmes directement du pouvoir de prononcer la nullité des décisions locales qu'ils estiment illégales. Dans la logique d'une législation vouée aux libertés locales, les décisions des élus seront traitées à égalité avec toutes les autres décisions administratives, en ce sens qu'elles seront soumises comme elles au **seul contrôle du juge**. Le représentant de l'État n'a pas d'autre droit que de saisir le juge, ce qui fait disparaître du même coup toute trace de prérogative exceptionnelle au profit de l'État.

Cependant, si la tutelle *a priori* d'opportunité disparaît et si le contrôle de légalité cesse d'être un pouvoir spécial dans les mains du pouvoir central, il serait excessif d'affirmer que toute forme de tutelle disparaît. Sur ce point, les formules du législateur ne doivent pas nous tromper. C'est ce que nous allons voir en précisant ce qui est maintenu du régime antérieur, et en corrigeant de quelques nuances les énoncés légaux.

B. Ce qui demeure

La loi du 2 mars 1982 qui proclame la suppression de la tutelle maintient cependant la forme considérée à juste titre comme la plus énergique de l'ancien système de contrôle, à savoir le pouvoir de substitution.

a) *Le pouvoir de substitution*

Ce pouvoir permettait au représentant de l'État d'agir aux lieu et place de l'autorité locale défaillante dans des domaines où une **carence persistante** risquait de compromettre gravement la vie locale. Le préfet exerçait ce pouvoir dans le cadre

---

2. G. MASPETIOL et LAROQUE, *La tutelle administrative*, 1930.
3. *Cf.* CE, 4 février 1955, Lods.

normal de son **pouvoir hiérarchique** sur le maire en qualité d'agent de l'État, chaque fois que celui-ci refusait de faire un des actes qui lui étaient prescrits par la loi et, qu'après mise en demeure, il persistait dans son refus.

Parallèlement, le préfet l'exerçait aussi dans le cadre de la **tutelle** sur le maire, en qualité cette fois d'agent de la commune, ou sur le conseil municipal lorsque ceux-ci s'abstenaient de prendre les mesures nécessaires **en matière de police et de finances**.

C'est ainsi que l'article L. 131-13 du Code des communes prévoyait que le préfet pouvait prendre toutes *mesures relatives au maintien de l'ordre public* pour toutes les communes de son département ou plusieurs d'entre elles, lorsque les maires n'y avaient pas pourvu, ou même, se substituer au maire d'une seule commune après une mise en demeure demeurée sans effet.

En outre, en cas de refus du maire non justifié par l'intérêt général, le préfet pouvait lui-même accorder à un particulier une permission de voirie (art. L. 131-14 du Code des communes).

En matière financière, le préfet pouvait régler le budget en cas de carence du conseil municipal, ou d'impuissance de celui-ci à établir un **équilibre réel**. La procédure comportait une navette entre la préfecture et la commune, propre à garantir les libertés communales en permettant au conseil de rectifier lui-même son budget. De la même façon, le préfet pouvait **inscrire d'office les dépenses obligatoires** lorsque le conseil n'avait pas prévu d'allocation correspondante ou n'avait pas alloué les sommes suffisantes. Là encore, l'inscription d'office intervenait après que le conseil ait été appelé à émettre une délibération spéciale.

Sur l'intervention du Sénat, non seulement la réforme ouverte en 1982 maintient le pouvoir de substitution en matière de police municipale et en matière financière, mais d'une part, elle l'étend à la police du domaine départemental et l'élargit à tous les budgets locaux, et d'autre part, elle l'introduit dans le régime nouveau applicable aux grandes villes, de même qu'en matière d'urbanisme.

En ce qui concerne la police municipale, le représentant de l'État continue à intervenir selon les conditions et modalités applicables auparavant (art. 2 loi du 2 mars 1982). Dans ce cas et comme précédemment, la substitution engage la responsabilité de la commune et non celle de l'État sous réserve qu'elle soit légale[4].

L'article L. 131-13 alinéa 1 du Code des communes prévoit expressément ce pouvoir de substitution du préfet *en cas de carence du maire*. Le préfet peut prendre « dans tous les cas où il n'y aurait pas été pourvu par les autorités municipales, toutes mesures relatives au maintien de la salubrité, de la sûreté et de la tranquillité publiques » (*ibid.,* al. 1). Ce droit ne peut s'exercer qu'après *mise en demeure restée sans résultat* si les mesures à prendre n'intéressent qu'une seule commune (*ibid.,* al. 2). Il s'exerce sans mise en demeure quand le maintien de l'ordre est menacé dans deux ou plusieurs communes limitrophes (*ibid.,* al. 3).

Le pouvoir de substitution du préfet en matière de police municipale joue encore à l'égard des *permissions de voirie* précaires ou révocables en cas de refus du maire non justifié par l'intérêt général. Le préfet peut alors les accorder (*ibid.,* art. 131-14).

---

4. L'abstention fautive du préfet engage la responsabilité de l'État pour faute lourde. *Cf.* CE Sec. 14 décembre 1962, Doublet, *Rec.* p. 680.

Par extension, la loi n° 91-2 du 3 janvier 1991 autorise le préfet à *interdire* dans une ou plusieurs communes, l'accès de certaines voies ou portions de voies ou de certains secteurs de la ou des communes aux véhicules dont la circulation est de nature à compromettre soit la tranquillité publique, soit la protection des espèces animales ou végétales, soit la protection des espaces naturels, des paysages ou des sites, ou leur mise en valeur à des fins esthétiques, écologiques, agricoles, forestières ou touristiques. Ce dispositif est soumis à un *double formalisme*, l'exigence d'une mise en demeure préalable au maire et restée sans résultat d'une part, et d'autre part l'interdiction du préfet doit faire l'objet d'un arrêté motivé (*ibid.*, art. L. 131-14-1).

Dans les mêmes conditions formelles, le préfet peut encore soumettre à des prescriptions particulières relatives aux conditions d'horaires et d'accès à certains lieux et aux niveaux sonores admissibles, les activités s'exerçant sur la voie publique à l'exception de celles qui relèvent d'une mission de service public (*ibid.*, art. L. 131-14 al. 2).

La loi précise toutefois que ces dispositions ne s'appliquent pas aux véhicules utilisés pour une mission de service public et ne peuvent s'appliquer d'une façon permanente aux véhicules utilisés à des fins professionnelles de recherche, d'exploitation ou d'entretien des espaces naturels. En cas de non application par le maire de ces prescriptions, la substitution du préfet pourrait jouer là encore.

Mais la loi nouvelle va plus loin et l'article 25 § V permet la substitution en cas de carence du président du conseil général dans l'exercice de ses nouvelles attributions de **police du domaine départemental**. Là encore, après mise en demeure infructueuse, le préfet peut agir d'office. Par extension, il en est de même en matière de police des *travaux de voirie* et de police des *ports départementaux* qui relèvent également du président du conseil général.

En matière financière, le principe de la substitution du représentant de l'État dans le département est repris pour rectifier les **budgets locaux dans leur ensemble**, qu'il s'agisse des budgets communaux, départementaux, régionaux ou qu'il s'agisse des budgets des établissements publics territoriaux, sous réserve de quelques aménagements ou limites. L'intervention d'office du représentant de l'État est prévue par la loi du 2 mars 1982, en cas de budgets non conformes aux prescriptions légales, ce qui peut se produire dans cinq séries d'hypothèses :

1. non-respect des délais d'adoption du budget (art. 7) ;
2. absence d'équilibre réel (art. 8) ;
3. défaut d'adoption en temps utile d'un compte administratif, lui-même équilibré ;
4. existence d'un déficit (art. 9) ;
5. défaut d'inscription d'une dépense obligatoire (art. 11).

Le maintien de la substitution ne doit pas masquer une innovation majeure s'agissant des finances. La loi renforce les **garanties procédurales** et ne permet au représentant de l'État de procéder au règlement d'office qu'au terme d'un jeu de navette qui cesse d'être bilatéral, pour faire intervenir une institution nouvelle : *la chambre régionale des comptes*. Son rôle est désormais fondamental pour contrôler les actes budgétaires. C'est aussi un organe de conseil financier, qui propose aux élus locaux les redressements nécessaires avant que le délégué du gouvernement ne puisse se substituer à eux en cas de persistance des anomalies.

Deux autres cas de substitution financière du préfet sont prévus, sans intervention toutefois de la chambre régionale des comptes. Il s'agit du *mandatement des dépenses obligatoires* (art. 12) et non de leur inscription, et de l'inscription et du mandatement des intérêts moratoires. Dans ce dernier cas, le préfet doit recueillir l'avis du *comptable local* qui a lui-même l'obligation d'informer l'ordonnateur et le représentant de l'État de l'existence d'intérêts dus et non mandatés. La substitution du préfet à l'ordonnateur suppose en outre une mise en demeure restée sans effet.

Par ailleurs, si la loi a élargi les cas de substitution dans les domaines classiques de la police et des finances, le **statut des grandes villes : Paris, Lyon, Marseille**, crée un nouveau cas de substitution. La loi n° 82-1169 du 31 décembre 1982 prévoit l'intervention d'office du représentant de l'État en cas de **désaccord entre le conseil municipal et le conseil d'arrondissement**. Là encore, il s'agit d'éviter les blocages qui risqueraient d'affecter le bon fonctionnement des services publics et d'entraver l'application de la loi. Le préfet se prononce après avis du président du tribunal administratif (art. 12 al. 3 de la loi).

Le *Conseil constitutionnel* devait se prononcer sur la constitutionnalité de ce nouveau pouvoir d'intervention. Dans sa décision du 28 décembre 1982[5], il affirme la parfaite conformité de celui-ci à la Constitution, d'une part parce que l'article 72 confère au délégué du gouvernement la charge du respect des lois, et d'autre part, parce qu'une telle intervention se justifie et devient nécessaire lorsqu'*« une absence de décision de la part des autorités décentralisées risque de compromettre le fonctionnement des services publics et l'application des lois »*.

Cette formule rappelle de façon opportune la **finalité** même du pouvoir de substitution, qui est d'éviter que des activités d'intérêt général ne soient interrompues par la carence manifeste des autorités locales. Dès lors, et pour paradoxal que puisse apparaître le maintien du pouvoir de substitution dans le cadre d'un train législatif qui affirme d'abondance la suppression de la tutelle, on comprend que le législateur ait eu recours à cette solution efficace chaque fois qu'il s'agit d'*empêcher le blocage de l'administration locale*.

Par ailleurs, le Conseil constitutionnel prend soin de rappeler que le pouvoir de substitution reste un pouvoir strictement **conditionné par la loi** comme l'étaient précédemment tous les pouvoirs de tutelle. C'est au législateur seul *« qu'il appartient de prévoir l'intervention du délégué du gouvernement pour pourvoir, sous le contrôle du juge, à certaines difficultés résultant de l'absence de décision »*.

C'est ainsi que pour éviter tout dysfonctionnement de la décentralisation *en matière d'urbanisme*, le préfet dispose d'un nouveau pouvoir de substitution en vue de surmonter la carence de l'autorité compétente, s'agissant de l'élaboration ou de la révision des schémas directeurs ou des plans d'occupation des sols, lorsqu'il les estime indispensables à la réalisation d'un projet d'intérêt général ou à l'application locale de prescriptions d'aménagement et d'urbanisme.

À l'égard des schémas directeurs, ce n'est qu'après mise en demeure demeurée sans effet pendant deux ans que le préfet peut agir d'office (art. L. 122-1-4 nouv. du Code de l'urbanisme). À l'égard des POS, ce même délai est de six mois.

D'une façon générale, la substitution, considérée comme la forme la plus achevée de la tutelle, demeure après la réforme. Seuls disparaissent le pouvoir du représentant de l'État d'annuler les décisions illégales sans recours au juge et le pouvoir d'exercer un contrôle *a priori* d'opportunité sur les actes locaux. La réalité mérite d'être nuancée et cette double suppression n'est pas aussi totale qu'elle prétend l'être.

---

5. Voir *AJDA*, 1983, p. 129.

Si la suppression de la tutelle d'annulation est effective, il faut remarquer qu'elle laisse intact le pouvoir d'annulation du représentant de l'État à l'égard des actes des autorités locales, lorsqu'elles agissent sous la casquette de l'État en tant qu'autorités déconcentrées. L'annulation est alors une des formes du pouvoir hiérarchique de l'autorité supérieure.

b) *L'approbation exceptionnelle*

Par ailleurs, la tutelle *a priori* ne disparaît pas totalement. La réforme laisse subsister le mécanisme de l'approbation préalable dans un certain nombre de cas que l'on peut classer.

1. Les participations des communes et des départements dans le capital de sociétés commerciales ou tous autres organismes à but lucratif, n'ayant pas pour objet d'exploiter des services communaux ou départementaux ou des activités d'intérêt général dans les conditions prévues par la loi (art. 5 III et 48 III).

Plus largement, dans le cadre de la *coopération transfrontalière*, les collectivités territoriales et leurs groupements *ne peuvent adhérer* à un organisme public de droit étranger ou *participer au capital d'une personne morale de droit étranger* auquel adhère ou participe au moins une collectivité territoriale ou un groupement de collectivités territoriales d'un État européen frontalier, qu'après avoir obtenu une autorisation par décret en Conseil d'État. Il faut encore que l'objet de cet organisme ou de cette personne morale soit l'exploitation d'un service public ou la réalisation d'un équipement local d'intérêt commun (art. 83 de la loi d'orientation du 4 février 1995).

2. Les participations financières de l'État (art. 16 et 56). C'est sans doute à ce niveau financier que le poids de l'État, maître du jeu des subventions accordées ou non, comme d'ailleurs de l'encadrement des taux de fiscalité directe locale, est le plus lourd en dépit des efforts de globalisation des concours (DGE, DGF et DGD). Comme le remarque justement le conseiller d'État Guy Braibant, «L'État peut empêcher les collectivités locales d'entreprendre une opération en refusant les crédits nécessaires pour financer un projet. C'est aussi un moyen de les inciter et de les orienter. La politique d'incitation financière consiste à offrir des subventions aux collectivités si elles acceptent un projet ou une politique».[6] Il y a là un maintien de la tutelle *a priori* de l'État d'autant plus influant que les transferts de compétence ont entraîné des charges importantes nécessitant des ressources à leur mesure[7].

3. La création d'un syndicat mixte (art. L. 166-2 al. 2 du Code des communes).

4. La création, l'extension ou la transformation d'institutions sociales ou médico-sociales (art. 12 de la loi du 6 janvier 1986).

5. Le recours aux emprunts à l'étranger (en devises) pour les collectivités locales suppose le double accord des ministres de l'Intérieur et des Finances.

6. L'expédition des affaires courantes par le président du conseil général (art. 43) ou régional ou encore par le président du conseil exécutif de Corse (art. 27 de la loi du 13 mai 1991), en cas de dissolution de l'assemblée locale. Un mécanisme semblable est

---

6. *Cf.* Guy BRAIBANT, *Le droit administratif français*, 3ᵉ éd., Paris, Presses de la FNSP et Dalloz, 1992, p. 80.

7. On comprend que cette situation ait pu faire naître certaines interrogations. Voir sur ce point J.-F. AUBY, «La décentralisation fait-elle naître de nouvelles tutelles?», *AJDA*, 1984, p. 412.

prévu par la loi pour les nouveaux Conseils régionaux élus, le préfet de région étant alors compétent.

Toutes ces dispositions sont autant de **correctifs** qu'il convient de synthétiser de la façon suivante. Des trois formes de la tutelle, approbation, annulation et substitution, seules les deux premières sont supprimées sous réserve des cas particuliers de tutelle *a priori* prévus par la loi. D'ailleurs à trois reprises, le législateur de 1982 s'efforce de lever lui-même toute ambiguïté à ce sujet. Aux termes des chapitres consacrés à la suppression des tutelles administratives et à l'exposé des nouvelles règles de contrôle applicables aux communes (art. 22), aux départements (art. 58 XII) et aux régions (art. 70), il s'applique à répéter que *« sont abrogées toutes les dispositions prévoyant l'annulation, par le gouvernement ou ses représentants, des délibérations, arrêtés et actes des autorités* (communales, départementales ou régionales) *et toutes les dispositions soumettant à approbation ces délibérations, arrêtés et actes, ainsi que les conventions passées* (par ces autorités) *».*

Ce sont donc les deux formes de la tutelle considérées comme les plus odieuses qui disparaissent. La troisième, la substitution, demeure avec toute son énergie, en raison de ses avantages pratiques indiscutables pour empêcher la paralysie de l'administration locale dans des domaines où elle ne souffre aucune solution de continuité. Cette tutelle réduite aux deux tiers, et qui n'en porte plus le nom, fait néanmoins désormais figure d'exception face au nouveau contrôle des actes instaurés par la réforme. La nature de celui-ci ne doit plus rien au système précédent. C'est ce qui ressort de l'examen de ses principes.

§ 2. LES PRINCIPES DU NOUVEAU CONTRÔLE

Deux principes résultent directement de la double abrogation réalisée par la réforme. À l'abrogation de la tutelle *a priori* et donc du régime de l'approbation préalable correspond le principe de l'exécution de plein droit des actes locaux. Il est affirmé par la loi du 2 mars 1982 pour la commune (art. 2), pour le département (art. 45), et pour la région (art. 69).

À l'abrogation du privilège d'annulation par le gouvernement correspond le principe d'un contrôle de légalité exercé *a posteriori* par le juge administratif. Il apparaît au travers des articles 3 et 4 pour la commune, 46 et 47 pour le département, 69 § I et II pour la région.

A. L'exécution de plein droit

L'affirmation répétée du caractère exécutoire de plein droit des décisions des autorités décentralisées transforme à elle seule l'économie du contrôle de l'État, en même temps qu'elle donne tout son sens à l'autonomie locale.

a) *Sens, valeur, portée du principe*

L'exécution de plein droit signifie en effet que la mise en vigueur de ces décisions n'est plus conditionnée par un contrôle préalable. Tous les contrôles *a priori* disparaissent.

Aucune autorisation expresse ou tacite ne peut plus être exigée, sauf exceptions prévues par la loi, pour qu'un acte local produise tous ses effets.

Ce nouveau principe entraîne deux conséquences pratiques. La première consacre doublement l'**unité du régime d'entrée en vigueur des actes locaux**. D'une part, l'exécution de plein droit s'applique en effet à l'ensemble des collectivités locales et des établissements publics territoriaux. Il y a là une *simplification très nette* par rapport au droit antérieur, très largement différencié pour chaque catégorie de collectivités. D'autre part, l'unification joue également à l'égard des différents types de décisions sans distinguer comme auparavant entre les actes des organes délibérants et ceux des exécutifs locaux. Là encore, il s'agit d'une simplification.

La deuxième conséquence est que, désormais, le seul contrôle possible s'exerce *a posteriori*, ce qui supprime les aléas d'un contrôle d'opportunité et confère au représentant de l'État le pouvoir plus limité de déclencher le contrôle de légalité exercé par le juge. Encore faut-il précisément que le préfet puisse exercer effectivement ce pouvoir, c'est-à-dire avoir connaissance des actes dont il est censé apprécier la légalité avant de les déférer éventuellement au juge.

Sur ce point, la rédaction du texte définitivement voté par l'Assemblée nationale le 28 janvier 1982 a soulevé un délicat *problème de constitutionnalité*.

Poussant le nouveau principe de l'exécution de plein droit des actes locaux jusqu'à l'extrême, ce texte prévoyait son application immédiate *« dès qu'il a été procédé à leur publication ou à leur notification »*.

Donc, non seulement le caractère exécutoire des décisions n'est pas conditionné par un contrôle *a priori* quelconque, mais il n'est pas subordonné non plus à leur transmission au représentant de l'État prévue cependant par le même texte dans le délai de quinzaine. Cette loi initiale aménageait en effet le nouveau contrôle juridictionnel *a posteriori* exercé par le tribunal administratif et organisait sa saisine par le représentant de l'État après réception par celui-ci des décisions locales.

Le système se compliquait de deux dispositions embarrassantes. La première imposait un **préavis** au représentant de l'État avant toute saisine du tribunal administratif. Il devait en effet informer l'autorité locale de son intention de former un recours *« vingt jours au moins avant de le déposer à peine d'irrecevabilité »*. Dans une telle éventualité, il devait en outre fournir à l'autorité locale en cause *« toutes précisions permettant de modifier dans le sens de la légalité »* l'acte incriminé.

La deuxième disposition visait l'hypothèse où l'acte considéré comme illégal compromettait une **liberté publique ou individuelle**. Le texte prévoyait alors la possibilité pour le juge de déclarer le recours du représentant de l'État recevable avant l'expiration du délai de vingt jours. Une procédure accélérée en 48 heures était même organisée pour toute demande de sursis à exécution jointe au recours.

Ce sont ces deux particularités procédurales qui seront censurées par le *Conseil constitutionnel le 25 février 1982*, sans que le principe de l'exécution de plein droit non plus que le nouveau mode de contrôle par le juge soient eux-mêmes considérés comme inconstitutionnels.

Le problème posé par les députés et sénateurs de l'opposition, auteurs de la saisine, était essentiellement celui de la conformité des articles de la loi intéressant le nouveau contrôle avec l'article 72 alinéas 2 et 3 de la Constitution. Le Conseil, ayant rappelé les termes de cet article, souligne tout d'abord que la loi peut fixer les conditions de la libre administration des collectivités locales, ce que permet l'art. 72 alinéa 2. Cette possibilité s'entend sous la réserve qu'une telle loi respecte les prérogatives de l'État énoncées à l'alinéa 3, qui dispose que : *« Dans les départements et territoires, le délégué du gouvernement a la charge des intérêts nationaux, du contrôle administratif et du respect de la loi »*.

Puis il constate que la loi, en organisant le nouveau contrôle, donne au représentant de l'État la possibilité de soumettre au tribunal administratif tous les actes qu'il estime contraires à la légalité, ce qui lui confère un rôle spécial, dans le contrôle des actes locaux et ne restreint pas par conséquent la portée de l'article 72 alinéa 3. Par là, il confirme pleinement et définitivement le nouveau mode de contrôle.

Par contre, le Conseil constitutionnel juge **non conformes à la Constitution** aussi bien les dispositions qui déclarent les actes locaux exécutoires de plein droit avant même leur transmission au représentant de l'État, que celles qui frappent d'irrecevabilité tout recours de celui-ci introduit avant l'expiration du préavis de vingt jours. Il prend soin d'expliquer cette double inconstitutionnalité, en précisant que les premières dispositions font obstacle à ce que le représentant de l'État soit en mesure de connaître la teneur des actes locaux au moment où ils sont rendus exécutoires, et que les secondes, en le contraignant à une impossibilité temporaire d'agir, l'empêchent de saisir sans délai le juge administratif. Le représentant du gouvernement doit pouvoir saisir la juridiction compétente au moment même où l'acte estimé illégal devient exécutoire, et, pour pouvoir jouer son rôle et apprécier la légalité de l'acte, il doit bien évidemment en avoir connaissance.

Le législateur devait tirer non sans difficultés les conséquences de cette double censure. Dans un premier temps, la loi du 2 mars 1982, promulguée hâtivement, faisait disparaître non seulement les formules condamnées mais encore certaines dispositions initiales que le Conseil constitutionnel n'avait pas écartées, telle celle qui stipulait la règle générale du caractère exécutoire des actes *« dès leur publication ou leur notification »*. Cette amputation rédactionnelle, contraire aux règles normales de la promulgation, qui impose le maintien intégral des textes votés par le Parlement lorsqu'ils n'ont pas été jugés inconstitutionnels, se combinait avec un certain nombre de malfaçons.

C'est principalement pour corriger les défauts de la loi et pour dissiper les ambiguïtés que la *circulaire interprétative du 5 mars 1982*[8], relative au contrôle de légalité des actes administratifs locaux a été rédigée.

Ce texte comporte trois points principaux :

1. les conditions dans lesquelles les actes des autorités locales sont exécutoires ;

2. le rôle du représentant de l'État en matière de contrôle de légalité des actes des autorités locales ;

3. la saisine du juge administratif.

Cette circulaire, qui a servi de texte intermédiaire en matière de contrôle, a été vivement critiquée tant sur le fond notamment sur la pesanteur d'une transmission généralisée à tous les actes y compris ceux de gestion courante, que sur la forme et en particulier sur son ambition de combler les lacunes de la loi sans respecter le parallélisme des formes.

C'est pourquoi la loi n° 82-623 du 22 juillet 1982[9] est venue à son tour modifier et compléter la loi du 2 mars sur les points litigieux.

b) *Les conditions : la loi du 22 juillet 1982 et l'obligation de transmission*

La loi rappelle tout d'abord la double condition de **publicité** et de **transmission au représentant de l'État** pour que les décisions locales deviennent exécutoires. Mais alors que la première est une règle générale des actes administratifs, la seconde apparaît ici comme une *exception* conçue de façon restrictive. Le législateur limite en effet la portée de l'obligation de transmission en dressant la **liste** des actes qui lui

---

8. *Cf. JO* du 7 mars 1982, p. 786 ou *AJDA*, 20 mai 1982, p. 295.

9. *Cf. JO* du 23 juillet 1982, p. 2 347 ou *AJDA*, 20 septembre 1982, p. 545.

sont soumis, complétée ultérieurement par les lois des 7 et 22 juillet 1983, du 26 janvier 1984[10] et du 29 janvier 1993. Il s'agit :

> – des délibérations des conseils municipaux, généraux ou régionaux et des décisions sur délégation de ces conseils par les exécutifs locaux ;
> – des décisions réglementaires et individuelles prises par le maire ou le président du conseil général dans l'exercice de leur pouvoir de police ;
> – de tous les actes locaux à *caractère réglementaire* ;
> – des *conventions* relatives aux marchés et aux emprunts, aux concessions ou affermages de services publics locaux à caractère industriel ou commercial, et plus généralement depuis la loi du 29 janvier 1993, les conventions de délégation de service public et actes des SEML ;
> – des décisions individuelles intéressant la carrière des agents locaux : nominations, avancements de grade et même d'échelon depuis la loi du 26 janvier 1984[10] complémentaire sur ce point, sanctions soumises à l'avis du conseil de discipline, et licenciements ;
> – les actes relatifs à l'organisation des concours, à l'établissement des listes d'aptitude, à la publicité des créations et vacances d'emplois, enfin au budget des centres de gestion de la fonction publique territoriale (loi du 13 juillet 1987) ;
> – des autorisations d'urbanisme délivrées par le maire et prévues par la loi du 7 janvier 1983 complémentaire sur ce point. Il en est de même des autorisations de même nature délivrées par le président de l'établissement public de coopération intercommunale compétent (art. L. 421-2-1 du Code de l'urbanisme) ;
> – d'un certain nombre d'actes des établissements publics locaux d'enseignement et des établissements à caractère social ou médico-social (loi du 25 janvier 1985 et loi du 6 janvier 1986).

C'est donc une liste substantielle, mais pour longue qu'elle soit, **l'énumération des actes obligatoirement transmis au représentant de l'État introduit cependant un régime d'exception, le droit commun étant l'exécution de plein droit dès publication ou notification sans transmission.** Au total, les actes transmissibles représentent environ un quart des actes locaux.

Tous les actes ou délibérations qui ne figurent pas dans la liste échappent en effet à l'obligation de transmission. Ce sont les actes les moins importants et la circulaire du ministre de l'Intérieur, en date également du 22 juillet 1982[11] en donne un certain nombre d'exemples :

– actes de gestion courante des services ou du domaine public ;
– actes d'administration interne tels que les actes de gestion du personnel autres que ceux visés par la loi ;
– contrats autres que ceux mentionnés par la loi ;
– échanges de correspondance entre les élus locaux et les administrés.

---

10. Loi n° 84-53 du 26 janvier 1984, *JO* du 27 janvier 1984.
11. *Cf. JO* du 23 juillet 1982, Lois et décrets, p. 235 et s.

La même circulaire éclaire les finalités pratiques de telles distinctions, en indiquant que le contrôle de légalité prévu par la loi doit porter « *sur les actes les plus importants des autorités locales sans créer pour les élus de contraintes excessives, et en particulier, sans les obliger à transmettre au représentant de l'État un trop grand nombre de documents* ».

C'est donc pour ne pas imposer la charge pénible d'une transmission systématique aux élus locaux, mais aussi, par voie de conséquence, pour ne pas encombrer les bureaux préfectoraux que la loi adopte la non-transmission comme principe et l'obligation de transmission comme exception, sans doute large mais réservée aux actes les plus graves.

Par ailleurs, la loi précise elle-même que deux catégories d'actes sont **exclues** de son champ d'application et demeurent régies par les dispositions qui leur sont propres.

D'une part, les actes pris par les autorités locales **au nom de l'État** dans le cadre de l'administration déconcentrée restent soumis au contrôle hiérarchique.

D'autre part, les actes relevant du **droit privé**, qui se rencontrent notamment dans la gestion du domaine privé, relèvent du juge judiciaire en cas de litige. Encore faut-il distinguer ici les actes eux-mêmes, telle la vente d'une parcelle de son domaine privé par une commune, et les délibérations qui les concernent, par exemple la décision de vendre prise par le Conseil municipal. La circulaire du 22 juillet attire l'attention sur leur différence de nature, les délibérations restant des actes administratifs soumis au nouveau contrôle bien qu'ils portent sur des actes privés relevant du juge privé dans les conditions du droit commun. Enfin, il ne faut pas oublier les actes soumis par exception au régime dérogatoire de l'approbation préalable et qui relèvent d'un régime de contrôle *a priori*.

La loi du 22 juillet 1982 modifie ou précise en outre certaines **modalités pratiques** de la transmission.

Pour que l'acte local soit exécutoire, la condition de sa transmission est remplie dès lors qu'il est « reçu » par le représentant de l'État, ce qui suppose son envoi par l'autorité locale. La **preuve de la date de réception** est donc importante. Elle peut être faite par tous moyens, notamment par l'accusé de réception qui n'est pas obligatoire, puisque la loi précise qu'il n'est pas une condition du caractère exécutoire de l'acte. C'est à l'exécutif local qu'il appartient de certifier sous a responsabilité, c'est-à-dire, en fait, sous la responsabilité de la collectivité qu'il représente, que l'acte est bien exécutoire et remplit toutes les conditions prévues légalement, qu'il s'agisse de la publicité ou de la transmission.

La circulaire ministérielle prescrit à l'administration préfectorale d'informer les autorités locales de la date à laquelle l'acte a été reçu afin d'éviter toute contestation. Parallèlement, elle recommande aux autorités locales de ne publier ou notifier les actes qu'après transmission.

La loi peut encore prévoir des délais ou des prescriptions propres à la transmission de certains actes. C'est ainsi que la loi du 6 février 1992 précise que les *conventions de marché* des communes et des établissements publics communaux ou intercommunaux doivent être transmises au représentant de l'État dans un *délai de quinze jours* à compter de leur signature. L'autorité territoriale doit joindre à cette transmission un ensemble de pièces dont la liste est fixée par décret en Conseil d'État. L'autorité locale doit en outre certifier par une mention apposée sur le marché notifié au titulaire, que la transmission légale a bien été faite et en précisant la date de la transmission. Enfin, la même autorité informe dans un délai de quinze jours le représentant de l'État de la date de notification de ce marché. Cette procédure particulière a été étendue aux *conventions de délégation de service public* par la loi du 29 janvier 1993.

En fait, la **pratique** fait apparaître une tendance constante à une **forte inflation** des actes transmis par les communes et organismes assimilés depuis 1982. Cette croissance ne s'explique pas seulement par l'**expansion normale** de la matière à contrôler, en vertu des textes nouveaux qui viennent grossir au fur et à mesure des transferts de compétence la liste initiale des actes obligatoirement transmis. À cet égard, si l'on se réfère aux statistiques gouvernementales, alors que l'on comptait 2 915 051 actes transmis au représentant de l'État du 1er avril 1983 au 31 mars 1984, on en compte 5 375 796 pour l'année civile 1992[12], y compris les transmissions non obligatoires représentant environ 4 % du total.

La progression s'explique aussi par la **routine** des élus locaux qui continuent comme par le passé à transmettre sans nécessité un grand nombre de documents. Cette déviation dans l'application du principe ne sera corrigée progressivement qu'au prix d'une information systématique des responsables locaux.

La réforme affirme par ailleurs un autre principe tout aussi fondamental et nouveau que l'exécution de plein droit : celui d'un contrôle *a posteriori* de légalité remis par la loi entre les mains du juge administratif.

B. Le principe du contrôle de légalité par le juge administratif

En conférant au juge administratif le contrôle des actes des collectivités locales, le nouveau contrôle prend le contre-pied du système précédant par trois caractères fondamentaux.

a) *Le caractère a posteriori du nouveau contrôle*

En premier lieu, le rôle de contrôleur dévolu au juge consacre l'abandon de tout contrôle *a priori* de caractère administratif, sauf exceptions prévues par la loi comme nous l'avons vu. Le juge ne peut intervenir qu'*a posteriori* pour juger de la légalité des décisions locales, de la même façon qu'il intervient *a posteriori* comme juge de l'excès de pouvoir à l'égard de tout acte administratif. Sur ce point, la réforme **banalise la nature et la forme du contrôle** des actes locaux alors que la tutelle lui conférait un régime d'exception. Désormais, la seule différence avec le recours pour excès de pouvoir concerne les *catégories d'actes locaux susceptibles d'annulation*. Contrairement à la règle qui limite le contrôle de légalité aux actes unilatéraux de l'administration, le juge peut en effet annuler indifféremment une décision ou un contrat local. Il y a là une importante dérogation à la jurisprudence traditionnelle depuis l'arrêt du 4 août 1905 Martin[13]. Mais la finalité du contrôle est la même et permet une assimilation au fond : dans les deux cas il s'agit d'obtenir l'annulation d'actes illégaux. La Cour administrative d'appel de Paris a pu juger en ce sens que le

---

12. Pour les années 1982-1983-1984 et 1985 les chiffres relevés concernent la période du 1er avril au 31 mars de l'année suivante. À partir de 1986, l'année de référence est l'année civile.

13. Pour un exemple, TA Poitiers, 9 novembre 1983, commissaire de la République du département de la Vienne, tab. 516.

dossier de requête du préfet à fin d'annulation d'une convention passée par une commune estimée par lui illégale relevait du Conseil d'État dans le cadre de ses compétences propres en matière de *recours pour excès de pouvoir*, et en conséquence a pu lui retourner l'affaire pour laquelle il s'était déclaré incompétent (*cf.* CAA Paris, form. plén. 26 décembre 1989, commune de Sainte-Marie)[14].

En acceptant de se prononcer au fond, le Conseil d'État a entériné ce raisonnement (*cf.* CE, Sec. 26 juillet 1991, commune de Sainte-Marie-de-la-Réunion)[15].

Du caractère *a posteriori* du contrôle se dégagent deux conséquences. La première consiste en un **renforcement de l'autonomie locale**, assurée de ne rencontrer aucun barrage administratif avant la prise de décision effective. Certes, il appartient au représentant de l'État au titre privilégié de sa mission constitutionnelle, de **saisir le juge** qui ne peut se saisir lui-même. Et il est clair que cette saisine qui doit intervenir dans les deux mois de la transmission de l'acte suppose nécessairement un **examen par l'autorité administrative**. Mais cet examen vaut filtrage des irrégularités et non censure. En aucun cas, le délégué du gouvernement ne peut lui-même anéantir l'acte qu'il estime illégal. Du même coup, disparaît une anomalie puisque le pouvoir d'annulation revient à son titulaire normal, c'est-à-dire au juge administratif.

On peut remarquer qu'une telle constatation pourrait bien faire rebondir le débat sur la nature des actes locaux, mais que, cette fois, les termes en sont inversés. Alors que l'annulation entre les mains du préfet avait permis de s'interroger sur la nature «quasi juridictionnelle» de la tutelle administrative, l'annulation par le juge médiatisée par le recours du représentant de l'État permettrait de risquer la formule d'une nature «quasi administrative»[16] du nouveau contrôle juridictionnel. Sans doute ne faut-il pas être dupe des mots et la nature juridictionnelle du nouveau contrôle ne fait aucun doute, mais la position prise par le Conseil constitutionnel le 28 février 1982 peut susciter l'embarras et fonder de telles propositions. En admettant la constitutionnalité du principe de l'annulation par le juge, le Conseil précise en effet que la loi qui lui est soumise ne restreint pas la portée de l'art. 72 alinéa 3, qui prescrit expressément que «*dans les départements et territoires, le délégué du gouvernement à la charge... du contrôle administratif...*». Cette conciliation des rôles dévolus au juge et au représentant de l'État avec le texte constitutionnel laisse inévitablement derrière elle une ambiguïté terminologique. C'est ce qui fait dire à Jean Boulouis : «*Il reste que le contrôle que (... la Constitution) a qualifié d'administratif ne l'est plus vraiment que par la qualité de l'autorité chargée de le déclencher*[17].»

La deuxième conséquence de pure procédure n'est pas moins intéressante. Par son caractère *a posteriori*, le contrôle exercé par le juge **renverse la charge de la preuve**. Ce ne sont plus les collectivités locales qui saisissent le juge pour faire annuler l'arrêté d'annulation du préfet avec l'obligation pour elles de démontrer la légalité de la décision locale. C'est le représentant de l'État qui saisit le juge et doit de ce fait lui fournir tous les éléments qui établissent l'illégalité de l'acte litigieux. La

---

14. *Cf.* CAA Paris, form. plén. 26 décembre 1989, tab. 538.

15. *Cf.* CE Sect., 26 juillet 1991, commune de Sainte-Marie-de-la-Réunion, *Rec.* p. 302.

16. On trouve la formule à propos de la part d'opportunité qui intervient dans le jugement ; *cf.* G. VEDEL, P. DELVOLVÉ, *Droit administratif*, PUF, précis Thémis, p. 984.

17. *Cf.* J. BOULOUIS, «Commentaire des décisions du Conseil constitutionnel», *AJDA*, 20 mai 1982, p. 305.

situation des autorités locales s'en trouve confortée et comme le note pertinemment Jean-Michel De Forges : « *Il y a donc là un changement du rapport des forces*[18]. »

b) *Le contrôle de légalité, portée et limites*

Par ailleurs, le second caractère qui oppose le nouveau contrôle à la tutelle précédente est que, remis entre les mains du juge administratif, il se définit normalement et exclusivement comme un **contrôle de légalité**. Ce qui signifie que le juge joue son rôle naturel de gardien de la légalité vis-à-vis des actes locaux, comme il le fait vis-à-vis de tout acte administratif. En opérant le transfert de ce contrôle d'un agent déconcentré à un organe indépendant du pouvoir exécutif d'État, la réforme renforce les garanties de justice que toute démocratie attend de la séparation des pouvoirs.

En conséquence, le juge administratif soumet l'action locale au respect des lois et plus particulièrement de toutes celles qui intéressent la décentralisation. À ce titre, il dispose des mêmes pouvoirs que ceux qu'il met en œuvre dans le cadre d'un recours pour excès de pouvoir.

Le juge contrôle en conséquence la **légalité externe** de l'acte local, afin d'en vérifier la conformité formelle et procédurale. La pratique jurisprudentielle depuis 1982[19] témoigne d'une vigilance spéciale à l'égard de l'application du principe d'exécution de plein droit ou des conditions d'exercice de la saisine par le représentant de l'État. C'est ainsi, par exemple, qu'est considérée comme irrecevable toute demande introduite hors du délai de deux mois à compter de la transmission prévue par la loi[20]. Il appartient au représentant de l'État de prouver que la requête a bien été enregistrée dans ce délai.

Toutefois, le délai de deux mois dont dispose le préfet *peut être prorogé* dans deux cas. Tout d'abord, quand l'acte transmis ne l'a pas été intégralement, ou si n'ont pas été transmis en même temps que l'acte, l'ensemble des documents permettant au préfet d'en apprécier la légalité. Une circulaire du 19 avril 1988 commentant l'arrêt du Conseil d'État en date du 13 janvier 1988, Mutuelle générale des personnels des collectivités locales et de leurs établissements[21], vise à préciser la règle.

Par ailleurs, contrairement aux premières orientations ou directives concernant l'application de la loi, une circulaire du 17 novembre 1986 commentant là encore un arrêt du Conseil d'État en date du 18 avril 1986[22], admet que le *recours gracieux* du préfet auprès de l'auteur de l'acte local permet de proroger le délai normal du déféré.

Cette double dérogation renforce la règle de transmission dans le premier cas et facilite la mission préventive de conseil et de dialogue prévue par la loi dans le second.

Une certaine rigueur est exercée à l'égard des actes susceptibles d'être déférés par le représentant de l'État. Les décisions simplement confirmatives sont écartées de même que les mesures d'ordre intérieur. En ce qui concerne les avis, propositions ou vœux, une jurisprudence contradictoire des juridictions du premier degré *admet*

---

18. J.-M. DE FORGES, *Institutions administratives*, PUF, 1985, p. 243.

19. Voir F.-X. AUBRY et C. LEPAGE-JESSUA, « Les juges administratifs face à la décentralisation », *AJDA*, juin 1984, p. 370 à 377.

20. Pour un exemple, *cf.* TA Versailles, 26 mai 1983, commissaire de la République du département de l'Essonne c/ département de l'Essonne.

21. *Cf.* CE sect. 13 janvier 1988, Mutuelle générale des personnels des collectivités locales et de leurs établissements, *Rec.* p. 7, *AJDA*, 1988, p. 160, chr. Azibert, *RFDA*, 1988, p. 282, concl. Roux.

22. *Cf.* CE, 18 avril 1986, COREP d'Ille-et-Vilaine, Lebon, tables p. 423.

(*cf.* TA, Nice, 6 juillet 1984, commissaire de la République des Alpes-Maritimes[23]) ou *refuse* (*cf.* TA, Strasbourg, commissaire de la République de la Moselle[24]) la recevabilité du déféré préfectoral exercé contre eux.

Le juge se reconnaît par contre compétent pour apprécier la légalité d'un acte administratif détachable d'un contrat privé[25]. Ce sont là des solutions traditionnelles du contentieux de la légalité. Plus originale est la position du juge à l'égard du recours du représentant de l'État saisi d'une demande d'un administré. Il ne l'admet pour recevable que si l'administré disposait par ailleurs d'un recours direct. Cette interprétation restrictive tend à désencombrer les tribunaux administratifs en éliminant les actions introduites à la légère.

Le juge peut encore contrôler la **légalité interne** de l'acte local pour en vérifier sur le fond la conformité légale. Dans ce cadre, il veille particulièrement au respect des nouvelles répartitions de compétences et vérifie que les transferts ne sont pas l'occasion pour les collectivités de créer entre elles de nouvelles tutelles. C'est ainsi que le tribunal administratif de Montpellier n'a pas hésité à annuler le règlement adopté par le Conseil régional du Languedoc-Roussillon parce qu'il instituait une sorte de tutelle des présidents des conseils généraux sur l'octroi et le contrôle des subventions du Conseil régional[26].

Qu'il s'agisse de légalité interne ou externe de l'acte, le juge ne peut que **l'annuler pour illégalité, ou le confirmer**, dans le cas contraire. Son efficacité se limite à «dire le droit». Il *n'a pas plus de pouvoir* en tant que contrôleur de l'acte local qu'en tant que contrôleur d'un acte administratif quelconque.

A contrario, on peut tout aussi bien souligner *qu'il n'en a pas moins*. Certes, *il ne dispose pas du pouvoir de substitution* qui lui permettrait de faire à la place de l'administration ce qu'elle refuse de faire, ou ce qu'elle persiste à mal faire.

Cette difficulté a souvent été dénoncée par les praticiens, comme le fait Daniel Chavanol en termes extrêmement sévères : « *Tant que le juge ne pourra surmonter un refus illégal en effectuant lui-même l'acte positif, le respect de la légalité ne sera que façade toutes les fois que les autorités administratives décentralisées auront l'obligation d'agir et s'y refuseront*[27]. »

Mais *l'efficacité de la procédure* peut aussi bien être renforcée par les moyens de contraintes dont dispose désormais le juge administratif, soit par le prononcé d'astreintes dans les conditions posées par la loi n° 80-539 du 16 juillet 1980, soit par les *nouveaux moyens d'injonction* (au fond ou d'exécution) prévus par les articles L. 82 et L. 84 de la loi n° 95-125 du 8 février 1995[28]. Il est encore trop tôt pour savoir quelle utilisation sera faite de ces derniers dans le cadre du contrôle des actes locaux qui ne les exclut pas dans la mesure où le Conseil d'État considère que «le déféré du représentant de l'État est soumis lorsque la loi n'en dispose pas autrement, aux règles

---

23. *Cf.* TA Nice, 6 juillet 1984, commissaire de la République des Alpes-Maritimes, tab. p. 516.
24. *Cf.* TA Strasbourg, 7 avril 1987, commissaire de la République de la Moselle, tab. p. 722, *RFDA*, 1988, p. 416, concl. Heers.
25. Pour un exemple, *cf.* CE, 10 mai 1985, Sté anonyme Boussac Saint-Frères, *AJDA*, 1985, p. 436.
26. *Cf.* TA Montpellier, 20 juin 1983, commune de Narbonne c/région de Languedoc-Roussillon, en présence de la commune de Castelnaudary.
27. *Cf.* D. CHAVANOL, «Décentralisation et juge administratif», *AJDA*, 20 février 1983, p. 73.
28. *Cf.* Loi n° 95-125 du 8 février 1995, *JO* du 9 février 1995, p. 2175 à 2184. Pour un commentaire, voir notamment J.-M. WOEHRLING, «Les nouveaux pouvoirs d'injonction du juge administratif selon la loi du 8 février 1995 : proposition pour un mode d'emploi», *Les Petites Affiches*, 24 mai 1995, n° 62, p. 18 à 22.

du droit commun de la procédure devant les tribunaux administratifs» (*cf.* CE, 29 mai 1987, commune de Goult)[29].

Par ailleurs, l'ensemble du nouveau contrôle gagne en souplesse. Le législateur de 1982 a voulu trancher avec l'arbitraire des annulations discrétionnaires prononcées par le délégué gouvernemental, en éliminant tout contrôle d'opportunité. Ici apparaît le troisième caractère qui oppose le contrôle du juge à la tutelle.

c) *L'exclusion du contrôle d'opportunité*

Désormais, en effet, l'annulation prononcée par le tribunal administratif ne peut être fondée que sur *une illégalité débattue et démontrée* aux termes d'un débat contradictoire. Elle cesse d'apparaître comme un privilège exorbitant de l'État et ne peut plus traduire un acte de pure autorité lié à l'opportunité politique du moment. En faisant disparaître précisément le contrôle d'opportunité considéré comme un des aspects les plus odieux de la tutelle, la réforme redonne aux collectivités toutes les garanties de droit. Par là, le contrôle limité strictement à la légalité favorise les libertés locales et complète harmonieusement l'ensemble législatif aménageant la décentralisation.

D'ailleurs, pour évacuer toute ambiguïté à ce sujet, la circulaire d'application du 22 juillet 1982 précise que «la vérification qui incombe au représentant de l'État ne doit concerner que la *seule légalité de l'acte*. L'appréciation ne doit en aucune manière porter sur l'opportunité. Elle doit en revanche concerner tous les éléments de la légalité»[30]. Ce qui signifie bien qu'en amont, s'agissant du contrôle préalable du préfet avant tout déféré, comme en aval, s'agissant du contrôle *a posteriori* du juge administratif, le nouveau dispositif interdit tout contrôle d'opportunité. Cette analyse, conforme à l'esprit et à la lettre des textes, mérite cependant d'être doublement **nuancée**.

D'une part, à l'égard de certains actes, l'exercice du **pouvoir de substitution** maintenu entre les mains du représentant de l'État continue à relever comme auparavant d'une appréciation d'opportunité. Il en est ainsi en matière de police, où seuls l'abstention fautive ou le refus irrégulier d'exercer le pouvoir permet d'engager la responsabilité de l'État pour faute lourde dans les conditions de droit commun (CE, Sect. 14 décembre 1962, Doublet). De plus, la loi n'interdit pas au même préfet de déférer l'acte de police au juge administratif à fins d'annulation. L'exercice de ce recours est alors l'objet d'une appréciation de légalité. Quant au choix entre les deux voies d'intervention possibles, il est lui-même affaire d'opportunité !

D'autre part, le **contrôle exercé par le juge** n'exclut pas toujours lui-même toute considération d'opportunité, particulièrement quand le juge apprécie la légalité interne de l'acte local et juge ainsi au fond l'application de la décentralisation. Lorsque la jurisprudence dégage des règles pratiques, définit un terme, donne des critères ou, de façon générale, interprète un texte, par définition elle va au-delà de la *lex lata*. Et ce dépassement qui est la création du juge porte en lui inévitablement une part d'opportunité.

C'est ainsi qu'**en matière d'interventionnisme local**, les décisions rendues élargissent de plus en plus la notion d'intérêt public local pouvant justifier, soit la création de services publics industriels et commerciaux, soit l'aide aux entreprises en difficultés.

---

29. *Cf.* CE, 29 mai 1987, commune de Goult, tab. 621, *DA* 1987, n° 399.

30. Circulaire du 22 juillet 1982, *cf. JO* du 23 juillet 1982. Cette circulaire complète celle du 5 mars 1982, *cf. JO* du 7 mars 1982 sur le contrôle de légalité.

Une création d'auberge communale a pu être admise par exemple comme constituant un service public industriel et commercial légal parce qu'elle répond à un besoin local[31].

De même, le Conseil d'État considère qu'un maire, qui cherche un successeur à une entreprise en difficulté pour maintenir l'emploi dans sa commune, n'agit pas comme un agent d'affaires mais dans un but d'intérêt général. De même, lorsque ce successeur est trouvé et que le Conseil municipal propose à l'entreprise partante dispensée des indemnités de licenciement, de rétrocéder à la commune les terrains, et bâtiments qui lui appartenaient autrefois pour le franc symbolique, le Conseil d'État admet la légalité de sa délibération, adoptée *« sans excéder les limites de sa compétence et sans porter atteinte à la liberté du commerce et de l'industrie »*. (*Cf.* CE, 10 mai 1985, Société anonyme Boussac Saint-Frères[32].)

Il n'est pas difficile de comprendre que, dans un cas comme dans l'autre, de telles décisions relèvent autant de considérations d'opportunité que des termes de la loi. On pourrait en dire autant de jugements qui portent sur le fonctionnement interne des assemblées locales ou sur les relations des collectivités avec leurs propres agents. L'interprétation plus ou moins stricte des dispositions légales ouvre une marge plus ou moins large à la liberté d'appréciation du juge. Encore faut-il ajouter que celle-ci est le résultat du *pouvoir jurisprudentiel* et n'est pas spécifique au contrôle des actes locaux.

D'une façon générale, on peut retenir que par ses trois caractères décisifs, le principe du contrôle de légalité par le juge administratif **transforme radicalement la nature** du contrôle des actes locaux. **Conçu strictement *a posteriori*, confié à un organe politiquement neutre, fondé sur la légalité, il rompt totalement avec le système des tutelles qui reconnaissait au représentant de l'État les privilèges exorbitants d'une censure *a priori* ou d'opportunité.** À cet égard, on peut remarquer la parfaite complémentarité des principes de l'exécution de plein droit et du contrôle juridictionnel : tous deux jouent en faveur de l'autonomie locale, en libérant les actes locaux de toute intervention administrative préalable et en les purgeant de tout risque d'arbitraire.

À ce **nouveau contrôle** sur les actes correspond une **nouvelle procédure**. Parallèlement, il existe un contrôle sur les organes locaux qui subit peu de changement, si ce n'est un certain nombre de mesures d'allégement. C'est ce que nous allons voir en examinant la mise en œuvre de ces contrôles.

Section 2
La mise en œuvre des contrôles

Nous étudierons tout d'abord la procédure de contrôle sur les actes, qui est une mise en application des principes du nouveau contrôle institué par la réforme. Puis, nous préciserons les éléments plus traditionnels qui caractérisent le contrôle sur les organes.

---

31. Nous avons vu ce jugement du TA de Clermont-Ferrand en date du 21 octobre 1983.
32. L'arrêt est reproduit à l'*AJDA*, juillet-août 1985, p. 436.

§ 1. LA PROCÉDURE DE CONTRÔLE SUR LES ACTES

La nouvelle procédure de contrôle sur les actes locaux se déroule comme une pièce en deux actes, joués successivement par deux acteurs principaux, et comportant un certain nombre de variantes. Le premier acte est dominé par le rôle totalement renouvelé du représentant de l'État. Pour les décisions locales, c'est l'acte d'exposition où s'opère le filtrage des illégalités dont le sort constitue l'argument dramatique. Le deuxième acte est accaparé par le juge. Pour les décisions suspectes d'illégalité, il est décisif puisque le procès qui leur est fait débouche sur leur survie ou leur annulation.

Toute l'originalité de la nouvelle procédure tient dans cette distribution des rôles où le représentant de l'État peut mettre en mouvement le contrôle, mais où seul le juge est habilité à l'exercer.

A. Le rôle du représentant de l'État

Le représentant de l'État voit désormais son rôle réduit à la possibilité de saisir le tribunal administratif sans pouvoir sanctionner lui-même les illégalités. Ce rôle, jugé conforme à la Constitution par le Conseil constitutionnel, incombe en pratique au préfet de région pour les actes régionaux, au préfet du département pour tous les autres actes locaux.

a) *Les conditions de la saisine du tribunal administratif*

Les articles 3, 46 et 47 V de la loi du 22 juillet 1982 disposent que le représentant de l'État défère au tribunal administratif les actes *« qu'il estime contraires à la légalité »*. La formule répétitive vise spécialement les actes soumis à l'obligation de transmission et assigne à la saisine un délai de deux mois à compter de la transmission, sous réserve des dérogations que nous avons vues jouer au bénéfice de la règle de transmission elle-même ou du dialogue concerté organisé entre le préfet et l'autorité responsable. Le délai peut encore courir de la décision explicite ou implicite par laquelle l'autorité locale refuse de compléter la transmission initiale comme le préfet le lui demande[33].

Les termes employés par le législateur font apparaître une première difficulté. La compétence du représentant de l'État est-elle une **compétence liée** lui faisant obligation de saisir le juge lorsque la décision locale est illégale ou, du moins, lui apparaît comme telle? C'est ce que semble prescrire l'indicatif présent «défère», qui, en droit, prend valeur d'impératif. Faut-il au contraire voir dans cette saisine du juge une **simple faculté** relevant de l'appréciation discrétionnaire du représentant de l'État comme tend à le suggérer l'expression «qu'il estime contraires à la légalité»? Les auteurs sont partagés sur la question[34].

---

33. *Cf.* CE, 31 mars 1989, Commissaire de la République de la région du Languedoc-Roussillon c/Mme Alary, *Rec.* p. 112.

34. J. Rivero use comme la loi de l'indicatif impératif pour définir le rôle du représentant de l'État quand il saisit le juge, *cf.* précis Dalloz de droit administratif, 1er trimestre 1985, p. 439 et 440. Par contre, J.-M. Becet opte pour la faculté, *cf. Institutions administratives*, Economica, 1984, p. 60.

On peut toutefois relever **certains indices** qui militent en faveur d'une **compétence liée**. Tout d'abord, la marge de liberté reconnue au représentant de l'État est extrêmement étroite comparée aux pouvoirs dont il disposait avec la tutelle précédente. Les textes délimitent soigneusement la nature de son appréciation, en excluant tout jugement sur l'opportunité de la mesure ou des choix faits par l'autorité locale. L'examen de passage de l'acte devant le préfet ne porte rigoureusement et exclusivement que sur sa légalité. En conséquence, si aucune irrégularité substantielle n'a pu être décelée, l'acte est classé. Comme le précise la circulaire du 5 mars 1982, la constatation que l'acte n'est pas contraire à la légalité *« marque la fin de tout contrôle sur cet acte de la part de l'autorité administrative »*. Du même coup, prend fin à son endroit la période délicate d'insécurité juridique pour l'auteur de l'acte.

Si, au contraire, le préfet relève dans l'acte une illégalité, **il est tenu d'en saisir le juge**. Cette obligation obéit à la logique du système qui reconnaît une mission précise du représentant de l'État, que la loi traduit dans la saisine du juge. On peut noter que de par cette mission spéciale, le représentant de l'État ne peut être assimilé à un requérant ordinaire. Il *n'a d'ailleurs pas à justifier d'un intérêt* à agir comme doit le faire un simple particulier. Il représente en effet à lui seul dans son action l'intérêt supérieur de l'unité de l'État, ce que recouvre la formule de l'art. 72 de la Constitution : *« Il a la charge des intérêts nationaux, du contrôle administratif et du respect des lois. »*

Cette charge spécifique exclut par nature le hasard et le caprice. Elle est essentielle au nouveau processus d'élimination des illégalités. D'où un dispositif légal qui renforce le rôle du représentant de l'État selon un enchaînement systématique.

> 1. Le représentant de l'État devient le point de passage obligé des actes locaux les plus importants : obligation de transmission ;
> 2. Il apprécie leur légalité au regard de toutes les règles de droit opposables aux autorités locales : obligation de vérification ;
> 3. Il saisit le juge des actes dans lesquels apparaissent des illégalités.

Dans ces conditions, il paraît difficile d'admettre que la saisine du juge soit pour le préfet une liberté discrétionnaire sans rendre inutiles les deux obligations précédentes. La jurisprudence a pu s'orienter en ce sens.

On peut relever que le tribunal administratif de Lyon a pu refuser au représentant de l'État la liberté de se **désister** comme peut le faire un demandeur ordinaire. Le juge examine les pièces du dossier pour ne donner acte d'un désistement du représentant de l'État que lorsque les moyens du déféré ne sont pas fondés, c'est-à-dire quand l'acte est légal et que le recours n'a plus d'objet[35]. Il en serait de même en cas de retrait de l'acte illégal par l'autorité locale. Le même tribunal a renforcé sa position dans une autre affaire en affirmant illégal un désistement du représentant de l'État pour un motif d'opportunité, et en lui reconnaissant du même coup une compétence liée[36].

Toutefois la saisine du juge n'est une obligation pour le préfet que pour autant que *l'illégalité est constatée et demeure*.

La loi organise une sorte de dialogue concerté, qui s'oppose à l'intervention administrative unilatérale de la tutelle, en offrant un véritable droit à l'erreur de l'autorité locale.

---

35. *Cf.* TA de Lyon, 6 février 1984, commissaire de la République du département du Rhône c/Syndicat mixte des transports en commun de la région lyonnaise.
36. *Cf.* TA de Lyon, 10 juillet 1984, commissaire de la République de l'Ardèche c/commune de Fons.

La loi établit en effet *deux droits à l'information* au bénéfice de l'autorité locale et de son autonomie. Le premier vise à réduire la période d'aléa juridique que connaît l'acte, dès lors qu'il a été transmis et reçu, et que le délai de saisine du juge commence à courir. La loi prévoit que sur **demande** du maire, du président du conseil général ou régional, le représentant de l'État l'informe de son intention de ne pas déférer au tribunal administratif l'acte en cause. Cette information n'a toutefois qu'une **valeur purement morale et provisoire**. Elle ne lie pas le représentant de l'État, qui reste libre de se raviser de lui-même ou sur la demande d'une personne lésée.

La déclaration du représentant de l'État d'abord qualifiée de *« certificat de non-recours »* par M. Defferre puis de *« déclaration de non-intention »* par le sénateur Girod ne peut en aucun cas valoir brevet de légalité. La circulaire ministérielle la désigne plus justement comme une *« attestation provisoire de non-recours, dont la portée est relative et temporaire »*. Le fait qu'aucun délai ne soit imparti au représentant de l'État pour répondre à la demande de l'autorité locale incite d'ailleurs à la prudence. La circulaire précise à cet égard que la démarche des autorités locales aura d'autant plus d'intérêt pour elles que *« celles-ci assortissent leurs demandes d'un exposé des problèmes de légalité pouvant se poser »*.

Le second droit à l'information s'**impose au représentant de l'État** sans demande expresse préalable de l'autorité locale. La loi dispose en effet que *« lorsque le représentant de l'État défère un acte au tribunal administratif, il en informe sans délai l'autorité (locale) et lui communique toutes précisions sur les illégalités invoquées à l'égard de l'acte concerné »*.

Ces précisions n'ont de sens que par la possibilité de **dialogue** ouverte par la loi aux autorités locales et au représentant de l'État en vue de faire disparaître les illégalités avant toute annulation contentieuse. Rien n'interdit d'ailleurs que cette communication n'intervienne avant la saisine du juge.

Si l'acte a été transmis avant même d'être publié ou notifié, comme le conseille judicieusement la circulaire ministérielle, les autorités locales ont toute liberté de le retirer ou de le modifier. Par contre, s'il est devenu exécutoire par la publicité conforme à sa nature, l'acte transmis peut toujours être retiré, mais dans les conditions plus restrictives posées par la jurisprudence, soucieuse de concilier la double exigence de légalité et de respect des droits acquis. En particulier, si la décision notifiée est créatrice de droits, elle ne peut plus être retirée que pour illégalité et dans les délais du recours contentieux. En cas de déféré du représentant de l'État, son retrait est encore possible tant que le jugement n'est pas rendu, mais dans les limites des conclusions du requérant, c'est-à-dire que seules les illégalités invoquées peuvent être retirées. Ces règles classiques ont été élaborées par le Conseil d'État[37], afin que la partie de la décision non attaquée ni rapportée dans les délais devienne définitive.

En pratique, ce **mécanisme préventif** fonctionne avec une grande efficacité et produit un effet sensible de délestage pour les tribunaux administratifs. Les statistiques gouvernementales pour 1992 montrent que pour un total de 1822 recours aux tribunaux administratifs, il n'y a pas eu moins de 145 822 observations sur la légalité adressées aux élus locaux par les préfets. Leur importance témoigne du bon fonctionnement de l'information préalable des autorités locales avant toute saisine du juge et explique en partie le nombre relativement peu élevé de recours. Les circulaires des 5 mars et 22 juillet 1982 comme celle du 17 novembre 1986[38] ont contribué à l'efficacité du

---

37. CE 3 novembre 1922, Dame Cachet, *R.* 790, *S.* 1925, 3, p. 9, note Hauriou.
38. *Cf.* Circulaire du 17 novembre 1986, BOMI, 4ᵉ trimestre 1986.

dispositif préventif renforcé par les directives gouvernementales organisant un accompagnement continu en vue de la légalité du processus d'élaboration des actes locaux.

Si on se souvient que pour la même année 1992, le total des actes locaux transmis aux préfets était de 5 375 796 y compris les transmissions non obligatoires, on comprend la nécessité pour les services préfectoraux de disposer de moyens conséquents, adaptés à la situation de chaque département et évoluant en fonction des besoins[39]. Pour améliorer sur un plan technique les conditions de mise en œuvre du contrôle, une collaboration avec tous les services intéressés est préconisée par la circulaire du 29 juillet 1993[40] : services centraux du ministère de l'Intérieur (bureau du contrôle de légalité de la direction générale des collectivités locales), services déconcentrés des différents ministères, les comptables du Trésor et les chambres régionales des comptes.

b) *Les formes de la saisine*

Ce n'est donc que si la négociation permise par la loi ne débouche sur aucun compromis acceptable, et si les irrégularités dénoncées persistent, que la saisine du juge déclenche le contrôle qui apparaît alors comme l'*ultima ratio* capable d'imposer le respect de la légalité[41]. C'est ainsi que la circulaire du 22 juillet 1982 recommande aux représentants de l'État de ne saisir le juge que si l'autorité locale n'a pas pris les mesures nécessaires pour rectifier sa décision. Mais, alors, il est clair qu'après avoir épuisé les moyens du dialogue, le représentant de l'État est bel et bien tenu de saisir le juge, afin de remplir sa mission constitutionnelle et de faire triompher la légalité garante de l'unité de l'État. Le Conseil d'État reconnaît dans son rapport public pour l'année 1993, que les déférés préfectoraux peuvent apparaître de ce point de vue comme la « sanction d'un échec », celui des échanges organisés par la loi pour purger les actes locaux de toute illégalité.

Cette saisine par le représentant de l'État n'est pas la seule possible. Tout d'abord, pour tout acte qui n'a pas à lui être transmis obligatoirement, le représentant de l'État qui en a connaissance peut toujours, s'il l'estime illégal, le soumettre au contrôle du juge administratif. Il peut en avoir connaissance par tout moyen, le plus souvent par la publication des actes non transmissibles[42], ou encore par leur transmission par un tiers ou par l'autorité locale elle-même.

La procédure n'a alors plus aucune particularité, c'est le *droit commun du recours pour excès de pouvoir* qui s'applique. Le Conseil d'État a pu affirmer en ce sens que « le législateur n'a pas entendu limiter la faculté qu'a le préfet de former un recours pour excès de pouvoir à l'encontre de tous les actes des collectivités locales » (CE sect., 11 juillet 1988, commune de Fréjus)[43].

---

39. C'est ce que recommande la circulaire du 22 juillet 1987. *Cf.* BOMI, 3e trimestre 1987.
40. *Cf.* circulaire du 29 juillet 1993, BOMI, 3e trimestre 1993.
41. Un important rapport d'information du Sénat n'hésite pas à conclure à partir des chiffres que le tribunal administratif fait *« figure de procédure de dernier recours »*, *cf.* Sénat - 1re session ordinaire de 1984-1985 ; annexe au procès-verbal de la séance du 19 décembre 1984, n° 177, p. 94.
42. Voir sur ce point G. VIVENS, « Le contrôle de légalité des actes non soumis à transmission », *AJDA*, 1986, p. 544 et CE, 13 mars 1989, commune de Katzenthal, *DA* 1989, n° 220.
43. *Cf.* CE sect., 11 juillet 1988, commune de Fréjus, *Rec.* p. 289.

La loi prévoit elle-même une autre saisine plus spécifique. Quand une **personne physique ou morale** est lésée par un acte local, elle peut non seulement agir directement et demander elle-même au juge l'annulation de l'acte qui lui fait grief, mais elle peut aussi demander au représentant de l'État de saisir le tribunal administratif.

La plainte du particulier ne peut intervenir que dans le délai de deux mois à compter de la date à laquelle l'acte est devenu exécutoire. La date de référence varie selon qu'il s'agit ou non d'un acte soumis à l'obligation de transmission. Dans le premier cas, il s'agit de la date de la dernière formalité accomplie, qui peut être celle de la transmission ou celle de la publicité (publication ou notification). S'il n'y a pas obligation de transmission, c'est la date de la publicité qui compte.

Pour le représentant de l'État, le délai de saisine du juge n'est pas prolongé par la plainte du particulier s'il s'agit d'un acte transmissible. Il prend fin deux mois après la transmission de l'acte. La plainte du particulier peut seulement apporter de nouveaux éléments d'appréciation et faire revenir éventuellement le représentant de l'État sur son intention de non-recours. S'il s'agit d'un acte non transmissible, le délai est de deux mois suivant la plainte, c'est-à-dire la demande de la personne lésée (art. 4 al. 3 de la loi du 2 mars 1982).

Cette forme particulière de saisine n'est pas obligatoire pour le représentant de l'État.

Cette liberté du préfet est reconnue implicitement par la jurisprudence du Conseil d'État depuis 1991. Après avoir jugé en sens contraire[44], le Conseil d'État a finalement décidé que *le refus d'un préfet* de déférer une décision locale au tribunal administratif *n'est pas susceptible de faire l'objet d'un recours pour excès de pouvoir* (CE sect., 25 janvier 1991, Brasseur)[45]. Comme l'explique le rapport public du Conseil d'État pour 1993[46], cette solution veut à la fois éviter de greffer contentieux sur contentieux, et engager l'usager dans une impasse. La solution inverse aurait en effet permis au particulier d'obtenir l'annulation du refus du préfet et non celle de l'acte local, à moins qu'il ne l'ait attaqué lui-même.

En effet, le refus du préfet ne ferme pas l'accès du tribunal au particulier dont le délai de recours direct commence à courir à compter de la décision du préfet[47]. Mais il ne faut pas perdre de vue que l'abstention préfectorale peut mettre le particulier dans une situation difficile. Sans négliger l'obstacle de l'intérêt à agir dont il doit faire la preuve, il lui sera très difficile de demander l'annulation de contrats ou de marchés publics auxquels il n'est pas partie, même si les conditions légales de forme et de fond de leur passation sont mises en cause dans son recours. Il reste que l'engagement par le particulier d'une procédure contre l'acte local peut être une précaution utile, « l'action publique » s'éteignant dans 25 à 40 % des cas par *désistement*.

Les déférés préfectoraux diligentés à la demande de particuliers lésés sont en fait peu nombreux : moins d'une cinquantaine par an, principalement en matière d'urbanisme et d'aménagement du territoire, ou encore en matière de décisions individuelles relatives à la gestion du personnel de la fonction publique territoriale. Mais, quelle que soit la faiblesse de ce nombre, l'avantage attractif est incontestable pour la personne lésée de voir l'action entreprise par le représentant de l'État notamment pour pouvoir

---

44. *Cf.* CE, 18 novembre 1987, Marcy, *Rec.* p. 37.

45. *Cf.* CE sect., 25 janvier 1991, M. Brasseur, *Rec.* p. 23.

46. *Cf.* Rapport public 1993, publié par La Documentation française, Études et documents, n° 45.

47. L'arrêt M. Brasseur précité précise que la décision du préfet peut être explicite ou implicite.

obtenir beaucoup plus facilement le **sursis à exécution** de la décision litigieuse, même si la loi du 8 février 1995 améliore le régime de certains sursis spécifiques.

La loi permet en effet que lui soit appliquée cette importante variante procédurale, qui ne joue par ailleurs que pour accompagner la saisine directe du juge par le préfet quand il s'agit d'un acte obligatoirement transmis.

Contrairement aux souhaits de l'opposition pendant le débat parlementaire, le recours du représentant de l'État n'est pas suspensif. Après bien des hésitations, le principe en a été abandonné pour éviter de rétablir une nouvelle forme de tutelle[48]. En contrepartie, le législateur a institué un **sursis exceptionnel**, à la mesure du rôle exceptionnel joué par le représentant de l'État dans la mise en œuvre du contrôle, en stipulant qu'il «*peut assortir son recours d'une demande de sursis à exécution*». L'analyse des termes autorise deux remarques.

En premier lieu, le verbe «*pouvoir*» souligne sans ambiguïté cette fois qu'il s'agit d'une **faculté discrétionnaire**. Le représentant de l'État a toute latitude pour apprécier les conséquences d'une application immédiate de l'acte qu'il pense illégal et pour demander sa suspension.

«*Assortir*» indique ensuite non moins clairement que la demande de sursis accompagne «en même temps» ou complète «après» une demande d'annulation, mais ne peut en aucun cas concerner un acte dont l'annulation n'est pas demandée. Le sursis peut faire échec à l'exécution de l'acte, mais seulement tant que dure le procès et jusqu'au jugement sur l'illégalité qui lui est reprochée.

La loi vise à faciliter l'octroi du sursis quand il est demandé par le représentant de l'État. Elle organise spécialement un régime dérogatoire au droit commun du sursis. Ce particularisme accentué contribue puissamment à maintenir à travers la réforme la spécificité du rôle du représentant de l'État voulue par la Constitution. Il a pour effet principal de modifier le pouvoir du juge en la matière, ce que nous allons voir notamment en étudiant le rôle du juge.

B. Le rôle du juge

Une fois saisi de l'acte suspect d'illégalité, il appartient au juge de décider de son sort. À lui revient le rôle décisif de maintenir ou d'annuler l'acte selon qu'il est ou non conforme à la légalité. Le procès fait à l'acte[49] met en œuvre le principe nouveau du contrôle de légalité par le juge.

a) *L'annulation de l'acte illégal*

Lorsqu'il s'agit d'un recours simple portant seulement demande d'annulation pour illégalité, le juge dispose des mêmes pouvoirs que ceux qu'il exerce dans tout contrôle

---

48. *Cf. JO*, déb. AN, 22 juillet 1981, p. 431.
49. Les élus locaux ne font pas toujours la distinction nécessaire et confondent le procès fait à l'acte avec une action intentée contre eux à titre personnel. Ce qui explique l'inflation des décisions communiquées au représentant de l'État, que les actes soient ou non soumis à l'obligation de transmission. Les élus se donnent ainsi le moyen de recourir au mécanisme préventif qui leur permet de corriger les illégalités signalées par le représentant de l'État. La même confusion peut avoir un effet dissuasif pour les administrés qui n'entendent pas s'attaquer de front aux décideurs locaux.

de légalité normal, sous réserve que son pouvoir d'annulation est étendu au moins en principe, comme on l'a vu, aux contrats locaux.

Ce **recours simple** peut être déclenché directement par un **particulier** contre l'acte local qui lui fait grief dans les conditions du droit commun. Il s'agit donc d'un **recours pour excès de pouvoir** pour lequel le requérant doit justifier d'un **intérêt à agir**. Les lois des 2 mars et 22 juillet 1982 ont voulu banaliser et simplifier ce recours qui se compliquait avant la réforme d'une formalité spéciale, lorsque l'acte concerné était une délibération d'un Conseil municipal. Dans cette hypothèse, le requérant devait s'adresser préalablement au préfet pour en obtenir l'annulation. C'est seulement le refus du préfet qui ouvrait la voie contentieuse. Désormais, tout obstacle procédural a disparu et l'action directe du particulier concerne sans distinction tout acte local de quelque nature qu'il soit (CE, 26 octobre 1984, commune de l'Heume-L'Église c/M. Goy)[50].

Par contre si le requérant est membre d'une assemblée locale, et qu'il conteste la légalité d'une délibération adoptée lors d'une séance à laquelle il a pris part, le délai de recours de deux mois doit être compté à partir de cette séance (CE, 27 octobre 1989 de Peretti c/commune de Sarlat)[51]. C'est la connaissance acquise de l'acte qui commande la règle.

Ce recours simple en annulation peut encore être exercé par le représentant de l'État à l'égard de tout acte local qu'il estime illégal, qu'il agisse directement ou à la demande d'une personne lésée. Les pouvoirs du juge ne sont modifiés que lorsque le recours est assorti d'une demande de sursis et que l'acte concerné est soit soumis à l'obligation de transmission, soit désigné par la plainte d'un particulier. Dans ces deux cas précis, la procédure applicable est spécialement prévue par la loi et constitue un régime largement dérogatoire très favorable à l'octroi du sursis.

b) *Le régime dérogatoire du sursis*

En effet, on peut brièvement résumer le droit commun du sursis en rappelant l'exigence de deux conditions cumulatives : il faut à la fois que le préjudice entraîné par l'exécution de la décision soit difficilement réparable et que les moyens articulés au fond soient sérieux et de nature à justifier l'annulation de la décision attaquée.

Le juge administratif vérifie l'existence de ces conditions qui commandent la recevabilité de la demande. Mais alors même qu'il constate qu'elles sont effectivement remplies, il reste libre d'ordonner ou non le sursis. Cette faculté, de jurisprudence constante, a été fixée dans l'arrêt du Conseil d'État du 13 février 1976, Association de sauvegarde du quartier Notre-Dame, dont le considérant de principe dispose que : *« même lorsque les conditions sont remplies, il appartient au juge administratif d'apprécier dans chacun des cas qui lui sont soumis, s'il y a lieu d'ordonner le sursis à l'exécution de la décision attaquée »*[52].

Contrairement à ce sursis unique de droit commun, la loi distingue tout d'abord selon que l'acte pour lequel le sursis est demandé constitue ou non une *menace à la*

50. *Cf.* CE, 26 octobre 1984, commune de l'Heume-L'Église c/M. Goy, *Rec.* p. 341.
51. *Cf.* CE, 27 octobre 1989, de Peretti c/commune de Sarlat, tab. p. 840.
52. CE, 13 février 1976, Association de sauvegarde du quartier Notre-Dame, *R.* 100, *AJDA*, 1976, p. 300.

liberté. Il en résulte un «sursis à deux vitesses», un sursis ordinaire[53] si l'acte ne compromet pas une liberté, et un sursis d'urgence accéléré dans le cas contraire.

La même distinction et les mêmes procédures sont reprises par l'article 19 al. 5 de la loi PLM du 31 décembre 1982 au profit des maires à l'encontre des délibérations des conseils d'arrondissement déférées devant le tribunal administratif. Par ailleurs, le régime applicable est doublement dérogatoire, tant à l'égard des conditions que du pouvoir du juge.

Dans le cadre d'une procédure normale, lorsque le sursis demandé concerne un acte qui n'est pas de nature à compromettre une liberté, la loi dispose qu'«*Il est fait droit à cette demande si l'un des moyens invoqués dans la requête paraît en l'état de l'instruction sérieux et de nature à justifier l'annulation de l'acte attaqué*». La circulaire précise que «l'acte attaqué» s'entend indifféremment d'une délibération, d'un arrêté, et d'un acte ou d'une convention (art. 3, 46 et 69 de la loi du 2 mars 1982).

Une première spécificité de ce sursis **dérogatoire** consiste tout d'abord dans la suppression de la condition liée au préjudice. Le représentant de l'État l'apprécie seul avant de décider de demander un sursis, mais il n'a pas à le justifier et le juge n'a pas à le contrôler. C'est un allégement procédural important qui évite les discussions sur le caractère difficilement réparable ou non du préjudice évoqué.

Reste donc une **seule condition nécessaire et suffisante** : il faut qu'**un des moyens au fond soit sérieux** et de nature à justifier l'annulation. Cette exigence souligne le lien indissociable de la demande de sursis et de la demande d'annulation. Le juge examine en conséquence le bien-fondé des moyens de la requête en annulation (CE, 14 janvier 1987, commissaire de la République du Calvados)[54].

Le Conseil d'État n'hésite pas à annuler un jugement du tribunal administratif qui prononce le sursis lorsque la condition légale n'est pas respectée[55].

La spécificité la plus remarquable consiste dans l'obligation faite au juge d'accorder le sursis lorsque la condition exigée pour son octroi est remplie. Dès lors que l'illégalité de l'acte attaqué apparaît établie par au moins un des moyens avancés, le représentant de l'État est assuré d'en obtenir le sursis s'il le demande.

Ce **sursis de plein droit** fait échec au pouvoir discrétionnaire du juge en supprimant sa liberté d'appréciation en la matière. C'est là un avantage procédural qui distingue l'action entreprise par le représentant de l'État de toute autre action.

Ce régime avantageux a encore été amélioré par l'article 44 de la loi d'orientation du 6 février 1992 qui dispose que les tribunaux administratifs doivent statuer sur toute demande de sursis accompagnant un déféré dans un *délai d'un mois*.

En pratique, moins d'un quart des demandes de sursis sont satisfaites (209 sursis accordés sur 716 demandés en 1992), mais si les déférés assortis de sursis sont jugés en moyenne deux fois plus vite que les déférés simples, une tendance regrettable perdure après la loi du 6 février 1992 «à joindre les demandes d'annulation et de sursis

---

53. Nous préférons parler pour notre part de «sursis ordinaire», plutôt que de sursis de droit commun, comme le font un certain nombre d'auteurs. S'il entre en effet dans le cadre de la procédure normale prévue lorsque l'acte ne menace pas la liberté, il n'en constitue pas moins un sursis dérogatoire au droit commun.

54. *Cf.* CE, 14 janvier 1987, commissaire de la République du Calvados, *RFDA* 1987, p.71, note Négrin.

55. C'est le cas pour CE, 29 juillet 1983, conseil général du département de la Lozère où le Conseil d'État annule le jugement du tribunal administratif de Montpellier ordonnant qu'il soit sursis à l'exécution d'une délibération du conseil général de la Lozère.

et à ne se prononcer sur les sursis par un non-lieu à statuer qu'à l'occasion de leur décision au fond[56].» Cette tendance dénoncée à juste titre par le rapport public 1993 du Conseil d'État est très forte à Paris où elle se vérifie dans 11 cas sur 13 en 1992.

La loi institue un **second sursis exceptionnel** qui constitue un **sursis d'urgence** accéléré pour les actes qui sont de nature à compromettre l'exercice d'une **liberté publique ou individuelle**. Dans ce cas, la *procédure extrêmement rapide* réduit l'instruction au minimum afin d'éviter qu'un acte dommageable puisse être suivi d'un commencement d'exécution lorsqu'une liberté est en jeu. La loi dispose en effet que le président du tribunal administratif ou un conseiller délégué par lui «**prononce le sursis dans les quarante-huit heures**».

L'indicatif-impératif vise la durée de cette procédure accélérée. La décision doit être rendue dans les quarante-huit heures, mais le sursis ne sera accordé comme pour le sursis ordinaire que si la condition relative à un moyen sérieux d'annulation est remplie[57]. Ce qui permet au juge de procéder aux mêmes vérifications que celles que nous avons étudiées précédemment (*cf.* CE, pres. sec. cont. ordonn. 15 décembre 1982, commune de Garches)[58].

On peut s'interroger sur ce qu'il faut entendre par «*acte de nature à compromettre une liberté publique ou individuelle*». La formule est très large si l'on tient compte de l'interprétation extensive donnée à la liberté par le Conseil constitutionnel. La circulaire du 22 juillet 1982 l'applique notamment «*aux mesures prises dans l'exercice du pouvoir de police ou de nature à porter atteinte au droit de propriété*». En pratique, l'application de cette règle ouvre au juge une marge d'appréciation cas par cas. C'est ainsi par exemple que l'arrêté d'un maire qui interdit à titre préventif l'ouverture d'une salle de jeux est retenue comme une atteinte à la propriété privée à la limite de la voie de fait[59]. Par contre, l'accès à la fonction publique ne constitue pas l'exercice d'une liberté publique ou individuelle[60]. L'interprétation de la formule par le juge administratif est dans l'ensemble stricte et en particulier, les décisions réglementaires et individuelles prises par le maire dans l'exercice de son pouvoir de police ne compromettent une liberté publique ou individuelle au sens de la loi que pour autant qu'elles ne sont pas indispensables à l'ordre public (TA, Orléans, 3 octobre 1985, Commissaire de la République de l'Eure-et-Loire)[61].

Le rôle du tribunal administratif en première instance est limité au jugement sur la légalité de l'acte et à la décision éventuelle relative au sursis.

S'il s'agit d'un recours simple en annulation, le rejet de la demande du représentant de l'État lui permet de faire appel dans les deux mois de la notification du jugement. C'est donc le délai réglementaire de droit commun qui s'applique (art. R 192 du Code des tribunaux administratifs).

Par contre, la loi stipule que : «*La décision relative au sursis est susceptible d'appel devant le Conseil d'État dans la quinzaine de sa notification.*» Là encore, il s'agit du délai réglementaire applicable en matière de sursis (art. R 101 du même Code). On peut s'étonner de cette reprise par la loi du délai normal. Elle s'accompagne toutefois

---

56. *Cf.* Rapport public 1993, cité p. 58.

57. Ce sursis de droit n'est donc pas un sursis automatique pas plus que le sursis ordinaire.

58. *Cf.* CE pres. sec. cont. ordonn. 15 décembre 1982, commune de Garches, *Rec.* p. 417, *D* 1983, p. 279, note Auby; *RDP* 1983, p. 211, note Drago; Rev. adm. 1983, p. 144, note Pacteau.

59. *Cf.* TA Versailles, 22 mai 1982, commissaire de la République du Val-d'Oise c/commune de Domont en présence de la Société Jaler.

60. *Cf.* CE, 2 juillet 1983, commune de Sarcelles, *Leb.*, p. 260.

61. *Cf.* TA Orléans, 3 octobre 1985, commissaire de la République de l'Eure-et-Loire, *RFDA* 1987, p. 201, note Melleray.

d'une disposition procédurale qui complète les prescriptions intéressant le sursis d'un acte constituant une menace à la liberté. La loi désigne en ce cas le président de la section du contentieux du Conseil d'État ou un conseiller d'État délégué à cet effet pour statuer en appel dans un délai de quarante-huit heures. Cette rapidité de l'appel prévu par voie d'ordonnance conforte le dispositif d'urgence.

On constate en pratique que les appels en matière de sursis sont peu nombreux : moins de dix en moyenne par an.

Par ailleurs, la loi innove en donnant **compétence au représentant de l'État pour présenter les appels au nom de l'État**, qu'il s'agisse du jugement rejetant la demande d'annulation ou de la décision refusant d'accorder le sursis à exécution dès lors qu'ils sont rendus sur recours du représentant de l'État dans le département, que l'acte local en cause soit ou non soumis à l'obligation de transmission.

Normalement, aux termes de l'article 43 de l'ordonnance du 21 juillet 1945 sur le Conseil d'État, seul(s) le ou les ministres intéressés peuvent représenter l'État devant le Conseil d'État. Il faut donc que le dossier « remonte » à l'administration centrale assez tôt pour qu'il puisse être étudié avant que l'appel ne soit déposé dans les délais au Conseil d'État.

L'attribution dérogatoire de cette compétence au préfet représente donc une mesure de déconcentration qui permet d'éviter toute forclusion. La circulaire ministérielle souligne cet avantage apporté par la loi, mais rappelle qu'en pratique la jurisprudence admet que le ministre qualifié puisse toujours s'approprier au cours de l'instance d'appel, les conclusions de l'autorité qui a formé appel[62]. Le procédé est ici très utile en matière de sursis où les délais sont très brefs.

Il convient enfin d'ajouter à notre analyse de la nouvelle procédure contentieuse que si les textes ne traitent que de l'appel du représentant de l'État, rien n'interdit à la collectivité locale de faire elle-même appel d'un jugement qui annule l'acte local ou d'une décision qui en prononce le sursis. Cet appel lui est ouvert de droit dans les conditions du droit commun et n'a donc pas à être spécifié par la loi.

Ainsi la procédure de contrôle mise en place par la réforme bouleverse-t-elle totalement les règles du jeu en matière de contrôle des actes locaux. Mais elle innove surtout par les principes qu'elle met en œuvre et par les rôles respectifs du représentant de l'État et du juge administratif pour lesquels il est possible de conclure à leur complémentarité.

Totalement renouvelé, le rôle du représentant de l'État est limité sans doute à la fonction de requérant. Mais par un cumul de mesures dérogatoires, la loi fait de lui un requérant privilégié qui participe au contrôle en filtrant les irrégularités et en facilitant leur correction par leurs auteurs. Il lui appartient de conduire cette concertation préalable comme il lui appartient de saisir le juge et de faire appel d'un jugement rejetant sa demande.

Le préfet ne partage ses responsabilités dans l'exercice du contrôle de légalité des actes locaux, ni avec les agents des services déconcentrés qui ont pu apporter leur concours à une collectivité locale pour la réalisation d'opérations dont la légalité est contestée (cas de la DDE pour l'établissement de POS par exemple), ni avec l'administration centrale qui

---

62. La circulaire fait elle-même référence à la jurisprudence de principe : *cf.* CE, 4 octobre 1957, préfet des Bouches-du-Rhône c/Izzo, *Leb.*, p. 509.

peut seulement apporter les informations et instructions utiles intéressant les conditions générales d'application des textes[63].

Nouveau, le rôle du juge administratif, qui apparaît à l'avant-scène des textes comme le seul contrôleur officiel chargé de trancher le destin de l'acte douteux. Ses pouvoirs ne sont modulés que par les avantages procéduraux reconnus au représentant de l'État. Hors ces cas spécifiques, son rôle est celui qui lui est habituel et l'étendue de ses pouvoirs est la même que celle qui joue dans tout contrôle juridictionnel de légalité.

Il appartient du même coup au Conseil d'État d'unifier la jurisprudence et de régler ce que la doctrine a pu qualifier de «Code de bonne conduite des collectivités locales»[64].

En pratique, le contrôle des tribunaux administratifs ne concerne qu'une faible proportion des actes transmis aux préfets : 979 jugements seulement en 1992 dont 764 favorables aux préfets. Une meilleure formation des élus locaux, un effort important pour adopter d'emblée des décisions légales ou pour les corriger après observations explique en partie le faible volume des contrôles.

Mais, à côté de ce nouveau mécanisme et de ses acteurs, le contrôle sur les organes locaux reste très proche de ce qu'il était avant la réforme qui continue à différencier les règles selon les collectivités, mais leur apporte un certain nombre d'allégements et de garanties, comme nous allons le voir maintenant.

§ 2. LE CONTRÔLE SUR LES ORGANES

Les chartes départementales et communales du 10 août 1871 et du 5 avril 1884 avaient organisé un contrôle différencié sur la désignation et le maintien en fonction des assemblées délibérantes et des exécutifs locaux. Depuis 1982, le principe de l'élection des organes a été généralisé, mais le contrôle demeure et se fonde sur la nécessité d'assurer le fonctionnement régulier des pouvoirs publics (art. 5 de la Constitution) qui incombe à l'État. La continuité de l'administration locale décentralisée exige à ce titre que soient prises les mesures capables de remédier à toute défaillance grave.

Parmi ces mesures, on distingue traditionnellement celles qui intéressent les organes délibérants, et celles qui concernent les exécutifs. Nous examinerons plus spécialement les premières en rappelant que le contrôle des **organes exécutifs** ne concerne exclusivement que le cas particulier des **maires et des adjoints**. En étudiant l'exécutif communal, nous avons déjà précisé que les suspensions et les révocations relèvent directement du pouvoir disciplinaire de l'État sur ses agents. Ce pouvoir, qui n'a pas d'équivalent à l'égard des autres exécutifs locaux, se fonde sur la dualité fonctionnelle (la double casquette) des responsables communaux qui représentent à la fois leur commune et l'État. La sévérité du régime se justifie par le fait

---

63. *Cf.* Rapport public 1993 du Conseil d'État, observations p. 48 et 49.
64. L'expression est utilisée par F.-X. AUBRY et C. LEPAGE-JESSUA, «Les juges administratifs face à la décentralisation», juin 1984, *AJDA*, p. 370.

que tout manquement dans l'une de leurs fonctions retentit sur l'autre, alors que la séparation des rôles et des hommes au niveau départemental ou régional empêche un tel enchaînement.

À l'égard des **organes délibérants** le contrôle de l'État se différencie selon les collectivités, et selon qu'il s'agit de l'assemblée *in corpore* ou de ses membres pris individuellement.

A. Le contrôle des formations collégiales

En ce qui concerne les assemblées délibérantes, la sanction la plus grave est la **dissolution** qui met fin collectivement aux mandats électifs et entraîne leur renouvellement. Dans tous les cas, sa gravité justifie un **formalisme procédural** rigoureux : la dissolution n'est prononcée que par **décret motivé pris en Conseil des ministres**. La motivation facilite le contrôle de légalité exercé par le Conseil d'État qui vérifie les motifs de droit ou de fait évoqués à l'appui de la mesure. La réforme précise ou améliore le régime sur un certain nombre de points.

a) *Le cas du conseil municipal*

Au niveau des communes, l'art. L. 121-4 du Code des communes prévoyait non seulement la **dissolution** du conseil, mais à titre préalable et en cas d'urgence, la possibilité d'une *suspension* pendant une durée n'excédant pas un mois. Cette suspension était prononcée par arrêté préfectoral et pouvait être portée à trois mois par le ministre de l'Intérieur. La jurisprudence du Conseil d'État est venue expliciter à diverses reprises les raisons généralement requises pour la dissolution : il faut que des dissensions graves et persistantes mettent en péril la gestion des affaires communales en empêchant le conseil de délibérer normalement[65].

La loi du 2 mars 1982 reconduit *dissolution et suspension*, de même qu'elle reconduit l'art. L. 121-5, qui prévoit que la gestion des affaires communales entre la dissolution et la réunion du nouveau conseil est confiée à une délégation spéciale nommée par le représentant de l'État.

Toutefois, l'article L. 121-4 alinéa 2 prévoit que s'il y a *urgence*, la suspension provisoire ne peut plus être prononcée que pour une durée d'*un mois* par arrêté motivé du représentant de l'État dans le département qui en rend compte immédiatement au ministre de l'Intérieur.

On peut s'étonner de la *formule stéréotypée* adoptée dans tous les décrets portant dissolution des conseils municipaux : «considérant que les dissensions qui existent au sein du conseil municipal de X... entravent l'administration de cette commune,...». Il y a là une sorte de banalisation d'un acte particulièrement grave pour lequel le législateur impose un formalisme protecteur.

Par ailleurs, dans le cas particulier des grandes villes, Paris, Lyon, Marseille, la loi du 31 décembre 1982 précise (art. 43) que la dissolution du conseil municipal entraîne de plein droit celle des conseils d'arrondissement.

---

65. *Cf.* CE, 31 mai 1957, Rosan Girard, GAJA, p. 468.

b) *Les autres cas*

Au niveau des départements, le législateur de 1982 reprend le principe dégagé par la jurisprudence, en stipulant que *« Lorsque le fonctionnement d'un Conseil général se révèle impossible, le gouvernement peut en prononcer la dissolution par décret motivé pris en Conseil des ministres »*.

L'art. 43 de la loi du 2 mars 1982 ajoute, d'une part, que le gouvernement en informe le Parlement dans le délai le plus bref, ce qui souligne la solennité protocolaire de la sanction, et, d'autre part, que **la dissolution ne peut jamais être prononcée par voie de mesure générale.** Cette dernière prescription reprend une disposition de la loi du 10 août 1971 et s'explique par le fâcheux souvenir de la dissolution générale décidée au début de la IIIᵉ République.

En cas de dissolution, les élections du nouveau Conseil général doivent avoir lieu dans le délai de deux mois. Dans l'intervalle du temps entre la dissolution et la première réunion du nouveau Conseil, le président est chargé de l'expédition des affaires courantes, mais le représentant de l'État dispose d'un contrôle *a priori* exceptionnel, puisque les décisions perdent alors leur caractère exécutoire de plein droit pour être soumises à son accord préalable.

En ce qui concerne les Conseils régionaux, leur dissolution n'était pas prévue par la loi du 5 juillet 1972 provisoirement applicable. Mais le régime est aligné sur celui des départements.

De la même façon, l'article 34 de la loi n° 82-214 du 2 mars 1982 prévoyait la dissolution de l'Assemblée de Corse dans les mêmes conditions que celles applicables aux Conseils généraux. Là encore, c'est le président de l'Assemblée de Corse qui règle la gestion courante, et ses actes ne sont exécutoires qu'après l'accord du représentant de l'État. Faute de pouvoir disposer d'une majorité cohérente et dans l'impossibilité de fonctionner normalement, la première Assemblée de Corse a été dissoute le 29 juin 1984 et de nouvelles élections ont eu lieu le 12 août suivant après modification du mode de scrutin par la loi du 25 juin 1984. Cette nouvelle assemblée a été renouvelée en mars 1986 et le statut particulier de la collectivité de Corse a lui-même été modifié par la loi n° 91-428 du 13 mai 1991.

C'est désormais l'article 27 de cette loi qui fixe le régime de la dissolution de l'Assemblée de Corse. Comme pour un Conseil général, le gouvernement prononce la dissolution par décret motivé pris en Conseil des ministres. Il en informe le Parlement dans le délai le plus bref possible. Il est procédé à une nouvelle élection de l'Assemblée dans le délai de deux mois. Mais c'est le *président du Conseil exécutif* et non plus le président de l'Assemblée dissoute, qui expédie les affaires courantes de la collectivité territoriale. Ses décisions ne sont toutefois exécutoires qu'avec l'accord du représentant de l'État dans la collectivité territoriale en Corse.

Les sanctions prises à l'encontre des assemblées délibérantes peuvent encore atteindre leurs membres élus pris individuellement.

B. Le contrôle sur les membres des organes délibérants

Individuellement, les membres élus des organes collégiaux peuvent faire l'objet d'un contrôle qui sanctionne la négligence ou la mauvaise volonté dans l'exercice de leur fonction.

a) *Le niveau communal*

Au niveau de la commune, le préfet ou le sous-préfet intervenaient avant la réforme dans les procédures de **démission** prévues par le Code d'administration communale. L'un ou l'autre recevait les lettres de démission et pouvait les refuser. Dans ce dernier cas, il fallait une confirmation pour la rendre effective. De plus, le préfet pouvait prononcer d'**office** la démission d'un conseiller municipal qui, sans motifs reconnus légitimes par le Conseil, **avait manqué à trois convocations** consécutives (art. L. 121-22). Il pouvait également demander au tribunal administratif de déclarer démissionnaire un conseiller, qui, sans excuse valable, avait refusé de remplir une des fonctions qui lui sont dévolues par la loi (art. L. 121-23).

Désormais, les élus municipaux ne peuvent être déclarés **démissionnaires d'office** par le représentant de l'État que s'ils se trouvent frappés d'**inéligibilité** ou si leur situation relève d'un cas d'**incompatibilité** (art. L. 236). La démission d'office en cas d'absence disparaît, ce qui peut être considéré comme regrettable puisque l'absentéisme s'en trouve facilité[66]. Par contre, la démission d'office du conseiller qui refuse sans excuse valable d'exercer une fonction, qui lui est dévolue par la loi, est maintenue, mais assortie de sa garantie procédurale. Le représentant de l'État ne peut la prononcer lui-même. Il doit seulement demander au **juge administratif** de le faire (art. L. 121-23 du Code des communes). Lorsque le tribunal administratif prononce la démission d'un Conseiller municipal, le secrétaire-greffier en informe l'intéressé en lui faisant connaître qu'il a un délai d'un mois pour se pourvoir devant le Conseil d'État. La contestation est alors instruite et jugée sans frais par celui-ci dans le délai de trois mois.

Les maires et les adjoints peuvent être *suspendus* pour une durée maximale d'un mois par arrêté ministériel motivé (*ibid.*, art. L. 122-15). Ils doivent préalablement avoir été entendus ou invités à fournir des explications écrites sur les faits qui leur sont reprochés.

L'arrêté de suspension peut être adopté à titre conservatoire et suivi d'une mesure de *révocation* prononcée par décret motivé en Conseil des ministres. La révocation emporte de *plein droit l'inéligibilité* aux fonctions de maire et à celles d'adjoints pendant une année à dater du décret de révocation, à moins qu'il ne soit procédé auparavant au renouvellement général des Conseils municipaux (*ibid.*, art. L. 122-15 al. 3). Les recours contentieux exercés contre les arrêtés de suspension et les décrets de révocation sont dispensés du ministère d'avocat. Par ailleurs, ils sont jugés comme affaires urgentes et sans frais (*ibid.*, art. R. 122-6).

b) *Les autres cas*

Au niveau du département et de la région, le préfet n'intervenait pas lui-même avant la réforme dans la procédure de *démission* d'un membre de l'assemblée délibérante. Il en était simplement avisé par le président de l'assemblée (art. 20 de la loi du 10 août

---

66. Notons que l'assistance aux séances d'un Conseil municipal ne peut être assimilé à une fonction dévolue par la loi aux élus municipaux, mais correspond à un droit qu'ils tiennent de leur élection. Ainsi en décide le TA de Versailles le 22 mars 1985 dans un jugement de Viry-Châtillon contre Bourdenet. En conséquence, la démission d'office pour absence, abrogée par la réforme, ne peut en aucun cas être assimilée au refus d'exercer une fonction.

1871 et art. 8 du décret du 5 septembre 1973). Le ministre de l'Intérieur était compétent et pouvait demander au tribunal administratif de démettre de ses fonctions un conseiller général refusant de remplir une fonction qui lui était dévolue par la loi. Cette disposition est maintenue par la réforme, mais aucun dispositif semblable n'est prévu pour les membres des Conseils régionaux et pour ceux de l'Assemblée de Corse.

Par contre, en cas *d'inéligibilité ou d'incompatibilité*, la *démission d'office* n'accuse de particularisme qu'au niveau départemental. Qu'il s'agisse des membres de l'Assemblée de Corse (art. L. 367 et L. 368 du Code électoral), ou des conseillers régionaux d'outre-mer (art. 14 de la loi du 31 décembre 1982), c'est le représentant de l'État qui prononce la sanction comme il le fait pour les conseillers municipaux. Pour les conseillers généraux, c'est l'assemblée délibérante elle-même, c'est-à-dire le Conseil général, qui déclare les démissionnaires, soit d'office, soit sur la réclamation de tout électeur (art. L. 205 et 210 du Code électoral).

Ainsi, l'ensemble des mécanismes de contrôle sur les organes locaux ne subit pas de bouleversement comparable à celui que nous avons vu transformer radicalement le contrôle administratif sur leurs actes. Par contre, les contrôles financiers sur les actes budgétaires ont été à leur tour profondément modifiés, tant dans les principes que dans les procédures. La réforme a donné lieu à la création d'une institution nouvelle : les chambres régionales des comptes, qui constitue sans doute l'innovation la plus originale de la décentralisation.

Parallèlement, la simplification des tutelles technico-financières a permis au législateur et de façon moins spectaculaire, d'alléger opportunément la gestion locale et de compléter les nouveaux dispositifs essentiels de la réforme.

Chapitre 2

Les contrôles financiers

L'autonomie des collectivités locales suppose une responsabilité financière dont l'État ne peut se désintéresser sans vouer la décentralisation à l'échec. En effet, les collectivités publiques détiennent nécessairement des compétences financières qui conditionnent leur existence. Elles décident des dépenses et perçoivent des recettes. L'État qui leur fournit par ailleurs une part importante de leurs moyens financiers se doit de veiller à la légalité des décisions et de leur application. De ce point de vue, le contrôle des actes budgétaires est à la fois la contrepartie inévitable et la garantie indispensable des libertés locales.

Jusqu'en 1982, il s'agissait d'une tutelle entre les mains du préfet ou du gouvernement. La réforme ne se contente pas de simples mesures d'allégement. Elle met en place un contrôle de nature différente tant dans ses principes que dans ses modalités d'application.

Section 1
Les nouveaux principes

Le législateur de 1982 s'est attaché à deux principes essentiels qui conduisent à une redéfinition des contrôles financiers en même temps qu'à une redistribution des rôles :

– tout d'abord, la suppression de la tutelle financière au profit d'un contrôle totalement renouvelé ;

– ensuite, et de façon concomitante, la suppression des privilèges de l'État au profit d'un contrôle exercé par des magistrats indépendants du pouvoir central. L'institution des chambres régionales des comptes correspond à la mise en œuvre de ces principes. Ses compétences étendues la distinguent comme principal intervenant parmi les responsables du contrôle budgétaire.

§ 1. LA SUPPRESSION DE LA TUTELLE FINANCIÈRE

Il convient de mesurer la portée de la réforme avant de voir parallèlement la disparition voulue et complémentaire des privilèges de l'État.

A. Portée de la réforme

a) *Le contrôle avant 1982*

La tutelle financière avant 1982 comportait comme la tutelle en général la gamme de trois types de pouvoirs déjà analysés :
– tutelle *a priori* et donc approbation préalable ;
– tutelle *a posteriori* et donc pouvoir d'annulation ;
– et, enfin, pouvoir de substitution ;
le tout entre les mains du gouvernement ou des préfets qui le représentaient.

Déjà l'article 145 de la loi municipale du 5 avril 1884 stipulait que le budget communal devait être réglé par le préfet quand les communes ne disposaient pas de revenus supérieurs à trois millions et par le ministre si cette somme était dépassée.

Des mesures libérales d'allégement ont été prises, mais elles ont été généralement tardives et limitées en laissant à l'État de très larges pouvoirs d'intervention. En particulier, le décret-loi du 5 novembre 1926, l'ordonnance du 5 janvier 1959 et, surtout, l'importante loi du 31 décembre 1970 ont maintenu l'économie du régime de tutelle en réduisant les cas d'autorisation préalable en matière budgétaire aux budgets en déficit. Par ailleurs, les délibérations devenaient exécutoires quinze jours après leur dépôt à la préfecture et la règle s'appliquait aux délibérations financières comme aux autres dès lors que la situation budgétaire était normale.

Par contre, et spécialement à l'*égard de la commune*, le préfet intervenait dans tous les cas de *pathologie budgétaire*, dès lors que la situation financière créait un risque pour l'administration locale. Si le budget n'était pas voté en **équilibre**, le préfet pouvait demander au Conseil municipal de procéder à une seconde délibération. Si le déséquilibre persistait, le préfet réglait alors lui-même le budget en se substituant aux élus locaux. En cas de **déficit** dans l'exécution du budget, il saisissait une commission administrative qui vérifiait la gestion communale et proposait les mesures propres à résorber le déficit dans les budgets ultérieurs. De plus, quand une **dépense obligatoire** n'était pas inscrite au budget ou que le maire refusait de mandater une somme pour payer une dette exigible de la commune, le préfet usait de son pouvoir de substitution et agissait d'office après une mise en demeure restée sans effet. Au besoin même, si les ressources communales s'avéraient insuffisantes pour faire face à la situation, il pouvait décider la création d'une ressource complémentaire.

À l'*égard du département*, le préfet assumant aussi la fonction exécutive, la tutelle *a priori* n'avait pas de raison d'être, et le contrôle de l'État se limitait aux pouvoirs d'annulation ou de substitution dans les cas extrêmes.

L'annulation par décret en Conseil d'État visait spécialement le vote d'un budget en déséquilibre. L'hypothèse était considérée comme assimilable à une délibération contraire à une loi. De plus, aux termes de l'article 62 de la loi du 10 août 1871, l'inscription d'office par décret du crédit nécessaire au paiement d'une dépense obligatoire permettait de corriger le budget lorsque le Conseil général omettait ou refusait cette inscription. Le décret pouvait même, si nécessaire, établir une contribution extraordinaire pour faire face à la situation.

À l'*égard de la région*, aucune disposition particulière ne venait régler le problème du contrôle budgétaire. Le préfet pouvait toujours demander une nouvelle délibération au Conseil régional. Il faut ajouter par analogie avec les règles applicables au département, que rien ne se serait opposé à l'annulation par décret en Conseil d'État d'un budget voté en déséquilibre. Cette dernière question ne s'est toutefois jamais posée en pratique.

Parallèlement aux pouvoirs de tutelle du préfet, le **trésorier-payeur général** représentant du ministre de l'Économie et des Finances était chargé d'apurer les comptes locaux et était consulté pour *avis* dans de nombreux cas.

Mais, comptable de l'État en même temps que comptable du département, sa situation était ressentie comme une contrainte étatique supplémentaire. Elle traduisait d'une certaine façon une anomalie juridique puisque le trésorier payeur général contrôlait des comptes dont il avait lui-même assuré la centralisation et l'exécution.

Contre l'ensemble de ces mécanismes, la loi du 2 mars 1982 proclame la suppression de la tutelle financière et met en place un nouveau dispositif de contrôle.

b) *La réforme de 1982*

Ce qui est supprimé, outre le mot lui-même, c'est l'économie générale du régime précédent. La *tutelle a priori disparaît* et, avec elle, les derniers cas d'approbation préalable maintenus par la loi du 31 décembre 1970. *Le budget est exécutoire de plein droit après transmission et publication, comme tout acte des collectivités locales.* Les seuls contrôles compatibles avec cette règle ne peuvent être qu'*a posteriori sauf exceptions* prévues par la loi. Ces exceptions limitées maintiennent un régime d'autorisation préalable lorsqu'il s'agit de :

> – la réalisation d'emprunts par voie de souscription publique (art. L. 236-6 du Code des communes) ;
> – l'émission à l'étranger des obligations dont la durée ne peut dépasser trente ans. Dans ce cas précis, l'acte d'autorisation fixe le maximum des obligations à émettre, le taux d'intérêt et la date de remboursement (*ibid.,* art. L. 236-7 al. 1 et 2) ;
> – la participation des collectivités locales au capital d'une société commerciale n'ayant pas pour objet l'exploitation des services locaux ou des activités d'intérêt général (art. 5 III, 48 III et 66 de la loi du 2 mars 1982).

Il serait faux de croire que les suppressions s'arrêtent là, et que l'annulation et la substitution demeurent après de simples retouches de procédure.

Le préfet ne peut plus désormais, et en aucun cas, ni réformer ni annuler une délibération financière. Quant aux cas de substitution aménagés par la loi, seul demeure l'esprit de ce pouvoir spécial qui permet de pallier la carence ou le mauvais vouloir des autorités locales. Le représentant de l'État ne peut plus décider seul et agir d'office, pas même pour inscrire une dépense obligatoire.

Opposé à l'ancien système, le nouveau contrôle traduit la volonté délibérée du législateur de faire disparaître les privilèges exorbitants du pouvoir central.

B. La suppression des privilèges de l'État

Le principe dominant toute la réforme des contrôles financiers est celui d'un transfert des pouvoirs jusque-là exercés par le gouvernement ou par ses représentants à des juges indépendants du pouvoir central.

a) *Le transfert du contrôle à des juges experts*

C'est là le même principe qui avait conduit au bouleversement radical du contrôle des actes non budgétaires des collectivités locales. Le retrait du contrôle de légalité et du pouvoir d'annulation jusque-là entre les mains du préfet et leur transfert aux tribunaux administratifs, juges naturels de la légalité, banalisent tout à la fois l'acte local et le contrôle de l'acte. L'unité d'inspiration de la réforme conduit le législateur à trouver un système parallèle de contrôle *a posteriori* par une juridiction offrant les mêmes garanties d'indépendance pour les contrôles financiers.

Lors des discussions du projet de loi, l'idée de créer de nouvelles juridictions spécialisées dont le nom évoquait les chambres des comptes de l'Ancien Régime[1], avait entraîné d'âpres discussions sur les risques de substituer à la tutelle précédente une sorte de gouvernement des juges. Les détracteurs proposaient d'instituer des «comités interdépartementaux de contrôle des comptes publics», qui auraient été présidés par un membre de la Cour des comptes, sans constituer pour autant des organes juridictionnels. Leur rôle aurait été d'assister les trésoriers-payeurs généraux qui auraient conservé leur rôle dans l'apurement des comptes et maintenu l'essentiel des pouvoirs entre les mains de l'État.

À l'opposé, la création de juridictions qui dépouillaient les mêmes trésoriers-payeurs généraux d'une partie de leurs attributions n'était pas sans inquiéter le ministre des Finances.

Finalement, la Cour des comptes fut consultée par le gouvernement et entendue par les commissions des lois des assemblées[2] et les améliorations proposées par elle furent incorporées au texte initial. Le projet, cher au ministre de l'Intérieur, finit donc par s'imposer. En créant les **chambres régionales des comptes**, le législateur organisait des procédures nouvelles qui offraient non seulement les mêmes garanties d'indépendance que le contrôle de légalité des tribunaux administratifs, mais une efficacité pratique spécialement adaptée aux problèmes budgétaires et interdite au juge administratif.

En effet, le budget, comme tout autre décision locale, peut être déféré au tribunal administratif qui peut l'annuler pour illégalité ou rejeter le recours. Les pouvoirs du juge, nous l'avons vu, sont ceux-là mêmes qu'il exerce en tant que juge de la légalité dans le cadre du recours pour excès de pouvoir. Il ne peut donc en principe donner d'ordre à l'administration pas plus qu'il ne peut modifier lui-même l'acte illégal. Or, en matière financière, l'annulation est rarement le but exclusif du recours. C'est plutôt le **redressement** de l'acte financier en cours d'exécution qui doit permettre d'assainir la situation dans les meilleurs délais. Cette finalité spéciale sera atteinte par les modalités du nouveau contrôle budgétaire exercé par les chambres régionales des comptes.

b) *Le contrôle a posteriori*

Désormais, de façon générale, tous les contrôles financiers, contrôle budgétaire et contrôle des comptes des comptables publics sont tous *a posteriori*, et les privilèges exorbitants de l'État qui autorisaient le gouvernement ou le préfet à agir seuls et d'eux-mêmes disparaissent.

---

1. Ces chambres réduites au nombre de dix au moment de la Révolution comprenaient sous l'Ancien Régime 13 chambres des comptes provinciales, auxquelles s'ajoutait la Chambre des comptes de Paris.
2. *Cf. JO*, Doc. AN, annexe au procès-verbal de la séance du 8 septembre 1981, n° 312, p. 20 et s.; *cf. JO*, Doc. Sénat, annexe au procès-verbal de la séance du 22 octobre 1981, n° 33, t. I, p. 135.

Le représentant de l'État se voit reconnaître des responsabilités nouvelles importantes, mais différentes par nature de celles qui étaient les siennes jusque-là. Le seul point commun avec son rôle antérieur est qu'il doit dans tous les cas procéder à une **vérification préalable** rigoureuse de la légalité et de la régularité des décisions financières. Le budget des collectivités locales, budget primitif ou budget supplémentaire ainsi que toute décision modificative constituent des *actes transmissibles* et par conséquent exécutoires sous la double condition de leur publication et de leur transmission au représentant de l'État.

Après vérification, le *préfet saisit le juge administratif pour annulation en cas d'illégalité*. Ce déféré préfectoral obéit aux mêmes règles que les déférés entrepris contre les actes non budgétaires. Le préfet dispose du même délai de deux mois pour saisir le juge et doit informer immédiatement la collectivité concernée qui dispose également de la possibilité de réformer elle-même l'acte illégal selon le mécanisme préventif de dialogue concerté que nous avons déjà rencontré.

Si les documents communiqués font apparaître le non-respect des règles budgétaires, le préfet saisit la chambre régionale des comptes pour avis. Si l'acte est soumis au contrôle budgétaire spécifique de la chambre régionale des comptes, il ne peut y avoir de déféré dans le cadre du contrôle de légalité (*cf.* CE, 23 décembre 1988, département du Tarn c/Barbut)[3]. Il s'agit ici de l'exception de recours parallèle.

Mais alors que la saisine du juge administratif met un terme à l'action du représentant de l'État lorsqu'il s'agit du contrôle de légalité, la saisine de la chambre régionale des comptes n'y met fin que si la concertation des magistrats et de la collectivité locale en cause débouche sur un redressement correct et suffisant du budget. En cas contraire, le représentant de l'État se voit confier la mission de régler le budget de façon autoritaire, soit en suivant l'avis technique de la chambre, soit en s'écartant de cet avis pour des raisons qu'il doit préciser en motivant sa décision.

Le nouveau contrôle budgétaire **associe** donc désormais le représentant de l'État et la chambre régionale des comptes qui joue à cet égard le rôle déterminant de conseiller et d'expert financier. Ce rôle qui fait de la chambre une institution administrative n'est cependant pas le seul. Le contrôle des comptes des comptables locaux en fait une authentique juridiction. C'est ce que nous allons mieux comprendre en étudiant de plus près l'institution.

§ 2. LES CHAMBRES RÉGIONALES DES COMPTES

C'est l'article 84 de la loi du 2 mars 1982 qui crée les chambres régionales des comptes. Les articles suivants posent les principes et les règles générales. Cette loi a été complétée par de nombreux textes en commençant par les deux lois du 10 juillet 1982, la première, la loi n° 82-594[4] relative aux chambre régionales des comptes et modifiant la loi du 22 juin 1967 relative à la Cour des comptes, la deuxième, la loi

---

3. *Cf.* CE, 23 décembre 1988, département du Tarn c/Barbut, *AJDA*, 1989, p. 135.
4. Loi n° 82-594 du 10 juillet 1982, *JO* du 13 juillet 1982, p. 2199.

n° 82-595[5] relative aux présidents des chambres régionales des comptes et au statut des membres des chambres régionales des comptes. Ces textes ont été eux-mêmes complétés et révisés par la loi n° 88-13 du 5 janvier 1988 dite d'amélioration de la décentralisation rétablissant l'apurement administratif par le trésorier-payeur général sur les comptes des très petites collectivités, la loi n° 90-55 du 15 janvier 1990 prévoyant la communication des observations aux assemblées délibérantes, la loi hospitalière du 31 juillet 1991 instituant la saisine des chambres par les préfets sur les délibérations des établissements de soins susceptibles de menacer leur équilibre budgétaire et la loi du 6 février 1992 organisant en son chapitre IV des procédures nouvelles d'examen des marchés publics, ainsi qu'une nouvelle procédure de vérification de la gestion sur demande motivée du préfet ou de l'autorité territoriale.

Cet ensemble important de textes législatifs est complété par de *nombreux règlements d'application* : décrets du 16 novembre 1982[6], du 22 mars 1983[7] lui-même modifié par décrets des 11 février 1985 et 2 octobre 1992 avant d'être abrogé par décret du 23 août 1995[8], sauf en ce qui concerne son application aux territoires d'outre-mer, décrets du 4 mai 1983[9], des 14 mars[10], 27 mars[11] et 10 mai 1985[12], du 8 avril 1994[13], arrêté du 19 juillet 1995[14] et enfin décret du 23 août 1995[15].

Nous en dégagerons les règles essentielles d'organisation et de compétences qui nous intéressent ici.

A. Organisation et statut

Une chambre régionale des comptes est créée dans chaque région. Son siège est généralement le *chef-lieu de la région*, mais certaines villes ont pu être préférées au siège traditionnel. En Ile-de-France, l'agglomération nouvelle de Marne-la-Vallée a été préférée à Paris, Épinal a été choisie pour éviter le choix embarrassant entre Metz et Nancy, Arras l'a emporté sur Lille pour la région Nord-Pas-de-Calais, enfin Bastia a été préférée à Ajaccio pour la Corse. Par contre, chaque chambre est désignée sous le nom de la région de son ressort.

En tout, 26 chambres régionales des comptes réparties sur l'ensemble du territoire français, soit 24 d'origine, et deux instituées ultérieurement, celle de Nouvelle-Calédonie (art. 73 de la loi du 9 novembre 1988) et celle de Polynésie française (art. 94 de la loi du 6 septembre 1984 modifié par l'art. 12 II de la loi du 12 juillet 1990).

Leur organisation et le statut de leurs membres témoignent de la volonté du gouvernement de leur conférer autorité et prestige.

---

5. Loi n° 82-595 du 10 juillet 1982, *JO* du 13 juillet 1982, p. 2201.
6. Décret n° 82-970 du 16 novembre 1982, *JO* du 18 novembre 1982, p. 3450.
7. Décret n° 83-224 du 22 mars 1983, *JO* du 25 mars 1983, p. 910.
8. Décret n° 95-944 du 23 août 1995, *JO* du 27 août 1995, p. 12716.
9. Décret n° 83-370 du 4 mai 1983, *JO* du 7 mai 1983.
10. Décret n° 85-343 du 14 mars 1985, *JO* du 19 mars 1985.
11. Décret n° 85-372 du 27 mars 1985, *JO* du 29 mars 1985.
12. Décret n° 85-518 du 10 mai 1985, *JO* du 16 mai 1985.
13. Décret n° 94-275 du 8 avril 1994, *JO* du 10 avril 1994, p. 5329.
14. Arrêté du 19 juillet 1995, *JO* du 25 août 1995, p. 12659.
15. Décret n° 95-945 du 23 août 1995, *JO* du 27 août 1995, p. 12717 à 12725.

a) *Composition et régime applicable*

Créés sur le modèle de la Cour des comptes en la forme de juridictions administratives, les Chambres régionales des comptes sont composées de *magistrats* **inamovibles**. Au moment de la première installation, le président est un conseiller-maître ou un conseiller référendaire de la Cour des comptes, nommé à sa demande, et sur proposition du premier président de la Cour des comptes, par décret du président de la République. Le consentement de l'intéressé est une obligation liée à l'inamovibilité, elle intervient pour la même raison pour toute affectation nouvelle, même à titre d'avancement.

À *titre transitoire*, un *recrutement exceptionnel* sur titres et sur épreuves a été prévu complémentairement au bénéfice de fonctionnaires de catégorie A se portant candidats et choisis par une commission présidée par le premier président de la Cour des comptes.

Un certain nombre de mesures assurent la *qualité technique* des membres des Chambres régionales des comptes. Les conseillers sont recrutés normalement à la sortie de l'*École nationale d'administration* pour les quatre cinquièmes d'entre eux.

Le dernier cinquième est recruté au *tour extérieur*, en fait en nombre limité (1 sur 4 ou 5 ou 6 selon le grade) et réservé aux fonctionnaires civils ou militaires de catégorie A ainsi qu'aux magistrats de l'ordre judiciaire ou aux agents titulaires des collectivités territoriales de même niveau, et remplissant certaines conditions d'âge et d'ancienneté (trente ans au moins et 5 ans de services publics au minimum). Dans ce dernier cas, les candidats doivent être inscrits sur une liste d'aptitude établie par ordre de mérite par une commission, présidée par le premier président de la Cour des comptes ou son représentant (art. 16 de la loi du 10 juillet 1982).

Suivant le souhait exprimé par la Cour des comptes, chaque chambre comporte *un ou plusieurs commissaires du gouvernement* choisis parmi les magistrats de la chambre. Ils exercent les fonctions du ministère public et sont les correspondants du procureur général près la Cour des comptes qui a charge de veiller à leur bon fonctionnement. Les Chambres régionales des comptes de l'Ile-de-France et de Provence-Alpes-Côte d'Azur comptent trois commissaires du gouvernement contre deux pour la Chambre de la région Rhône-Alpes et un seul pour les autres chambres.

À l'origine, il était prévu que chaque chambre soit composée au minimum *d'un président et de deux assesseurs*. Cette composition minimum est toujours de règle pour les formations de délibéré, mais ne traduit plus la composition des chambres elles-mêmes dont les effectifs se sont étoffés en fonction de l'importance de leurs charges. Désormais composées de 4 (pour la Nouvelle-Calédonie et la Polynésie française) à 49 (pour l'Ile-de-France) magistrats, non compris les présidents[16], les chambres régionales des comptes bénéficient d'un statut propre à assurer l'indépendance de leurs membres.

Les membres de chaque chambre sont nommés **par décret du président de la République**. Leur statut les astreint à des obligations spéciales, telle celle de prêter serment « *de remplir bien et fidèlement leurs fonctions, de garder le secret des délibérations et de se comporter en tout comme un digne et loyal magistrat*[17] », ou encore l'obligation de résidence. Par ailleurs, des incompatibilités sont prévues par la loi, de même que l'interdiction du droit de grève. En revanche, ils bénéficient du privilège de juridiction et de perspectives de carrière attrayantes.

---

16. *Cf.* arrêté du 19 juillet 1995, *JO* du 25 août 1995, p. 12659.
17. *Cf.* art. 5 de la loi n° 82-595, *JO* du 13 juillet 1982, p. 2201.

Les magistrats des chambres régionales forment **un corps** qui comprend **quatre grades** : président de section, conseillers hors classe, conseillers première classe, conseillers deuxième classe. Ils sont assurés d'un avancement garanti contre l'arbitraire par la création d'un **Conseil supérieur des chambres régionales des comptes**, dont les compétences rappellent celles du Conseil supérieur de la magistrature.

Ce Conseil supérieur est présidé par le premier président de la Cour des comptes et comprend trois personnalités qualifiées qui n'exercent pas de mandat électif, désignées respectivement par le président de la République, le président de l'Assemblée nationale et le président du Sénat, le procureur général près la Cour des comptes, deux conseillers-maîtres et un conseiller référendaire à la Cour des comptes ainsi que quatre membres du corps des chambres régionales, à raison d'un membre pour chaque grade. Les membres de la Cour des comptes et ceux des chambres régionales sont élus pour **trois ans**, leur mandat n'étant pas renouvelable.

Ce Conseil supérieur dresse la **liste d'aptitude** aux fonctions de président de chambre régionale et établit le **tableau d'avancement** de grade. Il donne son **avis** sur tout projet de modification du statut ainsi que sur toute question intéressant l'organisation, le fonctionnement ou la compétence des chambres régionales. Il exerce de plus le **pouvoir disciplinaire**, dans des conditions définies par la loi n° 82-595 du 10 juillet 1982.

Mais les Chambres régionales des comptes, peuvent recourir en outre à des *intervenants extérieurs*.

En effet, les membres des Chambres régionales peuvent se faire assister par des collaborateurs. L'article 82 alinéa 2 de la loi du 2 mars 1982 crée ainsi un corps d'**assistants de vérification des comptes**. De la même façon, des **agents de l'État ou des collectivités territoriales**, choisis pour leurs connaissances et leur expérience peuvent être détachés auprès des chambres régionales. Les uns et les autres, n'ayant pas la qualité de magistrat ne peuvent exercer d'activité juridictionnelle ; ils n'ont de fonctions qu'administratives. Ce double renfort permet une aide technique appréciable en raison même des compétences exigées.

Enfin l'article 5 de la loi n° 82-594 du 10 juillet 1982 prévoit que les Chambres régionales des comptes peuvent comme la Cour des comptes elle-même, recourir pour des enquêtes de caractère technique, à l'assistance d'**experts** désignés par le président. Ces experts, tenus à l'obligation du *secret professionnel*, peuvent être des agents publics ou des spécialistes privés, par exemple des experts comptables. Leur compétence et leur expérience viennent là encore alléger et améliorer le travail des magistrats.

Dans l'ensemble, la Cour des comptes avait estimé à 400 postes de magistrats le nombre nécessaire pour un fonctionnement normal des chambres. Cet effectif devait être atteint progressivement en quatre ans, 48 postes budgétaires étant créés dès 1982 et 90 postes complémentaires en 1983. L'arrêté du 19 juillet 1995[18] fixe provisoirement à 343 les effectifs des magistrats des Chambres régionales des comptes, non compris les présidents de Chambres régionales, auxquels s'ajoutent 30 commissaires du gouvernement.

Par ailleurs, le nombre des différents auxiliaires non moins nécessaires au bon fonctionnement des chambres s'élève pour sa part à 2 000 agents de tous rangs. C'est dire que la nouvelle institution représente un effort financier sérieux de la part de

---

18. Arrêté du 19 juillet 1995 fixant les effectifs des magistrats et le nombre de Commissaires du gouvernement des Chambres régionales et territoriales des comptes, *JO* du 25 août 1995, p. 16659.

l'État pour être à la hauteur des ambitions dont nous prendrons la mesure, en examinant les compétences des chambres régionales des comptes.

b) *Les règles de fonctionnement*

Les chambres régionales des comptes se réunissent en *audience solennelle* pour recevoir le serment et procéder à l'installation des magistrats. Cette formation peut être également réunie pour entendre toute communication du président ou du Commissaire du gouvernement. Ces audiences solennelles sont publiques. Elles sont présidées par le président de la Chambre et réunissent tous les conseillers présents, en robe de cérémonie (art. 15 du décret du 23 août 1995).

Les formations de délibéré varient en fonction de l'organisation interne de la chambre qui peut se réunir soit en formation plénière, soit par section s'il en existe au moins une, voire en *sections réunies* s'il en existe plusieurs, soit encore en formation restreinte de chambre pour autant qu'une telle formation ait été instituée.

Les Chambres régionales des comptes *peuvent comporter* une ou plusieurs sections[19] créées par décret en Conseil d'État en fonction de leur importance et du nombre de leurs magistrats.

C'est ainsi que la Chambre régionale des comptes de l'Ile-de-France compte sept sections pour 49 magistrats, et que celles du Nord-Pas-de-Calais, de Provence-Alpes-Côte d'Azur et de Rhône-Alpes en comptent trois pour respectivement 22, 25 et 28 magistrats.

La plupart des chambres n'ont qu'une section, comme par exemple l'Alsace, l'Aquitaine ou la Picardie, et un certain nombre d'entre elles n'en ont aucune. C'est le cas pour la Chambre du Limousin, de Franche-Comté ou pour les Chambres d'outre-mer.

C'est le *président de la Chambre régionale des comptes*, chargé de la direction générale de la chambre qui arrête la composition et les attributions des sections, elles-mêmes présidées par un président de section. Il lui appartient également de définir l'organisation et le programme annuel des travaux après consultation de la chambre et avis du Ministère public (*ibid.*, art. 3 al. 3). C'est lui qui détermine les affaires qui seront *délibérées en section* et celles qui le *seront en chambre*. Toutefois, une section peut très bien, soit d'office, soit sur demande du Ministère public, *renvoyer à la chambre* une affaire sur laquelle elle a été appelée à délibérer (*ibid.*, art. 36 al. 5).

Les chambres comprenant plusieurs sections peuvent encore délibérer en *sections réunies*. Cette formation est alors composée du président de la chambre et des membres des sections intéressées par une même affaire (*ibid.*, art. 18 dernier al.).

Un *arrêté annuel* du président de la Chambre pris après consultation des présidents de section et avis du ministère public, *peut* en outre instituer des *formations de délibéré de la Chambre* autres que la formation plénière. Ces formations restreintes doivent respecter la double règle de l'*imparité* et du nombre minimum de trois membres imposée à toute formation de délibéré par l'article 16 du décret du 23 août 1995, mais leur composition précise varie selon qu'il existe ou non une ou plusieurs sections[20].

La formation restreinte de Chambre est composée, s'il n'existe pas de section, du président de la Chambre, du rapporteur et du contre-rapporteur quand celui-ci a été désigné, ou dans le cas contraire du magistrat présent à la Chambre, le plus ancien

---

19. Décret du 8 avril 1994, *JO* du 10 avril 1994, p. 5329.
20. Décret n° 95-944 du 23 août 1995, *JO* du 27 août 1995, p. 12717 à 12725.

dans le grade le plus élevé. Lorsqu'il existe une ou plusieurs sections, la formation restreinte de Chambre est composée du ou des présidents de section, du rapporteur, le cas échéant, du contre-rapporteur et pour respecter l'imparité, du ou des deux magistrats présents à la Chambre les plus anciens dans le grade le plus élevé. Là encore, c'est le président de la Chambre qui décide du renvoi des affaires aux formations restreintes de la Chambre pour y être délibérées (*ibid.*, art. 18 al. 2 et art. 3 al. 5).

B. Les compétences et les pouvoirs des Chambres régionales des comptes

Les Chambres régionales des comptes sont dotées par le législateur de deux catégories d'attributions. Les unes sont juridictionnelles, les autres administratives.

a) *La double nature des attributions des Chambres*

L'article 84 alinéa 2 de la loi du 2 mars 1982 précise que : «*Les arrêts, avis, propositions, rapports et observations de la Chambre régionale des comptes sont délibérés et adoptés collégialement*». Seuls, les premiers, les arrêts, désignés plus correctement «jugements» par l'article 24 de la loi n° 82-594 du 10 juillet 1982, et qui intéressent spécialement le contrôle des comptes sont de véritables jugements susceptibles d'appel devant la Cour des comptes (art. 87 de la même loi et art. 8 de la loi n° 82-594 du 10 juillet 1982), ou encore d'un recours en révision (art. 7 de cette loi).

Pour les délibérations qui n'ont pas le caractère juridictionnel, elles constituent des **actes administratifs** susceptibles de recours pour excès de pouvoirs devant le juge administratif qui en contrôle la légalité. Avis, rapports, ou observations peuvent être considérés comme autant d'actes préparatoires de décisions administratives prises par d'autres autorités.

Il faut cependant reconnaître que le classement de certaines compétences peut parfois s'avérer délicat et la nature de l'acte ne pas être évidente.

C'est ainsi que la Chambre régionale des comptes doit dans certains cas précis constater une situation définie par la loi. Cette **constatation** est la condition même de la légalité de la procédure qui suit et qui comporte une proposition dont la nature administrative apparaît certaine puisqu'elle fait grief et peut en conséquence faire l'objet d'un contrôle de légalité. Mais qu'en est-il de la nature juridique de la constatation préalable ou encore du refus de constater opposé par la Chambre régionale?

Dans un arrêt du 23 mars 1984, le Conseil d'État affirme clairement que le rejet d'une demande tendant à la constatation qu'une dépense obligatoire n'a pas été inscrite au budget d'une commune «*ne constitue ni un jugement sur les comptes dont la Cour des comptes serait compétente pour connaître... ni une décisions juridictionnelle à l'encontre de laquelle un recours en cassation pourrait être formé devant le Conseil d'État, qu'elle constitue une* **décision administrative**, *dont le tribunal administratif est compétent pour connaître en premier ressort*» (CE Ass., 23 mars 1984, organisme de gestion des écoles catholiques de Couëron[21]).

---

21. *Cf.* CE, 23 mars 1984, Organisme de gestion des écoles catholiques de Couëron (Loire-Atlantique). Req. n° 56-053, *Rec.* p. 126, *AJDA*, 1984, p. 390.

Ce long considérant de principe met un terme aux hésitations qui avaient pu valoir à la loi le reproche d'une imprécision[22] appelant un complément.

D'une façon générale, seul le contrôle des comptes relève des attributions juridictionnelles des Chambres régionales des comptes. Le contrôle budgétaire et le contrôle de gestion relèvent de leurs attributions administratives de contrôle. Mais il existe un lien étroit entre les deux catégories. Il est clair, en particulier, que le contrôle de la régularité comptable débouche sur le contrôle de gestion.

b) *Les pouvoirs des Chambres*

La procédure devant les Chambres régionales des comptes est *écrite* et *contradictoire*.

Pour toutes les affaires dont une Chambre se saisit elle-même ou est saisie, soit sur réquisitoire du Ministère public, soit en application de dispositions législatives, la phase de *vérification et d'instruction* est confiée à un ou plusieurs *464rapporteurs* (art. 29 al. 1 du décret du 23 août 1995).

Les pouvoirs *d'investigation* dont disposent les Chambres régionales peuvent être mis en œuvre pour l'ensemble de leurs attributions juridictionnelles ou simplement administratives. La loi prescrit toutefois que toutes dispositions doivent être prises pour garantir le **secret** des investigations.

Le premier pouvoir est un **droit de communication**. Chaque Chambre régionale des comptes peut exiger la communication de tout document de quelque nature que ce soit intéressant la gestion des collectivités, des établissements publics et des autres organismes soumis à son contrôle. Les ordonnateurs, les comptables, les dirigeants, les agents des organismes vérifiés, les commissaires aux comptes, les commissaires aux apports, les représentants et agents de l'État dans le département ou la région, sont tenus par cette obligation de communiquer aux rapporteurs, sur leur demande, tous documents et de fournir tous renseignements utiles.

Pour les gestions ou opérations faisant appel à l'informatique, ce droit de communication implique un *droit d'accès aux logiciels* et données. Il est possible d'en demander la transcription dans des documents directement utilisables pour les besoins du contrôle par tout traitement approprié (*ibid.,* art. 31).

La Chambre régionale des comptes peut encore se faire communiquer, par l'intermédiaire du Ministère public, les rapports des services d'inspection et corps de contrôle (*ibid.,* art. 33).

Chaque Chambre dispose complémentairement du **droit de visite** qui lui permet de « *vérifier sur pièces et sur place* »[23] la régularité des recettes et des dépenses décrites dans les comptabilités. Ce droit de visite est entendu de façon large. Les rapporteurs peuvent se rendre dans les *services et organismes*, et prendre connaissance des écritures et documents tenus et en particulier des pièces préparant et justifiant le recouvrement des recettes, l'engagement, la liquidation et le paiement des dépenses. Les rapporteurs se font délivrer *copie* des pièces nécessaires à l'instruction des affaires qui leur sont confiées (*ibid.,* art. 30 al. 2 et 3).

---

22. *Cf.* F. et Y. Luchaire, *Le droit de la décentralisation*, PUF, 1983, p. 209.
23. *Cf.* art. 87 de la loi n° 82-213 du 2 mars 1982, *JO*, 3 mars 1982, p. 730 et s., et rect. *JO* du 6 mars 1982, p. 779.

De la même façon, les rapporteurs ont *accès à tous immeubles* dont sont propriétaires, locataires ou occupants les communes, départements ou régions ou les autres personnes morales de droit public et organismes soumis au contrôle de la Chambre régionale des comptes. Ils peuvent procéder à la vérification des fournitures, matériels, travaux et constructions (*ibid.*, art. 32).

Le second est un **pouvoir d'enquête** pour lequel, on l'a vu, la Chambre régionale peut recourir à l'assistance d'*experts techniques* désignés par le président. Les vérifications et instructions confiées aux rapporteurs comportent en effet, en tant que de besoin, non seulement toutes demandes de renseignements, mais également les enquêtes ou expertises jugées nécessaires (*ibid.*, art. 29 al. 2).

Pour tous ces travaux, les *assistants de vérification* participent activement sous la direction et la responsabilité des rapporteurs. Ils doivent observer la discrétion et sont tenus au secret professionnel.

Enfin, un véritable **pouvoir d'audition** permet au président de la Chambre régionale de convoquer toute personne dont l'audition est jugée nécessaire aux contrôles. L'article 5 de la loi n° 82-594 du 10 juillet 1982 et l'art. 9 de la loi n° 67-483 du 22 juin 1967 visent de façon large *« tout représentant, administration, fonctionnaire ou agent des collectivités, établissements, sociétés, groupements et organismes contrôlés ainsi que, pour les besoins du contrôle, tout représentant ou agent de l'État en fonction dans le ressort de la Chambre régionale des comptes et tout membre des services d'inspection et corps de contrôle »*… la convocation implique pour les personnes concernées une obligation de répondre. Elles sont déliées du secret professionnel devant la Chambre.

Parallèlement, les *personnes citées* aux articles L. 231-3, L. 231-12 et L. 241-14 du Code des juridictions financières *peuvent demander* par lettre adressée au président de la Chambre régionale des comptes, *à être entendues* par la Chambre pour présenter, avant décision définitive, toutes observations (*ibid.*, art. 38). Ces observations complètent et précisent celles fournies par écrit sur les affaires qui les concernent.

Vérifications et instruction terminées, un *rapport* consigne l'ensemble des *constatations* relevées au cours du contrôle. Les suites à leur donner font l'objet de *propositions motivées* (*ibid.*, art. 34 al. 1).

Si un *contre-rapporteur* est désigné par le président de la formation compétente, à son initiative ou à la demande du Ministère public, le rapport et les pièces annexées lui sont communiqués.

Devant la formation de délibéré, le rapporteur présente son rapport, et s'il en a été désigné un, le contre-rapporteur fait connaître son avis sur les propositions formulées.

Si le rapport a été communiqué au *Ministère public*, lecture est faite des conclusions de celui-ci. Le rapport est obligatoirement communiqué avec pièces à l'appui au Ministère public, s'il concerne une demande d'inscription d'office d'une dépense obligatoire, une décision sur la compétence, un problème d'évocation, d'amende, de quitus, de débets, une comptabilité de fait, une révision ou une réformation (*ibid.*, art. 25 al. 3). Les autres rapports lui sont communiqués soit sur sa demande, soit par décision du président de la Chambre ou du président de la section.

Enfin, lorsque le *Commissaire du gouvernement* assiste à la séance, il présente ses conclusions et prend part au débat.

Les pouvoirs des Chambres servis par une procédure rigoureuse sont, sur de nombreux points très comparables à ceux de la Cour des comptes dont ils s'inspirent directement.

Ainsi, par son organisation comme par ses attributions, l'institution originale des Chambres régionales des comptes répond parfaitement aux principes de la réforme des contrôles financiers. Il nous faut étudier la mise en œuvre des différents contrôles pour mieux apprécier l'importance des nouvelles responsabilités des Chambres régionales dans les procédures organisées par la loi.

Section 2
La mise en œuvre des contrôles

Il faut préciser tout d'abord que la réforme concerne non seulement les contrôles financiers directs, mais qu'elle a voulu aller plus loin et parachever son œuvre en supprimant la contrainte insidieuse des contrôles indirects ou parallèles dus aux prescriptions techniques ou financières imposées par l'État, et dont le poids a souvent pesé de façon insupportable sur la gestion locale.

Dans les deux cas, les procédures nouvelles servent l'autonomie des collectivités locales et accroissent la décentralisation.

§ 1. LES CONTRÔLES DIRECTS

Au niveau des contrôles financiers directs, on peut distinguer le contrôle des actes budgétaires qui associe la Chambre régionale des comptes et le représentant de l'État et les autres contrôles, contrôles de gestion et contrôle des comptes.

A. Le contrôle des actes budgétaires

C'est un contrôle très important pour l'unité de l'État, puisqu'il impose la rigueur des règles budgétaires à l'ensemble du territoire et évite les désordres financiers qui ne peuvent être à terme que ruineux pour l'économie locale et pour le pays tout entier. Plus particulièrement, il responsabilise les élus locaux pour lesquels les droits liés à l'autonomie de gestion impliquent des obligations financières précises.

On peut dégager trois types d'obligations principales : celle d'avoir un budget et de l'avoir dans les temps, celle de voter un budget en équilibre sans omettre les dépenses obligatoires, enfin celle d'exécuter ce budget sans créer de déficit. À chacune de ces disciplines correspond un contrôle organisé par la loi : contrôle de la procédure d'adoption du budget, contrôle du contenu de ce budget, et enfin contrôle de son exécution. La loi du 2 mars 1982 fixe les règles fondamentales, complétée par la loi du 21 février 1996[24].

a) *Le contrôle de la procédure*

Le contrôle de la procédure d'adoption est prévu par l'article 7 de la loi du 2 mars 1982 pour le budget de la commune auquel renvoient les articles 51 et 83 pour le budget du département et pour celui de la région.

L'article 7 applique et aménage le principe de l'**antériorité budgétaire**. Ce qui signifie que le budget étant par définition un acte de prévision, doit normalement être adopté avant le début de la période à laquelle il se rapporte, c'est-à-dire le 1er janvier. Cette date est rarement respectée, et pour éviter tout blocage, l'art. 7 alinéa 1 dispose qu'à défaut d'adoption au 1er janvier, le budget doit être impérativement voté au 31 mars de l'année concernant l'exercice auquel il s'applique.

S'il ne l'est pas à cette date, le représentant de l'État saisit **sans délai** la Chambre régionale des comptes, qui, dans le mois et par un *avis public*, formule des propositions pour le règlement du budget. Ce mécanisme appelle deux observations :

1° **La saisine sans délai** signifie qu'à la date du 31 mars le budget exécutoire comme tout acte administratif après publicité et transmission, doit avoir été transmis au plus tard à cette date. Quant à la saisine elle-même, elle est obligatoire pour le représentant de l'État qui a perdu son pouvoir d'agir seul. Il s'agit ici d'une compétence liée qui joue de la même façon, qu'il s'agisse d'un retard dans l'établissement d'un budget ou qu'il s'agisse d'un budget transmis, mais incomplet[25].

2° **En l'absence de tout vote par la collectivité**, la proposition de la Chambre régionale des comptes établit un *budget minimal* en tenant compte du budget de l'année précédente. L'organe délibérant pourra par la suite prendre des décisions modificatives qui compléteront l'arrêté de règlement du représentant de l'État.

En cas de **retard**, le budget étant voté après le 31 mars et avant la saisine de la Chambre, le représentant de l'État saisit le tribunal administratif pour annulation et demande un sursis à exécution. Il saisit la Chambre régionale qui peut reprendre les chiffres prévus par la collectivité si le budget préparé est régulier.

Si le budget est voté après le 31 mars et après saisine de la Chambre, il peut être annulé par le juge administratif et la proposition de la Chambre régionale des comptes peut prévoir entre-temps un budget différent tenant compte du budget précédent.

Dans tous les cas, la proposition de la Chambre régionale des comptes est notifiée au représentant de l'État et à l'exécutif local qui doit en assurer la publicité, par affichage ou insertion dans un bulletin officiel, les élus étant informés du contenu de l'avis.

Dans le délai de vingt jours à compter de cette notification, le représentant de l'État doit régler le budget et le rendre exécutoire. La loi l'autorise alors à s'écarter des recommandations de la Chambre régionale des comptes, à condition d'assortir sa décision d'une motivation explicite. L'arrêté préfectoral est adressé à la fois à la collectivité intéressée et à la Chambre régionale des comptes.

Dans deux cas, cependant, ces dispositions ne sont pas applicables.

---

24. *Cf.* Loi n° 96-142 du 21 février 1996, *JO* du 24 février 1996, p. 2992 à 3001.
25. *Cf.* J. TOUSSAINT, « Le contrôle budgétaire », *AJDA*, juin 1984, p. 389.

Premier cas : lorsque le défaut d'adoption du budget avant la date prévue résulte de l'**absence de communication** avant le 15 mars au conseil municipal, général ou régional, d'informations indispensables à l'établissement du budget. C'est là une règle pratique nécessaire, puisque les élus locaux doivent connaître les formules de répartition de la DGF ou de la DGE, de même que l'assiette des impôts directs et les montants prévus pour les autres ressources versées par l'État avant d'établir leur budget. Dans ce cas, les conseils disposent d'un *délai de quinze jours* après réception des renseignements prévus par les décrets du 29 décembre 1982.

Deuxième cas : en cas de **création** d'une nouvelle collectivité, l'organe délibérant dispose alors d'un *délai de trois mois à compter de cette création* (art. 7 al. 5 de la loi du 2 mars 1982), à moins que les informations nécessaires n'aient pas été communiquées dans le délai de deux mois et demi suivant cette création (*ibid.*, art. 7 al. 6).

Par ailleurs, la *date-limite* d'adoption du budget primitif est reportée par la loi dans deux situations précises :

1° *au 15 avril* quand il y a renouvellement des conseils délibérants locaux (*ibid.*, art. 7 al. 2 modif.) ;

2° *au 1er juin* de l'année N + 1 quand le budget de l'année N a été réglé par le préfet pour défaut d'équilibre et en cas de déficit du compte administratif reporté au budget primitif de l'exercice suivant (N + 1). Ce même délai peut encore être reporté au *15 juin* en cas de renouvellement de l'assemblée délibérante (*ibid.*, art. 8 al. 6 et 7 ajoutés par l'art. 36 de la loi du 19 août 1986).

Toute cette discipline du calendrier budgétaire, liée à la menace de l'établissement du budget par la Chambre régionale, devrait permettre de vaincre l'inertie des collectivités locales qui ont tendance à allonger exagérément les débats budgétaires. En fait, le nombre des budgets non adoptés avant le terme légal oscille entre 3 000 et 5 500 budgets par an, mais la saisine des Chambres régionales des comptes reste exceptionnelle : 81 en 1991 en ce qui concerne les communes, les préfets n'usant de cette procédure qu'en cas de grave négligence ou de gestion rendue impossible par l'existence d'une crise politique au sein de la majorité locale et ayant pour effet de bloquer le processus normal d'adoption du budget.

L'article 15 de la loi n° 88-13 du 5 janvier 1988, dite-loi d'amélioration de la décentralisation[26], est venu compléter l'article 7 alinéa 1 dans un but d'assouplissement financier. Il est stipulé que jusqu'à l'adoption du budget ou jusqu'au 31 mars, en l'absence d'adoption du budget avant cette date, le maire peut, **sur autorisation du conseil municipal**, engager, liquider et mandater des dépenses d'investissement, dans la limite du quart des crédits ouvert au budget de l'exercice précédent, non compris les crédits afférents au remboursement de la dette. Les crédits correspondants sont alors inscrits au budget lors de son adoption. L'autorisation spéciale du conseil municipal doit préciser le montant et l'affectation des crédits. Ces diverses dispositions devraient éviter tout effet pervers de blocage en cas de difficulté dans l'application du calendrier budgétaire.

b) *Le contrôle du contenu des budgets locaux*

Une seconde discipline budgétaire concerne le contenu des budgets locaux. Il s'agit de l'exigence d'un **équilibre réel** des prévisions qui n'a pas son équivalent

---

26. Loi n° 88-13 du 5 janvier 1988, *JO* du 6 janvier 1988, p. 208.

pour le budget de l'État, dans la mesure où il ne tient pas compte des emprunts qui seront réalisés dans l'année et qu'il dispose d'une marge de souplesse et de sécurité pour sa trésorerie grâce aux disponibilités du Trésor public.

Il s'agit ensuite de l'exigence non moins fondamentale de l'inscription au budget des dépenses obligatoires.

1. L'équilibre réel du budget

Pour les collectivités locales, l'exigence d'équilibre correspond à des prévisions complètes et sincères, assorties d'une marge suffisante elle-même prévue pour maintenir l'équilibre de départ pendant tout le temps de l'exécution. L'art. 8 de la loi du 2 mars 1982 et l'art. 27 du décret du 22 mars 1983 règlent la question d'une part en définissant la notion d'**équilibre réel** et d'autre part, en mettant en place une procédure énergique de redressement[27].

La notion d'équilibre réel répond à *des exigences cumulatives.*

Tout d'abord, l'article 8 alinéa 1 de la loi du 2 mars 1982 stipule que le budget «local» est en équilibre réel lorsque la section de fonctionnement et la section d'investissement sont respectivement votées en équilibre, ce qui signifie *a priori* une absence de déficit de même qu'une absence d'excédent. Cette conception rigoriste a été écartée par la loi du 5 janvier 1988 qui admet que «... n'est pas considéré comme étant en déséquilibre, un budget dont la section de fonctionnement comporte ou reprend un excédent et dont la section d'investissement est en équilibre réel, après reprise pour chacune des sections des résultats apparaissant au compte administratif de l'exercice précédent.»

Cette heureuse disposition empêche que soient neutralisés les effets positifs d'une saine gestion financière, tout en maintenant l'exigence impérative de toute absence de déficit.

Par ailleurs, l'article 50 de la loi d'orientation du 6 février 1992 prévoit que les dotations budgétaires affectées aux dépenses d'investissement peuvent comprendre des autorisations de programme et des crédits de paiement et précise que «l'équilibre budgétaire de la section d'investissement s'apprécie en tenant compte des seuls crédits de paiement» (art. L. 211-4 al. 4 nouv. du Code des communes).

En second lieu, *les recettes et les dépenses doivent être évaluées de façon sincère,* sans surestimation des unes et sous-estimation des autres, ce qui conduit à contrôler la conformité des inscriptions budgétaires par rapport aux notifications faites à la collectivité. Le juge administratif a pu retenir comme créant un déséquilibre réel *la disproportion* entre la recette inscrite au titre de la deuxième part de la DGE et la recette prévisible, la première étant très supérieure à la somme notifiée par l'État à la collectivité pour cette rubrique (CE sect., 23 décembre 1988, département du Tarn c/ M. Barbut et autres)[28].

Enfin, il faut que le *remboursement en capital des annuités d'emprunt* à échoir au cours de l'exercice soit couvert par des recettes propres, ce qui exclut qu'il soit financé par un nouvel emprunt.

---

27. Là encore, les articles 51 et 83 de la loi du 2 mars 1982 renvoient à l'art. 8 pour le département et pour la région.

28. CE sect., 23 décembre 1988, département du Tarn c/M. Barbut et autres, *Rec.* p. 466, *AJDA*, 1989, p. 135.

La loi est précise. Il faut que «… le prélèvement sur les recettes de la section de fonctionnement au profit de la section d'investissement, ajouté aux recettes propres de cette section, à l'exclusion du produit des emprunts, et éventuellement aux dotations des comptes d'amortissement et de provision…» fournisse les ressources suffisantes.

Lorsque le budget lui est transmis, **le représentant de l'État dispose de trente jours** pour s'assurer de cet équilibre et pour saisir la Chambre régionale des comptes s'il observe que le budget a été voté sans équilibre réel. Le préfet dispose ici encore du monopole de la saisine de la Chambre. Sa demande motivée doit être accompagnée du budget concerné et de l'ensemble des informations et documents utilisés pour l'établissement de celui-ci (art. 81 du décret du 23 août 1995).

Parallèlement, il peut demander au juge administratif l'annulation du budget déséquilibré, pour éviter qu'il ne reçoive un commencement d'exécution qui aggrave la situation. Le Conseil d'État a admis que le vote en équilibre réel est une condition de légalité d'un budget local (CE sect., 23 décembre 1988, département du Tarn c/ M. Barbut et autres déjà cité).

La Chambre régionale dispose à son tour d'un délai de trente jours à compter de sa saisine pour constater le déséquilibre, informer l'exécutif local de la date limite à laquelle il peut présenter ses observations orales ou écrites, et, surtout, pour formuler des **propositions motivées** tendant au redressement de l'équilibre. Cette constatation et les propositions sont **notifiées** au représentant de l'État, en même temps qu'à la collectivité qui dispose alors d'un nouveau délai d'un mois pour prendre une nouvelle délibération. Cette délibération spéciale devra elle-même être notifiée dans un délai de huit jours au représentant de l'État et à la Chambre régionale des comptes.

À ce stade décisif, plusieurs cas de figure sont possibles. Si cette deuxième délibération est conforme aux recommandations de la Chambre, la procédure prend fin, la délibération correcte n'a plus qu'à être publiée pour être exécutoire. Si elle s'écarte des propositions de la Chambre régionale, mais présente un équilibre réel correct, elle sera acceptée comme valable et mettra de même fin au litige. L'organe délibérant devra simplement motiver son écart.

Dans les quinze jours de la réception de la nouvelle délibération, et si elle estime suffisantes les mesures de redressement adoptées, la Chambre régionale des comptes notifie au représentant de l'État, à la collectivité ou à l'établissement public concerné, un avis par lequel elle prend acte de la nouvelle délibération.

Enfin, s'il n'y a pas eu de délibération dans le délai légal ou encore si la délibération prise dans ce délai ne comporte pas de mesures de redressement suffisantes, la Chambre fait d'*ultimes propositions* au représentant de l'État. Ces dernières propositions peuvent être conformes aux premières ou être différentes si la Chambre décide de tenir compte de certaines remarques émises par la collectivité locale. Ces propositions prennent la forme d'un avis motivé en vue du règlement du budget. Il est notifié non seulement au représentant de l'État, mais aussi à la collectivité ou à l'établissement public concerné (*ibid.,* art. 85 al. 2).

Dans tous les cas, la Chambre régionale des comptes doit se prononcer sur le contenu de la deuxième délibération dans les *quinze jours* de sa transmission. Si la **navette** entre la collectivité et la Chambre a échoué et débouche sur une impasse, en particulier à défaut d'une nouvelle délibération de la collectivité dans le délai d'un mois, c'est au représentant de l'État que revient le dernier mot. À lui de régler le budget et de le rendre exécutoire dans les vingt jours à compter de la notification du dernier avis de la Chambre. Il peut alors s'aligner sur cet avis ou s'écarter de lui pour des raisons politiques. Mais alors, et comme précédemment dans le cadre du calendrier budgétaire, il doit motiver sa décision sans pouvoir se borner à invoquer des raisons d'ordre général. Le Conseil d'État exige une motivation précise fondée sur les données de fait de chaque espèce (*cf.* CE, 10 octobre 1990, préfet du Val-d'Oise)[29].

En pratique, la saisine de la chambre régionale des comptes a un double effet immédiat. D'une part, elle *dessaisit l'assemblée locale de ses compétences budgétaires* sauf si elle est appelée à délibérer dans le cadre de la procédure de contrôle pour rectifier le budget initial. D'autre part, les *pouvoirs de l'ordonnateur* sont eux-mêmes *suspendus* jusqu'au règlement définitif du budget. La continuité de la gestion locale impose toutefois un assouplissement à la règle et l'exécution du budget litigieux reste possible par anticipation :

> – pour la mise en recouvrement des recettes ;
> – l'exécution des dépenses de la section fonctionnement dans les limites du budget précédent ;
> – le mandatement des dépenses afférentes au remboursement en capital des annuités de la dette locale venant à échéance ;
> – l'exécution des dépenses de la section d'investissement sans pouvoir excéder la moitié des crédits inscrits à ce titre au budget contesté.

De plus, lorsque le budget a été réglé par le préfet, les *budgets supplémentaires* afférents au même exercice sont obligatoirement transmis à la Chambre régionale des comptes par le représentant de l'État. Le vote *du compte administratif* devra intervenir avant le vote du budget primitif afférent à l'exercice suivant. Si ce compte administratif est en déficit, le budget primitif est également transmis à la Chambre régionale des comptes qui assure ainsi un suivi des actes budgétaires permettant de contrôler le *retour à l'équilibre* aussi bien au niveau des actes de prévision que des actes d'exécution budgétaires qui ne sont pas dissociables.

Au total, le nombre des budgets non adoptés en équilibre réel varie entre 180 et 250 par an en moyenne, et dans un cas sur deux environ, les Chambres régionales des comptes sont saisies : 116 saisines en 1990, 94 en 1991 en ce qui concerne les communes.

Ainsi donc le contrôle du contenu du budget assure le respect de l'équilibre réel.

Mais pour apprécier ce contrôle dans toute son étendue, il faut ajouter que s'il n'existe qu'**un seul budget par exercice**, celui-ci peut se décomposer en **plusieurs documents**, tous également concernés par cette notion d'équilibre.

Le premier est celui qui doit être voté avant le 31 mars de l'année à laquelle il s'applique. C'est celui sur lequel nous avons tendance à raisonner. Il est **nécessaire** et, dans certains cas, **suffisant**. C'est en effet la situation la plus simple, mais c'est aussi la moins fréquente. Dans la grande majorité des cas, ce document fait figure de **budget primitif** complété en cours d'exercice et selon les besoins, d'un nombre variable de **décisions modificatives** et d'un **budget supplémentaire**. Ces deux derniers types de documents s'incorporent au budget au risque de compromettre sa régularité interne.

---

29. CE, 10 octobre 1990, préfet du Val-d'Oise, *AJDA*, 1991, p. 236.

En ce qui concerne la **décision modificative**, elle intervient en cours d'exercice pour ajuster les prévisions budgétaires aux résultats de la gestion intervenus depuis le vote du budget primitif ou d'une précédente décision modificative. Si elle a pour objet d'autoriser le maire à engager des dépenses non inscrites au budget sans prévoir les recettes correspondantes, elle peut **déséquilibrer** le budget[30] et déclencher le contrôle de l'article 8 de la loi du 2 mars 1982. La Chambre régionale des comptes peut proposer de rétablir l'équilibre, nous l'avons vu, en reprenant les excédents de l'exercice antérieur[31]. Elle peut aussi chercher à mobiliser l'attention des responsables locaux et les inviter à la prudence en demandant la **certification** de l'opération par le comptable public. C'est le cas de la Chambre régionale des comptes de Poitou-Charentes lorsqu'une décision modificative ouvre des crédits à la section d'investissement du budget en cours gagés sur l'excédent ordinaire de l'exercice précédent. La Chambre demande que « *la disponibilité des fonds ainsi prélevés à due concurrence des crédits ouverts soit certifiée par le comptable public sur la caisse duquel sont assignées les recettes et les dépenses* ». En l'absence de certification, la délibération «serait considérée comme modifiant l'équilibre initial »[32].

En ce qui concerne le **budget supplémentaire**, il assume une triple fonction. À l'égal de la décision modificative, il corrige les prévisions budgétaires en tenant compte des résultats de gestion. Il incorpore au budget en cours d'exercice le contenu des éventuelles décisions modificatives. Enfin, il intègre à ce budget les résultats et reports de l'exercice précédent.

Le budget supplémentaire est susceptible de déséquilibrer les comptes, soit parce qu'il n'a pas repris correctement, dans chaque section, fonctionnement et investissement, l'excédent ou le déficit antérieur, soit parce qu'il a omis d'inscrire des crédits nécessaires au mandatement de dépenses obligatoires.

Dans le premier cas, le déséquilibre entraîne le contrôle de l'article 8. Dans le second, le problème est à la fois un problème de déséquilibre relevant de l'article 8, et un problème d'omission d'une dépense obligatoire relevant de l'article 11 de la loi du 2 mars 1982. Si la chambre régionale des comptes est saisie sur ce double fondement (art. 8 et art. 11), elle choisit généralement de se prononcer dans le cadre de l'article 8, plus respectueux des pouvoirs de l'assemblée délibérante[33].

Ces observations permettent de comprendre que **budget primitif, décisions modificatives et budget supplémentaire constituent un tout indissociable : le budget** proprement dit et qu'il est traité comme tel lorsqu'il s'agit de contrôle. C'est ce qu'exprime la chambre régionale des comptes de Provence-Alpes-Côte d'Azur par la formule : *«Considérant que le contrôle de l'équilibre budgétaire, prévu à l'article 8 de la loi du 2 mars 1982, s'applique aussi bien au budget primitif qu'aux budgets supplémentaires ou aux décisions qui les ont modifiés, au budget principal qu'aux budgets annexes*[34] *».*

Mais le contrôle du contenu des budgets locaux concerne également l'inscription des dépenses obligatoires.

2. L'inscription des dépenses obligatoires

Le contrôle de l'État sur le contenu des budgets locaux porte aussi sur l'**inscription des dépenses obligatoires**. Ce sont les *articles 11 et 52 de la loi du 2 mars 1982 et l'article 99 du décret du 23 août 1995* qui organisent la procédure nouvelle.

---

30. Voir notamment CRC Ile-de-France, 16 septembre 1983, département de l'Essonne ; CRC Lorraine, 28 septembre 1984, département de la Meuse ; CRC Aquitaine, 21 février 1985, Miquelon-Langlade.

31. CRC Lorraine, 11 août 1986, Abreschviller.

32. CRC Poitou-Charentes, 3 juin 1983, Saint-Benoît.

33. CRC Basse-Normandie, 19 novembre 1984, Bretteville-sur-Odon.

34. CRC Provence-Alpes-Côte d'Azur, 17 janvier 1985, Orange.

Le législateur prend soin de préciser que *« ne sont obligatoires que les dépenses nécessaires à l'acquittement des dettes exigibles et les dépenses pour lesquelles la loi l'a expressément prévu »*. La formule est quelque peu paradoxale, à la fois négative et volontairement restrictive, elle s'ouvre de façon extensive sur une matière évolutive dépendant du législateur. En effet, les dettes exigibles, c'est-à-dire non contestées et incontestables, doivent être certaines et liquides et forment une catégorie définie et limitative. Par contre, les dépenses que la loi peut qualifier d'obligatoires *visent le présent et l'avenir* de façon large. D'ores et déjà, ces dépenses obligatoires sont très nombreuses, ce qui explique sans aucun doute que la loi ait renoncé à procéder par énumération. Les dépenses obligatoires représentent environ 85 % de la section de fonctionnement. Depuis les frais de personnels, l'entretien des bâtiments, la défense contre l'incendie jusqu'aux charges de l'enseignement primaire pour les communes, de l'état civil ou du cadastre, en passant par les participations aux groupements de collectivités, on y retrouve l'inventaire des dépenses absolument vitales pour toute administration locale. Sauf cas particuliers des transferts de charges à l'État (justice ou police d'État), la tendance va plutôt dans le sens d'une inflation des dépenses obligatoires en fonction de l'évolution législative. C'est ainsi que l'article L. 221-2 du Code des communes, applicable par renvoi aux départements et aux régions dresse une *liste* de vingt-huit types de dépenses obligatoires, qu'on ne saurait tenir pour exhaustive et définitive. Si la loi du 3 janvier 1992 portant statut des élus locaux a institué de nouvelles charges obligatoires : indemnités de fonctions, frais de formation, cotisations des collectivités au régime de retraite des élus dont nous avons pu apprécier l'importance, il appartient au législateur et au législateur seul d'élargir encore cette liste.

C'est ce caractère particulier qui vaut aux dépenses obligatoires un régime de **protection** et de **garantie** renforcé par le nombre et la qualité des intervenants responsables de leur contrôle.

En effet, lorsqu'une dépense obligatoire n'a pas été inscrite au budget, ou encore si elle l'a été pour une somme insuffisante, le représentant de l'État ne perd pas seulement comme dans les autres contrôles financiers, le privilège de pouvoir agir seul, il perd en outre le monopole du déclenchement de la procédure. La saisine de la chambre régionale des comptes est en effet exceptionnellement ouverte à la fois au **représentant de l'État, au comptable local et à toute personne y ayant intérêt**, ce qui vise en premier lieu tout créancier de la collectivité.

La saisine de la Chambre doit toujours être motivée, chiffrée et appuyée de toutes justifications utiles, notamment du budget voté et le cas échéant des décisions qui l'ont modifié (art. 94 du décret du 23 août 1995). Lorsque l'auteur de la demande n'a pu obtenir les documents budgétaires, le président de la Chambre régionale des comptes se les fait communiquer par le représentant de l'État.

La Chambre régionale des comptes se prononce sur la *recevabilité* de la demande. Elle constate notamment la qualité du demandeur et, s'il y a lieu, l'intérêt qu'il a à agir (*ibid.*, art. 96). Le président de la Chambre communique la demande au Ministère public.

Dès lors que la saisine de la Chambre régionale leur est ouverte en matière d'inscription de dépenses obligatoires, les personnes habilitées par la loi sont *irrecevables* à former un recours pour excès de pouvoir contre la délibération locale refusant cette inscription (CE, 13 mars 1989, commune de Gardanne)[35].

---

35. *Cf.* CE, 13 mars 1989, commune de Gardanne, *Rec.* p. 100.

Lorsque la procédure est engagée, la Chambre régionale doit **dans le mois** de sa saisine se prononcer sur le *caractère obligatoire de la dépense* (*ibid.*, art. 97 al. 1) et constater éventuellement qu'il y a insuffisance ou omission des crédits nécessaires aux dépenses obligatoires. Le président de la Chambre informe le responsable local du recours en lui donnant un délai pour présenter ses *observations écrites ou orales*.

Si la Chambre régionale des comptes constate que la dépense n'est pas obligatoire ou que les crédits inscrits sont suffisants pour sa couverture, elle notifie sa décision qui doit être motivée à l'auteur de la demande, à la collectivité ou à l'établissement concerné, et s'il n'est pas l'auteur de la demande, au représentant de l'État.

À ce stade, la décision de la Chambre est un *acte administratif faisant grief* (*cf.* CE, 23 mars 1984, organisme de gestion des écoles catholiques de Couëron)[36], puisqu'elle bloque la procédure en empêchant l'intervention d'office du préfet qui ne peut être déclenchée que par une demande de la chambre (CE, 4 novembre 1988, syndicat mixte du collège Val-de-Sarre)[37]. En conséquence, la décision de la Chambre est susceptible de recours pour excès de pouvoir (CE, 10 juillet 1987, Derez c/commune d'Uvernet-Fours)[38]. Peu de recours de ce type sont intentés, 26 seulement en 1989 alors que les Chambres ont adopté 218 décisions négatives la même année.

Si par contre la dépense est obligatoire, et si la Chambre saisie constate l'absence ou l'insuffisance des crédits nécessaires à sa couverture, elle *met en demeure* l'exécutif local de faire ouvrir les crédits indispensables par une décision modificative au budget (art. 97 al. 2 du décret du 23 août 1995). Ce qui suppose que la *navette* ouverte entre la Chambre et la collectivité appelée à s'expliquer n'a pas permis de régler correctement le problème.

Dans ce cas de figure, *l'avis portant mise en demeure* qui constate que la dépense est obligatoire mais que les crédits sont inexistants ou insuffisants, n'est que «le *premier acte* de la procédure administrative pouvant aboutir éventuellement à la décision du représentant de l'État...» (CE, 30 janvier 1987, département de la Moselle)[39]. Analysé ainsi, cet avis n'est pas un acte administratif faisant grief, et donc n'est pas susceptible de recours pour excès de pouvoir. Il s'analyse comme une simple *mesure préparatoire* préalable à la décision préfectorale de même que toutes les mesures positives prises par la Chambre permettant à cette procédure complexe de se dérouler jusqu'à son terme (CE, 23 mars 1984, organisme de gestion des écoles catholiques de Couëron déjà cité).

En effet, à son tour, et dans le **délai d'un mois** à compter de la **notification** de la mise en demeure, la collectivité ou l'établissement public concerné doit procéder à l'ouverture des crédits nécessaires. La décision correspondante est transmise à la Chambre régionale des comptes et au requérant dans *les huit jours* de son adoption (art. 99 du décret du 23 août 1995).

---

36. *Cf.* CE, 23 mars 1984, organisme de gestion des écoles catholiques de Couëron, *Rec.* p. 126, *AJDA* 1984, p. 390, *RDP* 1984, p. 112, note J.-M. Auby.

37. *Cf.* CE, 4 novembre 1988, syndicat mixte du collège Val-de-Sarre, *Rec.* p. 396.

38. *Cf.* CE, 10 juillet 1987, Derez c/commune d'Uvernet-Fours, *Rec.* p. 254, *AJDA*, 1988, p. 58.

39. *Cf.* CE, 30 janvier 1987, département de la Moselle, *Rec.* p. 23, *AJDA*, 1987, p. 217. Concl. S. Hubac et obs. Chapuisat.

Si la mise en demeure reste sans effet, la Chambre régionale demande au représentant de l'État d'inscrire d'**office** les crédits nécessaires et propose, s'il y a lieu, la création de ressources ou la diminution de dépenses facultatives pour maintenir l'équilibre du budget.

L'intervention du représentant de l'État vient clore la procédure de contrôle budgétaire en matière d'inscription des dépenses obligatoires. Il lui appartient de régler et de rendre exécutoire le budget rectifié par une décision qu'il adresse dans le délai de vingt jours à compter de la notification de l'avis de la Chambre, à la collectivité ou à l'établissement public concerné ainsi qu'à la chambre elle-même.

Le préfet *n'a pas ici compétence liée* et dispose d'un large pouvoir d'appréciation qui lui permet de s'écarter de la proposition de la Chambre régionale par une décision qui doit alors être motivée (art. 11 al. 3 in fine de la loi du 2 mars 1982). Il peut se fonder, sous le contrôle du juge de l'excès de pouvoir, sur ce que la dépense ne serait pas obligatoire, contrairement à ce qu'a pu estimer la Chambre (CE, 10 février 1988, commune de Brives-Charensac c/Arnaud)[40].

La décision du préfet ici est un acte administratif faisant grief et comme tel susceptible de recours pour excès de pouvoir, qu'il s'agisse d'un recours des collectivités qui contestent le caractère obligatoire de la dépense et qui attaquent en conséquence l'arrêté préfectoral d'inscription, ou qu'il s'agisse d'un recours contre le refus préfectoral d'inscrire une dépense, que ce refus soit explicité et motivé ou même qu'il soit implicite. Un refus d'inscription de la part du représentant de l'État peut même engager *la responsabilité de l'État* pour faute lourde (CE, 29 avril 1987, ministre de l'Intérieur et de la Décentralisation et ministre de l'Éducation nationale c/école de Notre-Dame de Kernitron)[41]. Ce qui suppose que la dépense est bien obligatoire et qui souligne que la décision du préfet ne présente pas un caractère discrétionnaire.

En pratique, le nombre de saisines des Chambres régionales des comptes pour inscription d'office des dépenses obligatoires à l'initiative du préfet est assez faible passant de 79 en 1986 à 97 en 1988 pour retomber à 65 en 1989 avant d'atteindre 113 en 1991 en ce qui concerne les communes. On peut relever que ce sont les écoles privées qui ont sollicité le plus souvent l'intervention des Chambres, plus particulièrement à l'occasion du refus des conseils municipaux de voter leurs crédits de fonctionnement. Mais les inscriptions d'office sont intervenues également dans d'autres domaines, principalement l'indemnisation du chômage des agents contractuels, les indemnités de logement des instituteurs ou encore la participation des communes au fonctionnement des institutions intercommunales[42].

Ce nouveau dispositif de contrôle qui confère à la Chambre régionale des comptes un rôle central et déterminant est cependant écarté dans trois hypothèses au profit de la seule intervention du préfet.

Tout d'abord, s'agissant du *mandatement d'office* de dépenses obligatoires pour lesquelles les crédits ouverts sont suffisants. Les articles 12, 52 et par renvoi 83 pour les régions de la loi du 2 mars 1982 prévoient la *substitution du préfet* à l'exécutif local après mise en demeure de celui-ci restée sans effet pendant un mois, ce délai étant porté à deux mois lorsque la dépense obligatoire en cause est égale ou supérieure à 5 % de la section de fonctionnement du budget primitif (art. 12 al. 2).

---

40. *Cf.* CE, 10 février 1988, commune de Brives-Charensac c/Arnaud, *Rec.* p. 53.
41. *Cf.* CE, 29 avril 1987, ministre de l'Intérieur et de la Décentralisation et ministre de l'Éducation nationale c/école de Notre-Dame de Kernitron, *Rec.* p. 161.
42. Sur ce point *cf.* rapport public du Conseil d'État 1993, p. 65.

Même procédure s'agissant en second lieu de l'inscription et du mandatement d'office par le préfet des *intérêts moratoires* dus dans le cadre des commandes publiques et non acquittés dans les délais prévus. Là encore, la Chambre régionale n'intervient pas, mais le préfet doit recueillir l'avis du *comptable assignataire* à qui la loi du 9 janvier fait obligation d'informer l'ordonnateur et le représentant de l'État de l'existence d'intérêts dus et non encore mandatés. C'est cette information qui déclenche l'intervention du préfet et peut aboutir à son action d'office si l'ordonnateur mis en demeure ne s'est pas exécuté.

Enfin, s'agissant de *l'inscription d'office de sommes dues en exécution de décisions de justice* passées en force de chose jugée, l'article Ier II alinéa 1er de la loi du 16 juillet 1980 s'applique (CE, 23 décembre 1988, ministre de l'Intérieur c/ville de Romans-sur-Isère)[43]. La substitution du préfet à la collectivité locale ou à l'établissement public, intervient à défaut de mandatement ou d'ordonnancement dans le délai de quatre mois suivant la notification de la condamnation prononcée par le juge administratif. Encore faut-il que la décision de justice soit passée en force de chose jugée (CRC Nord-Pas-de-Calais, 17 décembre 1990) et que le montant de la somme due ait bien été fixée comme exigible et liquide (CRC Lorraine, 25 janvier 1990). Si tel n'est pas le cas, l'avis de la Chambre régionale des comptes est nécessaire.

L'art. 1er II alinéa 2 de la même loi prévoit encore la substitution du préfet en cas d'*insuffisance des crédits*, après mise en demeure d'avoir à créer les ressources nécessaires.

Ces trois hypothèses concernent moins de 500 mises en demeure de collectivités d'avoir à mandater une dépense dont 200 environ concernent des intérêts moratoires et une vingtaine des décisions de justice non exécutées[44].

c) *Le contrôle de l'exécution*

Enfin le contrôle de l'État s'applique aussi à l'exécution du budget. Il faut que l'équilibre du budget soit maintenu jusqu'en fin d'exercice et que le contrôle des résultats ne fasse pas apparaître un déficit substantiel.

À cet effet, l'exécutif local reçoit avant le 1er juin suivant l'exercice le *compte de gestion* établi par le comptable et doit soumettre à l'assemblée délibérante le *compte administratif* pour que celle-ci puisse vérifier sa conformité aux prévisions initiales et voter l'*arrêté des comptes*. Ce vote doit lui-même intervenir avant le 30 juin de l'année suivant l'exercice.

À ce moment-là, la discipline budgétaire est très rigoureuse : **le résultat de l'exercice peut être soit équilibré, soit excédentaire, il ne doit pas être déficitaire**. Cette exigence n'est pas nouvelle, mais la procédure mise en place par la réforme unifie les mécanismes de redressement réglés désormais par *les articles 9, 51 et 83 modifiés de la loi du 2 mars 1982 et par les articles 88 à 92 du décret du 23 août 1995*.

Pour déclencher ces mécanismes, il faut que le **déficit** atteigne un certain seuil, plus important pour les petites communes que pour les autres collectivités dans la mesure où les conséquences du déséquilibre sont évidemment moindres.

Il n'y a lieu à rétablissement de l'équilibre que si l'arrêté des comptes fait apparaître dans l'exécution du budget *un déficit égal ou supérieur à 10 %* des recettes de la section de fonctionnement s'il s'agit d'un groupement de communes ou de tout autre établissement communal ou intercommunal ou de collectivités totalisant moins de 20 000 habitants ; le déficit retenu est égal à 5 % dans tous les autres cas de collectivités

---

43. *Cf.* CE, 23 décembre 1988, ministre de l'Intérieur c/ville de Romans-sur-Isère, *Rec.* p. 471.
44. Chiffres publiés dans le rapport de la Cour des comptes 1991.

ou de groupements totalisant 20 000 habitants ou plus, y compris les départements et les régions.

Si un tel déficit apparaît dans l'arrêté des comptes, le représentant de l'État saisit la Chambre régionale des comptes, sans que cette saisine soit enfermée dans des délais précisés par la loi. Il est seulement souhaitable que le représentant de l'État agisse rapidement pour que les mesures de redressement soient prises au plus tôt.

Le préfet joint à sa demande motivée, outre le compte administratif et le compte de gestion, l'ensemble des documents budgétaires se rapportant à l'exercice écoulé et à l'exercice suivant (art. 89 du décret du 23 août 1995).

Le président de la Chambre régionale informe l'exécutif local de la date limite à laquelle il pourra présenter ses observations orales ou écrites. La Chambre dispose alors **d'un mois à compter de sa saisine** pour proposer les mesures d'apurement (art. 48 II de la loi du 6 février 1992).

Une *auto-saisine exceptionnelle* peut également jouer aux termes de l'article 92 du décret du 25 août 1995. Ce texte prévoit désormais que si « *dans l'exercice de ses missions* », la Chambre régionale des comptes constate que l'exécution du budget s'est traduite par un déficit susceptible de justifier des mesures de redressement, elle en informe l'exécutif de la collectivité ou de l'établissement public concerné ainsi que le représentant de l'État qui doit lui fournir tous les documents utiles au contrôle.

Cette auto-saisine était déjà prévue par l'article 28 in fine du décret du 22 mars 1983 qui la situait au moment du jugement des comptes du comptable local. En ouvrant plus largement l'auto-saisine de la Chambre à l'occasion de l'exercice de ses missions, le nouveau texte permet de façon réaliste à la Chambre de réagir dès lors qu'elle est informée d'un déficit d'exécution excessif et de déclencher les mesures de redressement adéquates.

Si la Chambre régionale des comptes constate que le déficit n'atteint pas les seuils fixés par les textes et qu'il n'y a pas lieu à redressement, elle notifie sa décision motivée au représentant de l'État et à la collectivité ou à l'établissement public concerné (*ibid.,* art. 90 al. 2).

Dans tous les cas de déficit excessif, la Chambre régionale formule des *propositions tendant au rétablissement de l'équilibre budgétaire*. Ces propositions portent sur des mesures relevant de la seule responsabilité de la collectivité ou de l'établissement public concerné, propres à apurer le déficit constaté (*ibid.,* art. 90 al. 1). Là encore, ces propositions sont notifiées au représentant de l'État et à l'exécutif local qui doit en tenir compte pour éviter un déséquilibre du budget primitif suivant par le seul fait du report du déficit. Les recommandations de la Chambre régionale peuvent viser une augmentation des recettes ou la limitation au minimum des prélèvements et étaler l'apurement sur **un ou plusieurs exercices**. La Chambre régionale doit obligatoirement préciser la période au cours de laquelle l'apurement doit intervenir.

Les conséquences d'un déficit se répercutent par conséquent et au minimum sur l'exercice suivant dont le **budget primitif** doit être obligatoirement **contrôlé** pour que la remise en ordre puisse être vérifiée. Le représentant de l'État doit donc communiquer ce nouveau budget à la Chambre dès qu'il lui a été transmis.

Il en est de même systématiquement pour les différents budgets primitifs des exercices de la période d'apurement si celle-ci en comporte plusieurs.

Les **mesures d'apurement** doivent avoir été respectées pour résorber le déficit. Lorsque les budgets primitifs des exercices au cours desquels le déficit doit être résorbé font apparaître des mesures suffisantes à cette résorption, la Chambre le constate.

Si tel n'est pas le cas, la Chambre régionale des comptes constate l'insuffisance des mesures prises et dispose de trente jours pour proposer directement au représentant de l'État les corrections nécessaires.

Le budget est ensuite réglé et rendu exécutoire par le représentant de l'État dans les vingt jours de la réception de l'avis de la Chambre. Cette procédure ne comporte pas de nouvelle délibération.

Là encore, le préfet peut s'écarter des propositions de redressement de la Chambre, mais à condition de motiver sa décision qui peut se justifier par l'obtention d'une *subvention d'équilibre exceptionnelle* de la part de l'État. Cette initiative relève en effet de sa compétence exclusive. La Chambre régionale des comptes ne peut ni la prescrire ni même l'évoquer, son rôle étant limité à l'indication de mesures relevant de la seule responsabilité de la collectivité concernée. La référence à l'article L. 235-5 du Code des communes maintient cette possibilité et l'ouvre aux autres collectivités. Le rapport annuel de la Cour des comptes doit seulement préciser la liste des bénéficiaires. La décision du préfet est notifiée dans les vingt jours à compter de la réception des propositions de la Chambre, à la fois à la collectivité intéressée et à la Chambre régionale des comptes.

Il faut ajouter que l'ensemble des documents budgétaires étant solidaires, comme nous l'avons déjà expliqué, le contrôle de l'article 9 peut entraîner l'examen des **budgets supplémentaires** qui assurent généralement la continuité d'un exercice à l'autre.

En effet, le **déficit du compte administratif** d'une année **n** peut être résorbé dès le vote du budget primitif de l'année n + 1[45]. S'il ne l'est pas, le vote du budget supplémentaire de la même année n + 1 permet encore un rétablissement de la situation[46]. Dans ce cas, la Chambre régionale des comptes demande au représentant de l'État de lui communiquer le budget supplémentaire intéressé, tout en limitant son contrôle des mesures de redressement au budget primitif conformément aux prescriptions légales. Mais alors le budget primitif contrôlé sera forcément et au minimum celui de l'année n + 2.

Le problème se complique quand le déficit du compte administratif de l'année **n** reporté au budget supplémentaire de l'année n + 1 entraîne le **déséquilibre** de celui-ci. Dans une telle hypothèse, le déficit du compte administratif justifie le contrôle de l'article 9 et le déséquilibre du budget supplémentaire, celui de l'article 8. Ce double contrôle se heurte à l'article 9 *in fine* qui semble postuler *l'incompatibilité des deux procédures* en stipulant « *en cas de mise en œuvre des dispositions des alinéas précédents, la procédure prévue à l'article 8 n'est pas applicable* ». Pour rappel, la procédure de l'article 9 ne s'applique qu'aux budgets primitifs, celle de l'article 8 concerne l'ensemble des documents budgétaires, budgets primitifs, décisions modificatives et budgets supplémentaires. Le non-cumul des deux procédures peut paraître quelque peu arbitraire s'agissant de textes solidaires.

Cette disposition a donné lieu en pratique à **deux interprétations divergentes**, soit que la Chambre régionale saisie doublement sur les bases des articles 8 et 9 limite son contrôle au cadre de l'*article 9* (CRC Ile-de-France, 5 mars 1984, Montgeron, ou encore CRC La Réunion, 28 mars 1984[47], commune de Saint-Philippe), soit qu'elle

---

45. CRC Pas-de-Calais, 15 septembre 1983, Comines.
46. CRC Centre, 1er décembre 1983, Pruniers-en-Sologne.
47. *Cf.* Daniel MALINGRE et Pierre VARAINE, « L'activité des Chambres régionales des comptes », *AJDA*, 1986, p. 630.

accepte de se prononcer successivement au titre de l'article 8 et de l'article 9 dans deux avis différents (CRC Languedoc-Roussillon, 5 décembre 1985, Prades-le-lez, voire dans le même avis CRC Centre, 20 octobre 1983, syndicat intercommunal de Saint-Yzau-de-Soudiac, ou encore CRC Centre, 17 janvier 1986, syndicat pour l'étude et la réalisation du contrat régional d'aménagement rural de Château-Meillault-Saulzais-le-Potier), et ceci malgré la disparité des délais. Ce choix n'est pas indifférent quant à la durée des mesures d'apurement du budget déficitaire et quant au contrôle qui en résulte.

C'est ainsi que la Chambre régionale des comptes du Languedoc-Roussillon a été saisie d'un compte administratif communal déficitaire pour l'année 1984 et du budget supplémentaire de l'année 1985 qui s'est trouvé déséquilibré parce qu'il n'avait pas repris le déficit en cause. Dans un **premier avis**[48] rendu sur la base de l'**article 9**, la Chambre constate tout d'abord que le stade d'avancement d'exécution du budget 1985 n permet plus de combler en 1985 le déficit de fonctionnement en raison de son importance. Elle propose en conséquence le report de déficit pour moitié au budget primitif de 1986 et pour moitié au budget primitif de 1987.

Dans un **deuxième avis**[49] rendu cette fois dans le cadre de l'**article 8** sur une nouvelle délibération du Conseil municipal sur le budget supplémentaire déséquilibré de 1985, la Chambre rappelle sa proposition de reporter le déficit aux deux budgets primitifs de 1986 et de 1987. Cet avis lié évidemment au premier consacre une rupture exceptionnelle dans l'enchaînement continu des budgets d'un exercice à l'autre. Par ailleurs, il prolonge les mesures d'apurement et leurs contrôles aux années n + 2 et n + 3.

Il est intéressant de noter que la loi n° 88-13 du 5 janvier 1988 s'efforce de parer **préventivement** aux difficultés d'exécution du budget en autorisant communes et départements à se doter d'une certaine **souplesse financière**. En effet, à côté des dépenses obligatoires, il est désormais possible à tout conseil municipal ou à tout conseil général qui l'estime opportun, de porter au budget, tant en section d'investissement qu'en section de fonctionnement un **crédit pour dépenses imprévues**. Pour chacune des sections visées, ce crédit ne peut être supérieur à 7,5 % des crédits correspondant aux dépenses réelles prévisionnelles de la section. La loi précise que les dépenses ainsi inscrites à la section d'investissement ne peuvent être financées par l'emprunt.

En pratique, la procédure de l'article 9 intéressant les comptes administratifs en déficit et la résorption des déséquilibres financiers des budgets exécutés donne lieu à un petit nombre de saisines des Chambres régionales des comptes : 68 en 1991 en ce qui concerne les communes, mais ce nombre traduit lui-même plus qu'un doublement des saisines de ce type en cinq ans puisqu'en 1986 on n'en comptait que 30.

Ainsi donc, le contrôle des actes budgétaires ne laisse aucune place aux manquements des responsables locaux depuis leur adoption jusqu'au terme de leur exécution. Mais les collectivités peuvent toutefois éviter les lenteurs et les rigueurs des redressements, en consultant la Chambre régionale des comptes qui peut **intervenir préventivement** en les aidant à régulariser leur budget. La pratique montre que cette possibilité est de plus en plus utilisée par les communes désireuses de se prémunir contre les substitutions autoritaires.

---

48. *Cf.* CRC Languedoc-Roussillon, 5 décembre 1985, Prades-le-Lez.
49. *Cf.* CRC Languedoc-Roussillon, 23 janvier 1986, Prades-le-Lez.

De plus, le nombre des *règlements d'office* par le préfet est sensiblement inférieur au nombre lui-même limité des saisines des Chambres (1357 en 1993 pour plus de 220 000 budgets à contrôler). Mais il faut remarquer que dans environ deux tiers à trois quarts des cas de budgets votés en déséquilibre réel ou de comptes administratifs déficitaires, les collectivités concernées s'attachent à redresser la situation elles-mêmes en se conformant aux propositions formulées par les Chambres régionales des comptes stoppant la procédure avant sa phase ultime de règlement d'office.

Autant de signes évidents du **succès** et de l'autorité de la nouvelle institution. Non moins remarquable est la tendance générale des représentants de l'État à régler les budgets par des arrêtés conformes aux propositions des Chambres régionales. Cette constatation se vérifie dans 94 % des cas et confirme la valeur en même temps que la réputation du rôle d'expert financier des Chambres.

D'une façon générale, le contrôle de la légalité budgétaire comme celui des autres actes n'en souffre pas moins de lacunes dénoncées à différentes reprises[50] et qui tiennent principalement à l'insuffisance quantitative et qualitative des personnels de préfecture affectés aux contrôles. 1900 personnes dont 19 % seulement d'agents de catégorie A en moyenne[51]. Le Conseil d'État suggérait à cet égard un renforcement des moyens disponibles « en vue d'assurer à l'initiative de l'État et de ses représentants, le respect de l'ordre juridique[52] ».

Le contrôle du budget se complète par ailleurs d'autres contrôles directs qu'il nous faut préciser.

B. Les autres contrôles

Il s'agit ici du contrôle des comptes et du contrôle de gestion qui relèvent des Chambres régionales des comptes. Le premier est de nature juridictionnelle, le second s'apparente par sa nature administrative au contrôle budgétaire. Mais les deux sont étroitement liés en pratique.

a) *Le contrôle des comptes*

En ce qui concerne le contrôle des comptes, l'art. 87 de la loi du 2 mars 1982 et l'article 2 de la loi 82-594 du 10 juillet 1982 précisent que les Chambres régionales jugent dans leur ressort l'ensemble des comptes des comptables publics des collectivités territoriales et de leurs établissements publics.

> Jusque-là, la plupart des comptes locaux faisaient l'objet d'un apurement administratif par les trésoriers-payeurs généraux qui cumulaient les fonctions de comptables de l'État dans les départements et les régions, de comptables des départements et des régions, de supérieurs hiérarchiques des comptables des communes et de contrôleurs des comptes des communes. Ce contrôle était nécessairement sommaire puisqu'il portait sur une masse de 80 000 comptes ne représentant environ que 10 % des mouvements de fonds publics. Pour les quelque 1 500 comptes des collectivités les plus importantes, ils relevaient de la Cour des comptes qui pouvait exercer en outre un droit d'évocation sur ceux que contrôlaient les trésoriers-payeurs généraux.

---

50. Voir notamment le rapport 1995 de l'inspection générale de l'administration.
51. *Cf.* Rapport 1993 du Conseil d'État p. 88. Le pourcentage varie de 5 % à 48 %.
52. *Cf. ibid.* p. 104.

Désormais, la Chambre régionale est **juge en premier ressort de tous les comptes** des communes, des départements, des régions et de leurs établissements publics, relevant de sa compétence. Cette *attribution juridictionnelle* de la Chambre régionale était conçue en 1982 comme devant supprimer celle des trésoriers payeurs généraux sur les communes. En réalité, les trésoriers-payeurs généraux conservaient une compétence d'exception en matière de contrôle des comptes locaux. Cette compétence est prévue par l'article 5 *bis* de la loi n° 67-483 du 22 juin 1967 modifiée par la loi du 10 juillet 1982. Il s'agit de l'apurement administratif des comptes de certaines catégories d'établissements publics, de sociétés, groupements et organismes des territoires d'outre-mer.

Toutefois l'article 23 de la loi n° 88-13 du 5 janvier 1988, dite loi d'amélioration de la décentralisation, devait ouvrir considérablement cette exception en revenant sur les nouveaux principes du contrôle des comptes et sur ses modalités.

En effet, tout en maintenant la compétence générale de droit commun des Chambres régionales des comptes, la loi **redonne aux trésoriers-payeurs généraux** ou aux receveurs particuliers des finances une **compétence d'exception** pour procéder à **l'apurement administratif** de certains comptes. Il s'agit des comptes des communes dont la population n'excède pas 2 000 habitants[53] et dont le montant des recettes ordinaires figurant au dernier compte administratif est inférieur à 2 millions de francs ainsi que ceux de leurs établissements publics.

Les décisions d'apurement des comptables supérieurs ne suppriment pas cependant toute hypothèse d'intervention des Chambres régionales des comptes.

Tout d'abord, les **décisions d'apurement sont transmises à la Chambre régionale des comptes**, que ces décisions soient ou non assorties d'observations entraînant la mise en debet du comptable.

S'il n'y a pas d'observation, l'apurement administratif emporte **décharge définitive** du comptable **sous réserve des recours éventuels et du droit d'évocation** de la Chambre régionale des comptes qui se voit ainsi reconnaître un pouvoir général d'intervention. Ce qui peut se produire si la Chambre déclare qu'il s'agit de comptes de personnes qu'elle tient pour comptables de fait, ou encore si les informations dont elle dispose tendent à déclencher des poursuites pénales à l'encontre des comptables en cause.

En cas d'observation du trésorier-payeur général, la **mise en debet** du comptable qui suppose sa responsabilité personnelle et pécuniaire ne peut être prononcée que par la Chambre régionale des comptes.

Enfin, la Chambre dispose d'un pouvoir de **réformation** sur les arrêtés d'apurement dans le délai de six mois à dater de leur notification au comptable.

Dans l'ensemble, l'article 23 témoigne d'un **retour en arrière** à l'égard des collectivités locales de faible importance ainsi que leurs établissements publics. Cependant, les critères combinés et cumulatifs de la population et des finances devraient limiter sa portée à moins de 15 % des masses budgétaires des collectivités locales. Il ne s'explique que par la volonté de ménager les susceptibilités des élus locaux qui ont pu se sentir mis en cause directement ou indirectement par la juridictionnalisation des contrôles.

---

53. Il faut remarquer que les petites communes en France représentent la majorité d'entre elles : 22 000 sur plus de 36 000.

Ce nouveau dispositif, loin d'améliorer la décentralisation, comme le titre de la loi semble le postuler, pose en réalité un délicat problème dans la mesure où il risque de rompre la cohérence unitaire des contrôles sur les communes et leurs groupements. Les critères retenus pourront entraîner en effet des modes de contrôle différents sur les unes et sur les autres. Ce manque d'harmonie n'est certainement pas heureux.

Le contrôle des comptes exercé par les Chambres régionales des comptes se trouve ainsi effectivement réduit. Mais il reste particulièrement important pour la grande majorité des comptes locaux qui y demeurent soumis.

Par contre, la loi du 5 janvier 1988 laisse intact le *nouveau statut des comptables locaux* défini en 1982 et qui doit être mis à l'actif de la réforme.

Désormais, le comptable de la commune comme celui du département ou celui de la région (art. 14-54 et 82 de la loi du 2 mars 1982) est un comptable direct du Trésor ayant qualité de comptable principal, nommé par le ministre du Budget après information préalable de l'exécutif local. Seul le comptable de la commune peut être chargé des fonctions de comptable de l'État et de comptable communal. Dans les autres cas, la loi interdit un tel cumul.

Ce **nouveau statut des comptables locaux** contribue à accentuer la décentralisation en assurant l'autonomie des postes comptables.

Les comptables locaux, dégagés de la tutelle de l'État, voient leurs comptes soumis sauf exception au contrôle rigoureux d'une juridiction spécialisée. Ils prêtent serment devant les Chambres régionales des comptes auxquelles ils sont tenus de *produire leurs comptes* dans les délais prescrits par les règlements. La production des comptes constitue en effet pour les comptables une charge de fonction et une obligation d'ordre public qui obéit à un calendrier impératif. La reddition annuelle des comptes suppose la transmission du *compte de gestion* à l'ordonnateur au plus tard le 1er juin de l'année suivant l'exercice pour que le vote sur les comptes par l'assemblée locale puisse intervenir avant le 30 juin. La transmission à la Chambre régionale des comptes doit intervenir avant le 31 décembre de l'année suivant la clôture de l'exercice.

En cas de retard dans la production des comptes, la Chambre régionale des comptes, sur réquisition du ministère public, peut condamner le comptable à une *amende*. Il en est de même en cas de retard dans les réponses aux injonctions formulées lors du jugement des comptes et auxquelles les comptables sont précisément tenus de répondre.

En effet, le contrôle juridictionnel des comptes comporte la **vérification de la régularité de chaque dépense et de chaque recette, de même que la vérification de la régularité des sommes restant en caisse**, ce qui nécessite la comparaison du total des dépenses et du total des recettes. Les pouvoirs et les règles de procédures sont calqués sur ceux de la Cour des comptes, ce qui permet à chaque Chambre régionale de rendre non seulement des jugements à titre définitif mais aussi des jugements provisoires enjoignant notamment au comptable concerné de présenter toutes pièces justificatives indispensables aux vérifications. Ces injonctions peuvent concerner toutes explications ou justifications, en particulier la preuve du reversement ou du versement. Elles sont assorties d'un délai qui ne peut être inférieur à un mois, mais qui peut être prorogé par le président de la Chambre sur demande motivée du comptable (*ibid.,* art. 47).

La Chambre régionale des comptes juge dans les mêmes formes et sous les mêmes sanctions les comptes des comptables publics et ceux des personnes qu'elle a déclarées comptables de fait d'une collectivité ou d'un établissement relevant de sa compétence.

Sur ce dernier point, l'article 58 du décret du 23 août 1995 précise qu'elle peut être saisie ou se saisir d'office de faits présumés constitutifs de gestion de fait et déclarer en conséquence la ou les personnes intéressées : comptables de fait[54].

Le contrôle des comptes suppose une première étape préalable sans examen au fond de *mise en état d'examen* normalement assurée par les trésoriers-payeurs généraux et les receveurs particuliers des finances qui vérifient que les comptes sont établis en forme régulière et sont bien accompagnés des pièces justificatives.

Pour statuer, les Chambres disposent de **tous les pouvoirs d'investigation** que nous avons précisés comme étant communs à leurs différentes attributions (communication des pièces, examen sur place, audition, etc.). De ce point de vue, la procédure écrite est aussi *inquisitoire* puisque le magistrat rapporteur mène l'enquête sur pièces, sur place avec la collaboration des assistants de vérification des comptes et éventuellement des experts requis. Elle est également largement *contradictoire*, le comptable donnant son avis au cours de l'instruction et avant le jugement définitif. L'intervention du commissaire du gouvernement et le cas échéant, d'un contre-rapporteur sont autant de garanties d'objectivité et d'efficacité du contrôle. Les jugements définitifs sont tenus d'exposer succinctement et de discuter les moyens développés par les parties en réponse aux jugements comportant des dispositions provisoires (*ibid.,* art. 48).

Lorsque sur un compte en jugement, le comptable a satisfait à l'ensemble de ses obligations, et qu'aucune disposition n'a été retenue à sa charge, la Chambre régionale des comptes statuant par jugement définitif lui donne *décharge de sa gestion,* et s'il est sorti de fonctions, le déclare *quitte* (*ibid.,* art. 56).

Dans le cas contraire, la Chambre le *constitue en debet* là encore par jugement définitif (*ibid.,* art. 57 al. 1), ce qui s'est produit dans 16 297 jugements en 1993.

Le jugement rendu est susceptible de deux voies de recours.

1° D'une part, le *recours en révision devant la Chambre qui a rendu ce jugement.* L'article 7 de la loi n° 82-594 du 10 juillet 1982 stipule que ce recours est ouvert après expiration des délais d'appel au comptable lui-même qui doit produire toutes les justifications recouvrées depuis le jugement. La Chambre peut également procéder d'*office à la révision* ou bien agir sur réquisition du Ministère public prise de sa propre initiative ou à la demande des collectivités ou établissements publics intéressés, ou encore du représentant de l'État dans le département ou la région. Cette hypothèse vise alors la révision pour cause d'erreur, d'omission, faux ou double emploi (art. 77 du décret du 23 août 1995).

Dans un premier jugement, la Chambre statue alors sur la recevabilité de la demande et peut ordonner la *mise en état de révision.* Ce jugement est notifié au comptable et aux parties intéressées et leur fixe un délai pour présenter leurs observations ou justifications. Après l'examen des réponses produites ou à l'expiration du délai ainsi fixé, la Chambre procède, s'il y a lieu, à la révision du jugement (*ibid.,* art. 77 al. 2).

2° D'autre part, l'*appel devant la Cour des comptes.* L'article 8 de la loi du 2 mars 1982 reconnaît la faculté d'appeler non seulement aux comptables, mais aussi aux représentants des collectivités ou établissements publics intéressés, ou à leur défaut, aux contribuables autorisés dans les conditions de l'article L. 316-5 du Code des communes (art. 23 du décret du 22 mars 1983), ainsi qu'au Ministère public près la

---

54. Il y a eu ainsi 34 jugements de comptes de gestionnaires de fait en 1992.

Chambre régionale des comptes ou au procureur général près la Cour des comptes. Le délai d'appel est de deux mois à compter de la notification du jugement, mais lorsque l'appel est formé par un contribuable, la durée de l'instance devant la juridiction administrative pour obtenir l'autorisation de plaider n'est pas comprise pour la computation dudit délai.

Il peut également arriver qu'une erreur matérielle ou une omission susceptible d'altérer le sens de ses dispositions soit constatée dans un jugement. Dans ce cas, la formation délibérante qui a rendu le jugement peut y apporter dans le délai de deux mois à compter de la notification du jugement en cause les corrections nécessaires et comme le précise l'article 53 alinéa 1 du décret du 23 août 1995, « que la raison commande ». Dans cette hypothèse, la *notification du jugement définitif rectifié* se substitue à celle du jugement originel et ouvre le délai d'appel. Par contre, toute rectification de ce type est exclue si le jugement définitif est frappé d'appel.

Enfin, il faut ajouter que les décisions juridictionnelles de la Cour des comptes, lorsque celle-ci statue sur appel des Chambres régionales des comptes, peuvent faire l'objet d'un **recours en cassation** devant le Conseil d'État pour vice de forme, incompétence, ou violation de la loi.

b) *Le contrôle de gestion*

Ce contrôle juridictionnel des comptes des comptables locaux se complète d'un contrôle de gestion qui ressort cette fois des attributions administratives de contrôle des Chambres régionales des comptes. Il s'agit en effet d'un contrôle général **de nature non juridictionnelle** l'article 2 de la loi n° 82-594 du 10 juillet 1982 précisant à cet égard que : « *La Chambre régionale des comptes n'a pas juridiction sur les ordonnateurs sauf sur ceux qu'elle a déclarés comptables de fait* ». Il faut encore réserver le cas d'une *réquisition* du comptable public local par l'ordonnateur compétent et qui a pour effet d'engager la responsabilité propre de celui-ci devant la Chambre régionale des comptes (art. 15, 55 et 82 de la loi du 2 mars 1982).

Il est évident que le contrôle de gestion s'inscrit dans le prolongement naturel du contrôle des comptes. Comme pour la Cour des comptes, le contrôle juridictionnel de la régularité juridique et comptable des comptes peut conduire les Chambres régionales à déceler des erreurs de gestion. Contrôle des comptes et contrôle de gestion s'exercent de façon concomitante et le législateur considère les deux missions à ce point inséparables que le même alinéa 2 de l'article 87 de la loi du 2 mars 1982 prescrit la vérification des comptes et précise que la Chambre « *s'assure du bon emploi des crédits, fonds et valeurs* ».

La loi du 5 janvier 1988 supprime le qualificatif **« bon »** et la formule de l'article 23 II de cette loi dispose que la Chambre « *s'assure de l'emploi régulier des crédits, fonds et valeurs* ».

Cette modification rédactionnelle résulte d'un compromis lui-même issu de débats passionnés devant les Chambres[55]. Il traduit la volonté d'écarter expressément tout risque de **contrôle d'opportunité** de la part du juge des comptes sur les choix opérés par les assemblées délibérantes et par les ordonnateurs des collectivités locales. Il

---

55. Voir en particulier la proposition de loi n° 171 de Paul Séramy tendant à la suppression du contrôle de gestion. Voir également le rapport de Guy Male, *JO* doc. Sénat, n° 282.

s'agit davantage d'un rappel que d'une garantie nouvelle car les textes comme la pratique excluaient déjà ce type de contrôle.

Dans le même esprit, le contrôle de gestion est présenté comme un **examen** qui permet à la Chambre régionale des comptes d'analyser la situation et de faire part des résultats de ses investigations. Ce faisant, elle ne dispose d'aucun pouvoir de contrainte puisque cette compétence est dénuée de tout caractère juridictionnel.

Il paraît particulièrement opportun que la Chambre qui constate une erreur de gestion puisse attirer l'attention des élus locaux sur les conséquences dommageables de leurs décisions. L'article 87 *in fine* prévoit en conséquence qu'*«elle peut présenter aux collectivités territoriales soumises à sa juridiction des observations sur leur gestion»*. Il était normal et souhaitable qu'une Chambre qui joue le rôle d'expert financier auprès du représentant de l'État puisse se voir reconnaître une sorte de vocation privilégiée et quasi pédagogique de **redresseur de gestion** auprès des responsables locaux. Les collectivités territoriales intéressées seront les premières bénéficiaires de la «leçon» en évitant à l'avenir les débordements incontrôlés nuisibles à terme à leur autonomie. Mais ces observations représentent une **simple faculté** pour la Chambre qui choisit d'attirer l'attention des élus sur leurs erreurs topiques.

À cette occasion, la loi du 5 janvier 1988 organise une sorte de **«dialogue privé»** entre les responsables locaux et le juge des comptes.

Dans un premier temps, et avant même que les observations sur la gestion ne soient formulées, l'article 23 IV dernier alinéa prévoit un **entretien préalable** entre le magistrat et le responsable local. Cet entretien est un préalable **obligatoire** en ce qui concerne l'examen de gestion des collectivités territoriales. Il est **facultatif** lorsqu'il s'agit de l'examen de gestion des établissements, sociétés, groupements et organismes visés par la loi.

Ensuite, et lorsque les observations ont été formulées, avant qu'elles ne soient arrêtées définitivement, l'ordonnateur concerné doit avoir été en mesure de **répondre par écrit**. La loi ne prescrit toutefois aucun formalisme procédural contraignant ni à l'égard de l'entretien préalable ni à celui de la réponse écrite de l'ordonnateur.

Par contre, elle affirme la **confidentialité** des observations adressées aux responsables locaux et dispose que les Chambres régionales des comptes doivent prendre toutes les dispositions nécessaires pour garantir le **secret** de leurs investigations.

D'une façon plus générale, le **secret professionnel**, dont les principes figuraient déjà dans la loi n° 82-594 du 10 juillet 1982, est rappelé et développé à l'article 23 VII. Il couvre l'ensemble des documents préparatoires et des travaux d'instruction, de même que les avis, propositions, rapports ou observations des Chambres régionales des comptes. Il est en outre renforcé par l'indication formelle que ces mêmes documents **ne sont pas communicables** au titre de la loi n° 78-753 du 17 juillet 1978[56].

Par contre, les jugements et documents définitifs ont un **caractère public** soit directement pour les jugements communicables et publiables, soit indirectement pour les observations qui résultent du contrôle de gestion aménagé par la loi. En effet l'article 23 IX dispose que la partie du rapport public de la Cour des comptes est précédée d'*observations relatives à l'activité, aux moyens et aux résultats du contrôle* des Chambres régionales des comptes.

---

56. Loi n° 78-753 du 17 juillet 1978, *JO* 18 juillet 1978, p. 2851.

Pour que ces observations des Chambres puissent servir plus largement de référence exemplaire pour l'ensemble des collectivités, l'art. 88 de la loi du 2 mars 1982 modifiée les situe dans la **partie du rapport annuel de la Cour des comptes** consacrée à la gestion des collectivités territoriales.

Par là pourront apparaître les indications les plus utiles sur la gestion des collectivités locales. Il est en effet indispensable que soit dressé un bilan annuel d'activité des Chambres qui deviennent les **conseillers financiers privilégiés** des responsables locaux. À cet égard, les observations sur la gestion locale font partie intégrante des résultats du contrôle et protègent l'autonomie locale contre les excès ou les dérives possibles. Leur intégration au rapport annuel de la Cour des comptes est de ce point de vue surabondemment justifié.

Ce rapport public, abondamment diffusé par les médias, doit toutefois faire une place particulière au **droit de réponse** ou de réfutation des représentants des collectivités concernées. C'est là une innovation introduite par la loi du 2 mars 1982 (art. 88 al. 2). La Cour des comptes doit en effet informer les communes, les départements et les régions des observations relatives à leur gestion qu'elle envisage d'insérer dans son rapport public, et les inviter à lui faire part en conséquence de leurs réponses. Celles-ci doivent être publiées à la suite des observations de la cour. Une sorte de « *dialogue public* »[57] cette fois s'instaure ainsi pour le meilleur profit de la rigueur financière.

Enfin, il convient d'observer que le contrôle de gestion des Chambres régionales est à la fois **plus étendu et moins systématique que le contrôle juridictionnel des comptes**.

Le législateur a tout d'abord étendu parallèlement la vérification des comptes et de la gestion aux établissements, sociétés, groupements et organismes, quel que soit leur statut juridique dès lors que les collectivités territoriales ou leurs établissements publics leur apportent un concours financier (art. 87 al. 12 modif. de la loi du 2 mars 1982). Ce concours doit être supérieur à 10 000 francs.

Il en est de même lorsque les collectivités territoriales détiennent séparément ou ensemble la majorité du capital social ou des voix dans les organes délibérants ou bien exercent un pouvoir prépondérant de décision ou de gestion.

Cette ouverture du contrôle peut encore concerner les filiales des établissements, sociétés, groupements et organismes ainsi désignés lorsque ces organismes détiennent eux-mêmes séparément ou ensemble la majorité du capital ou des voix dans les organes délibérants ou exercent un pouvoir prépondérant de décision ou de gestion (art. 4 de la loi n° 82-594 complétant l'article 87 de la loi du 2 mars 1982).

La forme juridique des *organismes de droit privé* : associations loi 1901 (51 contrôles de gestion en 1989) ou sociétés d'économie mixte (39 contrôles de gestion en 1989) n'est donc nullement un obstacle à ce type de contrôle.

À la différence du contrôle juridictionnel des comptes ou du contrôle de gestion des collectivités et de leurs établissements, ces hypothèses extensives ne chargent les Chambres d'**aucune obligation**. Il s'agit d'une possibilité de contrôle que les Chambres peuvent exercer facultativement et qui leur permet de poursuivre leurs recherches sur les traces des deniers publics d'origine locale. Le dispositif contribue à renforcer l'efficacité des contrôles financiers et à améliorer l'utilisation des fonds publics.

---

57. Cette expression très heureuse est de P.-M. GAUDEMET, « Les Chambres régionales des comptes », *AJDA*, 20 février 1983, p. 108.

Dans le même esprit, les Chambres peuvent contrôler les organismes dont la gestion n'est pas assujettie aux règles de la comptabilité publique et qui bénéficient d'un concours financier d'une collectivité territoriale ou d'un organisme relevant de sa compétence. Dans ce cas, la vérification des comptes n'a pas le même caractère que le contrôle des comptes des comptables publics. En particulier, il n'y a pas de mise en debet du comptable concerné. Mais c'est toujours à la Chambre régionale de décider elle-même à partir des renseignements qu'elle a pu obtenir lors du contrôle des comptes, jusqu'où elle veut poursuivre ses investigations. Quelles que soient sa décision et l'étendue de son contrôle, celui-ci n'a pas valeur juridictionnelle et ne peut donner lieu aux recours en révision ou en appel.

La loi d'orientation du 6 février 1992 étend encore les possibilités du contrôle de gestion d'une collectivité ou d'un organisme s'agissant de *conventions relatives aux marchés* ou de *délégation de service public* (art. 47 III). La demande motivée est adressée à la Chambre régionale des comptes par l'autorité territoriale (art. 47 I) ou par le préfet, et dans ce second cas, le préfet doit en informer l'autorité territoriale et joindre à sa demande, outre l'acte concerné, tous documents et renseignements utiles à son examen et relatifs à sa passation (art. 131 al. 1 du décret du 23 août 1995).

La Chambre régionale rend un *arrêt motivé* dans lequel elle examine notamment les modalités de passation, l'économie générale de la convention ainsi que son incidence financière sur la situation de la collectivité ou de l'établissement public concerné (*ibid.,* art. 131 al. 3).

La Chambre régionale des comptes peut encore être appelée à rendre un avis motivé proposant une nouvelle répartition des contributions financières au budget d'un *syndicat de communes* quand elle est saisie par le préfet sur la base de l'article L. 165-17-1 du Code des communes. Cette proposition résulte d'un contrôle de gestion exercé à partir des documents transmis par le préfet, statuts du syndicat, derniers comptes administratifs et budgets de l'établissement et de la collectivité qui s'est vu refuser la modification en cause par le Comité syndical (art. 133 du décret du 23 août 1995).

L'étude de la mise en œuvre des nouveaux contrôles financiers nous permet de constater que la suppression de la tutelle aboutit paradoxalement à **renforcer l'encadrement** des finances locales.

Le représentant de l'État se trouve certes amputé du contrôle *a priori* mais il reste associé étroitement au contrôle budgétaire. C'est l'institution des Chambres régionales des comptes qui transforme la valeur et la portée des contrôles tant par la qualité des magistrats hautement spécialisés et indépendants du pouvoir central, que par leur double rôle de juge et de conseil financier auprès des collectivités.

Au moment où la réforme décentralise en élargissant les compétences locales et en donnant aux collectivités de nouveaux moyens financiers, il était essentiel que l'autonomie ne puisse être compromise par de regrettables erreurs de gestion. Le risque économique considérable trouve un «garde-fou» à sa mesure et la réputation des Chambres régionales confirme déjà leur prestige et leur autorité. La réforme va bien au-delà en se proposant la tâche difficile de libérer la gestion locale des contraintes insidieuses et multiformes des tutelles parallèles. C'est un refus qui se fait directement l'écho des critiques sévères et justifiées exprimées depuis longtemps par les responsables locaux.

§ 2. LE REFUS DES TUTELLES PARALLÈLES

Sont visés ici deux types de contrôle très mal vécus par les élus locaux. D'une part, celui qui leur est le plus proche et qui est exercé par les comptables. La loi ne le supprime pas, mais l'aménage de telle sorte que soit évité tout blocage inutile. Les rapports des comptables et des ordonnateurs sont précisés et purgés des sources majeures de conflits.

D'autre part, celui plus lointain et anonyme des prescriptions techniques. Là encore, la loi ne les supprime pas, bien qu'ils constituent une sorte de tutelle *a priori* indirecte de la part de l'État. Mais le législateur met en chantier un programme courageux d'allégement et de rénovation qui doit servir l'autonomie locale en supprimant les lenteurs exaspérantes de certaines procédures en même temps que leurs incidences financières coûteuses.

A. Le contrôle des comptables locaux

Les maires ont toujours très mal supporté le contrôle exercé par le comptable communal, particulièrement lorsque celui-ci refusait le paiement d'un mandat.

Pourtant le comptable étant responsable de sa comptabilité sur ses deniers personnels, il devait préserver son indépendance et **vérifier la régularité** des comptes. Ce contrôle, étant parallèle aux autres et préalable à l'exécution de toute dépense, était parfois l'occasion de graves difficultés lorsque l'opportunité de la dépense décidée par l'ordonnateur était contestée par le comptable qui refusait de payer.

La réforme des contrôles financiers s'est accompagnée d'un nouveau statut du comptable local et d'une redéfinition précise de son pouvoir de contrôle dans le cadre des droits réciproques de l'ordonnateur et du comptable.

a) *Le pouvoir de contrôle*

La loi reconnaît par conséquent le pouvoir de contrôle du comptable local, mais elle définit fermement sa nature et ses limites. Les articles 15, 55 et 82 de la loi du 2 mars 1982 stipulent expressément que : « *Le comptable ne peut subordonner ses actes de paiement à une appréciation de l'opportunité des décisions prises par l'ordonnateur. Il ne peut soumettre les mêmes actes qu'au contrôle de légalité qu'impose l'exercice de sa responsabilité personnelle et pécuniaire.* » Le rappel répété de principes constants vise à rassurer les élus, à éviter le renouvellement de conflits dénoncés à juste titre comme un handicap sérieux dans la gestion locale.

Le comptable s'en tient donc rigoureusement au contrôle de **légalité**. Encore faut-il préciser qu'il s'agit de vérifier la *légalité externe* des mandatements (contrôle sur la forme) et non la légalité interne (contrôle sur le fond) qui relève du préfet.

Pour exercer le contrôle qui lui revient, le comptable peut exiger avant de procéder au paiement toute une série de *pièces justificatives* dont la liste est fixée par les décrets du 13 janvier 1983, 21 janvier 1988 et 20 octobre 1992.

Cette liste *obligatoire et exhaustive* permet d'éviter toute difficulté entre l'ordonnateur qui n'a pas à apprécier la nature ou l'utilité des pièces, et le comptable qui doit s'en tenir strictement aux pièces répertoriées dont il s'assure en premier lieu qu'elles sont toutes effectivement transmises. Il arrive que les comptables réclament aux services financiers des pièces non prévues dans la liste pour répondre eux-mêmes aux demandes de renseignements « gracieuses » qui leur sont adressées par des magistrats de Chambre régionale des comptes. Il y a là une procédure contestable, en marge des textes.

Le contrôle de légalité exercé par le comptable lui permet dans tous les cas, qu'il s'agisse des recettes ou des dépenses de la collectivité, de vérifier l'existence et la conformité des énonciations et mentions prévues, la compétence et le caractère exécutoire.

En ce qui concerne *les recettes* pour lesquelles le comptable ne peut être contraint par l'ordonnateur, la vérification porte en premier lieu sur l'*autorisation de percevoir*. S'agissant d'une imposition, il faut qu'elle soit légalement établie : rôle, titre ou tarif dûment approuvé par une décision exécutoire de la collectivité concernée. Il doit ensuite vérifier la *mise en recouvrement*. La connaissance d'une créance lui fait obligation de provoquer en temps utile l'émission du titre de recette correspondant par l'ordonnateur.

Si le comptable ne constate *aucune irrégularité*, il prend en charge la recette dans sa comptabilité. Il n'a pas à apprécier le bien-fondé d'un ordre de recette régulièrement émis (CE, 24 janvier 1979, Hippolyte)[58].

Si par contre, il constate une *irrégularité* (titre incomplet, imputation erronée, voire prescription), le comptable peut refuser la recette par une décision motivée. Sur le fondement de l'article 432-10 du Code de procédure pénale relatif au délit de concussion, il doit désormais rejeter tout état de recouvrement émis sans l'autorisation préalable de l'organe délibérant.

En ce qui concerne *les dépenses*, le comptable contrôle nécessairement la *qualité de l'ordonnateur*, la *validité de la créance*, ce qui suppose l'exactitude des calculs de liquidation, le respect du service fait, l'absence de toute opposition au paiement, l'inexistence d'une déchéance ou d'une prescription. Le comptable doit encore s'assurer du caractère libératoire du règlement et de l'existence et de la disponibilité des crédits.

Si le mandatement ne présente aucune irrégularité, le comptable procède à *la mise en paiement*. Il conserve les pièces justificatives et renvoie à l'ordonnateur un exemplaire du bordereau de mandats après avoir apposé son visa.

Si l'ordre de paiement de l'ordonnateur lui paraît illégal, il est en droit de **suspendre le paiement** à condition de **motiver** sa décision, de la **notifier** au maire, au président du Conseil général ou au président du Conseil régional, en indiquant précisément à l'ordonnateur les raisons de son rejet. La suspension du paiement doit être fondée sur les irrégularités relevées au cours du contrôle. L'ordonnateur doit pouvoir procéder aux rectifications nécessaires, ou éventuellement à la réquisition du comptable.

b) *Le droit de réquisition de l'ordonnateur*

Le législateur permet à l'ordonnateur de **neutraliser** cette suspension en lui ouvrant un droit de réquisition auquel le comptable est tenu normalement de se conformer aussitôt.

---

58. *Cf.* CE, 24 janvier 1979, Hippolyte, *Rec.* p. 17.

L'ordre de réquisition est écrit, et obligatoirement transmis au préfet depuis le 22 juin 1994.

Ce droit nouveau, assuré d'exécution rapide, donne aux ordonnateurs l'avantage de la contrainte juridique, mais il ne doit pas pour autant imposer un paiement manifestement illégal et de nature à compromettre ou à aggraver la situation financière de la collectivité.

À cet effet, la loi énumère limitativement les **exceptions** qui permettent au comptable de refuser d'obéir à un ordre de réquisition. Il s'agit des cas d'insuffisance de crédits disponibles, de dépense ordonnancée sur des crédits irrégulièrement ouverts ou insuffisants, ou encore sur des crédits autres que ceux sur lesquels elle devrait être imputée, du cas d'absence totale de justification du service fait, du défaut du caractère libératoire du règlement et enfin d'absence du caractère exécutoire des actes des autorités locales. Dans ces cinq cas précis, le comptable avertit l'ordonnateur de son refus de déférer à l'ordre de réquisition. Sa décision écrite doit là encore être motivée.

Reste le problème délicat de la **responsabilité de l'ordonnateur** qui prend l'initiative de la réquisition. Le projet de loi prévoyait d'équilibrer l'extension des pouvoirs financiers des élus en les responsabilisant davantage et en les rendant justiciables de la Cour de discipline budgétaire. Non seulement ils auraient encouru une des sanctions pécuniaires prévues par la loi du 25 septembre 1948, mais leur fonction d'ordonnateur pouvait être interdite à titre temporaire ou définitif, en même temps qu'une suspension de un à trois mois ou même une révocation de leur mandat électif aurait pu être proposée au gouvernement. Le Sénat devait s'opposer à un tel régime qui aboutissait à traiter les élus locaux plus sévèrement que les ministres. Il reste que l'ordonnateur peut être renvoyé devant la Cour de discipline budgétaire pour *emploi irrégulier et abusif du droit de réquisition*.

La loi du 2 mars 1982 prévoit par ailleurs la *substitution* de la responsabilité de l'ordonnateur à celle du comptable en cas de réquisition. Celle-ci doit être **notifiée** à la Chambre régionale des comptes qui pourra exercer le double contrôle des comptes et de la gestion qui relèvent de ses attributions. L'ordonnateur sera alors justiciable devant elle de sa gestion.

Les compétences des comptables en matière de contrôle sont donc importantes et renforcées par ailleurs par le droit de saisine directe de la Chambre régionale en cas de non-inscription au budget de dépenses obligatoires (art. 11 de la loi du 2 mars 1982). Néanmoins et dans tous les cas, la loi leur assigne la légalité comme unique fondement et, par là, les intègre dans l'ensemble des contrôles assurant l'unité de l'État. Du même coup, elle cherche à réduire au minimum les conflits entre élus et comptables en empêchant tout blocage intempestif et politique de la gestion locale.

On peut regretter toutefois que les comptables n'aient aucun moyen, sinon de s'opposer aux irrégularités de fond dès lors qu'elles sont avalisées par l'ordonnateur ou l'organe délibérant[59], du moins de les signaler utilement. Une circulaire du ministère du Budget en date du 19 juin 1990 incitait les comptables à informer les ordonnateurs des irrégularités « les plus manifestes et les plus répétitives dans les domaines les plus sensibles (marchés, dépenses de personnel, interventions économiques, aide sociale, association, frais de mission) ». Considéré comme empiétant sur le rôle du préfet, ce dispositif au service de la légalité et fondé sur l'expérience et la compétence des comptables publics locaux, a été annulé par la circulaire du

---

59. Voir à ce sujet : le rapport de novembre 1991 de la Cour des comptes sur « la gestion de la trésorerie et de la dette des collectivités locales ».

12 septembre 1990. Les contrôles des comptables étant toujours préalables et de légalité, il eût été préférable de voir dans cette intervention un renfort des mécanismes préventifs permettant d'éviter les annulations contentieuses et de l'aménager en conséquence pour lui donner toute l'efficacité souhaitable.

C'est également pour lutter contre des blocages, mais des blocages d'une toute autre nature que la réforme préconise l'allégement de la tutelle technique et prévoit même la suppression progressive de ses formes les plus pernicieuses.

B. L'allégement de la tutelle technique

C'est sans doute à l'égard de la tutelle technique que le mécontentement des élus locaux était le plus vif à la veille de la réforme. Et il faut bien reconnaître que l'étendue et la complexité des réglementations décourageaient les initiatives en imposant aux responsables un véritable «carcan» normatif et procédural.

a) *Les raisons de la réforme*

Jusqu'en 1982 la passation des marchés ou la construction d'un ouvrage public passait par la régulation impérative des contrats types, cahiers des charges types, ou de normes techniques imposées. Le fonctionnement des services était soumis à des règlements types, etc. Cette **tutelle indirecte**, quasi omniprésente et envahissante, limitait d'autant l'autonomie locale et finissait par coûter cher en raison des inévitables lenteurs dans la constitution des dossiers.

Elle pouvait prendre une forme plus insidieuse encore lorsque l'octroi d'une aide financière de l'État, qu'il s'agisse de subvention ou de prêt, dépendait du respect de **prescriptions techniques** découvertes à cette occasion au détour de textes toujours plus nombreux. Décrets, arrêtés ministériels, circulaires, directives, voire simples arrêtés préfectoraux multipliaient les difficultés et transformaient la demande d'aide en course à handicap aussi fastidieuse qu'aléatoire. Au total, près de 20 000 normes préétablies s'imposaient aux décideurs locaux.

Il était donc tout à fait normal et souhaitable que le législateur s'attaque à ce problème au moment même où il développait les droits et les libertés des collectivités locales. La solution choisie témoigne d'un compromis réaliste : il ne s'agit pas d'une suppression pure et simple comme c'est le cas pour la tutelle administrative ou pour la tutelle financière remplacées par de nouveaux contrôles. La normalisation peut être un moyen utile d'imposer un minimum d'exigences fondées sur l'intérêt général et de garantir ce seuil unifié à l'ensemble du territoire contre les pressions ou les tentations démagogiques qui peuvent nuire sur le terrain local à la qualité des réalisations.

Le principe retenu est affiché dans le titre II de la loi du 2 mars 1982 : il s'agit de l'«*allégement de la tutelle technique*»[60] qui comporte un programme d'action assorti d'un échéancier progressif. Les dispositions des articles 13, 1 VI et VII de la loi du 22 juillet 1982 complètent le nouveau régime.

---

60. *Cf.* J.-C. BOUZELY, «L'allégement des tutelles techniques obligatoires», *in Mon. Tip.*, 3 mai 1982, p. 47.

b) *La programmation des mesures*

Dans un premier temps, certaines mesures apportent une amélioration et un soulagement immédiats à l'action locale.

La première concerne les **cahiers des charges et règlements-types**, auxquels les collectivités locales ne pouvaient jusque-là déroger que sous réserve d'approbation par le gouvernement ou ses représentants. Ils deviennent désormais de **simples modèles** de références mis à la disposition des communes, des départements et des régions ainsi qu'à leurs établissements publics. Cette règle est une conséquence directe de la suppression générale de la tutelle *a priori*, les articles 22, 58 et 70 répétant en termes énergiques l'abrogation de toutes les dispositions soumettant à approbation les délibérations, arrêtés ou conventions relevant de la compétence des autorités locales.

L'obligation juridique d'emprunter le moule formel préétabli par l'État est donc supprimée à ce niveau. Les collectivités locales ont *toute liberté* de suivre les modèles facultatifs ou de les adapter souplement en tenant compte des spécificités locales. La référence du modèle devient une aide et n'est plus une contrainte.

La deuxième mesure concerne l'ensemble très lourd des **prescriptions et procédures techniques**. Les collectivités locales ne sont plus obligées de s'y conformer lorsqu'elles résultent d'un simple arrêté ou d'une circulaire voire même d'un décret pris par le gouvernement en vertu de son pouvoir réglementaire autonome (art. 37 de la Constitution). Les seules prescriptions et procédures opposables aux communes, départements et régions doivent être prévues **par une loi ou un décret pris en application d'une loi** (art. 21 de la Constitution).

D'autre part, l'article 90-I de la loi du 2 mars 1982 fait une distinction restrictive entre celles-là mêmes qui résultent d'une loi ou d'un décret pris en application d'une loi. Seules sont opposables aux collectivités locales celles qui sont *applicables à l'ensemble des personnes physiques ou morales de droit privé ou de droit public*. Il s'agit alors d'une normalisation minimale volontairement unifiée et pour laquelle l'intérêt général milite en faveur d'une application sans privilège ni échappatoire pour une quelconque partie du territoire.

Reste le sort des prescriptions et procédures techniques prévues par une loi ou un décret pris en application d'une loi *spécialement applicables aux collectivités locales et non plus d'application générale*. La loi prévoit alors une amélioration et un allégement progressif, suivi à terme d'une refonte complète des textes.

Un **« Comité d'allégement »** des prescriptions et procédures est institué, au sein du Conseil national des services publics départementaux et communaux par l'article 91 de la loi du 2 mars 1982 dans les conditions définies par le décret du 29 octobre 1982[61]. Ouvert aux représentants des régions, ce Comité est composé de 27 membres répartis en trois collèges :

– Un collège de seize élus locaux, à raison de dix élus municipaux, quatre conseillers généraux et deux conseillers régionaux. Le président du Comité est élu au sein de ce collège.

---

61. Décret du 29 octobre 1982 portant institution du Comité d'allégement des prescriptions et procédures techniques, *JO* du 3 novembre 1982.

– Un collège de six techniciens territoriaux dont deux secrétaires généraux de communes.

– Un collège de cinq représentants de l'État dont le directeur général des collectivités locales.

Le Comité doit procéder à l'inventaire des quelque vingt mille textes concernés pour étudier l'ensemble des normes techniques obligatoires. Sa mission première est de proposer toutes mesures d'allégement, de simplification, d'unification ou d'adaptation aux conditions locales. Il s'agit en fait de **purger les textes des surcharges inutiles** avant d'entreprendre à plus longue échéance leur complète remise en forme[62].

La loi prescrit en effet la **codification des prescriptions et procédures techniques** applicables aux collectivités locales. L'article 90 II prévoyait initialement un délai de deux ans après publication de la loi du 2 mars 1982. Devant l'ampleur de la tâche, ce délai a été prorogé de deux ans par l'article 117 de la loi du 22 juillet 1983.

Le législateur fixe deux règles de procédure et de fond à l'égard de cette codification.

D'une part, *du point de vue procédural*, le Code est élaboré selon la procédure prévue à l'article 1 de l'ordonnance du 2 novembre 1945 relatif à la codification des textes législatifs et réglementaires concernant l'administration départementale et communale.

D'autre part, *sur le fond*, il doit déterminer les règles particulières applicables aux collectivités locales, notamment en matière d'hygiène, de prévention sanitaire, de sécurité, d'affaires culturelles, d'urbanisme, de construction publique, de lutte contre les pollutions et nuisances et de protection de la nature.

Les propositions préalables faites par le Comité d'allégement trouvent dans la codification un prolongement naturel et doivent permettre la suppression des contraintes injustifiées en même temps que la clarification des normes. Le Comité doit d'ailleurs être saisi de tout projet portant création ou codification de prescriptions ou procédures techniques applicables aux collectivités locales.

La loi souligne elle-même l'avantage pratique des mesures prises en précisant que toutes les prescriptions qui n'auraient pas été reprises par le Code dans les délais fixés pour son élaboration ne seront plus opposables ni aux collectivités ni à leurs groupements, ni aux établissements publics qui en dépendent, ni aux établissements privés ayant passé des conventions avec elles, à la seule exception des établissements hospitaliers (art. 90 II dernier al. de la loi du 2 mars 1982).

L'ensemble du dispositif apparaît donc faire œuvre utile d'**assainissement administratif**. Il se renforce enfin par l'**interdiction** attendue de subordonner l'attribution d'une subvention ou d'une aide au respect de prescriptions ou de conditions autres que celles qui résultent des règles mises en œuvre par la réforme. Cette interdiction vise aussi bien les concours de l'État que ceux de toute collectivité locale ou de tout organisme chargé d'une mission de service public (*ibid.,* art. 90 I dernier al.).

La refonte des textes débouche sur une nouvelle discipline de l'administration centrale qui ne doit en aucun cas profiter abusivement d'une sorte de chantage financier pour imposer subrepticement des règles tatillonnes ou des procédures dilatoires. Il y a là une réforme de bon sens qui ne peut que soulager l'administration locale et favoriser son autonomie.

---

62. D'une certaine façon, cette mission s'apparente aux efforts louables de simplification administrative qui inspirent certains gouvernements. Voir sur ce sujet P. Le Louarn, «La relance de la simplification administrative», *Les Petites Affiches*, 14 décembre 1992, p. 4 à 7.

Les collectivités locales à statut dérogatoire

Le statut des collectivités locales n'est pas uniforme et la diversification opérée par un certain nombre de régimes dérogatoires s'est développée par l'effet de la loi.

La Constitution de 1958 ne prévoyait pour sa part de statuts spéciaux que pour les collectivités d'outre-mer. D'une part, l'article 73 dispose que « *le régime législatif et l'organisation administrative des départements d'outre-mer peuvent faire l'objet de mesures d'adaptation nécessitées par leur situation particulière* ». D'autre part, les articles 74 et 76 prévoient non seulement une organisation particulière des territoires d'outre-mer pour tenir compte de leurs intérêts propres, mais confèrent à cette organisation un caractère évolutif en ouvrant la possibilité d'une option volontaire pour le statut de département ou pour l'indépendance au sein de la communauté.

En réalité, le législateur a **multiplié les régimes particuliers** en utilisant les ressources des articles 34 et 72 alinéa 1 qui lui permettent respectivement de fixer les règles applicables aux collectivités locales et de créer éventuellement de nouvelles collectivités. Le Conseil constitutionnel est intervenu à plusieurs reprises pour préciser les conditions d'application de ces dispositions.

Or, si le particularisme juridique local s'est étendu, les motivations et les objectifs poursuivis varient avec la collectivité en cause, qu'il s'agisse de raisons historiques, politiques, géographiques ou économiques. Par ailleurs, la réforme entreprise en 1982 conduit à une révision des statuts pour tenir compte d'une décentralisation accentuée.

Nous distinguerons pour notre étude les régimes communaux particuliers des autres régimes dérogatoires qui concernent aussi bien certaines collectivités métropolitaines que les collectivités d'outre-mer seules expressément visées par la Constitution.

Chapitre 1

Les régimes communaux particuliers

Il s'agit d'étudier ici deux régimes exceptionnels en matière d'organisation communale.

– Celui de *Paris*, traditionnellement dérogatoire en raison du rôle politique et historique de la capitale, a subi une évolution dont la dernière étape, consacrée par la loi du 31 décembre 1982, s'applique également aux deux autres grandes villes françaises de Lyon et de Marseille qui, jusque-là, connaissaient par contre un statut municipal de droit commun, sous réserve de quelques règles spéciales en matière électorale.

– Celui des *villes nouvelles*, apparu récemment et qui obéit à une logique de rationalisation du développement urbain. L'influence et le développement excessif de Paris face à la désertification de la province française sont à l'origine des premières recherches qui ont abouti au principe de la création d'agglomérations entièrement nouvelles sans racines historiques, mais capables de constituer des pôles de développement économique sur quelques sites spécialement choisis à proximité de très grandes villes pour pouvoir leur opposer un véritable contrepoids.

Nous examinerons successivement ces deux régimes.

Section 1
Le régime de Paris, Lyon, Marseille

Avant même d'étudier les nouvelles règles applicables depuis 1982 aux trois grandes villes de Paris, Lyon et Marseille, il nous faut préciser l'évolution du statut de Paris.

§ 1. L'ÉVOLUTION DU STATUT DE PARIS

Jusqu'en 1975, ce statut est résolument dérogatoire. À partir de 1975, s'amorce un retour vers le droit commun.

A. L'évolution jusqu'en 1975

L'histoire de la France et l'histoire de Paris se confondent à certains moments décisifs pour notre pays.

a) *L'influence de l'histoire*

La prééminence du rôle politique de la capitale explique la constante méfiance du pouvoir central à l'égard de la ville et le régime fort peu libéral, voire à certaines époques franchement autoritaire que le gouvernement lui a imposé pour éviter ses débordements. Cette attitude hostile du pouvoir trouve sans aucun doute son origine dans l'opposition d'Étienne Marcel au pouvoir royal. Prévôt des marchands et véritable maire de Paris avant la lettre, il devait fortifier et organiser militairement la ville, et inspirer la grande ordonnance de 1357 qui établissait les bases d'un gouvernement parlementaire en anticipant de façon étrange sur les conquêtes futures des révolutions modernes. Comme devait le remarquer l'historien Augustin Thierry[1], par le pouvoir d'Étienne Marcel s'affirmait pour la première fois *« l'action de Paris sur les provinces comme tête de l'opinion et centre du mouvement général »*.

La fronde parlementaire de 1649 donnera à nouveau à Paris l'occasion de défier la monarchie.

En dépit de ces graves conflits et d'une certaine façon à cause d'eux, l'Ancien Régime maintient fortement l'administration de Paris sous l'autorité du pouvoir royal avec l'aide du prévôt de Paris dans un premier temps, puis du lieutenant général de police, l'homme fort de la capitale, assisté du Bureau de la ville.

La période révolutionnaire, marquée par la volonté des constituants d'assurer l'unité communale et d'opérer une importante décentralisation fondée sur l'élection, se traduit pour Paris par l'adoption d'un *bref régime de très large autonomie* de 1789 à 1794. Ce régime est aligné sur le droit commun avec quelques retouches (loi du 21 mai 1790) et voit se succéder sept maires, le premier Jean-Sylvain Bailly étant élu le 16 juillet 1789. Mais l'expérience de la première Commune insurrectionnelle de Paris du 10 mai 1792 à la chute de Robespierre se solde par une reprise en mains de l'administration de la ville par la Convention elle-même, après l'exécution du dernier maire le 28 juillet 1794.

L'influence de Paris et de la prise de la Bastille sur la *Révolution de 1789* tout autant que cet épisode du pouvoir révolutionnaire de la ville conduisent au régime particulièrement sévère de la loi du 28 Pluviôse an VIII qui soumet entièrement Paris à l'autorité du préfet de la Seine et superpose tout en les reliant étroitement, commune et département. L'arrêté du 13 messidor an VIII détermine les fonctions du préfet de police qui constitue avec le préfet de la Seine les institutions essentielles d'un régime spécial soumis au contrôle direct du gouvernement.

Ce régime sera assoupli par la suite malgré les journées révolutionnaires de 1830 et de 1848 qui montrent à nouveau l'importance majeure de la capitale. On peut relever en ce sens la création d'un Conseil municipal en 1834 puis le bref rétablissement du maire de Paris entre le 24 février et le 19 juillet 1848[2]. Après l'échec de la Révolution

---

1. A. THIERRY, *Histoire de la formation et des progrès du Tiers-État*, chap. V.
2. Dans cette période, deux maires se succèdent : Garnier-Pagès et Marrast.

de 1848 et l'autoritarisme consécutif de la IIe République et du Second Empire, le maire de Paris est rétabli une fois encore au profit d'Arago par le gouvernement de la Défense nationale, mais cette fois pendant deux mois seulement fin 1870.

Mais l'insurrection de la Commune de Paris en 1871, suivie d'une répression radicale, pousse la IIIe République naissante à tenir Paris à l'écart des grandes lois de décentralisation, d'abord du 10 août 1871 puis de la Charte municipale du 5 avril 1884[3].

Le département de la Seine et la ville de Paris sont soumis à un **régime d'exception** qui remet Paris entre les mains du gouvernement. Ce régime autoritaire spécial, issu des lois des 14 avril et 16 septembre 1871, est resté en vigueur pendant plus d'un siècle jusqu'en 1975, la réforme de 1964 n'apportant en définitive que de simples modifications techniques.

Le régime de 1871 dote Paris d'un *Conseil municipal* de 90 membres élus pour six ans, mais contrairement aux Conseils municipaux de droit commun, il n'a que des compétences d'attribution limitées au vote du budget et aux décisions les plus importantes. Il a un *président* qui dirige les séances, mais *il n'a pas de maire* comme exécutif communal. L'exécutif est en effet partagé entre le *préfet de la Seine*, ordonnateur des dépenses publiques chargé de préparer le budget, et le *préfet de police* chargé du maintien de l'ordre public, c'est-à-dire, dans les deux cas, des agents du gouvernement. Seules certaines fonctions en matière d'état civil sont remplies par les maires d'arrondissement eux-mêmes nommés par le gouvernement.

b) *Les aménagements du régime de 1871*

Quelques améliorations interviennent progressivement en permettant notamment la création d'arrondissements supplémentaires pour renforcer l'administration des banlieues et l'institution du **district de Paris** par la loi du 2 août 1961[4] pour coordonner les actions d'aménagement de la région parisienne.

La loi du 10 juillet 1964[5], qui réorganise la région parisienne fait de Paris une collectivité territoriale nouvelle à *statut particulier* en même temps qu'elle fait coïncider les limites de la circonscription du département de la Seine avec celles de Paris. Ni commune, ni département, la « Ville de Paris » a désormais des compétences de nature communale et départementale et le préfet de la Seine est remplacé par le préfet de Paris, ses compétences étant cantonnées rigoureusement à la ville à l'exclusion des communes jusque-là comprises dans le département de la Seine. Dans l'ensemble, il ne s'agit pas d'un bouleversement. La situation du préfet de police demeure inchangée dans ce nouveau régime.

Par contre, la loi du 31 décembre 1975[6] marque un tournant décisif en faveur d'un alignement sur le droit commun. À peine élu président de la République, M. Giscard d'Estaing exprime sa volonté de libéraliser l'administration de la capitale, et la loi de 1975 réalise dans une large mesure une assimilation du statut de Paris au régime municipal de droit commun, sauf en matière de police.

---

3. Malgré les pressions libérales, la grande loi municipale ne fut pas appliquée à Paris demeurée en marge de la décentralisation communale.

4. Loi n° 61-845 du 2 août 1961.

5. Loi n° 64-707 du 10 juillet 1964.

6. Loi n° 75-1331 du 31 décembre 1975.

B. La loi du 31 décembre 1975

Le principe nouveau est que désormais «La commune de Paris est régie par le Code de l'administration communale sous réserve des dispositions» de la loi. En conséquence, Paris dispose d'un véritable **maire élu** dans les mêmes conditions que les autres maires. Il est assisté d'adjoints élus au sein du conseil (27 au maximum).

De plus, la loi nouvelle met fin à la confusion administrative entre la ville et le département. Le même territoire sert de cadre géographique à la commune et au département, mais il s'agit de *deux collectivités distinctes*, aux budgets séparés, bien que leurs affaires soient réglées par les délibérations d'une même assemblée dénommée Conseil de Paris et que leurs exécutifs soient confiés au président de ce Conseil, le maire de Paris.

Le **Conseil**, composé de 109 membres (163 depuis la loi du 31 décembre 1982) assume en conséquence la *dualité fonctionnelle* de son statut en siégeant alternativement en session ordinaire, tantôt en qualité de Conseil général du département de Paris, tantôt en qualité de Conseil municipal de la commune de Paris.

Ce particularisme permet à ses membres de cumuler leur mandat au Conseil de Paris avec un mandat de conseiller général en province. C'est ce qui ressort de l'arrêt du Conseil d'État du 14 mars 1980, Élections au Conseil de Paris[7]. Le raisonnement suivi toutefois considère que le Conseil de Paris constitue fondamentalement le Conseil municipal de la commune de Paris, même s'il remplit aussi le rôle de Conseil général pour le département. C'est ce qui a permis à M. Jacques Chirac d'exercer cumulativement les fonctions de conseiller général de la Corrèze et de conseiller de Paris sans contrevenir à l'interdiction de l'article L. 208 du Code électoral visant le cumul des mandats de conseillers généraux.

Il est prévu en outre des **commissions d'arrondissement**, composées pour deux tiers de leurs effectifs de membres appartenant à la même majorité que celle du Conseil de Paris. En effet, les commissions comprennent :

– pour un tiers, des conseillers de Paris élus au suffrage universel dans le cadre de l'arrondissement ;
– pour un tiers, des officiers municipaux nommés par le maire pour exercer les fonctions d'officiers d'état civil dans l'arrondissement ;
– enfin, et pour le dernier tiers, de membres élus par le Conseil de Paris pour représenter les activités socio-culturelles.

Ces commissions ont un *rôle consultatif*. Elles donnent leur avis sur les affaires qui leur sont soumises par le maire et sont chargées d'assister le Conseil pour l'animation de la vie locale.

Le *préfet de Paris* conserve ses attributions de représentant de l'État et exerce la tutelle sur les actes du Conseil. Le *préfet de police* conserve de même ses attributions antérieures en matière de police municipale. À ce titre, il est le chef des services concernés ainsi que des personnels affectés à ces services.

---

7. *Cf.* CE, 14 mars 1980, Élections au Conseil de Paris, *Rec.* p. 150 et *AJDA*, 1980, p. 531, note Goyard ; voir de même CE, 16 novembre 1992, Marc Langlo et autres, *Rec.* p. 953.

La loi de 1975 demeure le texte de base, mais la loi du 2 mars 1982[8] a eu pour effet d'entraîner la révision du régime spécial de Paris pour l'adapter aux nouvelles formules de décentralisation.

§ 2. LE RÉGIME ACTUEL

On peut étudier le régime actuel en dégageant les raisons qui ont conduit le législateur à mettre en place un régime spécial non seulement pour Paris, mais aussi pour Lyon et Marseille. Nous verrons ensuite le régime particulier des arrondissements qui donne à la réforme son originalité.

A. La formation du statut de Paris, Marseille et Lyon

La loi traduit à la fois une volonté d'alignement sur le droit commun et de maintien du particularisme.

a) *Alignement et particularisme*

L'article 104 de la loi du 2 mars 1982 dispose que les règles relatives au régime des actes administratifs et budgétaires des communes et des départements sont applicables à Paris, sous réserve des pouvoirs conférés au préfet de police qui restent inchangés et des dispositions particulières qui concernent le statut du personnel de la ville et du département.

L'article 106 précise de même que le titre IV de la loi, c'est-à-dire les dispositions communes et les relations entre l'État, les communes, les départements et les régions réglant le contrôle financier, l'allégement de la tutelle technique et celui des charges sont applicables à Paris.

Il y a là une volonté manifeste du législateur de pousser davantage l'**alignement du régime de Paris sur les droit commun**. Pourtant l'article 107 prévoit que « *sans préjudice des dispositions des articles précédents, une loi fixera les modalités d'application à Paris du régime de droit commun dans un délai de six mois* ». Ce qui laisse la place à un statut dérogatoire.

Le doute a été levé tout d'abord pour le département de Paris. L'article 15 de la loi du 22 juillet 1982[9] précise le transfert de l'exécutif du préfet de Paris au maire, président élu du Conseil de Paris, qui exerce toutes les attributions dévolues aux Conseils généraux dans les conditions prévues par la loi de 1975. La loi du 31 décembre 1982[10] confirme la précédente en ce qui concerne la **banalisation de l'exécutif départemental** pour Paris, et fixe le dernier état du statut de la Ville.

---

8. Loi n° 82-213 du 2 mars 1982, *JO* du 3 mars 1982, p. 730 et rect. *JO* du 6 mars 1982, p. 779.
9. Loi n° 82-623 du 22 juillet 1982, *JO* du 23 juillet 1982, p. 2347.
10. Loi n° 82-1169, *JO* du 1ᵉʳ janvier 1983, p. 3, rect. *JO* du 20 janvier, p. 379.

L'essentiel des acquisitions de 1975 demeure. La commune de Paris reste soumise au Code des communes sauf dispositions contraires. Le Conseil de Paris, élargi à 163 membres[11], gère la commune et le département, qui constituent deux collectivités distinctes sur le même territoire de Paris.

Ce particularisme s'affirme encore à deux niveaux. Le rôle du préfet de police est maintenu. Toutefois le législateur opère *un partage de compétences* entre le préfet de police et le maire, en chargeant celui-ci dans un premier temps *de la police de la conservation* dans les dépendances domaniales incorporées au domaine public de la Ville de Paris (art. 25 dernier al. et art. 34 § III de la loi du 2 mars 1982). Par la suite, en étendant les *pouvoirs propres du maire* en matière de police municipale à quatre domaines distincts définis par l'article 9 de la loi n° 86-1308 du 29 décembre 1986. Il s'agit :

1° de la salubrité sur la voie publique ;

2° du maintien du bon ordre dans les foires et marchés ;

3° des permis de stationnement accordés aux petits marchands ;

4° de toute permission et concession d'emplacement sur la voie publique.

Sous réserve de ces exceptions, le *préfet de police* conserve la compétence de droit commun en la matière et gère un budget spécial. Dans le cadre de ses compétences, il apparaît lui aussi comme *l'exécutif du Conseil de Paris* dont il exécute les délibérations en matière de maintien de l'hygiène, de la tranquillité et de la sécurité publique comme aussi en matière de circulation. Il peut demander au maire de convoquer le Conseil de Paris pour délibérer des affaires relevant de sa compétence. Le préfet de police dispose d'un droit d'entrée à ce Conseil et peut y être entendu quand il le demande, excepté lorsqu'il s'agit de l'apurement des comptes intéressant ses services.

Par ailleurs, l'ensemble des règles applicables aux Conseils d'arrondissement opèrent une **déconcentration administrative** originale et nouvelle.

b) *Le champ d'application de la réforme*

Pourtant, le projet de loi est très vite mal accueilli par l'opposition et ressenti par elle comme une opération dirigée contre le maire de Paris. L'intention supposée du projet était de faire éclater l'unité de Paris en transformant ses vingt arrondissements en autant de communes distinctes. Les discussions souvent âpres ont pris une tournure passionnelle marquée par la résistance du Sénat, et après nombre de péripéties[12], le ministre de l'Intérieur et de la Décentralisation Gaston Defferre, étend la portée du texte à Marseille (dont il est maire) et à Lyon. La création des Conseils d'arrondissement, instrument essentiel de la nouvelle déconcentration n'étant pas limitée à Paris, l'obstacle du traitement spécial de la capitale qui polarisait les arrière-pensées politiques de l'opposition était levé.

La loi n° 82-1169, enfin promulguée, porte donc statut spécial de Paris, Lyon et Marseille. Elle est complétée par une deuxième loi du même jour, n° 82-1170, modifiant le régime électoral et par le décret du 3 mars 1982.

---

11. *Cf.* art. 44 de la loi n° 82-1169.

12. Les travaux préparatoires permettent d'en retracer les principales étapes. Voir note sous la loi reproduite à l'*AJDA*, 1983, p. 77.

B. Le particularisme des arrondissements

L'article 1 de la loi du 31 décembre 1982 pose une double règle de principe : **régime de droit commun sauf dispositions contraires, et régime dérogatoire applicable spécialement aux Conseils et aux mairies d'arrondissement.** L'article 2 précise en effet que les communes de Paris, Marseille et Lyon sont respectivement divisées en vingt, seize et neuf arrondissements municipaux. Ces arrondissements constituent de véritables unités administratives sans recevoir toutefois la personnalité morale. Mais chaque arrondissement a son conseil et son maire.

a) *Les Conseils d'arrondissement*

En ce qui concerne les Conseils d'arrondissement, ils remplacent du moins pour Paris les commissions d'arrondissement de la loi de 1975 désignées par le Conseil de Paris. Contrairement aux précédentes, ils sont **élus au suffrage universel direct** et ne disposent pas seulement de compétences consultatives. Ils ont désormais de véritables **compétences délibératives** qui ont soulevé un problème de **constitutionnalité**. Dans sa décision du 28 décembre 1982[13], le Conseil constitutionnel rejette toute objection à l'égard de la création des Conseils d'arrondissement, au motif qu'*« aucun principe ou règle de valeur constitutionnelle n'interdit au législateur d'instituer des divisions administratives au sein des communes ni d'instituer des organes élus autres que le Conseil municipal et le maire ».*

La loi prévoit un Conseil par arrondissement pour Paris et Lyon et pour Marseille six Conseils pour les 16 arrondissements regroupés en six circonscriptions jusqu'à ce que la loi du 9 juillet 1987 définisse huit secteurs.

Chaque Conseil est composé pour un tiers de conseillers municipaux et pour deux tiers de conseillers d'arrondissement, *tous élus en même temps*, et dans le même secteur électoral, qui correspond à un arrondissement pour Paris et Lyon et à un groupe de deux arrondissements pour Marseille.

Les conditions d'**éligibilité** ou les **incompatibilités** sont les mêmes que pour les conseillers municipaux. Les deux catégories figurent sur une même liste. Une fois effectuée l'attribution des sièges au Conseil de Paris (163) ou au Conseil municipal de Lyon (73) ou de Marseille (101), les sièges des conseillers d'arrondissement (354 à Paris non compris les conseillers de Paris), sont à leur tour répartis selon l'ordre de présentation selon un système de liste majoritaire intégrant la proportionnalité prévue par la loi du 19 novembre 1982. Les listes qui dépassent 5 % des suffrages exprimés sont représentées au sein des Conseils d'arrondissement, ce qui donne aux minorités la possibilité de s'exprimer. Les listes soumises au suffrage doivent être *complètes* et comporter autant de candidats qu'il y a de sièges à pourvoir dans le secteur aussi bien au Conseil de Paris ou au Conseil municipal de Lyon et de Marseille qu'au Conseil d'arrondissement.

Les **règles de fonctionnement** du Conseil d'arrondissement sont les mêmes que celles du Conseil municipal, à une exception près. L'article 16 alinéa 1 de la loi stipule que les **associations** participent à la vie municipale. En conséquence, dans chaque arron-dissement est créé un **comité d'initiative et de consultation**, qui réunit les représentants

---

13. Publiée au *JO* du 29 décembre 1982 et reproduite à l'*AJDA*, 1983, p. 129.

des associations locales ou membres de fédérations ou confédérations nationales qui en font la demande et qui exercent leur activité dans l'arrondissement. Ce comité intervient pour fixer avec le Conseil le calendrier des débats avec les associations. En effet, les représentants des associations participent, s'ils le sollicitent, avec voie consultative aux débats du Conseil d'arrondissement au moins une fois par trimestre. Ils peuvent exposer toutes les questions qui intéressent leur domaine d'activité et faire toute proposition à cet égard. Ils doivent seulement les notifier au préalable au maire afin que le Conseil puisse en délibérer en leur présence.

En institutionnalisant les contacts de l'administration d'arrondissement avec les associations, le législateur a voulu ouvrir la **participation des citoyens**[14]. Dans la même optique, l'article 13 prévoit qu'il appartient au Conseil d'arrondissement de désigner en son sein les représentants de la commune dans les organismes exerçant leur activité dans l'arrondissement, par exemple une amicale ou un comité des fêtes.

Cependant, c'est au niveau des **compétences** des Conseils d'arrondissement que se situe l'essentiel des innovations.

Une première série de compétences reste classique : il s'agit des **attributions consultatives**, le Conseil étant saisi pour **avis** par le maire sur un certain nombre de questions dans les conditions définies par la loi. Il s'agit des rapports et des projets concernant les affaires dont l'exécution est prévue en tout ou partie dans les limites de l'arrondissement (art. 7). Dans ce cas, le délai d'avis fixé par le maire ne peut être inférieur à quinze jours, sauf urgence.

Il s'agit encore des projets de subventions que le conseil municipal se propose d'attribuer aux associations dont l'activité s'exerce dans l'arrondissement ou au profit de ses habitants (art. 8). Il s'agit aussi des projets d'établissement, révision ou modification du POS affectant l'arrondissement (art. 9) ou encore des conditions générales d'admission dans les crèches, les écoles maternelles, les résidences pour personnes âgées de même que les foyers ou logements relevant de la commune (art. 15 al. 1).

Enfin, c'est une **commission mixte paritaire**, composée de conseillers municipaux et de conseillers d'arrondissement qui définit les conditions générales d'admission aux équipements sportifs de l'arrondissement (art. 15 al. 2).

Une deuxième série de compétences est par contre radicalement nouvelle. Il s'agit des **attributions délibératives** du Conseil pour tout ce qui couvre les équipements collectifs dits de proximité, à finalité sociale ou récréative et destinés principalement aux habitants de l'arrondissement. L'énumération déjà longue de l'article 10 de la loi est cependant seulement indicative. Elle englobe les crèches, jardins d'enfants, haltes-garderies, maisons ou clubs de jeunes, maisons de quartier, petits espaces verts, bains-douches, gymnases, stades et terrains d'éducation physique, etc. La décision définitive relève toutefois du conseil municipal, qui peut refuser de voter le crédit, mais ne peut modifier le choix de l'implantation des équipements.

C'est le Conseil d'arrondissement qui gère les équipements en cause, mais il peut aussi se voir déléguer par le conseil municipal, et avec son accord, la gestion de tout équipement au service de la commune (art. 11). Il y a là une **véritable administration locale** au service des problèmes immédiats de la population de l'arrondissement.

---

14. J.-M. BECET caractérise cette fonction de l'arrondissement comme « *celle d'être à l'écoute des administrés en suscitant leur participation à la vie de secteur* » ; *cf. Les institutions administratives*, Economica, 1984, p. 157.

Enfin, *une troisième série de compétences* concerne de façon originale le **droit d'information** ouvert par l'article 6 de la loi. Il permet au Conseil d'adresser des questions écrites au maire de la commune sur toute affaire intéressant l'arrondissement. Mais il est également possible de demander au conseil municipal d'en débattre. Le temps consacré à cette procédure imitée des questions écrites ou orales, avec ou sans débat au Parlement, ne peut toutefois excéder deux heures par séance. Il y a là un moyen nouveau de **démocratie locale**, qui permet une meilleure connaissance de la gestion municipale par les personnes directement intéressées.

À la tête du Conseil d'arrondissement, il faut situer le maire d'arrondissement, élu par lui en son sein, de même que les adjoints.

b) *Les maires d'arrondissement*

Selon un net parallélisme avec son homologue de droit commun, on peut distinguer les compétences que le maire d'arrondissement élu par le Conseil d'arrondissement exerce en qualité de représentant de l'État, et celles qu'il exerce comme un chef de l'arrondissement.

En tant que représentant de l'État, il exerce les attributions du maire en matière d'état civil et en matière électorale. Il veille au respect de l'obligation scolaire, à l'application des dispositions du Code du service national (art. 20).

En tant que représentant de l'arrondissement, il préside la caisse des écoles (art. 20) et émet un avis sur une série d'actes concernant l'utilisation du sol de son arrondissement : permissions de voirie, changements d'affectation d'immeubles communaux situés dans l'arrondissement, acquisitions ou aliénations immobilières par la commune sauf toutefois quand il s'agit de l'exercice du droit de préemption réservé à la commune.

Il est en outre *informé* de la réalisation des projets d'équipement dont l'exécution est prévue dans l'arrondissement (art. 23).

Le maire d'arrondissement *exécute* au nom de la commune les délibérations du Conseil d'arrondissement.

L'article 14 de la loi PLM lui permet d'attribuer la moitié des logements situés dans l'arrondissement dont l'attribution relève de la commune ou qui lui sont réservés par convention spéciale.

Dans toutes ses attributions, le maire d'arrondissement est assisté par *des adjoints* élus par le Conseil d'arrondissement parmi ses membres dans la limite de 30 % au plus de l'effectif de ce Conseil. L'un d'entre eux au moins doit être en même temps conseiller de Paris ou conseiller municipal de Lyon ou de Marseille, la règle étant la même que pour le maire d'arrondissement.

Les adjoints peuvent remplacer le maire ou recevoir de lui des délégations dans les conditions du droit commun (art. L. 122-11 al. 1 et 2 du Code des communes).

La loi précise que les actes du maire d'arrondissement, qu'il agisse au nom de l'État ou de l'arrondissement, sont soumis aux mêmes règles que les actes du maire de la commune agissant en la même qualité. Toutefois, ces actes sont adressés au maire de la commune qui les transmet dans la quinzaine au représentant de l'État.

À l'égard des organes, conseil et maire d'arrondissement, notons que les dispositions légales propres à Paris, Marseille et Lyon, prévues au chapitre II de la loi n'apportent aucune innovation marquante, la réforme s'appliquant pour l'essentiel de manière équivalente dans les trois villes. De la même façon, la loi prévoit un **régime financier** des Conseils d'arrondissement qui s'applique également aux trois villes.

Le régime financier traduit une certaine méfiance du Parlement et combine à ce titre la **déconcentration** et l'**unité budgétaire** de la commune dans un texte de compromis qui distingue les dépenses de fonctionnement et les dépenses d'investissement.

C'est au niveau des *dépenses de fonctionnement* que la **déconcentration financière** apparaît, les dépenses et les recettes de fonctionnement de chaque Conseil d'arrondissement faisant l'objet d'un «**état spécial d'arrondissement**» (art. 27 al. 2). Mais, même à ce niveau, l'unité budgétaire de la commune est maintenue puisque le montant global de ces dépenses et de ces recettes est inscrit dans le budget de la commune (art. 27 al. 1).

Par contre, au niveau des *dépenses d'investissement*, l'**unité budgétaire** s'applique exclusivement, puisque celles-ci restent de la responsabilité pleine du Conseil municipal qui les vote. Elles sont seulement soumises pour avis à une «conférence de programmation des investissements», composée du maire de la commune et des maires d'arrondissement (art. 26 al. 1).

Au total, l'arrondissement, sans être sujet de droit, apparaît comme un hybride juridique doté de certains éléments de la personnalité juridique. Sa finalité principale obéit à la logique de **participation** et de **déconcentration** promue par la réforme de 1982. L'expérience montre que cette logique est capable de dominer les éventuels conflits politiques qui peuvent surgir entre Conseil municipal et Conseils d'arrondissement[15].

La loi toutefois propose une solution de droit dans un cas : s'il se manifeste un désaccord sur l'inscription à l'inventaire des équipements décidés et gérés par le Conseil d'arrondissement. Le représentant de l'État dans le département dispose alors d'un **nouveau pouvoir de substitution** pour statuer par arrêté après avis du président du tribunal administratif.

L'étude des régimes communaux particuliers intéresse aussi le cadre topique des villes nouvelles.

Section 2
Les villes nouvelles

La formule des villes nouvelles est récente en France. Nous étudierons sa mise en place avant de voir le régime actuel.

§ 1. LA MISE EN PLACE DES VILLES NOUVELLES

Cette mise en place intervient après un certain nombre de précédents connus et témoigne d'une volonté politique délibérée qui aboutit à l'adoption d'un premier cadre juridique spécifique, celui de la loi Boscher.

---

15. Les divergences politiques ne peuvent être exclues du système fondé sur le suffrage universel direct et l'on a pu observer lors des élections municipales de juin 1995 que six arrondissements de Paris ont été gagnés par l'opposition municipale.

A. Les précédents

Les premières expériences qui ont servi de références aux initiatives françaises sont toutes étrangères.

a) *Les premières expériences*

L'idée de cités idéales offrant des conditions de vie exemplaires dans un cadre réunissant d'emblée tous les avantages qu'une longue histoire ne parvient pas toujours à rassembler a de tout temps séduit les esprits. De l'Antiquité à la Renaissance, philosophes et peintres[16] en témoignent. Si la réalisation de telles villes, **adultes dès leur naissance**, et affranchies de tout passé, se distingue de la fondation originaire des cités, elle reste toutefois ou isolée ou localisée avant l'époque contemporaine. Saint-Pétersbourg est un cas exceptionnel au XVIIIe siècle et apparaît comme l'œuvre urbaine la plus remarquable de la grande Russie des tsars. Par contre, localisée aux États-Unis, la croissance rapide des «villes-champignons», nées avec la progression de la conquête de l'Ouest, apparaît au XIXe siècle comme un phénomène caractéristique d'un État neuf.

Au XXe siècle, l'expérience est renouvelée dans des pays très différents. En Europe, par exemple, dès 1946, la Grande-Bretagne inaugure la politique des *new towns*[17], autour de ses agglomérations les plus importantes : Londres, Birmingham, Liverpool et Cardiff.

Ailleurs, les réalisations les plus spectaculaires seront Islamabad, capitale nouvelle du Pakistan, Chandigarh et surtout Brasilia, à la construction desquelles ont souvent participé des architectes français et qui suscitent toujours l'étonnement ou l'enthousiasme.

C'est sur ce fond d'expériences connues et liées à des contextes spécifiques que la politique française des villes nouvelles démarre en France dans les années soixante, à partir d'une double préoccupation du gouvernement et sur la base d'une prise de conscience lentement mûrie des nécessités d'un urbanisme mieux contrôlé.

Dès 1950, les premiers exposés d'Eugène Claudius-Petit en faveur d'un plan national d'aménagement du territoire, conçu de façon audacieuse et novatrice comme : «La recherche dans le cadre géographique de la France, d'une meilleure répartition des hommes en fonction des ressources naturelles et de l'activité économique»[18], militent en faveur d'une politique dynamique et qualitative de l'urbanisation. Il ne s'agit plus de se contenter d'enregistrer les phénomènes économiques et démographiques, et leurs conséquences sur l'implantation des établissements humains d'un point de vue purement quantitatif comme cela avait pu se faire jusque-là. Il s'agit désormais de concevoir et de réaliser un programme d'action visant à *rectifier de façon délibérée les structures, en vue de leur donner une configuration volontaire* qui serve mieux l'intérêt commun, que celle qui résulterait d'un développement naturel. Laissé à lui-même en effet, celui-ci aboutit immanquablement à une forte concentration des hommes et des activités économiques dans les villes, dominée par une hypertrophie monstrueuse de la Capitale par rapport au reste du pays.

---

16. Pour un bon exemple, on peut citer le tableau anonyme : «Vue de la cité idéale» exposé à la salle des anges au musée d'Urbino en Italie.

17. Le *New Towns Act* sera modifié et complété en 1959.

18. Eugène Claudius-Petit, compagnon de la Libération, ministre choisi par le général de Gaulle pour prendre en charge les problèmes de la reconstruction et de l'urbanisme, définit pour la première fois les mobiles, les objectifs et les méthodes de l'aménagement du territoire tel qu'il le conçoit, dans une communication au Conseil des ministres en 1950. Il s'y exprime en humaniste soucieux avant tout de la «qualité de la vie», bien avant que l'expression ne devienne à la mode !

Les études nombreuses et convergentes de toute cette période constatent trois phénomènes également préoccupants. D'abord, les disparités régionales originelles dues aux causes géographiques, techniques et démographiques et qui ne peuvent que s'aggraver sans une intervention volontaire énergique. Ensuite les inégalités de développement proprement dites qui créent un déséquilibre considérable, menaçant de creuser à terme un véritable fossé entre le Nord-Est et l'Est d'une part, l'Ouest et le Midi d'autre part. Enfin, l'aggravation continue du clivage entre la région parisienne et le reste de la France.

b) *Les initiatives politiques de la Vᵉ République*

Pour lutter contre ces disparités négatives, le plan d'aménagement du territoire proposé en 1962 mise sur une politique régionale, pendant que parallèlement le quatrième plan préparé par le commissariat au Plan réalise le premier effort sérieux de régionalisation des objectifs du plan. Particulièrement à l'égard des quelques régions où la concentration industrielle et humaine risquait de prendre des proportions excessives, il était envisagé, non de recourir à un freinage brutal, dommageable pour la nation, mais de modérer et d'ordonner leur croissance.

De plus, et en réaction contre l'extension monstrueuse de Paris et de sa banlieue, considérée comme un échec patent de la IIIᵉ République, la volonté de la Vᵉ République est à la fois de mener un programme d'action capable de rééquilibrer l'urbanisation en France, en prévoyant pour Paris une progression plus humaine et plus rationnelle et en favorisant le développement de *métropoles d'équilibre* en province pour contrebalancer le rôle et l'importance de la capitale.

Les huit métropoles d'équilibre prévues par le Plan pour exercer sur une large zone d'influence, un rôle de véritable direction de la vie économique et sociale, et susceptibles de servir de contrepoids à l'attraction parisienne se trouvent disposées sur le pourtour de l'hexagone, aucune agglomération n'ayant paru en mesure de jouer ce rôle dans la partie centrale. Il s'agit de :
- Lille, Roubaix, Tourcoing ;
- Nancy-Metz ;
- Lyon, Saint-Étienne, Grenoble ;
- Marseille ;
- Toulouse ;
- Bordeaux ;
- Nantes-Saint-Nazaire.

Mais avant même que le cinquième plan ne vienne définir à son tour une armature urbaine hiérarchisée, à partir de 1965, deux projets parallèles sont envisagés pour permettre une harmonisation du développement urbain futur.

Tout d'abord, sur la base du **schéma directeur de la région parisienne**, il est prévu que *huit villes nouvelles* devront être construites autour de Paris. *Cinq* seulement seront par la suite retenues et réalisées. Le principe initial de ces créations est défini clairement.

Conçues comme des points d'ancrage de la croissance démographique, il s'agit de construire de **vraies villes** qui ne soient pas simplement des agglomérations dortoirs, mais des villes à part entière, au **tissu urbain complet et autonome**, comportant non seulement les logements nécessaires aux habitants mais les industries et activités propres à assurer l'emploi sur place, ainsi que les équipements collectifs, culturels ou sportifs de toute agglomération normale desservie par un réseau commercial suffisant. Chaque ville devait compter au moins 500 000 habitants, objectif qui sera limité par la suite à 300 000, sans perdre de vue la vocation optimale de desservir de 300 000 à un million d'habitants.

Les cinq sites retenus en 1969 en région parisienne sont ceux de Melun-Sénart, Évry, Saint-Quentin-en-Yvelines, Cergy-Pontoise et Marne-la-Vallée. Mais huit projets seront débattus.

La deuxième initiative complémentaire consiste à vouloir appliquer en parallèle en province les mêmes principes dans la région de l'**étang de Berre** où doit être installé un vaste complexe industriel et portuaire. D'autre projets visent en outre l'implantation de villes nouvelles à proximité de Rouen, de Lyon et de Lille, avec les vastes opérations du Vaudreuil, de l'Isle d'Abeau et de Lille-Est.

Ces innovations ont inspiré nombre d'architectes, d'urbanistes et de sociologues, dont l'imagination n'a été freinée que par les contraintes financières.

Par ailleurs, il fallait un cadre administratif et juridique adapté à ces nouvelles entités urbaines en distinguant un régime spécial pour toute la période transitoire d'aménagement et d'installation.

Dans un premier temps, ce sont des **missions d'études**, composées de fonctionnaires d'État, qui établissent les projets. Puis ce sont des **établissements publics d'aménagement** qui interviennent sur le terrain tout en étant étroitement contrôlés par l'État. La représentation limitée des Conseils municipaux dans leur Conseil d'administration n'offre pas cependant une structure satisfaisante pour les élus locaux qui réclament un statut approprié.

Un projet de réforme des collectivités locales est élaboré en 1968 par le ministre de l'Intérieur, Christian Fouchet. Il propose des mesures spéciales en vue de «faciliter la création d'agglomérations nouvelles». Les événements politiques viendront bousculer les priorités et ce n'est qu'en 1969 qu'une initiative du député-maire d'Évry-Petit-Bourg, future Évry-Ville-Nouvelle, aboutit à la loi du 10 juillet 1970[19] qui porte son nom, la loi Boscher.

Par les solutions originales qu'elle institue, cette loi mérite examen, d'autant plus qu'elle demeure le premier texte fondamental de droit positif en la matière. Le statut actuel qui résulte des lois combinées du 13 juillet 1983 et du 17 décembre 1991 ne constitue en effet qu'une double réforme du statut de base et la «loi Boscher» reste la référence obligatoire des origines et du développement des villes nouvelles.

B. La loi « Boscher »

La loi «Boscher» s'exprime en termes «d'agglomération nouvelle» et définit cette agglomération comme un centre urbain équilibré grâce aux possibilités d'emploi de logement ainsi qu'aux équipements publics et privés qu'elle doit compter.

a) *Le régime juridique*

La seule condition émise est que le programme de construction doit porter sur un minimum de 10 000 logements, chiffre dépassé largement dans la réalité.

La loi organise la **procédure de création** des villes nouvelles et remet la décision au gouvernement. Après *consultation* des collectivités locales intéressées saisies pour avis d'un rapport préalable, c'est en effet un décret en Conseil d'État qui décide de la création et qui fixe le périmètre d'urbanisation. Le gouvernement peut alors passer

---

19. *Cf.* Loi n° 70-610 du 10 juillet 1970.

outre l'opposition d'un Conseil municipal, mais il ne peut ensuite se dérober, et pour marquer l'engagement de l'État, l'article 2 précise que les moyens de réalisation doivent être prévus par le plan de développement économique et social.

Si la décision de principe appartient donc à l'État, le choix de l'institution qui va avoir la responsabilité de mettre en œuvre la décision revient par contre aux collectivités locales.

En attendant un retour au régime municipal de droit commun, **trois formules souples d'administration provisoire** leur sont en effet proposées. Les deux premières se rattachent à des législations déjà existantes et appliquées aux regroupements de communes : il s'agit de la **communauté urbaine**[20] ou du **syndicat communautaire d'aménagement**[21]. La première solution fondée sur la loi du 31 décembre 1966 ne reçut aucune application. La seconde correspondait à un *aménagement spécifique* de la forme classique du syndicat de communes. Administré par un Conseil de représentation variable, égalitaire ou proportionnelle, soit au nombre d'habitants, soit à la participation de chaque commune dans l'opération, le syndicat communautaire d'aménagement (SCA) recevait de larges compétences, servies par des ressources financières propres, la perception des impôts locaux des habitants, mais aussi emprunts et subventions. Les anciennes communes conservaient leurs anciennes compétences en matière de police, d'élections et d'état civil.

Enfin, la troisième formule proposée par la loi est extrêmement originale. Il s'agit de *l'ensemble urbain*, qui est doté de la personnalité morale sans être qualifié ni d'établissement public, ni de collectivité territoriale.

L'ensemble urbain peut être créé dans trois cas :

> 1. lorsque les Conseils municipaux le demandent de préférence aux deux autres formules ;
> 2. en cas de carence du syndicat communautaire ou de la communauté urbaine si, quatre mois après leur constitution, ils n'ont conclu aucun contrat avec un établissement public d'aménagement en vue de réaliser les travaux et ouvrages nécessaires à l'agglomération ;
> 3. à défaut d'option des collectivités locales dans les quatre mois après publication du décret de création.

L'ensemble urbain peut donc être soit une solution volontaire, soit une solution autoritaire imposée par l'État.

Une fois constitué, il est administré par un Conseil qui fonctionne comme un Conseil municipal mais dont, cependant, la composition est évolutive. Initialement, celle-ci comprend neuf membres, quatre conseillers municipaux et cinq conseillers généraux si les communes ont elles-mêmes choisi de créer un tel ensemble, neuf conseillers généraux dans les deux autres cas. Par la suite, ce Conseil est complété progressivement en intégrant à trois reprises trois membres élus par les nouveaux habitants :

1. lorsque 2 000 logements sont occupés ;
2. deux ans après ;
3. deux ans après la deuxième élection complémentaire.

---

20. *Cf.* Loi n° 66-1069 du 31 décembre 1966.
21. *Cf.* Ordonnance n° 59-29 du 5 janvier 1959.

Quelle que soit la forme prise par l'administration provisoire, l'organe de gestion doit dans tous les cas conclure une **convention d'aménagement**, soit avec un établissement public d'aménagement à caractère industriel et commercial, soit avec une société d'économie mixte dont les statuts dans les deux cas sont normalement conformes à des statuts types. La convention et ses avenants déterminent la mission d'aménagement et les grandes lignes de la ville nouvelle, les opérations d'équipements à réaliser et aussi le montant des investissements envisagés.

La loi prévoit une **aide financière exceptionnelle de l'État** en tenant compte de façon réaliste des difficultés financières inévitables des premières années alors même que le lancement des opérations les plus coûteuses correspond à une période où il y a encore peu d'habitants, donc peu de recettes fiscales possibles.

La **durée du régime d'administration provisoire** varie selon la formule retenue. Elle est la plus courte pour l'ensemble urbain, puisqu'il est prévu qu'il doit être érigé en commune trois ans après la troisième élection intervenant elle-même quatre ans après l'occupation de 2 000 logements, soit sept ans après cette occupation.

Pour les autres formules, la période de gestation de la ville peut être plus longue avec toutefois un délai maximum de vingt-cinq ans, au terme duquel peut être créée soit une commune nouvelle, soit une communauté urbaine si la forme transitoire était celle du syndicat.

Pour faciliter, animer et coordonner l'action des élus et des techniciens, le gouvernement devait mettre en place une organisation centrale spécifique le «**groupe central des villes nouvelles**», créé par un arrêté du Premier ministre le 23 décembre 1970. Ce groupe joue le rôle de commission interministérielle et rassemble périodiquement les représentants des différents ministères concernés. Il est assisté d'un secrétariat général et complété par un bureau des villes nouvelles qui siège au ministère chargé de l'Urbanisme. Ce groupe qui correspond à une administration de mission verra son rôle élargi par un arrêté du 16 mai 1984 qui renforce la représentation des collectivités locales concernées.

b) *La mise en œuvre*

Les nouveaux dispositifs de la loi sont rapidement mis en œuvre et six décrets du 11 août 1972 portent création de six agglomérations nouvelles, concrétisant les projets d'origine, sous réserve du nombre de villes nouvelles du bassin parisien ramené des huit initialement prévues à cinq.

Trois créations s'ajoutent en effet à Évry et à Melun-Sénart, les premières nées dans la région parisienne. Il s'agit de :

Saint-Quentin-en-Yvelines, qui regroupe onze communes des Yvelines ;
Cergy-Pontoise, qui regroupe quinze communes du Val-d'Oise ;
Marne-la-Vallée-Val-Maubué, qui regroupe six communes de Seine-et-Marne.

Trois en province s'ajoutent à Lille-Est-Villeneuve-d'Ascq de la même façon :

Le Vaudreuil, qui regroupe six communes de l'Eure près de Rouen ;
L'Isle-d'Abeau, qui regroupe vingt et une communes de l'Isère près de Lyon ;
Fos-Étang-de-Berre, qui regroupe trois communes des Bouches-du-Rhône : Fos, Istres et Miramas près de Marseille.

Au total sur ces neuf villes nouvelles, sept ont choisi la forme la plus classique de regroupement intercommunal, c'est-à-dire le **syndicat communautaire d'aménagement**, Lille-Est étant créé dans un cadre communal classique en devenant en 1970 la commune de Villeneuve-d'Ascq, et Le Vaudreuil étant la seule ville nouvelle à créer un ensemble urbain avant de devenir dès 1981 commune de plein exercice, sous le nom de commune de Val-de-Reuil.

Ces nouvelles institutions hétérogènes dans leur composition sont nées avec d'énormes distorsions de population : à peine 500 habitants au départ pour le Grand-Melun, Marne-la-Vallée[22], Le Vaudreuil, contre plus de 20 000 dans les zones de Berre et de Saint-Quentin-en-Yvelines. Mais en douze ans, plus de 800 000 habitants au total ont tenté l'aventure des villes nouvelles, dont les trois quarts en région parisienne.

C'est donc dans l'ensemble une réussite, même si certaines de ces villes n'ont pas complètement terminé leur aménagement.

Pourtant, on reprocha très vite à la loi Boscher la lenteur du passage du régime transitoire au régime définitif de droit commun. Dès 1979, le Groupe central étudie une réforme.

À la suite du changement de majorité en 1981 et dans le cadre de la réforme de 1982, le ministre chargé des agglomérations nouvelles propose au Parlement des mesures propres à modifier profondément le statut légal pour que les communes concernées puissent être soumises au droit commun le plus rapidement possible. Le régime actuel résulte de cette réforme consacrée en 1983, revue et corrigée en 1991 pour s'enrichir de nouvelles dispositions essentielles.

§ 2. LE RÉGIME ACTUEL

C'est la loi n° 83-636 du 13 juillet 1983[23], dite loi Rocard qui apporte les solutions attendues par deux séries de mesures, les unes transitoires, les autres permanentes. Elle est elle-même complétée par la loi Marchand du 17 décembre 1991.

A. La loi Rocard du 13 juillet 1983

Cette loi modifie le statut des agglomérations nouvelles.

a) *Les mesures transitoires*

La loi ouvre aux élus qui gèrent les agglomérations nouvelles la perspective d'une révision de l'organisation existante, ceci avant le 31 décembre 1983.

Ils peuvent ainsi demander la **révision du périmètre d'urbanisation**. Ils peuvent aussi demander la **création d'une commune unique**. Par ailleurs, leur liberté est garantie par deux dispositions spéciales. D'une part, il n'est plus possible d'incorporer

---

22. Fin 1992 Marne-la-Vallée compte 221 500 habitants, 74 020 logements occupés et 96 950 emplois avec pour projections en l'an 2000 : 298 000 habitants, 89 000 logements occupés et 129 000 emplois. *Source :* Epamarne.
23. *Cf.* Loi n° 83-636 du 13 juillet 1983, *JO* du 14 juillet 1983, p. 2179 à 2185.

d'autorité dans le périmètre révisé une commune qui ne fait pas partie du périmètre ancien. D'autre part, une commune peut choisir de se retirer. Le préfet peut alors à sa demande, ou s'il l'estime nécessaire, proposer le *retrait* assorti des révisions territoriales rendues indispensables par la poursuite de l'urbanisation et préalablement acceptées par les communes concernées.

Le représentant de l'État dans le département est chargé d'élaborer *le projet de révision* du périmètre d'urbanisation et le cas échéant, de modification de la liste des communes membres par adhésion ou retrait, ainsi que des conditions patrimoniales et financières de ces modifications. Le projet est soumis au vote de l'organe de gestion de l'agglomération nouvelle et des Conseils municipaux des communes concernées à la majorité qualifiée de droit commun. Si les *deux consultations* sont positives et remplissent les conditions requises de majorité, le nouveau périmètre, la liste et les limites territoriales des communes membres, sont adoptés de plein droit et constatés par simple arrêté préfectoral. Dans le cas contraire, la décision ne peut être prise que par décret en Conseil d'État.

Les options des communes ont varié selon les agglomérations : statu quo pour Rives-Étang-de-Berre, retrait des communes périphériques de l'ancien périmètre pour 19 des 66 communes de la région parisienne, de l'Isle-d'Abeau, transformation de Lille-Est en commune à part entière[24] soumise au statut municipal de droit commun.

b) *Les mesures permanentes*

La définition de la ville nouvelle n'est changée que sur un point : elle n'est plus chiffrée.

L'article premier précise seulement qu'elle doit être considérée « d'intérêt national et régional », bien que l'article cinq souligne pour sa part que le périmètre d'urbanisation est considéré comme celui d'une « opération d'intérêt national » au sens de la loi n° 83-8 du 7 janvier 1983 relative à la répartition des compétences entre les communes, les départements, les régions et l'État.

Par ailleurs, la procédure de création est allégée. Après concertation avec les maires et les conseillers généraux concernés, le préfet du département où se situera le siège de l'agglomération nouvelle propose la liste des communes intéressées ainsi que le projet de périmètre d'urbanisation. Les organes délibérants des différentes collectivités territoriales concernées, les Conseils municipaux, le ou les Conseils généraux y compris le Conseil régional sont alors consultés.

La décision prise par *arrêté préfectoral* sauf en cas d'opposition d'une des collectivités intéressées : un décret en Conseil d'État est alors nécessaire comme par le passé (art. 3).

Ce qui est plus original, ce sont les structures de gestion provisoire proposées par la loi selon une inspiration nettement démocratique. Les communes ont désormais le choix entre trois formules.

La première est la création d'une **nouvelle commune par fusion simple ou par fusion-association** des communes membres après consultation de la population par référendum local dans les conditions de l'article L. 112-2 du Code des communes.

---

24. Un décret du 29 décembre 1983 met fin à l'établissement public d'aménagement de Villeneuve-d'Ascq et de Lille-Est, consacrant la fin de l'administration transitoire.

Cette première solution peut encore résulter de la transformation de la zone d'agglomération en commune unique par fusion simple par accord de la majorité qualifiée des Conseils municipaux. La fusion peut encore être imposée à défaut d'accord sur l'une des deux autres options nouvelles dans le délai de six mois imparti par la loi (art. 6 al. 2, 3 et 6).

La deuxième est la création d'une **communauté d'agglomération nouvelle**, établissement public à caractère administratif, mais institution originale par rapport à toute autre formule communautaire sur un point essentiel. Elle est administrée par un conseil de gestion composé non plus de délégués désignés par les Conseils municipaux, mais de conseillers élus directement pour six ans au suffrage universel en même temps que les conseillers municipaux. La répartition des sièges est calculée de telle sorte qu'aucune commune ne détienne la majorité à elle seule (art. 12).

Le législateur marque sa préférence pour cette formule démocratique en permettant aux communes qui ne l'auraient pas choisie immédiatement de le faire plus tard, à chaque renouvellement général des Conseils municipaux.

En ce qui concerne les compétences et les finances, les règles applicables à la communauté d'agglomération nouvelle sont les mêmes que pour la troisième formule proposée, celle du **syndicat d'agglomération nouvelle**, nouvel établissement public créé pour remplacer le syndicat communautaire d'aménagement. Ce nouveau procédé (SAN) est administré par un comité classiquement composé des délégués des Conseils municipaux élus par eux au scrutin proportionnel (art. 6 al. 4 et art. 14).

Les **compétences** des communautés et des syndicats d'agglomération nouvelle diffèrent **selon qu'il s'agit d'aménagement ou de gestion**. L'aménagement relève des organes communs, Conseil ou comité et joue en matière de programmation et d'investissements pour le développement économique, le logement, les transports et les réseaux, de même qu'en matière d'urbanisme pour l'établissement des schémas directeurs. La gestion des équipements relève par contre des communes elles-mêmes sauf s'il s'agit d'équipements « d'intérêt commun » relevant de conventions communes (art. 16 à 20).

Il y a là une évolution manifeste en faveur d'un rapprochement du régime des villes nouvelles et du régime communal de droit commun.

En matière financière et fiscale, il n'est plus prévu de fiscalité communautaire directe. Seule la taxe professionnelle est affectée d'office à la communauté, qui *peut* en outre bénéficier d'une taxe additionnelle sur les taxes foncières et la taxe d'habitation si les ressources propres de l'agglomération nouvelle, à l'exception du produit des emprunts, sont insuffisants à couvrir la charge de la dette et les autres dépenses obligatoires (art. 28). Par ailleurs, l'établissement public bénéficie encore des aides de l'État sous trois formes prévues par l'article 33 de la loi :

1° de *dotations en capital* allouées dans le cadre d'une convention, notamment pour alléger la charge de la dette et pour faire face aux dépenses exceptionnelles liées à la rapidité de croissance de l'agglomération nouvelle. La convention fixe les conditions d'octroi de ces dotations, en particulier les engagements respectifs des parties signataires en matière de programmes de logements, d'équipements et d'emploi.

2° des *subventions d'équipement individualisées* dans le budget de l'État, mais aussi des départements et des régions qui peuvent également les attribuer. Cette individualisation s'applique également aux dotations d'aide au logement et à tout programme d'investissements publics.

3° *Une dotation spécifique en matière d'équipement* accordée par l'État pour une durée maximum de cinq ans à compter du premier exercice budgétaire suivant l'année de la promulgation de la loi. Au terme de ce délai, la dotation disparaît pour être remplacée par la dotation globale d'équipement de droit commun.

Le principe est que les communes membres de l'agglomération nouvelle retrouvent la plénitude de leurs attributions de droit commun pour voter les taux et percevoir les produits des impôts locaux, à l'exception de la taxe professionnelle (art. 25). Une *compensation* de la perte de cette taxe est prévue à leur profit dans le cadre de la dotation globale de fonctionnement et de la dotation globale d'équipement auxquelles elles ont droit (art. 31 et 32).

La réforme de 1983 décentralise et démocratise la gestion des villes nouvelles en leur offrant un statut transitoire le plus bref possible et surtout le plus proche possible du droit commun. En pratique, la formule qui a recueilli la faveur des élus et celle des *syndicats d'agglomération nouvelle*. On en compte 9 de façon constante de 1985 à 1996 regroupant 51 communes.

Mais il serait sans doute irréaliste de décentraliser davantage sans remettre en cause la cohérence générale de l'opération «Villes nouvelles», qui reste d'intérêt national dans le cadre d'une planification urbaine dont la charge trop lourde pour une administration locale, même régionale, incombe principalement à l'État.

C'est sur ce fond institutionnel bien rodé et toujours en vigueur que la loi Marchand du 17 décembre 1991[25] est venue modifier le statut des agglomérations nouvelles pour l'adapter aux besoins économiques liés à leur croissance.

B. La loi Marchand du 17 décembre 1991

La loi Marchand ne modifie et complète le statut de 1983 que dans ses sections IV et V, à l'exception de l'article 38*bis* nouveau qui précise s'agissant des cessions d'immeubles consentis par l'État à un établissement public d'aménagement de ville nouvelle, que l'article 30 de la loi du 13 juillet 1991 d'orientation pour la ville ne s'applique pas, renforçant par là une fois de plus la spécificité du régime propre aux villes nouvelles.

C'est donc essentiellement sur les dispositions générales communes et sur les dispositions fiscales et financières que portent les nouvelles mesures visant dans tous les cas à créer de nouveaux moyens pour les villes nouvelles.

a) *Les nouvelles règles générales communes*

Deux nouvelles règles viennent couvrir les charges liées aux transferts d'équipements et aux transferts de biens.

Les *transferts d'équipement* ont un caractère évolutif.

L'article 19 de la loi du 13 juillet 1983 prévoit que l'inventaire des équipements dressé lors de la création de la communauté ou du syndicat d'agglomération nouvelle est renouvelé à chaque renouvellement des Conseils municipaux, c'est-à-dire tous les six ans. Ceux-ci doivent se prononcer à la même majorité qualifiée de droit commun

---

25. *Cf.* Loi n° 91-1256 du 17 décembre 1991, *JO* du 19 décembre 1991, p. 16528 à 16530.

que pour l'inventaire initial. C'est là l'occasion d'enrichir et de compléter la liste des équipements d'intérêt commun qui concernent directement une ou plusieurs communes membres.

La loi Marchand complète ce dispositif en fixant le mécanisme contractuel qui doit désormais régler les conséquences financières de tout nouveau transfert.

Dans le cas de transferts d'équipements réalisés lors du renouvellement de l'inventaire, une *convention* signée entre la communauté ou le syndicat d'agglomération nouvelle et la ou les communes concernées doit être approuvée à la majorité des deux tiers des membres des organes de gestion, conseil d'agglomération ou comité syndical (art. 1er).

Cette règle qui est une garantie pour les communes membres devrait faciliter ce type d'opérations et contribuer à renforcer l'intégration communautaire à ce niveau.

En ce qui concerne le *transfert des biens*, l'article 22 de la loi du 13 juillet 1983 prévoit le sort des biens meubles et immeubles faisant partie du domaine public des communes membres, et nécessaires à l'exercice des compétences de la communauté ou du syndicat d'agglomération nouvelle.

Ces biens sont affectés à l'agglomération nouvelle qui est propriétaire des biens de son domaine public, soit qu'elle les acquiert, soit qu'elle les crée dans l'exercice de ses compétences.

L'alinéa 3 du même article précise que les transferts de propriété ou de droits attachés aux biens transférés entre les communes membres et la communauté ou le syndicat peuvent être réglés par une convention. Ces opérations sont allégées par le fait qu'elles ne donnent lieu ni à indemnité, ni à droits, taxes, salaires ou honoraires.

Restait à combler une importante lacune du texte qui ne prenait pas en compte les investissements assurés par le propriétaire au titre des équipements transférés.

La loi de 1991 complète l'article 22 en créant une faculté nouvelle en faveur du propriétaire. Désormais des *dotations pour travaux d'investissement* destinées a en couvrir la charge peuvent être attribuées par le conseil d'agglomération ou le comité syndical. Il est stipulé que l'organe de gestion fixe les modalités d'attribution à la majorité des deux tiers de ses membres.

Il y a là une amélioration attendue visant à faciliter la modernisation indispensable des équipements et à améliorer les conditions même de transfert des biens.

Mais c'est surtout le volet fiscal et financier de la loi Marchand qui améliore le statut des agglomérations nouvelles en renforçant la lettre et l'esprit de la coopération qui lui est inhérente.

b) *Le nouveau dispositif fiscal et financier*

L'évolution et l'extension des villes nouvelles aboutit à créer une situation complexe où le territoire de l'agglomération nouvelle et celui de communes limitrophes se trouvent constituer *une seule et même zone d'activités économiques*. Aux avantages communs de proximité doivent correspondre des règles fiscales équitables qui évitent les distorsions de charges et spécialement les écarts entre les taux de la taxe professionnelle.

C'est cette situation non prévue en 1983 qui est organisée fiscalement par l'article 26*bis* nouveau du statut des agglomérations nouvelles qui reconnaît aux collectivités concernées de larges pouvoirs de décision en la matière.

Tout d'abord, et *par délibérations concordantes*, les organes délibérants de l'agglomération nouvelle et de la commune limitrophe et comprise dans le périmètre d'intervention d'un établissement public d'aménagement de villes nouvelles, peuvent décider que le taux de la taxe professionnelle acquittée dans cette zone sera celui s'appliquant chaque année sur le territoire de l'agglomération nouvelle. L'*unité fiscale de la taxe professionnelle* est encore renforcée par le fait que l'agglomération nouvelle se substitue à la commune pour la perception de la taxe professionnelle acquittée dans la zone commune.

Les mêmes organes délibérants peuvent en outre convenir de la répartition du produit de cette taxe afférent à la zone, et fixer, en tant que de besoins, leurs obligations réciproques. Cette souplesse d'organisation modulable selon les situations se complète par la possibilité de déterminer de la même façon le périmètre de la zone d'activité concernée.

Toutefois les organes délibérants de l'agglomération nouvelle et de la commune peuvent décider de *réduire progressivement l'écart entre leurs taux* respectifs de la taxe professionnelle pour les établissements implantés dans la zone à la date d'effet de leurs délibérations. Cette réduction de l'écart de taux est étalée sur cinq ans à raison du cinquième par année.

Toutes ces mesures qui ne constituent pas des obligations mais des libertés, permettent une harmonisation favorable au développement économique des intéressés.

Mais la loi de 1991 vise surtout *à renforcer la solidarité financière* entre les communes membres et l'agglomération nouvelle en insérant les nouveaux articles 27*bis* à 27*sexies* fondateurs d'institutions nouvelles : fonds de coopération et dotation de coopération.

Le nouveau *fonds de coopération* est créé dans le budget de chaque communauté ou syndicat d'agglomération nouvelle. Ce fonds appelé à fonctionner dès 1992 dispose de deux ressources distinctes précisées à l'article 27*bis*.

La première est un *prélèvement spécial sur la taxe professionnelle* perçu par l'établissement public, augmenté des compensations prévues aux articles 1469 A *bis*, 1472, 1472 A et 1472 A *bis* du Code général des impôts. L'évolution de ce prélèvement est assurée par une indexation annuelle correspondant à 70 % de la variation de la taxe professionnelle perçue par l'établissement public augmenté des compensations prévues.

La seconde ressource du fonds est constituée par une *contribution des communes les plus riches*, celles dont le potentiel fiscal par habitant excède trois fois le potentiel fiscal moyen par habitant des communes membres de l'agglomération nouvelle.

Ce fonds de coopération est destiné à servir les *nouvelles dotations de coopération* instituées à l'article 27*ter* nouveau en faveur de chacune des communes membres de l'agglomération nouvelle pour laquelle le versement constitue une dépense obligatoire.

La dotation de chaque commune comporte trois attributions :

1° une *attribution de garantie de ressources* égale à la dernière dotation de référence perçue en 1991[26], cette dotation prévue en 1983 étant précisément remplacée par la nouvelle dotation de coopération ;

---

26. Pour les agglomérations nouvelles créées après le 1er janvier 1992, l'exercice 1991 s'entend du premier exercice au titre duquel l'organe de gestion s'est substitué aux communes membres pour l'attribution de la taxe professionnelle.

2° une attribution *pour accroissement de population* ;

3° une *attribution de péréquation* résultant de la répartition du solde du fonds au prorata de l'écart de potentiel fiscal, des enfants scolarisés dans l'enseignement préélémentaire et primaire et des logements sociaux. La pondération entre les trois critères est fixée par le conseil d'agglomération ou le comité syndical à la majorité des deux tiers de ses membres. À défaut, la pondération fixée par la loi s'applique à raison de :
– 65 % au titre de l'écart de potentiel fiscal ;
– 10 % au titre des enfants scolarisés ;
– 25 % au titre des logements sociaux.

Ce dispositif obligatoire de solidarité financière peut toutefois être amélioré par le jeu facultatif des *compléments de ressources* prévu à l'article 27 *quater* nouveau, et dont l'attribution peut être décidée par l'organe de gestion statuant à la majorité des deux tiers de ses membres, et selon des modalités également fixées par lui.

Cette nouvelle possibilité connaît une *double limite* fixée par la loi. D'une part, le montant total de ces compléments de ressources est *plafonné*. D'autre part, l'attribution en est exclue lorsque la communauté ou le syndicat d'agglomération nouvelle bénéficie ou a bénéficié depuis moins de cinq ans, d'avances remboursables accordées par l'État afin d'équilibrer son budget de fonctionnement.

L'ensemble des nouvelles règles de coopération financière ouvre aux agglomérations nouvelles des perspectives de développement équilibré et par ses paramètres évolutifs, résolument ouvert vers l'avenir. Le statut des villes nouvelles résulte désormais de la combinaison de lois gigognes qui se complètent pour offrir aux intéressées les moyens de renforcer leur réussite.

Restent à étudier les régimes dérogatoires autres que communaux.

Chapitre 2

Les autres régimes dérogatoires

On distingue ici deux types de régimes dérogatoires, les régimes régionaux particuliers, qui intéressent la métropole, et les collectivités d'outre-mer, qui recouvrent elles-mêmes une diversité de régimes, y compris une spécificité régionale.

Section 1
Les régimes régionaux particuliers

Deux régimes se distinguent nettement par leur statut, l'Ile-de-France, dont la spécificité est destinée à disparaître, et la Corse dont la sortie du droit commun résulte d'une volonté politique, traduite dans un régime récent destiné à durer.

Il faut cependant souligner que jusqu'en 1982, les régions constituaient toutes des entités juridiques exorbitantes du droit commun. C'est ce que nous allons voir en examinant le particularisme régional.

§ 1. LE PARTICULARISME RÉGIONAL

On distinguera ici le particularisme général, qui concerne l'ensemble des régions et qui se dégage d'une lente évolution de l'organisation régionale en tant que telle. Puis nous étudierons le particularisme spécial de l'Ile-de-France.

A. La région

À l'origine des régions, il faut placer un mouvement d'idées hostiles au département, considéré négativement comme une circonscription à la fois artificielle, insuffisante et étriquée.

a) *Le régionalisme*

Pour certains, le régionalisme traduit les **rancœurs politiques** ou la nostalgie des structures de l'Ancien Régime, considérées comme seules naturelles parce que forgées par l'histoire, ce qui ne correspond qu'à une vision exaltée et romantique de l'histoire des institutions. Le mouvement regroupe aussi bien Charles Maurras et l'Action Française que Paul Boncour, Jean Hennessy, Maurice Barrès ou le poète Paul Mistral, qui s'en fait le chantre passionné, tandis que Charles Brun en apparaît comme le théoricien avec le manifeste de la Fédération régionaliste française qu'il rédige en 1901.

Pour d'autres, la critique est essentiellement **technique : le cadre départemental leur paraît trop étroit** et, par là, inadapté à l'action économique de l'État qui réclame un espace plus vaste pour ses interventions. Cette seconde inspiration ne cessera de prendre de l'ampleur.

L'idée d'une superposition d'un découpage régional à vocation économique donne lieu à une première ébauche avec les **groupements économiques régionaux** mis en place par le décret du 5 avril 1919 à l'initiative du ministre Clémentel. Il ne s'agit que de groupements de chambres de commerce dont l'action est très vite entravée par l'insuffisance des moyens financiers.

b) *Les premières formes de la région*

Le système se perfectionne cependant avec le décret Gentin (du nom du ministre de l'Industrie et du Commerce de l'époque), en date du 28 septembre 1938. Le texte crée **vingt régions économiques** et leur donne pour la première fois le statut d'établissement public. Elles ne fonctionnent que le temps de manifester leur manque d'argent et leur manque de pouvoir.

Dans le même temps, l'administration centrale multiplie les **circonscriptions régionales** de services spécialisés : régions sanitaires, postales, radiophoniques, du travail qui ajoutent leur nouveau découpage à celui déjà classique des vingt régions militaires, des vingt-six ressorts de cours d'appel et des dix-neuf universités. Cette multiplication des circonscriptions déconcentrées complique la carte administrative française sans opérer de décentralisation régionale.

Celle-ci semble devoir se réaliser avec le **régime de Vichy**. L'appel de Pétain du 11 juillet 1940 fait de la « restauration des provinces » un article essentiel de son programme, assorti d'une volonté de retour au passé et aux vertus ancestrales. Paris étant occupé, le gouvernement s'installe à Vichy, et l'idée d'un renouveau de vie dans les provinces devient un thème de réflexion et de projets.

Pourtant, le régime ne décentralise pas et la loi du 19 avril 1941 crée dix-neuf **régions** sans leur donner ni la personnalité morale ni les moyens financiers nécessaires. Elles ont à leur tête des **préfets régionaux** qui représentent l'État et qui concentrent entre leurs mains d'importants pouvoirs de police et des pouvoirs économiques, notamment en matière de ravitaillement et de contrôle des prix. Ils sont assistés de deux **intendants** dont le nom évoque au moins l'Ancien Régime, un intendant de police et un intendant économique qui couvrent la double vocation de ces régions spéciales.

À la **Libération**, ce nouvel échelon administratif intermédiaire est maintenu avec, à leur tête, des **commissaires de la République**, chargés de tous les pouvoirs y compris celui redoutable de suspendre l'application des lois. L'ordonnance du 24 octobre 1945 leur reconnaît un rôle d'animateur et de coordonnateur des services en même temps que celui de contrôleur de la gestion administrative.

L'institution n'était justifiée que par la nécessité de faire régner l'ordre sur le territoire français et d'assurer le retour à un régime républicain normal. Elle est supprimée par la loi du 22 mars 1946, mais l'idée d'un contrôle régional demeure.

À la fin de 1947, à la suite du départ des ministres communistes du gouvernement, une série de mouvements sociaux accompagnés de grèves insurrectionnelles oblige le pouvoir à recourir aux forces armées pour rétablir l'ordre. Les difficultés font alors prendre conscience de la nécessité de désigner des responsables qui puissent avoir autorité sur tous les services, aussi bien militaires que civils, sur une portion de territoire plus large que le département.

C'est ainsi que la loi du 21 mars 1948 crée les IGAME, ou **inspecteurs généraux de l'administration en mission extraordinaire**, pour assurer, dans le cadre des régions militaires et sous l'autorité directe du ministre de l'Intérieur, la coordination entre les autorités de police et les autorités militaires. En cas d'interruption des communications avec Paris, ceux-ci pouvaient prendre le contrôle de tous les fonctionnaires.

B. Le régime actuel

Avec le progrès économique et technique, la nécessité et l'urgence de trouver un cadre approprié pour servir de relais à la **planification nationale**, apparue en 1946, vont se faire sentir et le régionalisme va connaître un nouvel élan décisif.

a) *Un cadre pour le Plan*

Dès 1955, le principe des **programmes d'action régionale** est adopté pour instituer de véritables tranches régionales du Plan national. Les décrets des 30 juin 1955 et 7 janvier 1959 organisent vingt-deux régions de programme qui prennent le nom par décret ultérieur du 2 juin 1960 de «**circonscription d'action régionale**».

Le décret du 7 janvier 1959 met en place une **conférence interdépartementale** réunissant les préfets de la circonscription sous la présidence d'un préfet coordonnateur. Mais l'expérience soulève à la fois les résistances des élus départementaux craignant de perdre une partie de leurs pouvoirs, et la réticence des préfets, peu enclins à accepter le principe de la prééminence de l'un d'entre eux.

Parallèlement, un effort de simplification et d'harmonisation s'instaure au niveau des circonscriptions régionales de l'administration d'État, la plupart des administrations centrales adoptant le nouveau découpage pour leurs services déconcentrés. Seules, certaines administrations sont restées en dehors de ce mouvement pour des raisons techniques.

Une nouvelle étape est franchie avec la réforme de 1964 réalisée par deux décrets en date du 14 mars[1]. Le premier crée le **préfet de région**, qui remplace le préfet coordonnateur. Il est chargé de «*mettre en œuvre la politique du gouvernement en matière de développement économique et d'aménagement du territoire dans sa*

---

1. Décrets n° 64-251 et 64-252 du 14 mars 1964.

circonscription». Le second crée la **commission de développement économique régional** (CODER), composée des représentants des élus locaux et des principaux intérêts économiques et sociaux dont le rôle est purement consultatif.

Cette réforme de 1964, complétée par les décrets des 27 juillet 1965, 10 mai 1968 et 13 novembre 1970, organise la région en tant que circonscription d'État sans aucune décentralisation. La région n'a pas la personnalité morale et reste, dans le cadre de la déconcentration administrative, une structure spéciale à vocation économique.

Après l'**échec du référendum du 27 avril 1969**, qui propose une décentralisation régionale assortie d'une réforme politique du Sénat repoussée par les Français, et après l'écoulement d'un minimum de délai, la réforme régionale est de nouveau discutée. Les débats[2] et les joutes oratoires[3] se succèdent jusqu'à l'adoption de la loi du 5 juillet 1972 amorçant un tournant prudent qui ne soulève guère l'enthousiasme du Parlement, et que le gouvernement présente lui-même comme susceptible d'évolution.

b) *La décentralisation régionale de 1972 et 1982*

Les solutions adoptées par le législateur sont originales et s'écartent des modèles étrangers. La région reçoit la **personnalité morale** et, avec elle, un **patrimoine** et des ressources propres, mais elle est qualifiée non sans quelque paradoxe d'«**établissement public territorial**» et non de collectivité territoriale. Elle est bien une entité administrative spécialisée en matière économique, ce qui correspond à la spécialisation fonctionnelle de tout établissement public, mais en même temps elle se voit assigner un territoire spécial.

Avec un Conseil régional, un Conseil économique et social et un préfet de région, nommé par l'État, titulaire d'une double casquette en tant qu'agent de l'établissement public et chef de l'administration régionale d'État, c'est une organisation entièrement nouvelle qui se met en place et que nous avons étudiée, dans la mesure où elle a fonctionné jusqu'en mars 1986.

La loi du 2 mars 1982 décide, en effet, de transformer et de banaliser le statut de la région, qui devient une collectivité territoriale sans particularisme structurel, avec une assemblée élue au suffrage universel direct et un exécutif élu par cette assemblée. Les élections du 16 mars 1986 consacrent dans les faits[4] cette profonde mutation des régions, qui restent cependant dominées comme par le passé par leur vocation économique, malgré les transferts de compétences opérés en 1983. De leur côté, les comités économiques et sociaux sont modifiés par décret du 12 octobre 1982 pour

---

2. M. J.-J. Servan-Schreiber devait se déclarer partisan d'un véritable «pouvoir régional» face à l'État et relancer la polémique sur l'enjeu politique d'une réforme régionale.
3. Dans un important discours prononcé à Lyon le 30 octobre 1970, le président de la République, M. Pompidou, prend parti sur deux points. D'une part, il ne s'agit pas de rompre l'unité de l'État. *« La région ne doit pas constituer un instrument de dislocation de l'État et de division de la nation. Nous ferons les régions sans défaire la France. »* D'autre part, il présente la future région comme un simple organe de coopération interdépartementale. *« La région est pour les départements ce que sont les syndicats intercommunaux pour les communes. »* Dans un discours à Brest en octobre 1971, le président reprendra les mêmes thèmes. En optant pour la formule de l'établissement public, le législateur ira plus loin qu'une simple coopération.
4. Le transfert de l'exécutif est cependant réalisé dès le 15 avril 1982.

être plus représentatifs. L'article 24 de la loi d'orientation du 6 février 1992 les dénomme désormais «Conseils» économiques et sociaux régionaux.

Si, jusqu'en 1986, le particularisme régional intéresse l'ensemble des régions, la région Ile-de-France bénéficie parallèlement d'un statut dérogatoire également provisoire.

§ 2. LA RÉGION ILE-DE-FRANCE

On peut distinguer le particularisme juridique du statut qui apparaît dans les années soixante et le régime actuel, qui résulte d'un aménagement de ce particularisme.

A. Le particularisme juridique

Depuis la création du département de la Seine à la fin du XVIIIᵉ siècle, Paris et sa banlieue n'ont cessé de croître pour constituer progressivement une seule et même vaste entité urbaine devant assumer de nombreux problèmes communs.

Pour les régler, la région parisienne pourtant reconnue légalement par la loi du 14 mai 1932 qui en fixe les limites géographiques, n'avait d'autres structures administratives que les trois départements, de la Seine avec Paris pour chef-lieu, de la Seine-et-Marne avec Melun pour chef-lieu, et de la Seine-et-Oise avec Versailles pour chef-lieu.

Jusqu'en 1961, la «régionalité» n'a guère prévalu que pour organiser les transports parisiens avec la mise en place en 1948 d'un office, devenu depuis syndicat des transports parisiens. L'institution en 1955 d'un commissariat à la construction et l'urbanisme chargé de traiter des problèmes communs d'aménagement contribuait à démontrer la nécessité de disposer d'une structure décentralisée de coordination et d'action pour l'ensemble de la région. En même temps, le gigantisme de l'agglomération urbaine appelait un nouveau découpage départemental pour remédier à la sous-administration des zones périphériques.

C'est ainsi que le particularisme accentué de la région parisienne s'est démarqué du régime des autres régions dès la création du **district** par la loi du 2 août 1961[5]. Il s'agit d'un **établissement public administratif** dirigé par un **délégué général** et placé sous la tutelle étroite de l'État. Son rôle spécifique est limité aux aménagements urbains dont on cherche à maîtriser le développement. Il est responsable notamment de l'aménagement de la Défense, du marché national de Rungis et du réseau express régional (RER). Chargé d'élaborer le *schéma directeur de la région parisienne*, il donnera un élan décisif à la politique des villes nouvelles.

La loi du 10 juillet 1964[6] remodèle par la suite la région parisienne en supprimant les départements de la Seine et de la Seine-et-Oise, remplacés par sept nouveaux départements : Paris, Yvelines, Essonne, Hauts-de-Seine, Seine-Saint-Denis, Val-de-Marne et

---

5. Loi n° 61-845 du 2 août 1961.
6. Loi n° 64-707 du 10 juillet 1964.

Val-d'Oise, complétés par la Seine-et-Marne. Ce cadre territorial est toujours en vigueur[7].

Le décret du 10 août 1966[8] place à la tête de l'administration régionale un *préfet de région* qui exercera en même temps et jusqu'en 1976 les fonctions de *délégué général du district*. On peut observer que sa fonction est doublement spécifique puisqu'il dispose des attributions des autres préfets de région sans être en même temps préfet de département et qu'il assume des compétences propres, liées au district en matière d'urbanisme, d'aménagement, de transports et de constructions hospitalières.

La même année, la loi du 17 décembre 1966 supprime le district de la région de Paris pour le remplacer par le district de la région parisienne, nouvel établissement public associant les départements et les communes de la région parisienne. Ce nouveau district est administré par un Conseil élu au suffrage indirect composé pour moitié de délégués du gouvernement et présidé par le délégué général.

L'évolution de la région parisienne se fait donc en marge des réformes régionales de 1964 et de 1972[9] et il faut attendre la loi du 6 mai 1976 qui remplace le district par un établissement public régional pour que le caractère dérogatoire de son régime s'atténue. La région parisienne devient *la région Ile-de-France*, et l'alignement sur le droit commun amorcé en 1976 devient le principe avec la loi du 2 mars 1982 qui prévoit le remplacement du statut d'établissement public par celui de collectivité locale à part entière, à l'égal des autres régions. Dans cette perspective, l'abandon du particularisme régional institué en 1972 pour l'ensemble des régions concerne aussi la région Ile-de-France et la loi du 6 mai 1976, comme ses décrets d'application ne sont plus que des régimes d'attente avant les élections de mars 1986.

À titre transitoire, les règles de **composition des organes délibérants** restent largement **dérogatoires** pour éviter que des effectifs pléthoriques ne les empêchent de fonctionner utilement. Le Conseil régional compte 164 membres[10] soit 50 parlementaires désignés par les collèges des députés et des sénateurs élus dans la région et 114 élus locaux. De son côté, le Conseil économique et social ne compte que 110 membres[11].

L'exécutif de la région est confié au préfet de la région Ile-de-France qui cumule ses fonctions par décret du 15 mars 1977 avec celles de préfet de Paris dans les conditions de droit commun.

B. Le régime actuel

La réforme ouverte par la loi n° 82-213 du 2 mars 1982 a renforcé la décentralisation de la région Ile-de-France comme celle des autres régions sur lesquelles elle s'aligne largement, sauf exceptions limitées.

---

7. Les nouveaux départements se diversifient entre ceux dits de la « Grande couronne » : Yvelines, Val-d'Oise et Essonne, et ceux dits de la « Petite couronne » : Hauts-de-Seine, Seine-Saint-Denis et Val-de-Marne.

8. Décret n° 66-614 du 10 août 1966.

9. L'article 21 de la loi n° 72-619 du 5 juillet 1972 écarte expressément de la réforme la région parisienne.

10. L'application du droit commun aurait abouti à créer une assemblée de plus de 300 membres si elle avait dû comprendre tous les parlementaires élus dans la région, d'où un régime aménagé par les décrets n° 76-434 du 12 mai 1976 et n° 83-151 du 13 mars 1983.

11. Voir décret n° 82-266 du 11 octobre 1982.

Au titre de l'alignement sur les autres régions, il n'est pas inutile de rappeler que la région Ile-de-France est le siège de deux administrations : dans le cadre de la circonscription régionale, l'*administration déconcentrée de l'État* qui fonctionne sous l'autorité du préfet de région entouré d'organes consultatifs dont la conférence administrative régionale, et en tant que personne morale distincte de l'État, l'*administration décentralisée* qui comprend désormais les organes généraux de droit commun : un Conseil régional élu au suffrage universel direct, un exécutif élu en son sein, le président du Conseil régional et un Conseil économique et social. Pour chacune des deux administrations, à cette trame générale commune, s'ajoutent un certain nombre *d'organes spécialisés*, consultatifs auprès du préfet de région, ou gestionnaires et le plus souvent dotés de la personnalité morale et relevant toutes de la région.

Au titre des *exceptions dérogatoires* au droit commun des régions, il faut remarquer que certaines règles spécifiques concernent les organes de la collectivité décentralisée. Le nombre des membres du Conseil économique et social est toujours limité à 110, celui du Conseil régional à 209 depuis la loi du 31 décembre 1991, ce qui correspond dans les deux cas à une réduction voulue des effectifs.

Par ailleurs, l'article 22 de la loi du 6 mai 1976 modifiée dispose que les fonctions de président du Conseil régional sont incompatibles avec celles de maire de Paris. Par contre, l'article 40 de la loi d'orientation du 6 février 1992 autorise le cumul des fonctions de président du Conseil régional d'Ile-de-France et de membre du gouvernement, règle appliquée de 1993 à 1995 à M. Michel Giraud dans le gouvernement de M. Balladur.

Mais les règles dérogatoires actuelles intéressent les attributions et les ressources de la région Ile-de-France.

La plupart des compétences du Conseil régional d'Ile-de-France sont analogues à celles des autres régions. Il en est ainsi en matière économique, sociale et culturelle. Par contre, certaines compétences d'attribution lui confèrent une vocation spécialisée.

Tout d'abord en matière d'*équipements collectifs*, l'article 4 de la loi du 6 mai 1976 modifié par l'article 28-1 de la loi du 6 janvier 1986 lui reconnaît un *droit de préemption*, la région pouvant procéder à des *acquisitions immobilières* en vue de leur rétrocession à des collectivités locales, groupements ou organismes désignés par ces collectivités. De telles opérations doivent servir à la réalisation d'équipements collectifs «présentant un intérêt régional direct».

De plus, la région Ile-de-France est compétente pour définir la politique en matière *d'espaces verts, de forêts et de promenades* (*ibid.*, art. 5). Cette politique est mise en œuvre par l'Agence des espaces verts de la région Ile-de-France créé par la loi du 6 janvier 1986. La région peut participer aux dépenses d'acquisition, d'équipement et d'entretien de ces espaces.

Enfin, la région est également compétente pour définir la politique régionale de *circulation et de transport des voyageurs* et pour assurer sa mise en œuvre (*ibid.*, art. 6). L'avis des Conseils généraux est requis par la loi.

Parallèlement, cette région bénéficie de *ressources spéciales* héritées du district et notamment :

1° La *taxe complémentaire de 1 % à la taxe locale d'équipement* due sur les opérations de construction, reconstruction et agrandissement des bâtiments de toute nature. Son produit est affecté au financement d'équipements collectifs liés aux programmes de construction de logements (art. 1635 *bis* C du Code général des impôts, dispositions transférées à l'art. 1599 *octies* du même Code).

2° La *redevance pour construction de bureaux* ou de locaux de recherche en Ile-de-France. Le produit de cette redevance prévue par l'article L. 520-4 du Code de l'urbanisme est attribué au budget d'équipement de la région en vue du financement d'infrastructures routières et d'équipements nécessaires au desserrement d'activités industrielles ou tertiaires.

3° La *taxe spéciale d'équipement* additionnelle aux impôts directs locaux, recouvrée dans les communes du ressort et destinée à financer des travaux figurant aux programmes d'équipement de la région Ile-de-France (CGI art. 1607, dispositions transférées à l'article 1599 *quinquies* du même Code).

Par ailleurs, un dispositif financier particulier mis en place par la loi du 13 mai 1991[12] prévoit un *fonds de solidarité* des communes de la région Ile-de-France (FSCRIF). Ce fonds est alimenté par un prélèvement sur les ressources fiscales des communes qui ont un potentiel fiscal par habitant supérieur d'au moins 40 % par rapport au potentiel fiscal moyen par habitant des communes de la région. La loi du 26 mars 1996[13] fixe de nouvelles bases de prélèvement et d'attribution combinées aux règles précédentes.

Le *taux de prélèvement* progressif est de 8 % si le potentiel fiscal par habitant d'une commune est compris entre 1,4 et 2 fois le potentiel fiscal moyen de référence. Il est de 9 % si le potentiel fiscal par habitant est compris entre 2 et 3 fois le potentiel fiscal moyen. Enfin, il est de 10 % si le potentiel fiscal par habitant est supérieur à 3 fois le potentiel fiscal moyen.

Le prélèvement opéré sur les communes est toutefois *plafonné à 5 % des dépenses de fonctionnement* constatées dans leur compte administratif afférent au pénultième exercice.

Deux correctifs interviennent : les communes éligibles à la dotation de solidarité urbaine ou au fonds au titre de la même année sont exonérées de contribution au fonds.

Par ailleurs, les communes dont le potentiel fiscal est compris entre 1,4 et 1,5 fois le potentiel fiscal moyen et qui contribuent au fonds pour la première fois font l'objet d'un abattement de 50 %.

La *répartition du fonds*, soumise à un Comité d'élus de la région tient compte de l'insuffisance fiscale des communes bénéficiaires au regard des charges particulièrement élevées qu'elles supportent.

En conséquence, les communes éligibles, de 10 000 habitants et plus, ou dont la population est comprise entre 5 000 et 9 999 habitants sont classées en fonction de la valeur décroissante de leur *indice synthétique de ressources et de charges*. L'indice est lui-même constitué de quatre rapports pondérés et significatifs.

– Pour 55 % du rapport entre le potentiel fiscal par habitant des communes de même importance démographique et le potentiel fiscal par habitant de la commune.
– Pour 15 % du rapport entre la proportion de logements sociaux dans le total des logements de la commune et la même proportion pour les communes de même importance démographique.

---

12. *Cf.* Loi n° 91-429 du 13 mai 1991, *JO* du14 mai 1991, p. 6329 à 6333.
13. *Cf.* Loi n° 96-241 du 26 mars 1996, *JO* du 27 mars 1996, p. 4463 à 4666.

> – Pour 20 % du rapport du total des bénéficiaires d'aides au logement dans le nombre total des logements de la commune et cette même proportion constatée dans l'ensemble des communes de même niveau démographique.
>
> – Pour 10 % enfin du rapport entre le revenu moyen imposable connu par habitant des communes de même niveau démographique et le revenu par habitant de la commune considérée.

L'enveloppe à répartir entre les communes de 5 000 à 9 999 habitants éligibles au fonds est égale au produit de leur population par le montant moyen par habitant revenant à l'ensemble des communes exigibles.

Précisons que l'attribution revenant à chaque commune éligible est égale au produit de sa population par la valeur de l'indice qui lui est attribué et par celle de son effort fiscal, dans la limite de 1,3.

Dans l'ensemble, ce système institue une *solidarité* entre les communes les plus riches et les communes les plus pauvres, et en 1994, 530 millions de francs étaient prélevés sur 53 communes au bénéfice de 99 attributaires.

La loi du 26 mars 1996 offre une *garantie* non renouvelable aux communes qui cessent d'être éligibles. Elles perçoivent à compter de 1997 une attribution égale à la moitié de celle qu'elles avaient perçue l'année précédente.

Par ailleurs, la loi prévoit que chaque commune bénéficiaire d'une attribution du fonds au titre de 1995 perçoit 90 % du montant correspondant en 1996, 60 % en 1997 et 30 % en 1998. Il y a là une perspective évolutive optimiste des rattrapages entre communes « pauvres » et communes « riches ».

Enfin, les différents transferts de ressources opérés en 1983, qui élargissent les recettes fiscales et non fiscales des régions, touchent également l'Ile-de-France qui s'aligne donc de plus en plus sur le régime général y compris au plan financier.

Ainsi, la réforme de 1982 débouche-t-elle sur un double alignement régional sur le droit commun. Alignement complet pour les régions de province à partir de mars 1986, un alignement incomplet mais large pour l'Ile-de-France qui conserve quelques spécificités juridiques.

Les seuls régimes régionaux totalement dérogatoires concernent désormais la Corse et les régions d'outre-mer.

Section 2
La Corse

Depuis 1768, date de sa cession à la France par la République de Gênes, la Corse n'a cessé de poser des problèmes spécifiques de gestion liés à son insularité et à son histoire.

Sa profonde originalité s'est inscrite dans les institutions et le particularisme de son statut administratif traduit les efforts d'adaptation à une situation tourmentée par les difficultés économiques et surtout politiques.

§ 1. LE PARTICULARISME DU STATUT

Jusqu'en 1982, l'organisation administrative de la Corse passe par une départementalisation fluctuante avant qu'une régionalisation tardive ne vienne compléter ses structures.

A. Les premières solutions

a) *Départementalisation et régionalisation*

La division en deux départements discutée et écartée en 1790 a été adoptée en 1793 avec la création des deux départements du Liamone et du Golo. Cette solution abandonnée en 1811 au profit d'une organisation monodépartementale, ne sera reprise que par la loi du 15 mai 1975 qui met en place les deux départements de Haute-Corse (chef-lieu Bastia) et de Corse-du-Sud (chef-lieu Ajaccio) par division de l'ancien département unique de la Corse.

Par ailleurs et comme en métropole, la régionalisation de la Corse s'est opérée dans un premier temps dans le cadre de la déconcentration, la Corse étant rattachée à la région Provence-Côte d'Azur.

C'est seulement dans le cadre de la décentralisation régionale que le projet référendaire du 2 avril 1969 prévoit l'unité régionale de la Corse érigée en collectivité de plein exercice. Malgré le score positif de 54 % de votes favorables obtenu en Corse, l'échec du référendum sur le plan national (52 % de votes défavorables) allait avoir pour effet général de retarder la décentralisation régionale, et pour effet particulier que l'unité régionale de la Corse ne soit d'abord reconnue que dans le cadre de la déconcentration en tant que circonscription régionale de l'État par décret du 9 janvier 1970.

Ce n'est que la loi Frey du 5 juillet 1972 instituant en France la première forme de décentralisation régionale, qui décentralise la région de Corse encore monodépartementale, en la dotant du même moule juridique que les autres régions, celui de l'établissement public régional.

La Corse bénéficie en outre d'*aides financières exceptionnelles* de la part de l'État et de multiples *dérogations*, accordées cependant dans le cadre du droit commun, qu'il s'agisse de la loi du 5 juillet 1972 portant création des régions ou de la loi du 15 mai 1975 qui crée un département supplémentaire par division de l'ancien département unique de la Corse.

b) *Les problèmes spécifiques et la réforme de 1982*

Au cours du septennat de M. Giscard d'Estaing, les problèmes permanents se sont compliqués des revendications des mouvements autonomistes, qui réclament un statut spécial pour la Corse, voire, pour les plus extrémistes, son indépendance. Dans ces conditions, pour tenter de désamorcer la violence utilisée à l'appui des arguments, les gouvernements successifs ont d'abord multiplié les aides financières et les attributions dérogatoires d'emplois publics aux Corses, sans parvenir pour autant à rétablir l'ordre public et à assurer la sécurité des personnes et des biens.

Après le changement politique de majorité en 1981, le gouvernement et le Parlement veulent apaiser la situation, en accentuant l'autonomie de la région de Corse par l'attribution d'un **statut original** spécialement adapté aux **spécificités géographiques, historiques et culturelles de la Corse**. Ce statut résulte principalement de la loi n° 82-214 du 2 mars 1982[14] complétée par le décret du 11 juin 1982[15] et par la loi du 30 juillet 1982[16], relative aux compétences de la nouvelle région de Corse, loi elle-même complétée à son tour par les lois relatives aux transferts de compétences en 1983[17] et aux rapports entre l'État et les collectivités territoriales[18].

Le Conseil constitutionnel devait déclarer la deuxième loi du 2 mars 1982 conforme à la Constitution, le nouveau statut de la Corse ne portant aucune atteinte à l'indivisibilité de la République ni à l'égalité des citoyens devant la loi. De plus, il rappelle dans sa décision du 25 février 1982 que la Constitution n'interdit pas la création d'une catégorie de collectivités territoriales réduite à l'unité et qu'il existe des précédents de droit positif[19].

B. Le statut dérogatoire de 1982

Le régime de la Corse, comprenant d'importantes mesures d'amnistie, fait de la Corse une collectivité territoriale qui se caractérise par son organisation et ses compétences, l'ensemble étant largement dérogatoire au droit commun.

a) *Organisation*

Tout d'abord, la Corse est administrée par une assemblée délibérante, qui prend volontairement le nom solennel d'Assemblée de Corse pour la démarquer des Conseils régionaux de droit commun. Elle est assistée de deux conseils consultatifs, ce qui constitue là encore une importante dérogation au droit commun.

L'Assemblée de Corse est composée de 61 élus pour six ans au **suffrage universel direct** à la représentation proportionnelle à la plus forte moyenne avec liste bloquée, la Corse tout entière étant considérée comme une circonscription électorale unique. La proportionnalité presque intégrale n'est corrigée que par un seuil de représentativité minimale égal au nombre total de suffrages exprimés divisé par le nombre total de sièges à pourvoir. Lors des élections du 8 août 1982 il suffisait qu'une liste obtienne 2 231 voix, soit 1,68 % des suffrages exprimés pour disposer d'un élu, ce qui a permis à quatorze listes sur les dix-huit en compétition d'être représentées. De plus, les vacances de sièges sont pourvues sans élections partielles par les suivants de liste qui n'ont pas été déclarés élus à l'issue du scrutin (art. 24 de la loi n° 82-214).

---

14. Loi n° 82-214 du 2 mars 1982, *JO* du 3 mars 1982, p. 749.

15. Décret n° 82-498, *JO* du 13 juin 1982, p. 1274.

16. Loi n° 82-659 du 30 juillet 1982, *JO* du 31 juillet 1982, p. 2459.

17. Loi n° 83-8 du 7 janvier 1983, *JO* du 9 janvier 1983, p. 215 et loi n° 83-663 du 22 juillet 1983, *JO* du 23 juillet 1983, p. 2286.

18. Loi n° 85-97 du 25 janvier 1985, *JO* du 26 janvier 1985, p. 1088.

19. Décision du Conseil constitutionnel en date du 25 février 1982, *JO* du 27 février 1982. Voir aussi le commentaire de J. Boulouis et l'*AJDA*, 1982, p. 303.

Pour éviter toute irrégularité, la loi crée une **commission de propagande** (art. 18) et une commission spéciale chargée du contrôle des opérations de vote et de recensement (art. 23). Les élections peuvent être contestées par les représentants de l'État dans les départements de même que par tout électeur ou par tout candidat. La contestation est portée devant le Conseil d'État statuant au contentieux dans les dix jours suivant la proclamation des résultats.

Enfin, pour que les élections régionales puissent avoir lieu le même jour sur l'ensemble du territoire national, l'art. 47 dispose à titre transitoire que la première assemblée, élue le 8 août 1982, est prorogée jusqu'au premier renouvellement des Conseils régionaux qui suivra leur élection au suffrage universel.

Mais cette première assemblée n'a pas fonctionné longtemps. Il est prévu par la loi que l'assemblée peut être **dissoute par décret en Conseil des ministres** lorsque son fonctionnement normal se révèle impossible (art. 34 de la loi n° 82-214). Dans ce cas, comme dans tout autre cas de vacance de l'assemblée (démission collective de tous ses membres ou annulation des élections), son président est chargé de l'exécution des affaires courantes en attendant une réélection qui doit avoir lieu dans les deux mois.

Faute de pouvoir disposer d'une majorité suffisamment cohérente, handicapée par un mode de scrutin ouvert à toutes les minorités, la première assemblée est dissoute le 29 juin 1984 par décret motivé du président de la République.

De *nouvelles élections* ont eu lieu le 12 août suivant non sans modification préalable du régime électoral par la loi du 25 juin 1984[20]. Désormais, un seuil de représentativité de 5 % des suffrages exprimés est exigé des listes admises à la répartition des sièges. Ce correctif a permis de réduire à 10 (au lieu de 18 en 1982) le nombre des listes en compétition. Cette deuxième assemblée a donc été renouvelée en mars 1986. Par la suite, l'article 7 de la loi du 10 juillet 1985[21] relative à l'élection des Conseillers régionaux alignera le régime électoral de la Corse sur le droit commun en consacrant l'abandon de la circonscription électorale unique au profit d'un scrutin organisé dans le cadre départemental : 33 sièges pour la Haute-Corse et 28 sièges pour la Corse-du-Sud.

Il faut remarquer que l'Assemblée de Corse fonctionne comme les Conseils généraux avec une condition de **quorum**. Normalement, les décisions sont prises à la **majorité absolue** des membres en exercice sauf pour l'élection du bureau, qui nécessite la majorité des **deux tiers**.

Cette assemblée est assistée de façon originale par **deux Conseils consultatifs**[22] : le Conseil économique et social, très proche des comités économiques et sociaux des autres régions et le Conseil de la culture, de l'éducation et du cadre de vie.

Le Conseil économique et social est composé de trente-deux membres[23] représentant les diverses activités économiques et sociales de l'île. Il est obligatoirement saisi pour avis lors de la préparation du plan régional de la Corse et lors de l'élaboration du Plan national pour les questions concernant la Corse. Plus largement, il est consulté sur toute étude régionale d'aménagement et d'urbanisme ainsi que sur les orientations générales du projet de budget de la région (art. 39 de la loi n° 82-214).

Le deuxième Conseil consultatif, le **Conseil de la culture, de l'éducation et du cadre de vie** n'a par contre aucun équivalent dans les autres régions. Il comprend

---

20. Loi n° 84-490 du 25 juin 1984 relative à l'élection de l'Assemblée de Corse, *JO* du 26 juin 1984, p. 1971.

21. Loi n° 85-692 du 10 juillet 1985, *JO* du 11 juillet 1985, p. 7805.

22. Voir P. FERRARI, « Le nouveau statut de la Corse », *AJDA*, 1982, p. 344 à 348.

23. Composition fixée à trente membres par décret du 21 janvier 1983 et modifiée par décret du 12 mai 1989.

vingt-six membres, dont deux sont désignés par le Premier ministre. Les vingt-quatre autres membres sont répartis en trois groupes représentant la vie culturelle, la vie éducative et, enfin, l'environnement et le cadre de vie.

Ce Conseil est obligatoirement et préalablement **consulté** lors de la préparation du plan de développement et d'équipement de la Corse. Il est saisi pour avis de toute étude d'aménagement et d'urbanisme, ainsi que des orientations générales en matière culturelle et éducative, notamment pour la sauvegarde et la diffusion de la langue et de la culture corses. Il donne également son avis sur les résultats de leur mise en œuvre (art. 40 de la loi n° 82-214).

Les deux Conseils consultatifs peuvent en outre tenir des réunions conjointes pour émettre des avis sur des questions d'intérêt commun ; soit qu'ils en aient convenu ensemble, soit sur la demande du président de l'Assemblée.

À côté de l'assemblée délibérante et des Conseils consultatifs, l'exécutif de la région de Corse est assuré par le *président de l'Assemblée*. Contrairement à la durée du mandat de l'Assemblée qui est de six ans, le président est **élu au scrutin majoritaire pour trois ans**. La majorité absolue des membres de l'assemblée est nécessaire pour être élu au premier tour ou au second, la majorité relative suffit au-delà du deuxième tour. Le mandat du président est renouvelable.

Les membres du **bureau** sont ensuite élus à leur tour également *pour trois ans au scrutin majoritaire à deux tours*, sur des listes bloquées qui doivent pourvoir à l'élection de tous les sièges. Le bureau comprend entre quatre et dix vice-présidents dont les fonctions sont incompatibles avec celles de membres de bureaux d'un des deux Conseils généraux de l'île (art. 32 de la loi n° 82-214). Les fonctions de membre du bureau sont de même incompatibles avec celles de président ou de directeur d'une agence ou d'une institution spécialisée dépendant de l'île. Cette incompatibilité est maintenue par l'article 37 de la loi du 6 janvier 1986. Par contre, les mandats des membres du bureau de l'Assemblée sont renouvelables.

Les **compétences** du président de l'Assemblée sont analogues à celles de tout président de Conseil régional. Il prépare et exécute les décisions de l'Assemblée. Il gère le patrimoine de la Région de Corse et dirige ses services publics. Il est l'ordonnateur des dépenses et prescrit l'exécution des recettes (art. 35 et 36 de la loi n° 82-214). Il peut aussi sous sa responsabilité accorder des délégations de pouvoirs et de signature aux vice-présidents et, en cas d'empêchement de ceux-ci, à d'autres membres de l'Assemblée.

L'article 37 § 1 de la loi n° 82-214 prévoit que huit jours au moins avant la réunion de l'Assemblée, le président adresse à ses membres un rapport sur chacune des affaires qui doivent leur être soumises. Les projets qui doivent être soumis pour avis aux Conseils consultatifs doivent leur être adressés simultanément.

L'article 37 § 2 prévoit d'autre part un **rapport annuel** et spécial du président sur la situation de la Région de Corse, sur l'activité et le financement de ses services et des organismes qui en dépendent. Il s'agit d'une sorte de bilan annuel de la Corse qui précise également l'état d'exécution des délibérations de l'Assemblée et la situation financière de la région. Il est soumis pour avis aux deux Conseils consultatifs et donne lieu à un débat.

Mais c'est au niveau des compétences que s'apprécie le mieux la spécificité de la Région de Corse par rapport aux autres régions.

b) *Les compétences*

Elles résultent principalement à la fois de la loi n° 82-214 du 2 mars 1982 dont l'article 27 précise que l'Assemblée règle par ses délibérations les affaires de la Région de Corse, et de la loi du 30 juillet 1982 complétée ultérieurement, qui développe les spécificités corses.

Aux compétences délibératives de droit commun s'ajoutent des compétences exceptionnelles propres au statut de la Corse. Tout d'abord, la loi ajoute une compétence consultative spéciale qui confère à l'Assemblée un *pouvoir original de proposition ou d'avis* (art. 27 de la loi n° 82-214).

L'Assemblée peut en effet de sa propre initiative ou saisie par le Premier ministre adresser au gouvernement des **propositions de modification ou d'adaptation des dispositions législatives ou réglementaires en vigueur, ou en cours d'élaboration**, concernant les compétences, l'organisation et le fonctionnement de l'ensemble des collectivités territoriales de la Corse. L'Assemblée peut donc influencer par là le droit applicable non seulement à la région, mais aussi aux départements et aux communes pour lesquels la décentralisation est semblable en Corse à ce qu'elle est sur le continent, mais qui peuvent de ce fait être davantage individualisés.

L'Assemblée peut plus largement adresser au Premier ministre toutes **propositions relatives aux conditions de développement économique, social et culturel de la Corse**. Cette compétence consultative spéciale s'exerce aussi à l'égard des services de l'État en Corse pour lesquels l'Assemblée peut faire toutes remarques ou suggestions qui lui paraissent utiles. La loi précise que le Premier ministre est tenu d'accuser réception de ces propositions dans les quinze jours et de fixer le délai dans lequel il apportera une réponse au fond. Ainsi déconcentration et décentralisation ne sont pas séparées, mais conçues de façon positive comme deux modes complémentaires de gestion au service de la Corse.

Cette compétence a été sévèrement critiquée par l'opposition qui a pu y voir une amorce de pouvoir législatif ou réglementaire reconnu à l'Assemblée. Il est incontestable en tous cas qu'elle vise à instaurer des relations confiantes entre la Corse et l'État, dont le représentant est tenu de son côté de présenter un apport annuel sur l'activité de ses services à l'Assemblée de Corse.

Par ailleurs, la Corse dispose de compétences étendues en matière culturelle et en matière économique et sociale.

En matière culturelle, la région arrête sur proposition du préfet de région et après consultation des départements et des communes intéressées ainsi que des deux Conseils consultatifs, la carte scolaire des collèges, lycées, établissements d'éducation spéciale, d'information et d'orientation (art. 2 de la loi du 30 juillet 1982). C'est elle qui finance, construit, équipe et entretient ces établissements (art. 3). C'est encore elle qui répartit sur proposition de l'autorité compétente les emplois attribués à ces mêmes établissements dans la limite du nombre fixé par l'État. En matière d'enseignement supérieur, sur proposition de l'université de Corse, elle établit des priorités en matière de formation supérieure et d'activité de recherches, mais la carte en est arrêtée par l'État.

De plus, pour affirmer encore davantage *l'identité culturelle de la Corse*, l'Assemblée intervient en matière de communication, de culture et d'environnement pour donner son accord aux cahiers des charges applicables aux programmes de radiodiffusion et de télévision propres à la Corse. Ce pouvoir d'orientation et de contrôle disparaîtra après 1986.

La région définit en outre une véritable politique culturelle et de protection de l'environnement et reçoit une dotation globale pour chacun de ces deux derniers programmes d'action (art. 6 et art. 7).

En matière de développement économique et social et dans de nombreux cas, l'Assemblée de Corse dispose de **compétences délibératives** alors que les autres régions sont seulement consultées. C'est ainsi que l'Assemblée élabore un *schéma d'aménagement* de la Corse, qui fixe les orientations fondamentales en matière de protection, de mise en valeur, et de développement de son territoire. Ce schéma est approuvé par décret en Conseil d'État et préparé par un établissement public régional d'urbanisme pour être soumis à l'avis du Conseil économique et social.

De la même façon, l'Assemblée établit un **schéma régional des transports intérieurs**. La région est substituée à l'État dans ses droits et obligations concernant l'exploitation des transports ferroviaires. En ce qui concerne le problème très important pour la Corse des liaisons avec le continent, l'État et la Région définissent dans une convention révisée tous les cinq ans les modalités d'organisation des transports maritimes et aériens entre l'Ile et le continent. La convention arrête les critères de la dotation de l'État, appelée «**dotation de continuité territoriale**», qui doit être fixée chaque année par la loi de finances. Cette dotation est versée à un **Office des transports**, qui assure la réalisation du programme conventionnel en signant des contrats avec les compagnies concessionnaires (art. 19 et 20).

C'est encore un office, cette fois de **développement agricole et rural de Corse**, qui est créé par la loi (art. 14) pour coordonner les actions de développement de l'agriculture. Cet établissement est placé sous la tutelle de l'Assemblée. En liaison avec lui, un **office spécial d'équipement hydraulique** complète le dispositif de mise en valeur des terres.

C'est encore la région de Corse qui définit ses **priorités en matière d'habitat**. Elle peut attribuer des subventions, des prêts, des bonifications d'intérêt et des garanties d'emprunt.

En matière d'emploi, la région peut intervenir en liaison avec l'État dans le cadre d'une commission mixte qui prépare le programme des interventions de l'Agence nationale pour l'emploi, de l'Association pour la formation professionnelle des adultes et des services extérieurs du ministère du Travail dans les deux départements corses.

Enfin, la Région contrôle une véritable politique de l'**énergie** propre à la Corse. Elle peut en effet élaborer et mettre en œuvre son propre programme de prospection, d'exploitation et de valorisation des ressources énergétiques de l'île.

Ces compétences sont assorties de *moyens importants*.

En premier lieu, pour donner une impulsion au *développement économique de l'île*, un **comité de coordination** est créé auprès du Premier ministre pour animer et coordonner les actions des sociétés nationalisées en Corse en vue de réaliser les projets industriels d'intérêt national. L'Assemblée de Corse délègue des représentants à ce comité.

Ensuite, *sur le plan financier*, la région de Corse bénéficie des mêmes ressources que celles des régions continentales et conserve le régime fiscal antérieur à la réforme. Les transferts et les mises à disposition des biens et des services sont de droit commun.

Quant aux offices créés par la loi, ils sont financés par des dotations globales spéciales ou par des subventions allouées par l'État.

L'ensemble des dotations budgétaires affectées à la Corse figure dans une annexe à la loi de finances.

Par ce statut particulier, la décentralisation des responsabilités opérée en 1982 en faveur de la Corse était plus étendue que pour toute autre région française. Cette avancée devait être en partie effacée dès 1986 par l'élection des conseillers régionaux au suffrage universel et par le plein exercice des compétences régionales. De plus, l'extension à la Corse du cadre des élections régionales s'est révélée inadaptée à la situation de l'île. Plus gravement, l'instabilité chronique de l'Assemblée de Corse et une insuffisance de moyens techniques et financiers ont empêché la mise en œuvre d'une politique de développement économique et social capable de répondre aux besoins. Les handicaps de l'insularité se sont donc maintenus, et une solution d'ensemble devait être recherchée dans l'adoption d'un nouveau statut, plus audacieux que le précédent. Il ne s'agit plus de mettre en place un régime dérogatoire du droit commun des régions, mais de créer une collectivité territoriale « sui generis ». Cette mutation institutionnelle ambitieuse est réalisée par la loi du 13 mai 1991[24].

§ 2. LA COLLECTIVITÉ TERRITORIALE DE CORSE

Tirant les leçons de la décision très pédagogique du Conseil constitutionnel en date du 25 février 1982 qui considère que l'article 72 de la Constitution permet au législateur de créer soit une catégorie nouvelle de collectivités multiples (comme les régions par la loi du 2 mars 1982), soit une catégorie de collectivités réduite à l'unité (comme Paris, Mayotte et plus récemment Saint-Pierre-et-Miquelon par la loi du 11 juin 1985), le législateur de 1991 choisit cette deuxième possibilité. La Corse constitue désormais une collectivité territoriale dont le statut particulier permet d'intégrer aussi largement que possible le particularisme corse.

Le Conseil constitutionnel dans sa décision du 9 mai 1991[25] devait toutefois censurer un certain nombre de dispositions du texte qui lui était soumis, notamment l'article 1 de caractère déclaratif consacrant la notion de « peuple corse composante du peuple français ».

L'organisation et les compétences du nouveau statut traduisent le particularisme institutionnel de la Corse.

A. Organisation

La nouvelle organisation administrative de la Corse est dominée par le souci de mettre en place des institutions plus efficaces[26], tendant à permettre l'émergence d'une majorité stable et à renforcer l'exécutif de la collectivité territoriale. L'article 2 alinéa 2 synthétise cette organisation en une formule précise : « Les organes de la

---

24. *Cf.* Loi n° 91-428 du 13 mai 1991 portant statut de la collectivité territoriale de Corse, *JO* du 14 mai 1991, p. 6318 à 6329.

25. *Cf. RDP* 1991-943, note Luchaire, *RFDC* 1991, n° 6, p. 305 et suiv., note Favoreu. Décision n° 91-290 DC du 9 mai 1991.

26. Voir sur ce point le rapport de la commission des lois de l'Assemblée nationale présenté par M. José Rossi, document n° 1706, annexe au procès-verbal de la séance du 15 novembre 1990, p. 16 et suiv.

collectivité territoriale de Corse comprennent l'Assemblée de Corse et son président, le Conseil exécutif de Corse et son président, assistés du Conseil économique, social et culturel de Corse. »

Examinons ces différents organes.

a) *L'Assemblée de Corse et son président*

La volonté d'alléger les structures institutionnelles se traduit par la réduction de l'effectif de l'Assemblée de Corse qui ne compte désormais que 51 membres au lieu de 61 comme précédemment. Ils sont élus pour six ans et rééligibles dans le cadre d'une circonscription électorale à nouveau unique, les élections devant avoir lieu en même temps que les élections régionales.

La loi reprend le mode de scrutin de liste proportionnel à la plus forte moyenne et maintient le seuil de représentativité à 5 % des suffrages exprimés, mais instaure un correctif majoritaire consistant à accorder une « *prime* » à la liste arrivée en tête.

Au premier tour, la liste qui obtient la *majorité absolue* reçoit trois sièges, les autres sièges étant répartis entre toutes les listes en présence ayant obtenu 5 % des suffrages selon les règles de la représentation proportionnelle à la plus forte moyenne.

Si aucune liste n'a recueilli au premier tour la majorité absolue, il est procédé à un second tour où seules peuvent se présenter les listes ayant atteint le seuil de représentativité. Mais l'article L. 373 nouveau du Code électoral autorise un système d'apparentement ou de fusion de listes entre les deux tours, permettant aux listes encore en compétition d'intégrer des candidats ayant figuré au premier tour sur des listes exclues du second. L'ordre de présentation des candidats peut alors être modifié.

À l'issue du second tour, il est attribué trois sièges à la liste qui a obtenu le plus de suffrages, et en cas d'égalité entre listes arrivées en tête, à celle dont les candidats ont la moyenne d'âge la plus élevée, les 48 autres sièges étant distribués selon le même système que précédemment.

La prime accordée dans tous les cas à la liste en tête s'inspire du système retenu pour les élections municipales des communes de plus de 3 500 habitants, et vise à favoriser l'émergence d'une majorité, mais elle est limitée à trois sièges[27] pour permettre la représentation de toutes les tendances politiques.

Dans le mois qui suit son élection, l'Assemblée adopte son *règlement intérieur* à la majorité absolue de ses membres. Ce règlement fixe les modalités de fonctionnement de l'Assemblée et peut être déféré au tribunal administratif.

Lors de sa première réunion, l'Assemblée présidée par son doyen d'âge élit son *président* au scrutin secret, à la majorité absolue aux deux premiers tours, à la majorité relative au troisième. Le *quorum des deux tiers* des membres présents ou représentés doit être atteint et à défaut, une réunion se tient de plein droit trois jours plus tard sans condition de quorum (art. 20 al. 2).

------

27. Cette limitation a été très discutée tout au long des travaux préparatoires de la loi. Le projet de loi initial prévoyait une prime plus confortable de six sièges soit 10 % de l'effectif de l'Assemblée et M. José Rossi proposait lui-même huit sièges, soit 15 % de ce même effectif. *Cf.* rapport cité p. 18.

Le président est élu pour la durée du mandat de l'Assemblée qui tient deux sessions ordinaires ouvertes respectivement le 1er février et le 1er septembre, auxquelles peuvent s'ajouter des sessions extraordinaires (art. 16 al. 2), voire des réunions par décret en cas de circonstances exceptionnelles.

Aussitôt après l'élection du président et sous sa présidence, l'Assemblée doit élire son *bureau* composé du président lui-même et de dix conseillers. Si dans l'heure qui suit l'élection du président, le nombre de candidats proposé n'est pas supérieur à celui des postes à pourvoir, le consensus dégagé permet de donner effet immédiat aux nominations (art. 21 al. 3).

Au cours de la deuxième heure qui suit l'élection du président, le consensus peut être rompu, des listes de candidats déposées, auquel cas, l'attribution des sièges obéit au *scrutin de liste à la représentation proportionnelle* à la plus forte moyenne. Les deux vice-présidents sont ensuite désignés par les membres du bureau selon le même principe de consensus ou à défaut selon le scrutin majoritaire dans les mêmes conditions que pour l'élection du président. Par la suite, les membres du bureau élus pour un an seulement sont renouvelés à l'ouverture de la première session ordinaire.

Si ce bureau organise les travaux de l'Assemblée, le président n'est plus que le « conducteur » de ces travaux, il n'en est plus le maître d'œuvre. Il cesse en effet d'être l'exécutif de la Corse et voit du même coup son rôle considérablement réduit. Certes, il a seul la *police de l'Assemblée*, ce qui lui permet de faire expulser de la salle des séances tout fauteur de trouble. Il arrête les dates et l'ordre du jour des séances après consultation des membres du bureau. Enfin, il signe les procès verbaux des séances (art. 22). Mais le rôle majeur d'exécutif de la collectivité revient désormais à un organe collégial, le Conseil exécutif de Corse et à son président qui détient un rôle prépondérant au sein de ce Conseil.

b) *Le Conseil exécutif et son président*

Le souci de mettre en place un exécutif renforcé capable de diriger avec plus d'efficacité l'action de la collectivité territoriale s'est traduit par la mise en place d'un *Conseil exécutif* de sept membres (le président et six conseillers), élu au sein de l'Assemblée au scrutin de liste majoritaire dans les mêmes conditions de quorum et de majorité que pour l'élection du président de l'Assemblée. Le président de ce Conseil est « le candidat figurant en tête de la liste élue » (art. 30 al. 4).

Le législateur a voulu opérer une *dissociation organique* entre l'Assemblée délibérante et le Conseil exécutif et prévoit une *incompatibilité* absolue entre les fonctions de conseiller à l'Assemblée de Corse et celle de conseiller exécutif. En conséquence tout conseiller à l'Assemblée de Corse élu au Conseil exécutif est regardé comme démissionnaire de ses fonctions de conseiller à l'Assemblée où il est remplacé automatiquement par le candidat venant immédiatement après le dernier élu de la liste à laquelle il appartient, dans les conditions posées par l'article L. 380, lequel renvoie lui-même à l'article L. 360 du Code électoral.

Le Conseil exécutif dirige l'action de la collectivité territoriale de Corse, notamment dans les domaines du développement économique et social, de l'action éducative et culturelle et de l'aménagement de l'espace (art. 28 al. 1). C'est encore lui qui élabore, en concertation avec les collectivités locales de l'île, et met en œuvre le plan de développement de la Corse et son schéma d'aménagement (art. 28 al. 2). La loi donne au Conseil les moyens de conduire sa politique en prévoyant que des conseillers exécutifs désignés par leur président sont de droit présidents des différents offices de la Corse.

Au sein de ce Conseil exécutif, le *président* occupe une place prépondérante et dispose de *pouvoirs propres étendus* qui font de lui le nouvel «homme fort» de la Corse.

– Il prépare et exécute les délibérations de l'Assemblée et arrête en Conseil exécutif le *budget* transmis au président de l'Assemblée avant le 15 février (art. 40). En matière financière, il est l'*ordonnateur* des dépenses et prescrit les recettes (art. 33 al. 2).

– Il représente la collectivité en justice et dans tous les actes de la vie civile (art. 33 al. 1).

– Il est le chef des services de la collectivité et assure la gestion des personnels avec possibilité de déléguer sa signature aux responsables de ses services (art. 33 al. 3).

– Il gère le patrimoine de la collectivité et exerce à ce titre les pouvoirs de police afférents à cette gestion (art. 33 al. 4).

– Il délègue partie de ses compétences aux conseillers exécutifs (art. 33 dernier al.).

– Enfin, il dispose du pouvoir réglementaire pour appliquer les délibérations de l'Assemblée et pour fixer les règles d'organisation et de fonctionnement des services de la collectivité territoriale (art. 36).

Mais ce sont les pouvoirs respectifs de l'Assemblée et du Conseil exécutif autant que les rapports entre ces deux institutions qui marquent le mieux le caractère novateur du statut de 1991.

c) *L'Assemblée et le Conseil exécutif*

Les rôles respectifs de l'Assemblée et du Conseil exécutif commandent tout d'abord des règles de fonctionnement qui adaptent ou reprennent les règles du droit commun.

Le président et les conseillers exécutifs ont accès aux séances et sont entendus sur leur demande sur les questions inscrites à l'ordre du jour (art. 37).

Douze jours au moins avant la réunion de l'Assemblée, le président du Conseil exécutif transmet au président de l'Assemblée un rapport sur chacune des affaires qui doivent être examinées ainsi que, le cas échéant, les projets de délibérations correspondants (art. 39 al. 1). Les projets sur lesquels le Conseil économique, social et culturel de la Corse est obligatoirement consulté sont adressés au président de l'Assemblée par celui du Conseil exécutif avec l'avis de ce Conseil (art. 39 al. 3).

Ces mesures qui assurent une large information de l'Assemblée sont complétées par le *rapport annuel* obligatoire par lequel le président du Conseil exécutif rend compte à l'Assemblée de la situation de la Corse. Ce rapport soumis pour avis au Conseil économique, social et culturel de la Corse donne lieu à un débat. Il convient de remarquer qu'il s'agit là d'une simple reprise de l'article 37 II de la loi du 2 mars 1982 et qu'une disposition analogue est prévue pour les régions de droit commun.

Concernant les *pouvoirs respectifs* des deux institutions, une autre reprise du statut de 1982 vise le *dialogue instauré avec le Premier ministre*, mais revu et corrigé par la loi non seulement au profit de l'Assemblée qui se voit conférer un nouveau droit, mais aussi au profit du président du Conseil exécutif.

Au profit de l'Assemblée, la loi innove en prévoyant sa *consultation obligatoire* sur les projets de loi ou de décret comportant des dispositions spécifiques à la Corse (art. 26 al. 1). L'Assemblée dispose d'un délai d'un mois pour rendre son avis, réduit à quinze jours en cas d'urgence sur demande du Premier ministre. Le délai expiré, l'avis est réputé avoir été donné (art. 26 al. 2).

Cette *concertation* organisée par la loi et pouvant être modifiée par elle a toutefois une portée juridique moindre que celle prévue à l'article 74 de la Constitution pour les territoires d'outre-mer. C'est ce que souligne le Conseil constitutionnel dans sa décision du 9 mai 1991 en rappelant que «la procédure législative relève de la Constitution et des lois organiques prises pour son application», et en conséquence que la consultation prévue par la loi «ne saurait avoir une quelconque incidence sur la régularité de la procédure législative». Il faut entendre par là que le défaut de consultation n'est pas sanctionné par l'inconstitutionnalité d'une loi spécifique à la Corse.

Par ailleurs, l'Assemblée dispose comme en 1982, d'un *pouvoir de proposition* tendant à modifier ou à adapter des dispositions législatives ou réglementaires en vigueur ou en cours d'élaboration intéressant la Corse. Ce pouvoir s'exerce à l'initiative de l'Assemblée ou à la demande du président du Conseil exécutif ou de celle du Premier ministre. Ces propositions sont adressées au président du Conseil exécutif qui les transmet au Premier ministre (art. 26 al. 2 et 3).

Le Conseil constitutionnel a toutefois censuré le dernier alinéa de l'article 26 du projet qui reprenait l'obligation faite en 1982 au Premier ministre d'accuser réception des propositions et de fixer un délai de réponse au fond, complétée en 1991 par l'indication d'une *date limite* fixée au début de la session ordinaire suivante de l'Assemblée de Corse. Cette mesure proposée pour renforcer un système qui avait mal fonctionné en pratique a été jugée comme créant un pouvoir d'injonction par le législateur à l'encontre du Premier ministre. Il est regrettable qu'en censurant l'ensemble du dispositif et non le seul élément nouveau intéressant la date limite, le Conseil constitutionnel ait contredit sa propre approbation implicite des autres dispositions précédemment adoptées en 1982.

Quant au *président du Conseil exécutif*, il hérite du pouvoir reconnu à l'Assemblée en 1982 de faire au Premier ministre toute suggestion ou remarque sur l'organisation et le fonctionnement des services publics de l'État dans la collectivité. La loi précise inconsidérément qu'il lui est répondu dans les conditions prévues au dernier alinéa de l'article 26, celles-là mêmes qui ont été censurées comme non conformes à la Constitution.

Mais c'est surtout dans *les rapports de type parlementaire* établis par la loi entre l'Assemblée et le Conseil exécutif que le particularisme institutionnel se trouve poussé à l'extrême. En effet, si l'Assemblée règle par ses délibérations les affaires de la collectivité territoriale de Corse selon la vocation générale propre à toute assemblée locale délibérante, elle détient un pouvoir original de *contrôle sur le pouvoir exécutif* (art. 25 al. 1).

Conçue comme la contrepartie des larges pouvoirs reconnus au Conseil exécutif, la mise en jeu de sa responsabilité organisée par l'article 38 s'inspire directement de l'article 49 alinéa 2[28] de la Constitution réglant le vote d'une motion de censure à l'encontre du gouvernement par l'Assemblée nationale.

---

28. La possibilité d'un engagement de responsabilité à l'initiative du président du Conseil exécutif sur son action ou sur son programme, conçue sur le modèle de l'article 49 alinéa 1 a été discutée lors des travaux préparatoires. *Cf.* rapport cité p. 74.

L'Assemblée de Corse peut ainsi mettre en cause la responsabilité du Conseil exécutif par le vote d'une *motion de défiance* (art. 38 al. 1). Il s'agit toutefois d'une motion de défiance constructive[29] en ce sens que le Conseil exécutif ne peut être renversé que par une majorité de substitution entrant immédiatement en fonction dès son adoption.

Outre l'exposé des motifs, la motion comporte la liste des candidats aux mandats de président et de Conseillers exécutifs appelés à exercer ces fonctions si la motion est adoptée. Celle-ci n'est soumise au vote que quarante-huit heures après son dépôt et à condition qu'elle soit signée du tiers des conseillers à l'Assemblée. Sont seuls recensés les votes favorables à la motion qui doit recueillir pour être adoptée le vote de la majorité absolue des membres comportant l'Assemblée (soit 26 voix au moins).

Plus que la logique d'un mécanisme qui relève d'un parlementarisme rationalisé limitant les risques d'instabilité politique, c'est le principe même d'un contrôle de l'exécutif par l'Assemblée qui apparaît comme la limite extrême de l'autonomie concevable dans un État unitaire[30].

d) *Le Conseil économique, social et culturel de Corse*

Le projet initial prévoyait en 1990 le maintien des deux Conseils consultatifs mis en place en 1982 pour assister l'Assemblée. Le législateur a finalement opté pour la fusion de ces deux Conseils en un seul : le Conseil économique, social et culturel de Corse qui reproduit dans son organisation interne le clivage des deux domaines d'attributions de ses prédécesseurs. Le nouveau Conseil comprend en effet *deux sections* : une section économique et sociale, et une section de la culture, de l'éducation et du cadre de vie (art. 44 al. 1). Il y a là un allégement des structures qui permet une simplification[31] de la procédure consultative en même temps qu'une meilleure efficacité.

Les conseillers exécutifs et les conseillers à l'Assemblée ne peuvent pas faire partie de ce nouveau Conseil dont l'effectif maximal ne peut dépasser celui de l'Assemblée, c'est-à-dire cinquante-et-un membres. Ce Conseil établit son règlement intérieur et élit en son sein au scrutin secret, son président et les autres membres du bureau.

Le rôle du Conseil est désormais d'assister le Conseil exécutif et l'Assemblée de Corse pour toutes les décisions importantes engageant l'avenir économique, social et culturel de la Corse. Saisi préalablement, il doit aussi donner un avis sur les résultats de leur mise en œuvre, et plus largement, sur toute question entrant dans les compétences économiques, sociales ou culturelles de la Corse, ainsi que sur l'action et les projets des établissements ou organismes publics ou des sociétés d'économie mixte qui interviennent en la matière.

L'organisation mise en place en 1991 se complète de compétences nouvelles et de moyens propres.

B. Les compétences et les moyens

Les compétences particulières de la Corse sont traitées aux titres III et IV de la loi du 13 mai 1991, les ressources financières et fiscales au titre V.

---

29. Sur ce point, la motion s'inspire aussi de l'article 67 de la loi fondamentale allemande du 23 mai 1949.
30. *Cf.* P. FERRARI, « Le statut de la collectivité territoriale de Corse », *AJDA*, 1991, p. 701 et suiv.
31. Le projet de loi obligeait les deux conseils à tenir des réunions conjointes.

a) *Les compétences particulières de la Corse*

La loi développe deux registres de compétences attribuées à la Corse en matière d'identité culturelle et de développement économique.

1. *L'identité culturelle* concerne en premier lieu *l'éducation* (chap. I du titre III). Sur proposition du représentant de l'État dans la collectivité territoriale de Corse, et après consultation des départements et communes intéressés ainsi que du Conseil économique, social et culturel, c'est l'Assemblée de Corse qui arrête *la carte scolaire* des établissements de l'enseignement secondaire. Par convention, la collectivité territoriale peut déléguer la maîtrise d'ouvrage des travaux intéressant ces établissements aux départements et aux communes qui le demandent, l'État devant assurer pour sa part les moyens financiers liés à l'activité pédagogique (art. 51).

Le pouvoir de *répartir les emplois* attribués par l'État sur proposition du recteur est transféré de l'ancienne Assemblée de Corse au nouveau président du Conseil exécutif (art. 54). Par ailleurs, il revient à l'Assemblée sur proposition du Conseil exécutif et avis du Conseil consultatif de déterminer les activités éducatives complémentaires de même que le plan de développement d'enseignement de la *langue et de la culture corses*. Les modalités d'insertion de cet enseignement dans le temps scolaire font l'objet d'une convention conclue entre la collectivité territoriale et l'État (art. 53).

Enfin, sur proposition du président du Conseil exécutif et après avis de l'université de Corse, l'Assemblée établit la carte des *formations supérieures et des activités de recherche* universitaire. Cette carte devient définitive lorsqu'elle a fait l'objet d'une convention entre la collectivité territoriale, l'État et l'université de Corse[32].

Parallèlement, il revient à la collectivité territoriale de Corse de mettre en œuvre les *actions d'apprentissage et de formation continue* dans les conditions de droit commun prévues pour les régions (art. 76 al. 1). Il en est de même pour les *stages* créés en exécution de programmes établis au titre des orientations prioritaires sur la base d'une convention passée avec le représentant de l'État dans la collectivité (art. 76 al. 2).

Le *programme des opérations d'équipement* de l'Association nationale pour la formation professionnelle des adultes, autres que d'intérêt national menées par l'État relève de la collectivité territoriale elle-même. Un décret du 31 décembre 1992[33] précise que ce programme est préparé par le président du Conseil exécutif après consultation de l'Association et adopté par l'Assemblée de Corse. Les crédits intéressant ce type d'opérations sont intégrés dans la dotation générale de décentralisation.

Mais l'identité culturelle concerne en second lieu *la communication, la culture et l'environnement* (chap. II du titre III).

En matière de *communication*, la collectivité territoriale, après consultation du Conseil économique, social et culturel, conclut avec les sociétés publiques du secteur audiovisuel, des conventions en vue de promouvoir la réalisation de programmes ayant pour objet le développement de la langue et de la culture corses et destinées à être diffusées en Corse (art. 55 al. 1). Le Conseil économique, social et culturel établit un *rapport annuel* sur les activités de ces sociétés. Ce rapport est adressé à l'Assemblée par le président du Conseil exécutif (art. 46 *in fine*).

---

32. Il y a là un dispositif intermédiaire entre le droit commun et un transfert intégral de compétence.
33. *Cf.* Décret n° 92-1454 du 31 décembre 1992, *JO* du 1er janvier 1993, p. 55.

Plus largement, avec l'aide de l'État, la collectivité territoriale peut favoriser les initiatives et promouvoir les actions dans le domaine de la communication en partenariat transfrontalier avec toutes personnes publiques ou privées ressortissantes de l'Union européenne et de son environnement méditerranéen (art. 55 al. 2).

Sur *le plan culturel*, la collectivité territoriale de Corse est compétente pour arrêter les actions qu'elle entend mener en matière de diffusion artistique et culturelle, de sensibilisation et d'enseignement artistiques, de même que dans le domaine des travaux de conservation des monuments historiques n'appartenant pas à l'État (art. 56 al. 2).

La loi crée un *Office de l'environnement de la Corse*, chargé d'assurer la mise en valeur, la gestion, l'animation et la promotion du patrimoine de la Corse. Présidé par un conseiller exécutif désigné par le président du Conseil exécutif, sa gestion est assurée par un directeur nommé sur proposition du président de l'office par arrêté délibéré en Conseil exécutif. L'office indépendant de l'organisme chargé de gérer le parc naturel régional, peut passer une convention avec celui-ci pour la mise en œuvre des politiques définies par la collectivité territoriale.

2. *Le développement économique* de la Corse, objet du titre IV, recouvre huit chapitres, soulignant l'intérêt du législateur pour ce volet de compétences essentiel pour l'avenir de l'île.

En matière *d'aménagement du territoire et de plan*, la loi prévoit que la collectivité territoriale de Corse élabore un plan de développement de durée égale à celle du plan de la nation sans que le principe de leur compatibilité ne soit posé. Ce plan est préparé par le Conseil exécutif et adopté par l'Assemblée au terme d'une large consultation des parties intéressées : départements, communes, Conseil économique, social et culturel, partenaires économiques et sociaux. Le plan détermine les objectifs à moyen terme ainsi que les moyens et les programmes d'exécution nécessaires à la conclusion du contrat de plan avec l'État.

Mais surtout, il fixe les orientations sur la base desquelles doit être approuvé dans le délai d'un an suivant son adoption le *schéma d'aménagement*. Cette articulation voulue entre le plan et le schéma d'aménagement pour renforcer le dispositif économique n'est cependant pas sanctionnée en cas de carence de l'Assemblée[34]. *La procédure dérogatoire* prévue à l'article 59 modifiant le Code de l'urbanisme prévoit que ce schéma est élaboré par le Conseil exécutif en association avec les départements, les communes et les chambres consulaires. Il est soumis à l'avis du nouveau *Conseil des sites* de la Corse prévu à l'article L. 144-6 du Code de l'urbanisme pour remplacer le collège régional du patrimoine et des sites, et dont la composition est fixée par le décret du 26 mars 1993[35]. Le Conseil économique, social et culturel est également consulté, et le projet assorti de ce dernier avis est mis à la disposition du public pendant deux mois. Enfin, le schéma est adopté par l'Assemblée avant d'être approuvé par décret en Conseil d'État.

Si cette procédure dérogatoire n'est pas respectée, l'article 34 *bis* alinéa 2 de la loi du 4 février 1995 d'orientation pour l'aménagement et le développement du territoire,

---

34. Plusieurs solutions proposées lors des travaux préparatoires ont été écartées, notamment la proposition de dissoudre l'Assemblée par décret si elle ne parvenait pas à adopter le schéma d'aménagement dans les délais, ou encore la substitution du gouvernement à l'Assemblée en cas de carence de celle-ci.

35. *Cf.* Décret n° 93-556 du 26 mars 1993, *JO* du 28 mars 1993, p. 5185.

prévoit l'application de la procédure de droit commun organisée pour les schémas d'aménagement et de développement du territoire. La même loi transpose l'institution de la *conférence régionale* d'aménagement et de développement dans la collectivité territoriale de Corse avec les mêmes pouvoirs consultatifs de droit commun que ceux prévus dans les régions (art. 34 ter al. 1).

Le schéma d'aménagement de la Corse vaut *schéma de mise en valeur de la mer* et s'impose avec les mêmes effets que les prescriptions d'aménagement et d'urbanisme créées par la loi du 7 janvier 1983 (art. L. 111-1-1). Il en résulte que «les schémas directeurs, les plans d'occupation des sols ou les documents d'urbanisme en tenant lieu, doivent être mis en compatibilité avec lui» (art. L. 145-5 al. 2).

Pour le développement industriel, le *comité de coordination* mis en place en 1982 est désormais composé par tiers de représentants de l'État, de représentants de l'Assemblée et de représentants des 10 sociétés nationales désignées par arrêté du 15 juillet 1993[36] : Air France, Aérospatiale, Centre national de la recherche scientifique, Électricité de France, Elf Aquitaine, France Telecom, Institut national de la recherche agronomique, Institut français de recherche pour l'exploitation de la mer (Ifremer), Société nationale d'exploitation industrielle des tabacs et allumettes (SEITA), Société nationale maritime Corse-Méditerranée. Le Comité, réuni à la demande du Premier ministre ou de l'Assemblée de Corse, a pour rôle de coordonner les actions des Sociétés nationales en Corse afin de réaliser des projets industriels d'intérêt régional.

Pour l'*agriculture*, la collectivité territoriale de Corse dispose de deux établissements publics industriels et commerciaux placés sous sa tutelle[37] et présidés l'un et l'autre par un conseiller exécutif désigné par le président du Conseil exécutif (art. 65) : l'Office du développement agricole et rural de Corse et l'Office d'équipement hydraulique de Corse (art. 66) dont la compétence ne s'étend pas toutefois aux programmes de prospection, d'exploitation et de valorisation des énergies nouvelles qui relèvent directement de la collectivité territoriale elle-même (art. 77).

En faveur du *développement touristique* de l'île, il est créé une institution spécialisée chargée de mettre en œuvre la politique d'aide à la modernisation et au développement des structures d'accueil et d'hébergement, sous la présidence d'un conseiller exécutif désigné par le président du Conseil exécutif (art. 69).

Dans le domaine du *logement*, la loi reconnaît compétence à la collectivité territoriale de Corse pour définir ses priorités en matière d'habitat après consultation des départements et au vu des propositions adressées par les communes, et pour conduire une politique de financement adaptée.

Enfin, en matière de *transports*, la loi maintient l'Office des transports, établissement public industriel et commercial placé sous tutelle de la collectivité territoriale de Corse, et présidé désormais comme les autres offices par un conseiller exécutif désigné par le président du Conseil exécutif. L'office participe à l'élaboration du *schéma des transports interdépartementaux* établi par la collectivité après consultation du Conseil économique, social et culturel des départements et des organismes consulaires (art. 71 al. 1). Ce schéma qui s'impose aux plans départementaux (art. 71 al. 2) constitue le cadre d'action de l'office des transports.

---

36. *Cf.* Arrêté du 15 juillet 1993, *JO* du 5 août 1993, p. 10984.
37. *Cf.* Loi n° 96-142 du 21 février 1996, *JO* du 24 février 1996, p. 2992.

La collectivité territoriale est substituée à l'État dans ses droits et obligations à l'égard des *transports ferroviaires* (art. 72).

Concernant les *transports maritimes et aériens*, la collectivité définit les modalités d'organisation du trafic entre l'île et toute destination de la France continentale sur la base du *principe de continuité territoriale* destiné à atténuer les contraintes de l'insularité. La collectivité concède les liaisons à des compagnies maritimes dont la flotte est immatriculée en France, et à des compagnies aériennes titulaires d'une autorisation ou d'un agrément délivré par le ministre chargé des Transports (art. 73). L'Office des transports est chargé de conclure avec les compagnies concessionnaires des conventions quinquennales qui définissent les tarifs, les conditions d'exécution et la qualité du service ainsi que leurs modalités de contrôle.

À noter que la *voirie classée en route nationale* est transférée dans le patrimoine de la collectivité territoriale qui en assure la construction, l'aménagement, l'entretien et la gestion, sous réserve de délégations consenties aux départements (art. 75).

b) *Les ressources financières et fiscales*

La loi maintient l'ensemble des ressources financières et fiscales dont disposait l'île en vertu de la loi du 5 juillet 1972 et en tant que région de Corse en vertu de la loi du 30 juillet 1982 (art. 78 I).

Mais elle pose en outre le principe d'une *compensation financière intégrale des charges* résultant des nouveaux transferts de compétence de l'État au profit de la collectivité territoriale. Le montant des dépenses transférées est constaté par arrêté conjoint du ministre chargé de l'Intérieur et du ministre chargé du Budget, après avis d'une *commission consultative* instituée par la loi, présidée par le président de la chambre régionale des comptes et comprenant paritairement six représentants de la collectivité territoriale et six représentants de l'État (art. 78 II). Un décret du 31 décembre 1992 fixe l'organisation et les règles de fonctionnement de cette commission.

La compensation est obtenue par le transfert d'impôts d'État et par l'attribution de dotations budgétaires[38], ressources libres d'affectation et évoluant comme la dotation globale de fonctionnement. Il s'y ajoute des concours individualisés telle *la dotation de continuité territoriale*[39] prévue à l'article 78 V.

La loi crée également de nouvelles ressources comme la *taxe due par les entreprises de transport public aérien et maritime* (art. 60 I). Cette taxe est ajoutée au prix demandé aux passagers et «assise sur le nombre de passagers embarquant ou débarquant en Corse». Les tarifs peuvent être modulés selon le type de transport et la distance parcourue, mais ils sont fixés par l'Assemblée dans la limite de 30 F par passager. Le produit de cette taxe[40] alimente un *Fonds d'intervention pour l'aménagement de la Corse*, individualisé au sein du budget de la collectivité et géré par un comité comprenant de droit le représentant de l'État en Corse et les parlementaires élus dans les départements de Corse, sous la présidence du président du Conseil exécutif.

---

38. Ces deux formules sont les plus favorables en matière de décentralisation.

39. Cette dotation représentait 771 millions de francs en 1990.

40. Le produit annuel de cette taxe est estimé à 20 millions de francs (sur la base de 1 % du coût du passage) par la commission des lois de l'Assemblée nationale.

La loi prévoit encore que le produit des droits de consommation sur les alcools perçus en Corse est transféré à la collectivité qui peut en fixer les tarifs (art. 80). Quant au *régime fiscal dérogatoire et privilégié* applicable en Corse, il est actuellement fixé par la loi du 27 décembre 1994[41].

Le principe d'un régime spécifique a pour fondement historique deux mesures prises sous le Consulat et l'Empire. D'une part, les *arrêtés MIOT du 21 prairial an IV* qui prévoyaient la réduction de moitié des droits de mutation entre vifs et substituaient pour l'assiette des droits de succession sur les immeubles un mécanisme forfaitaire d'évaluation fondé sur la valeur locative. D'autre part, le *décret impérial du 25 avril 1811* qui supprimait la perception des droits de douane sur les denrées corses entrant en France continentale.

Si le régime fiscal de la Corse a évolué en même temps que le régime de droit commun, le principe de sa spécificité en matière d'impôts indirects s'est maintenu et se traduit à la fois par des dispositions avantageuses en matière de droits indirects, d'enregistrement ou de TVA, mais également par l'affectation de certains droits aux collectivités territoriales. Assujettis et collectivités bénéficiaires en ont les avantages sans que les effets constatés sur le développement économique de l'île ne soient à la hauteur des espérances[42].

Le statut de 1991 prévoit la mise en place d'une commission mixte de douze membres composée par moitié de représentants de la collectivité territoriale et de représentants de l'État, chargée de formuler des propositions relatives au régime fiscal de la Corse (art. 63). C'est sur cette base que la loi du 27 décembre 1994 met en place un dispositif[43] de *soutien aux entreprises* comportant sous certaines conditions exonération totale ou partielle de deux des principaux impôts locaux : la taxe professionnelle (coût global de la compensation par l'État : 250 millions de francs) et la taxe foncière sur les propriétés non bâties (coût évalué à 25 millions de francs en 1995) et reconduction des exonérations de l'impôt sur les sociétés (coût cumulé depuis l'entrée en vigueur : 11 millions de francs dont près de 4 millions pour 1994). La loi tend à *renforcer* par ailleurs *les moyens financiers de la collectivité territoriale* notamment par la compensation du solde des charges provenant des transferts de compétence (64 millions de francs en 1994) et par le transfert des droits de francisation et de passeport (coût estimé à 9 millions de francs en 1995).

Au total, un *statut fiscal très avantageux* destiné comme l'affirme l'article 1 de la loi à compenser les contraintes de l'insularité et à promouvoir le développement économique et social de l'île.

Avec le statut institutionnel de 1991 et ce statut fiscal de 1994, le particularisme corse a pris des dimensions nouvelles. Le droit commun ne s'applique que pour les communes et les départements. Il en est de même dans le cadre de la déconcentration du rôle du représentant de l'État en Corse. Mais l'efficacité des mesures adoptées se heurte au climat d'insécurité de l'île, entretenue par les minorités autonomistes, et que les réformes successives n'ont pas permis jusqu'ici de régler. La volonté politique du gouvernement affirmée en janvier 1996 de trouver des solutions «dans le cadre d'un dialogue loyal et approfondi»[44] ouvre une perspective constructive bien

---

41. *Cf.* Loi n° 94-1131 du 27 décembre 1994, *JO* du 28 décembre 1994, p. 18521 et suiv.

42. Voir rapport de la commission des lois du Sénat, rattaché au procès-verbal de la séance du 16 janvier 1991, p. 101 à 103.

43. *Cf.* NGUEN VAN TUONG, «Le nouveau statut fiscal de la Corse : loi n° 94-1131 du 27 décembre 1994», *Les Petites Affiches*, 9 août 1995, n° 95, p. 7 à 10.

44. *Cf.* voir l'article de Paul SILVANI : «Jean-Louis DEBRÉ propose un dialogue à l'ensemble des élus corses», *Le Monde* des 14-15 janvier 1996, p. 6.

nécessaire pour permettre de relever une économie «exsangue»[45], malgré tous les efforts déjà consentis en sa faveur. La décision annoncée le 27 mars[46] de créer dès le début de l'été une «zone franche», vise incontestablement cet objectif.

D'une façon générale, on ne retrouve de particularisme aussi accentué que pour les régions d'outre-mer. Mais leur étude entre dans le cadre plus large des divers statuts dérogatoires des collectivités d'outre-mer.

---

45. *Cf. Le Monde* du 13 janvier 1996.
46. *Cf. Le Monde* du 29 mars 1996, p. 6 et 15.

Chapitre 3

Les collectivités d'outre-mer

Le problème du statut de l'outre-mer n'est pas nouveau. La Constitution de 1946 lui donne un cadre : l'Union française (art. 60 à 72). Dans ce cadre, elle distingue les départements d'outre-mer (DOM), dont le régime est le même, sauf exception, que celui des départements métropolitains (art. 73), et les territoires d'outre-mer (TOM), dotés d'un statut particulier (art. 74). Par ailleurs, l'art. 75 précise que les statuts respectifs des membres de la République et de l'Union française sont susceptibles d'évolution et prévoit des « passages d'une catégorie à l'autre ».

Section 1
LES DISTINCTIONS CONSTITUTIONNELLES ET LA RÉFORME DE 1982

La Vᵉ République reprend la distinction entre TOM (art. 72) et DOM (art. 73) et précise que les premiers ont *« une organisation particulière tenant compte de leurs intérêts propres »* et que les seconds peuvent faire l'objet de mesures d'adaptation (art. 73). Enfin, l'article 76 prévoit une évolution des TOM, soit vers le statut de DOM, soit vers celui d'État membre de la communauté prévue par le titre XII de la Constitution.

En réalité, les années 60 devaient voir l'accession à l'indépendance d'un certain nombre d'anciennes colonies d'Afrique[1]. Pour les autres, la tendance a été d'accentuer l'intégration dans le régime métropolitain en menant une politique de départementalisation assortie des adaptations nécessaires[2].

---

1. Sur le problème de l'indépendance des anciennes colonies d'Afrique les études sont nombreuses, mais on peut consulter l'étude de A. GRUBER, « Essai sur l'existence d'un droit de la succession d'États en droit international contemporain », où le problème des modalités juridiques suivies par les anciennes colonies françaises est traité, thèse, publiée par Bruylant, 1986, 355 p.
2. *Cf. Les manuels de droit d'outre-mer et de la coopération*, D G. LAVROFF, Dalloz, 1971 et de F. LUCHAIRE, Thémis, 1966.

La nouvelle majorité élue en 1981 a voulu faire évoluer l'outre-mer en lui assurant d'une façon générale une vie locale plus démocratique et, de façon particulière pour les départements, une plus grande autonomie administrative. D'où une série de réformes qui affectent plus ou moins profondément les catégories de collectivités qui constituent ensemble la France d'outre-mer.

Ces collectivités se distinguent par leur régime :

1. il s'agit tout d'abord des *quatre départements d'outre-mer* : Guadeloupe, Martinique, Guyane et Réunion, qui sont en même temps des départements et des régions ;
2. il s'agit ensuite de *deux collectivités territoriales spéciales*, dotées chacune d'un statut particulier : Saint-Pierre-et-Miquelon d'une part, Mayotte de l'autre ;
3. enfin les quatre territoires d'outre-mer éparpillés géographiquement dans le monde, la Polynésie française et la Nouvelle-Calédonie dotée d'une autonomie interne particulièrement poussée, mais aussi Wallis-et-Futuna et les Terres australes et antarctiques françaises (TAAF).

Pour notre étude, nous distinguerons les départements et régions d'outre-mer des territoires au sens large, en notant que le particularisme juridique de l'outre-mer se traduit au niveau central par l'institution d'un ministre délégué à l'outre-mer[3], chargé de la coordination interministérielle pour tous les textes applicables à l'outre-mer.

§ 1. LES DÉPARTEMENTS ET RÉGIONS D'OUTRE-MER

Avant d'examiner le statut des nouvelles régions d'outre-mer qui résulte de cette réforme, nous situerons l'évolution des DOM jusqu'à la réforme de 1982.

A. Les départements d'outre-mer

Les quatre départements d'outre-mer ont chacun leur propre histoire, mais tous sont nos plus anciennes colonies de peuplement, l'implantation de colons français au XVIIᵉ siècle faisant suite à leur prise de possession au nom du Roi de France.

a) *Les origines des départements d'outre-mer*

La Guadeloupe et la Martinique ont été découvertes en 1493 par Christophe Colomb et c'est au milieu du XVIIᵉ siècle que la colonisation française commence

---

3. Les avatars institutionnels de l'outre-mer au sein du gouvernement passent d'un secrétariat d'État aux DOM-TOM à un ministère des DOM-TOM (gouvernement Balladur du 30 mars 1993), à un ministère de l'Outre-mer (gouvernement Juppé du 18 mai 1995) avant de devenir ministère délégué (second gouvernement Juppé du 7 novembre 1995).

officiellement. Elles deviendront définitivement françaises après la Révolution et le Premier Empire.

L'histoire de la Guyane commence à sa découverte par les Espagnols en 1499. Les premiers comptoirs français s'installent au début du XVIIᵉ siècle, et pendant longtemps, la Guyane aura une sinistre réputation à la fois en raison de son climat humide et malsain, et de sa terre marécageuse vouée aux déportations. Le bagne de Cayenne fonctionnera jusque dans les années 1940.

Enfin, la Réunion découverte en 1528 par Mascarenhas et française depuis 1642 sera d'abord dénommée à l'époque Ile Bourbon. Elle servira de base navale importante dans le conflit entre Français et Anglais aux Indes. Sa terre volcanique et extraordinairement fertile sera pour elle un atout constant utile à son développement.

À partir de l'abolition définitive de l'esclavage par le décret-loi Schoelcher du 4 mars 1848[4] et l'attribution de la qualité de citoyen français aux habitants de ces différentes colonies, l'évolution juridique tend à l'alignement sur le droit commun.

Jusqu'en 1946, les particularismes d'une administration coloniale confiée à deux institutions majeures, d'une part, le *gouverneur*, représentant d'un pouvoir central, et d'autre part, une *assemblée* représentative de la population locale et délibérant des affaires de la colonie, se sont combinés avec les progrès continus d'une assimilation au régime de la métropole.

Jusqu'à cette même date s'applique *le principe de spécialité* qui signifie que les lois et règlements de la métropole ne sont applicables outre-mer que si les textes portent la *mention expresse* de leur applicabilité à l'outre-mer et sous la condition d'une promulgation locale. Ce particularisme juridique est abandonné en 1946 sans faire disparaître la spécificité des départements d'outre-mer.

b) *La spécificité des départements d'outre-mer*

Les quatre colonies sont départementalisées par la loi du 19 mars 1946[5] qui dispose : «Les colonies de la Guadeloupe, de la Martinique, de la Réunion et de la Guyane française sont érigées en départements français.»[6] La loi réalise une assimilation administrative au cadre départemental métropolitain, tout en maintenant l'exigence d'une mention expresse des textes nationaux pour leur application dans les départements d'outre-mer (art. 3).

La Constitution de 1946 renforce l'assimilation en écartant le principe de spécialité par l'article 73 qui affirme sans ambiguïté que «le régime législatif des départements d'outre-mer est le même que celui des départements métropolitains, sauf exceptions déterminées par la loi». Le Conseil d'État devait en déduire dans un avis du 29 avril 1947[7] que les dispositions législatives adoptées après la mise en vigueur de la Constitution (c'est-à-dire depuis le 24 décembre 1946) sont «applicables de plein droit aux départements d'outre-mer, ... même en l'absence d'une mention insérée dans les lois le prévoyant expressément.»

---

4. La première abolition date du 16 pluviôse an II (4 février 1794), mais elle s'est soldée par un échec.
5. Cette loi a été souvent modifiée par la suite en particulier par la loi du 2 août 1949.
6. Une première départementalisation avait été instituée par l'article 7 de la Constitution de l'an II.
7. *Cf. EDCE* 1956, p. 67.

La Constitution de 1958 ne reprend pas le dispositif de 1946 mais maintient implicitement le principe d'assimilation des départements d'outre-mer, tout en ménageant la possibilité d'une prise en compte de leurs particularités par une *adaptation* de la règle de droit métropolitaine (art. 73).

L'application de plein droit sous réserve des exceptions dues à cette adaptation, joue non seulement à l'égard des normes internes, mais aussi à l'égard des normes internationales et communautaires. À l'égard du droit communautaire, la Cour de justice de Luxembourg devait rappeler qu'aux termes de l'article 227 § 1 du traité de Rome, « le statut des départements d'outre-mer est défini par référence à la Constitution française, aux termes de laquelle… les départements d'outre-mer font partie intégrante de la République » et précise qu'au terme du délai de deux ans prescrit par l'article 227 § 2 « les dispositions du traité et du droit dérivé doivent donc s'appliquer de plein droit aux départements d'outre-mer, en tant qu'ils font partie intégrante de la République française » (*cf. CJCE*, 10 octobre 1978, aff. 148/77, HANSEN, rec. p. 1787).

Par contre, si la latitude laissée au législateur dans son effort d'adaptation n'est pas précisée, la spécificité des départements d'outre-mer est elle-même reconnue. Plus tard, la réforme de 1972 portant création des établissements publics régionaux s'applique aux DOM en superposant **sur le même territoire un département et une région**[8].

Cette spécificité[9] de **régions monodépartementales** ne reste pas isolée. Paris est un autre exemple d'une même circonscription territoriale constituant l'assise de deux collectivités locales. La loi du 31 décembre 1975 ne se contente pas de préciser que le territoire de Paris couvre deux collectivités distinctes. Elle en tire les conséquences pratiques en confiant la gestion administrative de la commune et du département à une seule et même assemblée, le Conseil de Paris.

Le gouvernement s'inspirera de cette expérience au moment de mettre en œuvre l'article 1 alinéa 3 de la loi n° 82-213 du 2 mars 1982, qui dispose qu'« *en ce qui concerne les départements d'outre-mer, la présente loi s'applique jusqu'à la promulgation de lois adaptant certaines de ses dispositions à la spécificité de chacune des collectivités concernées* ».

B. Les avatars du projet de réforme

Le projet de loi portant adaptation de la loi du 2 mars 1982 aux quatre départements d'outre-mer est soumis au Parlement dès juillet et adopté en dernière lecture le 23 novembre de la même année.

a) *L'adaptation de la loi du 2 mars 1982*

L'essentiel de l'adaptation consiste à instituer une **assemblée unique** à l'image du Conseil de Paris. L'article 2 du texte dispose que : « *La Guadeloupe, la Guyane, la Martinique et la Réunion recouvrent chacune deux collectivités territoriales distinctes,*

---

8. *Cf.* Décret du 2 juin 1960 et art. 20 de la loi du 5 juillet 1972.

9. En fait, d'autres différences apparaissent dont on peut étudier les aspects en se reportant à F. MICLO, *Le régime législatif des départements d'outre-mer et l'unité de la République*, Economica, 1982 et S. JACQUEMART, *La question départementale outre-mer*, PUF, 1983.

un département et une région » et l'article 3 que : *« Les affaires de ces collectivités sont réglées par les délibérations d'une assemblée, dénommée* **conseil général et régional,** *qui exerce les compétences des Conseils généraux et des Conseils régionaux, en siégeant tantôt comme organe du département, tantôt comme organe de la région. »* Le même article prévoit en parallèle avec cette assemblée unique, un **exécutif unique,** le président de l'assemblée selon la logique normale de la décentralisation.

Ce n'est pas tant le projet de l'assemblée unique qui devait provoquer la saisine par l'opposition du Conseil constitutionnel ; le projet s'accompagnait en effet du choix du **scrutin proportionnel** pour l'élection de cette nouvelle assemblée, ce qui était à la fois conforme à l'option déjà prise pour la Corse, et à l'option probable pour les Conseils régionaux métropolitains. Mais cela signifiait la dissolution des actuels Conseils généraux au jour de l'installation de la nouvelle assemblée (art. 20 du projet).

C'est pour cette raison que l'opposition attachée au scrutin majoritaire devait combattre le texte, mais comme la Constitution ne permet pas de trancher la question, le principe de l'assemblée unique est devenu l'enjeu politique et le fondement du recours au Conseil constitutionnel[10].

b) *La censure du Conseil constitutionnel*

Saisi par le président du Sénat, cent neuf sénateurs, et cent cinq députés, le Conseil constitutionnel déclare dans sa décision du 2 décembre 1982 le projet de loi non conforme à la Constitution. Pour lui, le texte qui lui est soumis viole les articles 72 et 73 de la Constitution en créant une nouvelle collectivité, et en supprimant le département tel qu'il est organisé par la Constitution, l'assemblée unique étant d'une nature très différente de celle des Conseils généraux.

D'une part, l'article 72 énonce que les collectivités territoriales de la République sont les communes, les départements, les territoires d'outre-mer sans distinguer de façon spécifique les départements d'outre-mer. Il ne fait donc pas de différence entre départements métropolitains et départements d'outre-mer, sinon une distinction purement géographique.

D'autre part, l'article 73 précise que le régime législatif et l'organisation administrative des départements d'outre-mer peuvent faire l'objet de mesures d'adaptation nécessitées par leur situation particulière. Le Conseil constitutionnel interprète cette disposition comme une limitation aux pouvoirs du législateur qui ne peut conférer de statut particulier à une collectivité territoriale[11].

En conséquence et au vu de ces deux articles de la Constitution, le Conseil constitutionnel décide, **non sans contredire sa propre jurisprudence**[12], que le statut des départements d'outre-mer doit être le même que celui des départements métropolitains et que l'adaptation justifiée par leur situation particulière ne saurait avoir pour

---

10. Sur ce point très intéressant, il faut lire l'article de F. LUCHAIRE, « La décentralisation dans les départements d'outre-mer », *AJDA*, 1983, p. 120 à 127.

11. F. LUCHAIRE démontre à cet égard dans l'article précité les erreurs d'interprétation de l'article 73 commises, selon l'auteur, par le Conseil constitutionnel.

12. Dans sa décision du 25 février 1982 (*JO* du 27 février), il concluait au contraire que le législateur pouvait créer aussi bien en métropole qu'outre-mer une collectivité territoriale nouvelle au statut particulier, en l'occurrence la Corse, et en donnant pour preuve la création de Mayotte de même que le statut de Paris.

effet de conférer aux départements d'outre-mer une **organisation particulière réservée exclusivement par l'article 74 aux territoires d'outre-mer**.

> Il faut en déduire que le Conseil constitutionnel traduit le principe de l'assimilation par une interprétation très restrictive de l'adaptation prévue à l'article 73 et que cette interprétation *exclut tout particularisme institutionnel*. Cette interprétation s'étend à toutes les collectivités locales situées sur le territoire des départements d'outre-mer, communes ou régions, comme elle s'étend à leurs attributions, le Conseil n'admettant les mesures d'adaptation que si elles sont justifiées et n'apparaissent pas excessives, ce qui suppose en la matière un véritable contrôle de proportionnalité pour ne pas dire d'opportunité (CC, déc. 84 174, DC du 25 juillet 1984, *Rec.* p. 48).

> Il est pour le moins surprenant que cette traduction du principe d'assimilation soit imposée à sens unique et que le Conseil constitutionnel refuse aux départements d'outre-mer ce qu'il accorde sans fondement textuel aux départements métropolitains de Paris, de la Corse-du-Sud et de la Haute-Corse. Quant aux articles 73 et 74 de la Constitution, ils ont en commun de permettre la prise en compte des particularités de l'outre-mer. La seule différence réductrice pour les départements d'outre-mer est qu'il ne s'agit que d'une *possibilité* offerte par l'article 73 dans l'hypothèse où une adaptation de la règle de droit métropolitain est nécessaire, alors que l'article 74 en fait une *obligation* juridique imposée par la Constitution pour les territoires d'outre-mer et, par leur statut, pour les collectivités à statut particulier (Saint-Pierre-et-Miquelon et Mayotte). C'est la seule distinction que retient la circulaire du Premier ministre en date du 6 avril 1994[13], l'article 73 n'imposant par lui-même aucune limitation au contenu d'une adaptation justifiée par une situation particulière.

Sans se prononcer expressément sur la constitutionnalité de l'assemblée unique, le Conseil constitutionnel la condamne cependant indirectement, en refusant que cette assemblée ait une nature différente du Conseil régional métropolitain. Or telle qu'elle est prévue par le projet de loi, elle « *n'assure pas la représentation des composantes territoriales du département*[14] *et présente par conséquent une nature spécifique différente de celle des assemblées départementales métropolitaines* ».

> Comme le remarque justement F. Luchaire, « *cette condamnation même implicite de l'assemblée unique est difficilement acceptable*», et il ajoute pertinemment que : «*L'assemblée unique était pour les départements d'outre-mer la conséquence du caractère monodépartemental de la région comme elle est la conséquence du caractère monocommunal du département de Paris. Il n'y a aucune raison constitutionnelle de l'accepter pour Paris et de la refuser pour un département d'outre-mer*[15]. »

Le projet de loi déclaré non conforme à la Constitution, une nouvelle rédaction aboutit à la loi du 31 décembre 1982[16] applicable aux départements d'outre-mer et portant organisation des régions de Guadeloupe, de Guyane, de Martinique et de la Réunion.

§ 2. LES NOUVELLES RÉGIONS D'OUTRE-MER

La nouvelle loi pose le principe que les réformes régionales de 1972 et 1982 s'appliquent aux départements d'outre-mer. La loi du 5 juillet 1972 met en place

---

13. Circulaire du 6 avril 1994 relative à la coordination de l'action du gouvernement dans les départements et territoires d'outre-mer, *JO* du 10 avril 1994, p. 5326 et suiv.

14. Les composantes visées par la décision sont les cantons.

15. Articles cités p. 123. Rappelons que F. Luchaire parle en orfèvre, étant lui-même ancien membre du Conseil constitutionnel.

16. Loi n° 82-1171 du 31 décembre 1982, *JO* du 1er janvier 1983.

quatre régions monodépartementales sous forme d'établissements publics régionaux, transformés par la loi du 2 mars 1982 en collectivités locales à part entière. Ce qui suppose une organisation dotée de tous les avantages de la décentralisation régionale nouvelle : exécutif transféré au président du Conseil régional, suppression des tutelles administrative et financière au profit des nouveaux modes de contrôles, et un Conseil régional propre, puisque la fusion entre Conseil général et Conseil régional en une assemblée unique avait été refusée par le Conseil constitutionnel.

Par conséquent, comme précédemment, le même territoire est à la fois une circonscription administrative d'État, un département et une région. Mais la loi s'oppose au projet abandonné en ce qu'elle ne concerne strictement que l'organisation régionale appelée elle-même à évoluer, puisque l'accession au statut de région de plein exercice était subordonnée comme en métropole à l'élection des Conseils régionaux au suffrage universel.

A. L'organisation des régions

Notons que communes et départements n'ont fait l'objet d'aucune loi spéciale d'adaptation.

a) *Le Conseil régional et son président*

Comme pour la Corse dont le statut inspire la loi sur différents points, la Région d'outre-mer est une collectivité territoriale administrée par un Conseil régional élu pour six ans au suffrage universel direct et à la représentation proportionnelle. Seules les listes ayant obtenu 5 % des suffrages exprimés participent à la répartition des sièges[17], dont le nombre est fixé par l'article 3 : 45 pour la Réunion, 41 pour la Guadeloupe, 41 pour la Martinique et 31 pour la Guyane. Les premières élections ont eu lieu le 20 février 1983[18]. Le renouvellement a eu lieu le même jour que les élections organisées le 16 mars 1986 dans le reste de la France. Le premier mandat des Conseils régionaux d'outre-mer était donc exceptionnellement de trois ans.

Le Conseil régional a pour exécutif son *président* élu par lui en son sein. Ce président reçoit toutes les compétences afférentes à sa fonction exécutive, et notamment celle d'ordonnateur principal de la région. Comme ses homologues métropolitains, il est assisté d'une *commission permanente* et d'un *bureau* dont les membres assument des fonctions incompatibles avec celle de président ou de directeur d'un établissement ou d'un service créé par la région.

b) *Les autres organes*

Le Conseil régional est assisté de deux Conseils consultatifs, le *Conseil économique et social*, comme dans toutes les régions, et le *Conseil de la culture, de*

---

17. On sait que la loi n° 82-214 sur la Corse n'avait pas prévu ce barrage, institué par la suite par la loi n° 84-490 du 25 juin 1984 avant l'élection de la deuxième assemblée corse.
18. Les élections en Corse avaient eu lieu quelques mois plus tôt en août 1982.

l'éducation et de l'environnement pour tenir compte du particularisme culturel[19], comme le Conseil créé dans le même domaine en Corse.

La loi précise à leur égard que les conseillers généraux et régionaux ne peuvent en être membres. Ces Conseils consultatifs établissent leur *règlement intérieur* et élisent en leur sein *leur président* et les membres du *bureau* sans délégation de vote. Par ailleurs, l'article 4 de la loi du 31 décembre 1982 complété par l'article 16 de la loi du 6 janvier 1986 stipule que le Conseil régional met à leur disposition les moyens de fonctionnement nécessaires notamment de secrétariat ainsi que tout ou partie des services régionaux de façon permanente ou temporaire pour leur permettre de réaliser les études ou projets relevant de leur compétence.

La composition et les règles de fonctionnement de ces Conseils sont régis par le décret n° 84-207 du 26 mars 1984 modifié par décret n° 95-1036 du 14 septembre 1995. Des tableaux annexés au décret déterminent pour chaque région les organismes représentés, le nombre et les modalités de désignation des représentants. La liste des associations et organismes appelés à cette désignation est établie par arrêté préfectoral, la constatation des désignations se faisant par la même voie.

Les membres de ces Conseils sont désignés pour *six ans et renouvelables* et nul ne peut faire partie des deux Conseils consultatifs d'une même région d'outre-mer.

Les Conseils économiques et sociaux régionaux (CESR) de Guadeloupe et de Martinique comprennent chacun 41 membres, celui de Guyane 32 et celui de la Réunion 45. Les Conseils de la culture, de l'éducation et de l'environnement (CCEE) de la Guadeloupe et de la Martinique comptent chacun 25 membres, celui de Guyane 22 et celui de la Réunion 28.

À l'égard des CCEE, institutions spécifiques des régions d'outre-mer, le décret du 26 mars 1984 établit une parité des sièges entre les trois premières catégories d'organismes représentés : un tiers pour ceux qui participent à la vie culturelle, un tiers pour ceux qui relèvent de la vie éducative et un tiers pour les organismes de protection et d'animation du cadre de vie qui s'intéressent à l'environnement.

Les deux Conseils sont également consultés préalablement et obligatoirement « lors de la préparation du plan de développement et d'équipement de la région et de l'élaboration du projet de budget de la région… » (art. 6 de la loi du 31 décembre 1982) et concernant pour chacun « les *matières de sa compétence* ». Pour le Conseil de la culture, de l'éducation et de l'environnement, ces matières recouvrent l'éducation, la culture, la protection des sites, de la faune, de la flore, le tourisme. On peut remarquer qu'il y a là une dualité de compétences proches ou parallèles qui alourdit et affaiblit la procédure consultative ; déjà observé en 1982 dans le statut de la région de Corse, le problème a été réglé pour la collectivité territoriale de Corse par la création en 1991 d'un seul Conseil regroupant les compétences des deux précédents : le nouveau Conseil économique, social et culturel de la Corse (art. 44 de la loi du 13 mai 1991).

Par ailleurs, d'autres organismes peuvent être créés par chaque Conseil régional (art. 17) pour assurer la réalisation de projets intéressant la région ou éventuellement

---

19. Dénommés tous deux « comités » dans la loi du 31 décembre 1982, ils sont devenus « Conseils », par l'effet du changement de dénomination opéré par l'article 24 II de la loi d'orientation du 6 février 1992. Voir décret n° 95-1036 du 14 septembre 1995, *cf. JO* du 21 septembre 1995, p. 13858.

plusieurs régions solidaires. *Il s'agit d'***agences** qui n'ont pas d'équivalent[20] dans les textes intéressant la métropole, mais inspirées des offices de la Corse.

Ces agences qui sont des établissements publics peuvent être communes à plusieurs régions et renforcer les solidarités.

Le particularisme juridique des régions d'outre-mer ne s'arrête pas à l'organisation institutionnelle. Il tient aussi aux compétences étendues du Conseil régional.

B. Les compétences du conseil régional

Comme dans toute région de droit commun, *« le Conseil régional règle par ses délibérations les affaires de la région »* (art. 1). Le Conseil régional d'outre-mer dispose en outre de compétences larges et spéciales, qu'elles soient consultatives ou délibératives.

a) *Les compétences exceptionnelles*

Tout d'abord et de la même façon que l'article 26 alinéa 3 du statut de la Corse reconnaît à l'Assemblée un **pouvoir spécial de proposition**, l'article 8 de la loi du 31 décembre 1982 dispose que : *« Chacun des Conseils régionaux... peut de sa propre initiative ou saisi par le Premier ministre, adresser à celui-ci des propositions de modification ou d'adaptation des dispositions législatives ou réglementaires en vigueur ou en cours d'élaboration. »* Il peut encore lui adresser *« toutes propositions relatives aux conditions de développement économique, social et culturel de la région »*. De la même façon, il peut faire au Premier ministre toute remarque ou suggestion concernant le fonctionnement des services publics de l'État. Comme pour la Corse en 1982, ce pouvoir est renforcé par l'obligation[21] faite au Premier ministre d'accuser réception dans les quinze jours et de fixer le délai dans lequel sera apportée une réponse au fond.

De plus, le Conseil régional d'outre-mer **dispose dans les relations internationales d'un pouvoir d'intervention original** qui n'est pas prévu dans le premier statut corse. La loi prévoit que chaque Conseil peut être saisi pour avis de tout projet d'accord concernant la coopération régionale en matière économique, sociale, technique, scientifique, culturelle, de sécurité civile ou d'environnement que la France envisage de conclure avec les États de la zone géographique (art. 9 de la loi du 31 décembre 1982). Selon ce dispositif, il est nécessaire pour la Réunion qu'il s'agisse d'un projet d'accord avec les États de l'océan Indien, et pour les autres régions d'outre-mer, d'un projet d'accord avec les États et la mer des Caraïbes ou voisins de la Guyane.

Ce pouvoir d'intervention trouve une traduction spéciale en matière de *mise en valeur des ressources de la mer* par la saisine pour avis du Conseil régional d'outre-mer s'agissant de « tout projet d'accord international portant sur l'exploration, la conservation ou la gestion des ressources naturelles, biologiques et non biologiques dans la zone économique exclusive de la République au large des côtes de la région concernée » (art. 13 al. 4 de la loi du 2 août 1984).

---

20. La loi du 30 juillet 1982 relative aux compétences de la région a prévu des *« offices ayant la nature juridique d'établissements publics »*.

21. L'obligation tient à la rédaction du texte au présent de l'indicatif mais n'est assortie d'aucune sanction particulière. Il faut y voir une règle de courtoisie permettant d'améliorer les rapports avec l'État. La censure opérée par le Conseil constitutionnel par sa décision 91-290 du 9 mai 1991 à l'occasion de sa saisine sur le nouveau statut de la Corse, interdit d'y voir une quelconque injonction.

Par ailleurs, si la coopération transfrontalière ne s'applique pas stricto sensu aux régions d'outre-mer à défaut de frontière commune avec des collectivités décentralisées étrangères, l'article 131-1 de la loi d'orientation du 6 février 1992 leur permet comme aux autres collectivités territoriales françaises et à leurs groupements, de conclure des *conventions* avec des collectivités territoriales étrangères et leurs groupements, dans les limites de leurs compétences et dans le cadre des engagements internationaux de la France. Ces conventions entrent en vigueur dès leur transmission au représentant de l'État.

b) *La délimitation des compétences*

Il faut noter que la loi du 2 août 1984[22] est venue compléter l'ensemble du dispositif, en précisant les compétences des régions d'outre-mer pour éviter toute confusion entre Conseil régional et Conseil général. Il ressort de cette loi que le Conseil régional a un **pouvoir de décision étendu**, en ce qui concerne la définition des orientations générales pour le développement économique, social, sanitaire et culturel, de même que pour l'aménagement du territoire.

• Le titre I de la loi est consacré à ce premier registre de compétences diversifié en cinq chapitres.

1) Le premier traite de la *planification régionale* alignée sur le droit commun, *et de l'aménagement du territoire*, le schéma d'aménagement régional fixant les orientations fondamentales en matière de développement, de mise en valeur du territoire et de protection de l'environnement (art. 3).

Il détermine plus précisément :

> – la destination générale des différentes parties du territoire ;
> – l'implantation des grands équipements d'infrastructures et de communication routière ;
> – la localisation préférentielle des extensions urbaines, des activités portuaires, industrielles, artisanales, agricoles, forestières et touristiques ;
> – les orientations de la protection de l'aménagement et de l'exploitation du littoral.

L'élaboration du schéma est réalisée en *concertation* avec l'État, les communes et le département concerné ainsi que par les chambres consulaires et organismes professionnels intéressés. La procédure est conduite par l'exécutif régional, et le projet assorti des deux avis des Conseils consultatifs est mis à la disposition du public pendant deux mois avant d'être adopté par le Conseil régional. Il est ensuite approuvé par décret en Conseil d'État.

Le schéma approuvé tient lieu désormais de *schéma régional d'aménagement et de développement du territoire* (art. 34 *bis* al. 1 de la loi du 4 février 1995). Les plans d'occupation des sols et les documents d'urbanisme en tenant lieu doivent être compatibles avec ses dispositions (art. L. 111-1-1 du Code de l'urbanisme).

---

22. Loi n° 84-747 du 2 août 1984 relative aux compétences des régions de Guadeloupe, de Guyane, de Martinique et de la Réunion. Elle est complétée par le décret n° 85-550 du 24 mai 1985, *JO* du 26 mai 1985, p. 5910.

2) Le second chapitre traite du *développement de l'agriculture et de la forêt*. Les régions d'outre-mer définissent là encore leurs orientations en la matière en liaison avec les collectivités publiques et privées intéressées, en particulier les chambres d'agriculture et les SAFER où elles sont représentées au sein des Conseils d'administration, l'office des forêts et de façon large « toutes les autres personnes publiques ou privées investies par voie législative ou réglementaire d'une mission de développement agricole, forestier, rural ou d'aménagement foncier » (art. 10 de la loi du 2 août 1984).

Pour la *Guyane*, dont la forêt recouvre 90 % d'un territoire de 90 000 kilomètres carrés, la loi prévoit qu'elle est associée à l'élaboration et à la mise en œuvre de la politique de mise en valeur de la forêt guyanaise par des conventions conclues avec l'État (*ibid.*, art. 12). Par dérogation à l'article L. 62 du Code du domaine de l'État, ces conventions « devront prévoir les conditions dans lesquelles pourront être cédées en toute propriété aux collectivités territoriales, les surfaces appartenant au domaine de l'État... nécessaires à la réalisation de leurs opérations d'équipement ou d'aménagement ».

3) *En matière de mise en valeur des ressources de la mer*, le schéma d'aménagement vaut schéma de mise en valeur de la mer au sens de l'article 57 de la loi du 7 janvier 1983.

4) *En matière de transports*, les régions d'outre-mer sont consultées sur les programmes d'exploitation et les modifications de tarifs soumis par les compagnies françaises à l'approbation de l'État pour les liaisons maritimes et aériennes les desservant (art. 16). Le représentant de l'État présente un rapport annuel sur les conditions de desserte au Conseil régional qui peut formuler des recommandations transmises au Premier ministre selon l'article 8 § 1 de la loi du 31 décembre 1982.

Les régions d'outre-mer ont aussi la possibilité de créer des sociétés d'économie mixte, chargées du transport aérien ou maritime dans leurs zones géographiques respectives (art. 17 de la loi du 2 août 1984).

5) En fin du chapitre consacré à *l'énergie, aux ressources minières et au développement industriel*, il faut retenir que les régions d'outre-mer sont associées à l'élaboration et à la mise en œuvre de l'inventaire minier, par convention avec l'État et les établissements spécialisés. Elles sont également consultées par l'État sur les programmes de prospection et d'exploitation des ressources minières (art. 18) et peuvent élaborer un *plan énergétique régional* (art. 19). Elles peuvent de même définir les actions qu'elles entendent mener en matière de développement industriel après avis du Conseil économique et social.

• Le titre II de la loi traite d'un second registre de compétences regroupant trois chapitres consacrés à l'éducation et à la recherche, au développement culturel et à la communication audiovisuelle.

1) *En matière d'éducation et de recherche*, les Conseils régionaux d'outre-mer déterminent après avis du Conseil de la culture, de l'éducation et de l'environnement les activités éducatives et culturelles complémentaires relatives à la *connaissance des langues et des cultures régionales* qui peuvent être organisées dans les établissements scolaires relevant de la compétence des régions (art. 21).

L'organisation et le fonctionnement de ces activités financées par la région sont fixés par *convention* entre les régions et les organismes publics ou privés prestataires de services. Ces activités facultatives peuvent se dérouler pendant les heures d'ouverture sans porter atteinte aux programmes d'enseignement et de formation définis par l'État. En dehors des heures d'ouverture, la région et les collectivités territoriales peuvent organiser d'autres activités éducatives, sportives et culturelles dans les conditions du droit commun.

Par ailleurs, sur proposition des présidents des universités des Antilles-Guyane et de la Réunion, les Conseils régionaux peuvent établir des programmes de formation supérieure et d'activités de recherche universitaire en fonction des priorités qu'ils ont eux-mêmes définies en matière de développement économique, social et culturel. La carte de ces formations et de ces activités est arrêtée par l'État après avis des Conseils régionaux (art. 22).

2) Sur *le développement culturel*, il faut noter que les régions d'outre-mer définissent les actions qu'elles entendent mener après avis, ou le cas échéant, sur proposition des collectivités territoriales ou du Conseil de la culture, de l'éducation et de l'environnement (art. 23).

Le Conseil régional élabore *un programme culturel régional*, notamment dans le domaine des langues régionales, de la littérature, des arts plastiques, musicaux et cinématographiques. De plus, chaque région assure le développement du patrimoine culturel dont la conservation est définie dans le cadre des collèges régionaux du patrimoine et des sites mis en place par la loi du 7 janvier 1983.

3) En matière de *communication audiovisuelle*, les transferts de compétence prévus par la loi du 2 août 1984 sont entrés en vigueur à la date de publication du décret n° 84-1108 du 12 décembre 1984. Mais les attributions initiales des régions d'outre-mer se réduisent en un large pouvoir d'information et de consultation par l'effet conjugué des articles 77 de la loi du 6 janvier 1986 et 90 de la loi du 30 septembre 1986.

Les Conseils régionaux sont informés par un rapport annuel des conditions d'organisation et de fonctionnement du service public de la radiodiffusion sonore et de la télévision dans la région. Ils donnent leur avis sur l'attribution des fréquences hertziennes en matière de communication audiovisuelle publique ou privée.

• Enfin le dernier registre des compétences transférées par le titre III de la loi du 2 août 1984 concerne *la qualité de la vie* et se diversifie à son tour en cinq chapitres.

1) Le premier concerne *l'emploi et la formation professionnelle* pour lesquels dans chaque région, le programme des interventions de l'ANPE, des Associations régionales pour la formation professionnelle des adultes et des services déconcentrés de l'État, fait l'objet d'une consultation auprès d'une commission mixte État-région, avant sa mise en œuvre par *convention* passée annuellement entre l'État et la région.

2) Le second intéresse *la santé* pour laquelle est créé dans chaque région un centre régional de promotion de la santé (art. 30), composé pour moitié de conseillers régionaux et pour moitié de professionnels de la santé et de représentants de la sécurité sociale, de l'administration et des organismes impliqués en la matière. Ce centre veille à ce que les réformes du système de santé s'orientent vers les besoins spécifiques de la région, associée ainsi au département dans ce domaine.

3) En matière *de logement*, les régions définissent les actions qu'elles entendent mener après avis, ou le cas échéant, sur proposition des collectivités territoriales et des deux Conseils consultatifs (art. 31). Elles peuvent participer au capital des sociétés immobilières créées en application de l'article 2-2 de la loi n° 46-860 du 30 avril 1946. Chaque Conseil régional est assisté d'un *Conseil régional de l'habitat* composé pour moitié au moins de conseillers régionaux (art. 33) et consulté sur la répartition par le préfet de région des aides de l'État en faveur de l'habitat.

4) L'environnement relève de la même manière des actions déterminées par les régions après avis, ou le cas échéant, sur proposition des collectivités territoriales intéressées, ou du Conseil de la culture, de l'éducation et de l'environnement (art. 35).

5) Le *tourisme et les loisirs* permettent la même autonomie d'actions pour les régions qui doivent consulter le Conseil économique et social avant d'arrêter leur politique (art. 37) dont la mise en œuvre peut être confiée à des *agences* créées en application de l'article 7 de la loi du 31 décembre 1982. Les Conseils d'administration de ces agences qui exercent les compétences des comités régionaux du tourisme et des loisirs, sont composés pour moitié au moins de conseillers régionaux et pour moitié de représentants des organisations professionnelles intéressées.

Toutes les compétences s'accompagnent de ressources financières adaptées et de recettes fiscales spécifiques.

c) *Les ressources financières et fiscales*

Les ressources financières des régions d'outre-mer résultent principalement de l'application *du principe de la compensation financière intégrale des transferts de compétence* posé à l'article 102 de la loi du 2 mars 1982.

Les régions d'outre-mer reçoivent en outre des *subventions spécifiques globalisées de l'État* comme la «dotation globale pour le développement culturel» ou la «dotation globale pour l'environnement et la qualité de la vie», qui s'ajoutent aux différentes dotations de droit commun.

Par ailleurs, elles bénéficient des interventions du Fonds d'Investissement des Départements d'outre-mer (FIDOM), réaménagé par le décret n° 84-712 du 17 juillet 1984 qui a créé une section régionale s'ajoutant aux sections générale et départementale d'origine.

Mais surtout, les régions d'outre-mer bénéficient du transfert d'impositions spécifiques jusque-là perçues au profit des DOM. En ce sens, on peut dire que chaque Conseil régional dispose d'un **pouvoir fiscal élargi** par rapport à ses homologues métropolitains, dans la mesure où les régions d'outre-mer perçoivent des recettes fiscales dont il peut voter le taux dans certaines limites.

1. Il s'agit tout d'abord de la *taxe spéciale de consommation sur les carburants* prévue à l'article 266 *quater* du Code des douanes. Cette taxe versée en métropole au Fonds national d'investissement routier est affecté outre-mer au Fonds local d'investissement routier. Le taux en est fixé par le Conseil régional «dans les limites déterminées par la loi de finances» (art. 41 de la loi du 2 août 1984). Cette limite correspond à la variation annuelle de la septième tranche de l'impôt sur le revenu qui correspond à un revenu moyen.

10 % du produit de la taxe est prélevé «pour le financement d'investissements d'intérêt régional» autres que les routes. Sur le solde, la région alloue au département les sommes nécessaires au remboursement des emprunts que celui-ci a souscrits pour financer des travaux de voirie antérieurs à 1985. Le reliquat encore diminué de la détaxe sur le gas-oil est réparti par le Conseil régional en trois parts :

– la première affectée au budget des communes au bénéfice de la voirie dont elles ont la charge ;
– la deuxième affectée selon le même principe au budget du département ;
– la troisième affectée au financement des opérations d'aménagement du réseau routier national et des pistes forestières, sans préjudice de l'affectation de crédits d'État à ces opérations.

Chacune de ces trois parts connaît une progression au moins égale à la DGF ou au produit de la taxe réellement constaté.

2. Il s'agit ensuite de *l'octroi de mer* qui correspond à un droit de consommation sur les marchandises introduites outre-mer. Cet octroi dû par la personne qui met la marchandise à la consommation, est assis sur la valeur au lieu d'introduction du bien. À l'origine, il était voté par les Conseils généraux des colonies, puis des DOM (art. 6 de la loi du 11 janvier 1982). Cette compétence est transférée par la loi du 2 août 1984 aux Conseils régionaux, sans modifier l'assiette du droit, mais en fixant deux limites précises à cette autonomie fiscale.

D'une part, lorsque le taux atteint 20 %, la délibération ne devient exécutoire qu'après un délai de deux mois pendant lequel le représentant de l'État peut demander une nouvelle délibération du Conseil régional.

D'autre part, le produit de l'octroi est réparti entre les communes pour lesquelles il représente le tiers environ de leurs ressources, la répartition obéissant aux modalités en vigueur.

Notons que les Conseils régionaux peuvent instituer en outre un *droit additionnel à l'octroi de mer* dont ils fixent librement le taux qui ne doit pas excéder cependant 1 % et dont le produit constitue une recette de la région.

Longtemps contesté et analysé comme contraire à la libre circulation des marchandises sur le territoire de la Communauté dont les régions d'outre-mer font partie, l'octroi de mer a été assimilé à un droit de douane prohibé par les articles 9 et 13 du Traité de Rome par la Cour de Luxembourg (*cf. CJCE,* 16 juillet 1992, Aff. Legros et autres, n° 163/90)[23].

L'octroi de mer a été refondu sur la base d'une décision du Conseil des communautés européennes en date du 22 décembre 1989[24] dans le cadre du programme d'options spécifiques à l'éloignement et à l'insularité des départements d'outre-mer (POSEIDOM). Pour éliminer toute discrimination ou protection contraire à l'article 95 du Traité de Rome, la décision préconise la réforme de l'octroi de mer, celui-ci devant être perçu comme une taxe à la production sur tous les biens produits dans les régions d'outre-mer et consommés sur place. Le Conseil régional fixe un taux compris entre 0 % et 30 % avec un système d'exonérations possibles, totales ou partielles au profit de certains biens pour permettre le développement des productions locales prioritaires, certaines entreprises ayant un chiffre d'affaires inférieur à un plafond variant entre 1,5 et 3,5 millions de francs n'étant pas assujetties.

Enfin, inspiré de la TVA, ce nouvel octroi perçu sur l'acquisition d'un bien est déductible de la taxe due à la revente de ce bien après transformation.

La loi du 17 juillet 1992 relative à ce nouvel octroi vient ainsi harmoniser le droit fiscal interne et le droit communautaire en prévoyant toutefois que les communes des régions d'outre-mer (Saint-Martin et Saint-Barthélemy exceptées) et en Guyane le département, continuent à percevoir les sommes dont ils bénéficiaient précédemment au titre de l'octroi de mer. Mais le produit de cet octroi doit alimenter un nouveau *fonds régional pour le développement et l'emploi* destiné à permettre l'allégement des

---

23. La Cour était saisie sur renvoi de la cour d'appel de Saint-Denis-de-la-Réunion par arrêt du 21 février 1990, *cf. JOCE* n° C 161 du 10 juin 1990, p. 10.
24. *Cf. JOCE* n° L. 399 du 30 décembre 1989, p. 46.

charges sociales des entreprises, l'aide au développement de leurs fonds propres, au développement des filières locales de production et à la promotion des exportations[25].

3. Enfin, le produit des *droits assimilés sur les rhums et spiritueux* fabriqués et livrés à la consommation dans les DOM constitue une recette inscrite au budget de la région, dont le taux est là encore fixé par le Conseil régional dans les limites déterminées par les lois de finances applicables.

D'une façon générale, il faut remarquer que la **superposition de trois types d'administration sur le même territoire** n'est pas sans effet sur l'administration d'État, dont le représentant est à la fois le préfet de la région et le préfet du département. Il dispose de prérogatives qui relèvent normalement du gouvernement en matière de sûreté intérieure et extérieure. La déconcentration exceptionnelle de ces pouvoirs s'explique par l'éloignement géographique.

Les réformes de 1982 et 1984 accentuent l'autonomie régionale de l'outre-mer. Ce particularisme affecte également les autres territoires d'outre-mer.

Section 2

Les territoires d'outre-mer

On prendra ici l'expression « territoires d'outre-mer » dans un sens générique pour recouvrir d'une part, deux territoires tout à fait distincts et qui constituent deux collectivités territoriales dotées chacune d'un statut *sui generis*, et d'autre part les territoires d'outre-mer au sens propre, ou TOM, tels qu'ils sont désignés par la Constitution.

§ 1. LES DEUX COLLECTIVITÉS À STATUT PARTICULIER

A. Saint-Pierre-et-Miquelon

Il s'agit tout d'abord de Saint-Pierre-et-Miquelon, qui forme un archipel très petit (242 kilomètres carrés) au large de Terre-Neuve. C'est en 1536 que Jacques Cartier prend possession de ces îles inhabitées, peuplées actuellement de quelque 6 300 habitants, tous descendants de Français d'origine basque, bretonne ou normande, installés dans l'archipel depuis le début du XVIIe siècle et d'Acadiens venus des provinces maritimes du Canada depuis le milieu du XVIIIe siècle.

L'organisation administrative et politique de ces îles a varié dans le temps. Colonie placée sous administration militaire jusqu'en 1885, l'archipel a connu plusieurs régimes différents à partir de cette date avant d'être érigé en *territoire d'outre-mer*

---

25. *Cf.* Christian VITALIEN, « La réforme de l'octroi de mer », *AJDA*, 1992, p. 609.

après la Seconde Guerre mondiale et selon la Constitution du 27 octobre 1946. L'organisation particulière de ce territoire comprend un Conseil général et un administrateur supérieur à la fois représentant de l'État et du territoire. C'est ce statut permettant de maintenir les acquis dérogatoires au droit commun que l'archipel choisira de conserver en 1958 tout en demeurant au sein de la République française.

En conséquence, l'archipel comptant au nombre des «Pays et territoires d'outre-mer» (PTOM) au regard du droit communautaire (art. 131 à 136 du Traité de Rome) restait en dehors du territoire douanier et fiscal de la Communauté européenne avec le double avantage de pouvoir maintenir ses relations économiques privilégiées avec le Canada et ses provinces maritimes tout en bénéficiant d'un régime d'association avec la Communauté.

L'évolution se fera ensuite en deux étapes, celle d'une départementalisation qui se solde par un échec, et celle actuelle d'une collectivité territoriale à statut particulier.

a) *La départementalisation*

Par détermination politique du gouvernement français de faire évoluer l'outre-mer vers l'intégration départementale ou l'indépendance, le territoire de Saint-Pierre-et-Miquelon est transformé, contre la volonté de ses habitants et de son Conseil général[26] en département d'outre-mer. La loi du 19 juillet 1976[27] réalise cette départementalisation sans changement institutionnel majeur jusqu'en 1982, l'administrateur supérieur étant remplacé par le préfet de Saint-Pierre-et-Miquelon et le Conseil général de quatorze membres étant désormais élu pour six ans au scrutin de liste majoritaire à deux tours.

Le statut de 1976 maintient les spécificités particulières héritées de l'histoire ou justifiées par la situation géographique de ce nouveau département d'outre-mer. Il en est ainsi notamment de l'absence de tout impôt d'État ou de l'absence d'un service national obligatoire.

La loi prévoyait que toute réforme législative en matière sanitaire, vétérinaire et phytosanitaire ne pouvait être entreprise que sur proposition du Conseil général.

De plus, le législateur habilitait le gouvernement à prendre par voie d'ordonnances «*toutes mesures d'extension et d'adaptation des textes de nature législative qui ne sont pas en vigueur dans ce nouveau département*» (art. 5), en ouvrant une période de transition entre la date de promulgation de la loi et le 30 septembre 1977. Les nombreuses ordonnances adoptées entre le 9 décembre 1976 et le 26 septembre 1977 maintenaient les droits et avantages acquis par l'archipel sous le statut de TOM qu'il s'agisse de douanes, de fiscalité, de protection sociale, d'urbanisme ou d'organisation juridictionnelle. Quand le droit commun était rendu applicable, les textes aménageaient de nombreuses dérogations.

Contre l'intention du législateur d'appliquer le principe d'assimilation, s'est opposée la volonté des nouvelles autorités départementales de faire prévaloir le principe de spécialité législative.

---

26. Le Conseil général émit un avis défavorable en des termes très critiques au projet dans une motion du 23 juin 1976. *Cf. JO* des îles Saint-Pierre-et-Miquelon, juin 1976, p. 359 et suiv.

27. *Cf.* Loi n° 76-664 du 19 juillet 1976.

Avec la réforme de la décentralisation du 2 mars 1982, un alignement temporaire sur le droit commun est réalisé par le transfert de l'exécutif du préfet au président du Conseil général et par la suppression des tutelles administratives et financières.

Par ailleurs, l'intégration de l'archipel dans le Marché commun résultant de la départementalisation avait pour double effet négatif de rendre son régime fiscal et douanier incompatible avec le Traité de Rome et de limiter son autonomie en matière de pêche.

Dès 1981, le gouvernement met à l'étude un nouveau projet de statut pour Saint-Pierre-et-Miquelon, et le candidat François Mitterrand fait savoir en avril 1981 qu'il entend faire «revenir l'archipel à un statut particulier» dans l'hypothèse de son élection[28]. L'engagement sera tenu et c'est la loi du 11 juin 1985[29] qui règle la question en faisant de l'archipel une **collectivité territoriale** *sui generis*.

b) *La collectivité territoriale à statut particulier*

En préférant au statut de TOM la formule nouvelle de collectivité territoriale à statut particulier, le législateur masquait l'échec de la départementalisation tout en répondant aux vœux du Conseil général de Saint-Pierre-et-Miquelon de retrouver un statut particulier (motion du 26 juin 1984).

Cette formule connaissait déjà trois précédents : Paris, Mayotte et la Corse, et le Conseil constitutionnel avait eu l'occasion d'en affirmer la constitutionnalité en examinant précisément la loi n° 82-214 créant la région de Corse. Il n'est pas sans intérêt de rappeler son interprétation de la disposition prescrite par l'article 72 de la Constitution : «toute autre collectivité est créée par la loi», quand il affirme qu'elle «n'exclut nullement la création de catégories de collectivités territoriales qui ne comprendraient qu'une unité» (CC, 25 février 1982, déc. 82-138, DC, *Rec.*, p. 41).

La loi du 11 juin 1985 incorpore dans un statut original[30] les institutions traditionnelles de la commune de droit commun, celles renouvelées du département tout en créant un comité économique et social emprunté à l'organisation régionale, le tout assorti de compétences très larges amalgamant celles d'un département et d'une région d'outre-mer.

Le *Conseil général* demeure l'institution délibérante avec 19 membres élus selon le mode de scrutin de liste prévu par la loi du 19 novembre 1982 pour les communes de plus de 3 500 habitants. Leur mandat est de six ans.

C'est un **Conseil général** aux pouvoirs renforcés qui règle les affaires de la nouvelle collectivité territoriale. Il combine les compétences reconnues à un département et celles d'une région d'outre-mer en matière d'éducation, à l'exclusion de l'enseignement secondaire qui relève de l'État (art. 20). Il retrouve les compétences douanières et fiscales perdues avec la départementalisation de 1976 de même que ses attributions en matière d'urbanisme et de logement.

---

28. *Cf.* lettre au sénateur-maire de Saint-Pierre-et-Miquelon et président du Conseil général, citée par D. JULIA *in JO*, déb. Ass. nationale du 30 novembre 1984, p. 6473.

29. Loi n° 85-595 du 11 juin 1985 relative au statut de l'archipel de Saint-Pierre-et-Miquelon, *JO* du 14 juin 1985, p. 6551.

30. *Cf.* T. MICHALON, «Une nouvelle étape vers la diversification des régimes des collectivités territoriales : le nouveau statut de Saint-Pierre-et-Miquelon», *RFDA*, n° 2, mars-avril 1986, p. 192 et suiv.

Outre ses compétences délibératives, ce Conseil général dispose de *pouvoirs consultatifs importants* en matière d'élaboration des projets de lois, des accords régionaux et internationaux. Ces dernières compétences forment un trait commun avec le nouveau régime des régions d'outre-mer, à la différence que l'organe essentiel de gestion de l'archipel est un Conseil général unique en son genre. Il est également associé à sa demande aux opérations de l'État concernant l'exploration, l'exploitation, la conservation et la gestion des ressources naturelles dans la zone économique exclusive.

Exerçant des compétences de type régional, le Conseil général est assisté d'un *comité économique et social* (art. 18) de 14 membres regroupés en quatre catégories :

> – la 1re compte 5 représentants des activités professionnelles non salariées dont 2 désignés par le comité professionnel des pêches et cultures marines ;
> – la 2e se compose de 5 représentants des syndicats désignés par les syndicats représentatifs de l'archipel ;
> – la 3e compte 3 représentants des organismes participant à la vie collective ;
> – la 4e se réduit à une personnalité qualifiée désignée par arrêté du Premier ministre.

L'article 18 alinéa 3 de la loi du 11 juin 1985 établit une incompatibilité entre les fonctions de conseiller général et celles de conseiller économique et social. L'article 4 du décret du 26 novembre 1986 fixe la durée de leur mandat à six ans.

Enfin, le *président du Conseil général* élu lui aussi pour six ans est l'exécutif de la collectivité territoriale sans disposer toutefois des pouvoirs de police du domaine attribués à ses homologues des départements métropolitains et d'outre-mer. Ces pouvoirs de police incombent au préfet (art. 38 de la loi du 11 juin 1985). Il n'est pas non plus le chef des services de la collectivité qui dispose par convention des services déconcentrés de l'État qui fonctionnent pour son compte mais sous l'autorité du préfet de Saint-Pierre-et-Miquelon.

Enfin, le statut de 1985 place de nouveau l'archipel en dehors de l'espace douanier et fiscal de la Communauté européenne et lui redonne tous les avantages d'un PTOM auquel l'article 227 du Traité de Rome est inopposable.

L'archipel reste néanmoins confronté aux tensions latentes et plus ou moins permanentes opposant les Saint-Pierrais, les Canadiens et les Malouins sur *l'exercice des droits de pêche*. Par ailleurs, le contentieux franco-canadien sur la *délimitation de la zone économique exclusive* a fait l'objet d'un compromis en date du 30 mars 1989 confiant le règlement de la question à l'arbitrage d'un tribunal international réuni à New York. La pêche étant la principale ressource économique de l'archipel, les questions intéressant les zones de pêche et les quotas étaient d'un intérêt majeur. L'arbitrage rendu le 10 juin 1992 a été défavorable à la France. Mais, tenant compte de cette décision du tribunal d'arbitrage, le procès-verbal d'application de l'accord relatif aux relations réciproques entre la France et le Canada en matière de pêche du 27 mars 1972 signé à Paris le 2 décembre 1994, complété par une annexe signée le 14 avril 1995[31] témoigne d'une volonté commune de concertation et de coopération et du souci de prendre en compte la situation particulière de l'archipel.

---

31. *Cf.* Décret n° 95-1033 du 18 septembre 1995 portant publication du procès-verbal d'application de l'accord, *JO* du 21 septembre 1995, p. 13843.

L'accord prévoit notamment une coopération en matière de conservation et de gestion des stocks, de même que des ententes entre les entreprises de pêche et de transformation. Un *Conseil consultatif* composé de représentants des deux parties se réunit au moins une fois par an. Il est chargé plus particulièrement de recommander des niveaux de totaux admissibles des captures (TAC). Les parts annuelles françaises et canadiennes sont exprimées en pourcentage des TAC et fixées annuellement. Chaque partie peut exercer une surveillance et un contrôle et doit porter à la connaissance de l'autre partie les informations dont elle dispose sur les prises des stocks. À titre préventif, en cas de difficultés ou de désaccord sur les TAC, des *consultations* se tiennent entre les parties pour trouver une solution dans un délai de sept jours. Au-delà et en cas d'échec, une suspension des possibilités de pêche est prévue et elle n'est levée que lorsqu'une solution satisfaisante a été trouvée.

Il faut souhaiter que cet accord qualifié dans son préambule « d'arrangement de voisinage » à l'égard de Saint-Pierre-et-Miquelon mette un terme positif à une période difficile pour l'archipel.

B. Mayotte

La deuxième collectivité d'outre-mer à statut particulier est l'île de Mayotte, située dans l'océan Indien à l'extrémité nord du canal de Mozambique, à 300 km de Madagascar et à 8 000 kilomètres de la métropole[32].

Cette île est en fait un archipel de 375 kilomètres carrés pour une population de près de 100 000 habitants. Soumise dès le Xe siècle à l'influence de l'islam, elle fut pendant des siècles terre de conflits et de convoitises pour les sultans des Comores et les pilleurs de Madagascar.

Le régime de cette île, qui est devenue française en 1841, a connu bien des vicissitudes.

À la fin du XIXe siècle, les trois îles Comores constituées en protectorats sont réunies progressivement à la colonie de Mayotte pour bénéficier d'un régime commun particulier que le décret du 6 juillet 1887 précise en ces termes : « La colonie de Mayotte et les protectorats de la Grande Comore, d'Anjouan et de Mohéli forment un groupe d'établissements coloniaux indépendants, placés sous l'autorité politique d'un administrateur des colonies résidant à Mayotte. »

Ce régime reconduit par décret du 9 septembre 1899 disparaît au profit d'un rattachement administratif au gouvernement général de Madagascar organisé par décret du 9 avril 1908 avant que les trois protectorats ne soient eux-mêmes transformés en colonies, l'ensemble des Comores ne formant plus jusqu'en 1946 qu'une des circonscriptions administratives de Madagascar. À cette date, l'archipel en est à nouveau séparé dans le cadre de la décolonisation.

Mayotte est alors réunie aux trois autres îles de l'archipel des Comores pour former une entité administrative nouvelle, le *territoire des Comores* organisé par la loi du 9 mai 1946.

a) *L'évolution du territoire des Comores*

L'évolution de 1946 à 1976 est marquée par la volonté des Mahorais de se démarquer des autres Comores et par leur choix clairement exprimé d'être Français.

---

32. *Cf.* V. GOHIN et P. MAURICE, « Mayotte », CEA-Cerigoi, publié par l'université de la Réunion, 1992.

Confirmées **territoire d'outre-mer en 1958**, les Comores voient leur statut évoluer progressivement dans le sens d'une plus grande autonomie avec la loi du 22 décembre 1961, mais le transfert du chef-lieu à Moroni dès 1962 alimente les rivalités entre la Grande Comore et Mayotte où la situation politique se dégrade pour aboutir à une revendication d'indépendance par rapport aux autres Comores, soutenue par le Mouvement Populaire Mahorais (MPM).

La loi du 3 janvier 1968 renforce le dispositif administratif établi en 1961 sans régler les problèmes politiques internes, et face à la demande d'indépendance, le gouvernement français, à la suite de la résolution de la Chambre des députés de Moroni en date du 23 décembre 1972, décide d'appliquer l'article 53 de la Constitution. Cet article dispose en effet : « *Les traités... qui comportent cession, échange ou adjonction de territoire ne peuvent être ratifiés ou approuvés qu'en vertu d'une loi. Ils ne prennent effet qu'après avoir été ratifiés ou approuvés. Nulle cession, nul échange, nulle adjonction de territoire n'est valable sans le consentement des populations intéressées.* » Il y a là une double garantie pour les minorités, qu'il s'agisse d'une cession, d'un échange ou d'un rattachement de territoire à la France, puisque dans tous les cas, il faut obtenir d'une part le consentement des populations intéressées, ce qui suppose leur consultation préalable, et d'autre part l'accord du peuple français exprimé par une loi ordinaire ou référendaire autorisant la ratification ou l'approbation du traité de cession, d'échange ou d'adjonction.

La loi du 23 novembre 1974 organise en conséquence la *consultation des populations des Comores*, le pluriel introduit par un amendement sénatorial permettant un décompte des voix île par île, et non le décompte global qu'aurait impliqué la consultation de « la population du Territoire des Comores ». Alors que l'indépendance obtient la quasi-unanimité dans les trois autres îles, la population de Mayotte se prononce à la majorité des deux tiers en faveur de son maintien dans la République française (63,82 % des suffrages exprimés).

Les résultats très nets de cette consultation réalisée le 22 décembre 1974 permettaient d'enclencher le processus législatif conduisant à la constitution de l'État indépendant des Comores, tout en respectant la volonté individualisée des Mahorais, ce que traduit la loi du 3 juillet 1975 vivement contestée par les autorités de Moroni qui revendiquent la cession immédiate et globale du territoire.

La loi du 31 décembre 1975 satisfait à la demande de solution immédiate en prenant acte de la déclaration unilatérale d'indépendance de l'État comorien et en donnant date de la reconnaissance de cet État par la France. S'agissant de la demande de cession de Mayotte, la loi organise une nouvelle consultation de sa population, consultation spécifique cette fois, ce qui permettait de vérifier et d'authentifier la volonté d'indépendance ou de maintien au sein de la République.

Reconsultés le 8 février 1976, les Mahorais manifestent à nouveau leur volonté majoritaire de rester Français. Cette volonté claire et ferme ne peut désormais être remise en cause que par eux-mêmes en dépit des multiples pressions internes et internationales ou des revendications de l'État comorien à l'origine d'un différend franco-comorien sur l'île de Mayotte[33]. L'évocation d'une « décolonisation inachevée » de l'archipel des Comores ne repose sur aucun fondement juridique capable d'*imposer* à

---

33. *Cf.* André ORAISON, « Quelques réflexions critiques sur la conception française du droit des peuples à disposer d'eux-mêmes à la lumière du différend franco-comorien sur l'île de Mayotte », *RDI*, 1984, n° 4, p. 264.

Mayotte la cession qu'elle refuse. Le Conseil constitutionnel a pu affirmer opportunément dans sa décision du 30 décembre 1975 que «les dispositions de la loi... qui concernent cette île ne mettent en cause aucune règle du droit international»[34].

Restait à définir un statut adapté pour Mayotte.

b) *Le statut actuel de Mayotte*

La solution a été soumise à un référendum pour ou contre le maintien du statut de TOM réduit à la seule île de Mayotte, en l'adaptant à sa nouvelle situation, avec l'objectif de préserver les avantages et les acquis du particularisme local. Les Mahorais consultés le 11 avril 1976 se prononcèrent à la majorité de 79,60 % des votants en faveur d'une *départementalisation* qui ne leur était pas proposée grâce à des bulletins de vote pré-imprimés en faveur du DOM par le MPM, mais décomptés nuls conformément aux règles du Code électoral. En réalité, l'application de cette option des Mahorais, conforme aux vœux de leurs élus aurait pu desservir leurs intérêts économiques bien compris, en entraînant l'application du principe d'assimilation législative, et surtout l'intégration dans l'espace douanier et fiscal de la Communauté européenne.

Le choix du statut était donc en définitive restreint, celui de TOM étant nettement refusé par la population et celui de DOM inadapté au développement économique et social de l'île[35].

Finalement, la loi du 24 décembre 1976 fait de Mayotte une **collectivité territoriale** *sui generis* avec un *Conseil général* et un *représentant de l'État*. Le statut est assez proche de celui des départements métropolitains, notamment par le fait que ce Conseil général est élu sur la base de cantons[36] au scrutin uninominal majoritaire à deux tours. La loi n° 82-213 du 2 mars 1982 ne s'appliquant pas à Mayotte, les institutions de caractère départemental mises en place par le nouveau statut de Mayotte obéissent au régime institué par la loi du 10 août 1871 modifiée. En conséquence, le Conseil général élit *son président et son bureau*, de même qu'une *commission permanente*.

Mais le transfert de l'exécutif départemental n'étant pas applicable à Mayotte, le préfet continue à bénéficier du dédoublement fonctionnel exercé en métropole de 1871 à 1982. Le préfet est *le représentant de l'État* dans la collectivité, et à ce titre le chef des services déconcentrés de l'État. C'est également lui qui met en œuvre les *contrôles sur les actes de la collectivité*, contrôle administratif devant le tribunal administratif de Mamoudzou (art. 63 de la loi du 4 janvier 1993 et décret du 1er juin 1994) et contrôle budgétaire devant la chambre régionale des comptes de la Réunion (ordonnance du 22 juillet 1991). Mais le préfet est aussi l'exécutif du Conseil général et l'ordonnateur des dépenses de la collectivité.

Quant au *régime juridique* mis en place à Mayotte, il s'inspire de celui des TOM en ce sens qu'il préserve le *particularisme local*, en ce sens que les lois de la métro-

---

34. *Cf.* CC déc. 75-59 du 30 décembre 1975, Autodétermination des Comores, *Rec.* p. 26. Voir *Clunet* 1976, p. 392, note Ruzié, *RDP* 1976, p. 557, note Favoreu.

35. L'exemple du DOM de la Réunion oblige à nuancer les désavantages économiques en fonction des situations et cas par cas.

36. Sur le redécoupage des cantons de Mamoudzou *cf.* décret n° 94-41 du 13 janvier 1994, *JO* du 15 janvier 1994, p. 821.

pole ne s'appliquent pas automatiquement à la nouvelle collectivité. La loi du 24 décembre 1976 dispose que « les lois nouvelles ne sont applicables à Mayotte que sur mention expresse », sans que le principe de spécialité législative s'accompagne ici d'une nécessité de promulgation et de publication locales.

Ainsi, la loi du 4 février 1995 d'orientation pour l'aménagement et le développement du territoire désigne un certain nombre de ses articles directement applicables à Mayotte. L'article 88 I vise les principes de correction des inégalités (art.1) et une série de dispositions financières permettant l'accès au nouveau fonds de péréquation des transports aériens (art. 35), au fonds d'investissement des transports terrestres et des voies navigables (art. 37 I), au fonds de gestion de l'espace rural (art. 38) et au fonds national de développement des entreprises (art. 43). Le même article 88 II complète la loi du 7 janvier 1983 d'un article 34 *quater* qui transpose à Mayotte en les adaptant les règles fixant le nouveau schéma régional d'aménagement et de développement du territoire élaboré en l'espèce par le Conseil général et approuvé par le représentant du gouvernement.

Mais la mise en application à Mayotte du droit métropolitain a suivi le plus souvent la voie des *ordonnances de l'article 38* de la Constitution. Depuis 1976 quatre trains d'ordonnances ont déjà permis d'harmoniser le droit mahorais par extension et adaptation notamment :

– du Code électoral (ordonn. n° 77-122 du 10 février 1977) ;
– du Code des communes (ordonn. n° 77-450 du 29 avril 1977) ;
– des règles de promulgation et de publication des lois et décrets et de l'organisation de la justice (ordonn. n° 81-295 du 1er avril 1981).
La loi d'habilitation n° 89-923 du 23 décembre 1989 a permis de même l'adaptation à Mayotte de nombreux Codes dont :
– le Code rural (ordonn. n° 91-34 du 10 janvier 1991) ;
– le Code pénal et certaines dispositions de droit pénal et de procédure pénale (ordonn. n° 91-245 du 25 février 1991) ;
– du Code du travail (ordonn. n° 91-246 du 25 février 1991) ;
– du régime budgétaire et comptable (ordonn. n° 91-755 du 22 juillet 1991) ;
– du Code de la famille et de l'aide sociale (ordonn. n° 91-888 du 5 septembre 1991).
La loi d'habilitation n° 91-1380 du 28 décembre 1991 a été suivie à son tour des ordonnances portant adaptation notamment :
– de diverses dispositions relatives aux marchés publics (ordonn. n° 92-254 du 4 mars 1992) ;
– du Code des assurances (ordonn. n° 92-255 du 4 mars 1992) ;
– du Code de la route (ordonn. n° 92-256 du 4 mars 1992).

Les ordonnances adaptant le droit interne dans un grand nombre de domaines sont déjà nombreuses complétées elles-mêmes par leurs décrets d'application. Mais le processus continu est loin d'être achevé. La loi n° 91-1 du 2 janvier 1996[37] relative à l'extension et à l'adaptation de la *législation en matière pénale* a permis l'adoption

---

37. *Cf.* Loi n° 96-1 du 2 janvier 1996, *JO* du 3 janvier, p. 53.

de l'ordonnance du 28 mars 1996[38] consacrée à l'entrée en vigueur du nouveau Code pénal dans les territoires d'outre-mer et dans la collectivité territoriale de Mayotte. Une loi d'habilitation en date du 5 février 1996[39] autorise le gouvernement à prendre par ordonnance avant le 15 septembre 1996 les mesures nécessaires à la détermination d'un *statut général des fonctionnaires* de la collectivité territoriale de Mayotte. Ce statut fait l'objet de l'ordonnance n° 96-782 du 5 septembre 1996.

Cette large extension du droit national se combine néanmoins avec le maintien du *statut personnel musulman* conformément à l'article 75 de la Constitution, et ceci avec tous les droits qui s'y rattachent, notamment en matière de justice.

Il reste paradoxalement que le statut actuel qui dure depuis 1976 a été conçu à l'origine comme un *statut provisoire*. La loi du 24 décembre 1976 prévoyait que les Mahorais devaient être consultés à nouveau en 1979. Une loi du 22 décembre 1979[40] proroge cependant de cinq ans le délai prévu en 1976 et c'est donc fin 1984 que la population aurait dû normalement se prononcer sur le statut après avis du Conseil général. Cette procédure, qui permet aux Mahorais de se déterminer soit en faveur du maintien du statut actuel, soit en faveur de la transformation de Mayotte en département, soit en faveur de tout autre statut spécial, est en fait reportée *sine die*, et Mayotte vit toujours sur le régime mis en place en 1976. Il semble d'ailleurs que, dans l'ensemble, les Mahorais souhaitent toujours rester français.

L'évolution du statut est néanmoins probable, ne serait-ce que par une meilleure application du droit de la décentralisation. Une consultation de la population est également toujours possible. Elle permettrait aux Mahorais de faire connaître leur choix, en particulier s'ils désirent à nouveau bénéficier d'un statut départemental qui puisse garantir leur avenir au sein de la République française.

Reste à préciser la situation juridique des territoires d'outre-mer au sens propre tels qu'ils sont visés par la Constitution.

§ 2. LES TERRITOIRES D'OUTRE-MER

L'article 74 de la Constitution prévoit une organisation particulière des TOM, fondée sur leurs intérêts propres dans l'ensemble des intérêts de la République.

Il y a quatre territoires d'outre-mer. D'une part, les deux territoires de Wallis-et-Futuna et les Terres australes et antarctiques françaises, dont l'administration ne soulève pas de difficulté majeure et qui n'a pas été touchée par les réformes de 1984.

Les deux autres territoires sont d'une part, la Polynésie française, et d'autre part, la Nouvelle-Calédonie dont les régimes ont fait l'objet de réformes importantes en 1984.

---

38. *Cf.* Ordonnance n° 96-267 du 28 mars 1996, *JO* du 31 mars 1996, p. 4957.
39. *Cf.* Loi n° 96-87 du 5 février 1996, *JO* du 6 février 1996, p. 1823 et ordonnance n° 96-782 du 5 septembre 1996, *JO* du 11 septembre 1996, p. 13518 à 13521.
40. Loi n° 79-113 du 22 décembre 1979.

A. Le territoire de Wallis-et-Futuna

Le plus petit et le plus isolé des TOM, le territoire de Wallis-et-Futuna, couvre une superficie de 274 kilomètres carrés répartie en deux archipels, celui de Wallis avec pour chef-lieu Mata-Utu et celui de Futuna, pour une population de 12 000 habitants d'origine polynésienne.

Faisant suite au protectorat français établi depuis 1887 sur les îles Wallis et depuis 1888 sur les îles Futuna, le statut actuel de territoire d'outre-mer a été choisi après que la population ait exprimé à la quasi-unanimité sa volonté d'intégration dans la République française lors du référendum du 22 décembre 1959.

C'est la loi n° 61-814 du 29 juillet 1961 complétée par deux décrets du 14 mars 1962 et modifiée par la loi du 18 octobre 1978, qui fixent l'organisation du territoire resté à l'écart de la décentralisation de 1982.

Les institutions privilégient en effet la déconcentration en attribuant l'essentiel des compétences à *l'administrateur central* nommé par décret en Conseil des ministres pour représenter l'État et par dédoublement fonctionnel pour représenter simultanément le territoire. À ce dédoublement qui était celui du préfet métropolitain avant 1982 et qui est aussi celui du Haut commissaire de la Nouvelle-Calédonie dans le statut du 9 novembre 1988 s'ajoute la fonction particulière de chef de circonscription.

a) *La représentation de l'État*

Les *compétences de l'État* sur le territoire sont énumérées par la loi et concernent : la défense du territoire, l'ordre et la sécurité publics, le respect des lois, des règlements et des décisions de justice, les relations et communications extérieures, l'enseignement, l'état civil, le fonctionnement du Trésor et de la douane, le contrôle administratif et financier.

Ces compétences sont exercées par des services placés sous l'autorité de l'administrateur supérieur du territoire. L'article 8 de la loi du 29 juillet 1961 lui reconnaît en outre plus spécialement des compétences pour assurer la protection sanitaire du territoire, proclamer l'état d'urgence dans les conditions prévues par les lois et les décrets, et plus généralement prendre toutes mesures qu'il juge nécessaires à la bonne marche des institutions locales, la protection des citoyens et de leurs biens, de même qu'à la sauvegarde des personnes, de l'économie locale ou des libertés.

Il faut ajouter que des textes particuliers attribuent certaines compétences spécifiques au *Haut commissaire de Nouvelle-Calédonie* qui est notamment aux termes du décret du 25 mai 1979 le délégué du Gouvernement pour les actions de l'État dans les eaux bordant les côtes des îles Wallis-et-Futuna.

La loi organique n° 95-173 du 20 février 1995[41] complète le statut notamment par des dispositions budgétaires et comptables.

b) *La représentation du territoire*

Elle est assurée par une assemblée territoriale de 25 membres élus au scrutin de liste à la représentation proportionnelle, sans panachage ni vote préférentiel.

Cette assemblée désigne en son sein une *commission permanente* de quatre membres originaires des trois îles principales, deux représentant la circonscription de

---

41. *Cf.* Loi n° 95-173 du 20 février 1995, *JO* du 21 février 1995, p. 2751.

Wallis où ils doivent résider obligatoirement, un celle de Futuna (Alo) et un celle de Sigavé. Cette commission joue un rôle essentiel puisque non seulement elle règle les affaires qui lui sont renvoyées par l'assemblée, mais encore en cas d'urgence ou d'impossibilité de réunir l'assemblée dans les délais nécessaires, elle peut délibérer et émettre des avis dans les matières relevant de la compétence de l'assemblée qui lui sont soumises par l'administrateur supérieur après avis du Conseil territorial.

Une *tutelle a priori* s'exerce à l'égard des délibérations de l'assemblée et de sa commission qui ne sont définitives et exécutoires qu'après approbation de l'administrateur supérieur chargé aussi de leur exécution.

C'est en effet l'*administrateur supérieur*, véritable chef du territoire qui en est l'*exécutif*. À ce titre, il représente le territoire dans tous les actes de la vie civile, il est le chef des services territoriaux, l'ordonnateur du budget et dispose du pouvoir réglementaire.

Il est assisté d'un *Conseil territorial* consultatif qui intègre les institutions coutumières du territoire puisqu'il est composé des trois rois, chefs traditionnels et membres de droit, et de trois membres nommés par l'administrateur supérieur après accord de l'assemblée territoriale, mais en dehors d'elle. Présidé par l'administrateur supérieur, les trois rois sont les vice-présidents de ce Conseil qui examine notamment tous les projets soumis à l'assemblée.

c) *Les circonscriptions territoriales*

Le territoire de Wallis-et-Futuna est divisé en trois circonscriptions territoriales qui correspondent aux trois aires coutumières dénommées aussi royaumes : Wallis, Alo et Sigavé. Chacune d'entre elles est dotée de la personnalité morale et peut disposer d'un budget établi annuellement par le chef de circonscription et rendu exécutoire par l'administrateur supérieur.

Chaque circonscription est représentée par le *chef de circonscription* dans tous les actes de la vie civile et comporte en outre un Conseil de circonscription.

L'administrateur supérieur du territoire est en même temps chef de la circonscription de Wallis, et c'est lui qui nomme par arrêté les deux autres chefs de circonscription. Chacun d'entre eux dispose pour sa circonscription d'un pouvoir réglementaire.

Le chef de circonscription est assisté d'un *Conseil de circonscription* dont les membres sont élus selon les règles coutumières et dont le président qui représente la circonscription en justice est le roi coutumier du ressort. Les chefs traditionnels sont donc ainsi tous associés à la gestion du territoire, ce qui confère à son statut un particularisme fortement ancré sur la coutume.

Il faut ajouter à ce dispositif deux caractéristiques supplémentaires. La première est qu'*il n'y a pas de commune* sur le territoire mais trente-deux *villages* dans lesquels sont établis les listes électorales. La seconde est que la population a conservé dans sa grande majorité un *statut personnel coutumier* soumis au droit local coutumier en matière civile et commerciale conformément à l'article 75 de la Constitution et à l'article 3 de la loi du 29 juillet 1961. En cas de renoncement au statut coutumier, c'est le droit commun qui s'applique et les juridictions de droit commun qui redeviennent compétentes, juridictions de l'ordre judiciaire : tribunal de grande instance de Mata-Utu relevant de la cour d'appel de Nouméa, cour d'assises de Wallis-et-Futuna et en matière administrative, Conseil du contentieux administratif de Wallis-et-Futuna siégeant à Nouméa.

Si ce statut original des îles Wallis-et-Futuna traduit une autonomie limitée comparée aux acquis de la décentralisation et appelée par là même à évoluer, le statut des Terres australes et antarctiques françaises relève tout entier de l'administration d'État malgré un classement trompeur dans la catégorie des territoires d'outre-mer.

B. Les Terres australes et antarctiques françaises

Les Terres australes et antarctiques françaises regroupent trois archipels de l'océan Indien situés au sud du département de la Réunion, découverts dès 1552, et délimitant à eux trois une zone économique exclusive de 1 750 000 kilomètres carrés : les îles Kerguelen, les îles Saint-Paul et Amsterdam et les îles Crozet. D'autre part, et à plus de 4 000 kilomètres de cet ensemble, la Terre Adélie avec sa base scientifique de Dumont d'Urville, située sur le cercle polaire antarctique et recouvrant 432 000 kilomètres carrés de terres glacées. L'ensemble de ce territoire d'outre-mer se caractérise par des conditions météorologiques excluant toute population permanente.

Il en résulte trois conséquences juridiques importantes.

1° Les Terres australes et antarctiques françaises sont le seul territoire d'outre-mer *à ne pas être représenté* nationalement *au Sénat* comme le prévoit l'article 24 alinéa 3 de la Constitution qui dispose *in fine* : « les Français établis hors de France sont représentés au Sénat ».

2° Pour la même raison, *il n'existe pas d'assemblée locale* pour les représenter et assurer la libre administration prévue pour les collectivités territoriales de la République par l'article 72 alinéa 2.

3° Enfin, l'article 74 alinéa 2 qui stipule que les statuts des territoires d'outre-mer sont fixés par des lois organiques et *modifiés* dans la même forme « après consultation de l'assemblée territoriale intéressée » est là encore inapplicable.

Le statut actuel de ces terres vouées essentiellement aux missions scientifiques, présente par là même un caractère exceptionnel, unique dans notre droit.

L'organisation administrative découle de la loi du 6 août 1955 qui constitue ce territoire d'outre-mer et des décrets des 13 janvier et 18 septembre 1956 modifiés, complétés eux-mêmes par arrêtés territoriaux. Du point de vue institutionnel, le territoire est placé sous l'autorité d'un administrateur supérieur assisté d'organes de Conseil, et déconcentré en districts.

a) *L'administrateur supérieur*

Le *siège du territoire*, longtemps fixé à Paris, s'est enfin rapproché géographiquement de la zone concernée pour être désormais fixé dans le département de la Réunion par décret du 14 mars 1996[42]. Son administration relève pour l'essentiel de *l'administrateur supérieur*, nommé par décret en Conseil des ministres pour être dépositaire des pouvoirs de la République en même temps que le chef du territoire[43], selon un dédoublement fonctionnel qui renforce sa position.

---

42. *Cf.* Décret n° 96-200 du 14 mars 1996, *JO* du 16 mars 1996, p. 4087.
43. C'est actuellement M. Pierre LISE, préfet, directeur de cabinet du préfet de la région d'Ile-de-France, préfet de Paris, qui a été nommé administrateur supérieur par décret du 14 mars 1996, *JO* du 16 mars 1996, p. 4110.

Cet administrateur supérieur désigne le secrétaire général du territoire qui dirige les services administratifs et financiers et à qui il peut déléguer ses compétences.

L'administrateur supérieur dispose en outre d'un pouvoir réglementaire étendu, détermine les impôts applicables au territoire par arrêtés soumis à l'approbation du ministre chargé des TOM. IL fixe les droits de douane, représente le territoire en justice sauf en cas de litige entre l'État et le territoire, auquel cas celui-ci est représenté par le président du comité consultatif territorial.

Il est également responsable de l'ordre public et de la défense dans le territoire, la police administrative générale en mer relevant toutefois du préfet de la Réunion en vertu du décret du 25 mai 1976.

b) *Les organismes consultatifs*

Quatre organismes consultatifs territoriaux dont deux plus importants sont d'origine, assistent l'administrateur supérieur.

– *Le comité consultatif territorial*, composé de sept membres désignés pour représenter les ministères et les organismes scientifiques intéressés, élit son président parmi ses membres et siège deux fois par an. De vocation administrative, il est consulté sur le budget, les programmes de la campagne de recherche et sur toute demande de concession ou d'exploitation.

– *Le comité scientifique* composé de douze personnalités désignées par décret définit les grandes orientations de recherche et de développement scientifique et technique et détermine les programmes annuels dont il suit le déroulement.

Deux organismes plus récents interviennent dans les matières relevant de leurs compétences : le *comité de l'environnement* créé par l'arrêté territorial n° 38 du 5 novembre 1982 et la commission des postes et télécommunications.

c) *Les districts*

Le territoire est déconcentré *en quatre districts* : Kerguelen, Saint-Paul et Amsterdam, Crozet et Terre Adélie. L'administrateur supérieur désigne un chef de district dans chacun d'entre eux et fixe par arrêté les pouvoirs qui lui sont délégués.

Aux termes de l'arrêté territorial n° 30 du 20 octobre 1963, *le chef de district* dirige l'administration locale et les services de l'État dans sa circonscription. Il est ainsi officier d'état civil et de police judiciaire, responsable de l'ordre public de même que des communications dans le district.

Cette administration se justifie par l'intérêt des *bases scientifiques permanentes* établies sur leur ressort : Port-aux-Français, Martin-de-Viviès, Alfred Faure et Dumont d'Urville.

Il convient de compléter l'analyse institutionnelle par trois observations.

1° Il faut noter tout d'abord que parallèlement aux institutions administratives, une gestion privée[44] des différentes activités scientifiques est venue développer une administration de mission en association avec le territoire. Les *Expéditions polaires françaises*

---

44. *Cf.* P. SCHULTZ, «Le Territoire des terres australes et antarctiques françaises : service de l'État ou administration de mission», *Annuaire des pays de l'océan Indien*, 1984-1985, p. 387.

créées par Paul-Émile Victor sous la forme d'une association d'utilité publique, sont chargées de gérer depuis 1947 les expéditions en Terre Adélie et fonctionnent sur la base d'une convention avec le Territoire qui en assure le financement. De la même façon, le nouvel *Institut français* pour la recherche et la technologie française — Expéditions Paul-Émile Victor —, créé sous la forme d'un groupement d'intérêt public, et dont la convention constitutive a été approuvée en 1992, est chargé de coordonner l'ensemble de la recherche dans les régions polaires. Cet institut associe l'État, le Territoire, le CNRS, le Centre national d'études spatiales, l'Institut français de recherche pour l'exploitation de la mer et l'association des Expéditions polaires françaises.

2° Le Territoire bénéficie de la protection internationale instituée sur le continent antarctique. Le Traité de Washington du 1er décembre 1959 organise la démilitarisation du continent et neutralise toutes les revendications territoriales au sud du 60e parallèle Sud. L'article XXII de la Convention de Canberra du 20 mai 1980 met en place un dispositif de conservation de la faune et de la flore marines de l'Antarctique. Enfin, un « gel » des activités minières pendant au moins cinquante ans a été décidé par le Protocole de Madrid en 1991. Le décret n° 96-252 du 27 mars 1996[45] fixe par ailleurs les conditions actualisées de la pêche maritime dans les Terres australes et antarctiques françaises.

L'administrateur supérieur joue un rôle important en la matière. Non seulement il délivre les autorisations de pêche sous forme de licence ou de permis, mais il détermine les règles et les interdictions nécessaires par arrêté pris après avis du Museum national d'histoire naturelle et avec l'accord du ministre chargé de la Pêche, du ministre chargé de l'Outre-mer et du ministre des Affaires étrangères (art. 2).

De plus, il peut intervenir pour protéger les secteurs géographiques surexploités et menacés dans un avenir prévisible de voir disparaître, soit l'existence d'une ressource halieutique, soit l'harmonie des écosystèmes, soit l'équilibre économique des pêcheries. Il peut en effet fixer des *totaux admissibles de captures (TAC)*, qui peuvent eux-mêmes être répartis en quotas pour une période donnée par zone géographique, par type de pêche, par groupement de navires ou par navire (art. 3 al. 1).

3° Le statut particulier des Terres australes et antarctiques françaises souligne de façon extrême l'intérêt de la diversification des TOM dont les régimes ne sauraient se réduire au cadre rigide d'un moule juridique uniforme.

C. La Polynésie française

En premier lieu, la Polynésie française représente une poussière d'îles disséminées sur un espace maritime de près de quatre millions de kilomètres carrés et regroupé en cinq archipels célèbres pour leur beauté et leur climat chaud et égal.

Les *îles de la Société* s'étirent sur 600 kilomètres de long et comptent environ 155 000 habitants répartis dans les îles du Vent dont la principale est Tahiti chef-lieu du territoire et qui a un rôle moteur sur le plan économique et politique, et les îles sous-le-Vent au nord-ouest des précédentes dont la plus connue est Bora-Bora.

L'archipel des Touamotou situé à 1 100 kilomètres à l'est de Tahiti est formé de 80 atolls environ dispersés sur une longueur de 1 500 kilomètres de long et comptent 12 000 habitants pour 774 kilomètres carrés. L'atoll de Mururoa sert de base d'expérimentation pour l'armement nucléaire français.

© ARMAND COLIN. La photocopie non autorisée est un délit.

---

45. *Cf.* Décret n° 96-252 du 27 mars 1996, *JO* du 29 mars 1996, p. 4800.

L'archipel des Marquises situé à 1 500 kilomètres au nord-est de Tahiti est formé par une douzaine d'îles volcaniques, françaises depuis 1842, et compte environ 7 000 habitants sur 1 274 kilomètres carrés. L'archipel, magnifié par les toiles de Gauguin qui repose dans l'île de Hiva-Oa, s'étire sur une longueur de 360 kilomètres et ses ressources en bois précieux méritent d'être signalées.

L'archipel des Toubouaï forme le groupe le plus méridional des îles polynésiennes à 600 kilomètres au sud de Tahiti avec cinq îles volcaniques dont Ruturu et compte plus de 6 000 habitants pour 174 kilomètres carrés. Coton, manioc et canne à sucre en sont les principales richesses.

Enfin, *l'archipel des Gambier* comprend une dizaine d'îlots montagneux dont l'île Mangareva et compte moins de 1 000 habitants pour 36 kilomètres carrés.

De 1885 à 1946, l'administration de la colonie française d'Océanie relevait d'un gouverneur général assisté d'un Conseil général de 18 membres remplacé par un Conseil consultatif à partir de 1903.

Devenue *territoire d'outre-mer* en 1946, la Polynésie française connaît une première évolution vers l'autonomie d'abord avec le décret du 25 octobre 1946[46], puis surtout avec le décret du 22 juillet 1957[47] pris en application de la loi-cadre Gaston Defferre du 23 juin 1956.

Le début de la Cinquième République est marqué par un recul de cette autonomie avec deux ordonnances du 23 décembre 1958[48]. Mais dès 1976 s'amorce un retour vers l'autonomie pour répondre aux revendications locales. La loi du 12 juillet 1977[49] reconnaît « la personnalité juridique et l'autonomie administrative et financière du territoire » qui se voit attribuer une *compétence de droit commun*, l'État n'ayant plus désormais qu'une compétence d'exception. Cette étape voit l'organisation d'un *Conseil du gouvernement*, l'exécutif étant partagé entre le Haut commissaire, représentant du gouvernement et président de droit du Conseil et un vice-président élu par les conseillers.

Mais c'est la loi du 6 septembre 1984 modifiée par la loi du 12 juillet 1990[50] qui donne à la Polynésie française son statut de « territoire d'outre-mer doté de l'autonomie interne dans le cadre de la République » (art. 1er), tout en soulignant « l'organisation particulière et évolutive » de ses institutions[51].

De plus, la loi reconnaît au Territoire le pouvoir d'**affirmer son identité** et sa spécificité dans deux domaines particulièrement sensibles pour la population. D'une part, l'article premier de la loi permet de façon symbolique de déterminer librement les **signes distinctifs** lui permettant de marquer sa personnalité comme un hymne, un sceau ou un emblème particulier, pouvant figurer dans les manifestations officielles publiques aux côtés des emblèmes de la République.

D'autre part, le statut de 1984 reconnaît l'**identité culturelle polynésienne** en prévoyant l'enseignement obligatoire de la langue tahitienne ou des autres dialectes polynésiens en plus du français.

---

46. *Cf.* Décret n° 46-2379 du 25 octobre 1946, *JO* du 27 octobre 1946, p. 9133 à 9138.

47. *Cf.* Décret n° 57-812 du 22 juillet 1957, *JO* du 23 juillet 1957, p. 7258.

48. *Cf.* Ordonnance n° 58-1337 du 23 décembre 1958, *JO* du 27 décembre 1958, p. 11871 (texte particulièrement restrictif).

49. *Cf.* Loi n° 77-772 du 12 juillet 1977, *JO* du 13 juillet 1977, p. 3703.

50. *Cf.* Loi n° 84-820 du 6 septembre 1984, *JO* du 7 septembre 1984, p. 2831, modifiée par la loi n° 90-612 du 12 juillet 1990, *JO* du 14 juillet 1990, p. 8319.

51. Voir sur la question A. GRUBER, « le statut d'autonomie de la Polynésie française », *Les Petites Affiches*, n° 68, 5 juin 1996, p. 18 à 23.

Ces dispositions sont en partie reconduites dans le statut d'autonomie actuel mis en place par la loi organique n° 96-312 du 12 avril 1996[52], dont le titre 1er de façon significative traite de l'autonomie avant même de préciser l'organisation des institutions du territoire et celles de l'État. L'article 1er alinéa 2 proclame que : «La Polynésie française est, au sein de la République, un territoire d'outre-mer doté d'un *statut d'autonomie*, qui exerce librement et démocratiquement les compétences qui lui sont dévolues par la présente loi.» Cette loi organique est elle-même complétée par une loi ordinaire du même jour[53] portant précisions notamment sur le rôle du délégué du gouvernement, les concours de l'État et certaines dispositions budgétaires et financières.

Il nous faut mesurer l'importance de l'autonomie du territoire que certains auteurs n'hésitent pas à considérer comme «achevée»[54] tant dans son organisation que dans ses compétences.

a) *L'organisation*

On peut distinguer deux niveaux principaux d'administration : territoire et État par leurs institutions respectives.

1. *Les institutions du territoire*

Elles sont profondément originales par leur caractère politico-administratif; leur dénomination et leur rôle ne sont pas sans évoquer des pouvoirs publics constitutionnels, mais leurs actes demeurent des actes administratifs soumis au contrôle de légalité.

Les organes du territoire comprennent une assemblée territoriale et son président, un gouvernement et son président et des institutions consultatives.

• *L'Assemblée de la Polynésie française :* elle siège au chef-lieu du territoire et comprend 41 membres élus[55] pour cinq ans au suffrage universel direct dans le cadre de cinq circonscriptions soit :

– Les îles du Vent	22 élus
– Les îles Sous-le-Vent	8 élus
– Les îles Touamotu et Gambier	5 élus
– Les îles Marquises	3 élus
– Les îles australes	3 élus

Les élections ont lieu «selon le mode de scrutin choisi pour les élections régionales» aux termes de l'article 2 de la loi du 18 décembre 1985, c'est-à-dire à la représentation proportionnelle.

---

52. *Cf.* Loi organique n° 96-312 du 12 avril 1996 portant statut d'autonomie de la Polynésie française, *JO* du 13 avril 1996, p. 5695 à 5705.

53. *Cf.* Loi n° 96-313 du 12 avril 1996, *JO* du 13 avril 1996, p. 5705 à 5707.

54. Voir *Les Petites Affiches* du 9 août 1995, p. 25.

55. Le décret n° 96-133 du 21 février 1996 fixe les élections pour le renouvellement de l'assemblée au 12 mai 1996, *JO* du 22 février 1996, p. 2866.

L'Assemblée de la Polynésie française tient chaque année *deux sessions ordinaires* de plein droit, session administrative de soixante jours ouverte le deuxième jeudi du mois d'avril, et session budgétaire de quatre-vingt jours ouverte le troisième jeudi de septembre, auxquelles s'ajoutent, sur convocation de son président et dans les conditions prévues par la loi, d'éventuelles *sessions extraordinaires*.

L'assemblée établit son règlement intérieur et élit annuellement son président et son bureau.

Le président de l'assemblée a seul la police de l'assemblée, il est le chef de ses services et l'ordonnateur de son budget, sauf à déléguer cette compétence à un questeur tout comme il peut déléguer sa signature aux vice-présidents ou aux responsables des services administratifs. Il peut encore décider d'ester en justice, en action ou en défense, au nom de l'assemblée (art. 81 al. 2 de la loi organique du 12 avril 1996).

Chaque année, l'Assemblée de la Polynésie française élit en son sein *la commission permanente* à la représentation proportionnelle des groupes selon le système de la plus forte moyenne.

La commission composée de neuf à treize membres titulaires et d'autant de membres suppléants adopte elle-même son propre règlement intérieur, élit son président, son vice-président et son secrétaire.

Entre les sessions, la Commission permanente règle par ses délibérations les affaires qui lui sont renvoyées par l'assemblée ou qui lui sont adressées directement par le gouvernement de la Polynésie française lorsque celui-ci en a déclaré l'urgence. Sont néanmoins exclus de la compétence de la commission permanente les votes du budget annuel du territoire, du compte administratif du territoire ou de la motion de censure. De plus, elle émet aussi des *avis* sur les textes pour lesquels la consultation de l'Assemblée de Polynésie est prévue et peut *émettre des vœux* à ses lieu et place (*ibid.*, art. 71).

D'une façon large, les attributions de l'Assemblée de la Polynésie française recouvrent *toutes les matières qui sont de la compétence du territoire* à l'exception de celles qui sont attribuées par la loi au Conseil des ministres ou au président du gouvernement de la Polynésie (*ibid.*, art. 60), ou encore à l'État.

C'est ainsi que l'Assemblée de la Polynésie française *vote le budget et approuve les comptes du territoire*. Le budget doit être voté en équilibre réel (*ibid.*, art. 61 et art. 99 al. 1). Ne sont obligatoires pour le territoire que les dépenses nécessaires à l'acquittement des dettes exigibles, et des dépenses pour lesquelles la loi a expressément décidé de leur donner caractère obligatoire (*ibid.*, art. 99 al. 2).

L'Assemblée de la Polynésie française dispose *du pouvoir réglementaire* en toute matière qui relève de sa compétence et il lui appartient d'assortir ses règlements de peines d'amendes et de peines complémentaires dans le cadre du droit pénal (*ibid.*, art. 62). Le produit de ces amendes est versé au budget du territoire. L'Assemblée peut également prévoir des sanctions administratives, notamment en matière fiscale, douanière ou économique.

Elle peut de même réglementer le *droit de transaction* en toutes matières administrative, fiscale, douanière et économique de sa compétence, sauf à obtenir l'accord préalable du procureur de la République lorsque la transaction porte sur des faits constitutifs d'infraction et qu'elle a pour effet d'éteindre l'action publique (*ibid.*, art. 64).

Dans le respect des lois applicables aux jeux de hasard et des règlements prévoyant le contrôle par l'État des *casinos, cercles, jeux et loteries*, l'Assemblée détermine les autres règles intéressant notamment les circonstances dans lesquelles ils peuvent être offerts au public.

L'Assemblée de la Polynésie française est encore compétente pour fixer les statuts-types des *sociétés d'économie mixte* qui associent le territoire ou ses établissements publics, à une ou plusieurs personnes privées et éventuellement à d'autres personnes publiques (*ibid.,* art. 66).

L'Assemblée de la Polynésie française peut de plus créer des *commissions d'enquête* de caractère temporaire, composées à la représentation proportionnelle des groupes politiques. Ces commissions sont chargées de recueillir des éléments d'information soit sur des faits déterminés, soit sur la gestion des services publics et soumettent leurs conclusions à l'Assemblée (*ibid.,* art. 67).

L'Assemblée de la Polynésie française dispose en outre d'un *pouvoir consultatif étendu* à l'égard des projets de loi de ratification ou d'approbation de conventions internationales traitant des matières ressortissant à la compétence territoriale (*ibid.,* art. 68). Il en est de même pour les propositions d'actes communautaires transmises à l'Assemblée touchant à l'association des pays et territoires d'outre-mer à la communauté et traitant de matières ressortissant à la compétence du territoire (*ibid.,* art. 68 al. 2). L'Assemblée dispose de deux mois pour se prononcer, délai réduit à un mois en cas d'inscription par priorité à l'ordre du jour demandée par le Haut commissaire (*ibid.,* art. 73 al. 2).

Enfin, dans les matières de la compétence de l'État, l'Assemblée de la Polynésie française peut *adopter des vœux* soit pour étendre des lois ou règlements métropolitains, soit pour abroger, modifier ou compléter les dispositions législatives ou réglementaires applicables au territoire, soit à l'occasion de la transmission des propositions d'actes communautaires intéressant le territoire (*ibid.,* art. 70 al. 1 et 2).

• *Le gouvernement de la Polynésie française* comprend un président élu par l'Assemblée parmi ses membres jusqu'à expiration du mandat de cette Assemblée, un vice-président chargé d'assurer l'intérim du président et les ministres dont les attributions sont définies par arrêté du président transmis au Haut commissaire et au président de l'Assemblée de la Polynésie française.

Les membres du gouvernement de la Polynésie française doivent être âgés de vingt-trois ans au moins et justifier avoir été domiciliés pendant au moins cinq ans en Polynésie française. Ils sont soumis par ailleurs à des *règles d'incompatibilité* rigoureuses (art. 12 à 15).

Le gouvernement de la Polynésie française se réunit en *Conseil des ministres* pour délibérer sur les questions inscrites à l'ordre du jour arrêté par son président (*ibid.,* art. 22 et 23 al. 1). Le Haut commissaire est entendu par le Conseil des ministres sur demande du ministre chargé des Territoires d'Outre-mer, ou à sa demande, si le Conseil est saisi pour avis de questions inscrites à l'ordre du jour à la demande du même ministre (art. 23 al. 2 et 3).

Les séances du Conseil des ministres n'étant pas publiques, les décisions adoptées par lui sont portées à la connaissance du public par voie de communiqué (*ibid.,* art. 24).

Le Conseil des ministres est chargé *collégialement et solidairement* des affaires de la compétence du gouvernement. Il arrête les projets de délibération à soumettre à l'Assemblée de la Polynésie française ou à sa commission permanente et prend les règlements nécessaires à l'exécution des délibérations adoptées par l'une ou par l'autre (art. 26). Les actes arrêtés en Conseil des ministres sont signés par le président du gouvernement avec le contreseing des ministres chargés de leur exécution.

• Les attributions individuelles relèvent du *président du gouvernement* de la Polynésie française qui *représente le territoire* et détient la charge de l'exécution des délibérations de l'Assemblée de la Polynésie française et de sa commission permanente. À ce titre, il signe tous les contrats et assure la publication au Journal officiel de la Polynésie française des actes ressortissant à la compétence des institutions du territoire. Il est le chef de l'administration territoriale.

• Mais ce sont *les rapports entre le gouvernement de la Polynésie française et l'Assemblée du territoire* qui soulignent le mieux le caractère politique des institutions.

En effet, l'Assemblée de la Polynésie française peut mettre en cause *la responsabilité* de son gouvernement par l'adoption d'une *motion de censure.*

La loi actuelle fait toutefois disparaître la possibilité de censure ouverte à l'Assemblée lors de la mise en place du gouvernement du territoire. L'ancien article 8 de la loi du 6 septembre 1984 prévoyait l'équivalent d'un vote d'investiture comme l'organisait la Constitution de 1946 pour le gouvernement de la République. La loi du 12 juillet 1990 supprimait le vote de l'Assemblée, mais disposait dans un article 8 nouveau que l'arrêté de nomination du vice-président et des autres ministres désignés par le président du gouvernement du territoire ne pouvait prendre effet que si aucune motion de censure n'était déposée dans les quarante-huit heures suivant sa notification au président de l'Assemblée territoriale.

Désormais, la loi organique du 12 avril 1996 dispose que la nomination du vice-président et des autres ministres prend effet *dès la notification* au Haut commissaire et au président de l'Assemblée de la Polynésie française de l'arrêté du président du gouvernement. Cette notification est enfermée dans un délai de cinq jours suivant l'élection du président.

S'il n'y a plus de possibilité de censurer la nomination des membres du gouvernement de la Polynésie française, l'Assemblée continue *à pouvoir renverser* ce gouvernement en mettant en cause sa responsabilité par le vote d'une motion de censure selon un dispositif calqué sur l'article 49 alinéa 2 de notre Constitution (art. 77 de la loi organique du 12 avril 1996). L'adoption de la *motion de censure* met fin aux fonctions des membres du gouvernement de la Polynésie française. Ce contrôle politique interne est en quelque sorte la contrepartie des compétences étendues de ce gouvernement.

Inversement, le Conseil des ministres peut demander une *seconde lecture* d'une délibération de l'Assemblée de la Polynésie française dans le délai de huit jours suivant la transmission de cette délibération au président du gouvernement. L'exécution de la délibération est alors suspendue jusqu'à la seconde lecture (*ibid.,* art. 75 al. 2).

De plus, lorsque le fonctionnement des institutions territoriales se révèle impossible, l'*Assemblée* de la Polynésie française *peut être dissoute* par décret motivé en Conseil des ministres, après avis du président de l'Assemblée de la Polynésie française et du président de son gouvernement. La décision est portée à la connaissance du Parlement et notifiée au gouvernement de la Polynésie française (*ibid.,* art. 79 al. 1).

Désormais, si la dissolution relève toujours dans tous les cas d'un décret en Conseil des ministres, le gouvernement de la Polynésie française se voit reconnaître le droit de la *demander* (*ibid.,* art. 79 al. 2). Le décret de dissolution fixe la date des nouvelles élections qui doivent intervenir dans les trois mois et le gouvernement du territoire expédie les affaires courantes jusqu'à l'élection du nouveau président du gouvernement de la Polynésie française (*ibid.,* art. 79 al. 3 et 4).

• Les institutions consultatives du territoire assistent l'Assemblée de la Polynésie française ou son gouvernement.

En premier lieu, le *Conseil économique, social et culturel* est composé de représentants des groupements professionnels, des syndicats, des organismes et des associations qui concourent à la vie économique, sociale et culturelle de la Polynésie française (*ibid.,* art. 84 al. 1).

Ils sont désignés pour quatre ans selon les règles établies par le Conseil des ministres du territoire après avis de l'Assemblée de la Polynésie française (*ibid.*, art. 88).

Alors que ce Conseil était en session en même temps que l'Assemblée dans le statut précédent, la loi organique du 12 avril 1996 modifie la périodicité de ses réunions et dispose que le Conseil économique, social et culturel tient chaque trimestre une ou plusieurs sessions dont la durée cumulée ne peut excéder trente jours auxquels peuvent s'ajouter quatre sessions extraordinaires par an, d'une durée n'excédant pas quatre jours chacune (*ibid.*, art. 89 al. 1 et 2).

Son rôle est de donner *son avis* sur les projets de caractère économique, social et culturel qui lui sont soumis par le gouvernement de la Polynésie française ou par son assemblée. Sa compétence est obligatoire pour les projets *de plan* à caractère économique et social du territoire[56].

Enfin, il peut réaliser à son *initiative* et à la majorité des deux tiers de ses membres, des études sur les thèmes entrant dans sa compétence, à l'exception des projets ou propositions inscrits à l'ordre du jour de l'Assemblée de la Polynésie française. Les rapports et avis du Conseil sont rendus publics (*ibid.*, art. 90).

La loi organique du 12 avril 1996 ne traite pas des *Conseils d'archipel* créés par l'article 89*bis* de la loi du 12 juillet 1990 qui regroupent les membres de l'Assemblée du territoire et les maires élus dans chacun des cinq archipels pour être consultés, tantôt obligatoirement sur les plans de développement, les contrats de plan État-territoire et les dessertes maritimes et aériennes les concernant, tantôt facultativement ou à leur initiative de toute question économique, sociale ou culturelle les intéressant.

Par contre, la loi crée auprès du Conseil des ministres du territoire un *comité territorial du crédit* composé à parts égales de :

> – représentants de l'État ;
> – représentants du gouvernement de la Polynésie française ;
> – représentants des organismes bancaires et financiers exerçant une activité dans le territoire ;
> – représentants des organisations professionnelles et syndicales intéressées.

Un décret en Conseil d'État détermine les règles d'organisation et de fonctionnement de ce nouveau Comité (art. 34). Si le Conseil des ministres est tenu informé des décisions prises par les autorités de la République en matière monétaire, et s'il peut émettre des vœux sur les questions relevant de la compétence de l'État (*ibid.*, art. 33) la perspective de la monnaie unique européenne ouvre au Comité un rôle utile au suivi des questions monétaires par le gouvernement du territoire.

Enfin, un *collège d'experts* composé de personnalités ayant acquis une compétence particulière en matière foncière est consulté sur toute question relative à la propriété foncière en Polynésie française (*ibid.*, art. 116).

___

56. Les autorisations de programme peuvent être financées en partie par le Fonds d'investissement pour le développement économique et social des TOM. *Cf.* Décret n° 94-273 du 30 mars 1994, *JO* du 7 avril 1994, p. 5138.

• On ne saurait néanmoins en terminer avec les institutions du territoire sans ajouter que la Polynésie française compte *48 communes* dont les Conseils municipaux sont élus au scrutin de liste majoritaire à deux tours, quelle que soit leur importance démographique (loi du 19 janvier 1983[57]).

Du point de vue des moyens, la dotation globale de fonctionnement et la dotation globale d'équipement s'appliquent dans toutes les communes d'outre-mer (des DOM, des TOM et des collectivités territoriales particulières) aux termes de deux décrets du 12 mars 1986[58]. De plus, et comme en Nouvelle-Calédonie, il existe un Fonds intercommunal de péréquation prévu par le décret du 12 juillet 1972 modifié[59]. Un décret en Conseil d'État fixe annuellement la quote-part des ressources du budget du territoire destinée à alimenter ce fonds.

2. La représentation de l'État

L'État est représenté par le *Haut commissaire de la République*. Son statut et ses compétences sont analogues, sous réserve de certaines exceptions, à ceux des préfets métropolitains depuis 1982. En particulier, il n'est pas l'exécutif de l'Assemblée du territoire, mais le «délégué du gouvernement et de l'action de l'État» selon les termes du titre IV de la loi organique du 12 avril 1996.

L'État n'ayant en Polynésie qu'une compétence d'attribution, le Haut commissaire détient les pouvoirs prévus par les textes. L'article 1er de la loi ordinaire du 12 avril 1996 précise que le Haut commissaire *promulgue* les lois et les règlements dans le territoire après en avoir informé le gouvernement de la Polynésie française. Il assure *leur publication* au Journal officiel de la Polynésie française.

Concernant la publication au même Journal officiel des actes ressortissant à la compétence des institutions du territoire, c'est le président du gouvernement de la Polynésie française qui doit l'assurer (art. 39 de la loi organique), mais le Haut commissaire dispose ici d'un *pouvoir de substitution* en cas de défaut de publication dans un délai de quinze jours (*ibid.,* art. 93).

Ordonnateur des recettes et des dépenses civiles de l'État, le Haut commissaire signe les conventions passées entre l'État et le territoire, notamment toutes celles qui fixent les modalités de concours de l'État au développement économique, social et culturel de la Polynésie française.

Il dispose du *pouvoir réglementaire* dans les matières relevant de sa compétence et détient des pouvoirs particulièrement étendus en matière *de police et de sûreté*. Il est en effet chargé d'assurer l'ordre public, le respect des libertés publiques et des droits individuels et collectifs sur l'ensemble du territoire, et peut proclamer *l'état d'urgence.* Ce rôle spécial complété en matière de *défense* se justifie par l'éloignement géographique de la métropole.

Enfin, il assure au nom de l'État *le contrôle des organismes ou personnes publics* ou privés bénéficiant des subventions ou contributions de l'État.

---

57. *Cf.* Loi n° 83-27 du 19 janvier 1983, *JO* du 20 janvier 1983, p. 378.
58. *Cf.* Décret n° 86-421 du 12 mars 1986, *JO* du 15 mars 1986, p. 4111 et décret n° 86-419 du 12 mars 1986, *JO* du 15 mars 1986, p. 1409.
59. *Cf.* Décret n° 72-668 du 13 juillet 1972, *JO* du 16 juillet 1972, p. 7491 et décret n° 79-127 du 13 février 1979, *JO* du 14 février 1979, p. 407.

À l'égard des autorités de la Polynésie française, il veille d'une façon générale à l'exercice régulier de leurs compétences et à la légalité de leurs actes (*ibid.*, art. 92).

De plus, les deux lois du 12 avril 1996 alignent largement le contrôle des actes du territoire sur le contrôle des actes locaux métropolitains et soulignent leur nature administrative.

D'une part, l'article 58 de la loi organique pose le principe de *l'exécution de plein droit des délibérations de l'Assemblée* de la Polynésie française et de la commission permanente dès qu'il a été procédé à leur publication ou à leur notification aux intéressés, ainsi qu'à leur transmission au Haut commissaire de la République. Il en est de même des décisions du Conseil des ministres (*ibid.*, art. 36). Pour les actes émis par le président du gouvernement de la Polynésie française, le président de l'Assemblée et le président de la commission permanente, chacune des autorités concernées certifie sous sa responsabilité leur caractère exécutoire (art. 2 al. 1 de la loi ordinaire du 12 avril 1996).

Le Haut commissaire *peut déférer au tribunal administratif* de Papeete (créé par la loi du 6 septembre 1984) les actes des autorités de la Polynésie française qu'il estime contraires à la légalité, dans les deux mois de la notification qui lui en est faite (*ibid.*, art. 2 al. 3). Cette procédure peut être mise en œuvre à la demande d'une personne physique ou morale lésée par un acte des autorités territoriales (*ibid.*, art. 2 dernier al.).

Les règles intéressant l'information des autorités locales concernées ou les demandes de sursis à exécution présentées par le Haut commissaire sont calquées sur les règles applicables au déféré préfectoral en métropole (*ibid.*, art. 2 al. 4-5 et 6).

Dans toutes ses fonctions, le Haut commissaire est assisté par un secrétaire général nommé par décret auquel il peut déléguer une partie de ses attributions (art. 4) et dispose de corps de fonctionnaires de l'État pour l'administration de la Polynésie française[60].

Reste à préciser la distribution des compétences en Polynésie française.

b) *Les compétences*

C'est au niveau des compétences que cette organisation manifeste l'autonomie administrative consacrée par la loi. Tout d'abord, le principe de leur répartition entre l'État et le Territoire est significatif, puisque le Territoire dispose des compétences de droit commun, alors que l'État n'a que des compétences d'attribution, donc limitativement énumérées et liées à sa souveraineté. Le cadre de répartition demeure donc celui fixé par le législateur en 1976 pour le territoire comme pour l'État.

1. *Les compétences d'attribution de l'État*

L'article 6 de la loi organique fixe la liste limitative des compétences reconnues aux autorités de l'État. On y trouve des *compétences de souveraineté exclusive de l'État* en matière de défense, monnaie, change et trésor, nationalité et état civil, droit civil à l'exclusion de la procédure civile et de la réglementation en matière de coopération et de mutualité, garanties des libertés publiques, des principes fondamentaux des obligations commerciales, des principes généraux du droit du travail, responsabilité des mesures de

---

60. *Cf.* Décret n° 96-286 du 28 mars 1996, *JO* du 5 avril 1996, p. 5256. Ce décret intéresse l'exercice du pouvoir disciplinaire.

sauvegarde et plans opérationnels de secours nécessaires pour faire face aux risques majeurs et aux catastrophes, justice, organisation judiciaire, organisation de la profession d'avocat, service public pénitentiaire, procédure pénale à l'exclusion de la réglementation relative à la liberté surveillée des mineurs, fonction publique d'État, administration communale.

D'autres compétences *sont partagées avec le territoire*, en matière de relations internationales, d'entrée et de séjour des étrangers, de crédit, de police et sécurité en matière de circulation maritime, de droit pénal, d'enseignement supérieur et de recherche scientifique.

Les compétences de l'État en *matière audiovisuelle* s'exercent dans le respect de l'identité culturelle polynésienne et dans le cadre des *procédures de concertation* avec les autorités territoriales. Enfin, en matière de réglementation des *dessertes maritime et aérienne* entre la Polynésie et les autres points du territoire de la République, la compétence de l'État est *conditionnée* par la consultation du gouvernement de la Polynésie française.

Enfin, l'État et le territoire exercent, chacun en ce qui le concerne, leur *droit de propriété* sur leur domaine public et leur domaine privé (*ibid.,* art. 7).

2. Les compétences de droit commun du territoire

L'article 5 de la loi organique reprend le principe constant depuis 1976 que « les autorités de la Polynésie française sont compétentes dans toutes les matières qui ne sont pas dévolues à l'État… » ou aux communes. Cette compétence de droit commun est exercée normalement par l'Assemblée de la Polynésie française *à l'exception* des matières attribuées par la loi au Conseil des ministres ou au président du gouvernement de la Polynésie française (*ibid.,* art. 60).

• En ce qui concerne les compétences attribuées au *Conseil des ministres*, la liste en est longue (art. 26 à 33).

À titre exclusif, il exerce un *pouvoir réglementaire large* intéressant notamment l'organisation des services et établissements publics territoriaux dont il nomme et révoque les chefs de service et responsables, l'enseignement dans les établissements relevant de la compétence du territoire, l'organisation des foires et marchés, les prix, tarifs et commerce intérieur, l'ouverture, l'organisation et les programmes des concours d'accès aux emplois publics du territoire ou enfin la sécurité de la navigation et de la circulation dans les eaux intérieures, le pilotage à l'approche et à la sortie des eaux (*ibid.,* art. 27).

Il peut également *décider dans de nombreux domaines*, notamment fixer le programme annuel d'importation, autoriser la conclusion des différents contrats de délégation de service public et arrêter les cahiers des charges y afférents, déterminer l'objet et les modalités d'exécution ou d'exploitation des ouvrages publics et des travaux publics territoriaux, prendre tous actes de gestion et de disposition des intérêts patrimoniaux et domaniaux du territoire dans le respect des règles posées par l'Assemblée. Il lui appartient encore de délivrer les permis de travail et les cartes professionnelles d'étranger et d'assurer le placement des fonds libres du territoire en valeurs d'État ou en valeurs garanties par l'État, ou encore autoriser l'émission des emprunts du territoire (*ibid.,* art. 28).

Comme peut le faire l'Assemblée, le Conseil des ministres peut assortir les infractions aux réglementations qu'il édicte de *sanctions administratives et de peines contraventionnelles*, le produit des amendes étant versé au budget du territoire (*ibid.,* art. 31).

En cas de *circonstances exceptionnelles*, il lui appartient de décider de suspendre ou de réduire à titre provisoire, tous droits fiscaux d'entrée et de sortie et tous droits indirects frappant les articles à la production, à la circulation ou à la consommation. Ces décisions doivent toutefois être ratifiées par l'Assemblée ou par la commission permanente (*ibid.,* art. 30).

Le Conseil des ministres détient un pouvoir de *consultation* dans les cas définis à l'article 32, un droit d'*information* et de *communication* à l'égard des décisions prises par les autorités de la République en matière monétaire et des budgets des communes. Enfin, il peut *émettre des vœux* sur les questions relevant de la compétence de l'État (*ibid.,* art. 33).

Quant aux compétences attribuées spécialement au *président du gouvernement* de la Polynésie française, les plus importantes concernent le domaine partagé avec l'État des *relations extérieures.*

D'une part, le président du gouvernement *peut négocier et signer* lui-même des accords dans les domaines de compétence de l'État et du territoire avec un ou plusieurs États, territoires ou organismes régionaux du Pacifique et avec les organismes régionaux dépendant des institutions spécialisées des Nations-Unies. Il faut dans ce cas que les autorités de la République lui en délivrent pouvoir (art. 40 al. 1) et que les accords soient ratifiés ou approuvés dans les conditions prévues par la Constitution (art. 40 al. 3).

À défaut d'un tel pouvoir, le président du gouvernement *est associé et participe aux négociations* d'accords intéressant les domaines de compétence du territoire et peut être associé et participer aux négociations de même nature intéressant les domaines de compétence de l'État.

Bien plus, le président du gouvernement peut être autorisé par les autorités de la République à *représenter ce gouvernement* au sein des organismes régionaux du Pacifique ou des organismes régionaux du Pacifique dépendant d'institutions spécialisées des Nations unies (*ibid.,* art. 40 dernier al.). Il y a là une disposition qui pousse à l'extrême l'autonomie du territoire dans le cadre de l'unité de l'État.

D'autre part, le président du gouvernement négocie et signe des *arrangements administratifs* avec les administrations des États du Pacifique, de même que des *conventions de coopération* avec des collectivités locales françaises ou étrangères, leurs groupements ou établissements publics sous réserve de l'autorisation des autorités compétentes du territoire pour ces dernières conventions (art. 41).

Au-delà du partage de compétence entre l'État et le territoire, la loi organise *la coordination* de leurs services respectifs par le Haut commissaire et le président du gouvernement de la Polynésie française. Des conventions entre l'État et le territoire fixent les modalités de mise à disposition du territoire des agents et services de l'État, des concours d'organismes ou d'établissements publics métropolitains (art. 94) ou d'aides financières de l'État (art. 5 de la loi ordinaire du 22 avril 1996).

En matière de développement de la Polynésie française, il est créé une *commission paritaire de concertation* entre l'État, le territoire et les communes, comprenant six représentants de l'État nommés par le Haut commissaire, six représentants du territoire désignés par l'Assemblée de la Polynésie française à la représentation proportionnelle des groupes, et six représentants des communes à raison d'un représentant par archipel élu par les maires de cet archipel (art. 91 de la loi organique).

Qu'il s'agisse de son organisation ou de ses compétences, le statut actuel confère à la Polynésie française une très large autonomie interne adaptée à sa situation. La République garantit cette autonomie et en favorise *l'évolution* avec l'objectif défini par la loi de conduire le territoire au «développement économique, social et culturel, dans le respect de ses intérêts propres, de ses spécificités géographiques et de son identité».

Dans le cadre de son statut, la Nouvelle-Calédonie bénéficie elle aussi d'une très grande autonomie.

D. La Nouvelle-Calédonie

À 5 000 kilomètres de Tahiti et à 20 000 kilomètres de la métropole, la Nouvelle-Calédonie constitue le territoire d'outre-mer le plus étendu. L'archipel d'une super-ficie totale de 19 103 kilomètres carrés comprend l'île de la Grande-Terre qui recouvre à elle seule 16 920 kilomètres carrés, les îles Loyauté à l'est, l'île des Pins au sud et une série de récifs et d'îlots inhabités au nord. Découverte en 1774 par Cook qui lui donna le nom de Nouvelle-Calédonie parce qu'elle lui rappelait sa «Calédonie» natale, l'Écosse, elle se situe dans le Pacifique sud dans une zone d'influence anglo-saxonne très proche de la Nouvelle-Zélande, et à moins de 1 500 kilomètres de l'Australie.

Depuis 1844, date à laquelle le premier traité conclu avec la France reconnaît la souveraineté du roi Louis-Philippe et 1853, date à laquelle cette terre du bout du monde devient définitivement française, jusqu'en 1946 où son premier statut de terri-toire d'outre-mer lui est attribué, l'histoire de la Nouvelle-Calédonie est jalonnée par quelques étapes importantes.

En 1864, la découverte du nickel marque un tournant dans l'évolution économique de l'archipel en devenant sa principale richesse (troisième producteur mondial). Une colonie pénitentiaire, destinée aux condamnés à la transportation ou à la relégation est créée sans nuire au développement du territoire, comme dans le cas de la Guyane. En effet, le climat sain et tempéré, qui n'est pas sans rappeler celui de la France, attire à la fin du siècle un grand nombre d'immigrants métropolitains, puis des travailleurs indiens et asiatiques qui mettent en œuvre une colonisation agricole.

Une double caractéristique apparaît alors qui perdure jusqu'à nos jours. D'une part, il s'agit d'une *société pluriethnique* avec double prépondérance égale de l'ethnie mélanésienne (40 % de canaques) et de l'ethnie européenne (40 % de caldo-ches) pour une population de 160 000 habitants, les Wallisiens et les Tahitiens étant encore aujourd'hui en nombre important. D'autre part, à l'exception de Nouméa, chef-lieu du territoire qui connaît un développement urbain moderne, la densité d'habitants au kilomètre carré reste très faible.

Après son ralliement à la France libre en 1940, la Nouvelle-Calédonie servira de base aux troupes américaines en raison de l'importance exceptionnelle de sa situation stratégique. En 1946, comme les autres colonies françaises récentes, elle opte pour le *statut de territoire d'outre-mer*.

De 1946 à nos jours, le trait marquant de l'évolution du territoire sera l'étonnante succession de sept statuts juridiques, les cinq derniers intervenant en avalanche dans une période particulièrement courte de 1981 à 1988!

a) *La suite des statuts depuis 1946*

Le premier statut de territoire d'outre-mer de 1946 connaît une nette avancée vers l'autonomie avec le décret du 22 juillet 1957[61] pris en application de la loi-cadre Gaston Defferre du 23 juin 1956. Mais la loi du 21 décembre 1963[62] complétée en 1965 et 1969 (lois Billotte) marque un net recul de l'autonomie.

Vingt ans après le premier, un second statut est attribué au territoire par la loi du 28 décembre 1976[63] ou statut Stirn qui prévoit une large autonomie interne, l'État n'ayant qu'un domaine de compétences limitativement énumérées, alors que « toutes les autres matières sont de la compétence territoriale ».

Après 1981, le nouveau gouvernement semble favorable à l'évolution du Territoire vers l'indépendance et propose une série de réformes accentuant encore l'**autonomie de gestion**. L'Assemblée territoriale fait obstacle à la fois à l'évolution envisagée et aux réformes, qui prendront finalement la forme d'ordonnances de l'article 38. Il s'agit de réformes du régime fiscal, et de la création d'institutions spécifiques tels par exemple l'office culturel, scientifique et technique canaque[64], ou encore l'office foncier[65].

1. La réforme de 1984

Une réforme générale du statut intervient après contrôle du Conseil constitutionnel[66] par la loi n° 84-821 du 6 septembre 1984[67]. Le législateur affirme à l'article 1er sa volonté de répondre aux vœux des représentants des forces sociales et politiques exprimés dans la déclaration de Nainville-les-Roches le 12 juillet 1983[68]. Il s'agit aussi d'adapter les nouvelles dispositions de la décentralisation à la situation spécifique du Territoire.

Le nouveau statut **transfère l'exécutif à un gouvernement**, composé d'un **président, élu** par l'Assemblée territoriale et de **neuf ministres**, dont la désignation doit être approuvée par cette même Assemblée. De plus, la loi reconnaît et applique pour la première fois le principe d'un **fédéralisme local en créant six pays** distincts dans le Territoire, disposant chacun d'un Conseil de pays et représentés par une assemblée spéciale, l'**Assemblée de pays**, dont les membres sont désignés selon la coutume propre à chaque pays. Cette Assemblée originale n'a toutefois qu'un rôle consultatif de même que le comité d'expansion économique à vocation économique et sociale.

La loi est assortie d'un **dispositif évolutif**. Un comité État-Territoire doit préparer les conditions dans lesquelles le droit à l'autodétermination sera exercé, les populations devant être consultées par voie de **référendum** au terme d'un **délai de cinq ans**.

---

61. *Cf.* Décret n° 57-811 du 22 juillet 1957, *JO* du 23 juillet 1957, p. 7254.

62. *Cf.* Loi n° 63-1246 du 21 décembre 1963, *JO* du 22 décembre 1963, p. 11451.

63. *Cf.* Loi n° 76-1222 du 28 décembre 1976, *JO* du 29 décembre 1976, p. 7530.

64. *Cf.* Ordonnance n° 82-879 du 15 octobre 1982.

65. *Cf.* Ordonnance n° 82-880 du 15 octobre 1982.

66. Il s'agit de la décision n° 84-178 DC du 30 août 1984 relative à la conformité de la loi portant statut du territoire de la Nouvelle-Calédonie et dépendances, *JO* du 4 septembre 1984.

67. Loi n° 84-821 du 6 septembre 1984, *JO* du 7 septembre 1984.

68. Cette déclaration a été rédigée à l'issue d'une « table ronde ».

Ce statut ne sera pas voté par le Sénat et provoquera l'insatisfaction générale. Pour les indépendantistes, le délai de cinq ans pour le référendum est trop long. Pour les partisans du maintien dans la République, l'ensemble du texte est beaucoup trop favorable à l'indépendance.

Les élections du 18 novembre 1984 sont boycottées par les indépendantistes du FNLKS (49,87 % d'abstentions), mais une Assemblée est tout de même élue avec 34 sièges sur 42 pour les anti-indépendantistes. Les incidents graves se multiplient dans un climat insurrectionnel et rendent le statut totalement inapplicable.

Il s'agit alors de trouver une solution acceptable par les parties en présence. Cette tâche incombe à M. Edgar Pisani, nommé délégué général. Il présente en janvier 1985 un projet d'*indépendance-association* qui est assez mal perçu. Il déclare alors l'état d'urgence[69], qui sera prorogé par le Parlement jusqu'en juin 1985.

2. Le régime transitoire de 1985

Le statut de 1984 débouchant sur une **impasse**, le Parlement adopte un quatrième statut le 23 août 1985[70] qui a donné lieu à une ***double décision du Conseil constitutionnel***. La première, en date du 8 août 1985[71], ne censure le projet de loi que sur l'article 4, alinéa 2 qui prévoit la représentation au congrès des quatre régions découpées au sein du territoire par l'article 3.

> Le scrutin de liste à la représentation proportionnelle (art. 7) devait permettre l'élection des conseillers, selon la répartition suivante :
>
> Région nord (21 602 habitants) : 9 conseillers
>
> Région centre (23 298 habitants) : 9 conseillers
>
> Région sud (85 098 habitants) : 18 conseillers
>
> Région des îles Loyauté (15 510 habitants) : 7 conseillers.
>
> L'opposition faisait valoir l'**inégalité** considérable dans la représentation, qui défavorisait visiblement le sud (région de Nouméa), où il serait deux fois plus difficile d'être élu que dans toute autre région.

Le Conseil constitutionnel pose à cet égard trois règles. La première est que la représentation doit bien avoir des **bases démographiques**. La seconde est qu'*« il ne s'ensuit pas que la représentation doive être nécessairement proportionnelle à la population de chaque région, ni qu'il ne puisse être tenu compte d'autres impératifs d'intérêt général »*. La troisième indique que la rupture de la proportionnalité stricte n'est pas sans limites, sans préciser d'ailleurs la marge d'écart tolérable : *« Ces considérations ne peuvent intervenir que dans une mesure limitée qui, en l'espèce, a été manifestement dépassée. »*

C'est donc l'erreur manifeste, la disproportion évidente qui fonde la censure. Dès le lendemain, deux décrets du président de la République étaient publiés avec le contreseing du Premier ministre, l'un pour convoquer le Parlement en session extraordinaire, l'autre pour demander au Parlement de procéder à une nouvelle délibération de la loi sur la base de l'art. 10 alinéa 2 de la Constitution et de l'art. 23 de l'ordonnance du 7 novembre 1958 portant loi organique sur le Conseil constitutionnel.

---

69. La loi du 3 avril 1955, modifiée par une ordonnance du 15 avril 1960, prévoit que l'état d'urgence est déclaré par décret en Conseil des ministres. Au-delà de douze jours, il doit être prorogé par une loi.

70. Loi n° 85-892 du 23 août 1985 sur l'évolution de la Nouvelle-Calédonie, *JO* du 24 août 1985, p. 9775.

71. Décision n° 85-196, DC du 8 août 1985, *JO* du 9 août 1985.

C'est dans ces conditions que le projet de loi est **repris** et que l'article 4 alinéa 2 est modifié pour faire passer de 18 à 21 le nombre des conseillers représentant la Région Sud. Il est soumis une nouvelle fois au contrôle de constitutionnalité tant à l'égard de la procédure suivie qu'à l'égard de l'insuffisance au fond de la correction, la disproportion en cause n'étant que faiblement réduite. *Dans sa décision du 23 août 1985*[72], le *Conseil constitutionnel* affirme clairement le **pouvoir discrétionnaire du président de la République en ce qui concerne le recours à l'art. 10 alinéa 2** qui permet de faire l'économie du dépôt d'un nouveau projet de loi et des formalités consécutives, dès lors qu'il est possible d'amender sans retard[73] par une deuxième délibération, une disposition censurée qui n'est pas inséparable de l'ensemble du texte. Sur le fond, le Conseil rappelle les trois règles fixées par lui-même en matière de représentation pour conclure cette fois que la mesure dans laquelle la rupture de la proportionnalité est possible *« n'a pas été dépassée »*[74].

Le nouveau statut n'est d'ailleurs pas définitif. Il est qualifié par le législateur de **« régime transitoire »** dès l'article premier qui pose le principe de la consultation des populations intéressées sur l'accession à l'indépendance, en association avec la France, au plus tard le 31 décembre 1987.

Outre les communes et les Conseils municipaux, il est prévu que les **quatre régions** érigées en collectivités territoriales sont administrées chacune par un **Conseil de région** et par un **exécutif élu** par celui-ci, le **président du Conseil de région**, assisté de deux vice-présidents élus en même temps que lui.

Les **compétences** de la région sont celles que la loi précédente de 1984 confiait au territoire et qui se rapportent à la promotion du développement économique, social et culturel (art. 22). Pour les mettre en œuvre, il est créé dans chaque région un **Conseil consultatif coutumier** (art. 19), chargé d'émettre un avis sur les textes ou les questions transmises par les autorités régionales. En outre, et facultativement, le Conseil de région peut créer un *Comité économique et social* (art. 20).

La réunion des quatre Conseils de région forme le **Congrès du territoire** (art. 5), dont le nom même accentue le caractère *fédératif*. Il est présidé par un de ses membres assisté de deux ou plusieurs vice-présidents, mais le président du Congrès n'est pas l'exécutif du Territoire qui non seulement n'est pas décentralisé comme en 1984, mais qui perd l'essentiel de ses attributions transférées aux régions. Le Territoire n'est plus qu'une *structure de coordination* de type fédératif organisant la réunion des institutions régionales.

C'est un **Haut commissaire** (art. 25) qui est en même temps le représentant de l'État et l'exécutif du Territoire. À ce titre, il prépare et exécute les décisions du Congrès. Les services du Territoire sont placés sous son autorité. Il est assisté par un **Conseil exécutif** (art. 26), composé des présidents des Conseils des régions et présidé par le président du Congrès. Enfin un **Conseil consultatif coutumier territorial** réunit les membres des Conseils consultatifs coutumiers des régions pour émettre un avis sur tous les textes transmis par le Haut commissaire.

---

72. Décision n° 85-197, DC du 23 août 1985, *JO* du 23 août 1985.

73. L'argumentation du Conseil constitutionnel souligne l'intérêt d'une procédure qui évite de prolonger *« par une phase complémentaire la procédure législative »*, l'essentiel étant de réaliser *« la mise en conformité de la loi avec la Constitution »*. Cette correction non dilatoire est positive.

74. Voir l'excellent commentaire de Léo Hamon, *cf. AJDA*, 1985, p. 611 à 615.

Enfin la loi autorise le gouvernement à prendre une série d'**ordonnances** pour mettre en œuvre le nouveau régime et le plan de réformes et de développement (art. 27). C'est ce qu'il a fait pour le droit du travail, la réforme foncière et le domaine fiscal avant d'entreprendre la mise en place des institutions et l'installation des régions. La première étape toutefois avait été franchie par les élections du 29 septembre 1985 qui ont donné une majorité anti-indépendantiste au Congrès du territoire avec 59,37 % des voix pour l'ensemble du territoire.

3. La nouvelle transition de 1986

Après les élections législatives du 16 mars 1986 qui marquent le **changement de majorité** en faveur de la droite, M. Bernard Pons est nommé ministre des DOM-TOM dans le gouvernement de M. Jacques Chirac. Il maintient le statut de l'île mais s'active à l'**organisation du référendum** pour ou contre l'indépendance. Dès le 21 mai, un projet de loi relatif à la Nouvelle-Calédonie est présenté en Conseil des ministres. Ce sera l'occasion pour le président de la République, d'exprimer sa *« profonde inquiétude »* et ses *« réserves »* que la presse répercutera comme une épreuve pour la cohabitation.

Par ailleurs, une loi[75] du 17 juillet 1986[76] contiendra des nouvelles dispositions transitoires d'administration du territoire, en particulier des régions. Elle est destinée à s'appliquer *« jusqu'à la publication de la loi tirant les conséquences de la consulta-tion des populations intéressées »*. Sans remettre en cause le cadre juridique de 1985, elle réduit les compétences et les ressources des régions en même temps qu'elle renforce les moyens de contrôle reconnus au commissaire délégué de la République pour la région.

Le projet définitif concernant le référendum est enfin adopté en Conseil des ministres le 18 février 1987. Le Président Mitterrand exprimera à nouveau son désaccord sur l'ensemble de la politique conduite par le gouvernement en Nouvelle-Calédonie dans la mesure où elle réduit le débat *« à un simple affrontement électoral »*. En fait, les déclarations du président de la République tendent à le démarquer de la politique calédonienne du gouvernement sans jamais dénier à celui-ci ses compétences et sans chercher non plus à entraver d'un pouvoir de retardement le référendum finalement prévu pour le 13 septembre.

Le mois d'août est marqué par l'appel du FLNKS à des **rassemblements pacifiques** suivis le 22 de violentes dispersions provoquant à nouveau l'intervention du président de la République, avant de s'achever le 30 sur l'ouverture de la campagne électorale pour le référendum. Dans un déploiement d'imposantes forces de police pratiquant la « nomadisation », la campagne se déroule dans le calme et la paix civile.

Les résultats du référendum, acquis d'avance du fait de l'appel à l'abstention du FLNKS seront sans surprise[77]. Le **maintien dans la République obtient 98,3 %** des suffrages exprimés pour 59 % de votants.

---

75. Voir l'examen en commission, *cf.* BAN n° 13, p. 7 et suiv. Pour les séances d'adoption définitive des mardi 8 et mercredi 9 juillet 1986, *cf. JO*AN [CR] n°s 57 et 58, projet n° 195. Rapport n° 211.
76. Loi n° 86-844, titre III art. 22 à 28, *JO* du 19 juillet 1986, p. 8927.
77. Les abstentions toutefois ne représentent que 41 % alors qu'elles s'élevaient respectivement à 49,9 % et 49,7 % lors des élections des 18 novembre 1984 et 16 mars 1986.

Matériellement, les Néo-calédoniens disposent pour voter de deux bulletins de couleurs différentes. Le premier, de **couleur bleue**, porte la mention : *« Je veux que la Nouvelle-Calédonie demeure au sein de la République française. »* Le second, de **couleur jaune**, indique à l'inverse : *« Je veux que la Nouvelle-Calédonie accède à l'indépendance. »* La nette victoire des bulletins bleus[78] permettra l'annonce dès la proclamation des résultats, de l'élaboration d'un nouveau statut que le ministre des DOM-TOM définit comme un *« statut d'autonomie dans le cadre d'une large régionalisation susceptible d'être accepté par l'ensemble des Calédoniens. »*

Si le référendum traduit clairement *l'option française* des Néo-calédoniens, la classe politique française ne le tient pas pour la solution de tous les problèmes[79]. C'est du futur statut qu'on attend des solutions durables et l'apaisement des tensions dans un esprit d'ouverture et de conciliation[80].

Le projet en est soumis à l'Assemblée nationale dès le 23 novembre 1987. Après de longs débats et péripéties parlementaires[81], la loi du 22 janvier 1988[82] qui restera connue sous le nom du ministre des DOM-TOM, figure comme le 5e statut de la Nouvelle-Calédonie.

4. La loi Pons de 1988

D'entrée de jeu, l'article 1er rappelle de façon solennelle que ce territoire constitue un territoire d'outre-mer au sens de l'article 72 de la Constitution, et que son statut est fondé sur **l'autonomie et la régionalisation**. Cette affirmation, qui n'apporte aucune nouveauté particulière, se double par contre d'un droit symbolique significatif, déjà reconnu en Polynésie française, celui de déterminer librement ses **signes distinctifs** et de marquer ainsi sa personnalité propre.

La volonté **d'autonomie** privilégie le **territoire** auquel est reconnue une **compétence de droit commun** sous réserve des compétences d'attribution réservées respectivement à l'État, aux régions et aux communes.

Ce territoire est administré par un **exécutif collégial** de dix membres : un président, les quatre présidents des quatre Conseils de région et cinq membres élus par le Congrès. Ses attributions larges comportent, outre un **pouvoir de décision** (art. 29 à 34) important en matière économique et financière, un **pouvoir consultatif** qui fait obligation au ministre chargé des TOM de lui demander son avis sur un certain nombre de questions définies à l'article 36. Dans les domaines qui intéressent le territoire, le Conseil dispose également d'un **pouvoir d'initiative** et de **participation** original s'agissant de la négociation d'accords internationaux conclus par la France avec un ou plusieurs États ou territoires de la région du Pacifique (art. 42).

---

78. Le *Quotidien de Paris* du 14 septembre 1987 titrera : « vague bleue sur le caillou ».

79. Pour la gauche française, le point de vue dominant, diversement exprimé, est que le référendum *« ne règle rien »* selon la formule de M. Lionel Jospin. Pour la majorité, il n'est ni une fin en soi ni un aboutissement, mais un *« point de départ »* pour reprendre l'expression utilisée le 13 septembre par M. Denis Baudouin, porte-parole du Premier ministre.

80. Dialogue, coexistence, tolérance, solidarité et bonne volonté sont les maîtres-mots des discours et des appels gouvernementaux. La concertation est absente.

81. Le 14 décembre 1987 notamment, le Sénat adopte avec d'importantes modifications le projet de loi adopté par l'Assemblée nationale après déclaration d'urgence.

82. Loi n° 88-82 du 22 janvier 1988 portant statut du territoire de la Nouvelle-Calédonie, *JO* du 26 janvier, p. 1231 à 1243.

Le Conseil exécutif se réunit au moins trois fois par mois et ses séances ne sont pas publiques. Il est assisté de deux comités, le **Comité consultatif du crédit** et le **Comité consultatif des mines** institués respectivement par les articles 38 et 39.

Mais alors que le statut précédent faisait de l'agent de l'État l'exécutif du territoire, c'est désormais le **président du Conseil exécutif qui est le chef de l'exécutif territorial** et qui à ce titre, représente le territoire. Sur ce point, la loi innove en réalisant pour la première fois une véritable **décentralisation** du territoire. On y retrouve, comme pour toute collectivité décentralisée, un **exécutif élu par une assemblée élue** sans que toutefois cet exécutif se confonde avec le président de l'assemblée concernée.

L'assemblée délibérante du territoire reste le **Congrès** formé comme auparavant de la réunion des **quatre Conseils de région**. Il fonctionne selon un régime de **sessions**, ordinaires (art. 50) ou extraordinaires (art. 51) et ses réunions publiques font l'objet d'un **pouvoir de police spéciale** reconnu au président du Congrès (art. 52) qui assume strictement les fonctions spécifiques de président d'assemblée. En dehors des sessions, siège une **commission permanente** de sept à onze membres, élue chaque année par le Congrès en son sein à la représentation proportionnelle (art. 60).

Les compétences du Congrès recouvrent toutes les matières qui sont de la compétence du territoire à l'exception de celles qui sont dévolues par la loi au Conseil exécutif. Aux termes de l'article 74 et dans l'exercice de sa fonction de **contrôle**, il peut créer des commissions d'enquête ou des commissions de contrôle et dispose de **compétences pénales** (art. 71 et 72). À ce titre, il peut assortir les infractions aux règlements qu'il édicte de peines d'**amende** ou prévoir l'application de peines correctionnelles ou contraventionnelles d'**emprisonnement** sous réserve d'une homologation préalable de sa délibération par la loi.

Le principe d'un Conseil coutumier territorial est maintenu mais celui-ci prend désormais le nom plus solennel d'**Assemblée coutumière**. Par contre la région perd le Conseil coutumier que prévoyait le statut précédent.

La nouvelle Assemblée coutumière assume donc à elle seule la **double assistance consultative** auprès du territoire et auprès des régions (art. 9). Elle est saisie pour avis **obligatoirement** par le Conseil exécutif ou le congrès sur les projets ou propositions de délibérations portant sur les questions de droit civil et droit foncier. Les Conseils régionaux doivent de même la consulter sur leur projet régional d'aménagement foncier. Elle est par contre saisie **facultativement** par le Conseil exécutif ou le Congrès sur les projets ou propositions de délibérations en matière de développement économique, social et culturel, de planification et de budget. Elle peut l'être de même par les Conseils régionaux sur les mêmes questions intéressant la région ou par le Haut commissaire sur toute matière. Elle dispose enfin d'un **pouvoir d'initiative** qui lui permet de proposer au Congrès toutes dispositions concernant le statut civil et celui des réserves.

Cette Assemblée désignée pour cinq ans par les grandes *chefferies* dispose d'un **budget** destiné à couvrir ses dépenses de fonctionnement (art. 82). Une dotation est inscrite à cet effet au budget du territoire dont elle constitue une **dépense obligatoire**.

C'est encore au niveau du territoire et non plus des régions qu'est institué un **Comité économique et social** doté d'une compétence consultative générale en matière économique, sociale et culturelle.

Quant aux quatre régions qui perdent ainsi leur Conseil consultatif coutumier et la possibilité de créer un comité économique et social régional, elles se voient affirmées comme des collectivités territoriales de la République s'administrant librement par des **Conseils de région**.

Les quatre Conseils comprennent un nombre de membres variable (art. 90), neuf membres pour la région est, sept pour la région des îles Loyauté, onze pour la région ouest, et vingt-et-un pour la région sud, chacune des régions étant délimitée par l'article 3. Le **président du Conseil de région** est le chef de l'exécutif régional et à ce titre représente la région. La décentralisation régionale n'est pas une nouveauté mais la **volonté politique de régionalisation** conduit le législateur à préciser les moyens dont dispose la région, qu'il s'agisse de son personnel ou de ses ressources et de son budget.

Enfin, la représentation de l'État est assurée comme précédemment par le **Haut commissaire** mais celui-ci perd sa double casquette de représentant de l'État et d'exécutif du territoire (art. 119). Son rôle est calqué sur celui du préfet métropolitain. En particulier, il **veille à la légalité des actes** des autorités du territoire et des régions et peut les déférer au **tribunal administratif** s'il les estime contraires à la légalité (art. 122). L'alignement sur la métropole du contrôle de légalité se double d'un même alignement du contrôle budgétaire. À cet effet est instituée à Nouméa une **Chambre territoriale des comptes** (art. 131).

5. L'échec du statut Pons et la dynamique de l'accord Matignon

Dans l'ensemble ce statut, accompagné de dispositions transitoires, prétendait à la longévité. En réalité, à peine entré en vigueur, les deux communautés s'affrontent à nouveau de façon sanglante et la guerre civile paraît imminente. Le drame du meurtre de gendarmes à Ouvéa sera le pont d'orgue de cette période et il faudra attendre la réélection triomphale de François Mitterrand aux élections présidentielles de 1988, suivie du retour au pouvoir d'une majorité socialiste pour débloquer la situation.

Nul ne peut contester[83] au Premier ministre Michel Rocard le mérite[84] d'avoir rendu possible la recherche d'un **compromis** qui soit acceptable par les deux communautés antagonistes et qui soit fondé sur leur **concertation**[85]. L'envoi sur place d'une « mission de conciliation » œcuménique permet de rouvrir le dialogue et, dès le 26 juin, au terme de quinze jours de négociations ouvertes cette fois à Paris, un accord est signé par les deux délégations conduites par Jacques Lafleur pour le RPCR et Jean-Marie Tjibaou pour le FLNKS.

L'accord Matignon présente un échéancier de trois types de mesures essentiels.

Il prévoit d'abord un **retour immédiat à un régime d'administration directe par l'État** pendant une première période transitoire de douze mois, du 14 juillet 1988 au 14 juillet 1989, qui sera mise à profit pour l'élaboration des dispositions définitives du futur statut. Une loi doit préciser ce régime qui permet au Haut commissaire assisté d'un comité consultatif de récupérer les pouvoirs confiés au Conseil exécutif par la loi Pons, dont l'application est suspendue.

Il se présente ensuite comme une sorte de **contrat** à moyen terme sur dix ans ouvrant une **dynamique évolutive** aboutissant en 1998 à un nouveau **scrutin d'auto-détermination**. Concernant cette période de dix ans, les propositions du gouvernement pour définir de **nouvelles institutions** permettant l'évolution de la Nouvelle-Calédonie sont soumises par les signataires à leurs instances respectives. L'accord prévoit le découpage de l'archipel en trois « provinces » : les îles Loyauté, le nord et le sud de la « grande terre ». Chacune d'entre elles serait administrée par une Assemblée élue au **scrutin proportionnel** pour six ans et par un exécutif propre. Le mode de scrutin devrait permettre aux indépendantistes de gérer les îles et le nord alors que le sud, comprenant Nouméa, reviendrait aux loyalistes. Les aides de l'État

---

83. Les seules critiques seront formulées par le Parti communiste et le Front national. Simone Veil parlera de « succès remarquable ». Au RPR, Alain Juppé comme Bernard Pons se sont pour leur part « réjouis ».

84. C'est ainsi que sous la plume de Philippe Tesson, le *Quotidien de Paris* « rend hommage au Premier ministre pour avoir su rapprocher aussi rapidement les adversaires et pour avoir obtenu de chacun d'eux des concessions encore impensables hier ». Le *Quotidien de Paris*, 27 juin 1988, p. 1.

85. Cette « concertation » caractérise ce que l'on appellera précisément la « méthode Rocard ».

sont prévues pour privilégier les îles et le nord qui recevraient les 3/4 des crédits d'investissement alloués à l'archipel, afin de permettre un rattrapage économique nécessaire.

Chaque province disposerait d'un **Conseil coutumier consultatif**.

Le pouvoir local est assuré par un **Congrès du territoire** composé de la réunion des trois assemblées provinciales et dont l'exécutif est à nouveau assuré par le représentant de l'État. Le Congrès gère les affaires communes du territoire.

Enfin, le troisième volet de l'accord prévoit un **référendum national** à l'automne 1988. Ce septième référendum depuis 1958 figure comme une garantie essentielle du dispositif en évitant que le destin de la Nouvelle-Calédonie ne dépende des changements de majorité politique à Paris.

> Le début de l'été 1988 sera marqué par les efforts de conviction déployés par les signataires de l'accord à l'égard de leurs mandants. La partie s'avère plus difficile pour le leader mélanésien confronté aux diverses tendances composant le FLNKS, dont certaines se montrent d'emblée réservées ou hostiles. Les points sensibles portent notamment sur le découpage des provinces, les problèmes de représentativité et l'aide financière de l'État. Ils seront rediscutés à Paris où les délégations se retrouvent à partir du 16 août pour mettre au point le texte final.

b) *Le statut référendaire du 9 novembre 1988*

Dans sa lettre au président de la République en date du 5 octobre 1988, le Premier ministre rappelle l'économie générale *du dispositif évolutif prévu* par le projet de loi référendaire. Celui-ci doit permettre la mise en place, d'une part, d'institutions définies «pour la première fois depuis la Libération... avec l'accord des représentants des populations concernées», et, d'autre part, d'une politique de développement et de correction des déséquilibres au bénéfice des communautés mélanésiennes.

Le décret du même jour fonde le référendum à la fois sur *l'article 3 et sur l'article 11* de la Constitution en indiquant par là *sa portée institutionnelle* puisque l'article 11 vise expressément l'organisation des pouvoirs publics.

L'objectif à long terme du référendum du 6 novembre 1988 est précisé solennellement dans le préambule soumis aux électeurs. Il s'agit de créer les conditions dans lesquelles les populations de Nouvelle-Calédonie, éclairées sur les perspectives de leur avenir par l'expérience du nouveau statut, pourront choisir librement leur destin (art. 1). En conséquence, un *scrutin d'autodétermination* fondé cette fois sur l'article 53 de la Constitution sera organisé entre le 1er mars et le 31 décembre 1998 pour permettre aux populations intéressées de se prononcer sur le maintien du territoire dans la République ou son accession à l'indépendance (art. 2 al. 1).

C'est dire que la *période de paix civile et de pause institutionnelle*[86] *de 10 ans* ouverte par la loi référendaire du 9 novembre 1988 est garante d'un choix responsable et éclairé, expérience faite d'une situation enfin normalisée et propice au développement économique, social et culturel du territoire. Afin d'assurer à l'avance une régularité incontestable de ce futur scrutin, l'article 3 prévoit un processus de révision complète et périodique des listes électorales en limitant le corps électoral à ceux qui ont leur domicile dans l'archipel depuis le 6 novembre 1988 date du référendum.

---

86. *Cf.* Annie GRUBER, «Le statut de la Nouvelle-Calédonie : une pause salutaire», *Les Petites Affiches* n° 136, 13 novembre 1989, p. 4 à 11.

Quant au partage des compétences entre l'État, les provinces et les communes, il est prévu au titre I. La plus large part y est faite aux provinces qui succèdent aux régions du statut précédent.

1. Le rôle fondamental des provinces

Le découpage administratif des trois provinces soigneusement délimitées par l'article 6 assure à chacune une population homogène qui justifie l'importance de leur rôle.

Ces nouvelles provinces constituent une *nouvelle catégorie de collectivité territoriale* au sens de l'article 72 alinéa 1 de la Constitution. Elles sont propres au seul territoire de la Nouvelle-Calédonie, sans équivalent outre-mer ou en métropole, malgré certaines ressemblances avec le département.

Tout d'abord, les provinces s'administrent librement par des *assemblées de province* élues pour six ans au suffrage universel direct (art. 12) au scrutin de liste et à la représentation proportionnelle à la plus forte moyenne. Chaque Assemblée élit un président et un bureau (art. 15) et établit son règlement intérieur (art. 19). Elle se réunit au moins une fois tous les deux mois dans des séances en principe publiques (art. 22). Elle peut déléguer certaines de ses attributions au bureau, à l'exception du vote du budget et de l'approbation des comptes qui lui sont propres.

Le *président de l'Assemblée de province est l'exécutif élu* de la province, et à ce titre, il la représente (art. 25). Il exerce les compétences normalement dévolues à tout exécutif local, chef de son administration. Toutefois, s'il gère le *domaine* de la province, il ne bénéficie d'aucun pouvoir de police spéciale afférent à cette gestion, contrairement au président du Conseil général métropolitain. En matière de police, il n'a que celle de l'Assemblée dans l'enceinte de celle-ci (art. 27).

Au cas où le fonctionnement de l'Assemblée deviendrait impossible, un décret en Conseil des ministres peut en prononcer la *dissolution* après avis des présidents des Assemblées provinciale et territoriale.

Les provinces disposent *des compétences de droit commun* chacune pour son propre territoire et l'article 7 dispose en effet que «chaque province est compétente dans toutes les matières qui ne sont pas réservées, soit par la présente loi à l'État et au territoire, soit par la législation en vigueur aux communes» sur lesquelles le nouveau statut ne revient pas.

2. Les communes de Nouvelle-Calédonie

Les trente-trois communes de la Nouvelle-Calédonie sont administrées par leurs Conseils municipaux élus au suffrage universel direct à la représentation proportionnelle sans panachage ni vote préférentiel selon les conditions fixées par la loi du 19 janvier 1983[87] modifiée par la loi du 17 juillet 1987.

Sur le plan des moyens, les communes de Nouvelle-Calédonie disposent de la dotation globale de fonctionnement et de la dotation globale d'équipement aux termes des deux décrets du 12 mars 1986 adaptant ces deux dotations à l'outre-mer.

---

87. *Cf.* Loi n° 83-27 du 19 janvier 1983, *JO* du 20 janvier 1983, p. 378 et loi n° 87-558 du 17 juillet 1987, *JO* du 21 juillet 1987, p. 8128.

Par ailleurs, la loi n° 93-1 du 4 janvier 1993 institue un *fonds intercommunal de péréquation* qui permet de répartir une quote-part des impôts, droits et taxes perçus au profit du budget territorial, entre les communes en fonction de leur population et de leurs charges. Ce fonds est géré par un comité de gestion mis en place en 1969 et organisé actuellement par deux décrets en Conseil d'État en date du 7 octobre 1993[88].

La décentralisation opérée en métropole en 1982 ne s'est pas immédiatement étendue aux communes calédoniennes. C'est l'article 10 de la loi référendaire qui annonce que « les dispositions de la loi du 2 mars 1982 relatives à la suppression de la tutelle administrative et financière seront étendues aux communes de la Nouvelle-Calédonie dans l'année des élections aux assemblées de province ».

Ces élections ayant eu lieu le 11 juin 1989[89], c'est donc avec quelque retard que la loi du 29 décembre 1990[90] complétée par deux décrets d'application en Conseil d'État en date du 20 février 1992[91], opère cette réforme des contrôles en substituant aux lourdes tutelles précédentes, un contrôle juridictionnel *a posteriori* de la légalité des actes communaux. Les actes des communes de Nouvelle-Calédonie sont exécutoires de plein droit dans les conditions de droit commun. Toutefois l'extension de la loi métropolitaine n'est pas totale et l'article 1er de la loi de 1990 prévoit deux exceptions, d'une part en matière *d'urbanisme* où les compétences essentielles relèvent du territoire et des provinces sauf délégation accordée par l'Assemblée de province aux communes pourvues d'un document d'urbanisme approuvé aux termes de l'article 4 de la loi organique du 20 février 1995[92], et d'autre part en matière d'interventionnisme économique et social.

3. Le territoire de Nouvelle-Calédonie

La part faite au territoire est par définition importante puisqu'il s'agit pour lui de régler les affaires communes à l'ensemble du territoire. Mais contrairement aux provinces auxquelles il peut déléguer certaines compétences (*ibid.,* art. 3), son absence d'homogénéité explique une organisation à la fois décentralisée et fortement rattachée à l'État par son exécutif.

Le territoire perd en effet son exécutif collégial autonome tel qu'il avait été organisé par la loi Pons et qui ne pouvait fonctionner sous la construction préalable d'une réelle cohésion des différentes communautés en présence. C'est donc le *Haut commissaire de la République* qui assure l'exécutif du territoire et le représente (art. 65), conformément au vœu quasi unanime des négociateurs de Matignon, soucieux d'adopter une solution apaisante par le choix d'une autorité impartiale étrangère aux fonctions locales. Il est assisté dans sa tâche par un *comité consultatif* composé des présidents du Congrès et des Assemblées de province (art. 68). Un *comité consultatif du crédit* (art. 89) et un *comité consultatif des mines* (art. 90) lui apportent également leur concours. Le Haut commissaire, chef des services territoriaux, prépare et exécute les délibérations du Congrès et préside les comités.

---

88. *Cf.* Décrets n° 93-1151 et 93-1152 du 7 octobre 1993, *JO* du 9 octobre 1993, p. 14135.
89. Les assemblées de province ont été renouvelées le 9 juillet 1995 selon décret n° 95-516 du 3 mai 1995, *JO* du 4 mai 1995, p. 7015.
90. Loi n° 90-1247 du 29 décembre 1990 commentée par J. Yves FABERON in *Actualité législative*, Dalloz, 1991, p. 87 à 95.
91. *Cf.* Décrets n° 92-161 et 92-162 du 20 février 1992, *JO* du 23 février 1992, p. 2825.
92. *Cf.* Loi organique n° 95-173 du 20 février 1995, *JO* du 21 février 1995, p. 2751 à 2755.

L'organe délibérant du territoire est en effet *le Congrès* formé par la réunion des trois assemblées de province (art. 40), soit 54 membres ayant un mandat de six ans et répartis de la façon suivante :

– Province sud :	32 conseillers
– Province nord :	15 conseillers
– Province des îles Loyauté :	7 conseillers

Le Congrès élit *son président* et chacun des *vice-présidents* au scrutin secret lors de sa première réunion (art. 41). Le président assure le rôle protocolaire et technique d'un président d'assemblée (art. 48) y compris la police du Congrès dans l'enceinte de celui-ci (art. 44). Il est renouvelé tous les ans de même que le bureau.

Le Congrès établit son règlement intérieur. Il tient chaque année deux *sessions ordinaires* (art. 42). La première, dite administrative, s'ouvre entre le 1er et le 30 juin. La seconde, dite budgétaire, s'ouvre entre le 1er et le 30 novembre. Les *sessions extraordinaires* sont prévues (art. 43) sur ordres du jour déterminés.

En cas d'impossibilité de fonctionner, le Congrès, comme les assemblées de province, peut être dissous par un décret en Conseil des ministres qui fixe la date de nouvelles élections qui doivent avoir lieu dans les deux mois (art. 92).

Le Congrès élit chaque année en son sein une *commission permanente* à la représentation proportionnelle (art. 51) qui élit à son tour son président, son vice-président et son secrétaire. Cette commission peut recevoir délégation de pouvoir du Congrès sauf pour le vote du budget et pour l'adoption de vœux (art. 52) tendant, dans les matières de la compétence de l'État, à abroger, modifier ou compléter les dispositions applicables au territoire. Ces vœux du Congrès sont adressés par le président du Congrès au ministre chargé des Territoires d'Outre-mer (art. 57). En dehors des sessions, la commission est également chargée d'émettre les avis de la compétence du Congrès.

Les actes du Congrès et de sa commission permanente sont *exécutoires de plein droit* dès publication ou notification aux intéressés (art. 53) et si l'on ne retrouve pas, comme pour les actes exécutoires des autorités des provinces, l'obligation de transmission au représentant de l'État, c'est que celui-ci est lui-même l'exécutif du territoire.

Les attributions du territoire sont larges, bien qu'elles soient énumérées à l'article 9 et recouvrent des *attributions de trois ordres* sans que le regroupement en soit très rationnel :

– réglementation de la santé, de l'hygiène publique, de la protection sociale, de la circulation et des transports routiers, des professions libérales, des offices publics ou ministériels, des assurances, des marchés publics, des prix, des principes directeurs du droit de l'urbanisme, des services vétérinaires, de la police des animaux et des végétaux ainsi que des services publics territoriaux ;

– fixation des règles concernant les impôts, droits et taxes perçues dans le territoire, la fonction publique territoriale, la procédure civile, l'aide judiciaire, les services de la protection de la jeunesse, le contrôle des poids et mesures, la répression des fraudes, le droit du travail et la formation professionnelle sous réserve des compétences des provinces en la matière ;

– l'élaboration des statistiques d'intérêt territorial, la construction, l'équipement et la gestion des bâtiments d'intérêt territorial, des établissements de soins, des ouvrages de production et de transport de l'électricité, des abattoirs, des ports et des aéroports, les communications intérieures par voie terrestre, maritime ou aérienne, la météorologie, les postes et télécommunications ainsi que les manifestations et équipements sportifs et culturels.

C'est le Congrès qui « règle par ses délibérations les affaires du territoire » (art. 56). Il vote le budget et approuve les comptes du territoire. Il rend des avis et émet des vœux (art. 57).

Des *institutions consultatives* interviennent auprès du Congrès. Un *comité économique et social* de 31 membres assure la représentation des groupements professionnels, des syndicats et des autres organismes et associations qui concourent à la vie économique, sociale et culturelle du territoire.

Un *conseil consultatif coutumier du territoire* regroupe les représentants des huit aires coutumières de la Nouvelle-Calédonie. Il est consulté en matière de statut de droit particulier[93] et de droit foncier et en toute matière intéressant le territoire.

Il est institué dans chaque aire coutumière, un *conseil coutumier* consulté en matière de statut de droit civil particulier et de droit foncier par le président du Conseil consultatif coutumier du territoire et en toute autre matière par les présidents des Assemblées de province[94].

4. Le rôle déterminant de l'État

Si l'ensemble du dispositif ne reconnaît à l'État qu'une *compétence d'attribution*, il ne faut pas pour autant minimiser son rôle qui est véritablement la clef de la réussite du statut et de la construction de l'avenir de la Nouvelle-Calédonie.

Aux termes de l'article 8, l'État conserve les matières régaliennes par excellence que sont les relations extérieures, la monnaie, la défense, la nationalité, la justice, mais aussi la fonction publique d'État, la communication audiovisuelle. Il assume la responsabilité de définir les programmes, le contenu de la formation des maîtres et le contrôle pédagogique du premier degré[95], l'enseignement du second degré, l'enseignement supérieur et la recherche scientifique.

L'État se voit réserver en outre *trois compétences* particulièrement *sensibles* pour la stabilisation de la Nouvelle-Calédonie : le contrôle de l'immigration et des étrangers, le maintien de l'ordre et de la sécurité civile, les régimes des matériels de guerre, armes et munitions, poudres et substances explosives.

L'État exerce bien entendu ses *droits de propriété et de souveraineté* sur son domaine public et privé, terrestre, maritime et aérien.

Par ailleurs, l'institution du *Haut commissaire de la République*, par son dédoublement fonctionnel de représentant de l'État, et d'exécutif du territoire joue un rôle essentiel. Il est lui-même représenté dans chaque province par un commissaire délégué (art. 64).

Dépositaire des pouvoirs de la République et représentant du gouvernement (art. 5 al. 2), « il a la charge des intérêts nationaux, du respect des lois et du contrôle administratif » (art. 64). À cet égard, outre le contrôle des organismes ou personnes publics ou privés bénéficiant de subventions ou contributions de l'État, il veille à la légalité des

---

93. L'article 75 de notre Constitution garantit les statuts de droit particulier.

94. Dans sa lettre au président de la République en date du 5 octobre 1988, le Premier ministre Michel Rocard souligne l'intérêt de ces différents organismes consultatifs coutumiers pour « traduire l'importance de la coutume dans l'organisation sociale mélanésienne et la prendre en compte dans l'organisation publique du territoire ».

95. Par ailleurs, il désigne un des membres du comité de la caisse des écoles dans chaque commune, *cf.* décret n° 96-413 du 13 mai 1996, *JO* du 18 mai 1996, p. 7477.

actes des autorités du territoire et des provinces (art. 69) et peut saisir le tribunal administratif de Nouvelle-Calédonie dans des conditions désormais calquées sur le nouveau contrôle de légalité métropolitaine.

Une *Chambre territoriale des comptes* (art. 73) intervient dans le *contrôle des budgets* votés par le Congrès et les Assemblées de province (chap. IV). Les comptables du territoire et des provinces relèvent pour leur part du ministre chargé du Budget. Dans ce type de contrôle relevant de la Chambre, le rôle du Haut commissaire est aligné sur celui du préfet métropolitain.

Le Haut commissaire dispose du *pouvoir réglementaire* dans les matières de sa compétence, et il est chargé d'assurer l'*ordre public*, le respect des libertés publiques et des droits individuels et collectifs sur l'ensemble du territoire. Il est également compétent en matière *de défense* et peut proclamer l'état d'urgence dans les conditions prévues par les textes. Dans ce dernier cas, il en informe le président du Congrès du territoire et le président de l'Assemblée de province concernée, et doit en rendre compte au ministre chargé des TOM.

Le Haut commissaire est l'ordonnateur des recettes et des dépenses civiles de l'État et peut déléguer ses pouvoirs en la matière à des fonctionnaires relevant de son autorité, comme il peut d'ailleurs déléguer une partie de ses attributions de même que sa signature.

Enfin, il assure la publication au Journal officiel de la Nouvelle-Calédonie des lois et décrets ainsi que des décisions ressortissant à la compétence des autorités de l'État, du territoire et des provinces.

Ajoutons que le Haut commissaire ou son représentant assistent aux séances du congrès, de sa commission permanente et des assemblées de province. Ils y sont entendus lorsqu'ils le demandent.

Mais l'État marque surtout son engagement déterminant dans le processus évolutif à venir par d'importantes *mesures d'accompagnement économiques, sociales et culturelles.*

L'État conclut avec les provinces des *contrats de plan* et le texte de l'article 84 prévoit un calendrier précis programmant la signature des premiers avant la fin 1989 pour les années 1990 à 1992, suivis par de nouveaux contrats pour les années 1993 à 1997. Comme prévu à Matignon, les trois quarts des crédits d'État sont affectés à des opérations intéressant les provinces nord et certaines îles, le quart restant revenant à la province sud.

Ces contrats visent *huit objectifs ambitieux de développement* définis à l'article 85.

1. Faciliter l'accès de tous aux formations initiales, ce qui se traduit par un vaste effort en matière d'enseignement.
2. Favoriser un rééquilibrage du territoire par rapport à Nouméa et améliorer les infrastructures pour permettre le désenclavement des populations isolées.
3. Améliorer les conditions de vie des populations de toutes les parties du territoire par le biais d'une action sanitaire et sociale d'envergure.
4. Promouvoir le patrimoine culturel mélanésien et celui des autres cultures locales. Sur ce point, l'article 93 crée un établissement public d'État dénommé *« Agence de développement de la culture canaque »*, avec des compétences consultatives étendues et le pouvoir de passer des conventions favorisant toute action

de création, de recherche et de production entrant dans le cadre de ses missions. Cette institution souligne la reconnaissance de la culture canaque en Nouvelle-Calédonie.

5. Encourager le développement des activités économiques locales et le développement de l'emploi.

6. Faire participer les jeunes au développement par des activités d'insertion.

7. Mettre en œuvre une *politique foncière* adaptée aux spécificités locales. Un établissement public d'État, dénommé Agence de développement rural et d'aménagement foncier, est créé à cette fin par l'article 94. Cette agence est habilitée à procéder à toutes opérations de nature à faciliter l'acquisition et la mise à disposition des fonds agricoles et fonciers. Pour l'exécution d'actions en milieu rural, elle peut agir directement ou en passant des conventions avec des collectivités ou des organismes publics ou privés.

8. Susciter l'intensification des échanges économiques et culturels avec les États ou territoires de la région du Pacifique.

Outre les contrats de plan, l'État apporte son *concours à des organismes financiers* qui permettront à des personnes résidant dans le territoire de participer au capital de sociétés y ayant leur siège (art. 86).

Un *fonds d'équipement et de promotion* pour la Nouvelle-Calédonie est créé au sein du fonds d'investissement pour le développement économique et social des territoires d'outre-mer.

La création d'un *commissaire au développement économique* de la Nouvelle-Calédonie nommé par décret du Premier ministre pour une durée de trois ans renouvelable renforce le dispositif en faveur du développement économique. Placé sous l'autorité du ministre des DOM-TOM et «pour emploi» auprès du Haut commissaire de la République en Nouvelle-Calédonie, il a pour mission aux termes du décret du 23 février 1995[96], de rechercher, proposer et promouvoir toutes mesures et actions susceptibles de favoriser le développement des activités économiques et leur bonne répartition sur le territoire. Il peut apporter son appui technique aux collectivités locales ou à d'autres organismes avec lesquels il peut passer des conventions dans le cadre de sa mission (art. 5 du décret).

Par ailleurs, l'article 88 du statut référendaire organise la *participation* des institutions territoriales et provinciales à l'exercice des compétences nationales en matière de *relations extérieures*, tant pour *proposer* au gouvernement français l'ouverture de négociations avec un ou plusieurs États ou territoires voisins du Pacifique, que *pour être représentées* aux côtés des représentants de l'État dans les organismes régionaux du Pacifique ou au sein des organes régionaux du Pacifique dépendant d'institutions spécialisées des Nations unies.

De plus, dans les matières de la compétence du territoire ou des provinces, les présidents du Congrès ou des Assemblées de province peuvent recevoir *délégation de pouvoir* des autorités de l'État pour négocier directement des accords dans le Pacifique sud qui devront alors être ratifiés ou approuvés dans les conditions prévues par les articles 52 et 53 de la Constitution.

---

96. *Cf.* Décret n° 95-193 du 23 février 1995, *JO* du 25 février 1995, p. 3010.

C'est ainsi que l'accord entre le gouvernement de la République française et le gouvernement de la République de Vanuatu relatif au développement de la coopération régionale avec la Nouvelle-Calédonie a été signé à Port-Vila le 19 novembre 1993[97] entre le représentant de la République de Vanuatu et côté français, par Jacques Lafleur pour le gouvernement de la République française et par les trois présidents des Assemblées des provinces nord, sud, et des îles Loyauté. Cet accord cité à titre d'exemple, organise la coopération des parties en matière d'éducation, de sport mais aussi prévoit le développement des échanges pour la formation professionnelle, en matière de santé et en matière commerciale, en particulier pour les produits agricoles.

Il faut ajouter qu'en ce qui concerne *la fonction publique*, un effort particulier de l'État vise à la formation et au perfectionnement des agents publics en service en Nouvelle-Calédonie. À cet effet est créé un **institut de formation des personnels administratifs** qui passe des conventions avec les communes, le territoire et les provinces (art. 82). Les agents contractuels peuvent être intégrés dans la fonction publique territoriale jusqu'au 31 décembre 1998.

La référendum du 6 novembre 1988 a permis à une très large majorité de votants[98] : 79,9 % en métropole et 80,20 % outre-mer, d'ouvrir une période constructive et positive dans la réconciliation[99]. Le statut référendaire comportait à cet égard deux types de mesures d'apaisement. D'une part, l'*indemnisation* des personnes et des biens pour les dommages (art. 79) causés par des actes de violence politique entre le 16 avril 1986 et le 20 août 1988. D'autre part, une large *amnistie* des infractions de nature politique commises avant le 20 août 1988 à l'exception du crime d'assassinat, c'est-à-dire du meurtre prémédité (art. 80).

Le référendum d'autodétermination de 1998 sera à nouveau décisif pour le destin de l'archipel. Une mission interministérielle créée par décret du 30 avril 1996[100] pour une durée de deux ans, assiste le Premier ministre et le ministre chargé de l'Outre-mer dans tous les travaux préparatoires à la consultation.

On peut ainsi conclure de toute cette étude des collectivités locales à statut dérogatoire qu'elles sont en réalité plus nombreuses qu'une simple lecture de la Constitution ne peut le faire soupçonner. La **multiplication des régimes exceptionnels** n'est d'ailleurs pas sans soulever régulièrement de délicats problèmes de limites quand on les confronte soit avec le caractère «un et indivisible de la République»[101], soit à l'opposé, avec le droit des peuples à disposer d'eux-mêmes[102]. La jurisprudence du Conseil constitutionnel est particulièrement importante sur ces différentes questions qui interpellent le constitutionnaliste autant que l'administrativiste.

---

97. *Cf.* Décret n° 94-249 du 23 mars 1994 portant publication de l'accord, *JO* du 30 mars 1994, p. 4744.
98. Le fort taux d'abstention : 36,91 %, s'explique par l'insuffisance des explications données par les responsables politiques sur l'enjeu du scrutin. Il s'explique aussi par l'orchestration désastreuse des médias du thème de la lassitude des électeurs sollicités pour de trop nombreux scrutins la même année.
99. Le double assassinat à Ouvéa de Jean-Marie Tjibaou et de Yéwené Yéwené le 4 mai 1989 à l'occasion de la cérémonie coutumière de lever de deuil d'un an et entérinant le pardon pour les canaques, mettra pendant un temps une ombre sur le consensus de paix.
100. *Cf.* Décret n° 96-362 du 30 avril 1996, *JO* du 2 mai 1996, p. 6608.
101. *Cf.* M. FABRE, «L'unité et l'indivisibilité de la République, réalité? fiction?», *RDP*, 1982, p. 604 ; L. FAVOREU, «Décentralisation et Constitution», *RDP*, 1982, p. 1259.
102. *Cf.* A. ORAISON, *Quelques réflexions critiques sur l'organisation et les attributions des régions d'outre-mer*, Service des publications de l'Université de la Réunion, 1985, 140 p.

Bibliographie générale

Cette bibliographie ne renvoie pas aux ouvrages généraux de droit constitutionnel et de science politique, de droit administratif et de science administrative, ni de finances publiques et de science financière.

AUBRY François-Xavier, *La décentralisation contre l'État* (l'État semi-décentralisé), Paris, LGDJ, 1992.

AUBY Jean-Bernard et AUBY Jean-François, *Droit des collectivités locales*, coll. Thémis, Paris, PUF, 1990.

AUBY Jean-François, *Organisation administrative du territoire*, Bibl. des collectivités locales, Paris, Sirey, 1985.

AUBY Jean-François, *Droit des collectivités périphériques*, coll. Droit fondamental, Paris, PUF, 1992.

AUBY Jean-Marie et AUBY Jean-Bernard, *Droit de la fonction publique - État - Collectivités locales, Hôpitaux*, coll. Précis Dalloz, 2ᵉ éd., Paris, Dalloz, 1993.

BAGUENARD Jacques, *La décentralisation*, 3ᵉ éd., Paris, PUF, 1988.

BARRE R. (ouvrage collectif), *La région motrice dans l'économie du XXᵉ siècle*, Paris, Les Éditions de l'épargne, 1993.

BECET Jean-Marie, *Les institutions administratives*, 3ᵉ éd., Paris, 1992.

BÉNOIT Francis-Paul (Sous la direction de), Encyclopédie : collection Collectivités locales, Paris, Dalloz, mise à jour 1995.

BÉNOIT Francis-Paul, *Les actes des collectivités locales*, collection Extraits de Collectivités locales, Paris, Dalloz, 1989.

BÉNOIT Francis-Paul, *Le Conseil municipal*, collection Extraits de Collectivités locales, Paris, Dalloz, 1990.

BÉNOIT Francis-Paul, *Le maire et les adjoints*, coll. Extraits de Collectivités locales, Paris, Dalloz, 1991.

BÉNOIT Jean, *Le statut des élus locaux*, coll. Extraits de Collectivités locales, Paris, Dalloz, 1993.

BEZANÇON Xavier et VAN RUYMBEKE Olivier, *Le guide des collectivités locales*, 1ʳᵉ éd., Paris, Éd. du Moniteur, 1989.

BEZANÇON Xavier et VAN RUYMBEKE Olivier, *Le guide de l'élu local*, Paris, Éd. du Rocher, 1989.

BOURDON Jacques, PONTIER Jean-Marie et RICCI Jean-Claude, *Droit des collectivités locales*, coll. Thémis, Paris, PUF, 1987.

BOURJOL Maurice, *Intercommunalité et Union européenne*, coll. Décentralisation et développement local, Paris, LGDJ, 1994.

BOURJOL Maurice et BODARD Serge, *Droit et libertés des collectivités territoriales*, Paris, Masson, 1984.

BOUVIER Michel, *Les finances locales*, coll. Systèmes, Paris, LGDJ, 1992.

BRECHON-MOULENES Christine, *Les organisations intercommunales, collection Extraits de collectivités locales*, Paris, Dalloz, 1988.

CATHELINEAU Jean, *Les finances locales*, coll. Extraits de collectivités locales, Paris, Dalloz, 1993.

CATHELINEAU Jean, *Les impôts locaux*, coll. Extraits de collectivités locales, 2e éd., Paris, Dalloz, 1994.

CHAUVIN Francis, *L'administration d'État*, coll. Memento, 4e éd., Paris, Dalloz, 1994.

COPÉ Jean-François et WERNER François, *Finances locales*, CNFPT, Paris, Économica, 1990.

DEBBASCH Charles, *Institutions et droit administratifs*, t. 1 : *Les structures administratives*, coll. Thémis, 4e éd., Paris, PUF, 1991.

DEBBASCH Charles, *Institutions et droit administratifs*, t. 2 : *L'action et le contrôle de l'administration*, coll. Thémis, 3e éd., Paris, PUF, 1992.

DEFORGES Jean-Michel, *Les institutions administratives françaises*, 2e éd., Paris, PUF, 1989.

DELCAMP Alain (sous la direction de), *Les collectivités décentralisées de l'Union européenne*, Paris, La Documentation française et CNFPT, 1994.

DIEDERICHS Olivier et LUBEN Ivan, *La déconcentration*, coll. Que sais-je?, Paris, PUF, 1995.

DREYFUS Françoise et D'ARCY François, *Les institutions politiques et administratives de la France*, 3e éd., Paris, Économica, 1989.

DUBOIS Jean-Pierre, *Droit des institutions administratives*, Paris, Eyrolles, 1992.

DUMONT G.-F., *Économie urbaine — Villes et territoires en compétition*, Paris, Litec, 1993.

DUPUIS Georges et GUEDON Marie-José, *Institutions administratives*, coll. U, 3e éd., A. Colin, 1991.

FLECHER Dominique et FORT Henri, *Les finances locales*, coll. Droit de l'administration locale, 2e éd., Paris, Masson, 1986.

GAUDEMET Yves, *Les élections locales*, coll. Extraits de Collectivités locales, Paris, Dalloz, 1991.

GILBERT Guy et DELCAMP Alain (dir.), *La décentralisation dix ans après*, Paris, LGDJ, 1993.

GOHIN Olivier, *Institutions administratives*, 2ᵉ éd., Paris, LGDJ, 1995.

GOURNAY Bernard, KESSLER Jean-François et SIWEK-POUYDESSEAU Jeanne, *Administration publique*, coll. Thémis, Paris, PUF, 1967.

LAVROFF Dimitri-Georges, MARILLIA Georges-Daniel, BEYSSAC Roland et LAGARDE Michel, *Le domaine des collectivités locales*, coll. Extraits de Collectivités locales, Paris, Dalloz, 1991.

LEPAGE-JESSUA, *Les élections municipales en 1 000 questions : Éligibilité - Propagande - Financement - Contentieux*, coll. Guides pratiques de l'administration territoriale, Paris, Litec, 1994.

LEVY A., *La responsabilité pénale des collectivités territoriales, de leurs élus, de leurs agents*, coll. Guides pratiques de l'administration territoriale, Paris, Litec, 1995.

LUCHAIRE François et LUCHAIRE Yves, *Le droit de la décentralisation*, coll. Thémis, 2ᵉ éd., Paris, PUF, 1989.

MESNARD André-Hubert, *Droit de l'urbanisme communal, les outils d'une politique locale d'urbanisme*, Paris, Éd. Juris service, 1993.

MOREAU Jacques, *Administration municipale, départementale et régionale*, coll. Mémento, 10ᵉ éd., Paris, Dalloz, 1994.

MUZELLEC Raymond, *Finances locales*, coll. Mémento, Paris, Dalloz, 1995.

PAYSANT André, *Finances locales*, coll. Droit fondamental, Paris, PUF, 1993.

PARINI Philippe, *Institutions et droit administratif*, Paris, A. Colin, 1984.

PEISER Gustave, *Le département*, coll. Extraits de Collectivités locales, Paris, Dalloz, 1988.

PICQ Jean, *L'État en France. Servir une nation ouverte sur le monde, Rapport officiel*, Paris, La Documentation française, 1995.

POLA Giancarlo, MARCOU Gérard et BOSCH Nuria, *Investissements publics et régions*, coll. Logiques juridiques, Paris, L'Harmattan, 1994.

PONTIER Jean-Marie, *La région*, coll. Extraits de Collectivités locales, Paris, Dalloz, 1988.

REMOND Bruno et BLANC Jacques, *Les collectivités locales*, 3ᵉ éd., Paris, Presses de la Fondation nationale des sciences politiques et Dalloz, 1994.

RICHER Daniel, *Le maire et la police municipale*, coll. Guides pratiques de l'administration territoriale, Paris, Litec, 1994.

RIGAUD Jacques et DELCROS Xavier, *Les institutions administratives françaises*, t. 1 : *Les structures*, Paris, Presses de la FNSP et Dalloz, 1984.

RIGAUD Jacques et DELCROS Xavier, *Les institutions administratives françaises*, t. 2 : *Le fonctionnement*, Paris, Presses de la FNSP et Dalloz, 1986.

ROUVIÈRE Jacques, *Les collectivités locales*, Paris, J. Delmas et Cie, 1988.

SADRAN Pierre, *Le système administratif français*, Paris, Montchrestien, 1992.

SAVIGNAC Jean-Charles, *Les administrations de la France*, coll. Concours droit, Paris, Masson, 1995.

SCHMITT Dominique (sous la direction de), *La région à l'heure de la décentralisation*, coll. Notes et études documentaires, Paris, La Documentation française, 1985.

SCHRAMECK, *La fonction publique territoriale*, coll. Connaissance du droit, Paris, Dalloz, 1995.

TERRAZZONI André, *La décentralisation à l'épreuve des faits*, coll. Décentralisation et développement local, Paris, LGDJ, 1987.

TIMBAL Pierre-Clément et CASTALDO, *Histoire des institutions publiques et des faits sociaux*, 9ᵉ éd. Paris, Dalloz, 1993.

TIMSIT Gérard, *Administrations et États : étude comparée*, coll. Politique d'aujourd'hui, Paris, PUF, 1987.

TURPIN Dominique, *La région*, coll. Collectivités territoriales, Paris, Économica, 1987.

VILLARD Pierre, *Histoire des institutions publiques de la France de 1789 à nos jours*, coll. Mémento, 5ᵉ éd., Paris, Dalloz, 1992.

VIDAL-DURAND Emmanuel, *Les collectivités territoriales en France*, coll. Les fondamentaux, Paris, Hachette, 1994.

ZIMERAY F., *Le maire et la protection juridique de l'environnement*, coll. Guides pratiques de l'administration territoriale, Paris, Litec, 1994.

Index analytique

Table des matières

Première partie

L'ADMINISTRATION D'ÉTAT

Deuxième partie

L'ADMINISTRATION TERRITORIALE DÉCENTRALISÉE

Troisième partie

L'UNITÉ DE L'ÉTAT

Masson & Armand Colin Éditeurs
5, rue Laromiguière
75241 Paris Cedex 05
N° 107360
Dépôt légal : novembre 1996

SNEL S.A.
rue Saint-Vincent 12 - B-4020 Liège
tél. 32(0)4 343 76 91 - fax 32(0)4 343 77 50
novembre 1996